国学经典文库 图文珍藏版

# 中国未解之谜

王书利⊙主编

线装书局

图书在版编目（CIP）数据

中国未解之谜：全4册／王书利主编 .-- 北京：线装书局，2012.9
ISBN 978-7-5120-0597-6

Ⅰ.①中… Ⅱ.①王… Ⅲ.①科学知识－普及读物 Ⅳ.①Z228

中国版本图书馆CIP数据核字（2012）第195356号

# 中国未解之谜

主　　编：王书利
责任编辑：高晓彬
封面设计：博雅圣轩藏书馆 Boyashengxuan Cangshuguan
出版发行：线装书局
地　　址：北京市西城区鼓楼西大街41号（100009）
电话：010-64045283
网址：www.xzhbc.com
印　　刷：北京彩虹伟业印刷有限公司
字　　数：1360千字
开　　本：710×1040毫米　1/16
印　　张：112
彩　　插：8
版　　次：2012年9月第1版第1次印刷
印　　数：1-3000套
书　　号：ISBN 978-7-5120-0597-6

ISBN 978-7-5120-0597-6

定　　价：598.00元（全四卷）

## 地理未解之谜

从山川湖海、雄关宝刹、古都城郭、荒漠边陲、高原林莽等方面，对近百个中国地理未解之谜进行全面剖析，深入挖掘掩藏于神秘表象背后的真实，引导读者进入精彩玄妙的未知世界，使读者在充分享受阅读乐趣，学习地理知识的同时，获得更广阔的认知空间和文化视野。

迷雾环绕的丹霞山

泰山无字碑

## 历史未解之谜

本篇以一种全新的视角来研究与探索中国历史，编者在参考大量文献资料、考古发现的基础上，结合最新研究成果，从帝王、后宫、政界、军事、名人、宗教、文化、科技等方面入手，深入解析与破译了重大历史谜题。

“烛影斧声”与宋太祖之死

雍正帝嗣位之谜

## 名人未解之谜

每一个名人未解之谜背后无不隐藏着一个震烁古今的重大历史事件。这些历史疑案无不关涉着中华民族的历史走向，但已因年代久远或史料缺乏等原因而湮没于往昔的沧桑岁月，其真相已披上一层光怪陆离的外衣，极富传奇与神秘色彩。

陶渊明血统之谜

李秀成投降书是真是假

## 文化未解之谜

本篇以一种全新的视角解读与研究了中国历史文化，编者在参考了大量文献资料、考古发现的基础上，结合最新研究成果，从历史的渊源、奇妙的风俗、掩埋的真相、隐含的奥秘、绘画音乐悬疑、雕塑建筑疑云、文学名著谜雾等方面入手，对百余个中国文化未解之谜进行全面剖析，深入挖掘掩藏于神秘表象背后的真实。

端午节吃粽子是否为了纪念屈原

孙武是否是《孙子兵法》的作者

## 动物未解之谜

动物是人类亲密的伙伴，是自然界的主角。迄今为止，人们已发现上百万种动物。从海洋到天空，从平原到沙漠……到处都有动物的踪迹。各种各样的动物给我们生存的世界带来了盎然生机，却也留下了许许多多百思不得其解的谜团。

孔雀开屏的原因

新疆虎之谜

## 植物未解之谜

在光怪陆离的植物世界中，有无数有趣的问题等待着我们去探索。那些看似不会说话、无法行动的植物，比我们想象中的奇妙得多。在漫长的岁月中，人类从未停止探索植物生存的奥秘。就让我们跟随文字的脚步一起走进神奇的植物世界，去了解它们的起源、进化过程，去解开它们发芽生长、开花结果的密码吧！

能治疗癌症的三尖杉

转瞬即逝的美丽——昙花

# 前　　言

中华民族有着5000多年的文明史，在这漫长的历史长河之中，包藏着无数不为人知的谜团。这些令人困惑有趣的谜团包罗万象，上至天文，下至地理，以及我们人类本身和周围的动植物。

谜一样的世界，谜一样的生活，这些有趣而难解的谜，丰富了我们的生活情趣，拓展了我们的视野。它不仅给人以创造性的启示，更有助于增加你的生活乐趣，当你徜徉在这些谜海中时，也享受到了谜一样的乐趣。生活就是这样，假如没有这些引人遐思的谜题的存在与发现，我们的生活一定会枯燥很多。

人类的发展，科技的进步，与我们勤奋探索未知世界不无关系。从远古人类对大自然的一切现象的敬畏，到今天现代人类利用大自然、改造大自然，其实就是一个认识和再认识的过程。

毕竟，生命是有限的，而未知却是无限的。未知的即是未解的、待解的秘密，也就是未解之谜。这些求解之谜的存在总有它合理的一面，无论多么离奇，甚至有悖于常理，我们都不要轻易加以否定。我们必须承认，人类对它们的认知是十分有限的，正是这种认知上的不足，才造成了今天诸多难以揭开的谜。

其实，毫不夸张地说，我们未来需要面对的整个世界，就是一个未解的、待解的秘密世界。所以说，关于宇宙、关于地球、关于人类自身，还有太多的秘密在等待着我们去挖掘，这些秘密最终能否解开，随着科学技术的发展，还需要我们进一步去了解、探索。

为此，我们特别编写了这套《中国未解之谜》丛书。包括“地理之谜”“历史之谜”“名人之谜”“科技之谜”“文化之谜”“动植物之谜”“考古之谜”“海湖之谜”等各种不同类型的谜团。为喜爱探索未知世界的朋友们集中展示出我国各种难以解答的谜，供大家研究与探索。

# 目　录


**第一章　地理未解之谜** ……………………………… (1)

第一节　太阳系与宇宙之谜 ……………………………… (1)

第二节　地球与月球之谜 ……………………………… (93)

第三节　奇姿秀丽的山峰 ……………………………… (167)

第四节　遗留千年的古迹 ……………………………… (195)

第五节　追根溯源的真相 ……………………………… (218)

第六节　沧海桑田的历史 ……………………………… (227)

第七节　千奇百怪的石头 ……………………………… (245)

第八节　神秘莫测的现象 ……………………………… (258)

第九节　美丽奇幻的自然 ……………………………… (275)

第十节　神奇的江河湖海 ……………………………… (290)

**第二章　历史未解之谜** ……………………………… (311)

第一节　帝王谜事 ……………………………… (311)

第二节　后妃谜事 ……………………………… (367)

第三节　文臣谜事 ……………………………… (400)

第四节　名将谜事 ……………………………… (410)

第五节　人物传奇 ……………………………… (433)

第六节　战争迷雾 ……………………………… (469)

第七节　文明谜团 ……………………………… (484)

**第三章　历史悬案探秘** ……………………………… (504)

第一节　帝王君主悬案 ……………………………… (504)

第二节　后宫嫔妃玄案 ……………………………… (541)

第三节　太子公主秘案 ……………………………… (554)

第四节　治国名臣密案……（574）
第五节　戎马将军玄案……（590）
第六节　红颜美人悲案……（606）
第七节　宦官乱政诡案……（619）
第八节　官场浮沉险案……（630）
第九节　科场舞弊奇案……（647）
第十节　文字大狱冤案……（661）
第十一节　酷吏贪官黑案……（678）
第十二节　财色凶杀命案……（687）
第十三节　方士巫蛊怪案……（709）
第十四节　变节投降异案……（718）
第十五节　谋杀行刺惊案……（726）
第十六节　国宝失窃重案……（739）
**第四章　名人未解之谜**……（757）
第一节　名人身世与血缘之谜……（757）
第二节　名人命运之谜……（772）
第三节　名人归宿之谜……（784）
第四节　名人遗踪之谜……（794）
第五节　名人死亡之谜……（806）
第六节　名人动机与意图之谜……（815）
第七节　名人史事真伪之谜……（826）
第八节　名人逸事轶案……（828）
**第五章　文化未解之谜**……（833）
第一节　悠久的渊源寻根……（833）
第二节　感受奇妙的风俗……（879）
第三节　探索掩埋的真相……（916）
第四节　追寻隐含的奥秘……（973）
第五节　绘画音乐悬疑……（1009）
第六节　雕塑建筑疑云……（1053）
第七节　文学名著迷雾……（1078）

第六章　考古未解之谜 ……………………………………………… (1110)
第一节　古代遗迹之谜 …………………………………………… (1110)
第二节　消逝的文明之谜 ………………………………………… (1144)
第三节　神秘的墓葬之谜 ………………………………………… (1158)
第四节　奥秘的文物之谜 ………………………………………… (1254)
第五节　神秘的宝藏 ……………………………………………… (1277)
第六节　盗掘古墓大案 …………………………………………… (1307)
第七章　动物未解之谜 ……………………………………………… (1325)
第一节　恐龙谜踪 ………………………………………………… (1325)
第二节　神秘动物之谜 …………………………………………… (1354)
第三节　湖中怪兽大揭秘 ………………………………………… (1362)
第四节　神秘的海洋动物 ………………………………………… (1371)
第五节　动物界的魔术大师 ……………………………………… (1394)
第六节　动物的奇异行为 ………………………………………… (1421)
第七节　微生物的神秘国度 ……………………………………… (1455)
第八节　动物家庭趣事 …………………………………………… (1472)
第八章　植物未解之谜 ……………………………………………… (1497)
第一节　植物的感觉之谜 ………………………………………… (1497)
第二节　植物绝密档案 …………………………………………… (1512)
第三节　植物的生活之谜 ………………………………………… (1525)
第五节　植物的工厂之谜 ………………………………………… (1550)
第六节　植物的特异功能之谜 …………………………………… (1560)
第七节　千奇百怪的植物 ………………………………………… (1576)
第八节　奇异植物之谜 …………………………………………… (1609)
第九章　海湖未解之谜 ……………………………………………… (1619)
第一节　“南海Ⅰ号”——水晶宫里古船帆影 …………………… (1619)
第二节　西沙探秘——见证千年远洋航迹 ……………………… (1641)
第三节　南沙探秘——寻觅海上丝绸之路 ……………………… (1652)
第四节　“碗礁Ⅰ号”——尽展千年绝美华瓷 …………………… (1660)
第五节　抚仙湖——沉睡的古城沉睡的谜 ……………………… (1681)

第六节　千岛湖——水下沉睡的生活 …………………………（1693）
第七节　巢湖——追问当年沉水事 ……………………………（1702）
第八节　固城湖——水下古街水上影像 ………………………（1710）
第九节　喀纳斯湖——因水怪而神秘美丽 ……………………（1713）
第十节　长白山天池——山顶上的水上明珠 …………………（1722）
第十一节　猎塔湖——扑朔迷离寻怪物 ………………………（1731）
第十二节　铜山湖——传奇湖泊传奇水怪 ……………………（1738）
第十三节　青海湖——高原上的水美人 ………………………（1747）
第十四节　鄱阳湖——百年考古大疑团 ………………………（1750）
第十五节　大明湖——秋柳闻风露真容 ………………………（1757）
第十六节　勐梭龙潭——揭开云南恐怖湖之谜 ………………（1762）

# 第一章　地理未解之谜

## 第一节　太阳系与宇宙之谜

### 太阳系起源之谜

因为太阳同人类的关系太密切了，所以两个多世纪以来，许多杰出的思想家都探讨过太阳系的起源。关于太阳系的起源问题，200 年来因为没有一种权威说法，因此人们提出了一种又一种假说，累计起来，已经有 40 种之多，但其中影响比较大的，主要有以下几种观点。

太阳系

灾变学说：这个学说的首创者是法国的布封。20 世纪前 50 年，又有一些人相继提出太阳系起源于灾变。这个学说认为太阳是先形成的。在一个偶然的机会中，一颗恒星（或彗星）从太阳附近经过（或撞到太阳上），它把太阳上的物质吸引出（或撞出）一部分。这部分物质后来就形成了行星。根据这个学说，行星物质和太阳物质应源于一体。它们有“血缘”关系，或者说太阳和行星是母子关系。他们都把太阳系起源归结为一次偶然撞击事件，而不是从演化的必然规律去进行客观的探讨，因为银河系中行星系是比较普遍的，太阳系绝不应是唯一的行星系，只有从演化的角度去探求才有普遍意义。就撞击来说，小天体如果撞击到太阳上，它的质量太小,不可能把太阳上的物质撞出来,小天体必被太阳吞噬掉。1994 年彗星撞击木星就是极鲜明的例证。21 块蓄核对木星发起连续的攻击,在木星表面引起小小一点涟漪,消化掉的是彗星。如果说恒星与太阳相撞,这种概率就更小了。因此,曾提出灾变学说的一些人,后来也自动放弃了原有的观点。

星云说:这种观点首先由德国伟大哲学家康德提出来,几十年以后,法国著名数学家拉普拉斯又独立提出了这一问题。他们认为,整个太阳系的物质都是由同一个原始星云形成的,星云的中心部分形成了太阳,星云的外围部分形成了行星。然而康德和拉普拉斯也有着明显差别,康德认为太阳系是由冷的尘埃星云的进化性演变,先形成大阳,后形成行星。拉普拉斯则相反,认为原始星云是气态的,且十分灼热,因其迅速旋转,先分离成圆环,圆环凝聚后形成行星,太阳的形成要比行星晚些。尽管他们之间有这样大的差别,但是他们大前提是一致的,因此人们便把他们捏在一起,称"康德—拉普拉斯假说"。

俘获学说:这个学说认为太阳在星际空间运动中,遇到了一团星际物质。太阳靠自己的引力把这团星际物质捕获了。后来,这些物质在太阳引力作用下加速运动。类似在雪地里滚雪球一样,由小变大,逐渐形成了行星。根据这个学说,太阳也是先形成的。但是,行星物质不是从太阳上分出来的,而是太阳捕获来的。它们与太阳物质没有"血缘"关系,只是"收养"关系。

尽管各种假说都有充分的观测、计算和理论根据,也都有致命的不足,所以一直也没有一种被普遍接受的假说。太阳系在等待着新的假说。

### 太阳系 6 大谜

谜之一:水星是如何诞生的?太阳系有九大行星,其中水星、金星、地球、火星及冥王星,是以岩石为主要成分的"地球型行星";木星、土星、天王星及海王星,是大量气体包围的"木星型行星"。

最靠近太阳的行星是水星,它是如何诞生的呢?有两种说法:一种说法是:由于水星最靠近太阳,科学家认为水星是在原始太阳系星云中的高温区域,由凝固的金属铁及其他富含物质的材料物质堆积而成;另一种说法是:水星是在巨大的原始行星互相碰撞的时候,由彼此的金属铁融合而成的。

谜之二:金星为什么灼热?金星的大小和地球最接近,两颗行星的内部构造可能也很相似。但根据探测船和雷达观测,金星是一个灼热的世界,如同炼狱,表面笼罩着二氧化碳的浓厚大气。地表温度高达450℃左右,是地球地表温度的30倍。

由于金星靠近太阳,当太阳能量上升之后,金星上的水化为气体释出到大气中。这时,原本溶于海中的二氧化碳也积存大气中,引发强烈的温室效应,导致地表温度暴增。

谜之三:木星为什么有大红斑?地球人观测位于木星南半球的大红斑,已经有300多年了。大红斑差不多有两个地球那么大。

大红斑是反时针旋转的高度压云形成的巨大旋涡。它之所以呈现红色,是因为云下层的磷化氢被搬运到上空,受到太阳紫外线照射而转化为磷的缘故。大红斑是如何形成的呢?目前科学家还不清楚。

谜之四:气体卫星为什么有环?木星、土星、天王星、海王星全部有环,各不相同。土星的环又薄又暗,由岩石粒子构成。土星的环乂大又亮,有水冰构成。环的成因,有几种不同的说法,其中一种是:过去存在的卫星或彗星被行星的潮汐力破坏,分裂成小碎片,有的碎片进入环绕行星公转的轨道,因而形成了环。

谜之五:冥王星以外有什么?以前有人主张,冥王星以外可能有第十颗行星。

1992年夏天,科学家发现冥王星轨道外面有一颗直径250千米左右的行星。

此外,1950年,天文学家欧特统计了当时已经观测到的周期彗星的轨道,结果发现绝大多数周期彗星都是从距离太阳几万AU(天文单位)的地方全方位飞来,可能有一个呈球壳状包住太阳系的彗星巢。整个彗星巢,叫作“欧特云”。

谜之六:太阳系尽头在哪里?科学家说,太阳会喷出高能量带电粒子,称为“太阳风”。太阳风吹刮的范围一直达到冥王星轨道外面,形成一个巨大的磁气圈,叫作“日圈”。日圈外面有星际风在吹刮,但是太阳风会保护太阳系不受星际风侵袭,并在交界处形成震波面。

日圈的终极境界叫作“日圈顶层”,这就是太阳所支配的最远端,可以把这里视为太阳系的尽头。

至于日圈顶层距离太阳有多远?它的形状如何?“航海家1号”和“航海家2号”已分别飞到距离太阳66AU和51AU的地方,希望日后能够揭开太阳系最远端的面貌。

## 神奇的太阳光之谜

1.五个太阳同时挂在天空

中国有则很古老的神话，叫作“后羿射日”。传说在远古的尧帝当政的时候，天上一下子同时出现了10个太阳！江河枯竭，草木枯死，百姓奄奄一息。在这种危难的时刻，尧帝命神箭手后羿射下太阳，挽救万民。后羿弯弓搭箭，9个太阳纷纷坠地。不想，落在地上的竟是一只只乌鸦，它们的羽毛四散在空中，随风飞去。后来天上就只剩下一个太阳了。

这只是一个美丽的传说，无须考证真伪，但天空中出现多个“太阳”，却是有人亲眼所见。

1933年8月24日上午9时45分，在我国四川省峨眉山的上空，出现一种奇异的景象，在太阳的左面和右面，各有一个太阳，人们惊奇不已。

1934年1月22日和23日，上午11时至下午4时，古城西安的人们目睹了3个太阳并排在天空的奇景。

1965年5月7日下午4时25分和6月2日晨6时，在南京浦口盘诚集的上空，接连两次出现了这种景观。

1981年4月18日的清晨，海南岛东方板桥的人还碰到过5个太阳同时悬在天际的胜景。那天早晨，红艳艳的太阳已升上天空，人们习惯地抬头东望，咦，东边居然有3个太阳，相隔数米的西边还有两个太阳，太阳中间还有一条绚丽的彩环相连。这一奇景让当地人们奔走相告，议论纷纷。

看来，这种现象是时有发生的。以前科学技术不发达，人们在天空看见未曾见过的东西，只当是“天意”。当时天灾人祸又很频繁，因此，人们更加迷信这是上帝震怒的先兆。

据史料记载，公元1156年，意大利的米兰上空，太阳周围出现3个彩环，一连数小时闪闪发光。蓝环消失时；出现了3个太阳，编年史作者认为这暗示着米兰在遭七年围攻后，末日快来临了。

历史上还记述了这样一件有趣的事实：1551年德国的马格德堡被西班牙国王

卡尔拉五世的军队围攻，城中将士坚持不懈地守卫，让西班牙的围攻持续了一年多。最后，西班牙国王恼恨之下准备强攻城池。在这紧急关头，天空中出现了3个太阳；这一奇景使侵略者极端惊恐，认为苍天有意捍卫马格德堡城，于是国王慌忙下令撤军。

太阳出现的这些形状是怎么回事？太阳系中有几个不同形状的太阳吗？当然不是，太阳独一无二的地位是不容置疑的。

随着科学的进步，自然现象的谜也随之解开了。原来，这是大气变的戏法，是光学原理玩的游戏。这种现象在科学上称之为晕。

在离地面6千米~8千米的空气中，无论冬夏都是寒冷的，这里有大量的冰晶体，它们有着不同的形状，最常见的是六角形小柱或薄片，冰晶随着大气上下翻腾。当阳光照到这些小冰晶上，就会像照在玻璃三棱镜一般被折射，或者像射在镜面上被反射出去。由于阳光被折射后偏折出不同角度的光，就会在太阳周围绕成美丽的光环——晕。

其实，人人都见过简单的晕。在严寒的冬天，空气里充满冰晶或雪花的情况下，如果你观看街道上的路灯，很可能见到路灯周围的光晕。而彼得堡的学者洛维茨所看见的晕或许算得上最复杂的了。

请看他在1970年夏季的一次详细描述："在太阳的周围有两个虹彩的光圈。一个大，一个小。在它们的上面和下面各有一个光亮的半弧，犹如宽大的牛角与光圈上下相连。一条与地平线平行的白色光带穿过太阳和虹彩光圈，环绕蓝天。在白色长带与小光圈交叉的地方有两个幻日光彩夺目。幻日在它朝向太阳的一侧呈红色，而背离太阳的一侧伸展着很长的发光的尾部。在白色长带上对着太阳的地方能看见三个同样的光斑。

在太阳上面的小圆环上闪烁着第六个耀眼的斑点。所有这一切在天空上持续了5个小时。"

看来，多个太阳的出现是由于六角形冰晶的缘故，只有一个是真正的太阳，其余的是太阳的孪生幻影，冒牌的"假太阳"。

2.神秘的"十字架"图案

有一种情况也曾让人惊骇不已。白日将尽，奇迹突现了，一个闪闪发光的十字架清晰而神秘。注视着这样的天象，现在应该不难理解。这是因为我们往往只看到太阳垂直光环的一部分，穿过太阳的水平光环也只能看到一部分，两环相交部分在太阳两侧，不就仿佛形成十字架了吗？在太阳下山以后，冰晶薄片也参加了这场游戏，它们反射已经在地平线以下的太阳光，于是一条灿烂的光柱便从地平线直指天空，光在与垂直环的上部相交，在昏暗的天空就产生巨大的十字架形象。如果这时落霞万丈，那不就像一柄火光闪闪的利剑吗？

魔幻万变的自然现象，在科学面前，显现出真实的面目。受过良好训练的专业人员，每年可看见数十次晕，但复杂多彩的晕，还是十分罕见的。所以，平常人们看见这种太阳奇景，自然感觉迷惑不解又十分稀奇了。

我们已经领略了太阳光在大气中玩的游戏，太阳由此显得变幻莫测。

3.海市蜃楼

明丽庄重的太阳其实还有活泼好玩的一面，前提条件是，只要存在适合太阳玩儿的大气条件。

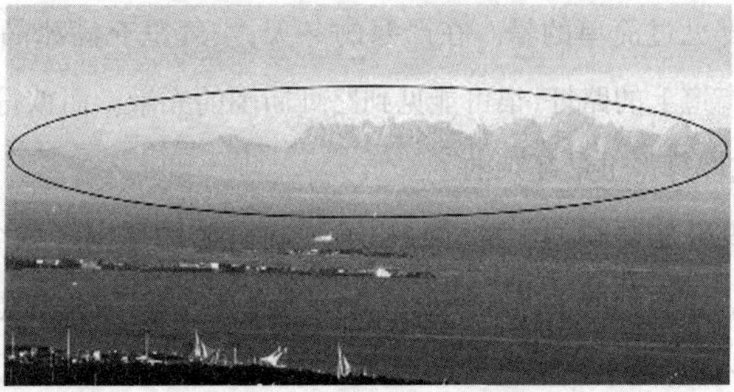

**海市蜃楼**

让我们再欣赏几幅太阳的“另类”姿态。悬挂在地平线上的太阳，突然开始改换形态——它那圆圆的形体变成了扁圆、三角形，还有蘑菇状、鸡蛋状；太阳的妆容也在变化着——最为明显的是红色和橙红色，民间说法是“日落胭脂红”。不仅如此，太阳还可以在原地跳跃、抖动，忽而升起，忽而落下，就像迪斯科舞者。

说穿了，所有这一切，都是海市蜃楼，是大气层这位“魔术师”拿捏的结果。

海市蜃楼是一种镜子般的反射。我们知道镜子里是虚幻的影像，就像湖边柳树在水中的倒影。

这里的镜子不是玻璃，不是湖水，而是地面上的大气。

光线在空气中通常是直线传播，这种空气一般密度均匀、平稳。然而空气密度在不均匀的情况下，光的前进方向会发生弯曲，这种现象叫折射。

在你面前放一杯水，拿着筷子倾斜插入水中，我们眼睛会看见，筷子在水下那部分与露在水上的部分好像折断了。这就是光线在两种不同密度的媒质——空气和水中，引起折射的例子。

空气的密度随高度增大而递减，越是高空，密度越小，所以光的折射是普遍的现象，不过这种折射几乎看不出，也习以为常。

必须具备一些特殊条件，才能使这种扭曲引人注目。

在空气密度垂直变化反常时，光在大气中折射或全反射，就像镜子一样，将远处的看不见的物体投射在空气中，让人们看到幻觉般的虚像，这就是海市蜃楼。

在地球表面上，当太阳接近地平线，万道光芒从水平的方向射向我们时，它们必须通过十分深厚的具有不同密度的且各层之间时常变化的低层大气，太阳开始扭曲起来：压扁的、拉长的、弯曲的……甚至面目全非，观看的人面对这些奇特形状，可以发挥他们天才的想象力了。

当光线射向我们时通过受热的空气，它们不停地对流、流动，光线也多次改动方向，太阳似乎在摇摆、颤动。

"红日初升""残阳如血"是我们形容日出、日落的景观，这两种时候的太阳为什么特别红？这也得归功于大气。太阳白茫茫的光线实际是红、橙、黄、绿、蓝、青、紫七种不同颜色的光波组成的，红色光波最长，紫色光波最短。空气的水分、微尘和空气分子像三棱镜把七色光分散开来，这叫作散射作用。

散射的规律是波长越短，散射越厉害。地平线上的太阳光穿进厚厚的空气时，紫光和蓝光被空气大大地减弱了，剩的最多的就是红色光了。因此，日出、日落的太阳总是红红的。

4.绿色的太阳

如果你运气好，还可以观赏到"绿太阳"。七彩光轮相互重叠产生白光，在太阳的上下边缘，光轮的颜色不混合，在太阳的上缘呈蓝色和蓝绿色。这两种光穿过大气层时"命运"不同。蓝光受到强烈散射，几乎看不见；而绿光就可以自由地透过大气。正因为如此，你就可以看到绿色的太阳！

看见绿太阳，需要天时、地利、人和。

有关专家这样告诉我们：

天时指：日落时，太阳黄白色光没多大变化，并且在落山时鲜艳明亮，就是说大气对光吸收不大，而且是按比例进行的。

地利指：观测点适当，站在小丘上，远处地平线必须是清晰的，如近处没有山林、建筑物遮挡。

人和指：观测者切记，在太阳未下到地平线时，不能正视太阳。当太阳快要沉没时，只留下一条光带，那你应目不转睛地注视太阳，享受美妙的一瞬间——绿色闪光。它的神奇出现不会超过3秒钟，给你留下的印象却永生难忘。

以前人类观察太阳，犹如井中观天。在相当长的历史时期，古人把太阳作为神来崇拜。希腊的太阳神名字叫阿波罗，阿波罗每天把太阳载在金光灿灿的马车上从东边的大海登上天空，晚上隐没在西方的大海里。墨西哥的阿斯德加人甚至把人作为活祭品供奉给太阳，以为这样太阳才能长久生存。后来，开始从事农耕的人类，为了知道季节而开始了对太阳的观测。在中国，传说在公元前27世纪帝尧时，已经有了专司天文的官员“羲和”负责现象授时，由于有一次预报日食出了差错，而被帝尧处以死刑。帝尧还派“羲仲”到山东半岛去祭祀日出，目的是为祈祷农耕顺利。当时已经用太阳纪年了，一年为366天。到公元前600年左右的春秋时代，人们能够用土圭观测日影长短的变化，以确定冬至和夏至的日期。我国的甲骨文上还有世界最早的日食记录，即发生在公元前1200年左右。大约从公元3世纪魏晋时期开始，就能比较准确地预报日食了，并且逐渐形成了一套独特的方法和理论，这也是我国天文学史上的一项重要成就。

太阳对于地球上的人们，乃至地球上的一切，无疑是非常重要的。把太阳作为远离地球的天体之一来研究的天文学已经有了日新月异的发展，从而使我们拥有的太阳知识也日益丰富、准确起来。

从发现天王星到发现海王星相隔了65年，从海王星到冥王星的发现又隔了74年。冥王星自发现以来到现在还不到70年。空间技术的发展却是突飞猛进的，一艘艘无人太空船或载人宇宙飞船带着人们无限希望相继升空。探索宇宙之路是永无止境的，我们相信终有一天会揭开太阳系的奥秘。

## 太阳风暴之谜

太阳活动以 11 年为一循环，2000 年太阳正处于活动高峰期。在活动高峰期，太阳的一些区域能量增加，太阳表层在某一时期突然向空间释放大量带电粒子，形成高速粒子流，科学家称之为“太阳风暴”，它是由美国“水手 2 号”探测器于 1962 年发现的。

太阳风暴从炽热憋闷的太阳身上逃逸出来，夹带着数量惊人的 X 射线、等离子电荷和巨大磁场，穿越了几百万千米的空间路程，向着人类居住的地球扑来，与地球磁场发生撞击后产生地磁冲击波。它于 2000 年 6 月、7 月连续两次袭击地球，造成人造卫星短路，使寻呼机、手机等靠卫星传播的无线电通信、飞机和船只的导航以及电力供应受到严重干扰，甚至使个别国家的金融服务陷入脱机状态，信用卡交易也被迫中断。

在太阳活动高峰期，1989 年的太阳风暴曾使加拿大魁北克省和美国新泽西州的供电系统受到破坏，总体损失超过 10 亿美元。

1.它为何如此狂暴

科学家通过探测器的探测得知，太阳表面布满复杂的磁场线的环圈，这些磁场线的环圈似乎和太阳风暴的形成有很大的关系。

太阳的磁场每 11 年逆转一次，这个年限正是太阳活动高峰期和低峰期的周期，逆转时期正是环圈最活跃的时期，同时太阳风暴产生的也最多。太阳磁极逆转的时候就像整个星球由内向外翻，当新结构在太阳表面下形成时，似乎环圈向外释放了大量的能量，于是磁能量在太阳表面引发丁太阳风暴。

太阳风暴夹带着大量的磁力向太空喷涌而去，其中大部分都不为人知地悄悄消逝在空中，不会产生什么重大影响，只有其中少数的几个能最终到达地球。

2.在新疆可看到极光

人们一谈起太阳风暴就难免想起辐射、安全等让人头疼的问题，其实太阳风暴也有它有魅力的一面，那就是极地上美丽的极光。极光是由于太阳风暴撞击到地球的大气层上而引起的一种光学效应，这股带电粒子流激发空气中的氧原子和氮原子，以红、绿和蓝色释放出宇宙能量，形成了神秘而又扑朔迷离的极光，照亮了极地的天空。

但是当极地以外的地区发现极光时往往不是什么好的现象,因为它表示带电粒子流的能量非常强,已经突破了地球的电离层,经常是有破坏性的太阳风暴来临的征兆。由于2000年是太阳活动的高峰年,太阳风暴频频光顾,因此在非极地地区的美国的阿拉斯加、德国中部和南部地区、瑞典的斯德哥尔摩以及我国的新疆等地都见到了难得一见的极光的踪影。

3.太阳风暴能否补天

大气层中的臭氧是地球生物的"保护伞",能抵御来自太阳的有害辐射,主要分布在距地面20千米~30千米的大气中。臭氧的产生主要是依赖于紫外线的照射。具体的过程是,在赤道地区平流层的高层,由波长小于242纳米的太阳紫外线击碎氧分子,使之分裂成两个氧原子,每个氧原子再和另一个氧分子结合,形成了由三个氧原子构成的臭氧。

近年来,随着人类大量消耗臭氧层物质,导致大气层中臭氧含量逐年减少。据中科院臭氧研究专家介绍,太阳风暴携带的大量紫外线,大部分在高空被吸收了,实际到达臭氧层的紫外线强度并没有明显地增加,如果带电粒子流能量太强的话则有可能到达臭氧层,从而对臭氧层造成破坏。但一般而言,太阳风暴不会对臭氧层造成太大的破坏。

4.地球有副太阳镜

太阳风暴包含有三类射线:一类是X射线、无线电,它们以光速飞向地球,但通常都在高空中被电离层吸收;第二类是高能带电粒子和质子,它们达到地球一般需要20多个小时,但只从两极侵入地面,中国绝大多数地区不受影响;第三类为等粒子,影响短波通信,但这些粒子大部分也在高空被吸收。

太阳风暴发生时,真正能倾泻到人们身上的紫外线、红外线、可见光与平时没有多大区别,也只是等效于平时在户外多待几分钟至几十分钟。如果阳光斜射或阴天,则影响更小,因此不用担心在烈日下被灼伤。太阳风暴对地球100千米以上的空间扰动厉害。地球表层的电离层对地球起了保护膜的作用。专家认为,每11年出现一次的太阳活动高峰年不会对大多数人群造成明显伤害。

5.太阳风暴未卜先知

随着人类迈入高科技的21世纪，对航天、通信等依赖性越来越大，而这些领域的地面和空间的技术系统对空间恶劣天气条件变化的适应性却是如此的脆弱，有鉴于此，世界范围的科学家正在实施各类空间天气计划，提高监测、研究和预测这种太阳风暴的能力。我们知道，太阳风暴如果发生大能量的冲击，很可能造成严重的后果，甚至比1989年魁北克事件更具破坏力。

由法国和芬兰科学家共同完成的一项研究发现，在太阳背对地球的一面，不断有太阳风生成。科学家通过对它的观察，确定了太阳主要热点所在的位置。这样，就可以容易地计算出两周以后，当太阳的这一面面向地球时，这些光束是否会射向地球。科学家们利用这个观察结果，研制成功了预报两周后太阳风暴的技术。

虽然我们对太阳风暴的预测预报水平正在逐步提高，但是要在准确的基础上进行全面的太空气象预报，正如专家所言，我们还有很长的路要走。

## 太阳消失之谜

万物生长靠太阳，太阳是人类生命的源泉。没有太阳就不会有人类，这是人类的共识。科学家说太阳还能照耀50亿年。50亿年之后呢？如果没有太阳，人类还会存在吗？难道太阳熄灭就是人类的末日吗？我们想，那时就要看那时人类的生存智慧了。

太阳，每天赐给我们光明，并且从很远的地方给我们送来温暖。因为有了它，地球才充满生机。可以说，太阳是我们生命的源泉。

太阳是银河系里离我们最近的恒星，这颗最近的恒星相距我们1.5亿千米，这样长的距离，如果是时速1400千米的超音速飞机，也要连续飞十二年才能到达；如果乘坐时速200千米的高速列车，需要花八十六年时间，也就是说，一个婴儿坐上这趟列车的话，到达太阳时也只能安度晚年了；如果是步行，即使日夜兼程，也要走上四千年。光速是很快的，每秒即30万千米，可以绕地球七周半，但是光从太阳那里照射到地球也需要8分19秒。

如此遥远的太阳，对地球这颗行星来说却是远近适中的；如果近若金星，表面温度灼热惊人，海洋都会蒸发得滴水不剩；如果远如冥王星，只是一片冻僵的世界，无论如何也不可能成为现在的地球，不可能有生命的出现，不可能有生机盎然的世界。

地球每分钟在每平方厘米的土地上能得到太阳输送的2卡路里的热量，对整个地球来说，每分钟太阳放出相当于燃烧四亿吨煤的热量。而这么多的热量，仅仅是地球表面得到的，它只占太阳辐射出的总能量的二十二亿分之一，即使是这样，这些热量也比世界的发电量高出好几万倍。在盛夏季节，炽热的太阳还是令人望而生畏，人们会想方设法来避暑。

奥地利物理学家斯特凡总结出辐射和温度的关系，从而得知太阳表面温度达5500摄氏度，太阳中心可高达1500万摄氏度，真令人难以想象。英国天文学家金斯是这样说明高温的惊人程度的：如果在太阳中心取别针大小的一块放在地球上来，那么站在地球150千米远的人都不能幸免于难，他会被烧死。

这样炽热的天体简直像团燃烧的火球，然而是什么东西可以旷日持久地燃烧达50亿年呢？据科学家推测，太阳寿命约100亿年，现在正处于中年时期，也就是说太阳光耀地照射了50亿年，并还将一如既往地照耀50亿年。

### 太阳伴星之谜

自从科学家通过先计算后观测的方法发现海王星之后，也想用这种方法去发现太阳的附近有没有新的星球，因为唯有如此，天文学中的一些矛盾现象才可以得到合理的解释。到底有没有？能不能发现呢？

太阳伴星是人们假设出来的一颗红矮星或棕矮星，距离太阳5万至10万个天文单位，并以复仇女神的名字来命名。

太阳可能存在伴星的理论最先由Richard A.Muller提出，因他发现地球上出现大灭绝的时间是有周期性的，他提出每隔约两千六百万年有一次，去试图解释大灭绝的周期性。

该伴星推断其公转周期为两千六百万年，在经过奥尔特云带时，干扰了彗星的轨道，使数以百万计的彗星进入内太阳系，从而增加了与地球发生碰撞的机会。

现时，尚未有证据证明太阳存在伴星，也使得地球的周期性大灭绝原因受争论。

在天文学上，一般把围绕一个公共重心互相作环绕运动的两颗恒星称为物理双星；把看起来靠得很近，实际上相距很远、互为独立（不做互相绕转运动）的两颗恒星称为光学双星。光学双星没有什么研究意义。物理双星是唯一能直接求得质量的恒星，是恒星世界中很普遍的现象。一般认为，双星和聚星（3～10多颗恒星组成的恒星系统）占恒星总数的一半多。太阳作为一颗较典型的恒星，它是否也有自己的伴侣——伴星呢？或者说，它是否也属于一种比较特殊的物理双星呢？近几年来，这是科学家非常关心的问题，这个问题是由地球上物种灭绝问题提起来的。

天文学家曾有过太阳具有伴星的想法是很自然的事。当人们发现天王星和海王星的运行轨道与理论计算值不符合时，曾设想在外层空间可能另有一个天体的引力在干扰天王星和海王星的运动。这个天体可能是一颗未知的大行星，也可能是太阳系的另一颗恒星——太阳伴星。

为了解释美国那两位古生物学家的发现，1984年，美国物理学家穆勒和他的同事共同提出了太阳存在着一颗伴星的假说。与此同时，另外的两位天体物理学者维特密利和杰克逊也独立地提出了几乎完全相同的假说。

穆勒在和他的同事们讨论生物周期性灭绝的问题时说："银河系中一半以上的恒星都属于双星系统。如果太阳也属于双星，那么我们就可以很容易解决这个问题了。我们可以说，由于太阳伴星的轨道周期性地和小行星带相交，引起流星雨袭击地球。"他的同事哈特灵机一动，说："为什么太阳不能是双星呢？同时，假设太阳的伴星轨道与彗星云相交岂不是更合理一些？"于是，他们在当天就写出了论文的草稿。他们用希腊神话中"复仇女神"的名字，把这颗推想出来的太阳伴星称为"复仇星"。

前面所提到的彗星云一般称为"奥尔特云"，它是以荷兰天文学家奥尔特的名字命名的绕日运行的一团太阳系碎片，奥尔特曾认为它距离太阳15万天文单位（日地平均距离），可能是一个"彗星储库"，其中至少有一千亿颗彗星。由于太阳伴星在彗星云附近经过，使彗星运动轨道发生变化，因此引起彗星撞向地球，结果引起了生存条件的变化。穆勒说，这种彗星雨可能持续一百万年。这一观点与某些古生物学家设想物种灭绝并不是那么突如其来的意见是一致的。

人们考虑到，如果太阳有伴星的话，却在几千年中似乎没有人发现过，想必它是既遥远又暗淡的天体，而且体积不大。这是很有可能的情况。因为在1982～

1983 年，天文学家利用红外干涉测量法，测知离太阳最近的几颗恒星都有小伴星，这种小伴星的质量仅相当于太阳质量的 1/15~1/10。此外，在某些双星中，确实还有比这更小的伴星存在着。

## 绕太阳运行的神秘天体之谜

英美科学家们惊奇地发现，已飞行很久的“先锋 10 号”宇宙探测器竟给他们带来一个令人振奋的消息：一个新的天体正围绕太阳运行。

观测者们还没有见到这一天体，但他们坚信它的存在，因为“先锋 10 号”的轨道因它发生了变化！

据悉，如果这一发现属实，那它将成为因重力这一唯一原因而被发现的太阳系中的第二颗行星。第一次是 1846 年海王星的发现：科学家在 1787 年发现了天王星，后来发现天王星的轨道十分异常，从而发现了对其具有引力的海王星。

这颗新星是由英美天文学家组成的小组发现的，它很可能就是所谓的“Kuiper 带”天体。而“先锋 10 号”的轨道数据则来自美国宇航局“深度空间”网络，这一网络是由一系列大型射电望远镜构成，目的是为了观测太空深远处的情况。

早在 1992 年 12 月 8 日，那时“先锋 10 号”已飞离地球 84 亿千米，该天文小组就发现探测器的飞行轨道出现偏差，他们一直在研究这一现象，希望找出原因。直到最近，在经过多种方法分析研究“先锋 10 号”发回的数据后，他们才肯定了自己的推论：即太阳系又有了新成员。

在近几个星期中，他们力图计算出此天体可能达到的最远距离以及具体位置。他们初步预计，此天体是在撞上一大行星后而被抛到太阳系边际的。该天文小组的一位英国博士称：“我们对这一发现欣喜若狂，它真是天文学上一个极好的标志性事件！”

据称，这一天体可能是在茫茫宇宙中已知的数百个围绕太阳运行的天体中的一个，它们大都是由冰及岩石构成，且远在冥王星之外。这些天体在行星大家族中属于小字辈，直径仅有几百千米，但天文学家相信，有几百万个这种小行星在围绕太阳运行，并形成一条庞大的“星带”。1992 年，天文学家发现了第一个这类天体。

1972 年 3 月，“先锋 10 号”被发射升空，它是第一个要穿过火星及木星间小行星带、飞向更远太空的探测器。但天文学家无法知道，它是否能安全闯过这一地段。

“先锋10号”也是第一个到达气体行星——木星的探测器。随后，它又成功飞离太阳的行星系统。虽然它还未进入星际领域，但这已开了太空探测器的先河。

在“先锋10号”飞了25年后，虽然它仍在发回信息，1997年美国宇航局还是暂停了对它的监控。

今年早些时候，科学家突然发现，一股神秘的力量作用于这个“老太空旅客”，但一时又无法找到原因，后来，这股力量竟然将它向一个方向推移。

据悉，“先锋10号”将在200万年后到达金牛座星群。

## 存在生命的太阳系星球之谜

智慧生物与生命是两个不等同的概念。即使我们能十分有把握地断定，在太阳系诸天体中，除地球外，没有任何一个天体拥有智慧生物，但仍不能肯定，在其他天体中也不存在任何生命活动，特别是那些低等的微生物。

在被怀疑拥有原始生命的太阳系诸天体中，火星是被议论得最多的一个。

在20世纪70年代，“水手号”和“海盗号”飞行器对水星的探测，终于否定了“火星人”的神话。然而，从“海盗号”探测站所做的三项实验来看，却不能绝对地肯定，那里不存在任何生命形态。

第一项实验是检查有无以光合作用为基础的物质交换，结果是否定的。第一项实验是仿效地球上的物质交换，视察澄清土壤样品中有无微生物。实验时在土壤样品中加入含碳14的培养液，若土壤中有生物，会吸收与消化养分，会排出有放射性的碳14，这可在计数管中进行检测，结果记录到了。而在预先经过消毒处理的土壤中则没有记录到。第三项实验是测量生物与周围环境所发生的气体交换。在加入培养液的土壤样品中，质谱仪记录到有氧的发生，但两小时后却突然停止，不过微量二氧化碳的析出却持续了11天之久。有人指出，如果土壤中存在过氧化物，那么氧的析出就可能不是生物造成的。因此根据这三项实验的结果，人们既不敢肯定，也不能否定火星上生命存在的可能性。

即使退一步说，这三项实验证明了火星上没有生命。但它毕竟只能反映实验地点的情况，而不能以点代面地说明整个火星的情况。要知道，四十多年前，人们对环境恶劣的地球南极地区进行考察时，也曾认为那里是不适宜生命存在的，在早期的考察活动中也确实没有发现“定居型”的生物。然而在1977年，人们却在那里的石缝中找到了地衣和水藻。一些火星研究者指出，在火星赤道附近有两个地方，土壤中水的含量要比别处丰富得多。每天每平方厘米的地面至少能释放出100毫克的水(一到夜晚，水汽则凝结为霜，因此这两个地方从地球看去要比火星其他地方明亮得多)。他们认为这两个地方的环境比地球上一些已发现有微生物的极端恶劣环境，更适于生命的存在。

美国国家航空航天局和斯坦福大学最近发表了一篇报告，认为40亿~45亿年前，南极大陆上曾存在微生物。而从南极大陆的火星陨石中发现的显示火星生命体存在的物质看，地球外存在有生命体的迹象。

美国国家航空航天局局长克鲁把火星上可能存在生命体这个宇宙研究史上的最新发现称之为“令人震惊的发现”。

新发现是从1984年被发现的12个陨石中的一个叫作“ANL8400”的南极陨石分析中产生的。它大约是1500万年前火星与木星间小彗星群碰撞的结果，大致在1300万年前落在南极大陆，年龄大致是40亿~45亿年。

美国国家航空航天局和斯坦福大学的研究表明，对陨石进行薄片分析后，能见到一种叫“多循环芳香碳水化合物(PAH)”的有机物。这种有机物，可以证明火星的生成过程或微生物存在的可能性，从陨石切片，可以得出火星上曾有生物体存在的痕迹。

从PAH中还可发现，有的细菌酷似地球细菌，其分子结构为与磁铁和巴伐利亚硫化铁相似的单细胞物质，这也为火星上有微生物存在的推论提供了证据。当然，美国航空航天局仅用“有力的证据”“有待进一步调查证实”等字眼，尽量避免使用火星上存在微生物的肯定性语言。

克鲁局长解释说：“陨石中发现的火星上存在与地球细菌相似的单细胞生物痕迹，并不是说火星上过去就一定存在高等生物。”

有关的详细研究成果刊在《探索者》上。关于火星上生命体存在与否的话题，今后必将有进一步的争论。

总之，对火星是否拥有低等的生命形态这一问题，目前我们还无法做出肯定与否的回答。土卫六是土星的第六颗卫星。它的直径约5800千米，是太阳系中最大的一颗卫星。它也是太阳系里已知的唯一具有真正大气层的卫星。根据1944年奎伯对其光潜的分析，认为它的大气主要由甲烷和氢组成，其大气压约在0.1~1个大气压之间。也就是说，其大气密度虽不及我们地球，但比火星大气却要密得多。土卫六的表面温度，因距太阳较远，大约维持在零下150℃左右。

根据科学家对生命起源的实验研究，人们知道，用紫外线照射甲烷和氢，就能形成许多有机化合物，如乙烷、乙烯、乙炔等。事实上，1979年9月，“先驱者”11号宇宙探测器在距离上卫六356000千米处拍摄到的照片显示，这颗卫星呈现桃红色。这表明它的大气中确实含有甲烷、乙烷、乙炔等，还可能有氮的一些成分。乙烷、乙炔的存在使人们相信，土卫六上有可能找到更复杂的有机物。因此人们认为，在土卫六表面可能存在一层由较复杂的有机物组成的海洋和湖泊，其情形也许酷似地球生命发生前夕的所谓“有机物海”。如果这一推测是可靠的，那么土卫六上就很可能有一些原始的生命形态。

1980年底，“旅行者”号飞船飞临土星上空时，人们曾期望它能给我们带来更多的有关土卫六的信息。遗憾的是，它只发现土卫六的大气并不像早先所认为的以甲烷为主，而是以氮为主，氮约占98%，甲烷占不到1%。此外，还有乙烷、乙炔和氢。值得高兴的是，在红外探测资料中，发现其云层顶端含确与生命有关的分子，可能是属于生命前的氢氰酸分子。但是，由于它的大气几乎完全呈雾状，妨碍了飞船对土卫六表面的观测。因此土卫六上是否真有生命，也还有待进一步证实。

第三颗引起人们注意的可能拥有生命的天体是木星的卫星木卫二。

木卫二，直径为3000千米左右，在木星的卫星中属第四大卫星。根据近虹外波长的光谱分析，这个卫星的表面存在大量由水构成的冰。而根据其平均密度为3.03克/厘米$^3$来估算，它可能有一个厚约100千米的由冰和液态水组成的壳层。

1979年3月，当“旅行者号”飞船飞越木卫二上空时，人们曾非常惊奇地注意到，木卫二具有奇特的与众不同的外貌，分布着许许多多纵横交叉的条纹，犹如一大堆乱麻。经分析，这些条纹应是木卫二冰壳上的裂纹，其中有些裂缝的宽度可能有数千米，长达1000千米，深为100~200米。更有意义的是，人们还注意到，这种像乱麻一般交叉的裂缝具有褐色的基调，与其周围颜色浅得多的部分相比，显得轮廓分明。对这种褐色物所做的光谱分析表明，它们很可能是有机聚合物。据此，人们推测，当木卫二从原始星云中形成时，可能也和地球等天体一样，聚集有一些来自原始星云的甲烷和氨。以后，这些气体可能在内热的作用下不断地释放出来，当其渗透到表面时，便会在太阳紫外辐射和来自木星的带电粒子的激发下，合成为有机物。尽管同样的辐射也会摧毁这些有机物，但液体水却能保护它们，甚至还会促使它们进一步水解，复合形成氨基酸，为生命的形成提供了条件。

与此同时，来自地球的一项发现也启发着人们的思考。那是在南极的干谷，有一些常年冰封的湖泊。极其微弱的阳光在透过上部厚厚的冰层以后，到达湖底已是微乎其微。然而，当人们潜入这冰冷的、幽暗的湖底时，却意外地发现那里生活着一大片蓝绿藻。它们就靠这微弱的阳光生活。木卫二尽管离太阳比地球远得多，温度低，阳光弱，但并不比南极冰湖下的环境更差。而且由于自转和公转的耦合关系，它有长达60小时的白昼。因此在一些裂缝刚刚破裂开来的地方，水体里将有可能接收到较充足的阳光，从而使生命在那里繁殖生存。一直到5亿~10亿年后，当裂缝重新为厚厚冰层所覆盖时，生命也就暂时地潜伏起来，等待另一次机会。

当然，以上所述还只是一些推测，要证实这一猜想，需要有一个能潜入木卫二冰壳下的太空潜水装置。

其实，不仅是上述三个天体，就是对金星、木星、木卫一，甚至我们的月球，是否完全没有任何生命形态，人们也没有完全排除怀疑。

金星以其表面具有高达400℃以上的温度，而一直被人们认为是不适宜生命生存的。然而1977年以来，人们在调查洋底的地壳裂缝时，却发现在一些温度高达300℃甚至更高温度的海底喷泉旁，生活着许多可耐高温生物。这使人们认识到，生命对环境的适应能力远比人们想象的大许多。因此，我们不能保证金星对生命来说就是绝对的禁区。何况，即使金星表面没有生命，也不能排除在它的大气层里温度适宜的地方，就没有漂浮着一些含微生物的云层。

木星是一个主要由氢和氦组成的天体。理论分析表明，它的云层厚约730千米，下面是厚约24000千米的液态分子氢组成的木星幔，再下面是具有金属特性的原子氢组成的下部木星幔，然后才是一个可能由硅和铁组成的石质木星核。木星距太阳较远，理论计算表明，其云层顶的表面温度应在负168℃左右，但实测的结果比理论值高出20~30℃，这表明它有来自内部的热量。因此可以算出，在云层底部，温度可高达5500℃。

1979年，“旅行者号”飞船飞临木星上空所做的光谱分析表明，木星大气中除了氢、氮、氨、甲烷和水外，还可能有乙炔、乙烷、硫化铵、硫化氢铵、磷化氢等各种有机或无机聚合物。人们还发现木星上不时发生闪电。这使人们推测，在木星的大气层里完全有可能合成复杂的有机物，甚至出现生命。一些研究者指出，由于木星大气存在着垂直湍流运动，来自云层底部的高温及高压气流会对生命造成毁灭性的破坏，所以气流运动相对平稳的两极地区，存在生命的可能性要比木星赤道地区大一些。

木卫一是木星的另一颗卫星，具有石质的表面。根据对其红外反射光谱的研究，没有水的痕迹，但富含硫质。1979年，“旅行者号”飞临它上空时，曾观察到它的上面有活跃的火山活动。木卫一上这种强烈的火山活动，和伴随火山活动喷溢出来的硫，使一些人猜测，在它的上面有可能存在像太平洋底热喷泉周围的那种以硫为食料的生物。换言之，这种生物可以不必依赖阳光来提供能源，也无须依靠光合作用来生活。

至于月球，尽管已有阿波罗6次登月和苏联两次月球自动站的考察记录，但仍有一些人对月球生命问题不肯轻易罢休。他们提出了种种怀疑，并猜测是否会有生命隐居在月面之下。

综上所述，我们对太阳系中其他天体是否拥有生命的讨论远远没有结束，人们正期待着今后更深入的探索。

### 新的太阳活动活跃期之谜

美国国家航空航天局马歇尔太空飞行中心的太阳物理学家大卫·哈瑟维称：第24个太阳活动周期将于2010或2011年达到最活跃期。大卫和他的同事罗伯特·威尔逊在上周于旧金山召开的美国地球物理联合会会议上宣布了上述结论。

哈瑟维解释说：“当太阳风抵达地球时，它会引起地球磁场的急剧变化。如果磁场变化过大，我们就把它叫作地磁暴。”这些磁暴会引起停电，罗盘针指向错乱。当然，还有美丽的极光是它的副产品。

太阳活跃期

大卫和罗伯特的预测是基于地磁暴的历史记录。他们研究了此前150多年的地磁活动记录并找到了一些有用的发现：现在的地磁活动的程度可以告诉我们未来6至8年太阳活动周期的情况。

在前面的图中，黑线代表太阳活动周期，纵向坐标代表太阳黑子活动数量。黄线代表地磁活动指数，即一小时内变化量，用IHV表示。哈瑟维指出，“这些指标是来源于安装在地球相对两点的磁力计记录下的数据：这两个点一个在英格兰，一个在澳大利亚。IHV数据自从1866年开始收集。”

将IHV指数与太阳活动数量关联起来后，他们发现IHV可以预测出未来6至8年太阳活动周期的情况，相关系数为94%。

哈瑟维说：“我们不知道为什么出现这种情况。这种现象后面的物理学原理是一个秘密。但它的确在发挥作用。”

根据他们的分析，下一个太阳活动最活跃期将出现在2010年左右，太阳黑子数量将达到160±25。这将成为过去50年间活动最强的一个太阳活动周期。

天文学家们从伽利略时代就开始计算太阳黑子数量，他们发现每11年太阳活动经历一次增强与减弱。哈瑟维指出：“令人惊奇之处是，五次最强的太阳活动周期中的四次都发生在过去的50年里，第24个太阳活动周期将符合这一规律。”

哈瑟维认为，地磁变化有两种变化形式，一是由太阳风轻微冲击而引起的磁暴,二是由太阳耀斑和日冕物质喷发影响而引发的磁暴。

哈瑟维说:“只有第一种形式具有预报价值。太阳风引发的磁暴的发生和消失具有一定的规律,它可以预报太阳周期。由太阳耀斑和日冕活动引发的磁暴则没有这种特性。”为了完善自己的计算结果,哈瑟维和威尔逊利用琼·费曼发明的技术将太阳耀斑和日冕物质喷发引起的磁暴从自己的数据中删除了。

### 太阳中微子失踪之谜

中微子是一种非常奇特的粒子,它不带电,质量很小,大约只有电子质量的几百分之一。早在20世纪30年代初期,科学家就根据理论推测出,在原子核聚变反应的过程中,不仅会释放出大量的能量,而且还一定会释放出大量的中微子。到了20世纪50年代中期,科学家通过实验证实了中微子的存在。

中微子的发现引起了天文学家的注意,于是他们开始了对太阳中微子的观测和研究。太阳的能量,来自四个氢原子核合成一个氦原子核的聚变反应。在太阳内部,时时刻刻都在进行着大规模的核反应,因此,中微子也时时刻刻从太阳内部大量地产生出来。中微子有一种奇特的性质,就是它的穿透能力极强,任何物质都难以阻挡。中微子从我们身上贯穿而过,我们毫无感觉。中微子不论碰上地球还是月球,都可以轻易地一穿而过。大量的中微子从太阳内部产生以后,就浩浩荡荡、畅行无阻地射向四面八方。地球表面每平方厘米的面积上,每秒钟就要遭受到几百亿个太阳中微子的轰击。

长期以来,人们只能根据观测太阳表层来推测太阳内部的状况。中微子却是直接从太阳内部跑出来的,它们一定会给人们带来有关太阳内部状况的宝贵信息。因此,天文学家对太阳中微子的观测和研究非常重视。最早开始探测太阳中微子的,是美国布鲁黑文实验室的物理学家戴维斯和他的同事们。他们在南达科他州地下深1000多米的一个旧金矿里,安放了一个特制的大钢罐子,里面装着38万公升四氯乙烯溶液,用它作为俘获中微子的“陷阱”。当中微子穿过这个大罐子时,就会和罐中的四氯乙烯溶液发生反应,生成氩原子,并放出电子。用计数器测出产生了多少氩原子,就可以知道有多少中微子参加反映了。

戴维斯等人经过多年的努力,到了1968年,终于探测到太阳中微子。然而,出乎人们意料的是，他们所探测到的中微子数目比原先预期的要少得多，仿佛有大量的太阳中微子失踪了。这是为什么呢？难道太阳根本没有产生这么多的中微子吗？这个问题引起了科学家的极大重视，成为著名的中微子失踪之谜。

关于太阳中微子失踪的原因，目前科学家认为有好几种可能。第一种可能是目前人们对太阳内部状态的认识有差错，很多天文学家对标准太阳模型提出了很多修改方案，但是始终还没有哪一种修改意见能圆满解释这个问题。第二种可能是现有的原子核反应理论尚有问题。第三种可能是人们对中微子本身的认识并不全面。还有一种可能是太阳内部产生的中微子有很大一部分迅速地改变了本来的面目，所以人们没能探测到它们。但是，究竟谁是谁非，科学家们还不能下最后的结论。

为了早日揭开太阳中微子之谜，近年来，科学家正在推进新的中微子探测计划。看来，人们为此还须付出长期的坚持不懈的努力。

### 太阳振荡之谜

太阳表面丰富多彩的活动现象已经令我们眼花缭乱，然而 20 世纪 60 年代初，天文学中的一项重大发现更令我们惊讶不已。1960 年，美国天文学家莱顿将最新研制成的强力分光仪对准太阳表面上一个个小区域，准备测定它沸腾表面运动的情况。结果他意外地发现了一件令人十分惊异的现象：太阳就像一颗巨大的跳动着的心脏，一张一缩地在脉动，大约每隔 5 分钟起伏振荡一次。这次莱顿发现的太阳上下振荡和以前发现的太阳黑子、日珥等各种太阳运动现象都不同，它不仅具有周期性，而且整个日面无处不在振荡。

1.“多普勒效应”的功劳

太阳距离我们十分遥远，即使通过口径最大的光学望远镜，我们也根本无法看到它表面的上下起伏。那么，莱顿又是怎样发现太阳表面的这种振荡呢？说起来这还要归功于著名的“多普勒效应”。

大家都知道，当一个声音在接近或远离我们的时候，就会发生“多普勒效应”。当它接近我们时，我们接收到的频率升高了，当它离开我们时，我们接收到的频率降低了。与声波一样，光也是一种波，自然也有“多普勒效应”。当光波朝向或远离观测者时，光的频率也要发生变化。在由红橙黄绿青蓝紫七色光组成的太阳连续光谱上，紫色光的频率最高，红色光的频率最低。这个彩色的连续光谱上面还有许多稀疏不匀、深浅不一的暗线，是太阳外层中的一些元素吸收了下面更热的气体所发出的辐射而形成的，叫作吸收线。在观察太阳光谱的时候，如果我们一直紧紧盯住连续光谱上的一条吸收线，那么当太阳表面的气体向上运动时，也就是朝我们"奔驰"而来的时候，吸收线就会往光谱的高端即紫端移动，简称紫移；反之，当气体向下移动时，吸收线就会往光谱的低端即红端移动，简称红移。如果吸收线一会儿紫移，一会儿红移，不断地交替交换，那么太阳的表面气体就在上下振荡。

说来简单，实际观察起来困难重重。因为太阳离我们很远，而且它振荡的幅度和速度都不大，所以光谱线的位移量也很小，大约只有波长的百万分之几。可想而知，这样微乎其微的变化，发现它是多么不容易。莱顿使用非常精密的强力分光仪拍下一张张太阳光谱照片，然后利用"多普勒效应"的原理，通过计算机进行反复地分析，最后才发现了太阳表面周期振荡的重要现象。

2. 接踵而至的新发现

太阳 5 分钟振荡周期从根本上改变了人们对太阳运动状态的认识，世界各国的天文学家对这个问题都十分重视，许多天文学家纷纷采用各种不同方法对太阳进行观测。他们不仅证实了太阳表面 5 分钟的振荡周期，而且接连地又发现了其他好几种周期的振荡。有人得到周期为 52 分钟的太阳振荡，有人得到周期为 7~8 分钟的太阳振荡。最引人注意的是苏联天文学家谢维内尔和法国天文学家布鲁克斯等得到的周期为 160 分钟的长周期振荡。

谢维内尔观测小组在克里米亚天体物理台首先观测到这种长周期振荡。1974 年，他们把由光电调节器和光电光谱仪组成的太阳磁象仪安装在太阳塔的后面，利用它来观测连接太阳极区的窄条的光线以避开太阳赤道部分的视运动。来自太阳中心的光线发生偏振，而来自太阳边缘的光线没有偏振，这两部分光线分别照在两个光电倍增管上，这两个光电倍增管的输出就表示中心光线是否相对于边缘发生了多普勒位移。谢维内尔小组利用这种方法在 1974 年秋季观测到太阳 160 分钟的振荡周期。

1974 年秋天，布鲁克斯在日中峰天文台，利用共振散射方法测定太阳吸收线的多普勒位移的绝对值，进行了十多天的观测，也观测到了太阳 160 分钟的振荡周期。

太阳 160 分钟振荡周期被观测到以后，许多天文学家对它表示怀疑。有人认为这种振荡可能是一种仪器效应，也可能是地球大气周期性变化的反映。后来，美国斯坦福大学的一个天文小组用磁象仪观测到了太阳的 160 分钟振荡周期。一个法国天文小组在南极进行了 128 个小时的连续观测，同样观测到了 160 分钟太阳振荡周期。南极夏季每天 24 小时都能看到太阳，不存在大气的周日活动问题。另外还有两个相距几千千米的天文台同时进行观测，也都观测到太阳的这种长周期振荡。这两个台相距遥远，在长时间观测中大气的影响可以相互抵消了。太阳长周期振荡的现象终于得到了证实，疑问才被打消。

太阳表面到处振荡不停，不仅有升有落，而且有快有慢，这是一幅多么蔚为大观的景象！

3. 太阳振荡是怎样产生的

太阳振荡是怎样产生的？这是科学家们最关心的事情。目前，科学家们已经认识到，太阳振荡虽然发生在太阳表面，但其根源一定是在太阳内部。使太阳内部产生振荡的因素可能有三个，即气体压力、重力和磁力。由它们造成的波动分别称为“声波”“重力波”“磁流体力学波”，这三种波动还可以两两结合，甚至还可以三者合并在一起。就是这些错综复杂的波动，导致了太阳表面气势宏伟的振荡现象。人们认为，太阳 5 分钟振荡周期可能是太阳对流层产生的一种声波，而 160 分钟的振荡周期则可能是由日心引起的重力波。但是，这些解释究竟正确与否，目前还不能完全肯定。

声波是一种比较简单的压力波，它可以通过任何介质传播。太阳的声波是与地球内部的地震波有些相似的连续波，它们传播的速度和方向依赖于太阳内部的温度、化学成分、密度和运动。像地球物理学家通过研究地震波去查明地球内部的构造模式类似，天文学家正利用他们所观测到的太阳的振荡现象，去窥探太阳内部的奥秘。

**太阳元素之谜**

1868 年 8 月 18 日，印度发生了一次日全食。法国经度局研究员、米顿天体物理天文台台长詹森为了抓住这千载难逢的观测机会，特意带着他的考察队专程赶往印度观测，希望弄清日珥现象产生的原因。他在观测日全食时发现太阳的谱线中有一条黄线，并且是单线。而钠元素的谱线是双线，所以詹森肯定它不是早就发现的那种钠元素，第二天的观测也证实了这一点。

詹森把太阳中存在又一新元素的重大发现写信通知了巴黎科学院，1868 年 10 月 26 日这一天，詹森收到了另一封内容相同的信，那是英国皇家科学院太阳物理天文台台长洛克耶寄来的。两个著名科学家不约而同地发现，使人们确认了这是一个新元素。这就是在地球上发现的第一个太阳元素——氦。后来，人们在地球上也发现了氦元素。

在 1869 年和 1870 年，科学家们又进行了两次日全食观测，人们又发现了一条绿色的谱线，天文学家们证实这也是一种新元素，并给它命名为“氪”，但这个元素后来没有被列入化学元素周期表。瑞士光谱学家艾德伦经过 70 多年的研究，发现“氪”不过是一种残缺的铁原子——铁离子。它是失去 9 至 14 个电子的铁，是一种极其特殊的环境下的铁。

经过长期的观测，科学家们发现，太阳上元素最多的是氢和氦，比较多的元素有氧、碳、氮、氖、镁、镍、硫、硅、铁、钙等 10 种，还有 60 多种含量极其稀少的元素。到 20 世纪 80 年代，科学家们认定的太阳上有 73 种元素。此外还可能有从氢到氦 19 种元素存在，其中包括 9 种放射性元素。

太阳上到底有多少种元素，相信随着探测技术的进步，这个谜很快就能解开。

## 木星取代太阳之谜

在太阳系行星的家族中，木星可谓是鹤立鸡群了，它的体积和质量分别达到了地球的 1320 倍和 318 倍。此外，它还有个与其他行星不相同的特点：它是一颗发光的行星，有自己的能源。通常，在人们的认识中，行星不能自己发光，只能依靠反射太阳的光线而发光。近些年来，通过对木星的研究，科学家们证实，木星正在把巨大的能量不断地向周围的宇宙空间释放，它释放的能量，两倍于它从太阳那里所获得的能量，说明木星有一半的能量来自它的内部。

“先驱者”10 号和 11 号飞船探测的结果显示，液态氢构成了整个木星，它同太阳一样，没有坚硬的外壳，主要是通过对流形式来实现能量的释放。苏联科学家萨利姆·齐巴罗夫和苏奇科夫认为，木星的核心温度已达到280000K(开氏度)之高，热核反应还在其内部继续进行。木星不仅把自己的引力能转换成热能，还不断吸收太阳释放的能量，这就使它的能量越来越大，且热度越来越高，并使它达到了它现在的亮度。从木星目前的发展趋势来看，它很可能成为太阳系中与太阳相差无几的第二颗恒星。30亿年以后，太阳到了晚年，木星很可能取代太阳的地位。

也有科学家提出，木星要想取代太阳的位置，时间还很远，虽然它在行星中是最大的，但跟太阳比起来，还是太小了，其质量也只有太阳的1/1000。恒星一般都是熊熊燃烧的气体球，木星的组成物质却是液体状态的氢，不具备形成恒星的物质构成。虽然木星是一颗自身能发光的星体，但与恒星相比，这根本就算不了什么。所以有人说，从严格意义上来说，木星不能称为真正的行星，更不是严格意义上的恒星，而是介于行星和恒星之间的特殊天体。

木星的研究仍会继续下去，有关它是否会取代太阳，这仍是个非常长久的话题。

## 木卫二上的外星生命之谜

木卫二是木星的4颗大卫星中最明亮的一颗。它的半径约1570千米，轨道长半径为70000千米。根据早期“旅行者2号”获得的照片得知，它明亮的球面就像玻璃弹球一样光滑，反照率高达0.64。这是因为它的表面被一层厚厚的冰覆盖着，上面有许多褐色的裂缝，宽窄不一，纵横交错。由于有机聚合物大多是褐色的，这一现象当时就引起了科学家们的广泛关注。

美国科学家在木卫二的星体表面上发现了一些神秘的冰圆顶。这可能会为科学家们在这个遥远的星球上找到生命迹象提供一次绝好的机会。

1.神秘“泡泡”遍布“欧罗巴”

美国科罗拉多大学的科学家们宣称，他们可能揭开了木星的“月亮”——“欧罗巴”(木卫二)星体表面上遍布的神秘“泡泡”的秘密，并且，可能在这些神秘“泡泡”里找到“欧罗巴”现在或者过去存在生命的谜底！

科罗拉多大学“欧罗巴”项目负责人罗伯特·帕帕拉多教授和博士生阿米·

巴尔以前一直认为,遍布“欧罗巴”表面的这些神秘“泡泡”,是由于“欧罗巴”坚硬的冰面在温暖的海水作用下向上膨胀,结果在星体冰面上形成了一个又一个的冰圆顶。然而现在他俩认为,除了上述原因,“欧罗巴”表面冰圆顶的形成还有其他的因素,比如说,它们的形成至少还得有少量的“杂质”——盐分和硫磺酸混合物,只有这些物质才可能会在低温的情况下融化坚硬的冰层,释放出温度较高的冰泡泡,强行突出星球冰封的表面,从而形成遍布星体表面的神秘圆顶。

科罗拉多大学天体与行星科学系的帕帕拉多教授说:“很长时间以来,我们一直试图揭开这个秘密:这些冰泡泡是如何顶开整整 13 英里厚的冰封表面的?我们现在通过模拟实验得出的结论是,在冰壳内部的暖冰再加上诸如盐和硫磺酸的作用下,就有足够的压力顶开‘欧罗巴’厚实的冰层,从而形成这些神秘的圆顶。”

帕帕拉多教授还透露说,潮汐的力量足以“挤压”木星的“月亮”,加热其内部,从而使暖和的大冰泡泡上升到冰层表面。在大冰泡上升的过程中,它们所包含的盐分会沿途溶化冰面,而密度越来越小的冰泡则继续上升到冰面上,形成一个个冰圆顶。

2.“冰圆顶”内的生命之谜

这些神秘的“冰泡泡”,大的直径足足有 8 千米,高达 150 米。这些巨大的“冰泡泡”甚至还成群结队地出现,形成一个个颇为壮观的神秘“建筑群”。

巴尔兴奋地说:“我们对自己的研究成果非常高兴,因为这样一来,不管‘欧罗巴’过去或者现在有生命,或者‘欧罗巴’海洋里存在的化学物质,都会被冰泡泡带到表面。如果:‘欧罗巴’海洋里真有微生物的话,那么这些微生物会随同这些冰泡泡像乘电梯一样浮到星体表面。”巴尔把这种现象比作是煮汤:“把锅加热了之后,一些最热的水泡就会冲到水面上。当然,唯一的区别就是‘欧罗巴’表面冷硬得跟石头一样。”

巴尔及其研究伙伴们之所以如此肯定自己的研究成果,是因为他们在地球表面也能找到类似的圆顶结构,并且洞悉这些地球圆顶结构的成因。另外,从美国宇航局“伽利略号”宇航飞船拍摄到的这些冰圆顶的照片来看,这些冰圆顶显然已经受到某些物质的沾染,所以通过观察冰圆顶的表面也能了解到“欧罗巴”的某些内部结构。

由于“欧罗巴”的表面不断遭受木星的辐射波的冲击，所以“欧罗巴”就算有生命，也都会被消灭殆尽。不过，如果宇宙飞船飞抵“欧罗巴”的话，那么即便“欧罗巴”上的生命迹象存在于水下，宇宙飞船同样能侦测到。

目前，美国宇航局已经有向“欧罗巴”派出侦测飞船的计划。

3.人类最有可能在“欧罗巴”上发现生命

拥有液态海洋的木卫二，被认为是太阳系中除地球之外最有可能存在生命的星球之一。近年来通过对于木卫二磁场的观测，确认了冰层下液态海洋的存在。科学家推测，这一海洋同样也可能孕育出生命。

木卫二在其冰壳之下有一个含盐的、全球性的海洋！由于木卫二环绕木星的奇异轨道引发的潮汐力，使表面非常冷的冰层普遍发生破碎和变形，并且在冰层表面下10千米~19千米处可能存在液态水。这使那些认为地球以外有适合生命存在环境的人兴奋不已。

2002年5月23日，美国科学家公布的研究成果认为，木星的卫星木卫二上所具有的各种元素，应该可以满足生命存在的最低要求，这是人类关于木卫二上是否存在生命的争论的最新进展。美国行星科学学会的伊丽莎白·皮耶拉佐和“搜索地外文明计划”研究所的克里斯多弗·奇巴的研究课题，是木卫二上是否有足够的资源支持生命存在，生命的原始成分需要碳、氮、硫磺和磷。

目前科学家并不清楚木卫二海洋和表面冰层的确切组成成分。一些人认为，木卫二在形成时已经耗尽了碳和其他重要化学元素。但皮耶拉佐和奇巴两位科学家认为，彗星可能为木卫二带来这些原始生命所需的物质。

他们模拟太阳系历史中有代表性的彗星碰撞木卫二，以确定会有多少物质留在木卫二表面。皮耶拉佐说：“如果彗星的化学分子能够进入大海，而且那里恰好存在一种机制，可以帮助这些化学分子逐渐形成复杂的有机分子，这些化学分子最终有可能成为生物细胞。”

到那时，我们将进一步了解这颗神秘的冰冻星球。

## 天王星之谜

1.造就英雄之谜

天王星是太阳系的第七颗大行星，这颗蓝绿色星球的发现过程没有海王星、冥王星那样的传奇色彩，然而它却是人类有史以来第一颗有发现记录的行星。虽然在发现它之前人类就已经知道另外六颗行星，不过谁也不清楚第一个发现它们的人。天王星的发现造就了一位近代著名的天文学家——赫歇尔，他为天文学的发展做出了不可磨灭的贡献。

赫歇尔出生于德国的一个音乐世家，早年继承父业，在德国近卫军团中担任乐师。17 岁时他移居英国，当过音乐教师、演奏员、曲作者。凭借音乐才华，他谋到了英国皇家乐队钢琴师的职位。赫歇尔兴趣十分广泛，特别爱好天文学。他亲手磨制镜面，制作天文望远镜，从事天文观测。1781 年是他的命运发生转折的一年。初春 3 月的一天夜晚，43 岁的赫歇尔又一次操纵着他自己制作的望远镜，开始进行天文观测。他将望远镜瞄准熟悉的星空，在那里有一颗明亮而带暗绿色的小星。几年来，赫歇尔一直在关注这颗不起眼的小星。由于这颗小星在天空中极其缓慢地移动，而且不会“眨眼”，所以赫歇尔认为它不是一颗恒星。起先，他认为这是一颗彗星，而没有想到它是行星，因为从没有听说有人发现过行星。于是，他在论文《一颗彗星的报告》中公布了自己的发现。但这颗奇怪的“彗星”却没有尾巴，轨道也与彗星的不同。经过其他天文学家继续观测、计算，终于认识到这不是彗星而是行星，并得出它与太阳的距离为 19 个天文单位。由于历史上从未有过行星发现者的记录，因此这一发现成了举世之作。英王乔治三世在 1782 年特别任命赫歇尔为英国宫廷天文学家，享受终身的俸禄，还赐予他一栋漂亮的住宅。作为回报，赫歇尔提议用英王乔治的名字来命名这颗新发现的行星。

赫歇尔的提议遭到了其他天文学家反对，他们建议用赫歇尔的名字命名。在激烈的争论之后，大家一致同意依照行星命名的惯例，用希腊神话中的人物之名把这颗新发现的行星命名为乌拉诺斯。乌拉诺斯是希腊神话中的第一位君王，也是众神之王宙斯的祖父，后来被他的儿子克拉诺斯推翻。残暴的克拉诺斯生怕重蹈父亲乌拉诺斯的覆辙，活活吞噬了自己的儿子们。宙斯是他最小的儿子，在祖母该亚的帮助下逃脱了灭顶之灾。他长大后经过浴血奋战，最终推翻了残暴的克拉诺斯，夺取了王位。木星和土星就是用希腊神话中的宙斯和克拉诺斯命名的，天王星远在木星和土星之外，当之无愧地取得了乌拉诺斯的称号，这也就是中文译名“天王星”的来历。天王星一时成了至高无上的星星，后来随着海王星和冥王星的发现，才使这位“天王”的地位逐渐丧失。

2.躺着自转之谜

天王星与太阳的距离是地球的19倍，每84个地球年才绕太阳一周。从被发现到今天，它绕太阳只转了约2周半。天王星的质量是地球的15倍，但体积比地球大得多，约是地球的4倍，所以一个100千克重的人在天王星上只会有91千克重。

天王星与后来发现的海王星在大小、质量、外表颜色上都差不多，它们就像一对姐妹星。从外表看，天王星呈蓝绿色，这是它大气内的甲烷和乙炔吸收太阳光中的红光的结果。由于外表缺乏特征，因而有人将天王星比作桌球台上的“母球”。它最外的一层是大气层，表面覆盖着很厚的云层，其大小与地球上的大陆差不多。大气层以下是液态氢层和由固态水、氨和甲烷造成的冰幔层。天王星可能有个由熔岩与金属组成的核心，直径约17000千米，温度估计为7000℃。

天王星最特别之处是它的自转，它几乎是躺着转动的，在近日点自转轴几乎对着太阳，而其他行星（除了金星、冥王星倒着转以外）的自转轴都是几乎垂直于公转轨道面的，倾斜角度不超过30°。

奇特的自转方式造成了天王星上特殊的昼夜交替和季节。如果你能长时间身处于天王星的北半球，你首先将度过只有白天、没有夜晚的21年漫长的夏天，接着的21年有正常的昼夜交替，那是天王星的秋季，然后将度过连续21年只有黑夜、没有白天的冬天，最后是21年有正常昼夜交替的春天。一个寿命为84岁的地球人，在天王星上一生只有一个春夏秋冬。对地球来说，春天是最美好的季节，冰雪融化，柳绿花红；而天王星的春天却是最可怕的季节，飓风是进入春天的标志。春天的到来使在21年黑暗冬季里冰冻的天王星大气得以解冻，并形成飓风，温度达零下150℃的飓风以每小时500千米的速度移动，横扫数千千米。1999年，哈勃太空望远镜第一次观测到了这种可怕的飓风。目前，天王星正处在可怕的春季。

奇特的自转方式还形成了奇特的磁场。1986年,“旅行者2号”飞船在飞近天王星时发现,天王星的磁场尾部被绞成麻花状,好像开启软木塞的螺丝钻。

天王星为什么会躺着自转?这至今还是一个谜。现在多数人认为,在它刚形成后不久,有个地球般大小的星球与它发生了碰撞,将它“撞翻在地”,从此天王星就横躺着自转了。

## 行星的运动轨道之谜

人类为了探索宇宙的奥秘经历了怎样艰辛的努力啊!有的人甚至为此赔上了性命。可是真理的光辉是遮掩不住的,它需要的是时间。行星的运动轨道是椭圆的,这在今天是常识问题,过去却曾困惑了多少人、多少个世纪。但是椭圆问题不同于圆那样划一,科学家又在为椭圆的大小费脑筋了。

行星轨道

开普勒关于行星运动的理论,完全不同于以前所提出的假说;他的关于行星运动的轨道“是椭圆”的断言,更超越了他前人所做的各种各样的改进。在有关行星运动的分析中,开普勒并不偏重于各种几何问题,相反,他提出了以下一些问题:“行星运动的原因是什么?”“如果像哥白尼的假说所指出的那样,太阳是太阳系的中心,那这一事实就应该能够由行星本身的运动和轨道辨别出来。”这些都是物理问题,而不像以前所设想的那样,都是几何构造的问题。

尽管开普勒解决行星运动等问题的方法,完全不同于他以前的任何人,但他的工作仍然是从对观察结果进行仔细分析后得出一般结论的方法,而且是这种方法的一个杰出的例子。他的分析过程漫长并且极其艰辛:他在二十多年的时间里,坚持不懈地进行工作,从来没有放弃他的目标。如果用呕心沥血这个词来形容他的努力,也是丝毫不过分的。

开普勒从一开始就认识到,仔细研究火星轨道是研究行星运动的关键。因为火星的运动轨道偏离圆轨道最远,它使得哥白尼的理论显出了严重的缺陷。开普勒还认识到,对第谷·布拉赫准确的观察资料进行分析是整个问题的必不可少的先决条件。开普勒曾经写道:

"我们应该仔细倾听第谷的意见。他花了 35 年的时间全心全意地进行观察……我完全信赖他,只有他才能向我解释行星轨道的排列顺序。第谷掌握了最好的观察资料,这就如他掌握了建设一座大厦的物质基础一样。我认为,正当朗高·蒙太努斯全神贯注研究火星问题时,我能来到第谷身边,这是'神的意旨',我这样说是因为仅凭火星就能使我们揭示天体的奥秘,而这奥秘由别的行星是永远揭示不了的……"

实际上,开普勒曾千方百计想获得他梦寐以求的第谷的观察资料。如果说他犯了偷窃罪,似乎也并不夸张,因为他自己就曾经承认:"我承认,当第谷死的时候,我正是利用了没有或缺乏继承人这样的有利条件,使第谷的资料由我照管,或许可以说霸占了观察资料。"他自己又解释道:"争吵的原因在于布拉赫家族有怀疑的天性和恶劣的态度;另一方面,也在于我自己有脾气暴躁和喜欢挖苦人的毛病。必须承认,滕纳格尔有充分的理由来怀疑我。我已占有了观察资料并且拒绝把它们交给继承人。"

得到了第谷的观察资料以后,开普勒不断向自己提出了这样的问题:"如果太阳确实是行星运动的起源和原因,那么这一事实在行星自身运动中如何体现出来?"他注意到,火星的运动在近日点比在远日点要快些,并且'想起了阿基米德',于是,他用矢径(连接太阳和火星瞬时位置的矢量)的方法,算出了沿轨道运动的面积。开普勒写道:当我认识到,在运动的轨道上有着无数个点以及相应产生了无数个离太阳的距离,我产生了这样的想法:运动轨道的面积包括了这些距离的和。因为我回忆起阿基米德用同样的方法,将圆面积分解成无数个三角形。"

这就是开普勒于 1603 年 7 月发现面积定律的经过。牛顿把它称为开普勒三大定律的第二定律。从此以后,人们都这样称呼面积定律。开普勒用了五年多的时间才建立起这个定律。其实,早在1596年他发表《宇宙的奥秘》这本书之前,他就在探求这一规律,那时他用的方法是把五个规则的多面体与当时已知的六个行星联系起来。

面积定律能够确定轨道上各点的速度的变化,但不能确定轨道的形状。在他得出面积定律的最终表述的前一年,开普勒实际上就摒弃了行星运动轨道是圆的假说。1602年10月他曾写道:"行星轨道不是圆。这一结论是显而易见的——有两边朝里面弯,而相对的另两边朝外伸延。这样的曲线形状为卵形。行星的轨道不是圆,而是卵形。"

在做出火星轨道是卵形这一结论之后,开普勒又花了三年时间才确定它的轨道实际上是椭圆,当这一结论确立时,他写道:

为什么我要在措辞上做文章呢?因为我曾拒绝并抛弃的大自然的真理,重新以另一种可以接受的方式,从后门悄悄地返回。也就是说,我没有考虑以前的方程,而只专注于对椭圆的研究,并确认它是一个完全不同的假说。然而,这两种假设实际上就是同一个。我不断地思考和探求着,直至我几乎发疯,所有这些对我来说只是为了找出一个合理的解释,为什么行星更偏爱椭圆轨道……噢,我曾经是多么的迟钝啊!

开普勒用了十年多的时间才发现了他的第三定律,即任何两个行星公转周期的平方与他们到太阳的平均距离的立方成正比。1618年,开普勒在他的《宇宙的和谐》一书中表述了这个定律。下面就是开普勒自己对发现这个定律的描述:

"准确地说,就是在1618年3月8日这天,这一结论显现于我的脑海中。但不幸的是,当我试图用计算来证实它的时候,我又以为它是错误的,因而我抛弃了它。5月15日,这个念头终于又回到了我的脑海中,并且以一种全新的方式使我豁然开朗。它与我17年来对第谷观察资料进行分析所得出的数据吻合得如此之好,以致刚开始的瞬间,我感到我好像在梦幻之中。"

至此,开普勒呕心沥血的漫长而艰辛的追求,终于结束了。

在他的第一本书《宇宙的奥秘》中,开普勒就说过:"但愿我们能够活着看到这两种图像能够相互吻合。"22年后,当他发现了他的第三定律,从而使得他的梦想得以实现时，开普勒在《宇宙的奥秘》再版中加进了这样的注释："22年后，我们终于活着看到了这一天，并为此感到欢欣鼓舞，至少我是如此；并且我相信梅斯特林及其他人将分享我的快乐！"

## 神秘的水星之谜

地球到月球的距离是38万千米，而地球到水星的最近距离则是它们的200多倍，粗计也有7700万千米，又由于水星跟月球差不多大小。离得太阳又这么的近，所以我们很难清楚地看到这颗最靠近太阳的行星真面貌，就连专业天文学家也经常为看不到水星而苦恼。

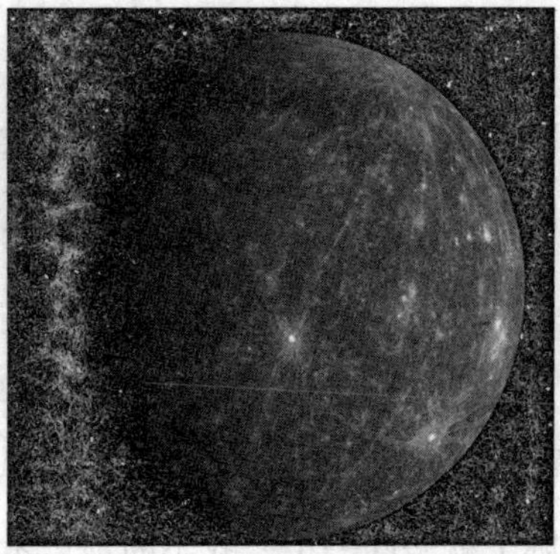
水星

多少年来一些天文科学家对水星进行着全方位的研究，都想能看清它的真面貌，可在最好的情况下，从地球上看水星，也只能看到水星的一点光影。这是什么原因呢？因为看水星只能在东方天空太阳升起前的一个半钟头，或在西方天际太阳下落后的一个半钟头。此时此刻，太阳的光辉映衬着天空，水星被湮没在曙暮的水汽天光里。所以它真的难以露出它自己的身影。

水星上没有大气，但有人说在它的上面可能有生命存在，因为它叫水星，那么它上面也一定有水。其实这是人们对水星的一种误解。水星离太阳最近，那么太阳近距离地灼烤着水星，以九倍于给地球的光和热倾注于水星上，使水星面向太阳的一面，最高温度可达到400℃左右，岩石中的铅和锡都会被太阳光熔化析出，更别说生命的存在了。其实，这里才是太阳系最热的地方之一。

水星的特色还不止这些，在它的身边，黑墨般的天空悬挂着巨大的太阳，比地球上看到的太阳大八陪，四周寂静无声，简直像一座炼狱。别以为水星只是个滚烫的星球，有时候又冷得吓人。在水星背向太阳的一面，由于没有大气起调节温度的作用，温度下降极为迅速，温度多在零下163℃以下。水星的昼夜大约30天交换一次，即在一个月时间里，连续暴晒，接着一个月时间跌入寒夜，真是一个火与冰的世界！这样的水星世界，对地球上任何已知的生命都意味着毁灭，那么在水星上又怎么可能有生命呢？

由于水星太靠近太阳了，在地球上是看不清楚水星真面貌的。

1973 年 11 月 4 日，美国宇航局成功地把“水手 10 号”送上了飞向水星的旅程。在 1974 年 1 月和 9 月、1975 年 3 月，“水手 10 号”三次掠过水星表面，最近时距离只有 300 千米，拍摄了大量照片，再用电视发回地球，一幅又一幅清晰生动的画面向人们展现未曾看到也未曾料到的水星景象。

从这些照片看上去，水星表面和月球一样，到处凹凸起伏，环形山星罗棋布，高高的悬崖，挺立的峭壁，长长的峡谷幽深，绵延的山脉，辽阔的平原和盆地。远远看去，简直和月球的表面没有什么两样。

科学家们仔细地检查了“水手 10 号”所拍的全部照片，他们还是发现了水星和月球在地貌上的差别。

我们比较了环形山密布地区。水星多环形山，各山脉的中间地带有不少平坦的山间平原，这在月球上基本看不到的。我们看到的月球表面上环形山是一个叠一个，彼此之间根本不存在平地。科学家认为，这是由于水星和月球表面引力不同的缘故。

水星表面到处还有不深的扇形峭壁，科学家们称为“舌状悬崖”，它高 1~2 千米，长达几百千米，这些悬崖被认为是巨大的褶皱，在月球表面是没有的。水星上最高的陡壁竟达 3 千米，它有时可绵延数百千米，堪称地貌奇绝。

有人说水星上有“水”，因为它的名字叫水星，其实这是人们的一种误解。我们从现代天文观测的事实上证明，水星上没有水，起码可以说目前人们还没有在水星上发现水。

因为从“水手 1 号”对水星天气的观测结果表明，水星最高温 427℃。最低温零下 173℃，水星表面没有任何液体水存在的痕迹。就算是我们给水星送去水，水星表面的高温会使液体和气体分子的运动速度加快，足以逃出水星的引力场。可又有人提出水星无水，可在它的周围的大气中似乎有水蒸气。这是为什么？

科学家们从水星光谱分析来看，发现水星确实有点大气，但在它的大气中却真的没有水。这已是人们普遍公认的事实。然而，宇宙的奥妙无穷，常会有人们意想不到的事发生。虽然水星没有液体水，没有水蒸气、但是这里却“发现了真正的冰山”。

1991年8月，水星飞到离太阳最近点，美国天文学家用27个雷达天线的巨型天文望远镜在新墨西哥州对水星观测，得出了破灭荒的结论——水星表面的阴影处，存在着以冰山形式出现的水。

这些冰山直径为15~60千米，竟多达20处，其中最大的冰山可达到130千米。它们都是在太阳从未照射到的火山口内和山谷之中的阴暗处，那里的温度在零下170℃。它们都位于极地。那里通常在零下100℃，故这些冰山得以存在。这些隐藏了约30亿年前生成的冰山。由于水星表面的真空状态，冰山每10亿年才溶化8米左右。

天文学家是这样解释水星冰山形成的原因：水星在形成时，它的内核首先凝固成一个整体后发生剧烈的抖动，使水星表面形成起伏的褶皱——水星高山；同时又由于水星表面火山爆发频繁，陨星和彗星又多次相冲击，水星表面坑坑洼洼，来自外星球的水便存于其中。也有人说水是水星原来就有的，但是两种观点还存有许多分歧。

### 耀眼的金星之谜

太阳系中的另一个距我们4000万千米的家族成员金星，是距离地球最近的行星。

金星是太空中人们认为最为明亮的星星，它的亮度仅次于太阳和月亮。在空中，金星发出璀璨夺目的银白色亮光。

金星如此明亮的原因有两点，一方面，是因为它包裹着厚厚的云雾，这层云雾反射日光的本领很强，可以把75%以上的光反射回来，而且对红光反射能力又强于蓝光，所以，金星发出的白色光中，多少带点金黄的颜色。另一方面，金星距离太阳很近，除水星以外，金星是距太阳第二近的行星，它到太阳的距离是10800万千米，太阳照射到金星的光比照射到地球的光多一倍。所以，这颗行星显得特别明亮。

在我国古代，人们把它叫作“启明星”，意思是它象征了天快要亮了；可当它在傍晚前出现时，发出黄色的光，此时，人们又叫它“长庚星”，预言长夜来临了。“启明星”“长庚星”都是金星，它也是晚上第一个出现和清晨最后一个隐没的星星。

美国在1962年发射“水手2号”以后，又在1978年5月20日和8月8日先后发射“先驱者金星”1号和2号，其中“先驱者金星”2号的探测器软着陆成功。至此，美国也先后有6个探测金星的飞船上天。它们发现金星的天空是橙黄色的。金星的高空有着巨大的圆顶状的云，它们离金星地面48千米以上，这些浓云像硕大无比的圆顶帐篷悬挂在空中反射着太阳光。这些橙黄色的云是什么呢？后来人们对其进行了科学的研究，发现这黄色的东西竟是具有强烈腐蚀作用的浓硫酸雾，厚度有20~30千米。因此，金星上若也下雨的话，下的便全是硫酸雨。由此看来，金星恐怕真是一块不毛之地。

我们地球的大气压只有一个大气压左右，在金星的固体表面。大气压是95个大气压，几乎是地球大气的100倍，相当于地球海洋深处1000米的水压。人的身体是无法承受这么大的压力的。

金星的大气的成分主要是二氧化碳。二氧化碳占了气体总量的96%，而氧仅占0.4%，这与地球上大气的结构刚好相反，金星的二氧化碳比地球上的二氧化碳多出1万倍，这里常常电闪雷鸣，几乎每时每刻都有雷电发生。

地球上40℃的高温已经让人受不了，但金星表面的温度高得吓人，竟然高达460℃，足以把动植物都烤焦，而且在黑夜并不冰冻，夜间的岩石也像通了电的电炉丝发出暗红色光。金星怎么会有这么恐怖的高温呢？这是由二氧化碳的温室效应造成的。

温室效应使金星昼夜几乎没有温差，一年四季没有季节变化。

金星自转是行星中最独特的。自转与公转方向相反，是逆向自转。从金星看太阳，太阳是从西方升起，在东方落下。金星逆向自转，是科学家用雷达探测金星表面根据反向器回来的雷达波发现的。

## 金星上是否有生命之谜

自从科学家发现了围绕太阳运转的九大行星之后，人们的目光便投向了地球的孪生姐妹金星。金星上有没有生命？如果有，该是什么样子呢？它的文明程度与地球人相比，又是怎么样呢？提出这个问题并不是空穴来风，因为经天文学家测算,金星半径约6050千米,是地球的95%,质量是地球的88%。表面重力加速度是地球87%,如此相似的条件,产生生命乃至高等文明是极有可能的。围绕这一想法,有几个合理的却完全相反的结论等您去判定。

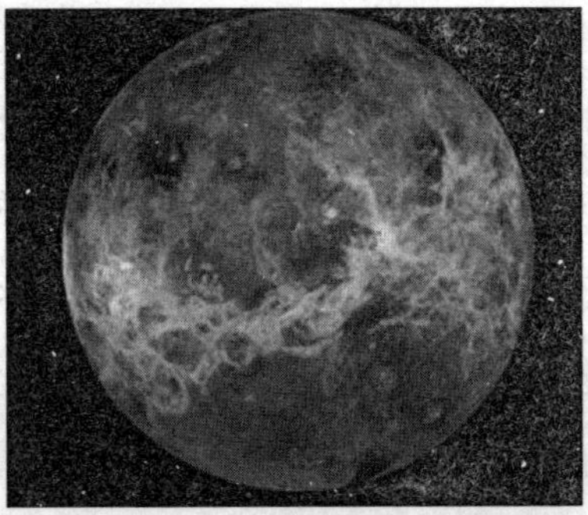

金星

亚当斯基的亲历回忆。亚当斯基是美籍荷兰人,至今仍是全世界飞碟爱好者心目中的英雄,他与金星人交往的很多,下面就是有关情形。

第一次同金星人的交往是1952年11月20日,当时的他已过了花甲之年,但仍心存高远,提出“宇宙同胞泛爱说”,迫切希望与外星人接触,这一天终于来了。当时他正在加利福尼亚大沙漠中心与朋友一道野餐。突然,一只巨大的银色飞碟从天而降,停落在他们附近,然后从里面走出了一个人,亚当斯基后来在《UFO着陆了》里这样回忆道:

“在他靠近之后,看到了他一头长及肩膀的头发和难以言喻的俊美容貌。从他的身上,散出一种无限的聪明气质和亲和力。这时,我才恍悟到,我所看到的是一个来自地球之外的外星人。”

金星人通过心电感应向亚当斯基介绍说,他是来调查核爆炸的危险性的。他引导亚当斯基走近参观了飞碟的外观。他向亚当斯基介绍说飞碟是依靠磁场的吸力和斥力的原理穿越太空的。他还说,金星人都遵从宇宙法则而生活,从不做违背宇宙法则的事。

1953年2月18日夜,同样是在加州大沙漠,亚当斯基得以进入金星人的飞碟内部参观。他自述说,在这种以磁力能源作为飞行动力的飞碟中央,有一个从顶壁一直贯串到底部的磁柱,约60厘米,飞碟就是依靠这个东西来移动的。据金星人介绍,他们的飞碟,是航行于各大星球间的大型航空母舰运来的。因为无论哪个飞碟，都无法从金星直接飞抵地球，也无法飞到太阳系内的其他星球上。

这天晚间，亚当斯基就乘着这艘飞碟进入到一艘全长约600米的雪茄型母舰里。有两位十分美丽的金星女郎接待了他。亚当斯基回忆到："那才是真正的仙女呢！她们都穿着从脖子直罩到脚的有如铃铛似的衣裳，腰上系着镶有宝石的腰带。"她们向亚当斯基解释道"我们太空船的速度，同宇宙活动的步调相同，不像你们的飞行器是用燃料来推动的。太空船是乘着宇宙的波流而行走的，就像你们的帆船行走那样。"当亚当斯基被送回地球时，已是2月20日凌晨5点10分了。

以后，亚当斯基还应金星人之邀，在金星人太空飞船的立体荧幕上，看到了金星的都市景象：那是一些大小各异的圆形城市，建筑物的屋顶都闪烁着彩虹般的光辉，交通工具颇像地球上的汽车，但都是在城市上空飞行……

关于金星人的寿命，他们说，按地球人的算法可以高达1000岁。也是因为包围金星的云层，能够阻挡破坏性放射线的穿透。他还告诉亚当斯基，以后，地球人的寿命也许会延长的，但也得等到地球的自转轴倾斜，以使海底的陆块隆起之后才行。因为只有在这种情况下，海底蒸发掉的水分才会在空中形成很厚的云层。

对于亚当斯基的自述，有关方面有疑惑的，有相信的，也有斥之为谎言的。据说，美国军方、国家原子能委员会、参议院及联合国代表等多次要与他秘密接触，听他传达由心电感应得来的金星人信息。他还应邀到世界各国演讲，到电视台现身说法，参与外星生命的讨论。他也遭到过两次暗杀，却幸免于难，因为一些人认为他是一个招摇撞骗的骗子或异教徒。

美国与苏联政府出于各自战略目的，对亚当斯基的自述很感兴趣。从20世纪60年代起，他们便加强了对飞碟以及对金星生命的研究。其中1967年6月苏联发射的"金星四号"经过4个多月的飞行后，于同年10月18日首次穿过金星大气层，第一次在金星上软着陆。

以后，通过对金星进行的周密观测和分析，人们逐渐了解到，金星上简直是一派黄色的荒凉世界，浓厚的云层把大部分太阳光反射回去或漫延开来，致使金星在白日也难见天日，如同地球上阴沉沉的下雨天。它的表面覆盖着一层厚度不超过1米的"浮土"，浮土下则是坚硬的岩石。金星大气的主要成分则是碳酸，此外还有少量的氮、氩、一氧化碳、氯化氢、氟化氢等，在距金星表面约30~40千米形成一层厚约25千米的浓云。浓云中的二氧化碳(97%)将太阳传来的热都封闭起来,红外线不能向外辐射,从而形成强烈的"温室效应",使金星表面温度高达摄氏465~485度。

探测和分析的结果表明,金星表面仍是一个高温高压的世界,没有河流和海洋,没有动植物生存……那么亚当斯基自述的其与文明金星人的接触,竟是愚人节里的愚人节目吗?

科学家们认为,不能如此简直否定,因为:

第一,从20世纪50年代至80年代,天文学家在地面,人造卫星在金星的大气层中,都屡屡收到来自金星的无线电波。

第二,1989年6月,苏联科学家在分析卫星拍摄的金星照片时,发现金星地面竟有2万个城市的遗迹。

第三,许多科学家认为,在地球早期阶段,有可能和现在的金星一样或相似,而地球上就有生命体存在了,而仅以大气中氧的缺乏来否定金星上生命的存在,是不合适的。

以后,科学家们通过分析美国人造卫星发回的照片认为,那二万座城市遗迹完全由三角形、锥形金字塔状的建筑组成的,这样的建筑可以日避高温、夜避严寒,还可以抵御强大的风暴。就像地球上埃及金字塔一样。

此前的1973年,苏联天文学家谢尔盖·卢萨诺夫曾提出假设说,金星人现在应生活在金星地表之下,那是真正的地下城,至于城市遗址,则是金星人转入地下的证据。

事情真相到底怎样呢?只有留待未来去证明了。

## 火星上的流水之谜

人类自登月成功后,进一步激发了探索其他星球的欲望。科学家们在寻找存在生命迹象的星球时,对火星产生了浓厚的兴趣。

在1964~1977年这几十年间,美国对火星发射了"水手号"和"海盗号"两个系列共8个探测器。1971年11月,"水手"9号运用高分辨率的照相技术对火星全部表面进行了拍摄,科学家从这些照片上发现了火星上存在着一些宽阔而弯曲的河床。不过,这些河床与轰动一时的运河绝对不是一码事。这些没有流水的河床,最长的大约有 1500 千米,宽度则达到 60 千米或更多。在赤道地区分布着一些主要的大河床,大河床和它的支流系统连在一起,形成水道系统。此外还可以观测到呈泪滴状的岛、沙洲和辫形花纹,支流的流向几乎全部朝着下坡方向。科学家们分析,这种河床只有由像水这样小粘滞性的流体才能造成,这是天然河床,绝不是“火星人”的运河。

那么,火星上的河水流到哪里去了呢?这便是当代“火星河之谜”,科学家们对此纷纷展开了研究。

今天的火星表面温度不高,在极冠之中大部分水以地下冰的形式存在着。非常稀薄的大气,使得冰在温度足够高时只能直接升华为水蒸气,因此根本无法存在自由流动的河水。

火星河床说明,过去的火星肯定与今日的火星有很大的差异。有科学家提出一种假说,认为在火星历史的早期,频繁而剧烈的火山活动喷出了大量气体,这些浓厚的原始大气曾经使火星表面如春天般的温暖,火山上曾经是一番冰雪融化、河水滔滔的美丽景色。后来火山活动减少,火山气体慢慢地分解,火星大气变得稀薄、干燥、寒冷,从此,河床干枯了,火星也成为一个荒凉的世界。

另一种假说认为,在火星的历史早期,自转轴的倾斜度要大于现在,因而两极的极冠融化,大气中融入了大量的二氧化碳气体,大量的水蒸发,在空中凝结成雨滴在赤道地区落下,形成河流。

当然,科学家们还有更多的猜想与假说来分析和解释火星河流的形成原因。然而,最令科学家们困惑和关心的问题是:曾经那么丰富的河水跑到哪里去了?有人提出,从巨大的江河到今日滴水无存、河床干涸,这说明火星的气候曾经发生了根本的变化。当然,假说是否能验证还需要更多的科学证明。

### 火星上的生命之谜

火星,太阳系中一颗引人注目的红色星球。多少年以来,关于火星的种种美好传说在人群中悄悄流行:几万年前,当人类文明刚刚在地球上产生的时候,火星上已经形成了一个高度发达的文明社会。像地球上有两个冰封雪地的两极一样,火星上也有两个白色的极冠,并且有四季的变化。他们运用先进的挖掘机械,建筑了完整的灌溉运河网,从极区引来丰富的水源,用来征服干旱……

人类发展到今天,当人们无数次将梦幻般的目光投向太空,甚至期盼着有朝一日能去太阳系旅行时,人们首先会问:火星上究竟有没有生命?我们将会在火星上生活吗?

早在1877年,意大利天文学家斯基帕雷利就通过观测,发现火星表面有许多纵横交错的细线,他认为那可能是运河。为此在1894年,美国天文学家洛韦尔还制作了详细的运河地图。

在距离火星5000多千米的地球上竟能看见火星上的一条条运河,其规模该是多么宏伟、壮阔啊!"运河"的发现立即激起人们对火星的狂热。人们由此想象,在火星上一定生活着充满智慧的高级生命!接着,从1901年到1921年,有许多人声称他们曾接收到来自火星高级生命发来的电信信号。从此,关于"火星人"的消息传遍了全世界。

到了1971年,美国发射"水手9号"飞船进入环绕火星的飞行轨道,拍摄了7000多张照片。这些照片表明:火星表面上暗区色泽的四季变化,并非植物的枯荣引起的,而是风在作怪。由于风把火星表面上的沙尘吹来吹去,才造成一些区域随季节的变化而明暗交替。此外,飞船的探测也否定了"运河"的存在:所谓的"运河",其实是一连串的暗环形山与大大小小的斑点造成的错觉。火星上面实在太干旱。即使在极冠,也只覆盖了一层薄薄的冰。它的气温远远低于地球,空气又十分稀薄。强烈的宇宙射线和紫外线能置人于死地。在那里,地球上的生命是难以生存的。因此,许多科学家认为火星上不可能有生命。

不过,"水手9号"飞船的另一个重大发现又引起科学家们的深思。火星上面虽然没有人工"运河",却有不少干涸了的弯弯曲曲的自然河床,河床上点缀着泪滴状的小岛和沙洲。据此,科学家们推测,火星上曾有着丰富的水。由火星上长达1500千米、宽200千米的巨大河床,人们似乎看到当时滔滔奔流的河水席卷一切的澎湃气势。此外,火星上还有许多巨大的火山,其中最大的火山比地球上的珠穆朗玛峰还高。通过探测,科学家们认为,历史上,火星的火山活动比地球更加活跃。它能将火星内部大量的水蒸气和二氧化碳气体喷射出来,可以放出覆盖火星表面厚达20米以上的水，并能产生一个浓密的大气层，形成一个多水的温暖时期。在这一时期里，完全有可能演化出微生物和类似地衣的低等植物。

为了探测火星上是否有生命，美国连续发射“海盗1号”和“海盗2号”飞船，在火星表面生命存在可能性较大的两个地方成功着陆。着陆后，由取样机在火星表面挖出土壤样品，然后送进飞船上生物化学实验室的容器内，以检测有无植物、动物或微生物。然而结果却令不少科学家大失所望：火星土壤中不存在有机分子，即使有，其含量也低于一亿分之一。作为地球上所有生命的“建筑砖块”，有机分子的有无决定着生命的有无。根据这个结果，科学家们于是推测，火星上可能没有生命。至少在飞船着陆的两个地方的土壤表层，不可能存在生命的活动。

然而，近几年来，关于火星上有无生命的问题却波澜再起。在后来召开的一次美国地球物理学会上，科学家菲尔·克里斯坦森宣称，火星上有一个巨大的赤铁矿床，据此推测，这颗星球在相当长一段时间内曾有水存在，因而有可能形成生命。与此同时，最近公布的苏联拍摄到的关于火星表面的照片也使人们对火星产生了新看法。这些照片清楚地表明，在火星上的某一个区域内，有大规模的呈倒塌状的规则结构存在。根据宇航专家的推测，这是一个巨大的城市遗址，它表明至少若干年前，火星上存在过高级智能生命。

这些生命仍然存在吗？倘若它们已经消失了，又是为什么呢？还有，我们将会在火星上生活吗？2000年火星探测器的失败，使人进一步了解火星的欲望更加强烈。

## 火星上的人面像和金字塔之谜

火星上是否有生物，或曾出现过有智慧的高级生物？探查也有重要的新发现。

1.发现巨型人面像

1983年8月，美国一个名为“使命—火星”的独立机构向新闻界发表了一个轰动性声明：“火星有过或存在着文明。”该机构的成员们说，“海盗号”探测器从火星发回的信息显示，火星上有一个酷似人脸的巨型凿成物极像埃及著名的狮身人面像，它仰望天空神秘微笑着。是古代火星人的巨型石雕遗迹，是火星上有过生命和文明的证明。但是宇航局科学家认为“是光和影的巧合”。

该组织成员们还提出一个更为新鲜的论据，即在“人脸”不远处耸立着三堵大墙，三墙依据40度、60和80度角相接，其外形很像“金字塔”。火星上的干燥气候和强风绝不会造出“人脸”和“金字塔”，它们只能出自高等生物之手。

在此之后，美国航天局的科学家们又对不同时间、不同角度拍下的有石像的火星照片，用计算机处理分辨。结果出人意料，原先被多数科学家认为是光学干扰形成的鼻孔和项链依然存在，而且还显露了原来只露出眼珠的那只眼睛和半张开嘴中的牙齿。毫无疑问，石像的客观性不容怀疑。与此同时，科学家还算出了火星上人面石像的大小，从头发到下巴为1.5千米，宽1.3千米，比地球上的狮身人面石像要大上几千倍。

2.发现金字塔和城市

1987年，苏联科学家阿温斯基在检查火星照片时，曾在火星上的大石像周围发现11座金字塔式建筑，4个大的，7个小的。美科学家对该照片重新进行计算机处理后，不仅保留了原来发现的11个金字塔，而且还分离出19座建筑物和复杂的道路，以及一个直径达1千米的圆形广场，其规模如同一个大城市。证实“火星城市”之说确是事实。从照片上分析，这道路、建筑物的历史不会超过一万年。因为时间太长了，火星上的风沙尘埃会将其磨尽的。

人们早就猜测火星上有人居住。巨大城市的遗址表明，至少若干年前火星上存在高级智慧生物。至于这些高级智慧生物现在是否仍然存在于火星上，还有待进一步探索。

## 人类移民火星之谜

2000年6月22日，美国国家航空航天局举行新闻发布会，宣布了一个令人震惊的消息：火星发现有水的确凿证据。这一消息再次引起人们对火星这颗“红色星球”的关注。

来自圣迭戈马林太空科学系统的两位科学家一下子成了风云人物，他们是该研究机构的迈克士·马林博士和肯尼斯·埃吉特博士。这两位科学家一个月前通知国家航空航天局，说他们从“火星地球勘探者号”航天器发回的照片上，发现了火星表面近期有水的证据。两位科学家就此写出了研究报告，将在该年度7月份的美国《科学》杂志上发表。

火星上曾有水的说法并不新鲜，但火星很可能现在就存在着水，这可是绝对的新观点。科学家甚至推测，火星上现在可能就有生命存在。

以前，科学家们一般认为，火星地表特点是数十亿年前由水流冲刷而成。他们相信，火星曾经有过海洋、河流，而且有过一个温暖而深厚的大气层。但随着时间的推移，火星的大气层由厚变薄并逐渐消失，气温因而变得格外的冷。由于大气层压力极低，液态水直接转变为水蒸气，火星上的水大部分以这种形式释放到了太空。

马林和埃吉特"对火星地球勘探者号"近两年发回的6.5万张照片进行了大量的分析和比较，最后筛选出200张，经过多方研究和查证，终于大胆提出：火星上存在水的时间距离我们比较近，最多也就是几百万年前或几千年前的事，甚至可以说，"火星现在就有水"。

根据他们的研究，火星上面有许许多多的山沟、溪谷和扇形的三角洲，这些很可能是水从火山口的悬崖峭壁上急流而下造成的。马林指出，"火星地球勘探者号"从太空发回的高清晰度照片上，一条条山沟、溪谷历历在目，与地球上的水流特点毫无二致。他们还发现照片上山沟、溪谷边的水印十分平滑，不像过去看到的火星照片上遍布火山口和到处是黑尘的样子，因而推断水流迹象是最近形成的，"这说明某些事情现在发生，或者说只过了一两年"，埃吉特说，"这些水流迹象十分年轻"。

如果马林与埃吉特的论断被证实，"火星地球勘探者号"真是立了大功。该探测器于1996年12月发射，目前绕火星轨道运行。据说，这个价值1.55亿美元的航天器与德国大众汽车公司生产的甲壳虫汽车大小差不多。探测器上配有一架能发送高清晰度照片的照相机、一个能辨别土壤和岩石特点的红外线感应器、一个能绘制火星地貌图的激光测量仪。

对于马林与埃吉特的最新发现，美国不少科学家认为是"激动人心"的，但同时也认为有待进一步证实。康奈尔天文学家斯蒂文·斯奎尔教授说，"两位科学家的新发现的确是令人兴奋的结果，但我们还得持现实的态度。我认为，到2003年，人们还不会看到一只小轮车稳稳地落在火星山脉底部，然后爬上爬下再向岩石中打管子。”国家航空航天局首席科学家艾德·威勒尔说，在人类登上火星之前，国家航空航天局还需通过机器人对火星进行几十年的研究。该局目前计划每26个月进行一项火星探测任务，这些计划主要是为了侦察、寻找可供机器人着陆的可能之地，也许最后会送人上去。他说，如果火星表面存在液态水的观点能被证实，这无疑将加快将人类送到火星上的可能性。“如果我们曾有过送人到火星的愿望的话，现在这种愿望更加强烈了。”

许多专家认为，火星若果真有水，人类“红色星球”居住的梦想在不远的将来就会成为现实。水可以分解为化学成分氢和氧，这就能供机器人当燃料使用。从水中分离出的氧对人的用处就更大了，可以用来在未来人类“火星基地”内建立一个可供人呼吸的大气环境。

据悉，国际火星学会将在北极区内的加拿大德文岛上建起一座模拟火星空间站。模拟火星空间站建成后，可用来训练宇航员适应火星上的环境，另外也可帮助科学家和工程技术人员对考察火星所需的火星车、钻探设备、水循环系统等进行测试。

## 冥王星身份之谜

2006年，原来身为九大行星之一的冥王星惨遭“降级”，从此以所谓的矮行星的身份示人。但冥王星并没有就此终结自己不幸的命运，又一次遭遇“降级”。

美国《科学》杂志公布的计算结果显示，不再被天文学家视为行星的冥王星实际上也并非是太阳系中最大的矮行星，它的个头要小于最近发现的矮行星——“厄里斯”。利用哈勃天文望远镜和位于夏威夷的凯克天文台收集的数据，加州理工学院的迈克尔布朗和艾米丽舒勒第一次确定，厄里斯的质量要超过冥王星。

厄里斯是在2005年发现的，名字来源于古希腊一位女神。根据布朗和舒勒的发现，它的质量高出冥王星27%。布朗说，厄里斯的体积大约是地球的卫星——月球的一半。

以古希腊阴间之神的名字命名的冥王星是在1930年发现的。一直以来，它便被认定为太阳系九大行星之一。2006年8月，国际天文联合会宣布将冥王星“降级”为矮行星。所谓的矮行星指的是太阳系中体积较小的圆形天体，它们绕太阳轨道运转，主要分布在一个被称之为“柯伊伯带”的外部区域。

布朗是一名行星天文学教授，冥王星惨遭“降级”便有他的一份功劳。他介绍说：“我不认为我们是在捉摸冥王星，这不过是事实罢了，它（厄里斯）的质量确实超过冥王星，事情就是这样。”布朗和舒勒的发现刊登在《科学》杂志上。在此之前，科学家也曾指出，厄里斯的直径要大于冥王星，但并不知道它的质量。

类似冥王星、厄里斯这样的天体不可能成为一个理想的度假之所，因为这两个家伙均位于太阳系偏远而冰冷的地区。新的数据显示，厄里斯可能是由冰和岩石组成的，与冥王星非常类似。布朗说：“它由一层近乎完美的，统一的白霜所覆盖，就像是一个白色的撞球。”

冥王星和厄里斯绕太阳旋转时的轨道均是椭圆形而非圆形。厄里斯的轨道非常长，绕行一周需要560年。布朗说，无论在轨道的哪一个点，它与地球之间的距离都在56亿千米到160亿千米之间。冥王星绕轨道运行一周需要250年，有时也会进入太阳系最外面的行星——海王星的轨道，它与地球之间的距离最远可达80亿千米。拥有一颗小卫星的厄里斯直径为2400千米，较冥王星相比超大一点，后者的直径为2250千米。

布朗表示，太阳系中大约有50个已知天体可以被判定为矮行星，包括一些体积与厄里斯和冥王星接近的天体。冥王星已经习惯于以“第二”的身份亮相世人了。“它是迄今为止发现的第二大矮行星，也是柯伊伯带中的第二大天体。坐上第二把交椅的感觉应该是相当不错的。我觉得它会喜欢的。”

## 恒星之谜

恒星，通俗地解释为永恒不变的星座。晴朗的夜空，繁星满天。人们用肉眼看到的星星，除了太阳系内的五颗大行星（水、金、火、木和土星）和流星及彗星之外，整个天空中的星星都是永恒不变恒星。恒星是山炽热气体所组成并能自己产生能量发光的球状氧和类球状天体，没有固态的表面，气体通过自身引力聚集成星球。由于它们的位置看上去亘古不变，古人因此称之为“恒星”。

中国古代早期曾给恒星的名字归纳为几种类型，根据恒星所在的天区命名，如天关星、北河二、北河三、南河三、天津四、五车二和南门二等；根据神话故事的情节来命名，如牛郎星、织女星、北落师门、天狼星和老人星等；根据中国二十八宿命名，如角宿一、心宿二、娄宿三、参宿四和毕宿五等；根据恒星的颜色命名，如大火星（即心宿二）。冠特殊名称，这就是最早星座的萌芽。

许多古老的民族都有关于恒星天空的划分方法，并给每个星区编织了生动的神话故事。直到1928年，国际天文学联合会决定，将全天空划分成88个星区，或叫星座。在这88个星座中，沿黄遭天区有12个星座。它是双鱼座、白羊座、金牛座、双子座、巨蟹座、狮子座、室女座、天秤座、天蝎座、人马座、摩羯座、宝瓶座。

除此之外，北半球有29个星座。它们是小熊座、大熊座、天龙座、天琴座、天鹰座、天鹅座、武仙座、海豚座、天箭座、小马座、狐狸座、飞马座、蝎虎座、北冕座、巨蛇座、小狮座、猎犬座、后发座、牧夫座、天猫座、御夫座、小犬坐、三角座、仙王座、仙后座、仙女座、英仙座、猎户座、鹿豹座。

南半天球有47个星座。它们是唧筒座、天燕座、天坛座、雕具座、大犬座、船底座、半人马座、鲸鱼座、堰蜓座、圆规座、天鸽座、南冕座、乌鸦座、巨爵座、南十字座、剑鱼座、波江座、天炉座、天鹤座、时钟座、长蛇座、水蛇座、印第安座、天兔座、豺狼座、山案座、显微镜座、麒麟座、苍蝇座、矩尺座、南极座、蛇夫座、孔雀座、凤凰座、绘架座、南鱼座、船尾座、罗盘座、网罟座、玉夫座、盾牌座、六分仪座、望远镜座、南三角座、杜鹃座、帆船座、飞鱼座。

这88个星座大小不一，形态各异。有时颜色也不尽相同，看起来呈五颜六色，十分的美丽漂亮。每当夜晚，一般人大都把天上的星星看成一种颜色，其实我们所看到的夜空中那些闪烁的星星不都是一种颜色，而是异彩纷呈。

细心一点的观星者一眼就可以看出恒星的颜色不一样，它们有红色、黄色、蓝色和白色等。其中黄色居多。那么，恒星究竟为什么有这么多种多样的诱人色彩呢？

一般人都看到过炼钢厂出钢时的钢花。当钢水在钢炉里的时候，由于温度很高，它的颜色呈蓝白色，钢水出炉后，随着温度的慢慢降低，它的颜色也变为白色，再变成黄色，再由黄变红，最后变成黑色。可见，物体的颜色受物体温度控制，天上的星星也是如此。它们的不同颜色代表星体表面温度的不同。天体的温度不同，它们发出的光在不同波段的强度是不一样的。从恒星光谱图我们已经知道，不同颜色代表不同的温度。一般说来，蓝色恒星表面温度在25000℃以上，如参宿七、水委一、马腹一（甲星）、十字架二（甲星）和轩辕十四等。白色恒星表面温度在11500～7700℃，如天狼星、织女星、牛郎星、北落师门和天津四等。黄色恒星表面温度在6000～5000℃，如参宿四和心宿二等。

太阳的表面温度约6000℃，照理讲，太阳应是一颗黄色的恒星，为什么我们白天看见的太阳是发出耀眼的白色呢？其实，这是因为太阳离我们较近的缘故。如果有机会乘宇宙飞船到离太阳较远的地方，你会发现，原来太阳也是一颗黄色的星星。而美丽的朝霞和晚霞绽放红光的原因是因为地球大气对太阳光七种颜色中的红光折射偏角最大的原因引起的。

宇宙浩瀚，离我们最近的太阳系外恒星也有近40万亿千米的路程。有时我们站在高高的山上，仰望夜空，星光点点，好像星星就在我们的头上，离我们很近，而实际上呢？它离我们的距离实在太遥远太遥远了。根据现代科技观测，在银河系内的1000亿颗恒星中，距太阳最近的恒星是半人马座的比邻星，它离太阳也有4.2光年，即约40万亿千米。即光要走4.2年才能到达地球最近的一颗恒星。

天狼星距太阳约8.6光年。这已是离太阳比较近的恒星了。牛郎星距离地球15.7光年，织女星距离地球27光年。两者相距11光年。神话传说中的“牛郎织女鹊桥相会”看来太难实现了。因为即使乘现代最先进的火箭，从此地到彼地，也需要几百年。

以上仅仅是指银河系里的一些恒星，而银河系之外的一些星系中，离我们就更远了。如织女座有一个星系团，离地球有2000万光年，后发星座的一个星系团离我们有2亿4千万光年，北冕星座里有一个星系，离我们有7亿光年，就是说，光从那里照射到我们地球，需要整整7亿年。

夜空中闪烁的点点繁星，从我们地球上看来，好像是很微不足道。其实这些小光点，根据现在研究结果表明，它们不是小得可怜，而是大得惊人！

众所周知，太阳的直径是地球的109倍，体积是地球的130万倍，而在恒星世界中，太阳顶多算中等个儿。比如牛郎星的直径是太阳的1.7倍，织女星的直径是太阳的2.8倍，天津四的直径是太阳的106倍，参宿四的直径是太阳的900倍，仙王座VV星的直径是太阳的1600倍，即仙王座VV星的直径约有22亿千米，它真正可称得上恒星之王。

当然,恒星世界里也有体积很小的恒星,比如与地球差不多大小的白矮星,甚至半径仅十几千米的中子星。恒星的质量一般介于地球质量两万倍至4000万倍之间,近些年来的研究结果已充分说明,恒星的质量大都在太阳质量的百分之几至120倍之间,也就是说它们是地球质量的两万倍至4000万倍之间。质量如果过大,它就会爆炸,质量如果过小,它的中心不会形成很高的温度,也就不会成为恒星。

现在已知质量最大的恒星是HD93250星,它的质量是太阳的120倍,仙王座VV星质量是太阳的60倍,织女星的质量是太阳的2.4倍,牛郎星质量是太阳的1.6倍。恒星之间的体积可以相差1000万亿倍,而质量相差仅1000余倍,可见恒星之间是有密度差别的,太阳质量是地球的33万倍数,可见地球质量与恒星相比,仍是轻得可怜。

有人说恒星是不动的,你天天看它都在一个地方,其实这是一种误解。在我们看来,恒星好像是固定不动。实际上,宇宙间一切物体都在高速运动着,恒星也一样。我们没有感觉到恒星的运动,是因为恒星离我们太遥远太遥远的原因。

每颗恒星都有自己的运动方向和速度。地球上的飞机与火箭,比起恒星的运动就好像太慢了,还不如乌龟在爬行。目前,已测出了万颗恒星的宇宙空间运动速度。如毕宿五以每秒54千米的速度在离开我们,北极星以每秒17千米速度向我们奔来,织女星以每秒14千米的速度向我们奔来。在向我们飞来的恒星中,跑得最快的是武仙星座中VX星,它以每秒405千米的速度飞奔着向我们而来,即使一路顺利,它也要20亿年的时间才能靠近“太阳系”。在离我们而去的恒星天鸽座的BD星,它以每秒500千米速度离我们远去。

同时,太阳作为一颗恒星,它携带着太阳系全体成员,也以每秒20千米的速度朝武仙座方向运动。

如此众多的恒星在宇宙空间各自高速运动着,它们会不会相撞呢?特别是与太阳相撞呢?科学家现已算出这种碰撞的概率,即相当于距离4000千米的两个蚂蚁相对爬行,它们相撞是可想而知了。

有时候在某一星区突然看到一颗原来没有的亮恒星,经过几个月,又突然不见了。有人误认为产生了一个新“恒星”。其实不然,这是因为原来这里本身就有一颗比较暗弱的恒星。由于内部突然爆炸,光度扩大到原来的上万倍,原来看不到,现在就看到了,目前在银河系已发现了200多颗这样的恒星,这又是什么原因呢?

其实一个新星的亮度超过原来的1000万倍以上,这样的恒星就是一种超新星现象。所谓超新星是一种恒星体内的自爆现象,发生时异常猛烈,所产生的光亮激增,故人们看到的突然提高亮度的恒星就是它所造成,恒星自爆以每秒几千甚至几万千米的速度向外抛射能量,可以说是天体上最激烈的天体活动。

对于超新星的记载,早在我国的宋代就曾记录了一起超新星爆发时的情景:公元1054年7月的一个清晨,天空突然出现了一颗非常耀眼明亮的星星,竟然在大白天也能看得十分的清楚,这种现象一直持续了23天才渐渐暗淡下去。这是我国记录最早的关于新星爆炸的文字,比西方的文字记录早几百年。后来到了18世纪,有一个英国天文学家用望远镜观察当时出现"客星"的那片天空,发现一团云雾状的东西,其形状有点像螃蟹,人们把它叫作"螃蟹状星云"。经研究发现,这团星云还在不断膨胀。根据其膨胀的速度及其形状的大小,推算出它开始膨胀的时间正是我国在宋朝时候看到的那颗超新星出现的时间。

关于超新星,人们已经发现了很多,但对其爆炸的原因,还属于猜测、设想阶段。目前一种较为有说服力的观点是:其爆炸的原因很可能是恒星内层向中心"坍缩"时极其迅速地释放出来的引力势能引起的,这显然同"黑洞"理论有些相仿。根据物质不灭的原理,恒星演化到后期阶段,往往要向外猛烈地抛发大量物质,形成行星状星云。而中央残核则最终变成一颗致密天体——白矮星或中子星。这种星体体积和地球差不多,但它的密度却是太阳平均密度的10万倍以上。

1862年,美国光学家克拉克发现了天狼星的一颗伴星就是一颗白矮星。它的平均密度是每立方厘米175千克。(目前已观测到1000多颗白矮星)中子星,体积比白矮星更小,质量和太阳相当,但其半径只有十几千米,其密度高达每立方厘米10亿吨以上,中子星上一个核桃大小的东西,在地球上要用几万艘万吨巨轮才拖得动,中子星不仅密度高得惊人,它的温度、压力、磁场也高得惊人,它中心的温度高达60亿℃。它的中心压力比太阳中心压力高3亿倍,它的磁场比太阳磁场高几万亿倍,中心星也是恒星晚年阶段留下的残骸。

这种残核是怎样形成如此高温、高压、高密的中子星呢?根据科学家们分析,由于超新星的爆发，才形成"中子星"'。由于爆发产生的巨大的反向压力，把原子里的核外电子挤到了原子核里面。与核里的质子结合形成中子。因此，整个星的物质都是中子物质，故残核便形成中子星。

除了白矮星、中子星之外宇宙间还存在着恒星遗有的神秘莫测具有超力量的黑洞。什么是黑洞呢，它是人们对宇宙空间一个区域的形象称呼。如果宇宙中存在名副其实的黑洞，不但物体掉进去便会消失得无影无踪，而且就连光也休想从那里逃逸出来。它就像一个饥饿的无底深洞，永远也填不饱。

黑洞也是一个天体，只不过这个特殊的天体，其密度比中子星更大、引力比中子星更强。因此一切物质与辐射只要落入它的地盘，无不被吸进去吞食掉。

追溯起来，黑洞概念起源于法国著名的数学家拉普拉斯早在1789年的预言。他认为，假如一个天体，它的密度或质量达到一定的限度，我们就会看不到它了，因为光没有能力逃离开它的表面，也就是说，光无法到达我们这里。

黑洞引起科学家普遍关注还是在爱因斯坦广义相对论公布之后。人们根据爱因斯坦的理论，就黑洞存在的条件及形成原因等问题，进行了可贵的探索。但还是到1965年才测到的一束来自白天鹅星座的X射线，终于打开了人们探测黑洞的大门。黑洞，这一奇特的天体，被当时的天文学家命名为"天鹅座X-1"。经研究证实这是一个明亮的蓝色星体，它还有一颗看不见的伴星，质量要比太阳大10~20倍。又过了几年，经过不断地研究和探索，科学家根据"天鹅座X-1"发射出来的强射线。又找到了编号为HDE226868的星体，它就是X射线的射线源。这是一个巨大无比的星体，质量为太阳的30倍。它围绕另一颗星高速运转。后经研究认为，X射线不是从HDE226868上发射的，而是由绕它运行的一颗伴星上发射的，通过计算，这颗伴星质量是太阳的5~8倍，但很难看到它的位置。但到目前为止，科学家们终于找到了黑洞的源头。

从1997年1月公布的哈勃空间望远镜观测成果看，在观测过程中发现三个超大质量的黑洞，它们的质量分别为太阳的1000万倍和5亿倍。

关于黑洞成因问题，有人认为是由于恒星在其晚年，因核燃料被消耗完，便在自身引力下开始坍缩。如果坍缩星体的质量超过太阳的3倍。那么，其坍缩的产物就是黑洞。还有人认为是超新星爆发时形成的，一部分坍缩的恒星会变成黑洞。

也有人认为是在宇宙大爆炸时，因一种特殊的力量，把一些物质挤压得非常致密，便形成了“原生黑洞”。

时至今日，虽然黑洞还没被真正捕捉到，但人们对黑洞的存在却是确信无疑的，也许银河系中心就是一个大质量的黑洞，这种想法已被越来越多的观测证实。除了大黑洞之外，很可能还存在比小行星还要小的黑洞。甚至还有人认为地球上也存在黑洞。在科学日益进步的时代，总有一天，人们会揭破黑洞的谜底。

## 恒星的温度之谜

这个问题的答案取决于你所说的是什么样的恒星，以及你所指的是恒星的哪一个部位。

在我们能观测到的恒星中，99%以上都和太阳一样，属于称为“主序星”的一类。至于恒星的温度，我们一般是指恒星的表面温度。下面我们就从这里谈起。

任何恒星都具有一种在其自身的引力作用下发生坍缩的倾向，但是当它坍缩时，它的内部会变得越来越热。而当它的内部温度越来越高时，这颗恒星就有一种发生膨胀的倾向。最后，两种倾向会达到平衡。结果，这颗恒星便达到了某种固定的大小。一颗恒星的质量越大，为了平衡这种坍缩所需要的内部温度就越大，因而它的表面温度也就越高。

太阳是一颗中等大小的恒星，它的表面温度为6000℃。质量比它小的恒星，其表面温度也比它低，有一些恒星的表面温度只有2500℃左右。

质量比太阳大的恒星，其表面温度也比太阳高，可达10000℃、20000℃，甚至更高。在所有已知的恒星中，质量最大、因而温度最高、亮度最大的恒星，其稳定的表面温度至少可达50000℃，甚至可能更高。也许可以大胆地说，主序星的最高的稳定表面温度可以达到80000℃。

为什么不能再高呢？质量再大的恒星，其表面温度会不会比这还要高呢？到这里，我们不得不停下来。因为，一颗普通恒星，如果具有这样大的质量，以致它的表面温度竟高达80000℃以上，那么，这颗恒星内部的极高温度就会使它发生爆炸。在爆炸时，也许在瞬间会产生比这高得多的温度，然而当它爆炸之后，剩下来的将是一颗更小和更冷的恒星。

但是恒星的表面并不是温度最高的部分。热会从它的表面向外传播到该恒星周围的一层很薄的大气层(亦即它的“日冕”)。这里的热量从总量上说虽然不算大,但是,由于这里的原子数量同该恒星本身的原子数量相比是很少很少的,以致每一个原子可以获得大量的热供应。又因为我们以每一个原子的热能作为测量温度的标准,所以,日冕的温度高达 100 万℃。

此外,恒星的内部温度也比其表面温度高得多。要使恒星的外层能够战胜巨大的向里拉的引力,就必须是这样。已经查明,太阳中心的温度大约为 1500 万℃。自然,那些质量比太阳大的恒星,它们不但表面温度更高,中心温度也同样会更高。同时,对于具有一定质量的恒星来说,其核心的温度一般总是随着它的年龄的增长而越来越高的。有一些天文学家曾试图计算出,在整个恒星爆炸的前夕,其核心的温度可以达到多少度。我所看到的其中一种估算,认为最高可达到 60 千万℃。

那些不属于主序星的天体,其温度有多高呢?尤其是那些在 60 年代新发现的天体,其温度可达到多少度呢?例如脉冲星的温度可能达到多少度呢?有些天文学家认为,脉冲星实际上就是非常致密的“中子星”,这种中子星的质量虽然和一颗普通恒星一样大,但是它的直径只有十几千米。这样的中子星的核心温度会不会超过 60 千万℃这个“最大值”呢?此外,还有类星体,有人认为类星体可能是由数百万颗普通恒星坍缩而成的,既然如此,这种类星体的核心温度又有多高呢?所有这些问题,迄今为止,还没有人能够回答。

## 恒星相互“吞食”之谜

在一般人的心目中,恒星是如此巨大的星体,在宇宙中存在看不到始终。但是,即使是恒星这样大的星体,也会被“吞食”,这是一件令人难以想象的事情。

长期以来,天体物理学家就预言说:两颗恒星如相离过近,其中一颗很可能被另一颗“吞掉”。现在已发现这种“吞食”现象真的发生了,位于某星云中部相距很近的一对恒星中的一颗被另一颗无情地“吞掉”了。美国阿肯色大学的格拉尔和路易斯安那大学的邦迪论证了这一罕见现象。

恒星的老化和潮汐相互作用使双星的运行趋于衰减。这样两个恒星就越转越近。同时相互运转就越来越快,在此期间恒星又都在逐渐老化着,而老化恒星的命运很可能就变成一颗红巨星。在这种情况下,老化了的恒星外层就会扩展开,形成一层厚厚的但是十分稀薄的气圈。如若这时这颗老化恒星的伴星离得太近,这一外层就会将伴星包括起来。而伴星一经进入这一外层,其运行速度就会被气圈阻力减慢,并且开始螺旋形地向"吞食"它的那颗恒星的中部旋转进去。被"吞食"恒星在逐渐深入灼热深部的过程中失掉的能量则传输给了"吞食"恒星的气圈,这就使气圈的自旋率大大增加了。这种自旋力的增大使气圈中大量稀薄物质冲出形成一个环或晕。这一环或晕则环绕这一系统的中心等距离旋转。这时的中心则是由红巨星的核和它所"吞食"的伴星——两个分开的但又十分靠近的恒星所组成。

最近几年间,格拉尔和邦迪已发现某些红巨星的中心无疑是由相离很近的两个恒星组成的。他们的最新发现是位于巨蛇星座中被定名为艾贝尔 41 的星云里的一对双星。其双星运行周期仅为 2 小时 43 分,这表明两颗星间相距很近。以前发现的这类双星运行周期在 11 至 16 小时之间(相距更远的双星运行周期的测定需多年时间)。

赞同恒星"吞食"说最早的依据是由托莱多大学的鲍普最先提供的。他发现某黄巨星的运行比预期的要快得多,于是就提出这些黄巨星之所以增加了它们的旋转运动,是由于它们"吞食"了伴星后得到了伴星的角动量所造成。

恒星不仅能"吃掉"恒星,它还能"吃掉"自己的行星。这已为观测研究所证明。

天文学家观察到,麒麟星座中一颗恒星是怎样逐个"吞食"自己的行星的。这颗编号为 V838 的红巨星的首次爆发是在 2002 年 1 月被记录到,在短时间里它成为银河中最明亮的恒星——比我们的太阳明亮 60 万倍。但是当时科学家还不知道发生了什么,只是到现在才找到解释和原因。澳大利亚悉尼大学天文学家发表文章指出,该恒星每次爆发(在第一次爆发之后接着发生第二次)发生后,恒星会膨胀并"吞食"围绕自己旋转的巨大行星。从哈勃太空望远镜拍摄的照片中可清楚地看到,恒星"吞食"自己行星的情形是如何发生的。科学家认为,根据麒麟星座中发生的情况可以判断,经过 10 亿年后当太阳变成红巨星时,太阳系行星将面临同样的命运。

星星也会"吞食"星星,宇宙之大,真是无奇不有。

## 恒星的死而复生之谜

1996 年 2 月,一位日本天文爱好者在室外追踪彗星时,突然发现一颗亮星出现在人马座里,像火炬一样闪耀辉光。这位名叫樱井的爱好者以为自己发现了新星,按照国际惯例,他立即向国际天文协会做了报告。

樱井的发现很快在世界范围内传播开来,天文学家们纷纷把望远镜指向人马座天空。的确,这是一颗新发现的星。在大西洋东北部群岛上的望远镜很快看到了它,在美国得克萨斯天文台的大望远镜拍到了它的光谱,智利的望远镜也观测到了。为了表彰樱井的成绩,国际天文协会将它被命名为“樱井星”。

于是研究者纷至沓来,随着研究的深入,樱井星的新星资格出现了信任危机。新星是一种特殊天体,它的亮度只在几天内增加几百倍到几十万倍,几个星期后逐渐变暗,最后恢复如初。而樱井星在几个星期后依然光辉灿烂,耀眼闪光,两年以后,天文学家还能在它周围的微弱气体中观测到余晖。分析表明,这是一颗温度为 6000℃、大小与地球差不多的白矮星,它的光是由濒临死亡的星收缩产生的。

白矮星是体积小、光度暗、颜色白而带蓝的星,是恒星世界的“侏儒”。因为它白而小,所以叫它白矮星。它的直径同我们地球差不多,质量却有太阳那么大,是一种密度很大的星。

白矮星收缩到地球大小时,突然膨胀开来,并且继续膨胀下去,像正在充气的气球一样,成为体积很大,腹内空空的红巨星或红超巨星。樱井星在两年内膨胀到 100 个太阳大小,成为星星世界的庞然大物。到 1998 年底变成一颗冷而亮的红超巨星,直径约有 150 个太阳直径大。这时,它里面继续收缩,外面继续膨胀,外壳与内核逐渐分离。膨胀的外壳变成云雾状的“行星状星云”,留在星云中心的恒星内核经过一番“脱胎换骨”改造后,变成隐没在它自己抛出的碎片和尘埃云中的白矮星。

樱井星在星际尘埃中悄然“消失”后又复活了,并且踏上新的征途,演出一幕惊心动魄的“活报剧”:以每秒数百千米速度向空间吹出气体。这出“戏”吸引了不少天文学家,他们一方面用大望远镜观看它精彩“表演”,一方面探索它起死回生的“还魂术”。或许有人以为它是宇宙怪胎吧?其实,樱井星绝不是浩瀚宇宙中稀有之物，而有它的“同志加兄弟”。据天文学家估计，宇宙中约有20%的小质量恒星在走向自己坟茔的过程中可以运用“还魂术”起死回生。因为恒星是在核反应中“燃烧”自己体内的氢来维持生命，所以恒星的“还魂术”就是依靠对流过程把它周围的氢“翻腾”到核心区域进行核反应。在这个反应过程中，生成物愈来愈重。因此这种星的周围缺乏氢元素而富含重元素。目前在银河系中，像这样周围缺乏氢的白矮星至少有5个，它们都在过去某些时候死而复生过。表面上看，浩繁的银河系中只有5颗死而复生的星，数目并不多。其实，情况并非如此，只是它们复活的时间短促，我们没机会看到罢了。

## 银河系之谜

1.年龄之谜

长期以来，天文界对银河系的年龄说法不一。有的认为只有70亿岁，有的认为有200亿岁。1983年，美国教授纳斯·詹姆士和彼雷·迪马库，使用一种新的测量技术对银河系的年龄进行了反复的计算，结果最后测定银河系的年龄接近120亿岁。发明宇宙天文钟的荷兰天文学家经测量认为，1990年宇宙年龄的上限为120亿年。

银河系

2.结构之谜

很久以来，天文学家一直认为银河系是一个旋涡星系。但1991年，美国科学家认为银河系是棒旋星系，为此提出了种种线索。例如，银河系核心附近的星际云的不规则运动是以一个棒为中心的。

对银河系核心附近的恒星的近红外光观测，为棒状结构发现提供了直接证据。棒略微倾斜，它的东端向南倾斜穿出银道面，如它在天空中的大角厚度所揭示的那样，那部分离地球也比较近。经贝尔实验室的科学家计算，证明棒的重力将使附近的大质量星际气体云迅速地旋进核心，其结果很可能是激烈的中心恒星爆发。在爆发中，大量的非常亮的大质量恒星形成。

3.分子云

1982年美国科学家发现，在银河系外缘部有新的分子云。太阳系距离银河系中心大约3万光年。新近发现的分子云大约位于太阳系外侧3万至5万光年处，其主要成分是氢和一氧化碳，分子云的范围大约为3万光年。

中子星爆发消亡之谜

1996年，美国天文学家在靠近银河系中心的位置发现了一个天体。该天体被认为是一颗正在消亡的“中子星”。这是X射线天文学35年来的首次发现，引起了科学家们极大的兴趣并争先恐后地投入研究，以赶在该星体消亡前获得尽可能多的数据。

该星体的直径仅16千米，但却有巨大的质量——相当于太阳的质量；有巨大的重力场——相当于地球的1亿倍。该星体的密度极高，仅一手指尖大小的物质就有1亿吨。该星体从一个比它更大的伴星上吸取气体，获得能量，其抽取气体的力量之大可把这整气体加温至1亿度，并由此引发每半秒钟一次X射线长时间的爆发。该星体的独特之处还在于在X光波长上同时具有脉冲和爆发两种现象，还存在x射线长爆发现象，一天达二十余次。有的科学家说该发现“是一个奇迹之巅的奇迹”。

4.新星诞生

1989年，日本科学家在世界上首次记录了一颗银河系新星的诞生过程。他们借助微波干涉仪完成了系列摄影，根据这些相片可以观察到作为一颗新星形成过程的初始阶段怎样向银河中部的一个点集中。研究已确定，即将从中产生恒星的气体星云直径总计为一光年；气体围绕“云雾”中心旋转的速度，边缘为一秒钟一千米，靠近中心为一秒钟三千米。

5.黑洞之谜

天文学中“黑洞”是指演变到最后阶段的恒星，由中子星进一步收缩而形成的。黑洞有巨大的引力场，使它所发射的任务电磁波都无法向外传播，从而变成看不见的孤立天体。我们只能通过引力作用来确定它的存在,所以叫作“黑洞”,也叫“坍缩星”。

由于天河中心释放出X光和电波,所以科学界认为银河中心存在着黑洞。但是,多年来科学界一直未找到证明黑洞确实存在的证据。

在1997年8月于日本京都市举行的第23届国际天文学联系总会上,美国及德国的两个科研小组同时报告:在银河系中心的确存在巨大的黑洞,他们的研究已找到了这种证据。两个小组的研究均得出几乎相同的结果,足可使银河系中心存在巨大黑洞成为定论。

找到这种证据的是德国麦克斯普兰克研究所的研究小组,另一个是美国加利福尼亚大学的研究小组。

德国的研究小组在以往的6年间,利用智利的3.5米口径望远镜,对处于天马星座银河系中心附近的星体活动进行了详细观测。发现在从银河中心到光行进一周时间的距离内的星体正以每秒约两千米的迅猛速度绕银河中心周围旋转。从这一速度计算得出,星体旋转轨道内侧的质量约为太阳质量的250万倍。将如此巨大的质量集中于如此狭小的范围内,除了黑洞没有其他可能。

加利福尼亚大学研究小组开始观测的时间比德国的研究小组晚。他们用口径10米的望远镜,通过两年的猛追细察,准确地掌握了银河系中心附近近百个星体的运动速度。以这些速度计算出的中心质量与德国研究小组的基本相同,大约也是太阳质量的250万倍。

德国和美国的科研小组在不同的地方、利用不同的器械分别进行观测得到了相同的结论,这可以证明黑洞确实存在。

### 银河系中的其他生物之谜

1977年,在美国航空局工作的科学家迈克尔·H·哈特指出,只要把我们对太阳的距离缩短5%,地球上的生物就会热不可耐而不能生存;这段距离只要加长1%,地球就要被冰川覆盖。我们所居住的行星伸缩余地是不大的。

我们在宇宙中是不是独一无二的,也就是别的星球上或其邻近处有没有生命存在? 这个问题的提出比我们知道恒星是别处的太阳还要更早。尼古劳斯·冯·

屈斯和乔尔丹诺·布鲁诺都曾为此伤过脑筋。为此,两人之中一位幸免于难,另一位不得不在烈火中为之而献身。

讲到银河系中其他天体上的生命问题,这里只打算谈那种和地球生命的化学成分类似的情况。特别要提出来作为先决条件的是,这种生命离不开液态水。我们想知道,在某行星上是不是已经存在类似人类甚至进化阶段更高的生物。不论是这两种情况的哪一种,像地球上那样长的演变年代看来总是必需的。

南非德兰士瓦省翁弗瓦赫特的发掘结果告诉我们,早在35亿年前地球上就存在过比较高级的单细胞生物——蓝藻,而人们估算的地球年龄只比这个数字大10亿到15亿年。所以我们要搜索的对象星周围应该具备这样的条件,使原始生物至少已有40亿年之久能稳定地向较高级生物进化。

让我们来回顾一下我们这个行星上的生命发展史。天文学家海因里希·西登托普夫做过这样的形象比喻:假想我们能把大约50亿年长的地球史压缩成一年,那么原来的一亿年就变成1个星期,实际演变中的160年就转化为1秒钟。这样一来,从宇宙和银河系最老的恒星起源到太阳和地球的形成用这样的压缩时间表示大约经历了1年。假定太阳系的行星,包括地球,形成于第二年的1月份。那时大气的主要成分还是氢,也就是宇宙中最丰富的元素。后来,氢逃脱了地球引力的束缚,氮和氧成为地球大气的决定性成分。可是早在氢大气时代,简单的生命形态已经出现,而3月份就有了翁弗瓦赫特单细胞生物。生物仍在不断进化,但是我们了解得比较确切的只有假想压缩年的最后6个星期,这是因为得到了由化石提示的信息。在此期间大部分的氢已经逃散,各类生物的习性转而与氧相适应。11月末是植物,稍后是动物征服了整个大陆;曾经在地球上称雄1星期之久的古代巨型爬虫类,在圣诞节两天假日期间灭绝了;12月31日23时出现了"北京人";新年来临前10分钟,尼安德特人才来送旧迎新;夜半前5分钟,现代人种诞生了;新年只差30秒钟时,世界历史记载开了头。就在这最近30秒钟内地球上的人数增加了百倍。这种增加在最末若干秒内更是急速,仅在最近一秒钟内,全球人口就增长为原先的3倍。在除夕花炮上天前不到2/5秒钟的时候,人类开始发射无线电广播节目。



尽管地球从诞生以来的大部分时间中都孕育着生物,但是我们称之为文明的年代却只占生物存在时期的一个微乎其微的分子。

生物进化的过程如此漫长，把它和恒星演化的时间去对比没有什么不恰当。我们知道，天上有的恒星那样年轻，甚至爪哇猿人曾经是它们诞生的见证人。在这种恒星周围的行星上，目前高级生物还来不及形成。我们也知道，大质量恒星发光发热只有几百万年，这对于生物进化实在太短暂了。看来合适的对象只有从质量相当于或小于太阳的恒星中去找。银河系大约共有恒星千亿，其中绝大多数的质量都算“合格”，这是因为质量较大的恒星终究甚少。

除了百分之几的少数例外，银河系中恒星的发热年代都很长，足以使智慧生物渐渐形成。但尚不清楚的是这些星有没有行星围绕着它们转，因为只有在围绕恒星公转的天体上才能具备液态水所需的温度。可惜天文学家对别的太阳周围的行星还一无所知。由于它们实在太遥远，即使离我们最近的一些恒星确有这种伴侣天体绕它们转，人们也还没有能做到用望远镜直接观测这些微乎其微的对象。可是话说回来，别的太阳周围也有行星绕着转，这是非常可能的。首先，人们要打破生活在一个独特太阳系中这样一种概念的束缚。科学发展史曾一次又一次地表明，那种把人类放在宇宙中特优地位的想法，都是错误的观念。

我们已经了解，宇宙物质的角动量很可能使单星周围形成行星系。人类自己所处的行星系也支持这种观点。巨大行星木星和土星甚至以它们的卫星群在周围组成了具体的“行星系”，看来这也要归因于角动量。因此，单星周围都有行星系在运转的假想是合理的。

如果在恒星形成的过程中由于角动量因素而产生了一对双星，那么即使在此以前行星曾经出现过，它们也应该在不长的宇宙演变岁月中不是落到其中的一颗星上，就是被甩到宇宙空间。因为认真观测表明，半数以上的恒星是双星，所以银河系中算下来还剩大约400亿恒星伴有行星。

问题又来了：这些行星与各自恒星的距离是否合适呢？一个行星至少应该满足的条件是它与所属恒星的距离使得辐射在它表面造成液态水所需的温度。在太阳系中，水星极靠近太阳，而离太阳比火星更远的所有外行星则受阳光照射太弱，不够温暖。别的恒星周围的行星我们始终还没有见到，怎样才能知道它们之中有多少已经具备了距离恒星恰到好处的条件呢？我们的办法只有和自己所处的行星系类比。地球无疑地处在太阳生命带内部，火星和金星靠近此带的边缘。

“水手号”探测器拍得的照片表明，火星表面的荒凉程度和月球表面类似。尽管火星有大气并且含有水分，但是在它表面上软着陆的一系列“海盗号”探测器经过取土分析并没有发现生物细胞的任何迹象。苏联的一批探测器测得的金星表面温度超过450℃，所以金星也不是生物栖息的场所。在太阳系中我们似乎是独此一家。

只要仔细想想，一个行星必须同时满足多少条件才能栖息生物，我们就会明白，天体具备适于生物的气候是多么稀罕的巧例。

1977年，美国航空局的科学家迈克尔·H·哈特指出，外部条件合适，使生物能进化到较高级阶段的行星，在银河系中最多只有100万个。

在某个行星上如果适宜的气候能维持足够长的年代，生命确实会形成吗？这个问题应该去问生物学家，而不是天文学家。不过元素的分布大体上是相同的。银河系中离我们最遥远的恒星，甚至别的系中的恒星，它们的化学组成和太阳一样。没有由硫组成的恒星，也没有由汞组成的云团。压倒多数的情况下宇宙物质的最主要成分是氢，再其次才是其他的化学元素。我们可以向生物学家保证，即使是在一个遥远的，但气候适宜的行星上，他也能找到构成一切有机分子所需的各种物质。射电天文学家在气体云中发现了名目繁多的各种有机分子，其中有乙醇和甲酸，有氰化氢和甲醚。当然，从这类简单有机化合物向那些构成生命基础的复杂分子演变，是一条漫长的道路。

让我们假想，凡是可能孕育生命的场所，生物实际上都已出现，那么银河系中可能有着100万个居住生物的行星，这些生物也许各自都已演变了40亿年，只不过它们理应处在各自不尽相同的进化阶段罢了。

## 外星生命之谜

宇宙之大是人类永远无法想象的，和这个广袤的空间相比，世间一切都显得那么渺小。地球上的生命，难道真的就是宇宙中的唯一吗？

如果考虑到生命存在所需要的基本条件，火星和木卫二存在生命的机会都非常小，外星生命可能在太阳系外。

科学家称，除地球外，太阳系中任何一个星球存在生命的可能性都不大，而在太阳系外找到生命的可能性更大。此前科学家认为太阳系中火星和木星卫星木卫二上可能存在某种形式的初级生命，但现在仍无所发现。

地球和其他星球存在大量多样生命形式的关键是有光合作用。光合作用能够吸收并转化光能，用转化后的能量完成生命所需的生化任务。如果生物曾经在一个星球有过繁盛时期，光合作用将改变这个星球外层大气成分，就像生命对地球大气的改变一样。而除地球外，太阳系内其他星球的大气都没有类似改变。

生活在星球表面深层的初级生命可能通过化学反应而不是光合作用存活，而这种存活方式不会影响星球的大气构成。但科学家同时指出，这种生存方式需要许多条件碰巧凑在一起，而这样的机会并不是很多。

宇宙各处生命的物理极限是基本相同的。生命的定义应是：可以自我复制，有能够通过自然选择进化的机制，可能是碳基分子构成的。参照地球生命，宇宙中生命存在的温度范围应在零下 50℃ 到零上 150℃ 之间。

至少在 10 亿年前地球就向外太空发出过信号，证明这里存在着生命。如果说其他星系存在生命的话，这些生命很有可能已经知道了地球的存在，并将其列为一个充满生命的星球。

权威科学家指出，其他星系的外星人很有可能已经知道地球的存在。不同的化学物质可以发出不同的独特信号，这些信号可以在光线中加以识别。

天文学家们知道，那些在其光线中包含强烈氧气信号的星球具有生命存活的条件。其他暗示生命存在的独特信号还包括水、二氧化碳、臭氧、甲烷、一氧化二氮和叶绿素等。

目前对太阳系外的星球进行探测的方式是通过其对恒星的重力影响间接进行的。科学家们已经发现了大约 100 颗木星大小的其他星球。要对地球一般大小的星球的大气进行测量就需要先进的技术，将其发出的光线与其周围其他众多星球发出的光线区分开来。

人类走向更遥远的太空并不是梦，但如何组织探险队呢？有人类学家认为，年轻夫妇最适合未来的宇宙探险。

科幻故事中的宇宙探险往往展示一群来自地球的勇敢战士与外星人之间用高

科技武器的搏杀。但美国佛罗里达大学的研究人员近日指出,如果要完成赴其他星系的长途探险任务,探险队员最好由年轻的夫妇组成。

佛罗里达大学人类学家约翰·摩尔称,旅途漫漫,宇宙探险耗时200年或更长的时间完全正常。如果以年轻夫妇为单位组织探险队,不仅可以因正常的人类繁衍而不愁人力,而且可以减少人在枯燥无聊的旅行过程中精神失常的可能性,增加完成星际探险任务的机会。

摩尔称,家庭是一种自然的组织形式。由于存在父母和子女以及子女间长幼的界限,“家庭可以合理分配工作,完成任何任务”。人类历史上任何一次大规模殖民行动,总是以家庭,特别是以年轻夫妇组成的家庭为单位进行的。

按照摩尔的计划,未来的宇宙探险队应在150~180人之间。这个规模能够保证太空船里的成员人数在6~8代中保持基本稳定,而且避免近亲通婚。宇宙探险队应配有助产士和修理工,而且队员的信仰和文化背景应基本相同。

当探险队返回地球时,探险队员可能被要求在地球以外的某处停留数年,了解在他们或他们的先辈离开地球以后,地球发生了什么改变。到他们完全清楚地球的现状后,再走下飞船回到地球的家。

目前有专家认为,人类到2080年就可能实施登陆火星的计划。因此人类走向更遥远的太空并不是梦。

## 银河外星系之谜

在广袤无垠、浩瀚辽阔的宇宙海洋中,肉眼所见的天体,绝大多数是银河系的成员,那么,银河系就是通常所说的宇宙吗?远远不是!在宇宙中存在着数以亿计的星系,我们的银河系只是一个普通的星系,银河系以外的星系称为河外星系,简称星系,因此,银河系并不是宇宙,它只是宇宙海洋中的一个小岛,是无限宇宙中的很小的一部分。

据天文学家估计,在银河系以外约有上千亿个河外星系,每个星系都由数万乃至数千万颗恒星组成。河外星系有的是两个结成一对,多的则几百以致几千个星系聚成一团。现在观测到的星系团已有一万多个,最远的星系团距离银河系约70亿光年。

河外星系的外形和结构多种多样。1926 年,哈勃按星系的形态,把星系分为椭圆星系、旋涡星系和不规则星系三大类。后来又细分为椭圆、透镜、旋涡、棒旋和不规则星系五个类型。各类星系中,距离银河系较近的星系有麦哲伦云星系和仙女座星系。

麦哲伦云星系,包括大麦哲伦云和小麦哲伦云两个星系,它们是银河系的两个伴星,也是离银河系最近的星系,距离银河系为 16 万光年和 19 万光年。它们在北纬 20°以南的地区升出地平面,是南大银河附近两个肉眼清晰可见的云雾状天体。大麦哲伦云星系在剑鱼座和山案座张角约 6°,相当于 12 个月球视直径,小麦哲伦云星系在杜鹃座,张角约 2°,相当于 4 个月球视直径。两个星系在天球上相距约 20.5 万光年。

麦哲伦云星系是由阿拉伯人和葡萄牙人首先发现的。1521 年,葡萄牙著名航海家麦哲伦在环球航行时,第一次对它们作了精确描述,后来就以他的名字命名。1912 年,美国天文学家勒维特发现小麦哲伦云的造父变星的周光关系,赫茨普龙和沙普利随即测定了小麦哲伦云的距离,成为最早确定的河外星系。两星云之间虽存在着微弱的联系,但它们自存一个系统。

大麦哲伦云星系属棒旋星系或不规则星系,质量为银河星系的 1/20。小麦哲伦云星系属不规则星系或不规则棒旋星系,质量只及银河系的 1/100。麦哲伦云星系中的气体含量丰富,中性氢质量分别占它们总质量的 9%和 32%,都比银河系大得多。但它们的星际尘埃含量却比银河系少,而年轻的星族 I 的天体则很多,有大量的高光度 O—B 型星;此外,还观测到新星、超新星遗迹,X 射线双星等天体。射电资料表明,大小麦哲伦云星系有一个共同的氢云包层;两云之间的中性氢纤维状结构,一直伸展到南银极天区,横跨半个天球,称为麦哲伦气流。它们和银河系有物理联系,三者构成一个三重星系。

由于麦哲伦云星系距离我们太遥远,对它们的范围现在还没有一个精确的数字。估计大麦哲伦云星系的直径可能达到 4 万光年,接近银河系的一半。麦哲伦云星系的恒星分布密度比银河系低得多。大麦哲伦云星系的恒星总数可能不超过 50 亿~100 亿个;小麦哲伦云星系则只 10 亿~20 亿个。两星系的恒星数量加在一起,只及银河系的 1/10。因此,有人把它们说成是银河系的两个卫星。

仙女座星系，又称仙女座大星云。它用肉眼可以看见，亮度为4度，看上去像是一颗暗弱、模糊的星系。

仙女座星系是位于仙女星座的巨型旋涡星系，肉眼看去状如暗弱的椭圆小光斑。1786年确认为银河系之外的恒星系统。现在测定它的距离为220万光年(670千秒差距)。直径是16万光年(50秒差距)，为银河系的一倍，是本星系群中最大的一个。近年来发现，仙女座星系成员的重元素含量从外围向中心逐渐增加。1914年探知它有自转运动。据目前估计，仙女星系的质量不小于3.1×10对太阳质量，是本星系群中质量最大的一个。

仙女星系中心有一个类星核心，类星核心的红外辐射很强，约等于银河系整个核心区的辐射。

旋涡星系又叫旋涡星云，是旋涡形状的河外星系。旋涡星系的中心区为透镜状，周围围绕着扁平的圆盘。从隆起的核心球网端延伸出若干条螺线状旋臂，迭回在星系盘上。旋涡星系可以分正常旋涡星系和棒旋星系两种。

河外星系除上述几种星系外，还发现有大量各种类型的星系。天文学家估计，在最先进的仪器所观测到的这一部分宇宙里，星系的总数可能高达一千亿个之多。不久以前，美国天文学家宣布发现了迄今为止最大的发光结构——一道由星系组成的长至少有5亿光年、宽约2亿光年、厚约1500光年、距地球2亿~3亿光年的“宇宙长城”。这座巨大的“宇宙长城”实际是一个巨大的河外星系。

随着太空时代的到来，人们对太空星系越来越感兴趣。如今世界各地已有数百种天文杂志和数千个大大小小的天文学会社团，仅西欧就有数十万业余天文爱好者。世界各国为使自己在开发利用宇宙空间的宏伟事业中处于有利地位，更是加紧探索宇宙中的奥秘。

### 矮星系之谜

近年来，天文学家表示美国航空航天局在很短的时间内，在巨大古老的星系中观察到了很多以前不为人知的矮星系。尽管矮星系的天体在整个宇宙当中属于较小的天体，但是，矮星系在宇宙进化当中起到了至关重要的作用。天文学家称也许宇宙中最先形成的就是矮星系，而且是矮星系构成了大的星系。

迄今为止，矮星系是宇宙中最多的星系，天体也是宇宙中最多的，是它们组成了最基本的宇宙。宇宙进化的电脑模拟图也显示了宇宙中矮星的超高密度，就像此次观察到的矮星一样，在古老巨大的星系中矮星的数目也许比天文学家预想的要多得多。

天文学家希金斯研究小组利用先进望远镜对整个后发座星系团进行了细致的研究，后发座星系团是一个巨大的由很多星系共同构成的集合体。它包括了数百个以前不熟悉的星系，跨度达到了 20 万光年。希金斯和他的研究人员利用精确的高科技望远镜采集的数据研究不同地域星系的数目对宇宙进化所产生的巨大影响。希金斯研究小组发现了大约 3 万个天体，这些天体的目录对于天文学家来说是非常有用的。

有些天体和星系是位于后发座星系团中的，但是研究小组也认识到有些人造的飞行物也是星系的一部分，但那不是星体。后研究小组利用在西班牙的威廉射电望远镜测量出了在这一区域内数百个星系之间的距离并且利用数据估计了哪些飞行物是属于星系的。天文学家发现了一个令人惊奇的现象，在后发座星系团中多出了许多天体，它们的大小和银河系中第二大的星系一样巨大。希金斯由此判断也许是 1200~30000 个矮星在后发座星系团里，而且很多以前都是没有发现的。希金斯表示，所有观察到的这些只是一小部分，最后的结果可能是矮星系的数目最少也有 4000 个。天文学家称现在之所以得到这些数据和发现是由于人类利用现有的工具能够更有效地研究整个宇宙。现在由于天空比以前暗了许多，所以能利用红外线观测到更远更小的天体或者星系。希金斯在出席一个于夏威夷召开的天文学会议时指出，利用高科技望远镜，现在人类可以观察到以前受技术所限而观测不到的上千个星体。

希金斯还表示宇宙中的矮星也许不是最重要的研究对象，但是下一步的主要工作还是继续对矮星以及矮星系进行进一步的研究和探索。并且后发座星系团中的奇怪现象也要继续深入调查，矮星在其中的作用和数目还不尽翔实。希金斯的研究小组准备利用一种分光镜测量法计算出后发座星系团中到底有多少小星体或者小星系是属于后发座的。

## “小绿人”之谜

1967年,一位年轻的女天文学家贝尔,从天空中探测到了一种快速闪烁的射电波。这是人类第一次收到来自太空的信号,因此有一段时间,人们相信这种射电波来自太空中的智慧生物,科学家还给他们起了一个名字——“小绿人”。

但科学家很快发现,这种射电波很有规律,每秒钟都不多不少地出现33次。这种没有变化、死板呆滞的信号,不可能是智慧生物发出的,“小绿人”很可能根本不存在。

1969年,科学家又意外接收到了类似的射电波,并确认它是从蟹状星云中发出的。而这个星云来自1054年的一次超新星爆发。会不会是爆炸之后留下的东西在和我们联系呢?经过观测,科学家们确定,在星云的中心有一颗很小的中子星。

这颗中子星使1967年的疑问得到了解答。它每秒钟转33圈,每转一圈地球上就能收到一束辐射。由于它具有非常稳定的频率,科学家们又把它叫作脉冲星。

恒星演化到最后,究竟会成为中子星,还是塌陷成黑洞,其间的差别只是恒星质量的不同。脉冲星的发现,使黑洞的存在成为呼之欲出的事实,但要想让盲目乐观的人们面对现实,就必须先把黑洞找出来。

黑洞就像草地里的沼泽一样,不露痕迹地吞噬所有闯入者。天文学家的任务之一,就是在这些宇宙的沼泽边,贴上“此处危险”的警告。但是怎样才能找到这些穿着隐身衣的家伙呢?

既然黑洞不发出任何辐射、不抛出任何物质,用一般方式直接观测黑洞当然是不可能的。而且,黑洞的引力场对邻近区域的作用十分强大,周围的物质很快就会被吃得干干净净,不留给我们搜寻的线索。而在星际距离上,黑洞的引力并不比普通恒星更强,虽然它很想把恒星从遥远的地方拉过来饱餐一顿,却真的是可望而不可即。所以想通过星际间的引力作用,来观察黑洞也不现实。

但是黑洞也很狡猾,它会欺骗一些普通恒星签下契约,与自己构成一个双星系统,共同围绕一个引力中心转动。虽然普通恒星转动时该保持着警惕,但总有一些时候,会转到离黑洞非常近的地方。这可让“守株待兔”的黑洞找到了机会,它会把恒星上的物质一点一点地夺过去，并在边界周围形成一个物质盘，科学家称之为吸积盘。吸积盘的物质沿着螺旋轨道落入黑洞的过程中，会放射出“求救信号”，这就是 X 射线。X 射线是可以探测到的，因此科学家认为，找到了宇宙中的 x 射线，或许就可以间接地证明“那里”有个黑洞。这有点像暴雨后洪水泛滥，人们已难以看清哪里有危险的深穴，但湍急的漩涡和冲入漩涡的流水声响，仍然能帮助我们准确地进行判断。

### 宇宙诞生之谜

人们常常会问：宇宙是永远不变的吗？宇宙有多大？宇宙是什么时候诞生的？宇宙中的物质是怎么来的？等等。

当人类第一次把眼睛投向天空时，就想知道这浩瀚无垠的天空以及那闪闪发光的星星是怎样产生的。所以，各个民族、各个时代都有种种关于宇宙形成的传说。不过那都是建立在想象和幻想基础上的。今天，虽然科学技术已经有了重大进步，但关于宇宙的成因，仍处在假说阶段。归纳起来，大致有以下这么几种假说。

到目前为止，许多科学家倾向于“宇宙大爆炸”的假说。这一观点是由美国著名天体物理学家加莫夫和弗里德曼提出来的。这一假说认为，大约在 200 亿年以前，构成我们今天所看到的天体的物质都集中在一起。密度极高，温度高达 100 多亿℃，被称为原始火球。这个时期的天空中，没有恒星和星系，只是充满了辐射。后来不知什么原因，原始火球发生了大爆炸，组成火球的物质飞散到四面八方，高温的物质冷却起来，密度也开始降低。在爆炸两秒钟之后，在 100 亿℃高温下产生了质子和中子，在随后的自由中子衰变的 11 分钟之内，形成了重元素的原子核。大约又过了 1 万年，产生了氢原子和氦原子。在这 1 万年的时间里，散落在空间的物质便开始了局部的联合，星云、星系的恒星，就是由这些物质凝聚而成的。在星云的发展中，大部分气体变成了星体，其中一部分物质因受到星体引力的作用，变成了星际介质。

1929 年，哈勃对 24 个星系进行了全面的观测和深入的研究。他发现这些星系的谱线都存在明显的红移。根据物理学中的多普勒效应，这些星系在朝远离我们的方向奔去，即所谓的退行。而且，哈勃发现这些星系退行的速度与它们的距离成正比。也就是说，离我们越远的星系，其退行速度越大。这种观测事实表明宇宙在膨胀着。那么，宇宙从什么时候开始膨胀？已膨胀多久了？根据哈勃常数 H＝150千米/（秒·千万光年），这个意义是：距离我们1000万光年的天体，其退行的速度为每秒150千米，从而计算出宇宙的年龄为200亿年。也就是说，这个膨胀着的宇宙已存在200亿年了。

20世纪60年代天文学中的四大发现之一的微波背景辐射认为，星空背景普遍存在着3K微波背景辐射，这种辐射在天空中是各向同性的。这似乎是当年大爆炸后遗留下的余热，从某种意义上这也是支持了大爆炸宇宙学的观点。但是，大爆炸宇宙学也有些根本性问题没有解决。如大爆炸前的宇宙是什么样？大爆炸是怎么引起的？宇宙的膨胀未来是什么格局？

第二种是"宇宙永恒"假说。这种假说认为，宇宙并不是像人们所说的那样动荡不定，自从开天辟地以来，宇宙中的星体、星体密度以及它们的空间运动都处在一种稳定状态，这就是宇宙永恒假说。这种假说是英国天文学家霍伊尔、邦迪和戈尔特等人提出来的。霍伊尔把宇宙中的物质分成以下几大类：恒星、小行星、陨石、宇宙尘埃、星云、射电源、脉冲星、类星体、星际介质等，认为这些物质在大尺度范围内处于一种力和物质的平衡状态。就是说，一些星体在某处湮灭了，在另一处一定会有新的星体产生。宇宙只是在局部发生变化，在整体范围内则是稳定的。

第三种是"宇宙层次"假说。这种假说是法国天文学家沃库勒等人提出来的。他们认为宇宙的结构是分层次的，如恒星是一个层次，恒星集合组成星系是一个层次，许多星系结合在一起组成星系团是一个层次，一些星系团组成超星系团又是一个层次。

综合起来看，以上种种假说虽然说明了宇宙成因的部分道理，但还都缺乏概括性，还有继续探讨的必要。

### 宇宙的中心之谜

人们总习惯于寻找中心：政治中心、经济中心、游乐中心等等。古人以为地球是宇宙的中心，而人类是地球的中心，但后来我们失望地发现一切并非如此。那么，宇宙有中心吗？如果有，它在哪儿？

太阳系中所有的行星都绕着它们的中心——太阳旋转。连那么庞大的银河也有中心,它让周围所有的恒星也都绕着它来旋转。

这么说来,我们的宇宙也应该存在这样的中心,但是实际上它并不存在。因为宇宙的膨胀是发生在四维空间内,而不是我们通常所能理解的三维空间内,它不仅包括普通三维空间(长度、宽度和高度),还包括第四维——时间。四维空间的膨胀很难用三维思维来描述,但是我们也许可以通过观察并用气球的膨胀来解释它。

假设宇宙是一个正在膨胀的气球,而星系是气球表面上的点。我们还必须假设星系只能沿着表面移动而不能进入气球内部或内外运动。也就是说,我们把自己描述为一个生活在气球表面的二维空间的人。

气球的表面不断地向外膨胀,也就是说宇宙不断膨胀,则表面上的每个点彼此离得越来越远。站在任何一点上的人将会看到其他所有的点都在退行,而且离得越远的点退行速度越快。

在现实中,宇宙膨胀不是在三维空间内开始的,而我们只是三维空间的人。宇宙是在过去的某个时间,即亿万年以前,在当时的一个四维空间的点开始膨胀,虽然我们可以获得有关的信息,但我们却无法回到那个时候,无法探明那一点在四维空间中的位置。

宇宙真的没有中心。但是,这样的宇宙是不是会显得杂乱无章?也许它在我们所不能理解的四维或五维空间中是有中心,而且是井然有序的。

## 宇宙的尽头之谜

宇宙是无限的吗?如何理解这种无限呢?宇宙是有限的吗?那么宇宙的尽头又在哪里呢?类似这种问题长久以来一直困扰着人类。随着科学的发展,人类认识宇宙的范围越来越大,那么现在我们是否能够找到宇宙的尽头呢?科学家们都在进行着各自的探索。

当观测天体的时候,人们发现它的谱线不是在标准波长的位置上。所有谱线的波长都加长了,这表明谱线向红端移动,这种现象叫作谱线红移,它是由多普勒效应引起的。当天体或观测者运动时,天体发出的光和电波的波长就会发生变化。天体向着观测者运动,距离不断缩短,波长就会变短;天体背离观测者运动,距离不断加长，就会观测到波长加长的现象。天体谱线红移表明天体背离我们向远方运动。

如果我们用“Z”表示红移的程度，那么红移为“Z”的天体发出的光和电波在地球上观测时，波长就变成原波长的1+Z倍。例如在红移为4的天体中，氢原子发出的波长为1216埃的紫外线，而在地球上观测到的波长却是6080埃的红光，变成了眼睛可以观察到的可见光了。

按照多普勒效应，背离速度越大，红移也就越大。于是就可以根据红移求出天体离开我们的速度。

如果用光谱分析法分析来自天体的光，就能够检出氢、氧、碳等原子发出的、特定的、经过红移之后的波长。由此可以计算出这些特定波长发生的红移程度。按照多普勒效应，天体红移意味着宇宙在膨胀，广义相对论的引力场方程也有“膨胀的宇宙学”的解，于是形成了“宇宙膨胀论”。还有一些人提出了其他形式的宇宙论，如“稳恒态宇宙论”等。这些宇宙论也都主张宇宙膨胀。采用把红移换算成距离的方法，求得天体到地球的距离，随着所采用的宇宙模型不同而各不相同。

决定了宇宙模型，还应当从观测求出用哈勃常数表示的，现在宇宙膨胀速度和用“减速参量”表示的宇宙膨胀减速率。

按照宇宙诞生之后就急速膨胀的宇宙模型，假定哈勃常数为50千米/100万秒差距(1秒差距约为3.26光年)，“减速参量”为0.5。可以计算出宇宙的年龄为130亿年，地球到宇宙的“尽头”的距离从理论上来说应是130亿光年。

1988年8月美国约翰斯·霍普金斯大学的钱伯斯和宇宙望远镜科学研究所的乔治·麦里发现了编号为4G4.1.17的天体，随后美国基特山顶的国立天文台对它进行了摄影和光谱观测。

对氢原子和碳原子发射光谱测定的结果表明4G41.17就是红移为3.8的天体，根据前面的模型，这个天体离地球是117亿光年。以前确认编号为0902+34的天体离地球最近，它离地球的距离是115亿光年。专家们认为4G41.17便是目前人们所能够“看到”的宇宙的“尽头”。

此外，还要考虑到，光和电波以每秒约30万千米的速度传播。离地球117亿光年的4G41.17发现的光和电波经过了117亿年才达到地球。因此我们看到的是

117 亿年前的 4G41. 17 的雄姿。这样我们不仅观测到了“远方的宇宙”，而且也观测到了“昔日的宇宙”。

通过钱伯斯的观测，清楚地表明了，在宇宙诞生后 13 亿年就有星系形成了。

在宇宙中被称为“黑暗物质”的粒子是很多的，它们占了宇宙质量的绝大部分。质子和中子等重子称为基本粒子。在“黑暗物质”密度非常高的地方凝缩起来就形成了星系。这就是星系形成的“背景模型”。根据“背景模型”宇宙诞生 13 亿年之后，就有星系形成了。数年前人们观测到了红移为 0. 5，距地球 60 亿光年的星系，为了寻找更远的天体，人们又建立了多台直径为 4 米的大型望远镜，接着又开发了红外线摄像机和 CCD(电荷耦合器件)摄像机等新技术。这为发现新的、距地球更远的星系提供了可能性。红移为 7，也就是说，距地球大约 125 亿光年的星系很可能在不久的将来被观测到。如果发现了那样的星系，就说明宇宙诞生后 5 亿年，星系就形成了。

经过各种努力之后，仍然不能发现比 120 亿年更早形成的星系，也许是宇宙诞生 10 亿年前后产生的大量“宇宙尘”，使人们无法看见已经形成的星系。

无论如何，人们总是想找到宇宙的“尽头”。当观测技术进一步提高，观测比 4G4. 1. 17 更远的天体，精密地求出其气体的化学组成将成为可能。这为进一步了解这些天体的形成过程创造了条件，从而也就可以更准确地推算出宇宙的年龄和宇宙早期形成的情况。也许人们有一天终会找到真正的宇宙的“尽头”吧！

## 宇宙中的智慧生物之谜

人们总是想象宇宙中是否存在高等发展的智慧生物，那么，这种可能性到底存不存在呢？

天文学家们估计，在望远镜所及的范围内的恒星，假设在有行星的恒星中，只有 1‰具备生命所必需的条件，假设在这些星球中，有 1‰颗星球具有生命存在需要的大气层，这个数字仍是大得惊人。即使我们又假定其中只有 1‰已经产生生命，真正能够容许生命存在，仍将有 100 万颗有生命的行星……

毫无疑问，和地球类似的行星是存在的，有类似的混合大气，有类似的引力，有类似的植物，甚至可能有类似的动物。然而，其他的行星非要有类似地球的条件才能维持生命吗？

实际上，生命只能在类似地球的行星上存在和发展的假设是站不住脚的。以往人们认为放射性很强的水中是不会有任何微生物的。但是实际上有几种细菌可以在核反应堆周围足以致死的水中存活。有两位科学家把一种蠓在100℃高温下烤了几个小时后，马上放进液氦中（液氦的温度低得和太空中一样），再经过强辐射照射后，他们把这些实验品再放回到正常的生活环境中。这些昆虫又恢复了活力，并且繁殖出完全健康的后代。

这无非是举出了极端的例子。也许我们的后代将会在宇宙中发现连做梦也没有想到过的各种生命，也会发现我们在宇宙中不是唯一的，也不是历史最悠久的智慧生物。地球外的茫茫宇宙中，究竟有没有生命，究竟有没有类似地球人甚至比地球人更高级文明的外星人？随着空间科学技术的不断发展，这个富有神话色彩的猜测，越来越激励着人们的心。对这个亘古未解之谜尽管目前众说纷纭，莫衷一是，但原来持否定态度的权威人士，越来越多地转向了可能存在这一边。

科学家能够提出地球外有生命，甚至推测存在比我们更聪明的外星人，是很了不起的。因为有些人会用地球上生命形成与存在的传统理论来衡量外星球，忘却了它们之间在地理条件和自然环境上的不同。

科学家希柯勒教授在实验室里创造了一种与地球环境截然不同的木星环境，在这样的环境条件下成功地培养了细菌与螨类，从而证明生命并不是地球的“专利品”。我们地球上的所有生物也不是按照同一个模式生活的。氧是生物进行新陈代谢的重要条件，但是有一种厌氧细菌，就不需要氧，有了一定的氧反而会中毒死亡。高温可以消毒，会使生命死亡，但海底有一种栖息在140℃条件下的细菌，温度不高反而会死亡。据估计，地球上不遵守生命理论而存在的生物有好几千种，只是我们没有全部发现而已。有些人往往认为地球的环境是完美无缺的，什么只有一个大气压、常温、湿度正常……其实，这些标准是地球人自定的。我们不应该以地球上生命存在的条件去硬套其他星球，各星球有自己的具体条件。如果表面温度为15~150℃的火星上存在着火星人，他们也许会认为在地球这个温度条件下根本无法生存。

于是，在生命理论的研究领域中，行星生物学应运而生了。主要研究各种行星的自然条件，是否存在适宜于这些环境条件的生物，地球生物是否可以移居到其他行星上去，以及发现行星生物新方法。因为生物往往具有一种隐蔽的本能，即使存在也不一定轻易发现。例如地球空间中存在着许多微生物，但又有谁能用眼去发现它们呢？目前，对火星、金星、木星等的探察工作刚刚开始，预言这些星体上不存在任何生命，似乎为时尚早。

随着人类对自然界认识的深化及当代科学技术飞速发展，人们提出在地球以外的星体上存在生命甚至高度文明社会的问题不足为怪。科学家们为好奇心驱使极力想探明究竟，于是在二十多年前就产生了寻找“地外文明”的科学方向。

关于在地球以外广大的宇宙中是否有智慧生命的问题，科学家们分成了两大派。一派说，既然我们人类居住的地球是个最普通的行星，那么有智慧的生命就应当广泛地存在于宇宙中；另一派却说，尽管生命可能在宇宙中广为存在，但能使单细胞有机体转变成人的进化过程所需的特定环境出现的可能性是极小的，因此在地球外存在智慧生命就不大可能了。就科学的发展来看，这样的争论是正常的、有益的，而且会推动对“地外文明”探索的进程。

外星人的传闻日益增多，不论男女老幼对此都感兴趣。但是除了我们地球的人类之外，其他星体上到底有无高等智慧生命？已成为当代科学的第一大谜。

为解开此谜，1987 年 10 月，世界上有 69 位著名科学家联合发出呼吁，要求对外星智慧生物进行世界性的探索。

## 宇宙的六大悬案

宇宙第一大悬案——宇宙中存在生命吗？在宇宙中寻找地球外生命的根据是什么？一般来说，有这样几方面的理由：

第一，与生命产生相关的物质，如氨基酸、有机分子、甲烷……在陨石、彗星、太阳系以外的广阔空间都已有所发现，尤其是宇宙空间有机分子的发现，使得地外生命变得更加合乎实际，而不是人们纯粹的猜想了。

第二，适合生命产生的环境——像原始地球那样的行星，在银河系里并非“独此一家，别无分店”，同样也是有许多许多的。

第三，一些科学家正计划在其他星球上进行生命的实验，别的星球一旦出现生命之后,也会按生物进化的规律由低级到高级不断进化,最终也会产生像地球上的人类一样的高级文明生物。人们对科学家的大胆计划正拭目以待。

宇宙第二大悬案——黑洞天体为何物?黑洞通俗地说,就是在宇宙中有那么一些点,在这些点上(例如一颗燃烧尽了的恒星)由于自身塌缩的重力作用而不断被压缩,它的体积趋向于零而密度变得无穷大,这样,围绕这些点的一定空间范围就形成了一个黑洞。黑洞的引力无比强大,任何东西靠近它的时候都会被它吞噬掉,就连光也逃脱不了这样的厄运。

黑洞的理论是正确的。那么黑洞能否找到呢?根据世界著名理论物理学家霍金的理论,黑洞中的一切都消失了,但它所具有的强大引力依然存在。而引力是可以测量到的,这股强大的引力会使邻近的恒星发生摆动。

最近,美国和加拿大的科学家有"非常确凿"的证据证明,在银河系的一个星系中确实存在着一个黑洞。这个所谓的黑洞在大麦哲伦星云系中,它是一个双星系统,其中的一颗亮度很微弱,另一颗则看不见,而又确实存在。根据计算,这个看不见的星便是黑洞,其质量是太阳的8至12倍。这个黑洞已被命名为LMC—x。它到底是不是黑洞?也许还要有更直接的证据。

宇宙第三大悬案——引力辐射的问题。1916年,爱因斯坦最早从理论上证明了引力是一种波。可是,直到现在,人们依然没有在实验中测出引力波来。从20世纪50年代后半期起,物理学家魏伯开始构思检测来自宇宙天体的引力波的奇妙方法。1969年,魏伯宣布他发现并成功地检测到了引力波。消息一经传出,轰动了全世界。

从20世纪70年代起,世界各地相继建立了引力波检测装置。然而遗憾得很,结果都否认了魏伯的结论。引力波问题仍然是一个悬而未决的宇宙奇案。为什么说引力效应实在是微乎其微?因为它只有电磁效应的1/1040,这就造成了检测技术的极大困难。

大约在魏伯首次实验的10年后,终于有人间接地证实了引力波的存在,但直接检测出引力波仍是实验物理学留下的最大课题之一。

宇宙第四大悬案——太阳系的第十颗行星。在我们的太阳系里,除了目前已知的九大行星外,是否还存在第十颗行星呢?这个问题像幽灵似的在天文学家的心中盘旋着。找到它,这便是天文学家今后最迫切的任务。

早在18世纪70年代,德国天文台的彼德就编写了举世闻名的"行星平均轨道数列",如果将行星的平均轨道半径用天文单位来表示,发现计算值和实测值对一些行星来说是很接近的,但从海王星和冥王星与太阳的平均距离来看,其距离相差很大。

1977年,帕诺玛天文台的考瓦耳向世界各地的天文台发了一封电报,宣称他在10月18日发现了一颗低速移动的,光度为18等级的新天体。许多天文台根据考瓦耳的报告进行跟踪观察,并求出这颗新天体距离太阳的距离为13.7天文单位,它比土星遥远得多,但在天王星的内侧。问题是在冥王星外侧是否存在另一颗行星呢?

如果用彼德法则考虑在冥王星外侧存在新行星的话,那么在大型望远镜的视野里是可以发现的。天文学家为了能圆满解释太阳系行星之谜,无疑将会在遥远的宇宙空间里继续搜索新的天体——太阳系的第十颗行星。

宇宙第五大悬案——新元素的发现极限。德国科学家通过重离子加速器,用人工方法制成第107和109号元素。虽然到现在还没有发现第110号或以后的元素,但却不能说元素发现到此结束了。既然没有到尽头,那么到底到哪里为止呢?

宇宙间的物质千差万别,多得不可胜数,但形成这些物质的元素种类却还不到100种。因为,自然界形成的元素在周期表中只有92种,最重的元素就是铀了,而在这以后的重元素都是在实验中人工制得的。科学家对此并不罢休,他们像挖宝似的,在某些地方寻找超重元素,至今虽然未取得成功,但终于找到了通过加速器制造超重元素的途径。

周期表是探求未知元素的指南,应用周期表可以推测未知元素的性质,以便确定研究它们的方法。

宇宙第六大悬案——人类进化有缺环。还在18世纪,英国生物学家赫胥黎在研究了尼安德特人的头骨以后,认为它是一个具有猿脸的头骨,但绝不是人与猿之间的中间缺环。这就告诉我们,人与猿之间的亲缘关系,似乎还应该有一环。从19世纪末,这个缺环一直没有找到它的化石。

1891年荷兰的军医杜布瓦在爪哇发现直立猿人(爪哇猿人)的骨骼,全世界都为之轰动起来。爪哇猿人的发现,证明这个缺环确实是存在的。20世纪20年代,又在中国的周口店先后发现了北京猿人的牙齿和头盖骨。可是,在20世纪中叶,日本的人类学家认为爪哇猿人和北京猿人尚不是真正的中间缺环,它更接近于人的一方。这样,刚发现了不久的中间一环,又被否定了。

于是人类学家又不得不去寻找介于猿和人之间的新的一环以取代直立猿人。这就把南方古猿作为缺环提出来了。可是遗憾得很,南方古猿从脑的大小上看,它跟黑猩猩和大猩猩几乎差不多。所以,设想中的缺环还是没有找到。

那么,在猿与人之间到底应该是什么样的一环呢?日本人类学家把它称为"类猿人"(注意:不是类人猿)。如果这一缺环确实是存在的话,那么,应该相信,类猿人将会被发现,或者正在发现之中。

## 大爆炸之谜

从前有个似乎十分简单的设想,即宇宙始于一次大爆炸。

"大爆炸"理论可以和宇宙诞生的故事慢慢拼凑起来。"大爆炸"方程式甚至还可以用于预测宇宙历史早期形成的质量较轻元素(氦、氢和锂)的相对数量。而且"大爆炸"理论还与观测结果十分吻合,这真是不可思议。

但是这种理论上的乐园已经难有好日子过了。最近几年,"大爆炸"理论不能自圆其说的问题接踵而来,宇宙不再那么循规蹈矩了。

1.最新打击

人们长期以来一直认为,星系彼此之间的引力与宇宙扩张相抗衡,向心引力刚好与离心张力形成平衡,使宇宙得到控制。可是科学家却发现了宇宙在加速膨胀的证据,这表明存在某种尚无法解释的与引力作用相反的斥力。

虽然还未成定论,但是它却是理论学家一直绞尽脑汁要弄明白的一系列惊人结论中最新出现的一个。由于天文学家们的观测工具越来越灵敏,所以就必须不断往原始的"大爆炸"理论中塞进一个又一个用心良苦的假设——先是宇宙诞生大爆炸之后随即出现过短暂的"膨胀期"、存在大量看不见并无法解释的"暗物质",现在则可能是正使宇宙加速扩张的某种神秘的东西。

2.理论起源

爱因斯坦是最先模模糊糊领悟到后来称为“大爆炸”的人之一，他对这种设想深恶痛绝。1917 年，他意识到他的广义相对论意味着宇宙或者在收缩，或者在膨胀。他给他的方程增加了一个项，后来称之为宇宙常数，这是一个附加因素，可以使宇宙体积的变化忽略不计。

后来，天文学家们收集到了确凿的证据，表明星系的确在膨胀，离开地球的距离以及彼此间的距离越来越远。爱因斯坦因此有个著名的论断，认为其宇宙常数是他的“最大错误”。

“大爆炸”理论几乎从问世以来就一直争议不断。

通过间接测量星系之间的距离以及星系漂移的速度，著名天文学家埃德温·哈勃得出结论认为，宇宙大爆炸距今已有 20 亿年历史了。但是地质学家利用铀衰变为铅的速度却计算出地球本身的年龄为 40 亿年。

这一矛盾很快得到了解决。星系的移动速度是根据星系光线红移量测定的，这有点儿像远去的轮船汽笛声，音量急剧下降。对星系距离的测量甚至就更不确切了。人们不得不进行这样的推理，即如果能够在某个天体附近并一览无余地盯着看的话，该天体的亮度该有多大。通过将这种假设的固有亮度与实际上抵达地球的光线亮度相比较，我们就能估算出该天体与地球之间的距离了。

直到 1965 年前后，该理论的拥护者还没有怀疑者多。当时天文学家阿尔诺·彭齐亚斯和罗伯特·威尔逊发现了无处不在的背景辐射，这是最初大爆炸留下的余光。再加上对最初大爆炸后形成丰富轻元素的预言得到验证，大爆炸理论似乎可以盖棺定论了。

3.不断修正

但并不是所有事情都能得到解释。例如，为什么无论在哪里出现的背景辐射都有完全一样的温度呢？这种吻合似乎过于完美，而显得不够真实自然。还有更令人不可思议的，那就是宇宙匪夷所思的形状。一个“封闭”的宇宙是弯曲的，所以宇宙万物最终会崩溃。而一个“开放”的宇宙则将无限扩张。但是无论如何，我们自己的宇宙似乎是“平的”，介于这两者之间。

除非存在宽厚仁慈的独裁者，否则宇宙中的一切怎么能够如此和谐呢？

1979 年时出现了一个答案，当时物理学家艾伦·古思提出了一个假设，认为在最初大爆炸之后，宇宙紧接着进入超高速疯狂扩张期，宇宙体积成倍地膨胀。该膨胀期只持续远远不到一秒钟的刹那间。但是计算结果表明，这就足以使辐射变得均匀，并使弯曲展平——消除了大爆炸留下的波纹，于是又恢复了宇宙常数。

但是宇宙学家们随后又开始感到不安了，因为宇宙辐射过于均匀。这表明宇宙最初是均质单一的，后来莫名其妙地演化成我们今天所见到的不规则的宇宙，中间点缀着恒星、星系和巨大星系团。要想让这么多的物质凝结起来，似乎宇宙的年龄还不够大，引力也不够强。于是就出现了另一次修正。宇宙学家们已经发现，理论上存在的暗物质可以让“大爆炸”理论自圆其说。如果宇宙中存在足够多的这种看不见的物质，那么这种物质就可以产生额外的引力，促使形成巨型结构。“大爆炸”理论变得不再简单明了，现在甚至似乎变得越来越复杂了。

以正在发生爆炸的恒星超新星作为测量距离的信标（因为可以用超新星闪烁的速度来估计它们的实际亮度），天文学家们很不情愿地得出了这样一个结论，即宇宙可能正在莫名其妙地加速扩张。

还可能出现这样的情况，光学错觉让天文学家们看走了眼。与此同时，理论学家们又在忙着修补漏洞了。

## 壮观的流星雨之谜

流星雨是人们所能目睹的少数宇宙奇观，可预测的流星雨是观测区内居民的盛大节日。流星雨是流星体在大气层中燃烧所形成的景观，在地球上并不罕见。人类重视流星雨的关键是它能给我们送来研究宇宙的最直接证物——陨石。

流星是什么呢？科学地说，太阳系行星际间存在一些尘粒和微小固体块闯入大气层，一种行星际物质在大气层中摩擦燃烧发光的现象，而流星雨就是地球遇到了一大群宇宙尘粒流星群造成的如同“下雨”一样的天文现象。

流星体从哪里来的？说来，它与彗星有不解之缘。

我们举比拉彗星为例来介绍：

比拉彗星早在 1772 年就被人发现了，1805 年又被人发现过一次并确定为彗星（周期为 6.6 年）。奥地利人比拉是一位天文爱好者，他在相隔 21 年后又看到了并证实就是人们多次看到的那颗短周期彗星，并预报下次它将在 1832 年出现。果然

流星雨

比拉彗星在1832、1839年又两次重现。

令人惊异的事出现在1846年1月13日，比拉彗星分离成为“双胞胎”兄弟，都有自己的彗核、彗发和彗尾，先乍离乍合相随，继而一前一后，两部分慢慢拉开了距离，消失于视野。等到下一个回归年1852年时，尽管双双返回，却相差240万千米，形状和大小没有太大变化，但俨然是另起炉灶各自为政的两颗彗星了。

转眼到了下两个回归年1859年和1865年，却没寻到孪生彗星的踪影。

经过计算，1872年10月6日，它们经过轨道近日点，人们还是做好准备迎接回归，可是虽经天文工作者用心探寻，但都没有发现，时间过去一个半月，仍一无所获。人们心里纳闷，难道它们已退出江湖了？如果是那样，那么它们又隐居在何方呢？在当年的11月27日夜里，在欧洲和北美洲的许多地方，都看到了一场盛大的流星雨，流星从仙女座向四周辐射出来，像高空焰火，历时六个小时，从隔射点总共隔射出大约十六万颗流星，高峰时一个小时达到几万颗。大家心里的问号逐一打开了。

原来，这正是地球穿过比拉彗星的轨道的时候，显然比拉彗星已经瓦解了，把组成彗星的小块和尘粒一路洒在自己椭圆轨道上，聚集成一大团的尘粒就形成“比拉流星群”，比拉流星群的辐射点在仙女座，当出现流星雨时就叫“仙女座流星雨”。如果地球经过彗星尘粒分散而稀疏的部分时，流星雨规模较小，我们可以只见流星不见雨。从比拉彗星身上，一方面折射出彗星分裂、崩溃的规律和演变历史；另一方面也告诉我们，彗星与流星群、流星雨之间的关系。

让我们回过头看看,20 世纪末流星雨——狮子座流星雨的事情就清楚了。

狮子座流星群(雨)是跟“坦普尔·塔特”彗星有关,它的尘粒物质特别集中在一起,这一团流星群只有每公转了一周以后,才会重新和地球相遇。平均 33.5 年回归一次的坦普尔·塔特彗星,意味着每隔 33.5 年狮子座流星雨才会有次盛大表演。历史上最盛大的一次流星雨就是 1833 年 11 月 13 日的狮子座流星暴雨,在长达六七个小时的“降雨”过程中,流星总数在二十四万颗以上,真是“流星交注”的宏大气势。在当时不了解内情、科学不甚发达的时代,足以让人们目瞪口呆了。

20 世纪 60 年代,狮子座也曾爆发出可观的流星雨,“雨星”达一小时十四万颗,持续八九个钟头,每分钟约 2400 颗流星从狮子座一点辐射出来,布满整个天空,直到地平线。近 200 年来,1799、1833、1866、1966 年四次著名流星雨都发生在西方,狮子座流星雨最早纪录是公元 902 年,它只在公元 931 年向东方展现过它的风姿,这也是我国最早记载的那次,而 1998 年的流星雨又与我们失之交臂,可见在每次朝见的三四年间,狮王的表现到底如何让人难以预料。如果注意观察一下,同一个流星雨,我们差不多总在一年的相同时期内看见它,天文爱好者若有兴趣不妨亲自观察一下。这是因为地球轨道如果和某一流星群的轨道相交,那么地球至少每年在相同的日期穿过流星群一次,产生同一个流星雨。比如狮子座流星雨每年 11 月 14 日至 20 日会出现,只是一般年份里流星数很少。在 1997 年 11 月 18 日凌晨两点至 4 点长达 2 小时观测中,你可以看到二十几颗流星。英仙座方向出现的流星雨,你可以在每年 8 月 11 日到 12 日看到有 40 至 50 颗流星,在一小时中辐射出来。这说明英仙群尘粒是均匀分布在整个轨道上,因此地球每年穿过轨道的尘粒差不多。

其他著名的流星群还有天琴座、天龙座等。

20 世纪最大的流星雨——天龙座流星雨出现于 1933 年 10 月 9 日,地点是欧洲、非洲。许多人都终生难忘。这次流星雨是那样艳丽、迅猛,似乎宇宙发生了惊人的大难。在非洲,人们击鼓以恐吓魔鬼,在西班牙的柯庄上响起了葬礼的丧钟,召唤信徒的忏悔。它持续了约四个半小时,高峰时流星数在 5000 颗以上。1946 年 10 月 10 日,天龙座又爆发同样规模的流星雨,其彗星母体是贾科比尼·津纳彗星,于 1900 年发现,周期六年。1926 年、1953 年、1985 年再次发生时,规模小多了。可见大流星雨与地球和彗星在轨道上相对位置有关,因为流星体物质在轨道上的分布不均匀。

英仙流星群——每年可见的活动期最长、活动强度最大的流星群。活动期从7月中旬至8月中旬,最大流星数每小时可达70个左右。母体彗星是1862年,估计回归周期是120年,但人们在20世纪80年代没有再看见它,还有待人们观测。

哈雷彗星造就的流星雨——宝瓶座流星群和猎户座流星群。活动期分别是每年4月底至5月上旬,以及每年10月份的下半月。这时地球接近哈雷彗星轨道的降交点,由哈雷彗星回归时崩散的物质形成流星群。每年的强度和时间大体一致。

## 奇异的流星声之谜

流星竟然会发声,似乎闻所未闻。然而这却是事实!

伊西利库尔是一座小城,位于俄罗斯辽阔的西伯利亚平原。一个寒冷的冬夜,城里的大街小巷堆满了积雪。在这片雪原的上空繁星闪烁,四周一片寂静。

突然,从天宇的某个地方,传来了一声尖锐刺耳的裂帛声。人们翘首远眺,只见一颗璀璨的流星,散射着金黄色的光芒,像箭一般掠过长空。流星留下了一条长而发亮的轨迹。与此同时,那种裂帛似的声音也消失了,小城的雪夜又重归寂静。

人们对于流星是不会陌生的,然而有一点却使人感到困惑不解:伊西利库尔的人们先听到了奇怪的声音,然后才看到流星,这到底是怎么回事呢?众所周知,流星以飞快的速度进入大气层后,和空气发生剧烈的摩擦,很快便烧成一团火球。绝大多数流星在60千米~130千米处的高空就已燃烧殆尽,只有极少数到20千米~40千米的高空处才烧完。而声音在大气中的传播速度是每秒340米,因此从那么高的地方传送到我们耳边的时间至少需要1分钟,多则要3~4分钟。当流星飞过天空的同时,人们听到了它所发出的刺耳的声响,这就好像在看见闪电的瞬间就听到了雷声。

尽管许多人认为同时看到和听到流星是完全不可能的,然而世界各地的研究者们积累下来的这类材料却是越来越多,许多史册中也有类似的记载。为了研究这一奇特现象,俄罗斯著名科学家德拉韦尔特教授收集了大量伴有反常声音的流星资料并给这种奇怪的流星起了一个确切的名字:电声流星。在德拉韦尔特教授所整理的电声流星记录表中，有这样几段有趣的记载：1706 年 12 月 1 日，托波尔斯克城的一位居民在流星飞过时，听到了一阵刺耳的沙沙声。1973 年 8 月 10 日，鄂木斯克省的格卢沙科夫看到“漆黑的夜空中突然闪出一道白色的电光，照得四周亮如白昼。在流星飞行的 15~18 秒钟期间，一直可以听到嘈杂的响声，好像一只巨大的鹫鹰从高空中猛扑下来一样”。

1938 年 8 月 6 日，飞行员卡谢耶夫在鄂木斯克上空看到一颗橙黄色流星，“它飞到半途中时，传来了‘吱吱嘎嘎’的响声，好像一个缺油的车轴在干转”。

有趣的是，著名的通古斯陨星和锡霍特阿林陨星陨落时，许多目击者都听到了类似群鸟飞行的嘈杂声音和蜂群鼓翅的嗡嗡声。这些不寻常的声音在被人们听到之前都“走”过了大约 50~200 千米的距离，最多的可达到 420 千米，“正常的”声音大约要经过 21 分钟才能传送到，实际上，等不到它们到达我们的耳边，就衰减乃至消失了。可奇怪的是，在许多情形下，电声流星的“信号”甚至还要早于流星本身出现。目击者们往往都是听到声音之后，循声望去，才看见空中出现了流星。

目击者们对流星之声的描述也是形形色色，甚至是千奇百怪的：嗡嗡声、沙沙声、啾啾声、辘辘声、刺刺声、淙淙声、沸水声、子弹炮弹火箭飞过时的啸声、惊鸟飞起的扑棱声、群鸟飞起的拍翅声、电焊时的噗噗声、火药燃烧时的哧哧声、噼噼啪啪的响声、气流的冲击声、钢板淬火和枯枝折断时的声响……

最叫人难以理解的是，有些人能够听到流星的声音，而另外一些人则什么都没听到。例如，1934 年 2 月 1 日，一颗流星飞临德国时，25 个目击者中有 10 个在流星出现的同时听到了啾啾声，其余的人则称流星是“无声”的。1950 年 10 月 4 日，在美国密苏里州出现流星时，只有孩子们听到了流星飞过时发出的啸叫声。有些专家认为，所有这一切的谜底就在于流星飞行时所发出的电磁波。这些电磁波以光速传播，有些人的耳朵能够以某种我们目前还不知道的方式把这种电磁振荡转换成声音，转换的方式因人而异，各人听到的声音自然也不相同。可是对另外许多人来说，就完全没有这种“耳福”了。科学家曾做过一个试验，使用大功率的高频发射机从 300 米外向受试者发射高频电波，结果他们都听到了嗡嗡声、弹指声和敲打声。但受试者强调说，这些声音仿佛是从“头里面”发出来的，然而电声流星的声音却是有着明确的“外来性”，并差不多正常的耳朵都能够感受到。这表明电磁波假说也有难以自圆其说之处，可见要揭示此奥秘的成因并非易事。流星之声的形成机制究竟如何，至今仍是一个谜。

## 多贡人与天狼星之谜

尼日尔河是非洲西部的大河之一，它流过马里共和国时拐了个大弯。在河湾处，居住着一个名叫多贡族的黑人土著民族，他们以耕种和游牧为生，生活艰难贫苦，大多数人还居住在山洞里。他们没有文字，只凭口授来传述知识。看上去同西非其他土著民族没有什么两样。

在20世纪20年代，法国人类学家格里奥和狄德伦为调查原始社会宗教，来到西非，在多贡人中居住了十年之久。长时期的交往使他们得到了许多多贡人的信任。从多贡人最高级的祭司那里，他们了解了一个极为令人惊讶的现象：在多贡人口头流传了四百年的宗教教义中，蕴藏着有关一颗遥远星星的丰富知识。那颗星星用肉眼是看不见的，即使用望远镜也难以看到。这就是天狼伴星。

多贡人把天狼伴星叫作“朴托鲁”。在他们的语言中，“朴”指细小的种子，“托鲁”指星。他们还说这是一颗“最重的星”，而且是白色的。这就是说，他们已正确地说明了这颗星的三种基本特性：小、重、白。实际上，天狼伴星正是一颗白矮星。

而天文学家最早猜测到天狼伴星的存在是在1844年。1928年借助高倍数望远镜等各种现代天文学仪器，人们才认识到它是一颗体积很小而密度极大的白矮星。直到1970年才拍下了这颗星的第一幅照片。生活在非洲山洞里的多贡人显然没有这种高科技的天文观测仪器，那么，他们是怎样获得有关这颗星的知识的呢？

不仅如此，多贡人还在沙上准确地画出了天狼伴星绕天狼星运行的椭圆形轨迹，与天文学的准确绘图极为相似。多贡人说，天狼伴星轨道周期为50年（实际正确数字为50±4~0.9年）；其本身绕自转轴自转。他们又说，天狼星系中还有第三颗星，叫作“恩美雅”，而且有一颗卫星环绕“恩美雅”运行。不过直到现在，天文学家仍未发现“恩美雅”。

多贡人认为，天狼伴星是神所创造的第一颗星，是整个宇宙的轴心。此外他们还早就知道行星绕太阳运行，土星上有光环，木星有四个主要卫星。他们有四种历法，分别以太阳、月亮、天狼星和金星为依据。

据多贡人说，他们的天文学知识是在古代时，由天狼星系的智慧生物到地球上来传授给他们的。他们称这种生物为“诺母”。在多贡人的传说中，“诺母”是从多贡人现今的故乡东北方某处来到地球的。他们所乘的飞行器盘旋下降，发出巨大的响声并掀起大风，降落后在地面上划出深痕。“诺母”的外貌像鱼又像人，是一种两栖生物，必须在水中生活。在多贡人的图画和舞蹈中，都保留着有关“诺母”的传说。

## 被撞毁的玛雅星之谜

在我们赖以生存和栖身的太阳系内，其千古不解之谜相当之多，随便举上几个例子：

为什么在九大行星中间，在原本“应该”有一颗行星的地方，却有成千上万颗小行星？

为什么八大行星都是自西向东自转，唯独金星是反方向？

为什么木星和土星的好几个卫星的公转方向，与其他卫星相比也都是“背道而驰”呢？

为什么天王星“躺”在轨道上绕太阳转？

为什么从木星到海王星 4 颗大星星都比较大，唯独那最远的冥王星却又“突然”那么小呢？

冥王星不仅是大行星中最小的一个，与类木行星的大卫星相比，连前 5 名都排不上，至多只能排“老 6”，这又是为什么呢？

太阳系天体存在的疑难问题还有不少，就太阳系整体而言，这些问题之间应该是有关联的。所以尽管以上各大悬案已涉及半数以上的大行星，但或许原因只有一个，那就是：大约在 6500 万年前，一颗来历不明的大行星“闯”进太阳系，它一路“横冲直撞”并最终撞毁了玛雅星，同时自身亦四分五裂。

## “爆炸”了的行星之谜

在中美洲的尤卡坦半岛上栖息过的玛雅人，无疑是我们地球上最神秘莫测、最富有传奇色彩的民族之一。早在远古时代，玛雅人就在天文、建筑、医学、历法等方面都曾取得过辉煌的成就，他们建筑了富丽堂皇的宫殿，修筑了台阶状金字塔式的纪念碑和寺院。

此外，玛雅人留下的许多天体方面的史料中，最令人惊叹不已的莫过于推算出卓尔金年 260 天，金星年 584 天，算出地球是 365.2520 天（今天的准确计算是 365.2422 天）。

现代的史学家、天文学家一般把玛雅人的卓尔金年当作他们的宗教祭祀年，1 年一共有 260 天（有 260 个不同的名称和顺序），划分为 13 个月，每个月 20 天。他们的这种年历一般被认为是为他们定出举行宗教仪式的时间而制定的。

同时玛雅人也用 365 天（地球的公转周期）计年，他们将这种有别于宗教年的历法通称为“民用年”，年划分为 18 个月，1 个月 20 天，外加 5 个天名日。

但几乎是与这种传统说法同时的，有人却持另一种意见，他们坚持认为：既然玛雅人的地球年、金星年都是针对两个太阳系大行星而言的，那么卓尔金年一定也与某个大天体有着神秘的联系。于是便有人随之大胆地提出了一个近似于科幻小说的设想。

玛雅人可能是外星人，他们曾居住的星球由于某种目前尚不可知的原因爆炸了。他们是母星大爆炸前移民到地球上来的。他们的 260 天计年法，则是他们穿越心灵，永远也无法湮灭的记忆。所以，玛雅历中规定每 52 年（260/5 = 52，墨西哥的阿兹合克人便一直采用 52 年月日一个循环的计年法）要建造一定级数台阶的建筑物（如寺庙和金字塔），建筑物的每一块石头都与历法有关，每一座建筑物都严格地符合某种天文上的要求。而且，每 5 个 52 年，他们都会举行隆重的祭祀仪式。现代学者称之为“历的轮回”。

无独有偶，关于太阳系内是否发生过行星爆炸一说，从另一学说方面，竟也殊途同归地得出一个共同的结论。那就是天文学上著名的“提丟斯—彼得”定则。

## “提丟斯—彼得”定则

早在 1772 年，德国天文学家彼得在他编写的《星空研究指南》一书中，总结并发表了 6 年前由一位德国物理学教授提丟斯提出的一条关于行星距离的定则。

定则的主要内容是这样的：

取得0,3,6,12,24,48,96……这么一个数列,每个数字加上4再用10来除,就得出了各行星到太阳实际距离的近似值。

如:水星到太阳的平均距离为(0+4)/10=0.4(天文单位);金星到太阳的平均距离为(3+4)/10=0.7(天文单位);地球到太阳的平均距离为(6+4)/10=1.0(天文单位);火星到太阳的平均距离为(12+4)/10=1.6(天文单位);照此下去,下一个行星的距离应该是:(24+4)/10=2.8(天文单位)。

可是这个距离处没有行星,也没有任何别的天体。彼得相信,“造物主”不会有意在这个地方留下一片空白;提丢斯认为,也许是火星的一颗还没有发现的卫星在这个位置上。但不管怎么说,提丢斯—彼得定则在“2.8”处出现了间断。

木星到太阳的平均距离为5.2(天文单位);土星到太阳的平均距离为10(天文单位)。

定则给出的数据与实际情况比较起来,是否相符合呢?请看:

行星定则算出的各行星到太阳的距离:水星到太阳的平均距离为0.40387(天文单位);金星到太阳的平均距离为0.70723(天文单位);地球到太阳的平均距离为1.01000(天文单位);火星到太阳的平均距离为1.61524(天文单位);木星到太阳的平均距离为5.25203(天文单位);土星到太阳的平均距离为10.09554(天文单位)。

你看,提丢斯—彼得定则算出来的那些数值与行星定则给出的答案多么近似啊!

于是大家开始相信,“2.8”那个地方应该有颗大行星来补上。彼得为此向其他天文学家呼吁,希望共同组织起来寻找这颗“丢失”了的行星。

天文学家们便立刻响应号召开始了搜索。好几年过去了,毫无结果。正当大家有点儿灰心准备放弃这种漫无边际的搜寻工作时,1781年,英国天文学家赫歇耳于无意中发现了太阳系的第七大行星——天王星。使人惊讶的是,天王星与太阳的平均距离为19.2天文单位,若用提丢斯—彼得定则一算,得出的结果是:(192+4)/10:19.6(天文单位)。

这个定则数值与实际距离符合得好极了。

这一下子,几乎是所有的人对它都笃信无疑,而且完全相信:在“2.8”缺的位置上，一定存在一颗大行星。只是因为方法不得当，所以才一直没有找到它。

可是，很快10多年又过去了，还是杳无踪迹。

直到1801年初，一个惊人的消息才从意大利西西里岛传出。那里的一处偏僻天文台的台长皮亚齐在一次观测时，发现了一颗新天体。经过计算，它的距离是2.77天文单位，与“2.8”极为近似。

新天体被认为就是那颗好多人在拼命寻找而一直没找到的天体，并被命名为“谷神星”。

接着，谷神星的直径被测定了出来，是700多千米（后经重新测定为102千米），这可把大家弄糊涂了，怎么不是大个子行星，而是小个子行星呢？但令人震惊的事情还在后头呢。第二年，即1802年3月，德国医生奥伯斯又在火星与木星轨道之间发现了一颗行星——智神星。除了略小之外，智神星在好些方面与谷神星相差不多，距离则基本一致，接着人们又发现了第三颗——婚神星和第四颗——灶神星。到最后，前前后后发现并已登记在案的小行星总数竟已达4000多颗（据估计总数最后会达到150万颗），它们都集中在火星与木星王间的一个特定区域里，所谓的“小行星带”，该带的中心位置正好符合提丢斯—彼得定则给出的数据。

为什么大行星变成了150万颗小行星？当时便有人猜测：是不是因某种人们暂时无法知晓的原因，存在的大行星爆炸了？

后来，1846年和1930年，海王星和冥王星先后被发现，这两次发现对提丢斯—彼得定则来说，都是挫折。请比较它们的定则数值与实际距离。

海王星到太阳的平均距离为(384+4)/10=30.2（天文单位）；冥王星到太阳的平均距离为(768+4)/10=39.6（天文单位）。

那么，提丢斯—彼得定则到底还有什么意义呢？

这个问题引起了众多科学家旷日持久的争论。同时对于行星大爆炸的机制是什么，究竟是一种什么能量竟能使一颗大行星产生四分五裂的大爆炸，定则也完全无法说清。

最终，“提丢斯—彼得”定则连同“2.8”处行星大爆炸之谜，也一起成为近两百年来人们孜孜以求的世纪之谜。

## 彗星的传说之谜

自古以来,偶尔现身的彗星就被抹上了神秘恐怖色彩。我国民间叫它“扫帚星”,认为它会给地球带来灾难、饥饿、战争。当著名的哈雷彗星在1066年出现时,正是法国诺曼底公爵威廉率兵准备入侵英国的时候,后来一举获胜,建立了诺曼底王朝,威廉公爵夫人为了纪念这次胜利,将当时的情景编织在一幅挂毯上,图中一方是一群诺曼底人指着彗星露出胜利微笑,另一方则是英国的哈罗德王坐在王位上望着头上彗星,惊恐万状。

但是,埃德蒙·哈雷却不相信这些迷信传说,他曾担任过格林尼治天文台台长。1682年,他26岁的时候,亲眼见到了那颗以他名字命名的彗星,他利用牛顿的彗星轨道计算方法,分析了1337~1698年以来有观测记录的24颗彗星轨道,发现其中1531年、1607年和1682年的三颗彗星在出现方法、运行轨道和时间间隔上有着惊人的相似之处,遂于1705年断定这几颗彗星是同一颗彗星的反复出现,并预言,这一彗星将在1758年再度出现在空中,并且每隔76年将出现一次。后来,哈雷的预言得以证实,该彗星在1758年的圣诞之夜果然再次回归,遗憾的是哈雷已于16年前与世长辞,无缘与它会面了。为纪念哈雷的功绩,这颗彗星就被正式命名为“哈雷彗星”,这也是人类第一次预报归期的彗星。

20世纪哈雷彗星有两次回归,第一次是1910年5月,地球在哈雷彗星庞大的尾巴中逗留了好几个小时,亮度如同火星,让人大饱眼福。第二次,1985~1986年,就远不如上次壮观,直到1986年三四月份,人们才在南半球上空一睹尊容。

这两次回归,使哈雷彗星风靡全球,家喻户晓。中国著名天文学家张钰哲说:“哈雷彗星1901年回归时,我是8岁学童。彗星横扫天际的奇景,深深打动了我。这个最初的印象对于我以后转学天文并从事小行星的观测研究起了作用。”

对于最关注彗星回归的天文学家和天文学界来说,又是怎样一幅情景呢?

## 彗星去向之谜

彗星,俗称扫帚星。在科学不能解释世界的古代,彗星是个不祥之物,世界各处,概莫如此。现在,科学家对彗星除了破除迷信而外,从天文学的角度又有了新的发现和解释。

天文学家又发现数千个被认为是正在以极快的速度通过我们太阳系的几千颗彗星已不见踪影。澳大利亚墨尔本大学的一位物理学家罗伯特·富特博士认为，这些彗星可能仍然在那里，只不过是我们看不见了而已。它们中的一些可能甚至在与地球相碰撞的路途中。

罗伯特·富特博士是一个粒子和理论物理学家。他提出，许多失踪的彗星可能是由称之为“镜像物质”的奇异物质构成的，该物质是一种新的不可见的物质。有一小部分物理学家认为，这可能是一些难以捉摸的“暗物质”。一般认为，暗物质是构成大部分宇宙的框架，但还没有人证实这一观点正确与否。但是富特博士认为，这是理论物理学家所应该做的，是将这种观点理论化。富特博士在一本介绍这种证据的新书中概括出了他的理论和其他镜像物质推崇者对镜像物质的研究。

富特博士也有一些镜像物质存在的诱人证据。过去几年间，对这种理论的几乎每个天体物理和试验性的预测，实际上都是通过观察和实验进行观测的。如果“镜像物质”确实存在，那么，那里也就应该存在镜像恒星，镜像行星，甚至其他镜像生命。

这一理论得到了一小部分镜像物质推崇者的支持，包括一些世界著名的学者，例如诺贝尔物理学奖获得者谢尔顿·格拉肖。富特博士说，镜像物质的一些最令人激动的证据，就是我们的行星经常被小行星状大小的由镜像物质构成的天体所破坏，造成一些扑朔迷离的事件。如 1908 年发生在西伯利亚的大爆炸，类似的较小的事件不久前还在约旦和西班牙发生过。

天文学家发现，大多数彗星在它们第一次通过我们的太阳系之后便销声匿迹了。这种情况可能是它们不是分解就是离开。它们已失去了形成自己发光头尾的易挥发气体和冰。实际上，它们成了类似小行星的岩石块。

但是，美国科学家最近做了一些模型来确定失踪的彗星的命运。他们得出确切结论，被发现的休眠的彗星或小行星的数量是太低太低，远不能与预言的数字所相符。大约低了 100 倍。那它们去了哪里了呢？

富特博士说，有一个很好的例子说明这些失踪的彗星是用镜像物质构成的。他指出了一些迄今令人莫名其妙的事件作为例子。例如，早在 1908 年西伯利亚的通古斯，当时的一次爆炸将大约 2100 平方千米的森林夷为平地，相当于一千枚原子弹爆炸的当量。科学家们认为是一颗小行星，但是显然他们没发现陨石坑及陨星碎片痕迹。2001 年 4 月在约旦，在一个送葬的路上 100 个证人目击了低空的一个火球，突然列成两个，然后撞入了大约一千米外的一个山丘中。当地的天文学家既未发现一颗陨星，也没发现陨石坑，只不过留下了一块烧焦的土地和枯树。如果在约旦坠落的天体由普通物质构成，那它就不能把整个中东的大部分地区照亮。

如果通古斯和约旦的事件是镜像天体物质产生的结果，那么大量的镜像物质就可能隐藏在这些地点的表面下面，等待人们去发现。至于失踪的彗星，它们能简单地成为嵌入普通物质的镜像彗星。它们一旦通过太阳，其中的普通的易挥发部分进一步地消失，仅剩下一个不可见的镜像物质核。这就能解释为什么那么多的彗星很快消失的原因。富特博士并未停留在观测彗星上，他和他的同事沃尔卡斯和伊格那提耶夫提出，镜像物质也可能是暗物质。

暗物质是不可见的。它不能放出光，但它能通过它的引力与诸如星和星系的相互作用被检测出来。暗物质必定是一些外来的粒子，但是物理学家还必须确切弄明白它究竟是什么。物理学家和天文学家关于暗物质的特性提出了许多理论，例如给它们起名字如 MACHOS，全称 MASSIVE CoMPACT HALEOBJECTS“大质量天体物理密实晕体”，这个最让富特博士和同事着迷。天文学家建议，在星系中的那个暗物质分布于比可见的恒星盘大十倍的一个球形的光环中。MACHOS 是通过他们对远恒星光的引力作用被检测到了。在澳大利亚堪培拉附近的斯特罗姆罗山天文台的澳大利亚和美国天文学家，已估计出 MACHOS 占了银河光环质量的 20%。但是留下问题是：MACHOS 究竟是什么？目前尚不得知。富特博士和同事沃尔卡斯和伊格那提耶夫提出：MACHOS 是镜像物质恒星。

天文学家估计，一般来说，MACHOS 的质量肯定约在太阳的一半。唯一压缩的天体接近于白矮星，是恒星接近死亡的产物。要不是真的，白矮星应该有可检测到的大量重的元素留下。但这些还没被发现。

沃尔卡斯说“镜像星是一个自然的候选者”。沃尔卡斯还在与富特博士和伊格那提耶夫合作发表了一篇论文提出，最近发现了无目的地在整个太空漂浮的类似木星的行星，实际上可能正在沿着幽冥的镜像星附近的轨道运行。如果镜像物质存在且太阳系由大多数正常物质构成，那么我们应该期望相反的结果：星系和太阳系主要由镜像物质组成。沃尔卡斯希望天文学家有责任去更近地观测这种孤立的行星——如果这种孤立的行星不是“四处流浪”，而是沿一个轨道模式运行。富特承认，可以想象所有的这些天体的异例都有更常规的解释，那么镜像物质就不存在。但是他坚信，如果镜像物质确实存在，它将在五年以内被发现。它存在的证明就会是“了解宇宙奥秘方面的一个巨大进步”。

## 第二节　地球与月球之谜

### 地球的成因之谜

关心热爱我们这个地球的人，难免会提出这样的问题：我们生活的这个地球是如何形成的？具有一定科学知识的当代人，当然不会相信上帝“创世”这样的说法。实际上，早在18世纪，法国生物学家布封就以他的彗星碰撞说打破了神学的禁锢。然而，人们也许还不知道，随着科学的进步，关于地球成因的学说已多达十多种，它们

地球

主要是：

1. 彗星碰撞说

认为很久很久以前，一颗彗星进入太阳内，从太阳上面打下了包括地球在内的几个不同行星(1749年)。

2. 陨星说

认为陨星积聚形成太阳和行星(1755年，康德在《宇宙发展史概论》中提出的)。

3. 宇宙星云说

1796年，法国拉普拉斯在《宇宙体系论》中提出，认为星云(尘埃)积聚，产生太阳，太阳排出气体物质而形成行星。

4. 双星说

认为除太阳之外，曾经有第二颗恒星，行星都是由这颗恒星产生的。

5. 行星平面说

认为所有的行星都在一个平面上绕太阳转，因而太阳系才能由原始的星盘而产生。

6. 卫星说

认为海王星、地球和土星的卫星大小基本相等，也可能存在过数百个同月球一样大的天体，它们构成了太阳系，而我们已知的卫星则是被遗留下来的"未被利用的"材料。

在以上众多的学说当中，康德的陨星假说与拉普拉斯的宇宙星云说，虽然在具体说法上有所不同，但二者都认为太阳系起源于弥漫物质(星云)。因此，后来把这个假说统称为康德——拉普拉斯假说，而被相当多的科学家所认可。

但是随着科学的发展，人们发现"星云假说"也暴露了不少不能自圆其说的新问题——逆行卫星和角动量分布异常问题。根据天文学家观察到的事实：在太阳系的系统内，太阳本身质量占太阳系总质量的99.87%，角动量只占0.3%；而其他九大行星及所有的卫星、彗星、流星群等总共占太阳系总质量的0.13%，但它们的角动量却占99.27%。这个奇特现象，天文学上称为太阳系角动量分布异常问题。星云说对产生这种分布异常的原因"束手无策"。

另外，现代宇航科学发现越来越多的太空星体互相碰撞的现象，1979年8月30日美国的一颗卫星P78—1拍摄到了一个罕见的现象：一颗彗星以每秒560千米的高速，一头栽入了太阳的烈焰中。照片清晰地记录了彗星冲向太阳被吞噬的情景，12 小时以后，彗星就无影无踪了。

既然宇宙间存在天体相撞的事实，那么，布封的"彗星碰撞"说的可能性依然存在，使新的灾变说应运而生。

今天，地球起源的学说层出不穷，但地球是怎样形成的，仍是一个谜。

## 地球的年龄之谜

今天的科学家告诉我们，地球的年龄已经有 46 亿年了。然而，这个结论是怎么得出来的呢？生活在地球上的人类自古以来就十分关心地球的年龄问题，但是由于古代人们缺乏推算地球年龄的科学方法，地球的年龄始终是一个未解之谜。

在这种情况下，西方国家的一些教会神父们宣称地球是上帝在公元前 4000 年创造的，使许多人相信了这种无稽之谈。

怎样才能科学地推算地球的年龄呢？

美丽的地球

17 世纪到 18 世纪期间，有科学家试图通过研究海洋里的盐度来推算地球的年龄。他们假定海水最初是淡的，由于河水把盐冲入海洋才使海水变咸。知道了目前海水的含盐量和全世界的河流每年能把多少盐冲入海洋就可以算出海洋的年龄，并进一步推算出地球的年龄。因为海水最初是不是淡的本身就是一个未解之谜，河流每年带入海洋的盐量也并不一样，此外地球的形成比海洋的出现早多少年也不得而知。因此这种方法解决不了问题。

还有一些科学家想通过测量海洋每年的沉积率来推算地球的年龄。他们认为算出海洋每年的沉积率，再测出海洋沉积物的总厚度，就可以计算海洋的年龄。然而由于海底是不断运动的，海底沉积物也随之时常在变化，这种方法也站不住脚。

19世纪，达尔文提出进化论以后，人们发现了通过对生物化石的研究来确定岩石年龄的方法，但是用这种方法还不能推算出地球本身的绝对年龄。

到了20世纪，科学家们终于找到了测定地球年龄的最可靠的方法，叫作同位素地质测定法。20世纪初期，人们发现地壳中普遍存在微量的放射性元素，它们的原子核中能自动放出某些粒子而变成其他元素，这种现象被称作放射性衰变。在天然条件下，放射性元素衰变的速度不受外界物理化学条件的影响而始终保持很稳定。

例如1克铀经过一年之后有1/74亿克衰变为铅和氦。在铀的质量不断减少的情况下，经过约45亿年以后，大体就有1/2克衰变为铅和氦。利用放射性元素的这一特性，我们选择含铀的岩石，测出其中铀和铅的含量，便可以比较准确地计算出岩石的年龄。用这种方法推算出地球上最古老的岩石大约为38亿年。当然这还不是地球的年龄，因为在地壳形成之前地球还经过一段表面处于熔融状态的时期，科学家们认为加上这段时期，地球的年龄应该是46亿年。

近些年来，人们又用同样的方法推算了各类陨石以及“阿波罗”宇航员从月球上取回的月岩的年龄。结果，它们的年龄都是45亿年至46亿年。这说明太阳系中这些天体是同时形成的，同时也说明用这种方法来测定地球的年龄是比较准确的。

### 地球的形状和大小之谜

地球的形状，顾名思义，是“球”形的。不过，对于“球”形的认识曾经历了一个相当长的过程。公元前5~6世纪，古希腊哲学家从球形最完美这一概念出发，认为地球是球形的。

到了公元前350年前后，古希腊学者亚里士多德通过观察月食，根据月球上地影是一个圆形，第一次科学地论证了地球是个球体。我国战国时期哲学家惠施也早已提出地球呈现球形的看法。1519年葡萄牙航海家麦哲伦率领的5艘航海船，用3年时间，完成了第一次环绕地球的航行，从而直接证实了地球是球形的。从此，人们便一致把我们所在的世界称为“地球”。

最早算出地球大小的，应该说是公元前3世纪的古希腊地理学家埃拉托斯特尼。他成功地用三角测量法测量了阿斯旺和亚历山大城之间的子午线长，算出地球的周长约为25万希腊里（39600千米），与实际长度只差340千米，这在两千多年前实在是了不起。

随着科学技术的发展，在17世纪末，人们对地球是正圆球的主张开始有了怀疑。1672年，法国天文学家李希通过测定，发现地球赤道的重力比其他地方都小，提出大地是扁球形的主张。

17世纪末，英国大科学家牛顿研究了地球自转对地球形态的影响，从理论上推测地球不是一个很圆的球形，而是一个赤道处略为隆起，两极略为扁平的椭圆球体，赤道半径比极半径长20多千米。1735~1744年法国巴黎科学院派出两个测量队分别赴北欧和南美进行弧度测量，测量结果证实地球确实为椭圆球体。

20世纪50年代后，科学技术发展非常迅速，为大地测量开辟了多种途径，高精度的微波测距、激光测距，特别是人造卫星上天，再加上电子计算机的运用和各国之间的合作，使人们可以精确地测量地球的大小和形状了。通过实测和分析，终于得到确切的数据：地球的平均赤道半径为6378.14千米，极半径为6356.76千米，赤道周长和子午线方向的周长分别为40075千米和39941千米。测量还发现，北极地区约高出18.9米，南极地区则低下24~30米。

看起来，地球形状像一只梨子：它的赤道部分鼓起，是它的“梨身”；北极有点尖，像个“梨蒂”；南极有点凹进去，像个“梨脐”，整个地球像个梨形的旋转体，因此人们称它为“梨形地球”。其实确切地说，地球是个三轴椭球体。

### 地球的重量之谜

1750年，英国19岁的科学家卡文迪许向这个难题挑战。那么，他是怎样称出地球的重量的呢？卡文迪许是运用牛顿的万有引力定律称出地球重量的。根据万有引力定律，两个物体间的引力与它们之间的距离的平方成反比，与两个物体的重量成正比。这个定律为测量地球的重量提供了理论根据。卡文迪许想，如果知道了两个物体之间的引力和距离,知道了其中一个物体的重量,就能计算出另一个物体的重量。这在理论上完全成立。但是,在实际测定中,还必须先了解万有引力的常数K。

卡文迪许通过两个铅球测定出它们之间的引力,然后计算出引力常数。两个普通物体之间的引力是很小的,不容易精确地测出,必须使用很精确的装置。当时人们测量物体之间引力的装置用的是弹簧秤,这种秤的灵敏度太低,不能达到实验要求。卡文迪许利用细丝转动的原理,设计了一个测定引力的装置:细丝转过一个角度,就能计算出两个铅球之间的引力。然后计算出引力常数。但是,这个方法还是失败了。因为两个铅球之间的引力太小了,细丝扭转的灵敏度还不够大。灵敏度问题成了测量地球重量的关键。卡文迪许为此伤透了脑筋。有一次,他正在思考这个问题,突然看到几个孩子在做游戏。有个孩子拿着一面小镜子对着太阳,把太阳反射到墙壁上,产生了一个白亮的光斑。小孩子用手稍稍地移动一个角度,光斑就相应地移动了距离。卡文迪许猛然醒悟,这不是距离的放大器吗?灵敏度不可以通过它来提高吗?

于是,卡文迪许在测量装置上装上一面小镜子。细丝受到另一个铅球微小的引力,小镜子就会偏转一个很小的角度,小镜子反射的光就转动一个相当大的距离,很精确地知道引力的大小。利用这个引力常数,再测出一个铅球与地球之间的引力。根据万有引力公式,计算出了地球的重量,约为60万亿亿吨。

美国科学家利用精确的重力计算方法,重新计算地球的重量,认为地球的实际重量比以往科学家估测的要轻。按照新的计算方法,算出地球的重量为59.72万亿亿吨,而现在很多教科书中所公布的地球重量为59.78万亿亿吨。

### 地球的“外衣”之谜

在漆黑的宇宙空间,温度是零下273℃。照耀大地的太阳,表面温度是5500℃。是什么使我们地球的温度如此适宜,把地球与极端寒冷的外层空间隔开,与火辣辣的太阳光线周旋?是一层厚厚的空气外套保卫着地球,人们称这件外套为大气。安徒生童话《皇帝的新装》中描写了一位愚蠢的皇帝,身披着透明的“衣服”,在全体国民面前举行盛大的游行,丢尽了自己的颜面。地球的衣服也是透明的，不过皇帝的新装是虚无的，而地球的衣服是真实存在的。大气层重达5300万亿吨，如此沉重的外衣，地球能穿得动吗？不必担心，考虑到地球的体重有60万亿亿吨，大气层的质量只占地球总质量的百万分之一，所以地球穿上这件外套，简直是轻若无物。设想一下自己穿上质量为0.05克的服装的感受，就不会为地球担心了。地球外衣的材料主要是各种气体，其中氮气占了大气圈总体积的78.09%（占质量的75.52%），氧气占总体积的20.95%（占质量的23.15%）。此外还有一些惰性气体以及二氧化碳、臭氧等。

白天，当艳阳高照、太阳辐射强烈时，大气中的水滴和尘埃把相当多的能量反射掉，空气分子还吸收了一定的能量只让一部分阳光照到地球上，避免了地球受到过量辐射，使地表在白天保持适宜的温度不会过高，这就是所谓的“阳伞效应”。假设太阳以辐射形式到达地球的总能量为340个太阳能单位，那么有100个太阳能单位会被云层反射（阳伞效应），返回到外层空间有70个太阳能单位被大气分子吸收，只有170个太阳能单位到达地面。

夜晚，当太阳下山，夜幕降临后，地球吸收的热量开始散失，温度逐渐下降。这时大气层又像一床厚厚的被子，使地表热量不会散失得太快。尤其是大气中的二氧化碳、水蒸气和甲烷等气体，它们对太阳发出的可见光毫无遮挡，使其长驱直入地照射到地球上。但对地表散失的红外热辐射却有强烈的吸收阻碍作用，使地面热量不能迅速丧失，夜晚地表温度不至于过低，这就是所谓的“温室效应”。

正是这两者微妙的平衡使地球上的温度保持相对稳定，使昼夜温差变化保持在生命体可以忍受的限度之内，避免了对生命体的伤害。而像月亮这样的星球，由于表面没有大气的保护，昼夜温度常在零下183~127℃之间变化，这是一般生命无法忍受的，所以月球上根本没有生命存在。

大气层的物质分布是不均匀的，随着高度的变化，表现出一定的层次结构。由于重力原因，大气向下愈接近地面愈浓稠，向上愈远离地球愈稀薄，气体成分也稍有差别。与人类生存最为密切的是地面以上10千米内的空气，叫作大气的底层，在热带地区这一层可以扩展到16~18千米。相对于大气圈的总厚度来说是很薄的，但它的质量却占了整个大气圈的3/4。

大气的温度自地面向高处逐渐降低，大约每升高100米降低0.6℃。因而，这层气体非常活跃,热空气不断上升,冷空气不断下沉,空气上下对流十分强烈,所以又叫对流层。在对流层内风云雷雨频繁,雾露霜雪时现。正是这些变化,给地面上的生物提供了充足的水分和养料,维持着它们的生长、发育和繁衍。人类活动引起的大气污染现象也主要发生在这一层里,尤其是贴近地面的1~2千米内。

从对流层向上,距地表大约50千米左右的高空是平流层。平流层内的情况与对流层完全不同。这里空气稀薄,冷热变化不大,气流平稳,垂直对流运动微弱,一年四季都是晴空万里,水蒸气和灰尘极少,大气透明度好,适于航空飞行。

在乎流层中有一个层次叫臭氧层。臭氧是一种三原子氧,是紫外线对普通的双原子氧起作用而形成的。臭氧在地面上浓度很小,至距地表10~15千米以上的高空,它的浓度开始增加,而在20~30千米高处达到最大。当然,即使在这里,臭氧也只占窄气的四万分之一。不过,这样的浓度已足以吸收太阳紫外线,成为地球防御紫外线的保护层,充分保护地球上的生物了。

由平流层一直向上,至距地表500千米的高空,依次是中间层和热层,空气更加稀薄。由于受太阳紫外线、微粒子流和宇宙射线的作用,这里的部分氧气和氮气被电离,因而有人统称这两个层次为电离层。电离层像一面悬挂在天空的巨大反射镜,无线电波经它反射能达到数千米或更远距离,从而实现了远距离通讯。在这一层里,空气分子吸收从太阳射来的X射线、紫外线和其他高能辐射,自身电离成离子,使相当一部分有害辐射得以消除。

## 地球的内部结构之谜

科学家们通常利用地震波里的传播情况判断地球的内部情况。

根据科学考察,地球内部构造大致可分为三层。

最上面一层是地壳,平均厚度为17千米,大陆部分厚度大,海洋部分厚度小。地壳表面凹凸不平,我们就生活在地壳上。

地球内部中间的一层叫作地幔,平均厚度2900千米。地幔上部的软流圈里有类似泥浆一样的物质,叫作岩浆。岩浆流出地面就是我们常说的火山。地幔的下部可能含有较多的铁、镁等物质,温度达1200~2000℃,压力达140万个大气压。

地球最里的一层叫作地核,它的压力大概有300~360万个大气压,温度为

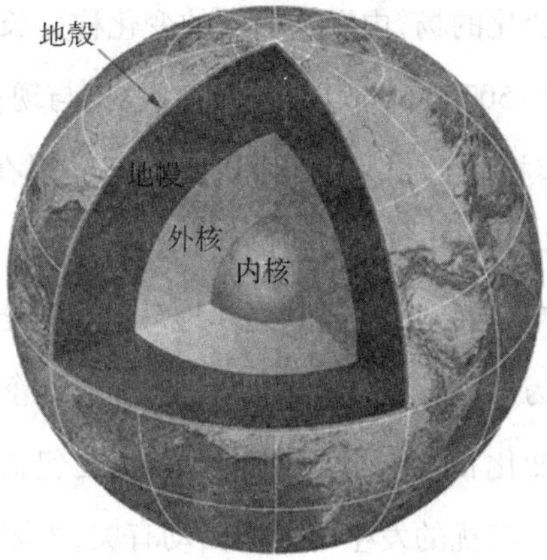


地球结构

6880℃。地核由什么物质组成，尚不得而知。一般认为，外核可能是液态物质，内核可能是固态的物质。但有一点可以肯定，就是地核的物质密度很大，组成的物质重量最大。地核是地壳板块漂移和火山爆发大量能量的来源。

现在还没有可以直接观测地球深部情况的方法，地球里面的许多情况对人们来说，还是一个“谜”。但是在那里温度很高、压力很大、物质很紧密，却是可信的。

## 地球的磁场之谜

众所周知，在地球上任何地方放一个小磁针，让其自由旋转，当其静止时，磁针的 N 极总指向地理北极，这是由于地球周围存在着磁场，称为地磁场。地磁场有大小和方向，所以是矢量场。地磁场分布广泛，从地核到空间磁层边缘处处存在。

根据磁场起源，地磁场分为内源场和外源场。起源于地球内部的磁场称为内源场，约占地球总磁场的 95%。内源场主要来自地球的液态外核。外核是熔融的金属铁和镍，它们是电流的良导体，当地球旋转时，产生强大的电流，这些电流产生了地球磁场。地磁场总体像个沿地球旋转轴放置在地心的磁铁棒产生的磁场，它是内源场的主要部分，也是地磁场的主要特征，占到总地磁场的 80~85%，称为偶极子场。内源场还有 5 个大尺度的非偶极子场，称为磁异常，分别为南大西洋磁异常，欧亚大陆磁异常，北非磁异常，大洋洲磁异常和北美磁异常，主要来源于地壳岩石产生的磁场。起源于地球外的磁场称为外源场，主要由太阳产生，它占了地球磁场的 5%。

地磁场是个随时间变化的场，内源场引起的变化称为长期变化，有磁场倒转和地磁场西飘移。地磁场每5000~50000年倒转一次，把与现在磁场方向相同的磁场称为正常磁场（磁场从南极附近出来，回到北极），把与现在磁场方向相反的称为倒转磁场，地质时期上出现了四个较大的倒转期，现在为布容正向期，往前有松山反向期，高斯正向期和吉尔伯特反向期。固体地球外部的各种电流体系引起的地磁场变化快，时间短，称为短期变化。短期变化可分为平静变化和扰动变化，其中平静变化包括太阳静日变化和太阳阴日变化，扰动变化包括磁暴、亚暴、钩扰、湾扰和地磁脉动。磁暴、钩扰、湾扰的发生与太阳活动有关，太阳活动高年，这些短期变化频繁发生，而日强度很大，变化剧烈。地磁场能够反射粒子流，它把我们的地球包围起来，使我们免受高速太阳风的辐射和伤害，为我们提供了一个无形的屏障。亚暴与激光有关。

人们利用地磁场导航已经有四百年的历史了，现在发现鸽子，蝙蝠和乌龟等大量动物都用地球磁场来导航。

## 地球的公转与四季变化之谜

“春水满泗泽，夏云多奇峰。秋月扬明辉，冬岭秀孤松”，这首小诗就是对四时景色的描写。四季的变化是由地球斜着身子绕太阳公转引起的。地球绕太阳公转时并不像石磨一样绕垂直轴旋转，而是斜着身子旋转的。它的自转轴与垂直于轨道面的轴线倾斜成23°26′的交角，而且，自转轴在星空里的指向基本不变。因此，太阳光直射在地球上的位置，就产生有规律的变化：来往移动在南、北回归线之间，一年往返一次，两度越过赤道。

每年6月22日前后夏至时，太阳光直射北回归线，北半球接受太阳光最多，便是夏季。此后，太阳光直射点逐渐南移，北半球接受太阳光随之减少。到9月23日前后秋分时，太阳光直射赤道，此时南北半球所受太阳光相等，北半球便是秋季。秋分后，太阳光直射点移到南半球，到12月22日前后冬至时太阳光直射南回归线时，北半球接受太阳光最少，便是冬季。

地球不停地公转，春、夏，秋，冬四季便不断地交替出现。不过，北温带和南温带地区四季的次序，恰好相反，当北温带的人围着火炉过冬时，南温带的人却在海滨浴场避暑呢。

在我国，四季划分有不同标准，天文学上以春分、夏至、秋分、冬至分别作为春、夏、秋、冬四季的开始；民间习惯以夏历正、2、3月为春季，4、5、6月为夏季，7、8、9月为秋季，10、11、12月为冬季；气候统计上，因一般以1月为最冷，7月为最热，故以阳历3、4、5月为春季，6、7、8月为夏季，9、10、11月为秋季，12月和次年1、2月为冬季。这种四季分法与四季分明的温带地区较为符合。

## 地球的自转与昼夜更替之谜

昼夜是白天和黑夜的合称。昼夜交替是地球在太阳光的照射下，因自转运动而形成的一种自然现象。

我们生活的地球是以半个球面向着太阳，另外半个球面背向太阳，待在向着太阳的半个球面的人就是生活在白天，而待在背向太阳的半个球面上的人则生活在黑夜。由于地球在不停地自转着，造成地球上每一个地方都有白天和黑夜的交替。

例如，咱们生活在中国广州，当广州正对着太阳时，广州市民就处在中午的时刻。由于地球自西向东旋转，人们不能察觉地球的旋转，却看到太阳慢慢地自东向西偏移。经过6个小时，地球向东转了90°，广州市民便处在日落西山的傍晚时分。地球继续旋转，广州转到背向太阳的位置时，广州市就到了子夜零时。再经过6个小时，地球又转过了90°，广州市便是晨曦初露，白天就要到来。随后，广州又回到向着太阳的位置上时，广州市民也回到了中午，从而完成了一次昼夜的交替。

我们生活在地球上，但是根本感觉不到地球的自转运动。用什么方法能够证明地球的自转运动呢？傅科摆是一种很直观并且很有说服力的方法。傅科是法国物理学家，1851年，他在巴黎一座博物馆高60多米的大厅天花板上悬挂了一个重20千克的金属球，给这个金属球一个外力，让它摆动起来，由于悬挂的绳子长，金属球本身的质量又大，它会长时间摆动而不至于很快停下来。人们发现，这个金属球的摆动平面在不断地沿着顺时针改变方向。这个结果就说明了地球是在沿着逆时针方向不停地自转。后来人们就称之为傅科摆。

为什么傅科摆沿顺时针改变摆动方向说明了地球在沿逆时针方向自转呢？这是由单摆的物理特性得出的结论。在一个可以在地面转动的摆架上安一个摆球并让它摆动起来。让摆架平稳地沿逆时针方向转动起来。这时你会发现,摆球摆动的方向始终不会改变,然而相对于沿逆时针方向转动的摆架却是沿着顺时针方向转动了一定的角度。同样的道理,傅科摆摆动起来以后并不改变摆动方向,然而我们站在沿逆时针方向转动的地球上,看不到地球的转动,却看到傅科摆是在沿顺时针方向不断地改变它的摆动方向。

傅科摆摆动方向的变化速度与当地的地理纬度有关,纬度越高的地方变化的速度越快,在北极,它 24 小时转一圈,而在北京就约需 37 小时才转一圈。

## 地球的"生长"之谜

经常听到同学们提出这种好奇的问题:我们生活在地球上,一天天地长大,地球是不是也在长大呢?

过去,地球物理界多数人认为,地球的体积和质量都在不断地减少,有少数学者还说,地球在缩小,而它的岩层的密度却在增大,所以,地球的质量不会随着它的体积缩小而减小。这些看法,究竟哪种正确呢?

前不久,匈牙利的物理学家拉斯诺,爱德耶特经过长期的研究后宣布,上面的那些看法都不可靠!地球没有缩小,相反,它的体积还在不断扩大。

拉斯诺·爱德耶特教授说:地球的外壳是由地壳形成的,地壳下面是中间层,中间层是由核壳和核心组成。中间层、核壳和核心的成分是一样的,都是由各种含硅(石头)的物质组成,只是密度不同。核内的密度最大。核心密度大的物质不断渗透到核壳中,而壳中的物质又不断渗透到中间层。这样,它们的密度就变小了。所以,地球的平均密度总是在不断地减少,那么,地球的体积也就随着不断地扩大了。

拉斯诺·爱德耶特教授还说:如果地球在缩小的话,那么海洋里的水不是会把很多陆地淹没,最后整个地球就会成为一片汪洋吗?但实际上,海洋和湖泊的面积总是比陆地面积小。

另外,这位教授和其他学者们还对古代的地图和地球的面积进行了精心的对比研究,发现地球的半径每年要增加 0.5 毫米。这种变化速度非常小,要经过 5 亿年,地球面积增大的明显变化才看得出来。

科学家们还打了这样一个比方:地球外壳就像具有弹性的一张膜一样,表面扩大,张力就随着变大。地球外壳的张力常常是处在很大的状态,一旦张力达到最大极限,地壳的某些地方就会裂开,于是,地裂、地震就发生了。这表明,地球体积增大还是产生地震的一个原因呢!

## 地球的海水来源之谜

辽阔的海洋,一望无垠,深不可测,占地球表面近3/4的面积,拥有地球总水量96.53%的海水(海水总量为13380亿立方米)。可见,海水是地球水的主体。那么,这众多的水是从哪里来的呢?

早先人们认为,这些水是地球固有的。当地球从原始太阳星云中凝聚出来时,便携带有这部分水。起初它们以结构水、结晶水等形式贮存于矿物和岩石之中。以后,随着地球的不断变化,轻重物质的分子,它们便逐渐从矿物、岩石中释放出来,成为海水的来源。譬如,在火山活动中总有大量的水蒸气伴随岩浆喷溢出来。据此,一些人认为,这些水汽便是从地球深部释放出来的"初生水"。

然而,当人们对这种所谓的火山"初生水"进行同位素研究时,却意外地发现,它们是由于地面水具有十分相似的同位素组成的,从而证明它们实际上只不过是渗入地下然后又重新循环到地表的地面水。近代兴起的天体地质研究表明,在地球的近邻中,无论是距太阳较近的金星和水星,还是距太阳更远一些的火星,甚至离地球最近的月球都是贫水的,唯有地球得天独厚,拥有如此巨量的水,这不能不使人感到奇怪。

科学家对此认识不一。一些人认为,地球上的水,至少是大部分,不是地球所固有的,而是由撞入地球的彗星带来的。最近,美国的一些科学家,从人造卫星发回的数千张地球大气紫外辐射照片中发现,在圆盘状的地球图像上总有一些小黑斑,每个小黑斑大约存在两三分钟,面积约为二百平方千米。经过仔细检测分析,他们认为这些斑点是一些由冰块组成的小彗星冲入地球大气层造成的,是这种陨冰因摩擦生热转化成水蒸气的结果。从照片还可估算出每分钟有二十颗这种小彗星进入地球。若其平均直径为10米,则每分钟就有1000立方米水进入地球,一年即可达0.5立方千米左右。将有两万三千亿立方米的彗星水进入地球。这个数字显然大大超过现在的海水总量。因此,科学家们的意见是否可靠,还有待验证。

另一些科学家相信水是地球固有的。他们指出,虽然有证据表明火山蒸汽与热泉水是主要来自地面水的循环,但却不排斥其中可能混有少量真正的"初生水"。据计算,如果过去的地球一直维持与现在火山活动时所释放出来水汽总量相同的水汽释放量,那么几十亿年来的累计总量将是现在地球大气和海洋总体积的一百倍。所以他们认为,其中99%是周而复始参加不断循环的水,但却有1%是来自地幔的"初生水",而正是这部分水构成了海水的来源。

有的学者认为,金星、水星和月球上原先并不是没有水,而是有的质量太小(月球和火星),没有足够的引力,致使原有的水全部逃逸;有的表面温度太高(金星),也无法维持水的存在。地球由于条件适中,就使原有的水能够长期保存下来。因此他们认为,不能从地球近邻目前的贫水状态来推论地球早期也是贫水的。

最近,我国学者董妙生先生在《多四季论》一书中提出"大自然存在多四季规律"的假说。多四季假说的中心内容是:地球在椭圆形轨道上围绕太阳公转,形成四季,周期为一年。在它参与太阳系、围绕太阳系和其近星系的质心公转,乃至围绕银河系的银心及更大星系公转时,出于与不同强度的热源距离、辐射角的变化而形成多种不同时期不同程度的大、中、小四季变化。较大四季中包含着若干个较小四季,较小四季的冷暖程度由它处在较大四季的那一个阶段来决定。这个规律对地球适用,对整个宇宙其他星体都适用。并由此引出生力气圈周期性地从一个星球转移到另一个星球。按此假说,自地球形成至今的46亿年间,生物圈曾数次周期性地从地球转移到另一个星球,又周期性地像候鸟回归那样循回到地球上来。这其中自然也包括海水的数度干涸和高涨。用此假说,正可以解决以往"天外来水"说和"地球固有"说都未能解决的难题。

然而,假说毕竟尚待检验。今天,海水是从哪里来的问题仍在让许多优秀科学家伤着脑筋。

### 地球生命起源之谜

不仅是科学家,包括许多普通人在内的人类,自始至终最感兴趣的一个问题是:在我们这个生机勃勃的地球上,所有的生命是怎样开始的,是地球固有的还是外来的呢?

关于这个问题,科学界到目前还未有一致的说法。不过,科学家相信地球上最初的生命,不论它是什么,都一定具有繁殖下一代的能力,而这个最初生物懂得把有关自己的信息资料,以遗传形式传给下一代,把生命延续下去。

关于地球生命的起源,有两种假说,一种认为原始生命是原始地球上产生的。进化论学派生物学家认为35亿年前岩石形成时期的一种单细胞细菌,是人类的祖先。这种"原始"生物的构造也相当复杂,它拥有DNA和RNA两种基因,并由蛋白质、脂类和其他成分组成。令人怀疑在这"原始"生物出现以前,另有一种构造更简单的生物存在。

地球生命起源

1953年美国大学生唐来·米勒的实验证明,生命的单位氨基酸能从几种简单的化合物中得到。从而使生命的"地球产生说"几乎成了定论。但根据近15年的见解,原始大气不是"还原型"的。米勒的实验很难合成生命的基本素材——氨基酸。

人们一直相信,地球上的生命最早是从海里诞生的,也就是说,生命起源于水。然而在20世纪80年代初,西方有些科学家对40多亿年前地球上最早出现的第一批生命(即原始生命)的起源问题,提出了一种新的看法,引起了科学界的注目。这种新看法用一句通俗的话来说,就是"生命是从火里诞生的"。

按照过去地质史学界长期以来的传统说法，在地球形成的初期（距今35~36亿年前），由各火山口喷出的炽热的二氧化碳气体，在大气层中筑成了一个相似于温室的气墙，它吸收了太阳的热力，把热力凝聚在地球的表面上，因此，在地球诞生后不久的那些岁月里，由于地球表面的温度高达摄氏540℃左右，所以那时绝对不可能有任何生命的存在。直到地球表面的温度逐渐降低之后，生命才开始孕育生长。可是，有些科学家近年对上述说法提出了怀疑和挑战。

据1981年8月3日《新闻周刊》和1982年第5期美国《读者文摘》发表的文章报道，美国的圣海伦斯火山于1980年爆发时，释放出来的高温和喷发出来的有毒化学物质，杀死了附近苏必利湖中几乎所有的生物。但是，令人惊奇的是：美国俄勒冈州大学的科学家们却在该湖中发现了一些微生物，它们非常类似40多亿年前地球上最早出现的第一批生命——原始微生物。该大学著名的微生物学者约翰·贝洛斯说："火山喷发释放出的酷热能够将一些最基本的原始气体变成蛋白质和其他分子。"——这是地球上最早产生生命的第一步。

火山爆发把一些金属和硫磺倾散在苏必利湖中，使湖内淤积了大量的金属和硫磺，并把火山口里表面覆盖着硫磺的岩石加热到华氏194℃——这恰好是一些奇怪的细菌能够繁衍的适当条件。该湖里的微生物用它们多孔的"皮肤"吸收养料，包括铁、锰、氨、硫、碳等。这些微生物是厌氧的，它们根本不靠氧气生存。据一些科学家推测，地球上最早出现的第一批生命——微生物，就是厌氧菌，也是不靠氧气生存的。这一推测和20世纪80年代于加拉帕戈斯深海火山口周围发现的水下微生物是一致的。

另外一些科学家不赞成生命源自地球本身说。

星体科学家们怀疑生命的起源来自星际空间，理由是在月球表面或火星的火山口，都可以找到不少有机合成物。早在19世纪初，人们已在陨石上找到有机分子，它们是有机合成物诞生的重要因素。这种观点认为：地球生命来源于宇宙，陨石是载着生命种子的星际"飞船"，地球上最初的生命就是由陨石送来的。日本电气通信大学的中川直哉大胆地提出一种新设想，生命的基本物质诞生于漂浮在宇宙的尘埃上，掺杂在宇宙尘埃上的氢等受到放射线的照射，发生反应，形成氨基酸等复杂有机物。它们随陨石进入地球，形成生命的母体。如果这种见解是正确的话,那么昔日被人笑为幻想的生命地外说又死灰复燃了。

不过,持原始生命产生于地球本身观点的科学家们认为,这些星体上的有机物,迁居地球的机会绝无仅有,因为它们降落地球时产生的高温,足以把整个海洋蒸干,令地球成为不毛之地,任何生物也无法在其上生存。由此看来,两种见解都有难以服人的缺陷,两种见解至今还在不断完善、不断争论之中。

据2000年7月23日《大河报》报道,美国和欧洲的一些天文学家,目前仍在讨论这样一个问题。生命是否起源于火星而非地球,地球上的生命是否是由陨石带来的?

芬兰研究人员毛利威尔托在给美国天文学会的一份报告中指出,近来的天文观察和实验结果,使得有关的科学家们越来越相信,我们地球人的祖先,很可能是来自火星的"火星人"。

当前,大多数科学家都认为,生命源于一个类似现代的细菌那样的"先祖"。这个细胞后来进化为植物、动物和人类等各种生命形式。传统的观点认为,地球上第一个这样的细胞出现在35~38亿年之前。

然而,一个由10位来自欧美国家的天文学家组成的专家小组最近提出,比地球小,并且离太阳更远的火星,早在地球冷却前,就已经适合生命的存在。这个小组中的来自瑞典皇家技术学院的资深学者米莱考斯基说:"火星先于地球出现生命,我们人类的祖先很可能是某种形式的'火星人'。"

许多科学家还认为,如果生命形式真的起源于火星,那么,这种生命形式是很容易到达地球的。因为火星陨石是由彗星或小行星撞击火星表面造成的。这种撞击足以将火星表面的携带微生物的岩石抛到火星引力之外的地方。他们估计,虽然只有不到1%的这类岩石到达地球,但它们已经足以将生命的种子传到地球上来。证明这一观点成立的关键在于论证火星上是否存在着或存在过生命。而论证火星上存在生命,就必然论证火星上是否存在水的问题。

20多年前,从美国"海盗号"飞船登陆火星时起,科学家就得出结论,火星在距今二三十亿年前可能遭遇过特大"洪灾",但其引发"洪灾"的水源却不得而知。据"火星探路者"发回的观察结果表明,火星南北两极冰盖宽1200千米,长约30千米,面积比美国得克萨斯州还要大,但只及地球上格陵兰冰盖的一半,是地球整个南极冰盖的4%。研究人员认为,火星两极冰盖中含有的水能够填满火星上的一个古代海洋。但有些科学家的观点不一致,认为火星冰盖中水分有限,火星表面上纵横交错的沟渠不太可能是水流冲刷所致。火星北极地区有一个很深的盆地,据推测是由小行星撞击形成的,冰盖就位于该盆地中。但2000年年初,英国科学家对火星"洪灾"又给出了新的解释,他们认为洪水很可能由火星地表下的火山运动所引起。他们建立数学模型并进行模拟分析,得出结论认为,炽热的火山岩浆可能融化火星地下的冰冻层,产生大量的水资源,从而引发火星地表洪水泛滥,洪水最终在火星地表深处重新冻结,有一部分可能重新渗入地下。

水是生命之源。有水的地方,便有可能存在生命。寻找火星上的生命,人们渴望得到答案。1996年8月,NASA的科学家对一块名叫"阿兰山84001"的火星陨石进行了分析,它是从南极冰盖中发现的。他们认为这是火星与小行星发生碰撞时产生的碎片,在太空中游荡数万年后,于几年前落到地球上,认为这块陨石是由古代火星细菌形成的。岩石中的氯是由微生物或其他生命沉积而成的,但是美国加利福尼亚大学的化学教授对此提出新的质疑,认为陨石中的氯元素与大气中的氯元素的化学特征相同,而与水中的氯元素不同。不过,从火星上有水的证明已充分说明了火星上生命的存在可能了。

科学家们也指出,还存在于另一种可能性,这就是生命起源于地球,然后传播到火星。可是出现这种可能性的机会不大,因为地球陨石是很难击中离太阳系中心较远的一颗较小的小星球的。

据英国《新科学家》2000年7月刊载的文章,英国皇家气象学会千年会议上,美国的科学家提出了一新假说,地球高层大气中的微小水滴具备形成复杂有机大分子的条件,生命也可能诞生于这些水滴之中。这一观点虽然与火星生命说、陨石说不同,但却有力地支持了地球生命来源于地球外的学术观点,解决了有机物在降落地球时被高温所毁的理论缺陷。

长期以来,人们一直认为海洋孕育了所有的原始生命。然而美国科学家却认为不尽然,他们大胆假设部分地球生命乃"横空出世"。

美国专家对大气中悬浮的微小水滴进行研究后发现,其中近一半杂质是有机物。这些有机物是随水一起从海洋中蒸发起来的,它们在水滴周围形成一层有机物薄膜。这些尺寸仅在几微米的水滴在同温层中可停留一年之久，在此期间它们会彼此融合，并与其他悬浮微粒相结合，使水滴中的杂质越来越多、越来越杂。

随着水的蒸发，水滴中的有机物浓度越来越高。在强烈阳光的照耀下，这些有机物可能发生化学反应，使简单的有机分子结合成复杂分子。原初的DNA（脱氧核糖核酸）和蛋白质也许就是这样形成的。

此外，当水滴因彼此融合而变大，最终落回海洋之中时，海水中的有机物可能在它周围形成另一层薄膜，与原来的薄膜共同构成一个双分子膜，其结构与生物细胞膜类似。科学家说，这或许可以成为细胞膜起源的新解释。

## 地球人类的起源之谜

人类的祖先是谁？很多对人类历史感兴趣的人，都想知道答案。20世纪90年代中期，美国《发现》杂志列举了现代世界十大科学谜团，人类的起源即是其中之一。

其实，探索人与猿之间的空白的过渡环节也一直是现代人类学家的热门话题，化石研究者与分子生物学家之间关于何时出现人类的争论时起时伏。

古生物学家认为，2000万年以前，我们的祖先就不再属于灵长类动物了；新一代的分子生物学家却认为这种观点是错误的，他们在比较了人和猿身上的蛋白质、血和脱氧核糖核酸的样本后，得出结论，认为不到500万年前才出现真正的人类。前些年，科学家们在中国发现了至今最为完整的腊玛古猿的头盖骨，这是一种1500万年前的类猿动物，根据以往发掘的零碎化石，许多人曾相信这是人类最早的一个祖先，但是科学家们对这次的新发现做了进一步的研究，认为这更可能是现代猩猩的始祖，从而推翻了早先的结论。

许多古生物学家和遗传学家一致公认，1976年在埃塞俄比亚发掘的370万年前的南猿"露西"是人类的始祖，但"露西"是不是一种畸形的猿类或是人类与猿类交配的后代呢？是人类源于类猿动物，还是现代猿类以人为始祖呢？

以往，人们发掘欧洲猿人的骸骨，认为他们是现代欧洲人的祖先，其后又发掘亚洲猿人，也顺理成章地认为现代亚洲人是他们后代。这种说法在1987年受到来自加州大学的生化学家们的攻击，已经站不住脚了。

加州大学的这几位生化学家以基因而非骸骨作为立论的根据。他们认为在非洲,确有两族人居住过,其中猿人一族因种种原因未能延续其后,而另一族向外迁出的,则是人类的祖先。这是由于他们不自相残杀,所以,具备成为人类祖先的条件。

这几位加州生化学家研究粒线体内的 DNA。线粒体是细胞能源的制造工厂,每个人体细胞都含有它。这种线粒体里的 DNA,不易混合,并会由一代累积遗传给下代,研究线粒体的 DNA,可说是追寻人类起源的一个可靠方法。从考查不同人种妇女的线粒体 DNA,发现累积 DNA 最多的妇女是来自非洲。由此说一小部分非洲人口,衍生成为今天各种肤色的人种。

此番论调似乎已为人类祖先属谁的问题找到了答案,不过,华盛顿大学遗传学家坦普尔曼教授则认为,上述理论值得商榷。坦普尔曼教授认为加州生化学家的分析技术尚未完善。

因此,人类的祖先是谁,仍然是个谜。然而,如果这里告诉你,中国乃至世界人类最早发源于中国鄂西长阳的朱栗山,不仅你,可能连全球的学者都会瞠目结舌:这不是天方夜谭吗?

地处鄂西的长阳山,峰峦起伏,溪流纵横,八百里清江横贯东西。山中种类繁多的古生植物郁郁葱葱,成千上万的岩壑洞穴穿山连谷。

1956 年 7 月,长阳县一些农民在附近溶洞中挖到大量"龙骨",其中有一块上颌骨化石,并附有两枚牙齿。经鉴定,这块上颌骨化石竟是古人类化石。此事惊动了中外科学界人士。

1957 年 2 月,中国人类考古专家贾兰坡等来到钟家湾山洞中进行发掘、考察,又挖出了一枚臼齿。长阳人的发现,说明长江流域以南的广阔地带同黄河流域一样,也是中国文化的发祥地,是华夏民族诞生的摇篮。

同年,著名民族研究专家潘光旦教授等也来到了长阳考察。他们认定史料中提及的巴人发祥于夷水(清江)。然而,"长阳人"与巴人又是什么关系呢?

1980 年,张希周通过考察发现,佷(音狠)山与史书记载的难留山十分相似。张希周先后 21 次来到佷山一带考证。佷山魁头岩下有两个洞穴,一赤一黑。张希周突然想到《山海经》中有月母子国的记载,这个"国"不是国家的国,而是角落的

“角”的演变。那么,这赤穴、黑穴是否就是远古人类生育后代的生育洞?

1981 年 3 月,张希周等再次爬上佷山,这次,在魁头岩西角又发现了一块约 15 千克重的石板,上面有人工凿的“1”“11”“111”“八”等多种文字符号。联想到佷山对岸故仓坪一带发掘的磨制石斧、石锛、石铲等大量文物,说明这块地方始终有人类生息、繁育。张希周脑海里映出了古代巴人的一幅幅生活画面。

1981 年,张希周乘上木船,前后进行了 12 次乘船试验,他得出结论,清江北岸是巫灵山,石壁陡峭,连拉纤的路也无法找到;南岸也是高山大岭。在古代,这里都是原始森林,虎狼成群,蛇蝎遍布。那么,巴人大迁徙应该是西上,而不东下。巴人发源于清江,但他们恃强挟勇,不安于清江,要开辟新“大陆”,扩大生存空间。痴迷于巴人研究的张希周发现神话传说与现实情况有许多巧合。

朱栗山南方有地名“古宿坪”,因这里有一枭(音硝)洞,洞中缝隙处有人类堵漏“做窝”的痕迹,似有远古人类居住过,揭开了古代“有巢氏”巢的所在。盘与古联文,是为盘古,如此推论,盘古是地名,而不是人名。

查遍朱栗山诸峰巅的小地名,都与“天”有关,或叫“天坑”,或叫“天堰”“天池”“天水”“天头”,一些山顶是不是古人的“天”? 也许上了山顶,便称为“开天”。

张希周在山顶发现了大量石刀、石镰,比山下文物要进步 1.8~2 万年。无怪乎,古书称盘古氏 18 万岁这是历史起初记录,看来“盘古开天”是这里人类发展到原始社会末期的一段神化了的故事。

18 万年前的古“长阳人”只是“朱栗山人”的晚期人类了。按此推论下去,人类不就起源于朱栗山吗?

当然,这些中国的考古学家们的研究和推论,没有脱离骸骨的立论根据而进入基因研究,但是现在随着人类基因草图的完成,所谓的“朱栗山人”“长阳人”是否可说是人类的祖先,迟早是可以破解的。但是可以肯定,“朱栗山人”和“长阳人”,起码在一定阶段内可以说是华夏民族的祖先,这一条是不会错的。

### 地球上的极端微生物之谜

我们所在的地球,是不是宇宙中唯一的生命摇篮? 宇宙其他星球上是否还存在着别的生命乃至智慧生命?

诸如此类的问题,始终困扰着我们这些素有强烈好奇心的地球人。人们过去一直认为,地球上生命的爆发主要是由地球在太阳系中所处的独特位置决定的,由于地球距太阳的距离使它既能从太阳上吸收足够的能量和热量,同时又不至于像水星或金星那样成为生命无法生存的炽热的星球。因此我们总是认为,除地球之外,在恶劣的外星环境中,是不大可能存在生命的。然而当今在地球上发现的一些特殊生命形式,已经或者正在改变着我们的固有看法。

在我们地球上的一些生命禁区,存在着其他一些异常生命形式:这些生命几乎都是微生物,正由于它们生活环境的异常恶劣,科学家们对它们的存在不能不大感惊愕。

与火星、月球恶劣的生存环境相比,这些微生物所处的生存环境并不优越。可奇怪的是,它们已经与这种环境相依相有地构成了和谐,一旦它们离开这些极端环境反而不能生存。这类微生物被生物学家称为极端微生物。科学家们更为惊奇的是,在我们所处的地球上,几乎在各种极端环境中都可以发现这类微生物的踪影。

譬如,自然界中有许多高温环境,在这些高温环境中生活着许多嗜热微生物。如在俄罗斯堪察加地区的温泉里(水温57℃~90℃)存在着一种嗜热细菌——红色栖热菌;在冰岛,也有一种细菌可在98℃的温泉中生长和繁殖;在美国怀俄明州黄石国家公园内的热泉中,一种叫热溶芽孢杆菌的细菌可在92℃~93℃的温度(该地水的沸点)下生长,另外该细菌在试验室条件下还可在100℃~105℃下生长。据了解,在人们习以为常的环境中,现在还没有发现多细胞的动物或植物可耐受50℃的温度。

自然界中还有诸如冰川、深海等各种低温环境,其中也生存着大量微生物。科学家们近年就在南极的一个冰湖中发现了微生物,该冰湖的温度远远低于冰点。

地球上的高压环境是很多见的,在浩瀚的大洋深处以及地下深层油井,就是高压环境。然而就在这些环境中也发现了不少微生物。例如一种生活在深海的假单孢菌可在101325千帕、3℃的环境下生长;另外在1万米的深海,水压高达115510千帕处仍发现有微生物。据报道,有些细菌甚至可在141855千帕下正常生长。

世界上最耐盐的植物是盐角草,它能耐0.5%~6.5%的盐度,而某些嗜盐细菌却大大超过这一极限。例如在著名的死海,海水盐浓度高达23%~26%,那里几乎没有动植物生长,但少数几种细菌和藻类却能很好地生存其中。另外,现在发现的某些嗜盐菌还可在32%的饱和盐水中生长。

强辐射环境是很可怕的,辐射分非电离辐射(包括紫外线、可见光和红外线)和电离辐射(包括x射线、y射线和宇宙射线)。自然界中广泛分布着抗各种辐射的微生物。如海洋中的一种鞭毛虫,即使在紫外线剂量为 $1.11x10^{-2}$ 焦耳/平方毫米的条件下仍有约10%的细胞生活。不仅是微生物,在加勒比海西印度群岛的马提尼克岛,在乌克兰切尔诺贝利核电站1000多平方米的核废墟中,青蛙因受辐射而变成了硕大的牛蛙,老鼠因受辐射而变成了獾和狸一样硕大的野鼠。

另外,在贫营养环境中,在某些有机碳浓度不足1毫克/升的环境下,照样也有微生物生存。

种种实证表明,我们这些地球人直到今天还对这些特殊生命形式的机理不甚明了,所有的还只是一些初步的认识。对人类来说,这些生命形式的存在有着异乎寻常的意义,它说明了生物的存在或许并不需要什么特定环境。它们的存在同时也给人类以重要启示,我们足可以借此推测在火星、月球等宇宙环境中也存在着生命。现在,许多科学家都持这样的观点,即只要水保持液态,就有发生生命的可能。

在极端环境中发现的这些生命有力地支持了地球外存在生命的观点,同时也大大增强了地球人寻找地球外生命的信心。现代研究显示。水并非宇宙中的稀有之物,火星表面就曾经是一片汪洋,即使现在它的大气中也存在极微量的水蒸气;木星卫星巨大冰层下亦流淌着大量液态水;最近在月球也发现了水的踪影。因此,许多科学家认为:我们很可能在其他行星,甚至行星的卫星或小行星上发现某些生命,尤其是微生物。

## 地球生物灭绝之谜

据1986年第3期《化石》杂志载文,地质历史中曾多次发生生物在短期内大量灭绝的事件。距今5.05亿年前的寒武纪末,浅海底两栖爬行的三叶虫的60个科,有三分之二突然死亡。距今2.48亿年的二叠纪末,海生动物的50%的科、75%的两栖类的科和80%的爬行类遭到了灭绝的厄运。到了距今6500万年的白垩纪末,大约50%的生物属或75%的生物种从地球上消失了。

由于传统观念的影响,在探索生物灭绝的原因中,人们提出过不少以地球自身的原因为基础的假说,如:养料耗尽说、气候恶化说、长期火山作用说、海水碳酸盐补偿面上升说、二氧化碳与氧气不平衡说等等。

随着地质学、古生物学、行星学研究的深入,尤其是近年来在白垩纪—第三纪地层交界处的一系列新发现,生物灭绝的地外成因假说才被人们重视和接受。

首先有小行星撞击假说:正式命名的小行星有2200多颗。在小行星陨落时,撞击中扬起的尘埃漂浮在大气中以至遮蔽了阳光,使得植物的光合作用停止,从而导致了生物链的瓦解和成批动物的灭绝;其次有彗星撞击假说:彗星撞击地球,可以造成地质构造、气候和生物的剧烈突变,氰化物的毒化会杀死海洋生物,大气的变热会杀死陆生动物;再次有超新是星爆发假说:距太阳较近的超新爆发有可能对地球产生显著的影响,强烈的宇宙线可以引起臭氧层的破坏,从而使紫外线和放射性辐射增强,通过破坏生物体中的生殖分子和骨骼,导致生物的大量死亡;其外还有太阳超耀斑假说:受超耀斑产生的太阳风影响,出现地磁极性反转及臭氧层剧烈减少,由于没有磁场和臭氧层的屏蔽,耀斑的粒子流可大量杀伤生物,也可能因此影响古气候的变迁并给生物带来灭顶之灾。

### 地球的灭顶之灾之谜

所有曾经用望远镜观察过月球的人都知道,月球表面布满了陨坑,说不定月球本身就是一次大碰撞的产物。在地球的青年时代,一个像火星那么大的天体可能撞击过它,致使地球融化开向轨道中喷溅出大量的碎屑。最后,这些支离破碎的碎屑凝结在一起形成了月球。其实,地球比月球更频繁地挨撞。科学家指出:39亿~46亿年前,地球在形成时就“沐浴”在彗星群下,是彗星给地球带来了碳、氢、氮、氧等关键元素,才使地球上的生命得以出现。

但是,这种相撞也同时意味着毁灭。6500万年前,一个可能比哈雷彗星还要大的天体闯入现在的墨西哥尤卡坦半岛的缘海地区,撞出一个方圆170千米的大洞来。全地球顿时天翻地覆,大大小小的碎片冲天而起。

当这些数不清的“小导弹”开始下落并进入大气层时,只见闪烁的火流星布满天空,烈火烧光了地球的表面。当大火渐渐熄灭之后,接下来的便是地狱般无边的

撞击地球

黑暗。与此同时，气温也急剧下降，由于火灾产生了大量二氧化碳，在严寒持续数月之后，紧接着便是几个世纪的温室效应，许多物种都在这一时期灭绝了。

那次古老的大灾变说明，太空中的高速物体对我们所在的星球有巨大的影响。正因为如此，权威天文学家发布的这一惊人消息经一些报刊转载后，引起了人们的极大惊慌。世界末日真的要到了吗？我们怎么办？

为了消除人们的忧虑，另外一些科学家则认为：彗星过近日点的时间会有提前或推迟，有的预报位置和亮度偏差较大，不完全正确。以我们熟悉的哈雷彗星为例，它的回归期平均76年，但也有75~78年的提前或推迟的回归期。

斯蒂尔所预报的将与地球相撞的斯塔彗星，是1862年发现的彗星，于1992年首次回归，其周期约130年，与此同时，斯蒂尔预报它下次回归的年份是在2126年，比这次回归提前6年。有些科学家指出，仅有一次回归的数据，便得出了百年后与地球相撞的确切日期，按理而论，证据尚且不足。然而，值得提出的是，地球每10分钟便运行一个地球的距离，相碰仅有10分钟的时间。预报到某日（24小时），仅有千分之六的机会相碰。

考古学家因此也站出来证实：人类至少有四五十万年的历史，可能并没有发生与彗星相碰的事。在近5000年中，也没有关于彗星与地球相撞的记载。

为了找出彗星与地球不会相撞的确切证据，科学家们做了如下举证：牛顿发现了万有引力定律，奠定了天体力学基础。但是，在天体力学中还有“行星运行的起源”和“行星井然有序地排列”是牛顿所不能解释的，他因此而将其推为“神的第一次推动”和“神的安排”。这些难题至今仍没有适当的论述；还有，浩瀚宇宙中无数的恒星也是各据一方,互不侵犯。这又是何力所使?

这虽是千载之谜,人们在偶然中也会得到启发:桌子上有几块N极向的圆柱形磁石,把它们放到一起,它们便会自动离开,出现了各据一方的局面。可见,恒星的互不侵犯是它们自己磁斥力的作用。据此,也就解释了行星井然有序地排列和各行其道的运行。

科学家们指出:当行星受到太阳引力作用时,必然如彗星一样直线而来。这就是行星运行的起源。当行星被吸引到两者斥力发生作用的0.4天文单位时,便不能再前进,被迫改为圆周运动。这就成了太阳系的第一行星——水星;第二个外来者到达0.7天文单位时与水星的磁力相斥,也改为圆周运动;第3至第9颗行星则以此类推。这就是行星井然有序排列的理论依据。由于行星都有斥力,才互不侵犯,各行其道有规律地运行,据此便能做出准确的运行预报。

这样,太阳系9大行星的磁场已经布满了黄道面。彗星便无路可行,以哈雷彗星为例,行星磁场迫使它由黄道面转为在其上面运行,到达与太阳距0.5左右天文单位时(近日点)便被太阳的磁力挡住不能再接近,它在运行中若遇到行星次数多,迫使它多次绕道,便推迟了回归日期,反之则提前。这既是彗星回归期难以预报之处,又是彗星不会与地球及众行星相撞的原因。

值得一提的是:地球还独有第二道防线——大气层。没有磁场的陨石进入大气层时,便会被烧去一部分或爆为小块。几吨重的陨石对地球就无足轻重了。

然而,当彗星与地球相距一定的距离时,两者的磁力便会起作用,彗星便会绕道而行。只要它的方向稍稍一偏,失之毫厘谬以千里的情况便会发生。

一个类似的预报是,美国的肯顿博士经过精确地计算,认为有99%的可信度,月亮将于1992年分为两半,肯顿博士虽经精确地计算,却可能没把月亮的磁力考虑在内,所以与事实相悖。

月亮没有分裂成两半,彗星和小行星能否与地球相撞却难预料。

陨石可谓是地球的不速之客,尽管人们惧怕它、不欢迎它,然而该来的时候它却一定要来。从陨石爆炸方面来看,陨石光顾地球的破坏力是惊人的。1960年6月30日,一颗小行星在森林上空解体,燃烧的碎片直冲而下,方圆60千米的俄罗斯泰加森林顿时烈焰冲天,持续很长一段时间。1996年1月初,一颗直径1千米,重量10亿吨的天外岩石在距地球350万千米处几乎与地球轨道相切。如果这块石头撞向地球,将会灭绝地球上的大部分生物,天倾就不再是杞人自忧了。

科学家目前已经发现在太阳系直径超过1千米的各种天体大约有40万个,其中30多个运行轨道将与地球轨道相切。英国玛丽皇后学院的天文学家卜威廉斯通过精确计算,认为最可能对地球造成麻烦的是被任命为“1983TB”的小行星,将于2115年光顾地球。这是继“2116年8月21日彗星撞击地球”警报之后的又一惊人预言,这颗小行星,是国际红外线天文卫星IRAS于1983年10月11日首次发现。目前该小行星正绕太阳运行,而且与地球越来越近。公元2115年,它将比月球更接近地球,现在还没有足够的数据加以证实,到时候它是否将与地球直接相撞,或者仅仅擦地而过。如果真要和地球直接冲撞的话,那么它那每小时8万英里的高速所造成的冲击力,其危害性相当于几百颗氢弹,将给人类带来难以想象的灾难。

美国国家宇航局已着手进行“拒客”工作。有关人员分为两组,一组负责追踪确认可能与地球轨道相切的天外物体,一组负责将其驱赶远离地球轨道。

直径超过100米可能给地球造成严重灾难的天体有30万个。安置在美国帕罗马山的哈雷天文望远镜昼夜不停运转,以确认是否有异常的情况。对于早发现、位置确定的危险物,可用太空大炮发射装有常规弹头的导弹,利用弹头靠近危险物爆炸时产生的推力使其偏移正常轨道,远离地球而去。如果距地球小于1亿5000千米,则必须使用核弹头。一个100万吨爆炸力的核弹头产生的冲击波可将距地球150万千米的小行星或彗星推出正常轨道。

拯救地球的费用并非像人们的想象那样呈天文数字。安装一台望远镜约需5000万美元,年运作费1000万美元。至于驱赶开销,一些学者建议可利用美国和苏联正在拆除的核弹头并根据需要稍加改装即可使用。

## 地球以外是否有生物之谜

20世纪80年代中期,英国宇宙动物学家约翰·麦克洛克林博士,根据科学家对宇宙探索的新成果,以及他本人丰富的动物学知识,提出在其他太阳系可能存在着一些奇异的动物,并且预测出这些动物的形态。

也许,随着科学的发展,人类与这些动物相遇的日子不会太远。也许,这并非臆造和杜撰,而是合理的预测,因为宇宙间存在着产生生命的元素和生物所需的流动液态水。那么地球外的动物究竟是什么样子呢?请见麦克洛克林博士的描述——在其他太阳系的一些行星上,大风刮个不停,一片汪洋大海,人们称为"水行星"。那里生活着一种水栖动物——圆帆鱼。

圆帆鱼既像鱼又似鲸,体长可达800米,比地球最大的已知动物蓝鲸大得多。它的背后长着一个巨大的皮囊状的"帆",尾巴如舵,后面还有两只和鱼臀鳍一样、在划行时起支撑作用的托架。

圆帆鱼的整个身体,像一艘航行在海洋里的帆船。它的帆上有感觉器,能辨别方向,调整位置。圆帆鱼的生殖器官和消化器官都集中在尾巴上,这与地球上的鱼类是截然不同的。这种鱼的皮肤能从淡紫色变为闪光的金黄色。

在地球外的类地行星上,还生活着一种大型食肉动物,这种动物可称为标枪龙。它只有两条腿,前肢已经退化消失,只会走,不会飞。标枪龙有一条粗大的尾巴,在行走时标枪龙就是用这粗大尾巴来保持身体平衡的。

标枪龙的躯体庞大而臃肿,性情残忍,常以小个子的"兄弟""姐妹"为食。它的身体笨重,行动迟缓,头部呈炮塔形,不仅有眼睛、耳朵和脑子,还有能自动进退的捕捉器。捕捉器中有一支标枪,长度约为19.5米,相当于它自身的体高。当标枪龙发现猎物的时候,依靠肌肉的收缩射出标枪,刺入猎物,使之中毒而晕倒,然后它一面收回标枪,一面张开大嘴吞进猎物。

麦克洛克林认为,在类地行星附近的"火星"上,已出现一种奇特的食肉兽——钳齿四眼虎。它的脸部有四只眼睛,成对地长在颌的上下,使之有双倍的视力,只不过眼睛上没有眼睑,像蛇眼一样。这种钳齿四眼虎在遇到猎物时,它的下颌便下垂,将钳齿伸出,像钳子似的把猎物抓住。

四眼虎在奔跑时,能用足钩住地面。它的足底还有许多乳头,能感知由于动物运动而引起的地面震动——这是生活在大气稀薄环境中的动物特有的听觉。

像地球上的老虎一样,钳齿四眼虎身上有许多条纹,这些条纹与周围的紫色植物色调相同。钳齿四眼虎是一种行动敏捷的食肉兽,每小时可奔跳64千米,它行动的方式是跳跃式、波浪形前进的。

地球上的水母大多没有一定的形状,可是在行星际有一种星际水母却是有形动物。这种水母躯体庞大,它那碗状巨嘴直径约为 16 千米。它就靠着这张巨嘴,吞食陨石微尘、气体和小流星。星际水母的另一端,是由三根骨骼和三张巨大的叶子组成的扇状物。

圆盘大齿动物是另一种地球外动物,像一个放大了无数倍的薄煎饼,它的体积很大。圆盘大齿动物不是从恒星上接收能量,而是自己产生内热,因而被称为红外体。这个巨大红外体动物上的重力加速度约为地球上的 100 倍,它的大气压超过地球上海洋最深处的压力。在那里没有阳光,也没有四季的变化。人若一进入它的世界,立即就会被压成扁平的胶状物。圆盘大齿动物的周缘,镶嵌着许多珍珠状的红外眼睛,每个眼睛都与一束神经节相连。在这个重引力世界里,没有个子高的动物,所以它的眼睛只能向外和向下看,而不能往上看。它的边缘,还长着排列规则的锉状牙齿,有几千支之多。因为这个红外体动物本身有许多森林和杂草,当自身饥饿时,可从自己身上就地取材,用诸牙齿砍割而食,食物经过食管,进入身体中端凸起的部位——胃进行消化。

当然,上述这些动物目前还只是麦克洛克林博士的推测,未必确如其述。宇宙其他星球上到底会有何种动物,是什么样,有何特性,自然不是一朝一夕就能证实的。

## 地球上的飞碟基地之谜

有谁会相信地球内部可能存在着飞碟基地?但根据飞碟专家的深入研究发现,飞碟的来源存在三种可能性,即外太空、内太空和穿过时间隧道的未来人。这里的内太空就是指从地心到大气层的地球本身。对地球内部存在着飞碟基地的说法,许多人认为不可置信。

但是,曾任美国海军少将的拜尔德在不久前公布的驾机探访地心飞碟基地的神奇经历,使地心存在飞碟基地的说法得到佐证,也使飞碟和外星人再次成为美国人关心的焦点问题。

拜尔德将记载他那神奇经历的日记公开。根据他的日记,他曾于 1947 年 2 月率领一支探险队从北极进入地球内部,发现那里存在着一个庞大的飞碟基地和生活着许多种原已在地面上绝种的动植物,并且他们还在这个基地上发现拥有高科技的“超人”。

在北极,拜尔德驾驶飞机进入一个地方,发现地势更加平坦,而且还分布着闪闪发光的发出彩虹般色彩的城市,而空中飞行的飞机似乎被某一种奇特的浮力托着,在这种无形力量的支配下,拜尔德无法控制飞机,令人费解的是在舱门右侧和上端出现带有无法明了其义的符号的碟形发光飞行器。更不可思议的是,竟从无线电传出带着德语音调或北欧音调的英语“欢迎将军的光临”,并让拜尔德放心,说过不了7分钟,飞机将安全降落。话一说完,飞机的引擎停止运转,在轻微的震动中,飞机平安着陆,这时几位没有携带任何武器的,金发碧眼、皮肤白皙、体型高大的人出现了。

在这一基地,他遇到一些人,通过与那些人的交谈,他得知这个地下世界名叫“阿里亚尼”。这个基地的人对外界的关注始于美军在日本广岛投下两颗原子弹,为了调查那个时代发生的事,他们派遣许多飞行器到地表活动。他们内称,地上世界的文化和科技要比地下世界落后数千年,他们原先对地上世界的战争不加干涉,但因原子武器破坏性太强,他们不愿再见到人类使用原子武器,因此曾派人与超级大国交涉,希望能劝他们停止使用原子武器,可惜未成功。这次借邀请将军的机会警告地上世界可能会走上自我毁灭。那些人还对地上世界对他们派出的使者的不友好的待遇发出抱怨,声称飞行器也经常遭到战机的恶意攻击。人类文明之花遭受战争的蹂躏,人类社会的黑暗幕布已经降落,这些将使全世界陷入混乱中,世界将成为一方废墟。但地下世界的人将协助地上世界的人从废墟中重建新世界。

结束会晤后,拜尔德沿原路前往通信员停留的地方,与他会合。临行之前,无线电传来德语“再见”,他们经由两架飞行器的引导而升空至823米,27分钟后,他们平安地在基地着陆。

拜尔德一回到美国随即参加美国国防部的参谋会议,并且向杜鲁门总统做了汇报。为了证明他所作汇报的真伪,他被最高安全部门及医疗小组调查,后被有关方面告知严守机密。拜尔德身为军人,只能服从命令,因此,关于那个基地的秘密被美国政府封锁了多年,但在1965年12月24日的日记中,他写道:“那块土地在北极,那个基地是一个巨大的谜。”

拜尔德公开的日记所说事情的真伪一直为世人所争论。“阿里亚尼”是否真是一个飞碟基地也一直为科学家所争论不休，但无论如何，内太空作为飞碟的来源之一存在可能，它的进一步确定还等着科学家的进一步研究。

## 月球形成之谜

也许地球上还没有人类之前，月球就在天天看着地球。可是，谁也不知道月球究竟跟了地球多长时间。

有关月球起源的说法有三种：

第一个假说是月球和地球一样，都是在46亿年前由相同的宇宙尘埃和气体凝聚而成的；

第二个假说是月球系由地球抛离出去的，抛出点后来形成了太平洋；

第三个假说是月球是宇宙中个别形成的星体，行经地球附近时被地球重力场捕获，从而环绕地球旋转。

原本多数科学家相信第一种说法，也有少数相信第二种说法，可是自从太空人登上月球，取回不少月球土壤，经化验分析知道：月球成分和地球不同，即地球是铁多硅少，月球是铁少硅多；地球钛矿很少，月球很多。因此证明月球不是地球分出去的，第二种说法站不住脚了。

同样的原因，也使得第一个假说动摇了。因为，如果地球和月球是在46亿年前经过相同过程形成的，那么成分应该一样才对，为何差异会那么大呢？所以，科学家们只好也放弃第一种说法。

只剩第三种说法了，如果是其他地方飞来的星体，飞进太阳系后，太阳引力比地球引力大很多，照理讲月球应该受到太阳的引力而飞向太阳，不是受到地球的引力留在地球上空的。

这三种“正统科学家”提出的假说，没有一项能解答所有疑问，也没有一项禁得起严格的质问。而现在，关于月球形成的最重要的学说认为，月球是在大约45亿年前，由于一颗大小近似火星的星体强烈碰撞并划过地球形成的。当时的碰撞形成的大量熔化的岩石碎片和尘埃被甩到地球周围轨道之内，经过一段时间的相互碰撞和聚集而形成了今天的月球。

对这种学说的有力支持,来自阿波罗登月计划的发现。宇航员们从月球上采集的土壤标本表明,月球上的矿物质和地球上的是相似的。这使得科学家们确信,地球和月球有着共同的起源。

事实上,时至今日,“月球来自何处”,仍是天文学未定之论。因此任何人都可以提出自己对月球起源的看法,不管多离奇,他人是不能用任何“不科学”的字眼来评判的。

## 月球的9个未解之谜

1.月球年龄之谜

令人惊异的是,从月球带回的岩石标本,经分析发现其中99%的年龄要比地球上90%年龄最大的岩石更加年长。阿姆斯特朗在“寂静海”降落后拣起的第一块岩石的年龄是36亿岁。其他一些岩石的年龄为43亿岁、46亿岁和45亿岁——这几乎和地球及太阳系本身的年龄一样大,地球上最古老的岩石是37亿岁。1973年,世界月球研讨会上曾测定一块年龄为53亿岁的月球岩石。更令人不解的是,这些古老的岩石都采自科学家认为是月球上最年轻的区域。根据这些证据,有些科学家提出,月球在地球形成之前很久很久便已在星际空间形成了。

2.月球土壤的年岁比岩石年岁更大

月球古老的岩石已使科学家束手无策,然而,和这些岩石周围的土壤相比,岩石还算是年轻的。据分析,土壤的年龄至少比岩石大10亿年。乍一听来,这是不可能的,因为科学家认为这些土壤是岩石粉碎后形成的。但是,测定了岩石和土壤的化学成分之后,科学家发现,这些土壤与岩石无关,似乎是从别处来的。

3.月球发声之谜

在“阿波罗”探险过程中,废弃的火箭第三节推进器会轰地一下撞在月球表面。据美国航空航天局的文件记载,“每一次这样的响声,听起来仿佛是一个大铃铛的声音。”当登月人员降落在颜色特别黑的平原上时,他们发现要在月球表面钻孔十分困难。土壤样品经分析后发现,其中含有大量地球上稀有的金属钛(它被用于超音速喷气机和宇宙飞船上);另一些硬金属,如锆、铱、铍的含量也很丰富。科学家觉得迷惑不解,因为这些金属只有在很高的高温——约华氏4500度下,才会和周围的岩石融为一体。

4.月球的不锈铁之谜

月面岩石样其中还含有纯铁颗粒,科学家认为它们不是来之陨星。苏联和美国的科学家还发现了一个更加奇怪的现象:这些纯铁颗粒在地球上放了七年还不生锈。在科学世界里,不生锈的纯铁是闻所未闻的。

5.月球放射性之谜

月亮中厚度为八英里的表层具有放射性,这也是一个惊人的现象。当“阿波罗15”的宇航员们使用温度计时,他们发现读数高得出奇,这表明,亚平宁平原附近的热流的确温度很高。一位科学家惊呼:“上帝啊,这片土地马上就要熔化了!月球的核心一定更热。”然而,令人不解的是,月心温度并不高。这些热量是从月球表面大量放射性物质发出的,可是这些放射性物质(铀、钍和钚)是从哪里来的?假如它们来自月心,那么它们怎么会来到月球表面?

6.月球上的大量水气之谜

最初几次月球探险表明,月球是个干燥的天体。一位科学家曾断言,它比戈壁大沙漠干燥100万倍。“阿波罗”计划的最初几次都未在月球表面发现任何水的踪迹。可是“阿波罗15”的科学家却探测到月球表面有一处面积达100平方英里的水汽团。科学家们红着脸争辩说,这是美国宇航员废弃在月亮上的两个小水箱漏水造成的。可是这么小的水箱怎能产生这样一大片水气?当然这也不会是宇航员的尿液——它直接喷射到月球的天空中。看来这些水气来自月球内部。

7.月球表面呈玻璃状之谜

“阿波罗”的宇航员们发现,月球表面有许多地方覆盖着一层玻璃状的物质,这表明,月球表面似乎被炽热的火球烧灼过。正如一位科学家所指出的:“月亮上铺着玻璃。”专家的分析证明,这层玻璃状物质并不是巨大的陨星的撞击产生的,有些科学家相信,这是太阳的爆炸——某种微型新星状态——产生的后果。

8.月球中的磁场之谜

早先探测和研究表明月球几乎没有磁场,可是对月球岩石的分析却证明它有过强大的磁场。这一现象令科学家大惑不解,保罗·加斯特博士宣称:“这里的岩石具有非常奇特的磁性……完全出乎我们意料。”如果月球曾经有过磁场,那么它就应该有个铁质的核心,可是可靠的证据显示,月球不可能有这样一个核心;而且月亮也不可能从别的天体(诸如地球)获得磁场,因为假如真是那样的话,它就必须离地球很近,这时它会被地球引力撕得粉碎。

9.月球内部神秘的"物质聚集点"之谜

1968 年,围绕月球飞行的探测器首次显示,月球的表层下存在着"物质聚集结构"。当宇宙飞船飞越这些结构上空时,由于它们的巨大引力,飞船的飞行会稍稍低于规定的轨道,而当飞船离开这些结构上空时,它又会稍稍加速,这清楚地表明这物质聚焦结构的存在,以及它们巨大的质量。科学家们认为,这些结构就像一只牛眼,由重元素构成,隐藏在月球表面"海"的下面。正如一位科学家所称:"看来谁也不知道该如何来对付它们。"

## 月球上的金字塔之谜

1966 年 11 月 20 日,美国"月球轨道环行器 2 号"拍摄月球表面,当拍摄到月球表面 46 千米时,意外地发现照片展示出有 7 座清晰可见的塔状建筑物,高度相当于地球上 15 层的大楼,形状与埃及的金字塔群极其相似。更有趣的是,塔状建筑物色彩比其周围月球的颜色明快得多,于是人们怀疑,它们不是由月球上的物质而是由其他物质构成的。也许是由月球的物质经过特殊加工精心制成的。

在研究照片后,美国波音飞机公司研究所的威廉·布莱亚博士与苏联空间工程学家亚历山大·阿布拉莫夫运用几何分析的结果,得出相同意见,确信这些塔状建筑群绝不是漫不经心之作,而是精心筑成。

谁是月球表面金字塔的设计者和建筑者呢?

1969 年 7 月 20 日,美国"鹰号"登月舱向月球表面缓缓登陆时,在离月球表面还剩下 180 米时,登月舱的速度以每秒 5. 8 米降至每秒 2. 75 米,离地 95 米时再减至每秒 1 米。这时,一种奇怪的声音骤然响起,这声音像是发自遥远的教堂,悠扬回旋,清脆悦耳,仿佛欢迎人类首批光临月球的神圣使者,仿佛欢庆人类划时代的登月壮举。

两位宇航员踏上月球表面土地,举目凝望月球上奇山异石时,这类似教堂钟声的声音又铿锵响了几次,至今无人解释这响声是怎样发生的。

早在最初实施阿波罗登月计划时，美国“无畏号”登月舱突然在月球表面坠毁。设置在距坠落处70多千米处的仪器，也曾记录到持续15分钟的震荡声。这种无线电震荡声好像一只巨大的钟发出的声音，越传越远，越传越弱。科学家分析这种情况，认为月球可能是空心的，因为如果月球是实心的，这种声音只会延续1分钟。

月球地心奥秘还需要进行一系列的试验来证实，凭这一次偶然事故还不能说明问题，也许“无畏号”正坠毁在一个大空洞上呢？

1986年6月1日的《文摘周刊》援引了国外的一则报道，题目是：苏联在月球背面发现了一座城市。原文如下：据消息灵通人士透露，克里姆林宫的领导者在他们分析所搜集到的照片和其他数据以前，正竭力掩饰一个惊人发现。“这是自登月以来最为重大的空间新闻。”苏联空间杂志《外屋空间》的编辑亚伯拉罕威尔斯博士说。

“苏联人对其他国家疑虑重重，他们不想与别人分享自己的知识成果。

“这枚空间探测器的名字叫‘高尔基1号’，它已发回了关于这座由于巨大城墙环绕的城市的2000多幅激光照片。

“一位美国空间计划的知情人说：‘可能是俄国人在月球上发现了什么。”’

一个又一个的月球疑谜困扰着科学家，促使他们去伪存真，努力探索，对这些神话般的奇谜做出科学的解答。

## 人类能否在月球上生存之谜

也许是由于对自身生存条件、生存空间的焦虑，人类特别关心火星、月球上的一切，其中最重要的莫过于火星、月球上有没有水的问题。这种关注是很容易理解的。

对于生命，水的问题是至关重要的，人体生命在没有食物的情况下可以坚持半个月，而没有水的情况，连一星期也维持不了。因此人类要想走出地球，在外星球上开拓生存空间，水是最基本的条件。科学家说：液态水（$H_2O$）是动植物生命存在的基础，凡有液态水存在的地方，就有生命存在的理由。哪个星球上有水，哪里就可以生存。首先我们要问：在月球、金星上能否找到水？

1998年3月5日,美国国家航空和航天管理局的科学家们却向世界郑重宣布:他们在月球表面陨石坑阴暗的深处发现了水。

他们是这样解释水的发现的:两个月前,发射升空的"月球探测者号"机器人探测器,对月球表面进行了7个星期的扫描。探测器上的中子谱分析器发回的数据表明,月球陨石坑底部的土质很松,里面有大量的氢;而氢的存在表明干土里有冰碴。

这一消息很快蔓延到地球的每个角落,人们不禁会问:月球上为什么会有水?有多少水?还有生命吗?

1997年,中国学者雷文星在其《地球大揭秘》一书里曾做过试探性地解释:月球与地球的年龄相当,内能与动能都小于地球,故体温上升得慢一些,演化的速度也慢了一拍,目前它还处于水冰球阶段。在其约10千米厚的水冰层底部,有一层并不环流的水幔。水幔底部是硅酸盐类和硫包裹着的铁镍核。水冰壳表面是一层冰土和砾石,若向月球表面发射一颗导弹,便可揭示出它尘下冰壳的构成及壳下水幔的存在。

声称发现月球有水的美国科学家则进而认为:在过去几千亿年里,由于冰彗星和冰陨石袭击月球,故而把冰留在月球上。"月球探测者号"首席分析家艾伦·宾德博士说:"月球生成时是干的,水是后来加上去的。"

根据机器人探测器发回的数据,艾伦·宾德博士和他的同事、中子谱分析器专家威廉·费尔德博士初步推断:月球上水的总储量有可能在1100万吨至3.3亿吨之间。如果月球陨石坑底土壤含水层非常深的话,月球上水的总储量有可能达到13亿吨。负责勘探任务的哈伯德表示,经初步估计显示,在月球上,水源广泛分布在两极表面各处,数量足可填满一个面积达5平方千米、11米深的湖。

美国能源部科学家费尔德则冷静地说:"水的存在是合乎逻辑的推论,皆因水是氢最稳固的形态,也是氢最有可能在月球上出现的形态。然而在确定之前,我们仍需先取得样本。"

宾德认为,从月球上的冰块提取水分过程绝不复杂:只需收集有冰的泥土,放在一实验室内加热,使冰融化,再经蒸馏便可得到水。由于月球的沙质土更为松散,故提取水分理论上将更容易,问题的关键是,必须先制造一些可以在摄氏零下

230 度气温中使用的机器,才可以在月球两极进行采样。

科学家们指出,月球上发现水对人类走向太空具有里程碑式的意义。因为离地球最近的月球有可能因此成为人类探测太阳系其他星球的跳板和中转站。他们认为,即使月球上水的储量只有 3300 万吨,也可保证 2000 人在月球表面生活 100 多年。如果从地球向月球运输 3300 万吨水,至少需要耗资 60 万亿美元。

对美国科学家这一发现,国际科学界也异常振奋。英国科学家认为,这个新发现很可能会促使各国重新调整今后 20 年的航天计划。以此为契机,国际航天界可能会掀起新一轮月球和空间探索热。

在《地球大揭秘》一书里,雷文星写道:"月球将成为军事家们争夺的最具实战价值的'制高点'。谁最先占领了月球,谁就基本控制了整个地球。"

随着美国科学家连续发布在木星卫星和月球上都找到水痕迹的消息,世界航天界再次把目光凝聚在地球外生命的探索上。于是,外星人,特别是月球上有无人类(当然不同于地球人)又成了人们关心的话题。

1987 年,张茂华在《星际有约——20 世纪外星蓝皮书》里介绍:1987 年,美国UFO(飞碟)学者科诺,凯恩奇在观察美国"阿波罗 8 号"宇宙飞船所拍摄的照片时,惊异地发现月球背面中央有一个发亮的圆形物体,他经过特殊技术处理对照片进行放大,竟然发现这个圆形物体正是一个 UFO。其体形大得不可思议。后来,照片上又显示出其他许多飞碟,有已着陆的,有正在飞行的,还有其他矗立的物体。有的 UFO 直径约 10 千米,相当于地球上的一座城镇。

张茂华介绍道,1987 年,苏联人造卫星对月球拍照的照片显示:月球上放着美国空军在第二次世界大战时失踪的一架 B—29 重型轰炸机。照片得到苏联宇航专家斯坦罗夫,莫杰维耶夫的证实。他对报界表示,轰炸机表面虽然有一部分被太空坠落的陨石毁坏,但大部分仍非常完整。机翼和机身上的美国空军标志,经放大后还清晰可见,这架飞机表面布满了一层绿色物体,似乎刚从海里打捞上来一样,那绿色物体有可能是青苔。

莫杰维耶夫说:"我们完全不明白这是怎么一回事,而我们也相信美国方面也和我们一样,也无法解释这件事。"

为此,美国与苏联科学家们曾成立过一个特别小组,准备秘密调查此事。可是,调查尚未真正开始,那架轰炸机已经无踪迹了。甚至连停放的痕迹也消失了——这是1988年7月22日前苏联人造卫星再次扫描月球后发现的。

科学家们大惑不解:这么庞大的巨型轰炸机是如何被运上月球的?是何种生命体干的?又为何把它藏匿起来了?

联想到月球上出现过的UFO,再联想到月球上出现的水,UFO学者推测月球上的巨型轰炸机是UFO的操纵者——活动在地球之外的超级智能生命所搬运的。也就是说,月球上是存在着生存条件的,这种条件以一个关键因素为基础——月球水。

看来,地球之外、太空之中似乎还有另一种人类在活动,他们谜一样的身影来去匆匆又不着痕迹,给地球人带来无比惊叹与向往。

## 地球的第二颗卫星之谜

1846年,Toulouse天文台的负责人——Frederic Petit宣布他们发现了地球的第二颗卫星。它是在1846年3月21日傍晚时被三位观察者看到的,他们是TouloLise的Lebon和Passier以及Artenac的Lariviere。Petit发现这颗卫星的运行轨道是椭圆的,运行周期为2小时44分59秒,它离地球(表面)最远距离为3570千米,最近距离为11.4千米。听到这个发现后,勒威耶抱怨说由于空间距离的阻隔,许多事都无法得到确证。而Petit却义无反顾地致力于对这第二颗地球卫星的研究,并终于在15年后宣布正是这颗小卫星造成了地球的主要卫星——月球的一些特殊的运行情况,可是这一点几乎被所有的天文学家所忽视。要不是法国作家凡尔纳在书中提及,它几乎就被遗忘了。

威尔逊山天文台的R.S.RichardSOll博士,在1952年描述了这颗卫星的运行轨迹:近地点为5010千米,远地点为7480千米,离心率为0.1784。

由于凡尔纳使Petit所发现的第二颗卫星闻名于世,越来越多的业余天文学家发现这是一个成名的好机会——任何人只要发现这颗卫星,他的名字便会被载入天文学的史册。没有几个主要的天文台从事这地球第二颗卫星的研究,即使有也要暗自进行。而德国的业余爱好者们却在积极地跟踪着那个被他们称为Kleincl"len(“一点点”)的天体——虽然他们从未找到它。

W.H.Pickering 一直笃信着这样一个理论：如果卫星的轨道离地球的表面距离为 320 千米并且它的直径为 0.3 米，又拥有月球般的反照率，那么它必然可以通过 3 英寸的天文望远镜观察到。一颗直径为 3 米的卫星可能成为第五星等的裸眼可见的天体。虽然 Pickering 并未寻找 Petit 所说的天体，他却在进行着寻找第二等卫星——即月球的卫星的工作。可是他没有找到，事后他总结认为月球的卫星的直径小于 3 米而无法观察到。

Pickering 那篇关于一颗极小的卫星存在的可能性的文章——《一颗流星般的卫星》刊登在 1922 年的《大众天文》上，不想又引起了业余天文爱好者的一阵骚动。主要原因是这篇文章提供了观察上的一些实际的要求："一架 3~5 英寸的天文望远镜和一个低倍的目镜即可。这无疑对业余爱好者是一次好的机会。"可惜又一次一无所获。

有一种理论认为向来无法解释的月食运行轨道的偏离是由于这第二颗卫星的重力场引起的。那就意味着这个天体的直径至少应有几千米这么大——但如果存在这样大的一颗卫星，那它早应被古代巴比伦人发现了。即使它十分小，但由于它相对比较近又移动得十分快，也应当是十分明显的，就像我们看到人造卫星与航天飞机一样。可是另一方面，又无人有兴趣去观察过小的天体。

当然还有不少人提出地球的第二颗天然卫星存在的想法。1898 年，Georg Waltemath 博士声称他不仅发现了第二颗卫星，还发现了一系列的白矮星。

总有一些观察者不时地报告看到"其他的地球天然卫星"。德国的天文杂志《DieSterne》报道说名为 w.Spill 的德国业余天文学家在 1926 年 5 月 24 日观察到这第二颗卫星通过月球。

在 1950 年左右，当人造地球卫星刚开始被提出时，每个人都预见它只能被分级式火箭送上天，不载任何无线电发射装置，而由在地面的雷达跟踪。如果这样的话，一些近地的小卫星会产生极大干扰，它们会反射雷达发射到人造卫星上的波。但这却提供了人们寻找天然卫星的好方法，Clyde Tombaugh 发展了这项技术：在离地 5000 千米高的卫星速率被预测出。一个拍摄站便以这个速度跟踪拍摄。恒星、行星等天体在照片上显现一条直线，但在这一高度的卫星却显示成一点。如果卫星不在这个高度，那么它在照片上表现为一条短小的直线。

LOWell天文台的观测始于1953年,并且真正地探索了一块处女地:除了这个德国天文台外,没有人注意到地月之间的这块空间。到1954年秋,各类享受很高声誉的周刊和日报报道说这个天文台的观测已得到了初步结果:有一个离地高度为七百千米和一颗离地高度为一千千米这样两颗卫星。人们普遍地产生这样的疑问:"它们是否是天然卫星呢?"没有人知道这些报道源自何处——因为天文台的观测根本没得到什么结果。在1957年和1958年当第一颗人造卫星发射后,其上携带的相机才又继续追踪那些卫星。

但是这并不意味着地球只有一颗天然卫星。地球可能在很短的时间内有一颗近地卫星。流星体飞过地球,穿过上层大气时会损失很大动能而进入围绕地球的卫星轨道。但由于它经过大气上层的每个近地点,它不会维持很长时间,或许只有一或两个周转,也可能达到一百个周转(相当于一百五十小时左右)。一些报告表明这样的"瞬间卫星"曾被看到过,可能当初Petit所看到的便是这样的卫星。

除了"瞬间卫星"这种解释外,还可能有两种可能性。一个可能是月球有自己的卫星——但是尽管经过许多次搜索,都没有发现过。另一种可能是存在着绕月球运行的特洛伊卫星,落后或超月球公转轨道60度。

Krakow天文台的波兰天文学家Kordylewski首先报告了这种"特洛伊卫星"。他是在1951年开始他的寻找的。他希望能在绕月轨道上找到一颗离月球为60度的大小合适的天体。可是探索一无所获。在1956年他的同国人,同事Wilkowski提出可能存在许多微小的天体,由于太小而不能被单独看见,但却多得合成云状粒子。如果这样的话,最好的观察方式将是用肉眼,而不是通过天文望远镜。用天文望远镜只会"漠视"了它们的存在。Kordylewski博士很愿意试一试。他所需要的是一个无月的晴朗的夜空。

至此长达一个世纪的对于地球第二颗卫星的搜寻似乎已成功了,即使这颗卫星与当初任何人想预计的都不同。它们十分难找。

但仍有人认为还存在另一些天然地球卫星。在1966年至1969年间,美国科学家John Bargby声称他观察到至少十颗小到只能通过天文望远镜才观察到的地球天然卫星。Bargby发现了这些天体的椭圆轨道:离心率为0.498,半主轴长14065千米,远地点高度14700千米,近地点高度680千米。Bargby认为它们是在

1955 年破裂的天体的碎块。他得到的这些结论大都是建立在不稳定的人造地球卫星的基础上的。Bargby 运用人造地球卫星所提供的资料，却没有意识到这些数据只是一些近似值，甚至于有时是错误的，因此根本不能应用于精确的科学分析。另外，根据 Bargby 的观察结果，当他所说的卫星经过近地点时，应为可见的一等星，应该轻易地就被肉眼观察到，可是却从没有人看到类似的天体。

1997 年，Paul wiegert 等人发现了小行星 3753 有一个很奇怪的轨道，似乎是地球的一颗伴星，可是它并不围绕地球运动。

## 日月地之间的奇妙现象之谜

现在举出一个大家都想不到的天文上的奇妙现象，让大家用心想一想。

月球离地球，平均距离约为 38 万千米。太阳离地球，平均距离约为 15000 万千米。两者相除，我们得到太阳到地球的距离约为月球到地球的 395 倍远。太阳直径约为 138 万千米，月球直径约为 3400 多千米，两者相除，太阳直径约为月球的 395 倍大。395 倍，多么巧合的数字，它告诉了我们什么信息？

大家想想看，太阳直径是月球的 395 倍大，但是太阳却离地球有 395 倍远，那么，由于距离抵消了大小，使这两个天体在地球上空看起来，它们的圆面就变得一样大了！这个现象是自然界产生，或是人为的？宇宙中哪有如此巧合的天体？

从地面上看过去，两个约略同大的天体，一个管白天，一个管夜晚，太阳系中，还没有第二个同例。著名科学家艾西莫夫曾说过："从各种资料和法则来衡量，月球不应该出现在那里。"他又说："月球正好大到能造成日食，小到仍能让人看到日冕，在天文学上找不出理由解释此种现象，这真是巧合中的巧合！"

难道只是巧合吗？有些科学家并不这样认为。科学家谢顿说："要使太空船在轨道上运行，必须以每小时 18000 千米的速度在 100 里的太空中飞行才行。同理，月球要留在现有的轨道上，与地球引力取得平衡，也需有精确的速度、重量和高度才行。"问题是：这样的条件不是自然天成能够做得到的，那么，为何如此？

1.作为卫星它太大了

太阳系若干行星拥有卫星，这是自然现象，但是我们的月球却有一个"不自然"的大小，也就是说作为一个卫星，它的体积和母亲行星相比实在是太大了。我们来看看下列数据：

地球直径12756千米，卫星月球直径3467千米，是地球的27%。

火星直径6787千米，有2个卫星，大的一个直径23千米，是火星的0.34%。

木星直径142800千米，有13个卫星，最大的一个直径5000千米，是木星的3.5%。

土星直径120000千米，有23个卫星，最大的一个直径4500千米，是土星的3.75%。

看一看，其他行星的卫星，其直径都没有超过其母星的5%，但是我们的月球却大到27%。这样比较之后，我们是不是发现月球实在“大的不自然”了。这个资料又在告诉我们，月球的确不寻常。

2.不可能存在的金属

月球陨石坑有极多的熔岩，这不奇怪，奇怪的是这些熔岩含有大量的地球上极稀有的金属元素，如钛、铬、钇等等。这些金属都很坚硬、耐高温、抗腐蚀。科学家估计，要熔化这些金属元素，至少得在两三千度以上的高温，可是月球是太空中一颗“死寂的冷星球”，起码30亿年以来就没有火山活动，因此月球上如何产生如此多需要高温的金属元素呢？科学家在分析太空人带回来的380千克月球土壤样品后，发现其中竟含有纯铁和纯钛，这是自然界不会有的纯金属矿。

这些无法解释的事实表示了什么？表示这些金属不是自然形成的，而是人为提炼的。那么问题就来了，是谁在什么时候提炼的这些金属呢？

3.地球上看不到的那一面

月球永远以同一面对着地球，它的背面直到太空船上去拍照后人类才能一窥容颜。以前天文学家认为月球背面应和正面差不多，也有很多陨坑和熔岩海。但是，太空船照片的显示却大为不同：月球背面竟然相当崎岖不平，绝大多数是小陨坑和山脉，竟然只有很少的熔岩海。

此种差异性，科学家无法解答。照理论而言，月球是太空中的自然星体，不管哪一面，受到太空中的陨石撞击的概率应该相同，怎会有内外之分呢？月球为何永远以同一面向着地球？科学家的说法是，它一方面以每小时16.56千米的速度自转，另一方面也在绕着地球公转，它自转一周的时间“正好”和公转一周的时间相同，所以月球永远以其一面向着地球。

太阳系其他行星的卫星都没有这种情形，为何月球“正好”如此，这又是一种巧合中的巧合？难道除了巧合之外，不能找到一种其他的解释吗？

4.数百年来的怪异现象

月球曾发生过不少无法解释的现象，数百年来的天文学家不知已看过多少次了。

1671 年，科学家卡西尼就曾发现月球上出现一片云。

1786 年 4 月，现代天文学之父威廉赫塞尔发现月球表面似乎有火山爆发，但是科学家认为月球在过去 30 亿年来已没有火山活动了，那么这些“火山”是什么？

1843 年曾绘制数百张月球地图的德国天文学家约翰·史谷说，发现原来约有数千米的“利尼坑”正在逐渐变小，如今，“利尼坑”只是一个小点，周围全是白色沉积物，科学家不知原因为何。

1882 年 4 月 24 日，科学家发现月球表面“亚里士多德区”出现不明移动物体。

1945 年 10 月 19 日，月面“达尔文墙”出现 3 个明亮光点。

1954 年 7 月 6 日晚上，美国明尼苏达州天文台长和其助手观察到“皮克洛米尼坑”里面出现一道黑线，过不久就消失了。

1955 年 9 月 8 日，“洛斯坑”边缘出现两次闪光。

1956 年 9 月，本明治大学的丰田博士观察到数个黑色物体，似乎排列成“DYAX”和“JWA”字形。

1966 年 2 月 4 日，苏俄无人探测船“月神 9 号”登陆“雨海”后，拍到两排塔状结构物，距离相等，依凡诺夫博士说：“它们能形成很强的日光反射，很像跑道旁的记号。”依凡诺夫博士从其阴影长度估计，大约有 15 层楼高。他说：“附近没有任何高地能使这些岩石滚落到现在位置，并且成几何形式排列。”

另外，“月神 9 号”也在“风暴海”边缘拍到一个神秘洞穴。月球专家威金斯博士因为自己也曾在“卡西尼 A 坑”发现一个巨大洞穴，因此他相信这些圆洞是通往月球内部的。

1966 年 11 月 20 日，美国“轨道 2 号”探测船在距“宁静海”46 千米的高空上，拍到数个金字塔形结构物，科学家估计其高度在 15 公尺~25 公尺间，也是以几何形式排列，而且颜色比周围岩石和土壤要淡，显然不是自然物。

1967 年 9 月 11 日，天文学家组成的蒙特娄小组发现“宁静海”出现“四周呈紫色的黑云”。

这些奇异现象，不是一般人的外行发现，全是天文学家和太空船探测器的报告，这意味着：月球有着人类未知的种种神秘！

5.月面上的不明飞行物

1968 年 11 月 24 日，“太阳神 8 号”太空船在调查将来的登陆地点时，遇到一个巨大的有数平方英里大的 UFO，但在绕行第 2 圈时，就没有再看到此物体，它是什么？没人知晓。

“太阳神 10 号”太空船也在离月面上空 5 万尺的地方，突然有一个不明飞行物接近他们，这次遭遇拍下了纪录片。

1969 年 7 月 19 日，“太阳神 11 号”太空船载着 3 位太空人奔向月球，他们将成为第一批踏上月球的地球人，但是在奔月途中，太空人看到前方有个不寻常物体，起初以为是“太阳神 4 号”火箭推进器，距他们有 6000 英里远。太空人用双筒望远镜看，那个物体呈“L”状，阿姆斯特朗说：“它像个打开的手提箱。”再用六分仪去看，像个圆筒状。另一位太空人艾德林说：“我们也看到数个小物体掠过，当时有点儿振动。然后，又看到比较亮的物体掠过。”

7 月 21 日，当艾德林进入登月小艇做最后的系统检查时，突然出现两个 UFO，其中一个较大且亮，速度极快，从前方平行飞过后就消失，数秒钟后又出现，此时两个物体中间射出光束互相连接，又突然分开，以极快的速度上升消失。

在太空人要正式降落月球时，控制台呼叫：“那里是什么？任务控制台呼叫‘太阳神 11 号’。”“太阳神 11 号”如此回答：“这些宝贝好巨大，先生……很多……噢，天呀，你无法相信，我告诉你，那里有其他的太空船在那里……在远处的环形坑边缘，排列着……他们在月球上注视着我们……”苏俄科学家阿查德博士说：“根据我们截获的电信显示，在太空船一登陆时，与 UFO 接触之事马上被报告出来。”

1969 年 11 月 20 日，“太阳神 12 号”太空人康拉德和比安登陆月球，发现 UFO。

1971 年 8 月“太阳神 15 号”，1972 年 4 月“太阳神 16 号”，1972 年 12 月“太阳

神17号”等等的太空人也都在登陆月球时见到过UFO。

科学家盖利曾说过:“几乎所有太空人都见过不明飞行物体。”

第六位登月的太空人艾德华说:“现在只有一个问题,就是他们来自何处?”

第九位登月的太空人约翰·杨格说:“如果你不信,就好像不相信一件确定的事。”

1979年,美国太空总署前任通讯部主任莫里士·查特连表示,“与UFO相遇”在这里是一件平常的事,并说:“所有太空船都曾在一定距离或极近距离内被UFO跟踪过,每当一发现情况,太空人便和任务中心通话。”

数年后,阿姆斯特朗透露一些内容:“它真是不可思议……我们都被警示过,在月球上会有城市或太空船,是不容置疑的……我只能说,他们的太空船比我们的还优异,它们的真的很大……”

数以千计的月球神秘现象,如神秘闪光、白云、黑云、结构物、幽浮等,全都是天文学家和科学家共睹的事实,这些现象一直未有合理解释,到底是什么?

空心的太空船月球

1970年,俄国科学家柴巴可夫和米凯威新提出一个令人震惊的“太空船月球”理论来解释月球起源。

他们认为,月球事实上不是地球的自然卫星,而是一颗经过某种智慧生物改造的星体,且加以挖掘改造成太空船,其内部载有许多该文明的资料。月球是被有意地置放在地球上空,因此所有的月球神秘发现,全是至今仍生活在月球内部的高等生物的杰作。

当然这个说法被科学界嗤之以鼻,因为科学界还没有找到高等智慧的外星人。但是,不容否认的却是,有许多资料显示月球应该是“空心”的。

最令科学家不解的是,登月太空人放置在月球表面的不少仪器,其中有“月震仪”,专用来测量月球的地壳震动状况。结果,发现震波只是从震中向月球表层四周扩散出去,而没有向月球内部扩散的波,这个事实显示月球内部是空心的,只有一层月壳而已!因为,月球若是实心的,震波也应该朝内部扩散才对,怎么会只在月球表面扩散呢?

6.重新架构新月球理论

人们可以来重新架构月球理论：月球是空心的，月壳分为两层，外壳是岩石及矿物层，由于陨石撞击月球后只能穿透这一层，已知陨坑的深度都不深，最深只有2千米，所以此层厚度最多2.5千米。月球内壳是坚硬的金属层，厚度不知道，也许只有几千米，成分含有铁、钛、铬等，能耐高温、高压、腐蚀，是一种地球人未知的合金。

因为太空人安装在月球表面的月震仪显示震波只在月表传递，而不深入内部，可见月球的确只有这两层月壳。既然如此，月球就不是自然界的，它是人造的，造它的“人”经过精细计算，将月球从他们的星系运到太阳系来，摆在现在的位置，使地面上的人能在夜间看到它，而且和太阳一样大。所以，月球起源的3种传统理论都不对。

“造月的人”让月球永远以一面向着地球，因为这一面有不少观察地球的设备。他们自己住在月球背面的内部，因为月球表面日夜温差太大，中午最热时是127℃，夜间最冷时是零下183℃，不适合居住，所以他们都住在内部。

他们已发明出飞碟，经常飞出外面做些研究或修护仪器，并注意地球人的动向，有时被地球太空人看到，有时被地面上的望远镜观测到。“造月的人”是哪一种外星人？他们来此有多久了？我们目前都还不知道。也许不久，地球人就能知道月球的真相了。

## 月球6大秘闻

举世无双的迷幻摇滚乐队平克·弗洛伊德曾经以专辑《月之阴暗面》轰动全球。而不久前，一些天文学家却公布了月球真正的暗面——关于月球的鲜为人知的事实同样让人震惊。

1.月球曾向地球偷能量

地球上的潮汐现象多数是由月球引起的（太阳的作用稍小一点儿）。潮汐现象的秘密是这样的：由于月球绕着地球旋转，地球上的海洋受到月球的引力牵引作用，面对月球的那一面就出现高潮，这恐怕人人都知道。而与此同时，地球上远离月球的另一面也出现另一个高潮，这是因为月球对地球本身的引力牵引作用大于对其水体的作用，从而使另一面的海水向外“鼓”而造成的。

在满月和新月时，太阳、月球和地球都在一条线上，这时形成的潮异乎寻常地大，我们称之为朔望大潮。而当月球在最初的和最后的四分之一月牙时，较小的小潮就形成了。月球以 29.5 天的周期环绕地球的轨道并不是一个规则的圆形，当月亮到达离地球最近处（我们称之为近地点）时，朔望大潮就比平时还要更大，这时的大潮被称为近地点朔望大潮。

所有这些牵引现象还产生了另外一个有趣的作用：通过牵引，地球的自转能量被月球一点点地“偷”走了，因此每一百年我们的地球自转周期就要减慢 1.5 毫秒。

2.月球每年都在逃离

当你读着这篇文章时，月球正在悄悄地从地球身边溜走。每一年，月球都从地球上吸取一点儿自转能量，并利用这能量来使自己在轨道上向外偏离 3.8 厘米。天文学家告诉我们，当月球形成的时候，它与地球的距离仅仅是 22530 千米，而现在的距离已经拉大到了 450000 千米，而且随着时间的推移，月球会走得越来越远。

3.月球是鸡蛋形的

月球并不是圆的（或说球形的）。它的形状更像是个鸡蛋。当你在夜空中举头望月时，它那鸡蛋形的两个尖端之一就正对着你。另外，月球的质量中心并不在其几何中心，它偏离中心大约有两千米。

4.还有一个月球叫“克鲁特尼”

月球是地球唯一的天然卫星，对吗？或许不是这样的。1999 年，科学家们发现了处在地球引力控制范围内的另外一颗小行星，其宽度为 8 千米，它成了地球的另一颗卫星。

这颗小行星被称为“克鲁特尼”。它沿着一条马蹄形的轨道行进，绕地球一周大约要花 770 年的时间。科学家们认为，它在地球的上方悬吊的状态还能够保持至少 5000 年。

5.环形山未受侵蚀

月球上坑坑洼洼的表面是在距今 38~41 亿年前受到宇宙中岩石的强烈撞击而形成的。

这一通强烈的岩石冲击远远胜过拳击沙袋所承受的频频打击，留给月球的是遍体的坑洞，我们称之为环形山。但是这些环形山并没有受到多大的侵蚀，这主要有两个原因:其一,月球的地质活动不太活跃,因此这里无法像地球上那样由地震、火山爆发和造山运动而形成千变万化的地形地貌;其二,由于月球几乎没有大气层,也就没有风和雨,因此表面侵蚀作用就很少发生。

6.我们总是见到同样的"月脸"

尽管地球和月球都在自转并且沿各自的轨道行进,但月球总以相同的一面对着地球。

很久以前,地球的引力作用使月球的自转逐渐减慢。当月球的自转周期慢到和它的轨道周期(也就是它绕地球一周的时间)相吻合时,这种引力作用达到了平衡,月球从此就以一面朝着地球了。太阳系其他行星周围的卫星也有着相似的特点。

月相又是怎样形成的呢?原来,当月球绕地球旋转时,它部分的时间处于我们和太阳之间,它被太阳照亮的那一半远离我们,这时我们称之为新月。由此说来,根本就没有什么月球暗面一说,只是我们看不到它而已。

当月球转到轨道的另外一侧时,从地球上看去,它所反射的一小条太阳光从地球上看去就成了弯弯的月牙。而当月球来到正对太阳之处时,它在我们眼里就完全被照亮了,这就是满月。

## 月球上的冰之谜

人类有一天也许可以实现生活在月球上的梦想。因为,有的科学家已经在月球上发现了一个重要的生存条件——冰。

不载人航天器"克莱门坦"在月球南极附近的一个巨大环形山上找到了一个小的湖状冰层,而此前科学家认为月球上干燥无水。

月球上水的发现也许是由于彗星的缘故沉积在那里的,从而增加了未来人类定居月球表面的可能性。

洛杉矶格里菲斯天文台的天文观察人员安东尼·库克解释说:"如果月球上有冰,就省去了用宇宙飞船运送大量水的巨额开支。"

他说:"有了水你就可以圈出几块地来栽种作物,生产你的口粮,制造你需要的燃料和空气。你就不必用大型火箭将那些东西都从地球上发射过去。"

科学家不仅推断月球上存在冰，他们还一致认为，这种冰是凝固的水，而不是其他一些凝固的液体或气体。

科学家详细探讨"克莱门坦"航天器的发现，该航天器用雷达信号检查月球深处环形山的深度。

莱纳说，雷达发现了一个"深达数十英尺、大小同一个小湖泊相当的冰层结构"。该环形山约为塞浦路斯面积的2倍，深12千米，远远超过地球上的最高峰——珠穆朗玛峰。

早在1961年就有人暗示月球上可能有冰。

莱纳说："人们从理论上推断，月球上可能存在水，但是，阿波罗飞船的6次飞行均未发现任何证据。"

科学探索的道路是艰巨而漫长的。

事实上，尽管如此，还是有一些科学家怀疑月球上到底有没有冰。他们认为，约36亿年前，由于一颗彗星撞击月球，其尾部的水滴从而留在了环形山底部。因为月球的南边总是很暗，这个环形山的温度几乎低到最低温度，约为零下230℃，这些水不可能逃过该环形山的"冷陷阱"。

马萨诸塞州坎布里奇哈佛史密森氏天文中心的科学家约翰·伍德说："有一些人过早地谈论到月球上建立殖民地的问题，他们对此非常热心。这一冒险活动的关键问题之一是能否发现水。"

伍德还说："我个人对整个事情一直持怀疑态度，我认为这是人们非常渴望做的事情。但我能克制自己的热情。"

一些人对制造那些数学模式的假定提出质疑，另一些人提出关于月球地理的其他可能的理论，这些理论也可以解释这些数据。

即使最后证明是冰，它对太空探索到底有没有实用价值，人们对这个问题的看法仍各不相同。

康奈尔大学月球研究人员约翰·伯恩斯说："我认为这将是非常有用的，但这不是在下个十年，而是从现在起的一个世纪后。"

航天局约翰逊航天中心的物理学家和天文学家温德尔·门德尔认为，只要有足够的投资，可以在一二十年内在月球建立"有实际意义的"人类活动站。但是他说，包括一座遥远的环形山中的冰是否有任何实用价值是一个可以探讨的问题。

门德尔说："我不清楚对人类探索活动会有什么影响。即使那里有冰，你又怎么开采它和运输它？而且水是不可能再生的。如果第一个人把它用完了，第二个人就没有了。"

## 人类登月之谜

1969 年 7 月，美国"阿波罗 11 号"宇宙飞船"实现"了人类首次登月壮举。自称第一个踏上月表的阿姆斯特朗向全世界宣布："这是我个人的一小步。却是人类的一大步。"全球数以亿计的人通过电视屏幕看到了这一激动人心的场面。

但是在美国，"美国人是否登上月球"这一似乎已成定论的问题一直存在着争论，而且随着时间的推移，大有愈演愈烈之势。近年来，一位名叫比尔·凯因的美

人类登月

国人写了一本《我们从未登上月球》的书。20 世纪五六十年代他曾在一家专为阿波罗飞船提供发动机的公司工作多年。在书中他认为，诸多疑点说明了所谓"登月飞行"只是一个空前的骗局。

疑点一：在没有大气折射的月球上看星星应该更加明亮清晰，可许多所谓"登月照片"的太空背景上却看不到一颗星。

疑点二：登月飞船降落时，火箭发动机的巨大推力应在粉尘遍地的月球表面留

下明显的痕迹,而在照片中却看不到。

疑点三:在一些照片上,近景与远景之间有一条不易察觉的线,使人联想到电影特技中的“褪光描画”法,即画出远景再运用光与影来遮掩。

一位天文爱好者也指出了其中的漏洞:月球引力小于地球,在地球上普通喷气式飞机能吹起距机尾 10 米、鸡蛋大小的石头,在月球,恐怕能将足球大的石头吹飞,而登月舱竟未吹走着陆点的月尘,并使人类第一个脚印印在月面上,真是天大的怪事。

他模拟登月后发现,登月舱落向月面时仿佛地球上石头投入水中,月尘飞向四周,并以较平直的抛物线在数百米外落下,原本平坦的月面仅剩下巨大的石块。登月舱很不容易才找到平整处着落,如果是几十或上百米厚的月尘,登月舱会一直陷下去,即使登月舱成功降落,也会落在它降落时形成的环形坑的中央,而不是登月照片那平坦的沙漠上。宇航员只有从坑里爬出,才能看见外面的世界,但一身“包袱”笨拙的宇航员能否办到还是个问题。宇航员们必须选择一个坚硬的岩石表面着陆,但是,如果这样的话,脚印又从何而来呢?

如果登月飞行是假的,那美国航天航空局用了什么手段,来瞒住了全世界数十亿人的耳目呢?凯因认为:载有宇航员的火箭确实发射了,但在脱离人们视线后,飞向了南极海域,在那里将宇航员及指令舱弹出后坠毁,然后宇航员与指令舱被接上一架军用飞机,最后投入太平洋,让航空母舰捞回。这就完成了整个发射与还回全过程。至于登月场景、岩石标本完全可以在地质实验室假冒。而饭碗、晋升、奖金及威胁又足以使知道内情的人缄默。

俄罗斯研究人员亚历山大·戈尔多夫说,美国 30 年前向全世界展示的所谓美国宇航人员在月球上拍摄的所有照片和电影纪录片都是在好莱坞电影摄影棚中伪造出来的。戈尔多夫强调,他是经过对所有登月照片进行长期、认真的科学分析和认证之后做出这一结论的。他说他对登月照片的真实性提出质疑主要有如下 6 点理由:

1. 在所有登月照片和电影纪录片中,找不到一张有美国宇航员在月球着陆的作品。

2. 在所有登月照片和电影纪录片中,没有一张能在照片或电影纪录片的太空背景中见到星星。

3. 在月球上被“拍摄”物品留下影子的朝向是多种方向的，而太阳光照射物品所形成的阴影只能是一个方向。

4. 电影纪录片中那面插在月球地面上的美国星条旗在迎着强风飘扬显然是伪造的。因为月球上不可能存在如同地球上的大气环境。也就是说，月球上根本不可能有风把美国国旗吹得飘起来。

5. 更露马脚的是，从电影纪录片中看到宇航员在月球表面行走犹如在地面行走一样。实际上月球上的重力要比地球上的重力小6倍，因而人在月球上每迈一步就相当于人在地面上跨越了5至6米长的一步。

6. 登月仪器在“月球表面”移动时，从登月仪器轮子底下弹出的小石块的落地速度也同地球发生同一现象的速度一样，而在月球上这种速度应该比在地球上快6倍。

戈尔多夫同时指出，他对30多年前美国宇航员“拍摄”的登月照片和电影纪录片提出质疑，并不是完全否定当年美国宇航员登月的壮举。他认为，美国宇航员当时是接近了月球表面，但是由于技术原因未能踏上月球。由于当时美国急于向全世界表功，从而伪造了多幅登月照片和一部电影纪录片蒙蔽和欺骗了世人几十年。戈尔多夫说，美国著名工程师拉尔夫·勒内、英国科学家戴维·佩里和马里·贝尔特都对他的这一质疑表示赞同。

## 小行星撞地球之谜

茫茫宇宙中，无数星球按照既定的轨道在太空中运动着。然而它们也有失控的时候吗？目前人类所知道的唯一存在生命的星球——地球会遭遇与其他星球碰撞的命运吗？有迹象表明，地球在史前时期曾有过被小行星撞击的现象。在美国亚利桑那州的可可尼诺郡有一个坑，宽约1300米、深达193米，周围的土堆达30～40米高，看起来仿佛一个小型的月坑。长久以来人们一直认为它是一座死火山，但一个名叫巴林杰的矿石工程师却坚持认为这是陨石撞击的结果。现在，科学界把这个坑称为巴林杰陨石坑。坑口堆积有数千吨（也可能数百万吨）的陨石残块，虽然目前只发现一小部分，但从该地区及附近的陨石中所提取的铁远远高于从世界其他地方的陨石中所提取的铁的总量。1960 年科学家们在这里发现了硅,从而证实是陨石的撞击产生了这些硅。因为硅的形成需要高压和高温,而这只能在受陨石冲击的瞬间完成。

据估计,大约是 25000 年前一个直径 46 米左右的铁陨石撞击在这片荒无人烟的土地上造成了今天的巴林杰陨石坑,目前它保存得相当完好。在世界上大多数地区,水或植物的生长掩盖了许多类似的陨石坑。从飞机上观察,以前许多不引人注意的圆形凹陷地貌一下子展现在人们面前,其中有的蓄满了水,有的覆盖了植物,它们几乎都是陨石坑。这种陨石坑在加拿大就有好几处,包括安大略中部的布伦特陨石坑和魁北克北部的查布陨石坑,它们的直径都有 3 千米或更大。加纳的亚山蒂陨石坑可能有 100 万年以上的历史。其直径达 9.6 千米,目前已知大约有 70 个类似的古老陨石坑,直径总和达 137 千米左右。

科学家发现,一些形同锅底的大小湖泊在中美洲的许多地方都能看到。此外还有无数个巨大的石球也被人们发现了。在后来的古印第安人创作的浮雕和壁画中,火球的图像也曾经多次出现过。因此,学者们推断,大约 100091 年前,陨石群曾持续不断地侵扰中美洲地区,古印第安人十分恐惧,于是纷纷逃离了家园。

然而地球遭受小行星撞击的危险究竟有多大?现已观测到近 12 万颗小行星,在火星和木星运行轨道之间的一个宽阔的小行星带区,聚集着占其总数 99% 的小行星,它们环绕太阳不停地运转,在既定的轨道内做着运动,不会对地球造成任何威胁。但有可能由于大行星引力的影响而使个别小行星偏离原来运行的轨道,甚至可能会冲向地球轨道。

在数十万颗小行星中,那些近地的、被称为“阿波罗体”的小行星有可能真正对地球造成威胁。

所谓阿波罗型小行星体是指那些在近日点附近与太阳的距离小于 1.67 天文单位的小行星。据估计,阿波罗型小行星中直径在 0.7~1.5 千米的,大约有 500~1000 颗,它们真正可能对地球存在着潜在的威胁。1997 年 1 月 20 日,北京天文台的青年天文学家发现一颗更危险的近地小行星,它在运行到与地球轨道最近处时距离地球只有 7.5 万千米,还不到月地距离的 1/5,它的直径达 1.4 千米。这颗小行星暂定编号为 1997BR。如此大的小行星,它的轨道与地球轨道的距离又这么近,令科学家们非常震惊。全世界的天文学家都在密切关注这一重要发现,这颗获暂定编号的小行星成为有史以来被天文学家观测得最多的小行星。目前,它的动向受到天文学家们的密切注视。

## 小行星带形成的原因之谜

太阳系天体中,除九大行星外,许许多多的小行星聚集在火星与木星之间的广阔空间里。火星与太阳的平均距离是1.52天文单位,木星则是5.2天文单位。绝大多数小行星都集中在2.17~3.64天文单位的空间区域里,平均值为2.77天文单位。这就是一般所说的小行星带。也有少量小行星的轨道长径比火星小,甚至比金星还小;另外一些小行星的轨道则跨出了木星轨道。据估计,小行星总数在50万颗以上,其中的绝大多数都集中在小行星带内。

小行星的起源问题一直困扰着许多科学家。很早就有的爆炸说认为:火星与木星之间原来有颗大行星,后来爆炸了,小行星带就是大行星爆炸后的碎片。可是,这颗假设中的大行星为什么要爆炸?能量从何而来?这个问题一直没有合理的解释。

另外一种碰撞说假定现在小行星带所占的空间中,原来存在5至10个与谷神星大小不相上下的“行星”,由于不断地碰撞而形成大量碎片。

第三种半成品说,这是近数十年来比较流行的一种假说。它认为正当其他行星形成时,目前小行星带所在的区域由于缺少必要的条件,成为半成品——小行星之后,就没有再继续发展为大行星。小行星带究竟是怎样形成的?这还有待继续研究。

## 孤独的行星之谜

虽然从来不曾有人真切地看见过这些孤独的行星,但美国巴尔的摩空间望远镜科学会的科学家对银河系中心的观测提醒我们,这些孤独的行星的确存在。

他们感兴趣的不是银河系中心,而是那里的一个被称为M22的恒星星团。出人意料的是,他们在那里找到了6颗比恒星质量小得多的星体,而且,它们周围没有大质量的物体。因此,这些小质量的星体必定远离一切恒星,即成为自由流浪的孤独行星。

1.孤独的行星来自何方

这些孤独的行星来自何方呢？一般而言，行星诞生于年轻恒星周围浓密的气体和尘埃云中。如果这就是行星起源的唯一途径，那么，M22 星团中流浪的行星一定是由于某种原因被逐出了自己的摇篮。

嫌疑最大的要数其他恒星。一颗入侵的恒星如果离一个行星系统太近，它的引力就会粗暴地把一些行星驱逐出母恒星系。虽然这种亲密接触在太阳系和它的邻居中罕有发生，但在像 M22 这样的星团中，由于拥有数量众多的恒星，恒星之间的狭路相逢则是屡见不鲜的。

为了验证这种想法，日本东京大学的科学家们专门设计了一个模拟实验。他们模拟了一个拥有 10000 颗恒星的球状星团，这些恒星的质量在太阳质量的 0.1~100 倍之间，假设每 10 颗恒星中有 1 颗恒星拥有 1 颗木星般大小的行星。然后，他们启动实验，实验模拟的时间为 40 亿年，即与太阳系的年龄差不多。结果发现，星团中 30%的恒星都失去了自己的行星。

与此同时，美国加州理工大学的一位行星学家戴维·斯蒂文森也有一个确信自由流浪的孤独行星存在的理由。他认为，年轻的行星也很可能是被自己的同胞排挤出来的。在斯蒂文森看来，每个恒星系产生的不是 1 或 2 颗地球般大小的行星，而更可能是 10 颗。其中大多数行星要么被母体恒星吞并，要么是由于与同伴行星靠得太近而被驱赶出去。斯蒂文森说："假如每 10 颗恒星中就有 1 颗拥有一个行星系统，假如每一个行星系统中都有 10 颗行星走失，那么，在星际空间中游荡的行星就会和恒星一样多。"

虽然观测证据有限，但模拟实验使我们认识到：如果"恒星抢掠说"或者"手足相斥说"成立的话，那么，我们的银河系中应该充满了在星际空间自由漫游的行星。它们几乎不可能被其他恒星再次捕获，浪迹天涯的孤独行星将永远在茫茫宇宙中穿梭云游。

2.生命的另一种栖息地

即使真有那么多的行星游走在星际空间，但在又冷又黑的星际空间，在这些自由行星上很难找到生命的痕迹。

然而，这也未必。就像地球一样，这些行星的内核拥有一些放射性元素。这些放射性元素的衰变会产生热量。纵然这些行星的表面可能很冷,但这些行星内部却可能拥有足以维持原始生命的热量。

斯蒂文森相信,有些特殊的星际行星其表面甚至有可能是温暖的。由于它们很早就被赶出了自己的行星系统,其表面很可能有一层厚厚的氮气。氮气层可以防止放射性元素衰变所产生的热量的散失,使行星表面的温度不断升高,这是一个非常有效的温室效应。经过几十亿年的时间,这些行星表面的温度完全有可能达到室温的水平。在这样的大气下面,很容易形成液态的海洋。

尽管放射性岩石提供的能源只有太阳对地球的慷慨赐予的万分之一,但斯蒂文森认为,这并不妨碍原始微生物设法利用这些放射性能源。他说:“银河系中的大多数生命可能生活在幽暗的星际行星上,而不是在像地球那样阳光灿烂的星球上。说不定星际行星才是银河系中生命最常见的所在。”

## 远古时期的“外星人”之谜

有些科学家们不断推测,地球人类的文明可能已经存在多时,而目前的地球人类文明只是现阶段的文明,在某些领域甚至远远落后于某些史前文明。这可以从现已发现的一些史前文化遗迹看出来。

目前,有很多关于玛雅人和玛雅文化的故事。玛雅人据说是古代美洲的民族,他们独树一帜地创造了自己的文化。像许多古老民族一样,他们也从事天文观测,并进行星占学的研究,他们编制的历法既精密又简便。

玛雅人对行星运动有精密的研究,特别是金星。然而令人不解的是,在玛雅人的编年史中,大洪水之前并没有月亮的记载。而玛雅人的编年史是始于大洪水以前的。据记载当时在夜空中发光的不是月亮而是金星,月亮是大洪水以后才出现的东西。这一说法是十分奇怪的,精明的玛雅人恐怕不至于连月亮和金星都不清楚,那么一定是有某种神奇的原因或突发的宇宙间的变故使然。在玛雅人居住地,可以看到许多有关金星的铭文,并在墨西哥的尤卡埋有 3 座与金星有关的建筑。这样的建筑在别的地方还有很多,这表明玛雅人对金星是敬畏的。玛雅人在公元前后创造的象形文字,其中有关金星的象形文字是较早被搞清楚的。玛雅人知道金星会合的周期 8 年中约有 5 次。史前的玛雅人何以对金星这样了解呢?现在还没有确切答案。

由于玛雅人从地球上神秘地消失了，对于他们的起源留下了很多的疑点。有人认为，玛雅人可能就是金星人，有关这一点，我们可以从他们的历法上找到部分根据。玛雅人的传说历法是1年有8个月，每月20天，玛雅人到达地球以前就在使用20进制，他们为什么使用这个数制呢？一般的解释是，金星公转一周为224.7天，而地球为365.26天。

根据对金星的探测表明，金星温度极高，不利于生物体生存，于是，在火星气候转变时，金星人便迁到了地球上。

然而，玛雅人真的是来自金星吗？有关这一点，我们现在仍很难解释。苏联西伯利亚科学院计算机小组曾设法解译玛雅的文字，但是感觉困难。玛雅人还有个特殊的生活方式，他们并不像中国、埃及、巴比伦和印度人那样临水而居，他们的寺庙等建筑是在稠密的、疾病易生的雨林之中，试想若没有一定的科学技术水平，玛雅人怎敢在这种地方生存呢？从这一点反映出它们的"金星"文化有可能高于地球文化。

玛雅人到底为什么崇拜金星，并且对金星在人类的远古时期就有那样细致的认识，关于这个疑团，仍需要科学家们去破解。不过无独有偶，地球上还发现了一个崇拜天狼星的多根人一族。

天狼星的伴星13星，是人类最早发现的白矮星。它体积很小，密度却很大，大约是水的3万倍，质量跟太阳差不多。这颗星是1862年天文学家用天文望远镜观察到的，到1915年才正式确定它"白矮星"的称呼。它的发现曾引起天文界的高度重视。

然而，至少在1200年之前，非洲马里的多根部落就开始祭祀这颗星，并且还清楚地知道它的体积、密度、轨道形状（椭圆）和它围绕天狼星运行的周期（49个地球年），他们还把这些记载到原始部落中的木刻、壁画和纺织品上。

根据原始部落的人讲，曾经有一位叫"诺默"的神，把关于天狼β星的知识传授给了多根人。多根人现在还保存着一张画，画面是他们信仰的神乘坐一个拖着火焰的大飞船从天而降，来到多根部落。于是，很多人便猜想，那个"诺默"可能就是从天狼β星（或与之有关的星）上来到地球，传授给地球人文化的外星人。关于多根人为什么要祭祀天狼β星，他们的故事是否真实，也是一个谜。

有这样外星人到地球来传授文化之说的还有在日本北海道地区生活的阿依努人。

阿依努人是日本唯一的少数民族。他们的体格特征很明显地异于日本人，他们平均身高2米，和日本人矮小的个子根本不同，他们具有白种人的凸额、多毛和色素沉淀，是一个有别于东方民族的无法归类的独特民族。在《大不列颠百科全书》上，人类学家们一般将他们看作是高加索人种。

阿依努人的血型也是很特殊的，日本其他的居民都没有这种血型。专家认为，即使在数10亿的属于黄色人种的人当中，偶然出现的几万个具有白种人生理特征和遗传特征的人也是不大可能的。

据阿依努人说在远古时代，勇敢智慧之神曾降临北海道的北部，他那闪亮的金属飞船白天呈银灰色，夜间却是火红的。当飞船升上天空时，发出雷鸣般的巨响。这位火神在人间停留了几个春夏秋冬，教给人们务农、做工、艺术和智慧，还传授给人们一部关于道德和社会准则的法典，然后乘坐他的飞船向星星飞去，永远地消失了——如此这般，在自给自足的自然经济状态下生存的阿依努人，怎么能够编造出一个在飞行时能够发出轰鸣并能改变颜色的金属飞船呢？他们又怎么能够知道飞船是飞向星星的呢？阿依努人的祖先是什么时候出现在亚洲的，他们和外星人有什么联系呢？想想这些问题人们觉得不可思议。

现在，很多专家都怀疑外星人在远古时代曾经经常性地、广泛地飞临地球，帮助地球人学习先进的文化。1969年，考古学家们在苏联乌兹别克的费尔干纳发现并拍摄了一副新石器时代的岩画，画面上有一个头戴装有天线的密封圆形头罩的人物，他的背上背着一个奇特的装置，很像宇航员离开飞船在太空活动时使用的呼吸器。

苏联科学家沙茨基早在1961年就发现了类似的两副图画，第一幅表现的是一个头戴潜水员那种头罩的类人动物，他的头部光芒四射；第二幅在乌兹别克斯坦的纳沃伊镇附近，这幅画有5000年的历史，画面上有许多携带呼吸器的人。

1956年，法国学者亨利·洛特在阿尔及利亚沙漠中的塔西里高原上的杰巴伦地区，发现了数以百计的布满绘画和雕刻的岩壁，总共有数千个动物和人物。其中有些人的衣着完全没有那个时代的特征。他们手持一些圆环,圆环连接正方形盒子。两人身穿潜水服,圆形头罩上装有显然是抛物形天线的东西,壁画上还有20多个穿着这种笨重服装的人物,他们同野兽形象的完美逼真形成鲜明对照。在高原中部一个突兀的岩石上,还矗立着一座"火星大神"的雕像,塑像高达6米,神情冷漠威严,令人震慑。塑像的服饰与宇航服饰极其相似,完全密封无任何缝隙,在臃肿的眉上托着一个与服装连成一体的圆形头罩,正对着鼻孔和嘴的地方开着口。

从这些迹象来看,或许科学家们的猜测有可能是真的呢!几千年前,真可能有很多外星人光顾地球,来考察过地球人的生活吧!

当人们在地球上寻找那些可能是外星来客远古时留下的痕迹时,有人猜测,世界上许多民间神话传说有可能和远古时发生的UFO活动有关,这一观点得到不少人的赞同。

中国是一个有着悠久历史的文明古国,神话传说非常丰富。中国古代神话传说中的人物盘古就是一位引起人们注意的神话人物。瑞士记者冯·丹尼肯在他的探索人类文明不解之谜的著作中就提到了中国神话中的人物盘古。他借用别人的话问道:"莫非他是一位乘坐宇宙飞船出现在天穹的上天君主?"而对中国古代神话传说,冯·丹尼肯是这样评价的:"在像中国这样一个有着5000年历史的文明古国,必定蕴藏着大量能揭示人类过去时代奥秘的文件与史料,这无疑是人类认识过去、探索宇宙、走向未来的宝贵财富。"

的确,用一种特殊的眼光来分析和研究古代华夏民族的神话传说,不仅是颇有趣味的,而且可以肯定会有新的发现。在中国,盘古开天地的神话传说是著名的。其中的创世纪英雄人物最显赫的有两个,一个是女娲,另一个盘古。关于盘古传说的最早文字记载,是三国时吴国人徐整著的《三五历记》。现存的最早的文字记载见于公元前154~公元前93年东方朔所著的《神异经》。

当我们把注意力放在盘古神话时,发现盘古神话传说有以下的特点:

首先,盘古神话在我国大地上大有遗迹可查。盘古神话是关于世界开天辟地的创世神话。在中国的许多地区都有盘古神话的遗迹。其中最为集中的地区是河南省桐柏山区。桐柏山是淮河的发源地,位于河南省西南部。这一地区有盘古山、盘石庙、盘古像、盘古碑、盘古墓等遗迹。著名的地理学家郦道元在他的《水经注》

中就记载：泌阳故城，城南有蔡水，出盘古山，变日盘古川。这里所说的盘古山，位于泌阳和桐柏两县交界处。桐柏山区在旧石器时代早期就有人类活动，而桐柏山南、北两侧曾是炎帝部族活动的中心。

其次，盘古神话在中国大地上覆盖面很广。盘古神话的传说集中传承在河南桐柏山地区，另外口传盘古神话还分布在湖北省的孝感、襄樊、荆州、武当山及神农架地区，安徽的六安地区以及江西、四川、广西、山东、河北、山西、陕西等省多有流传。在西南少数民族地区，如彝族、白族、傈僳族、仡佬族、布依族、侗族等的民族神话传说中，也有关于盘古的神话。

可以说盘古神话是中国土生土长的神话，在中国大地上传说久远，覆盖面广，传承人多，完全是中国大地上土生土长的神话传说。在盘古神话传说中，反映了远古人那种“天上九重，人祖是天上下来的”这样一种原始的宇宙观和人祖观，它其实代表了一种人类早期的原始社会文化。而关于女娲补天、夸父逐日的神奇传说，也似乎体现了地球人与宇宙间其他星体的神秘联系。

盘古、女娲、夸父诸种神话的产生，与远古时代的外星人活动有没有联系呢？从这些神话本身的内容来看，暂时还看不出盘古神话与 UFO 活动之间有什么直接关联。但是我们是不是可以设想得更大胆一些——也许瑞士记者冯·丹尼肯“莫非他是一位乘坐宇宙飞船出现在天穹的上天君主？”的那句话对我们是一个非同寻常的启示，使我们思索这些神话的主人公本身所具有的大量非地球人的特征。

这样说，也许不应该被指骂为数典忘祖。在当今的地球人拥有足以可以向历史沉迷挑战，从而真正认识自身资质的时候，我们尤其需要联想、需要探索，在这种联想和探索中不断前进。

## 能否找到外星人之谜

一具有 6 个手指的生物仰面躺在金属床上，眼睛睁着，没有眼皮，右侧大腿裂着一条大口子。两个全身穿着安全服的人俯下身子，拿起解剖刀，开始从尸体上割取组织器官——这是一部 1995 年夏天播出的长达 18 分钟的纪录片中的一个令人瞠目的场景。28 个国家的电视台以高价购买了这部黑白纪录片。此片也成了在德国杜塞尔多夫举行的世界飞碟代表大会中的一个热门话题。

英国电影制片商雷·桑迪利使这部现已声名狼藉的“纪录片”公之于世。桑迪利解释说,他是花了15万美元从一个现年82岁的原美军摄影师杰克·巴耐特手中买来的。巴耐特当时正在事发现场,他偷偷地用16毫米的胶片把解剖外星生物的过程拍摄下来。

那些相信飞碟存在的人看了这部片子后认为,这就是被美国空军秘密保存的1947年在美国奥斯威尔(新墨西哥州)坠毁的飞碟中的外星人的尸体。因为被许多书收录的“奥斯威尔意外事件”长期以来是证明飞碟存在的重要依据之一。但是,美国电话公司AT&T一位雇员发现:纪录片中的解剖室里挂有一架壁挂式的电话机,而这种由海雷·德雷福斯设计的电话机直到1956年(即事件发生后9年)才投入市场。接着,又有人发现解剖桌应是类似于浴缸的构造,上面应有许多引液的小孔,以便于控制体液的流动。而纪录片上的尸体只不过是躺在一张并不适合于解剖的床上。德国一位法医艾森迈鄂说:“对于一个病理学家来说,一看便知该片是假的。解剖师打开头盖时如此的不麻利,就好像这是他们一生中第一次拿解剖刀。”

外层空间异常信息研究网络中心的维尔讷·瓦讷说:“在过去的几十年中有许多关于飞碟的爆炸新闻,但是最终这些新闻都被揭露出来是一个巨大的骗局。那些看起来很真实的画面对于一个老练的制片商来说简直是小菜一碟。”

奥斯威尔事件在将近半个世纪之后还能作为飞碟存在的一大论据之一,与美国军方的保密不无关系。奥斯威尔事件发生在1947年7月6日,一个名叫马克·布兰茨的牧人向当地警察报告,他发现了一样好像是不明飞行体的残骸的东西,但是他并没有看到有不明飞行体坠落。当时的美国,飞碟(UFO)热正在升温,那年6月曾经有一私人飞行员在飞行期间看到一个镰刀状的飞行体,就在那一年夏天就有上千起看到闪着银光的碟状飞行物的报告。

就在布兰茨报告此事件后的第二天,空军士兵就把被一些人认为是飞碟的残骸的东西在牧场附近掩埋了。一家过分热心的新闻机构对外宣称,空军在基地截获了一个类似于圆盘状的飞行物。空军方面很快就知道了这个报道,对外解释说,坠毁的只不过是一个普通的气象探测气球。一个被军方获准参观残骸的美联社记者发现,残骸中有一种银白色的很薄的金属,还有几根木架子,类似于给小孩做风筝的材料。

30 年之后,即 20 世纪的 70 年代末,那些坚信飞碟存在的人把这件陈年旧账又搬了出来。他们认为,这种被掩埋的稀有金属材料不可能来自一个普通的气象探测气球。有些自称是目击证人的人则宣称,他们在事发地点找到了外星人的尸体。更有甚者,有人认为这几十年来突飞猛进的光导纤维和微电子技术最初原型就来自这架坠毁的飞碟。

事实上,在奥斯威尔坠落的的确不是一般的气象探测气球。对于隐瞒此事,当时的美国军方也有苦衷。后来公布的美国众议院的一份调查报告中揭示,实际上坠落的是一个为探明苏联核试验情况的间谍气球。这种热气球能上升到 1.2 万米的高空,在气球的尾部分别装有高灵敏度的接收器,它能接收到核爆炸的冲击波,气球还配有一个六角形的发射器,使地面雷达能探测到它的方位。这种雷达信号发射器是用极薄铝片制成的,外部看起来类似于一发光的圆盘。这也就是气球的残骸被人们误认为飞碟的一个原因。

这次探测计划被冠以一个发现者的名字"Mogal",并被军方作为最高机密。计划的负责人艾伯特·特拉考夫斯基说:"这次计划的保密程度完全可以与代号为'hatten'的原子弹发展计划相媲美"。Mogal 计划结束于 1950 年,而那时在地面上已经可以测得远方核武器爆炸而产生的冲击波了。

1984 年,有关方面公布了名为"崇高 12"的档案,此档案是呈送给美国总统关于解剖外星人一个手术的报告,证明在该录像中解剖的是一个外星人制造的"生化人"。尽管有许多人认为这个录像是骗人的把戏,但同时也有人认为这是一段真实的录像。

在苏联的巴尔萨盖利缅斯岛上,苏联军人曾与岛上身着银灰色衣服的小矮人发生冲突,在现场还有几个身高 2 米以上的外表似人的大型生物。武装冲突发生时军人打死了几个灰色小人,而枪弹对 2 米高的"大人"却不起作用。"大人"对侵入的军人进行回击,被打倒的"小人"的尸体一会儿就溶化掉了。其中还有这样一个细节,"大人"按动了"小人"身上的某一个机关,"小人"立即就腾空而起像受控的木偶一样。

美国飞碟及外星生物学家艾尔弗雷德·D·比莱克认为,在一些场合出现的着银灰色工作服的小矮人并不是真正的外星人，他们只是外星人的仆人，是地球人的仿造物。而真正的外星人是一种爬行动物，他们更加强大。也就是说，上述奥斯威尔事件并不是一场骗局，1947 年发现的外星人尸体只是外星人制造的“生化人”，而且是在存放了很长时间以后才得以解剖的，解剖者是生物学家而不是外科医师。

读完上述假外星人的骗局，人们千万不要因此判定所有的 UFO 和外星人现象都是假的。为了寻找地球外文明和地外球生命，地球人至今仍然做着不懈的努力。

直至目前，在美国西部一处荒无人烟的沙漠里，上百个小型射电望远镜天线排列成一个整齐的阵列，面积足足超过一公顷，仍在进行不间断的搜索——这里就是世界上最大的用于接收外星球智能生物宇宙信号的基地。

地球之外有没有文明的人类，换言之，我们地球人能否在地球外找到自己的同类，他们究竟是什么样？这是自从文明社会以来，人类所殷切希望了解的。

自从美国人福兰克·德瑞克第一次将射电望远镜对准与地球相邻的星球，幻想能够意外收到来自外星球文明问候的那一天起，距今已过去 40 多年了。其间，美国政府不断投巨资扩建庞大专门设施，从事对天外文明的研究工作。但可惜的是，在这 40 多年里，除了几次“虚惊”之外，任何有价值的发现都没有得到。于是，近来有人质询，怀疑目前这种始终把目光盯在无线波段和红外波段的做法是否明智。一个高度发达的外星文明群体若采用与我们相同的方式同外界沟通，即使信号以光速传播，从信息发出到地球上能够接收到，至少也需要几十年到几百年的时间。如果他们根本不是用我们熟悉的方法，而是以其拥有的另外一种更先进的信息传输技术尝试与我们联络，我们岂不是白白地傻等了 40 多年？

这个想法得到部分科学家的认同。有人回忆起很久以前，卡尔·萨根曾经在他的游记中提到，他在婆罗洲与当地土著居民联络时，用的是信使或象皮鼓，可他自己的国家当时早已在使用无线电了。如此说来，今天的情况是不是也类似呢？按理说，处在遥远距离两端的文明社会要进行沟通，最好预先约定一种彼此都能接受的方式，只是事实上没有这种可能。因此，如果外星人早已放弃使用无线电，已发明更先进的通信办法，或他们掌握了更高深的物理学原理……那我们纵使再苦苦地等上几个世纪，也只能是一厢情愿，永无收获了。

不过,人类也必须承认,浩瀚宇宙间还有许多我们不懂的事物。科学没有终点,探索永无止境。若按照爱因斯坦的相对论,宇宙间运行最快的就是光速,也就是说,当今人类已经掌握了顶级的信息传输手段,不可能再有比光通信更高的技术了。但相对论是否就意味着物理学的最高境界,仍需要时间和未来科学加以检验。至于究竟是爱因斯坦的结论显得有些武断,还是根本不存在什么外星人,抑或他们根本就没有那么高明,如我们想象般掌握了超越相对论原理的技术,恐怕一时也很难断定。

一位研究人员这样形容他内心的沮丧:"我们就像一个站在悬崖边的小孩,成天举着玩具望远镜在无边的大海中寻觅,希望能看到深海里的一群小虾,结果可想而知。"在这种悲观情绪感染下,对当前的研究是否应继续下去,人们一时还拿不定主意。

"如果宇宙的其他地方确实存在生命,那么我们——甚至我们的后代——在有生之年找到外星人的可能性有多大?搜寻外星人——不论是否属于智慧生命——需要坚定的信念,你必须相信生命存在的条件(液态水、适宜的温度、抵御致命辐射的保护条件)不是地球独有的;在适宜的环境下,生命的产生比较容易,如果外星生命确实发展到足以表明自身存在的高等阶段,它不会在向地球发出信号之前自我毁灭于某次核战争或环境灾难。"

在2000年4月10日出版的美国《时代》周刊一篇文章里,作者弗雷德里克·戈尔登这样写道。

我们能找到外星人吗?对外星生命存在持怀疑态度的科学家们认为,这个问题有太多的"如果"。正如物理学家恩里科·费密经常说的那样,如果宇宙中存在许多的外星生命,为什么我们至今没有收到他们的任何信息?

另有一些根本不相信有外星生命存在的科学家认为,关于外星人的种种谈论都是非常幼稚无知的。例如,进化生物学家厄恩斯特·迈尔认为,地球之外存在任何形式生命的可能性几乎是零,他说:"无论宇宙中有多少亿颗行星,可能已经数次发生这种不大可能的现象(生命的产生)的概率极小。"

古生物学家彼得·沃德和天文学家唐纳德·布朗利都赞同迈尔的观点。在一本引起争议的图书《罕见的地球》中,他们认为,在地球以外的大部分宇宙空间,辐射程度和温度都太高,适合生命生存的星球极少,而且宇宙轰击——类似6500万年前致使恐龙灭绝的那一次轰击极为严重,即使有生命形式存在,也可能是生活在深层土壤中的类似细菌的生物。他们认为,存在技术高度发展的社会的概率微乎其微。

但是,这种悲观看法很可能只代表科学家中少数人的意见。至少,只能代表那些把眼光放在其他恒星上的科学家的意见。

为此,射电天文学家弗兰克·德雷克说:"在这个研究领域,你必须保持乐观。"1960年,德雷克发起了搜寻地外文明的"奥兹玛计划。"

然而,40多年以来,尽管科学家们以无数个频率信号,1亿多美元的资金,成千上万小时对天空进行扫描,还是没有发现任何可信的信号。但是这也情有可原,他们探测的最遥远的恒星到地球的距离还不足银河系范围的1%。

德雷克曾经设计一种用于计算银河系中可能有技术发达的文明社会数目的权威方程式。他仍然坚信,在他的有生之年,最终能等到地外文明向人类发出信号。他说:"我们的搜寻只是刚刚开始。"他还估算,大约有1万个技术高度发展的社会散布在银河系的无数颗恒星之中。

在美国,多年以来,国会曾为各种各样的地外文明探索计划提供资金——直到1993年,出钱寻找"小绿人"(持怀疑态度的人对外星人的称呼)的政治恶名使联邦拨款取消了。然而,美国航天局打着政治上更受欢迎的天体生物学招牌,在继续寻找地球外生命,即便寻找的只是"小绿虫"。

如今,美国航天局认为,火星布满尘埃的表面(那里曾经有水流)和木星卫星——木卫二冰层下面可能存在的海洋中也许有原始生命形式。然而,一个消息又使人们的希望很快落了空:在南极洲发现的、曾被大肆宣扬的火星陨石,显然并不像先前认为的那样含有能证明火星存在微生物的令人信服的证据。

但是,这个伟大的梦想将由诸如弗兰克·德雷克领导的地外文明探测计划民间组织和行星协会等私人团体资助的无线电和光学探测活动继续实践。

事实上,即便是对能否成功找到外星人持怀疑观点的科学家,也不想让人们失望。他们都肯定了继续搜寻的重要性,不仅是搜寻火星或木卫上是否有微生物,而且还搜寻来自一些遥远的星球的微弱信号——即便仅仅是为了强调生命的珍贵以及保护可能是唯一形式的地球生命的重要性。为此，德雷克曾坦言："即便是一个否定的答案也比没有强。"

我们能否找到外星人？且让我们拭目以待。

## UFO 访问地球的证据之谜

1.地面留下的痕迹

这是由于地面受到某些压力或有规则的烤灼而留下的圆形、环形、三角形或半月形痕迹。大多数痕迹残留很长时间（有时达数年之久）。在此期间，该处的土壤寸草不生。

1954 年 8 月 3 日 18 时，一个透镜形的不明飞行物降落在马达加斯加的安塔那那利佛机场旁边。它在跑道一端满是石子的地面停留了两分钟。最初，它被 7 人（法国航空公司的 1 名技术处主任、3 名驾驶员和 3 名工程师）发现。这些人发出警报，于是机场的全体工作人员以及候机的旅客都看到这艘奇怪的飞船垂直起飞的情景。飞船停降过的地方，直径 10 米的一个圆圈内地面的石子全部被压成粉末。

1954 年 9 月 10 日，一个不明飞行物降落在法国卡罗布尔镇附近铁路的路基上。事后调查发现，那里的石块全部被煅烧过并压碎。估计那物体的重量在 30 吨左右。

一个比较出名的不明飞行物降落事件于 1965 年 1 月 12 日发生在美国华盛顿州库斯特镇。美国研究员、西雅图《飞碟通报》杂志出版人贝尼尔曾对它进行过考察。晚上 8 时 20 分，镇郊的一个女农场主发现一道强光从天空中快速飞来。她以为那是一架即将坠落到她家房顶的飞机，于是惊慌失措地同她的 3 个女儿跑到院子里。到了院子里，她才惊恐地发现那物体并不是飞机，而像一面白亮闪光的圆形透镜，直径约 9 米，顶部微成拱形。那飞船飞行时全无声响，并做出各种复杂的飞行动作，最后降落在农场院子后面的松树林边。四五分钟后，它突然升起，飞快地消失在东北方天空。一名警官当时正在边境地区巡逻。他接到总部的无线电通知，刚巧在飞船降落时赶到现场。他把汽车停在数百米外，跟那 4 个女人一样感到惊恐。尽管警官并不认识那些女目击者，但他的报告同她们的完全吻合。在飞船降落过的地方，雪地上有一个圆形的印子，其直径约三四米。印痕下面的土地完全被烤焦。从这个圆圈出发，等距离排着一行长约 20 厘米的椭圆形印迹，到松树林前面便突然消失了。这些痕迹两个月内都能清楚地看到。

1965 年 9 月 3 日 23 时，两名正在美国得克萨斯州德蒙市附近公路上巡逻的警官发现一团夺目的亮光降落在他们面前的平原上。他们小心翼翼地走过去，惊讶地发现停在他们面前的是一个常规意义上的大飞碟，从里面发出强大的噪音。飞碟的发动机、大灯和无线电突然停止了工作，大约 15 分钟后才重新启动，然后陌生的飞碟立即起飞了。走近降落的地点，两名警官发现地面的泥土被烤焦并被巨大的重物压过。

1967 年 5 月 5 日，法国科多尔省马连斯市市长在他的管区不远的地方发现一个颇有意思的飞碟降落时留下的痕迹。那是一个直径 500 厘米、深 30 厘米的圆圈，从圆圈呈放射状延伸出去一系列 10 厘米的“沟”，沟端有一些深 35 厘米的圆洞。在这些沟和坑的底部，积了一层淡紫色粉末，不知为何物。

1968 年 6 月，阿根廷米拉马尔市附近的一名目击者见到了一次非常少见的不明飞行物现象：那艘飞船仿佛被一束光支撑着，停在离地面约 50 厘米的空中。可当目击者企图走近它时，飞船却迅速地飞走了。警察对目击者指出的地方进行调查，结果发现那里的土壤被一种异常强大的热源烤焦。

1968 年 7 月 1 日，许多目击者（其中包括医生、工程师和警察）看到一个不明飞行物在巴西圣保罗州博图卡图医院附近降落的情景。几分钟后，飞船无声无息地飞走了，地上留下一个成等边三角形（边长 7 米）的深深辙印。

1969 年 5 月 11 日，在加拿大魁北克省，有一个不明飞行物降落在离 M · 查普特的农场仅 200 米的地方。凌晨 2 时，查普特先生被犬吠声惊醒，开门出去查看，正好看见飞船起飞。这一情景还分别被另外 4 人看到。调查时，发现一个圆形印迹，周围还有 3 个深度不同的小印子，如果用直线连接起来，正好构成一个等边三角形。一些直线形的浅沟（像是圆形重物在地面拖动而形成的）从两个大圆圈延伸出去，终止在一条灌溉渠的堤坝上。当地警方调查了现场，拍了照片并进行了分析，但毫无结果。

1970 年 8 月 29 日夜，许多目击者发现一个发出强烈红光的圆形物体在瑞典安滕湖附近飞翔。在完成了一系列复杂的空中动作后,该物体向埃尼巴肯镇方向降落了。第二天早晨,该镇的一个居民约翰森老人发现他家里有3个圆形印迹,里面的土壤被压过。构成等边三角形顶点的这些圆印直径为40厘米、深4厘米。调查人员从该地区中,以及不明飞行物降落的三角地采集了土壤标本,送交瑞典查默斯核化学研究所进行比较分析。瑞典专家们通过Y射线分析仪分析,发现降落点的土壤标本中放射性比普通土壤标本大3倍,达660千电子伏特。这样的辐射只能来自钡137的同位素,而且只有当钡137放射性同位素放了B射线时才能出现。但是,钡同位素只能在受激核反应中才能形成!约翰森老人怎么可能在他的菜园里实现核裂变呢?

2.植物被烧焦

90%的此类事件中,这种后果并非自身燃烧所致,而是受到异常强烈的热辐射的结果,其中35%的事例还伴随着放射性后果。一般说来,被如此毁坏过的地区的植物很难恢复;而且25%的例子中,土壤从此寸草不生。

1966年10月7日18时30分,14名目击者发现一个明亮的空中物体降落在密执安半岛印第安湖畔(美国密歇根州)。发动机和仪表停止了将近1小时,而当那个物体重新起飞后,在地面留下一个圆形辙印,里面的草木完全被烤焦。

1967年6月18日夜间,发生在加拿大安大略省法尔扎湖上空的事件也颇为奇特。6人目睹并出具了报告。当晚23时,目击者中的两人拜访朋友之后驾着小船回家。突然,他们发现离湖岸800~900米远处,一个发光的物体停留在离树梢15~20米的空中。他们把小船朝那个方向划去,但是那个物体突然急速地向小船冲下来,两人急忙后撤。第二次俯冲迫使他们只好把小船靠岸,并把住在附近一座山间别墅里的4个人叫出来。6个人一同注视着那艘奇怪的飞船在离他们300~400米的空中停留了10~15分钟,然后消失在西北面天空。整个事件持续了30分钟。在此期间,飞船一直没有发出任何声响,唯一能证明它存在的是那些树枝被笼罩在一片耀眼的白光中,并且被一股强大的气流吹得猛烈晃动。请看国防部调查员一份正式报告的片段:"据目击者描述,该物体为椭圆形,上部稍微突出,乳白色、闪光,高约8~10米、厚约3~5米。在远方消失时,呈橘黄色。一名目击者称,当时他正在用630千赫的频率收听CKRC电台的广播节目,突然频道上出现极强的干扰,节目再也听不见了。”这份报告最后写道：“几根被烤焦的树枝标本被送到温尼伯进行分析。森林与乡村发展部通报说，无法解释收集到的本地区的 3 个树种——白桦、榛树和樱桃树——同时枯萎的原因。许多树都受到伤害，但并无一定顺序，而且主要是树梢。林业专家认为，造成枯干的原因可能是强大热量。”这一件事后来被纳入“无法弄清”的一类。

1968 年 7 月 31 日，印度洋中法属留尼汪岛上的种植园主卢西·丰泰因在一片林中空地上看见一个边缘呈深蓝色的椭圆形物体。那个不明飞行物离目击者仅 25 米，停滞在离地 4~5 米的空中。丰泰因估计它高约 2.5 米，直径 4~5 米。目击者还说，他看见飞船的中部有一个蓝色的屏幕，几分钟后，从屏幕后面射出一道耀眼的白光，并伴之以巨大的热气流，陌生的物体旋即飞走了。10 天之后，该岛公民保护署主任列格罗斯上尉带着吉洛特机场最完善的检测仪器赶到现场。他发现在飞碟降落点方圆 5 米范围内，土壤和植被的放射性含量达 600 亿单位，比正常量高 30 倍。就连目击者的衣服也带有放射性成分。列格罗斯上尉显然感到震惊，他下结论道：“这件事有人亲眼目睹，毋庸置疑！”

1968 年 11 月 6 日，将近 100 个人看见一个明亮的空中物体降落在巴西皮拉松加地区。巴西空军当局对此事进行了秘密调查，并拍摄了地面上留下的痕迹：一个直径为 6 米的圆圈，里面植物全部枯槁，圈内还有 3 个均匀分布的小坑（显然是支撑系统的底柱留下的）。调查结果没有发表。

1969 年 7 月 12 日 23 时，一个比较出名的事例发生在美国依阿华州巴尔的农场。

两名少女（巴尔的女儿和她表妹）恐惧地发现一个明亮的不明飞行物掠过农场上空向远方飞去。两个少女足足看了两分钟，她们听到飞船发出隆隆之声。飞船的形状像一只倒扣过来的浅底碗，呈深灰色，沿着自身的轴心不停转动。在飞船高度 2/3 的地方有一个橘黄色光环。它消失在西北天空，只留下一道橘黄色光痕。巴尔农场主直到第二天早上看见飞碟在他的大豆地里留下的痕迹时，才相信两个女孩子说的是真话。地里一个直径约 12 米的圆圈内，作物完全被毁了。海尼克博士几星期后察看了现场，他写道：“在那个圆圈内，树木的枝叶从主干开始枯干，明显是被巨大的热量烤过。但树干并未折断，也未弯曲，地面上也没有留下任何痕迹。这一切表明,热量或其他带杀伤力的因素像是从近距离的空中施加的,并未与地面直接接触。”

1969 年底,在新西兰发现了两次留下痕迹的飞碟降落事件。9 月,在北岛的恩加蒂亚,发现一个圆圈内野草和荆棘的枝叶全部褪色,并受到放射性污染。11 月,北岛巴夏图瓦的农场主亨利·安杰里尼发现他的农场地里有一个直径约 12 米的圆圈,圈内的草全部枯萎。之后,D·哈里斯博士在南岛的布林海姆也发现了一个类似的印迹。所有这些“死亡区”都是圆形的,圆圈内有 3 个较小的坑,分布在一个等边三角形的顶点。受放射伤害的土壤一直寸草不生,无论家畜还是野兽都远远地绕开它……

3.水源被污染

人们多次发现,来历不明的飞船常常进入海洋、江河和湖泊去加水或排放废弃物。在 65%的这类情况下,水源受放射性影响或被化学物质污染。

1961 年夏天,在苏联发生了一起有名的不明飞行物在水面降落的事件。事情是这样的:一个巨大的不明空中物体以惊人的速度俯冲下来,砸穿了拉多加湖面一米多厚的冰层。冰层被砸开了一个直径 100 米的圆形口子,飞船钻入湖水,在里面停留了将近 1 小时,然后钻出水面,高速地向北方飞去。受到飞船撞击的地方,冰层变成绿色,并带有放射性。后来,还在圆形窟窿的边缘发现了钛粒子。试问:地球人类迄今制造的哪一种飞行器能够经受得住这样厚的冰层的撞击呢?

1968 年 4 月初,在瑞典乌普拉门湖面 1 米厚的冰层上,发现了一个面积为 500 平方米的三角形大洞。这之前,一个巨大的空中物体“坠落”下来,把砸碎的冰块抛出老远,这足见撞击力量之大。几天之后,在冰面上又发现了两个大窟窿,其中一个的形状和面积与前者完全一样,瑞典空军的专家们发现,窟窿附近的冰带有放射性;而部队潜水员则发现湖底的淤泥结了一层特性不明的硬壳,其中所含物质,与 1950 年一次飞碟降落后将加拿大索毕尔湖水染成红色的那种物质类似。

1970 年 9 月 14 日,一个不明物降落在新西兰蒂奎蒂附近布莱克莫尔的农场边一个小湖里。第二天早晨,农场主发现湖水水位上涨了很多,而岸上的痕迹表明,夜里湖水不可思议地溢出了坝外。湖水变成了暗红色,并带有刺鼻的气味。也许为了避免使人们受到伤害,陌生的飞船把有毒(放射性或化学)物质倾入密封的集装箱内沉入水底，说明“外星客人”非常注意地球生物圈的安全。

1971年1月3日早晨，阿蒂·卡拉维基工程师曾调查过一件发生在芬兰库萨莫地区萨彭基湖面上的不明飞行物降落事件。那天，许多目击者看见一个闪光的圆球从离结冰的湖面8米的空中掠过，放射出的亮光1500米范围内都能看清。几分钟后，那飞船降落在离毛诺·塔拉拉家17米处，停留1分钟后，它又突然起飞，跟出现时一样，无声无息地消失在北方天空。过了几小时，目击者们发现，飞船停降过的地方(湖边)，冰层变成了绿色。几天后，专家们从那些冰及其下面的土壤取了样，送交一家瑞典实验室和两家芬兰实验室分析。研究结果表明，冰并未受放射性侵害，但其中包含着大量的钛元素。由此可见，外星飞船在地球上留下的大多数痕迹带放射性；而且，钛是制造这些飞船的主要材料，这些都是有关外星飞船的推进位置和机身构造的宝贵信息。我们知道，地球技术所预见的未来星际飞行的出路之一，就是使用原子能发动机，而钛又是地球上强度最大的金属，并从1974年起大量运用于空间技术。

4.有生命的机体受到影响

地球上的人和动物，由于不慎而过分靠近不明飞行物，在有的情况下，身体会感到不舒服，当然没有致命的影响。这些后果是由于超过正常标准的辐射而造成机体暂时紊乱。需要指出的是，这种辐射每次都是事故性的。

1968年8月，阿根廷门多萨医院的残疾人阿德拉·卡斯拉维莉从窗口看见一艘圆盘形的飞船降落在医院旁边。几秒钟后，飞船重新起飞，放出一种辐射状的“火花”。残疾人脸部被灼伤，昏迷了20秒钟。这时，飞船已迅速飞走。阿根廷空军情报处和原子能委员会秘密地调查了此事，发现飞船停留过的地方有一个直径50厘米的圆形印迹，土壤呈灰色，放射性程度很高。专家们确认，残疾人被灼伤是强烈而短暂的辐射所致。无论是外伤，还是附带的恶心、剧烈头疼等，都在一个月后才消失。

1970年发生在芬兰南部吉米亚维村附近的森林的，是另一件给人类造成不快的事件，两名目击者埃斯科·维利亚和守林人阿尔诺·赫诺宁滑雪穿过树林。突然，他们听到一种奇怪的嗡嗡声。仰头一看，发现一个闪闪发光的物体绕着大圈向他们头顶上飞来。到了离他们数十米的空中，那物体突然停住。目击者发现它被一层明亮的红雾环绕着。不明飞行物向一片林中空地降落下来,停留在离他们头顶三四米的地方。两名目击者惊恐万分,一动也不敢动。红雾消散了,嗡嗡声也停止了。赫诺宁和维利亚这才看清那物体为圆形,金属结构,直径约3米。平坦的底部有3个半圆形,构成一个直角三角形(大概是可伸缩的支架)。物体的中部有一根直径约25厘米的管子,几分钟过后,从管内喷射一束强光。雪地上显出一个黑圈,圈内的积雪被光束照得耀人眼目。经过一系列闪动的怪光之后,一束光投到赫诺宁身上。接着,飞船又被一层红雾包围住了。目击者惊愕地看见那光束被渐渐地收回管子内,而且始终保持同一形状,仿佛是用空气剪裁成的。接着,那物体升到高空,以令人难以想象的速度消失到西北方去了。两个芬兰人却由于自己不慎,待在离飞船那么近的地方,结果吃了大苦头。赫诺宁腹部剧痛,小便变成黑色,身体极度虚弱,持续了将近1年之久。维利亚则浑身皮肤发红,很快得了头晕病,身体不能保持平衡。医生们诊断不出两个目击者患病的原因,但均认为他们受过强烈的辐射。

5.电路短路

不明飞行物造成的电磁现象迄今尚无法解释。在许多情况下,在靠近外星飞船的地方,汽车发动机停转,灯光熄灭,广播电视台节目中断或被严重干扰,还有整个城市的高压输电线路甚至发电站受到影响的情况。有时,靠近陌生飞船的金属物品被磁化。正规地讲,所有这些现象都尚无解释……

1957年11月2日夜至3日晨,一个最出名的此类例子发生在美国得克萨斯州莱维兰德市附近。这一事件有15~20名目击者,其中有5名警察和1名消防队上尉。事情是2日晚上11点开始的。值班的警察A.J.弗勒接到一个奇怪的电话。卡车司机P.索塞多和他的助手J.萨拉兹惊恐地报告说,当他们的车沿着116号公路行驶到离莱维兰德市约7千米时,发现天空有一大团火焰。他们说,当那个空中物体飞近时,汽车马达熄火,车灯也灭了。两名司机下车,以便更好地观察那物体,可是由于它速度极快,又放出巨大热量,两人不得不扑倒在地。他们俩描述道:“那个物体呈淡黄色,很像一枚长约70米的鱼雷,以每小时约2200千米的速度飞行。”当它飞过之后,卡车马达重新启动,车灯复明。两名司机急忙将此事报告警察局。但是,弗勒没有把他们的报告放在心上,认为他们是醉鬼。可是,夜里24时,维沙拉尔地区一位颇有名望的公民打来电话报告说：当他驱车行驶到莱维兰德市以东约7千米（这正是索塞多发现的飞船消失的方向）时，遇见一个椭圆形闪光物体，长约70米，停在公路上，周围被照得一片通明。当目击者的汽车开近时，马达停转，车灯熄灭。过了几分钟，不明飞船突然起飞，亮光消失，目击者汽车的马达又毫不费力地启动了。24时10分，另一名目击者遇见那个物体降落在莱维兰德市以北约20千米的地方，并用电话向警察局报告了与前两个报告相同的内容。事后，蓝皮书计划执行小组和美国全国气象调查委员会在调查过程中又获得了两份类似报告。一份报告说，24时12分正处在莱维兰德西北约28千米的地方，一个发光的物体从空中飞过时，两台收割机的四部发动机同时熄火。第二份报告说，一名得克萨斯理工学院的大学生24时零5分开着车子到达莱维兰德市以东约11千米之处时，发动机和车灯同时出了故障。大学生惊恐地发现一个长约40米的椭圆形平底物体停在前面的公路上。那物体像是铝制的，闪着蓝荧荧的光，通身光洁，看不到任何内部构造。几分钟后，物体突然腾空，消失在黑夜之中。这时，目击者的汽车发动机和车灯重新恢复工作。在父母的坚持下，大学生第二天把事情的全部经过报告了莱维兰德市的警察局长。再说当晚，警察弗勒在24时15分还收到一名目击者的电话报告说，一个不明飞行物降落在市北约17千米处。他的汽车的遭遇与上述报告完全相同。弗勒对事件再不能等闲视之了，终于决定报告警察局长。10分钟后，几辆警车被派出去调查现场。第二天，一份调查报告企划出来了。报告中除了有关情况，还提到夜里24时45分，另一名目击者发现不明物体降落在离他的卡车300米至400米处（莱维兰德以西），卡车突然莫名其妙地停了。目击者还讲述了一个很有意思的细节：飞船降落后，颜色便从橘红变成淡蓝，起飞后又变成原来的颜色。凌晨1时15分，警察弗勒接电话报告说，有人在俄克拉荷马一弗拉特公路上（莱维兰德市东北约4千米处）看见了一个长70米的不明物体。这时，几辆警车在城郊公路上搜寻，弗勒同他们保持无线电通信联系，及时将他们引向出事地点。警察局长克莱姆和他的副手麦克考洛乘坐的汽车于1时30分到达俄克拉荷马——弗拉特公路离莱维兰德7公里~9公里的地方。两名警官发现一大团椭圆形的红色亮光停在他们前面的公路上。两秒钟后，那物体升到空中向西飞去，又被到达附近的两名警察哈格罗夫和加文发现。继后，陌生的飞船又被正在116号公路上巡逻的安通—得克萨斯镇的警察贝伦看见。经过附近的消防队上尉 R.詹尼斯也看见了它。在那个值得回忆的夜晚,前后共收到 15 份看到不明飞行物的电话报告。第二天,目击者们出具了 20 多份正式签名的证词。不明物体被 15~20 人看到,造成了 10 辆不同型号种类车辆的临时故障,因此不可能是集体错觉。目击者互不认识,而且调查结果证明他们所讲的是实情。

1970 年 8 月 13 日夜间,另一件出名的事件发生在丹麦哈德斯莱夫市附近。22 时 50 分正在城市外围巡逻的警官埃瓦德·马鲁普的汽车马达突然停止,车灯熄灭。紧接着,车子被来自上方的一道强光罩住了,车内酷热难熬。警官探头观看,只见一个直径 15 米的圆盘形物体停在空中,从它里面射出一束锥形白光。马鲁普想同总部联系,但无线电对话机已不能工作。光束渐渐地缩回飞船舱内,使警官惊讶不已的是光束始终保持固定的形体,仿佛是用空气剪裁成的。飞船迅速而又一声不响地升高,消失到星空中去了。此间,马鲁普成功地拍摄了 6 张相当清晰的飞船照片(这些照片经过丹麦和法国专家鉴别其真伪后,被发表在报上)。飞船消失 20 秒钟后,马鲁普警官的汽车发动机、车灯和无线电通信装置重新恢复正常。最惊人的、至今仍然无法解释的现象是陌生的飞船竟能分段逐渐收回光束。此种现象在法国(1967 年 5 月 6 日)、加拿大(1968 年 8 月 2 日和 1970 年 1 月 1 日)、芬兰(1970 年 1 月 7 日)和中国(1983 年 2 月 21 日)都有发现。

6.收集到(属于飞船的)一些陌生的物体

这种情况比较少见。但是,一些颇负盛名的著作家和国际通讯社认为,美国、巴西、西班牙和瑞典等国可能掌握着外星飞船 1947 年至 1983 年掉在他们国土上的物品甚至残骸。

1974 年,美国佛罗里达州的 V.A.巴茨拾到一个直径 20 厘米、重 10 千克的钢球。这个钢球的奇特之处在于:受到任何脉冲作用时,它便沿自己中轴旋转着成直线运动,然后返回自己的出发点。在向几个不同的方向进行过同样的运动后,钢球自动停止。美国海军的一个实验室化验结果表明:该球放出无线电波,并被一个强大的磁场包围着。美国的军事专家说不出这个钢球的来历,也无法解释它的这些奇怪的特性。

## 第三节　奇姿秀丽的山峰

我国是一个多山的国家，主要有阿尔泰山脉、天山山脉、昆仑山脉、喀喇昆仑山脉、唐古拉山脉、祁连山脉、喜马拉雅山脉、阴山山脉等。全世界海拔七千多米以上的山峰有十九座，坐落在中国境内和国境线上的就有七座，其中喜马拉雅山脉的主峰珠穆朗玛峰是世界最高的山峰，被称为世界第三极。此外，我国还有“五岳”、黄山、武当山等众多名山。它们在中国的地理历史中占了举足轻重的地位，有些山甚至是人们崇拜的对象。

### 珠穆朗玛峰变矮之谜

在我们的课本中，曾经写有这样一句话：珠穆朗玛峰是世界最高峰，每年以0.01米的速度“长高”。但是实际上，珠穆朗玛峰是在逐年变矮，那么是什么原因导致珠穆朗玛峰变矮的呢？

珠穆朗玛峰

珠穆朗玛峰简称珠峰，又意译作圣母峰，尼泊尔称为萨加马塔峰，位于中华人民共和国和尼泊尔交界的喜马拉雅山山脉之上，终年积雪。是亚洲和地球第一高峰（太阳系最高峰是海拔27000米的火星奥林匹斯山）。珠穆朗玛峰一向是被誉为地球第三极的高峰，高8848.13米，在小学地理课本里也早就有关于珠穆朗玛峰的标准描述：“珠穆朗玛峰由于处于印度板块与欧亚板块的碰撞地带，每年依然以1厘米的速度‘长高’”，但是令人惊讶的是，据科学家监测，事实并不是这样的，珠穆朗玛峰的高度目前正在逐年下降，在过去的33年里，它的高度下降得惊人。

据记载，早在1966年，中国第一次成功测量珠峰的雪面高程值为8849.75米。1975年，科学家测出珠峰峰顶雪面的高度为8849.05米，减去当时测量得到的峰顶0.92米的雪深，最终得出珠峰高度为8848.13米。我们目前对珠穆朗玛峰高度的描述，一直沿用的是当年监测出的高度8848.13米。

随着测量技术的不断进步与完善，我们的测量手段和技术也越来越精准。过去30余年里，中国科学家利用天文、重力、激光测距、GPS等先进的技术手段，对珠峰的高程值进行了先后五次越来越精确的测量。1992年，科学家所测得的珠峰雪面高程的最终计算值是8849.04米，而1999年第五次观测的结果则下降为8848.45米。1999年的观测值和1966年相比少了1.3米，所有的这些测量资料显示，珠穆朗玛峰的确是在逐年变矮。

那么，珠穆朗玛峰变矮的原因是什么呢？被誉为亚洲和地球第一高峰的珠峰怎么会变矮呢？这个问题引来了许多科学家们的关注，他们期待早日找到珠穆朗玛峰变矮的原因。

有的地质学家认为，珠峰变矮的原因可能是印度板块和欧亚板块的运动发生了变化导致的。由于印度板块仍在向北推进，仍然是形成青藏高原及其周围地区强烈变形的主要动力来源。而且珠峰地区在印欧板块推动下的整体抬升过程中呈波浪式的起伏，上升的速率并不是均匀恒定的。虽然科学家得出了珠峰地区上升的速率不固定的结论，但却恰恰说明了珠峰抬升的趋势没变。

也有人提出异议，他们认为珠穆朗玛峰变矮的原因不是板块间挤压造成的，而是由于气候变化导致的。珠峰顶部在短期内降低如此剧烈，肯定不是地壳运动的结果，只能从冰川对气候的响应去解释。他们提出，由于全球气温上升，加速了珠峰顶部的积雪由雪到冰转化的过程，冰川的密实化过程加快，从而导致冰面的降低，实际上，从1992年开始的珠峰顶部急剧降低时期正好对应于气候急剧变暖时期。但是全球气温总体来说从1966年到1975年是冷期，20世纪70年代到1992年之间既有冷期又有暖期，所以按照每一年的气温与珠峰下降幅度一一对应有困难。想得到更确切的结论，必须有珠峰每年冰雪层的厚度变化和气温变化的详细数据，完整地取得这些数据目前还有困难。

还有人提出冰雪密实可能是导致珠峰变矮的罪魁祸首。“密实化”是指一个积雪转变为冰层的过程,它有两种物理机制,一种是在气温高的情况下,雪在白天化成水,晚间气温降低,再变成冰;另一种就是雪层不断变厚,底层雪在不断增加的压力之下变成冰。如果气温升高,雪变成冰的速度就会相当快。但是珠峰峰顶常年温度都在零摄氏度以下,所以绝对不可能是降雪先溶解成水再冻成冰。珠峰顶部积雪的密实过程无疑是第二种密实过程。虽然珠峰顶的积雪不会融化成水,但气温升高仍可以加速密实化过程,而变成冰后冰层的厚度相对于原来雪层的厚度是减薄的。假如从前20年的积雪才能变成冰,温度升高后密实速度加快,现在可能只需10年或者5年雪就会变成冰。可是一个"密实化"却并不能彻底揭开珠峰"变矮"之谜。科研人员指出其实积雪密实过程中有很多细节说不清楚。比如温度升高时,到底有多少雪融水的残余就无法观测计算,一点没有融化的干雪和略有融化的湿雪压实过程也并不一样。气温升高后,雪片晶体之间有一点轻微的融水残余都会加速密实化过程,但就珠峰顶上总体积雪来说是不会发生融水的。

那么,珠穆朗玛峰上的积雪厚度到底是多厚呢?科学家们也对此纷纷探讨。1975年我国科学家测量珠峰峰顶的雪深是0.92米,可是意大利登山队用测杆观测到的雪深数据是2.5米。据此,相关研究人员认为使用普通的办法是不能测得雪的真正厚度的,更不要说冰的厚度。他们提出珠峰顶部冰雪厚度要远大于2.5米,可能在10米到几十米之间。经过研究,得知珠峰顶部以岩面为主,如果将雷达放置在冰雪层上,向下发射电波,可以检测出冰雪层的确切厚度,但由于条件限制,从来没有人将雷达背上珠峰进行测量。此外在峰顶的冰雪层上用冰钻钻至底部,也可测出冰雪层的确切值,但也没人做过此类测量,所以珠峰顶部的冰雪层的具体厚度依然是个谜。

那么,珠穆朗玛峰变矮会不会是珠峰顶部冰雪层有物质损失造成的呢?可是是什么物质损失了呢?又是什么原因造成了这种物质的损失呢?对此,有关的研究人员提出了自己的假设:由于珠峰顶部不是一整条冰川,长期的气候演变,使珠峰顶部冰雪形成了一个相对稳定的层面,近三十几年气候变暖,这一层面经过密实化后降低得比较快。珠峰顶部出现降雪后,大风吹雪的情况会经常出现,特别到了风季,风速每秒高达到三四十米,所以降雪难于在珠峰顶部积累。只有天气稍好、风速较小时,才会有一点积累,大部分降雪还是会被风都吹走。这或许能解释峰顶物质流失的问题,但是这种说法仅仅是一种假设,并没有找到真正的科学证据来证明这种假设的正确性。

目前,对于珠穆朗玛峰的高度变矮的问题的研究还在继续进行着,解开珠穆朗玛峰变矮的原因还有待于科学家们的进一步研究。

## 迷雾环绕的丹霞山

丹霞山是我国著名的风景名胜区,风光迷人。丹霞山由红色沙砾岩构成,以赤壁丹崖为特色,地质学上以丹霞山为名,将同类地貌命名为“丹霞地貌”。丹霞山使之成为世界上同类特殊地貌的命名地和同类风景名山的典型代表,但同时也隐藏着许多美丽的谜团,至今无人解开。

丹霞山

丹霞山位于广东省韶关市境内仁化县,是广东四大名山之一(其余三座名山是罗浮山、西樵山、鼎湖山),也是国家级重点风景名胜区,国家地质地貌自然保护区,被誉为“中国红石公园”。在距今1.4亿年至7000万年间,丹霞山区是一个大型内陆盆地,受喜马拉雅造山运动影响,四周山地强烈隆起,盆地内接受大量碎屑沉积,形成了巨厚的红色地层;在距今7000年前后,地壳上升而逐渐受侵蚀。距今600万年以来,盆地又发生多次间歇上升,平均大约每万年上升1米,同时流水下切侵蚀,丹霞红层被切割成一片红色山群,也就是现在的丹霞山区。丹霞山海拔408米,远看似染红霞,近看则色彩斑斓,许多悬崖峭壁,挺拔秀丽,风景旖旎。故有人赞叹:“桂林山水甲天下,不及广东一丹霞”。丹霞山隐藏着许多的秘密,其中有七大谜团至今无人能解。

1. 丹霞山之名的由来

丹霞和丹霞地貌虽然闻名于世,但是丹霞山这一名字究竟起源于何时呢?在

《山海经》《淮南子》《水经注》中都没有关于"丹霞山"的记载。虽然在《山海经·南次三经》中记载"……又东五百里,曰丹穴山,其上多金玉,丹水出焉,而南流注于渤海。"但是丹霞山并不是江河的源头,流经丹霞山的锦江更不是注入渤海,可见,丹霞山和丹舟山是两个地方。

最早记录丹霞山这一地带的,是北宋重和元年(公元 1118 年)邓嘉猷《广东通志·山川略》中的《锦江岩记略》,有"仁化南隅有崖岩,在缥缈间,石纹四时改易,五色俱备……故名锦石岩"的记载。后来,北宋蒙天民的《锦石岩龙王灵感记》、明朝王宾的《重修锦石岩》等都是以"锦石岩"命名此地的,并未见过用丹霞山为地名的。古文中记载"丹霞山"这一名字则是在清顺治二年(公元 1646 年)李永茂买下丹霞山前后。李永茂的弟弟李充茂作的《丹霞山记》:"……丹霞山之名,不自今日始也,自伯子(李永茂)至,而人人知有丹霞焉。"这是最早记录"丹霞山"这个名字的古文。但是李充茂对丹霞山名字起于何时,没有准确界定。根据李充茂的记载,在他们来到丹霞山前,已经有了丹霞山的山名。

但在清同治十二年(公元 1873 年)的《仁化县志》中《丹霞山水总序》又说:"……传说丹霞山为'烧木佛地',李公(李永茂)不忍更改其名。"这里所说的"烧木佛"是说当时邓州丹霞山天然禅师在惠林寺遇天寒,就焚烧木头佛像来取暖的故事。而李永茂的故乡就在邓州丹霞山。于是,李永茂就用邓州的"丹霞山"来命名仁化的"丹霞山"。也就是说,丹霞山的名字是李永茂所取的。

这与李永茂的弟弟李充茂的记载持相反的观点,有关单位还曾经调查过李永茂的家乡邓州是否有丹霞山,调查结果显示,邓州没有丹霞山。所以,李永茂命名丹霞山这一说法的依据并不充足。

那么,丹霞山的称谓究竟开始于什么时候呢?最早出现"丹霞"二字的是明朝伦以琼的《锦石岩》诗第二首,开句有"水尽岩崖见,丹霞碧汉间"的诗句。在明崇祯七年(公元 1634 年),诗人殉家行有诗刻在锦石岩梦觉关的石壁上,诗中有"丹霞烟留处,黄粱秀未曾"的句子。此时,距离李永茂买下丹霞山只有 12 年。但有人说以上两处诗名中出现的"丹霞"并不能作为地名解,而只能当作是"红色的云霞"解。如果是这样的话,那么明天启七年(公元 1628 年)凌云写的《宿丹霞》,则是将丹霞山当作了地名。其时间还是在李永茂买下丹霞山之前。

因此,丹霞山这个名字大概出现在李永茂买丹霞山之前的明代,但是究竟出现于何时,因何而得名,还是一个谜团。

2. 燕岩神钟之谜

在丹霞山的大石山风景区,有一座山寨叫燕岩,海拔603米,是丹霞山的第二高峰。燕岩山山势雄伟,悬崖峭壁巍峨险峻。在燕岩山腰险峻处,有一处叫作"燕岩庙"的寺庙。据说,从前这座庙香火鼎盛,香客四时不绝,暮鼓晨钟,曾响萦岩头、河富一带的村庄原野。

关于燕岩神庙还有一个美丽的传说。传说天神派下一对仙女姐妹来此地的西竺岩、燕岩塑造菩萨像,她们约好,谁最先完工谁就陪王母娘娘去瑶池仙境。姐姐选择了低矮易上的西竺岩,妹妹只好攀上燕岩庙,由于燕岩庙是一块清幽之地,妹妹很快就将菩萨的塑像建造好了。后来,妹妹一边铸造神钟,一边学起鸡叫来,急得姐姐仓促间马虎了事减了工序,结果,燕岩庙的菩萨造得比天竺庙的要好看些,而且燕岩的菩萨还会唱歌。以后有了"燕岩庙的菩萨会唱歌,燕岩庙的神钟会应和"的传说。据说,当年燕岩山下,每当夜深人静的时候,就真的有呜咽凄婉的唱和。

据说,燕岩神庙的那口神钟十分神奇。传说它能自动发声似呜咽一般。据当地人回忆,该钟油黑铮亮、非铜非铁,钟顶有几个孔洞,互相通连,与悬挂神钟的钟蒂(钟座)又相衔接,和别处寺庙的钟不一样。有人猜测可能就是这几个不一样孔洞,与钟身、钟蒂构成一个气流回旋的谐振腔体,在一定风向贯穿下铿然发声。而燕岩庙坐落于在半山绝壁之中,岩洞与山谷相对,四时风大气流湍急,这口神钟挂在庙前,自然吞风引气、呜咽作声。

但是在后来,燕岩岩庙被废弃,僧尼也都陆续还俗出走。1987年,这口神钟被人收走了,燕岩神庙"菩萨神钟相唱和"的谜底,也因为没有了实物变成了一个永久的谜团。

3. 龙盘虎卧之谜

丹霞山锦石岩下的悬崖峭壁上,在高约50米的地方,刻着苍劲的四个大字:"龙蟠虎卧",每个字五尺见方,阴刻行书,字体雄浑有力,是清代韶州人邹宗尧所书。在绝壁腾空的悬崖上眷字刻石,现在人都没有办法,当时的工匠是在地上搭台还是从半山的锦石岩垂篮操作,就不得而知了。而这“龙蟠虎卧”又有什么深意呢?

有人认为邹宗尧刻写这几个大字的初衷大概是因为锦石岩连通四个岩洞内壁的“龙鳞片石”。这些锦石岩随四季变换颜色,真若一条藏头匿尾的长龙盘踞在锦石岩的岩洞中,这也成为古往今来令人称绝的景观。尤其是后来被发现的翔龙湖,它就像一条飞龙缠绕在山峰下。翔龙湖也是到目前为止,全国水面图形近似于翔龙的唯一景观。“蟠龙”隐藏在丹霞山中,这引起了人们无限的遐想,是印证了古人独到先知的眼光,抑或古人早就曾在丹霞山看到了什么?悟出了什么?

虽然“蟠龙”出现,但是虎踪却很难寻。丹霞山内虽然有白虎岭、伏虎岩、老虎寨等地名,但其形态却与虎的形状相距甚远。后来,探险者们在丹霞山密密的丛林中寻找到了阳元石、阴元石、天仙桥、连理枝、守寨爷爷和天然禅师墓庐,却没有找到类似老虎形态的石头。不过,丹霞山无人涉足之处还很多,古人或许曾见过的“卧虎”,只不过隐藏于我们还未踏入的地区。

随着丹霞山进一步的开发和探索,我们相信,总有一天“龙蟠虎卧”的含义会被完全地破译出来。

4. 丹霞山悬棺之谜

据《仁化县志》记载:仁化县地处岭南,古代居民属于“百越族”。春秋时期,仁化县隶属百越,战国时期,隶属扬越。秦始皇时期属陆梁。在秦始皇三十三年(公元前214年),包括仁化的粤北地区才隶属秦帝国的南海郡。秦朝灭亡以后,百越族的首领赵佗占据岭南桂林郡、南海郡、象郡三郡,建立南越国,自称南越王,并在仁化的城口镇构筑关隘“古秦城”,以北拒汉武。直到公元前111年,南越国才归顺汉朝。因此,在汉代以前,丹霞山一直是百越族的领地。

按照百越族的习俗,为了防止死者的尸体被野兽侵袭,他们采用的是悬棺葬仪。就是将死者的棺木放在人迹罕至的高崖绝壁凿洞中。而丹霞山就是百越族悬棺葬的首选宝地。

据当地人说,大石山、丹霞山、韶石山中都有关于高岩峭壁“墓洞”的传说。传说一些洞口曾出过朽棺木板,洞内有骨头、瓦罐……但是时到今日,人们也没有发现丹霞山悬棺的踪迹。

百越族归汉以后,百越文化也逐渐融于楚、汉文化的大流之中,改悬棺为土葬了。因此,丹霞山的悬棺葬仪已经绝迹。而丹霞山所处之地多雨,悬棺多被腐蚀,再加上人为的破坏,即使有幸存下来的悬棺,也藏于丹霞山险峻之处。百越族的悬棺今在何处,留给人们的是一声永远的慨叹。

5. 丹霞山藏宝之谜

在丹霞山广泛流传着许多关于宝藏的传说:"金银有三挑,不用锄头不用锹,就怕火来烧","崖是有红光,金碗响叮当,馋死发财郎"……

这些传说让人们纷纷猜测丹霞山藏着巨大的宝藏。有人说在某一个岩洞内藏着古代盗匪抢来的宝藏,有人说在战乱时期某地主在丹霞山藏了无数珠宝……引得许多人前来丹霞山寻宝,但都是失望而归。

丹霞山有宝藏并非是无根据之说。丹霞山自唐宋被开发以来,经历了六个朝代。在战乱时期,丹霞山以其崖高路险,易守难攻或成为地方官家富户的避难所,或成为兵匪盘踞的营地。在这些错综复杂的斗争中,有人在丹霞山藏宝也是极有可能的。

虽然人们并未在丹霞山发现任何宝藏,但是探险者却发现了国家重点保护植物白桂木、银钟花、绿毛红豆、巴戟和秀丽椎。1998 年,人们还在翔龙湖找到了国宝级的活化石——桫椤木。从这些方面来看,丹霞山确实藏有珍宝。

6. 金童玉女之谜

在丹霞山还有一个美丽的传说:玉女和金童相恋,他们在'仙人洞'苦修了千万年,本可以成仙,不想糊涂的玉帝听信了谗言,一道金牌又令他们在凡间清守戒律。他们想不通,从此不再修行打坐,干脆逃出洞外,躺在锦江边永远诉说着绵绵情话。

当人们站在仁化县城的高岗或楼顶上远眺时,就可以看到"玉女拦江",她秀美的身姿实在令人叫绝。就在玉女拦江对岸,从长老峰、海螺峰、宝珠峰直到僧帽峰,一线山脉轮廓清朗,活脱脱一个"金童仰卧"的图像:长老峰是头颅,依次是颈、胸、腹、腿,最后僧帽峰俨然成了金童的脚掌,线条流畅,形象逼真。他和玉女头挨着头,依偎着柔软如带的锦江,正述说着没完没了的悄悄话……

但是"仙人洞"又在何处呢?在仁化董塘镇的懒树下村,有一个石灰岩大溶洞,这被人们称之为"仙人洞"。据说曾有人爬进过,辗转一天,才从仁化镇的新东村大坑底洞口爬出。后来,又有人进入,言及洞中景况,石笋钟乳琳琅满目,进洞门即有两条蟠龙,张牙舞爪,稍进依次有八仙厅、地下河、银河滩、松木石、大蟒石、玉帝殿、金童玉女……还有一处白色透明的水晶宫。但在20世纪70年代,“仙人洞”一带开了个石场,洞口就在长年的开炮采石中崩塌了,以后又被石渣废土填埋,几经沧桑,山势地貌已面目全非,当年的勘查者也已不辨方位,这处地下迷宫就此埋灭了,仙人洞也成了一个谜团。

美丽的丹霞山,它的谜团何时才能被解开呢?

## 鸟吊山为什么会变为“鸟的地狱”

美好的传说,加上造物之手创造的奇观,给鸟吊山上类似百鸟朝凤的神奇鸟会,增添了不少颇具人文色彩的奇情妙趣。鸟吊山为什么会成为鸟儿的地狱成了一个千古之谜。

在云南西部,大理北边有一座神奇的山,这座神奇的山坐落在云南西部洱源县境内,位于洱源县城西南约二十公里。每年农历八九月间,各种鸟类成群结队,盘旋于凤翔、灵鹫诸峰,多至数万只。当地人在山坡上燃起篝火,鸟儿就会被火光吸引,着魔似的在火堆周围飞翔、盘旋,甚至冲进火堆。即使人们用网捕捉,用竹竿扑打,鸟儿也不会飞走。这座山就是鸟吊山。

据统计,全国现已发现的鸟类有1170多种,而云南就有770多种,其中有的属于世界稀有品种。这些鸟类,有的是常年以云岭为家的留鸟,有的是适时来访的候鸟,还有南北迁徙途经云南的旅鸟。据科学工作者们的考察,旅鸟从北至南经过云南的路线主要有二:东面由四川盆地溯金沙江河谷而上,沿乌蒙山脉向南飞;西边是由青藏高原顺横断山脉南下,沿哀牢山红河河谷南迁。滇西洱源县的鸟吊山,就是其中著名的中途站之一。

关于鸟吊山,还有一个非常凄美的传说:凤羽坝,四面山岑环抱,是个柳叶形的长条坝子,自古以来,就是个美丽富饶的地方。住在这里的乡亲,手勤脚快,肯下苦力,因此,庄稼茂盛,特产富庶,大家都过着吃饱穿暖的好生活。可是后来,坝子里出了个恶毒的赵土司,仗着官府势力压榨百姓,把百姓的牛羊统统归为己有。弄得百姓叫苦连天,走投无路。

这时，坝子东边天马山脚下，住着一对小两口，男的叫春生，女的叫桂花。他俩眼看着大家被逼得无法活了，心里非常气愤，便挨门串户把人们喊到一起，商议对付赵土司的对策。后来，他们一直赞同把赵土司家的粮房打开把自己的粮食拿回来。大家定下主意，即刻带上扁担、镰刀，一窝蜂地冲进赵土司的家。百姓们人多势众，打开了粮房，挑的挑，背的背，就把粮食拿了回来。

赵土司事先哪料到会出这事，一时抵挡不住，只急得像热锅上的蚂蚁团团转。等到大家走散了，他便调集兵马，跑到四乡去捉拿百姓，把男女百姓一串串拴了回来。桂花也被拴来了。赵土司一眼看见她生得美貌，叫人把她放了，喊入内房，威逼她做自己的小老婆，并口口声声地说："和我成了家，何愁没吃没穿！"桂花吐了他一脸口水，骂道："乌鸦梦想配凤凰。"赵土司恼羞成怒，就叫人把她关进了土牢。

等到第三天半夜，春生手拿一把闪闪发光的刀，悄悄摸进了赵土司的牢房，救出了桂花，连夜向别处逃去。

赵土司哪能把到嘴边的肉丢掉，马上派人追赶。一直追到坝子东边的天马山上。把春生和桂花层层包围了起来。春生顽强拼斗，但因寡不敌众，眼看陷入绝境，小两口便双双吊死在天马山上。赵土司一见，还不甘心，叫人用干柴烈火烧了这对夫妻的尸体。霎时烈火熊熊，火花四溅，从劈劈啪啪的爆炸声里，突然飞出一对金凤凰，拍打着翅膀飞过凤羽坝子，一直往罗坪山山顶飞去。

这对金凤凰飞到罗坪山山顶，不幸碰上了一场大风雪，又冻死在山上。金凤凰死后，又化作两朵彩云，雌凤凰化作一朵彩云飞向北方，雄凤凰化作一朵彩云飘向南方。两朵彩云飞呀飞，飘呀飘，每到阴历七八月间的夜晚，悠悠伸长，又连结在罗坪山顶上。一到彩云结合，千禽百鸟便从很远的地方飞来，凭吊这对死去的金凤凰。这个山头便被称作鸟吊山。

《南诏野史》亦说："（唐）高宗显庆二年，凤鸣于浪穹罗浮山，乃改名为凤羽山。"这时节，当地居民，从四面八方的村寨赶来，上山猎鸟；青年们亦邀朋呼伴，借机唱曲对歌，观看"百鸟朝凤"奇景。满山人群，如同过节。待夜雾弥漫，月色暗淡，人们点燃成百个火堆，顿时火光四射，鲜红的火焰飘扬天际，雾气呈现五光十色。群鸟先后破雾冲下，扑向火光，猎者张网以待，有的人一夜可捕数百只。从捕获的品种看，多非本地所产，如大雁、灰鹤、鹭鸶等等，多数不识其名。大者如羊，小者似蝶。近些年来为保护鸟类,此捕鸟行为已被禁止。前人对此捕鸟多有惋惜,有《凤山鸟吊》诗云:“凤德哀时谩群辉,应怜羽族不知机。鸟为吊山山吊鸟,火光透处是重围。”

早在我国北魏时期,郦道元老先生就将人间胜景百鸟聚会写进了他的传世名著《水经注》中:“……有叶榆县(今云南大理市),县以北八十里有鸟吊山,众鸟千百,为群其会……俗言凤凰死于此,故众鸟来吊,因名鸟吊。”

后来,我国明代大旅行家、地理学家徐霞客,曾专程来凤羽考察,并将考察所得录入到他那赫赫有名的《徐霞客游记》里。

凤山鸟吊的现象,史志多有记载。道光《浪穹县志》“凤山微异”条载:“每岁七八月,众鸟千百为群,翔集此山,奇毛异羽,灿烂岩谷,多非滇产,莫可指名。亦一异事。土人伺夜燃火取之,内有无嗉者,以为哀凤不食也。频年示禁,卒不能止。”北魏郦道元的《水经注》,是6世纪以前,我国最全面、最系统的综合性地理著作,其中就记有:叶榆县“西北八十里,有吊鸟山,众鸟千百为群共会,鸣呼啁晰,每岁七八月至,十六七日则上,……雉雀来吊,夜燃火而取之,其无嗉不食,似特悲者,以为义鸟,则不取也。俗言:凤凰死于此山,故众鸟来吊,因名吊鸟。”看来,一千四百多年前,洱源的鸟吊山,就已知名于世。

1958年秋天,鸟吊山旁山坡上一幢房屋失火,恰好是五月有雾的夜晚,扑救不及,熊熊火光吸引了许多鸟儿飞来,在火光附近徘徊飞翔,人们这下才知道原来此地是一处可以烧火打雀的山。从此之后,年年秋季都有人来此打鸟。据说“文革”期间曾有一夜打死的鸟类用麻袋装,整整装了七辆手扶拖拉机的历史记录。

候鸟在长途迁徙过程中,有许多休息站,鸟吊山是其中之一。那么鸟儿为什么会在鸟吊山出现这样的现象呢?有关生物学专家曾经对鸟吊山的这一奇怪的现象进行过深入的研究,有人提出鸟类迁徙飞行是以地面山川流、海岸线或空中的月亮、星辰为导航标志。迁徙鸟类大多数是白天觅食休息,夜间飞行。月明星稀、天气晴朗之时,飞行高度高,飞行速度也较快。当阴雨天或大雾弥漫之时,飞行高度降低,飞行速度减慢。特别是大雾弥漫的夜间鸟类因迷失方向,便有趋光习性,它们会朝着光源飞行。云南秋季常受季风控制,滇东受东南季风,滇西受西南季风影响,它们分别从印度洋和北部湾带来大量水汽,遇到高大山体,气流抬升,气温下降，夜间多在山腰山顶地带冷凝成雾，持续到次日清晨方散去。在这种情况下，鸟类就会迷失方向，如果有光源出现，它们便会急不可待地飞向前去。此时它们很容易被人们燃起的火引诱捕捉。

尽管答案好像很明确了，但是像鸟吊山这样气候的地方肯定还有不少，那么为什么其他地方却没有这样的情况发生呢？看来，以上的说法并不能完全用来解释鸟吊山是鸟儿地狱的原因。其真实原因还有待于人们的进一步研究。

## “恐龙山”为何盛产恐龙蛋

西峡盆地是世界罕见的恐龙蛋化石群。1993 年，我国河南西部南阳的西峡县出土了五千多枚恐龙蛋。而在这以前，人类总共才发现了五百多枚恐龙蛋化石，为何恐龙“钟情”于西峡盆地呢？

自 1993 年在河南西峡县发现恐龙蛋以来，迄今为止已经出土了三万多枚恐龙蛋化石。而如今这一数字又将被翻新。专家推测，在西峡一处约五万平方公里的山地，可能蕴藏着 15 万枚恐龙蛋化石，种类达到二十多种。此外，还有大量的恐龙骨化石和古生物化石。因此，西峡县将是世界上最大的恐龙化石聚集的地区，这片山地被称为“恐龙山”也是当之无愧的了。

2008 年，西峡县阳城乡赵营村的村民修路的时候，在公路沿线发现西峡独有的恐龙蛋化石——“西峡巨型长形蛋”。这些“西峡巨型长形蛋”单枚蛋长 37 厘米至 50 厘米，成圆圈状围成一窝，每窝在 26 枚至 40 枚之间。而在公路沿线两公里范围内就发现有二十多窝这样的恐龙蛋化石。同时发现的还有树枝蛋、戈壁棱柱形蛋等十多种恐龙蛋化石。专家推算，仅仅在赵营村，“西峡巨型长形蛋”的蕴藏量可能不少于五千枚，加上其他种类的恐龙蛋化石，总蕴藏量将超过两万枚。

从西峡出土的恐龙蛋化石来看，这些恐龙蛋分布面积很大，在西峡县的各个地方几乎都能发现恐龙活动的遗迹。另外，恐龙蛋的埋藏相当集中，原始状态保存的都较为完整，且数量之多，举世罕见。

学术界普遍认为西峡盆地是我国迄今发现的年代最早的恐龙蛋化石地，时代大约为中生代白垩纪早期，距今一亿年左右。从现场观察，化石埋藏层倾角约 50 度，这可能是受新构造运动的影响所致。

西峡县为什么会有这么多的恐龙蛋化石呢？“恐龙山”又有着怎样的地理条件，来吸引数量如此之多的恐龙来此产蛋呢？专家推测可能是由于西峡山气候温和，雨量适中的条件适合恐龙的生存，且西峡山内的河流众多，也就不缺少水源这一重要条件。另外，由于恐龙不会孵蛋，它只能靠阳光的温暖来让它孵化恐龙蛋。因此恐龙一般都会寻找阳光充足，又接近水源的地方进行繁殖，而西峡就是适合恐龙繁殖的场所。也有人说化石埋藏层倾角约50度，并不是造山运动形成的。而是恐龙产蛋的地方原本就是坡面，它们是为了让蛋受到更充足的阳光照射。西峡是个盆地，它境内的山地和山岭起伏的坡度都很大，其自然坡度为33°（西峡县最高海拔是2212.5米，最低海拔是海拔181米），也就是说西峡的坡面也是吸引恐龙来产蛋的原因，但这只是一种猜测。

那么又为什么会有这么多种类和数量的恐龙蛋呢？专家说恐龙是爬行动物，而现在的不少爬行动物会像海龟一样专门去一个地方产蛋，然后再去别的地方生活。恐龙中的某些种类也是这样的，它们的产蛋地都是环境比较适宜的西峡，所以到了繁殖季节，恐龙们会从各个地方赶来产蛋，日积月累，就形成了壮观的恐龙蛋化石集聚区。而“恐龙山”则可能被恐龙们认为是西峡中最黄金的产蛋地带，这就是为什么专家说“恐龙山”有大约十五万枚的恐龙蛋的原因了。

## 五岳是指哪几座山

“岳”在春秋前原是掌管大山的官吏职称，尧时分掌四方外事的部落首领就叫“岳”。后来把主管四岳的官吏与岳官驻地的大山名称统一起来了，便出现了代表四方大山的“四岳”。据道教典范《洞天记》记载“黄帝画野分州，乃封五岳。”但是这五岳是哪五座大山却一直众说纷纭。

五岳是指我国的五大名山，通常人们都认为五岳就是指东岳泰山（山东，海拔1532.7米）、南岳衡山（湖南，海拔1300.2米）、西岳华山（陕西，海拔2154.9米）、北岳恒山（山西，海拔2016.1米）、中岳嵩山（河南，海拔1491.7米）。但是这只是传统的说法，五岳究竟是哪五座山峰，历来争议颇多。

《尚书》中只有东西南北四岳之称，而无中岳之称。在《史记·五帝本纪》中记载，尧巡守四岳之地，询问四岳之官时只提到了东岳泰山，其他三岳却没有记载。

"五岳独尊"——泰山

但在《史记·封禅书》中又有关于其他三岳的记载:"岁二月,东巡狩,至于岱宗;五月巡狩至南岳,南岳,衡山也;八月巡狩至西岳,西岳,华山也;十一月巡狩至北岳,北岳,恒山也,皆如岱宗之礼。"在此之后,太史公司马迁又加了一句:"中岳,嵩高也","昔三代之君皆在河洛之间,故嵩山为中岳,而四岳各如其方。"此时,五岳的概念才较为明确地出现。

最初提出五岳的见于《周礼·大宗伯》和《大司乐》,但是并未指出五岳是哪五座山。《史记》将五岳定义为:泰山、华山、恒山、衡山、嵩山。但《尔雅》上记载五岳是河南华,河西岳,河东岱,河北恒,江南衡。就是指黄河南面的华山,西面的岳山(今陕西陇县西南),泰山,恒山,衡山为五岳。《周礼·大司乐》上记载的五岳也是这五座山。但是另一种说法也出现在《尔雅》中:泰山为东岳,华山为西岳,霍山为南岳,恒山为北岳,嵩山为中岳。霍山在安徽霍山县,又叫天柱山。注《周礼·大宗伯》则据《尔雅》的这一说,以泰、华、霍、恒、嵩为五岳。为何两本古籍中都会有矛盾的说法呢？

邵晋涵在《尔雅正义》中解释说："冀州之霍山，与泰、衡、华、恒，唐虞之五岳也；华、岳、泰、恒、衡，周之五岳也；泰、衡、华、恒、嵩山，汉初相承之五岳也，泰、华、霍、恒、嵩，武帝所定之五岳也。"鹗《求古录札记》则认为："岱（泰山）、衡、华、恒、霍太（霍太山在今山西霍县东南三十里），唐虞夏之五岳也；岱（泰山）、衡、华、恒、嵩，殷之五岳也；岱（泰山）、衡、华、恒、吴岳，周之五岳也。"

但顾颉刚在《汉代学术史略》中认为秦始皇时还没有"五岳"的概念。秦始皇统一中国后，以崤山为界。将其东边定五座名山：太室、恒山、泰山、会稽、湘山；将其西边定七座名山：华山、薄山、岳山、岐山、吴山、鸿冢、渎山。而今的"五岳"分散于东西。《史记·封禅书》中记载："天下名山八而三在蛮夷，五在中国（中原）。中国（中原）：华山（今陕西）、首山（今山西）、太室（今河南）、泰山（今山东）、东莱（今山东）。"这些地方都是皇帝常游的地方，但是这些地方并没有按汉代疆域的实际情况来划分，所以汉武帝就重新对五岳进行了定义：以太室为中岳，泰山为东岳，安徽的霍山为南岳，华山为西岳，恒山为北岳，以来显示国土的强大。但是安徽的位置离汉代的疆域还有一段距离，汉武帝为此又将湖南的衡山定为五岳之一。

由于史书的记载不同，至今对五岳的争论也没有停止过。看来，这一问题还有待进一步研究。

## 天门山六大古谜

天门山是张家界永定区海拔最高的山，距城区仅 8 公里，因自然奇观天门洞而得名。天门山古称嵩梁山，又名云梦山、方壶山，是张家界最早载入史册的名山，主峰 1518.6 米，1992 年 7 月被批准为国家森林公园。

天门山位于湖南省张家界，距城区仅 8 公里。天门山的历史文化积淀很深厚，因此天门山一直被当地人民奉为圣山、神山，更誉为"湘西第一神山"和"武陵之魂"。然而，越是著名的风景越是拥有数不清的谜团，也正是这些谜团造就了天门山的神秘和传奇，其中最让人百思不得其解的是天门山六大古谜。

1.天门洞开之谜

天门山名字的由来就是源于天门洞。据说公元 263 年，天门山的千米峭壁上突然崩塌出一个巨大的穿山石洞，如同传说中通往天庭的南天门，当时的皇帝认为这是吉兆，就把这座山封为了天门山。

天门洞是世界最高海拔的天然穿山溶洞，它南北对穿，门高131.5米，宽57米，深60米。关于天门洞的成因，地质学家认为是溶洞被雨水溶蚀，产生小的溶洞，这些小溶洞后来又连接在一起，因为无法承受溶洞上面石体的重量，最后崩塌，形成天门洞。但是天门洞如果真是溶洞被溶蚀所致，那么天门的石壁，包括天门洞的地面，就不可能是很平坦的状态，而是应该有明显的溶洞迸裂之后的坑洼，岩石不可能平展地崩出洞外。所以，"天门洞开"的成因仍然是个谜。

2.天门转向之谜

七八十年前，站在张家界市区河边的南码头可以清晰地看见雄奇壮观的天门洞，而今天在原地只能举目见山而不见洞了，如果还想要观看天门洞就要到四公里之外的大庸桥。传说天门洞所转到的方向都是"风水"极好的地方，这也更为天门洞蒙上了一层神秘的色彩，也被人赋予为吉祥的象征。

3.天门翻水之谜

天门洞的左侧是光滑的绝壁，在干旱的季节里，一股洪水能忽然凭空狂涌，从万丈绝壁怒泄而下，啸声如雷，地动山摇，极为壮观，这就是"天门翻水"奇观。而在平时，即使下过滂沱大雨，也不会出现水从峭壁上流下的现象。天门翻水造成的瀑布比委内瑞拉的安赫尔瀑布的1054米的落差还要大400米，但是这样的奇观要十几年甚至几十年才发生一次，每次持续的时间也非常的短暂。

而天门翻水之所以被称为"谜"，是因为瀑布都有源头，但是天门翻水的瀑布却找不到源头，每次翻水都是凭空从地下冒出一股水来。如果说是洪水，洪水一般发生在雨季，但是天门翻水都是发生在大旱季节，所以至今人们也没有找到天山翻水的真正原因。

4.鬼谷显影之谜

鬼谷子是战国时期人，本名叫王诩，民间称为王善老祖。他是我国历史上的著名人物，"诸子百家"之一，是纵横家的鼻祖，也是位卓有成就的教育家。苏秦、张仪、孙膑、庞涓都是他的门生。这位奇才、怪才，曾经在天门山鬼谷洞内隐居修炼。据清朝道光时的《永定县志》记载，此洞内为幽深的石室，下有清泉流淌，鬼谷子曾经居此修习《易经》,石壁上还保存着甲子篆文。后有勇闯鬼谷洞的探险家曾偶然间用相机拍下了洞内石壁上一个酷似古代老人的头像,其面容清癯,头挽高鬓,下巴微翘,五官清晰,与世间广为流传的鬼谷子头像有异曲同工之妙。又有人再去探洞时,曾特意在此处拍摄照片,冲洗出来却是一片空白。这一次"鬼谷显影",是偶然巧合,还是上天有意的安排?

5.野拂藏宝之谜

野拂,是明末农民起义军领袖李自成手下的大将李过,其出家后法号为"野拂",他曾经追随李自成南征北讨,战功显赫。抗清失败后,李自成败退出京城的时候,曾经将国库中的金银财宝掠夺一空,意图日后东山再起。后与野拂一同隐居在湖南石门的夹山寺。李自成圆寂以后,野拂登上了天门山出家,以伺机起兵。然而随着时间的推移,东山再起变得不可能,野拂渐渐绝望了。传说野拂在临死前将这些宝藏分散埋藏在了天门山上几个隐秘的地点。数百年来,在巨大利益的诱惑下,不知有多少人进山寻宝,但是都空手而归。这些财宝究竟被藏在哪里,谁也不知道。那么,是否被野拂花掉了,还是这些财宝都用来赈济当时的穷苦人民了,又或许他留给了其他反清的组织?总之,野拂临死也没有对那些财宝的用途和下落做出交代。

6.天门瑞兽之谜

在中国古代的神话传说里,独角瑞兽被描述为身有双翼,瞪目怒吼,神态威猛,名曰辟邪,是为人驱除邪魔,带来幸福平安的神兽。也有人说它是能吐玉书的圣兽,更有说它能在日月飞翔,是天上的星宿,代表着神灵的不容亵渎。在天门山当地人的心目中,天门山顶的独角瑞兽能驱魔辟邪,庇护一方水土,还能给人带来好运,有幸目睹它的人能百毒不侵,家和财旺。然而,这不仅仅是一种传说,有记载表明,有人看到过天门山的瑞兽。

在20世纪七八十年代,曾有人偶然在天门山的原始森林看到独角兽出没,这种动物长得非常接近中国古代流传下来的瑞兽图形,身形与老虎类似,带着红彤彤的颜色,头顶的正中间有一只弯弯的独角。这头独角兽非常警觉,发现有人看到它,立刻掉转身体钻入树林深处去了,发现它的人没带相机,也不敢追进森林搜寻踪迹,而它在天门山顶的出现则更加渲染了天门山千变万化、离奇诡异、神秘出尘的气氛，与天门山的终年云雾缭绕恰成神意仙境，从而成为天门山的又一亘古之谜。

### 庐山出现过第四纪冰川

庐山位于九江以南，庐山市以西。耸峙于长江中下游平原与鄱阳湖畔。自东北向西南延伸约25公里，宽约15公里。东西两侧为大断裂，山体多峭壁悬崖，相对高度1,200～1,400米。主峰汉阳峰海拔：1,474米，山势雄伟。传周代有匡氏兄弟七人上山修道，结庐为舍，因名庐山，又称匡山、匡庐。

庐山

1931年，李四光教授在庐山发现一些第四纪冰川的沉积物，后来他又进行了几次考察，最后认为这些沉积物是冰川作用的结果。后来李四光教授在一篇学术演讲《扬子江流域之第四纪冰期》中论证庐山出现过第四纪冰川：他认为庐山平底谷、王家坡U形谷、悬谷、冰斗和冰窖、雪坡和粒雪盆地具有明显的冰山地貌特征，庐山北坡的全部地区在冰期形成了一个巨大的粒雪场。另一方面，从冰川堆积出发，他说庐山上下都堆积了大量的泥砾，庐山平底谷、王家坡U形谷、悬谷等山谷都布满了红色黏土及巨大的砾石，有的泥砾层甚至分布在分水岭上。在这些砾石中，有的直径长达1米～2米，被风化较小，砾石夹杂着黏土组成长丘，成扇状分布于庐山和鄱阳湖之间的平缓地带。而泥砾中的黏土颗粒细腻均匀，有的砾石表面甚至有很清晰的擦痕，几乎很难辨认出是残积物，泥砾堆积距离庐山最远的达六千米之远，这不是流水能够形成的。但是假若用冰川来解释上面的情况，则都可以解释得通。

但当时国际上认为在第三纪以来，中国的气候过于干燥，缺乏形成冰川的足够降水量。因此李四光的观点没有得到当时其他学者的认同。英籍学者巴尔博根据对山西太谷第四纪地层的研究认为，华北地区在第四纪时只有暖流、干湿气候的变化，并没有冰期发生过。他还认为长丘是侵蚀形态而非堆积形态，砾石的圆形是边棱已被风化的结果。1935 年,中国科学家也分别对长江流域和珠江流域的新生代地层进行考察,考察结果也否定了庐山曾有过冰川。

但是李四光一直在努力寻找冰川证据,1936 年,他在黄河也发现了冰川遗迹,更加证明庐山有过冰川时期。经过多次调查,他在著成的《冰期之庐山》中不仅进一步肯定庐山的冰川地形和冰碛泥砾,也提到了在玉屏峰以南所发现的纹泥和白石嘴附近的羊背石。

但是在 20 世纪 60 年代,反对庐山出现过冰川的人列出理由:其一,“冰碛物”不一定是冰川堆积,其他地质作用如山洪、泥流都可以形成;其二,地形方面,庐山没有粒雪盆地,王家谷等地都不是粒雪盆地,而且山北“冰川”遗迹遍布,何以在山南绝迹?其三,庐山地区尚未发现喜寒动植物群,只有热带亚热带的。

而赞同李四光观点的人虽然逐条驳斥,但并没有拿出更多的有力证据来证明。“不识庐山真面目,只缘身在此山中。”也许,总有一天我们会找到所有问题的答案。

## 天下奇秀——武当山

武当山是著名的山岳风景旅游胜地。胜景有箭镞林立的七十二峰、绝壁深悬的三十岩、激湍飞流的二十涧、云腾雾蒸的十一洞、玄妙奇特的十石九台等。武当山不仅以自然风景闻名天下,它独有的宏伟壮丽的古建筑更是世界罕见。那些古代建筑风格和特色令人叫绝,同时也奇得叫人费解。

武当山

武当山又名太和山,仙室山,古有“太岳”“玄岳”“大岳”之称,位于湖北省西北部丹江口市境内,是我国著名的道教圣地之一。其面积古称“方圆八百里”,实测有300多平方公里。东接历史名城襄阳市，西靠汽车城十堰市，南依原始森林神农架林区，北临大型人工淡水湖丹江口水库。武当山不仅风景秀丽，而且还拥有悠久的人文历史，因此武当山被誉为“亘古无双胜境，天下第一仙山”。武当山同时也是国家重点风景名胜区，武当山古建筑群被列入《世界文化遗产名录》。武当山还是武术之乡，它孕育了道家武术流派——武当拳、武当太极剑。秀丽的武当山，除了美丽的风景外还有许多神秘的谜团。

1. 金殿之谜

武当山古建筑群规模宏大，气势雄伟，据统计，从唐朝至清朝共建造庙宇五百多座，历代皇帝都把武当山道场作为皇家家庙来修建。明朝永乐年间，大建武当，史上有“北建故宫，南建武当”之说，一共建成9宫、9观、36庵堂、72岩庙、39桥、12亭等33座道教建筑群，面积达160万平方米。明嘉靖三十一年（1552年）又进行扩建，形成“五里一庵十里宫，丹墙翠瓦望玲珑。楼台隐映金银气，林岫回环画镜中”的建筑奇观，现存较完好的古建筑有129处，庙房1182间。这些林立的古建筑如同一幅美丽的山水画，有着许多的谜团。

位于武当山天柱峰顶端的大岳太和宫，俗称金顶，其建筑分布在海拔1500米上下约两公里长的建筑线上，它包括金殿、紫金城、朝圣拜殿、皇经堂、天云楼、三天门、九连蹬等现存建筑和遗址87500多平方米。其中金殿建造于明朝，高5.54米，全部是用铜铸鎏金仿木构建筑。金殿外围四周，在千仞危岩之上，建有紫禁城。它又名红城、皇城，因金殿在上而得名。始建于明永乐十七年（1419年）。城墙高达数米，周长1.5公里，呈椭圆形环绕天柱峰巅，由每块重达五千公斤的条石筑成。从里面看墙体向外倒，从外面看墙体向里斜。这种视觉上的差异，古人是怎么做到的呢？这真是让人百思不得其解。而且这条墙体没有浇铸任何混凝土和钢筋，数百年来这座墙体一直坚固无比。更令人费解的是在公元1412年动工时，当时的人们是用什么工具将这五千多公斤重的条石运上千仞危岩呢？这真是一个谜团啊！

金顶上的金殿建于1416年，高5米多，宽也5米多，殿面宽与进深均为三间，四周立柱十二根，构成重檐底殿式屋顶。地面以上紫色石纹墁地，殿内供塑真武大帝坐像。左侍金童捧册，右侍玉女端宝；水火二将，执旗捧剑拱卫两厢。金殿遍体鎏金，无论瓦作、木作构件，结构严谨，合缝精密，虽经五百多年的严寒酷暑，至今仍辉煌如初。来金殿游玩的人都会看到金殿内长明不灭的神灯。据说即使殿外狂风大作，殿内神灯的火苗仍不会摇动。大殿自建成到2006年的590年间，神灯从来没有熄灭过。有专家做过考察，认为整个金殿在修建之初就充分考虑了大殿热胀冷缩的系数，铜殿在焊接上技艺高超，毫无铸凿痕迹，三面密不透风，殿内空气不能形成对流，风到殿口又被反弹回去，所以殿外狂风暴雨，殿内神灯仍可不闪不摇。神灯的供油系统，在大殿的夹墙内，信士捐赠的油料倒进去以后，一次可容千余斤，可供神灯十余年长燃不灭。

在金殿的屋脊上装饰着许多的鎏金的铜龙、凤、马、鱼、狮等。在这些鎏金饰物中，有一匹金马，它全身发黑，传说每到夏季它会吐出雾气，飘向空中化为紫霞，同时还有马长嘶的声音，人称“海马吐雾”。有专家解释说由于金马内部是空的，里面充满了湿度较高的气体，当雷雨到来之前，武当山变得闷热，冷热空气交替剧烈，外加日光暴晒，金马体内的空气受热膨胀，就从金马的口中吐出来，但是热气一遇到外面的冷空气，就会凝结成水雾，看上去就像海马吐雾一样。金马的长嘶声，是因为上下交替的气流与马口相互摩擦而产生的。

金殿的另一种景观也让人拍案叫绝。每年夏季雷雨季节，武当山就会出现雷击金殿的奇观。当雷电划破长空，如利剑直劈金殿。刹那间，金光万道，直射云霄，其景惊心动魄，神奇壮观。有人解释说“雷火炼殿”也是一种自然现象。武当山山峦众多，受热不匀，气候多变，金殿其实充当的是导电体，很多带电积雨云都朝金殿运动。当达到一定距离时，云顶与金顶上的尖角之间形成了巨大的电位差，使空气电离，拉成弧线，即闪电。同时强大的电弧使周围的空气剧烈膨胀而爆炸。于是电弧发生变形而成了火球，并发出惊天动地雷鸣，即“雷火炼殿”。但是无法解释的是雷火炼殿之前，金殿除鎏金部件外，一些生了锈的铜铸件、铁栏杆、一经雷火，瞬间变得金光闪闪，如同被用除锈剂擦拭过一般。究竟为何，还有待人们进一步研究。

2. 飞蚁朝顶

在武当山有两道动物奇观：雀不漫顶和飞蚁朝顶。据明代《太和山志》记载，武当山有种奇怪的鸟，有着褐色的羽毛、金色的嘴、青色的脚和红色的爪，它能叫出“宫、商”和鼓瑟的音，所以人们称之为武当山音乐鸟。但是这种鸟无论怎么飞都不会飞过金顶，似乎金顶之上就是它的禁区。因此这种现象被人们称作是“雀不漫顶”。而与“雀不漫顶”相反的是“飞蚁朝顶”。

据说当秋天来临时，就有许多飞蚁排成一条黑色的长龙围绕着金顶飞翔，时刻还变换着动作。“飞蚁朝顶”几乎每年都会发生，其数量无法计算。据专家考证，“飞蚁朝顶”与武当山的气候和建筑有关。由于武当山“七十二峰朝金顶”的独特地理特点，使得地层水分蒸发沿着山体上升，形成了一个由众多低小山峰向最高峰天柱峰金顶聚拢的水蒸气流场，由于水蒸气上升形成引力，飞蚁们也便会随着引力从四面八方向天柱峰聚集，这是地形和气象的作用。但是为何上升气流只带来了飞蚁而很少有其他种类的昆虫呢？这个谜团还有待进一步研究。

3. 龙头伸岩

南岩宫又名独阳岩、紫霄岩，是道教所称真武得道飞升的“圣境”。南岩峰岭奇峭，林木苍翠，上接碧霄，下临绝涧。南岩宫的主建筑“太乙真庆宫”，全部用石头做成，镶嵌在悬崖绝壁之上。石殿旁有一个龙首石，又称龙头香，龙头伸出绝壁3米，上宽约40厘米，高约2厘米，凌空翘首，惊险无比。龙头上设有一个香炉，龙头正好朝向金殿。过去常有人登上龙首烧香求神，也因此常发生跌下深谷丧生的惨事。到清代康熙年间，在此立了一个“南岩禁止龙头香碑”的石碑，人们就不能再去敬龙头香了。

龙首石位置之险要堪称一绝，尤其当云雾缭绕时，石龙时隐时现，仿佛在仙山琼阁中飘荡。数百年来，人们纷纷猜测古人们是用什么办法将巨石抬到悬崖上，在半悬的空中又是如何雕刻这活灵活现的石龙的？

石龙向外伸出3米之多，其重量约有19.5吨，古人是如何将巨石抬到悬崖上呢？有学者认为是两种办法：一是用绳子和绞车从悬崖下绞上来，二是在岩石上修筑一半路，在悬崖上再雕琢一半的栈道，总宽应有12米，人能行走，方能抬过来。但这些只是推测而已。

石龙的雕塑者也一直是个谜，直到1981年考古学家在石殿脊背上的悬崖峭壁中发现一些字样：“永乐十年四川石匠、高手吴天林……”人们才得知是四川石匠吴天林带着众多的人建造出来的。

4. 金顶隐像

有人发现太和山顶有一个天人合一的隐性玄武神像,从天空中下看紫禁城似龟甲的边沿、巨龟在天上游荡,一股彩云缠绕在龟身,仿佛是银蛇纠合巨龟,狮子峰苍峦突出昂立云端,似巨龟之头翘首天穹,呈现出一幅天地人合一的玄武神像。当天空晴朗无云时,眺望太和山顶,你会发现金殿坐于龟背之上。这种隐像在武当山紫霄宫中也存在,有人说武当山紫霄宫建筑群与其周围的山势地形是根据人体坐像故意安排而成的,建筑和山势构成坐像的头上戴冠,嘴边胡须,手合腹前,远看与真武大帝十分相似。武当山上隐像在历史上没有遗留下任何的资料,直到2000年才被人发现。没有人知道在古代,石匠们是怎么规划设计出这么神奇的景象来的。

5. 武当神木如何飞来

在武当山紫霄大殿中,供奉着玉皇大帝、真武祖师、金童、玉女、执旗捧剑护法灵官等道教众神,但是令人们费解的是,在这些众神之中,竟然还供奉着一根极其平常的杉木,更奇怪的是它被供奉在大殿左侧中央这个重要的位置上,这让人们百思不得其解。

关于这个杉木还有一个传说。据说明初有一片森林,林中的树王是一个“精灵”,它一直想让人们发现它的特殊材质,但是工匠们每年却都没有选用它,这棵树王就悲愤而死了。玉帝可怜它的非凡才干,就指路武当,说那里正在修建玉虚大殿,可以去试一试。但是当树王来到武当以后,才发现玉虚大殿早已竣工,它一急就昏了过去,一头栽倒在紫霄殿前的月台上。此时,道长正在举行大殿落成仪式,忽见空中飞来一杉,知是有神降临,于是忙率道众就地叩拜,并将飞来杉奉到太殿供万人瞻仰。

当然这只是一种传说。在明洪熙年间武当山道士任自垣编撰的《大岳太和山志》其第十三卷中记曰:“神留巨木,敕命隆平侯张信,驸马都尉沐昕,兴建武当宫观材木采买十万有奇。”

也就是说,武当山各宫观用材是经武昌从全国调运的。因为虽然武当山在明朝也是松杉茂密,但由于是“神山”,草木皆不敢动。志书还记载,在永乐十一年十一月十日,当明朝官员运输棺木经过黄鹤楼时,看见一巨木立于江中,只露出一点头。众人大惊,派人去探寻,发现水深五丈五尺,而木头却长四丈,悬于水中。众人将其用绳子锁在船舶上,船竟然不费力地走着,于是人们就认为这是上天给武当山预备的木料，后来朝廷下令将它定为玉虚宫之梁，受万代敬仰。但是后来玉虚宫毁于战火，只剩下这么一截“神木”，就被供奉在大殿左侧中央这个重要位置。

上面两种解释都是传说，武当山为何供应“神木”也许将是一个永远的谜团吧！

武当山神奇的谜团留给世人无尽的遐想，作为中华民族的一块瑰宝，令人永远神往！

## 忽明忽灭的“佛灯”

“佛灯”一向被列为千百年来难以解开的谜，对于这个神秘“佛灯”的来源，目前许多的科研人员还正在深入地研究之中……

峨眉山、青城山、庐山，有一种共同的奇特的自然现象——佛灯或称圣灯、神灯，千百年来，闪烁变幻的佛灯、神灯作为一种罕见的自然奇观，使这几座风景名山更为遐迩闻名，吸引了无数人前往览胜探谜。

佛灯，又称圣灯。在没有月光的夜里，漆黑的山谷内，冷不丁会出现几十到数百点荧荧的火光。火光时亮时暗，时高时低，时大时小；一会儿聚集在一起，一会儿又四处分散。

至今青城山上清宫旁还有神灯亭，所谓的神灯就出现在对面的大面山。如果登临峨眉山金顶，幸运的人能看到舍身崖下的圣灯；庐山观佛灯的地点在大池旁的文殊台。这些地方偶遇月隐之夜，山下黑漆漆的幽谷间，会倏然涌现荧荧亮光。亮光时大时小，时聚时散，忽明忽灭，忽左忽右，或近或远，好像一盏盏灯笼。“灯”的颜色是白色或青色，有的时候微带绿色。僧道们都说这是过路的神佛手提灯笼穿行在天地之间。

古今有很多人对佛灯做出了自己的解释和猜测。清朝蒋超亲眼看到过佛灯之奇，还特地在《峨眉山志》中撰写了一篇(《佛灯辨》)：“若佛灯一事，或云是古木叶也，或云是千岁积雪精莹凝结也。余疑之，而未敢遽信。……爰是瞑钟初息，沙弥来报灯现。余急趋顶上，乍见一二荧荧处，犹然诸说横据胸中。未几，如千朵莲花，照耀岩前，有从林出者，有从云出者，有由远渐近，冉冉而至者，殆不可数计。始叹耳闻不如目睹也。”当蒋超看到美妙绝伦的佛灯时，以前听到的各种解释都浮现在脑海中，究竟该信哪个，恐怕他自己也没有了主意。

范成大《青城行记》:“夜有灯出四山,以千百数,谓之圣灯。圣灯所至,多有说者,不能坚决。或云古人所藏丹药之光,或谓草木之灵者有光,或又以谓龙神山鬼所做,具深信者,则以为仙圣之所设化也。”有人说佛灯是丹药发出的,有人说是草木搞的鬼,有人说是鬼神所为,总之没有确定究竟是什么造成的。

据《庐山志》记载,早在一千多年前就发现了这种神异的灵光,但那时只能将这种现象传为一种神话。由于最早出现佛灯的地点是在天池山文殊台下,古人便以为是文殊菩萨的化现之光。南宋时在天池山上建有天池寺,诗人周必大游山时来寺住宿,当夜他便在山上看到半山腰间忽明忽暗,飘忽不定地出现了许多如繁星闪烁的火光。他即将这一难得遇见的景象记叙下来,那灯火“闪烁合离,或在江南,或在近岭,高者天半,低者掠地”。“天池佛灯”从此有了正式记载。最为可靠的是五百多年前的明代学者王守仁,也在天池寺留宿时看到了佛灯。写下了著名的《文殊台夜观佛灯》一诗。诗云:

老夫高卧文殊台,拄杖夜撞青天开,

撒落星辰满平野,山僧尽道佛灯来。

无论是周必大还是王守仁或者其他人,他们都没有也无法对佛灯的来历做出解释。与周必大同时代的朱熹怀疑是“地气之盛”。而另一位学者王延垚认为是“唐会昌中,二僧藏金像于锦绣谷腾溢而出之祥光”。

直到近代,关于佛灯的研究才有了一些进展。人们对于佛灯的解释也众说纷纭,不一而论。

有一种说法认为,“佛灯”是山下灯光的折射,有人说是星光在水中的反射,还有人说它们就是大萤火虫在山间飞舞,还有人猜测山里蕴藏着会发光的矿石,更多的人认为“佛灯”就是磷火,即民间所说的“鬼火”。山里面千百年来死去的动物骨骼或含磷地层中的磷质,跟空气中的水分发生化学反应,产生了磷化氢和五氧化二磷气体,这些气体在空气中十分容易自燃,加上它们比空气轻,就会随风飘动。另外,这些气体燃烧时光比较弱,自然只有在没有月光的夜间才能见到。

大多数的科学研究者不同意佛灯就是磷火的说法。他们认为磷火大多是贴着地面缓缓移动,不可能像有的目击者说的那样,高得在半空中和云在一起。再说磷火的光亮度不高,庐山文殊台和青城山神灯亭的海拔都在一千米以上,峨眉山金顶的海拔超过三千米，这么高的地方，看到山下的磷火是不可能的。

还有人提出佛灯是“云层对星光的反射”所致。从事气象学研究的研究人员从理论上阐述了自己的见解：庐山云海对光线的反射率为20%～78%（100米到500米厚层积云），天空中一等星星光经反射后变成了二等星或三等星，二等星变三等或四等星，其余类推。平时人的肉眼能看到的颗数与云层的大小、位置和运动有关，多则几百颗，少则几十颗甚至几颗。而且云层在运动，被它反射的星光也在动，造成忽明忽暗，时聚时散，神秘莫测。依据这种特点，佛灯的出现一般是在无月的条件下才会产生。

以上这种说法有一定的理论依据，但形成佛灯的原因以及与其他自然因素的必然联系，似乎还未完全解释清楚。在这几座山中，能够出现“佛灯”的地理条件的地方有很多，但是，为什么只有庐山的文殊台、青城山的神灯亭、峨眉山的金顶这三个地方才会出现佛灯呢？这种现象又该如何做出解释呢？因此，佛灯之谜虽然有各种推断，但是仍然没有翔实的证据来解释这个原因。

### 蒙顶山上的“人脸”

北纬30度是一条神秘纬度线，蒙顶山就在此纬度线附近。同样，有人在蒙顶山的卫星图上发现了一个神秘的“人脸”。

蒙顶山

蒙顶山位于四川雅安县，北纬30°6′，而在北纬30度有很多神秘莫测的东西，蒙顶山也不例外。有人在浏览卫星地图时发现：在卫星地图上，蒙顶山的阴面呈现出一幅奇特的图案。图案长10公里，高4公里，左边是一只麒麟，右边是一个带着羽毛头冠的武士，整个图案几乎覆盖了整个蒙顶山的阴面。从空中看去，这副图案就像罗马武士的上半身，有手、鼻子、眼睛、帽子，还有一个冠，另外还有一个看上去像麒麟坐骑的动物。这些人类的五官和图画究竟是怎么形成的呢？是人工开掘的？还是外星文明的产物？它会不会和北纬30度的这些谜团有联系？

一种猜测是人工开掘的。蒙顶山在茶文化中具有独特的地位，早在西汉时期，"茶祖"吴理真就在这里种植茶叶。那么会不会是古人为了祭祀茶神等原因人工开掘制造的呢？但是这个图形面积有几十平方公里，就算人工开掘的话，如此巨大的工程量也不现实。那又是什么原因呢？另一种看法是卫星地图的某种误差造成的。但地质专家觉得卫星地图上显示的那个神秘图形应该是真实存在的，因为雅安地区是中国三个方向的地质构造带的交点。所以雅安区的地质构造非常的复杂，也具备了出现特殊的地貌的基础条件，但是还需要科学调查才能下结论。第三种看法是有人说蒙顶山有个陨石坑，那么这个陨石坑会不会与神秘图形有关联呢？但据地质专家考察，这个地带并没有陨石坑形成的地形地貌条件。

最后，经过认真考察，卫星图上的这个神秘图案在雅安山是真实存在的，人们先后发现了神秘图案的头等。在蒙顶山上有一个整个山脊上唯一没被树木挡住的缺口，就能看到神秘图案的头发。专家称奇特图案是长年雨水冲刷形成的。麒麟和人像身体的线条都可以用地质构造自然形成的巧合来解释。由于蒙顶山主要是容易被流水侵蚀的沙砾岩地层，所以地质专家假设，那些图案上看起来像是头发的褶皱，应该是长年的雨水冲刷形成的冲沟。这么一大片很深的冲沟呈现一种辐射状的排列，理论上，在它的下面应该有一条河流，由这些冲沟流下来的雨水汇集而成。能否找到那条河流，将是揭开头发部位奇特地形成因的关键所在。而事实上，有关研究人员真的在山梁中发现一条蜿蜒流过的小河。因此，"麒麟武士"的"头发"是下雨后水流冲刷形成的可能性非常大。据名山县当地的气象专家介绍，雅安地形非常独特，它背靠青藏高原，前边是四川盆地，印度洋来的大量暖湿气流，进入雅安境内后受到青藏高原的阻挡，被迫爬升，当爬升到约1500米高度的时候，暖湿气流内的水气碰撞增大，形成雨滴落下，所以云非常多，雨非常多。而蒙顶山上的雨日更多，一年可达300多天，在这么巨大的降水量下，形成图像上的众多冲沟自然不成问题。但也有人指出冲出这么规则的图案似乎也太"巧"了。

还有人认为是神秘的力量形成了蒙顶山的"人脸"，形状。究竟如何，还有待专家们的进一步研究考察。

## 五彩湖为什么水色美丽斑斓

五彩湖宛如人间的一道五色彩虹，把大自然装点得更加美丽动人，在浩海茫茫的大自然中竟然有如此奇观，实在叫人对自然奇观称赞不已。那么，是什么造就了如此美丽的五彩湖呢？

在我国，有许多美丽的五彩湖，这些五彩湖的神奇之处吸引了许多旅游观光者以及气象、地质学家好奇的眼球。

沿藏新公路西进，从拉孜往西走210公里，在21道班再向北走约130公里，翻过一个山口，眼前豁然开朗，闯入你视野的是一个开阔的直径约有40公里的山间小平原。对面山下，在晃晃的云气中，若隐若现，犹如山脚的一条白色条带，飘飘荡荡与白云相连，这一幕幕变幻着的壮观景象都来自五彩湖。若是红日高照，阳光灿烂，景色便更加迷人。远看五彩湖，色彩分明，白、黄、红、绿、蓝，层带清楚，越到近处越明显，偶尔白云缭绕，仿佛仙境一般。

那么，是什么造就了如此美丽的五彩湖呢？有关人员认为，形成五彩湖的原因可能是由于阳光透过林梢洒向湖面，湖水明澈如镜，倒映出林梢的绚丽色彩；加上湖底的石灰岩层次高低不同，有深有浅，本身颜色有别；再加上水里的水藻，反射上来，就形成了极为丰富的色彩。

有人认为，西藏高原是世界上最高的高原——青藏高原的一部分。高原上植被稀少，人烟寥寥。太阳辐射强度大，大气格外清新，能见度十分高，天晴干旱日多；天空又总是蔚蓝色的，故从40公里远处就能清楚地看到五彩湖，在酷阳强烈曝晒下的湖面，水蒸气上升；尤其是湖畔的石膏和盐层，在耀眼的阳光反射下，远看五彩湖就像笼罩在白色的云雾之中。

还有人认为，以上这种奇特的五彩湖景观，完全可以从西藏的地质、地貌、地层等地理状况去解释。青藏高原过去是大海，欧亚板块和印度板块多次激烈地碰撞后，隆升和断陷了该地区，形成内陆的构造湖。因此，在湖畔周围不仅有代表第三纪的红土层，还有代表第四纪的黄色土和因长期干旱强烈蒸发后的石膏和盐层；由于板块碰撞大地变形后断裂和构造凹陷形成的构造湖，又产生因水深浅的绿色和蓝色，于是就形成了美丽的五彩湖。

此外，四川西北部的岷山，绵亘千里，雪山和森林之间，镶嵌着许多秀丽的“明珠”。有的湖泊，湖水泛映出红、橙、黄、绿、蓝等五种色彩，十分绚丽，仿佛是个童话世界。

岷山北坡南坪的九寨沟，被两边雪山和原始森林夹峙着，那雪水汇成的清溪，顺着台阶般的岩沟，层叠流泻，时而奔腾飞溅，时而汩汩流淌，把九寨沟108处断崖洼地连成了一长串彩色明珠和一道道瀑布。108个湖泊有大有小，最大的长七公里，宽三百米。湖水都很清澈，雪峰和翠林的倒影，交相掩映，大小游鱼，历历可数。

岷山南坡松潘黄龙寺风景区的五彩湖，就更奇特了。从山腰到山麓，有一条宽几米、长七公里多的岩沟，溪水沿着山坡蜿蜒而下，在阳光映照下，仿佛一条金黄色的彩带在漂动，两端都有成串明珠般的五彩湖。湖床是乳色和米黄色的石灰岩，宛如精美玲珑的玉石雕刻。它们形状千姿百态，有的像葫芦，有的像壶、盆、钟、鼎，有的像莲瓣、菱角，水色五彩纷呈，滢红、漾绿、泼墨、拖黄，艳丽如锦。人们用手捧水，又变得五色而透明了。

五彩湖，水色变幻多端。从山腰俯瞰，仿佛一个色彩斑斓的水晶宫。水面上，有的地方显露出海蓝色，有的地方呈现着翠绿色，有的地方辉映成橙黄色。人们以石击水，那荡漾起的涟漪，反射出粉红色和雪青双色波光，向四周扩散开去，宛如一道道美丽的彩虹。

五彩湖到底成因如何呢？哪个原因是其形成的最根本原因呢？期待着科研人员对五彩湖进行进一步研究，早日解开五彩湖形成之谜。

## 第四节　遗留千年的古迹

我国有着五千年的悠久历史，在璀璨的历史长河中，古老的先民们创造了无数辉煌的成就。踏遍各地，无论是山川河流，还是偏僻乡村，我们都会寻找到历史遗留的痕迹。如庄严雄伟的故宫、有着如梦似幻般的历史古城、堪称世界瑰宝的莫高窟、恢宏壮丽的万里长城。它们无一不彰显着中国古人惊人的聪明才智，但也蕴藏了许多无法解开的谜团。

### 神奇鸳鸯井

动物界有成双配对的现象,但大地上的吃水井成双配对却令人费解,在我国四川省发现的两口井则又是一个奇迹,这两口井互相依存,一正一反互换的情况在历史上还是十分罕见的,那么,是什么原因造成这样的现象呢?

四川省武胜县发现两口神奇的水井。它们相距四米,一清一浊,又被当地人称作鸳鸯井。两井位置等高,深度相当,且井中的水为同一源头所聚。但是,奇怪的是,这两口井却有着天壤之别。这里的谜吸引了无数充满好奇的人来观看,不少的科研人员也纷纷前来试图探究"鸳鸯怪井"隐藏的奥秘。

首先,两井中的水清浊不一。但两口井好像约好了似的,一年要变两次"魔术":端午节后,清浊互换,而且一个发出微臭的味道,一个却味道香甜;中秋节后,两眼井水又自动恢复原状。一年四季,两口井交替供人饮用。这种交替变换的"鸳鸯怪井",人们还闻所未闻。

这两眼井位于武胜县北飞龙镇木井村,井口方正,水面离地一米。其中一个叫上木井,另一个叫下木井。该村八十岁的老人张炳清说,两口井凿于何年已不得而知。他还唱了一首老歌谣——《木井》:"可观上下两口井,一条大路直穿心;井中清泉最可饮,能分春秋各二季;不知哪朝开的井,何人称为木井村;此井水丰不断流,润泽大地五谷生。"

据村民介绍,农历五月初五端午节以前,上木井里的水清澈,下木井的水浑浊。端午节后,两井开始"换班":上木井里的水变浑变臭,水面泛起一层金黄色的东西,如粪便,不能饮用;而下木井的井水则逐渐变清变甜,供居民饮用;到了中秋节,两井又再次"换位"。但不管它们怎么变换,总有一口井的水是清澈的、甘甜的。年年如此,从未错过日期。许多慕名而来的游客看毕大叹造物神奇。

其次,两井水面总会保持一致。居民提上木井的水时,下木井的水位会自然下降;反之,提下木井的水时,上木井的水位也会随之下降,随后恢复盈满。木井的水常年外溢,形成溪流,成了武胜县第二大水库——红星水库的源头之一。

再次,两口井虽然同源,但井水温度却并不一样,非常罕见,有人专门用温度计做过测试。但是这两口井温度差异因何如此之大的问题目前还没有弄清楚。

两井凿于何年已不得而知，但是鸳鸯井为何出现这些神奇的现象实在令人费解。有关地质学家初步分析后认为，两井地质结构存在裂隙，天热时，地下水进入上木井裂隙，地下硫化物随地下水浸入上木井，就有可能形成黄色漂浮物并导致上木井变浑浊。而天变冷时，地下水改变方向进入下木井裂隙，于是就出现了清浊互换。但居民取水时，两井水位会同时下降。这说明两眼井水相通。

那么，两井温度变化又怎么做解释呢？古人是出于什么原因打造出这样神奇的鸳鸯井来的呢？是出于巧合，还是他们在当时已经具备打出这样神奇的鸳鸯井的科学技术呢？这鸳鸯井的真正奥秘到底在哪里呢？希望相关人士早日揭开鸳鸯井之谜。

## 川藏神秘星形碉楼

数十座高高的碉楼与色彩斑斓的传统民居相映成趣，像是一把把金剑在落日余晖中闪耀。这样美丽迷人的星形碉楼，不得不让人无比神往，其中蕴含的许多谜团又让人充满了无限的遐想……

在我国四川与西藏地区，到处都有或者成群或者散落的无数碉楼，这些碉楼大多散落在田间地头、家门口和山坡灌木丛中的，大多数是呈方形，也有些是五角、六角、八角，甚至十三角的。四川有碉楼的三个地区：

今羌族居住地（大多数在阿坝藏族羌族自治州）；

被称为“嘉绒”的地区（部分在阿坝州，部分在甘孜藏族自治州）；

雅砻江流域：南起木里，北至道孚，东至康定，西至雅江，这是木雅人的传统居住地；

第四个地区位于西藏东南部的工布江达。

最高的星形碉楼在四川马尔康附近，在西藏工布江达，有八个角和十二个角的碉楼。碉楼大都高达三十多米，最高的甚至有五十米。每座都是杰作，结构没有瑕疵，角像刀刃一样直，墙壁牢固又光滑。经历了这么多风雨，甚至战争和地震的洗礼，它们仍然骄傲地耸立着。有的已倾斜，但绝不倒下；有的已坍塌了一半，废墟上布满了尘土，缠绕着野藤，甚至连树也欺压着它，最终沦为狐狸、老鼠的家园。然而，在人们眼里，它们将永远保存着自己的荣光、庄严和神秘。只要来到这里看到

碉 楼

这些古碉楼,你一定想要知道碉楼背后那奇异、神秘的古老故事。

当地居民、政府、学者,甚至 19 世纪进入此地的西方探险家都知道,"民族走廊"上散落着一些古碉楼。但这些高大的古代星形、石砌碉楼尚未在地图上标志过,没人科学地测算过它们的始建年代,甚至也没人将其视为一种独特的建筑现象进行研究。或许是因为这些碉楼在当地人们的心里是十分普通的石头建筑,没有什么独特之处。

但是这些矗立在眼前的碉楼到底是谁建造的?是什么时候建造的?建造的目的又是什么呢?就连这里的老辈人都说不清楚。因为仅存少数口述传说,没有书写历史,再加上当地人仍然保留着诸多互不相通的方言,却没有文字,因此,关于这些碉楼的各个方面都是难以解开的谜。

从中文典籍中仅能搜索到一些模糊且支离破碎的信息。据这些信息我们可以了解到,至少在一千八百年前,就有些部落已掌握了如何修建高层独立石碉楼的技术。据《后汉书》记载:那些高达四十米的碉楼是由居住在今西北部深山里的冉人和岷江上游的羌部落修建的。而住在西藏高原南部的"孟"部落也是高碉楼的建造者。但是仅凭此记载并不能证明这些碉楼的建造者就一定是羌部落人们修建的，只有多方面的共同验证吻合后，才能确定碉楼的修建者到底是谁。

具有关研究人员推测，修建碉楼极有可能是出于战争的防御，或者是为了抵御外族的入侵。

也有人提出了不同的观点，他们人为建造这些碉楼，实际上是身份的象征，不同类型的碉楼对应了不同古代部族的祖地。

那么，碉楼的建造时间又是什么时候呢？有关的研究人员想将碉楼的一些破损部分收集样本进行研究，想以此来解开碉楼的修建年代之谜。但是，由于收集样本的工作复杂棘手，因为大部分碉楼的门都很高，若没有高梯往往无法获取样本。后来将收集的所有木片样本送往美国最著名的实验室进行碳14检测，其结果总是有一百五十年的误差。

从2000年至今，已检测了57座碉楼（39座星形的和18座方形的）、3座老屋和1座寺庙。其中，最古老的一座碉楼为星形碉楼，约有一千二百年历史，位于西藏工布江达，已检测的四川省4座较为古老的碉楼建于公元1030到1250年间，羌族村落的碉楼无法测出准确年代数据，因为其木样检测结果包括了很多不同的时代，这是因为村民们一直在使用和修缮这些碉楼。如果完好的加上破损的，西藏工布江达和四川的碉楼数可能有数千个。也正是这个原因，碉楼的年代推算也只是大概地估算，准确率极低。就此，碉楼的研究工作一度陷入了尴尬的境地，没有更好的方法来解开碉楼的建造年代之谜。

川藏地区的碉楼就像是一些历经沧桑巨变的老人，他们经历了无数的风风雨雨，一直坚持走到现在。但是，正是由于这位老人阅历太丰富了，因此，我们要想读懂他的“人生”是一件十分困难的事情。揭开川藏碉楼之谜，有待于更加完善的文字记载多加考证后，才能完成。

### 秦始皇陵内发现三十米的“高楼”

秦始皇陵就像是一个深埋在地下鲜为人知的谜，在这里蕴藏着许多文化、历史的精华。秦始皇陵墓的发掘，使不少沉睡在地下千年的谜团浮出水面，使后人们更加了解古代的一些文化、风俗以及历史事件。

秦始皇陵位于陕西省临潼区城东约五公里处的骊山北麓，是全国重点文物保护单位。1987 年,联合国教科文组织将秦陵(含兵马俑)列入世界文化遗产保护名录。1974 年春,在秦始皇陵坟丘东侧 1.5 公里处,当地农民打井,无意中挖出一个陶制武士头。后经国家有组织地发掘,终于发现了使全世界都为之震惊的秦始皇陵兵马俑。

随着现代发掘技术的不断进步,各项考古工作也在有序地展开,秦始皇陵墓的发掘工作也进入了令人惊喜的阶段。在对秦始皇陵墓不断发掘的基础上,科研人员利用“秦陵遥感与地球物理综合探查技术”,发现了秦始皇帝陵的封土下埋藏着高出地面三十米的台阶式墙状夯土台建筑,这是中国古代墓葬史上的特例。经过仔细地研究发现,这是一栋三十米的“高楼”。

据观察结果得出的资料分析,这栋“高楼”分布在秦陵地宫之上、

秦始皇兵马俑博物馆

封土堆下的墓地周围,是一组环绕墓地周边、上部高出秦代地表三十米左右、体量巨大、夯层厚约 6 厘米~8 厘米的台阶式墙状夯土台,东西夯土台的中间部位各留有一处缺口,与墓道重合,夯土台围就的内部即墓室上部是用粗夯土填充的。

台阶式墙状夯土台上窄下宽,内外均呈台阶状;夯土台顶部内侧东西长 124 米,南北宽 107 米;夯土台顶部外侧东西长 168 米,南北宽 142 米;其南墙顶宽 16

米，北墙顶宽 19 米，东西墙顶宽 22 米；南、东、西、北墙（南墙尚未勘探）的外侧均为九级台阶，外侧台阶高 3 米，宽 2 米；东墙、北墙内侧现已发现六级台阶，南墙西墙尚不清楚。

这栋“高楼”建筑的夯土基础的一部分在墓地外，一部分伸进墓地内，伸进墓地的夯土可能紧贴墓壁建造，接近墓室部分可能使用了大量的青砖和石材。在东、西、北墙外侧的上部台阶上发现了大量的瓦片，瓦片堆积凌乱，靠近顶面的台阶上瓦片较多，中下部台阶上的瓦片也有零星地发现。但是，在台阶式墙状建筑的顶面几乎没有见到瓦片，顶面及各级台阶上也没有发现红烧土和木炭遗迹。

据推测高台建筑应在秦始皇死前已建成，只是在堆筑封土前被拆毁，封土覆盖的时间可能在埋葬秦始皇之后。最后的封土是夯筑而成的，只不过夯层的厚度在 40 厘米~70 厘米间，比“高楼”粗糙得多。

那么秦始皇当年修建这座三十米高的高楼到底是出于什么原因呢？有关科学家认为，秦始皇是一位性格比较怪异的人，他经常会做出与常人不一样的举动，他十分尊崇神仙鬼怪等迷信，因此，这座高楼极有可能是秦始皇为了死后自己的灵魂能够随便出入陵墓而建造的。但这种说法仅仅是从秦始皇具有迷信思想的一方面出发来推测的，并没有什么科学依据。

但是，目前秦始皇陵的考古研究一直充满着谜团与争议。有关研究专家对以上观点提出了质疑。他们认为，将目前遥感探得的建筑结构称为“高楼”的提法不够严谨。在类似秦始皇陵的遥感考古工作中，建筑学的参与十分必要，只有以严谨的建筑科学理论作依据，遥感测得的数据才能转化为有价值的历史事实。由于遥感技术的运用在我国还属于初期，如何运用遥感结果得出科学结论需要十分谨慎。在没有确凿证据之前，就推测是否为帝王灵魂出游的“天路”，不仅没有学术研究价值，更可能误导研究。

那么，究竟秦始皇陵墓内有没有这么一座三十米高的大楼呢？正反双方的争论都看似有一定的道理，但是目前还不能得出一个合理的答案。相信，随着考古技术的不断进步以及完善，秦始皇陵墓“高楼”之谜终将水落石出。

## 泰山名胜的来历之谜

泰山是我国的“五岳”之首，有“天下第一山”之美誉，又称东岳，中国最美的、令人震撼的十大名山之一。泰山位于山东省中部，自然景观雄伟高大，有数千年精神文化的渗透和渲染以及人文景观的烘托，著名风景名胜有天柱峰、日观峰、百丈崖、仙人桥、望人松、龙潭飞瀑、云桥飞瀑、三潭飞瀑等。数千年来，先后有十二位皇帝来泰山封禅。孔子留下了"登泰山而小天下"的赞叹，杜甫则留下了"会当凌绝顶，一览众山小"的千古绝唱。

盘古开天东岳为首，天下名山无数，历代帝王和芸芸众生，何以独尊东岳泰山呢？这还要从开天辟地的盘古说起。传说，在很早很早以前，世界初成，天地刚分。有一个叫盘古的人，生长在天地之间，天空每日升高一丈，大地每日厚一丈，盘古也每日长高一丈。如此日复一日，年复一年，他就这样顶天立地生活着。

经过了漫长的一万八千年，天极高，地极厚，盘古也长得极高，他呼吸的气化成了风，他呼吸的声音化成了雷鸣，他的眼睛一眨一眨的，闪出道道蓝光，这就是闪电，他高兴时天空就变得艳阳晴和，他生气时天空就变得阴雨连绵。后来盘古慢慢地衰老了，最后终于溘然长逝。刹那间巨人倒地，他的头变成了东岳，腹部变成了中岳，左臂变成了南岳，右臂变成了北岳，两脚变成了西岳，眼睛变成了日月，毛发变成了草木，汗水变成了江河。因为盘古开天辟地，造就了世界，后人尊其为人类的祖先，他的头部变成了泰山。所以，泰山就被称为至高无上的"天下第一山"，成了五岳之首。

泰山上有很多名胜古迹，来历颇为复杂，比如回马岭的由来，至今莫衷一是。不过，细细考察一番有关历史，倒也颇有意思。回马岭位于泰山登山中路的中段，壶天阁之上，中天门之下，海拔 800 米，古名石关、瑞仙岩。这里山重水复，峰回路转，景色十分优美。现有石坊一座，匾额刻有"回马岭"三字，东西崖勒刻清乾隆帝爱新觉罗·弘历《回马岭》诗三首，是泰山风景区著名景点。关于这"回马岭"之名的来历，历来众说纷纭，至今仍是一个难解之谜。

而"宋真宗赵恒回马"说流传最广，与清乾隆在公元 1748 年登泰山时在此赋诗题刻有关："曈日照紫芙蕖，石登盘行路转徐，传是真宗回马处，当年来为奠天书。"至今摩崖石刻仍保存完好。可是，从历史记录来看，宋真宗赵恒来泰山封禅并不是骑马上山的。也有人认为，"回马岭"之名是唐玄宗于公元 725 年骑马登泰山时，至此山势高峻陡拔，马不能上而得名。还有人认为，东汉光武帝刘秀于公元 56 年登泰山时，在此回马，遗名“回马岭”。

另外，关于“虫二”的来历，争论也挺多。有一个故事，说的是乾隆和臣子们逛泰山，看到“虫二”两个字。乾隆不明白，走出六十步，方才琢磨出这是“风月无边”，忙对刘墉、和坤说了。刘墉听闻，说他早琢磨出来了，并在脚边写了“风月无边”四个字。乾隆不信，走回去六十步，果然见刘墉所书墨迹未干。由此留下一话把儿，说“刘墉的学问比乾隆大六十步”。

还有人说，关于“虫二”的来历是这样的：据传，清代光绪年间，莒县有个大财主，名刘殿锡，字廷桂，常常来泰山游山玩水。后来看上了一位名叫靛云的尼姑，三番两次向她求爱，一次又一次碰了壁。他怏怏不乐，奋笔写下“虫二”两字，刻在斗母宫附近的岩壁上，至今犹存。有人问他是什么字，什么意思，他说：“看上去是两个字，实则是四个字，即‘风月无边’，双关语，是赠给斗母宫尼姑的！”说完扬长而去，再也不到斗母宫来了。

于是有人猜测，因为“风月”两字太露了，只能取其中间两字。意思即是繁体字“风”中的“虫”，与“月”中的“二”。

泰山名胜的来历之谜，还有许多有待人们去猜测、开解，在这里，就不一一细说了。

### 姊妹湖之谜

在阿克陶县布伦口乡苏巴什的中巴公路旁，有两泓相连的湖泊，这就是著名的姊妹湖，又叫喀拉库勒湖。喀拉库勒湖畔，是柯尔克孜人的牧场。绿油油的草地上，头戴小花帽的柯尔克孜牧羊少女，穿梭在一群群牛羊之中。夕阳下，暮归的牧人赶着一群群牲畜来湖边饮水，沉沉的驼铃声也由远而近，传来叮咚的响声。

相传很久以前，帕米尔高原上并没有慕士塔格山、公格尔山和姊妹湖，而是平坦的大牧场。牧场上住着一对柯尔克孜夫妇，贤淑的妻子为老牧人生下一对美丽的女儿之后，就离开了人世。

老牧人精心照料着心爱的女儿。这一对姊妹聪明伶俐，但却瘦弱多病，老牧人为此时时坐卧不宁。一天夜里，老牧人突然做了一个梦，梦见一个神人告诉他，东方日出处有一座日月仙山，山上有一个日月宝镜，只要取到这个宝镜，让女儿照一照就会百病俱除,身体健康。为了能治好两个女儿的病,第二天,老牧人就告别了女儿,向日出方向走去。

老牧人走后,两个女儿每天都牧放着羊群,望着东方的小路,盼望着父亲归来。不知过了多久,两个女儿的头发都变白了,眼泪也哭干了,最后变成了两座大山。这就是姊妹峰,那山顶的皑皑白雪,是她们的白发;那山腰的条条冰川,是她们的道道泪水;那一座座小雪峰,是她们牧放的绵羊。

老牧人历尽艰险,终于取回了日月宝镜,当他看到自己心爱的女儿变成了雪山时,捧在手里的宝镜一下掉在了地上摔成了两半,并变成了两泓湖水,这就是姊妹湖。老人静静地站在女儿面前,不知过了多久,最后也变成了一座雪山,这就是被称为"冰山之父"的慕士塔格峰。

老人的愿望实现了,两个女儿永生了,而且将玉容永远映在父亲取回的宝镜之中。站在姊妹湖畔,你会发现姊妹峰的倒影,始终并肩在姊妹湖之中。

高原的明月,月色柔和而淡雅,为高原的山、高原的水涂抹了一层淡淡的乳白色;高原的风,轻柔凉爽,为平镜般的湖面,平添了层层波纹和道道银光。

喀拉库勒湖与布伦库勒湖相距不过十多公里,但奇怪的是,喀拉库勒湖面无任何水禽和水鸟,除了牧草外,湖中绝无任何生命。大自然是如何创造了这两个截然不同的生态湖泊的呢?

有人说,是因为西王母的仙气所致。因为这里还流传着另一个故事,那便是周穆王驾八骏车西巡,在这里与西王母相会的故事。春秋战国时期的《穆天子传》一书,详细记载了穆天子西巡的路线、行程及沿途的各种活动,其中周穆王会西王母于瑶池之上的故事,记得十分详细和有趣,而西王母的瑶池就在阿克陶的苏巴什。

这里是群山聚首之地,是天山和昆仑山及塔里木盆地的结合部,是西王母之邦的政治、经济中心,这里的瑶池是西王母之邦的遥遥万里疆域中,自然风光最优美的宝地,是西王母会集西域各部落首领议事和会见尊贵宾客的地方,神话小说中的各路神仙会聚瑶池的西天盛会或蟠桃会,也即是由此演绎而来。正是因为西王母的仙气,让姊妹湖变得这么神秘。

姊妹湖湖水澄澈碧蓝,但每当乌云遮天、电闪雷鸣时,顷刻之间,湖水便会变得墨黑乌亮,成为名副其实的黑水湖。每天早晨朝霞满天或傍晚夕阳西下时,姊妹湖便一片金红，随着天气变幻，姊妹湖像一对美丽的公主用最时髦、最漂亮的时装将自己打扮得美丽娇艳、令人赏心悦目，让人流连忘返。更令人称绝的是，一年四季，"冰山之父"慕士塔格峰和"冰山公主"公格尔峰、公格尔九别峰洁白晶莹的倒影以不同的身姿、体态，伫立湖中，更加增添了姊妹湖的魅力和神采。

## 岳阳楼之谜

岳阳楼耸立在湖南省岳阳市西门城头，紧靠洞庭湖畔。自古有"洞庭天下水，岳阳天下楼"之誉，与江西南昌的滕王阁、湖北武汉的黄鹤楼并称为"江南三大名楼"。北宋范仲淹脍炙人口的《岳阳楼记》更使岳阳楼著称于世。

岳阳楼

关于岳阳楼，还有一个这样的传说：唐开元四年，张说被贬到岳州后，决定张榜招聘名工巧匠，在鲁肃阅兵台旧址修造"天下名楼"。一位从潭州来的青年木工李鲁班，手艺高强，擅长土木设计，被张说相中。张说限李鲁班在一个月内设计出一座三层、四角、五梯、六门、飞檐、斗拱的楼阁图纸。

谁知李鲁班摆弄了一个月的时间，设计出来的图纸只是一座过路小亭。张说很不满意，再限七天时间，要李鲁班拿出有气派的楼阁图纸。

正当李鲁班一筹莫展时，一位白发老人走了过来，问清缘由，便把随身背的包袱打开，指着编有号码的木块说："这些小玩意儿，你若喜欢，不妨拿去摆弄摆弄，或许会摆出一些名堂来。若是还差点什么，就到连升客栈来找我。"

李鲁班接过这些木块，摆了又拆，拆了又摆，果然构成了一座十分雄壮的楼型。工匠们十分高兴，都说是祖师爷显灵，向白发长者道谢。老人说自己是鲁班的徒弟，姓卢。后来，老者在湖边留下了写有"鲁班尺"三字的木尺，一阵风后不见了。工地上的人群纷纷跪下，向老者逝去的方向叩头不止。不久，一座新楼拔地而起，高耸于湖岸，气象万千。

但是，关于岳阳楼之谜，便不得不说一说范仲淹了。他的《岳阳楼记》里的"先天下之忧而忧，后天下之乐而乐"，已是天下名句。既然范仲淹写出了《岳阳楼记》，他肯定是到过岳阳楼了，可是，近来有人对范仲淹究竟有没有到过岳阳楼，产生了怀疑。

早在宋朝，就有人对于范仲淹在写《岳阳楼记》之前是不是到过岳阳楼有了争论。南宋中期的朱熹写过一篇文章叫作《江陵府曲江游记》，同样是一个记。当时有一位名叫张栻的人，与朱熹一同被称为"江南三贤士"，朱熹写这篇文章是应了张栻的邀请。朱熹在文章中讲道："无以写其山川风景，朝暮四时之变，如范公之书岳阳也。"他的意思就是说，我现在写《曲江楼记》，我没有办法像范仲淹那样去走一趟，然后把那边的山川风景，朝暮四时之变都写出来。也就是说，范仲淹确实是到过岳阳楼的。

但又有人提出了反对意见，范仲淹被贬官到了郑州，郑州的百花州离岳阳楼有五百公里，范仲淹当时已是58岁的老人了，这么一个老人如果是为了写一篇文章，走一千里路，又要经过汉水和长江，这好像不太可能。

也有人说，范仲淹若是没有去过岳阳楼，哪里写得出这样的文章？里面有一个证据非常好，太湖、鄱阳湖和洞庭湖可是不一样的，太湖、鄱阳湖的湖水，是高于外面的长江水的，而洞庭湖的水面，当时是低于长江的。所以在范仲淹的《岳阳楼记》中"吞长江"表明了这个湖是低于长江，所以长江的水过来后洞庭湖便把它吞了，如果范仲淹没有去过洞庭湖就写不出这个"吞"字。

但是，还有人说，这只能说明范仲淹去过岳阳楼，并不能证明他在写记的时候到过岳阳楼。因为众说纷纭，这个谜也就无法解开了。

### 龙游石窟之谜

龙游石窟是我国古代最高水平的地下人工建筑群之一，也是世界地下空间开发利用的一大奇观，集人文、艺术、文化、工程技术于一体，因此，1992年，世人传说中的"无底塘"在四个当地的农民的隆隆水泵声中"水落石出"。关于这些石窟的断代成因和用途更是众说纷纭，成为难以破解的千古之谜，也被当地人称之为"世界第九大奇迹"。

目前,被人们开发的,共有五大谜窟。一号谜窟:它是七个谜窟中最小的一个,地面面积约300平方米,呈近正方形,地面平整,矩形方池在进口处下方。因支撑面小,只有一根擎柱。窟顶分高低两层,相差约50厘米,就像擎柱顶着大梁而把一间大厅一分为二一样。该洞窟进口处与竹林禅寺仅一墙之隔。离窟口不远处有一鱼、马、鸟三种动物雕刻图,这是在已抽干的七个谜窟中唯一的图像雕刻。

二号谜窟:二号谜窟比一号谜窟大3倍,其地面面积约900平方米,也近正方形,靠北边尚有小部分未完工,因窟顶支撑面大,有四根立柱,其中三根鱼尾形立柱尖头朝北,靠东一根尖头朝东,矩形方池南壁中部。

三号谜窟:三号谜窟比二号谜窟大,地面面积约1200平方米,但高低相差悬殊,窟顶呈45度斜面从南延伸到北壁,地面几乎也呈45度斜坡伸到北端,给人以深邃阴森的感觉。该谜窟呈长方形,但东北角尚有很大一部分未挖掘,因而呈缺角矩形,是掘凿者有意不挖除,还是因故停止挖掘留下,仍是个不解之谜。

四号谜窟:这是工程最大的一个谜窟,进口先为一平台,右侧为陡峭石壁,左侧是盘壁而下的石阶,石阶与前几个谜窟一样是锯齿状。原阶距长达3米,从窟口到窟底深达20余米,阶道达50米以上,窟底较平整,面积约2000平方米,三根擎柱呈三角形分布,矩形方池在窟底中部。

五号谜窟:该谜窟规模较小,地面面积仅700平方米左右,该谜窟进口处有大量的土石未排出,梯道也埋在土石堆下。该窟呈矩形,三根擎柱呈南北向排列,矩形水池在东北角。

也有人说,龙游石窟没有谜。龙游石窟曾经深藏水底,当地人称其为深水潭。从石窟陈列馆展示的图文、录像资料中了解到,关于石窟形成之谜,说法有多种。囤兵、囤粮、祭祀、采石……使人产生丰富的遐想。

有人说,龙游石窟只是个废弃的地下采石场,并没有那么多的谜团。那一律的凿纹,与绍兴柯岩和吼山、温岭长屿硐天的痕迹大同小异。

那么,龙游石窟为什么要向山中、地下采石,而不是露天开采呢?地质学家告诉我们,山体内部的石头,往往比山壳上的要松脆些,这对原始采石来说比较容易。

又有人问,石窟里为何有那么多厅、柱呢?也因为石质松脆,所以古人要在各采石区之间保留石壁,在厅中留几根石柱,以支撑山体,以至形成几个厅互不相通的格局。

至于厅壁为什么能那么薄？这并不需要什么高科技手段，经验丰富的采石工凭借敲击声就可以判断自己和对方的距离，煤矿营救不也常常借助敲击声吗？

还有人问，石料运向了哪里？紧邻石窟的衢江江阔水深，水运四通八达，还怕消耗不了小小的地下采石场吗？再看今日苏州规模浩大的采石场，吃掉了多少座石山，一千年后，谁能查知这些石料运向了哪里，难道这也可以归入千古之谜？

有人说石窟是用来囤兵的。遥想石窟的开凿，历时数年至数十年不等，而兵家胜负，瞬息万变，哪一个将军想囤兵，能先花那么些年去建造一个石窟？石窟形成后的千百年间，也许囤过粮、兵，也许曾用于祭祀，甚至住人，但这些都不能称之为谜。唯一能称之为谜的一处"石刻"，也许是山体自然的裂缝，也许是古人有意或无意而为之，但真有必要深究吗？

有人问，这么说来，难道是有人在故弄玄虚，凭空为世上添一个"谜"？于是，这个谜，究竟是不是谜，也成了一个无法解释的谜。

## 天山上的巨石脸谱

天山是亚洲中部的一条大山脉，横贯中国新疆的中部，西端伸入中亚。长约2500公里，宽约250千米~300千米，平均海拔约5000米。最高峰是托木尔峰，海拔为7435.3米，汗腾格里峰海拔6995米，博格达峰的海拔5445米。新疆的三条大河——锡尔河、楚河和伊犁河都发源于此山。

2008年，考古人员在新疆天山西部的一处高山牧场，也就是温泉县吐日根河与另一天然冲沟的交界处进行文物普查时，发现了一个雕刻"脸谱"的巨大冰川漂砾石。漂砾石高3米，宽3.5米，正西面因冰川磨蚀深凹下去，形成一个巨大的天然"神龛"，龛内呈白色，与龛外黑白对比分明。

"脸谱"就雕刻在白色凹陷的岩壁上，一共有十几张。每张脸谱的直径都在20厘米~30厘米，共同的特征是圆形脸、招风耳、阔嘴，圆眼空洞地望着前方……有的还很明显的刻有夸张的头饰及发饰。有脸谱的这一侧朝着一处深涧，巨石南侧有白色花岗岩砾石围砌的、呈半圆形的石圈。

根据巨石周边半圆形的石圈和形态怪异、色彩对比强烈的诡异脸谱。考古学家认为这是一处萨满教的祭祀遗址，巨石上的人脸极有可能是萨满巫师作法时佩戴的面具。他们推测公元前后，在巫师带领下，生活在当地的族群在高地上祈神。做法时，巫师和追随者都戴着面具起舞，有人随后将这些具有特殊意义的面具雕刻在这巨大的冰川漂砾石上。

后来考古人员又在温泉县一处山丘岩画中发现"脸谱"，其中有一块巨石上雕刻的是两张上下排列的脸谱，这两张脸谱也是圆脸、阔嘴。而在另一块岩面上却没雕刻出圆形的脸，只有用深窝圆孔代表的眼、口、鼻。在这张人脸下面刻着一个将太阳托起的人。专家说从这些脸谱上的颜色和雕刻方法中可以看出，它们与山丘岩画是在一个时代创作的。人的面部都是朝向东方的，这应该是对太阳神崇拜的古老民族留下的。

虽然目前这些脸谱的雕刻时间、雕刻民族、雕刻目的都还在研究之中，但它无疑将是为我们打开北方原始游牧民族生活、精神、文化、宗教信仰等一系列谜题的一把钥匙。

### 沙漠孤舟——统万城

统万城是匈奴人建造的唯一城池，距今已经有一千六百多年的历史。史料记载统万城，8 世纪"大风积沙"、9 世纪"堆沙高及城堞"、10 世纪"深在沙漠之中"……但是现在其城墙依旧耸立于沙漠之中。据说统万城过去草被丰茂，成片的大树遮天蔽日，蒙古地区及宁夏外族人时常藏在森林伺机暗杀大夏族士兵，守城将领顾虑安全下令将树木全部焚烧，从此，统万城就被沙漠侵毁。

统万城也被人们称为白城子，是由于它的城墙为白色而得名。统万城位于中国陕西省靖边县红墩界乡北端和内蒙古乌审旗南纳林河乡的交界处，毛乌素沙漠的边缘无定河北岸流沙之中。始建于东晋，迄今已有近一百六百多年的历史。

据史料记载，十六国中叶，中国北方游牧民族匈奴铁弗部刘卫辰为魏所败，其子刘勃勃南逃投后秦，后秦王姚兴命其为安北将军，镇朔方。刘勃勃兵权在握当即与后秦反目，于东晋义熙三年（公元 407 年）称大单于，大夏天王，年号龙升，国号大夏。不久南下攻取秦属岭北诸城，西吞南凉，成为十六国之一。夏凤翔元年（东晋义熙九年，公元 413 年）勃勃改姓赫连，命叱干阿利调秦岭以北十万人筑都城。并

统万城遗址

豪言:"朕方统一天下,君临万邦,可以统万为名。"统万城名由此而来。但是在公元431年,大夏国为北魏所灭,据说统万城"雉堞虽久,崇墉若新"。

在史料中也有关于统万城的记载。如《晋书》中有一篇《统万城铭》说:"崇台霄峙,秀阙云亭,千榭连隅,万阁接屏……温室嵯峨,层城参差,楹凋雕兽,节镂龙螭。莹以宝璞,饰以珍奇……"《北史》上记载云:"城高十仞,基厚三十步,上广十步,宫城五仞,其坚可以砺刀斧。台榭高大,飞阁相连,皆雕镂图画,被以绮绣,饰以丹青,穷极文采。"可见统万城当时之繁华。

时至今日,统万城虽经风沙磨蚀,但其昔日风采依然清晰可辨。统万城城垣有东西南北四门,东门名招魏,西门名服凉,南门名朝宋,北门名平朔。城垣高出地面2米~10米。东城周长2566米,西城周长2470米,西城西南角墩台高耸,高31米。城内有皇城,内营造有亭台楼阁,雕梁画栋,富丽堂皇。

据史料记载,统万城修筑时,"临广泽而带清流",水草丰美,传说赫连勃勃来到这里,就被这美丽的景色迷住了,赞叹道:"美哉斯阜,临光泽而带清流。吾行地多矣……未见若斯之美。"于是,耗巨资,征民夫,历时六年,建立了统万城。

建造统万城的方法是"蒸土以筑都城"。但对"蒸土"的具体做法有很多的观点。一种看法认为是将所有的土都先蒸熟以杀死草籽、虫卵,至今墙上不长草;再用米汤石灰搅拌,一层一层夯实。第二种看法认为是"以水沤制",即把筑城的土闷入水中;然后在阳光之下曝晒,半干之时进行夯筑,这样土质不会松软或成为粉状，在夯打过程中"水闷之土"即可成为黏结在一起的块状。第三种看法认为是用烧热的水来和土，然后再加上夯筑的力量，夯筑的土黏结后更结实。第四种认为是在土中加生石灰和水、成熟石灰并放出水蒸气被称为"蒸土"。传说筑成后都会用铁锥刺土法检验其硬度，凡刺进一寸，便杀筑者；凡刺不进去便杀刺者。

统万城虽经千百年的风沙侵蚀，却依然坚硬无比，同时也留给后世很多的迷惑。匈奴是一个游牧民族，他们习惯了在马背上驰骋，随水草而居，且居无定所，其机动性使得当时的大汉王朝对匈奴毫无办法。按照常理来说，他们应该不屑于也不习惯筑城，而且游牧的性质也使得他们筑城毫无意义。就连匈奴和大汉对峙数百年，都从来没有留下城池的记录。

但是，统万城的存在打破了人们的一般观点，匈奴人不仅筑城，还修建得如此坚固。而且在夏国被灭了以后，统万城先后做过北魏、西魏、东魏长隋唐的重镇。北宋初，党项人李继迁占据统万城称西夏。宋淳化五年（公元 994 年），因西夏军队常以统万城为依托侵扰北宋，宋太宗下令毁掉统万城，迁走城内居民。此时，统万城才逐渐走出历史。

但是匈奴人为何不惜血本建造这么一座牢不可破的城池呢？即使说匈奴人与中原兵戎相见，他们得到了大量的人力和财力要依照中原形式建造城池，但也应该选择在自己国土纵深的地方建设国都啊！经历了西汉和东汉，匈奴人已经领教了汉民族的军事力量与文化渗透力量，汉武帝曾经使用匈奴的战术，奇兵快马，横扫北部草原和大漠，将匈奴人追逐到至今的贝加尔湖以北的地方。虽然后来匈奴和汉民族的冲突渐渐和解，但是匈奴人居然选择了一个离汉族很近的地方修筑了迄今为止的唯一的一座城池，这是为什么呢？城池再坚固，也无法经得住长期围困和攻打。"统万城"建在边境，匈奴人究竟有什么深谋远虑呢？这真是让人百思不得其解。

统万城经历了历史沧桑，至今却仍屹立于沙漠之中，两千年的风雨洗磨依旧没有将这座古城摧毁，不得不说是一个奇迹。虽然当初匈奴首领统一天下的设想成为泡沫，但是它是我国古代匈奴人留给历史唯一的一座都城遗迹，有着不可替代的历史地位。它是匈奴人的文明历程和一个消失的民族留给历史的特殊见证。统万城像一座历史丰碑，永远向人们叙述着发生在这里的古老而神秘的故事。

## 武夷山悬棺葬

在福建武夷山峭拔高耸的悬崖绝壁之上，散落着数千具距今约4000多年的船形"悬棺"。至今还有无数的谜团困扰着人们。

早在几千年前，武夷山就由古人生活在那里并且形成了世界罕见的"古闽族"文化和其后的"闽越族"文化。而"架壑船棺""虹桥板"就是反映这一时期的最突出特征。有文字记载，武夷山曾经"悬棺数千"，那时，悬棺可能遍布武夷山。武夷山的"船棺"因形似船只而得名，在《武夷山志》中记载有的"船长二丈许，中阔首尾渐狭，类梭形，传为圆木刳成，且具棹楫，然遥望之弗能详也。"也有小的"长丈余，阔三尺"(《武夷山志》)。一具船棺只盛一具尸骨。但是"大王峰有四船相覆，以盛仙函，共二十余。"此外，"金鸡洞内有贮香一船，"这具船棺灌木盛满香料却没有尸骨。有的是用"楠木刳成"，有的则"嗅之微有香气，咸莫辨其为何木也"(《名胜记》)。这些船棺制作都十分精细。考古学家发现在船棺槽底部紧靠柩身挡板处和盖顶两侧靠近后隔板处，分别凿了长方形孔，上下两孔相对，考古工作者认为是象征船桅杆的插孔。但是三四千年前的武夷族先人们就已经使用船帆了吗？更重要的是为什么这些棺木要仿造船形呢？有人认为武夷族为越人的一支，是习于水性生活的，这种葬俗就是他们水居生活的具体反映。

武夷山悬棺

武夷山悬棺葬作为有着悠久历史的葬仪，围绕它的秘密数不胜数。

第一，武夷山悬棺葬的主人是何种族？

武夷山悬棺葬一直被认为是"古闽族"的"杰作"。而"古闽族"又是如何起源，其种族又是什么？有人说"闽人是中原后裔"，是按传统理论中原华夏是全中国人的摇篮而来，即"南中国人是从北中国人迁徙而来"。但是现在古人类学家通过对人类血清和基因的测定认为“南中国人”的来源路线是非洲—印尼—华南的基本脉络，而古闽人又是从何而来呢？有学者根据船的造型认为古闽人是从海洋而来。但其种族在福建省博物馆《武夷山白岩崖洞墓清理简报》中并未提及，有人说是南方蒙古利亚种(黄种)，还有人说接近于马来人种。

马来人是蒙古人五六千年前通过亚洲腹地进入中南半岛后形成的一个以较矮小、皮肤棕黑为特征的人种。一些专家提出，马来人与东南部分土著居民有密切的联系。在《山海经》中就有许多关于中国南方有黑色人种的记载：“不死民，其人为黑”；“雨师妾，其人为黑色”；“厌火国，兽身黑色”；“苏民国，其人为黑”；“黑齿国，人为黑”。据说在武夷山一号船棺中曾发现两个分别为棕、黑色的鹅卵石。《山海经》载“南山(武夷山)有羽民国”，郭璞注“卵生”。人类卵生的神话，是马来文化的突出特征，中国的卵生神话也来自棕黑人种。这两个卵石大概就卵生神话的体现。而棕、黑二色，可能用来表达自己的特征(肤色)。有人说这两块卵石可能是用来表述武夷族与棕黑人种的联系的关键所在。但是“古闽人”是否属于马来人种，则还需要专家们通过进一步研究才能确定。

第二，“悬棺”目的何在？

有人认为是为了表达对死者的尊敬，保护尊者的遗体不受野兽的侵扰，以保佑亡灵平安无恙；有的认为是部落酋长为了显示身份、显示势力、显示与众不同的一种方式；有的认为是古闽人对山川的崇拜，让死者的亡灵能够升入天堂；有的认为悬棺葬仪可能与附带祭祀鬼神巫术有关，仙舟可以载着死者直接进入天国；有的认为和鸟的图腾有关，只有在这高高的洞穴中，死去的人才能找到真正的归宿；还有的认为这是穴居与水上生活融合的具体体现，他们希望死者在死后可以像活人一样继续生活。

第三，“悬棺”是如何放进山洞里的？

所有放置船棺的洞穴，上到峰顶，下至崖谷，都至少有数十米之遥，而所处的峭壁大多直上直下，现在的人们根本就无法攀援。武夷族先人是用什么方法将船棺放进岩洞之中的呢？

据武夷民间传说：“有仙人乘舟渡月而来，将至地，为女子所睹，仙人化白鹤去，船留于此”。宋《太平广记》记武夷：“或风雨之夕，闻人马箫管之声，及明，则有棺椁在悬崖之上。"当然这都是传说。有人根据明代记载,认为可能是从岩顶将棺木悬吊垂下至洞穴后,将棺柩移入的。但是4000多年前的古人还未使用辘轳等机械,船棺仅长就约5米,形体质量都十分庞大,难以控制,有的岩石突出,会将船棺撞毁,何况有的山峰根本就无法攀登。

也有人说武夷山有许多关于架栈道的记载,那么有没有可能是利用铺设栈道将船棺移进去呢?但是武夷山悬崖多是单独成峰,突兀峭拔,无缓坡可供架设。还有人提出可以用搭设台架的方法升置船棺。因在广西有这样的记载:"土酋威尊无上,殚民之力,筑土为台,运棺其中,事后台卸土撤,而棺乃独立岩际。"暂且不说搭设三五十米高的台子需要耗费多大人力物力,仅四曲大藏峰之金鸡洞,下临巨潭(据云,深约40米),水流环绕,又该如何搭建呢?

有学者提出"可能使用提升式的方法"。但是从山顶到山谷常有100米~200米之高,又如何操纵呢?在古代有限的技术下,仅用绳子是不可能完成这么浩大的工作的。还有学者提出先有人钻进洞里,再有数人合力将船棺拉紧洞中。但是这种说法无法说通的是武夷山的山洞有的仅能容一具棺木,有的甚至只能容下半个棺木,这样的洞穴又能容下几人呢?按其重量来说两个人是做不到将它拉进洞里面的。

明代文人张于垒考察武夷后曾提出:"当是尔时溪流浩荡与峰等,船搁石隙,及蓬莱清浅,顿尔相失……"但是这种地貌变迁过程至少要千万年之久,怎么可能在几千年内就完成呢?

第四,武夷山悬棺葬为何影响这样广泛?

学术界公认武夷山悬棺葬是悬棺葬俗的发源地,随着武夷人的迁徙、文化交流,这种葬俗竟然广泛传播到十多个省区。其影响一路溯长江而上最后到陕西,另一路顺江河而下向湖广延伸至越南泰国,再一路飘零过海散人新马泰苏门答腊等东南亚诸岛。

武夷悬棺葬可以追溯到夏禹时代,但它又延续到什么时代呢?有人说是西周,有人说是秦汉时期,有人说是汉朝以后仍有悬棺葬仪的出现。在历史文献中有许多关于悬棺葬仪的记载:清朝许赞曾的《东还纪程》记载:"楠木洞,石缝中有船,俗称仙人所居沉香船也。"唐朝张旌的《朝野佥载》中记载:"五溪蛮,父母死,临江高山半肋，凿龛以葬之。”贵州安顺《安顺府续志》记载：“人死，用棺以窑藏，挂于岩上。”《云岭南纪蛮》云：“凌云有岑氏祖墓，亦在半山石岩间”。

悬棺葬在四川分布最广。三峡有所谓“兵书宝剑匣”；会无县有峭岩“多仙人葬，莫测其来”(《水经注·江水篇》)；在龙河两岸，随处可见“凿岩为穴，置棺以葬”的岩棺；在小三峡一带则又可见以栈悬棺；而珙县境内现存的悬棺之多可谓全国之最。近年，文物部门在武夷山附近的松溪县又发现藏着几百具明清时代棺木的“棺木洞”。

葬仪是一个民族最具代表性、最为传统的风俗之一，但是为何武夷悬棺葬影响了这么多的民族，波及的范围又是如此之广呢？

武夷山悬棺葬具有极重要的研究价值，它在我国的历史文化中占有重要的地位，需要从当时的环境、文化、地理多方面进行考虑，或许随着人们研究的不断深入武夷山的谜团得到解决。

## 护珠塔为何斜而不倒

谈起比萨斜塔尽人皆知，但是，我们是否还知道，中国也有一个斜塔，那么，中国的斜塔为何斜而不倒呢？这是一个非常值得研究的问题。

毫无疑问，比萨斜塔是世界上最著名的斜塔，但在其他国家或地区也有斜塔，只不过没有比萨斜塔那么有名罢了。我国也有一座斜而不倒的塔——护珠塔。护珠塔位于我国上海市松江区佘山镇天马山境内，塔位于天马山的中峰之右，砖木结构，7层八角形，残高19米。近看护珠塔，只见塔的底层已有三分之一的块砖没有了，整个斜塔仅靠三分之二不到的底层砖墙支撑着。塔的顶部早已没有，各层腰檐木结构的痕迹，还是隐约可见。塔旁写着危险的警告牌。走进塔内，空无一物，抬头仰望，极目苍天，加上山顶风大，好像危塔马上就要从头顶倒下来似的，令人胆寒。

护珠塔

因塔严重倾斜，故俗称斜塔。1982年勘查结果，塔身向东南倾斜6°52′52″。据《人民日报》报道：此塔比意大利的比萨斜塔斜1°多。有人认为它比世界著名的意大利比萨斜塔，倾斜得还要厉害，是世界第一斜塔。当然，这个说法没有被世界公认，但说它是中国第一斜塔，恐怕没有人反对。

塔始建年代，据清嘉庆《松江府志》七十五卷寺观，圆智教寺一条记："寺后护珠宝塔，宋元丰二年（公元1079年）横云里人许文全建。"又据《干山志》卷十古迹记载：中阳塔即干山圆智寺砖塔，在"圆智寺二门内，左砖塔四级高可三寻，宋元丰时，横云山人许令字文全建。"又记"宝光塔在干山之半，高七级，登览者极江海之观，干山杂志宋绍兴丁丑招抚使周文达奉高宗所赐五色佛舍利藏于中，时现宝光故名"。

塔因长年无人管理，损坏严重。据清人诸嗣郢的《明斋小识》记：乾隆五十三年（公元1788年）寺里演戏祭神，燃放爆竹，火星飞至塔顶，因而起火，烧去塔心木及扶梯、楼板等，塔梯、腰檐、平座也都毁坏，仅剩砖砌塔身。二百年来，塔虽倾斜，却始终屹立于天马山巅，斜而不倒。

至于护珠塔真正斜而不倒的原因，许多人们对此回答不一，众说纷纭。

第一种说法是当地传说：塔是向东南倾侧的，而在塔的东南面有一株古银杏树，它是"松郡九峰"之一辰山仙人彭素云在五百年前种植的。树的枝叶皆西向，后来树虽枯死，但它依靠神力，对护珠塔遥向支撑，所以使塔不倒。这是一个美丽的神话，仅是人们的良好愿望，当然不足为信。

第二种说法也是从传说而来，认为镇塔之宝被人挖走后，宝塔开始倾斜。几百年前一个漆黑的夜晚，几个神秘人来到护珠塔脚下。他们用镐在塔底刨个不停，一阵忙碌后，他们好像找到了什么。于是只要到了夜晚，护珠塔脚下就会经常出现挖宝人，终于有一天，护珠塔塔底被挖了一个大洞。

于是一种恐怖的说法开始流传，护珠塔的镇塔之宝被人挖走了，护珠塔就要倒了。根据这个传说，有人推断传说中被挖走的镇塔之宝很有可能是舍利子。

但这颗舍利子真的是在塔底被偷的吗？按照江南古塔的结构，五色舍利珠应该藏在塔叉顶部，塔砖结构有一个天宫，天宫里有一个银匣藏在里面，然后盖顶时把它封起来。有记载"乾隆五十三年，护珠塔经历了一场火灾，塔顶全部烧毁，木结构荡然无存”。据传说，护珠塔之所以会发生那次大火，也是与塔藏着舍利子有关。

因此，有人据此推判，可能是舍利子保护了护珠塔，使其不至于倒下。曾经有传说说塔里埋藏了舍利子后，人们都来朝圣，所以很长一段时间香火非常旺盛，到了乾隆年间，朝拜时焰火掉在塔心里，就造成了火灾。难道天宫里的舍利子也被烧化了吗？但是舍利子是佛教修行高僧火化后的结晶，再厉害的火焰也不能把它熔化。

第三种说法是根据古代建筑技术来解释的，认为是古代造塔技术的高超所致。古代用糯米汁拌以桐油石灰，来粘合砖块。这种粘合剂的强度不亚于现代的水泥砂浆，据说用这种粘合剂来建筑时，时间愈久愈坚固。在考古发掘中，常发现古代的坟墓，是用糯米汁拌以石灰等作为粘合剂的，现在发掘古墓时，还要花很大的力量才能把它拆除。护珠塔用这种优良的粘合剂，加上古代砌砖技艺的精湛，使护珠塔能够浑然一体，塔砖不至于一块块塌落下来。

第四种说法是认为后人为了觅宝拆砖导致了塔体倾斜的。传说有人在砖缝中发现元丰钱币，一个盗宝贼听说塔里有宝贝，就拼命往里凿，结果在砖缝里发现一个唐代的通宝元宝，拿回家给妻子摸了摸，当时他的妻子正养不出儿子，结果他家里后来得了子。一传十，十传百，人们纷纷拆砖觅宝，使底层砖身西北角逐渐拆毁，形成一个约两米直径的大窟窿，因此有人认为塔倾斜日趋严重是由于这些钱币造成的。但是这样的折处的情况下，护珠塔为何仍旧耸立于此不倒呢？

第五种说法是认为塔基建在山坡上，土层软硬不均造成了塔斜而不倒。据有关专家考察，天马山护珠塔是建造在沉陷不匀的地基上，东南方向土质较弱，西北方向土质较强。于是塔就向东南方向倾斜。但浙江一带多东南风，护珠塔造在天马山顶，四周空旷，所受风力更强，在塔的倾斜力与风力相平衡时，护珠塔能迎风挺立，斜而不倒。

第六种说法认为是特殊的建筑结构，使塔倾而不倒。虽然护珠塔倾斜的真正原因被找到，但人们更关心的是，这座斜塔会不会突然倒塌呢？建筑力学专家认为，意大利的比萨斜塔高 54 米，全都用白色大理石建造而成，距今已有六百多年历史。

按理说，比萨斜塔很容易倒塌，但从一开始建造时，就采取了各种保护措施，因此一直到现在保持斜而不倒的姿态。但是护珠塔的倾斜角度要比比萨斜塔斜很多,而且以前从没进行过任何保护措施,并且经历了各种天灾人祸的威胁,从这点上看,护珠塔能够现在倾而不倒,也应该算得上是一个奇迹。那么到底是什么原因使护珠塔倾而不倒?对于这一点,建筑专家提出护珠塔的建筑结构很特殊。护珠塔的塔身是一个八角形结构。塔门的设计是每隔一个面开一个门。

而且每层的门不开在同一个方向的墙面上,这样就使每个没开门的墙面像四条腿一样支撑着每一层塔身。每层墙面之间既相连又不承受一层的压力,使塔身受力十分均匀。同时因为使用十分牢固的石灰糯米等材料,即使遇上较强的台风、地震等外力作用,某些墙面断裂塔身也不会轻易倒塌。虽然因为地层原因护珠塔发生倾斜,但是仍可以保持斜而不倒的姿态。

从乾隆年间至今二百多年中,无数次的狂风暴雨,把山下的房屋都吹掀了。1954 年刮十二级台风,吹倒了塔下的大殿。1984 年黄海地震,上海市区的房屋也受到摇摆震动,但是护珠塔突兀地挺立在天马山巅,犹如一把利剑,直刺青天,迎风屹立,岿然不动。看来,护珠塔的确不同凡响。

## 第五节 追根溯源的真相

我国地理有着许多神秘的现象,至今无法破解。如北京城作为古老的名城,原本是四四方方,但是人们发现在明朝以后,北京的古城墙不知为何独缺了西北角,至今在北京地图上显示得还十分清晰。岩画是全世界得难以攻克的难题,我国也有丰富的岩画遗迹,但是关于这些遗迹的时间、作者几乎都是谜团。人们为了解开这些谜团用尽了各种办法和进行了许多猜想,但是到最后却都被证明是错误的,有许多疑点无法解释。

### 黄河古蒲津桥铁牛起过什么作用

黄河是世界上含沙量最多的河流。若把祖国比作昂首挺立的雄鸡,黄河便是雄鸡心脏的动脉。黄河古蒲津桥铁牛的出现又给黄河添加了一层更加神秘的色彩。

古蒲津桥铁牛

黄河是我国第二长河，世界第五长河，源于青海巴颜喀拉山，干流贯穿九个省、自治区：青海、四川、甘肃、宁夏、内蒙古、陕西、山西、河南、山东，全长 5464 公里。1998 年 8 月，山西省永济市博物馆在山西省永济市蒲州古城西门外，黄河东岸的蒲津渡遗址上发掘出土四尊铁牛、四个铁人、两座铁山、一组七星铁柱和三个土石夯堆。黄河铁牛的出土，是新中国成立以来我国首次发现黄河古渡口遗址，四尊铁牛也是我国目前发现的重量最重（每尊 45 吨～72 吨）、历史最久、工艺水平最高的珍贵文物，在国内外极为罕见。

经过考古学家的研究，发现四尊铁牛是在唐开元年间（公元 713 年～741 年）铸造的，每尊重数万斤，并铸有铁人驱策，使曾经在历史上享誉数百年的名胜景观又重见天日，向世人清楚地标示出古蒲津渡的准确位置，为研究古代桥梁史和古人的文化观念，为了解读黄河流域农耕文化的发展提供了重要资料。

那么，这四尊铁牛在当时到底起过什么样的作用呢？

有人提出这四尊铁牛是用来固定铁索桥的。据记载蒲州古城南依中条山，西临黄河，地处要冲，被视为兵家重地，历代王朝均在此建造蒲津桥。公元前 541 年，春秋时期秦公子针携带资财、车辆，前往黄河西岸晋国，用舟船连接建造浮桥，开在蒲津渡建蒲津桥之先河。到了战国时期，秦昭襄王为进攻韩、赵、魏，先后两次在蒲津渡口造桥。以后汉高祖刘邦定关中、汉武帝刘彻东征、隋文帝杨坚过黄河东进，均在蒲津渡连舟造桥。不过，这些桥都是临时性浮桥，没有桥墩，用竹索连接，寿命短，不安全。唐开元年间，随着蒲州一带经济的发展，蒲州城升为全国六大雄城之一，蒲津渡的交通地位显得更加重要。竹索连舟桥已与雄城蒲州极不适应，当时的兵部尚书向唐明皇上疏，陈述蒲津桥破败不堪、难承车马重负的窘况。唐明皇听后立即降旨，决定在蒲津渡重建新桥，并发动满朝文武出主意、想办法。经集思广益，造桥方案拿出：一是将连舟竹索改为铁索，二是加固石堤，三是铸铁牛为索桩。开元年间属盛唐时期，冶铁业发达，于是两岸数万民众奉命炼铁铸造，历经苦战后铁牛铸成。铁牛分别伏卧于黄河两岸，将铁索拴系于其身，连接舟船，建起黄河上第一座固定铁索桥。

这里，两岸的铁牛，其实就是对拽铁索连接河桥的索桩。蒲津铁索桥第一次将黄河天堑变成通衢大道，从唐开元十二年到元朝初年桥被烧毁的五百年间，蒲津桥一直是铁牛系铁索、铁索连舟船。桥被毁后蒲津渡一度荒废，但铁牛仍存。到了明朝，蒲津关发展成进出中原的重要关口，明代皇帝又先后四次利用铁牛建桥，历经百余年，直至清代因黄河逐渐向西改道，蒲津渡彻底废弃。铁牛于20世纪40年代湮没。

此外，还有人提出这四尊铁牛还有可能是当时用来镇水、避祸趋利的。我国许多与牛有关的行业都供奉牛王，把它作为牛的保护神加以供奉，有的牛王竟被尊为祖师，在我国北方不少地方建有牛王庙，牛还作为镇物广泛应用于民间。在民间信仰里，人们认为牛有护宅、护身、镇水、避凶的功能。我国西南佤族有在住宅的内壁、门前或屋外悬挂牛角、牛头骨的习俗。在北方，人们认为牛有载地的神功，是大地的象征或大地的载体。

从实物考察看，晋南临汾旧称卧牛城，在解放临汾挖掘地下坑道时，从城墙角下挖掘出卧牛一尊，即可证明。牛与水的关系亦很密切，民间有牛能镇水的俗信。古代多以铁牛御恶龙，防水患，人们将石头或铁铸的牛塑像投入河中，防止河水冲毁堤坝或其他建筑物。

《易经》说；“牛象坤，坤为土，土胜水。”古人云：兵来将挡，水来土掩。铸铁牛置于河岸，对肆意泛滥的黄河水是一种震慑，象征着拦挡洪水、征服水患，造福于人民。由此可见，蒲津桥开元铁牛之所以铸成“牛”状，正是来源于牛能镇水、避祸趋利的巫术心理。

还有人认为，古人讲究阴阳相对，在铸造铁牛的同时，也铸造了四个铁人、七星铁柱。七星柱则代表天（仿天上北斗七星布局），这样天、地全有（铁牛为土，亦即地），囊括宇宙。

究竟黄河古蒲津桥铁牛是用来干什么的呢？无论当时是用来固定索桥、是用来镇水的巫术，还是为了达到囊括宇宙的目的，黄河古蒲津桥铁牛都是中国的无价之宝，是中国古代劳动人民智慧的结晶。

## 乐山巨佛何故隐睡山间

大自然真是神奇，创造出如此活灵活现的乐山巨佛，乐山巨佛隐睡在山间成了一个美丽而神秘的地理景观。

乐山巨佛

1989 年 5 月 11 日，广东省顺德区冲鹤乡 62 岁的潘鸿忠老人正在兴致勃勃地游览乐山名胜。5 月 25 日，回返家乡的潘老在朋友们的索要下，将照片拿出来看，友人们大加赞赏。当时潘鸿忠也在一旁审视，不料当看到那张古塔风景照时，他突然感到照片中山形恰如一健壮男子仰卧，细看头部，更是眉目传神，十分逼真。老人兴奋不已，给大伙儿看后，无不称奇。

消息一经传出，许多参观者也都惊奇不已。四川省文化厅文化通讯室派考察组专程赴乐山考察，给予了肯定。从照片上看去，实有一巨佛平静地睡躺在江面上，仰面朝天，高突的前额，圆润的鼻唇，四肢皆备。

“横看成岭侧成峰，远近高低各不同”。“巨佛”景观不是随处可见，观赏巨佛的最佳地点是乐山河滨“福全门”，在这里举目望去，清晰可见仰睡在青衣江畔的巨佛的魁梧身躯，对应着湍流的河水，巨佛似乎在微微起伏。那形态逼真的佛头、佛身、佛足，分别由乌尤山、凌云山和龟城山三山联襟构成。仔细观察佛头，就是整座乌尤山，其山石、翠竹、亭阁、寺庙，加上山径与绿荫，分别呈现为巨佛的卷卷发鬓、饱满的前额、长长的睫毛、平直的鼻梁、微启的双唇、刚毅的下颌，看上去栩栩如生。再详视佛身，那是巍巍的凌云山，有九峰相连，宛如巨佛宽厚的胸脯、浑圆的腰脊、健美的腿胯。远眺佛足，实际上是苍茫的龟城山的一部分，其山峰恰似巨佛翘起的脚板，好似顶天立地的“擎丘柱”，显示着巨佛的无穷神力。总观全佛和谐自然，匀称壮硕的身段，凝重肃穆的神态，眉目传神，慈祥自如，令人惊诧不已。全佛长达四千余米，堪称奇绝。在此处往南眺望，或春或夏、或早或晚、或万里晴天、或云雾弥漫，“巨佛”均可一收眼底。那巨大的身影，伴随着三江流水、四季风云，似隐似现，与嘉州山水浑然一体，给来来往往的游人一种江山多娇的美的享受、一种妙趣天成的文化熏陶。

然而，更令人称奇的是那座天下闻名的乐山大佛雕，恰恰正耸立在巨佛的胸脯上。这尊世界最高最大的石刻坐佛，身高达 71 米，安坐于巨佛前胸，正应了佛教所谓“心中有佛”“心即是佛”的禅语，这是否是乐山大佛暗示的“天机”呢？

“巨佛”山体是距今一亿二千万年前的白垩纪上统夹关组紫红——砖红色砂岩。战国晚期，秦蜀守李冰“凿离堆”，乌尤山山体有所改变。汉代，三山均为墓地，建造了成百上千的崖墓。凌云、乌尤之间的麻浩崖墓内，刻有一尊我国最早的摩崖佛像。唐代，乌尤山、凌云山佛教大兴，建有乌尤寺、凌云寺，开凿了乐山大佛。灵宝塔始建于唐代，宋以后历代均有维修。曾有这样一个民间传说：唐代观音菩萨的化身叫“面然”，指“乌尤大士”之意。这些相关的自然、人文历史奇妙地结合，把“巨佛”作为一种文化现象，展现到了人们的眼前。那鬼斧神工的奇特景观，为名城乐山增添了神奇的一笔。

据研究乐山大佛文化和文物部门的专家们介绍，迄今为止，还没有发现和听说关于巨佛的文字记载和民间传说。那么，巨佛是纯属山形地貌的巧合吗？但为何佛体全身，人工的刀迹斧痕比比皆是呢？又为什么在一千两百多年前的唐代开元年间，海通法师劈山雕琢乐山大佛，偏偏选中了凌云山西壁的栖鸾峰，并雕在巨佛心胸处呢？当今，乌尤寺的僧人，身居佛中却未知巨佛。如今，一经点破，再看乌尤山，竟犹灵佛所致。除了巨佛形成之谜以外，再就是“福全门”之谜了。据四川省文化厅考察组报告说，要看到楚楚动人的巨佛身形，其最佳位置只有一处即“福全门”。其他任何一处观赏的效果都不是最好。

现在，前往乐山来观赏这座巨佛的人们络绎不绝，乐山巨佛之谜期待着早日被人们解开。

## 泰山无字碑是何人所立

泰山之称最早见于《诗经》，“泰”意为极大、通畅、安宁。《五经通义》云：“宗（泰山），长也，言为群岳之长。”泰山最引人入胜的地方就是，泰山是中国历史上唯一受过皇帝封禅的名山。同时泰山也是佛、道两教兴盛之地，是历代帝王朝拜之山。历代帝王所到之处，建庙塑像，刻石题字，留下了众多文物古迹。

泰山无字碑

泰山是五岳之一，又称岱山、岱宗、岱岳、东岳、泰岳等，是中国名山之冠。泰山立于我国山东省中部，其山势雄奇，景色秀丽，居五岳之首，故泰山在古代又被称为“五岳之长”“五岳独宗”“五岳独尊”。

在泰山玉皇顶玉皇庙门前有一座高 6 米，宽 1.2 米，厚 0.9 米的石碑。碑顶有石覆盖，碑身石色黄白，形制古朴浑厚，但是石碑上却连一个字也没有，因此，这座石碑也被人们称之为“泰山无字碑”。也正因为它没有任何文字，所以从古至今人们一直在研究它，也形成了许多的观点。

第一种观点认为无字碑是秦始皇所立。其根据是古人一些关于无字碑的诗文。明朝王在晋曾吟:“东海长流石未枯,山灵爱宝隐元符;纵教烈焰焚经史,致使秦碑字也无。”清代乾隆皇帝更断言:“本意欲焚书,立碑故无字;虽云以身先,大是不经事。”

但是这却与史书记载有很大矛盾。《史记·秦始皇本纪》载,始皇二十八年(公元前219年),秦始皇第二次出巡,与原鲁国的儒生讨论封禅望祭山川的事情。于是“上泰山,立石,封,祠祀……刻所立石,其辞曰:皇帝临位,作制明法,臣下修饬。二十有六年,初并天下,罔不宾服。亲巡远方黎民,登兹泰山,周览东极”。这段记载证明秦始皇虽然确实在泰山立过碑,但是立的是有文字的石碑,而不是无字碑。再者,秦始皇焚书是在秦始皇三十四年(公元前213年)接受李斯的建议后才发生的事情,他不可能在六年前就有焚书的计划,还因此立碑。

有人提出另一种推测,认为此碑原来是有字碑,但是经过风雨的侵蚀,文字被风化剥落,就形成了今天的无字碑。但是这一说法也存在问题。观察现存的无字碑,其风化情况并不严重,而且它在宋代已经被称为无字碑。而在秦二世元年(公元前209年)由丞相李斯篆书镌刻的胡亥诏书在宋代尚能辨认146个字,明代嘉靖年间也还残存29个字,如果无字碑也是秦代所立,那么到了宋代不可能剥蚀得一字不存。那么,无字碑既然不是秦始皇所立,又是谁所立的呢?

第二种观点认为是汉武帝所立。据《史记·封禅书》记载,元封元年(公元前110年),汉武帝前往泰山封禅,“东上泰山,泰山之草木叶未生,乃令人上石立之泰山巅”。可见,汉武帝确实在泰山上立过石碑。而且史书上都只说汉武帝“立石之泰山颠”,却没有“刻所立石”的记载,因此说无字碑是汉武帝所立,并不是没有根据的。清代顾炎武在《山东考古志补录·辨无字碑为汉碑》中力主无字碑就是汉武帝所立。他说:“始皇刻石之处凡六,《史记》书之甚明……无不先言立,后言刻者。惟于碣石则云刻石碣门。门自是石,不需立也。古人作史,立字之密如此。使秦皇别立此石(指无字碑),秦碑焉得不记?使汉武有文刻石,汉史又安敢不录乎?”其意思是说《史记》记载秦始皇立石和刻石分得十分清楚,《史记》对“立”和“刻”都做了明确的记载。如果秦始皇在泰山立了一块无字碑,《史记》是不可能不记载的。同样,如果汉武帝在泰山立碑刻文,《史记》《汉书》也是不可能不记录的。

顾炎武的说法虽然看上去十分有说服力，但仔细思考却仍有许多的疑问：虽然《泰山志》载《阮氏封泰山论》称“秦始皇、晋武帝、隋文帝、唐太宗议封禅或行或不行，非也。此皆易姓一天下之君，当刻石记号也。汉武帝、魏明帝、北齐文宣王、唐高宗、玄宗、宋真宗、明成祖封禅或行或不行，亦非也。此非易姓一天下之君，不当刻石记号也。”意即不是开国皇帝，是没有资格在泰山刻石记号的。但是以汉武帝好大喜功的性格，他会放弃在泰山碑上留下文字的机会吗？而汉武帝完全可以援引秦二世胡亥的做法来为自己歌功颂德。

看来，无字碑究竟是谁所立，还需要更多的证据才能找出答案来。

## 悬崖上的巨型足迹是谁所留

在我国四川一带经常会有神秘的巨型脚印被发现，而悬崖上的巨型脚印就更加让人费解。

在四川邦达至昌都的公路边悬崖峭壁上，印有一左一右两个一人余高的巨型神秘脚印。据目测，两个巨型脚印在离地七八米高的悬崖峭壁上，长约 140 厘米，宽约 40 厘米，一左一右前宽后窄，绝非人工雕刻。

面对这种奇怪的现象，人们不仅会问，这两个地方的脚印究竟是谁留下的？有没有什么内在联系？消息一经传出，吸引了无数好奇者来探访，许多地质学家、人类学家、古生物学家们都纷纷来这里，一探究竟。

据当地人介绍，1997 年扩建邦达至昌都公路时，施工队沿途开山炸石，一声炮响后，一块巨型岩石从此处落下，人们惊讶地发现被炸开的峭壁横切面从下至上有一串巨大的脚印。其中下方三个脚印已模糊不清，而最上面两个脚印却保存完整。

如此神秘的悬崖脚印给人们带来了无穷的遐想。有的人提出，这两行脚印极有可能是外星人来此遗留下的印记，他们或许是为了下次再来地球造访时便于寻找而为的，抑或许外星人为了证明自己来到过这里，而做的类似与我们经常到了一个景点之后所写的“到此一游”以资纪念；还有人认为这两串脚印可能是冰山雪人留下来的。但是，这两种说法都没有一定的科学证据来进一步证明，因此，都只是推测。

无独有偶，在神秘脚印消息传出不久之后，四川彭州市也有人说有神秘脚印出现。该脚印位于彭州市新兴镇狮山村。在该村狮子山一峭壁由下至上也有一大一小两行神秘脚印,右侧一行脚印长约 40 厘米,状如人脚形;左侧脚印约 10 厘米,碎步难辨。这两行脚印蜿蜒延续十多米。

据当地的居民说,这两行脚印是有一个传说的。传说这两行脚印是当年二郎神在收孽龙的时候留下来的脚印。由于孽龙兴风作浪水淹彭州震怒玉帝,二郎神受命收服它。孽龙闻风而逃,带着哮天犬紧追的二郎神挥剑斩之,孽龙腾身闪躲,二郎神一剑把这狮子山腰一巨石劈为两半。孽龙飞上峭壁,二郎神和哮天犬步步紧逼,遂在峭壁上留下一串脚印。孽龙侧身钻进峭壁左下侧,顺着山洞逃到都江堰,二郎神费尽周折才在都江堰将孽龙制服,镇于伏龙观下。

被"劈开"的裂缝非常平整,内侧生有暗红色苔藓,相传这是二郎神剑劈岩石留下的铁锈。传说中孽龙逃窜时所穿山洞,其洞口如今已被树木掩映。据说上世纪初,当地人组织入洞寻找"通往都江堰"的出口。洞内虽无歧路,但因河沙堵塞,估计有暗河存在,行走艰难。当探险队点燃第七根蜡烛继续前行时,突然阴风大作,吹灭了蜡烛,也吹灭了探险队最后的信心。

关于这两串神秘的脚印的来历,还有其他版本的传说。据说当年,四处捣乱的孽龙来到关口(现彭州九龙镇),一时兴起就撒了一泡尿,哪知竟使整个彭州陷入一片汪洋大海!正在都江堰治水的李冰立即派儿子李二郎赶来收服孽龙。激战中,李二郎一剑竟将山腰一块巨石劈成两半,四射火星溅在峭壁上顿时化作艳丽金黄的金采花。孽龙逃往都江堰,被李冰布下的天罗地网捕获,遂将其镇于伏龙观下。李二郎骑着战马跃上峭壁腾云而去,神秘脚印从此永留人间。

以上两个传说把这两串脚印的来历描述得绘声绘色,但是,毕竟传说就是传说,并没有一定的事实依据。不可以用来作为科学解释。

据当地的村长称,在这两串脚印的附近十里以外的地方还发现了巨型椭圆形的"铁蛋",该铁蛋色泽鲜艳,当把其磕开后发现里边有内核,据此,可以判断,或许这个铁蛋就是恐龙蛋的化石。如果这个铁蛋是恐龙蛋的化石的话,那么这悬崖上的脚印也就可能是恐龙遗留下来的脚印。

在 1981 年,狮子村附近的蟠龙村又有人发现了不明脚印。经测量脚印长 32.5 厘米,最长脚趾达 17.5 厘米,两脚间距为 96 厘米。估计恐龙体长 7 米,重达数吨。

据考古专家研究证明,这些脚印竟然是距今两亿多年前的晚三叠纪恐龙脚印。

这样的考古发现给人们带来了不小的惊喜,难道这里原来就是恐龙生活过的地方吗?所有的这些脚印都是恐龙留下来的吗?那么,悬崖上的巨大脚印又该如何解释呢?难道恐龙会在悬崖上走路?

针对这个问题,有人认为,悬崖上遗留下来的脚印或许是由于地壳运动,导致的山体位移,进而成为现在的情形的。但是这种解释的准确率有多高呢?这种说法也只是推测,并没有找到相关的证据表明这里在很久之前发生过剧烈的地壳运动。

这样,悬崖上的巨型脚印就显得更加扑朔迷离了,其形成原因我们也就不得而知了。期望通过更加深入的研究解开悬崖巨型脚印之谜。

## 第六节　沧海桑田的历史

沧海变桑田,许多古老的地理都在历史中渐渐披上了神秘的面纱,让我们怀着更加好奇的心情,去不断追寻那些有着不同意义的古地。追寻着历史的足迹,我们不辞艰辛迫切地想揭开历史神秘面纱掩盖下的重重史迹。二十四桥今在何方?天涯海角“花落谁家”?这些问题的答案,或许这沧海桑田的历史会给我们一些暗示。

### 牛河梁遗址和女娲有关

1979 年至 1985 年,考古学家先后在辽宁西部的喀喇沁左翼蒙古族自治县东山嘴村,以及凌源、建平两县交界处的牛河梁村发现大型祭坛、女神庙和积石冢(小金字塔)遗址,出土了许多令人震惊的文物。据考证,这些遗址距今已有 5500 年。

在我国古代流传最广的一个神话就是“女娲补天”。传说在洪荒时代,水神共工和火神祝融因故吵架而大打出手,最后祝融打败了共工,水神共工因打输而羞愤地朝西方的不周山撞去,哪知那不周山是撑天的柱子,不周山崩裂了,支撑天地之间的大柱折断了,天倒下了半边,出现了一个大窟窿,地也陷成一道道大裂纹,山林烧起了大火,洪水从地底下喷涌出来,龙蛇猛兽也出来吞食人类。人类面临着空前大灾难。女娲目睹人类遭到如此奇祸,感到无比痛苦,于是决心补天,以终止这场

牛河梁遗址

灾难。她选用各种各样的五色石子，架起火将它们熔化成浆，用这种石浆将残缺的天窟窿填好，随后又斩下一只大龟的四脚，当作四根柱子把倒塌的半边天支起来。女娲还擒杀了残害人民的黑龙，刹住了龙蛇的嚣张气焰。最后为了堵住洪水，女娲还收集了大量芦草，把它们烧成灰，埋塞向四处铺开的洪流。经过女娲一番辛劳整治，苍天总算补上了，地填平了，水止住了，龙蛇猛兽敛迹了，人们又重新过着安乐的生活。但是这场特大的灾祸毕竟留下了痕迹。从此天还是有些向西北倾斜，因此太阳、月亮和众星辰都很自然地归向西方，又因为地向东南倾斜，所以一切江河都往那里汇流。当天空出现彩虹的时候，就是女娲的补天神石的彩光。

虽然女娲补天是个传说，但是很多人都相信有历史的原型。那么，女娲真的存在吗？

有人说牛河梁遗址与女娲有关。

牛河梁遗址位于中国辽宁省凌源、喀左、建平三市、县交界处，因其山下的牤牛河而得名，属于红山文化晚期遗存，是全国重点文物保护单位，曾被评为"中国20世纪100项考古大发现"之一。

牛河梁遗址是距今约5000多年的大型祭坛、女神庙和积石冢群址，其布局和性质与北京的天坛、太庙和十三陵相似。5000年前，这里存在着一个具有国家雏形的原始文明社会。这一重大发现把中国古代史的研究从黄河流域扩大到燕山以北的西辽河流域，并将中华文明史提前了1000多年。这一考古新成果对中国上古时代社会发展史、思想史、宗教史、建筑史、美术史的研究产生了巨大影响。

在遗址出土的文物中，有一尊完整的与真人一样大的泥塑女神头像最为珍贵。她的面部为朱红色，两颧突起，圆额头，扁鼻梁，尖下巴，是典型的蒙古利亚人种，与现代华北人的脸型近似。与女神像同时出土的还有六个大小不同的残体泥塑女性裸体群像。这6个塑像有的有圆润的肩膀，完整的手臂，最小的泥塑和真人大体相近。出土的大鼻、大耳竟等于真人的3倍。

牛河梁神庙出土的这些彩塑神像可与西方的维纳斯相媲美。人们在已经出土的女神像上臂塑件空腔内发现了肢骨，因遭火焚多成灰渣，专家推测有可能是人骨。

有学者从中亚曾有在人头骨涂泥成像的崇拜形式推测，这座女神像有可能是以现实中的人物为依据塑造出来的。那么，女神像就不单单是艺术造型了，而是中华祖先5000年前的形象。

那么，牛河梁女神像是否和传说中的"女娲氏"有关呢？据古籍记载，女娲的第一大功劳就是"抟黄土做"。而牛河梁女神带有肢骨的塑件，与古籍记载有惊人的相似。

有专家据此推测，牛河梁女神庙可能就是当时的原始古国对女娲的一种回忆、崇拜，而古代传说中最高统治者的祭祀方式——"郊""燎"等也可能在此举行。

在距离牛河梁女神庙1000米的地方，有一座小山，据考证，这座小山全部是用人工夯筑起来的，地上部分夯土堆直径近40米，高16米，外包巨石；内石圈直径为60米，外石圈直径约为100米。夯土层次分明，估计总土方量在数十万立方米以上。据专家说，在发现小山的初期，山上到处散布着带有红山文化特征的"之"字纹彩陶片以及冶铜坩埚片。而小山顶部是炼铜遗址，有1500个炼红铜的坩埚，每一坩埚约有1尺多高，锅口约有30厘米，像现代人用的水桶一般大小。

小土山的形状是圆锥形，小抹顶。人们在小山周围还发现了30多座积石冢群址，整个积石冢群都是圆锥形，大抹顶。和古埃及金字塔的布局是一样的，古埃及也是以大金字塔为中心，周围是小金字塔群。故考古专家将其称为中国的"金字塔"。

登上山顶，人们发现女神庙遗址与"金字塔"在一条南北线上，而东西两侧的

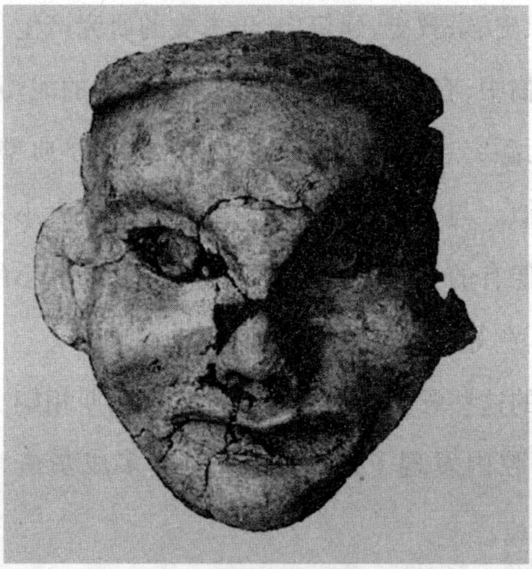

牛河梁女神庙遗址出土的泥塑

积石冢群址与“金字塔”等距离地排列在一条线上，这种布局使人明显地感受到“金字塔”的中心地位。

那么，这座“金字塔”似的建筑到底是做什么用的呢？有人认为可能是辽西原始文明古国用以祭天的坛；也有人认为是王者的陵墓；还有人推测与神话传说中的女娲有关。传说女娲补天时“乃炼五色石以补苍天”。因此，后人将彩色异常的石头称为“女娲石”。而牛河梁大金字塔顶炼红铜的遗址，与此神话传说中女娲炼五色石极相吻合。

考古工作者还在小金字塔群中发现了大批玉器。还在一座积石冢中出土一具完整的男性骨架。他的头部两侧戴有两个大玉环，双手各握一玉龟，一雌一雄，相配成对。有学者认为玉龟可能是当时的氏族部落集团的图腾崇拜物或保护神。但奇怪的是这两只玉龟均无头无尾无足，浑然一体。它们象征着什么？而古籍记载，女娲补天时“断龟足以立四极”。这无头无尾的玉龟不也是和神话传说相契合吗？

有谁会想想到，人们竟然在5000多年后会在牛河梁遗址找到了和女娲神话有关的遗迹。若要解开这些谜团，还需人们的进一步探索。

## 闽南“仙字潭摩崖石刻”是谁留下的

我国闽南仙字潭河道曲折，云雾缭绕，草木苍郁，潭水清澈可鉴，卵石游鱼历历可数。在仙字潭的崖壁上刻的字符神奇莫测，这到底是谁的杰作呢？

仙字潭摩崖石刻

在我国福建省漳州市华安县沙建镇许田村，九龙江支流的汰溪下游，距漳州市区 34 公里的地方，这里两山夹峙，溪流弯曲成潭，北岸峭壁林立，岩壁上散布着几组古怪苍老、似字又有别于传统观念上的文字，似画又过于抽象变形的文化符号，由于年代久远，深奥难懂，讹传为神仙所书，故名“仙字潭”。

仙字潭摩崖石刻共有 6 处，自东往西长 30 多米。除一处汉字“营头至九龙山南安县界”外，其他 5 处共 36 个符号，最大的长 0. 74 米、宽 0. 35 米，最小的长 0. 13 米、宽 0. 1 米。所刻文字多者一二十，少者仅一二字。这些字排列无序，笔画不整，深浅不一，既像图画，又像文字，有的如王者坐地，有的仿佛武士争斗，有的若舞女蹁跹，有的如兽面狰狞，有的像俘虏被执，有的似人首落地，千奇百怪，其意难以索解。

据说，闽南的这个奇特的“仙字潭”里面包含着古中国东南的历史和社会情况，谁破译了这些密码，谁就能揭开这片土地的秘密。

自 20 世纪初以来，仙字潭即引起中外学者的广泛关注，但由于其本身的奥秘，学者们仁者见仁，智者见智，并未形成统一的看法，争论的焦点集中在对仙字潭文字的释读、石刻的年代以及文字的族属等问题上。

据初步考证，对这些摩崖石刻有不同解释，一种意见认为，是类似甲骨文或商周青铜器铭文，并试释读其中一些文字；另一种意见认为，是古代土著民族活动的记事岩画，内容大致为描写部落酋长庆功宴乐的场面，记录战绩，以示武勇。

对仙字潭石刻的年代也是众说纷纭。有的把年代最晚定在隋唐；有的认为其最早不过晚商，下限在春秋晚期；也有的认为可能在商周之间，距今约二三千年。关于石刻年代论述得比较具体的是福建岩刻字流行的时代，应当是在楚灭越时，大约是在战国晚期；至于这种“古越文”产生的时代，可能在战国初期，甚至上推到春秋时期为最晚，应比隋唐早，但不晚于西汉初期，即不晚于武帝强令东越、闽越北迁江淮之时，公元前 110 年左右。

这些石刻究竟属于那个民族的文化遗存也有争论。一种认为是古代“七闽”

部落的遗迹，一种认为是古代番族、吴族、越族之间一次战争的记功石刻，一种认为是畲族先民遗下的文字。此外，还有蓝雷族说。其中古越族说，从地域及历史背景、石刻文字形态结构、内容进行分析所得结论显得较为成熟。这些石刻吸引了古今许多名人学者。《漳州府志》载，唐朝就有人持其拓本到洛阳求教于韩愈。此外，华安境内还散布着蛇形、动物、蹄印、星宿等多种岩画。

闽南的仙字潭摩崖石刻在今天仍是一个众说纷纭的谜，相信不用多久，我们将揭开仙字潭摩崖石刻的这层神奇的"仙衣"。

## 红崖天书是一道"伐燕诏檄"吗

红崖古迹，原名"红岩碑"，位于贵州省关岭布依族苗族自治县城东约 15 公里晒甲山半山。清道光《永宁州志》载："晒甲山即红岩后一山也，崔巍百丈……俗传武侯南征晒甲于此"。又称"红岩山"。红崖天书自古以来都备受人们的关注。

红崖天书

在距黄果树瀑布约 7 公里的红崖山的半山上，有一块巨大的浅红色绝壁，壁长 100 米，高达 30 多米，石壁上有 20 多个深红色的形似古文的符号，仔细看之，似篆非篆，若隶非隶，非镌非刻，横不成列，竖不成行，大者如斗，小者如升，且均透出一种古朴苍劲的韵味。这些神秘的符号被称为"红崖天书"。自明代嘉靖年间起，许多文人雅士曾来此地吟诗作赋，对它进行研究。先后有拓本、摹本、缩刻本等问世，并被收入全国性的碑刻著录。对红崖天书的由来，有三种代表性的说法：一说是三国时诸葛亮南征时留下的遗迹，故又名"诸葛碑"；二说是殷高宗伐鬼方时的纪功碑；三说是蜀汉时彝族首领济火协助诸葛亮南征有功，此碑就是用古彝族文字书写的济火纪功碑。关于崖壁上符号的释义，也众说纷纭，但都百思不得其解，至今仍是一个谜。

近年，学者林国恩对"红崖天书"有了全新诠释。学术界人士普遍认为，林国恩对这个千古之谜的破译，与其历史背景、文字结构、图像寓意相吻合，具有可信度和说服力。这一成果包括考证要点和译文两方面。考证要点是:确认清代瞿鸿锡摹本为真迹摹本;文字为汉字系统;全书应自右至左直排阅读;全书图文并茂,一字一图,局部如此,整体亦如此。从内容分析,“红崖天书”成书约在 1406 年,是明初建文皇帝所颁的一道讨伐燕王朱棣篡位的“伐燕诏檄”。全文直译为:燕反之心,迫朕逊国。叛逆残忍,金川门破。杀戮尸横,罄竹难书,大明日月无光,成囚杀之地。须降伏燕魔,作阶下囚,丙戌(年)甲天下之凤皇(御制)。

尽管林国恩的破译有根有据,但也有人反对,认为清光绪二十七年(1901 年),永宁州团首罗光堂为了晋级想要拓印一大批红崖天书,好送给顶头上司,便命令工匠用桐油拌石灰涂凸字面,使字变成阳文进行拓印,之后又命令工匠用锤钻将桐油石灰铲平,让人参照还残留的某些笔画,随意乱刻上一些似文似图的字。红崖天书的本来面目给彻底破坏了。此后,许许多多的官员和文人便依照着自己的想法和猜测,模拟出了各种各样的红崖天书。红崖天书的真迹或许早已不见,现在的红崖天书不过是残留的笔迹,各种猜测都有可能是真的。

目前关于“红崖天书”没有详细的古文字资料,年代又比较久远,所以现在的研究只能处于猜测阶段。可以说,哪一种说法都似乎有道理,但哪一种说法都站不住脚。也有人提出另一种观点,认为“红崖天书”可能属于某个少数民族的,不是用来记述某件大事,而是用来歌颂神灵或记述一些民族活动的。不管怎样,没有了红崖天书的真迹,一切猜测只能是猜测。

## 残粒园不是苏州最小的园林

苏州古典园林的历史可上溯至公元前 6 世纪春秋时吴王的园囿,私家园林最早见于记载的是东晋的辟疆园,历代造园兴盛,名园众多。明清时期,苏州成为中国最繁华的地区之一,私家园林遍布古城内外,达到二百余处,现在保存尚好的有数万处,因此使苏州素有“人间天堂”的美誉。残粒园就是其中一座小型园林。

残粒园位于苏州市内装架桥巷 34 号,建于清末,面积只有 140 多平方米。其名字来源于唐代诗人李商隐的“红豆琢残鹦鹉粒”。残粒园一直被公认为是苏州最小的园林。残粒园原为扬州一盐商所有,但是后来几经转卖,在 20 世纪 20 年代由画家吴待秋买下,并由东园更名为残粒园,现在为吴门宅院。残粒园位于整个住宅的东侧。虽然残粒园面积很小,但是却是独具匠心,别具风格。从北向的“锦窠”入园,迎面有湖石峰为屏障。园中央以水池为中心,池岸全部湖石迭砌,以石矶挑于池面,东南墙角和池岸边,各立石峰与入门处的石峰相呼应。在墙的周围种植着桂花、蔷薇等植物,就连墙壁也爬满藤萝,使得整个园林都掩映在一片绿色中。园西依山墙叠黄石山,山顶有括苍亭。亭内设坐榻、壁柜、博古架和鹅颈椅,此亭是全园的最高点,登高远眺,可观全园。由于残粒园布置得十分得体,因此,素有“以小见大”的美称。

但是有人对残粒园是苏州最小的园林提出质疑。据吴氏后人说,率先提出残粒园是苏州最小园林的古建专家刘敦桢氏在走访残粒园时,由于时间紧张,他只看了这座宅院的园林部分,而没有看住宅全貌,因此他就误认为残粒园是苏州最小的园林了。

从整个住宅出发,这个宅院的范围确实很大。在园林西侧有一座可以出入的花厅。花厅的背面是一株有几百年历史的广玉兰树。在花厅的前厅,还有一座假山,假山内叠石成一个小小的石穴,称为“小天池”,因与泉眼相连,四季都有泉水冒出。往花厅西有一座庭院,种植着牡丹。它的前面是玉兰厅,原是吴待秋作画之处。

有人经过调查后认为,当年此园取名为“残粒园”确有小巧玲珑之意,但是就借此说残粒园是苏州最小的园林还是有些武断。而划分残粒园大小的关键在于与住宅界限的问题,如果将厅堂及其他庭院都划入园林部分,那么残粒园的面积就不是最小的了,但如果不将厅堂及其他庭院划入园林,那自然是苏州最小的园林了。由于苏州的私家宅园往往是园林和住宅相连,所以很难明确划分出明确的界限。因此,对残粒园是否是苏州最小的园林的说法也就无法正确地判断了,意见也就无法得到统一。

## “二十四仙桥”之谜

扬州二十四桥是唐朝江南的胜景之一,是昔日扬州禁苑繁华、风流盛事的象征。晚唐著名诗人杜牧在《寄扬州韩绰判官》中把二十四桥描绘得美轮美奂,这首诗的问世,使二十四桥一举成名,但也给后人留下了一个千古之谜。

杜牧在《寄扬州韩绰判官》诗中写道:“青山隐隐水迢迢,秋尽江南草未凋。二十四桥明月夜,玉人何处教吹箫?”还有唐代诗人韦庄的《过扬州》诗最后两句也对二十四桥有过描述:“二十四桥空寂寂,绿杨摧折旧官河。”此外在其他诗文中再也找不到二十四桥的踪迹。五代时,由于战乱,扬州沦为一片废墟,而作为扬州繁华的结晶——二十四桥,也为人们所淡忘。再后来,“二十四桥在什么地方”也就成了一宗疑案。南宋的王象之在《舆地记胜》中说:“二十四桥。隋置,并以城门坊市为名。后韩令坤省筑州城,分布阡陌,别立桥梁。所谓二十四桥者,或存或亡,不可得而考。”

扬州二十四桥

宋代科学家沈括曾经对二十四桥循着名字一一查找,在《补笔谈》中写道:“最西浊河茶园桥,次东大明桥,入西水门有九典桥,次东正当帅牙南门,有下马桥,又东作坊桥。桥东河转向南,有洗马桥、次南桥、又南阿师桥、周家桥、小市桥、广济桥、新桥、开明桥、顾家桥、通泗桥、太平桥、利国桥。出南水门有万岁桥、青园桥。自驿桥北河流东出,有参佐桥,次东水门东出有山光桥,又自牙门下马桥直南……”沈括在上面所列桥的名称凑成二十四桥之数,但是下马桥系明显重复,浊河下无“桥”字,亦难定为桥名,而极负盛名的禅智寺桥未列入其中,这不能不算是沈括的疏忽。

二十四桥历来纷争不已,关于它的说法也不尽相同。

第一种说法是认为二十四桥是一座桥。自宋代以来,二十四桥的几种说法已逐渐形成。其中能够确指是一座桥的,首推大词家姜夔。他在淳熙三年(1176)冬至日来扬州,写下《扬州慢·淮左名都》的诗,其中写道:“二十四桥仍在,波心荡,冷月无声。念桥边红药,年年知为谁生?”这种写法,似乎是一座桥了。宋代还有几位诗人,他们描写的二十四桥,亦可认为是指一座桥。

第二种说法是认为二十四桥是二十四座桥。据《一统志》载,隋朝时曾置二十四桥于扬州,唐朝时仍可见到那二十四座桥,分布在当时扬州最繁华的街道上。有说,唐代末年的战乱,使桥全部倾毁了,但这只是猜测。又据说,到了明朝,二十四桥已全部毁坏,故明代程文德有“二十四桥都不见”的诗句。后来便有人认为“二十四桥”出现在文学作品中,不必太拘泥于现实。

第三种说法是认为二十四桥仅仅是泛指、代指。我国向来就有对数字概念采取含蓄、朦胧、夸张的方式来表达,尤其在诗词中为说明事物的不凡、感情的激越,常常使用夸张数字,并不采取绝对数字。譬如“白发三千丈”“飞流直下三千尺”“山道十八弯”“三百六十行”等,并非确数。那么杜牧的二十四桥是否也用了这样的手法来泛指扬州桥梁之多呢?这也是一种推测,是一种猜想的说法。

第四种说法认为二十四桥只是排序编号。有人认为,二十四桥是扬州城里排序编号为第二十四座的桥。依据是诗歌中常出现把桥编号的句子,如杜甫:“不识南塘路,今知第五桥”;张乔《寄扬州故人》:“月明记得相寻处,城锁东风十五桥”等。还有,宋代文人姜夔不仅在《扬州慢》中写过二十四桥外,还在《咏芍药》中写下这样的句子:“红桥二十四,总是行云处。”那么,二十四是不是红桥的编号呢?他在《过垂虹》中有“曲终过尽松陵路,回首烟波十五桥。”尽管姜夔没有在数字前加“第”的字样,但使读者隐隐感觉到,编号说似乎存在过。或许在唐宋时期,扬州有很多桥,桥名不够用,只好用编号来代替。就像现在的城市小区内有几号楼一样。应该说这也是一种猜测,仅仅从古人的诗句来确定编号说法,显然没有足够的说服力。

第五种是一种传说。据明代齐东野人所撰《隋炀帝艳史》载:在一个月中天的夜晚,隋炀帝偕同萧后及十六院夫人等,至新造的一座桥梁上赏月,命朱贵儿吹紫竹箫,箫声飘飘有云之响,当时桥未定名,萧后请炀帝命名,因同游者二十四人,故名二十四桥。这种趣谈常为人乐道,其实是作者从杜牧诗中的明月、玉人、吹箫等字面而牵强附会出来的,不足为信。

二十四桥到底坐落于何处?到底是一座桥,不是二十四座桥?目前还没有得出一个唯一的答案,只是百家争鸣、众说纷纭。因此,二十四桥也就成了一个难解的谜。

## 苏州的“七塔八幢”是什么

苏州坐落于长江三角洲地区的地理中心,太湖之滨,长江南岸的入海口处,京杭大运河、京沪铁路和多条高速公路贯穿全境。苏州也是中国首批国家历史文化名城,全国重点风景旅游城市,还是四个全国重点环境保护城市之一。

苏州建城于公元前514年,吴王夫差的父亲阖闾命伍子胥建阖闾城,苏州又有姑苏、吴都、吴中、东吴、吴门和平江等多个古称和别称。苏州自有文字记载以来的历史已有四千多年,是全国首批二十四个历史文化名城之一。隋文帝开皇九年(公元589年)始定名为苏州,以城西南的姑苏山得名,沿称至今。从六朝起,在苏州古城就开始建造大批寺庙,据清同治《苏州府志》记载,所属长、元、吴三县,就有寺庙260多所。这些寺庙许多都是规模宏大,寺内还建有众多的佛塔,风格迥异,将苏州装扮成一座"宝塔之城"。在古代苏州一直有"七塔八幢"之说,但是关于其具体内容却说法不一,让人迷惑。

1.关于"七塔"

有文字记载说最早的七塔是建造在一起的,但毁于后来的战火中。据明王鏊《姑苏志》记载:妙湛寺在长洲县东(今十梓街东段),宋初开宝年间建造七塔,至建炎年间,毁于兵火……今呼为"七塔寺",地名七塔寺前巷。但在南宋的《平江图》中的妙湛寺内仅有一塔,人们猜测可能是战后重建的。后来,在苏州城内又有历代所建造的七塔。据清顾震涛所著《吴门表隐》所载:一在临顿路白塔子桥东堍,名白塔;二在孟子堂东(可能在今宫巷附近);三在朱长巷东口塔弄,名虹塔,清乾隆二年倾圮;四在司狱司衙署内(地点待考),塔内原有宋熙宁年间葛蕃记碑;五在宫巷南口,名雄塔,宋嘉祐五年建,旧有石刻建塔纪年,人于其下摇动,塔上铃铎齐鸣,乾隆五十七年倾圮;六在濂溪坊(今干将路中段),名雌塔,宋靖康初建;第七,妙湛寺塔。但在天灾人祸中,这七塔早已不见踪影了。

还有一说认为七塔是北寺、瑞光、双塔、白塔和北寺塔后的大同塔、专诸巷口王祖师殿后的石塔,但是后面的三座也不存在了。今日所说的"七塔"则是指经过整修过的上方、灵岩、瑞光、双塔、虎丘和北寺塔。

2.八幢

"幢"与塔比较,其规制比较小,是砖砌石筑,层层供佛,但实际上是古代的藏经楼。苏州"八幢"在《吴门表隐》记载:一在孔忖使巷内,名方塔;二在装架桥南堍宝幢寺内,久废;三在洙泗巷南口;四在石塘桥北小桥头(今北寺附近);五在桃花坞石幢弄底;六在因果巷内。而另外两处不详。此外,“八幢”还有一说:西美巷况公祠大殿天井内一座;松鹤板场一座(今干将路西段);濂溪坊甫桥东一座(今干将路中段);思婆巷口一座(可能在今大郎桥巷);恤孤局前一座(今金门内);石塘桥北小桥头,同样有两处也不详。而这六幢也有一部分不存在了。

时至今日,仍然没有人知道“七塔八幢”具体指代的是哪些古建筑,而由于许多古建筑在历史中湮灭了,“七塔八幢”也就更加难以寻觅。

## 天涯海角在何方

在古代,古人认为世界是天圆地方的,“天涯海角”的意思是世界的尽头,代表遥远的地方,所以常被帝王当作流放地,很多犯错的官员都曾被流放到“天涯海角”。

在古籍中,有很多关于“天涯海角”的记载,如徐陵《武皇帝作相时与岭南酋豪书》:“天涯藐藐,地角悠悠了,阴谋诡计面无由,但以情企。”宋朝张世南的《游宦记闻》卷六:“今之远宦及远服贾者,皆曰天涯海角。”唐朝的吕岩《绝句》:“天涯海角人求我,行到天涯不见人。”唐代王勃在《杜少府之任蜀州》诗中有“海内存知己,天涯若比邻。”白居易也曾在《春生》诗中作“春生何处暗周游,海角天涯遍始休”的著名诗句。但是“天涯海角”究竟是指什么地方呢?

“天涯海角”原意是指偏远的地方,但是后来天涯海角似乎成了“专属之地”。而现今认为“天涯海角”就是位于海南三亚市崖县,那是一对高十多米,长六十多米青灰色巨石,两石分别刻有“天涯”和“海角”字样,意为天之边缘,海之尽头。关于“天涯”和“海角”这两块大石头有一个美丽的传说,传说一对热恋的男女分别来自两个有世仇的家族,他们的爱情遭到各自族人的反对,于是被迫逃到此地双双跳进大海,化成两块巨石,永远相对。后人为纪念他们的坚贞爱情,刻下“天涯”“海角”的字样,后来男女恋爱常以“天涯海角永远相随”来表明自己的心迹。1980年第三期的《人民画报》介绍海南风光时曾说:“相传海边石上‘天涯’两字为北宋文学家苏东坡贬谪海南时所题,现已被辟为‘天涯海角’游览区。”在宁山《地理知识》1980年第一期中也说“由于崖县在古代交通闭塞……宋代著名的文学家苏轼曾经被流放到这里,现在这里还保留着苏公祠,祠内有苏东坡的石刻像和数块墨迹碑等。”在那里，不仅有“天涯”“海角”，还有刻着“南天一柱”的巨石。但是为何将崖县定为“天涯海角”呢？自古以来就困扰着史学家。许多学者都不认同崖县的“天涯”二字是苏东坡所题。据《宋史·苏轼传》和《苏东坡全集》，苏东坡于绍圣四年旧历七月三十日从惠州抵达儋州，经居三年，于元符三年（1100年）旧历六月离开海南北上，次年卒于常州，但是没有任何资料证明苏轼曾经被流放到崖县，并在崖县曾经刻书“天涯”二字，所以有人认为崖县苏公祠说应该是张冠李戴，崖县只有唐李德裕祠，而无苏公祠。据《琼州志》记载，苏东坡在海南岛的遗迹和祠堂有儋州市桄榔庵、载酒亭、东坡坐石、海口府城苏公祠等，故苏公祠在海口。张云石在《崖县“天涯”石刻非东坡手迹》认为苏东坡现存四千多首诗中没有一首是写崖州的，因而“天涯”非为苏东坡手迹。郭沫若曾去“天涯”刻石实地查考，指出“相传为苏东坡所书，但字体殊不类”。

一种说法是清代康熙盛世时期，曾进行了第一次全国性版图《皇舆全览图》的测绘活动，位于海南岛南端崖县成为这次测绘中国陆地版图南极点的标志。负责主持测绘的钦差官员们在此处剖石刻碑镌书“海判南天”四个大字，“以为标志，并须永久保存”。清代雍正年间，崖州知府程哲在此镌刻了“天涯”二字。1938年，琼崖守备司令王毅在另一块巨石上题刻“海角”二字，从此以后，这里就被人们称之为“天涯海角”了。

但也有人认为“天涯海角”不应单指崖县一处。据周去非《岭外代答》卷一记载：钦州（今广西灵山）有天涯亭，廉州（今广西合浦）有海角亭。“钦远于廉，则天涯之名甚于海角之可悲矣。”这些记载可以证明早在宋代就已经有“天涯亭”和“海角亭”，并一直保存到明清时候，其“天涯海角”的命名比海南崖县的刻石要早七十多年。

谈起“天涯海角”，很多人都认为它就在海南崖县，但是在我国漫长的历史中，所有地理的定义在各个时期都会有所不同，也许被称为“天涯海角”的地方不止这两个地方吧！

### 香格里拉是传说中的地方吗

美丽的香格里拉一直都是世外桃源的象征，但是香格里拉的真正所在地到底在哪里是人们一直争论的话题，真可谓百家争鸣。

“香格里拉”一词，是1933年美国小说家詹姆斯·希尔顿在小说《失去的地平线》中所描绘的一块永恒、和平、宁静的土地。但是，目前关于香格里拉到底在哪里的问题，存在有许多不同的版本。而迪庆却惟妙惟肖地拥有着詹姆斯·希尔顿书中描写的一切。

迪庆的香格里拉在我国云南省的中甸。中甸位于云南省西北部，连绵起伏的群山之中，著名的梅里雪山脚下，属于迪庆藏族自治州。早在1997年9月，云南省就向外界宣布，香格里拉就在迪庆藏族自治州的中甸。这里有希尔顿小说书中所描绘的景象：有雄奇壮丽的峡谷、金字塔般的雪峰、明镜样的高原湖泊、碧毯似的辽阔草甸、金碧辉煌的喇嘛庙、安静苍凉的古城……还有人与人之间的和平相处，多种民族、多种宗教的并存，人与大自然的和谐共生，无不显示出一个远在东方崇山峻岭之中的永恒、和平、宁静的“香格里拉”。

还有人认为，香格里拉位于云南省西北部云贵高原与青藏高原的连接部位的

中甸香格里拉美景

丽江市，且找到足以说服人们的有力佐证。理由是被西方学者誉为“纳西学之父”的美籍奥地利植物学家、人类学家、探险家约瑟夫·洛克，旅居丽江长达二十七年之久，以毕生精力研究纳西族的东区文化，丽江的文化、地理、动植物，且写成巨著

《中国西南古纳西王国》一书，书中用较多篇幅记录了希尔顿笔下的“香格里拉”。而且称丽江的“香格里拉”比中甸和怒江地区更像希尔顿笔下的“蓝月亮的山谷”，蓝蓝的湖泊，宽阔的草甸。这里的雄古村还有参差错落的农舍，葱茏的翠竹，成荫的栎李，一派田园景色。在雄古村中还保存有清代光绪三十四年的石碑一方，上面“香各(格)里拉”的字迹仍十分清晰，足以说明香格里拉在丽江。丽江境内的玉龙雪山，巍巍雪峰绵绵三十五公里，积雪终年不化。雪山中的峡、湖泊、草甸、雪峰，无一不流露出“香格里拉”的风采。

也有人称香格里拉在云南省西北部的怒江州贡山县丙中洛。地处滇藏交界处、汹涌奔腾的怒江大峡深处的丙中洛，境内层峦叠嶂、江河纵横，大大小小的雪峰绵亘，一片冰雪世界。一座高达5128米的“卡娃卡拉”峰，直插云天，呈圆锥的银色金字塔雪峰，神圣而平和，被列为藏区十大神山之首。山高谷低，纵横幽深，险恶异常的怒江大峡谷群峰突兀，山岭叠翠，江流曲折，惊涛裂岸，一派雄浑气象。《消失的地平线》书中曾写到“香格里拉有金矿，盛产黄金”。丙中洛就是一个盛产黄金的地方，自古这里就有“群山蕴宝，众水流金”之说。丙中洛的境内居住着傈族、怒族、独龙族、藏族、白族等民族，他们分别信奉藏传佛教、基督教，所以现在还有典型的喇嘛院、别具一格的欧式基督教堂的存在。多民族、多宗教的并存，正是“香格里拉”的一个重要内容。

另一种传说是香格里拉是在印度和巴基斯坦交界处的克什米尔地区。这里位于喜马拉雅山西南，四周是银装素裹、冰河悬柱的冰峰雪山，中间却是气候宜人、青葱碧绿，处处是五彩缤纷的梦幻般的雪中绿洲。同样，这里空气清新，民风淳朴而又与世隔绝。因此也有人相信，香格里拉就在克什米尔的某个地方。遗憾的是此地连年战乱，阻挡了人们前去探寻的脚步。

美丽而神秘的香格里拉到底在哪里呢？以上的说法到底那种才是正确的呢？我们期待着这个象征着世外桃源的香格里拉之谜早日解开。

### 黄土的“籍贯”

黄土高原东起太行山，西至乌鞘岭，南连秦岭，北抵长城，主要包括山西、陕西以及甘肃、青海、宁夏、河南等省部分地区。但由于缺乏植被保护，加以夏雨集中，且多暴雨，在长期流水侵蚀下地面被分割得支离破碎，形成沟壑交错其间的塬、梁、峁。不过黄土高原的矿产资源丰富，煤、石油、铝土储量大。

我国是一个黄土分布广泛的地区，黄土高原是世界上最大的黄土集中区，它包括太行山以西、秦岭以北、青海日月山以东、长城以南的广大地区，面积约有六十万平方公里，黄土层厚度达80~102米，最大厚度可达180米~200米。黄土颗粒细，土质松软，含有丰富的矿物质养分，利于耕作，盆地和河谷农垦历史悠久，是中国古代文化的摇篮。但是这么厚的黄土又是从哪里来的呢？

现在影响较大的是风成说，执此说者从分析黄土物质的基本特点入手，认为黄土来自北部和西北部的甘肃、宁夏和蒙古高原以至中亚等广大干旱沙漠区。这些地区的岩石，白天受热膨胀，夜晚冷却收缩，逐渐被风化成大小不等的石块、沙子和黏土。同时这些地区，每逢西北风盛行的冬春季节，狂风骤起、飞沙走石，尘土蔽日。粗大的石块残留在原地成为"戈壁"，较细的沙粒落在附近地区，聚成片片沙漠，细小的粉沙和黏土，纷纷向东南飞扬，当风力减弱或遇秦岭山地的阻拦便停积下来，经过几十万年的堆积就形成了浩瀚的黄土高原。它的形成是经历了几百万年的地质综合作用，通过物源的形成、搬运、分选及堆积成土三个前后相因的历史阶段。而在历史中也有记载：公元前32年（汉帝建始元年）4月的一天，"大风从西北起，云气亦黄，四塞天下，终日夜下着地者黄土尘也。"但是后来科学家却发现有许多问题是风成说无法解释的，如黄土中粗粉沙含量由西北向东南递减，黏土的含量却从西北向东南递增，是自西北向东南的有规律的排列呈叠瓦阶梯状的分布过渡，而不是平面模糊过渡。这种叠瓦阶梯状的分布过渡更像是洪水的杰作。因此，有学者提出黄土主要是由流水作用从离高原不远的周边地区携带来堆积而成。另外，黄土的分布高度有一个极限（高度各地不一），超过这一高度，黄土就不再出现了，这也就否定了黄土是风带来、由天上落下的假说。

还有人认为黄土是高原基岩在千万年的风化作用下就地成土的结果。也有人认为黄土是"土生土长"的，既不是风成的，也不是水成的。

因此，人们至今对黄土的"籍贯"还一直争论不休，谁也没有找到真正可以说服所有人的理论。

## 桃花源在哪里

陶渊明的一篇《桃花源记》中所描绘的幽静典雅的桃花源成为人们向往的境地，但是，桃花源到底在哪里？这是无数寻求世外桃源的人们所提出的疑问。

东晋诗人陶渊明曾做过这么一首诗，名叫《桃花源记》，其中有这样的描述：晋太原中，武陵人，捕鱼为业，缘溪行，忘路之远近。忽逢桃花林，夹岸数百步，中无杂树，芳草鲜美，落英缤纷，渔人甚异之；复前行，欲穷其林，林尽水源，便得一山，山有小口，仿佛若有光，便舍船从口入，初极狭，方通人。复行数十步，豁然开朗，上地平旷，屋舍俨然，有良田美池，桑竹之属，阡陌交通，鸡犬相闻。其中往来种作，男女衣着，悉如外人；黄发垂髫，并怡然自乐。

陶渊明在他的这篇清新、飘逸、光彩而恬淡的《桃花源记》中，憧憬了一个自由、安乐的理想社会，那"芳草鲜美，落英缤纷"的桃源风光尤其令人神往和称羡。正如文中有的人听说之后立即动身前往寻找，但无功而返。一千多年来，有人指责这桃花源是不存在的"乌托邦"，"桃花源"究竟是纯属虚构，还是有它真实的原型？

首先，有人认为，湖南桃源县西南十五公里的水溪是陶渊明笔下的桃花源。唐代开始在此建有寺观。宋代更加兴盛，并建造了渔人遇仙的"延请楼"。元末毁于火。明代景泰六年(1455 年)，又在此建造了殿宇，明代末年又毁于大火。直到清代光绪十八年(1892 年)，又重修了"渊明祠"，并顺着山势以陶渊明的诗文命名建造了观、祠、亭、洲，诸如"桃花观""集贤祠""蹑风亭""探月亭""水源亭""缆船洲"等。

对于桃花源是否真实存在的问题，刘自齐先生认为，"《桃花源记》所描绘的那幅没有压迫、没有剥削、人人劳动、平等自由的美好的社会生活图景，并非作者的凭空虚构，也不是幻想的再创造，而是切切实实、当时居住在武陵地区的苗族社会的写真"。

其次，有人认为，桃花源在武陵地区的苗家社会里存在。《苗族简史》中有这样的记载：武陵地区的苗族人民开始了"铁犁牛耕的农业生产方式，出现了自耕农的私有制，创造了父系氏族初期的物质条件。但由于生产力还比较低，所能提供的剩余生产品极少，因此，还产生不了突出的富户和显贵人物"，呈现出了没有阶级压迫、阶级剥削的社会现象:“相命肆农耕,日入从所憩……”如此世外仙境一般的苗家社会,初当作“异闻”传播。除了陶渊明有所闻,并见之于他的诗篇外,还有一个东晋文人刘敬叔也在他的《异苑》中记述道:“元嘉初,武陵蛮人射鹿,逐入石穴,才容人。其人入穴,见其旁有梯,因上梯,豁然开朗,桑果蔚然。”这简直就是“桃花源”的另一个版本,不同之处在于遇到“桃花源”的人一位是渔家,一位是猎户罢了。武陵地区苗族人民素有对桃树的崇拜以及见客人“便邀还家,设酒杀鸡作食”的习俗等等,这些特点恰恰与陶渊明笔下所描绘的相吻合,因此,桃花源是指武陵地区的苗家社会也是极有可能的。

此外,还有人认为桃花源在江苏连云港市的宿城。在《桃花源记》中曾经提到过武陵人。江苏连云港市的宿城至今保留有武陵古邑的地名,然而在今天的连云港还有一个叫作武陵的地方,即武陵郡,赣榆区沙河城子村。清咸丰元年以前,宿城一直地处五羊湖的东岸,由水路顺山麓向南,直至海边山尽处,有一小径通入宿城山凹。宿城山凹,三面环山,一面向海,除了翻越虎口岭,与外界无路可通。这样一个僻在“东海隅”天然巧成的“坞壁”堡垒,中间却是一片坦荡美丽的川原,山畔竺篁摇曳,地名大竹园。东面临海处,有一座半身浮浸于海中的峻峭的山峦,状如大船,故称船山。山脚转弯处,也有一条经过拓宽的石峡,透迤通向高公岛。这样的世外乐土,陶渊明在来到郁洲以前,早就闻名。陶渊明在写入桃花源的情景时说道:“复前行,欲穷其林,林尽水源,便得一山,山有小口,仿佛若有光,便舍船从口入,初极狭,方通人。复行数十步,豁然开朗,土地平旷,屋舍俨然,有良田美池,桑竹之属”,这足以使我们产生有趣的联想了。

然而,也有相关资料表明,陶渊明曾经来过这里。陶渊明在著名的《饮酒诗》里唱道:“在昔曾远游,直至东海隅。”根据《晋书·地理志》的记载,郁洲山于晋世应称东海,当时的海州称临朐,隶属于东海郡。所以,陶渊明所说的“直至东海隅”的“远游”,正是处于东海一角的宿城高公岛之行。隆安三年(399年),农民孙恩起义于海上。隆安五年,第三次登陆,从水路攻京口(镇江),直指建康,(南京),攻克广陵(扬州)。后浮海至郁洲,打败了镇守在高公岛的东晋将领高雅之。高公岛即因高雅之而名。最后,起义军又为东晋镇军刘牢之所败。由陶渊明的诗《始作镇军参军经曲阿(丹阳)作》得知,陶渊明从隆安四年开始任镇军刘牢之的参军,他“往来海上”，高公岛战争期间，必亲赴战场，“登降千里余”。然而，他“目倦川途异，必念山泽居”，身在宦途，也只是“暂与园田疏”，依然时刻怀念他的田园生涯。最后还是要“终返班生庐”——返回他退隐的居处。

怀着这种心境去做刘牢之的镇军参军，当然有觅求桃花源的心愿，看到高公岛云山武陵郡中这秀丽的渔村，夹岸的桃林，鲜美的芳草，一径通幽的石峡“小口”，他也必然会像作品中的渔人一样“舍船从口入”，去游历那“良田美池”“桑竹垂阴”的宿城山凹。

清末两江总督陶澍自称陶渊明的后裔，也是研究陶渊明的专家，他曾著有《陶靖节先生年谱考异》一书。并于道光十六年（公元1836年）亲自向道光帝旻宁讲述了高公岛、宿城一带“鸡犬桑麻”的“太平景象”。后来，陶澍在宿城法起寺旁建起了“晋镇军参军陶靖节先生祠堂”，绕以长28尺、广20尺的西回廊，长32尺、宽25尺的东回廊，对照《五柳先生传》一文，仿陶渊明故居的特点，在门前植五株柳树，并栽植桃花，使陶祠“倚天照海，朱霞霭霄，云台倍觉鲜明”。陶澍还为陶祠书额：“羲皇丘人”，对联是：“此间亦有南山，看云归欲夕，鸟倦知还，风景何殊栗里；在昔曾游东海，忆芳草缘溪，林花夹岸，烟村别出桃源。”此外，“晋镇军参军陶靖节先生祠堂”隶书刻石的匾额现在还依然存在。

艺术源于生活又高于生活，那么陶渊明笔下的桃花源到底是不是源于生活呢？如果真的是按照现实的美景原型成文的，那么真正的桃花源所在地又是哪里呢？这就成了一个难解的地理之谜。

## 第七节　千奇百怪的石头

在自然界中，我们见到最多的就是石头，人们喜欢用石头装点家居。有的石头更是价值连城，比如玉石。玉石自古对中国人来说就有着非比寻常的意义，常被喻为吉祥的象征，所以谈到玉石，都有珍贵、珍惜之意。除了这些具有收藏价值的石头外，在大自然中还有许多千奇百怪的石头，它们呈现的奇异现象至今没有人能够破解。

## 会唱歌的钟乳石

钟乳石会唱歌，这样的情况只有在格林童话或者是安徒生童话里才会出现，听起来实在是不可思议。但是，在湖北京山县里的一组钟乳石的确会唱出美丽的歌曲，那么其中所真正的奥秘到底在哪里呢？

钟乳石也会唱歌，这听起来似乎是天方夜谭，然而，在湖北京山县的空山洞有一组能发出音乐的“石编钟”（钟乳石群）。这组钟乳石群有 12 根，用橡胶软锤敲击不同位置，每根都能发出两个或三个不同的音高，音色柔和浑厚，符合标准的现代七声音阶和十二平均律，为此音乐家给这组钟乳石起了个好听的名字，叫作“石编钟”。

会唱歌的钟乳石石编钟位于京山县七宝山下的空山洞，这里属于典型的岩溶洞穴，主要发育在三叠纪的薄层灰岩地层中。洞穴发育受层面、西北和东北向节理、裂隙构造控制，由地下水沿层面、节理、裂隙构造溶蚀、侵蚀扩大而成。

空山洞内发现的这组大小 10 余根、酷似“石编钟”的钟乳石，分布在 4 米范围之间，通过对钟乳石的敲击，能发出七个全音阶，因而可演奏各种大小调乐曲，音色浑厚悠扬，发音自然、铿锵，意境悠远。“精美的石头会唱歌”，堪称世界地质奇观。

钟乳石的形成过程是：雨水渗入土壤溶解其中的大量二氧化碳，形成富含碳酸的土壤水，土壤水在继续向下渗流过程中，溶解碳酸盐岩层形成富含钙和碳酸氢根离子的地下水，这些地下水沿岩石裂隙进入洞穴，由于洞穴空气中的二氧化碳分压远低于水的二氧化碳分压，水中二氧化碳便快速逸出，使洞穴滴水在滴下以前就在洞顶处于碳酸钙过饱和状态，从而使得碳酸钙在洞穴顶部滴水的出口周围发生沉积，逐渐形成一种自洞顶向下生长的碳酸钙沉积体——钟乳石。

钟乳石群能奏出音乐，与钟乳石群的物质组成和结构特征等因素综合作用有关。

钟乳石为同心状的圈层结构，其中心部分有一根空管。钟乳石主要由方解石矿物组成，它的化学成分为碳酸钙，方解石由于具有特殊的物理性能，被称为特种金属矿物。方解石的晶体为斜方晶系，具有双折射率和偏光性能。

能发出音阶的钟乳石群主要为 7 根，高度为 1.5 米~2.5 米不等，直径为 8 厘米~30 厘米不等;每根钟乳石内的空心石管大小不同,直径为 1.5 厘米~4 厘米不等;钟乳石的锥顶均已断掉,断掉长度为 10 厘米~40 厘米不等。各钟乳石存在的这些差异性,使得钟乳石在敲击时所发出的音阶各不相同。

美丽的钟乳石

在空山洞被发现前,钟乳石在靠近洞顶部位及周缘有近期的沉积物,显示钟乳石的表面湿度较大,开发后由于其他原因和日光灯的高强度照射,钟乳石的表面水分被蒸发而变得干燥,因而对钟乳石进行敲击时会发出浑厚的音律;而在表面相对潮湿时是不能发出这种浑厚音律的,而可能是另一种清脆的音律。

能够形成风化层的条件是:钟乳石群所处的位置要通风、空气要流动、二氧化碳的交换和钟乳石表面的湿度要有变化。这些条件都具备后就会在钟乳石的表面形成 0.5 厘米~1 厘米厚的风化层。由于风化层的作用,对钟乳石进行敲击时只能发出浑厚的音律而不能发出清脆悦耳的音律。另外,由于钟乳石群所处的位置空间狭窄,对钟乳石进行敲击时发出的音律能够来回穿透或振荡。

“石编钟”特有的音律和音阶,敲击时如钟磬轰鸣,构成了动听的音乐世界,“精美的石头会唱歌”已经不再是传说。

## 巨石秘语

石刻是一种十分古老的记事方法，石刻上的文字以及刻画都承载了千古故事。重庆彭水县太原乡的一块巨石上的天书又想向我们诉说什么样的故事呢？

重庆彭水县太原乡花园村九组的半山腰有一巨石，巨石坐南朝北，里略呈长方形，高两米多，在巨石面南的石壁上面刻着一段宽近两米的奇特的字符，共有六行，分别在巨石的六个凹槽中，字符的行宽在0.4米~0.5米之间，行长则各不相同，长得像一条弯曲的蛇，短的似一条条蝌蚪，最长的一行字达到2.3米，最短的则只有0.1米~0.2米。字符属阴刻，深约1厘米，字符的形状呈树枝状和爪状，但书写规整，有一定规律，偶尔有一些字符，让我们怀疑这极可能是先辈的象形文字。其中，大多数字符被人用油漆重新涂写过，旁边还立有一块"县文物保护单位"的石碑。

关于这些天书，还有一个十分美丽的传说：相传在三国时期，蜀将张飞率领部队通过此处，不知是一时兴起还是另有所谋，张飞用他粗糙的手掌在巨石上随便抹下了几个凹槽，并在凹槽处写下了后来被称作"天书"的这些字符。据说，有军士和差官根据张飞的"天书"指示，在附近的大山里埋下不少金银财富。而这些字符就是一首破解宝藏的口诀，只要破译其中玄机，就可获得数不清的财富。直到现在，当地还流传着一首民谣："好个张飞扦，金银埋路边。有人能破译，银子万万千。"目前，当地无人能破译"天书"，也未发现金银，但人们遇到小儿夜哭、家人病祸等，都会带着香烛到这里祈福。

那么，这些金银真的埋葬在这里了吗？这块巨石天书难道就真的像是达·芬奇密码一样难以破译吗？为了破译"天书"，专家和学者蜂拥而至。文物专家经过考证后认为，"天书"是大自然开的一个不大不小的玩笑。

早在20世纪80年代，就有地质、文物等专家多次考察"天书"。大家一致认为，刻有"天书"的巨石是从山上滚落下来的，"天书"的字符不是天然形成的（如古生物化石），而是人为留下的，因为上面有较明显的人工雕刻痕迹，但它又不是人类已知的文字，如甲骨文、大篆、小篆、龟背文、金石文等。因此，而想从它产生的年代来推测，也很难。因为在漫漫的历史长河中，由于交通不便等原因，当地古人一直过着与世隔绝的生活，所以很难用中原文化与之对应。

由于无法得到准确的解释，有人猜测，“天书”要么是苗族先辈的遗嘱，要么就是土家族世世代代生活在这里，是他们的祖宗遗留下来的生活秘籍。

还有猜测，或许这是天外来客把他们的外星文明在地球上刻画的标记，或许这样做是为了下次来访时便于寻找最初的着陆点？

尽管我们对巨石天书的推测有种种可能，但是我们并没有找到科学依据来证明推断的正确性。目前，巨石天书的研究还在进行中，期待巨石天书的破译工作早日完成，解开隐藏在人们心里的这个谜。

## 风动石为何遇风摇动

我国好几个地方有风动石，这些石头在大风的作用下随风摇动，风停后又依然稳定不动，十分令人惊奇。那么风动石为何遇风动摇呢？

我国福建省东南部的东山岛是著名的海滨风景区，东山岛古称铜山，岛上有个天然风动石，不到风动石，犹如到北京不游长城一样的遗憾。坐落在福建东山古城东门海滨石崖上的东山风动石，一直是岛上人民最引以为荣、视如珍宝的自然奇观，是旅游者最喜爱的美景之一。

东山风动石以奇、险、悬而居全国60多块风动石之最，被古代文人誉为“天下第一奇石”，现在它已经是东山岛的标志性旅游景观。风动石耸立在陡崖上，石高4.73米，宽4.57米，长4.69米，重200吨，正可观其伟，侧可观其奇，背可观其险。从背面看，状如玉兔的石岩伏在外倾的石盘上，巨大的石球，悬空而立，摇摇欲坠，令人心忧；从正面看，石如蟠桃，底部呈圆弧形，贴石盘处尖端仅数寸，悬空斜立，狂风吹来，摇晃不定，石

东山风动石

体正面，有明武英殿大学士黄道周等人所题“铜山风动石”大字，笔力雄浑遒劲。在风动石前的一块方石碑上刻有明朝督抚程朝京的诗：“造化原来一只丸，东封幽谷万层峦，天风吹向关中坠，海飚还得逐势转。五丁欲举难为力，一卒微排不饱餐。鬼神呵护谁能测，动静机宜在此观。”磐石右侧有明代霞山居士题写的“东壁星晖”四个大字。

风动石巍然“搁”在一块卧地凸起且向海倾斜的磐石上，两石的接触面仅为十余平方厘米。当海风从台湾海峡吹来的时候，强劲的风流会使风动石微微晃动，让人觉得其岌岌可危，海风停后，风动石也随之平稳如初了。此时人若仰卧磐石上，跷起双足蹬推，巨石也摇晃起来，但又不会倒下。人们站在风动石下面，有一种惊险的感觉，叹为天下奇观。风动石与周围景色交相辉映，构成东山岛上的亮丽风景线。被来此参观的人叹为天下奇观，故名“风动石”，诗曰：“风吹一石万钧动”。

人力也能晃动风动石。如果找来瓦片置于石下，选择适当的位置，一个人就能把这硕大的奇石轻轻摇动起来。此时，瓦片“咯咯”作响，顷刻化为碎粉。

关于风动石还有一段美丽的传说，明朝嘉靖年间，海上倭寇侵扰东山岛，企图抢走这奇异的风动石，用了数艘兵舰，套上绳索，拼命拉它，可是倭寇费尽了力气，只听到“嘣”了几声，绳索全断了，倭寇纷纷掉落海里，十分狼狈，风动石却依然屹立在原地。

关于风动石，历代名人吟唱甚多，如明代文三俊诗曰：“是石是星丽太空，非风摇石石摇风。云根直缔槐杓上，月馆堪梯小八鸿”。

1918 年 2 月 13 日，东山岛发生 7.5 级地震，山石滚落，屋倒人亡，可风动石却安然无恙。“七七事变”后，日军企图搬走风动石，日舰“太和丸”用钢丝索系于风动石上，开足马力，可多条钢丝索被拉断了，风动石却纹丝未动，最后日军只得放弃这一企图。

此外，我国福建省泉州灵山上有块巨大的风动石，上刻“碧玉球”三个大字，故称“玉球风动”。

这块奇石高 4 米多，周围要 10 多人牵手合抱，估计重约 50 吨。它是一块天然奇岩，略呈长方形，上端四角稍圆，下部一边贴在山上，另一边向外斜削，形成一道缝隙，远远望去，奇石宛如玉球，每当大风来时，发出飕飕的震动声，乍看像是摇摇欲坠，惊险异常，其实稳固无比，有惊无险。每当游人至此，都喜欢一层手脚，使出浑身气力推它，玉球马上就摇动起来，还能听到嘶嘶的响声，不过即使这样，玉球仍然纹丝不动，牢固不移。

这块玉球的上部圆滚滚的，下靠山岩，重心平衡，一般的外力作用，只能使它摇晃，而不至于使它倾翻。这在物理学上称为稳定平衡。如果外来的拉力或推力，没有把玉球风动的重心移动到底面以外，这块巨石总是像“不倒翁”一样，一晃一摇的，尽管会歪一下，但又会恢复原处，确也奇趣横生。难怪游人闻风而至，传说有声有色。

风动石历经沧桑，依然斜立如故。它的来源又是哪里呢？有的人认为是从天上掉下的陨石，有的人认为是海陆变迁时从海底浮上来的。那么风动石为何会遇风动摇呢？风动石是怎样形成的呢？有人认为可能是风动石受到地球磁场的引力才不至于被大风吹倒，各种说法不一。至今风动石还有许多没有解开的问题，等待科研人员来回答。

### 新疆吉河大陨铁之谜

在我们这块广袤的大地上，到处充满了神秘的事物，新疆青河的大陨铁全身披着一层神秘的面纱向我们走来……

在新疆地质矿产博物馆展出的长 2.58 米，宽 1.89 米，高 1.76 米，体积 3.5 立方米的陨铁，呈现不规则三角形，重达三十吨，按重量在世界陨铁中排行第三，吸引了无数中外游客的眼球，这块大陨铁的出现又是一个让人难以解开的谜。

对于这块大陨铁的来历，人们提出了很多的猜测。有的科研人员认为可能是在史前时期的某一天，准噶尔盆地东北部边缘，距青河县二台东北角 60 公里茫茫无际的戈壁滩上，突然从空中落下一个巨大的火球，伴随而来的是一阵惊天动地的巨响，震得大地都在颤抖。在历经沧桑变迁之后，转眼到了 1898 年，当地的哈萨克族牧民发现一个大坑里横卧着一个外表黝黑、油光发亮、布满凹洞的金属怪物，它前端高耸、中间下凹、后端隆起，宛如一个粗壮的银牛，牧民对它顶礼膜拜，视为神灵之物，从此这里便有了“银牛沟”的名字。此后，哈萨克族牧民纷纷搬迁到此来定居，许多的关于银牛的传说也就开始在人们之间不绝于耳。

一直以来,陨石是稀有之物,比黄金和钻石还稀有。全世界已收集到的至今不过三千块。这块陨铁含有88.67%的铁,9.27%的镍,还含有少量的铜、铬等元素,它是一种极为特殊的合金,它来自地球之外,集宇宙的精华,在这个庞然大物中还发现了地球上没有的六种宇宙矿物:锥纹石、镍纹石、变镍纹石、合纹石、陨硫铁和铁镍矿。

新疆青河大陨铁

随着青河大陨铁的发现,20世纪30年代,一批批外国专家纷至沓来,有的是来做研究的,有的是怀着其他目的,至今陨铁上还留有各种题刻,有英文的,也有俄文的。记载的来访者中,有大名鼎鼎的英国探险家斯坦因,他试图带走"银牛",却在上面摔断了腿。瑞典探险家斯文赫定望着稳如泰山的"银牛",也只能望牛兴叹。

新中国成立前,有人误认这个陨铁是纯银或白金,在它较为突起的棱角处锯去了一些,却再也无法锯开,因此,陨铁的绝大部分幸运地保留了下来。

当时的国民党政府在听到消息后,也试图把这个宝贝运出山,曾经用火烧了七八天,想把陨铁烧化分解开,可还是失败了。

1941年5月23日,当时的新疆边防督办盛世才知道了天落神石的消息,特派视导员蒋云凌专程到青河凿石取样，后来索性想把它运到迪化，但因为太重，计划搁浅。

20 世纪 50 年代，大炼钢铁时期，“银牛”又遭到了多次的冶炼和爆破，至今留有痕迹，但依然岿然不动地矗立在那里。

大陨铁具有很高的研究价值，但是它的来源已经是一个谜，我们无从得知，只好猜测。但是，这块陨铁落地的陨坑又显得那么的迷雾重重。

按常理，这枚重 30 吨、最大直径 2 米多的天体从太空高速坠落，砸出的坑一定很深很深，可实际上留在现场的那个坑却令人大失所望。该坑呈长条状(拉运时扩展所致)，宽不到 3 米，深度仅约 1 米。要不是当地知情人指认，没人能够把这区区浅坑与那举世闻名的大陨铁联系起来。

围绕这个谜团，有很多种解释。

有人认为是当时的陨坑很深，陨铁被运走后，风沙不断落入，再加上雨水的侵蚀与冲刷，这个陨坑就不断被风沙填浅，被雨水冲平，以至越来越浅，成为目前的样子。

此外，还有人提出假设，可能现在我们所看到的坑，不是陨铁的第一着陆点。多数人比较赞同这种说法，陨铁先落在一个更硬更高的地方，然后又弹到了这里。从现场观察看，此种说法比较合理，能够解释巨石浅坑的矛盾现象。

如果陨铁被弹落的说法是正确的，那么大陨铁的第一着陆点又在何处？现在的陨铁坑处于一片沙砾质山间平地上，两侧是四五千米长的连绵群山，可以推测，陨铁的第一着陆点就在群山的某处，当陨铁以极快的速度从天而降到那里时，坚硬的岩体使其高高弹起，抛掷出去，最终落在了现在的第二现场。

那么这第一着陆点的陨坑又在何方呢？目前，第一现场具体位置仍然是个谜，我们期待着这个神秘的第一着陆陨坑的出现，早日解开新疆青河陨铁之谜。

### 产蛋崖

我们都知道鸟类会产蛋，但是你相信冰冷的岩石也会产蛋吗？这的确存在，在贵州三都县有一座山崖每隔 30 年就会产一次石蛋，大小不一，而更加奇怪的是，这些蛋和恐龙蛋化石很相像，难道山崖上产的是恐龙蛋吗？

产蛋崖，长20多米，高6米，表面极不平整，在高处，几块巨大而尖利的岩石横亘着极为险峻。石蛋就在相对凹进去的崖壁上安静地孕育着。有的刚刚露头、有的已经生出了一半、有的已经发育成熟眼看就要与山体分离。千百年来，这些神秘的石蛋就这样不停地孕育出生、出生又孕育，源源不绝。

冰冷的石壁为何能生出石蛋？为什么这些石蛋又会每隔30年自动掉落呢？

有人联想到石蛋很像恐龙蛋。把石蛋和以前发现的恐龙蛋化石进行比较发现：产蛋崖的石蛋平均直径30厘米，但也有大有小，这和1995年广东河源发现的恐龙蛋化石相比，不论形状和大小均十分相似；另外，恐龙蛋化石虽然有蛋壳结构，但长期风化裸露出的纹理和石蛋相比，仍然有很多相似特征。既然有这么多相似点，那是否说明这些石蛋就是恐龙蛋呢？如果答案是肯定的，那么还有一个更大的疑点将无法解释——贵州的地质年代属于三叠纪，而恐龙的出现要比三叠纪晚五千万年！因此恐龙蛋怎么可能会早于恐龙而在三叠纪的地层里被发现呢？

经鉴定，石头蛋的特点是比较大，形状奇特，几十年才掉一次，这种地质现象是罕见的。

这群罕见的石蛋究竟会不会是恐龙蛋呢？国际市场上曾经炒卖恐龙蛋一度达到4万~10万美元一枚，后来由于中国大量发现恐龙蛋使价格一路走低，但如此大规模的发现会不会又引得更多人来这里盗挖呢？有人对石蛋进行仔细辨认后，说它根本不是恐龙蛋化石。一般来讲恐龙蛋的形状大多是纺锤状的，应该有一个外壳，而石蛋它没有外壳，那么作为恐龙蛋它除了壳之外，它里面的结构是什么东西呢，它就是和鸡蛋一样有蛋清和蛋黄，因此恐龙蛋化石里面是不均匀的团块，而我们看到的岩石，显然它里面的结构是比较均一的。石蛋不是恐龙蛋，那它又会是什么呢？为什么它们长在石壁里会不约而同呈现出蛋形？为什么每隔30年就会神奇掉落？

有科学家说这些石蛋和岩壁的成分不一样，这些岩石和石蛋的生长速度不同，在长达数千年的挤压中，逐渐被分离出来，后来由于风化作用，石蛋就慢慢孕育而出。还有人说这些岩石是史前人或外星人留下的。也有人说是造山运动时，石球被裹在了泥土中，泥土后来变成了岩石，石球也就被包含其中了。但是哪种解释更加的合理，至今也没有明确的答案。

产蛋崖正在产蛋

### 怪石谜团

在我国有许多怪石都存在着无法解释其神秘的现象，如我们经常听说天上降怪雨，有钱雨、青蛙雨等，但是在我国海南岛和雷州半岛在雨后经常会有一些奇特黑色石块出现，连专家也解释不清楚它们是什么。还有会预报天气的石狮，你又知道为什么它可以准确的预报天气吗？

1.与玻璃相似的“雷公墨”

在琼州海峡两岸的海南岛和雷州半岛，当风雨交加、电闪雷鸣的雨天过后，人们有时候会在被雨水冲刷过的地面上，发现一些墨黑色的小石块，它们多数只有纽扣那么大，最大的也就是十几厘米长。这种黑色的小石块像玻璃似的，可是并不光滑，上面有凹坑、麻点、沟槽等；要是把它敲裂，在断裂面上也能看到这些斑痕，这和玻璃又不同。科学家测定它的化学成分后，发现与玻璃一样是二氧化硅；内部结构是均一的玻璃质，没有其他的矿物结晶颗粒。这就是被当地人称做“雷公墨”怪石。

之所以说它怪，是因为人们说不出它的来历。雷公墨是散落在地面上的玻璃碎片。经过有关专家鉴定，这种小石块的“岁数”都不小了，它们形成的时间最少也有几十万年，有的已经有几千万年的历史了。这种玻璃质的小石块，在澳大利亚、东南亚、加勒比海周围以及非洲西部和欧洲部分地区也能见到。

关于“雷公墨”的来历,有多种说法。有人认为它是和铁质陨石、石质陨石、冰陨石一样,是从宇宙空间撞到地球上来的陨石的一种,叫它玻璃质陨石。甚至有人说这种玻璃质石块是月球上火山喷发时形成的,是从月球落到地球上来的。因为在月球岩石样品中也发现有玻璃质的微粒。关于雷公墨的真相,还需要科学家研究、发现。

2.会流血的石头

2006年在福建省的一个小山村中,人们惊异的发现一座高约6米的石碑上渗出红色如同血液一般的液体,当地的村民都认为这是石头流的“血”,有人试着品尝了一下,它没有任何味道。据说每隔十几年石碑就会流一次血,每次流血都有着某种预兆,或好或坏,说法不一。而且村民发现石头上刮下的带血的粉末可以治病,不仅可以给家禽治病,还可以给人治病。

在我国,会流血的石头还不止这一块,明故宫的午门里就有一块颇为著名的“血迹石”。青灰色的石面上,夹杂着一团团绛褐色的斑纹,如同鲜血渗透到石头中去了。传说这块血迹石是580年前方孝孺血溅宫门留下的。方孝孺为明初大儒。公元1402年,燕王朱棣率军南下,攻破南京,建文帝自焚而亡,朱棣自立为王,也就是明成祖。明成祖想利用方孝孺的声望,笼络读书人,于是便命令他起草即位诏书。方孝孺坚决不从,最后被灭了九族,连同朋友和他的学生,株连达870多人。民间相传,血迹石里的血迹就是方孝孺当年头撞阶石所留下的。

第三处是苏州虎丘的千人石,每次下雨时,千人石就会随着淅淅沥沥的雨流出“血”来,千百年来,从未间断。相传吴王夫差命一千多个工匠为他的父亲在虎丘山建造墓地,墓地建好之后,夫差害怕这些工匠有一天会来掘坟挖墓,于是夫差趁工匠喝醉的时候,将这一千多名工匠全部杀死了,而工匠们的鲜血染红了这块石头。每到雨天,石头就会变得特别红,雨水一冲刷,仿佛就是工匠们的血在往下流。

没有生命的石头怎么会“流血”呢?这真是闻所未闻,让人匪夷所思。究竟这些石头里面含有什么秘密呢?难道真的可以预吉言凶?

据专家研究解释,流血石会流血主要有两种原因:

(1)石头中含有铁元素,在太阳的暴晒下,铁元素与空气中的氧元素发生反应,形成了氧化铁,经风雨的侵蚀,氧化铁逐渐露于石头表面,而氧化铁遇到水就变成了红色,看上去就像石头流出的血。

(2)另一种会流血的石头其实是由外力作用形成的沉积岩,其主要成分是石灰岩。这种石头是在海底形成的,故石头中还融进了海底古生物的骨骼等。在石头形成期间,它们又与海水中的氧化铁和氧化锰成分相作用,便出现了绛褐色的团块和条纹,也就形成了血迹石。

至于福建的"流血石"可以治病,专家说很多石头其实都有治病的功效,但其作用和副作用就没有人敢保证了,所以专家提醒石头治病并无根据,还需科学对待。而"流血石"能预吉言凶,不过是人们的一种心理作用罢了。

## 泼水现竹的石壁

中国文化博大精深,文房四宝书画天下奇珍。古人不仅喜欢在纸上作画,更喜欢在山崖峭壁上留下墨宝,为大自然增添瑰丽的一笔。然而这些与自然浑然天成的墨画却在历史的变迁中发生了惊人的变化,形成不可思议的现象。

四川仁寿县黑龙滩水库中的龙岩寺有一奇景,向龙岩寺的一座巨型石窟坐佛像两边的崖壁上泼些水,一侧的崖壁就会出现一幅"怪石墨竹":墨竹主干亭亭,枝叶潇洒;竹根临怪石处派生出一丛幼竹,婀娜可爱;顶部侧叶,长剑当空,刺向云天。而一旦石面水干,图画顿失。在另一侧则会显出一幅完整的题字:霜月澄凛,天风清劲,御史公刚明之气锤于私云,北宋乾道五年峨眉杨季友等字迹。

据县志记载这"怪石墨竹"作者是文同,字与可,号笑笑先生,人称石室先生、文湖州。他平生爱竹、种竹、写竹,开拓了"湖州竹派"。著名汉语成语"胸有成竹",就是他写竹经验的结晶。仁寿(古称陵州)县志记载:"文同北宋熙宁四年知陵州后,在龙岩写怪石墨竹,两壁摩崖隐隐有光,怪石墨竹既无墨迹,又无雕镂痕;用水涤石,画面犹新。"

而那幅题字则是北宋乾道五年杨季友游到此处,情景交融,感时叹物留下的。《仁寿县志》说,文中御史公实指五代时官至御史的仁寿籍著名词人孙光宪。杨季友留字赞叹他置身危于不顾,力谏南平国归顺宋朝,对结束战乱,增进全国统一卓有功勋,与文同的墨竹画并无关联。

然而为何会出现字画隐形的现象？为什么它们都只有在遇水后才能浮现？在民间说法很多。

第一种说法是特殊的墨汁。这种墨汁是使用松烟、煤烟，加上乌龟尿，在铜炉内炼制而成，从现在的科学角度来看，这基本上是不可能的。

第二种说法是“魔墨”说。当地传说是苏东坡在密州就任时，从徽州买来一种魔墨相赠，文同便用这一魔墨画竹。但这一说应该是不存在的，其一是因为这个时候，文同在仁寿，苏东坡在密州，这么远的路，他不可能送一盒墨给文同；其二是苏东坡一生也是诗词歌赋都很有名，如果是一个魔墨，应该说他留下了很多，全国的很多地方也应留下这样的遗迹。

第三种说法是发光颜料说。有人猜测是在墨里渗入遇水发光颜料所致，然而人们从未发现任何可以遇水发光的古画，这更是无根无据之说。

第四种说法是石质、水质说。有人推测“怪石画竹写字”地处紫色岩石，含有化学元素钾，与水容易发生剧烈反应；而古时在黑龙滩也有不少文人墨客留下笔墨，并没有形成泼水现竹的景象，所以这种说法也站不住脚。

第五种说法是地理位置说。是因为龙岩处于神秘莫测的古怪位置。岩下水流滋生的仙气孕育的结果。但这一说法和特殊的墨汁说法一样，不足信。

第六种说法是涂层说。有专家经过取样分析发现，岩石的石壁上附着一层涂层，这层涂层可以吸水，水有折射功能，当水分越多的时候，水分底下的东西反射的就越明显。然而是谁将这幅画和字涂上保护层呢？这些保护层的材料又是什么呢？虽然这些问题还没有答案，但是，随着科学的进步，我们一定可以解开这些谜团。

## 第八节　神秘莫测的现象

世界各地每天都会发生各种奇怪的事情，我国自然也不例外。有许多神秘的现象无法用现有的科学来解释，即使有一些理论可以解释得通，但是却仍有许多疑点无法被解释清楚。如，新疆神秘变幻的天象，美丽的银狐洞奇观。随着科学的发展，我们相信这些神秘美丽的现象都会被人们找到答案。

## 蒙顶山古井为什么揭开井盖就下雨

古井本是一个没有生机的东西，但是，如果古井能够突然变得有灵异，能够随意的呼风唤雨，那么这样的事情还真是叫人惊叹不已。

我国四川被誉为天府之国，在这里蕴藏着无数难以让人解开的秘密。然而，在四川的蒙顶山则更加地神秘莫测，这里有一口诡异的古井，它好像蕴藏了千百年来所隐藏的秘密。这口古井非常神奇，传说每当人们打开井盖的时候，就总会有或大或小的雨滴从天而降，有时更是狂风大作、雷雨交加。让人更为惊叹的是，每次打开井盖，下雨的现象都会应验。每个听到这个消息的人都感到莫大的惊讶，难道这口井真的有魔法吗？于是，许多专家都前来蒙顶山来观看这口怪井，想对这口井考察个究竟。

蒙顶山古井

居住在蒙顶山一带的居民都知道这口井，它有着一种神秘的力量。经过对当地人多方询问得知，不管再大的太阳，再好的天气，只要把这口井的盖子打开，别处不下雨，井头顶上都要下雨，把盖子盖上，再没有落雨，盖子不盖，就长期落雨。记者随后翻阅了史籍，据记载，这口井名叫甘露井，又名古蒙泉，始建于西汉年间，迄今已有两千多年的历史，这不禁让人颇感意外，因为蒙顶山在中国西部的名山大川之中只是一座名不见经传的小山，海拔也不过一千多米，而此山中的一口井，却为何会受到如此之礼遇，并记载于古籍之中呢？这会不会和甘露井开盖下雨的神奇现象有关呢？

为了解开这个神秘的现象，专家们打算亲自打开井盖，一窥其中的奥秘。专家们专门找了一个天气十分晴好的日子，而且天气预报说当天蒙顶山不会有雨。来到蒙顶山，这口古井周围被石栏维护着，两边摆放着龙形石雕，千百年来岁月留下的痕迹依稀可见，古井上方朱砂题写的甘露两字格外醒目，井口上的龙形石盖也早已破损，难道揭盖下雨的神奇现象真的会出现于此吗？专家们对于这次的探寻并没有抱多大的希望。但是，为了解开蒙顶山古井之谜，他们还是打算打开井盖一睹古井的神奇。井盖打开了，但是过了五分钟之后，天空中还是一片晴好，并丝毫没有要下雨的意思，二十分钟过去了，依旧不见有要下雨的迹象。但是，正当专家们失望的要返回去的时候，雨滴噼噼啪啪地从天而降。

简直太神奇了，难道这口古井真的能够呼风唤雨吗？产生这种现象的原因到底是什么呢？专家们也大惑不解。

若仅仅是传说的话，则这口古井的神奇之处或许会有人怀疑，但是，奇怪的是在当地的估计文献当中居然也有关于这口古井显灵的记载。据史书记载，这口井里面本来有一条龙，这条龙最早的时候在我们蒙山那一带，就有点能够兴风作浪的本领。就使得当地产生一些水灾，按照我们现在的话叫泥石流，后来当地的政府和村民为了镇压这条龙，就修了一个井把它盖在里面，一旦揭开这个井盖，它就从里面出来，出来自然就要下雨。在蒙顶山附近居住的村民中，也流传着有关这口古井众多版本的传说，传说中都试图解释着揭盖下雨的神奇所在，但由于代代相传，时间久远，至今都无人能解释这种神奇现象的缘由到底是什么，久而久之，这里的村民就把这口古井当作了能够祈求降雨的神井，每当天逢干旱的时候，村民就来到这里上香祈祷，把井盖打开，祈求上天能够给他们降点甘露，来缓解当时的旱情。那么，这些现象到底是什么原因造成的呢？专家们多方研究，期待解开答案。

有的专家认为，或许是因为在揭开井盖时声音太大，由于振动而引发降雨。据当地的气象员介绍，蒙顶山山顶上空气湿度很大，常常是云雾缭绕，也就是说，空气中的水汽含量多数时间是处于饱和和接近于饱和状态。因此，专家们认为，开盖主要是振动，开盖不光是开盖，它还有吼的声音，因为吼的声音引起空气振动，这样子因为湿度很大，就产生一点降雨，因此，专家分析，产生这种现象的原因，主要是振动。甘露井的井盖虽然不大，但重量可不轻，当掀动它时，的确会产生不小的振动声响，难道就是这振动产生的声响影响到了天气变化吗？关于这个声波振动，在气象学界有一个非常经典的学说，就是蝴蝶效应，打个比方来说，就是在亚马孙热带雨林中的一只蝴蝶，振动几下翅膀就引起了它周围空气的变化，继而引起了热带气旋，最后在美国东海岸引起了飓风。虽然这只是个推理出的假象学说，但还是有它的科学道理。

专家们为了证实这种说法的正确性，于是就找来了两个铁盆子，而且边敲铁盆边大声叫喊,但是折腾了半天,并没有见一滴雨点从天上掉下来。要知道,敲铁盆加上大声叫喊的声音远远超过了揭开井盖时振动所产生的声音,看来,用振动来解释古井的怪现象是不合理的。

还有专家提出,会不会是因为空气遇冷而形成的降雨呢?由于蒙顶山一带天气比较冷,空气比较潮湿,那个井里面的空气就更冷一点,温度更低一点,如果你现在去把那个井盖揭开,人手伸下去以后,里面感觉到凉凉的,长期在里面呆着,关节都会感到凉飕飕的。关在里面的时间长了,空气的湿度很大,温度很低,特别是天气很热的时候,一旦揭开,里面的冷空气出来,湿空气一出来以后,与热空气一接触马上就形成雨。空气遇冷凝结成小雨滴,这种解释听起来似乎蛮合理的,那么这会是甘露井揭盖下雨的真实原因吗?气象学家们认为这种说法可能是不对的,因为井里的温度比外面低,水汽不会上升,因为温度低,只能下沉,只有暖的空气才会上升,按道理这个井盖揭开后,不可能形成降水。

此外,还有人认为,蒙顶山本来就是雨量较多的地带,出现这种现象纯属巧合,并没有什么神奇的。蒙顶山这个地方,地理位置是处于降水概率非常大的地方,海拔高度在1500米左右,降水非常充沛,应该经常都是云雾缭绕,而且从它的小地形来看,刚好也是有云雾缭绕的地方。蒙顶山的年均降雨量是1510毫米,年平均相对湿度是82%,名山这个地方雨一直比较多,多年来,年平均降雨在210到220天之间。他们认为从气象学的角度,这个降水和揭井盖没有必然的联系。因为揭井盖以后,可能或早或晚的时候,就有降水发生。这些现象纯属巧合。

那么,蒙顶山的古井的神奇之处到底是什么原因造成的呢?难道其真正原因就是因为该地区降水量充沛造成的吗?还有什么其他的原因吗?尽管降雨量充沛的说法似乎已经把蒙顶山古井的呼风唤雨的神秘现象解释清楚了,但是,还是有人相信肯定这口古井的神秘之处还有其他玄机,只是没有揭开而已。相信,有朝一日会有一个更加让人信服的答案来揭开蒙顶山神奇古井揭盖就下雨现象的真面目。

### 新疆神秘天象

大自然就像是一个神秘莫测的百宝箱,在这个百宝箱里包罗万象,到处都彰显出一种神奇与深奥,让每个亲眼目睹其容的人惊奇得目瞪口呆。在新疆出现的神秘天象又给我们带来了莫大的惊奇。

新疆昭苏高原的上空曾经在1999年1月18日的大雪过后，出现了一幅巨大、清晰的生动图像：像江河，也像湖泊，粼粼波光在天空闪烁。水域的旁边，有造型别致、风格各异的建筑物矗立在宽阔的马路两边。尖顶方体的欧式小洋楼和现代化高楼大厦交相辉映，错落有致，清晰可见。马路上各种货车、小客车来来往往，川流不息。路两旁还有手持文明棍，头戴高礼帽，脚着长筒靴很像英国人的绅士们在走动。整个场面的一切事物栩栩如生、活灵活现。当时每个有幸看到眼前所发生的这一切的人都为之震撼，没有一个人不因此目瞪口呆的。

无独有偶，这样的情形在此之前也曾经出现过。早在1989年1月28日上午9时，在新疆雪域上空还出现过巨大的“天象图”。

外国也有一些地方出现过这样的天象，在1993年2月1日，饱受战火蹂躏的索马里，发生了一场狂风沙暴，索马里首都摩加迪沙也被沙暴席卷。天空、路面一片昏暗。突然沙暴停止，天空上出现了一幅长约150多米巨大、清晰的耶稣面容的图像。千千万万的人都目睹了这一空中奇观。

这么变幻莫测的天象奇观让许许多多的人都为之震撼，于是，全世界广大的天文爱好者以及科学家们都对此表示非常关注。苏联的科学界和克格勃为了研究这一触目惊心的天像奇观，组织了一些著名科学家成立了调查研究小组，对这一神奇的现象进行全面探讨，他们企图对神秘天象的出现做出最合理、最科学的解释。

苏联的一些科学家们认为：这些活灵活现的天象图是人为利用高科技技术制造的，但现在，一些俄罗斯的科学家们又把这些图片、录像资料反复研究，认为人类当前的科技水平是无法制造出这样巨大神奇的“天象图”奇观的。于是，这种推测就这样被给予了否定。

日本北海道大学气象教授田中贺一认为：经他多年对天空变化的研究，天空的云层、阳光反射，犹如一个大的“万花筒”。“万花筒”在转动中会不停地变化。在这千变万化之中“偶尔形成图像”是极为可能的。但是，为什么这样的偶然情形在同一个地方发生的次数并不是一两次呢？因此，用偶尔来解释并没有完全揭示天象形成的真正原因。

美国的著名物理学家康拉得尔教授结合光电学、风力学等多方面研究后认为：

由于地球自转及阳光、温度、风力的变化，天上的云彩经常处在变换之中，“时对白云形象”“时对人体形象”“时对某一座城”，有时会“瞬息万变”。在这样不停地变动之中，在地球的某一个地区的上空出现几幅酷似某一种图画的“天图”，这些令人称奇的天象属于正常的自然现象。

但是，对于以上的这几种说法，有人提出了反对的观点。美国天体物理学家文达尔克博士认为：把这种天象图说为自然现象的说法过于简单，不能针对具体问题。具体“天象图”的形成，绝对不会是天空自然界的变化巧合形成的。文达尔克博士认真地研究过多幅“天象图”的照片，他一直确信有“地外文明”存在，而“天象图”是“外星人”向地球人类有意制造的“迷魂阵”，吸引人类去探讨这难解之谜。但是这种说法也仅仅只能作为一个大胆的推测，并没有直接的证据来说明文达尔克的说法是正确无误的。

俄罗斯科学院院士彼得罗果教授认为：要解开“天象图”之谜，尚有待进一步努力观测它是怎样形成的，但它绝对不是“万花筒”中的巧合。天空中出现如此惟妙惟肖的天象图，科学家们目前还没有找到真正的天象形成的原因，以上的各种说法还都出于假想和推测阶段，要达到真正的实验检验阶段还需要很长的路要进行探索。

### 鬼地府丰都之谜

鬼是民间流传的对超自然事物的说法，鬼实际上专指六道中的鬼族。但民间都把人死后流浪在人世的灵魂叫鬼，人的灵体存在于头脑里面，是一种细微物质构成的生命，当肉体躯壳死去后，灵魂一般自然而然到灵界去了。丰都城历来被叫作鬼城，那么，丰都城真的有“鬼”吗？

丰都城我国重庆辖区，位于长江中上游，距离重庆市往长江下游方向 172 千米，迄今已经拥有 1900 多年的县城历史。

丰都城在民间传说和历史上一直被称作冥界之都，是阴曹地府的所在地，所有的人死了以后都要到丰都城报到，然后接受审判，根据前世是否作恶立功来赏罚，进行下一世的轮回。因此，惩恶扬善是丰都冥界精神的精华。

在丰都城内的两山之间还有国内最大的人工模仿建筑“鬼国神宫”，顾名思义，就是鬼国和神仙世界的一切全部浓缩在这里了。在通往鬼国神宫的大道上，还要经过阴司街，也就是人间的都市步行街一样。

丰都“鬼城”

丰都县城位于长江南岸（因为三峡工程搬迁到了对岸，南岸），在北岸的名山依然矗立巍然，郁郁葱葱，森罗古刹星罗棋布，大树参天，香火袅袅。古今中外，文人骚客，达官显贵纷纷登岸上山，拜会于此。廖阳殿、天子殿、孔庙、望乡台、生死石、血河、奈何桥……冥界的法律机构与现实中的世界一一对应，俨然另一个世界的执法机构。“下笑世上士，沉魂此丰都”，李白当年游览丰都后留下的千古佳句至今仍保留在丰都名山牌坊的两边。

在《西游记》第四回，唐太宗入阴司，遇丰都催命判官保驾；《聊斋志异》在“丰都御史”一节中称丰都为“冥府”；《钟馗传》第一回又讲钟馗到丰都收降鬼魔；《南游记》则写了华光大帝为母三下丰都大闹阴司；《说岳全传》写何立在丰都地狱重见秦桧受罪。这些中国古典神话小说对“鬼城幽都”“阴曹地府”做了形象描绘，再加上历代封建统治阶级与迷信职业者也着意渲染，鬼城丰都的名气越来越大。

“人死魂归丰都，恶鬼皆下地狱”的传说在丰都城越来越神。加之每年农历三月初三的香会（即现在的庙会），四方香客云集，烛光映天，香烟缭绕，钟鼓齐鸣，诵经之声传播数里之外，更增添了“鬼城”的神气。

关于丰都城的说法是那么的阴森莫测，那么，丰都城到底是不是传说中的“鬼城”呢？丰都城到底有“鬼”吗？

要说鬼城，还得先从丰都的名山说起。名山，原名平都山，海拔288米，因北宋大文豪苏轼诗“平都天下古名山”而得名。名山孤峰耸翠，古木参天，直插云霄。殿堂庙宇，飞檐流丹。下临长江，烟波浩渺，气象万千，构成了一幅多姿多彩的山水画卷。名山又是道家72福地之一。这里道观梵宇，鳞次栉比。

关于名山的传说也颇多，各种说法不尽相同。名山是丰都大帝管辖的阴曹。清《玉历宝钞》载，“阴曹地府”的最高统治者是“丰都大帝”，他承天廷玉皇大帝的旨令，率阎罗王等坐镇鬼城，治理鬼国。该书杜撰了丰都“鬼城地府”的机构设置——有十殿及所辖十八层地狱，有枉死城，有奈何桥、血河池、望乡台等，主要人物首为丰都大帝，他管十殿阎罗、四大判官、十大阴帅、城隍、无常、孟婆、大小鬼率以及各岗位职能、阴法刑律等。

此外，还有人说东汉刘向所著《列仙传》，东晋葛洪所撰《神仙传》，皆称平都山（今名山）为阴长生、王方乎成仙飞升之地。随着朝朝代代往来平都山探访者络绎不绝，阴、王二仙的故事也广泛传扬，后人误将阴、王传为“阴王”而说阴王乃“阴间之王”。目前，名山已经逐步地演化为各种大殿，包括十二殿狱的寺庙和“阴曹地府”近百个鬼神雕塑。于是，便有了名山有阴王的说法，这样丰都也就有了“鬼城”“幽都”的说法。

至于为什么丰都城会被古人们喻为“鬼城”并将这种说法一直延续到现在，我们也感到十分费解。

### 潭柘寺的神秘光球

近年来，全世界的UFO组织每天都会收到许多关于目击者称看到UFO的信息，但是经过查证大部分被证明只是一种自然现象。

2008年3月21日下午6点54分，潭柘寺工作的一名员工，在监视器的屏幕上忽然发现一个直径约1厘米~2厘米的呈伞形的小光斑，光斑从空中上方垂直落到屏幕中央，然后由伞形变成了一个圆球，并且不停地在监视器的屏幕上移动。但是工作人员到外面寻找光球，却没有任何发现，而光球有几次只离工作人员有几厘米远。这个光球在屏幕上移动了8分多钟消失。这样的画面，立即让人想到了是不是外星人的飞行器呢？为此，北京UFO组织专门进行了研究，各种猜测也纷纷

潭柘寺

出现。

有人认为光球是工作人员手中的手电筒光线或停车场的车灯光芒照射在监控器镜头内而形成的反射所致。但是经过实验，车灯和手电筒的亮光要比神秘光球高，体积也大许多。还有人提出是慢慢旋转下降的轻毛或其他悬挂的小物体，受到光线照射正好被监视器拍摄到，形成了光球。但是这些物体在监视器上的体积还是比光球的体积大很多。因此这个看法也不成立。其他的说法则认为是由人为使用激光笔照射监控器镜头产生光球，但这个说法也被否定了。

2008 年 6 月，相关研究人员又提出一个新的看法：在监视器上出现的光球可能是一只体型很小的蜘蛛悬挂在空中形成的现象。研究人员说他们经过对潭柘寺北侧寺门的红外线摄像头进行多次实验后发现，用真的小蜘蛛试验后形成的光球与监视器中拍摄的光球极为相似。他们用蚕丝吊着一只小蜘蛛进行实验，结果小蜘蛛在监视器的屏幕上开始成一个伞形光斑，到屏幕中间后变成了圆形，基本与监视器的原记录相同。但是吊着小蜘蛛的蚕丝比较粗，故能在监视器中看到蚕丝。而在监视器中并没有看到任何的线，所以目前还需要解决丝线的问题，当然这个丝线是用蜘蛛丝进行实验。

看来，这个神秘光球之谜不久就可以解开了。

## 景山平面图为何酷似打坐的人像

景山是北京古皇城的制高点，后来在这里建成了“景山公园”。那么景山平面图为何酷似打坐的人像呢？

景山公园地处北京城的中轴线上，占地 23 公顷，原为元、明、清三代的皇家御苑。景山翠峰峻拔，树木蓊郁，风光秀丽，为北京城内登高远眺、观览全城景致的最佳之处。在六百多年前的元代，该处是个小山丘，名“青山”。据传明代兴建紫禁城时，曾在此堆放煤炭，故有“煤山”俗称。明永乐年间，将开挖护城河的泥土堆积于此，砌成一座高大的土山，叫“万岁山”，又称大内的“镇山”。清顺治十二年（1655年）改名景山。景山名称含义有三：首先是高大的意思。《诗·殷武》中有“陟彼景山，松柏丸丸”之句，说的是三千年前商朝的都城内有一座景山；其次，因为这里是帝后们“御景”之地；再次，有景仰之意。山上的五座亭子，为乾隆年间兴建。当时山上丛林蔽日，鹿鹤成群，生机盎然，极富自然野趣。山下遍植花草、果木，有“后果园”之称。帝王常来此赏花、习箭、饮宴，登山观景，是一座优美的皇家花园。该园1928年辟为公园。

1987年1月在北京地区航空遥感成果展览会上，爆出了一个惊人的消息：遥感拍摄的北京景山公园平面园林图，酷似一尊盘腿打坐的人像，被称之为“景山坐像”。这不是杜撰，而是通过精密的遥感技术测定的，在园林北部寿皇殿建筑群是“坐像”的头部，大殿和宫门组成眼，鼻、口，眼睛眯着，面带笑容；胡须是松柏；肩、胸、手、腿是南部那座山。“景山坐像”引起了科技界和考古界的广泛兴趣，几年来，专业人员为此做了大量的研究考证，但收获均微，至今还是一个没有解开的谜。

关于“景山坐像”有不少人表示十分好奇，通过各方面的研究期待解开其中的奥秘。后来又出现了新的说法来解释这一景象。

有人认为“景山坐像”是道家养生图示。首先可以肯定“景山坐像”是道教之神而不是“大佛”。因为“景山坐像”头上戴有冠，嘴上有胡须，一手托着一手合拢于腹前，这常是道教之神的貌态。而佛，即头上无冠，嘴上也无须，手是合掌于胸前。再者可以肯定，“景山坐像”是道教真武神。一是“景山坐像”位于皇宫之北，古人讲地法天，北方是玄武水神之位，玄武即真武，二是此坐像与紫霄宫大殿所供奉的真武大帝像十分近似。

坐像的头部是寿皇殿，而含笑端坐的道教真武神。头部为“寿皇”显然经过道家妙意安排。《武当修真图》曰：“不灭之道，存想泥丸”。泥丸宫处在头部，既然“存想泥丸”可使人长生“不灭”，难道不就是“寿皇”吗？再如“景山坐像”不论它是平面，或者把它假设性地立起看，他可呈现的都是脚南头北和面南背北之状。按道家内功修炼的理论讲，头为上为阳，脚为下为阴，背为外为阳，面胸腹为内为阴，脚南头北和而南背北，均是以人休阴阳和大自然阴阳交合协调，以达水火相济的泰卦之状。

这个推断很让人迷惑，道家为什么要将建筑设计为养生图示而却又让人不易发觉呢？有人认为，道教的经典道藏虽包含十分庞杂，但始终贯穿一个愿望——“长生不老”。道家按照“天人合一”的道义修性炼真，并力图把这种奥秘告知世人。但是，道家最讲究的是“冲虚”“恬淡”，在清高脱尘的心理和观念的支配下，他们又不愿将“天机”廉价地送给“俗人”，所以他们便煞费苦心地在建筑布局上“暗示”众人，通过这种玄妙的方式来启示他们。说“景山坐像”是道家练功图示，还在于北京景山公园的建筑布局、方位以及建筑景点的名称都符合于道家内功修炼的术语要求，而道家修炼功的术语从来均是以隐语出现的。

“景山坐像”时至五百多年后的今天才引起人们惊奇，带着谜团去探究，其中还有不少奥秘有待人们去深入揭示其原因。

## 香地为什么发出奇妙的香气

湖南洞口县山门镇清水村有一块面积五十多平方米的奇特香地，一年四季香味扑鼻，使人神清气爽。春、夏檀香味，秋、冬桂花香，但走出香地范围，就闻不到香味。这块神奇的土地如何能发出香气来呢？

在我国的湖南省洞口县山门清水村西北方约两千米远山腰上的一块凹地处，发现了一处散发着香味的土地，面积仅有五十多平方米左右。这是一个群山环抱、人迹罕至的地方，香地上边是悬崖峭壁，下面是潺潺的小溪。从表面看，这里平淡无奇，与附近地区没有任何区别，生长着与其他地方一样的树木花草等植物，土壤颜色也与周围的相同，但它却能散发出阵阵奇香。土地也能发出香味，这简直太让人不可思议了。

这块香地是怎么被发现的呢？还得从一位采药的山民说起。一天，这位采药的山民路经此地，觉得有一种奇妙的香味扑鼻而来。他感到非常地好奇。为了查找香味的源头，他查看遍了这里所有的花草树木，但是遗憾的是，山民并没有找到答案。最后，他突然明白，原来香味来自脚下的土地。这使得他觉得非常惊奇。

这样，香地的消息一下子传遍了周围地区，人们纷纷前来观看这片神奇的土地。好奇的人们发现，这一奇特的香味，仅局限在这方圆五十米的范围内，只要走出这香地一步，香味顷刻间就闻不到了。经过细致的调查，细心的人们还发现这里的香味随气温的变化而变化，早晨露水未干时显得格外香，这种香让人非常陶醉；太阳似火的中午，则变得微香；黄昏、天阴或雨后天晴时，香味会渐渐变浓。这种随着天气以及时间变化的香地显得更加神秘莫测。这就是大自然给予人类的恩赐。

那么，为什么这块土地会出现香气呢？人们不禁要提出疑问。难道这块土地对时间、气候的变化这么的有感应吗？

有关专家也纷至沓来，期望解开这块神奇土地的香气之谜。经过详细地研究，有关人员认为这种香味可能是由这里地下所存在的一种微量元素引起的，当这一微量元素放射出来后，同空气接触就会形成一种带有香味的特殊气体。那么这种微量元素又是什么呢？它为什么会随着光照强度、时间、湿度的变化而变化呢？为什么方圆百里，唯有这块土地会出现如此神奇的现象呢？这些问题科学家们也没有找到解释的答案。目前，这块神奇的香地还是一个难以解开的谜。

## 石龙阵

在我国河北邯郸市，人们发现了十条石龙，最中间的是一条大龙，这十条石龙排列得十分有规则。而龙头都朝向战国时期七雄之一赵国的帝王陵寝，它们是古人为赵王修建的“镇陵之物”吗？

从1988年至今河北邯山区三陵乡姜窑村已发现了十条石龙，这些石龙大小各异，其中最长的一条经勘测长度竟达369米。

这些龙依次排开，中间为大龙，左五右四，布成了有规则的“十龙阵型”，大龙与旁边小龙的间距大约在2.5米~3米之间，小龙与小龙之间间距比较小，多数几乎都是并排挨着的。为首的那条龙，龙头部分算上复原后的龙角高度为6米，宽4.3米，龙爪长3.4米，宽1.5米，龙身高约2.5米，宽约4.6米，清理出来的龙身有30多米长，这条龙就是最长的一条。据勘探两旁的其余九条龙，也都有两三百米长，只是身形要瘦小些。专家认为，这些古石龙是迄今为止世界上体形最大、年龄最古、石质最为奇特、神秘感最强的石制龙体。

人们在感叹这十条壮观的石龙风姿外，更多的疑问是这里石龙是怎么出现的呢？如此庞大的石龙阵是古人们建造的吗？

最先，人们主要有三种猜测：

一、巨龙阵是人工修建的。有人分析说最大的巨龙的龙骨每节都有沟、槽，每节龙骨长短、厚度一致，龙骨表面还有保护层痕迹。尤其是龙骨、龙节之间，有明显的黏接材料，而旁边九条小龙与大龙都朝东北方向，布成了有规则的“十龙阵型”。这也只有人为制造才可能出现。而在古石龙东北方向1.5公里远的地方就是著名的赵王陵遗址。赵王陵是我国战国时期七雄之一赵国的帝王陵寝，石龙极可能为赵王陵的“镇陵之物”。但是有专家立即否定了这种说法，因为在任何的史书上都没有记载这样的一次工程。而且如果要是人工建造的，就不会只有一个龙爪，肯定是要对称的。

二、海底文明说。在石龙所处的五龙岗及附近周围地区，采集到大量的都乐石岩块，以及海蛎子、贝壳等化石。距此1.5公里的赵王陵附近，也采集到许多古海底藻类、蕨类等植物的化石。由此可以证明，数万年前，邯郸姜窑一带曾是汪洋大海。随着时间推移，地层变迁，沧海桑田，因而有人推断石龙可能是“海底文明”的产物。其科技含量不亚于我们目前的科技水平。

三、古代巨大生物的化石。有人说这些古石龙可能是扬子鳄或者其他大型动物的化石，因为有学者提出中国龙的形象最早可能是古代的扬子鳄，而观察这些石龙，与古代扬子鳄确实有相似之处。但专家认为古石龙不是化石，因为化石的骨头不会那么薄。

而河北省地理科学研究所原所长李庆辰教授经过仔细研究称：石龙系天然形成。李教授说石龙形成于距今约3.5万年前，当时石龙出现的地方原是古河道，后来河道慢慢干涸，古河道中的沙子逐渐脱水、固化、收缩。而且，河道两边还掺有一些泥土，泥土的收缩率又高于沙子的收缩率。故在收缩过程中，逐渐变成中间隆起，而两边变凹的圆柱状骨头形状。石龙体上的沙体颗粒均匀，所以当它们固化收缩并断裂时，受力均匀，石龙的骨节就呈等距离断开了。而龙爪等其他部分，李教授解释说这些部分其实是古河道原本的小岔支，里面也留有沙子，沙子同古道河沙一起变化，就形成了类似龙爪的外形。另外，之所以会出现十条石龙，是因为河道总是在不断改道，平行移动，河流移走后剩下的河道堆满沙子，于是便最终形成了数条相对平行的石龙。而在大石龙身上看到的黏合物，实际上是后来的一些沙子在凝固之前渗进了裂缝中才形成的。但是为什么和这里相似的地方却没有形成巨龙阵呢？这些堪称完美的古石龙真的只是河道淤积形成的吗？

到底是什么原因形成了这些独一无二的古石龙呢？这还需要科学家们进一步研究。

## 银狐洞外的“银狐”

北京房山银狐洞错综复杂，洞内有着千姿百态的石花，洞外有着高约两米的银狐，但是这里精美的“冰雕”是如何形成的却没有人说得清楚。

北京房山银狐洞深100多米，这里洞连着洞，洞套着洞，又分为主洞、支洞、水洞、旱洞，这些洞上下相连，纵横交错，洞里还分布着地下河水和季节性的河流。在银狐洞内还有许多奇异的石花。如石珍珠、石葡萄、石瀑布、石枝、石花、石磨、仙田晶花等。它们不仅形状千姿百态，数量也多得惊人。在洞内还有像菊花一样盛开着，像松柏枝叶般的石花。而且连不常见的石花形态在银狐洞也存在。为何银狐洞内会有这么多的石花呢？现在还没有科学家能够解释原因。

在银狐洞外有一个长度接近两米，形似雪豹头银狐身的大型晶体。它通体洁白晶莹，还“长”满了丝绒般的毛刺，密密麻麻，长短不一，洁白纯净。这还是世界首次发现这种石花形态呢。这个“银狐”又是怎么形成的呢？有人认为“银狐”是由雾喷后凝聚而成的，如我们常见的枝头雾凇。也有人说丝绒般的毛状晶体是含有这种物质的水，从内部通过毛细现象渗透到外部而形成的。更有人说“银狐”以及洞内石花等溶蚀物都是强磁场造成的。然而哪种说法更有道理，谁也不清楚。

## 莫高窟的五彩佛光之谜

莫高窟俗称千佛洞，被誉为20世纪最有价值的文化发现，它也被称为东方瑰宝。莫高窟的五彩佛光，到处迷雾重重，期待着科研人员的不断解读。

令全世界瞩目的艺术宝库莫高窟，俗称千佛洞，始建于公元366年，位于甘肃省敦煌市区东南25公里的鸣沙山东麓的断崖上，它是我国，甚至是世界上规模最宏大、保存最完整的佛教艺术宝库。这座佛教艺术宝库，既不在繁华闹市，也不在交通要道，而是在中国西北戈壁荒漠的一个小小的绿洲之上。然而这样一个令全世界瞩目的艺术明珠，给我们留下了很多令人费解的谜团。

雨过天晴，空气清新的清晨或黄昏之时，如果从敦煌城驱车沿安敦公路向东南而行,就会被几十里以外的三危山呈现的奇特景象所吸引。只见这座陡然崛起、劈地摩天的大山之巅,在日出或落日余晖的照耀下,放射出五彩缤纷的光芒。

莫高窟的五彩佛光

莫高窟的这种奇特景象,千百年引来无数人的瞩目。最早记录这一现象的,是唐朝圣历元年(公元 698 年)李怀让《重修莫高窟佛龛碑》,碑文记载:"莫高窟者,厥初秦建元二年,有沙门乐僧,戒行清虚,执心恬静,尝杖锡林野,行至此山,忽见金光,状有千佛,遂架空凿岩,造窟一龛……"文中所指的山即三危山,所造的龛像,就是敦煌千佛洞最早的洞窟。

对于莫高窟的佛光,科学界存在两种解释。第一种解释是:三危山纯为砂浆岩层,属玉门系老年期山,海拔高度约 1846 米,岩石颜色赭黑相间,岩石内还含有石英等许多矿物质,山上不生草木,由于山岩成分和颜色较为特殊,因而在大雨刚过,黄昏降临空气又格外清新的情况下,经落日余晖一照,山上的各色岩石便同岩面上未干的雨水及空气中的水分一齐反射出五彩缤纷的光芒,将万道金光的灿烂景象展现在人们眼前。

另一种解释是:莫高窟修造在鸣沙山东麓的断崖上。崖前有条溪,在唐代叫"宕泉",现今叫大泉河,河东侧的三危山与西侧的鸣沙山遥相对峙,形成一个夹角。傍晚,即将西落沉入戈壁瀚海的落日余晖,穿透空气,将五彩缤纷的万道霞光洒射在鸣沙山上,反射出万道金光,这正是我们有时看到的"夕阳西下彩霞飞"的壮丽景象。

无论是出现在三危山还是鸣沙山两个方向的所谓"金光",都是一种在特殊条件下的自然现象,古人由于受当时生产力的局限和宗教迷信的束缚,无法从科学上解释这种自然现象,只得用神、佛显灵来做结论,至于乐傅和尚,他为了神其佛法,显示自己的虔诚,便又有了"忽见金光,状有千佛"的玄妙说法流传于世。

莫高窟堪称世界最大的艺术宝库之一。它是集建筑、彩塑、壁画为一体的文化艺术宝库,内容涉及古代社会的艺术、历史、经济、文化、宗教、教学等领域,具有珍贵的历史、艺术、科学价值，是中华民族的历史瑰宝，人类优秀的文化遗产。然而其中还蕴藏着许多不为人知的秘密，等待着我们去发现和研究。

### “阴兵过路”

在云南著名沙林风景区内有一种被人们称为“阴兵过路”的奇特自然现象，据说马儿到了惊马槽会受惊，主人如何拉，马儿都不会过去。惊马槽到底隐藏着什么秘密呢？

在我国云南省陆良县著名沙林风景区内有一种奇特的自然现象。从20世纪80年代起，居住在沙林风景区附近的居民在一处幽深的深谷里经常听到一些兵器相碰、战马嘶鸣的声音，他们将这种奇怪的现象称为“阴兵过路”。

这种古怪的声音在当地被传得沸沸扬扬。可是时至今日，没有一个人说得清楚这怪声到底是什么，村民传说这一切与1800年前的一场战争有关。

三国末年，为平定南方少数民族叛乱，诸葛亮率军南下直至陆良。一天，蜀军与南军在战马坡交战。南蛮王孟获特意请深通法术的八纳洞洞主木鹿大王前来助阵。来到战马坡的木鹿大王命手下官兵挖了两条长不到四十米、宽不足一米的山路，并将蜀军引到此。呜呜地号角响起之后，虎豹豺狼、飞禽走兽乘风而出。蜀军无抵挡之力，退入山谷。可就在这个时候，意外发生了。蜀军突然马惊人坠，南军乘机追杀，蜀军死伤惨重。从此，这里总是阴云不散。

这条隐蔽在密林中的山谷，就是当年木鹿大王派人挖的，人们叫它惊马槽。如今它是村民们上山、下山的唯一通道。当地村民大多不敢路过这里。

“阴兵过路”这个谜团还没有解开时，又有一个谜团出现了。据说只要马到了惊马槽就会受惊，不管如何驱赶，它都不会过去。

惊马槽“闹鬼”的消息引起了专家的注意。有专家认为惊马槽有录音的功能，将1800年前的那场战争的声音记录了下来。

人类实现声音记录，是1877年科学家爱迪生发明留声机开始的。这种录音的方法是把声音变换成金属针的震动，然后把波形刻录在锡纸上。当金属针再一次沿着刻录后的轨迹运动时，便可以重新播放出留下的声音。

如此复杂的录音过程，惊马槽又是如何做到的呢？专家认为和这里的土壤有关系。这里土壤是主要以石英岩为主。石英岩是自然界中一种普通的矿物,它的主要化学成分是二氧化硅。由于二氧化硅具有很好的传导性,所以人们常把它制造成各种电子元件,安装在录音机的"心脏"内。于是人们认为,惊马槽之所以仍然保留着古战场的声音,就是因为这里岩石中的二氧化硅具有录音的作用。

据介绍,古今中外这样的例子很多。但是岩石录音只是传说,至今还没有被证实过。而惊马槽想要成为一个录音机,除了要有大量的石英岩之外,磁铁矿也是必不可少的条件,那么惊马槽是否有磁铁矿呢?结果显示,惊马槽周围的岩石中除了大量的石英矿物之外,只有极少量的磁铁矿。如果没有足够的磁铁矿石,那么惊马槽又是怎么记录下1800多年前那场战争中的刀枪马鸣声呢?

从录音机录音所具备的几个条件与惊马槽录音的条件进行分析比较:一是声源,惊马槽有古战场的声音;二是电流,闪电时产生静电;三是磁场,地球本身就是个大磁场,四就是用来录音的磁带。即使这里只有少量的磁铁矿岩石,它同样可以相当于带有磁粉的胶带,从这些来看,惊马槽录音的现象似乎是存在的。但是有专家说岩石储存声音本身就让人十分质疑,而且地层中的磁铁矿能否真正替代录音机里的磁带存储声音,也同样有很大的争议。因此,一些人认为惊马槽录音的说法是无稽之谈。

据当地村民反映,在雷雨天气里,惊马槽的怪声会更加地刺耳。也就是说,这种奇怪的自然现象与天气有着某种特殊的联系。专家将从现场采集的声音进行分析,发现这个声音的波峰值不断地变化,他们猜测可能是由于风吹过所造成大强度的变化。即惊马槽的"阴兵过路"是风造成的,而不是1800年前古战场的声音。

惊马槽的形状很像啤酒瓶的瓶身。入口小,两边直上直下。当我们对着酒瓶吹气的时候,可以听到很刺耳的声音。这也是物理的共振现象,在声学上叫共鸣。惊马槽的怪声出现就是共鸣效应。当风吹进惊马槽后,风声被放大。也就形成阴兵过路的声音。但是仍有许多疑问,为何风声可以形成马叫的声音?专家认为与此处地形有关。

那么,为什么马到了惊马槽就会受惊呢?据推测,动物的器官比人更加敏感,能够感应到非常微小的、人不能分辨的声音。当风吹进惊马槽的时候形成让马恐惧的声音,才受了惊。

但这些都只是推测，惊马槽为何会形成阴兵过路，还需要地质学家进一步的研究。

## 第九节 美丽奇幻的自然

我国山河众多，地理自然也是丰富多彩而神秘的。至今，我国仍有许多地方完全是未知的世界，它们隐藏的巨大秘密吸引着无数人前去探索。这些地方有美丽的神农架，传说野人经常出没于这片植被茂密的地方，但是人们却至今也没有找到关于野人存在的任何证据；素有中国“百慕大”之称的黑竹沟又隐藏了什么？

### 乐业天坑群

天坑，在地质学上又叫“喀斯特漏斗”，因其形状酷似漏斗而得名。目前，全世界的天坑的数量并不多，但在中国已经发现了四个，即重庆奉节县内的小寨天坑、四川兴文县的小岩湾天坑、重庆云阳县的龙缸天坑和广西乐业天坑群。而乐业天群是世界上目前发现最大的天坑。

1998 年国土资源部在中国广西壮族自治区百色地区乐业县进行土地资源调查时，发现了一种世界罕见的地质奇观——喀斯特漏斗群，又称乐业天坑群。2001 年 4 月，对乐业天坑进行考察的科考队宣布在同乐镇和花坪乡二十多平方公里的范围内，发现白洞、天星洞等二十多个天坑，也是世界已发现的最大的天坑群。最大最深的天坑叫大石围天坑，深达 613 米，南北走向宽 420 米，东西走向长 600 米，周边为悬崖绝壁，底部有大片原始森林和山上的原始森林相连接。

在此之前，全世界已经在俄罗斯、澳大利亚、巴布亚新几内亚发现了类似的天坑。而在中国近年也发现了三个约 300 米深的坑。但这些天坑和乐业天坑比起来根本就是小巫见大巫。

乐业天坑四周都是险峻的峭壁，因此乐业天坑形成了一个巨大的竖井。天坑底部则是一片人类从来没有涉足过的极为罕见的原始森林，面积达到几十平方公里，森林里有溶洞群、地下河流相通，专家们认为，这里极有可能会发现一些已经被认为是绝迹的动物，如洞螈、盲鱼等。它们是两种生活在地下河流中的远古动物，

巨大的乐业天坑群

视力退化。目前只在斯洛文尼亚曾有发现。

在这些天坑群中,有许多神秘的现象让科学家一时还没有找到答案。如大石坑变幻莫测的环境,据当地的居民说,只要有人下到大石围底部,或将石头滚入坑中,就会引起剧烈的天气变化。原本晴朗的天气会忽然变得乌云密布,雷雨交加。这些说法是否准确,还有待进一步证实,但是有考察队考察乐业天坑时就遇到了这种情况。大石围为何会出现这种骤变的天气,至今仍然是不解之谜。在大石围中还有一个难解的谜团,那就是那里到处是错综复杂的暗河。有记者报道说在大石围发现了两条奇特的暗河,暗河中发现了盲鱼等稀有物种,而两条地下暗河一冷一热,温度相差3度~5度,是什么原因造成这种情况,目前还没有答案。

大石围的附近还有一个莲花洞,洞中发现了大小不一的岩溶莲花盆达二百多个,还有无数的“穴珠”。莲花盆是一种石钟乳,因其形状酷似舒展于水面的睡莲而得名。专家认为,莲花盆是因岩石被水溶蚀后形成的,而穴珠是碳酸钙在一定的地质条件下附着在某一内核上形成的钟乳石珠,其成因与珍珠相似。莲花洞为什么有如此众多的莲花盆和穴珠,其生长的条件是什么,这些问题还有待专家进一步研究。

而最绝的还要算白洞天坑,除与其他天坑一样具有地下原始森林与地下暗河外,还与相隔1.1公里外的天星冒气洞相通,形成了一种自然界最奇特的呼吸奇观,即一边洞口出气,另一边洞口吸气。从洞口冒出的白烟,在几百米外都能看得清。冒气洞为什么会冒气而其他的天坑洞穴却没有这种景象,专家暂时还无法解释。而正午时分,阳光可以直射到冒气洞洞底,形成一道壮观的光柱。洞口周围的树枝摇动起来,飘落的树叶不仅不会掉入洞中,反而会向上飞舞。

另外,天坑群中是否还有未发现的天坑?在这片神奇的崇山峻岭下面,是否还有正在继续坍塌的溶洞在某一天突破崩陷,成为新的天坑呢?这些问题还有待进一步考察。

那么乐业天坑群是如何形成的呢?有专家认为,这可能是因为地下暗河长期腐蚀造成巨大地下空洞后引起地表大面积坍塌所致。

在天坑群中的另一奇特地貌是百朗大峡谷,与大石围的地下暗河相通,峡谷长约四公里。谷中洞穴有千奇百怪的钟乳石和生物化石。据考察人员称,在天坑中还生活着国家二类保护动物—鼯鼠,也叫"飞猫",其依靠前后腿间宽大的蹼翼可在绝壁间、山峰间或树木间滑翔飞行,整个身子长达1米,大者重达3.5公斤。考察队伍还在大石围天坑群区域内还发现了国内年代最早、最完整的大熊猫头骨化石。专家据此认为,在很久以前,乐业天坑群区域曾是大熊猫繁衍之地。

随着科考队不断地进入乐业天坑群进行科学考察,我们相信,揭开乐业天坑群的神秘面纱的日子为期不远了。

## 中国"百慕大"

世界上最神秘的地方也许就是众多周知的"百慕大三角",但是后来人们又发现了许多和百慕大一样神秘的地方。在我国,也有一个"百慕大"。

世界各地似乎都有很多神秘难测的地方,也是人类至今没有完全了解的地球秘境。中国作为一个文明古老的国家,它的秘密更是数不胜数,如素有中国"百慕大"之称的黑竹沟就是一个著名的谜团。

黑竹沟位于峨眉山西南约一百多公里处,面积约一百八十多平方公里,它是四川盆地与川西高原、山地的过渡地带,所以黑竹沟的地理位置特殊,自然条件复杂,生态原始。也就是这里,曾出现过数次人畜进沟神秘失踪的现象,给人一种神秘莫测之感,也产生了众多的令人费解的谜团,让人目瞪口呆。因此黑竹沟才得到一个

黑竹沟

名字——中国的“百慕大”。那么,黑竹沟曾经发生过哪些让人匪夷所思的事情呢?

纬度之谜:黑竹沟所处的纬度和百慕大三角、埃及金字塔相似,就是被探险家称为的“死亡纬度线”——北纬30度。这一纬度涉及了全球许多著名的谜团。北纬30度这些谜团彼此之间是否有一些细微的关联呢?黑竹沟和这些谜团是否也有某种联系呢?

人畜消失之谜:川南林业局、四川省林业厅勘探队,部队测绘队和彝族同胞曾多次在黑竹沟遇险,其中三死三伤,二人失踪。据当地的彝族长者介绍,1950年,国民党胡宗南残部三十余人,仗着武器精良,穿越黑竹沟,入沟后无一人生还,因此,这里留下了“恐怖死亡谷”之说。而人进去后是怎样失踪的,至今还是个谜。还有传说只见枪不见尸体的,但是有人认为这只是讹传。他们解释说不见尸体是因为黑竹沟中有很多含有极高铁量的玄武岩,它使磁场异常,造成了指南针磁针偏转,从而出现指南针指示的方向可能是暗河或悬崖的情况,人一不小心摔入就会丧命,因此,也就极有可能找不到尸体。但是曾经有那么多人进入黑竹沟,为什么不是失踪、受伤就是死亡呢?不可能人人都跌进悬崖或暗河中吧?

野人之谜:据说1974年当地的村民曾亲眼见到高约两米,浑身长满黄褐色绒毛的野人,后来当地群众多次发现了它的踪迹,称它为“诺神罗阿普”,意为“山神的爷爷”。但是,至今也没有发现这个野人现在究竟生活在哪里,黑竹沟发现的野人也就变成了谜团。而在黑竹沟有一个地名被称为“野人谷”。“野人谷”为何得名的呢?这里曾经常出现过野人吗?这还需要进一步调查。

幽谷奇雾之谜:黑竹沟因为地形独特,植被茂盛,雨量充沛,湿度大,因此这里经常是迷雾缭绕，浓雾紧锁，使人有如坠仙境之感。但雾气也使黑竹沟内阴气沉沉，神秘而让人不敢深入。黑竹沟的山雾千姿百态，清晨常常紫雾弥漫，连最近距离的物体也无法看清；到了傍晚则烟雾滚滚，雾气时动时静，忽前忽后，忽明忽暗，变化万千。据当地彝族人讲，进沟要轻声细语，否则会突然出现青雾，将人畜卷走。这些山雾为何有这么多的变化呢？会突然出现的“青雾”又是什么呢？可以将人畜卷走的只能具有超强的风力，难道“青雾”不是雾，而是卷着雾气的“风”？

动植物之谜：这里的怪事可谓是多得数不胜数。我们都知道熊猫是吃竹子生活的，但在黑竹沟里的大熊猫吃的却是山羊、猪牛等肉类食物，它们经常下山跑到彝家山寨吃这些家畜。有人说熊猫下山吃羊等动物，是因为熊猫本身不为人熟悉的生活习性和迁徙规律造成的。

据说这里有亚洲很少会出现的黑豹，彝族猎手就曾经抓住过一只黑豹。这里的植物也十分丰富，攀爬在古杉上的野藤，有的高达八十多米，直径三米，如展开的大伞。黑竹沟还有许多受到国家保护的植物，如洪洞、水青树。在黑竹沟中更有罕见的“花熊猫”，它是黑白相间，花纹呈圆形的植物，有人说它是植物中的“稀有珍品”。

黑竹沟为什么会有这么多名贵的植物呢？这些植物又是从何而来，在黑竹沟扎下根的呢？是由古人带来这里栽种的吗？

总有一天，黑竹沟的谜团会被解开，黑竹沟也将为我们展现出一片原始的自然风光。

## 神奇的神农架

笼罩神秘色彩的川鄂神农架，其中蕴含着无数千奇百怪的事物，奇山异水争趣、珍禽怪兽频现等自然奇观不胜枚举，让每个带着好奇心去探寻神秘的人流连忘返。

神农架是中国的一块神秘之地，位于川鄂交界地带，丛林密布。它的面积达3200多平方千米，素有“华中屋脊”之称。在神农架传说最多的就是野人。

从古至今，有着大量关于野人的传说和记载。早在唐朝时就有人见过神农架野人。史书上也时有记载。20世纪七八十年代，有探险队发现了野人的毛发、脚印，甚至还发现了野人住过的窝。后经研究表明，那些“野人”毛发是至今我们未曾发现的奇异动物的毛发：它不仅区别于非灵长类动物，也与灵长类动物有区别；更令人吃惊的是有接近人类头发的特点，而且更接近白种人头发的特点，但又不尽相同。

古人类学家还在神农架山区发现了距今有两万多年的早已绝迹的古猿化石。其身高超过两米，是一种介于人和猴子之间的高级灵长类动物，被命名为“巨猿”。有人猜测神农架野人就是它的后裔。但是按照现代生物学观点，一个物种倘若要生存繁衍，其种群数量不能低于一千只，否则就有灭种的危险。如果神农架的野人也存在这么多的话，那么不要说发现，就是活捉几只都可以。可是到现在为止，人们却一只都没有捉到过。是野人的数量少？还是根本不存在呢？也有人说神农架野人是“人猿杂交”的物种而非野人。

传说神农架有一种驴头狼身的怪兽，当地人称其为“驴头狼”。据说，它的体形跟毛驴差不多，头部很像驴，却长着像狼那样的利爪，是一种凶猛的食肉动物。20世纪曾有猎手打到过，但可惜已尸骨无存。现在世界上其他地方虽然都不存在这种驴头怪兽，但在远古时代，这种动物确实存在，学名叫作“沙犷”，主要存在于距今七百万年至四百五十万年前。这种动物的头部和身体有些像驴，但脚上却生有很锋利的爪。如果说它是与驴类相似的动物，那它长着如此锋利的爪做什么用呢？它到底是食肉动物还是像驴一样的食草动物呢？人们百思不得其解。有人认为，虽然动物学家都把“沙犷”当作已经灭绝的史前动物，但由于神农架特殊的地理和生态环境，动植物群类非常丰富，与“沙犷”一起存在的动物，如金丝猴、苏门羚等，在别的地区都已经灭绝了，但在神农架却依然生存着，因此，可能有少数残存的“沙犷”在这块土地上生存下来，栖息在人迹罕至的深山密林之中。从目击者的描述和脚印看，有专家认为“驴头狼”很可能就是“沙犷”。“驴头狼”真的是史前动物吗？至今还是个谜。

神农架还有一个冷热洞，洞内冷热分割明显。当地人称为“冷暖洞”。当站在冷的一边时，寒气逼人；而站在热的一边时，则是温暖如春。冷暖两边相隔不过是一条线，但温度却相差10℃以上。是什么原因造成如此大的温差呢？有人认为，洞中温度低是正常的，而温度高的一边可能是由于它的下面有温泉，使上面的土地受热散发热量。但是根据常理，这种热量应该是均衡扩散的，不可能相差10℃，也不可能有一条很明显的冷暖分割线。还有人经过对洞口结构的研究，认为由于洞口构造比较奇特，冷热空气在洞口相交，相互融合，构成了一道空气屏障，故而产生了这种奇怪的现象。具体哪种说法更为准确，至今尚无定论。

此外，神农架还有众多的秘密让人们惊叹。位于神农架的宋洛乡有一处冰洞，在洞外温度达到28℃以上时，洞内开始结冰，山缝里的水沿洞壁渗出，形成壮观的冰帘。但当天气转冷的时候，洞内的冰反而开始融化了。到了严寒的冬季，洞内的温度比洞外还要高。为什么会有这么奇异的洞呢？科学家暂时还没有解释出来。

神农架地区，有座戴家山，山上有一块奇异的土地。每到2月、8月晴天的中午，这块地里就会发出一束耀眼的白光，刺得人睁不开眼睛。这束光照在对面相隔二百多米的山上，竟比太阳光还要明亮。白光不定时地照射过来，每次大约持续两分钟左右。很多人都见过这种奇景。如此怪现象，至今仍令人费解。

神秘的神农架带给我们太多的惊奇，总有一天人们会揭开神农架的所有秘密。

## 谜中谜——山西宁武

当我们阅读中国名山大川时会发现，它们都蕴藏着许多神秘的现象，它们是古老的大自然带给我们的神奇礼物，是古代的先人们谱写的神话之歌。山西宁武就是这样的一个地方，在这片神奇的土地上，我们发现了许多让人惊叹的景观。

山西晋南宁武县是一块充满谜团的地方，当你踏上这片古老的土地山时，就会被这些谜团深深地迷住，但却百思不得其解。

1 万年冰洞

1955年，在海拔两千多米的管涔山人们发现了一个万年冰洞，但是以宁武县的气候条件，根本不能结冰，但是洞内的冰柱却四季不化，冰洞内永远保持着零下四度。即使是闷热的夏天，洞内依然寒气逼人。经地质专家鉴定，该冰洞形成于新生代第四纪冰川期，距今已有一百万年的历史。

据清乾隆《宁武府志》记载，这里火山数百年都处于活跃状态。虽为地下煤自燃，但山的阳面为火山，山阴面为冰洞，形成了两个截然相反的景观并存的奇特景象，至今也没有人能够解释其中的原因。

现在已经开发出的冰洞距地面有一百多米,冰洞里有着大自然的鬼斧神工:冰瀑、冰钟、冰帘、冰笋、冰人、冰花,玲珑剔透,晶莹夺目。

这座冰山是怎样形成的呢?为何能够保持百万年之久?在史籍上并没有记载,专家也毫无头绪。没有人知道这个谜团何时解开。

2. 远古栈道之谜

在管涔山深处的凤翔山悬崖峭壁上,有一条远古栈道,据考证,这条栈道至少在唐代时期就出现了。起初人们发现在悬空寺附近的悬崖间吊着一根可以随风摆动,历经千年不坏的木头柱子,当地称之为“摇摆柱”,后来经过考证,原来是古栈道遗留下来的一部分。至今“摇摆柱”仍在悬崖间飘摇。

这是在北方发现的唯一古栈道遗迹。长达四十多公里。它是做什么用的呢?传说汉高祖刘邦兵走平城,靠的就是这条栈道。那么,古栈道的修建时间可以追溯到西汉时期。一种说法认为由于这里庙宇众多,且都建于山顶,所以栈道是为了连通多座山峰上的寺庙而筑。但这条栈道究竟建于何时,其真正目的又是什么就没有人知道了。

3. 宁武天池

宁武天池位于山西省宁武县东部管涔山东南马营山区,是我国三大高山天池之一。也是华北地区唯一的天池群。宁武天池在古代也被称为祁莲池,唐代曾在这里设立天池牧监,为朝廷饲牧军马,故又称马营海。

宁武天池

天池面积0.8平方公里,水深10米左右,蓄水800万立方米,形成于新生代第四纪冰川期,距今有300万年的历史。据记载,天池水"阴霖不溢,阳旱不涸,澄亭如鉴"。传说,每当树叶将要飘落湖面时,就由灵鸟叼去,故湖水清澈可鉴。宁武天池从古至今都是人们避暑观光的旅游胜地。最著名的是被古人题名为"天池锦鳞"或"天池霞映"的绝景,它位列宁武古八景之首,当红日映照在天池中时,金光四射,池水通红,耀眼夺目。

在宁武人眼,天池是一池圣水,它旱不涸,涝不溢。天池海拔千米以上,据考证湖底及周围没有一个泉眼和太多的径流,这万顷碧波之水来自哪里?成为宁武景观中又一个自然之谜!

在历史上,人们一直将宁武天池与隋炀帝联系在一起,据说隋炀帝曾经在这里修建了一座宏伟壮观的行宫,史称"汾阳宫"。传说汾阳宫金溪辉煌、规模宏大,殿宇楼阁、水榭歌台、栈道回廊、应有皆有。但是也有人质疑隋炀帝在天池修建过行宫的说法,认为只是一种传说。那么,隋炀帝是否真的在天池建造过气势恢宏的行宫呢?而隋炀帝为何又选择在这里修建行宫呢?

在清版《宁武府志》记载:"汾阳有天池,在燕京山即管涔山上,周过八里,俗名天池,曰祁连池。隋开皇(公元581年至600年)建祠池上,祈祷多应。"虽然这里的"祠"并非指代行宫,但是足以证明宁武天池在隋朝时就受到统治阶级的青睐了。在《宁武县志》中还记载:"隋炀帝大业三年(公元607年)四月北巡过雁门关,八月癸巳入楼烦(今宁武、静乐一带),十一年(公元615年)五月避暑汾阳宫……,是隋文帝杨坚于开皇年间始建,坐落于天池边。"据说,隋文帝曾经在宁化古城建立"隋王宫",后来行宫被洪水淹没,现在在当地仍流传着"水漫隋宫"的传说,它和汾阳宫在历史上被称为"上行宫"和"下行宫"。但到今日,人们已经看不到两座行宫的旧日风采了。

不久前,有学者在天池边上发现了一种等级很高的琉璃滴水构件,而这种建筑材料只有古代的皇宫才能使用,因此,专家判断,这极有可能就是建造汾阳宫的建筑材料。但是中国秀丽的山河那么多,为何隋炀帝会选择天池这样一个小湖边劳民伤财地修建这样一个宏大的行宫呢?况且,这里山势险要,并不利于大队车马队伍出行,粮食补给也十分不便。有专家分析说这与宁武天池的地理位置有关。宁武连接塞外,一直是兵家必争之地,历代王朝都曾在这一代修筑过长城,但是依然烽火不断。而且天池还是避暑胜地，更是隋朝的“发迹之地”（杨坚时任晋王时，杨广为并州总管），在这里建造行宫也符合隋炀帝“好大喜功，喜游猎”的性格。但是汾阳宫究竟毁于什么年代呢？目前还有待进一步考证，不过在《宁武府志》中记载：“隋恭帝义定元年（公元617年），校尉刘武周杀太守王仁恭，袭破楼烦，进据汾阳宫，取宫人以赂突厥，自命国号无兴。”说的是隋朝后期一名叫刘武周的叛将，带兵攻破当时的楼烦城，杀死太守并进占汾阳宫，掳宫女敬献突厥。虽然并未对其血洗汾阳宫做出详细描述，但证明从那个时代开始，汾阳宫就由兴盛走向衰败了。

4. 芦芽滴翠

史书记载“芦芽山，山前有荷叶坪，山后有林溪山，右有神林山，连镇诸州，逶迤数百里。最上一峰突入霄汉。五月飞霜，千载凝冰……时或山上雨而山下晴。其树木、梵宇、丌泉怪石乃与五台山肩齐名者也。”芦芽山，因形似“芦芽”而得名。海拔2739米，似一尊巨人手擎利剑直插云霄。这里峰峦重叠，簇拥大小二百多座山峰，沟壑纵横，崖沟跌宕，溪水淙淙，有大小瀑布三十余处。山峰尖峭，怪石嶙峋，林木茂密。每有云雾萦绕，雄峰突兀，如同青翠的芦芽破土而出，生机勃勃，鲜嫩欲滴，引人入胜。雨后日出，芦芽墨绿色的山体，还会变换出一种火红的色彩，偶尔也可遇到状似“法轮”，五彩斑斓的“芦芽佛光”。从古至今，历经天灾人祸，但是卢芽山的绿色却奇迹般地保存了下来，成为黄土高原上一块罕见的绿洲，但是它究竟如何在无数次的劫难中生存下来，却没有人可以解释清楚。

中国有许多的名川秀水，无不蕴藏着令人着迷的秘密，这也显示了中国古老大地的神奇。有人说一个没有秘密的国家是缺少神秘美的，所以也许许多谜团不被解开才是完美的。

## 千年未解的黔南四谜

我国是一个山河众多的国家，而蕴藏其中的谜团也就多得数不胜数。黔南，就是一个拥有着很多秘密的地方，直到今日，人们也没有为那些谜团找出合理的解释。

神奇幽美的贵州黔南隐藏着一幅幅绝美的画卷和传奇。黔南，也流传着许多不可知的世界之谜，1995年《中国旅游报》向世界公布重金悬赏可以破译黔南四大之谜的人。一时之间，黔南四谜成为人们谈论的焦点，探险家的“宝地”。黔南之谜概括为；一首千年古歌的预言；情感植物“风流草”；奇怪的冷热洞；惊人相似的图腾柱。

千年古歌的预言：这首古歌是“石笋对石鹅，脚踏乌江河，哪人识得破，金银用马驮。”为了探寻古歌中所预言的无尽宝藏，曾有无数的人前来寻找，但都是无果而终。直到20世纪90年代，地质工作者终于发现了这里蕴藏着丰富的磷矿资源。在没有先进的探测仪器的远古时代，这首神奇的千年古歌为什么能预言今天的丰富磷矿资源？预言家又是谁？

情感植物“风流草”：三都水族自治县都江一带生长着一种植物，当地人叫它“风流草”。这种草会在歌声中展枝抖叶翩然起舞。更为奇妙的是，“风流草”只听得懂水族青年唱的情歌。有人分析说，“风流草”像人一样善解风情，能够识别情趣，是 种生命智能植物。而有的植物学家则认为，“风流草”的枝叶中含有一种能够感受音频的物质，情歌旋律优美，“风流草”正好能感受情歌的音频，当它接收到这种信号后，就能产生共鸣和振动。然而，究竟“风流草”为什么只会随着情歌翩翩起舞，至今仍无定论。

奇怪的冷热洞：三都水族自治县都江镇境内有一个奇异的山洞，人在洞中行走，上身如在盛夏时节热得大汗淋漓，而下身却如处冰窟，冷得发抖。为什么同一洞内温差如此之大？有专家认为岩洞中的地面是一个大吸热体，由于山洞空间气流的流动，贴近地面的温度就很低，而距离地面越远温度也就越高。一些地质学家则认为，洞中地表岩石与洞顶岩石结构截然相反，地面岩石是一种奇特的“冰石”，而洞顶岩石却具有释热功能，因而形成了这种温度反差。但为什么两种不同构造的岩石会如此巧合地聚集在同一洞中呢？

惊人相似的图腾柱：在荔波县瑶山瑶族墓地上，矗立着一根根雕刻着原始粗犷花纹的图腾柱，柱顶是一只展翅欲飞的大鸟。这种瑶族人膜拜的图腾柱，与美洲印第安人的图腾柱非常相似。值得研究的是，地处偏僻大山深处的瑶族人与印第安人从古至今没有任何往来，是什么神奇的力量使他们的图腾崇拜如此接近？有的学者就认为，瑶族与印第安人同是山地民族，鸟与兽都是他们生活中的重要内容，加上相似的环境氛围形成了相似的山地文化，因而产生了这种图腾崇拜的巧合。

反对巧合论观点的人从一些考古中提出论据，在印第安人与瑶族的原始遗物中也有不少相似之处，从而他们提出了印第安人与瑶族在很久以前同属一支的可能性。由此推测出印第安人可能就是由中国的西南长途跋涉至美洲的。

## 自贡大山铺的恐龙公墓

在世界上的一些地方，人们发现了大量恐龙遗骸集中埋在了一起，这些地方就被人们称之为“恐龙公墓”。恐龙公墓是一种自然现象，不是人为形成的。世界上比较著名的恐龙公墓是比利时伯尼萨特禽龙墓、加拿大阿尔伯达尖角龙群葬墓、美国古斯特的腔骨龙墓、中国四川自贡大山铺恐龙墓、中国内蒙古恐龙公墓。

自贡恐龙博物馆

在四川省自贡市有一个恐龙化石集聚区，叫自贡大山铺的“恐龙公墓”。它以恐龙化石埋藏丰富和保存完整著称于世。但是这个“恐龙公墓”是怎么形成的呢？很多的科学家都做出了猜测，但是又都缺乏充分的理由。

一、成都地质学院岩石学教授夏之杰提出，这些恐龙是死后被原地埋葬的。他说在一亿六千万年前，大山铺地区是一个河流交织的地方。而且这里的气候也十分温和，使得这里成了一个极适宜恐龙生存繁衍的地方，大量的恐龙生活在这片植被茂密的滨湖平原上。但是，这些恐龙们可能由于吞食了含砷量很高的植物，中毒而死，并被迅速地埋在较为平静的砂质浅滩环境里，后来又有新的恐龙尸体压在以前死去的恐龙尸体上，这样层层叠落，才形成了这么庞大的恐龙化石群。但是没有人知道当时的大山铺地区植被含砷量是多少，能够致使恐龙猝死的砷含量又是多少，分析一种恐龙化石中的含砷量是否又能代表所有的恐龙呢？这些问题都还没有被研究出来。

二、有人认为大山铺的恐龙是在异地死亡后被搬运到本地区埋藏下来的。因为这些恐龙化石较为完整的才三十多个，只占总数的五分之一。发现较多的是比较零碎破散的恐龙上肢，很像经搬运后被磨蚀得支离破碎的样子；同时越是接近上部岩层，小化石越多，并具有从南到北依次从多到少的分布规律。下部岩层则几乎都是体躯庞大的蜥脚类恐龙，保存都不完整，很明显是经过搬运后的结果。另外科学家还发现大山铺发现的砾石均位于化石层的底部，从其特征判断是经过搬运的产物，可能与恐龙化石群的形成有密切关系。

多数的科学家认为，大山铺“恐龙公墓”中大部分化石是搬运后被埋藏下来的，也有少部分为原地埋藏，因此这是一个综合两种成因而形成的恐龙墓地。但是这里除了在陆地上生活的恐龙外，还有能飞行的翼龙和在水中生活的恐龙，而这些恐龙的生活习性完全不一样，为什么它们也会被葬在一起呢？最关键的问题是，谁将这些恐龙从别的地方搬到了这里？有人说可能是食肉恐龙，为了掩藏食物才将它们杀死的恐龙埋藏在这里，以用来在干旱的年代解决食物短缺。也有人说是恐龙的同类将死去的同伴尸体拉到这里进行掩埋的。还有人说是外星人杀了这些恐龙埋葬在这里的。更有人说是古人类杀死了它们。究竟是怎么回事，还有待研究。

## 白天突然会变黑

虽然现在的科学技术在不断地进步，但是仍有许多神秘的现象至今无法解释，但也正是这种未知的事物激励着人们去探索。

同一天内出现两次黎明在我国的古书上曾有过记载，古人称之为“天再旦”。1987 年，有学者对此做出了解释，是由于发生了日全食，才导致已经明亮的天空又变暗。当日全食过后，天空就出现了第二次黎明。但是在没有发生日全食的时候，“天再旦”也会发生。

1994 年的一个秋天，在我国的班吉境内，万里无云，晴朗的天空忽然变得一片漆黑，伸手不见五指，人们惊恐万状，好像天要塌下来一般。一个多小时以后，黑夜才渐渐散去。

而白天突然变成黑夜不仅在我国发生，全世界几乎都曾出现过此现象。1884年4月21日白天，英国普雷斯顿地区突然一片漆黑，大约二十分钟后，天又一次亮了。后据科学家调查，那天该地并没有异常现象，当时天上没有云彩，地上也没有浓烟遮日。1980年5月19日上午10点钟，美国新英格兰垦区突然变得一片漆黑，像进入茫茫黑夜一样，这种怪现象一直持续到第二天黎明。据科学家调查，那天既没有发生日全食，也没有龙卷风现象。

为什么白天会突然变黑？这种神秘的黑暗究竟从何而来？科学家对这一现象众说纷纭，莫衷一是。

有些科学家猜测，天空出现两次黎明的现象可能与小流星有关。当某一颗小流星飞临地球的上空时，遮住了部分阳光，造成地球上部分地区白天突然出现暂时黑暗的现象；待小流星飞离后，该地又恢复了光亮。所以该地才出现了这种的现象。

还有一些科学家猜测，天空出现两次黎明的现象可能与另一种神秘的天体——微型黑洞有关。宇宙中有一种看不见的黑色天体，它的体积趋向于无穷小而密度却是无穷大。这种天体有“吞食”周围一切物体的本领，任何东西靠近它，都会被它“吞食”掉，就连速度高达每秒30万公里的光线，也会被它“吞食”。一般黑洞都是由恒星演化而成的。恒星到了晚期，内部的“核燃料”全部耗尽，在自身的引力作用下，不断坍塌，坍塌密度达到一定程度时，它就成了黑洞。1971年，墨金索教授猜测，在宇宙中可能有许多微型黑洞，它们是在宇宙诞生的初期形成的，或许这些微型黑洞，至今仍在宇宙中漂移着。当某一颗微型黑洞漂移到地球上空时，它就会把附近的阳光“吞食”掉，因而造成地球上一部分地区的白天突然变成黑夜。等它飘离地球上空后，这部分地区就恢复光亮。这也就出现了“天再旦”现象。

但这些看法只是推测而已，还没有被证实。为什么在没有发生日全食的时候，同一天内也会出现两个黎明的现象呢？这个问题尚需科学家进一步考察。

## 青藏高原的移动之谜

青藏高原是素有“世界屋脊”之称，它的周围有许多山脉，大多数呈从西北向东南的走向，其中南部的喜马拉雅山脉中的许多山峰名列世界上前十位，而喜马拉雅的主峰珠穆朗玛峰是世界上最高的山峰。

青藏高原是位于中国的西南部。面积约240万平方公里，平均海拔4000米~5000米，也是世界上最高的高原，有“世界屋脊”之称，常被科学家们与南极、北极相提并论，称作地球的第三极。青藏高原东连云贵高原和四川盆地，西达万山之宗的帕米尔高原，北邻中国内陆沙漠地带，南眺热带亚热带风光的印度大平原。

青藏高原的四周都是大山，南有喜马拉雅山，北有昆仑山和祁连山，西为喀喇昆仑山，东为横断山脉。高原内还有唐古拉山、冈底斯山、念青唐古拉山等。高原内部被山脉分割成许多盆地、宽谷。同时是长江、黄河、澜沧江、怒江、森格藏布河(印度河)、雅鲁藏布江以及塔里木河的发源地。

自古以来，青藏高原就是一个神秘的地方。如今，科学家在GPS卫星定位系统的帮助下，惊异地发现青藏高原竟然以每年7毫米~30毫米的速度整体向北和向东方向移动。

尽管这种移动的速度十分缓慢，仅属于毫米级，但在几百万年的地质运动中，这个移动量所产生的结果是十分巨大的。

那么是什么原因造成了青藏高原的移动呢？它又会给地球和人们的生活带来怎样的影响呢？

青藏高原位于地质历史上古地中海大洋岩石圈消亡地带，是研究洋—陆转换、陆—陆碰撞、造山过程、全球变化和全球大陆动力学等一系列重大理论问题、建立地球科学新理论、新模式的关键地区，故而也被喻为“打开地球动力学大门的金钥匙”。

青藏高原地壳活动幅度相对比较大，而且这个高原地区的隆升、漂移活动是比较激烈的，地震活动也比较多。这种现象在中国其他地区或者其他高原都是少见的。1991年，中国地震局地震研究所GPS研究室开始利用GPS全球卫星定位系统对青藏高原地区进行监测。据最新监测结果表明，青藏高原南部的拉萨地块以每年约30毫米的速率向北东38度推移；中部的昆仑地块以每年平均速率21毫米的速度向北东61度推移；再向北到祁连山地块，以每年7毫米~14毫米的速率向北东约80度推移。也就是说青藏高原整体正以每年7毫米~30毫米的速度向北和向东方向移动。

有学者认为迫使青藏高原移动的重要原因是印度洋板块向北运动引起的挤压,除此之外还有地热等多方面的原因。

中国地球物理学会主席、中国工程院赵文津院士曾发表文章《破解青藏高原的东移之谜》,对青藏高原向东移动的原因做了解释。赵文津院士从球面数学的角度出发,他认为,处于高纬度的两个相邻地块分别沿其重心所在经度线向低纬度做南北方向的离极运动时,由于经度线间的距离不断增大而逐渐相互分离。反之,处于低纬度的不相邻两地块分别沿其重心所在经度线向高纬度做南北方向的向极运动,由于经度线间的距离不断减小而逐渐相互靠近,最终导致青藏高原向东移动。

青藏高原虽然向东向北整体移动,但其速度并不一样,这样是否会造成青藏高原本身解体呢?有专家解释说青藏高原本身就是由许多地块构成的,如昆仑地块等,每个地块的方向和活动性都不一样,这也就造成了速度不一致。还有,高原本身就是断裂的,所谓高原解体也是无从谈起。

青藏高原的这种移动会造成地块触动和断裂以及造山运动等多方面影响,同时地震活动有可能增加。而青藏高原一直移动下去的结果会怎样?是否会产生新的地形地貌?它又会给这个地区乃至整个中国大陆的生态和气候环境带来什么变化?专家说从板块移动的角度来看,喜马拉雅山是印度洋板块和东亚板块底部相互挤压形成的。如果青藏高原板块向东向北移动,肯定会对喜马拉雅山的高度产生影响。至于这种缓慢的移动对于气候的影响,则是一个相当漫长的过程。

由于人们所关心的这些问题太复杂了,所以专家很难轻易下某种结论。青藏高原移动究竟会对地球产生怎样的影响,这个问题还有待科学家的进一步考察和研究。

## 第十节　神奇的江河湖海

我国的主要河流有两千多条,总长度超过四十二万公里。其中世界开挖最早、最长的人工运河——京杭大运河,全长一千八百公里。位于中国新疆的塔里木盆地北缘的塔里木河,是中国最大的内流河。长江是我国最长的河流,也是世界第三大河。自古以来，文人骚客莫不钟情于祖国江河的众多与神奇，许多脍炙人口的诗作都是抒发对江河的深厚感情。

### 金沙江为何拐弯

我国的地理奇观数不胜数，这些奇观体现了大自然的无比神奇之处，金沙江在虎跳峡大拐弯又是中国地理的一大奇观。

金沙江

金沙江是中国长江上游的名称，一般是指青海玉树市巴塘河口到四川宜宾市岷江口之间的长江上游，而宜宾以下的才被正式称作长江。金沙江全长 2308 千米，流域面积 34 万平方千米，落差达 3300 米。金沙江古称丽水，以盛产金沙而得名。

金沙江和怒江、澜沧江等大河在青藏高原的东北部发源，然后几乎彼此平行地一齐向南流淌，在青藏高原东侧切成几列深邃的平行河谷。而在河谷之间，就是一条条大致平行的高山，这就是我国有名的横断山脉。在这三条河流中，金沙江最靠东边。起初，金沙江也是由北向南流的，江面一直平缓宽阔，江面宽达五百米，水流缓慢。可是当流经云南省境内的石鼓村北时，江流突然折转向东，而后又转向北，在只有几千米的距离内，差不多来了一个 180°的大拐弯。金沙江流过石鼓村以后，坡度骤然加大，江水在只有几十米宽的深谷中呼啸奔腾。就好像大量的水突然从高处跌落进细细的管子里，江水蓄积已久的势能在这里得不到释放，只好在悬崖壁上来回碰撞，水流一下子变得奔涌澎湃，激起高达六米的巨浪。江两岸，一边是玉龙雪山，一边是哈巴雪山，从江底到峰顶落差三千多米，形成世界上最壮丽的峡谷。这段峡谷就是大名鼎鼎的“虎跳峡”。

那么，金沙江为何要在此拐弯呢？千百年来，万里长江第一弯曾使许多到过这里的旅行者迷惑不解，就是世世代代居住在江边的居民们也弄不清这到底是怎样形成的。多年来，这个问题吸引了无数的科学家和地质学家们来此进行实地考察和研究，期望得到答案。

经过相关研究人员对金沙江的河流形态进行研究后，有人提出了一种比较流行的看法，即从前金沙江并没有今天的大拐弯，而是和怒江、澜沧江等一起并肩南流。就在金沙江与它的伙伴们一起南流的时候，在它东边不远的地方，还有一条河流由西向东不停地流淌着，科研人员给这条河流起了个名字叫作“古长江”。急湍的古长江水不断地侵蚀着脚下的岩石，也不断地向西伸展着。时间一长，终于有一天，古长江与古金沙江相遇了。古长江地势比起古金沙江要低得多，于是滔滔的金沙江水受到古长江谷地的吸引，自然掉头向东。于是，金沙江就成了长江的一部分。这种现象，在地貌学上有一个名词，叫“河流袭夺”。

尽管这种说法不少人表示支持，但是，也有人提出了异议。他们认为，这里根本就没有发生过古长江与古金沙江相互连通的河流袭夺事件。今天的金沙江之所以会发生这样奇怪的拐弯，只不过与当地地壳断裂有关。可是，金沙江的大拐弯是发生在几十万年以前甚至更早的地质现象，谁也没有亲眼看见过金沙江是如何因地壳断裂而突然转向的。另外，年代又距离我们那么遥远，不管袭夺也好，还是沿着一条断裂带流淌也好，当时留下来的遗迹，已经被无情的风雨侵蚀得面目全非了。

以上的两种观点看似各有道理，但是几经沧桑巨变，金沙江又怎么能耐得住岁月的磨砺呢？无论如何，金沙江在虎跳峡拐弯也正是大自然这位巨星级工匠师经过精心设计打造出的地理奇观，也正是如此，人们才更加对大自然的神奇充满了敬畏感。

## 南海魔鬼三角

人类对海洋的了解仍然十分地有限，也对海洋的许多神秘现象无法解释。南海，是我国的领海。这里也有一个类似百慕大的“魔鬼三角”。

1975年，有美国学者提出地球上存在着十二个“魔鬼三角”区：百慕大、日本本州南部、夏威夷至美国大陆间的海域、地中海及葡萄牙沿岸、阿富汗、非洲东南部海域、澳大利亚四部海岸、新西兰北部海域、中南美洲东部、东南太平洋东部，在南极北极各一个。这些魔鬼区域呈直等距离分布，因此地球被分成二十个等边三角形，“魔鬼三角区”就在三角形的结合点上。而且南、北半球的“魔鬼三角区”均位于纬度30度线上；以精确的72度经度间隔均匀环绕地球分布；以相同的角度向东倾斜。但是几年以后，这个理论就遭到了挑战：因为人们在不属于十二个“结点”的南海也发现了“魔鬼三角区”。

南海是我国三大边缘海之一，北接中国广东、广西，东面和南面分别隔菲律宾群岛和大巽他群岛，与太平洋、印度洋为邻，西临中南半岛和马来半岛，为面积三百五十万平方公里的深海盆。南海的“魔鬼三角”的顶点是：西为香港、东为台湾、南为菲律宾吕宋岛，面积约十万平方千米。

这片水域之所以被称为“魔鬼三角”，是因为这里发生了许多莫名其妙的沉船事件。

1979年5月，菲律宾货船“海松号”正安全地行驶在南海海域，一切都显得十分正常，但是就在这时，马尼拉南港“海岸防卫队”无线电控制室内，突然收到一个紧急讯号，“海松号”在台湾以南、吕宋岛以北海域遇险，接着便失去联系。事后，有关方面进行了大规模地搜索，但是毫无结果，上千吨重的“海松号”以及25名船员就此失踪。1979年12月16日，由菲律宾马尼拉驶往台湾的“安古陵明号”货轮也在这片海域神秘地失踪了。1980年2月16日，当东方航运的“东方明尼克号”改良式货轮航行到香港和马拉尼附近时，东方航运公司马尼拉办事处的通讯控制室中，接到了这艘货轮发出的求救信号后，就与之失去了联系，船上三十名船员全部失踪。

不到十个月的时间里，就有三艘船先后离奇沉没。人们发现在南海失踪的船只和“百慕大魔鬼三角”有许多的相似之处：其一，事出突然，都没有预兆；其二，失踪的船只没有留下任何的痕迹，就连碎片也找不到；其三，船员也都失踪无影，连尸体都打捞不上来。

而南海这片魔鬼三角区并不是在现代才被发现，早在七百多年前，南宋周去非所著《岭外代答》一书中就有记载："海南四郡之西南，其大海日交趾海，中有三合流，波头喷涌，而分流为三，其一南流，通道于诸藩国之海也；其一北流，广东、福建、浙江之海也；其一东流，人于无济。苟入无风，舟不可出，必瓦解于三流之中。"大意是南海中的交趾海域有东、南、北三股合流，海上无风，也会波浪翻滚，船只无法前行，结果往往酿成灾难。这种说法是否正确，目前还没有定论。但是魔鬼三角区的谜团却吸引了专家们的兴趣。

有人从星象变化影响出发，认为当太阳、地球和月球三体成一线时，或者月球、地球与一个强宇宙射电源星体成一线时，能对地球产生各种物理效应，会引起地球局部地区瞬间的引力增大，南海"魔鬼三角区"正处在这个"引力点"上，是巨大的引力导致船毁人亡。

还有人说南海地形本身就很危险，那里不仅岛屿众多，而且海底地形复杂，险象环生，这也可能造成船只沉没。

也有人说在南海存在一个"外星文明基地"，失踪的船只和船员实际上是被外星人"劫持了"，才出现生不见人，死不见尸的离奇现象。

当然也有人认为南海的"魔鬼三角"并不神秘，他们从洋流因素出发。在南海海域，有沿岸流、南海环流、南海暖流以及从巴士海峡进来的黑潮分支，加以台风和季风交替引起的海洋涡旋、上升流频繁出现，具有形成海难的基础条件。如果这么解释的话，南海"魔鬼三角区"并没有什么神秘可言。

此外，还有人提出磁场说、海啸说等，不一而足。但各种观点都有漏洞，南海的"魔鬼三角"为何如此可怕，还有待科学界进一步研究。

## 北京平谷地下古暗河流淌了 15 亿年吗

北京是一座历史悠久的古城，在这里有着数不清的历史秘密和地理迷局。

有人说北京平谷发现了一条长为 1500 米的暗河。河水最深处 3 米，最浅处 1 米，暗河流经的地方点缀着众多的形态各异的石花、钟乳石和石笋，据说这条暗河已经流淌了 15 亿年。

北京平谷的村民在摩驼山抓獾时无意间发现了一个石洞，石洞中的山洞之间都是互通的。经过专家的勘探和测量推测,摩驼山的腹中很可能隐藏着一个长度在 1500 米左右的地下暗河。

专家说从这里的地理以及地质构造整体分析来看,整个背面的水很可能是以暗河的形式流入到金海湖的。而且从水文条件看,这里也有溶洞景观,并且也听到过水声。所以,地下存在暗河的可能性非常大。但是专家没有说这条暗河已经流淌了 15 亿年。

那么,暗河流淌 15 亿年的说法究竟从何而来?据介绍,15 亿年的说法来自“京东大溶洞”。在京东大溶洞的相关介绍上,说京东大溶洞发育于中元古界长城系高于庄组白云岩地层,距今大约 15 亿年,由此号称“天下第一古洞”。而京东大溶洞到摩驼山大约只有不到 10 公里的路程,也正是京东大溶洞的关系,所以当地人认为摩驼山也应该有 15 亿年的历史。因为“京东大溶洞”和摩驼山是一个山系,自然如果有暗河存在也就流淌了 15 亿年。

但是有人提出异议,认为“京东大溶洞”的一些介绍并不够客观。岩石年龄和溶洞的年龄根本是两回事,中国以及世界上所有的溶洞绝大部分都是在新生代的第四纪即距今 200 万年以后形成,大于 100 万年的不多;形成于 15 亿年前的溶洞是根本不存在的。

既然“京东大溶洞”15 亿年的历史并不客观,那么,摩驼山腹中的地下暗河流淌了 15 亿年的说法似乎就更加蹊跷,从常理上来说,整个地球的形成距今也只有四十六亿年,而华北底层虽然较老,但最多也只到 18 亿年左右。要形成溶洞,至少要在碳酸岩的条件下形成,碳酸岩的主要成分是碳酸钙,容易溶解。岩溶、洞溶都是在这种环境下才能形成。而平谷在北京的东边,它的底层有寒武系的地层、奥陶系地层,都是很年轻的地层,大约距今 4 亿年到 6 亿年之间。要形成溶洞,那就比地层要年轻得多了。从这一常识来看,要形成那么久远的暗河是不太可能的,但并不代表这条暗河不存在。

## 长江为何又称“九江”

长江是中国第一大河,古名又称“九江”。流经西藏、四川、云南、湖北、湖南、江西、安徽、江苏等省区,在上海汇入东海,流域共有 742 个市县,总人口近 4 亿,总面积180余万平方千米，有雅砻江、岷江、沱江、嘉陵江、乌江、湘江、汉江、赣江、青弋江和黄浦江等支流。

长江是亚洲、中国第一长河，全长6 300千米；它发源于青藏高原唐古拉山脉，是世界第三长河，仅次于尼罗河与亚马孙河。水量也是世界第三。2001年，中国科学家测出长江的准确长度是6211.31千米。但是在古代长江并不叫长江，而是被称为“九江”，一直到唐朝还有人称之为“九江”。那么长江为何称为九江呢？

长江

一种观点认为长江之所以称为“九江”，是因为在两湖找出九条支流，以说明所谓的“江流九派”，所以称长江为“九江”。但也有人反对这种说法，在《禹贡》一书载“九江孔殷，沱潜既道，云土梦作乂”，其九江中包括了在四川境内的支流和湖北境内的云梦，所以他们说“九江”并不是单指两湖和江西的九条支流。

另一种观点认为是长江上游的九大支流：岷江、大渡河、金沙江、沱江、嘉陵江、黔江、湘江、汉水、赣江汇合成了长江，所以长江称为“九江”。但在《增补幼学故事群芳》中却记载：“江之发源岷山，总括汉泗沅沣。”接下去作者还引郭景纯《江赋》中的句子：“郭景纯江赋云，总括汉泗，兼包淮湘，并吞沅沣，汲引沮漳。”这样看来，长江为何古代称为九江又模糊了。

长江流经青海省、西藏自治区、四川省、云南省、湖北省、湖南省、江西省、安徽省、江苏省和上海市十个省、区、市，流域面积180多万平方千米，占全国面积的1/5，为何在古代长江称为九江呢？这还真是个谜团。

关于长江的源头自古也有两种说法：一种是“江河同源于一山”，即长江和黄河都发源于巴颜喀拉山，长江发源于南麓，黄河发源于北麓。另一种是长江发源于可可西里山。源流有两支：南支木鲁乌苏河，北支楚玛尔河。1976年夏和1978年夏，长江流域规划办公室先后两次组织江源调查队，深入江源地区进行了详细地实地考察，查清了江源水系和源头情况。长江上源位于昆仑山和唐古拉山之间，这里河流众多，较大的有楚玛尔河、沱沱河和当曲三条。其中无论流域面积或水量都是当曲最大，根据“河源唯远”的原则，确定了沱沱河为正源。南源当曲，北源楚玛尔河。江源地区，海拔六千米以上的雪山就有四十多座。气温低，四季如冬。年降水量 200 毫米～400 毫米，且以降雪为主。7 月份的平均气温低于 0℃，只有白天在太阳的强烈辐射之下，气温才能达到 0℃以上，冰雪融水形成的涓涓细流就成为长江的最初水源。但是也有人提出不同的意见，应如何确定长江的源头，也许每个人都有不同的标准，那么答案也就不同了。

## 黄果树瀑布是如何形成的

黄果树瀑布从断崖顶端凌空飞流而下，倾入崖下的犀牛潭中，势如翻江倒海。瀑布对岸高崖上的观瀑亭上有对联曰：“白水如棉不用弓弹花自散，虹霞似锦何须梭织天生成”，这是对黄果树瀑布的真实写照。

黄果树瀑布

黄果树瀑布位于贵州省安顺市镇宁布依族苗族自治县境内的白水河上，它以当地一种常见的植物“黄果树”而得名。黄果树瀑布宽 30 米，落差 66 米，流量达每秒 2000 多立方米。黄果树瀑布以奇气势雄伟、连环密布的瀑布群而闻名于世，并享有“中华第一瀑”的美赞，也是世界著名的大瀑布之一。

据测量，黄果树瀑布实际高度为 77.8 米，其中主瀑高 67 米；瀑布宽 101 米，其中主瀑顶宽 83.3 米，分布着 18 个瀑布，形成一个庞大的瀑布“家族”，被世界吉尼斯总部评为世界上最大的瀑布群,列入吉尼斯世界纪录。其中,黄果树大瀑布是黄果树瀑布群中最为壮观的瀑布,是世界上唯一可以从上、下、前、后、左、右六个方位观赏的瀑布,也是世界上有水帘洞自然贯通且能从洞内外听、观、摸的瀑布。徐霞客曾赞叹道:"捣珠崩玉,飞沫反涌,如烟雾腾空,势甚雄伟;所谓'珠帘钩不卷,匹练挂遥峰',俱不足以拟其壮也,高峻数倍者有之,而从无此阔而大者。"

但是,黄果树瀑布如此壮观的景象是如何形成的呢?对于黄果树瀑布的成因,历来说法很多。有人认为它是喀斯特瀑布的典型,是由河床断陷而成的;有人则认为是喀斯特侵蚀断裂——落水洞式形成的。还有一种看法认为是由落水洞坍塌形成了黄果树瀑布。一些学者认为黄果树瀑布前的箱形峡谷,原为一落水溶洞,后来随着洞穴的发育,水流的侵蚀,使洞顶坍落,而形成瀑布。他们还说,一个瀑布的形成过程是与瀑布所在的河流的发育过程紧密相关的,故黄果树瀑布的形成过程应与白水河的演化历史结合相考虑。那么,黄果树瀑布的形成过程就可以分成七个阶段:前者斗期、后者斗期、老龙洞期、白水河期、黄果树伏流期、黄果树瀑布期和近代切割期。其形成时代大约从距今两千七百万年至一千万年的第三纪中新世开始,一直延续至今,经历了一个从地表到底下再回到地表的循环演变过程。

但也有人反对上面的说法。黄果树瀑布究竟是怎么形成的,看来还需要进一步研究。

## 为什么"水往高处流"

俗话说"人往高处走,水往低处流",这虽然是俗语,但却是客观的规律,水受到地球的引力自然会向低处流。但是,尽管这个规律适应于绝大多数的事物,也有一些超乎寻常的事情与此相悖。

近些年来,地球上出现了很多神奇的地方,如中国有著名的沈阳北郊"怪坡"。这些神秘地带不遵循客观规律玩起了"小把戏":树林向一个方向倾斜;物体倾斜落地;人行走而步履稳健。更神奇的是,物体可以自动向坡上运动,甚至出现了水往高处流的情况。这些地理现象明显违反了牛顿的引力定律,令人费解。实际上这些神秘现象是由一种"垂直转向"的心理幻觉造成的。

迷路、转向、搞错了东南西北的现象我们都很熟悉,它是我们凭感觉认为的方位和实际方位偏离时产生的一种幻觉。“垂直转向”是在一定的情况下，我们认为的垂直方向显著地偏离了实际的垂直方向即重力的方向。地球上的这些神秘地带的神奇现象，都是在一种“坡上坡”的环境之中，发生了“垂直转向”而产生的。

到一个新地方、新城市，我们常常有一种感觉，那就是搞不清方向，不知道东南西北，因此很容易迷路。好多人在新地方会觉得太阳不再从东边升起，西边落下。当然我们不能因为自己的感觉就说在这个地方的太阳和自己家中的不一样，只能说自己“方位转向”了。为什么我们会“转向”呢？原来我们身体里没有像鸽子和企鹅那样的天然“指南针”，不能靠地球磁场自动识别方位。因此日常生活中我们对方位的判断，完全靠周围景物的相对位置。天空上的太阳、月亮、星星，地面上的山川、村庄、田地、树木以及城市的街道、建筑都被我们用来判断方位。在我们熟悉的地方，我们认识周围的景物，知道我们的相对位置，所以不容易方位“转向”，也不容易“迷路”。当我们到一个新城市，常常急于搞清东西南北方位，我们需要建立一个坐标系，把周围景物的相对位置搞清楚。但是我们不熟悉那里，不能靠它们的相对位置辨别方位，如果是阴天或晚上，看不到太阳，东西南北的坐标系就建不起来。这时候我们失去了坐标轴，就只能凭印象把头脑中的坐标轴加在新地方。当我们头脑中印象的坐标轴和实际偏离时，就出现了“方位转向”。

地球表面一点的垂直方向是地心和该点的连线方向，该点和重力的方向一致。真正的“下”是沿重力的方向，“上”就是和重力相反的方向。我们所说的“垂直转向”是指在一定的情况下，我们判断的垂直方向明显偏离了重力的方向。我们通常说：天为上，地为下，实际上并不准确。

平常，我们很少“垂直转向”，而且它与“方位转向”有所不同。因为我们判断垂直方向的能力比判断方位的能力强得多。由于重力吸引，我们能感觉到上、下方向。然而，这种感觉并不是非常准确。另外我们绝大部分时候靠视觉，而并不是根据周围景物判断垂直方向。除了我们直立的身体，树木、建筑物都是垂直参照物。我们更信赖的是脚下的地平面，和它垂直的方向就是垂直方向。当周围的环境造成我们依据视觉判断的垂直方向和重力方向严重偏离，同时我们的感觉又不能够纠正时，就会发生“垂直转向”。“垂直转向”是造成地球上神秘地带的心理原因。但是造成这种“垂直转向”需要一定的地质、地貌环境。

科学家们通过一系列的实验研究推断出，神秘怪坡实际上是一种特殊的地貌组合，我们称之为“坡上坡”。它包括两个坡，即一个“大斜坡”上有另一个“小斜坡”，“大斜坡”与“小斜坡”坡向一致，“小斜坡”的坡度明显小于“大斜坡”。当这种地貌组合处于一定环境，“小斜坡”附近的人把“大斜坡”当成真正的地平面，从而产生错觉发生“垂直转向”，把“小斜坡”的坡顶当成坡底，从而使“小斜坡”的坡向颠倒了。因此我们所看到的现象是“水往高处流”。

解开怪坡之谜，“水往高处流”也便见怪不怪了。我们可以利用怪坡的怪现象创造出有利于人类生存和生活的新环境，从而为人类的发展开启一道新窗口。

湖泊是指陆地上洼地积水形成的、水域比较宽广、换流缓慢的水体。我国湖泊面积大于一平方公里的约有2300多个，也有说为2848个。江西的鄱阳湖、湖南的洞庭湖、江苏与浙江之间的太湖、江苏的洪泽湖、安徽的巢湖是我国五大淡水湖，其中面积最大的淡水湖是鄱阳湖。青海湖是我国最大的湖泊，面积有1000多平方公里。白头山上的天池（中国与朝鲜的界湖）是我国最深的湖泊，水深达373米。我国还有众多神奇的湖泊，它们许多的神奇现象至今仍无法解开。

## 水塘丢入石头会冒火

大千世界真是无奇不有，正是这千奇百怪的事物构成了大自然美丽动人的一面。本来水火是不相容的，但是地处云南的一个水塘居然一反大自然的法则，把一块石头扔进水塘竟然会出现令人不可思议的奇迹……

俗话说得好，“水火不相容”’但是地处云南省昆明市阿拉乡西邑村的一个小小的水塘却偏偏要证明水火也是可以相容的。

这个小水溏是在阿拉乡西邑村某建筑工地上发现的，该水塘和其他普通水塘没有什么区别，面积大概有四五十平方米，塘水混浊。但是唯一的区别也正是这个水塘引起人们极大好奇与关注的地方。起初有一个建筑工人不小心把一块石头掉进的水塘里，随着石块“扑通”一声落入水中，随即在石块落入的地方冒出了点点火光，并且随着“扑扑”的炸裂声。冒出酌火花呈橘红色，有鸡蛋大小，一处火光存在的时间大约有1秒~2秒，并随着涟漪荡开，逐渐向外延伸，最后，随着水面的平静而逐渐消失。在火光闪现的同时，水面上也冒出阵阵白烟，闻起来有股轻微的燃烧的味道。并且,水面搅得越混乱,出现的火光就越多,烟雾也越浓。

这个奇怪的消息一经传出,从此水塘这里聚集来了不少观看的人们,当然也引来了不少地质学家以及科研人员的关注,他们纷纷前来调查研究造成水塘遇石冒火、冒烟的原因。

经过对当地的建筑工人进行询问得知,这个坑挖起来已经有半年的时间了,一直没发现有什么异常。前不久下过几场大雨,这里就变成了一块水塘。起初在工地上挖掘的工人发现位于工地边上的这个水塘突然冒起了白光;由于不远处就是一个公墓,工人们都不敢上前去看。直到天亮后,才有胆子大的工人过去看个究竟,也没有发现什么异常。当工人们站在塘边正在议论时,一名工人不小心将塘边的土块踢下了水塘,没想到水面上突然冒起了火花,把众人都吓了一跳。随后,胆大的工人扔石头下去,也发现冒起火光,都觉得很奇怪。为了了解发生这样的状况到底是什么原因造成的,于是有的工人又将石头扔到了这个水塘附近的其他几个水塘去试试,但是其他的水塘并没有出现这样的怪事,即使是把石头扔进了距离那个怪异水塘仅有三四米的水塘里也并没有这种现象发生。

有关人员经过详细地研究,认为这种现象可能是磷遇空气时燃烧所产生的。尸体在腐烂的时候会产生磷,磷的燃点非常低,只有 40 摄氏度。水塘附近就是公墓,以前也极有可能就是坟场,时间一长磷就积累了下来,通过丢下石块的作用,磷产生自燃,就形成了火焰。因此极有可能就是磷火。但是附近有那么多的水塘,为什么只有这个水塘会出现这样的现象呢?这磷又是从哪里来的呢?这些问题还没有得到解决。

也有相关人员将手放进这个水塘里,但是把手放进去并没有什么异样的感觉,就跟在平常的水里的感觉一样。究竟产生这种现象的原因是什么呢?希望专家们早日揭开这个谜团。

### 阳朔湖泊的生死轮回

湖泊也有生死轮回吗?且每三十年作为一个轮回,即每三十年就失踪一次。这种现象让人百思不得其解。对湖泊生死轮回的研究将成为我们在研究湖泊工作方面的新课题。湖泊也会死而复生吗?这让人听起来感觉匪夷所思,但是这种会死而复生的湖泊的确是存在的。

俗话说:“桂林山水甲天下,阳朔山水甲桂林。”在我国广西阳朔县的美女峰下,有一个占地面积为三百亩的犀牛湖,湖面澄碧,鱼蟹游弋。

据村中老翁谈及,清朝同治戊辰(1868)年3月17日水涨一次,为时四天。民国29年(1940年)6月17日,水又暴涨。当天,天气晴朗,水突然由岩穴涌出来,顷刻之间,水涨到三尺深,没到三天,村落田间,一片汪洋,俨如泽国。当时,正值早稻成熟季节,发水之初,村中长老有经验者,知道洪水不会在短期内消退,急令村民抢割稻子。此事曾轰动一时,由各地闻讯来观洪水者,络绎不绝。

然而,1987年9月30日,湛蓝的湖水却突然全部消失,只留下了湖底的淤泥。人们大惊失色。据当地人回忆,此前一个月,犀牛湖附近地下曾发出“隆隆”之声,湖水水位同时也略有降低,但湖水仍保持两米左右的深度。在1987年9月29日一夜之间湖水突然变得荡然无存。犀牛湖约三十年失踪一次在阳朔县志中早已有过记载。

那么,湖水奇异的生死轮回现象的奥秘何在呢?据有关人士分析,目前有这样一种解释:桂林山水均由可溶性石灰岩组合而成溶柱、溶峰、溶洞、溶湖和地下暗河纵横交错,密布其间。犀牛湖位于群山环抱之中,是个溶湖,湖水来源于地面流水、天落水和地下水,河水的去路是通过湖底的溶孔流入暗河,另有一部分湖水自然蒸发而消失。每当暴雨之际,湖水夹带着大量泥沙堵塞了溶孔,经年累月积下的大量雨水长期被积压在山中的地下通道,不能顺利流入暗河里,水量越多,压力也越大,而暗河的排水条件受阻,这样,积水受到压力增大的影响,就会突然从洞口猛泄而造成喷泉的现象。而经过一段时间后,当排泄速度加快,而来水不足时,压力便渐趋正常,暗河也就处于正常的流量,泄出的水也就重新迅速归入暗河而向江河中流去。

据分析,水量的积聚,湖底溶孔的被堵,都有一个渐变的过程。同样道理,水的压力减轻和溶孔被疏通,也是渐变的,而这整个过程的完成,大约需要三十年。因此,犀牛湖水的消长也是大约三十年一次。当然这一现象要受到诸如气象、地面和地下水流及人为等因素的影响,其周期并不是绝对的。有人设想,若将湖底溶孔堵死,湖水或许将永不消失。

阳朔湖泊起死回生、周而复始的现象非常耐人寻味，到目前，科学家们还没有找到其大约三十年一轮回的真正原因。因此，阳朔湖泊生死成了一个未解之谜，还有待于人们去探讨。

## 大明湖成因奥妙何在

自古称“济南山水甲齐鲁”，而在趵突泉、大明湖、千佛山这济南，三大名胜中，大明湖是很突出的一处。那么大明湖的成因又是什么呢？

大明湖

大明湖是山东省济南市三大名胜之一，是繁华都市中一处难得的天然湖泊，也是泉城重要的风景名胜。它位于市中心偏东北处、旧城区北部。现今湖面 46 公顷（690 亩），公园面积 86 公顷（1290 亩），湖面约占公园面积的 53%，平均水深 2 米左右，最深处约 4 米。

大明湖景色优美秀丽，湖上鸢飞鱼跃，荷花满塘，画舫穿行，岸边杨柳荫浓，繁花似锦，游人如织，其间又点缀着各色亭、台、楼、阁，远山近水与晴空融为一色，犹如一幅巨大的彩色画卷。大明湖一年四季美景纷呈，尤以天高气爽的秋天最为宜人。春日，湖上暖风吹拂，柳丝轻摇，微波荡漾；夏日，湖中荷浪迷人，葱绿片片，嫣红点点；秋日，湖中芦花飞舞，水鸟翱翔；冬日，湖面虽暂失碧波，但银装素裹，分外妖娆。

大明湖水色澄碧，堤柳夹岸，莲荷叠翠，宁榭点缀其间，南面千佛山倒映湖中，形成一幅天然画卷，沿湖的亭台楼阁，水榭长廊参差有致，湖的南面有清宣统年间仿江南园林建造的遐园。遐园内曲桥流水，幽径回廊，假山亭台，十分雅致，被称为

"济南第一庭园"。湖边假山上建有浩然亭，登临其上，大明湖的景色一览无余。湖对面北岸高台上有元代建的北格阁，依阁南望，远山近水，楼台烟树，皆成图画。清代书法家铁保留下的"四面荷花三面柳，一城山色半城湖"的名句，绘声绘色地道出了大明湖的佳绝之处。

济南市位于鲁中南山地北部与华北平原的交接带上，北面有黄河流过，南面紧接泰山的前山带。所以这座城市正好处在一个凹陷中，而大明湖正居于凹地的底部。济南自古便是富庶之地，名人荟萃，风物闻名遐迩，充满了厚重的历史美感，大明湖就集中体现了济南的这一魅力。湖畔的许园占据观赏湖景的极好位置，常有名人在此聚会。也正是在这个地方，清代刘鹗看到了千佛山在湖中的倒影，于是把大明湖湖山景色在《老残游记》中写得如此灵秀妩媚。

大明湖在历史上变化很大。北宋以后，由于人类活动频繁，生态有所恶化，古大明湖已逐渐堙塞，现在的大明湖是由古大明湖东西的一片水域，即历水陂演变而来的。在新中国成立前，社会的动荡和贫困使大明湖黯然失色，失修的湖内多为杂乱的湖田，湖边为坍塌的泥岸，岸边道路泥泞不堪。新中国成立后，疏浚了湖底，用石头砌成湖岸，对环湖大道及各种建筑都进行了修整。此外，还添设了新景点、新设施，又恢复了"四面荷花三面柳"的风貌，这样，使这处著名的游览胜地重新焕发出青春的光彩。

大明湖如此多娇，引来无数文人骚客来此游览。那么，在济南市内是怎么形成这个美丽的湖泊的呢？是从什么时候开始逐渐形成现在这样美丽的湖泊的呢？

作为一处天然湖泊，大明湖水来源于城内珍珠泉、濯缨泉、芙蓉泉、王府池等诸泉，有"众泉汇流"之说。这种特殊的成因，在我国还不多见，大概只为济南这样的"泉城"所特有。古时候，济南被称为"泉城"——"齐多甘泉，甲于天下"！这个古来著名的泉城究竟有多少泉水？过去说它的城内外有了两个泉，其实远不止此数。据新中国成立后实地调查，仅在济南市区就有天然泉水 108 处。诸泉汇聚于地势低下的城北，形成一片广大的水域。今天这片水域的许多部分已填塞成为市街，而大明湖是留下的最大水面。济南为何如此多泉，这同它的水文地质条件有关。

此外，还有许多科学家认为，大明湖的形成可能还与倾斜的岩层也许有关。济南地处石灰岩和岩浆岩这两种不同岩性的构造接触带上，这种地质构造恰好为泉水形成和出露提供了有利条件。济南的南面有绵延的小群山,如千佛山等都是由厚层的石灰构成的,岩层略向北倾。石灰岩层内大小溶洞和裂隙很多。山地降水渗入地下,积蓄在其中,积蓄的水多了就会顶着倾斜的岩层和裂隙向北流动,当流到济南北面时,遇到了组成北面丘陵的不透水岩浆岩的阻挡,便停滞下来,成为承压水,它一遇上面地层薄弱的部分,便冒出地面,成为大小的涌泉。而大明湖所在地正是济南北部最低洼处,众泉汇聚所以成为湖泊。这种观点看似也有一定的道理。

那么,大明湖的成因究竟是什么呢?我们所做的解释也仅仅是猜测,并没有找到更加合理的科学依据来证明这一点。因此,大明湖成因之谜还需要科学家们经过更加努力的研究后方能解开。

### 太湖成因之谜

美丽的太湖号称"二万六千顷,周围八百里"。历代文人墨客更是为之陶醉,留下了许多脍炙人口的诗句。但是,太湖的成因一直以来都是人们所研究与探讨的话题。

太湖

美丽的太湖位于风景如画的江苏无锡,是我国长江中下游五大淡水湖之一,湖南岸为典型的圆弧形岸线,东北岸曲折多湾,湖岬、湖荡相间分布,以湖岸计算的湖泊面积 2427.8 平方公里。太湖实际水面面积为 2338.1 平方公里,湖岸线总线 405 公里。平均水深 1.89 米,从湖底地形可见湖盆的地势是由东向西倾斜,湖盆形态呈浅碟形。太湖是平原水网区的大型浅水湖泊,湖区号称有48岛、72峰,湖光山色,相映生辉,其有不带雕琢的自然美,有"太湖天下秀"之称。

太湖的水域形态宛如佛手,作为江南的水中心,以其蕴藏丰富的资源孕育了流域内人们的繁衍生息,自古被誉为"包孕吴越"。历代文人墨客更是为之陶醉,留下了许多脍炙人口的诗句。太湖风光秀丽,物产富饶。附近的长江三角洲向来是中国的鱼米之乡。这里河网纵横,湖泊星罗棋布。春天到来,菜花金黄,稻身透绿,小舟在河湖荡漾,采桑姑娘在桑园里忙着采摘桑叶,一幢幢粉墙灰瓦的房舍掩映在茂林修竹之间,到处一片生机。然而,就是这样一个全国闻名的太湖,关于它的成因,一直到今天还争论不休。

关于太湖的形成有很多说法,首先有一个是孙悟空大闹蟠桃会的传说。在很久很久以前,王母娘娘要做寿了,玉皇大帝就叫四大金刚抬去了一份厚礼。王母娘娘看见后,高兴得连嘴都合不拢了。原来玉皇大帝送的是一个大银盆,里面有七十二颗特大的翡翠,而且还有千姿百态的各种五色玉石雕琢的飞禽走兽,简直是个聚宝盆!为了这聚宝盆,王母娘娘决定开个蟠桃寿会,邀请各路神仙来开开眼,热闹一番;果不其然,前来祝寿的神仙们都对银盆赞不绝口。恰在此时,弼马温不请自来——由于王母娘娘的不屑一顾,齐天大圣孙悟空发了脾气,大闹天宫。他见一样打一样,当他看见玉帝送的这只大银盘时,也不管三七二十一,一棒打了下去。银盆便从天上落下来,跌到地上砸个大洞,银盘便化作白花花的水,形成了三万六千顷的湖。因为此湖是从天上掉下来的,"天"字的上面一横就落在下面成为一点,也就是"太"字,所以此湖就叫作"太湖"。七十二颗大翡翠就成了七十二座山峰,散布在太湖中。玉石雕刻的飞禽走兽,则变成了鱼类、虾类、螃蟹等水产以及鸳鸯、野鸭、天鹅、鸥鹭等水鸟。本来天上的大银盘是圆的,因为挨了齐天大圣的一棒,变了形,这就是现在太湖为什么不圆的原因。

当然,传说毕竟是传说,不具有科学的真实性。近年来,随着对太湖地区地质、地貌、水文、考古和文献资料等方面的不断研究,对太湖成因的探究已经又有了新的发展。有人对潟湖论中所存在的问题提出了质疑,认为在海水深入古陆腹地的过程中,虽然一边冲刷,一边沉积,但这种情况对于整个古陆地来说是不平衡的,有的地方确有潟湖地貌的沉积,但它不具有整体意义。可是人们在翻阅一本叫《吴中水利记》的北宋时期的古书时，发现书中记载着：在北宋神宗八年（1075 年），太湖地区发生大旱，太湖水位下降到了以往从来没有过的位置。这时人们发现，湖边数米干涸的湖底上，竟然露出了古代居民留下的坟墓和村庄的街道，一根根已经近于腐烂的树桩仍然立在湖中。人们还在太湖的湖底找到距今六千年至一万年前古人类石器时代的遗址。于是，又一种假说出现了。人们推测，大约在六千年到一万年前，太湖地区是一片低平的平原，人们曾经在这里生活和居住过。由于地势较低，终于积水成湖，人们还没有来得及搬走他们的家当，就被洪水淹没了。

最近，一批年轻的地质工作者用全新的观点解释了太湖的形成。他们大胆地假设，可能是在遥远的古代，曾有一颗巨大无比的陨石自天外飞来，正好落在太湖的位置上。也就是说，偌大的太湖竟然是陨石砸出来的！他们估计，这颗陨石对地壳造成的强大冲击力，其能量可能达到几十亿吨的炸药爆炸产生的能量，或者等于一千万颗在日本广岛上空爆炸的原子弹的能量。

另外，还有人提出“潟湖说”，这种说法一直占据着主导地位。早在 20 世纪初，我国地理学家丁文江与外国学者登施丹就著文认为，是大江淤积导致了太湖的形成。著名的地理学家竺可桢与汪胡桢等则提出了潟湖成因论，即以后广为流传的太湖经“海湾—潟湖—湖泊水网平原”的演变模式而成。这一学说认为，六千年前长江口还在镇江，海岸线还在奔牛、溧阳、宜兴、吴兴一带，以后由于长江南岸沙嘴、钱塘江北岸沙嘴和东部海岸沙堤合围封淤，出现“泻湖”，才逐渐形成了碟形的太湖平原。然而，潟湖说虽然可以解释太湖平原的地形、地质上的海相沉积，却无论如何不能解释另一个更重要的事实：太湖平原上的一百多处新石器文化遗址，如果是分布在半咸水的“泻湖”之中的话，那么当初先民们又是怎么生活的呢？

“三山岛人”的发现，推翻了这一说法，在客观上有力地支持了“非潟湖说”。“非潟湖说”认为，东、北、南三面为沙冈和沙嘴所包围的太湖平原，是一块古陆，而不是一个海湾潟湖。近年来历史地理学研究的进展和一系列新的考古发掘，为此提供了越来越多的证据。

三山岛旧石器遗址的发现，就进一步证实了这一判断：三山岛以石灰岩为主，是三亿到二亿五千年以前海底沉积的水成岩，含有多种古生物化石等，以后约在六千年前，被海洋泥沙沉积包围，淡化水质而泻成湖泊。

三山清风岭旧石器遗址位于岛的湖滨，相对湖面高程不过一米左右，含石制品的文化层就在表土层下，据初步估计石器年代为距今一至两万年之间。现在太湖湖底高程为-0.25米。一万年前即使更低些，也绝不可能是一个后来被封淤合围成潟湖的海湾。三山的化石动物群也证明当时的气候要比现在寒冷，而且三山周围环境呈疏林草原地貌，因此一万年前三山、西山、东山等都应和陆地连成一片，也许在最洼处会有一些积水，但绝不会有浩渺的太湖。三山遗址的发现再一次证明关于太湖成因的潟湖说是不能成立的。太湖平原是一块古陆。早在大陆冰期就已成陆地并有人类在这里生活了。

距今一万至七千年间，太湖地区气温继续升高，但年平均温度仍比现在低1℃~2℃，气候温凉略干，海平面继续上升，在距今八千年时达到今海平面下二十米左右，沙冈和沙嘴也尚未形成，因此可以断定，古太湖这时还没有形成，太湖古陆不可能是一个海湾，更不会是一个潟湖。

目前对于太湖的成因还没有形成统一的认识，但所有这些不同的观点，均有助于推动人们做进一步的调查和研究。随着不断的深入研究，人们最终一定能揭开扑朔迷离的太湖成因之谜。

## 飞沙为何不落月牙泉

在敦煌市鸣沙山群环抱的一块绿色盆地中，有一泓碧水形如弯月，这就是月牙泉。历来清泉沙漠共难容，但是月牙泉却像一轮新月一样镶嵌在黄沙之中数千年，至今泉水清澈，味美甘甜。

月牙泉

月牙泉位于甘肃省河西走廊西端的敦煌市。敦煌是古代丝绸之路的名城重镇，在漫长的历史长河中，曾经创造了辉煌的历史。月牙泉因其形状酷似新月而得名，古称“沙井”，又称“药泉”，是著名的“敦煌八景”之一，得名为“明泉晓澈”。

月牙泉南北长约 100 米，东西宽约 25 米，泉水东深西浅，最深处约 5 米，有“沙漠第一泉”之称。月牙泉处于鸣沙山环抱之中，但水质甘冽，澄清如镜。而流沙与泉水之间仅数十米。遇烈风而泉不被流沙所淹没，地处戈壁而泉水不浊不涸。古人云“泉映月而无尘”“亘古沙不填泉，泉不枯竭”，这种奇特的景象被誉为“天下奇观”。泉内生长有眼子草和轮藻植物，南岸有茂密的芦苇。相传泉内生长有铁背鱼、七星草，专医疑难杂症，食之可长生不老，故又有“药泉”之称。据说，月牙泉早在汉代就已经是旅游胜地，唐代时期这里还有船只，泉边有庙宇。泉南岸原有一组别致的建筑群，从东向西计有娘娘殿、龙王宫、菩萨殿、药王洞、雷神台等百余间。各主要殿宇有彩塑百尊以上，所绘壁画数百幅。重要殿堂均悬置匾额、碑刻，如“第一泉”“别有天地”“半规泉”“势接昆仑”“掌握乾坤”等，古刹神庙常年香火旺盛。史载，汉元鼎四年（公元前 113 年），汉武帝得天马于渥洼池中，后人疑月牙泉即汉渥洼池，遂立一石碑曰“汉渥洼池”。“四面风沙飞野马，一潭之影幻游龙”。这更为月牙泉增添了无限的魅力。

对于月牙泉千百年遭遇强烈大风却不被风沙所掩埋的原因有许多的说法。有人认为，这一带可能是原党河河湾，是敦煌绿洲的一部分，由于沙丘移动，水道变化，遂成为单独的水体。因为地势低，渗流在地下的水不断向泉中补充，使之涓流不息，天旱不涸。这种解释似可看作是月牙泉没有消失的一个原因，但却无法说明因何飞沙不落月牙泉。还有人说是特殊的地质构造形成了月牙泉，但是如何“特殊”却没有说清楚。

关于月牙泉的形成还有很美丽的传说，一则传说唐文成公主进藏和亲，唐太宗送给她一面镜子，让她想家的时候只要拿出来一照，家人的容貌就会出现在镜子里。文成公主到了大漠以后，十分想家，便将镜子拿出来，但是谁知道镜子里除了文成公主的愁容外，什么都看不到。惆怅之际，文成公主就将镜子扔了。镜子在空中被雷雨击破，一半落在鸣沙山，形成“月牙泉”，一半落在新疆，形成了“天池”。

还有一则传说是汉朝大将李广利征伐大宛国，取得天马回归。行至鸣沙山下，口渴难忍,李广利引刀刺山,不见泉涌,正在焦急之际,忽见观音驾到,手执净水瓶,倒出数滴仙水,念动咒语锁住沙龙,才形成了现在的月牙泉。

有关月牙泉的传说还有许多,人们在惊叹月牙泉神奇的同时,虽然无法解释其成因,但也许让月牙泉一直保持它的神秘是更好的选择。

# 第二章 历史未解之谜

## 第一节 帝王谜事

### 越王勾践是不是夏禹的后代

勾践的先祖据说是夏禹的后代。那时,夏朝的帝王少康的妃妾,生了个儿子名叫无余。无余被封在了会稽,要他去那里祭祀和守护夏禹的坟墓。

越王勾践

于是无余便去了会稽,他不但去了那里,还入乡随俗地在自己的身上刺上了花纹,剪断了长发,并在那里开荒种地、兴建城堡,并安心地居住了下来。后来,无余将自己的城堡又传给了下一代,就这样,一直传了二十多代。当传到了允常这代时,他们开始和吴王阖闾作战,并结下了怨仇,之后总是相互攻伐。允常死后,他的儿子勾践继位当了越王。

公元前 497 年,勾践即位,时值楚国联越制吴,吴、越冲突初起,而越国实力尚弱。勾践元年,吴王阖闾兴师伐越。勾践统兵抗击前来进攻的吴军,他以军中的罪人"成列自刎"的方式,惊乱了吴军而侥幸得胜,并一举打败吴军,还射伤了吴王。使吴王阖闾受伤而死,导致吴、越矛盾激化。

后来,勾践被吴王夫差打败,勾践假意臣服,实则励精图治,瞒过了夫差。特别是春秋后期,越王勾践统治的越国在东南沿海崛起。他奋发图强,覆灭吴国,进而北上中原,与齐、晋会盟。越王勾践的军队横行于江淮之间,鲁、宋、卫等小国都臣服于他,周天子命他为诸侯之长,成为显赫一时的春秋最后一霸。

对于越王勾践的奋斗史,这里不多说了。但是关于他的身世,特别是关于他是不是夏禹的后代这个问题，便需要特别讨论了。因为关于这个问题，学术界已经争论了很久，却一直没有定论。

上面我们提到，越王的祖先无余是夏禹的后代，他建立了越国，也就是说，他便是越国的第一个君主。并且经过许多年后，帝位又传给了勾践。这便充分证明了，越王勾践应该就是夏禹的后代。但是，又有人认为，这种说法是错误的。

有人根据史料指出：夏少康至夏桀传了11代，商汤至纣王传了30代，周武王至敬王又传了25代，共有66代之多，而越国传位却只有20余代，显然说不过去。据此推断，勾践并不是夏禹的后代。夏人属于北方民族，而越人属于南方民族。越王勾践的真正祖先依然在南方。

至于无余这个人，确实存在，只不过他不是夏朝的帝王少康的妃妾所生，而是土生土长的南方人。那时，无余是南方一个部落的首领，为了便于管理各部落，他自立越国，并出任越王，以此来号令各部落。

无余死后，又将越王之位传给了他的儿子。就这样，当传了20多代之后，便到了允常这代，允常也就是勾践的父亲，当允常死后，王位自然便传给了勾践。这样说来，勾践与夏禹一点儿关系都没有。

但是，又有人举出新证：虽然不能肯定地说，勾践一定是夏禹的后代，但也不能说勾践与夏禹一点儿关系也没有。因为与越国相邻的吴国，便是北方周人的后代。再加上吴与越的民众，不论长相还是生活习性，都非常相近。既然吴国人是北方周人的后代，那么越国国君也有可能是北方夏人的后代。

因为几方的资料记载都太少，无法证明哪种观点才是正确的，于是，越王勾践究竟是不是夏禹的后代，依然是个未解之谜。

## 秦始皇身世之谜

秦始皇帝，通称为秦始皇，即嬴政，亦称赵政，秦庄襄王之子，是首位完成中国统一的秦王朝的开国皇帝。

秦始皇嬴政是开启中国数千年专制时代的第一位君临天下、叱咤风云的皇帝。六国养尊处优的君主妃嫔、王孙公主、皇亲国戚无一不胆战心惊地对他揖首跪地、俯首称臣。然而，傲视天下的秦始皇内心却是异常脆弱的，因为他对自己的身世一直讳莫如深。

据说，秦始皇和吕不韦是父子关系。有个“一个女人买一个国家”的故事，说的是赵姬怀了吕不韦的骨肉，而后她被送给了秦国的太子。后来那个太子登上了皇位，于是赵姬怀的孩子自然而然也就成了太子。再后来发生的事，都是吕不韦意料之外的。那么。秦始皇跟吕不韦到底有没有血缘关系呢？

秦始皇

故事还得从吕不韦说起：那时，卫国有一个名叫吕不韦的富商，他善于经营又野心勃勃。有一年，他在赵国的都城邯郸活动，结识了秦国送往赵国的人质异人。异人是当时秦国太子安国君的儿子，因秦国经常攻打赵国，异人在赵国的日子相当难过，连衣食都成问题。吕不韦认为异人可以利用，于是便想方设法地接近他、讨好他。吕不韦对异人说他有办法让异人当上未来的秦王，异人非常感动。吕不韦知道安国君最喜欢华阳夫人，然而华阳夫人没有生育，于是吕不韦想办法接近华阳夫人，送给华阳夫人的姐姐许多贵重的物品，告诉华阳夫人如果安国君死去，她的尊贵地位也就没有了，要想保住地位，必须过继一个儿子。而又得让人感觉到这个儿子没有夺取皇位的可能，这个儿子就是异人。华阳夫人同意了，并说服了安国君。同时吕不韦又给了异人很多钱，让他广结朋友。异人过继后，改名为子楚。

秦昭王去世后，安国君当上了秦王，也就是秦孝文王。孝文王立子楚为皇太子。此时，吕不韦又把一位绝色美女纳为小妾，她便是赵姬。待赵姬怀孕后，吕不韦又约太子子楚前来，故意让子楚见赵姬。子楚一见赵姬就非常喜欢，非要不可，吕不韦就将赵姬送给了子楚。赵姬于是为子楚生了一个儿子，取名嬴政。

安国君（秦孝文王）死后，子楚继承了皇位，子楚死后，年仅 13 岁的嬴政便登上了秦王的宝座，因为年幼，政事便落入了吕不韦和赵太后之手。这样，就有了嬴政是私生子之说。在《史记》和《资治通鉴》中称吕不韦“奇货可居”。

因为嬴政是自己的亲生儿子，所以吕不韦让嬴政喊自己为“仲父”，吕不韦则掌管全国政事，成为一手遮天的大人物，他在邯郸的秘密计划就这样实现了。

但是，明代王世贞写的《读书后记》一书中，却怀疑这段记载的真实性，并提出两条理由：一是，吕不韦是为了使自己永葆富贵，而故意编造了自己是秦始皇的父亲的故事；二是，吕不韦的门客骂秦始皇是私生子以泄愤，而编造此说。著名历史学家郭沫若则认为,嬴政是吕不韦的儿子这种说法始于西汉初年,是吕后为夺权而让诸吕编造、散布以便制造舆论的,其目的是为了说明天下本是吕家的,现在被刘家夺去,理应由吕家再夺回来。

郭沫若的《十批判书》中,也怀疑吕不韦为秦王嬴政生父之事,并指出了三个疑点:第一,仅见《史记》,而为《战国策》所不载,没有其他的旁证;第二,和春申君与女环的故事如同一个刻板印出的文章,情节类似小说;第三,《吕不韦列传》又有"子楚夫人赵豪家女"之说,显然与上述故事自相矛盾。

郭志坤的《秦始皇大传》对郭沫若提出的三点质疑,作了针锋相对的批评。他以为:第一,《史记》的记载有不少为《战国策》所不载,没有旁证,照样保持《史记》的真实性;第二,春申君与女环的故事,出于《战国策·楚策》。《史记》所载的故事与此相类似,并不能否定《史记》记载的真实性,只能说明这种斗争手段,在当时被不少政治上的风云人物所运用;第三,并没有自相矛盾。司马迁说吕不韦把"邯郸诸姬绝好善舞者"献于子楚,此"姬"即为"赵豪家女",完全说得通。

郭志坤进一步引证班固称秦始皇为"吕政"之说。裴骃《史记集解》:"吕政者。始皇名政,是吕不韦幸姬有娠,献出襄而生始皇,故云吕政。"郭志坤还指出:"秦始皇是私生子,并不影响他统一中国的伟大形象。"并举例说孔子、耶稣都是私生子,但也并没有因此损害他们的形象。

至此,秦始皇到底是子楚的儿子,还是吕不韦的儿子,依然是个谜。

## 刘备有无"三顾茅庐"

三顾茅庐,说的是汉末刘备三次诚访诸葛亮请他出山辅佐的故事。此后这个故事传为佳话,渐成典故。现在常用来比喻真心诚意地一再邀请、拜访有专长的贤人。

那时,黄巾势起,天下大乱,曹操坐据朝廷,孙权拥兵东吴。汉宗室荆州牧刘备,听闻诸葛亮很有学识,又有才能,刘备就和关羽、张飞带着礼物到隆中卧龙岗,去请诸葛亮出山辅佐他。恰巧诸葛亮外出,刘备只得失望而回。不久,刘备又和关羽、张飞冒着大风雪第二次去请。不料诸葛亮又出外闲游去了。张飞本不愿意前来,见诸葛亮不在家,就催着要回去。刘备只好留下一封信,表达了自己对诸葛亮的敬佩,以及请他出来帮助自己的意思。

过了一段时间,刘备吃了三天素后,准备再去请诸葛亮。关羽说诸葛亮也许是徒有虚名,未必有真才实学,不用去了。张飞却主张自己一个人去,如诸葛亮不来,就用绳子把他捆来。刘备把张飞责备了一顿,又和关羽、张飞第三次去请诸葛亮。当他们到诸葛亮家时,已经是中午,诸葛亮正在午睡。刘备不敢惊动他,一直站到诸葛亮醒来,才彼此坐下谈话。诸葛亮见刘备有志替国家做事,而且诚恳地请他帮助,就决定出来全力帮助刘备建立功业。

刘备

《三国演义》把刘备三次亲请诸葛亮的事,叫作"三顾茅庐"。诸葛亮在著名的《出师表》中,也有"先帝不以臣卑鄙,猥自枉屈,三顾臣于草庐之中"的句子。

但是,又有人说,其实刘备并没有三顾茅庐,那时候是诸葛亮主动去找的刘备。他的理由有三点:第一点,诸葛亮这个人是一定要出山的,因为《三国志》里说得很清楚,"自比管仲、乐毅",管仲、乐毅就是要出将入相、建功立业,而诸葛亮要出将入相,刘备是最好的人选。诸葛亮不投靠曹操,不投靠孙权,甚至不就近为刘表服务,他就是要为自己选一个最好的老板,而刘备无疑是最好的人选,他岂肯在隆中坐等刘备"三顾"呢?

第二点,刘备确实需要人才,但他需要的是一群人,不是一个人;诸葛亮需要老板,可他需要的不是一批老板,而是一个老板。那么究竟是需要一群人迫切呢,还是需要一个人迫切?

第三点,以诸葛亮的智慧和当时的社会地位,他发现刘备,应该比刘备发现他要早。刘备那时已经很有名了但他未必知道有一个诸葛亮。那么,在这样的情况下,应该是诸葛亮去找刘备,何况当时形势非常紧急,刘备怎么可能坐在隆中去等这个不一定有把握请出的诸葛亮?

另外,关于刘备三顾茅庐的地方,是位于河南南阳的卧龙岗,还是位于湖北襄阳的隆中,也一直争论不休。加上古隆中和卧龙岗都有武侯祠、草庐、野云庵、三顾堂等景点,所以这场争论便更加白热化了。

而当时的形势是这样的:刘备虽说是汉室之后,不过关系太疏远了,家道早已破落,他随母亲靠织草席、贩草鞋谋生。24岁时靠镇压黄巾起义当了小官,又因鞭打督邮挂印而去。苦干了几十年,在军阀混战中一时投靠这个一时投靠那个。他投靠曹操后,曹操对他一直有戒心,后来他参加反曹操的密谋失败,官渡之战中他袭击曹操的后方又失败,在曹操追逼中,走投无路时投奔了荆州牧刘表,刘表把他安置在南阳附近的新野,派人处处监视。刘备此时只有几千兵马,寄人篱下,受制于人,很不甘心,时时想自立门户。所以他求贤若渴,一而再,再而三地登诸葛亮之门,这正好反映了他的困境。试想,兵多将广、谋士如云的曹操会“三顾”吗?很有实力的孙权会“三顾”吗?不会。诸葛亮也明白这一点。刘备对他有知遇之恩,眼前刘备力量虽小,他也肯倾力相助。

古时,襄樊和隆中在汉水之南,属南郡;南阳和新野在汉水之北,属南阳郡。两郡一字之差,以汉水为界。很有可能,历史上有人把两郡弄混了,把隆中归到南阳郡去了,把隆中说成了诸葛亮也曾寓居过的地方。而当时刘表把刘备的兵马限制在新野,即汉水之北,刘备是不容易去汉水之南的隆中的。

诸葛亮当年究竟隐居于河南南阳卧龙岗,还是湖北襄阳古隆中,从明代开始一直争论不休。直至清咸丰年间,南阳郡守顾氏因是湖北人,便写了一副对联:“心在朝廷原无论先主后主;名高天下何必辨襄阳南阳。”这事才有所停息。

## 刘禅并非是扶不起的阿斗

刘禅,蜀汉后主,字公嗣,小字阿斗。刘备的长子,母亲是昭烈皇后甘氏。三国时期蜀汉第二位皇帝。公元263年蜀汉被曹魏所灭,刘禅投降曹魏,后被封为安乐公。

一般人们都认为刘禅是个扶不起的阿斗。有一个典故,就充分说明了这一点,那就是——乐不思蜀。人们常把乐而忘返或乐而忘本,无故国故土之思,称为“乐不思蜀”。这个典故就产生于三国时的洛阳。当时魏军入川,蜀汉后主刘禅投降,被送到洛阳。司马昭封他为安乐公,赐住宅,月给用度,僮婢百人。刘禅为表感谢,特意登门致谢,司马昭于是设宴款待,并以歌舞助兴。当演奏到蜀地乐曲时,蜀汉的旧臣们油然涌起国破家亡的伤怀之情,个个泪流满面。而刘禅却嬉笑自若。司马昭见状,便问刘禅:“你思念蜀吗?”刘禅答道:“这个地方很快乐,我不思念蜀。”他的旧臣闻听此言,连忙找个机会悄悄对他说:“陛下,等会儿若司马昭再问您,就哭着回答:‘先人坟墓,远在蜀地,我没有一天不想念啊!’这样,司马昭就能让陛下回蜀了。”刘禅听后，牢记在心。酒至半酣，司马昭果然又发问，刘禅赶忙把他的旧臣教他的话学了一遍，只是欲哭无泪。司马昭听了，说：“咦，这话怎么像是您的旧臣说的?”刘禅惊奇道：“你说的一点儿不错呀！”司马昭及左右大臣全笑开了。

也有人说，刘禅其实并非是扶不起的阿斗。刘禅继承帝位时，年仅17岁。刘备临终前特意叮嘱：“汝与丞相从事，事之如父。”于是乎，“政事无巨细，咸决于亮”，所有的事情刘禅都“按丞相说的办”。对于大权独揽的诸葛亮，刘禅也做到了凡事谦让，“以父事之”。

后来刘禅年纪渐长，按照汉代朝廷的常规，诸葛亮应当逐渐地将大权交还给刘禅，让刘禅顺利“转正”，彻底摆脱“见习”皇帝的命运。可是，诸葛亮仍紧握大权。诸葛亮的理由也很简单，因为刘禅没有工作经验，没有治国经验。这让人不禁要问，刘禅现在是没有经验，你不给他实践的机会，他哪儿来的经验，这样他不是永远没经验吗?

诸葛亮带兵出外征战，对已年满22岁的刘禅依旧不放心，特派心腹董允为侍郎，“监管”刘禅。在诸葛亮的《前出师表》中，诸葛亮对刘禅说话的口气和语感，简直犹如一个严峻的父亲在冷酷地调教不懂事、不听话的孩子。对于这些，刘禅一让再让，不想引起国内的政治混乱。

刘禅不仅有容人之量，而且头脑清楚，知人善用，有很强的分析能力，绝对不是弱智。刘禅专用诸葛亮来治国，就是他聪明的地方，虽然诸葛亮有穷兵黩武的问题，但是他治理蜀国的措施确实给蜀国带来了发展。所以即便在孔明死后，刘禅仍然继续沿用他的措施，甚至重用他所选拔的人。

诸葛亮急于北伐，但刘禅此时的头脑非常清楚，他了解魏蜀的实力根本不在一个水平线上，又不好直接反对，只能规劝诸葛亮说：“相父南征，远涉艰难；方始回都，坐未安席；今又欲北征，恐劳神思。”诸葛亮执意北伐，没有听从刘禅的劝告，但刘禅还是全力支持诸葛亮北伐。诸葛亮死后，刘禅立刻停止了空耗国力、劳民伤财的北伐行动。

亡国之后，亡国之君刘禅的自家生命，以及蜀地百姓的幸福，都掌握在人家手里。所以，刘禅必须装憨卖傻，处处隐藏自己的才能，才可以瞒天过海，养晦自保。西方的某个著名文学家说过：“装傻装得好也是要靠才情的，这是一种和聪明人的艺术一样艰难的工作。”在刘禅表面的麻木和愚懦的背后，潜藏着过人的狡黠和机智。魏、蜀、吴三个集团中，刘禅领导的蜀国一直处于弱势，然而41年来，刘禅能知人善任，使蜀国稳步发展，重现实轻面子，使百姓免受战争涂炭，要是阿斗真的扶不起，又怎能做到这些？

由于刘禅对军队没有可靠的控制权，不敢对主张北伐的军方将领太过压迫，导致施政方针混乱。最后蜀汉于公元263年亡国。蜀亡后，刘禅移居魏国都城洛阳，留下了"此间乐，不思蜀"的名句，也给司马昭留下了"我无忧矣"的好印象，成功地保住了性命。

阿斗虽然被后世评为碌碌无为的君主，而且还扶不起，但却生活得很幸福，比历代亡国皇帝的结局都要好得多。

## 隋文帝暴崩真相

隋文帝杨坚，隋朝开国皇帝，弘农华阴（今属陕西）人。他在位期间成功地统一了分裂百年的中国。他还是西方人眼中最伟大的中国皇帝，被尊为"圣人可汗"。

隋文帝

关于隋文帝的死因，有多种传说。其中流传最广的说法：隋文帝是被太子杨广杀死的。根据一些野史的记载：在仁寿四年七月，文帝病危时，太子杨广写信向杨素询问文帝的病情，杨素回信给太子时，手下人却把信误送到文帝手中，文帝大怒。同时，文帝的宠妃宣华夫人告诉他，太子杨广欲行非礼。文帝这才下决心将太子杨广废掉，于是令柳述、元岩紧急召前太子杨勇前来，准备让他继承皇位。杨素得知这一消息后，马上报告了杨广，杨广立即伪造圣旨，逮捕柳述、元岩，将自己的心腹派到宫里，又派亲信宇文述等人控制宫门，把后宫的人遣往别处。一切安排妥当后，杨广派张衡入宫侍疾，不久文帝就驾崩了。

这段资料非常流行，也是很多电视剧或小说非引用不可的资料。这段资料一下子就将杨广的正常即位拉到了"篡位"，这暗示着隋文帝的死可能不是善终。要么是被杨广的恶行活活气死，要么就是那个更加骇人听闻的说法——被杨广杀死。

"杨广弑父"的说法在史学界和学术界都颇具争议。关于文帝被弑的说法，唐朝编写的《隋书》在文帝和炀帝的本纪中均不采用。而指控杨广弑父的资料都是出自野史或隋朝末年为了讨伐杨广而写的檄文。都是为了政治需要，而刻意歪曲事实，丑化隋炀帝。而唐朝既得天下，也必须刻意妖魔化前朝的末代皇帝，以证明自己得帝位是顺应天意，证明其正统性。据《隋书》上说，杨广一向擅长隐瞒欲望，那怎么会连几天都等不了，甚至竟然在文武百官和文帝诀别的关键时刻做出调戏妃子这种事？

据正史介绍：文帝在位23年，604年病逝于大宝殿，终年64岁，葬于泰陵。他在不长的时间内，就将中国重新置于一个政权治理下，外御强敌突厥、契丹，内令人民安宁生息，功业之伟大，连后世盛唐也难以与之媲美。从这里可以看出，隋文帝不仅功成名就，而且也算是寿终正寝，并不是被人谋害的。

而据《隋书·高祖本纪》记载：乙丑，诏赏赐支度，事无巨细，并付皇太子。夏，四月，乙卯，帝不豫。六月，庚申，赦天下。秋，七月，甲辰，上疾甚，卧与百僚辞诀，并握手嘘唏，命太子赦章仇太翼。丁未，崩于大宝殿。

从这段资料来看，隋文帝早就病入膏肓了，所以和众人交代后事。几天后就驾崩了。文帝的死是病死，而非遭人毒手。虽然之前杨广和兄弟用尽阴谋手段竞争，但是他的继位仍是隋文帝的本意，属于正常即位。一般来说，本纪的资料比列传什么的要严谨许多、是站得住脚的。

还有人说，隋文帝是被张衡毒死的。因为隋文帝一直是由张衡侍奉的，文帝的死他应该最清楚，如果文帝是被杀的，凶手应当是张衡。在杨广即位后的第八年，张衡便被处死了。死前张衡大喊："我为别人做了那种事，只不过想久活而已，没想到，还是遭了报应！"行刑者吓得捂住耳朵不敢听，立刻将他杀死。另外，据与张衡交往甚密的人透露，张衡确实有过要毒死隋文帝的举动。因为缺少毒死隋文帝过程的相关资料，所以不敢确定。如果这事属实，那么也肯定与杨广有关。

隋文帝的死亡真相究竟是什么，因为各方举证不全，所以依然无法断定，只能留给后人继续探讨。

## 隋炀帝真是十恶不赦的暴君吗

隋炀帝杨广，隋朝的第二任皇帝，隋文帝杨坚的次子。开皇二十年（公元600年）十一月被立为太子，仁寿四年（公元604年）七月即位。

杨广时期，人民负荷不了他一而再，再而三的穷兵黩武，有人拿商纣王、秦始皇等与他相比,并称他为暴君。隋炀帝对人民奴役征敛十分苛重,所以使得生产遭到了严重破坏。

隋炀帝

隋炀帝的晚年,既没有像陈后主那样做个长城县公,也没有把带在身边的毒药派上用场。公元 618 年 3 月,炀帝见天下大乱,已到了无法挽回的程度,于是便准备迁居别处。因为从驾的都是关中卫士,他们又很怀念自己的家乡,结果纷纷逃归。这时,虎贲郎将元礼等人,与直阁裴虔通共谋,利用卫士们思念家乡的怨恨情绪,推宇文述的儿子宇文化及为首,发动兵变,最终宇文化及逼迫隋炀帝自缢了。这个奢侈腐化一生的帝王,死后连个像样的棺材也没有用上。只是由萧后和宫人拆了床板,做了一个小棺材,偷偷地将其葬在了江都宫的流珠堂下。唐朝平定江南后,于贞观五年(公元 631 年),又将隋炀帝移葬于雷塘。

难道,隋炀帝真的是个十恶不赦的暴君吗?有人说,隋炀帝之所以是中国历史上名声最差的皇帝之一,这和后来编写史书的人的观点有关。加上他的谥号"炀"具有贬义,所以,后来人们都认为杨广和秦二世胡亥一样,是最坏的皇帝。其实,杨广并没有人们想象的那么坏。应该说,若论功过,杨广是个毁誉参半的皇帝,这样才符合历史事实。

还有人说,隋炀帝不但不是个暴君,而且是一个千古明君。他的功绩可以表现在以下几个方面:

一、再次实现大一统。两晋以后,中国开始了近两个世纪的分裂——南北朝时期。杨广的父亲杨坚作为外戚,夺了北周宇文氏最后一个皇帝,也就是他亲外孙的皇位,建立了隋朝。其后,20 岁的杨广领军南下,攻下南陈,实现了大一统。

二、迁都,修大运河。将都城由西安迁到中原的洛阳,并开凿了连接长江、淮河、黄河、海河的大运河,将已成为全国经济中心的长江流域,同仍是政治中心的北方连接起来,不仅繁荣了经济,重要的是逐渐消除了南方人与北方人之间的隔阂,水运交通的发达为中国后世的繁荣富强,打下了牢固坚实的基础。可以说,大运河对后世的贡献远比长城大。

三、开设科举制度,这是又一件中国历史上具有划时代意义的大事。打破了门阀制度，为庶族参政提供了机会，也加强了中央集权。这一制度一直为历朝沿用。

四、亲自打通丝绸之路，这依然是件影响深远的重要事件。之前虽然已经有了丝绸之路的雏形，但西域各国未平，过往商人一直被吐谷浑等盘剥，苦不堪言。隋炀帝亲自领兵，灭了吐谷浑，并一直把丝绸之路打通到了河西走廊，西域二十七国君主与使臣纷纷前来朝见，表示臣服。中国的历朝皇帝，抵达到西北这么远的地方的，只有隋炀帝一人！

五、修建长城、分裂突厥。除修建隋长城以外，隋朝还把强大的突厥分裂成东突厥与西突厥两部分，并在和东突厥的战斗中取得胜利。这也为以后唐太宗攻打突厥并取得胜利打下了坚实的基础。

只不过，隋炀帝用民过重、急功近利，他太想建立伟业了。三驾辽东不仅消耗了大量的主力军队，而且给人民带来了沉重的负担。本来修建大运河就伤民很重，又损伤了国体。一系列开疆拓土的战争，也同样消耗了大量的人力物力。隋炀帝因过分自信与轻敌，导致第一次征伐高丽失败，并陷入了战争的泥潭。致使不满的士兵发动兵变。

综上所述，隋炀帝的过失和大隋的短促，也是各方面综合因素造成的。我们不能以胜者王败者寇的狭隘眼光去审视隋炀帝。因为隋炀帝的很多政绩，都是符合历史发展趋势的，而人类历史每前进一步，都要付出惨重的代价。历史的发展本是曲折的，人类的进步也是在摸索中前进的。隋炀帝正好是处于历史长河迂回处的皇帝，他失败了，但他走过的这段弯路，却起到了承上启下的作用。

## 南唐李后主亡国之谜

李煜，五代十国时南唐国君。初名从嘉，字重光，号钟隐，为五代时出色的词人。公元961年在金陵即位，世称李后主。38岁时，宋师长驱渡江，迫围金陵，城破，李煜被俘至汴京，封号为违命侯。后被宋太宗毒死。

关于李后主为何会亡国，人们对此事的说法不一，比较被认同的看法有三个：

其一，李煜即位时，南唐国力已呈衰退之势，而这位国主又生性懦弱，时时刻刻都在感受着国破家亡的威胁。在这种日益紧张的情绪之中，李煜的压力非常大。他虽然在作词方面非常出色，但在治国理政方面，却显得手足无措。原本李煜很是仇恨宋朝的压迫，幻想着有朝一日能将宋朝打得落花流水。然而性格使然，李煜终究没有壮大实力，而是整日苦于自己没有能力和武力与宋朝抗衡。这种得过且过

李煜

的想法左右着李煜的思维,他总是乞求着能以小邦苟且偷安。只是李煜太过天真,尽管他向宋朝贡物称臣,但最后还是沦为宋朝的阶下囚。历来弱肉强食的道理,李煜不会不知道,可他偏偏还要苟且偷安。在某些人眼里,南唐之所以会在李后主手中亡国,虽然当时国力衰弱是一个原因,但他本人性格的懦弱也是不可忽视的因素。

其二,李煜沉迷女色。皇后周娥皇,是司徒周宗的女儿,通书史,且能歌善舞,尤其弹得一手好琵琶。当时,在盛唐便曾广为流传的《霓裳羽衣曲》早已被人淡忘,周娥皇找到了一份残谱,根据自己的理解,重新创作,通过努力,她最终恢复了《霓裳羽衣曲》的原貌。据说,周娥皇另外还创作了几支曲子,李煜常常会和她随歌而舞。周娥皇不但擅长音律,于采戏、弈棋也无所不精。对于这样一位多才多艺的妻子,李煜早已把她视为知己,对周娥皇宠爱有加,与之朝朝暮暮在一起,整日沉浸在轻歌曼舞中不理朝政。

周娥皇死后,李煜还常常会情不自禁地思念她。一日,李煜便装出行,看到了周娥皇的妹妹,以为是自己的思念感动了天地,于是又让爱妻复活了。这时,侍从告诉李煜,那是周娥皇刚刚长成的妹妹。她长得风姿绰约,风情万种,音律才能虽比不上姐姐周娥皇,但却是弈棋的高手,酷爱围棋与象棋,因而备受李煜的宠爱,史称小周后。李后主与小周后两个人常常布局厮杀,以此消遣时光。一天,李煜与小周后正在对弈,且杀得难解难分,因有人来上奏国事,延误了下棋,最终小周后输了,她大发脾气。李煜为了哄美人开心,答应以后下棋时不准上奏国事。这才令小周后芳颜大悦。糟糕的是,第二天李煜果然下令卫士守住宫门,对前来奏事的大臣一律拒之门外。有人说,李煜如此沉迷女色,不理朝政,即便南唐的江山固若金汤,也没有不败之理。

其三,李煜的父亲也是词坛高手,李煜从小便生活在这么一个浓厚的文化环境中,对词也极为喜爱。他不仅善填词,而且善音律,并因此荒废了政事。公元975年,赵匡胤派曹彬统军渡江,大军压境,李煜仍不知醒悟,依旧在宫中填写《临江仙》的词,苦思冥想好半天,才写下"樱桃落尽春归去,蝶翻轻粉双飞"的句子。只听侍臣慌忙奏报，城已被宋军攻破，他只能是青衣小帽、手捧玉玺、率领百官、奉表纳降，落得个“最是仓皇辞庙日，教坊犹奏别离歌，垂泪对宫娥”的下场。

但是，也有人提出了反对意见：如果说李煜是个只知道风花雪月的人，他又何以能坐住 15 年的南唐江山？而且他被关在宋朝的狱中时做了首词《虞美人》：“春花秋月何时了，往事知多少。小楼昨夜又东风，故国不堪回首月明中。雕栏玉砌应犹在，只是朱颜改。问君能有几多愁，恰似一江春水向东流。”这足以表明李后主是心怀国家的，他也正是因为这首词而被宋太宗派人毒死在狱中的。

关于李后主亡国之谜，还有待大家去进一步研究与考证。

## 万历皇帝为何三十年不理朝政

万历皇帝朱翊钧，又称明神宗，明穆宗第三子。隆庆二年，立为皇太子，时方六岁。隆庆六年，穆宗驾崩，10 岁的朱翊钧即位，次年改元万历。在位 48 年，是明朝在位时间最长的皇帝。

明万历帝朱翊钧，常被称为万历帝，素来被人们评为最差的皇帝，历史学家们说他在张居正死后，三十多年不见大臣，不阅不批奏章，不顾一切地推行矿税恶政。《明史》中评价他，说：“明之亡，实亡于万历。”

万历皇帝

孟森在他的《明史讲义》中称，神宗晚期为“醉梦之期”，并说此期神宗的特点是“怠于临朝，勇于敛财，不郊不庙不朝者三十年，与外廷隔绝”。那么，神宗是什么时候开始从一个立志有为的皇帝，变成一个怠惰的皇帝呢？又是什么东西让皇帝堕落得如此厉害呢？

有资料显示：大约从万历十七年开始，万历帝就不愿意上朝听政和处理政务了，官员们很难看到皇帝的影子，甚至连大学士也会很长时间看不到皇帝。

有人说，是酒色的过度，使神宗的身体极为虚弱。万历十四年神宗传谕内阁，说自己“一时头昏眼黑，力乏不兴”。礼部主事卢洪春为此特地上疏，指出“肝虚则头晕目眩,肾虚则腰痛精泄”。万历十八年正月初一,神宗自称“腰痛脚软,行立不便”。万历三十年,神宗曾因为病情加剧,召首辅沈一贯入阁嘱托后事。

从这些现象看来,神宗的身体状况确实是每况愈下。因此,神宗亲政期间,几乎很少上朝。他处理政事的主要方法是,通过谕旨的形式向下面传达。万历在三大征中对边疆大事的处理,都是通过谕旨的形式,而不是大臣们所希望的“召对”形式。在三大征结束之后,神宗对于大臣们的奏章的批复,似乎更不感兴趣了。所以,神宗怠懒的情形,还真有前后两个阶段:前一阶段是不愿意上朝听政;后一阶段是连大臣们的奏章也不批复,直接“留中”不发。由此看来,神宗之所以怠于临朝,还是因为他的身体虚弱。当然,身体虚弱的背后,是酒色财气的过度。

可是,又有人反对说,朱翊钧其实并不是个好色的人。说到色,皇帝占有多个女人好像是天经地义的。但有趣的是,万历帝只宠爱一个女人,即郑妃,直到她五十多岁也未变。如果说这样是好色,那么和其他皇帝比起来未免有些勉强。另外一些指责,则有些怪异,如有人指责万历帝宠爱十个漂亮的小太监,这样的事难说没有,但却很难归之于“色”。没法想象一个好色之徒会宠爱没有性腺的、不男不女的中性人。

其实,神宗对这顶酒色财气的帽子,也表示过不满。他说:“你们说朕好酒,谁人不饮酒?又说朕好色,偏宠贵妃郑氏。朕只因郑氏勤劳,朕每至一宫,她必相随。朝夕间她独小心侍奉,委实勤劳。朕为天子,富有四海之内,普天之下,莫非王土,天下之财皆朕之财。再说气。人孰无气,且如你们每家都有僮仆家人,难道从不责治?”

另外,黄仁宇在《万历十五年》一书中,将万历帝的怠懒,和万历帝与文官群体在“立储之争”观念上的对抗一事联系到一起。怠政则是万历帝对文官集团的一种报复。因为万历皇帝觉得很多文官都可有可无,于是便将许多官职空缺在那里,根本就没有补过官员。但他却将边关的官职,全都安排得满满当当一个不少,这就可以看出,他是故意这么干的。因为边关极其重要,那里的官员安排不妥当,便会出大事的呀!

也有人说,万历帝不上朝是因为他吸毒,这就有些玄了。罂粟传入中国很早,但只用于药物。中国最早记载吸毒成瘾的事出现在18世纪的台湾,比万历帝晚两百多年。如果万历帝确实吸食鸦片成瘾,以此为乐,太监们不会不学,贵戚高官们也会引为时尚,但这些都没出现,官员吸食鸦片成风是在19世纪前半期,是三百多年后的事。

最后,有人站在心理学的角度,认为朱翊钧的这种怠政,也可以被理解为抑郁症的临床表现。也就是说,他肯定患了一种心理疾病。

## 乾隆自号“十全老人”之谜

乾隆,即爱新觉罗·弘历,是雍正帝第四子,终年88岁,葬于河北裕陵(今河北省遵化市西北)。乾隆于雍正十三年即位,为清代入关后的第四任皇帝。

关于乾隆为何自号“十全老人”,或者说究竟是他自号呢,还是别人给的封号,这些问题一直为史学家所争论。有人说,乾隆本来并没有想到“十全老人”的称号,是那些喜欢拍马屁的臣子的杰作,其中最为可疑的人是和珅。

为了让乾隆高兴,和珅想尽了办法,最后他想到了“十全十美”这个词,并认为这个词对于乾隆来说,那真是太贴切了。于是,他建议乾隆自称“十全老人”。乾隆倒是很愿意,但苦于没有理由啊!于是和珅说,怎么会没有理由呢,只要皇上想要理由,那就一定会有。于是,乾隆想啊,想啊,终于想到了自己的那点政绩,便高兴地接受了这个称号。

但既然是和珅想出的点子,为何又要说是乾隆的自号呢?原来,和珅非常明白,如果这事是经过他提出来的,必然会遭到大臣们的反对。如果是皇帝的自号,那就不同了。和珅对乾隆的忠心那绝对是没得说的,只要皇帝愿意,不管什么屎盆子都肯往自己头上扣,当然,也不管是什么荣誉,都愿意献给皇帝,哪怕自己永远当个幕后英雄。

后来,乾隆自我总结了一番。觉得自己一生有“十全武功”,正好合了这个“十全老人”的意思。后来,他还创作了《御制十全记》,令人写成满、汉、蒙、藏四种文体。

“十全武功”指的是:跟蒙古准噶尔部的两次交锋。虽然捍卫了大清的天威,阻止了准噶部的分裂活动,但也使蒙古厄鲁特等四部的人畜损失极为惨重,有些部落余者竟不及原来的十分之一;平定回部叛乱一次。此役清军确有上佳表现。而更重要的意义还在于:至此清朝统一了新疆,并大大巩固了西北局势;剿灭大小金川叛乱两次。这次旷日持久的山地攻坚战,锻造出了清中期一支著名的特种部队——西山健锐营;平定台湾的林爽文起义。福康安率军渡海登岛作战,打得还是很漂亮的。尤其是清军悍将海兰察手下的2 000名勇士,战斗力极为惊人——当他们遭遇起义军的埋伏时，面对枪林箭雨竟无一人后退，反而拼死向前！起义军从未见过这么不怕死的官兵，于是阵脚大乱……

还有收降缅甸、安南各一次。这是清朝两次对藩属国发起的战争，大清都吃了不小的亏，人员、辎重损失也很惨重，而决定性的胜利却根本就没有取得！只是到最后，这些国家感觉还是惹不起清朝，怕激起中国更凶狠的报复，于是一个个首先服软，上贡品，递顺表。

再就是最后两次对廓尔喀用兵。这两回战争倒还名正言顺，其重大意义也颇值得后人缅怀：首先是稳固了西南边陲；其次是团结了藏族人民，维护了大一统局面；再次就是狠狠地教训了素称强悍的廓尔喀人。

但也有人说，乾隆自号“十全老人”一事，与和珅没有关系。因为乾隆确实是一位雄才大略、多才多艺、成就辉煌的杰出历史人物。他继承了康熙、雍正的事业，不但平定了叛乱，抗击了外敌，还能团结各族，奉贤任能，建章立制，力行改革，勤政务实，使中国成为当时罕有的特大封建帝国。

当然，乾隆的统治也有消极面，晚年失误尤为明显，如宠用和珅等。但总体来看，理应充分肯定他对历史发展的巨大贡献。而史学界长期以来对他的评价普遍偏低，一些过分渲染或胡编乱造的“故事”又扭曲了他的本来面目。乾隆在位六十年间有五十余年为平定叛乱、发动反侵略战争日夜操劳、呕心沥血，但他所领导的十次大规模战争全都取胜了，乾隆对此自然感到欣慰自豪，因而总结“十全武功”历史，并自称“十全老人”。然而时至今日众多史学家仍然斥之为“炫耀”“自诩”，这实在不够客观公允。

## 炎帝黄帝战蚩尤之谜

中华民族自称炎黄子孙，这是从何而来的呢？传说上古时期，在黄河流域有个强大的部落联盟，首领分别为黄帝和炎帝。黄帝姓公孙，名轩辕。蚩尤是个部落首领，不过他不像别的部落首领那样臣服于黄帝和炎帝，而是兴师作乱。于是炎黄联军与蚩尤不断地发生战争。最后一战时，蚩尤请来“风伯”和“雨师”助战，这时黄帝请来九天玄女，请女神止住风雨，做指南车以辨别方向，最后战胜蚩尤。

炎黄战蚩尤是一段非常神奇的传说。有人说黄帝、炎帝、蚩尤是传说中的人物，在上古时期不存在，即便有也可能只是部落的名称。

那么炎帝、黄帝、蚩尤等是人还是神？炎黄战蚩尤一事是真的吗？

1928 年，在山东章丘市龙山镇城子崖发现一处遗址，接着在河南、陕西都发现众多类似的遗存，考古界命名为龙山文化。龙山文化分布在山东境内的年代约为公元前 2500 年~公元前 2000 年；龙山文化分布在河南境内的年代为公元前 2600 年~公元前 2000 年；龙山文化分布在陕西境内的年代为公元前 2300 年~公元前 2000 年。这些龙山文化有一个共同的特性：以农业经济为主，石器、骨器、陶器等手工业有一定的发展，并且在某些遗址发现了铜器。

根据上面的考古发现，有人说龙山文化能证明炎帝、黄帝战蚩尤一事。发生战争的前提是有大量剩余产品的出现，于是氏族首领就可能利用特权占有多余的产品，产生贫富分化。不同的氏族、部落间也可以通过战争掠夺其他部落的剩余产品，而且战俘在初期是全部杀掉，后来认识到可以强迫战俘劳动，这就是最早的奴隶起源。

依据这种解释，黄帝、炎帝是上古的部落首领，为掠夺财富、扩大势力范围与以蚩尤为首的另一部落发生冲突，于是灭了蚩尤。史书还记载，黄帝当时对不服从他的部落都实行征伐。后来，因为利益争夺，黄帝与其同族兄弟炎帝也发生了一场大战，最后以炎帝失败而告终。

这种说法比较有道理，至少说明这个传说有一定的可信性。不过，炎帝、黄帝战蚩尤具体如何，黄帝、蚩尤是什么样的人，仍然没有得到明确的解答，依然是个令人迷惑的传说。

## 尧舜禅让之谜

尧是远古时期贤德的君主，他大力举荐有才干的舜为继任者，这就是历史传说中的“尧舜禅让”。但是有人怀疑这种说法的准确性，关于尧舜之间权力交接的真相，成了一个千古之谜。

大部分人比较认可“举贤”说，这反映中华民族大公无私的传统美德。传说中，舜姓姚，父亲是个瞎子，母亲很早就去世。后来，舜的瞎父亲娶了一个妻子，生了个儿子，取名叫象。象好吃懒做，还经常在父母面前说舜的坏话。舜的父亲不明事实真相，相信了象的话，便和妻子商量如何害死舜。但舜心地善良，并不介意他们的故意刁难，还是一如既往地孝顺自己的瞎父亲，对后母和弟弟也很好。

当时，尧已经 86 岁，叫大家推举“接班人”，大家一致推举舜。尧决定先考验考验舜。于是，他把自己的女儿娥皇和女英都嫁给舜。尧先派舜来到历山脚下去种地，农民在舜的教化和领导下就变得互相谦让，把生产搞得很好。舜又到河滨去烧制陶器。原来那儿的陶工干活粗制滥造，陶器质地粗劣，等到舜一去，陶工们在舜的组织下认真工作，制作出来的陶器十分精美。总之，舜每到一个地方，人们都愿意跟随着他。舜的才能也带给他许多私有财产。

舜的瞎父亲和弟弟象听说后，起了坏心。有一次，父亲叫他修补粮仓的屋顶。当舜沿梯子爬上屋顶的时候，他们就在下面放起火来，想把舜烧死。幸好当时舜随身带着两顶遮太阳用的笠帽，他灵机一动，双手平举笠帽，像鸟张开翅膀一样跳下来，逃过一劫。一计不成，他们又设计了一个陷阱。一天，他们叫舜去掏井。当看到舜跳下井后，象和他的瞎眼父亲就在地面上把一块块石头丢下井去，把井填没了，企图把舜活活埋在里面。岂料想舜在井边掘了一个孔道，钻了出来。尽管父母兄弟对待自己不好，但舜还是像过去一样和和气气地对待他的父母和弟弟。于是，一家人开始和和睦睦地在一起生活。

尧听说舜这样宽宏大量后感到很放心，于是选择一个黄道吉日，庄严地把代表权力的权杖交给舜。这就是历史书所说的"尧舜禅让"。

还有一种说法是"拥戴说"。据说尧年老的时候，没有把帝位交给舜，而是给了自己的儿子丹朱。尧死后，为了避免冲突发生，舜就避开丹朱到了南河之南。但诸侯不到丹朱那里去朝见，反而跑来朝见舜。如果想打官司，他们不到丹朱那里去，都跑来找舜。人们编出的歌谣也不歌颂丹朱，而歌颂舜。所以，在诸侯和民众的拥戴下，舜便接受了大家的好意，接替尧登上了帝位。关于这个典故，荀子和孟子是比较赞同的。荀子认为，舜之所以能登上帝位，那是靠了他自身的道德；孟子也说过，舜登上帝位是靠了上天的赐予和民众的拥护。

关于"尧舜禅让"，有人甚至从根本上进行了否定，他们认为禅让只不过是被儒家美化了的精神价值取向罢了，实际上舜是篡夺了尧的大权。这就是比较流行的"篡夺说"。

关于尧舜之间的权力交接，是和平交接，还是被迫让位，从古至今就存在着很多猜测。由于当时没有确切的历史记载，这也成为一个千古未解之谜。

## 盘庚迁都安阳之谜

商朝从成汤到商纣，前后约有496年。商朝经历了5次迁都，公元前14世纪，商王盘庚把都城迁到殷，从此商王朝稳定下来，因此商朝也称殷商。历史上对盘庚是不是迁到了今天的安阳殷墟却有争议。

大多数学者认为盘庚确实是迁都至今日的殷墟。商汤建国时，最早的国都是亳，也就是今天河南的商丘。这里处于黄河下游，经常闹水灾。到皇位传到能干的盘庚手里时，他决定迁都。他的举动遭到了许多王公大臣和贵族的反对，盘庚坚定地表明自己的立场。众大臣敌不过盘庚的坚持，终于同意迁都。盘庚迁殷以后，在那里重振朝纲，使衰落的商王朝又出现了一派繁荣的局面，以后二百多年一直没有迁都。盘庚也因此被称为“中兴”之主，并为武丁盛世的到来打下了基础。

也有不少史学专家和学者认为盘庚并不是迁都于安阳殷墟，他们认为盘庚迁回了故都所在地——商丘。也就是说，盘庚又回到了先商的祖先居住地。《竹书纪年》记载：“盘庚 14 年，自奄迁于北蒙，曰殷，15 年营殷邑。”而学者们认为把盘庚所迁往的北蒙的殷说成是今天安阳的殷墟显然是错误的。第一，安阳没有被称北蒙和亳的说法；第二，成汤和帝喾从不曾在安阳居住和建都。所以“渡河南，复居成汤之故居”所指的并不是安阳。至于在安阳小屯发现了商代出土文物和遗址，则是因为成汤的十三世孙武乙迁到了安阳小屯。晋代以后，由于个别史学家把北蒙的“殷”和“殷墟”混在了一起，所以后人才会误以为是安阳，以讹传讹，才有了今天的殷墟之说。

盘庚是不是迁都于殷墟，至今还没人能够下定论，有待专家学者们寻找更有说服力的史料和证据来证明。

## 谁是燕昭王

燕昭王是战国时期燕国一位杰出的君主。他发愤图强、礼贤下士，历二十八载之艰辛，终于使燕国由弱变强。燕昭王在历史上无疑是一位才略出众的君主，但遗憾的是，这位史称“燕昭王”的君主是谁，却一直难以搞清。

为什么会搞不清燕昭王是谁呢？因为古籍提供了两个人的名字，而这两个人又都可能是燕昭王，所以后人难辨真假。《史记·燕召公世家》记载当时燕国历史说：燕国君主哙，把王位禅让给相国子之，三年后国内大乱。将军市被与太子平合谋，进攻子之，“将军市被围公宫，攻子之，不克。将军市被及百姓反攻太子平，将军市被死。”齐国乘燕国内乱侵入燕国，结果燕君哙死，子之亡，“而燕人共立太子平，是为燕昭王。”由这一记载看，可以说结束燕国动乱的燕昭王就是太子平（姬平）。然而《史记·赵世家》却又提到了另外一件不容忽视的事，其文说：为了收拾燕国内讧和齐兵入侵所造成的残破局面,当时颇有威望的赵武灵王"召公子职于韩,立以为燕王,使乐池送之"归国为君。如果以这一记载为根据,那么燕昭王就应该是燕国原先留在韩国做人质的公子职(姬职)了。以上两种说法显然是矛盾的。

鉴于古籍对燕昭王是谁记载不清,史家著书立说涉及燕昭王时,就只好根据自己对史料的鉴别、选择、理解和对当时历史事件、历史人物的评价来各抒已见了。如杨宽在《战国史》一书中对燕国当时的事态做了如下叙述:燕国君主哙把君位让给办事果断、善于监督考核臣下的相国子之。代表贵族势力的太子平反对这一改革,与将军市被结党聚众,"围公宫,攻子之",连攻几个月没有成功。子之反攻,取得大胜,把太子平和将军市被都杀死了。后来由于齐国出兵干涉,子之败亡。齐兵侵入燕国后遭到燕国人民的反抗,后来不得不撤走,这时赵武灵王就派乐池把在韩国做人质的燕公子职护送回国即位,即燕昭王。但是,《燕昭王到底是谁?》一文的作者尹湘豪和赵树贵则认为燕昭王是太子平。他们说子之不是改革家而是政治阴谋家。子之做王以后,引起国家大乱。太子平"要党聚众"与将军市被合谋进攻子之,正是为了平定子之之乱。不过由于将军市被反复无常,在久攻子之不克的情况下反攻太子平而被杀死。后来太子平忍辱负重、奋发图强,积二十余载之努力,终于使燕国由弱变强并且打败了齐国,雪了耻,报了仇。太子平便是燕昭王。

显而易见,上述两种说法是截然不同的。那么燕昭王是谁的问题还能不能搞清呢?这就要看今后有没有更具说服力的新史料发现了。

## 秦始皇不立后之谜

秦始皇终身不立皇后,究竟是什么原因使他没有立后呢?

前期有学者指出,秦始皇未立皇后可能是由于他在位期间,秦国内部政局动荡不稳,对外兼并战争频繁,以致忽视了立后大事。但是在2004年,参加"秦俑学第六届学术研讨会"的历史学家们提出了不同的看法,他们认为立后关系秦王朝的政权建设,秦始皇未立后不是因为他不重视,其根本原因应在于嬴政的性格缺陷及家庭环境的影响。

秦兵马俑博物馆副研究员张敏指出,嬴政从13岁登基到22岁亲政,在这9年的太平日子里,秦始皇未立皇后的原因应该跟他追求长生不老和后宫美女过多有关。秦始皇在位期间,曾四次巡视六国故地,其中三次召见方士,以求长生不老之药,甚至还派徐福率3000童男童女赴东海的神山求取神药。古代的皇帝立后,很大程度上是出于日后有嫡出皇子继承皇位的考虑。当时的秦始皇正有长生不死的愿望,所以在一定程度上延迟立后的进程是很有可能的。

张敏还说:“由怨母而仇视女人的心理阴影,使秦始皇长大后在婚姻能力上未能健康发展。宫中众多嫔妃,仅仅能满足他的生理需要。由母亲行为而形成的心理障碍,是秦始皇迟迟未立后的重要因素之一。”

说到这里,有必要把赵姬与嫪毒的故事交代一下。史料记载,秦始皇的生母赵姬一度与嫪毒等人秽乱后宫。开始秦始皇由于年幼无知,对此并不知情。他听信母后的话,请她迁往雍宫。在雍宫,赵姬肆无忌惮地与嫪毒淫乱,连生两个男婴。

有一天,嫪毒与大臣饮酒,喝醉后彼此之间起了口角。嫪毒口出狂言:“我是秦王的假父,你敢与我斗口,难道不识高下吗?”大臣不甘心受辱,将此言告诉秦始皇。嬴政听到这个消息,密令人调查虚实。密报说,嫪毒本不是阉人,确有与太后通奸生子之事。

嫪毒得知消息,情急之下,伪造诏书调动卫兵攻打咸阳宫。秦始皇命御林军迎敌,膠毒毒兵很快被击溃,嫪毒被擒。嬴政下令车裂嫪毒,又灭其三族,旋即派兵搜查雍宫,捕杀两个私生子。赵姬亦被拘禁,数年后赵姬亦死。

由此看张敏副研究员的推断不无道理。

另外,按照礼法,皇后为后宫之主,秦始皇深恐皇后对其不忠,觊觎他手中至高无上的皇权,所以才迟迟不立皇后。

关于秦始皇不立后一事,张敏还提出了另外一个看法,即秦始皇统一六国后,东方六国的佳丽尽充秦始皇的后宫。从中选定一个既是名门之后又贤淑靓丽的女子也不是一件简单的事。况且秦始皇统一六国之后,认为自己功德无量,甚至超过了远古时代的圣王——三皇五帝,皇后的标准无从确定,选定皇后就更难了。

仅张敏一人就提出了如此多的观点,这个问题的复杂性可见一斑。

对于秦始皇不立皇后的原因,历代学者给出了各种各样的答案,但孰是孰非,至今仍然没有一个定论。

## 项羽不过江东之谜

李清照曾写诗说:“生当作人杰,死亦为鬼雄。至今思项羽,不肯过江东。”项羽究竟为何不肯过江东?古往今来,人们纷纷猜测。

《项羽本纪》中,司马迁认为项羽之所以自杀而不肯过江东,是“羞见江东父老”，这也是目前影响最大的说法。司马迁在《史记·项羽本纪》中记载说，项羽被刘邦军队追赶，来到乌江江边。乌江亭长停船在岸边对项羽说：“江东虽小，地方千里，众数十万人，亦足王也。愿大王急渡。今独臣有船，汉军至，无以渡。”项王笑着回答道：“天之亡我，我何渡为！且籍与江东子弟八千人渡江而西，今无一人还，纵江东父老怜而王我，我何面目见之？纵彼不言，籍独不愧于心乎？”之后项羽与刘邦军作了最后的一拼，后自刎而死。司马迁以激昂悲凉的笔调记述了穷途末路中的项羽仍不失其壮士本色的光辉形象。这样一种英雄气概，多少年来一直为后世所歌颂。

还有一种说法出自宋人刘子翚的《屏山全集》，他认为项羽说出那样一番话是怀疑亭长有诈。刘子翚认为，当时刘邦正悬赏千金邑万户侯购项羽的性命，而在项羽身处那样的困境之时，亭长说那样好听的话，项羽难免怀疑亭长在说谎骗自己。所以项羽才不再寄希望逃脱再起，而选择了与刘邦军死战到最后。这种说法虽然只是刘子翚自己的推测，但是在历史上也有一定的影响。

还有一种说法产生于20世纪80年代，该说法认为项羽选择自杀是“为早日消除人民的战争苦难”。例如吴汝煜先生就认为，长期的内战给人们带来了极大的痛苦，项羽认识到这一点后，产生了尽早结束这场战争的想法。因此他没有听取乌江亭长劝他东渡为王的建议，毅然自刎而死。对此观点有人提出反对，认为项羽是一个很残暴的人，这一点可以找到充分的史料作为依据。《史记》中就记载了项羽在灭秦过程中屠襄城、坑杀20万降卒的行为。

吕仰湘提出了“敌生我死，成人之美”说。他认为，项羽一直信奉“非他即我”的斗争哲学。乌江自刎，是这种品性的最后一次迸发，又能成全别人的选择。因此项羽不肯过江东，是他独特个性发展的必然结果。

张子侠则在反驳了一些看法后提出了自己的观点。首先他对有较大影响的认为项羽“羞见江东父老”的说法提出了质疑，认为此说看似有理，实则不然。如果谈及项羽是因自己葬送了八千江东子弟而无颜见江东父老，那么如前所述的失败他为什么没有因羞愧而自杀？恰恰相反，从前的那些失败虽然也令项羽陷入了极端的窘迫之中，但是他却没有动摇东山再起的决心。而他被刘邦大军追赶时，由陈下到垓下，又南逃至阴陵，至东城，最后来到乌江边，这一系列的逃跑路线，表明他正是打算要退守江东。可是为什么终于来到乌江，并且有人愿意助他渡河时，他反而生出羞愧之心要与刘邦决一死战？这显然与他一直以来的撤军计划不符，是不合情理、不合逻辑的。张子侠认为，司马迁是为了使史书的情节更为完善，所以才补充了这个结局，但是后人却将此当成了信史，并传之于世。

此外还有一种分析，认为项羽是楚国人，而楚人素有兵败自杀的传统。项羽当时已经弹尽粮绝，兵败至此，对于项羽来说是不能接受的，所以他绝对不肯过江东，而只会选择自杀这样一种行为。

项羽究竟是不能过江东，还是不肯过江东，至今也没有定论。然而，学术界的纷争并不能影响项羽在世人心中的壮士形象，他的英雄气概依旧为人们所广泛传颂着。

## 刘邦“白登”脱身之谜

刘邦建立汉朝后，让韩王信迁到代国，建都在马邑。匈奴兵攻打韩王，并用大军包围了马邑。在内无粮草、外无救兵的情况下，韩王信在马邑投降匈奴。

韩王信投降匈奴后，匈奴从韩王信那里得到许多汉王朝的重要信息，从而导致单于率领匈奴军队大举南进。他们越过句注山，向太原郡进发，没过几天，就抵达晋阳城下。汉高祖刘邦亲自率领大军迎敌。当时正赶上天降大雪，天寒地冻，许多士兵的手指头都被冻伤冻掉。这时候冒顿单于假装败走，引诱汉兵。汉高祖带领32万汉军乘胜追击，他率前队兵马首先到达平城（今山西大同市东北），正在这时，冒顿单于令10万精锐骑兵突然出击，把汉高祖重重包围在白登山（在平城东）。汉高祖被包围七天七夜，汉军内外不能互相接济军粮，士兵们七天未能吃上饭，而匈奴的骑兵士气高涨。

刘邦

汉高祖身陷重围，又没有军粮的接济，情势万分危急。这时陈平献上一计。他让画家画一名美女，连夜派人将美女图送给了单于的后妃阏氏，并且告诉她：“汉朝皇帝被困在这里，想把汉朝的这位美女献给单于。”阏氏担心自己失宠，所以就对冒顿单于说：“汉朝天子有神灵保佑，即使我们得到了他们的土地，也不一定能够占有它。”于是，匈奴网开一面，汉军才能得以突出重围。更有人说，陈平用数百个傀儡做成美女登城的样子,阏氏看见之后,怀疑是汉军献给单于的,唯恐夺了自己的宠幸,因此才为汉军解了围。

到底是一张美女画像,还是数百个傀儡做成美女登城的样子,历史学家说法不一,至今也没有准确答案。

## 刘邦逼死五百壮士之谜

山东省蓬莱阁西有一座山,名叫田横山。公元前202年,齐王田横因逃避汉将韩信的追杀,率五百壮士东赴胶东并在此筑寨为营。后来田横不愿臣事刘邦,自刎身亡。

田横(公元前250~公元前202),秦末狄城(今山东高青东南)人,齐国贵族。他文武双全,义气豪爽,深受百姓拥戴。秦二世元年(公元前209年),田横与堂兄田儋共同起兵,重建齐国。楚汉战争中,齐王田广中了汉军的计谋,临淄被韩信攻破,汉军灭齐,田横自立为王,回军临淄,结果又遭韩信埋伏,田横兵败,投奔大梁王彭越。汉高祖刘邦登上皇位后,封彭越为梁王,田横惧怕被诛杀,率部属五百余人,避祸海岛(今江苏连云港市云台上的田横岛)。

田氏一直是齐国的宗室贵族,威信极高。田横虽亡命天涯,仍然有五百壮士誓死追随。刘邦派人招安,田横无奈,携部属两人随使者赶赴洛阳。行至距洛阳三十里处,田横心乱到了极点,踌躇不前,于是对部属说:"陛下所以欲见我者,不过欲一见吾面貌耳。今陛下在洛阳,今斩吾头,驰三十里间,形容尚未能败,犹可观也。"说完自刎。

刘邦为笼络人心,以王侯的礼节葬之。田横的两个随从在田横墓旁挖洞,也自刎相随于地下。刘邦听说田横门客也殉死,大吃一惊,觉得田横部下非等闲之辈,于是再遣使者前往征召,而五百壮士听说领袖已死,顿感万念俱灰,集体"跳海"自杀。

历来关于五百壮士的去向传说不一。有一说是五百壮士被骗出海岛,走到半路上,得知田横死讯,在拜祭田横墓后,在墓前集体自杀。

还有一种说法是五百壮士远走天涯。据史料记载,美洲大陆还有"田人墓"遗迹,可能埋葬的是田横门人。当时也许他们驾舟渡过太平洋,来到美洲,在那里定居繁衍,他们及其后代曾有人回到山东。

是自杀殉主,还是远走天涯,时至今日,五百壮士的下落始终是个谜。

## 王莽弑帝篡位之谜

公元元年前后，汉高祖刘邦开创的西汉王朝开始逐渐衰落。这一时期，贵族、官僚和地主拼命兼并土地，阶级矛盾越来越尖锐。在这种情形下，外戚王莽取得了皇位。那么王莽是怎样一个人？而他又是如何弑帝篡位的？

史料记载，王莽，字巨君，出身于贵族世家。王莽的父亲王曼死得早，所以王莽自幼家境贫寒。他为了出人头地，一方面努力读书，另一方面则拼命巴结叔伯。特别是对于担任大司马大将军的大伯王凤，王莽更是把他当作父亲看待。王凤病重时，王莽大献殷勤。为了服侍王凤，他甚至几个月没有梳头洗脸，睡觉也是和衣而睡。王凤被王莽的这种行为感动了，临死之前，他向皇太后和汉成帝力荐王莽。这样，王莽很快就被任命为黄门侍郎，接着被提携为射门校尉，从此踏入仕途。

王莽擅于攻心，很快就获得了姑母和叔伯们的欢心，永始元年（前16年），王莽的叔父王谭、王商以及名臣戴崇、金涉等人联名上书，向汉成帝举荐王莽，汉成帝任命王莽为骑都尉光禄大夫侍中。又过了几年，王莽取代王根，当上了大司马。

但好景不长，王莽担任大司马还不到半年时间，汉成帝就一命呜呼。汉哀帝继位后，其祖母丁氏和母亲傅氏掌权，王莽受到排挤，只好称病辞职，回到封国新都隐居起来。公元前1年，汉哀帝病死，年仅9岁的汉平帝即位，王政君以太皇太后的身份临朝，外戚丁、傅二家开始衰落。于是王莽又以大司马大将军的身份，重新独揽大权。

再度登台的王莽，开始栽培亲信，笼络人心。有一年，有些地方发生旱灾虫灾，王莽上书朝廷，表示愿意献地30顷、出钱百万，发给农民。此举使得广大百姓对他感恩戴德。

王莽采取了这些措施后，就让亲信上书，要求朝廷给他加官晋爵。当太皇太后王政君封他为汉公时，他假装再三推辞，后来勉强把封号接受了，可是赏给他的封地他却故意推掉了。他说："要等天下的百姓都家给人足，然后才接受增加的封赏。"

因为王莽不肯接受封地，于是他的亲信又鼓动官吏和老百姓，叫大家上书称颂王莽的"功德"。据说当时上书的人竟达到40多万，可见他的势力和影响之大。最终，他毒死了汉平帝。可王莽还不满足，公元8年12月，孺子婴被迫将"禅位"给他。这样王莽终于如愿以偿，登上了皇帝的宝座。

王莽想借对外战争来缓和国内的矛盾，这一来又遭到了匈奴、西域、西南各部族的反击。王莽又征用民夫，加重捐税，纵容官吏残酷地对待老百姓，最后终于爆发了全国大规模的农民起义。公元 23 年，起义军攻破长安，王莽被商县人杜吴杀死。

王莽真像上面所讲的那样吗？谁也无法还原当时的历史事实，王莽究竟是一位怎样的人，恐怕只有历史知道。

## 晋武帝传位傻太子之谜

司马炎，字安世，西晋开国皇帝，谥号武皇帝，史称晋武帝。晋武帝司马炎纵横沙场，果敢英武，为晋王朝耗尽了自己的半生心血。但是他却将辛苦打下的江山交给一个傻儿子继承，致使宫廷内外血雨腥风，西晋王朝昏暗动荡，成了一个短命王朝。英明的晋武帝为何做出如此糊涂的事情呢？

从史料看，司马炎虽称得上英武果敢，但在感情上却柔若女子，有妇人之仁。他一生共有 26 个儿子。不幸的是，26 个儿子当中虽不乏聪慧之辈，但长子司马轨却不幸夭折，因此次子司马衷成了事实上的长子。按中国的继承人法则，司马衷要被立为太子，而司马衷却是个白痴，不谙世事，其痴愚朝野皆知。

太子司马衷在吃饭时对粮食很不爱惜，师傅看不过去，就婉转地对司马衷说："殿下，碗中的米饭，一粒粒都是农民辛勤耕作得来的，殿下可知道稼穑艰难？如今旱荒严重，老百姓都没有粮食吃，都在忍饥挨饿。"司马衷听了这话，觉得十分奇怪，脱口说道："没有饭吃，干嘛不吃肉粥？"师傅哭笑不得。

太子司马衷的低能，武帝是十分清楚的，他知道这个儿子难以担负国家重任。但是杨皇后反对更易太子。杨皇后名艳，字琼芝，是陕西华阳人，父亲杨骏是魏国贵族，以功封蓩亭侯。杨皇后十分美丽，出自豪门大族，替武帝生下了三男三女，长子早逝，次子便是这司马衷。武帝数次担心地说太子不长进，天性愚钝，难以胜任大事。杨皇后每次都和颜反驳，儿子虽不聪明，但却忠厚纯良，好生教导，会有长进的。武帝试探地说，现在更易太子，还来得及。杨皇后摇头，说太子的名分已定了，决不能轻易改动，无论立嫡立长，都应是太子，破坏了这项法制，日后岂不乱了套？我坚决反对。

优柔寡断的武帝就将希望寄托在两个派去考察太子的大臣和峤和荀勖的身上。武帝信任荀勖，尤其佩服荀勖的高深学问和不世之才。后来荀勖进奏，说太子有了进步，于是武帝相信了荀勖，放下心来，不再考虑更易太子。

天熙元年（290 年）4 月，晋武帝司马炎病死，其子司马衷即位，是为晋惠帝。不过一年，皇后贾南风发动政变，杀死总揽朝政的大臣杨骏；接着又发生了“八王之乱”。建兴四年（316），刘渊的侄子刘曜攻破长安，俘获末代皇帝司马邺，西晋亡国。时距司马炎之死只有 25 年。

## 隋炀帝开凿运河之谜

隋炀帝是历史有名的暴君之一。在位 14 年间，他主持完成了东都洛阳的修建和大运河的开通。大运河沟通了海河、黄河、长江、淮河及钱塘江五大水系，以东都洛阳为中心，西通关中盆地，北抵华北平原，南达太湖流域。那么隋炀帝为什么要开凿这条工程浩大的大运河呢？

多数人认为，隋炀帝开凿运河就是去巡游他向往已久的江都（今扬州）。运河开通以后，首先就是供炀帝奢靡的巡游。因为炀帝不但喜欢扬州，而且嗜好扬州的春江花月夜。他的《春江花月夜》诗“暮江平不动，春花满正开。流波将月去，潮水带星来”，写出了扬州临江的秀丽风光。隋炀帝另有《江都宫乐歌》《泛龙舟》《幸江都作》《迷楼歌》等诗篇，都是他留恋江都、欣羡江都的作品。持这种观点的人都强调，隋炀帝的生活作风奢侈。开凿这条大运河动用了全国大量的劳动力，成为当时隋朝徭役繁重的主要因素，其间甚至出现男丁不够，以妇女充数的现象。运河开通之后，隋炀帝先后三次巡幸江都，每一次都耗费大量人力和财力，这些事情为许多民间小说和戏剧所极力渲染。

也有人不同意以上的观点，他们认为炀帝开凿运河并不见得只是为了游幸江都。根据《隋书》记载，炀帝不仅游过江都，还曾巡游过西北各地，到过突厥与吐谷浑边境。因此炀帝开凿运河仅是为了玩的观点，恐怕说不过去。

江淮以南地区经发展，在全国经济中逐渐占有重要地位。所以运河一旦开通，就能把全国的政治重心与经济重心联系起来，把富庶的江南财富以田赋的方式加以征集，并通过运河转运到洛阳。另外，在隋朝以前，中国长期南北朝分裂，江南从东晋开始就形成了门阀士族的特殊势力。开凿大运河有助于加强中央集权。

隋炀帝开凿运河的目的，到底是为了个人一己之欲，还是为了国家的经济和政治，三言两语是很难争辩清楚的，看来还得留待历史学家们不断努力地去探索。

## 唐太宗身世之谜

《唐书》上有一个关于李世民命名的有趣故事：李渊二子即将诞生之时，李渊路遇一书生为其看相，书生惊呼："李渊贵人也，其子也贵，有济世安民之大任。"李渊听后非常害怕，想杀掉那个人，可是看相的书生却消失得无影无踪。李渊于是怀着忐忑的心情向家走去，刚回到家中便传来喜讯，说夫人给他又生了个儿子，李渊就给这个新生儿取名"世民"，有"济世安民"之意。

唐太宗

历史学家认为，这个故事能载入《唐书》，是统治者为稳固帝位而编造的传说。李世民一家祖籍应在今河北赵县，而李渊生于关陇，自称祖居关陇，是西凉王李皓的后代。

有的学者认为，原山东太行山地区有五大望族姓氏——王、卢、崔、李、郑，其中李姓又是鲜卑族中的一大姓氏。有人推测说李氏一门是破落贵族，也有人说李氏是鲜卑族大野部的姓氏。

根据可考证的历史资料证明，唐太宗李世民的祖母，即唐高宗李渊的母亲独孤氏，是隋文帝皇后的姐妹，并非汉族。

李世民的母亲窦氏也是鲜卑族人。而李渊一方的血统还没有足够的历史证据进行论证。历史上有以下几种说法：赐姓大野部、河南破落李姓、老子李耳的后代等等。有的学者综合几种观点认为其中最有可能性的说法是李世民是受胡人影响比较深的汉族人。

还有学者则认为，唐太宗李世民乃一代明君，可以称为帝王的楷模，因此后世人们想尽可能模糊其民族的概念，因此对考证唐太宗李世民身世问题并不积极。

李世民的身世问题，考古学家通过对唐太宗李世民的安息之所——昭陵的考察研究，找到新的证据。史书中记载，昭陵为唐太宗李世民的坟墓，有内外两城。

外城遗址已难考证，门内当年建有献殿，存放李世民生前所用器物。北门曰玄武门，又称司马门。原有 14 个“蕃酋”的石雕像和驰名中外的“昭陵六骏”等浮雕。

马是突厥人离不开的伴侣。在突厥的葬俗中，有一种奇特的祭祀悼念马功劳的习俗，一般有三种仪式。主人死后，随从会骑着马绕着死者墓地转圈，然后把马杀掉或者活埋到坟墓里。无论是突厥贵族，还是一般牧民，死后都要与马共葬，只是数量多少不同。

中国所有帝陵中，只有李世民的昭陵里有战马石刻。唐太宗独特的墓葬形式真的显示了突厥的习俗吗？有人认为，昭陵是李世民的坟墓，至今未被打开，据称也未被盗过，或许若干年以后，我们可以从昭陵里得到最真实的答案。

## 武则天出生地之谜

两唐书记载，中国历史上唯一赫赫有名的女皇帝武则天（624～705）的籍贯在并州文水（今山西文水）。然而，武则天的出生地究竟在哪里？对此众说纷纭。

有人认为武则天的出生地在四川广元。唐朝李商隐《利州江潭作》中有介绍，在利州西边告成门外有顺圣皇后庙，这是因为武则天的母亲梦见与龙交而生了武则天。原来李商隐依据的是民间一个有关龙潭的传说。传说中，武则天的母亲有一天去潭边玩，突然潭中跃出一条金龙，和她交欢，她的母亲回家后就怀孕了，生下武则天。从李商隐的自注来看，距离武则天之死仅 100 多年，他是肯定武则天生于利州（今四川广元）的。

1955 年修建宝成铁路时，发掘出《利州都督府皇泽寺唐则天皇后武氏新庙记碑》的石碑，此碑立于五代十国的后蜀（959 年），碑文中提及武则天的身世。

有人说武则天的出生地在京城长安。一些人认为，李商隐的诗及注源自一个民间传说，虽然颇为神奇，但若作为历史来看，就有些荒诞了。

广元地区有关武则天的传说和遗迹不少，至多只能说明武则天随父到过此地，而不能说明武则天就出生在利州。持“广元说”者按自己的意思随意填补《武氏新庙记碑》的三个残缺字，然后依此进行主观推论，其可靠性是令人怀疑的。

据史书记载，武则天大约生于高祖武德七年（624 年），那时武则天的父亲在工部尚书任上。也就是说，他和夫人杨氏一起住在长安（今陕西西安）。武德末年先后有李孝常、罗寿、武则天的父亲担任利州都督，但事情在太宗贞观初年。所以武则天不可能先于在其父任职利州之前出生，她的出生地点，最大可能性应是在长安,而不大可能在四川广元,或其他什么地方。

上述两说各执一词,孰是孰非,需要继续研究。

## 武则天后宫面首之谜

公元690年(武周天授元年九月九日),武则天登基,改国号为周,改年号为天授,自称圣神皇帝,武则天从此成为中国历史上第一个也是唯一的一个女皇帝。据资料记载,武则天称皇帝后,后宫养了很多面首,其中较为宠幸的有张易之、张昌宗兄弟以及沈南谬、薛怀义等。那么武则天究竟有多少面首呢?

史书称武则天有面首三千。但这种说法的传说成分较多,不可轻信。不过,可以从武则天通过种种手段来搜罗面首的有关记载中来推断武则天究竟拥有多少面首。

武则天

武则天面首的来源有很多渠道,其中最重要的就是太平公主所献。作为武后的女儿,太平公主独具慧眼,给武则天送了许多面首。张易之、张昌宗、沈南谬、僧惠范这些以"阳道壮伟"而受武则天宠爱的人物,基本上都是经过太平公主亲自选拔的。

还有一些是向女皇"毛遂自荐"的。据《旧唐书》载,柳良宾是由自己的父亲推荐,同时被荐的有侯祥云。除了自己的女儿推荐、官僚推荐、男宠自荐,武则天还经常密派宫廷内的官员到民间秘密搜罗。经过这众多途径,武则天的后宫自然"面首三千"了。

由上可见,说武则天"面首三千"虽无实据,但她的面首肯定很多是不会错的。

## 唐宣宗当和尚之谜

唐宣宗是唐宪宗李纯的第十三个儿子,名叫李怡(后改名李忱),封光王。841年,他的侄子李炎即位,称唐武宗。唐武宗做了皇帝,对他的叔叔光王很不放心,百般迫害,于是唐宣宗遁迹为僧。据《豫章书》和奉新旧志记载:唐宣宗为僧云游四方时,曾到过奉新县的百丈寺。奉新西南部的"驾山"因唐宣宗经常登临而得名,

“驾山”之南的“王见山”因唐宣宗看过而得名。唐宣宗即位后，对为僧云游的日子难以忘怀，对百丈寺僧人对他的照顾心存感激，因此一即位，就赐百丈寺“大智寿圣禅寺”匾额，并在天下推崇佛教。

黄檗山是中国佛教禅宗五大宗之一的临济宗的开创地。其中有一“皇叔塔”极为珍贵，据说就是为纪念唐宣宗李忱在此习禅而建立。始建于唐代的香岩寺，是唐朝著名国师慧忠的道场，有“千顷香岩”之称，与少林寺、白马寺、相国寺并称中州四大名刹，传说唐宣宗曾在这里削发为僧避难。霍山的灵山寺，也曾留下唐宣宗为僧时的足迹。

唐朝历代帝王多尊崇佛教，而唐武宗即位后，却大举灭佛。有人推论，是源于同他叔父宣宗的矛盾。武宗毁灭佛教的原因，在于宣宗从宫中逃出之后，隐身于佛门（传说逃入杭州齐安寺为沙弥）。灭佛是为了查找宣宗，毁灭他的栖身之所。会昌二年、三年，武宗屡次下令对寺院僧尼加以勘问盘查，特别是严查沙弥、俗客、保外僧，后来又对寺院实行戒严式的管制，这其实是借机对在逃的宣宗进行搜捕和追拿。

唐宣宗继位后，便“尽革武宗乱政”，下令恢复佛寺，并诛杀赵归真、刘玄靖等撺掇武宗灭佛的十名道士，“以平民怨”。

其实，唐宣宗出家为僧一说，没有得到充分的证明，同时还存在大量的疑点。

## 宋仁宗生母之谜

包拯因公正无私被誉为“包青天”，传说中“狸猫换太子案”便是由包拯审理的。

据传有一天包拯经过一地，遇到一位瞎老太太告状。原来，这位瞎眼的老太太是当今万岁的亲娘，当初她生下仁宗时，被刘妃陷害。刘妃抱走仁宗，让自己手下的太监郭槐去找了一只剥了皮的狸猫，对着皇帝说是李妃产下的怪胎……包拯听了后，考虑了一番，决定分两步来审理此案。

宋仁宗

包拯先让仁宗生母李后去见以前自己的好姐妹狄后，让狄后向仁宗提起此事，使仁宗深信不疑;接着就是最关键的第二步,使郭槐招供。郭槐是当初"狸猫换太子"一案的主谋,他是受了刘后的指使,但因为对刘后十分忠诚,死不招供。包拯与公孙策就想出一个办法,郭槐吓得魂不守舍,就将当初犯下的罪行招供了。就这样,案件顺利审理了。

《宋史》则另有一说。说李宸妃是刘德妃的侍女,她怀孕时,刘妃已被立为皇后。刘妃请皇帝把李宸妃产下的儿子立为己子,为了弄假成真,便将孩子从李妃怀里夺走,割断母子联系。后来,李妃儿子赵祯继位。天圣九年,李妃得重病,次年去世,刘妃暗中吩咐以一品礼安葬李妃,以免以后赵祯知真相后怪罪自己。当时的宰相吕夷简又暗中吩咐内侍押班罗崇勋,给李妃穿皇后装入殓,并用水银宝棺。1033年,刘妃也去世,赵祯才知真相,准备杀戮刘府家人,但被宰相吕夷简劝阻。

综上所述,包拯和李妃之事无关,李妃也没有流落人间。至于刘妃到底用什么方法把赵祯收为己子也不得而知。

但令人费解的是,赵祯登基之后9年间,李宸妃为什么会缄口不言,一直到死?这给世人留下一个谜。

## 朱元璋大兴文字狱之谜

"祸从口出",自秦始皇焚书坑儒以来,历朝历代的文字狱都证明了这一点。朱元璋以严刑治国,大兴文字狱,也是他刑杀作风的必然产物。

明朝初期,许多士子们不肯与新朝廷合作,也是朱元璋大兴文字狱的重要原因。而一些勋贵自以为出生入死打下天下,见到文人被重用,心存嫉恨,屡屡中伤。如有人在太祖面前说,文人善于讥讪。张士诚的名字是请身边文人起的雅名,却不知《孟子》中有"士,诚小人也",其实是在借机骂他。太祖一查,果然如此,因此非常注意从臣子的文字中寻找"讥讪"字句,屡兴文狱。

朱元璋

因文字取祸,古来有之,却以明初"表笺祸"最为冤枉。如尉氏县教谕许元为本府作《万寿贺表》,其中有"体乾法坤,藻饰太平"二句,被怀疑是讽刺而遭砍头。因为"法坤"音同"髮髡","藻饰太平"音同"早失太平"。杭州府学教授徐一夔在《贺表》里有"光天之下,天生圣人,为世作则"之句。朱元璋解释说,"生"者僧也,骂他做过和尚;"光"则秃也,说他是个秃子;"则"音近于贼,骂他当过强盗。因此他勃然大怒,将徐一夔斩首。当时贺表谢笺的许多作者因为文字中有此类字眼而无端丧命,可称是文祸史上最荒唐的一页。洪武二十九年(1396 年),朱元璋命人撰写"庆贺谢恩表式",颁布天下,命令以后如果遇到庆贺谢恩,官员们照表式抄录,送上即可。从此,文人学士乃至政府官员才避免因文字纠葛而蒙受不白之冤。贺表尚且如此,至于以诗文、疏谏取祸者,更不在话下。

文字狱的时间从洪武十七年至二十九年,前后达 13 年,幸免者寥寥无几。以皇帝之阴暗心态嫁祸于天下臣民,实在是封建时代文人的大灾难。

难道真是士子们不肯与新朝廷合作,才导致朱元璋发动文字狱吗?或者说还是有其他原因,至今仍是一个谜。

### 明世宗崇仙之谜

明武宗荒淫无羁,死后没有子嗣,皇位传给了他的叔伯弟弟朱厚熜,这就是嘉靖皇帝,又称为明世宗。嘉靖虽然在朝政上没有什么建树,却在历史上留下了崇仙皇帝和醮斋皇帝的别号,这是为什么呢?

朱厚熜在位 45 年,从即位的第三年就开始沉迷于各种道术。由于他一心求仙修道,因此他的三公九卿多是道士、青词高手以及一些投机分子。嘉靖皇帝一心修道还差点葬送了他的性命,这就是发生在嘉靖二十一年(1542 年)的"壬寅宫变"。嘉靖皇帝听说用早晨的露水炼丹可使人长生,于是他命宫女清早采露,采得的露水不够就要受责罚,宫女们不堪忍受,决定杀死皇帝。她们趁皇帝熟睡之际用绳子勒住他的脖子,不想慌乱中却将绳子打成了死扣,怎么也收不紧,有一个宫女害怕了,跑出去呼叫,嘉靖才因此得救。

虽然嘉靖穷其毕生精力潜心修道,但他最终还是没能成仙。相反,由于长期服用丹药,他的身体越来越差,脾气也越来越大,大臣们动辄被杀头或廷杖,一时间朝廷上下人心惶惶,个个自危,就连集千般宠信于一身的严嵩也没能逃脱被罢黜的结局。加之,全国上下大兴土木,修建道观,致使国库极度空虚;边境北有蒙古进犯,南有倭寇侵扰,战火连年不断。就在这样一个内忧外患的形势下,明世宗朱厚熜驾崩升天，结束了他荒唐的一生。

## 明英宗南宫复辟之谜

正统十四年八月，明英宗朱祁镇在“土木堡之役”中被瓦剌军俘虏。英宗被俘后，孙太后以懿旨令英宗之弟朱祁钰为监国，主持国政。又下令立英宗的儿子朱见深为太子。正统十四年九月六日，朱祁钰即位，改明为景泰元年，史称明景帝，明英宗封为太上皇。

瓦剌军入侵北京，在于谦等主战大臣的坚持下，明军顽强抵抗，取得了北京保卫战的胜利。瓦剌开始由战转为求和，并主动提出送还明英宗。朝中大臣们多数表示赞同，景帝心中不情愿，却又不能说出口。于是景帝派右都御史杨善出使蒙古，却又为他制造了许多障碍，比如带去的礼物很菲薄。敕书中也不写明迎归太上皇的意思。

明英宗

而杨善却错领会了景帝的意思，自以为若能迎回太上皇，必立下大功，所以多方筹划，做了许多努力，使太上皇朱祁镇于景泰元年八月南归。

太上皇将要抵京，景帝命令礼部拟具迎接的礼节。当礼部拟具上来时，景帝却命一切从简，只命令以一抬举舆两马到边境迎接。待太上皇到安定门，才换上法驾。而朱祁镇回来不久，景帝就将他软禁在南宫。南宫居室狭隘，供给的饭菜时有短缺，纸笔也很少提供，怕英宗与外人串通。朱祁镇名义上是太上皇，实际无异于囚徒。

因为太子是英宗之子，所以自从英宗归来，景帝十分不安，便开始筹划易储，要废掉太子朱见深，改立自己的儿子朱见济，但却无人响应。景帝便极力笼络朝臣，于是陈循等一些大臣转而赞同易储。后经朝议同意，景泰三年五月，景帝下诏废朱见深为沂王，令其出宫居住在王府，而立自己的儿子朱见济为太子。然而好景不长，第二年十一月，朱见济忽然染病身亡。

景泰八年正月，景帝病重，而皇位继承人尚未确立。十四日，群臣在朝堂上商议立储一事，有人提出请沂王复位东宫，也有人表示既已废去不宜再立。最后大家表示只提建储之事，而不提具体人选，由景帝自己定夺。而就在这一夜，发生了历史上著名的“夺门之变”。大臣石亨、徐有贞，联合太监曹吉祥、蒋冕等人，密谋拥英宗为帝。

景帝在病榻之上听说英宗复辟，只是连声说“好！好”。二月，孙太后下谕，将景帝废掉，迁居西苑。不久，景帝薨于西宫，年仅三十，谥号为“戾”。也有人说，景帝之病本已好转，他是被英宗派太监蒋安用帛勒死的。

明英宗宠信太监，致有土木堡之变。而景帝对兄长朱祁镇所持态度，则未免引人讥惮。英宗将景帝八年改为天顺元年，成为明史上唯一拥有两个年号的皇帝。

## 崇祯帝后裔之谜

崇祯帝有七个皇子，但长大成人的只有三个，即长子朱慈烺、三子朱慈炯、四子朱慈炤。朱慈娘生于崇祯二年（1629 年），当年被立为太子。崇祯十七年（1644 年）三月十八日夜，李自成农民起义军攻占了北京城外，见大势已去，陷于绝望的崇祯帝派人叫来三个儿子，亲自为他们换上民间旧衣，命成国公朱纯臣总督内外诸军送三位皇子出宫逃生。由于局势混乱，太子朱慈烺出宫后的行踪便变得扑朔迷离起来，在当时就已传闻纷起，说法各异。以下是几种不同的说法。

一是被清廷处死。太子趁战乱逃出宫外，被一老太太收留于家中，当老太太得知他是太子，便让他隐姓埋名，在家藏匿三个月之久。由于老太太衣食无着，无力供养太子，就想办法把太子送到了其亲属周奎家。周奎胆小怕事，听到清廷的搜捕令后，立刻将朱慈烺上交给刑部。清朝的那些统治者们怕太子朱慈烺会成为明朝遗民的精神支柱，决定斩草除根，下令将他处死。

二是被李自成俘获。李自成农民起义军进城后，受命保护皇子的太监怕受牵连，又见李自成的大顺军悬赏寻找三位皇子，便把太子献给了李自成。《明史》等史书记载：“京师陷，贼获太子，伪封宋王。”

三是在广东出家。据广东嘉应（今梅县）地区的传说，太子朱慈烺随李自成西去途中，与东宫侍读李士淳一起逃走，到嘉应州阴那山灵光寺削发为僧。《阴那山志》收录了朱慈烺的一首诗：

谁人伸臂划虚空，裂碎迷云千万重。

掌握明珠山吐月，周天星斗五轮中。

天画棋盘星作子，指弹日月照将军。

不知何处神仙着，花落棋声迅耳闻。

诗的作者期待着一位能人帮助自己“裂碎迷云”，实现“天画棋盘星作子”的抱负。这一抱负颇有帝王之气，恐非僧人所能为。李士淳后人李大中在《二何先生事略》一文中公开宣称其祖先曾救过崇祯太子。

四是逃奔南明小朝廷。朱慈烺出宫后，颠沛流离辗转逃至南京南明弘光小朝廷，福王朱由崧召集大臣马士英对他进行盘问，自然对答如流，连从北京南逃来的原宫中内监对他也深信不疑，认为他是真太子。福王为了稳定自己的帝位，拒不承认太子为真，有言太子为真的人皆被处死。清兵攻破南京后，清豫王多铎把他掳到北京，从此下落不明。

由于有关崇祯太子的史籍记载有很大出入，流传下来的各种说法难辨真假。无以考据，学者至今仍无法判断这位明朝末代太子的下落。

### 顺治继位之谜

崇德八年八月初九（1643 年 9 月 21 日）夜间十点左右，52 岁的清太宗皇太极在沈阳清宫中的清宁宫东暖阁南炕上端坐而逝，一场围绕皇位继承人的斗争就剑拔弩张地拉开了序幕。

顺治

皇太极后妃中，地位较高的妃子所生的皇子只有永福宫庄妃生的第九子福临，时年六岁；麟趾宫贵妃生第十一子博穆博果尔，年仅三岁。其余皇子均为身份较低的妃子所出。最有希望继承皇位的是长子豪格，时年 36 岁。

豪格有一个强劲的竞争对手，即睿亲王多尔衮。正当两黄旗紧锣密鼓地策划拥立豪格时，多尔衮所掌握的两白旗的大臣也在积极筹划拥立多尔衮为帝。他的同母弟英亲王阿济格和豫亲王多铎是他坚决的支持者。

太宗死后第五天，睿亲王多尔衮前往三官庙，召见内大臣索尼（正黄旗人）商议册立之事。索尼对多尔衮的回答十分果决："先帝有皇子在，必立其一，他非所知也。"当晚，图赖来找索尼，告诉他一定要坚持拥立皇子。

次日黎明，两黄旗大臣首先在大清门共同对天盟誓，接着命两黄旗精锐护军张弓挟矢，环立宫殿，然后才依次进入崇政殿。崇政殿正中停放着皇太极的梓宫，东西两庑列坐的王公大臣为解决他的继嗣问题举行着决定性的会议。会议一开始，索尼和鳌拜率先提出立皇子，被多尔衮厉声喝退。接着，阿济格和多铎劝多尔衮即帝位。多尔衮见局势发展得如此严重，没有立即答应。多铎说："若不允，当立我。我名在太祖遗诏。"多尔衮说："太祖遗诏中也有肃亲王。"多铎又说："不立我，就当立礼亲王。"礼亲王代善是太祖次子，说："睿亲王若允，我国之福。否则，当立皇子。我老矣，能胜此耶？"豪格见此，故意推辞说："福少德薄，非所堪当。"说完退出会场。此举是为让他的早有预谋的两黄旗大臣们更方便地促成实现自己的意图。果然，两黄旗大臣们见主子离去，一齐佩剑上前，这无异于以武力相胁迫。代善见状，起身而去。英亲王也退出会场。多铎则一言不发。多尔衮见状，说："你们的意见很对。肃亲王既然谦让退出，没有继统的意思，那么就应当立先帝之子福临。只是他年岁幼稚，暂由我和郑亲王分掌八旗军兵，左右辅政。待他年长之后，当即归政。"这一意见既与两黄旗大臣提出的"立帝之子"原则不悖，而又排除了豪格，不影响多尔衮实际掌握大权，实是一个以退为进的绝妙主意。两黄旗大臣无话可说，众人都无异议，于是角逐了数日的继嗣问题，就这样一锤定音。诸王大臣遂形成决议，共立誓书，对天宣誓而罢。

崇德八年八月二十六日，内外诸王率文武群臣齐集笃恭殿前，跪迎福临即皇帝位，颁诏大赦，宣布以明年为顺治元年。这就是历史上的顺治帝。

### 雍正即位之谜

康熙六十一年（1722 年）十月，69 岁的康熙帝兴致勃勃地到南苑去打猎。其间他觉出身体不适，即命返回京师西郊的皇家苑囿——畅春园休憩，不料病情逐渐加剧，延至十一月十三日晚上，康熙溘然长逝。康熙帝驾崩后，皇室内部发生了激烈的皇位争夺战，最后皇四子胤禛以胜利者的姿态登上了皇帝的宝座，是为雍正帝。关于雍正是怎样登上皇位的，长期以来有种种传说。

比较流行的观点是胤禛弑父篡位。首先，康熙心目中的继承人是皇十四子胤禵。这可以从康熙让他在西北主持军务一事看出。因为西征之役关系到半壁江山的归属和今后安危的重大问题，必须选择最信任、最有能力的人充当大将军。对十四子的任命是提高他的威信、培养皇太子的决定性环节。此外据记载，康熙驾崩那天晚上，曾大声号呼，肯定发生了什么大变故。中国社会科学院历史研究所许曾重撰文说，两征之役即将结束，胤禵返京即位几乎已成定局，因此胤禛果断采取行动，于十一月十二日晚严密控制了畅春园，派近臣隆科多在御膳中放入毒药，致使康熙死去。

雍正

而后胤禛又串通隆科多等人，修改了康熙帝手书的传位遗诏，将遗诏中的“皇位传十四子胤禵”改为“皇位传于四子胤禛”，雍正帝就这样登上了皇位。

有人则认为，根本不存在雍正篡位问题。因为康熙遗诏是用满文写的，用满文宣读，所以将“十”字改为“于”字是行不通的。即使写的是汉字，“十”也无法加一道成为“于”字，因为那时的“于”字写法是“於”。而且清朝皇帝的儿子，一定称为皇子，第几个儿子则称为“皇某子”，这是规矩，错不得。假若真将“十”字改“于”字，那就是“皇于四子”，语法不通。而且隆科多与雍正原非深交，何苦冒险矫诏拥立？再者，皇十四子若是康熙未来的皇储，为何长期滞留边陲？

据官方史书记载，康熙临死前曾命雍正代行郊祀大典，病危时又将几位皇子和大臣召至御榻前说：“四子胤禛，人品贵重，深肖朕躬，必能克承大统，着继朕登基，即皇帝位。”可见，康熙想立的就是雍正。

还有一种观点认为，康熙原要在胤禛和胤禵两人中选一位继承人，而最终选了胤禛。胤禵被任命为抚远大将军，说明他是康熙选择的皇太子人选之一，但未最后选定，否则为何让他长期滞留边陲。而胤禛在康熙四十八年（1709 年）晋封为亲王后，在皇子中的地位逐步提高，多次参与祭祀活动，次数之多，居皇子之冠。康熙还让他参与政务，赐给他圆明园和狮子团。他还十分喜欢胤禛之子弘历，称其母是“有福之人”。由此可见，雍正是后来居上的皇太子候选人。也有人认为，康熙本想传于十四子胤禵，但他远在边疆，若将他叫回朝宣布诏书，在空位阶段必会发生皇位纠纷，不得已只好传位于胤禛。

因此，围绕雍正帝到底是如何即位的问题，至今还没有令人信服的观点。

## 乾隆身世之谜

清末，上自官僚缙绅，下迄妇孺百姓，几乎人人皆知这么一个传说，清初的某个皇帝是浙江海宁陈家的儿子。这个皇帝是谁呢？有人便说是乾隆皇帝弘历。这一传说也见于一些私家所写的稗官野史之中。《清朝野史大观》卷一《高宗之与海宁陈氏》一文有这样的记叙：雍正帝胤禛当皇子时，与海宁陈氏很好，两家来往频繁。这一年恰巧两家在同月同日同时辰生子，只是胤禛家为女孩，陈家为男孩。胤禛命人抱来看看，但却偷偷把孩子换了。陈家发现孩子被换，大惊失色，但迫于对方权势，不敢追究，也不敢声张。不久康熙去世，传皇位于胤禛。胤禛即位后，陈氏一门数人也都官至显要。以后乾隆帝即位，对陈氏更是礼遇有加。乾隆六次南巡江浙，其中四次都到过海宁陈家，最后一次临走时步至中门，对陈氏说："以后若非皇帝亲临，这门不要轻易打开。"从此这座门就再也没被打开过了。

乾隆

持上述观点之人还提出另外一些证据，海宁陈氏的宅堂中有两方皇帝亲笔书写的匾额，一方题为"爱日堂"，一方题为"春晖堂"。后来，与海宁陈氏的儿子相交换的那个女孩便在海宁陈家成长，到了婚嫁年龄便嫁与江苏常熟蒋氏，蒋氏专门为她筑了一座小楼，后世称之为"公主楼"。这些史料更让人坚信乾隆是汉人之子。

然而，也有人提出了反对的意见。

雍正帝有皇子 10 个，公主 6 个。乾隆帝是其第四子，推及情理根本没有把别姓的孩子换来当自己孩子来继承皇位的必要性。其次，从清代皇帝与海宁陈氏的关系来看，纯是君臣友谊。陈氏是清初的名门望族，在康熙、雍正、乾隆三朝，陈家历代都仕途通达，官居高职，显赫一时。

至于两块匾额，据史学家孟森考证，清国史馆编纂的《陈元龙传》中说：康熙三十九年（1700年）四月，康熙在便殿召见群臣，说："你们家中各有堂名，不妨当场写给我。我写出来赐给你们。"陈元龙奏称，父亲年逾八十，故拟"爱日堂"三字。《海宁州志》还提到，康熙五十四年（1715年）六月，因陈元龙胞弟陈维坤的妻子黄氏寡四十一年，便御书"节孝"两字赐之，又赐以"春晖堂"匾额。因而，说乾隆是汉人之子是无稽之谈。

《清宫词》中有一首词说："冕旒汉制终难复，曾向安澜驻翠蕤。"词中暗指乾隆与海宁陈氏关系。然而，这其中关系究竟怎样，乾隆身世究竟如何只能成为未解之谜了。

## 乾隆进孔府之谜

历朝皇帝十分尊崇孔子。据史料记载，从乾隆十三年（1748年）到乾隆五十五年（1790年），乾隆皇帝九次巡幸曲阜，祭拜孔子。至于乾隆进孔府的次数，则有不同说法，有说七次、八次的，也有说九次的。

那么是什么原因使乾隆如此"钟情"于孔府呢？除了尊重孔子、发扬儒学外，最重要的原因是乾隆的女儿下嫁孔府。

据说乾隆有一女儿，是孝贤皇后所生，乾隆十分钟爱。公主脸上长了一块黑痣，相术上说这块黑痣主灾，破灾的唯一方法是将公主嫁给比王公大臣更显贵的人家。那就只有山东曲阜的孔家了。但清廷制度中满汉不能通婚，乾隆就将女儿寄养在汉族大臣于敏中家里，然后以于家闺秀的名义嫁给第72代衍圣人孔宪培。于敏中一家随之搬入孔府居住，并世世代代居住于此。

孔宪培与公主结婚时，文武百官都有厚礼相送。公主结婚后，每逢生日庆典，乾隆还派官员前来贺寿，均有厚赐。公主没有生养，过继侄儿孔庆镕为后。孔庆镕刚一出生就被抱到公主这边，并立即呈报皇上有了御外孙，乾隆十分喜悦。

在曲阜名胜"三孔"（孔府、孔庙、孔林）之一的孔林内，有一著名的"于氏坊"，位于孔林北侧，颇为引人注目。这就是孔宪培与其妻于氏之墓。因为于氏是乾隆皇帝的女儿，所以当她死后，孔府为其立了这座"鸾音褒德"牌坊，规模宏大。凡乾隆南巡或东巡时，都必定要到曲阜来。

乾隆与孔府有"姻亲"关系一事，未见正史记载，仍是历史上的不解之谜。

## 嘉庆帝遇刺之谜

嘉庆八年(1803年)闰2月20日早晨,正当嘉庆皇帝坐轿从西郊圆明园回宫,路过神武门将要进入顺贞门的时候,突然一条大汉从神武门西厢房南墙后冲了出来。此人40多岁,手持利刃,直奔嘉庆帝所乘坐的御辇。事情发生得太突然,神武门内辇道西侧的100多名侍卫、护军章京、护军校、护军等竟无一人上前阻拦,只有护卫在嘉庆帝轿旁的定亲王绵恩首先感到事情不妙,迎面上前阻拦,被刺客举刀刺破衣袖。这时,紧随皇帝的固伦额驸亲王拉旺多尔济、御前侍卫扎克塔尔等人一起上前拦挡。嘉庆帝慌忙下御辇,急急逃入顺贞门。刺客追不上皇上,卫士们都是大内高手,最后由于体力不支而被生擒。嘉庆帝有惊无险,即刻下令严审刺客。

经查,刺客名陈德,47岁,北京人。陈德父母为镶黄旗人松年的家奴。陈德供词中说:"我因穷苦不过,往后难过日子,心里气恼",遂"起意惊驾,要想因祸得福","本月十六日,知道皇上于二十日进京,我就定了主意"。若得手"砍退几人,直奔轿前,惊了圣驾,皇上自然诸事都由我了"。

对于陈德的上述供词,会审诸臣与嘉庆皇帝很不满意。一个失业的厨子,无缘无故行刺皇帝,既无主使同谋又无帮凶,谁能够相信?于是嘉庆帝下旨,一定要追问出幕后主使以及同谋和党羽。经过四天四夜的酷刑审讯,仍然未问出主谋与同案来。于是陈德被凌迟处死:他的两个儿子也被处以绞刑。其岳母因年过八旬高龄,免除审议。

此案匆匆了结,没有引起政治风波。事后,嘉庆帝仍在怀疑一个家奴怎会有如此胆量私闯宫廷禁地图谋不轨?肯定在朝廷官员中有同谋主使者。嘉庆帝甚至还引咎自责,认为发生这样的事,总是因自己仁政未备,德化未昭,这赢得了一些文人对他的歌颂。

一桩震惊朝野的要案,历史有明确记载,原因却未查明,便结案了事,这引起朝野上下种种猜测。有何隐秘,至今无人能予以破解,成为一桩疑案。

## 洪秀全"天京事变"之谜

太平天国运动是一次大规模的农民运动,但最终是失败了,人们努力找寻着其失败的原因,而这次农民运动的转折点——"天京事变",成为人们关注的焦点。然而直到今天,"天京事变"是怎样造成的、究竟是谁造成的还是一个谜。

1856年,一场"太平时,王杀生"的历史悲剧在太平天国的首都发生了,这就是

“天京事变”。最通常的是杨秀清“逼封万岁”与洪秀全“密诏杀杨”的说法。

攻破围困天京的江南大营后,东王杨秀清把功劳都归于他一人,心存篡窃之心。杨秀清借口西线紧急,把北王韦昌辉、翼王石达开等人派到前线督师。天京后方只剩下天王和杨秀清自己,杨秀清认为时机已成熟,就假借天父的名义将天王洪秀全召到东王府,假装“天父”的口气要洪秀全封其为“万岁”。洪秀全假装高兴。二人于是决定在下月杨秀清生日时,正式晋封。

洪秀全塑像

洪秀全回宫后,一面命令宫内女兵防守皇城;一面派人送密诏给在长江上游督师的北、翼二王,令他们火速返京。韦昌辉得到密诏后,立即带领3000精兵赶回天京城外,在守城军官的配合下,趁着深夜悄悄进入城内,与燕王秦日纲合兵一处,攻入东王府。杨秀清和他的爱妃正在睡觉,被突然到来的秦日纲一刀杀死,刀刃穿出后背。

太平天国史专家罗尔纲在《太平天国领导集团内讧考》一文中这样解释“天京事变”发生的原因:“天京事变”是洪秀全和杨秀清之间矛盾的总爆发,杨秀清企图夺取太平天国的最高领导权,“逼封万岁”,可是洪秀全自然不让,密令韦昌辉把杨秀清杀死。

但到了20世纪70年代末,许多学者对“天京事变”提出了不同的看法,或认为杨秀清并未“逼封万岁”,而是洪秀全鉴于杨秀清的功劳“主动加封”;或认为杨秀清实际上已是“万岁”,没有必要“逼封万岁”。同时,更有学者认为杨秀清“逼封万岁”的说法完全是一个政治谣言。

那么谣言又是从何而来的呢?持以上说法者认为这要看谣言对谁有利,据此就不难找到制造谣言的线索,因为造谣者总是编造对自己有利的谣言,不会编造不利于自己的谣言。比较洪、杨双方，谣言自然对洪秀全有利而对杨秀清不利，因此杨秀清不可能是造谣者。

在当时，天京的兵权由杨秀清控制着，北王、翼王等又在外领兵。身在天王府内的洪秀全要除掉杨秀清，就必须借助北王和翼王的力量。怎么办呢？于是洪秀全就故意上演了一场"加封万岁"的闹剧，然后再把杨秀清"逼封万岁"的风声放出去。不论"天京事变"的造谣者是谁，总之这场起义领导者的内讧使得太平天国元气大伤，太平天国运动从此由盛转衰，最终失败，让人不由不扼腕叹息。

## 袁世凯与"戊戌变法"之谜

戊戌变法是中国历史上第一次资产阶级改良的革命，提起戊戌变法，人们会想起康有为、梁启超，同时也会想起袁世凯。许多记载中说因为袁世凯的出卖，才导致戊戌变法的失败，这一观点的依据是袁世凯死后公开发表的日记。

袁世凯

日记的大意是说，谭嗣同夜访袁世凯的那天，逼迫袁世凯带兵围攻颐和园，把慈禧太后废掉。袁世凯由于看见谭嗣同"腰间衣襟高起，似有凶器"，假装答应谭嗣同。谭嗣同离去后，袁世凯连夜反复思量，决定第三天"请训"后马上赶回天津向荣禄告密。

可是近些年来，因袁世凯告密导致戊戌政变的说法遇到了多方面的质疑。

有人认为，政变早在9月19日(八月初四)的那一天就已经发生了，光绪皇帝处于被监视之中。21日宣布"训政"，仅仅是形式而已。所以袁世凯20日晚向荣禄告密已经与(19日)政变无关系了，并不能把戊戌政变归罪于袁世凯。

在这种说法的基础上，人们进一步提出：伊藤博文来华应该是政变的真正原因，而御史杨崇伊的密折则是政变的导火线。变法刚开始时，慈禧并不反对。在慈禧太后看来，只要不对她尊贵的地位构成什么威胁，皇帝爱干什么就干什么，她一概不管。但是在变法期间有几件事令慈禧感到恐慌，她才决定回宫发动政变。

一是光绪请求启用议事机构懋勤殿，慈禧认为这使光绪完全摆脱了她的控制。二是光绪召袁世凯到京，准备授以重任，自然引起慈禧警觉。第三件也是最重要的一件事就是伊藤博文来华。9 月 12 日,正当戊戌变法进行得如火如荼的时候,日本的实力派人物伊藤博文以"私人"的名义访华,光绪帝采纳维新派的建议,决定 9 月 20 日(八月初五)召见伊藤博文。

在慈禧等人看来,维新派没什么可怕,可怕的是维新派与外国势力结合起来。9 月 18 日(八月初三),御史杨崇伊起草了一个密折,通过庆亲王奕劻呈给慈禧太后。密折说"依(伊)藤博文即日到京,将专政柄","近来传闻之言,其应如响,依(伊)藤果用,则祖宗所传之天下,不啻拱手让人"。

因此,由以上的史实得出的结论是戊戌政变的爆发与袁世凯的告密不存在直接的联系,伊藤博文来华才是政变发生最主要的原因。当时就有人评论说:"八月发生的政变,皇上被幽禁,维新派遭到株连,新政被篡改,这样想法已非止一日,可是借口发难,却是因为伊藤的到来。"

第三种说法认为,戊戌政变发生的时间虽然确实为 9 月 21 日早晨,但是政变在荣禄还没有把袁世凯的密告递到慈禧那里的时候就发生了。根据这种说法得出的结论是,戊戌政变失败的原因并不是袁世凯的告密。

毕竟事实的真相现在已经难以辨明,然而无论如何,袁世凯所背负的千古骂名不会因为这个未解之谜而被洗刷。

## 袁世凯任大总统之谜

长期以来,人们认为孙中山让位是由于袁世凯武力施压篡夺了大总统之位,袁世凯出任大总统是篡位之举。但有的历史学家认为,革命党事先已经承诺只要袁世凯能迫使清帝退位,那么大总统一职就是袁世凯的,根本不存在"让位",而只不过是"还位"罢了。

当时的情况是这样的:武昌起义爆发后,各省争相响应,革命形势迅猛发展,清政府统治正在风雨飘摇中,在血气方刚的革命者眼中,推翻满清很快就会实现。但作为一位经验丰富的革命家,孙中山对当时的形势有着比其他人更为理智和冷静的分析。

第一,清朝的气数虽然已尽,但仍有一定的实力。

第二,作为高瞻远瞩的政治家,推翻清帝虽然是孙中山革命的首要目标,但不是最终目标,其最终目标是建立一个强大、富强、民主的国家,使中华民族跻身于世界民族之林。倘若能做到这一点,自己当不当这个大总统是无关紧要的。

对于孙中山在民国初期让位的问题，有许多人做过深入的研究，也提出过许有见地的见解。在20世纪80年代中期以前，史学界在研究孙中山让位的原因时，主要提出了4种说法：

一是“权术论”，认为是袁世凯利用革命党与清政府的斗争，借机夺权；二是“干扰论”，认为是投机革命的旧官僚、立宪党人一致拥护袁世凯；三是“扶植论”，认为是帝国主义把袁世凯扶植成总统；四是“妥协论”，认为是革命党内的妥协思潮迅速膨胀，主张拥护袁世凯。

20世纪80年代中期以后，有的人认为以上的4种说法不能完全解释孙中山让位的真正原因，他们提出了一些新的看法。

胡绳武先生认为孙中山让位，其根源在于武昌起义后，由于多种原因，在资产阶级革命党人、海外华侨和留学生中较为普遍地存在一种借袁世凯之力以推翻清朝建立民国的最为有利的心态。

如此 来，孙中山到底是“让位”还是“还位”，袁世凯出任大总统是否合法，变得更加难以确定了。这一谜团不知何时才能真正解开？

## 齐桓公死因之谜

齐桓公是姜姓、吕氏，名小白，公元前686年战胜了公子纠，夺得君位。齐桓公即位后，管仲在齐国实行全面改革，国力迅速强盛；在外交上，“尊王攘夷”。他曾召集9次诸侯会盟，担任40年的盟主，是春秋时期第一个实力最强的盟主。公元前645年，管仲病逝，临终前对齐桓公提出警告，要他疏远易牙、竖刁等小人。但齐桓公没有听从他的告诫，仍然重用这些人。公元前643年，易牙、竖刁等趁齐桓公患重病的机会，假借其命令，堵塞齐宫大门，并在大门前竖起一道高墙，任何人都不准进入宫内。齐桓公的5个儿子不管父亲的死活，只知道争夺权位。结果，齐桓公的尸体在寿宫中整整搁置了67天，都生了蛆，可仍然没人将他安葬。

齐桓公

齐桓公究竟是怎样死的呢？他在宫中的最后几天究竟是怎样度过的呢？有人

说他是被易牙、竖刁等小人关在宫中活活饿死的。但一代霸主在临死之前怎么会没有人照顾，活活饿死更是让人觉得荒谬之极，因此这种说法的可信度不是很高。

有人认为，齐桓公是被易牙、竖刁等人害死的。为了夺权，二人在宫中命人在食物中下毒，害死了齐桓公。但桓公死后，5 个儿子互相争权，二人原有的计划也落空了。

更有人认为，正是桓公的 5 个儿子为了争夺权位，齐桓公在宫中迟迟未死，所以 5 个儿子命人害死了桓公。

## 武则天杀女之谜

武则天 14 岁时，长孙皇后去世，太宗十分伤感，常怀思念之情，遂让杨妃从民间挑选美女入宫。杨妃乘此机会，将自己的外甥女武则天选入宫中，被太宗封为才人，并赐名媚娘。太宗驾崩后，武媚娘与其他一些太宗名下的宫眷们都被送到感业寺做尼姑。唐高宗六年，武则天被唐高宗召回，第二次进宫，封为昭仪。武则天很聪明也很有心机，会耍手腕。进宫不久，她就窥探到宫里王皇后与萧淑妃在争风吃醋、明争暗斗，王皇后之所以支持高宗将武则天召回，实际上是嫉妒萧淑妃生下皇子，怕"母以子贵"，失去自己皇后的地位，利用武则天来夺萧淑妃的宠，从而坐收渔利。武则天看在眼里，记在心上，将计就计，拉拢巴结王皇后，流露出千万般感激之情。王皇后被她的虚情假意所蒙蔽，在高宗面前一个劲儿夸赞武则天，说她的好话，贬损萧淑妃。不久，萧淑妃被唐高宗打入冷宫，贬为庶人。这样，武则天下一个对手就是王皇后了。要想扳倒王皇后不太容易。王皇后是唐高宗的结发妻子，人又谦和娴雅，深得重臣们拥戴。况且，要废立皇后须有大臣们参与意见，共同商量。唐高宗以前想封武则天为宸妃时，大臣们就一致反对，高宗就没敢轻举妄动，不想为这么一件小事招惹群臣不满。武则天也明白，要废掉王皇后一定要争取得到朝臣们的赞同。为此，她首先想到争取长孙无忌。太尉长孙无忌不仅身任宰相兼顾命大臣，还是高宗的亲娘舅。一天，她和唐高宗登门求情，封长孙无忌的三个儿子做官，还送去十车金银珠宝，并婉转地提出废后一事。但是，长孙无忌始终不表态，高宗与武则天只好扫兴而归。

此计不成，又施一计。武则天暗中指使人把写有高宗名字和生辰八字的小木偶埋在王皇后卧榻下的砖地里，然后派人到皇帝那里密报，说皇后怨恨皇上，跟她的母亲魏国夫人用"厌胜"之术，诅咒皇上早死。高宗见密告者是王皇后的近侍，不由不信。待挖出木偶后,看见木偶的七窍和心口全都插着铁针,高宗气愤至极,不问青红皂白,当即下令不许魏国夫人再进宫来,根本不想这是栽赃,从这时起,他终于下决心要废后。

对于废后立武之事,朝廷大臣们分成三派,一派反对,一派赞同,一派中立。中立派明是中立,实际等于赞同。反对派里虽然有长孙无忌和褚遂良等顾命大臣,但还是少数。

武则天看清了形势,她认为要争得后宫的独霸地位,必须把王皇后彻底打倒不可,最好是用攻击代替防御。经过一番绞尽脑汁之后,她上演了一出残杀爱女的"苦肉计"。

永徽四年,武则天为高宗生了一个胖男孩,起名李弘。又过了一年,武则天再次临盆,生下了一个女孩。小女孩眉清目秀,招人喜爱。高宗把她看成掌上明珠,经常到太极宫里瞧她几眼。王皇后因为自己没有孩子,也非常喜欢这个女孩,常常来逗她玩。一天,王皇后刚刚离开,武则天就偷偷把孩子掐死,然后又盖好被子。不多一会儿,高宗进来,掀开被子一看,发现爱女已死,气急败坏地大叫;"谁杀死了我的女儿?谁杀死了我的女儿?"他问乳母:"刚才谁来过了?"乳母胆战心惊地回答:"只有皇后来过。"于是"谋害小公主以泄私愤"的罪名就落到了王皇后头上。

从此形势急转直下,昏庸懦弱的唐高宗终于不顾大臣们的反对,下诏废了皇后,永徽六年册封武则天为皇后。武则天想当皇后的愿望终于实现了。

武则天这一招心狠手毒,超出常理,也是她为达到目的不择手段的天性使然。在她心中,权利是第一位的,或许这也是她成就大业的无奈选择。

## 武则天之子死亡之谜

章怀太子李贤(654~684),字明允,是唐高宗李治与武则天的第二个儿子。他幼时聪敏过人,读书时过目即颂,为李治所喜爱。立太子后,李贤奉诏监国,处事明决。然而李贤命运坎坷,曾受命以太子身份监国,又被武则天废为庶人,流放巴州(今四川巴中)。章怀太子李贤墓在陕西乾县乾陵东南三公里处,是唐高宗和武则天的陪葬墓。由于章怀太子李贤的死因十分神秘,引起不少的猜测和争论。

一说李贤与母后争权,被武则天杀害。李贤聪敏好学,处事果断。唐高宗非常高兴,一心一意培养李贤。李贤地位上升,搅乱了武则天的女皇梦,使她坐卧难安。仪凤四年(679年)五月的一天夜里,深得唐高宗、武则天宠信的正谏大夫明崇俨突然被刺身亡。四天后，太子李贤监国，未能破案。武则天便找一些微不足道的小事，下令搜查东宫，结果在马坊里搜查出甲胄数百具，赵道生也在刑讯之下供证受太子指使暗杀了明崇俨。李贤有口难辩。次年八月，李贤被废为庶人，幽禁起来，随后被流放巴州。四年以后，李贤被逼自杀。

一说李贤非武则天所生，难免遭到被杀的厄运。据记载，永徽年间，唐高宗纳武则天入宫为昭仪。永徽五年，武则天生李贤于昭陵的路上，是早产。有人推测武则天的这个孩子可能早产夭亡，而此时韩国夫人恰巧也为高宗生了一个男孩，于是抱来顶替妹妹死去的孩子。李贤成年后，武则天与他的矛盾日益突出并开始激化。当时宫里也纷纷传说太子是韩国夫人所生，当李贤知道自己出生的秘密，自然难免被废、被杀。

一说李贤是遭谗言，被武则天屈杀。早在李贤仍是太子的时候，明崇俨就散布过“太子不堪承嗣”，使武则天不满李贤。1972 年出土的《章怀太子李贤墓志铭》，文中多次以晋献公听信骊姬之言杀申生、汉武帝听信江充之言杀刘据、晋惠帝听信贾后之言废愍怀太子之类的典故来暗喻李贤之死。

20 世纪 60 年代初，郭沫若又提出了一个全新的说法，认为李贤实为宰相裴炎陷害致死。他推测武则天在废掉唐中宗后有意起用李贤，立即派人去巴州，看看李贤是否已经悔过自新。裴炎出于篡夺朝廷大权的阴谋，设计暗害了李贤。所以李贤之死不是出于武则天的指使。总之，裴炎暗害李贤说只是出于一种推测，很难信以为真。

上面几种说法孰是孰非，今天已经难以做出准确的判断，但是无论如何，武则天不能容忍任何阻碍她君临天下的人存在，这一点是不可否认的。

### 赵匡胤“暴死”之谜

公元 960 年赵匡胤发动陈桥兵变，做了 17 年的皇帝，到 976 年便猝然离世了。其死因有两种说法，一是在民间广为流传的非正常死亡说，二是部分学者认为他属正常死亡。由于正史中对赵匡胤的死因没有明确记载，野史中的记载又说法不一，其死因便成为历史一大悬案。

持非正常死亡说者认为，赵匡胤死于其弟匡义之手，也就是所谓“烛影斧声”之谜。司马光在《湘山野录》中说，开宝九年十月，有一天天气极为寒冷，宋太祖赵匡胤急唤他的弟弟赵匡义进入寝宫，两人自酌自饮。酒过三巡，已是夜深了，他见晋王赵匡义总是躲在后边，极其害怕，自有几分得意。见殿前雪厚几寸，便用玉斧刺雪，还不时对他弟弟说："太容易了，真是太容易了。"当夜赵匡义依诏没走，留宿于禁宫。第二天天快亮时，禁宫里传出宋太祖赵匡胤已经死了的消息。赵匡义按遗诏，于灵柩前即皇帝位。

赵匡胤

历史上所谓"烛影斧声"的疑案就指此事。有人认为"烛影斧声"可能不是疑案，只是晋王赵匡义杀兄夺位的借口。宋太祖安排国家大事，不可能只召弟单独入宫。用玉斧刺雪，这正是赵匡胤与赵匡义进行过争斗的状态，晋王一狠心杀死宋太祖。要是不这样写，这段史料也许会被封杀。

持正常死亡说者则认为上述所谓"烛影斧声"之说纯属杜撰，他们以司马光的《涑水纪闻》为依据，其中记载：宋太祖晏驾后，皇后派内侍王继隆召长子赵德昭进宫继承王位。王继隆认为太祖在世时，素有传位给晋王之意。于是自作主张召赵匡义进宫。赵闻讯后大惊，犹豫不敢前往。王催促说：时间紧迫，耽误时间，帝位就是他人的了。这时赵才匆忙随王入宫。皇后一见来者为晋王赵匡义，非常吃惊，只好说：我母子的性命都托官家了。赵见状，也哭着说：共保富贵，不要忧伤。以此而论，赵匡胤死时赵匡义并不知晓，也不在宫中，因此也就不存在弑兄之嫌了。

那么，宋太祖赵匡胤究竟是何种原因暴死的？也有学者认为是由于太祖很爱喝酒，可能是得了高血压脑溢血之类的急病，抢救不及而死。或者是与赵氏家族的遗传病有关，据考证，赵匡胤一族早亡者居多，即使活得较长的平均年龄也就41岁，与当时的上流社会平均寿命62岁相比小得多。

### 蒙哥死因之谜

蒙哥（元宪宗）被誉为"上帝之鞭"，率领蒙古铁骑，横扫欧亚大陆。在他的征战下，元朝的疆域在不断扩大。1258年2月，蒙哥亲率十万大军分三路进攻四川。一路上攻城拔寨。转年2月，各路大军齐聚三面环水、形势险峻的合州钓鱼城。合州知州王坚带领南宋军民进行艰苦卓绝的保卫战，而这位骄横的"上帝之鞭"也鞭折城下命丧黄泉。钓鱼城由此被史学家称为"东方的麦加城"。蒙哥到底是如何

折鞭的,历史上众说纷纭,没有定论,主要有以下几种说法:

第一,久攻不下,忧愤而死。钓鱼城形势陡绝,易守难攻,蒙哥围城几月,久攻难克,反被南宋军队几次反击得手损兵折将,蒙哥难受其辱,终激愤而死。

第二,炮石击死。蒙军攻城时,损失惨重,先锋汪德臣死于城下,蒙哥亲自督军上阵。宋军的大炮发神威,蒙哥被炮石所伤,因伤势太重回营后便死去。

第三,得病而死。《元史·宪宗纪》中说蒙哥在六月身体有些“不豫”,七月癸亥崩于钓鱼山,肯定蒙哥为病死。

第四,中飞矢而死。翦伯赞主编的《中国史纲要》和叙利亚阿部耳法刺底编著的《世界史节本》等史书都认为蒙哥是被宋军的飞矢射死的。

第五,淹死水中。此说源于小阿美尼亚海屯 1307 年口授的东方史《海屯纪年》,说蒙哥乘船进攻宋军,宋军“水鬼”潜入水下,凿穿船底,蒙哥与战船一同沉入水底。

不管蒙哥是如何死的,但作为一个御驾亲征的大汗(皇帝)死在了征战的途中,历史也将永远记住他的名字。

## 朱元璋诛杀功臣之谜

朱元璋当过和尚的事众人皆知,然而鲜为人知的是这个“出家人”出身的皇帝不以“慈悲为怀”,反而大肆诛杀功臣。

据说官吏们上朝之时,都要观察朱元璋把所佩带的玉带放在哪个位置。如果朱元璋把玉带贴在胸前,那么这一天杀的人及遭处罚的人就会少些;如果玉带被放在肚皮之下,那就意味着今天要杀很多人。当时在京的官吏,每天早晨入朝之前,先和妻儿诀别,以备不测。当上完朝平安回到家中时,全家就开始庆祝。时间一长,有些人就受不了这种日子了,于是装疯卖傻的事就出现了,御史袁凯就是一例。

袁凯,字景文,松江华亭县人氏,洪武三年被荐授为御史。有一次,刑部报审一批案犯的判刑名单,朱元璋审批后主张全部处死,就派袁凯将这些名单送到皇太子那里去复审,而皇太子主张减轻刑罚。袁凯向朱元璋做了汇报,不料朱元璋反问袁凯:“我与太子的主张,哪个正确?”袁凯回答道:“微臣愚见,陛下主张全杀,这是执法;太子主张赦减,这是心慈,都有道理。”谁想到朱元璋被激怒了,认为袁凯在耍滑头,于是就将他关进监狱。袁凯很冤枉,于是在狱中绝食三天,后来被释放。当袁凯上朝时,朱元璋见了他就说:“是持两端者。”袁凯发觉到事情不对劲,感到末日就要到了,心里着实恐慌害怕,该怎么办呢?

于是,袁凯就装出疯傻,朱元璋当然不相信会有这事,就要验一验这是否是真的。朱元璋叫人用木锥子锥袁凯,说疯子是没有感觉的。袁凯咬住牙,忍住痛苦,不叫出一声。这下朱元璋有点信了,以为袁凯真疯了,便把他放回家。

御史严德珉是吴人,由御史提升为左佥都御史。洪武年间,他害怕杀身之祸,遂因病向朱元璋提出辞职。朱元璋非常生气,让人黥其面。后来他被贬发配到广西南丹,几年后遇赦放还。从此,严德珉穿上布衣,甘愿做一个普通老百姓,竟活到了宣德年间。一次,由于某件事他被御史逮到公堂。他跪在堂下,说自己曾在御史台当过官,通晓那些法规制度。御史问他任什么官,严德珉回答说洪武中台长严德珉就是他。御史听后大吃一惊,马上向前把严德珉从地上扶了起来。严德珉回到了家中,害怕朝廷再叫他做官,赶紧收拾家当,离开那里。果然,第二天御史到他家中探访,但发现人去楼空。后来有位国子监教授与他一起喝酒,见他脸上有刺字,还戴了顶破帽子,就问他犯了什么罪受到这种处罚。严德珉向对方讲了自己的亲身经历,接着又说以前国法如何严厉,做官的人经常是不能保住自己性命的,这顶破帽子是很难才戴住的啊! 说完还向北方作揖拱手,连称:“圣恩! 圣恩!”

袁凯、严德珉等辈被逼成这样,很是无奈,但固执的朱元璋却一意孤行,在惩治贪官污吏的同时枉杀了不少好官。而他究竟出于何种目的,我们无从知道。

## 明光宗暴死之谜

明代末年,宫廷接连发生的三大案与神宗、光宗、熹宗祖孙三人密切相关,也和朝廷派系斗争联系在一起。著名的“红丸案”便是其中之一。

泰昌元年(1620 年)八月二十九日,明光宗在乾清宫召见辅臣方从哲等 13 员文武大臣。皇上问方从哲道:“有鸿胪寺官(掌礼仪之官)要进药吗? 人在哪儿呀?”方从哲回答说:“鸿胪寺丞李可灼,说有仙丹妙药,臣下不敢轻信。”明光宗听后,命宫中诗人传唤李可灼到御前,给自己看病诊脉。李可灼谈到发病的原因以及医治的方法时,皇帝非常高兴,并让李可灼和御医们研究如何用药。这时,辅臣刘一说:“我有两个老乡人用过此药,一个失效,一个有效,可见此药并非十全十美。”礼部官员孙如游也在一旁说:“这药是否能用,关系极大,万万不可轻举妄动。”皇上没有听从两人的建议,催促御医协同李可灼配药。李可灼把药物调好,端到皇上面前。明光宗以前喝汤都喘得很厉害,可服了李可灼的药后,不再气喘了。明光宗

明光宗

见此药很有效，就说李可灼忠心可鉴。其他臣子在宫门外等候，大约过了一个时辰，宫中内侍说："圣上服药后，四肢温暖，想进饮食。"臣子们欢呼雀跃，退到宫外。李可灼和御医们留在宫内。

到了傍晚，方从哲等人放心不下，又到宫门候安，正遇见李可灼出来，急忙打听消息。李可灼回答说："服了红丸药，皇上感觉舒畅，怕药力过劲，又服一丸。如果效果好的话，圣体就能康复。"众臣立即问服药后的效果如何？李可灼说："圣躬服后，和前一粒感觉一样安稳舒适。"方从哲等人才放心离开。

谁曾想次日早晨，宫中紧急传出圣旨，召群臣速进宫。一时间，各位大臣等急奔宫内。当群臣将要跑入宫中时，就听一片悲哀哭号之声，明光宗已经归天了。

对于这突如其来的变故，满朝舆论哗然，惊愕的同时，人们联想到新皇帝登基一个月来的遭遇，都把疑点转到郑贵妃身上。郑贵妃给太子献美女，李可灼是否受她指使，没有实据。本来，明光宗当时已病入膏肓，难以治愈。最后，此案不但追查到郑贵妃，方从哲也被迫辞职，李可灼被充军。究竟幕后有主使吗？到底是谁？现在不得而知。

## 崇祯之死之谜

天启七年(1627)八月，明熹宗撒手归天，年仅17岁的信王朱由检即位，次年改为崇祯元年(1628)。崇祯皇帝即位后铲除阉党魏忠贤、一心想要中兴，但是最终李自成的农民起义军冲破了京城，明朝覆灭了，他自己也落了个自缢的下场。

崇祯帝朱由检生性懦弱、无主见。当李自成的起义军猛烈进逼，崇祯帝惊慌得完全失了主见，处处寄希望于大臣们，希望他们能提供妙计良策，但危急之中，大臣们又能有什么办法呢？

崇祯十七年(1644)三月，每天崇祯帝都要召见大臣，有时候竟达到一日三次。大明灭亡的前三天上午，崇祯帝来到东左掖门，召见了新考选官32人，问他们以急策。召见未及一半，忽然有一太监送进一个密封，崇祯帝拆视后脸色突然大变，原来这是昌平(今北京市昌平区)失守的总报。李自成军已经攻到昌平。

崇祯

次日早晨,崇祯帝再次召见文武诸臣,大家都沉默不语。崇祯帝流着泪恳请大臣们想办法,大臣们也是泪流满面地回应。忽然有位大臣大梦初醒一般,凑向前欲奏对,崇祯帝一见,马上将泪水收住,准备细听。只听这位大臣说:“当务之急为考选科道。”原以为是什么良策,不想又是老套话。可这位大臣一开头,许多大臣也跟着说这人当起、那人该用。崇祯帝早就不耐烦了,俯首在御案上写了七个大字:“文武官个个可杀。”起身示意退朝。

关于崇祯的死,历来众说纷纭。计六奇《明孝北略》卷二十记载道:“丁未五鼓,上御前殿,与二人手自鸣钟集百官,无一至者。遂散遣内员,手携王承恩,入内苑,人皆莫知,上登万岁山之寿皇亭,即煤山之红阁也。亭新成,先帝为阅内操特建者……遂自尽于亭下海棠树下,太监王承恩对面缢死。”《明史》卷三百零九《流贼传》说:“十九日丁未,天未明,皇城不守,鸣钟集百官,无至者。乃复登煤山,书衣襟为遗诏,以帛自缢于山亭,帝遂崩。”而《明之述略》中却说:“丁未,内城陷,帝崩于西山。”

可见,对崇祯究竟怎么死、死于何地,至今还是个谜。一个力图中兴的君主竟落得如此凄凉的下场,令人深思。

## 咸丰死因探谜

咸丰是道光皇帝第四子,生于道光十一年六月初九,死于咸丰十一年七月,死时年仅30岁。

咸丰当政之初,尚勤于朝政,很想有所作为。当时内有大规模农民起义(太平天国运动等),外有英法联军入侵,令咸丰头痛不已。据说京城有雏伶朱莲芳,长相秀美,善于作诗,咸丰非常宠爱她,经常传进宫中伴驾。又有山西孀妇曹氏,美艳而风流,喜欢在鞋上镶嵌明珠。咸丰帝宠幸无比,宫内外都称其为“曹寡妇”。还有人在圆明园发现春药。也有传说圆明园中有“五春之宠”。所谓天地一家春,是懿贵妃叶赫那拉氏(慈禧)的住所,而其他四春——杏花春、武陵春、海棠春、牡丹春,居住的都是汉族美女。

咸丰皇帝因纵欲自戕,身体非常虚弱。每逢遇到坛庙大祀,常因为腿软而担心登降失仪。加上内忧外患,国事艰难,遂患有吐血症,太医为他开了"疗疾法",认为饮鹿血既可以治病。咸丰于是养了一百几十只鹿,每天饮鹿血医治。咸丰十年七月,英法联军进攻北京,咸丰帝带着肃顺等大臣及后宫妃嫔出逃热河,竟命令"率鹿以行",由于大臣们的劝阻,才作罢。咸丰十一年春,在热河行宫病倒,此后或危或安。只要病情稍好,仍旧娱情声色。次年七月,病情恶化。十七日,咯疾大作,急命取鹿血,匆忙中没有取到,遂驾崩。病逝前夜,谕令皇长子载淳为皇太子,命肃顺等八大臣共辅朝政。

咸丰

咸丰帝于忧患与淫乐中度过其短暂的一生,死后葬于定陵。

### 洪秀全死因探谜

太平天国运动是中国历史上一次规模宏大的农民起义,到了 1864 年 6 月 1 日,太平天国处于生与死的边缘。那天,清军几十万大军已包围天京城,太平军在京城外的防御工事几乎全部崩溃,此时洪秀全却突然去世!

关于洪秀全的死亡,历来众说纷纭。主要的说法有两种,一是说他因病而死,另一种说法认为他是绝望自杀。钟文典著《太平天国人物》中则说当天京被围,"性情激烈而又不肯失志"、极其自负的洪秀全日夜焦躁,但又无计可施,卧病三日,终于在 1864 年 6 月 1 日逝世。

近代史教科书支持"病死说",如《中国近代史》就明确写道"天王洪秀全因病逝世。”但20世纪60年代出版的郭沫若的《中国史稿》、范文澜的《中国近代史》、牟安世的《太平天国》、束世徵的《洪秀全》等均说洪秀全是“服毒自杀”。

洪秀全在5月30日即他死的前日发布了一条诏令，说：“大众安心，朕即上天堂，向天父兄领天兵，保固天京。”这可看作他不愿被俘，决心以身殉国的临终遗嘱。洋人富礼赐曾在《天京游记》上说：“天王五十一岁，身材高大，体格健壮。但待厌倦尘世之时，将有龙车自天下降，彼将乘之上升。”这种说法也在一定程度上附和了自杀说。

“病死说”的支持者认为，像洪秀全这样一位伟大的农民起义领袖，不可能服毒自杀。白寿彝主编的《中国通史》中说，天京被围后，“城中被困缺粮，饿死者日增，洪秀全命‘合城俱食甜露，可以养生”’。因而“病死说”论者认为，《李秀成自述》中的“天王斯时（四月）已病甚重，四月二十一日而故”与洪仁玕说的“卧病二旬升天”、幼天王说的“老天王病死了”说法相似，可作为病死说的证据。

持这两种说法者双方各执一词，针锋相对，而洪秀全之死这一疑案还是没有彻底解开。

### 光绪之死探谜

光绪帝是慈禧垂帘听政的牺牲品，关于光绪帝的死因引起世人的种种猜测。

第一种观点认为光绪患重病而死。在废立风波中，光绪依旧是皇帝，但没有一点权利。光绪帝自幼孱弱，脾胃素来虚弱。据宫中太监寇连材日记说，当时只有西太后可以亲近光绪，宫中人都不能亲近他。小皇帝每天有数十种菜，但菜皆不能入口。光绪要加菜，慈禧必然责备他铺张浪费，不懂节俭，光绪只好挨饿。光绪在这种情况下，很容易患上重病。《清德宗实录》《清史稿》《光绪朝乐华录》等都说光绪久病体虚，至光绪三十四年病入膏肓，最后驾崩。

光绪

第二种说法是慈禧谋害了光绪帝。持这种观点者认为光绪被慈禧软禁，就想害死他。恽毓鼎在《崇陵存信录》中记录了光绪临死前的状况：光绪三十四年（1908年）秋忽然传出病重消息，召京外名医入宫诊视。诊脉时，光绪静静地把双手置案上，自己写出病情。入诊者都说光绪身体尚健。十月初十，逢慈禧万寿节(生日)，光绪出瀛台，替太后祝寿，有人看见他为准备跪拜而活动筋骨。十九日，宫廷大乱，增加侍卫，稽查出入，传言光绪驾崩。次日，宫中恢复宁静，午后，传载沣监国、溥仪入宫教养之命。二十一日，皇后入瀛台探视，光绪早已气绝身亡。太后闻此，仅叹息几声。

第三种说法是光绪被毒死。曾在宫中担任女官的德龄女士，在《清宫二年记》等书中，明确指出李莲英按照慈禧的意思下毒害死光绪。

以上三种说法都是言之凿凿，但是清宫太监回忆录《清宫琐谈》中说光绪死于饥饿。据载，光绪本来没有什么大病，御医开方皆以平和之剂为药，然而太监们在光绪死前已得到光绪驾崩的消息。

现代医学技术对光绪帝遗存头发等检测后证明，光绪帝为中毒身亡，他头发中含有浓度极高的砒霜。但光绪帝如何服进砒霜的，目前还是一个谜。

## 袁世凯猝死探谜

1916年(民国五年)6月6日，袁世凯在亿万民众的声讨中魂归西天，是什么原因造成袁世凯猝死呢？有人认为他是病死的，有的认为他是被气死的，而在这两种说法中又衍生出多种猜测。

一种说法称袁世凯患尿毒症。在医疗方案上，袁世凯的两个儿子意见分歧，大儿子袁克定相信西医，主张动手术；二儿子袁克文则竭力反对，相持不下，贻误时机。

与此相近之说，说袁世凯患病后不肯服药而死。当年袁世凯在彰德修养时，有术士给他算命，称“袁不得过五十八岁”。袁“问有何解否?”术士说道非得龙袍加身不可。于是，袁世凯给术士一杯酒，那术士喝后，中毒而亡。从此以后，袁世凯便有了称帝之心。1915年他称帝后却事事不顺，众叛亲离，于是积忧成疾。有人服侍他吃药，他总是不吃。他周围亲近的人都知道原因，但大家都不敢说，最后改用针灸治疗，也没能保住他的性命。

“气死说”论者则认为袁世凯因帝制失败、众叛亲离气愤而死。有人说：“袁世凯以称帝不成，中外环迫，羞愧、愤怒、怨恨、忧虑之心理循生迭起，不能自持。”“盗国殃民，丧权乱法，在中国为第一元凶，在人类为特别祸首，其致死固宜，益以年老神昏、兵亡将变、人心怨怼、体面无存，袁氏心非木石，顾后思前，能不自疚，此即袁氏死之真相因也。”

对袁世凯本人来说,始终没有向后人交代他为何人所气而难以治愈。袁世凯在咽气前,有气无力地说:“是他害了我!”但这句话所指的是谁,仍不清楚,其用意和含义更是令人费解,也给后世留下了千古之谜。

## 第二节　后妃谜事

### 西施下落之谜

西施,春秋末期越国苎萝人。因为天生丽质,所以被誉为中国古代四大美女之首。同时,她也是中国古代第一位美女间谍。西施作为越国的功臣,吴国的罪人,在越国灭了吴国以后,她去了哪里呢?千百年来,人们为此争论不休。

西施

其中普遍的说法是,西施是病死的。依据是西施有心口痛的毛病,于是有人说,她很可能是得了心脏病。有一个耳熟能详的故事,便能证明西施确实得了心脏病。

故事是这样的:据说西施患有心口痛的毛病。一天,她的病又犯了,只见她手捂胸口,双眉皱起,流露出一种娇媚柔弱的女性美。当她从乡间走过的时候,乡里人无不睁大眼睛注视。这天,一个丑女看到西施捂着胸口、皱着双眉的样子竟能博得这么多人的青睐,因此她也学着西施的样子,手捂胸口,紧皱眉头,在村里走来走去。哪知丑女的矫揉造作,使她的样子更难看了。结果,乡间的富人看见丑女的怪模样,马上把门关上;乡间的穷人看见丑女走过来,马上拉着妻儿远远地躲开。人们见了这个怪模怪样、模仿西施心口痛,还在村里走来走去的丑女人,简直像见了瘟神一般。

这个丑女人只知道西施皱眉的样子很美,却不知道她为什么很美,而去简单模仿她的动作,结果反被人讥笑。这就是东施效颦的故事。从这个故事里,我们了解到,西施确实有病。后来,西施因为长期心口痛,在越灭吴后不久,病情突然加重而去世了。

但是,因为正史上没有具体介绍西施病死的过程,所以关于西施病死一说,一直不被史学家所接受。

于是,有人说,西施是被勾践沉江了。《墨子·亲士》篇就说:"西施之沈(沉,古作沈),其美也。"东汉赵晔所撰的《吴越春秋》中有关西施的记载说:"吴亡后,越浮西施于江,随鸱夷以终。"这里的"浮"字也是"沉"的意思。"鸱夷",就是皮袋。

在后人的诗歌里,也多次提及了西施沉水的事,李商隐的《景阳井》诗云:"肠断吴王宫外水,浊泥犹得葬西施";皮日休的《馆娃宫怀古》诗里也说:"不知水葬归何处,溪月湾湾欲效颦。"这说明,在唐代,人们是认可西施被沉水的说法的。

也有人说,西施是被越国大夫范蠡接走并隐居起来了。《越绝书》记载:"吴亡后,西施复归范蠡,同泛五湖而去。"明代胡应麟的《少室山房笔丛》也有类似说法,以为西施原是范蠡的情人或妻子,吴国覆亡后,范蠡带着西施隐居起来了。李白的《西施》诗里说:"一破夫差国,千秋竟不还。"也认为西施跟随范蠡隐居起来了。而在《史记》里,尽管有范蠡的详尽记载,却找不到有关西施的只言片语,于是,这个说法又让人觉得不太可信。

又有人说,她是落水而亡了。或许是善良的人们,并不希望西施这位无辜的弱女子,有个悲惨结局,于是找出初唐诗人宋之问的《浣纱》诗"一朝还旧都,靓妆寻若耶;鸟惊人松梦,鱼沉畏荷花"为依据,认为吴亡后西施回到故乡,在一次浣纱时,不慎落水而死。这个说法还有一个后续故事,说的是西施落水后,顺流而下,结果被一个英俊的小伙子救起,两人于是隐姓埋名、生儿育女,从此过上了幸福的生活。此说似乎最理想,可是却最缺乏证据。

还有人说,她是被人打死的。这种说法可以说纯粹是来自传说了。传说吴王自刎而死时,吴人把一腔怒火都发泄在西施身上,用锦缎将她层层裹住,沉在扬子江心。据《东坡异物志》载:"扬子江有美人鱼,又称西施鱼,一日数易其色,肉细味美,妇人食之,可增媚态,据云系西施沉江后幻化而成。"

因为种种说法都没有找到真凭实据,所以西施究竟下落如何,也就成了千古谜团。

## 梅妃香消玉殒之谜

梅妃,姓江名采萍,唐玄宗早期宠妃。其体态清秀,好淡妆雅服。出生于闽地莆田(今福建莆田),父亲江仲逊,家族世代为医。多才多艺的江采萍,不仅长于诗文,通乐器,善歌舞,而且娇俏美丽,气质不凡,是个才貌双全的奇女子。

这么一个深得唐玄宗宠爱的女人,因何香消玉殒?有人说,她是被杨贵妃害死的。今天的人们大多知道杨贵妃,而知道江采萍的人恐怕不多。其实,杨贵妃和江采萍是唐玄宗三宫六院七十二妃中一对势均力敌的情敌。

梅妃比杨贵妃进宫早19年之多,她纤丽秀雅的风格令玄宗由衷喜爱,为之倾倒。恬静娴雅、端庄明秀的江采萍,从小就喜爱和她一样风格淡雅的梅花,玄宗皇帝因此封她为"梅妃",并在她居住的宫中,种植了各式各样的梅树,每当梅花盛开,便与梅妃流连花下,赏花赋诗,其乐融融。可见,唐玄宗对梅妃的宠爱,是远远超过其他妃子的。即便是后来,杨贵妃进宫了,唐玄宗依然深爱着梅妃。于是,两个女人开始了明争暗斗的宫廷生活。

杨贵妃与梅妃成了并立于玄宗后宫的两株奇葩。梅妃像一株梅花,清雅高洁;杨玉环如一株牡丹,丰腴娇艳。这两人一瘦一肥,一雅一媚,一静一动,形成了鲜明的对比,此时已过花甲之年的唐玄宗,心目中已经分出杨玉环和梅妃的高低。十几年来他面对孤芳自赏、清雅高洁的梅妃,现在已经审美疲劳了,不免有些意兴大减。而突然出现的杨贵妃,不但丰满的体态充满了性感,楚楚动人,还有她那媚人的神情、活泼的性格,就像一团炽热的烈火撩拨着已近暮年又不甘衰老的唐玄宗。

与此同时,虽然梅妃才艺双绝,但在心计方面,却远比不过杨贵妃。所以,她很轻易地便遭到了杨贵妃的毒手。将梅妃除掉之后,杨贵妃也就失去了对手,唐玄宗虽然心疼了好久,但对于一个不缺少女人的皇帝来说,也很快便将这事忘记了,以后就一心宠爱杨贵妃。但是,也有人说,这个说法是不成立的,因为梅妃是在安史之乱以后才死的。所以,梅妃被杨贵妃害死之说不足为信。

真实的原因是这样的:安史之乱爆发后,唐玄宗携杨贵妃逃往西南,后来,杨贵妃被逼死在马嵬坡。被留在宫内的梅妃为了不让叛贼污辱,也为了保住清白之身,便用白布将自己层层包裹,跳下古井而香消玉殒。据说玄宗有诗《题梅妃画真》曰:"忆昔娇妃在紫宸,铅华未御得天真,霜绡虽似旧时态,争奈娇波不顾人。"

这里还有一个说法,说梅妃被唐玄宗撇在宫中后一生气,带上自己的金银细软回到了老家莆田，嫁给了一个农夫。他们每天种菜养鸡，过上了幸福的田园生活。但是，因为后来被人们发现，她便是宫中的梅妃后，她因羞愧难当，跳水而亡了。

更有人说，梅妃其实是一个不存在的人物。由于《旧唐书》和《新唐书》都没有提及梅妃，加上梅妃的事迹多出自宋朝的《梅妃传》，所以被人们认为是一个虚构人物。当时玄宗后宫的妃一级封号中，只有惠妃、华妃、丽妃三种。不仅玄宗朝没有梅妃的封号，终唐一朝也没有类似梅妃的封号。唐高宗时，高宗由于宠幸武昭仪（武则天），为她特创"宸妃"的封号，而此事在新旧唐书中都有提及。所以，史学家们一般认为，梅妃只是小说戏剧中虚构的一个人物而已。

不管有没有这么个人，在梅妃的家乡，人们还是当她曾经存在过。虽然一千多年过去了，家乡的人们仍然怀念她，称她为"祖姑皇妃"，并修宫造像以供祭，宫名就叫"浦口宫"。该宫雄伟壮观，八根大石柱支撑着巨大的顶棚斗拱结构，神龛护栏镂空木雕，极为精美，吸引了不少游人前往瞻仰。旧时兴化府衙门口的对联写道："荔枝甲天下，梅妃是部民。"

### 杨贵妃归宿之谜

杨贵妃，即杨玉环。唐玄宗李隆基的宠妃，小字玉环，道号太真。蒲州永乐人。父亲早丧，养于叔父家。杨贵妃天资聪颖，善于逢迎，通晓音律，能歌善舞。她"回眸一笑百媚生，六宫粉黛无颜色"，堪称大唐第一美女，此后千余年，无人能比。杨贵妃与西施、王昭君、貂蝉并称为中国古代四大美女。

杨贵妃

关于杨贵妃的归宿，据正史上说，她是被赐死的。那是大唐天宝十四年，爆发了"安史之乱"。时隔一年的6月，安禄山攻破潼关。唐玄宗李隆基只得率领家属、亲信等3000多人逃出了长安。

6月14日，逃亡队伍抵达马嵬坡。这个地方在今天的陕西兴平市西北二十三里处。连日奔波劳顿，所有的将士又累又饿，怨言四起。就在这人心极度不稳的时候，太子李亨突然发动政变，历史上叫作"马嵬兵变"。

杨国忠被杀，将士们要求李隆基赐死杨贵妃。因为此时，如果她依然留在皇帝身边，那么，诛杀杨国忠的将士们心里就不会安宁。一边是江山，一边是美人。唐玄宗哪个也舍不得，于是只得缄默不语。但是，此刻的情况是，如果不杀杨贵妃，军心乱了，不光是失掉江山的问题，连皇帝的性命恐怕也难保全。唐玄宗感到一种无力回天的虚弱。无奈之下，只得命高力士传谕，赐死杨贵妃。这一年，杨贵妃三十八岁。她被缢杀在佛堂中。死后陈尸于天井，禁军将士们看到杨贵妃真的死了，这才安心，护送唐玄宗往西而行。

但也有人说，杨贵妃确实是被李隆基赐死的，但却不是在马嵬坡。原因是，她跟安禄山有私情。安禄山是营州柳城地方的胡人，兼任平卢、范阳、河东三镇节度使。原来与杨国忠相互勾结，后因屡立奇功受皇帝赏识，于是遭杨国忠嫉妒，常加以诋毁。杨玉环想到自己与玄宗年龄悬殊，万一玄宗死去，而太子早对杨家不满，那时有实力的安禄山就会成一个依靠。因此杨玉环极力保持与安禄山的关系。玄宗不在时两人常偷偷幽会，一次安禄山用力过猛，竟然在她的身上抓出一道伤痕。杨玉环无法向玄宗交代，只好以锦缎遮在胸前，称为"诃子"。这便是后世"乳罩"的起源，"禄山之爪"也成了典故。但是，夜路走得多，必然遇到鬼，最后他们的私情还是被李隆基发现了。于是，李隆基一气之下赐死了杨贵妃，因那时还需要安禄山，所以李隆基便没有惊动安禄山。但这种说法的矛盾之处甚多，如果这件事情是真的，那么后来的"马嵬兵变"便不能成立了。

又有人说，杨贵妃没死，她在尼姑庵里削发为尼了。玄宗离开马嵬坡到蜀地避难，他返回长安以后，要将杨贵妃的尸骨迁到长安。可是，派人到马嵬坡一挖，尸体竟然不见了。一年多的时间，即使尸体肌肉腐烂，尸骨也应该存在。可是，坟墓里什么也没有。于是，有人就得出这样一个结论，说杨贵妃死里逃生了。明明被赐死，还陈尸于天井，她是怎么逃的呢？如果说杨贵妃果真未死，那么只有一种可能：当时在佛堂缢杀她的人，可能是有意或无意，并没让她气绝身亡，只是使她暂时昏厥休克。这样，禁军将士看到的"尸首"确实是杨贵妃。那么杨贵妃逃离马嵬坡后，究竟去了什么地方，终老于何处，没人能够说清。一些学者认为杨贵妃曾经有做过女道士的经历，所以推断她隐居在某个道观中。

还有一种说法认为，杨贵妃逃亡日本了，日本民间和学术界有这样一种看法：当时，在马嵬坡被缢死的，乃是一个侍女。禁军将领陈玄礼惜贵妃貌美，不忍杀之，遂与高力士合谋，以侍女代死。杨贵妃则由陈玄礼的亲信护送南逃，行至现上海附近扬帆出海,漂至日本久谷町久津,并在日本终其天年。日本山口县"杨贵妃之乡"还建有杨贵妃墓。日本著名影星山口百惠,还自称是杨贵妃的后裔。

杨贵妃的最终归宿究竟如何,因说法众多,又无法找到有力证据,于是成了未解之谜。

## 花蕊夫人之谜

在中国历史上,一个女人同时受到三个男人,又是三位皇帝的爱慕,是极其罕见的。无疑,花蕊夫人便是这样一个女人。第一个喜欢她的男人是后蜀主孟昶。

那时,后蜀主孟昶少年风流,整天为寻找不到美女而闷闷不乐。后来,有一位心腹太监在青城明察暗访,终于物色到一位美女。这位美女体态轻盈,浅着粉黛,容颜绝世,给人一种空谷幽兰、自然淡雅之感,孟昶如获至宝,立即将她留在宫中,将她封为慧妃。

慧妃喜欢芙蓉花和牡丹花,孟昶投其所好,特地为她修建了一座牡丹苑,还下令在城墙上种满芙蓉花,连寻常百姓家也要家家栽种。每到芙蓉花开时节,成都城中花团锦簇,争奇斗艳,红如火,白似雪,远看如朝霞灿烂,近闻花香浓郁,从此,成都也得了雅号,叫"芙蓉城"。孟昶带着慧妃登城饮酒赏花,望着花丛中的美人,感慨地说:"你真美呀!这芙蓉不足以形容你的柔媚,这牡丹不足以形容你的明艳,你是人中之花,花中之蕊。啊,朕封你为花蕊夫人。"

"冰肌玉骨,自清凉无汗",苏东坡的词,写的就是花蕊夫人的美貌。花蕊夫人是形容女子生得很美,"花不足以拟其色,蕊差堪状其容"。花蕊夫人又是典型的四川女性,不仅容貌出众,才华横溢,而且非常温柔体贴,全没有一般才女和国色的清高,更非不食人间烟火。她还做得一手好菜,宫中的厨师,还经常向她请教。

就这样,喝都江堰水长大的花蕊夫人,被后蜀主孟昶"近水楼台先得月"收入宫中。美貌女子容易招惹男人,美貌才女更是男人的最爱,花蕊夫人就是这样一个让男人痴迷的,才貌兼有的大美人。

第二个喜欢她的男人,是宋太祖赵匡胤。公元964年,宋太祖赵匡胤发兵南击后蜀,蜀军不堪一击,孟昶成了北宋的阶下囚。花蕊夫人也成了囚徒,与孟昶一同被押解进京。对后蜀国的这个绝色佳人,赵匡胤早有所闻。为验证花蕊夫人诗才,赵匡胤当场面试,要她即兴赋诗一首。花蕊夫人脱口吟道:"君王城上树降旗,妾在深宫哪得知?十四万人齐解甲,更无一个是男儿!"几句话,不仅把才艺展示得淋漓尽致，还捎带发泄了一腔亡国之恨，对不作为的男人们，语气中不无揶揄和轻蔑。赵匡胤听了尽管不是很舒服，但聪明的花蕊夫人只骂蜀国男人，并不针对他，所以赵匡胤还是对她产生了强烈的好感。

可是人家是有夫之妇，强行霸占总有点不够厚道。于是七天后，孟昶就不明不白地死去了，赵匡胤这才名正言顺地、把无家可归的花蕊夫人请进后宫，末代后蜀贵妃摇身一变，成了大宋开国皇帝的妃子，赵匡胤如愿以偿。

第三个喜欢她的男人，是赵匡胤的弟弟赵光义。爱美之心人皆有之，花蕊夫人这种女人让男人想不爱都难。可她现在已经名花有主，而且这主子不但是他的哥哥，还是当今的皇帝，其他男人就是爱，也只能是在心里想想而已。但赵匡胤的亲弟弟、后来的宋太宗赵光义，可不只是想想那么简单。

那时，血气方刚的赵光义，同样倾慕花蕊夫人的才色，心说只有我这样的英雄才和她般配啊！为了她，他明里暗里和哥哥较上了劲，然而，胳膊终究拧不过大腿。男人最痛苦的一件事，就是自己喜欢的女人却被别人占有。自己得不到，别人也休想得到。于是，赵光义决定亲手杀死花蕊夫人。一日，赵光义随从太祖在苑内射猎，花蕊夫人陪伴在太祖身旁。赵光义调好弓矢似要射兽，却突然间回射花蕊夫人，一箭毙命。当然，理由也是冠冕堂皇的：红颜祸水，沉湎误国。

对这三个男人，同时又是三位皇帝的心态和情感，她的情思是这样的：第一个是怜而爱之，第二个是敬而爱之，第三个是怨而爱之。花蕊夫人的结局是悲剧性的，但是花蕊夫人那句话“女人若能误国，误国必非男人”则是振聋发聩的。这么一个有才有貌有情的奇女子，最后却落得一个悲惨的结局，实在令人叹惜。

### 权妃死因之谜

权妃，朝鲜人，父亲权永钧，朝鲜国工曹典书。从元朝开始朝鲜就被迫向中国进献美女，明初仍是如此。洪武时，明太祖的后宫中就有不少朝鲜妃嫔，成祖朱棣便是朝鲜人硕妃所生。也许是有一半朝鲜血统的缘故，也许是希望从朝鲜美女的身上，找到自己年幼时死去的母亲的影子，总之，成祖朱棣在统治期间，不断下诏并派人到朝鲜选秀女入宫。权妃便是在这个背景下来到中国的。

公元 1408 年，也就是永乐六年，成祖朱棣派黄俨等人出使朝鲜，赏赐朝鲜国王不少银两布匹，同时要求朝鲜广选美女，进献北京，以充后宫。朝鲜没人愿意把自己的女儿送到异国去做宫女，因此选上来的都是些不漂亮的女子。黄俨看了很不满意，便责令朝鲜王廷重新挑选。后来，通过强制手段，总算选出了一批美貌秀女，黄俨等人亲自过目后，从中挑选了五名，第一个便是权妃，当时十八岁；其他是：仁宇府左司尹任添年之女任氏，十七岁；恭安府判官李文命之女李氏，十七岁；护军吕贵真之女吕氏，十六岁；中军副司正崔得霏之女崔氏，只有十四岁。她们连同十二名侍女、十二名厨师一起被送往数千里之外的异国都城。

这五位朝鲜淑女入宫后，权妃被册立为贤妃、任氏为顺妃、李氏为昭仪、吕氏为婕妤、崔氏为美人。他们的父兄也都被授予了明朝的官职，如权妃的父亲就被授予了光禄寺卿，但俸禄却是由朝鲜王廷拨给的。

在明宫中的这五位朝鲜妃嫔中，权妃最为成祖宠爱。成祖一见到她，便被她吸引了。成祖问她有何特长，权妃便拿出玉箫吹奏起来，听得成祖如痴如醉，于是把权妃选拔在众妃之上，并让权妃接管后宫。

权妃聪慧美丽、优雅迷人。每当成祖忙完朝政，来到权妃宫中，权妃便会为他吹一曲美妙的箫音。自从权妃走进明朝的皇宫之后，便很少离开成祖身边，成祖也一直深爱着这位柔顺、温婉的朝鲜女子。

公元1410年，也就是永乐八年，权妃随成祖北征蒙古。明军获得第一场胜利后，权妃的美妙箫声一时传遍了千里草原，这箫声使成祖朱棣心旷神怡，于是成祖乘胜追击，于兴安岭下一鼓作气地击破了阿鲁台大军。

这次北征以明军的大获全胜而告终，于是成祖率军班师回朝。权妃随成祖返回京师时，在山东临城突然不幸身得重病，最后不治身亡。这一年权妃才二十二岁，真是红颜薄命！成祖顿失爱妃，一时心痛不已，后来竟然病倒了。权妃死后，成祖不仅厚待她的家人，而且时时怀念她的音容笑貌。在一次见到权妃的家人时，成祖竟然悲痛得泪流满面。

权妃突然死亡，也让朱棣疑惑不已。这时，宫中又谣传，权妃是被人毒死的。于是，朱棣下令，一定要严查。朱棣想，权妃的死对谁最有利，谁就应该是凶手。于是朱棣直指那些宫女、妃子。虽然都没有足够的证据，但还是有很多宫女、妃嫔被杀。这让很多人骂朱棣是个暴君，滥杀无辜，可是如果客观地分析，这也证明了朱棣是非常喜欢权妃的。

后来，据传权妃确实是病死的。因为权妃在回军途中喝了不干净的水，所以突患急病。据说，当时还有不少士兵也跟权妃一样，突染急病身亡。另据考证，那年天干，很多水源都传出过毒死人的事件。但因为资料记载不全，所以这一说法未得到史学家们的支持。

民间还有一种传说称，权妃非常思念家乡，于是她假意讨得朱棣欢心，并想找机会逃走。回军途中，权妃假装突患急病，并用一种朝鲜独有的药物，令自己假死，瞒过了朱棣。做这一切的时候，权妃还买通了几个卫兵，来跟她一起完成她的假死计划。

后来，当朱棣回宫后，她便被人从土里挖了出来，再后来，她顺利地回到了自己的家乡。回家后，她不敢去见自己的家人，害怕给家人带来灾难，只得隐姓埋名地过日子。后来，有人说她去当了尼姑，也有人说，她嫁给了一个渔夫，在海上过完了一生。只是，每过一年半载，她都会在深更半夜，悄悄地回家，看望自己的家人。

### 懿安皇后下落之谜

懿安皇后，名张嫣，字祖娥，小名宝珠，河南祥符人，明熹宗朱由校之皇后，天启元年四月被册立为妃。1621 年选后时，张嫣被选入宫中，当时 15 岁，其体态丰满被天启帝的乳母客氏嫉妒，不愿选她做皇后，无奈天启帝一眼就看中了张氏，封她为皇后，其父张国纪在女儿被册立为皇后之后，也被授封为太康伯。

明熹宗昏庸无能，在位一共七年（1621 年～1627 年），朝政大权被大太监魏忠贤及乳母客氏垄断，人们将这一时期称为明代最黑暗的时期。

张皇后是位正直的人，但她对皇帝的规劝，从来都未能引起重视。然而她在明朝后期混乱的局势中，却始终保持着清醒的头脑。1627 年 6 月，朱熹宗病倒了，随着病情的加重，京城中纷纷传言魏忠贤即将篡位。这时，张皇后非常担心皇帝会被人下毒手，于是她寸步不离地守候在皇帝身边，即便侍从刚刚煮好的汤药，她都要亲口尝试。在这艰难的时刻，张皇后仍然不忘向皇帝提出自己对当前局势的看法与建议。而这次，大概是日久见人心吧，也或许是到了最后关头，皇帝终于认清了局面，他不但认真听取了张皇后的建议，还同意将帝位传给其弟信王朱由检。于是，皇后立即找来信王。

兄弟二人见面后，熹宗嘱咐信王将来要做一位贤明的君主，治理好国家，为老百姓谋福祉。最后，皇帝看了看张皇后，沉重地嘱咐王弟一定要好好照顾嫂子，她是一个了不起的女人。当时，朱由检泪流满面地答应了皇帝哥哥所说的每一件事情。

不久后，天启皇帝驾崩，在张皇后的帮助下，朱由检继位，即崇祯皇帝。为巩固皇权，朱由检在众臣帮助下，清除了魏忠贤及其同伙。为了感激张皇后，崇祯帝授予皇嫂“懿安皇后”的尊号，将其奉养于宫中，享受皇太后待遇。

然而，好景不长，崇祯十七年（1644年）三月十八日，李自成率大顺农民军攻破北京，崇祯走投无路，于十九日清晨自缢于万寿山（煤山），其皇后周氏也奉崇祯之命在宫中自杀身亡，唯独懿安皇后下落不明，于是产生了种种传闻。

在众多记载中，懿安皇后自杀的说法最多。一些史书记载，懿安皇后是在宫中自杀的。当起义军攻入京城后，人心慌乱，懿安皇后不愿落在他人之手，便自杀身亡。另外，一些史书提及，曾有人看到懿安皇后死于宫中。如在周同谷的《霜猿集》中记载道：“西安张孟坚从贼入宫，亲见后死，曾为予言之。”也有人根据其他一些历史资料得出结论：懿安皇后是被人救出宫后自杀的。甚至有人认为懿安皇后是为刘宗敏所救。当时，懿安皇后被俘，刘宗敏仰慕张皇后的为人，对其手下的将士们说，这是国母，不得对她无礼，然后将懿安皇后送至外戚张氏家中，但懿安皇后最终还是因想不开，悄悄自杀了。

也有史书记载，懿安皇后并没有自杀，而是乔装打扮后逃出了皇宫。当起义军攻入北京城后，崇祯皇帝曾派人到懿安皇后的住所，劝其自裁，但是由于慌乱没有成功，于是懿安皇后打扮成一个普通的老太太，乘乱逃出了京城。也有史书记载，在李自成大军攻入北京城后，懿安皇后曾出迎并献上金银财宝，但是关于之后的事情，史书中也没有具体记载，令后人无从考证。不过，这种说法在民间流传甚广。

另外，还有种说法是，懿安皇后在京城被俘后，曾遭到毒打，最后被人用刀刺死。

关于懿安皇后的生死下落，研究人员都持有自己的看法，迄今为止它仍然是明清之际的一桩历史疑案，是一个有待人们进一步考证的未解之谜。

### 香妃之谜

在乾隆皇帝的40多个后妃中，有一位维吾尔族女子，她就是闻名遐迩的香妃。其实香妃是否遍体生香，根本无从考证。

关于香妃的传说，主要有两个版本：第一个版本，是喜剧。香妃天生丽质，身有异香，美貌绝伦。她家世居南疆叶尔羌，兄长因不满霍集占虐政，举家搬到伊犁。其兄在反对霍集占之战中，心向清朝，立下功劳。他们受召，到了京师，后来长住在北京。香妃入宫，受到皇太后的喜爱和乾隆帝的宠幸，生活过得很幸福。香妃死后,乾隆悲痛不已,恩准将香妃尸骨运回新疆喀什入葬。

第二个版本,是悲剧。香妃是乾隆年间平定回部大小和卓木叛乱时,被掳进皇宫的。乾隆因其貌美,且体有异香,而册封为香妃,并对她大加恩宠。但香妃矢志守节,随身怀刃,准备杀帝报仇。皇太后闻讯,召香妃入宫,将她赐死,后葬到清东陵。《清史演义》《清朝野史大观》以及金庸《书剑恩仇录》等书,所描写的故事大体都是这个版本。戏剧《香妃恨》《香妃》,以及 20 世纪 50 年代上演的《伊帕尔汗》等,也都是按照这个悲剧故事编写的。但这个传说没有历史根据,所以不能取信。

香妃

关于香妃的墓地,也是一个谜,1788 年香妃病逝,80 岁的乾隆帝老泪纵横,也曾生出将香妃的遗体送回喀什安葬的念头,但这有悖于大清祖传皇规。按规定,清朝的后妃只能葬于皇家的东陵后妃园寝中,绝不准移送原籍。乾隆陷入“两难”,在惆怅纠结之中,忽然茅塞顿开:香妃、香妃,何不在名字上做做文章?一个万全之策应运而生。他命令雕工匠仿照香妃生前的体形相貌,加工了一个与真香妃一模一样的“香妃”。全身裹以白布,只留出面部以便香妃的家人吊唁。这居然蒙过了一大家族人。此时被册封为辅国公的香妃的哥哥图尔都亦已去世,乾隆便传旨将其兄妹俩一真一假两具遗体同时迁葬喀什,由香妃的家人护送灵柩回新疆。

一百多人的抬尸队伍,历经半年的艰难跋涉终于到达目的地。香妃的亲人们查看了香妃和她哥哥的遗体面容,确认无误后即刻下葬入穴。而真香妃的遗体早已隐秘地葬在了清东陵,由此人们只记住了香妃和香妃墓,而对于墓地的真正主人却疏于谈论。

2001 年 3 月 23 日,安徽省砀山县城西关梨苑小区正在兴建商业住宅楼,人们在挖地基时,发现了一座古墓。古墓中为两棺合葬,主葬为二椁一棺,配棺为一单棺。两棺相距一米,主棺为上等楠木,配棺及椁为柏木。经专家对其服饰工艺研究考证,此墓中主人应是顺治年间女尸,距今至少有 300 余年。女尸出土后,曾有人推断她就是被害的“香妃”,其根据是其颈部有一处伤口,臀下还有个“香囊”。但是,经过复原后,女尸在生前 25 岁左右的面孔渐渐清晰:卵圆形脸、杏核眼、蒜头鼻、展翅眉、抿嘴、耳轮外张,一脸富贵之相。其头戴半环形金镶宝石的发卡,右插飞凤金钗,绿宝石耳坠,身着清冬服,白色兔毛领,十分漂亮。画像一出,女尸的身份也由此揭开了,原来她是清代一位一品官之夫人,尸体“还乡”后才埋葬于此。不过,这个夫人到底是谁,仍然是个谜。

## 孝全成皇后死亡之谜

孝全成皇后,姓钮祜禄氏,本名不详。曾祖父为乾隆朝著名驻藏将军成德,祖父为战功赫赫的将军穆克登布,父亲为清朝苏州驻防将军、满洲镶黄旗人。她是清宣宗道光皇帝爱新觉罗·旻宁的第三位嫡妻、即位后所立的第二位皇后。

关于孝全成皇后的死因,史学家历来争论较多,有些人认为皇后之所以死于非命,全都是因为她的婆婆孝和皇太后。那个时候,孝全成皇后还是全贵妃,正准备生下皇四子,但也正是在这个时候,全贵妃暗中捣了鬼。全贵妃的预产期,原本在生下皇五子的祥妃之后,也就是说,她生下的皇四子,其实应该是皇五子。

当时皇长子早逝,谁要是先生下了儿子,谁的儿子就是事实上的庶长子,日后便有机会登上帝位。于是全贵妃暗暗地动了心思,她找了个太医,想尽办法逼着太医配制了一种催产的药物,这样,她便能早日生产了。后来,她的这个办法还真是管用,果然比祥妃提前七天生下了儿子,也就是皇四子。可是,这事不知道怎么又被皇太后知道了,很可能是那个太医告了密。从此,皇太后与皇后便反目了。而且就在这时,皇后又常与皇帝因小事争吵,弄得皇帝对她很是不满,于是一怒之下夺走了她的权力,皇后失权之后,皇太后便趁机逼着皇后自尽了。

不过,有人认为这种说法是站不住脚的。且不说清宫中对后妃生育管理极严,就以那年头足月婴儿尚且极低的成活率来说,会有哪个后宫女人愿意主动让自己的儿子“早产”呢?这样肯定会增加夭折的概率。再说,理论根据也是站不住脚的,事实上,庶长子并不一定就能问津帝位。清朝皇位传承与其他皇朝不同,从来没有“立长”的祖制。

又有人说,是太后下了毒。至于太后为何下毒,也有两种说法:第一种说法和被迫自杀的说法差不多,即皇后为了替父亲讨个官位,便去求皇帝,从而触犯了家法而被太后责备,不同的是皇后没有羞愧自尽,而是太后用毒酒害死了皇后。

不过第二种说法更为流行,即婆媳二人早就关系不和,太后因此用毒酒害死了皇后。相传,道光十五年孝和皇太后六十岁大寿时,道光帝为讨太后欢心,亲自制作皇太后六旬寿颂十章,在太后寝宫寿康宫诵读贺寿。而皇后为了讨得皇帝和太后欢心,也来凑热闹,且她诗词文章无一不精,当下一挥而就,写成《恭和御诗十章》,献给太后。

过了几天,道光帝去向太后请安时,随便聊起皇后赋诗祝贺一事。太后却说:"皇后敏慧过人,未免可惜。"道光帝觉得太后讲得很奇怪。太后又道:"妇女以德为重,德厚方能载福,若仗着一点儿才艺卖弄,恐不是有福之人。"言下之意即是"女子无才便是德"。道光帝听了也没放在心上。但宫中有好事之徒,把太后的这种随意闲聊添油加醋地说给皇后听。皇后有些不高兴,心想:"我乃一国之母,生下皇子,又是皇长子,将来免不了身登大位,我便是皇太后的命,难道能说我没有福分吗?"

才色俱佳的皇后,因道光帝的宠爱,更生骄横之气,太后小看她,便不免心存芥蒂,表面上也就流露出来。有时去寿康宫请安,言语中颇含讥讽。太后一贯养尊处优,当然无法忍受。于是婆媳二人越来越生分了,再加上宫女嫔妃们从中搬弄是非,她们的关系就更加不好了。道光十九年冬,皇后偶受风寒,太后亲自驾临皇后寝宫探视,态度十分慈祥,使道光帝颇觉欣慰。转眼过了元旦,皇后的病已有起色,便坐上凤辇去寿康宫叩头谢恩,婆媳二人聊得很开心,关系似乎好转。过了几天,太后派人送了一瓶酒给皇后,皇后喝过后当天就暴死了。照此说法,太后下毒的可能性很大,但是没有确切的证据。

### 妲已是否妖后

妲已是商纣王的宠妃。《史记》记载,妲已是有苏氏诸侯之女,是一个美若天仙、能歌善舞的美人,商纣王征伐苏部落时被纣王掳入宫中,尊为贵妃。有人说妲已是千年狐妖,那么这一切是传说,还是史实呢?

妲已是随着《封神榜》的流传而为人所熟知的。由于商纣王参拜女娲时,题淫诗猥亵女娲,女娲娘娘大怒,派九尾狐妖和琵琶精等小妖来倾覆商纣。而妲已在入宫的途中,被九尾狐妖害死,并附在其身上。她艳如桃花,美丽多姿,使得纣王纵情女色,荒淫误国,使商朝灭亡。当周人灭掉商朝后,将妲已五花大绑,斩首示众。

据《晋语》记载:"殷辛伐有苏,有苏氏以妲已女焉。"意思就是说,妲已是纣王征战而得到的“战利品”,而有苏氏是以九尾狐为图腾的部落,所以才会有《封神演义》这般描写。

据说纣王沉迷于妲己的美色,对她言听计从。妲己喜欢歌舞,纣王令乐师师涓创作靡靡的音乐。妲己伴着“靡靡之音”起舞,妖艳迷人。于是纣王荒废朝政,通宵达旦与妲己在一起。纣王还在卫州(河南省淇县)设“酒池”,悬肉于树为“肉林”。

妲己喜欢听人痛苦的惨叫声,为此纣王滥用酷刑,创出炮烙、锤击、蛇咬等恐怖酷刑。

有一年严冬,妲己看见有人赤脚走在冰上,认为其生理构造特殊,和常人不同,便叫纣王命人将他双脚砍下来,研究那两只脚不怕寒冻的原因。

有一回,妲己说自己能看清孕妇腹中胎儿的性别,于是纣王命人找来十多个快临盆的孕妇,剖开每个孕妇的肚子验证,导致这十多个孕妇与胎儿死亡。

纣王的无道和妲己的恶毒,给商朝臣民带来巨大的灾难,于是大臣比干在纣王面前谏曰:“不修先生之典法,而用妇言,祸至无日。”结果妲己怂恿纣王,将比干剖心而死,以印证传说中的“圣人之心有七窍”的说法。

无论正史典籍,还是稗官野史,可能或多或少都融入了想象力,关于她的演绎也更是神乎其神,但天下第一恶毒女人的罪名,也终非她莫属。

### 妹喜身份

妹喜是有施国的一位美女,商便是在她的帮助下灭掉了夏,由此妹喜被认为是中国有史以来的第一位女间谍。

有施国是与夏朝同一时期存在的小国,在与夏朝作战中失败。作为战败国,有施国国王将国中最美的美人妹喜送给夏桀。明代钟惺的《夏商演义》中说,妹喜是山东蒙山国君施独的女儿。

妹喜来到夏朝后,夏桀很快就被她弄得神魂颠倒,终日饮酒作乐,不理朝政。此时,强大起来的商国也派来一位名叫伊尹的间谍。伊尹是商国的一名厨师,商汤非常赏识他的有智有谋,因此派他去夏朝从事间谍活动。为了不让夏桀怀疑,汤使用苦肉计,亲自追射伊尹,以示伊尹有罪逃亡。果然,夏桀非常信任伊尹。妹喜知道伊尹的真实意图后,与他配合行动。妹喜主要从事破坏和离间活动,及时通风报信则是伊尹的任务。

妺喜认为取夏的时机成熟后，又让伊尹向商和各诸国传播谣言，说夏桀曾做了这样一个梦，梦见天上出现两个太阳，一个在东方一个在西方，两个太阳搏斗，东方的太阳最后战胜了西方的太阳。东方的太阳代表的就是位于夏的东边的商朝。迷信的商朝人认为这是上天的旨意，于是大肆宣扬，最后率领诸侯消灭了夏朝。

在商灭亡夏朝的过程中，妺喜做出了重要贡献，但她不但没有受到赏赐，反而连同夏桀一道被流放到南巢。那么妺喜到底是不是间谍，如果是间谍，她帮助商灭了夏，本应该受到封赏，可为何又与夏桀一起被流放呢？至于妺喜的真实身份，恐怕是一个永远无法破解的谜团。

## 王昭君出塞

王昭君，中国古代四大美人之一。“昭君出塞”在《汉书·匈奴传》和《后汉书·南匈奴传》等正史中都有所记载。但有关她真正的名字、祖籍及出塞的原因等，至今众说纷纭，莫衷一是。

《汉书·匈奴传》中说，“元帝以后宫良家子王嫱字昭君赐单于”。可是按西汉宫廷规矩，宫女自入宫之日起，就不许称呼娘家的名字。所以，王昭君的本名无人知晓。《汉书·元帝纪》提及她时称“王樯”，意思是她是以船只载运入宫中的王姓姑娘。《匈奴传》称其为“王嫱”也许只是个记音义的符号。“嫱”实际上是古时宫廷女官的名字。出塞前夕，汉元帝赐封她为“昭君”。这样，“昭君”“王嫱”作为标志她政治地位或出身特征的称呼，就成了她的名字。这个说法与传统说法“姓王名嫱字昭君”不同，但似乎言之有理。

王昭君

一般认为王昭君原是湖北秭归人，汉族姑娘。但是，有人经过多方查考，发现她实际上是四川土家族人。她从水路乘船入宫，名“樯”，就否定了“湖北”的祖籍。当匈奴单于求婚时，她主动提出愿意去匈奴和番。到塞外后，又随匈奴习俗先后做了两代单于的妻子，生儿育女，说明她与汉族女子的婚嫁观念绝不相同。但这一说法，还有待进一步考证。

据说，当时宫内画师很受青睐，汉元帝召幸宫女，都以画师画的宫女像为标准。而王昭君自恃貌美，不屑于买通画师毛延寿，结果被故意画得很丑，因此失宠。为了摆脱困境，她才主动请求出塞和亲。还有人说，王昭君虽然出身低微，但胸怀坦荡，她自愿应召出塞和亲，替国分忧。此外，还有一种说法，王昭君出塞，是画师毛延寿设下的救国计策。毛延寿见王昭君美貌异常，怕汉元帝贪恋美色，耽误国政，步商纣王的后尘，于是有意将昭君丑化。汉元帝见到昭君的真面目后，果然一度想把她留在身边，不让她去和亲，但最终还是忍痛割爱。

历史上一些文人大大赞扬毛延寿此举，认为他这样做不但使元帝免于沉溺女色之祸，而且昭君出塞确实对边疆的安宁起到了积极的作用，是一举两得。昭君因何出塞虽众说纷纭，但她对汉朝边疆安定起到的作用是不容置疑的。

**赵飞燕身世**

赵飞燕生在江南水乡姑苏，原名宜主，因为窈窕秀美，凭栏临风，有翩然欲飞的感觉，邻里多以“飞燕”称呼她。时间久了，人们渐渐忘记了她的本名，把她叫作赵飞燕。她还有一个孪生妹妹赵合德也是风姿迥异，体态丰腴，玉肌滑肤，美艳无比。

追究根底，赵氏在血缘上与皇家刘氏还有点关系。他们的母亲是江都王的女儿，后来嫁给了中尉赵曼，却暗中与舍人冯万金私通而生下一对孪生姐妹。孩子出生后，怕事情败露，将她们丢到荒郊野外，居然 3 天不死，才又把她们抱回来抚养。

由于赵曼死得早，赵氏姐妹早年备尝艰辛，母女三人从姑苏一直流落到京师长安，替人做女红为生，赵母不久离开了人世，赵氏姐妹便依托在同乡赵翁家中，成为赵翁的义女，过着一种寄人篱下的生活。

赵翁当时膝下无子女，看到赵氏姐妹美艳无比，于是加意教养，让她们学会了不少大家闺秀的风范。不久，赵氏姐妹到了富平侯张放府中，充当歌伎。

汉成帝与富平侯张放年纪相仿、情趣相投，张放经常陪汉成帝在宫中宴乐，还时常怂恿汉成帝外出郊游，领略宫廷之外的情致。

有一次，汉成帝来到富平侯府，见到在张府跳舞的赵飞燕，只见她舞姿轻盈，秀发如云，双目脉脉含情，看得汉成帝如痴如醉。汉成帝当即决定，召赵飞燕入宫。

过了几天，张放便按照当时的礼法，把赵飞燕送入宫中，暂时以宫女身份照顾皇后的起居。之后汉成帝三天两头前往许皇后宫中，皇后看出皇帝的心思，不得不让赵飞燕入侍皇帝。很快，赵飞燕被封为婕妤。

赵飞燕能歌善舞，通音律，晓诗书，妖娆媚艳。初封为婕妤时，后宫议论纷纷，都认为她出身低微，难登大雅之堂。而赵飞燕一味地谨言慎行，对皇后恭谨有加，消除了皇后的戒心，待之如姐妹。她又低声下气地与宫中粉黛结好，也逐渐松弛了后宫佳丽对她的敌意。

为了扩张自己的力量，在她进宫半年之后，她的孪生妹妹赵合德也被引进宫来，受到汉成帝的宠幸。入宫几天，她就被封为捷妤，两姐妹轮流侍宴。原先宠爱有加的许皇后与班婕妤渐渐地被冷落在一旁。两人为了利害而结合在一起，与赵氏姐妹展开一场白热化的争宠斗争。斗争的结果是许皇后被收回后印，废处昭台宫，班婕妤匿居长信宫中侍奉皇太后去了。

之后，赵氏姐妹志得意满，想尽办法讨好皇帝。赵飞燕入宫两年之后，终于被册立为皇后，赵合德也被封为昭仪，两人并得宠幸，权倾后宫。当时总揽了朝纲的王太后以赵飞燕出身微贱为由，对立后之议曾加阻挠，汉成帝还为此封收养赵氏姐妹的赵翁为成阳侯。

赵飞燕册封为皇后以后，移居建筑豪华的东宫，汉成帝特地赐给她一把古琴。每当月朗风清之夜，赵飞燕抚琴而歌，宫苑一片宁谧，只有皇后的琴韵歌声回荡在花丛林梢。汉成帝还命人在太液池中筑起瀛洲台，作千人舟。与赵飞燕双双泛舟太液池中，相对饮酒谈心，酒兴来时，赵飞燕高歌一曲，汉成帝以玉管击节，侍郎冯无方吹笙相和。

后来，汉成帝的兴趣很快离开了赵飞燕，转移到赵合德的身上。从此赵飞燕尝到了孤独、寂寞和清冷的滋味。她不甘心过这种日子，于是开始诱使心服太监，把一些年轻力壮的男子引进宫来，期望借以生育一男半女，日后继承皇家香火，以便永葆富贵生活。

长久以来，汉成帝不曾踏进东宫一步，赵飞燕明目张胆地饮酒作乐，肆意淫乱。赵合德知道消息后，偷偷劝慰姐姐，哪知赵飞燕已经走火入魔，妹妹的话根本听不进去。

有一天，汉成帝给王太后请安，并陪同母后用午膳，饭后有些疲惫，就近想到东宫歇息片刻。午后宫女们正在廊下打瞌睡。皇帝驾临，赵飞燕仓皇出迎，她的发丝散乱，衣衫不整，汉成帝以为她是午睡被惊醒，并未在意，突然寝宫内有一声男子咳嗽声，汉成帝愤然离去。他一言不发，满脸严霜来到昭阳宫，赵合德立刻明白是怎么一回事了，忙跪地下求饶，叩头不已。

汉成帝答应赵合德对赵飞燕的事不再追究,并派人夜搜东宫,捉住了几名男子,斩首了事。从此他恨透了赵飞燕,不再踏进东宫一步。

但赵飞燕不知悔改,不久便又找来一批男子,昼夜宣淫。宫廷之中,尽人皆知;朝堂之上,也窃窃私议,只有汉成帝被蒙在鼓里。

赵合德整日胆战心惊,她声泪俱下地劝解姐姐,告诉她倘若成帝再怒,事情就会不可挽救!那时身首异处,岂不贻笑天下。姐妹两人忍不住抱头痛哭。大错已经铸成,如何才能挽回,赵飞燕说道:"真是后悔,那又有什么办法,皇上只爱你。希望妹妹帮我,就像过去我推荐妹妹一样。"

赵飞燕与赵合德姐妹二人自幼相依为命,而后双双入宫受宠,彼此互相援助。这一次赵合德想尽了各种可行的办法,以期弥补皇上与姐姐之间的裂缝。过了一段时间,皇上也产生了一丝怜悯的情意。恰好遇到赵飞燕24岁生日,东宫里有一个庆祝仪式,在赵合德的劝说下,汉成帝终于来到东宫。

赵飞燕见到皇上后跪下来,痛哭流涕,想以旧日的感情,来打动皇帝的心,汉成帝念及旧日恩爱之情,动了恻隐之心,留宿在飞燕宫中。

赵飞燕知道,这也许是最后一次获得宠幸了。于是她瞒着妹妹,在一个月后,假装怀孕,并上表成帝,希望以此来大大改变自己的境况。

汉成帝听说后,大为兴奋,批了一道圣旨,叫她好好保重。

十月,临盆之期已到,实在无法搪塞下去,才不得不由太医上奏,说是一生下来就夭折了。

这事使成帝断绝了皇嗣。赵合德告诉姐姐,这事一旦拆穿,必定死后无葬身之地。赵飞燕懊悔交加,从此收敛形迹不再恋念荣华富贵了。

汉成帝内心是痛苦的,他本有亲政的能力,却无法动摇已经形成的王氏外戚势力。先后有元帝皇后的兄长、弟弟、有"五侯",把持朝政。另外王太后早死的兄长之子王莽独揽大权,并在日后篡夺了汉室的江山。

成帝在无可奈何之下,纵情声色来掩盖自己内心的悲哀,荒淫无度,身体状况日见不济。赵合德只好用春药来刺激皇上,终于酿成了可怕的后果:一天早晨,成帝忽然一头栽倒在地,竟然停止了呼吸。王太后命令王莽会同丞相、御史查究皇帝的发病状况,赵合德羞愧不已,饮药自杀。赵飞燕被打入冷宫,寂寞而终。

那么赵飞燕真的有皇家血缘吗?关于她的故事,真的是这样吗?历史学家们众说纷纭,不能给出统一的答案。

## 韦后杀夫

韦后是京北万年(今陕西西安)人。嗣圣元年(684年),武则天立中宗为帝,封韦氏为后。景龙四年六月初二日,唐中宗被毒死于神龙殿。唐中宗被韦后等人毒死一事在史学界已无争议。但是对于韦后毒死唐中宗的原因,史学界众说纷纭,主要有两种说法:

一是韦后私通武三思淫乱后宫谋害亲夫,故而毒死唐中宗。

武三思和中宗可以说是积怨很深。当初,为了太子之位,两人你争我抢,相互谋算对方。后来,武三思与韦后能够勾搭成奸,上官婉儿是中间人。武三思本来是上官婉儿的情夫,上官婉儿通过观察,得知韦后竟然对自己的情郎情有独钟,倒也不在意,反而很大度地为韦后和武三思牵线搭桥。从此以后,武三思与韦后和上官婉儿同时通奸,武三思一箭双雕,只有中宗一人全然不知。

韦后渐渐胆子越来越大,竟不把中宗放在眼里,恣意行事,如中宗稍有责备,便以搬出房州的誓言来回驳。中宗本身就懦弱无能,只得任她胡作非为。武三思在后宫出出进进,竟然畅通无阻。韦后与上官婉儿还常常在中宗面前称赞武三思才华出众。中宗竟任命武三思为司空,同中书门下三品。

后来韦后嫌弃唐中宗年老体弱,另找年轻体壮的英俊小生来代替年迈的中宗。中宗在韦后眼里已是废人,故韦后下毒将中宗毒死,才能方便韦后随心所欲,为所欲为。

另一种说法是韦后想篡夺皇位,中宗有所警觉,于是韦后便把唐中宗毒死。

中宗复位不久,武三思就与韦后、安乐公主、上官婉儿等人勾结在一起,狼狈为奸,形成韦武集团,危及中宗皇位。据《新编中国历朝纪事本末》载:韦后阴谋篡位已昭然若揭。景龙三年四月,定州人郎岌上言:"韦后、宗楚客将为逆乱。"韦后下令将其杖杀。五月,许州司兵参军燕钦融又上言:"皇后淫乱,干预国政;安乐公主、武延秀、宗楚客谋危社稷。"中宗召他当面诘问。燕钦融神色不变,慷慨陈词,使中宗心有所悟。宗楚客却矫旨让飞骑士兵将燕钦融摔死在殿庭石上,并大呼称快。中宗见宗楚客如此目无君主,心中很是不悦,加之中宗对韦后及安乐公主迫害自己胞弟相王李旦不满,这引起了韦后及其党羽的不安。景龙四年六月初二日,韦后、安乐公主与经常出入宫掖的散骑常侍马秦客、光禄少卿杨均密谋,在御膳中下了剧毒,中宗中毒死于神龙殿。

## 杨贵妃未被立为皇后

杨贵妃,名玉环,号太真,弘农华阳(今陕西华阳东)人,出生于官宦之家,被誉为我国古代四大美人之一。唐玄宗非常宠爱杨贵妃,但为什么没有册封她为皇后呢?而杨贵妃又为什么没有向唐玄宗提出册立皇后的要求呢?

对此,有的学者认为,杨贵妃是唐玄宗儿子寿王瑁的妃子,唐玄宗得到她,是公公娶媳妇。在封建社会,这种败坏伦常的妇女没有资格"母仪天下"。唐玄宗不封,杨也不好提。

但也有学者持异议,唐朝的思想比较开放,婚姻关系也比较自由随便。唐高宗李治娶唐太宗李世民的妃子武则天为皇后,是"儿子娶后娘"。既然儿子能娶后娘,公公当然也可以娶儿媳妇。所以上面的说法应该不成立。

还有一种说法认为,唐玄宗不封杨贵妃为皇后,是照顾寿王的个人感受。杨贵妃被夺走后,给寿王留下感情上的创伤。另外,杨贵妃没有生子,皇后的位子空缺,一旦发生重大变故,极有可能会引发宫廷政变,因此唐玄宗过完61岁大寿后,将杨玉环册封为妃,而不是册立其为皇后。

尽管杨贵妃未被立为皇后,但宫中称她为"娘子",礼仪与皇后相同。以其当时的地位来看,实际就是六宫之主,对于"集三千宠爱于一身"的杨贵妃来说,恐怕立不立皇后都是一样的。

## 杨贵妃私通安禄山

杨贵妃与唐玄宗的爱情故事千百年来广为流传,新旧《唐书》、民间笔记小说、文集中都有记载。而在《中国野史大观》中,也有她与安禄山私通的记载。

安禄山是营州杂种胡人,小名轧荦山。安禄山的母亲阿史德氏是突厥族女巫。安禄山年幼时父亲就死了,随母亲住在突厥族里。他母亲后来嫁给了突厥将军安波注的哥哥安延偃。

安禄山奸诈残忍,善于揣摩,一路升迁,最终被授范阳长史兼御史大夫,成为唐明皇的宠臣。这个胡人杂种,却心术不正,既想夺大唐江山,又想染指贵妃杨玉环。

一天,安禄山前往御花园游览,唐玄宗和皇太子在树荫下纳凉,看见安禄山便挥手招呼他过来。这时杨贵妃也乘坐香车徐徐而来,手指安禄山问道:"这个人是谁?"唐玄宗告诉她,他叫安禄山,是平卢节度使,继而又说:"禄山曾是张守珪的养子,今日侍候朕,也就像朕的养子。"杨贵妃说:"陛下这么夸他,这个人必定是个好孩儿。”唐玄宗笑道:“既然是个好孩子,那就把他当儿子抚养吧!”

安禄山听到后,赶忙起身叩拜杨贵妃说:“臣儿今祝母妃千岁。”就这样,安禄山便成了杨贵妃的干儿子。安禄山早就垂涎杨贵妃的美貌,而杨贵妃本来是一个水性杨花的女人,今日见安禄山膘肥体壮,鼻梁高隆,因此一个不良的念头便在心中产生。二人淫心邪念,一拍即合,宫廷的秽乱已露出端倪。

有一次安禄山进宫后,杨贵妃用锦绣做成的大襁褓裹住安禄山,让宫人用彩轿抬起,欢呼声震天动地。玄宗派人去问在干什么,去的人报告说:“是贵妃为儿子安禄山洗身,洗好了之后又把他裹了起来,所以欢声动天。”如此荒唐的事安禄山都能忍受,赢取贵妃芳心对他来说当然不难。

这段记载也见于《太真外传》中,可见民间广泛流传其与安禄山的秽闻,但这些都不见于正史记载。想象一下在后宫森严的封建盛世,出现这种情况也不太可能,因此多数历史学家不赞同这种说法,其真相还需进一步的考证。

### 万贵妃得宠

明宪宗朱见深 17 岁登上皇位。周太后和钱太后共同做主择定吴氏为皇后,择日成婚。谁知大婚之后,皇帝还是常常住在嫔妃万氏那里。万妃比明宪宗大 19 岁,她凭什么能得到皇帝的恩宠呢?

原来,明宪宗大婚前已和宫女万贞儿有了私情。据《明史》载,万贞儿原籍青州诸城(今山东益都县一带),父亲万贵曾做过县衙掾吏,后来因犯法流配边疆。万贞儿年仅 4 岁便入宫为奴,10 多年后已亭亭玉立、貌美如花。孙太后怜惜她,命她在红寿宫做事。宪宗小时常去祖母处玩耍,聪明伶俐的贞儿带着宪宗游玩戏谑,也就日益亲近,久而久之便成了好朋友。尽管贞儿已年过 30,看上去却不过 20 左右,万贞儿用尽各种狐媚手段勾引情窦初开的太子,两人暗度陈仓。

明宪宗即位后,想立万贞儿为后,但迫于母命,又不能破坏了礼制,只得与吴皇后成婚,仅仅给了万贞儿一个妃嫔的名号。

万贞儿却没有放弃过当皇后的野心,而此时皇帝已完全拜倒在她的石榴裙下,因此她根本不把吴皇后放在眼里。因此她每次拜见吴皇后时,总是刻意板起面孔,甚至故意摆架子。起先吴皇后还能隐忍着,到后来实在忍无可忍,免不了说了她几句。可万妃不收敛便也罢了,还对皇后恶语相讥,一次惹得吴皇后性起,打了她几板子。明宪宗见万妃被打成这样,恨死皇后了,心里怜惜万妃,发誓说:“朕一定要废了这个泼辣的皇后!”

第二天,明宪宗向两宫太后告状,说皇后举动轻佻,不守礼节,要求废了她。周太后劝说:“刚刚册立一个月就要废掉,要让天下人笑话的。”

明宪宗坚持要废后,太后也没办法。吴氏被废,退居别宫,连带着司礼监牛玉也被罚往孝陵种菜。

之后万妃要皇帝向太后说情,封她为后。但因她年长,又出身贫贱,周太后始终不答应。

两个月后,周太后下旨册立王氏为皇后。王皇后十分软弱,自知不是万氏的对手,只得忍气吞声,做个有名无实的皇后罢了。后宫争宠,弱者的结局也只能是这样。

## 孝庄太后嫁多尔衮

1644 年,皇太极驾崩,皇位之争就此展开。豪格、多尔衮和福临都是有力的竞争者。其中豪格和多尔衮是拥有实力的亲王,得到八旗部队中半数的支持。福临的生母博尔济吉特氏紧紧拉住西红旗旗主礼亲王代善,使两红旗长支持福临。最后,多尔衮改变初衷,拥戴福临。幼主福临即位后,多尔衮把持国柄,成为摄政王。

孝庄太后

《清朝野史大观》这样记载,多尔衮还以顺治的名义向天下颁布诏书:皇叔摄政王现在是单身,他的身份、地位和相貌,皆为国中第一人,太后非常愿意嫁给他。

至于太后下嫁皇叔多尔衮,一直以来,史学界有着各种不同的看法。有的根本就不承认此事;有的说这件事是千真万确,符合满族传统。至于下嫁时的规模怎么样,有没有向天下颁发诏书,这还需要进一步的考证。清蒋良骐在《东华录》中记载说,多尔衮“自称皇父摄政王,又来到皇宫内院”。假如太后没有嫁给他,假如他没有以皇父的身份对待顺治帝,那么他经常出入内院,恐怕是皇室宗亲所不能答应的。而且多尔衮死后,朝廷破格追封他为诚敬义皇帝。

朝鲜《李朝实录》对此事也有记载。书中说，顺治六年二月，清廷曾派使臣到朝鲜递交国书。朝鲜国王见国书中将多尔衮称为皇父摄政王，便问道："贵国咨文中有皇父摄政王的称法，这是什么意思？"使臣回答："去掉'叔'字，是朝中可喜可贺的事啊！他和皇帝就成了一家人。"

《清圣祖实录》记载说，康熙二十六年十二月，孝庄文皇后得了重病，即将死去时，孝庄文皇后对康熙说："太宗文皇帝梓宫安放在那里已很长时间了，不可因为我而去打扰太宗皇帝的安息。我迷恋你父皇、皇父及你，不忍远去，所以在附近选一块地安葬了就行了。这样，我也没什么可以遗憾的了。"清朝讲究帝后合葬，显然孝庄文皇后是觉得下嫁皇叔多尔衮，愧对太宗，于是就借口说不愿葬得太远，单独就近安葬。

另一方面，20世纪30年代，明清史大师孟森著《太后下嫁考实》，力辩此事全无。而《东华录》所记"皇父"，是清君主对某个臣下的尊称，或是清世祖封多尔衮为"皇叔父"后以其定鼎功勋显著，无可晋爵，乃以"皇父"为封。

综上所述，"下嫁"是否确有其事，目前难以做出定论，只待新的材料发现和新的研究工作展开，才能解开个中之谜。

## 董鄂妃身世

不爱江山爱美人，清初顺治皇帝就是其中一位。民间传说，顺治因董鄂妃去世心灰意冷，无心理政，最后遁入空门。而董鄂妃究竟是何人呢？是顺治以一般途径纳入宫中的妃子，还是另有来历？

汤若望在回忆录中说，顺治皇帝爱上一位军人的夫人，当这位军人斥责夫人时，顺治很气愤，打了那个军人一个耳光。那位军人因愤致死，于是顺治帝干脆把这位军人的夫人收入宫中，并封为贵妃。这位贵妃于顺治十七年(1660年)生下一个儿子，顺治帝本打算立他为皇太子，但是这位皇子竟于数星期之后死去，其母不久亦去世。于是有人推测董鄂妃实为这位军人之妻。

不过，谁是那个军人，为什么他的夫人能在宫中自由出入，实在耐人寻味。从其夫人与皇帝的亲近情形看，必为近臣。有人于是开始猜测此军人即是顺治之弟太宗第十一子博穆博果尔，即襄亲王。此人卒于顺治十三年(1656年)七月初三日，终年16岁。董鄂妃于同年八月间在其18岁时即被册封为贤妃，从时间上推测，正好27天的服制刚满。

对董鄂妃进宫时情形，当时诸种史书均没有做过详细的记载，仅仅有顺治在挽词中说她在18岁时，以其德优而被选入宫中。董鄂氏进宫后没多长时间，顺治便将其赐为襄亲王博穆博果尔的妻子。

清初有各宗室及亲郡王命妇轮番入侍后妃制度，作为襄亲王妻子的董鄂氏，当然有进宫的资格。长时间周旋于内宫，这样就有机会与皇帝交往。顺治十一年四月，孝庄太后发现儿子与弟媳有不正当的勾结，忙命令停止命妇入侍后妃之例，这似乎针对顺治与董鄂氏的不正当关系而言。

襄亲王与顺治是同父异母的兄弟，而董鄂氏却是襄亲王的妻子。顺治强占弟媳的可恶行为严重恶化了满蒙贵族的政治关系，因此孝庄太后当然要竭力反对。

以上说法只是一些人的推测而已，在民间，关于董鄂妃的来历还有另一种说法，认为董鄂妃即为明清之际江南名妓董小宛。

董小宛姓董名白，字青莲，又字小宛，19岁时嫁给才子冒襄。冒襄在《影梅庵忆语》中记载了董小宛的生平，《影梅庵忆语》中追述她的生平时不吝笔墨，但对小宛生病及丧葬等事却语焉不详。冒襄写道"到底不谐，今日验兑"，似乎董小宛不是病死，病死应作悼亡之辞，而不至于生出"不谐"之叹。于是有人推测说冒襄以小宛被掳之日作为祭辰，托言小宛已死，实则被掳入宫，赐姓董鄂，晋封贵妃了。

到底董鄂妃是顺治弟媳，还是民间传说之董小宛，没有人做出肯定的结论，董鄂妃的来历与顺治是否出家一样，成为千古未解之谜。

## 慈禧身世

慈禧的封号全称为：慈禧端佑康颐昭豫庄诚寿恭钦献崇熙圣母皇太后，简称慈禧太后或西太后。容龄著《清宫琐记》载："慈禧的祖上原姓辉发那拉氏，明万历年间辉发国亡国，慈禧远祖巴尔扈逃亡叶赫国，就改姓叶赫那拉氏。"

关于慈禧的出生地，史学界争论不休，有说北京，有说安徽，有说山西，有说内蒙古呼和浩特。《清史稿》说她"生于南中"，但"南中"在哪，是"南方"吗？如果是，此说由慈禧之父曾在任安徽道员一事穿凿附会出来的。何为"生于南中"呢？又有人说慈禧生于浙江平湖市，理由是，慈禧去世时，平湖人曾为她举行国丧。此说无史料根据。

慈禧的身世与家境，史学界没有统一的说法，民间传闻格外离奇。说法最多的是，慈禧的父亲惠征为官时，慈禧年龄虽小（十多岁），但亭亭玉立。经常随父亲出入官场，见多识广，深谙此中权术。这也为她以后执政打下了基础。这种说法不足为凭。

慈禧太后

据程文等著《慈禧太后大传》记载：慈禧之父惠征，生于嘉庆十年（1805年）。道光二十六年（1846年）任吏部文选司主事。道光年间颇受当朝赏识，以至官为四品正道台。咸丰二年（1852年）又被调往安徽，委以重任。

据多种史料证实，慈禧的曾祖父、祖父、父亲都在朝中为官，慈禧的母亲也是名门闺秀。由此可以推断，慈禧并非出身于贫贱之家，父亲死后也没经历过贫穷日子。所以说，慈禧的生活无论惠征生前或死后都是富足的，她始终过着养尊处优的日子。那些编造的慈禧出身卑微的故事，是毫无根据的。

## 永泰公主死因

唐代永泰公主李仙蕙，字辉，是唐高宗与武则天的孙女，中宗李显的女儿。然而，她年仅17岁就死亡了。永泰公主究竟死于何因？一直以来成为人们争论的话题。

据两唐书、《资治通鉴》记载，武则天在古稀之年仍宠幸男子张易之和张昌宗。永泰公主与其夫武延基（武则天之侄孙）及其兄懿德太子李重润等不满二张兄弟的胡作非为，私下议论，被张易之得到消息，向武则天告状，武则天龙颜大怒，令太子（唐中宗李显）处置他们。慑于母亲的压力，大足元年（701年）九月壬申，李显不得不勒令自己的亲生女儿与女婿及懿德太子李重润三人同时自杀。

然而，1960年9月出土的《永泰公主墓志铭》竟这样记述："自蛟丧雄锷，鸾愁孤影，愧火未移，柏舟空泛。珠胎毁月，怨十里之无香。琼萼凋春，忿双童之秘药。女娥篪曲，重碧烟而忽去。弄玉箫声，入彩云而不返。呜呼哀哉！以大足元年九月四日薨，春秋十有七。"

尽管如此，很多学者仍是另有看法。他们认为，志铭很难直接证明永泰公主之死与武则天无关。志铭中有关永泰公主死因的隐笔，一是"自蛟丧雄锷，鸾愁孤影；

槐火未移,柏舟空泛”句。从这句话中可以看出,永泰公主的死是与丈夫武延基的死相关,间接说明永泰公主也是被武则天逼死的;二是“珠胎毁月,怨十里之无香”句。“珠胎毁月”当是志文作者隐喻永泰(珠胎)被武则天(月亏)所毁了。至于“十里之无香”句,中国素有伟人降世其胎异香经宿不散的传说,“无香”自然就有“怨”了。

综上所述,史学家们对永泰公主的死共有三种看法:

其一,根据《新唐书》《旧唐书》《资治通鉴》等史书,论证永泰公主是被武则天杀害的。《新唐书·则天顺圣武皇后纪》中说:大足元年“九月壬申(初四),杀邵王重润(懿德太子)及永泰郡主、主婿武延基(武则天侄武承嗣之子)”。《中宗八女传》说:永泰公主“大足中,忤张易之,为武后所杀”。《旧唐书张行成传》中也记载:“中宗为皇太子,太子男邵王重润及女弟永泰郡主窃言二张专政,易之诉于则天,付太子自鞫问处置,太子并自缢杀之。”

其二,有人根据《大唐故永泰公主墓志铭》有“珠胎毁月,怨十里之无香,琼萼凋春,忿双童之秘药”句,断言“永泰公主系因病而死”,不是被武则天杀害的。

其三,有人根据永泰公主墓出土的十一块骨盆碎片,复原了永泰公主的骨盆,经科学测量与鉴定,认为“永泰公主骨盆各部位较之同龄女性骨盆都显得狭小”,显然,如此狭小的骨盆,即使一般胎儿也“难顺产,……”并结合墓志铭“珠胎毁月”句,断定“永泰公主死于难产”。

时至今日,永泰公主的死因依然是个谜团。

## 萧皇后命丧《十香词》

萧观音是辽道宗耶律洪基的皇后,史书记载,道宗萧皇后命丧于《十香词》。萧观音16岁便进入王宫,很快被封为王妃。入王宫的第二年,辽兴宗去世,耶律洪基继承王位,封萧氏为皇后。

3年后,萧皇后生下一子,辽道宗赐名为耶律浚。本来辽道宗、萧后恩爱有加,但是道宗晚年,由于小人作梗,制造了一场淫词冤案,萧后因此丧命。这便是历史上有名的“《十香词》案”。

辽道宗时期,近侍耶律乙辛权倾朝野。萧皇后很是忧虑,便婉转劝说辽道宗,希望道宗不要沉溺游猎。萧后的进言引起辽道宗的重视,于是辽道宗下旨封太子为燕赵国王,取代乙辛,参与朝政。太子参政,便开始对乙辛处处节制。乙辛知道太子即位，他便必死无疑，于是设下毒计陷害萧后和太子。

萧皇后中年时，辽道宗宠爱他人，皇后深宫寂寞，便写了一首情意绵绵的《回心院》词让诸伶弹唱。当时，诸伶中只有伶官赵唯一能把这首词谱成乐曲，并熟练地演奏弹唱。乙辛收买了歌女单登及其夫朱顶鹤，所以萧皇后的一切活动都在乙辛的掌握之中。乙辛得知萧后做了一首《回心院》，于是计上心来。乙辛与张孝杰、萧十三商讨多时，最后张孝杰按照乙辛的嘱咐写了一首淫词《十香词》。写完之后，第二天就交给了单登。

单登将《十香词》拿给萧后看，读得特别有滋味。单登于是借机请求说：这首诗奴才想要一份，希望皇后能亲自为奴才抄写一份。萧后一笑，拿起笔抄完以后，又即兴写了一首诗：

宫中只数赵家妆，败雨残云误汉王。

唯有知情一片月，曾窥飞鸟入昭阳。

太康元年十月，辽道宗从外游猎回来。乙辛让单登、朱顶鹤向皇帝告发萧后所作和伶官赵唯一之间有奸情，物证是《十香词》和萧后的诗。

辽道宗认定奸情属实，将萧后囚禁以后，便命乙辛审理。张孝杰对赵唯一用极刑，赵唯一屈打成招。乙辛、张孝杰承上赵唯一的供词。辽道宗看着皇后在淫词后附的《怀古诗》有些怀疑，便说这首《怀古诗》是骂汉皇后赵飞燕的，皇后为什么这么写呢？张孝杰早已研究透了皇后的这首《怀古诗》，这时便从容地说道，这是皇后因思念赵唯一而作。辽道宗大惊，问有何凭证？张氏说，诗中第一句和第三句中包含“赵唯一”三字。辽道宗再也坐不住了，立即下旨，族诛赵唯一，赐皇后自尽。

处决的命令下达以后，太子马上到道宗跟前求情，辽道宗置之不理。于是宫人捧一匹白绫，来到萧后跟前。萧后泪如雨下，临终前怒气难消，便写了一首《绝命词》，然后关上门自杀身亡，时年 36 岁。

## 大妃阿巴亥葬地

大妃阿巴亥，姓乌纳喇氏，生于明万历十八年（1590 年）。万历二十九年（1601 年），阿巴亥 12 岁时嫁给清太祖努尔哈赤。万历三十一年（1603 年），努尔哈赤正妻叶赫纳喇氏（后追封为孝慈高皇后）病死，大妃阿巴亥被立为大福晋（皇后）。

阿巴亥面貌端庄，具有一种诱人的魅力。她与努尔哈赤结合 26 年，共生三子，即努尔哈赤第十二子阿济格、第十四子多尔衮、第十五子多铎。

天命五年(1620年)三月,阿巴亥因受努尔哈赤第八子皇太极谗言所陷,遭到废黜。次年弄清事实后,又复立为大福晋。

天命十一年(1626年)八月十一日,努尔哈赤因战伤死于沈阳附近,时年68岁。

据说,努尔哈赤死后,阿巴亥悲痛欲绝,泣不成声。她与群臣共扶努尔哈赤的灵柩回到沈阳宫中。但是她没有料到,一场争夺汗位继嗣的斗争已经开始了。皇太极为了不使汗位落在多尔衮手中,串通四大贝勒,蓄谋以父皇"遗命"以殉葬为由,逼死多尔衮的生母阿巴亥,扫清他争夺汗位的障碍。

最初阿巴亥与努尔哈赤一同装殓,葬于沈阳城内西北角。天聪三年福陵建成,《太宗实录》详细记载了努尔哈赤和孝慈皇后合葬的情况,但只字未提大妃阿巴亥是否葬入福陵。

按理说阿巴亥为夫殉死,合葬福陵是理所当然的事。原因有两:

第一,阿巴亥是名副其实的大妃。顺治七年(1650年)她又被追封为孝烈武皇后,并升祔太庙。这说明阿巴亥的地位是荣宠不衰的。

第二,《太宗实录》中有努尔哈赤的继妃富察·衮代随葬福陵的记载,由此推论,阿巴亥葬入福陵应是不可置疑之事。

那么,《太宗实录》为什么没有阿巴亥葬入福陵的记载呢?原因也有两点:

第一,阿巴亥的封号是顺治七年,是多尔衮摄政时封的,次年多尔衮获罪,阿巴亥封号遭罢谥,牌位也被撤出了太庙。《太宗实录》无阿巴亥葬地记载可能与此有关。

第二,《太宗实录》是康熙年间编纂的,那时多尔衮的罪尚未昭雪,其母受到牵连,移葬福陵时,侍奉之官避讳提阿巴亥合葬之事也在情理之中。

以上只是推论而已,阿巴亥到底葬于何处,至今仍是个谜。

### 孝贤皇后之死

清乾隆皇帝写过一篇追悼孝贤皇后的《述悲赋》,写得感人肺腑。乾隆皇帝为什么要写这篇赋呢?孝贤皇后的去世与乾隆之间有什么关系呢?

相传,一个偶然的机会,乾隆看见了皇后的嫂嫂傅夫人,从此便对傅夫人心生好感,于是乾隆以皇后生日为名,要见傅夫人。中秋节这天,坤宁宫内外非常热闹。宴饮开始后,大家热热闹闹行起酒令来,你一句,我一言,你一盅,我一杯,闹成一片。这位傅夫人不胜酒力,几杯之后,脸颊泛红,坐姿不稳。乾隆见她已经醉了,便把侍宴的宫娥叫过来,叮嘱几句,叫她们把她扶进宫中休息。

大家休息了一小会儿,重新入席喝酒。这时乾隆皇帝不见了,皇后命宫人去找,未找到。等到酒尽人散,仍不见皇帝的踪影。皇后心生奇怪,又命宫人去看看傅夫人怎样了。过了好长时间,才见这名宫人回报说:"傅夫人所住房门关得紧紧的,不方便打扰。"皇后联想到前面的情况,心中明白了几分。

第二天早上,乾隆帝照常坐朝,傅夫人去坤宁宫向皇后辞谢。皇后看了她一眼,微笑着说了一句:"恭喜嫂嫂!"傅夫人一下子面红耳赤,急急忙忙告辞离开了。从那之后,皇后对待皇帝有些转变,不像以前那样温情脉脉了,有时竟向皇帝投来一种幽怨的目光。因为羞愧,乾隆不像以前那样常去坤宁宫了。

皇后本来有个儿子永琏,已由皇帝按家法秘立为太子,但不幸生病死了,几年后皇后又生下一子名永琮,又因得天花死了。皇后受不了打击,哭得死去活来。于是,乾隆帝为了安慰皇后才以东巡为名,带了皇后出京游玩,谁能料到就这样与皇后永别了。乾隆带着皇后灵柩马不停蹄地赶回京师,在长寿宫设立灵堂,丧礼特别隆重。乾隆除为皇后服缟素 12 天外,还亲自撰写了祭文《述悲赋》,抒发了自己对皇后的思念之情。然而有谁能知道帝后之间的这段纠葛呢?

皇后生前曾为自己向乾隆讨过谥号,说:"我死后,以'孝贤'二字为谥号,可以吗?"乾隆帝便按照她的遗愿,追谥为"孝贤纯皇后",葬于孝陵(清世祖顺治帝陵寝)西侧胜水峪后面,另外还格外加恩于皇后母家,封皇后的大哥富文为公爵,傅恒为保和殿大学士兼户部尚书,可谓"全家恩泽古无伦"。然而,无人知晓乾隆、傅夫人、孝贤皇后三者之间的三角关系。

### 慈安暴卒

慈安太后,姓钮祜禄氏,广东右江道穆扬阿的女儿,咸丰二年(1852 年)被封为贞嫔,继而又封为贞贵妃,册立为皇后。咸丰十年(1860 年)其随文宗巡幸热河。次年文宗死后,年仅 5 岁的穆宗(同治)即位,尊慈安为"母后皇太后",尊慈禧为"圣母皇太后"。北京政变之后,慈安、慈禧在养心殿设坐,共同垂帘听政。同治十二年(1873 年),两太后将政务移交给穆宗。同治十三年(1874 年)穆宗死后,德宗(光绪)即位,两太后又垂帘听政。

光绪七年三月初十日(1881 年 4 月 8 日),下午四时左右,内廷突然传出东太后慈安暴亡的消息，王公大臣得悉无不大吃一惊。慈安到底是怎样死的，后人众说纷纭。

一说慈禧与慈安交往甚恶，慈安无法忍受，饮恨自尽。光绪即位，两太后继续垂帘听政，慈禧纵恣无度，慈安倦怠朝政，甚至静摄不出。1881年初，慈禧患血膨剧疾，由慈安独视朝政，慈禧大为不悦，诬蔑之词颇激，以致慈安不能忍耐，恼恨之下，“吞鼻壶自尽”。

二说慈禧与慈安说话时，东太后觉腹中饥，西太后令侍者进饼饵一盒，东太后食而甘之，谓似非御膳房物。西太后曰：“此吾弟妇所馈者，姊善此，明日当令再送一份来。”东太后称谢。西太后曰：“妹家即姊家，请勿以谢字言。”后一二日，果有饼饵数盒进奉，色味花色悉如前。东太后即取一二枚食之，顿觉不适，然亦无大苦，到戌时遽逝矣。

三说慈禧指使李莲英将毒药放在汤里，慈安喝后，顿觉腹内剧痛，倒在地上猝死。据说慈禧和李莲英为了阴谋得逞，先把慈禧宫内的两个传膳太监派去给慈安用，过了半个月余，把两个小太监叫到慈禧宫内，让他们传膳途中把毒药放在碗里，然后把一包药交给了一个太监，遂命李莲英监视执行。而这两个传膳太监，就在慈安暴崩那天夜里失踪了。

四说慈安死于疾病。《光绪朝东华录》载有慈安遗诏，称她“体气素称强健，或冀克享遐龄，得资颐养。初九日（光绪七年三月九日）偶染微疴，不意初十日病势陡重，延至戌时，神思渐散，遂至弥留”。

另一疑点是，慈安暴崩次日早八点钟，宫里传话要王公大臣到钟粹宫哭临。进宫以后慈安已经小殓，但没有看见慈安的内侄恩泰“承恩公”。按清朝惯例，后妃崩逝，要传娘家前属进宫瞻视，方可小殓。然慈安死后却无预其事者。

凡此种种，慈安死因。至今仍是个谜。

### 慈禧病亡

光绪三十四年十月二十二日（1908年11月15日）慈禧死于中海仪鸾殿，终年74岁。

慈禧病亡情况，后人传说纷杂。由于她的死，与傀儡皇帝光绪之死仅一天之隔，而且帝、后矛盾甚深，因此帝、后之死便成为历史上的一大疑案。

关于慈禧的病因，多数史料均说她是因患痢疾腹泻不止而最终衰竭而死。另从脉案记录分析，御医对慈禧之病，用药一直比较平和，并且主要由太医院主治，从未召外地名医入宫应诊。这说明慈禧并没有病入膏肓。反之，从她不断发布懿旨的背景内容来分析，她仍要继续把握清廷大权。直到22日临终前，才宣布授予摄政王载沣有裁定政事之权。由此可见慈禧为慢性病，导致病重是“因前数日感触劳乏，以致旧病复发”突然死去的。

《慈禧外记》第二十七章，记载了“慈禧宾天”的景况：太后自知末日将至，命军机大臣草拟遗诏。拟成后，太后审阅，“改定数处，又加入数句，即遗诏中不得不再行训政之语”。“谓余垂帘数次，不知者或以为贪权，实则迫于时势，不得不然也。”并说：“反观一生，无悔恨之事也”。“太后遂向侍从之人谓长别之语，闻者无不伤心。太后神志清明，虽弥留时，仍接续谈话，态度安闲，一如平日。后渐昏沉，侍者皆谓时已至矣。忽又清醒，故临终前数分钟，犹未绝希望也。”“其最后之一言，乃出人意料之外。其言曰：‘以后勿再使妇人预闻国政，此与本朝家法有违，须严加限制，尤须严防。不得令太监擅权，明末之事，可为殷鉴。’语罢遂瞑，时当下午三钟也。”“太后崩后，口张而不闭，或谓此乃灵魂不愿离其体魄也。”或曰“其崩也，亦如其生前，具有兴奋勇厉之态，盖太后实一不可测度之人也”。

以上所记慈禧病亡经过，虽多有颂扬之词，但基本史实还是可信的。慈禧之死和光绪之死并无必然联系，从两者病案记录，并对病理、病状、药方分析，慈禧与光绪均属于正常病亡。

## 慈禧随葬珍宝

光绪三十四年(1908年)，慈禧死后，清王朝对她实行了厚葬，将大量奇珍异宝葬入地宫，其价值可以说是世界上任何帝王都无法相比的。那么慈禧随葬珍宝究竟有多少呢?

目前有两种记载：

一种记载出自清宫档案。按“内务府簿册”载，殓入棺中珠宝玉器有：正珠、东珠、绿玉、珊瑚寿字、珊瑚喜字、珊瑚雕螭虎、龙眼菩提等朝珠。大正珠、正珠、东珠、绿玉、珊瑚圆寿字等念珠。绿玉兜兜练。正珠挂纽。金镶正珠、金镶各色真石珠、金镶珠石、金镶各色真石，白钻石葫芦。金镶藤、镀金点翠穿珠珊瑚龙头、白玉镶各色真石福寿、绿玉镯。正珠、东珠、金镶正珠龙头等软镯。绿玉、茶晶、白玉皮、玛瑙等烟壶。洋金镶白钻石、洋金镶珠带别针等小表。洋金镶白钻石宝桃式大蚌珠、白玉鱼蚌珠、白玉羚羊等别子。白玉透雕活环葫芦、绿玉透雕活环、珊瑚鱼等。汉玉珞、汉玉仙人;汉玉洗器。白玉猫、黄玉杵、汉玉针、汉玉羚羊、雕绿玉扳指。蓝宝石、紫宝石、子母绿、茄珠、大小正珠、绿玉、蚌珠等抱头莲。珊瑚绿玉金镶红白钻石等蝙蝠。金镶红白钻石蜻蜓。金镶白钻蜂。绿玉穿珠菊花。金镶各色珠石万代福寿。金镶钻石等冠口。金翠珠玉等佛手簪。红碧弦、绿玉、珊瑚、红蓝宝石、红白钻石、子母绿等镏。黄宝石、钻石、红碧弦、白钻石、大正珠等帽花。

另一种记载出自《爱月轩笔记》。其作者为慈禧最宠信的大太监李莲英的侄儿。当年李莲英亲自参加慈禧殓葬仪式,该书记录的比较详尽。据《爱月轩笔记》记载:

慈禧尸体入棺前,先在棺底铺上一层金丝镶珠宝锦褥,厚七寸。上面镶着大小珍珠 12604 颗,红蓝宝石 85 块,祖母绿 2 块,碧玺、白玉 203 块。在锦褥上又盖上绣满荷花的丝褥一层。上面铺五分重圆珠一层,共计 2400 粒。圆珠上又铺绣佛串珠薄褥一套,褥上有二分珠 1300 粒。慈禧尸体入殓前,先在头部放置一个重二十二两五钱四分的翠荷叶。荷叶满绿,为天然长就,叶筋非人工雕成,甚为珍贵。脚下置碧金玺大莲花,重三十六两八钱,系粉红色,莹光夺目,世上罕见。慈禧尸体入棺后,头顶荷花,脚蹬莲花,寓意"步步生莲",祈盼亡灵早日进入西方乐土。

慈禧身上穿着金丝绣成的寿衣,外罩绣花串珠褂。这两件衣服上缀着大珍珠 420 粒、中珠 1000 粒、一分小珠 4500 粒,大小宝石 1135 块。另外,慈禧胸前的佩饰以及围绕全身摆放的珍宝不计其数。

据说正要上棺木盖时,一位公主又赶来献宝,将玉制的八匹骏马和十八尊玉罗汉放入棺中。这些宝物均为稀世珍宝,价值连城。至此,才封闭棺盖。

关于慈禧随葬珍宝的总价值,《爱月轩笔记》作者之子李营舟说:"慈禧葬物若均追回,足以富国。"

以上两种记载,都有根有据。孰是孰非,哪种记载可靠,至今没有定论。笔者认为,清宫档案的记载应是可信的。但是面对如此巨大的珍宝,也很难记录得准确无误。

## 珍妃坠井

珍妃,姓他拉氏,满洲镶红旗人,才色并茂,颇通文史,光绪十四年(1888 年)进宫,后晋封为珍妃。关于珍妃坠井而死的传说,自民国初年到今天,不断有野史、小说、诗词及口头资料流传于世，例如《清季野史》《西太后演义》《清史演义》《清宫秘史》等均有记载。光绪帝与珍妃感情甚好，但慈禧不喜欢珍妃，又因为珍妃支持光绪戊戌变法，受到慈禧太后怨恨，最后在光绪二十六年(1900 年)七月八国联军进攻北京、慈禧仓皇出逃前夕，将珍妃溺死于宁寿宫外的玻璃井中。但珍妃是否坠井而死，一直众说纷纭。

据《清朝野史大观》记载："庚子七月二十日，英军陷京师，翌日联军继之，两宫黎明仓皇乘民车出德胜门，甫出门，白旗遍城上矣。太后御夏衣，挽便髻，上御青绸衫，皇后、大阿哥随行，妃嫔罕从者。濒行，太后命崔阉自三所出珍妃(三所在景运门外)，推坠井中。"《景善日记》光绪二十六年七月二十一日记载说："晨，老佛爷……匆匆装饰，穿一蓝布衣服，如乡间农妇……妃嫔等于三点半钟齐集，太后先下一谕，此刻一人不令随行。珍妃进言于太后，谓皇帝应该留京。太后不发一言，立即大声谓太监曰：'把她扔到井里去！'皇帝哀痛已极，跪下恳求。太后怒曰：'起来，这不是讲情的时候，让她就死吧，好惩戒那些不孝的孩子们，并叫那些鸱鸮，看看他到羽毛丰满的时候，就啄他母亲的眼睛。'李莲英等遂将珍妃推于宁寿宫外之大井口。皇帝怨愤已极，至于战栗。"

珍妃井

《清稗类钞》曾载西太后"召帝与妃嫔齐集，将行，珍妃昂然进曰：'皇帝一国之主，宜以社稷为重，太后可避难，皇帝不可不留京。'太后怒甚，视之以目，忽后声顾命内监曰：'可沉彼于井中。"'黄濬在《花随人圣盦摭忆》中也说："珍妃之死，全在'帝当留京'一言，此语含义至多，故后必死之也。"黄还不无惋惜地说："妃之死，自在发言不择时。"但又说："然而时戎马崩腾，间不容发，妃若不言，又安可得也。"

上面说法都认为珍妃的死是由于她干预朝政，支持变法，惹怒了慈禧，才将其除掉。

但是也有人说珍妃并未讲过"皇上留京"一语，珍妃坠井是西太后用封建的贞节观诱逼所致。《控鹤珍闻》说："太后又曰：'预示不欲挈之行，途中见之生恨，若留此，则拳众如蚁，彼年尚韶稚，倘遭污，莫如死之为愈。'……内监知太后意已决，遂持毡推之宁寿宫外大井中。"

太监小德张过继孙张仲忱在《我的祖父小德张》一文中记述了珍妃死时的情形：当年八国联军攻到京郊廊坊时，宫内一片混乱，大太监命众太监全换上便装，“老祖宗（慈禧）也来到御花园房，在养性斋前换上了青衣小帽。这时老祖宗把珍妃叫来，让她换好衣服一齐走。不大一会，珍妃说：“皇阿玛，奴才面出天花，身染重病，两腿酸软，实在走不了，让我出宫回娘家避难去吧！”老祖宗仍叫她走，珍妃跪在地上还是不走。老祖宗回过身来大喊一声，叫崔玉贵把她扔在井里，崔玉贵立即把珍妃挟起来，不几步就是那井口，头朝下就扔了下去，随即便把井口堵上了。

综上所述，种种说法各执一词，至今也是个谜。但珍妃死后，引起了人们对她的无限同情，一批正直的士大夫知识分子纷纷托词为悼，也算是对珍妃芳魂的一片慰藉吧！

## 第三节　文臣谜事

### 周公有无篡位

古代的周公，指的是周代的爵位，得此爵位者辅佐周王治理天下。历史上的第一代周公姓姬名旦，亦称叔旦，是周文王的第四子。因封地在周（今陕西岐山北），故称周公或周公旦。牠是西周初期杰出的政治家、军事家和思想家，被尊为儒学奠基人，是孔子一生中最崇敬的古代圣人之一。

周公

周公制礼作乐的第二年，也就是周公称王的第七年，周公把王位彻底交给了成王，周公是成王的叔父，王位本来就是成王的，所以他不过是将王位还给了成王而已。《尚书·召诰》中周公和成王的对话，大概发生在周公退位，成王即位的仪式上。于是，史书上都这样评价周公：在国家危难的时候，不避艰辛挺身而出，担当起王的重任；当国家转危为安，走上顺利发展道路的时候，毅然让出了王位，这种无畏无私的精神，是值得后人称颂的。但是，周公并没有因退位而放手不管，他也不断向成王提出了告诫，其中最有名的是《尚书·无逸》。

《无逸》里，周公说：不要贪图安逸。《无逸》里还说，知道种地务农的辛劳。才懂得农民的隐情。父母辛勤务农，而他们的子女不知道种地的艰辛，就会贪图安逸，甚至侮辱自己的父母说："老年人，什么也不懂。"这种不孝的话，在当时是绝不允许讲的。《康诰》中还提到，对不孝不友的人要处以刑罚。作为一个最高统治者，应该知道下边的隐情疾苦，否则就会做出荒诞的事情来。

周公退政三年之后，在丰京养老，不久得了重病，死前说："我死之后一定要葬在成周，示意要臣服于成王。"周公死后葬于文王墓地之后，成王说："这表示我不敢以周公为臣。"

周成王继位时还是个蒙昧无知的孩童，因此国家大权都掌握在周公手中。武王的另外两个弟弟管叔和蔡叔看周公大权在握，心中不服，就散布流言蜚语，说周公有野心，有可能谋害成王，篡夺王位。后来管叔、蔡叔勾结纣王的儿子武庚，并联合东夷部族反叛周朝。周公旦奉命东征，经过三年的艰苦作战，周公终于平定叛乱，征服了东方诸国，收降了大批商朝贵族，同时斩杀了管叔、武庚，放逐了蔡叔。但是，周公东征回来后，关于他篡位的流言却越来越多，都说周公诛杀管叔、流放蔡叔是架空成王的一步棋子。

关于周公篡位的事情，各史书中有截然不同的两种记载。一种是肯定周公的确有篡位之心。《尚书·大诰》中明确指出："周公身居位，听天下为政。"根据后人的考证，发现《尚书·大诰》中的"王"称为"宁考"。所谓"考"是对已故父亲的称呼。从辈分上来说，成王是文王的孙子，因此这里的"王"不会是周成王，那么能称王为"考"的显然也只能是周公了。由此看来，周公在当时确实是称王了。于是，有人说，不管周公是不是有篡位之心，但他的行动确实令人生疑。

也有人说，既然周公没有篡位之心，那么他为什么要称王呢？有人回应说，称王就一定意味着篡权吗？《尚书》中记载，武王去世后，成王年幼，难以应付国内错综复杂的政治局面。辅佐成王的担子自然就落到了周公的肩上。周公曾对其他人说："我之所以不回避困难形势而称王，是担心天下背叛周朝，使我死后无颜见太王、王季、文王。三王忧劳天下已经很久了，而今才有所成就。武王也过早地离开了我们，成王又如此年幼，我是为了成就周王朝才这么做的。"由此可见，周公代理成王行使王权，从根本上说，是为了江山社稷，而非一己私利。因此说，虽然他是周王朝的缔造者，也曾称王。但称王不一定就是篡位。那时成王年幼，如果周公不辅佐成王,就不会有周朝的辉煌。

周公是否篡位,史学界至今争论不休。但从书里到书外,却有不少权力膨胀后野心昭显的事实。一方面,权力是没有限度的。在一定的权力的临界值时,权力使人盲目,促使了野心的膨胀。另一方面,人都是有盲点和偏见的,在被赋予一定的权力时,往往认为自己是不可代替的。世界上的确没有真正的力量超越人性的极限。但是,这种情况,对于圣人来说,却可能是例外,周公究竟是一个凡人,还是一个圣人,依然需要更多的证据来证明、来解答。

## 商鞅缘何结局悲惨

商鞅,汉族,卫国(今河南)人。战国时期政治家、思想家,先秦法家代表。商鞅应秦孝公求贤令入秦,说服秦孝公变法图强。孝公死后,商鞅受到秦贵族诬害以及秦惠文王的猜忌,车裂而死。其在秦执政二十余年,秦国大治,史称"商鞅变法",并使秦国长期凌驾于六国之上。

商鞅

商鞅功在千古,却缘何结局这么悲惨?这事还得从头说起。秦朝在春秋时期,社会经济的发展落后于关东各大国。井田制的瓦解,以及土地私有制产生的赋税改革,也迟于关东各国很久。如鲁国"初税亩"是在公元前594年,秦国的"初租禾"是在公元前408年,比鲁国落后186年。可是这时,秦国已使用铁农具,社会经济发展较快,这不仅加速了井田制的瓦解和土地私有制的产生过程,而且还引起社会秩序的变动。公元前384年,秦献公即位,下令废除人殉的恶习。秦孝公在位时,商鞅自魏国入秦,秦孝公任他为左庶长,开始变法。

商鞅在秦国二十余年,屡建奇功,声名卓著,但却时刻为守旧势力所嫉恨,守旧势力的利益遭受损失,他们一直在暗中等待反扑的时机。公元前338年秦孝公去世,太子即位,这就是秦惠文王。秦惠文王身边以前遭到商鞅惩罚的亲信向惠文王进谗言:"大臣权势太重则国家危险,左右太亲近就会使自家性命危险。秦国妇女儿童都知道商君之法,不谈大王之法,商君反为王,大王变成了臣子。"诬告商鞅谋反。惠文王听信了谗言，于是下令逮捕了商鞅，一代雄才就这样为变法而献出了自己的生命。这说明商鞅是死于守旧势力的嫉恨。

但又有人说，商鞅之所以结局悲惨，完全是自己的性格造成的。因为不少人对商鞅过于美化，所以造成了令人的误解。其实，我们只要翻翻史书就会知道，商鞅其实是个刻薄寡恩的人，秦国人大都恨他，最后秦惠文王继位要拘捕他的时候，他狼狈逃窜，没人帮他，商鞅仓皇奔走至函谷关，当时天色已黑，商鞅往一客店投宿。当时的新法规定，凡投宿者必须出示凭证，店主向他索要凭证，商鞅没有，店主说："商君早有明令，旅行游客必须带凭证入住，绝不能收留无证之人，违犯者与之同罪，是会斩首的，我不敢招待你住宿。"商鞅离开客店，仰天叹息："唉！新法之害，竟到了这个地步。"古人称之为"做法自毙"。

商鞅连夜直呈奔魏国，被魏国人拘囚献给秦国。他又趁机逃跑，回到商地，起兵造反失败，后被灭族。商鞅被处以车裂之刑，即是五马分尸，明人小说又编造了"百姓争啖其肉，须臾而尽"的场景。正是因为商鞅死前的一些表现，显得虎头蛇尾，所以让人怀疑他真的是"做法自毙"。如果他能够从容赴死，也许还能够流芳千古。

但是，也有人不同意商鞅的"刻薄"说和"做法自毙"说。因为以商鞅的思维水平，不可能不知道推行严刑峻法，会给他自身带来不良后果。以当时秦国的士族派系的根基，可以说商鞅的死是必须的，惠文王也需要用商鞅的命来换取士族的支持。这里，就是说，商鞅虽变法成功，但他却成了封建王朝的牺牲品。这个结局，并不是商鞅自己能左右得了的。也许，在变法之前他便想到了后果。

总的来说，商鞅的下场令人心痛，但也同样令人景仰。尽管商鞅已经逝去，但他给我们后继者留下了宝贵的精神财富：改革是国家富强、社会进步的重要途径，只有顺应时代潮流进行改革，国家才会有光明的前程。要想实现国家的伟大复兴，就必须改革，与时俱进；要想改革成功，就必须像商鞅一样，具有强烈的社会责任感，乐于献身于光辉的改革事业；同时，也只有顺应历史潮流，具有创新、献身精神，才能实现自身价值。

## 张良善终之谜

张良，字子房。汉族，传为汉初城父（今河南宝丰东）人。为汉高祖刘邦的谋臣，秦末汉初时期杰出的政治家、军事家，汉王朝的开国元勋之一，"汉初三杰"

之一。

俗话说，“飞鸟尽，良弓藏；狡兔死，走狗烹”。汉朝的开国功臣多数遭遇刘邦的暗算，下场的悲惨程度和其功劳成正比，功劳越大，下场越悲惨。如淮阴侯韩信，才能卓越，战功累累，最后却落了个被夷灭宗族的下场。然而，汉朝的开国功臣中却有一人例外，此人就是张良。自始至终，张良都深得刘邦的信任，以至于张良死后还获得了文成侯的谥号，张良的儿子张不疑也袭封为侯。

有道是“伴君如伴虎”，刘邦的疑心极大，张良陪伴皇帝左右还能够自保，这确实是一大奇迹！张良为何能在危机重重的宫廷斗争中得以善终，也成为一个千古之谜。原来，和其他人截然不同的是，张良懂得急流勇退。在封侯之初，张良便向刘邦表示，从此以后想学习“辟谷”“轻身”之术，抛弃人间世事，不食人间烟火，以求修道成仙。此后，张良便不再过问政事。“辟谷”就是不吃饭。刘邦的夫人吕后当年就很不理解张良的行为，劝张良说：“人生那么短暂，你何苦自找罪受呢？”

以张良的智慧，他早就总结出历史的经验和教训，明白这样的历史规律：历代君王在创业打江山的时候，正是用人之际，他会认识到人才的重要性，人才在此时会得到尊重和重视，君王可以和臣下一道同甘苦共患难去打天下。然而，一旦功成名就，君主们却不能和功臣们一同分享胜利的成果，他会认为，昔日的功臣“功高盖主”，会威胁到他的王位。所以。功成名就之后，张良见好就收，倒也不失为明智之举！也正是这种超脱之举，才使得张良与众不同地获得善始善终的结局。

也有人说，张良之所以能够善终，并不是他不想继续当官，而是身体实在不行。也正是因为他虚弱的身体救了他的命。张良素来体弱多病，自从汉高祖入都关中，天下初定，他的身体便一日不如一日。于是，他只得回家养病。

当然，后来张良没有政绩也是一方面的原因。《史记》《汉书》记载，张良后期确无功绩。因为在论功行封时，汉高祖刘邦令张良自择齐国三万户为食邑，张良辞让，谦请封始与刘邦相遇的留地，刘邦同意了，故称张良为留侯。张良辞封的理由是：他因体弱多病，后来并无功绩，所以沦为布衣，布衣得封万户、位列侯，应该满足。

因为体弱，加上没有政绩，更重要的是刘邦皇位的渐次稳固，也不需要张良了。所以他逐步从“帝者师”退居到了“帝者宾”的地位，后来退隐山林。因为山林的空气新鲜，竟然让他的身体慢慢地变好了，最后竟然得以善终，老死在山林，真可谓是因祸得福。

还有人说，是智商、情商帮张良获得了善终。一个关于黄石老人的传说，就是他的智商和情商明显高于韩信和萧何的具体表现。张良和黄石老人的相遇如同一场事先策划的传奇故事：在张良默默无闻的时候，他经常在下邳一座破败的桥上孤独漫步。一天，张良意外地看见一个仙风道骨的老者。在暗淡的月光之下，那位老人如同变戏法一样拿出了一部书："这是部奇书，掌握其要领，完全可以当帝王的老师。我料定你十年以后就会有大的发展。小伙子，好自为之吧！"最后，老人又补充道："十三年后，别忘了到济北见我，我就是谷城山下的那块黄石。"

从此，张良精研兵法，果然在十年之后找到了用武之地。刘邦为他提供了广阔的舞台。他的文弱之躯可以抵得上千军万马，在刘邦的心目中无人可以替代。

黄石老人来无影去无踪，神出鬼没，除了张良之外没有第二个目击者。可是到最后，神话却来了个现实的结尾，张良假戏真做地弄来了一块黄石作为物证，以此证明自己从前所言句句为实。虽然这是张良缺乏自信的表现，但这块黄石却巧妙地补足了张良所编造的黄石老人传说的缺憾。这块石头的出现，为张良提供了物证，同时也帮张良完成了自我神化。面对天助的神人，凡夫俗子岂可嫉妒？因而，张良得以善终。

## 为何很多人不喜欢寇准

寇准，北宋政治家、诗人，字平仲，华州下邦（今陕西渭南北）人。其政治才能深得宋太宗赏识。后来被大臣王钦若排挤罢相。晚年再度被起用。封莱国公。后又因大臣丁谓等陷害遭贬，远徙雷州。宋仁宗天圣元年病死于雷州。

有人说，寇准因正直而成为千古名臣。但也正是因为他过于正直，所以没人喜欢他。与其说他那是正直，用今人的话，还不如说他是"冒傻气"了。寇准就是这么一个完全不懂变通，不懂为人处世之道的人。

与他一道为官的丁谓，之所以能登上佞臣榜，仅仅因为一个人，他就是名垂青史的寇准寇大人；而其间的因缘际会，仅仅因为一件小事，那就是我们非常熟悉的"溜须"事件。

关于"溜须"事件，史书上是这么记载的：天禧三年（1019 年），三起三落之后的寇准再度出山，取代王钦若成为宰相。也就在与寇准拜相的同一天，丁渭也再次升官进入中书省成为参知政事（副宰相）。二人成为同事，关系也非常亲密。寇准曾多次向担任丞相的李沆推荐丁谓，但被李沆拒绝。寇准问其原因，李沆回答说："看他这个人啊，能使他位居人上吗？”寇准说：“像丁谓这样的人，相公能始终压抑他屈居人下吗？”然而，有一天，皇帝召开最高会议，会后，身为内阁成员的寇、丁二人都参加了宴会。宴会间，寇准的胡须上沾有一些饭粒汤水，身旁的丁谓见了，起身上前替他徐徐拂去。这一举动在同事兼好友间，自是常理也合常情。可是寇准不以为谢，反而板起了脸，冷笑着说了一句让丁谓下不了台的话：“参政，国之大臣，乃为官长拂须耶？”这就是典故“溜须拍马”中“溜须”的出处。

现在想来，寇大人说这句话，无非有两种解释：一是寇大人认为丁谓身为参政，却为他人拂羹汤，不成体统；二是寇大人装大，在地位略低于自己的同事面前充上级，意在公共场合摆谱。前者是传统的解释，结合寇大人的为人，后一种解释更切合当时的情境。假如真是不成体统的话，作为朋友，寇大人理应更低调处理，不必小题大做。

其实，说起来，丁谓也不是那种喜欢溜须拍马之辈。丁谓听了寇准的话，顿时备感尴尬，从此记恨上了寇准。在后来的权力斗争中，最终将寇准击败，把他赶到雷州。从这里可以看出，寇准的同事们都不喜欢他。

寇准虽然正直，但处事往往过激。在庙堂之上，当着皇帝的面，和同僚争吵，犹如水火，连皇帝都无法制止。争对了，皇帝高兴，嘉奖升迁；争错了，皇帝恼火，撤职远谪。一次，皇帝实在不想听寇准说话，便起身要走，结果寇准一把拉住了皇帝的龙袍，偏要皇帝听完他的话再走。皇帝无奈，只得坐下听完了他的话，只因他的话有道理，皇帝最终没有怪罪于他，但在皇帝的心里，对寇准的为人却大打了折扣。所以说，皇帝也不喜欢他。

一天，寇准和温仲舒骑马并行。有个疯子拦住寇准的马，向寇准高呼万岁。寇准的政敌张逊得知后，派人向皇帝密告，说寇准有异心。寇准以温仲舒为证人。为自己辩护。他和张逊在太宗面前激烈争吵，相互揭短，使得太宗龙颜大怒。当下撤了张逊的职，也把寇准贬到青州当知州。这是寇准在仕途上的第一次失利。当时，他才 31 岁。太宗深知寇准的才干和秉性，把他外放的目的，只是想让他收敛一点儿，老道一些。寇准走后，皇帝经常念及他，也常为寇准不在身边而闷闷不乐。想寇准时，就问左右的侍从：“不知寇准在青州过得怎样？”答曰：“准得善藩，当不苦也。”看来这帮下人们也不喜欢寇准。要不然，为什么当皇帝再问寇准情况时，他们猜透了太宗想重新起用寇准的心思，便落井下石地挑拨，“您老人家对寇准这么怀念，终日不忘；可他寇准在青州整日饮酒作乐，什么时候还想念您呢？”

寇准虽然才高八斗。但却不善为人处世，所以最后落得流放的结果。看来，一个人要想成就一番事业，不但本身要有才能，还需懂得天时地利人和的重要性。不然，再有才能，也会遭遇失败。

## 包拯有没有当过宰相

包拯，汉族，北宋庐州合肥（今属安徽）人，字希仁，天圣进士。历任权知开封府、权御史中丞、三司使等职。嘉祐六年（1061 年），任枢密副使。包拯以断狱英明刚直而著称于世。

包拯

包拯有没有当过宰相呢？有人说，包拯曾被人称为相爷，相爷其实就是宰相、丞相，在宋朝时出现的官吏名称，相当于国务院总理的级别。也就是说，包拯是当过宰相的。

景祐四年（1037 年），包拯任天长知县，颇有政绩。任朝满后，调任知端州。回京任监察御史里行，又改监察御史，为“言事官”，对处事不当、行事不法的官僚，都可以进行弹劾。为惩治贪官，庆历四年（1044 年），他向仁宗上疏《乞不用赃吏》，认为清廉是人们的表率，而天赃则是“民贼”。包拯七次上书弹劾江西转运使王逵，揭露他“心同蛇蝎”，残害百姓。并严厉批评宋廷的任官制度。之后，包拯曾三次弹劾外戚张尧佐，审清妖人冷青冒充皇子的特大诈骗案，震动朝野。

嘉祐元年（1056 年）十二月，朝廷任包拯权知开封府，他于次年三月正式上任，至嘉祐三年六月离任，前后只有一年多。但在这短短的时间内，他却把号称难治的开封府，治理得井井有条。敢于惩治权贵们的不法行为，坚决抑制开封府吏的骄横之势，并能够及时惩办刁民。

由于包拯在开封府执法严明，铁面无私，敢于碰硬，贵戚宦官也不得不有所收敛，听到包拯的名字就感到害怕。老百姓们都知道包拯之名，亲切地称呼他为“包特制”。开封府广泛流传着这样的话“关节不到，有阎罗包老。”用阎罗比喻包拯的铁面无私。嘉祐六年（1061 年），包拯官至宰相。人称“包相爷”。

但是，也有人说，包拯从没真正当过宰相。传统戏中，包公经常被称为“包相爷”，这只不过是人们对他的敬称而已，其实包拯从来都没有做过宰相。

在古代政治体制中，宰相制度居于核心地位，是联结政治制度各部分的中心环节。从宰相制度的兴废看，其起源甚早，而且复杂多变。其演变大致可分为五个阶段。即萌芽期、创立期、鼎盛期、调整期、衰落期。

宋朝处于宰相制度的调整期。正副宰相同设，多相并行，编制也不固定。很明显，“多相并行”的目的在于分散相权。北宋前期，中书门下的长官为正宰相，副宰相称“参知政事”。后来参知政事与正宰相基本无差别，使正宰相事权更为分散。宋太宗后，一相四参或二相二参是常事。但宰相制度无论怎样调整，皇权与相权之间的矛盾都无法得到彻底解决。因此，在宋朝，文武百官的心目中，宰相之职近于鸡肋，食之无味且有些危险，弃之却心有不甘。

也有人说，虽然包拯没有当过宰相，但他的权力与宰相相当。嘉祐六年，包拯官至枢密副使，而不是宰相。很显然，包拯担任过的最高行政职务是枢密副使，也就是枢密院的副长官。枢密院是管理军国要政的最高国务机构之一。枢密使的权力与宰相相当。因此，虽然包拯没有担任过宰相职务，但其担任的枢密副使也可称为副宰相级别的官职，被后人称为“包相爷”也不算错。

还有人说，包拯从来没有做过宰相，也没有什么权威无边的“铜铡”。他最大的官职是做到御史中丞和三司使，最后升为礼部侍郎，死后追为礼部尚书。他的长相也不是什么黑脸，倒是和他同朝为官的侍御史赵抃，因其“弹劾不避权幸，声称凛然，京师目为‘铁面御史’”。也许是编戏人把赵抃的“铁面”挪给包拯了。还应指出，包拯是位“清官”，但和他同时代的也先后做过御史和开封知府的吴奎、赵抃、唐介、庞籍、欧阳修等人，虽然政绩也都不比包拯差。不知为什么独有这位被欧阳修称为“天姿峭直，然素少学问，朝廷事体，或有不思”的包拯，从宋元至今在戏剧舞台乃至民间，却大显威风。经久不衰，流传千年。于是，成了千古之谜。

## 秦桧私通金国之谜

秦桧，字会之，南宋江宁（今江苏南京）人。中国历史上十大奸臣之一，因以“莫须有”的罪名处死岳飞而遗臭万年。北宋末年任御史中丞，与宋徽宗、钦宗一起被金人俘获。南归后，任礼部尚书，两任宰相，前后执政十九年。

有人说，秦桧虽然奸诈，但却没有私通金国。原因是，秦桧曾经说过金人的坏话。靖康元年（1126年），金兵进攻宋朝京城汴京（今河南开封）时，要求宋徽宗割让三镇：太原、中山、河间。这时身为员外郎的秦桧，提出了重要的四条意见：一是，金人贪得无厌，要割地只能给燕山一路；二是，金人狡诈，要加强守备，不可松懈；三是，召集百官详细讨论，选择正确意见写进盟书中；四是，把金朝代表安置在外面，不让他们进朝门、上殿堂。当时，北宋派秦桧和程瑀作为割地代表同金人进行谈判。秦桧在谈判中坚持了上述意见，于是又升为殿中侍御史、左司谏。后来，金统治者称，如果得不到地，就进兵直取汴京。朝中百官在讨论中，范宗尹等七十人同意割地，秦桧等三十六人认为不可。由此可见，秦桧是没有私通金国的可能的。

秦桧塑像

但是，也有人说，秦桧私通金国是因为一次被俘。在宋徽宗、钦宗被俘后，女真贵族要立张邦昌为傀儡皇帝，那时出任御史中丞一职的秦桧不发一言。御史马伸等人上书反对立张邦昌，要求秦桧也签名。秦桧起先不同意，但数十名官员先后签名了，马伸再次请秦桧签名，无奈，秦桧只得签名。因在上书者中秦桧官职较高，于是在靖康二年（1127 年），金人以秦桧反对立张邦昌为由，将他捉了去，同去的还有他的妻子王氏及侍从等人。

建炎四年（1130 年），金将挞懒带兵进攻淮北重镇山阳（即楚州，今江苏淮安），命秦桧同行。为什么要秦桧同行呢？从挞懒的策略看，诱以和议，内外勾结，才能致使南宋于亡国之境。这个“内”只有秦桧可用。就这样，秦桧私通金国，成了历史上的大奸臣。

私通金国后秦桧可谓坏事做绝。凡是反对过他的人，即使是平民百姓于细枝末节之处持有异议，也绝不放过。听到赵鼎死讯而叹息的人也被治罪。有人写诗送别胡铨，也遭编管。一次，秦桧举行家宴，叫戏子演戏，一个扮小官的戏子头发上的大环跌落在地。一戏子问：“这是什么环？”小官说：“二胜环（谐音为‘二圣还’，二圣指宋徽宗、钦宗，均被金俘去）。”戏子说：“你坐太师（无意中涉及秦桧，因他被称秦太师)椅,为什么把'二胜环'丢在脑后!”意思是说你坐上太师椅,就把二圣南还的事置之不理了。秦桧大怒。第二天就把戏子都关进了牢里,有的还被处死了。

秦桧还大开贿赂之门,大搞卖官之风。就是过一个生日,也要收银数十万。他积蓄的财富足可敌国,秦桧家的财产比皇帝还要多几倍。另外,他还飞扬跋扈,到处霸占别人的田产,秦桧所建的相府园宅,在他死后被拿来用作宋高宗退位当太上皇的居所德寿宫,足见其规格之高,现在德寿宫已被考古发掘。秦桧用人,尽用赃官墨吏,要是有赃污不法被举讼的,秦桧便会力保。在秦桧当权时期,朝廷财政由于秦桧集团的贪赃,陷入全面窘境,民力重困,饥死者众多。

他还摧毁国防,败坏军力。把南宋之初在与金人的长期抗战中锻炼出来的良将劲卒,尽加杀害和驱逐。由于秦桧的卖官行为,使新上任的军官根本不会治军,只会捞钱。这些人整天朝游暮宴、安富尊荣、醉生梦死,南宋初年军队的抗敌锐气,经秦桧主政二十年后,丧失殆尽。

秦桧死后,金国极为惋惜。那时,韩侂胄追夺秦桧王爵,改授其“谬丑”称号,并大举北伐,不幸战败之后被迫与金国签订了“嘉定和议”。而在和议之时,金国提出的一个重要条件,竟然是宋朝必须把秦桧“谬丑”的称号去掉。可见金国对秦桧之重视。也更加证明了,秦桧确实私通金国。

## 第四节　名将谜事

### 赵括替廉颇背黑锅了吗

赵括,战国时期赵国人,赵国名将马服君赵奢之子,于长平之战后期代替廉颇担任赵军主帅。

关于赵括的故事,正史是这样介绍的:那时,赵惠文王已经去世,太子孝成王即位。赵孝成王六年(公元前260年),秦军向赵军发起了进攻,双方在长平摆开了阵势。那时赵奢已经去世,蔺相如也快要病死了。赵王便派老将廉颇领军攻打秦军。秦军的兵力非常强大,才几下便将赵军打败了。后来,老将廉颇命令赵军坚守在营垒,没有命令不得出战。

就这样,管秦军如何骂阵挑战,廉颇就是置之不理。秦军这下着急了,心想,如此下去,恐怕再难打胜仗了。于是,秦军派了间谍,四处说:“秦军最害怕的,并不是老将廉颇，而是赵括，如果由赵括来做将军，那么秦军必败。"赵王听了，信以为真。结果，还真的让赵括取代了廉颇。

赵括是个什么人呀，虽然从小就学习兵法，却从没真正上过战场，更没打过仗，是个只知道"纸上谈兵"的家伙。他要谈论起军事来，那是无人能抵得过的。他曾与父亲赵奢谈论用兵之事，赵奢也难不倒他。尽管重病的蔺相如出来劝阻孝成王，特别是赵括的母亲，也来求孝成王别让赵括带兵，可是孝成王是王八吃了秤砣——铁了心。最终还是让赵括取代了廉颇。

赵括上任之后，为了显示自己的才能，把廉颇原有的规章制度全都改变了。秦将白起听到了这些情况，高兴万分，马上调遣奇兵，假装败逃，又去截断赵军运粮的道路，把赵军分割成两半，使赵军士卒离心。最终，赵军全部被白起坑杀，赵括也死于乱军之中。为此，赵括还落了个"纸上谈兵"的名声。

但是，又有人说，赵括其实是在替廉颇背黑锅，因为那时如果不换赵括，凭赵军的实力，廉颇也是无能为力的。也就是说，如果让廉颇去打那场仗，也一样会大败。

秦国是当时军事上最为强大的国家，秦军有奋击之士（轻锐步兵）百万，车千乘，马万匹。秦地靠近西北，故民风凶悍尚武，且秦马优良，秦车迅猛，故真称得上是超级军事大国。秦军被称为虎狼之师，在战场上的秦军士兵左携人头，右夹生虏，所向披靡，如虎入羊群，甚至于为抢军功，赤膊上阵厮杀，使六国士兵闻秦兵而丧胆。秦军大将如王乾、蒙毅、白起皆为有勇有谋的军事统帅。秦军得兵法之教，注重各兵种协同作战，以步兵方阵为单位，令行禁止、进退有据，作战经验丰富，极难对付。此役，秦国前后投入的兵力总数在六十万左右。

当时赵国的战争潜力要远远低于秦国，如果坚持要打，不管怎么打，都是要吃亏的。另外，赵括也没有人们想象中的那么没用，事实上，他的战略战术并不比廉颇差，因为那一战，虽然赵军损失惨重，但秦军也没讨到好处。

战后，白起命人寻找赵括的尸体，却总是找不到，最后，只找到了赵括的剑和铠甲。白起极为伤心，并以衣冠厚葬了赵括，还取了赵括的剑留做纪念。

后来，白起见了秦昭王，说起了赵括。白起说，我以五十万之众围赵括二十万之军，伤亡过半，才全歼此军，是我用兵以来从未有过的事情。腹中无食，以人充饥而斗志不懈，这是赵括的本领。长平之战，秦军精锐损失过半，优秀将领死伤无数，实际是秦军未胜，赵军未败。唯一不同的是，赵括死了，我还活着。秦昭王说，长平巨战，秦失六十万，赵失七十万，秦可谓小胜。而赵括死，武安君存，可谓大胜。事后，范雎谓秦昭王，长平巨战，大胜的是秦王。秦王笑而不答。三年后，昭王杀白起。秦将郑安平降赵，上党复归赵。从这一点上看，历史确实误解了赵括。

赵括究竟有没有替廉颇背黑锅，因为众说纷纭，依然有待进一步调查取证，目前还是一个未解之谜。

## 吕布死亡之谜

吕布，字奉先，汉族，五原郡九原（治今内蒙古包头西）人。东汉末年名将，汉末群雄之一，著名武将与割据军阀。曾先后为丁原、董卓的部将，也曾为袁术效力，被封为徐州牧，后自成一方势力。

吕布

有人说，吕布是被曹操所杀的。东汉建安三年冬，曹操攻打吕布的根据地下邳，因吕布有勇无谋而多猜忌，不采用陈宫建议，诸将又各自猜疑，所以每战多败。曹操围攻三个月，吕布军中上下离心，其部下侯成、宋宪、魏续反叛，缚了陈宫投降，吕布在白门楼见敌军攻急，大势已去，于是令左右将他的首级交给曹操，左右不忍，吕布便下城投降，最后被曹操所杀。

也有人说，其实曹操并不想杀吕布。真正令曹操下决心杀吕布的是刘备。也就是说，实际上是刘备杀了吕布。如果不是刘备的那句话，也许曹操还真的不会杀吕布。那时，吕布被捆到曹操面前，曾要求松绑，曹操笑着说："捆绑老虎，可不得不紧些啊！"吕布又说："曹公得到我，由我率领骑兵，曹公率领步兵，就可以统一天下了。"曹操颇为心动，曹操心动也是有理由的，像吕布这么一员猛将，可不好找。加上曹操又太想统一天下了，如果吕布真的跟他合作，那么平定天下，还真不是难事。

但是，刘备可不想看到他们合作，因为那对他是不利的，于是，在一旁提醒，说："明公（曹操），您看见吕布是如何侍奉丁建阳（丁原字建阳）、董太师（董卓）的吗？如果您今天放过了吕布，也许明天他就会杀了您的！"曹操觉得有理，于是坚持要杀吕布。吕布死前，大声说："大耳儿（刘备）是最不能相信的了！"最后吕布被杀，其部下陈宫、高顺亦被处死，张辽则领兵向曹操投降了。

也有人说，吕布的死不能怪曹操，也不能怪刘备，完全是吕布自己的性格使然。吕布带兵有战斗力，但是也导致了他过于倚仗武力。如董卓死后他在长安力主杀尽凉州人，所倚仗的便是自己率领部下的战斗力。但是他一味用强，导致凉州人都起来反抗，长安也被攻破。这是其虽有武勇，但是不知道用势，只以武力为先的结果；再看他在兖州与曹操作战时，一度占据优势，但却被曹操反败为胜。其一是用兵上不如曹操，在占据要点上屡有失策；其二也是不会造势，当时曹操和吕布都缺粮，曹操甚至一度要依附于袁绍，其情势比吕布还危急。但是不久后便恢复过来，而吕布在此期间毫无作为，不能制造对自己有利的形势；再看在下邳最终迎战曹操时，吕布自己也认可陈宫的献计，却最终因妻子的一席话而放弃。这相较于日后三分天下的曹操、刘备、孙权的用人不疑、疑人不用上就差得远了。

吕布作为一名统兵将领，其才智确实足够，但是要作为一国之主，不单要统兵，还要统领文臣武将，就不行了。陈登曾说曹操将吕布用为鹰犬，吕布居然也默然，可见吕布也认识到自己的弱点。吕布再有一个极大的缺点便是一朝得志便目中无人，和同僚的关系也很糟糕。到了袁绍那里，也是因为吕布认为自己有功于袁家，而看不起袁绍手下众将，终于和袁绍决裂。事实上任何一个主公都不希望会有吕布这样的下属。有了他，其他的下属都要被排斥；若是只重用他，却还要提防被他取了脑袋。

问题是吕布并没有认识到这点，吕布只知众人要杀己而不知其为何要杀己，其实主要是因为他是个极其以自我为中心的人，根本不认为自己有错。比如他射戟救了刘备一次，便认为自己对刘备有功。却全忘记了，若不是他偷袭徐州，刘备又怎么会落得要他救的下场，更别说刘备不久后就被他攻打得逃亡了。在这样的情况下吕布还希望刘备为自己说好话，可见他太以自我为中心了，只知自己对他人的恩，而不记得自己对他人的仇了。

## 周瑜是被气死的吗

周瑜，字公瑾，汉族，庐江舒县（今安徽庐江西南）人。三国时期东吴名将，因其相貌英俊而有“周郎”之称。

很多人说，周瑜是被诸葛亮气死的。在《三国演义》中，周瑜与诸葛亮三次斗智失败，被活活气死。而在死前，周瑜还仰天长叹：“既生瑜，何生亮！”让人感到非常悲切。但实际上，这些都是罗贯中为了塑造诸葛亮几近天人的形象，而杜撰出来的。

周瑜

周瑜与诸葛亮，身为东吴和蜀汉两集团的臣子，实际上极少碰面。史书也有记载，从赤壁之战结束直到周瑜病逝，诸葛亮都在零陵一带做后勤工作，根本没有和周瑜见过面。至于周瑜病逝后，代表蜀汉前来送丧吊唁的，也是周瑜的旧下属庞统，而不是诸葛亮。他们连面都没见过，也就更加不用提“三气”的事了。

何况，《三国志》里也评价周瑜“性度恢廓”，就是气量大，品质好。这样一个年轻人，驰骋战场，建功立业，娶得美女为妻，可以说是战场、官场、情场，场场得意，又怎么会被气死呢？

那么，周瑜英年早逝的真正原因又是什么呢？曾经有一种非常主流的推测是，周瑜是被暗杀的。最大的嫌疑人就是刘备，因为当时他要在两年之内取巴蜀，周瑜去世以后，刘备很快就去攻打巴蜀了。刘备肯定是派出了杀手，对周瑜进行了暗杀行动。

不过，目前还没有这方面的证据。而周瑜在带兵攻打荆州的时候，右肋骨处曾受过剑伤，这也可能是导致他死亡的原因。周瑜为了东吴鞠躬尽瘁，对天下也很忧虑，在攻打了荆州以后，他马上又要取巴蜀，实际上当时他也面临着很大的压力，加上他确实有剑伤，就这样积劳成疾，不久就死了。

又有人说，他是在取蜀途中进退两难气急而死的。取蜀途中，刘备在前面堵截，张飞又把他辛苦打下的城池都夺过去了。周瑜进又进不了，回又回不去，于是气病交加而死。于是又有人反对说，取蜀受阻的不是周瑜而是孙瑜。

而民间还有一种传说，说他是大病而死的，因为他年轻时也曾得过大病。据查，周瑜16岁的时候确实得了一场大病。有个老医生名叫柳童，把他给治好了。还送给了他一包黄药。并再三嘱咐，这个病到20年以后还会犯，犯了以后，再把这个药喝下去就好了。但后来周瑜攻打巴蜀，在行军的路上，因为没有将药带上，也就不医而死了。

另有人说他是被女人害死的。据说，害死周瑜的是小乔。话说周瑜由于忙于军务冷落了小乔，小乔就和他的家将周云勾搭上了。周瑜受了诸葛亮的气，病得半死不活的。小乔和奸夫就打算把他早点儿弄死，但苦于下不了手。于是就骗周瑜爬到棺材里，来引诸葛亮上钩。在卧龙吊孝时，小乔把周瑜出气的气孔堵死，闷死了他，后来却赖在了诸葛亮的身上。

还有一种说法是道遇暴疾。在道遇暴疾后，怎么也治不好，身体竟然一天比一天差。临终前，他还给孙权写了一封遗折。在信中写了对国家形势的看法，对曹操的牵制，和对刘备的控制，还举荐了鲁肃，尽了一个臣子所有的忠心。这种忠心也得到了孙权的认可，周瑜死后，孙权亲自穿上丧服为他举哀。

## 关羽有没有后代

关羽，本字长生，后改字云长，河东解县（今山西临猗西南）人。三国蜀汉著名将领，自刘备于乡里聚众起兵开始追随刘备，是刘备最为信任的将领之一。在关羽去世后，其形象逐渐被后人神化，一直是历来民间祭祀的对象，被尊称为“关公”。

关羽

有关关羽有没有后代这个问题，史学家争论已久。有人说，他已经没有后代了，但也有人说，他的后代遍布全国。究竟哪个是真哪个是假，我们还得从关羽的身世说起。

在清朝以前，关羽的身世一直不详。清初康熙年间，解州守王朱旦在浚修古井的时候，发掘出关羽的墓砖。上面刻有关羽祖、父两世的表字、生卒年月等，资料比较详细，还略有提到关羽的家庭状况。他因此写了《关侯祖墓碑记》。

据墓砖上的文字记载，关氏家其实是个文人世家。关羽祖父叫关审，字问之。汉和帝永元二年庚寅生，居住在解州（今山西解州镇）常平村宝池里。记载说他“冲穆好道”，常常用《易》《春秋》等书来教育自己的儿子，死于桓帝永寿二年丁酉，卒年67岁。关羽的父亲名叫关毅，字道远。他是一个非常孝顺的人，他的父亲关审死后，他在墓上结庐守丧了三年，除丧后，于桓帝延熹三年生下丁关羽。关羽长大成人后娶了胡氏为妻，灵帝光和元年生下了儿子关平。

关平是关羽的长子，跟随关羽征战多年，后来与关羽一同被斩。关羽的次子叫关兴。少年时便已经出名，因为他文武双全，深得诸葛亮的器重，弱冠之年便担任侍中、中监军，只可惜命不长，数年后也死了。关羽的女儿关银屏，因为生得美丽贤惠，孙权曾为儿子向关羽求过婚，希望与关羽结成亲家，但却遭到了关羽的拒绝，为此，关羽还辱骂了孙权的来使，关羽认为与孙权结为亲家，那是对自己的一种污辱。

关羽的长孙名叫关统，是关兴的儿子。关统的妻子是公主，也就是阿斗的女儿，后来官至虎贲中郎将，死的时候没有留下儿女。关羽的次孙名叫关彝，也是关兴的儿子，关统死后他承袭了关统的爵位。《三国志》里说，蜀汉灭亡之后，庞德之子庞会，为了给父亲报仇，将关氏满门抄斩，于是，关羽一脉便断了。这么说来，关羽是没有后代的了。

但是，后来，又有人说，关羽还有一个儿子流失在民间。他便是关羽的第三个儿子，名叫关索。关羽失荆州后，在鲍家庄养伤，诸葛亮南伐孟获时，关索才归军，后来当了先锋。在西南地区，至今仍流传着关索的故事。明成化年间流行的说唱词话《花关索传》，还介绍了其生平事业。至今四川广元乡间尚见有关索妻鲍三娘墓，有碑记鲍三娘世居夔州鲍家庄，与关羽第三子关索成亲，随其夫同扶汉室情由，由此可证，关羽在成都的家族被杀害，但关索一脉却绵延下来。但是，也有人说，历史上并没有关索这个人，他不过是小说里虚构的一个人物而已，可信度不高。

1995 年，国际文化出版公司曾影印出版了一部《关帝文献汇编》丛书，共分 10 册，第 8 册中有影印《关氏家谱》。这本是清代的写本，在清康熙到嘉庆年间递经增修，嘉庆时的编修人为关文榜，是关氏五十八代孙。

可是这些谱牒都是在关羽乃神乃圣之后出笼的，谁能说它没有水分呢？至此，关羽究竟有没有后代，仍需考证。

## 真实的杨家将

“杨家将”是宋元以来，在我国戏曲艺术和说唱艺术中流传最广、影响最大的历史传奇故事。老令公杨业、佘太君、七郎八虎、杨六郎杨延昭、杨宗保、穆桂英、杨文广、八姐、九妹，包括烧火丫头杨排风，几乎都是家喻户晓的英雄人物。

“金沙滩”一战，杨氏兄弟死伤殆尽，接着又是令公碰碑，七郎被害，五郎出家，四郎、八郎失踪。仅剩的六郎依然在为国征战。六郎死后，他的子孙——杨宗保和杨文广，仍然是保卫国家的中流砥柱。杨家不仅男性上战场，女性也个个是豪杰。穆桂英挂帅，百岁高龄的佘太君挂帅，让多少中华儿女热血沸腾。

然而，从史实角度来看，杨家将的故事只是戏曲小说对杨家忠勇殉国的悲剧性历史事件的艺术化演绎。真实的杨家将，其实并没有那么多人。其中的代表人物也只有杨业、杨延昭和杨文广三位。

提起杨家将，人们首先想到的便是杨业。杨业本名杨重贵，其父杨信是麟州的土豪，由于时局的动荡，先后归附过后汉、后周。后来，为了结交当时任河东节度使的刘崇，派年少的杨重贵到太原。年少英武的杨重贵很被刘崇看重，他以杨重贵为养孙，改名为刘继业。

北汉灭亡以后，刘继业归降北宋，宋太宗素知刘继业威名，授予他左领军大将军，郑州防御使。刘继业归宋以后，复本姓杨，单名业。因为杨业对防御辽国有丰富的经验，于是宋太宗派他到代州为三交驻泊兵马部署，为潘美节制。后遭到了潘美陷害。

雍熙三年，宋太宗派出三路大军征计辽国，其中潘美为西路军主将，杨业为副将。潘美逼杨业与辽国正面交锋，但却不遵守接应的约定，不顾杨业的死活，而逃走了。杨业身受几十处伤，左右殆尽，仍手刃敌军数百人，最后杨业筋疲力尽，战马又受了重伤，于是为辽军生擒。杨业的长子杨延玉，以及部将王贵、贺怀浦全都力战而死。杨业被擒不屈，绝食三日而死。

《辽史》中对杨业的死大书特书，可见他们对杨业的忌惮。而宋朝方面所记载夺取山西四州的功绩，却全算在了潘美的头上。实际上是潘美导致了杨业的死，但潘美是国戚宿将，宋太宗也只能大事化小了。

杨家将第二代的代表人物是杨业的儿子杨延昭。杨延昭本名杨延郎，为了避讳而改名为杨延昭。幼年的杨延昭沉默寡言，但总是喜欢玩行军作战的游戏，杨业看了以后说："此儿类我。"以后出征，必然带杨延昭同行。杨延昭在这样的环境熏陶下逐渐成长，成年以后，也成了一个职业军人。

杨业阵亡以后，杨延昭由供奉官升迁为崇仪副使。后来又担任保州缘边都巡检使，在河北的边防前线任职。杨延昭因卓著的战绩，屡次升迁。景德二年，杨延昭被授予高阳关副都部署。杨延昭在大中祥符七年，卒于任上，终年五十七岁。宋真宗听到杨延昭去世的消息，极为悲痛，派使者护灵而归，河朔的百姓多望柩而泣。北灾朝廷录用杨延昭的三个儿子为官，并且常从杨延昭的门客中选取有才能的人为官。

杨延昭英勇善战，所得赏赐全部分给部下，公而忘私。他本人作风简朴，号令严明，与士卒同甘共苦，继承了杨业的作风。杨延昭每战都身先士卒，获得功劳便与部下一起分享，所以部下也乐于为他效命。杨延昭镇守边防二十几年，辽国对他非常敬畏，称他为杨六郎。杨延昭正好处在北宋对辽国进行防御的时期，他为了保卫宋朝的边防而奋战，赢得了百姓的爱戴，延续了杨家将的威名。

杨文广是杨延昭的儿子。作为杨家将的第三代，杨文广并没有建立起能与他祖辈、父辈相提并论的功绩,因为此时北宋已经与辽国议和,而对西夏的政策也在和战间摇摆,只是防御。但是杨文广继承了杨家将世代忠心报国的传统。

经过漫长的发展,原本只有三代的杨家将被写成了五代;原本只是男儿的铁血沙场,又融入了佘太君、穆桂英等如花的女英雄。民间之所以演绎出“杨家将”这一反抗外族侵略的英雄“群像”,源于宋元以来深受外族侵扰的北方人民,对这些英雄的纪念和向往。

## 岳飞背上的字是谁刺上去的

岳飞,字鹏举,汉族。相州汤阴(今属河南)人。中国历史上著名的战略家、军事家、抗金名将。

岳飞背上的字,确切地说是“尽忠报国”,只是到了明清时候,才慢慢流传成了“精忠报国”。很多人认为,岳飞背上的字是岳母刺上去的,这个故事在民间也流传甚广。但是,据查,岳母刺字的故事,宋人的笔记和野史均无记载,包括岳飞的曾孙岳珂所著的《金佗稡编》也没有记录。岳飞刺字的故事,始见于元人所编的《宋史本传》,书云:“初命何铸鞫之,飞裂裳,以背示铸,有‘尽忠报国’四大字,深入肤理。”但书中未注明此四字出自岳母之手。

岳飞

有人说,岳母很可能是文盲,而岳飞背上的字,应该是请人刺上去的。在宋金打仗的时候,岳飞是在现在的山西平定一带当兵,岳飞是一个很忠孝的人,他很担心家里年迈的老母亲,为了安顿好母亲,岳飞就从战场回到了家乡河南的汤阴县。岳飞的母亲姚氏是一个农家妇女,识字的可能性不大,所以不太可能亲手在岳飞背上刺上“尽忠报国”四个字。但极有可能的是,他母亲为了鼓励他放心去战场打仗,请人在岳飞背上刺的。

《宋史·岳飞传》有记载,岳飞入狱之初,秦桧等密议让何铸审讯。岳飞义正词严,力陈抗金军功,爱国何罪之有?并当着何铸的面“裂裳以背示铸,有‘尽忠报国’四大字,深入肤理”。浩然正气,令何铸汗颜词穷。

关于岳飞背部刺字,还有一种说法,岳飞久怀报国之志,曾三次从军抗金杀敌。

他于宣和四年19岁时第一次应募入伍，背部刺字大约是此时所为，因为北宋末年“刺字为兵”的制度仍在贯彻执行。所以岳飞在背部刺上“尽忠报国”四字明志。

从宋太祖赵匡胤开始，为了加强对军队的管理和控制，“刺字为兵”就成为一种规范运作的制度，只要是应募入伍的士兵，都要刺字作为标记。赵匡胤认为应该把兵和民分开，兵民分开控制，有利于国家的稳定，有利于皇帝的统治。南宋人朱弁《曲洧旧闻》也说：“艺祖（即宋太祖）平定天下，悉招聚四方无赖不逞之人，刺字以为兵。”据古书零星记载，一般是取“松烟墨”，入管针（类似于管状针头）画字于身，直刺肌肤，涂以药酒即成。

宋代有两种军队需要刺字：一种是禁军，就是国家的作战部队；一种是厢军，相当于现在的工程兵，国家的大型公共工程，比如修桥补路等，都是由厢军来完成的。禁军和厢军都有各自固定的番号，为了便于识别和管理，士兵刺字的内容基本上都是各自所属部队的番号，不会是其他的内容。这样使得士兵不能随心所欲地流动和逃跑。

还有牢城兵，比如说《水浒传》里面的林冲，他犯罪之后被发配到沧州当兵，这种兵是带有徭役性质的，也会刺上诸如牢城第几指挥之类的标记。所以说，从岳飞背部刺字的内容——尽忠报国来分析，不可能是他应募当兵的时候刺上去的。而且刺字的部位也不符合宋代的规定，宋代给士兵刺字叫作黥面，最开始刺在脸上，人为地把士兵和社会普通阶层分开，这对士兵是一种歧视。宋代是一个重文轻武的朝代，但也不乏有开明的士大夫，提出改刺在手臂、手心、手背或者是虎口上。

而且给士兵刺字的目的是便于管理和控制，防止士兵逃跑或者犯法，所以才会选择刺在脸上和手心、手背这些相对明显的部位。如果像岳飞那样刺在背上，太隐蔽了，根本没有任何标识作用。所以这也说明岳飞背部的“尽忠报国”不符合“刺字为兵”的募兵制度。

岳飞背上的字究竟是谁刺上去的，已无从考证。但是不管怎样，岳飞永远是我们心中的英雄，这是铁定的事实，无法改变。

### 戚继光斩子之谜

戚继光，字元敬，号南塘，晚号孟诸，山东登州（治今蓬莱）人。明代著名抗倭将领、军事家。率军之日于浙、闽、粤沿海诸地抗击来犯倭寇，历十余年，大小八十余战，终于扫平倭寇之患，被誉为民族英雄。

民间流传着一个戚继光斩子的故事。清代乾隆版《宁德县志》抄录的《连江县志》中的一段记载称：那是戚继光平定了连江，准备移兵宁德的时候。因宁德的城防严密，戚继光知道肯定有一场硬仗要打，于是便以自己的儿子为前锋，并传令下去，如果有退缩的人，定斩不饶。戚继光没想到，自己的儿子竟然很不争气，当他登上白鹤岭后，见到倭势非常强盛，便回头想退回连江。戚继光见了大怒，便马上令人将自己的儿子给斩了，三军一见这阵势，全吓傻了，于是再也没有人敢退缩了，临战时，每个人都能以一敌百，最后竟然尽歼群倭，夺得了宁德，获取了巨大胜利。《宁德县志》接着写道："戚继光杀死了自己唯一的儿子后，宁德人非常伤心，于是，便将其子之像塑立于庙中，每日祭祀。"这段记载，使后人相信：戚继光斩子是在宁德市白鹤岭，祀于功德祠。

戚继光

但是，又有人说，戚继光杀子之事不成立，原因是戚继光十分惧内。如果他真的杀了儿子，那他的妻子怎么会答应？戚继光有一个强悍的老婆，叫王氏。有故事为证：戚继光有一次被老婆追着打，一路跑到了军营，弟兄们看他可怜，给他出了一个馊主意——让戚继光把老婆叫来，大家乘机将她教训一下，为戚继光报仇。戚继光照做了。当他老婆气势汹汹地来到军营时，他把手一挥，弟兄们都以为他要动手了，没想到，戚继光不紧不慢地说："特来请夫人阅兵。"

还有一次，戚继光手下的一个弟兄，又给他出了一个馊主意，让戚继光在老婆午睡时把刀架在老婆脖子上吓唬她。戚继光一边举着马刀往前冲，嘴里一边大叫着给自己壮胆。这胆没壮成，倒把他老婆吵醒了。幸好戚继光有勇有谋，对老婆说："我只是杀只鸡给夫人补补。"

一个怕老婆怕成这样的人，又怎么敢杀自己的儿子？虽然古时有父叫子亡，子不得不亡的规定，但试想，哪个女人不爱自己的儿子？从这里看来，戚继光杀子是不可信的。

也有人说，戚继光确实有几个儿子。但是，在抗倭期间，却没有儿子，更不会以其子为前锋。《中国历代名人传丛书·戚继光》一书中，对于戚继光的婚姻、家庭，是这样记述的："次年（嘉靖二十四年），戚继光便结了婚，由妻子王氏主持家务。"结婚这年，戚继光18岁。之后，戚继光中年时因无子嗣，娶妾生祚国、安国、昌国、报国、兴国。长子祚国生于隆庆元年（公元1567年），而戚继光由连江至白鹤岭，是嘉靖四十二年(公元1563年),这年,长子祚国还没有出生,何来"以其子为前锋"?

还有一说法,戚继光斩子的故事发生在浙江台州地区。一次,戚继光率领军队在台州府围剿一群倭寇,倭寇与戚家军交战之后,很快大败,有一批残敌想绕到城北的大石退守仙居。为了彻底消灭这群倭寇,戚继光命儿子戚印为先锋,率领军队抄近路在白水洋常风岭一带伏击。

临行前戚继光一再交代戚印,与倭寇交手之后,不要急于求胜,要佯装失败,将敌人诱至仙居城外再予以反击,以迫使城中的倭寇出援,一举歼灭。违反军令者要按军法处置。戚印率军到达常风岭之后,将军队埋伏在山道两旁的树丛中,此时,倭寇的队伍也沿着这条山道开了过来,前面还押着一些抢掠来的妇女和牛羊等,戚印见后,气愤万分。再也沉不住气,马上下令军队展开总攻,一时间矢石齐飞,刀枪猛舞,喊声震天。戚印只顾奋勇杀敌,竟然忘记了父亲临行前的"只许败,不许胜"的交代。霎时间就将敌人全歼在山道之上。

后来戚印率军回营,将士们都言戚印作战勇敢,杀敌有功。但戚继光却在听完儿子的禀报之后,勃然大怒。说他违反军纪,不服从指挥,应该以军法处置,便命将校将其绑出辕门外正法。诸将苦苦求情,说戚印虽然是触犯了军令,但其大败倭寇,也是有功之臣,可将功抵罪。但戚继光却认为戚印明令故犯,贻误军机,不容不诛!若是不杀则军纪难以严明如初。最终,还是斩了儿子。

但是,又有人说,戚印不是他的儿子,而是他的一个部下。于是,戚继光斩子的故事,究竟是否属实,依然没有定论。

## 吴三桂降清之谜

吴三桂,字长白,明末清初扬州高邮(今属江苏)人,祖籍辽东,武举出身,锦州总兵吴襄之子,以战功及父荫授都指挥。年轻时曾带二十余名家丁救其父于四万满洲人之中,孝勇之举遍闻天下,有"勇冠三军、孝闻九边"的美誉。曾在北京短暂逗留,遍识名公巨卿及文人雅士,吴伟业称其为"白皙通侯最少年"。

吴三桂英勇善战,很受辽东诸将帅的青睐,1639年,年仅27岁的吴三桂,就已升任为辽东总兵。吴三桂的部队军纪严谨,作战勇敢,是当时明朝在辽东的部队中战斗力最强的一支。1641年松锦之战后,明朝在辽东的将士损失殆尽,洪承畴、祖大寿被迫投降,骁将曹变蛟被杀,只剩下吴三桂一支军队在山海关一线英勇抵抗清军。在这种情况下,吴三桂克服困难,重新组织起一支接近万人的边防劲旅,承担起防守山海关,抵抗清军的重任。为了打开山海关这道屏障,清朝曾多次派祖大寿和洪承畴等人招降吴三桂。但是吴三桂始终不为所动,坚持抗清。可是,到最后还是降了清朝，到底是什么原因让吴三桂选了一条自己不愿走的道路呢？

首先，人们想到的是，吴三桂为了父亲吴襄才降的清。1644年，李自成率领农民起义军逼近北京，崇祯帝封吴三桂为平西伯，命他带兵入卫京城。待吴三桂率军入山海关时，北京城已经被李自成的农民军攻破，崇祯帝自缢，吴三桂的士兵驻守山海关，正在观望局势的变化。原本李自成和清朝都想争取吴三桂这员猛将，而吴三桂权衡左右，决定归顺李自成。然而就在这时，吴三桂得到密报，他在北京的家产被农民军查抄了，父亲吴襄也遭到了严刑拷打。因此，吴三桂与李自成彻底决裂了，即便后来李自成与吴敏等人对吴襄百般示好，也未能将吴三桂拉拢回来。

吴三桂

但是，仔细一想，如果吴三桂单单是为了父亲的话，那后来农民军已经向他示好，为何还要降清，这条理由似乎显得有些苍白了。

其次，吴三桂降清的缘由很可能是为了陈圆圆。据说，农民军的大将吴敏在带人抄吴三桂的家时，发现陈圆圆长得闭月羞花、风情万种，便动了念头，将其抢去做了自己的侍妾。陈圆圆虽为当红歌伎，可是她聪慧美丽，自从被人当礼物送给吴三桂后，便成了吴三桂的红颜知己，得到吴三桂的百般宠爱。当吴三桂得到了陈圆圆被吴敏抢去的消息后，非常愤怒，一怒之下，他杀掉了李自成派来劝降的使者，还萌生了降清的念头。

但有关吴三桂一怒之下为红颜的举动，史书上是没有记载的，不知是遗漏了，还是吴三桂根本就没动过这种念头。或许，他降清是受当时的形势所迫。

自农民军攻破北京城后，吴三桂就变得非常被动，因为一边是李自成的农民军，一边是多尔衮率领的清军。无论哪方，势力都比吴三桂强，一旦开战，吴三桂肯定会损兵折将，削减势力。而就在他举棋不定之际，农民军率兵攻打吴三桂。此时的吴三桂本不想打仗，但人家打上门来了，总不能不应战。可是，吴三桂的人少，肯定打不过，为了自保，不得不求助于清军。虽然多尔衮在人力、物力上给予了吴三桂一定的支援，但这些也不是白给的，于是，历史就给吴三桂记下了这降清的一笔账。

## 石达开负气出走之谜

石达开，小名亚达，绰号石敢当，广西贵县（今贵港）客家人，太平天国名将，近代中国著名的军事家、政治家、武学名家，初封“左军主将翼王”，“天京事变”曾封为“圣神电通军主将翼王”。

石达开是太平天国最富有传奇色彩的人物之一，十六岁“被访出山”，十九岁统率千军，二十岁封王，英勇就义时年仅三十二岁。

石达开塑像

1857 年 5 月，在京辅政的石达开，因受排挤猜忌，被迫出走。那时，他率部属数万人赴安庆，拒绝了天王洪秀全及满朝文武要其回朝辅政的挽留。10 月初，石达开率部属离开安庆进入江西，在景德镇招集旧部，开始独立与清军作战。从此，石达开走上了一条不归路。尽管他用兵神出鬼没，但由于寡不敌众，再加上清军背信弃义，最后身受凌迟酷刑而死。

那么，石达开出走的责任在于谁？有人说石达开出走，是想搞分裂活动，以图日后能称雄一方。但是，有人认为事情并没有这么简单。因为石达开在“天京事变”后，能够处处以大局为重，而洪秀全的表现却令人失望。

当韦昌辉杀害石达开一家时，洪秀全没有对石达开一家采取任何保护措施，甚至连一点儿象征性的表示也没有。石达开驻军宁国，要求洪秀全处置韦昌辉，洪秀全从石达开要求开始到韦昌辉被杀，整整拖了一个月之久。据外国人麦高文讲，最后，洪秀全见全体军心皆归了翼王，“不得不屈从其主张”。洪秀全的用意很明显，借韦昌辉来牵制石达开。

如果洪秀全真想杀韦昌辉的话，何不借广大军民的支持以及翼王的支持，来杀韦昌辉呢？事变后，“合朝同举翼王提理政务，众人欢悦，主有不乐之心，专用安福两王”，又是一个“不乐”，其意图在于“挟制翼王”。在这种“疑多将图害，百喙难分清”的情况下，石达开的出走，不失为一种缓解矛盾，避免大规模火并的上策。当然，石达开之所以这样做，也含有保全性命的意思。谁能保证天王不杀石达开呢？即使天王不杀，而安福二王为己之利，又会不会对石达开下毒手呢？这样看来，石达开的出走，责任完全在于洪秀全等人，而不在于石达开本人。如果洪秀全等人真心挽留石达开，他是会留下来的，那么太平天国也许会是另外一种情况。他的留下，不只是对他自己，对洪秀全也是一种巨大的帮助。

有人说，石达开出走的意图在于搞独立背叛革命。也有人说，石达开一贯对革命忠心耿耿，就是出走以后，仍想着“勉报主恩仁”，仍想着“一统太平日，各邀天恩荣”的反清重任。

如果石达开想搞独立，那么为何不在天京利用手中的重兵，来一次军事政变以取代洪秀全，占据“虎踞龙盘”的金陵帝都，凭长江天险而称霸一方，而偏偏要去远征西南呢？石达开的真正用意，在于“久想占据四川省”，夺取西南重镇成都，与清军争夺长江上游，使长江上、中、下游连成一线。既可切断南北清军的联系，起到羽翼天朝的作用，又可利用“天府之国”的有利条件，扩大太平天国的势力。

一旦形势有变，东西两路北上合攻北京，那么成功的可能性极大。石达开出走时能带走20万精兵，一则说明石达开深入人心，二则说明了广大将士对石达开这个策略的支持。可以这样设想一下：如果石达开渡过大渡河，攻下成都（以当时的力量完全是有可能的）的话，那么，太平天国的历史就应重写了。

在这里，事物的偶然性起了很重要的作用。虽然石达开的计划失败了，但唯物主义者从不以成败论英雄。这样看来，石达开是对革命有执着追求的，他是一位被误解的悲壮英雄。

这位太平天国的翼王，一度是清廷和曾国藩恐惧的头号对手，多年来反清的人都以理想化的态度对他大力讴歌。民间曾有“别人冒充他而死”“本人出家云游以待再起”等传说，在同盟会的章太炎笔下更做过近乎神化的描绘。

记得有位历史学家说过，重要的历史事件，往往会出现两次，第一次是悲剧，第二次是喜剧。悲剧虽然失败，但却有着更高的审美价值，令人叹息。他的悲剧，是人格悲剧，也是命运悲剧。为了拯救将士，他一人去接受凌迟。

## 曾国藩为何没有称帝

曾国藩，原名子城，字伯涵，号涤生，汉族，湖南湘乡白扬坪人。晚清重臣，湘军的创立者和统帅者。清朝军事家、理学家、政治家、书法家、文学家。官至两江总督、直隶总督、武英殿大学士，封一等毅勇侯。

曾国藩在太平天国运动威胁到清王朝统治时，通过组建湘军，掌握了地方大权。湘军攻下南京后，曾国藩已经控制了整个统治集团，就军事实力而言，他比清政府的实力要雄厚得多，若曾国藩振臂一呼，从满族人的手中夺得统治权，应当说并不困难，但他没有这么做。那么，曾国藩为何拒不称帝呢？

有人说，曾国藩满脑子都是忠君报国的思想。他起兵就是为了保卫地主阶级利益，保卫清朝。他的个人追求就是做个中兴名臣、封侯拜相、光宗耀祖。

又有人说，曾国藩即使想当皇帝，时势也不允许他这么做。当时清政府虽然衰落，但僧格林沁，拥有一支强大的以骑兵为主的军队。曾国藩很可能是害怕这支军队，才没有称帝。

还有人说，曾国藩真称帝的话，势必会引起社会动荡，各地又要出现割据的局面，天下统一的局面就该被打破了。更有人说，他根本就没有资本称帝。那时，他只不过是个总督，就算是最后可以节制四省的军务，也还是个小官。另外，他所率领的只是战斗力一般的湘军，所谓湘军就是政府批准的民团。当时虽说清政府腐败，但是最精锐的还是满洲八旗官兵。再就是，他始终是个汉人，满人的朝廷是不会完全相信汉人的，在他身边肯定有朝廷派来的暗哨，也许前一秒称帝，后一秒他的人头就会落地。

还有人说，自古文人是造不了反的。中国自春秋战国以来，大多开国皇帝或者起义军的领袖，大多是军人武夫，有的甚至是流氓无赖，读书人造反的很少，而成功的几乎没有。另外，集团内部的阻力，也是一个原因。李鸿章的淮军、左宗棠的楚军是新队湘军分出去的势力，他们会不会支持曾国藩，对曾国藩来说，根本就是一个未知数。

面对一个无用的清廷和一个精干的曾国藩，老奸巨猾的李鸿章应该会倒向清廷。而且即使是没从湘军里分出那么多高级将领，他们也不一定就会支持曾国藩。还有外部方面的阻力。当时，也就是第二次鸦片战争后不久，以英国为首的国际在华势力，可以说已经打定主意扶植清廷，曾国藩这么一闹，他们很可能也会和镇压太平天国一样来镇压曾国藩率领的部队。

更有兵民厌战的情绪左右着他。和太平军玩了那么久的湘军，士兵们一定很累了，以前和太平天国征战的一幕幕血腥浮现在自己心头的时候，回想起昔日和自己并肩作战的兄弟已经死去的时候，难免对战争不寒而栗。好不容易告别了战争，他们难道还愿意再回到战场中去吗？更何况，湘军主力攻陷天京的时候，曾对天京城进行了大规模的抢劫，官兵都积累了一大批钱财，人心思归，战斗力锐减。

同样，百姓也厌恶战争了，这从太平天国后期与前期的支持率相比就可见一斑。最关键的是，湘军起兵是以忠君报国为口号，并作为团结奋斗的动力，一旦曾国藩自己称帝，这不就等于自己打自己的嘴巴吗？到时候必然会丧失人心、众叛亲离。

曾国藩一生功过，让人争论不休。他曾被人推许为孔子、朱子以后，再度复兴儒学的先哲;建功树业的伟大贤者,清朝咸、同中兴第一名臣。但也有人骂他是民贼、元凶、汉奸、民族罪人、好名失德的“伪君子”,可谓毁誉参半。如果他称帝,也许会有四面楚歌之虑。因而曾国藩拒不称帝也是一件好事。

## 邓世昌殉国之谜

邓世昌,原名永昌,字正卿,汉族,广东番禺人。清末海军杰出爱国将领,在黄海与日寇海战中为国捐躯。谥壮节公,追封太子少保衔,其后人多为仁人志士。

邓世昌常说:“人谁无死?但愿我们死得其所,死得值。”自古以来,牺牲在战场上,一直是爱国军人引以为自豪的志向。特别是那些明知死在眼前却仍勇敢赴难的人,更令人崇敬。在中日甲午海战中牺牲的邓世昌就是这样的人。

邓世昌是我国最早的一批海军军官中的一个,是清朝北洋舰队中“致远”号的舰长。他有着强烈的爱国心。1894年,中国和日本之间爆发了甲午战争。邓世昌多次表示:如果在海上和日舰相遇,遇到危险,我就和敌人同沉大海!

1894年9月17日在大东沟海战中,邓世昌指挥“致远”舰奋勇作战,后来在日舰围攻下,“致远”多处受伤全舰燃起大火,船身倾斜。邓世昌鼓励全舰官兵,说道:“吾辈从军卫国,早置生死于度外,今日之事,有死而已!倭舰专恃吉野,苟沉此舰,足以夺其气而成事”,毅然驾舰全速撞向日本主力舰,决意与敌军同归于尽。倭舰官兵见状大惊失色,集中炮火向“致远”射击,不幸一发炮弹击中“致远”舰的鱼雷发射管,管内鱼雷发生爆炸导致“致远”舰沉没。邓世昌坠落海中后,其随从以救生圈相救。被他拒绝,并说:“我立志杀敌报国,今死于海,义也,何求生为!”所养的爱犬“太阳”亦游至其旁,口衔其臂以救,邓世昌誓与军舰共存亡,毅然将犬首按入水中,自己亦同沉没于波涛之中,与全舰官兵250余人一同壮烈殉国。

与此同时,其他战舰的爱国官兵,也英勇奋战,狠击日舰,日舰伤亡惨重,毙伤日寇数百人。这次海战,中国方面虽然损失不少,有四艘军舰被击沉,但“镇远”“定远”两艘主力舰仍然完好,修整后还可出战。

邓世昌牺牲后举国震动,光绪帝垂泪撰联“此日漫挥天下泪,有公足壮海军威”,并赐予邓世昌“壮节公”谥号,追封“太子少保”,入祀京师昭忠祠,御笔亲撰祭文、碑文各一篇。李鸿章也在《奏请优恤大东沟海军阵亡各员折》中为其表功。清廷还赐给邓母一块用1.5公斤黄金制成的“教子有方”的大牌匾,并拨给邓家白银10万两以示抚恤。邓家用此款在原籍广东番禺为邓世昌修了衣冠冢,建起邓氏宗祠。威海百姓感其忠烈,也于1899年在成山上为邓世昌塑像建祠,以志永久敬仰。1996年12月28日,中国人民解放军海军命名新式远洋综合训练舰为“世昌”舰,以示纪念。

但也有人说,邓世昌不是以身殉国,而是溺水而死。据“镇远”舰管带马吉芬回忆,“致远”舰内幸存者只有七名,他们依靠舰桥上的救生圈逃生,后被一只帆船救出。

后来,那七名幸存者的说法又各不相同。但唯有一点说法一致。据说,邓舰长平时饲养一头大狗,性极凶猛,常常不听主人之命。“致远”沉没后,不会游泳的邓舰长抓住一块船桨木板,借以逃生。不幸狂犬游来,将其攀倒,邓舰长的手与桨脱离,惨遭溺死。后来的说法因为没有详细的历史记载,所以情况有待核实。

## 姜太公身世

姜太公是西周王朝的开国功臣,关于姜太公的身世、遭遇、武功,先秦的许多记载中都有,但大多模棱两可,难辨是非。其中,姜太公是哪里的人,就是一个难解的谜。

《吕氏春秋·首时》中说,姜太公“东夷之士也”。从考古角度来看,聚居在今山东地区为主的大汶口文化和龙山文化时期的土著居民就是历史上的东夷族人。

古代传说,姜太公是炎帝的后裔。炎帝被黄帝战败后,他的部族与黄帝融合,一部分发展到今山东沿海一带成为东夷族。至尧、舜、禹时,姜氏族已成为统领“四岳”的首领。《尚书·尧典》里说“四岳”不但参政天下大事,还要推荐舜为尧的继承人等重要事项,可见姜尚先祖权力之大。

司马迁的《史记·齐太公世家》载曰:“太公望吕尚者(即姜尚),东海上人。其先祖尝为四岳,佐禹平水土甚有功。虞夏之际封于吕,或封于申,姓姜氏。”《孟子·尽心》篇里也记载姜太公濒东海而居。有的学者认为,吕氏子孙繁衍流散,其中某个支系后来迁徙到东海之滨与夷人杂居,逐渐发展成为具有相当势力的一个集团。而姜太公正是这个姜姓吕氏集团的头面人物,具有大族长的身份。所以《孟子》等书提到豪杰归国,都把他与诸侯之子伯夷同时并举。

最先提出姜太公是“汲县人”的,是汉代会稽太守杜宣和河内郡汲县令崔瑗。《水经注》载:“汲城东门北侧有太公庙,庙前有碑云,县民故会稽太守杜宣、白令崔瑗曰太公本生于汲,旧居犹存。”其次,《汲冢书》载有太公为“魏之汲邑人”之说。战国时,汲县属魏国汲邑。到了宋代,著名学者罗泌在所著《路史·发挥》中说:“太公望,河内汲人也。”

姜太公故里到底在何方,至今没有定论,还需要进一步论证。

## 李陵投降匈奴

李陵，字少卿，陇西成纪（今甘肃秦安）人，飞将军李广的孙子。天汉二年（公元前99年），李陵向汉武帝请求攻打匈奴。汉武帝准奏了这次军事行动。

李陵于这年九月率5000人从居延出发，经过730天的长途跋涉，到达浚稽山（约在阿尔泰山脉中段），在山下遇到了匈奴的军队。单于用3万大军包围了李陵，李陵命令前队的人拿盾和戟，后队的人都持弓弩。匈奴见汉军少，就一直向前挺进。李陵指挥弓弩手，千弩齐发，单于的士兵顷刻间死伤一大片，急急忙忙向山上逃跑。汉军乘胜追击，杀死匈奴数千人。

就在这节骨眼上，李陵军中有一个叫管敢的兵士，被李陵的校尉韩延年辱骂，一气之下跑去向匈奴投降。他对单于说："李陵的军队没有后备支援，弓矢也快用完了。"管敢还把李陵的排兵布阵告诉了单于。由于单于洞悉了李陵的虚实，知道他是孤军作战，便放心大胆起来。他还按照管敢的主意，用许多骑兵攻打李陵。李陵率汉军向南走，还没有到辊汗山，弓矢都用光了，汉军被单于困在峡谷中。单于乘机用垒石攻打，汉军死伤惨重。最后李陵被擒。此时，边关便报李陵降敌。

汉武帝听说这件事后，十分恼怒。太史令司马迁对皇上说："李陵这个人诚实而讲求信义，现在他处境不幸，我们应同情他。况且，李陵只带步兵5000人，面对匈奴8万大军，转战千里，弹尽粮绝，赤手空拳同敌人拼搏。他现在身陷匈奴，但是全天下的人都知晓他的战绩，他不死，估计是还想再为汉朝立功。"

司马迁的一番话没有打动皇上，皇上反而定司马迁"为陵游说"之罪，处以宫刑。那么李陵为什么向匈奴投降呢？事实是李陵在匈奴数年杳无音信，皇上派公孙敖带兵去设法抢回李陵。公孙敖去匈奴后无功而返，为了回复皇上，他回来告诉皇上，说："听说李陵在那边训练匈奴兵，要攻打汉朝。"皇上听到这个消息，大发脾气，命人把李陵母亲、李陵弟弟及李陵的妻儿都杀了。其实，替匈奴训练士兵的人是李绪，一位早年投降匈奴的汉都尉，公孙敖显然是张冠李戴了。

就在李陵投降匈奴的前一年，苏武出使匈奴被扣。后来，李陵宴请苏武，李陵给苏武斟满酒说："你不降匈奴，忍辱负重，名扬天下，功劳盖世。"李陵推心置腹地告诉苏武说："我投降的目的原本是想找机会劫持单于，为国家效劳。却不料汉皇不了解我的心志，杀了我的老母和妻儿，绝了我的归路。"苏武说："过去，我深知老友的为人处世的态度，但现在你的处境不同过去，是非功过，也只好由人们去评说。但是我决不能做对不起国家的事。"

李陵听苏武说完后，长叹一声："比起苏君来，我这个人真如粪土一般。"说罢，热泪纵横，起身吟唱了一首《别歌》：“径万里兮度沙漠，为君将兮奋匈奴。路穷绝兮矢刃摧，士众灭兮名已颓。老母已死，虽欲报恩将安归！”一曲歌罢，李陵朝着南方跪拜不起，苏武望着他，叹息不止。这就是李陵“身在异族心在汉”的故事。

### 曹操不称帝

曹操是我国历史上著名的政治家、军事家和文学家。他自 189 年起兵，至 220 年病故，用 30 多年的征战，成就了自己的辉煌功业，是当时中国最具影响力的人物。他统一北方，政治地位日益提高。他将献帝接到许都后，借皇帝之名，自封丞相，行使治理国家的权力。平定中原后，他被封为司空。216 年，曹操称魏王，大权由其独揽。曹操的一生是辉煌的一生，那么他究竟为什么没有当皇帝呢？

曹操

196 年，曹操迎汉献帝到许昌，从此曹操手中比其他诸侯多了一张王牌，很快他取得了军事、人才、经济等各方面的领先。

接着曹操统一北方，天下形成“鼎足三分”的局面，此时曹操要想当皇帝，是轻而易举的事情。但曹操清楚，汉朝虽名存实亡，但汉朝皇帝还有相当多的人拥护，继续维持献帝这块招牌，对于安抚拥汉派，巩固魏国内部，牵制吴、蜀，有着重要的作用。而一旦废掉了献帝，就会给他们起兵的借口，使自己在政治上陷入被动的局面。

还有一事恰好说明了曹操的担心。赤壁之战后曹操不再举兵南下，专心治理北方。几年后，北方一片繁荣的景象。孙权趁机拍拍曹操的马屁，说曹操现在受万民景仰，应一跃为帝才对哪。曹操读了信后冷笑一声，说：“孙权那小子想把我放在火上烧烤哪。”这话一语双关，既说了谋权篡位不可行，还因为汉朝号称得到“火德”，自己代汉须胜于“火德”，就是让自己坐在火炉上的意思。

有学者认为，曹操的功利主义观念中，最明显的一个特点就是务实。后人称他为奸雄，但综观他的一生，最奸之举莫过于不夺帝位，而拥帝权，既捞取名声，又得到了实惠。他只要掌握实权，不看重虚名。

实际上，曹操拥有皇帝之权，一切朝政大事皆由他掌管。献帝只是后宫的男主人,有时甚至连后宫也管不了。一切生杀大权都在曹操手上,只不过曹操还缺一件皇袍罢了。或者,他根本就是把皇袍当衬衣穿。

不称帝对他也有好处,这也是曹操的高明之处。留下献帝,他就能打着天子的旗号,轻而易举地收复豫州,使关中诸将望风而降。他利用献帝之名,实现和平征服。刘琮投降、张昭一派劝孙权投降,也是以此做挡箭牌。

此外,他曾在《让县自明本志令》中明确提出:“既为子孙计,又已败则国家倾危,是以不得慕虚名而处实祸,此所不得为也。”这话有合乎情理之处,“不得慕虚名而处实祸”,不就是说他要做好准备后才称帝吗?且不说称帝,献帝封他十万人口不就是想让他辞去兵权、官职吗?他看穿了,表示拒绝,甚至放弃封地。他是用行动暗示群臣,他是永远不会放弃兵权的,也就意味着他死后让儿子继承自己的权势,解决代汉问题。

司马光在《资治通鉴》中评论说,曹操不称帝,是因为东汉的文治极盛,儒家思想已经形成风俗。曹操早年深受儒家思想的熏陶,不敢担这个背汉夺权的罪名。

至少从建安十五年(210年)起,曹操一再“自明本志”,说自己绝对没有代汉自立的意图,如果现在突然改变主意,否定自己,对自己的声誉名节必然会造成不利影响,不如坚持把戏演下去。

因此曹操不可能出尔反尔废掉汉献帝,即使出于维护自己的历史形象的目的,他也会一直拥立汉献帝。虽然后来还是被人扣上了“篡逆”的帽子,但他从未改汉臣的身份。

还有学者认为,曹操不称帝,吴蜀未平是最大的原因。

曹操英雄一世,志向很大,他不会甘心于做半壁江山的皇帝。在曹操之前,秦始皇统一六国之后才开始称帝,刘邦是灭了项羽之后才称帝,王莽称帝时也是一统天下。只有刘秀、刘玄等打着继承汉统的旗号,在统一前称帝。

曹操认为,皇帝是天下一统后才可以当的,所以曹操在吴蜀未灭时不愿意称帝。如果称帝,只会给刘备和孙权找到一起称帝的借口,使天下三分,立起三个皇帝来。如果大家都做皇帝,那曹操做皇帝也没有什么意思。

后来的曹丕基本上没有太大的志向,曹操死后刚过了半年多,他就急于称帝。结果过了一年刘备也称了帝,后来孙权和曹魏闹翻,也称起了帝。

这三家,曹丕是:“为什么不称帝?”刘备是:“你称我也称!”孙权是:“不称白不称!”只有曹操是“消灭你们我再称帝”或者是“要怄气和我儿子怄吧!”

建安二十四年(219年),曹操已65岁。他觉得年纪大了,将不久于人世,这也可能是他不愿称帝的一个原因。他所做的一切努力,就是为自己的儿子称帝搭桥铺路。

所以后来陈群等人又劝曹操称帝，曹操只回了一句饶有深意的话："若天命在吾，吾其为周文王矣。"意思是说：就算时机已经成熟，我也要做周文王，像周文王一样给儿子周武王创造条件，让儿子去做皇帝。这与《让县自明本志令》中的"三分天下有其二——周之德可谓至德"相呼应，说明曹操正在对现有的权力资源进行整合。让自己儿子做皇帝，实际上等于曹操自己想做皇帝。后世常称曹操为魏武帝，也是把他当成皇帝来看待了。他也明白，这是可行的。他称帝的阻力太大，但到了他儿子曹丕手里，新的一代人，对于汉王朝昔日的威仪，已不在话下。与其辅主为臣，不如篡汉自立。在诸侯大部顺服、士族基本归心的客观情势下，旧的君臣框架已成形式，汉祚的延续根本毫无意义，所以取而代之，也是历史的必然。

而且那些士族之所以阻止曹操代汉，与其说是为了拥护汉朝，倒不如说是为了用士族的支持向曹操换取更大的回报。曹操死后，其子曹丕采纳了拥曹士族陈群的建议，推出九品官人法，给了各地方士人走上仕途的捷径——因为品评地方士人的大、小中正官，本身就是高级士族。有了这样的交换，士族纷纷不再拥汉。220年，曹丕取消汉献帝的皇帝称号，自己当上了魏帝，圆了他父亲一生都未做成的梦。

曹操不当皇帝，究竟是不是学者们说的那样，至今还是个谜。

## 诸葛亮故居

刘备三顾茅庐请诸葛亮的故事，流传很广。诸葛亮出山之前，一直隐居在草庐中。可是地点在何处呢？一说在河南南阳；另一说在湖北襄阳，争论到今天也没有定论。

1957年3月19日《光明日报》发表了新华社记者拍摄的一张照片："刘备三顾茅庐处"，并且附有说明："在河南省南阳西郊卧龙岗的诸葛亮古迹，相传刘备三请诸葛亮就在这个地方。"

诸葛亮写作《出师表》里自述："臣本布衣，躬耕于南阳……先帝不以臣卑鄙，猥自枉驾，三顾臣于草庐之中。"另外，唐代诗人汪遵做过一首绝句《南阳》："陆困泥蟠未适从，岂妨耕稼隐高踪。若非先主垂三顾，谁识茅庐一卧龙。"从最后一句中提到的"卧龙"两字，可以推知指的是河南南阳。既然引出"卧龙"这层关系，我们再看看明朝诗人叶秉敬的诗，诗的题目就叫《卧龙岗》，诗中写道："出庐整顿三秋事，弹指髡钳两国奴"，是称赞诸葛亮的。

持另一种说法的人则不认同诸葛亮故居在河南南阳，认为应该在河南南阳两百多里以外的湖北襄阳城西三十里的隆中山中。其理由是：

诸葛亮

其一,南阳在汉代是郡名,南阳郡归荆州刺史管辖,刘备在建安六年(201年)投奔荆州刺史刘表,刘表就驻在襄阳。而今天的河南南阳在汉代称为"宛",从建安二年以后,张绣向曹操投降,宛城便成为曹操控制下的势力范围。当时曹操和刘备正是兵戎相见的对手,宛城处在敌境之内,而他却能够自由出入敌占区,从容三顾,显然不合情理。

其二,《三国志》中的《诸葛亮传》,说诸葛亮幼年丧父,随叔父诸葛玄生活,诸葛玄后来投奔荆州刺史刘表,当然居住在襄阳附近,不会到二百里之外的宛城去住。

其三,另外《汉晋春秋》记载:"(诸葛)亮家于南阳之邓县,在襄阳城西二十里,号曰隆中。"刘备与诸葛亮议论天下大事,诸葛亮未出茅庐先定三分天下,所以叫"隆中对"。这里说的邓县不是现在河南的邓县,它的老城遗址在襄阳地区汉水北岸十余里处,接近襄阳,所以诸葛亮故居应该是在襄阳的隆中山中。

分析这两种说法,各有各的道理,也各有不能使人完全信服的地方。第一种说法没有考虑《汉晋春秋》的记载;而第二种说法又忽视了卧龙岗这个与诸葛亮有直接关系的因素。到底诸葛亮的故居在哪里?直到如今也难以断定,解开这个谜还需要做进一步的考察。

国学经典文库　图文珍藏版

# 中国未解之谜

王书利◎主编

线装书局

# 第二节 感受奇妙的风俗

## 阎罗王的原型之谜

在中国长江中游地区，濒临三峡的酆都小城，有一个神秘所在。为什么这样说呢，据说这里是阎罗王地府的所在地。

阎罗王

在那里，从唐宋时代开始，历朝都有参与地府建造的持续性工程，于是，由人建造的鬼府，还连成一个系列，有诸如“玉皇殿”“阎王殿”“阴阳界”等大大小小48座庙宇，多少朝代的叠加，这里就形成了人尽皆知的“鬼城”。

既然有“阎王殿”“阴阳界”，按照中国人敬死如敬生的文化传统，酆都城的“阴曹地府”同样也设立了与人间大致一样的官僚机构，比如：有司理各曹的判官，也有牛头马面差役人等，民间通常把其最高领导人称为阎罗王。

不过，阎罗王并不是“阴曹地府”的男一号。按照道教《玉历宝钞》等说，阎罗王并非是“阴曹地府”的大当家，在唐朝末年有地府十王之说，称整个阴间有十个主宰分居十殿，即通称的十殿阎王。其中第五殿主宰就是阎罗王。这位阎罗王，据说他“本居第一殿，因怜屈死，屡放还阳申雪，降调此殿”。

所以，按这个说法，阎罗王在整个地府中。只坐第五把交椅。也许基于这种说法，人们通常把五殿阎罗王说得尤为正直、刚毅，简直就好比宋代铁面无私的包青天。

阎罗王必须是铁面无私的，这主要是因为中国传统文化注重因果现世报，阳世善恶未了，只有到阴间彻底、完全和圆满地解决。好有好报，恶有恶报，是没有宗教信仰的中国人的最后救赎。因此，阎罗王在平民百姓心里是最有威信的神祇，人们对他寄予无限的理想和希望。

这一点，在《说岳全传》中体现得很具体：书生胡迪游地府，亲睹秦桧及其党羽和岳飞父子对案，阎罗王把岳飞奉为上宾，而将秦桧作为阶下囚犯。这个段子显然体现了民间小传统对忠奸观的一种认知，表现了平民百姓的情感倾向。

在百姓看来，阎罗王是必须站在平民与忠臣这边，为他们主持公道的，否则，他不能主宰阴司。胡迪所说“愚生若得阎罗做”，也可证阎罗王并非是一成不变的角色定位。胡迪在和阎罗王答辩中，就曾提出：阎罗王不是定位于某某的，他人是可以顶替的。

胡迪在和阎罗王答辩中，还对这个森罗殿主宰的原来身份作了猜测，他提到了韩擒虎、寇准和江丞相，说是此三人在生前都分别讲述过自己死后做阎罗王的话。

可见隋唐至清代，就有诸家阎罗王之说。一是隋将韩擒虎。韩擒虎是隋初大将。在隋王朝统一中国的灭南陈战争中，首先渡江进入建业（南京），由此立下了大功。《隋书》记述韩擒虎“生为上柱国，死做阎罗王”的传奇故事。这《二十四史》很正统，一般都按孔圣人的教诲办事，很少言怪力乱神，而这回，竟然例外地提到韩擒虎死做阎罗王的传说，还正经八百地列了本传。由此可见，初唐时这个段子是非常有名的。所以在晚唐敦煌变文《韩擒虎话本》中，也讲了韩擒虎在灭陈后，五位将军持天符请他出任阴司之主事。当然，这个故事的母本仍是《隋书》。

二是北宋名相寇准。寇老西以刚正不阿名世，这当然是他身后能入选阎罗王的一个原因，但这个显然不是最重要的原因，他能顺利入选阎罗王主要得益于一个桥段，传说他的爱妾茜桃临死前说“公当为世主者阎浮提王也”。这个段子出自《涌幢小品》，后续的故事则见于《翰苑名谈》的一个故事：寇准死后，有一个叫王克勤的人，见公于曹州境上，就问他的随从者寇准在干什么，对方回答说“阎罗处政”。就在当时，已有人在驿舍侧挂起寇准图像，上面写有“今做阎罗王”字样。

三是南宋丞相江万里。其为人刚直，也是传说中的阎罗王之一，他触犯权奸贾似道，回乡，后来元兵攻陷江西都昌，他投水自杀。后传言他当了阎罗王，这些阎罗王有一个共同点，都是刚正不阿之辈。

阎罗王不过是传说中“十殿阎”的第五殿的殿主，“阎罗王”说之所以一直被人们所追捧，主要是因为人们在现实世界里，是很难按善有善报、恶有恶报的意向如愿的。由此寄希望于阎罗王的正直、公正，从而出现了各种文化环境下产生的阎罗王。

### 财神是怎样炼成的

中国人对神的态度最有趣：求神极类似一种行贿送礼的行为。用投机贿赂的办法，求得心灵的安定。比如，人们给神上炷香，可不是白上的，最终的目的是让神帮助自己实现升官发财、多子多福、长命百岁等愿望。再看看中国人祈求的东西吧：几炷香、几样点心，简直就是以小搏大的交易！如果是做生意，相信既然能为神，就不会做如此蚀本的生意。

中国人从不只信一个神（不信神的唯物主义者除外）。往往家里的大门上贴着道教的门神，会看家护院；正堂上挂孔子像，会保佑仕途平坦；内室里供奉观音菩萨、送子观音，是保佑多子多福的。但是，在中国人创造的华夏诸神里，有一尊神的香火是最旺的，这位神仙是谁呢？财神呗！

财神，俗称财神菩萨，是掌管天下钱财的神祇。旧俗年初五是迎财神的好日子。在旧银钱行业，每逢旧历正月初四深夜，就有迎财神仪式，商店全体人员都要向中堂张贴的财神像顶礼膜拜。这种拜神仪式，其实反映了中国人的实用主义态度。

财神爷

财神不仅是在现代的社会被人们尊崇，在农耕社会同样也很走红，他是各阶层人等最普遍的崇拜偶像。财既然能“解严毅之颜，开难发之口”，掌管财的神的香火之旺，自然是“宾客辐辏，门常如市”，享尽大众的抬举。但由于中华历史悠久，财神的起源颇为难考，不同时代对于财神的认知有差别，不免出现了多尊财神。

财神，一般认为有所谓的“正财神”赵公明，“文财神”比干、范蠡，“武财神”关羽，“偏财神”五路神、利市仙官，“准财神”刘海蟾。这些财神，又可分为文财神和武财神两大类，最为人们熟知的财神，则是“正财神”赵公明。

相传，赵公明原是瘟神，后来替龙虎山张天师看守丹炉，可见其混得不咋样，直到《封神演义》问世，赵公明开始了咸鱼大翻身，不再像昔日那样浑身充满邪气、鬼气和瘟气，姜太公封赵公明为“金龙如意正一龙虎玄坛真君”，当时职责并不是专司金银财宝，迎祥纳福，可不知是从什么时候起，赵公明开始掌管天下财富，做了财神爷。民间从此广泛敬祀赵公明，而他原来作为冥神、瘟神、鬼帅的身份反而被人淡忘了。

他出现的地方，周围常附之聚宝盆、大元宝、宝珠、珊瑚之类，更加强了财源茂盛的效果。民间所供财神赵公明皆顶盔披甲，着战袍，执鞭，黑面浓须，形象威猛。故又称其为武财神。

旧时财神有文武之分，崇文尚武的人家各有所司。尚文的人家供奉文财神，尚武的人家敬祀武财神，文武之道虽不同，却都各有财发。除了武财神赵公明外，还有文财神比干。按民间传说，比干摘心后，来到民间，广散财宝，他虽然没了心，但因吃了姜子牙送给他的灵丹妙药，并不曾死去。因为没了心，自然也没有偏心之说，成了公道老儿，是符合财神规格的。民间年画中，比干的神像为文官打扮，头戴宰相纱帽，五绺长须，手捧如意，身着蟒袍，足登元宝。面目严肃，脸庞清烁。

除了“主财神”说，还有“五路财神”等说法。《封神演义》中，与“金龙如意正一龙虎玄坛真君”赵公明同时受封的招宝天尊肖升、纳珍天尊曹宝、招财使者姚少司、利市仙官陈九公，合称为五路财神，专司迎祥纳福、商贾买卖。所以有的财神庙并不专祀赵公明。

关于五路财神还有另外两种说法：一说是指元代人何五路，说他因御寇死，民间因而祀之。后来，他的名号又与五显、五通相淆，因而世间又有所谓“五路财神”之说。至于另外一说是取“出门五路皆得财”之义。

关于财神还有“五显财神”说，这种信仰流行于江西德兴婺源一带。兄弟五人封号首字皆为“显”，故称“五显财神”。生前劫富济贫，死后仍惩恶扬善，保佑穷苦百姓。北京安定门外有五显财神庙。五显财神和五路财神不是一回事儿，但是许多人会将他们混为一谈。

财神也有关羽的份儿，关羽在传统文化崇拜中是多功能的神，据说旧典当业即供奉“三财”（赵公元帅、关羽、增福财神）。在过去，关羽和赵公明都是被称为武财神的，现在他逐渐替代赵公明的第一号财神位置，尤其在香港、台湾，商界多有供奉关羽为主财神的，这可能是因为关羽是出名的义气哥，有情有义，更有招财进宝的亲和力。

范蠡也是财神说中的一位，春秋末期的越臣范蠡，在辅佐勾践灭吴称霸后离开了，驾着小船到山东齐地经商。他化名陶朱公，发了大财，成为当时有名的大富翁。范蠡做财神出于何典，无考，但范蠡能发家致富又能散财，在人们心目中是位难得的偶像，故其成为文财神，也就名正言顺，理所当然了。

财帛星君也是一尊财神爷，其全称是“都天致富财帛星君”，即太白金星，俗名李长庚者。好事者以为他带有“金”字，又经常做制作金丹的买卖，就把他与发财联系到一起了，由此推演为财神，尊奉为财帛星君，并以阴历七月二十二日为他诞辰。

他的绘像经常与“福”“禄”“寿”三星和喜神列在一起，合起来为福、禄、寿、财、喜。财帛星君脸白发长，手捧一个宝盆，“招财进宝”四字由此而来。一般人家春节必悬挂此图于正厅，祈求财运、福运。

藏传佛教各大教派普遍供养的五姓财神，梵名为瞻巴拉、阎婆罗、雾神、旧译布和禄金刚。这五姓财神的身色，分别是绿、白、红、黄、黑财神。在多神崇拜的旧中国，财神究竟有多少个形象，他们为什么各有各的信徒，谁才是最值得信赖的财神，那也只能是，如人饮水，冷暖自知了。

## “八仙”到底是何方神圣

“八仙过海，各显神通”，这是一个在中国知名度极高的成语，名头之大，不下于孔子。这个成语，是用来比喻在共同从事某项工作时，各人有各人的本领。

显然，这样一个名头段位如此之高的成语，自然也是大有来历的。据民间传说，这里的“八仙”分别为汉钟离、张果老、韩湘子、铁拐李、吕洞宾、曹国舅、蓝采和、何仙姑。

八仙过海

不过，中国民间传说中的“八仙”。起初并没有定位在这八位身上。“八仙”的传说起源，明代以前始终是众说不一。最早的是六朝时代的“蜀之八仙”。即容成公、李耳、董仲舒、张道陵、庄君平、李八百、范长生、尔朱先生八人，道教传说他们均在蜀中得道成仙。谯秀的《蜀记》一书中，把他们称为“蜀之八仙”。

在唐代，有八位因共好酒而成挚友的士大夫，是指李白、贺知章、李適之、汝阳王李琎、崔宗之、苏晋、张旭、焦遂。《新唐书》中称他们为“酒中仙人”。杜甫的《饮中八仙歌》更是脍炙人口。

在元朝马致远的《岳阳楼》、范子安的《竹叶船》和谷子敬的《城南柳》等杂剧中，也都有八仙的踪迹，但当时的八仙名单没有最终成型，时有变动。比如，马致远的《吕洞宾三醉岳阳楼》中，并没有何仙姑，而出现的是徐神翁。在岳伯川《吕洞宾度铁拐李岳》中，有张四郎却没有何仙姑。明人的《三宝太监西洋记演义》中的八仙，则以风僧寿、玄虚子取代张果老、何仙姑。

直至明代吴元泰作《八仙出处东游记传》，铁拐李等八仙过海的故事日渐流传，八仙人物也在流传中定型了，八仙正式确定为汉钟离、张果老、韩湘子、铁拐李、吕洞宾、何仙姑、蓝采和及曹国舅。

而民间传说中八仙的最初起源，大概可追溯到东汉牟融的《理惑论》，泛指赤松、王乔等众仙，数字也没有以八为限。像后世流传的《八仙图》画的那样，把汉钟离、吕洞宾、铁拐李、张果老、曹国舅、韩湘子、蓝采和、何仙姑凑在一起称作“八仙”

并最终固定下来,是金元时期全真道兴起之后的事。

唐朝以前的神仙异人,差不多都能从一本名叫《太平广记》的书中找出来,而后世八仙中除了张果老、蓝采和外,其余六人均不见于《太平广记》。由此可知,此六人的传闻应该出现于唐朝之后,至于为何会出现这样的情形,其渊源还要从道教传承发展中寻找。

刘海虽然现在不在八仙当中,但在许多地区仍位于八仙之列。明《列仙全传》用刘海顶替了张果老,在江西某些地区的"跳八仙"中,也有以刘海代替汉钟离的,而台湾亦有用刘海替代蓝采和的。

日本也有类似的神明组合,称为"七福神",但其中多为印度教、佛教神明。由于中日两地文化相互影响,加上七福神搭宝船的形象与八仙过海类似,也有学者认为七福神是由中国八仙演变而来。

有关八仙这个问题,基本认定今人观念中的"八仙"群体大致形成于金元时期。虽然与秦皇汉武寻仙访药已相隔千年,但八仙跟发轫于先秦时期的神仙观念和神话传说,尤其是汉末以来逐渐形成并不断衍变的道教文化却是一脉相承的。

道教内丹炼养兴起于唐末,两宋自神宗朝开始空前兴盛,形成了以内丹修炼为主旨的教派——主要流传于南宋的金丹派南宗和兴起于金朝的全真道。今天文献中留名的有百余人,其师派多数可溯源于汉钟离、吕洞宾。南宋末李简易的《玉溪子丹经指要》卷首载《混元仙派图》列举了汉、吕一系的传承系谱,虽不可尽信,却不失为最早、最系统的内丹传承史料。从这里可以看出,汉钟离、吕洞宾、曹国舅、铁拐李这四位道教人物都是后世"八仙"之原型。

北宋初,内丹大家吕洞宾、陈抟、刘海蟾等活跃于秦晋一带,力倡内丹并享有高寿的汉钟离、吕洞宾、刘海蟾在北宋时期可以说是大名鼎鼎。全真道是宋元道教中形成的最大、最重要的道派,奉汉钟离、吕洞宾等为全真五祖。当全真道兴盛并对社会产生重大影响之后,数位跟该教派有关系的人物名号也逐渐深入民心。加上民间传闻以及笔记、小说、戏曲、民俗画等等的想象附会,逐渐衍生出了"八仙"

群体。

“八仙”原型除了前述汉钟离、吕洞宾、曹国舅、铁拐李几位道教人物之外，还得看看张果老等另外四位的身份。现存最早关于张果老的记载是唐朝李德裕的《次柳氏旧闻》一书，记载了张果老见唐玄宗的事，该书写成于唐文宗大和八年左右。也就在这年，一个名叫郑处诲的人中了进士，随后当了校书郎。在当校书郎期间，他写成了《明皇杂录》一书。其中记载的张果老故事带有更多的传奇色彩，后世八仙中张果老的形象在这本书中基本定型了。韩湘子，历史上实有其人。名韩湘，字北渚，又字清夫，韩老成之子，韩愈的侄子。韩湘于唐穆宗长庆三年中了进士，后来韩愈流放潮州时韩湘随行。韩湘一生无学道成仙事迹，他之所以能成仙，完全是民间传闻附会而成。何仙姑是一个众说纷纭的人物：元代赵道一的《历代真仙佛道通鉴后集》说她是唐朝武则天时广州增城县（现增城市）何泰的闺女；北宋魏泰的《东轩笔录》、曾达臣的《独醒杂志》、刘斧的《青琐高议》、张舜民的《画墁集》以及明代王世贞的《四部续稿》和《题八仙像后》等都说她是永州的民女；宋代《云麓漫钞》记述了北宋时扬州的何仙姑，且与汉钟离、吕洞宾有来往，但并非师徒关系……直到明清时期，何仙姑的传闻仍有较大变化。蓝采和的事迹最早出现在五代十国时期南唐沈汾的《续仙传》里，这本书是沈汾据自己的见闻写成的，可见在这之前民间已有蓝采和的传闻了，但沈汾对蓝采和也是“不知何许人也”。

然而，道教的宣传归宣传，始终没能把八仙的名号确定下来。真正担当了这一重任的却是明代的那部脍炙人口的小说《东游记》。看来民间通俗文学的力量还真不能低估了，自从明代吴元泰的小说《东游记》面世之后，对民间关于“八仙”传闻的影响实在不小，后来的八仙群体就是因为这么一本书的流传而基本上固定下来了。

八仙原型大多是些道教人物，不管怎么说都不能摆脱道教的关系。如果更直接一点说，那就是由于金元以来修炼内丹的全真教的缘故。在全真教形成之前，汉钟离、吕洞宾等修炼内丹得道成仙的高人在民间的传闻已是不少，而后来全真教的成员正是汉、吕的徒子徒孙，全真教因得天独厚的师承关系而尊奉汉钟离、吕洞宾等为祖师爷，又加上元朝当政者的支持，使得全真教对当时社会影响极大，以至于后世"八仙"基本都是这个道派圈儿内道行高深的道士。可以说，唐末以来道教修炼内丹的钟、吕一系的几个道士——汉钟离、吕洞宾、曹国舅、铁拐李、刘海蟾、张侍郎、徐神翁等，构造起了后世八仙群体大致的原型框架。

另外，还有人注意到"八仙"与王重阳及全真七子之数相对应。如，王重阳先习文后习武，与汉钟离的经历相同，而装扮也都与汉钟离相仿；八仙中何仙姑为女性，而全真七子中孙不二就是个女的；七子中的谭处端"风眩瘫痪"，与铁拐李的形象正相吻合；全真"七祖之迹皆在东海崂山"，而八仙仙迹也多在崂山，且传说八仙过海去蓬莱也是从崂山起步的……。除此之外，吕洞宾众多徒弟当中最著名的是施肩吾和刘海蟾，且刘海蟾与汉、吕一样都是全真教尊奉的五祖之一，为什么八仙中没有施、刘这两位却偏偏选了铁拐李，这是否真的是为了对应谭处端，这个暂时还没有好解。

如果说八仙群体的形成，起初是由于全真教的倡导和抬举，那么，关于八仙个体的种种传说以及八仙群体的最终定型，则要归结为民间传闻的推波助澜。应该说，八仙群体不完全为道教人物，而引入张果老、韩湘子、何仙姑、蓝采和等民间流传的神异人士，当是民间老百姓的意愿。在"民间选择"中最终胜出的"八仙"，是因为他们的身份与传统文化中的"和合"观念相合。再加上八仙济贫救弱、惩恶劝善、除暴安良、不畏权势等等的传说流行，最终深入了人心。

当然，也有人认为这八人之所以会最终被选为八仙，不但与绘画有关，与庆寿戏的角色分配也大有关系。元明戏剧中的神仙戏很多，其中不少是用来庆寿的，现存明代八仙庆寿剧目就有十二种，如《瑶池会八仙庆寿》等等。"戏班角色分生、旦、净、丑四种，而生分为生、小生、外；旦可分为旦、贴、老旦。如此其数适得八。汉、吕等八人，个性各别，用之于绘画，则如元美所言，相映成趣；用之于戏剧，则可尽班中角色，纳于同场，而分配平匀矣"。但也说不准是因为八仙容易分配角色才被戏班选中的。

还有人说，八仙只是八个颇享盛名的民间艺人。怀抱渔鼓的汉钟离，是演唱道情的鼻祖；手执简板的张果老，也是个有名的说唱家；韩湘子擅长吹箫；而何仙姑、蓝采和则是先后从宫廷逃出的两名歌伎；吕洞宾是个善于编写唱词的艺术家；一瘸一跛的铁拐李，却另有来历，他年幼时是一位宰相家的书童，由于年少好学，博览群书，竟被打断一条腿后赶出相府，成为游方艺人；其貌不扬的曹国舅，据说先是个连年不第的秀才，后沦落民间成为专替大家婚丧喜庆喊礼的礼生。

就这样，每人都有一段辛酸史。他们自愿结合，游方献艺，由于技艺高超，遂被誉为“八仙”。八仙中的每一位都能找到其历史背景，唯独蓝采和的真人背景无从考究，近日在辽宁大英县卓筒井镇一个蓝氏姓氏的村落里找到了一本有400多年历史的蓝氏家族族谱，是明朝时候开始记录的，记载了蓝氏家族从隋朝到民国时期的所有家族成员的兴衰历史。其中有一段专门介绍了蓝采和的简历、妻子李氏及其子孙们的事迹。

如此众多的历史渊源，如此众多的扑朔迷离，让八仙的起源变得错综复杂，但是，如果我们能立足传统，从历史的民俗的视角入手，最终一定能揭开笼在八仙身上的神秘的起源红盖头来。

### 戏曲形成于何时

这里所谓的戏曲，所指的范畴仅限于中国，是中国传统的戏剧，它是一种包含着唱念做打，综合了对白、音乐、歌唱、舞蹈、武术和杂技等多种表演方式，且不同于西方歌剧、舞剧、话剧的艺术。

以上戏曲的定义是有了，且没有什么争议之处，因为它比较准确地定位出戏曲的内涵。但中国戏曲艺术究竟形成于何时，历来莫衷一是。

中国戏曲的起源，历来有各种不同的看法。或认为起源于巫觋歌舞，或认为起源于傀儡戏，或认为起源于战国时期出现的雏形歌舞剧《九歌》，或认为起源于梵剧，或认为萌芽于原始时期的歌舞，或认为起源于“百戏”。其实，中国戏曲是一种高度综合性的艺术，它的发展线索不会是单线，来源也不止一个，它的孕育和萌芽有一个缓慢过程，并有或多或少的渊源关系。从先秦到魏晋南北朝是中国戏曲的酝酿和萌芽时期。

如果上溯戏曲的源头，可以探寻到十二三世纪，在中国的南北方分别涌现出南戏和北杂剧这两种戏种，无论在思想内容和艺术表演形式上都脱离了中国戏剧刚出道的青涩，而趋向老练成熟。一般认为，它们是中国戏曲最早的成熟形式，但是，这两种戏曲到底谁先谁后呢？

南戏，又被称为"温州杂剧"或"永嘉杂剧"，明人祝允明认为，"南戏出于宣和之后，南渡之际"，而大艺术家徐渭对此看法与祝允明有所不同。他认为，"南戏始于宋光宗朝，永嘉人所作《赵贞女》《王魁》二种实首之"。这么一来，他的这种说法就比祝允明的"南戏出于宣和之后"的年代要晚 80 年上下。对此，今人是如何看的呢？

目前而言，南戏出于南渡之际说法的市场很大，从戏曲研究的权威人物周贻白肯定了"宋光宗赵惇时期便产生了温州杂剧"这一说法来看，他显然倒向徐渭这一边。有争论不休的，自然也会有调和的，有人干脆将祝允明与徐渭那两种相互掐架的说法，来个各取一半的折中，说，宣和之后南渡之际，出现了南戏的前身，宋光宗朝南戏趋于成熟。

理由是，祝允明当初的所见，是一种误读，他看到的榜禁中的赵闳夫，有人考证后认为，是宋室的宗族，实际上是宋光宗赵惇时代的人，那么祝允明看到的赵闳夫榜禁的名目很可能就是宋光宗朝的东西。这样一来，南戏出于南渡之际的说法就有点不太可信，"南渡"说的让步多少让徐渭的"始于宋光宗"说显得有了一些可信度。不过，从温州一带"尚歌舞""多敬鬼乐祠"、社火、说书等民间艺术盛行的情况来看，南戏出于南渡之际也属可能。

何况徐渭出生在祝允明之后，对先前的历史掌握未必就比祝允明多。有事实可证，他本人对自己的"南戏出于宋光宗朝"也不敢确信，所以又在同书中补充了另一种说法:“或云宣和间已滥觞,其盛行则自南渡。”可见,“南渡”说还是很有一定市场的。

与此同时,又有人提出了另一种观点,认为南戏在宋光宗朝已有《王魁》这样成熟的戏文出现,并已从村坊小戏进入城市,流传到赵闳夫当时可能做官榜禁的杭州,那么南戏的真正产生,当还在宣和之前。有关早期南戏的资料,由于历史上的记载非常少,以致我们目前基本上只能根据祝说和徐说来推断南戏的大致产生年代。而祝允明和徐渭毕竟都是明中叶人,距离他们推断的南戏产生年代已有数百年之久,他们对南戏产生年代的论说又如此简略、含糊,这就使人对二者之说产生种种疑问。因此,有人根据南宋初期缺乏南戏的有关记载和当时南方一带宋杂剧盛行的情况,提出南戏产生年代可能在南宋末的观点。

另外,日本著名戏剧家青木正儿对南戏的概念也提出了截然不同的看法。他在《中国近世戏曲史》一书中提出。南戏即南宋杂剧的别称,因欲与北方杂剧相区别,乃更新以戏文之名,非仅对温州戏给予狭义称呼,元以后之南戏,才是真正的南戏。这就将南戏和南宋杂剧混为一谈,从而将南戏的产生年代推后到元代去了。

有关南戏形成年代的问题相当复杂,各家之说,难以统一。而对于北杂剧产生年代的看法,同样也很不一致,一般说来,有这么两类:一些人认为,北杂剧形成于金末元初。就是说,金代是北杂剧的孕育演变时期。不过,至金代末年已出现了杂剧这种形式,只不过当时还掺杂在金院本中没有独立出来,到了元代则脱颖而出,形成了成熟完整的戏剧样式。所以,他们不同意明人朱权在《太和正音谱》中将关汉卿列为“杂剧之始”的说法。因为元代初期关汉卿剧作已相当成熟,元杂剧已很兴盛,这中间应有个发展成长时期。但是北杂剧在金院本中怎样脱胎演变,现在仍缺乏有力的论证。

另有一些人则认为,北杂剧的产生年代应在元初。顾肇仓在他的《元代杂剧》一书中就提出,宋、金两代虽然有杂剧,但所包括的内容都不是纯粹的戏剧,只有到了元初,各种条件才具备和成熟,由此才得以正式形成北杂剧。还有很多学者对于中国戏剧的起源与形成发表了各种见解。其中任二北在专著《唐戏弄》中提出“中国戏剧起源于春秋、完成于唐代”的观点；许地山在《梵剧体例及其在汉剧上的点点滴滴》一文中提出“中国戏曲受印度梵剧影响而形成”的观点；王国维在《宋元戏曲考》中提出“中国戏曲起源于古巫，宋元时期形成真正的戏剧”的观点。

中国戏曲的形成。历来就存在较大分歧。有的认为形成于元杂剧，有的认为形成于南戏，或认为形成于“百戏”，还有的认为形成于唐戏，等等。之所以众说纷纭，因为有对戏曲的概念、形成的标志在理解上的不同，对戏曲史料有不同的发掘和解释，更主要的是忽略了戏曲是受多种因素的影响这一点。我们说，唐代出现了小型歌舞剧、说白等剧种，并且出现了剧作家和两种稳定角色，这些都使戏曲的独立性愈发明显。因此，可以认为唐代是中国戏曲的发端。到了宋金，出现了专供演戏的瓦子、勾栏，出现了以编剧为职业的“才人”和专供演出的杂剧本子，并有了固定的演出体制，戏曲角色已发展到五人，还出现了大量的宋杂剧和金院本，更重要的是出现了完全以表演故事情节为主的温州杂剧（亦称“南戏”），这些都是戏曲形成的标志。因此，认为戏曲形成于宋金时期是较为合理的。

众说纷纭，中国戏曲究竟形成于何时，应该说至今仍是一个谜。

## 凤凰的原型是什么

经常与龙联袂出场的，是一种神奇的图腾——凤凰。凤凰是中华民族传统文化的象征，它是中国古代传说中的百鸟之王，在中华文化中的地位仅次于龙。凤凰的羽毛非常美丽，雄的叫凤，雌的则叫凰，常用来象征祥瑞。

据古籍记载，凤凰特征是：鸡头、燕颔、蛇颈、龟背、鱼尾、身高六尺许，是天下太平的象征。“凤”的甲骨文写法和“风”的甲骨文字相同，即代表风的无所不在，及灵性力量的意思；“凰”即“皇”字，为至高至大之意。

凤凰的传说，最早源于东方，因此有东方神鸟、长生鸟之称。古埃及同样也有凤凰的传说，不同的是，他们心目中的凤凰。与鹰一般大小，长有金色的羽毛、闪闪发光的翅膀、斑斓的外表，鸣声悦耳，能给人降福添寿。

与中国人的凤凰分雄雌的看法不同。他们认为世界上只有一只凤凰，而寿命为五百年。在临死之时，凤凰会采集芳香植物的树枝、香草筑成一个巢，然后点火自焚，在熊熊火焰中，一只幼凤凰诞生了。新生的幼凤凰就将老凤凰的骨灰装进药蛋中，在蛋上涂上防腐的香料油，带着它飞到太阳神那里，由太阳神将它放在太阳庙的神坛上。

中国北方的“龙”文化和南方的“凤凰”文化是中华文化传统的两大渊源。荆州历史文化悠久，素有“文化之邦”“鱼米之乡”的美誉，是楚文化的发祥地，是凤凰文化的故乡。凤凰不仅是楚先民乃至炎黄子孙神圣的精神图腾，而且是体现民族精神的活性象征。自古以来，凤凰文化就在荆楚大地薪火相传相习，形成楚人尊龙崇凤的传统。

今日所见关于凤凰的最早记录，可能是在《尚书·益稷》中。书中叙述在大禹治水后举行的大型盛典中，由夔龙主持音乐，群鸟群兽在仪式上载歌载舞。最后，凤凰也来了——“萧韶九成，凤凰来仪”。凤凰来仪，即凤凰来跳舞，以此道贺。在这里，凤凰被古代人视为一种象征吉庆的神鸟。

然而，凤凰的原型究竟是什么？对此，历来说法不一。中国学者何新发表了《谈龙说凤》一书，他认为：龙和凤凰的原型动物都是大型鸟类，主要是大鸵鸟。上古三代以前，中国古陆气候暖湿，此两类动物在中国大陆多所存在，旧石器、新石器遗址都有鳄鱼及鸵鸟化石、鸵鸟蛋壳化石的发现。

可以为他这种观点佐证的是秦汉的某些史籍。《汉书》记载，凤凰数至，鸟身“高五、六尺”；《后汉书·光武纪》则曰，“凤高八尺”；《京房易传》也说，“凤皇高丈二”。

两汉虽是谶纬大行其道的时代，故而许多祥瑞奇异都属于不靠谱的事，但我们从古人对于凤凰的形态描述中，却可以筛选整理出如下一些印象：形体约六尺至一丈，具有柔而细长的脖颈；背部隆起；喙如鸡，颌如燕；羽毛上有花纹；尾毛分叉如鱼；以植物为食；雌雄鸣叫不同声；不善飞行；凤鸟穴居；足脚甚高，且善于舞蹈。符合以上特征的——从古生物学观点看,这种鸟类,可能是大鸵鸟。

但如果我们细加考辨后会发现,鸵鸟之属我国根本没有,说它是某种早已灭绝的巨鸟也欠证据,它们都不可能成为凤凰的原型。

也有人说凤凰是极乐鸟——但我国没有极乐鸟,很难相信会成为凤凰的原型,于是,有人主张凤凰的原型应是与其形状较相似的孔雀。主要依据是《尔雅·释鸟》的记载:"鶠凤其雌皇。"郭璞注曰:"鸡头,蛇颈,燕颔,龟背,鱼尾,五彩色,高六尺讲。"可见,凤凰和孔雀形状有相似之处。但反对此说的人似乎也有比较充分的理由,既然凤凰的原型是孔雀,那么古人为何极少将两者联系在一起呢?

而且,在先秦时代,黄河流域和长江中下游根本没有孔雀,上古先民不会按照没有见过的一个动物原型去想象出凤凰;从形状看两者也有区别,孔雀的尾羽又长又大,很华美,而凤凰的尾羽却是修长雅丽的,尽管孔雀也确实在外形的某些特征上与凤凰有些相似,但古人却很少说凤凰像孔雀。

还有人提出,凤凰的原型可能是雉类,此说的主要理由是:一、两者形貌十分相近。《说文解字》云:"凤之象也,五色备举。"即凤凰的羽毛五彩斑斓,而雉类也是"丰采毛之美丽兮有五色之名"(《文选·射雉赋》);凤凰之首为鸡头、蛇颈,而雉类之首也如此;凤凰之尾羽修长、雅丽,而雉类与之相同。

二、从古代留传的字画中,可见两者非常相近。古代卜辞中的一些象形"凤"的字,与雉类接近。又据郭沫若《关于晚周帛画的考察》介绍,战国时楚国的一幅帛画中绘有一只凤凰,其整个体态极像雉类。

雉类种种的良善品貌。为上古人民所珍视,被幻化为一种吉祥的神鸟——凤凰,当然凤凰的形象还融合了其他一些禽鸟类的特征,如鹰、鸿、鸳、燕等等,使其具有百鸟之王的特征。

现在我们面临的问题是,凤凰真的存在过吗?这是一个让考古学家们很头大的问题,对于这个问题,正如对于龙的问题一样。学术界过去的观点倾向是,不要迷恋凤凰,它只是一个传说。但是在商代甲骨文中却曾发现过如下一条记载:"甲寅卜,呼鸣网,获凤。丙辰,获五。”这条甲骨文的意思是:商王指令臣鸣用网捕鸟,于丙辰这天捕了五只凤。

由此看来,在商代,中国确曾有过凤鸟。那么这条甲骨文是否只是一个孤证呢?无独有偶,在早期金文《中鼎》铭辞中,我们还可以读到如下一则记载:“……归生凤于王。”文中所提到的“生凤”一词,郭沫若亦曾断定正是指活凤凰。据此,无论甲骨文、金文都有材料确切无误地表明,直到商周之际,凤凰还是一种虽然稀见、但却并非不存在的鸟类。

看起来个个都像,然而还是没能寻到凤凰真正的原型到底是哪一种动物,是华美的孔雀、雅丽的雉类,还是大鸵鸟呢?考古学家们仍在寻寻觅觅,然而至今还没有一个定论。不过,如果换一种视角来看,且不论凤凰的原型是什么,至今凤凰这个意象的能指与喻指,已成为中国传统文化最美丽多彩的画卷之一。

## 相声是怎么来的

相声,于中国人,从来就没有发生过情感上的距离,它是用诙谐的语言,尖酸、讥讽的嘲弄,以达到惹人“捧腹大笑”的娱人目的的曲艺艺术。它的最早形式是由“俳”这种杂戏派生出来的。相声,主要是一种口技作业,故而被老外称为中国的脱口秀。

相声起源于华北地区的民间说唱曲艺,在明朝即已盛行。经清朝时期的发展直至民国初年,相声逐渐从一个人模拟口技的象声发展成为单口笑话,名称也就随之转变为相声。相声在我国有着悠久的历史传统,它的可溯之源虽然很长,但可证之史却甚短,而且记载贫乏。关于它的起源,不免会众说纷纭。

有人认为,相声来源于“象声”或“像声”。象声,其实就是一种口技。《清稗类钞》的戏剧类里说到“口技”:“口技为百戏之一种,或谓之曰口戏,能同为各种音响或数人声口,及鸟兽叫唤,以悦座客。俗谓之隔壁戏,又曰肖声,曰相声,曰象声,曰像声。”历史上口技多在布幔中演出,所以叫“隔壁戏”或“象声之戏”。隔壁戏是在声音模拟中穿插人物故事,制造笑料,跟今天的相声不但声音相同,而且意思也很接近。

康熙年间李声振《百戏竹枝词》里有《口技》一首，作者自注道："（口技）俗名'象声'，以青绫围，隐身其中，以口作多人嘈杂，或象百物声，无不逼真，亦一绝也。"乾隆年间翟灏辑的《通俗编》"相声"条下按语说："今有相声伎，以一人作十余人，捷辨而音不少杂，亦其类也。"这里，"口技""象声"又写成了"相声"，相声之来源于"象声""像声"，又多了一条证据。

有人因此认为战国时孟尝君的门客学鸡叫以解其危，就是相声的祖师爷。这种简单的口技，经过历代演绎加工，能者辈出，逐渐形成一种艺术。比如，蒲松龄《聊斋志异·口技》一文中所写的表演者，已具有相声之雏形。

也有人直指它的源头始于唐代的参军戏，认为相声艺术是由参军戏发展而来的。罗常培、吴晓铃、林庚等人都有类似的看法。参军戏有两个主要演员，一个叫"参军"，性格比较痴愚；一个叫"苍鹘"，性格比较机灵。两人的表演就和相声一样，一个是逗哏的，一个是捧哏的。这种诙谐笑谑的形式，是相声的老祖宗。

还有人则认为，相声是相貌之"相"，声音之"声"，是模拟形态和模拟声音这两方面的结合物。这种看法在1908年出版的《也是集续篇》里就已提到。此书称相声演员为"滑稽传中特别人才"，是继续发展了古代俳优幽默讽刺传统的优秀代表，"其登场献技并无长篇大论之正文，不过随意将社会中之情态摭拾一二，或形象，或声音，模拟仿效，加以讥评"。

此后，乾隆年间蒋士铨的《京师乐府十六首》、嘉庆年间佚名者的《燕台口号一百首》和捧花生的《画舫余谈》，都有类似的记载，直到光绪年间，富蔡敦崇《燕京岁时记》里还记载着这样的说法，"像声，即口技也，能学百鸟音，并能作南腔北调，嬉笑怒骂，以一人而兼之，听之历历也"。可见，相声来源于清代以来以模拟声情之态为特长的象声或像声。今天的相声艺术不仅受到以口技为内容的象声的影响，而且它的名称就是由象声转化而来。

有的学者认为，尽管模拟人言鸟语、市声叫声之类的因素在相声里占有重要地位,但还不是主要地位。因此,他们提出了第四种观点:相声来源于“像生”。

董每戡认为,相声可能是通过“像生”以讹传讹的方式而得来的,可能在吴自牧之前的唐代便有此称呼。唐代是否已有“像生”尚缺论据,但至少在吴自牧之前的北宋就有了“像生”,到南宋还出现了“像生叫声社”这样的艺术团体。赵景深在《中国古典喜剧传统概述》里说,所谓相声,实在是宋代“像生”之遗。宋代,“像生”一词作技艺解释,经常跟“学”“乔”连用,即“学像生”“乔像生”,是当时很盛行的瓦肆技艺,吴自牧《梦粱录》里说:“旧有百业皆通者,如纽元子,学像生、叫声、教虫蚁、动音乐……”这里的“学像生”是一种模拟声音的口技,跟“叫声”等技艺是很接近的。高承《事物纪原》说:“京师凡卖一物,必有声韵,其吟哦俱不同,故市人采声调,间于辞章,以为戏乐也。”就是说采集市场上那抑扬顿挫的叫卖声,进行艺术加工,加以美化,成为“像生”技艺。元代以来的杂剧中也出现过“像生”一词。如杂剧《风雨像生货郎旦》等。在《风雨像生货郎旦》里,已经穿插了说唱艺术的成分,并有较浓郁的喜剧色彩。而这些特点,包括“像生”这个词儿,都是相声所继承、发展了的。

这么多种说法,每种都有一定的道理,到底信哪个才是呢?看来,相声到底是怎么来的,还要费一番力气去考证,才可能得出最正确的答案。

## 何谓“生、旦、净、末、丑”

有首歌叫《说唱脸谱》,它是一首京剧与流行音乐相结合的戏歌,借鉴京剧唱腔和旋律,将我国的传统戏曲元素巧妙地融入现代流行歌曲之中,其中唱到的“生、旦、净、末、丑”,正是中国人耳熟能详的角色名称。

中国京剧脸谱文化博大精深,而脸谱的彩妆运用之妙更是值得称道的。从戏剧的角度来讲,它是性格化的;从美术的角度来看,是图案式的。脸谱是中国戏曲独有的,不同于其他国家任何戏剧的化妆。戏曲脸谱有着独特迷人的魅力。

中国戏曲中人物角色的行当分类,按传统习惯,有“生、旦、净、丑”和“生、旦、净、末、丑”两种分行方法,近代以来,由于不少剧种的“末”行已逐渐归入“生”行,所以通常把“生、旦、净、丑”作为行当的四种基本类型。每个行当又有若干分支，各有其基本固定的扮演人物和表演特色。其中，“旦”是女角色的统称；“生”“净”两行是男角色；“丑”行中除有时兼扮丑旦和老旦外，大都是男角色。

关于这五种角色名称的由来，目前有这么一个说法是：“生、旦、净、丑”是用“反喻”取名的，在传统戏剧中，人们往往根据人物在剧中的不同身份和作用，把角色分为“生、旦、净、末、丑”五种行当。

“生”是生疏的意思，而演员演戏最忌讳的就是“生”。取“生”字，意在要求生角的演出要老练成熟。“生”又分为“小生”（书生）、“武生”“须生”（文的挂黑胡子，武的挂红胡子）、“老生”。不过，也有人指出它并不是正解。明代文学家祝枝山特地为这事较上了真，他说：“生、净、旦、末等名，有谓反其事而称，又或托之唐庄宗，皆谬云也。生即男子，旦曰装旦色，净曰净儿，末曰末泥，孤乃官人，即其土音，何义理之有？”这就明明白白地否定了戏曲角色“反喻”的说法。

旦——按“反喻”说，天晓为旦，阳盛时也。旧时常以男盛为阳，本应以男为旦，而称女角为旦者，也是取其相反之意。但戏曲史家周贻白认为，“旦”字是由“姐”字演变而来。顺序是先有“姐”，由“姐”讹为“妲”，再由“妲”简笔为“旦”。“姐”历来是对女性的称谓，既然“旦”即“姐”之讹，那么旦角专演女性也就很好理解了。

净——俗称大花脸。脸上涂着各种颜色，本不“净”，而反言之曰“净”。而元人柯丹丘则认为“净”即“靓”之讹。他解释说：“傅粉墨献笑供谄者，粉白黛绿，古谓之靓装，今俗讹为净。”“净”所用脸谱，确是粉白黛绿，符合“靓”的含义，可见柯丹丘的说法还是很有道理的。

末——即末将也，俗称二路老生，常常出现于开场戏中，故反言之为“末”。而在北杂剧中，“末”称“末泥”或“末尼色”，泛指末本正角。而宋元南戏所称之“末”，实为“副末”，除担任报台，介绍剧情梗概和剧目主题的开场外，还在戏中扮演社会地位低下的次要角色。

丑——丑为牛。牛性笨拙、缓慢，但戏中的丑角，不论其所饰角色身份高低贵贱，各个聪明伶俐、活泼风趣、滑稽可爱，而反言之为“丑”，故不能以“丑”角鼻子上涂有“白方块”而为“丑”也。不过，也有人认为，“丑”，按属相，丑属牛，牛性笨。“丑”即成了“笨”的代名词。而演丑角，则要求性格开朗、聪明伶俐，取“丑”字，意在提醒演员不要像牛那样笨。“丑”又分为“文丑”“武丑”和“小丑”。

由于寄寓在角色中的含义不同，再加上“生、旦、净、末、丑”所蕴涵的意义会随着时代的推移而有所不同，其最初的意义也因此会变得更加扑朔迷离，不过，随着研究工作的进一步深入，相信最终会有一个令人满意的答案。

### 贴春联之谜

过年时，人们习惯在大门上贴起崭新的春联，以庆祝新春，表达人们对新的一年的美好愿望。春联作为一种独特的文学形式，在我国有着悠久的历史。它从五代十国时开始，明清两代尤为兴盛，发展到今天已经有一千多年了。那么，过年贴春联的习俗究竟是从何而来的呢？这还要从一个神话说起。

相传，有一个鬼蜮的世界。当中有座山，山上有一棵覆盖三千里的大桃树，树梢上有一只金鸡。每当清晨金鸡长鸣的时候，夜晚出去游荡的鬼魂必赶回鬼蜮。鬼蜮的大门坐落在桃树的东北，门边站着两个神人，名叫神荼、郁垒。如果鬼魂在夜间干了伤天害理的事情，神荼、郁垒就会立即发现并将它捉住，用芒苇做的绳子把它捆起来，送去喂虎。因而天下的鬼都畏惧神荼、郁垒。于是民间就用桃木刻成他们的模样，放在自家门口，以辟邪妨害。后来，人们干脆在桃木板上刻上神荼、郁垒的名字，认为这样做同样可以镇邪祛恶，这种桃木板后来就被叫作“桃符”。

早在秦汉以前，我国民间每逢过年，就有在大门的左右悬挂桃符的习俗。这种习俗延续了一千多年。到了五代，人们才开始把春联题在桃木板上代替了降鬼大神的名字。后蜀之主孟昶在公元964年除夕，在卧室门上写了“新年纳余庆，嘉节号长春”的一组句子，后人认为它是我国最早的一副春联。

宋代以后，民间新年悬挂春联已经相当普遍了，所以王安石的《元日》诗中写的“千门万户曈曈日，总把新桃换旧符”就是当时春联盛况的真实写照。

春联普及盛行于明朝。据《簪云楼杂说》记载：“春联之设，自明太祖始。帝都金陵，除夕忽传旨，公卿士庶门上须加春联一副。太祖微行出观，以为笑乐。”而且，他还为王公大臣们御书春联，赐给中山王徐达的对联是：“破虏平蛮，功贯古今人第一；出将入相，才兼文武世无双。”赐给陶安的对联是：“国朝谋略无双士，翰苑文章第一家。”由于皇帝身体力行，当时的文人也把题联作对当成文雅的乐事，写春联便成为一时的社会风尚。春节贴春联便作为风俗习惯流传下来。

入清以后。乾隆、嘉庆、道光三朝，对联犹如盛唐的律诗一样兴盛，出现了不少脍炙人口的名联佳对。

随着各国文化交流的发展，对联传入了越南、朝鲜、日本、新加坡等国。这些国家至今还保留着贴对联的风俗。

**除夕放鞭炮之谜**

除夕守岁是中国最重要的年俗活动之一。中国人在除夕之夜必要家家放鞭炮。这个习俗到底是从何时兴起的呢？相传，中国古时候有一种叫“年”的怪兽。头长触角，凶猛异常。它长年深居海底，每到除夕才爬上岸，吞食牲畜伤害人命。因此，每到除夕这天，村村寨寨的人们扶老携幼逃往深山，以躲避“年”兽的伤害。

有一年除夕，桃花村的人们正扶老携幼上山避难，只见从村外来了个乞讨的老人来这里讨饭。村东头一位老婆婆给了老人一些食物，并劝他快上山躲避“年”兽，那位老人却说自己可以把“年”兽撵走。

半夜时分，“年”兽闯进村时，发现村里气氛与往年不同：村东头老婆婆家，门贴大红纸，屋内烛火通明。“年”兽浑身一抖，怪叫了一声，就在它要进门时，院内突然传来“砰砰啪啪”的炸响声，“年”兽浑身战栗，再不敢往前凑了，转身逃走了。

原来，“年”这种怪兽最怕红色、火光和炸响。第二天是正月初一，避难回来的人们见村里安然无恙，十分惊奇。这时，老婆婆才恍然大悟。赶忙向乡亲们述说了乞讨老人的话。

从此，人们都知道了驱赶“年”兽的方法。每到年三十晚上，家家都包饺子，放鞭炮，还在门上贴上用红纸写的对联。大年初一一见面都要恭喜“年”被赶跑了，人人可以平安过了“年”关。

因此，每年除夕，中国人家家贴红对联、燃放爆竹；户户烛火通明、守更待岁。初一一大早，还要走亲访友道喜问好。这风俗越传越广，成了中国民间最隆重的传统节日。

从这种传说中，可以得知一个很有趣的文化现象：中国在面对邪恶时，会采取驱逐的办法，而最好的驱逐办法莫过于响声——这大概出于人类的一种心理暗示，在恐惧时会自己吹口哨或发出声响来为自己壮胆助威。

据考证，除夕之夜放爆竹已有两千多年的历史，南北朝时即有记载：“正月一日……鸡鸣而起，先于庭前爆竹，以辟山魈恶鬼。”宋朝王安石亦有诗云：“爆竹声中一岁除，春风送暖入屠苏。”但古时放爆竹是焚竹发声，名曰“爆竹”；后人以纸卷的筒子代替竹子，内装火药，并用麻茎编成串，称为“编炮”。因声音清脆如鞭响，也叫“鞭炮”，其作用都在于驱鬼镇邪，以壮底气。

## 门神由来之谜

汉语与外语有着明显的不同，前者灵动、双关、转注。有专家因此说外语是法治的，汉语是人治的。比如一个“门”字，除了本初意义，更有许多引申意义。“门”有一层含义是防守。除了守护安全外，它还可以隐蔽深幽，掩饰内里，显曲折之道。

所以，《红楼梦》的大观园一进去，就有一道石屏障掩住了别人的视线。它是一道“门中门”。除了“出入与防守”，门在实际功能之外又衍生了另外的称谓：朱门与柴门。繁华街道上的“朱门”，多为社会上有“门脸”的大人物所拥有；而那些“柴门”，多为社会上没有“门脸”的小人物谋生之用。

在门之上，经常还站立着一个神——门神。在中国各地，过年都有贴门神的风俗。在中华传统文化中，门神是一个引人注目的文化现象。

门神是道教和民间共同信仰的守卫门户的神灵。在民间，门神是正气和武力的象征。古人认为，相貌出奇的人往往具有神奇的禀性和不凡的本领，所以民间的门神永远都怒目圆睁，相貌狰狞，手里拿着各种传统的武器，随时准备同敢于上门来的鬼魅战斗。

最初的门神是以桃木刻为人形，挂在门的旁边，后来，人们嫌这样太麻烦了，干脆就画一张门神人像张贴于门上。那么，门神是由谁来充任的呢？传说中的神荼、郁垒兄弟二人专门管鬼，有他们守住门户，大小恶鬼不敢入门为害。

汉代王充在《论衡·订鬼》中，引《山海经》的说法，“门户画神荼、郁垒与虎，悬苇索以御，凶魅有形，故执以食虎”。《山海经》中关于门神的神话，流传甚为广泛。汉代应劭所著《风俗通义》中认为神荼与郁垒是黄帝时人，是最早的门神。

然而，这只是民间的传说，史书并不是这样记载的，史书中没有神荼、郁垒之说，而说门神是古代的一个叫做成庆的勇士。班固的《汉书·广川王传》就有如此记述，成庆的扮相也是武士，短衣、大裤、长剑，样子十分酷。

很有意思，门神也不是终身制的。还真应了“一朝君主一朝臣”的老话，到了唐代，门神又易主了，它被陕西西安户县钟馗故里欢乐谷的“赐福镇宅神君钟馗”和两个历史人物——秦叔宝、尉迟敬德替换下来了。

为什么会是这两位历史人物为新的门神呢？其中的缘由并不见史册，倒是《西游记》中有这么一说：泾河龙王犯了天条，罪该问斩，玉帝任命魏征为监斩官。泾河龙王向唐太宗求情，太宗最终答应了龙王的请求，到了问斩龙王的那个时辰，太宗想用与魏徵下棋的办法绊住魏徵不让其监斩，结果魏徵对弈期间打了一个盹儿，元神出窍，最终把龙王斩了。泾河龙王怪唐太宗做人不守信，要跟他讨命。太宗生惧，大将秦叔宝主动请命，与尉迟敬德立门外替主上护驾。那一夜果然无事。之后，太宗不忍这二将如此辛苦，就让会画像的人，把二将的模样画下来，贴于门上，当作门神。

对于以上二位门神的来历，《三教源流搜神大全》则有不同的记载，其中说：唐太宗李世民早年降瓦岗、扫窦建德、镇杜伏威等起义军，其间杀人无数。即位后，身体极差，夜间梦寐不宁，多做噩梦，常见邪祟在寝殿内外抛砖扔瓦，鬼魅呼叫，使前后殿宇夜无宁静，李世民惧之，告诉群臣，但是宫内殿外上下却全然不知，仅唐太宗李世民一君有感而日夜恐惧。月余后，太宗终受不住恶鬼的折磨，召众将群臣商议。众将提出让元帅秦琼与大将军尉迟恭二人每夜披甲持械守卫于宫门两旁。是夜，果然无事，太宗和朝廷上下文武官员齐声喝彩。但久而久之，太宗念秦琼、尉迟恭二将日夜辛劳，便让宫中画匠绘制二将之戎装像，怒目发威，手持鞭锏，悬挂于宫门两旁。此后邪祟全消。后世沿袭此法，遂将二将永做门神而使他们在民间得以成为流传最广、影响最大、威望最高、普及性最强、贫富皆爱的门神，至今长盛不衰。

秦琼与尉迟恭两位门神的神像在北京的民宅中，其样式也最多，有坐式、有立式、有披袍式、有步战式、有骑马式、有舞单鞭双锏式、有执金爪式，但绝无手持弓箭之象。持弓箭的门神只有大唐开国元勋神箭手谢映登和金兰之友温侯后裔王伯当两位门神。

门神信仰由来已久，除了以上的几位，还有道教崇奉的青龙白虎，一些地区信奉的赵云、关羽、张飞、赵公明、孙膑、庞涓等。

钟馗是在民间影响最深的门神之一，出现在唐代。据说他捉鬼的本领及威望比以往的门神高得多。相传，钟馗因为丑陋的相貌，在科举考场上遭受歧视，最终选择了死，但之后他出现在唐玄宗的梦中替他驱走了小鬼，而被画匠描绘下来，玄宗将之挂于宫门之上，作为门神。后来道教吸收了这种信仰，常将钟馗视作祛恶逐鬼的判官，于是钟馗便成了驱鬼捉鬼的神将。关于钟馗的来历，前人在做过详细的考证后，认为，钟馗并不是人。在中国古代曾称一种棒槌为终葵。古人在举行驱疫逐鬼的大傩仪式时，总要挥舞终葵。久而久之，它成为驱鬼的象征，从而在人们的心目中，具有辟邪的神通。自魏晋以至隋唐，常以钟（与终音同）葵为名、字，如北魏尧暄本名钟葵，字辟邪。葵或作馗，亦同音字。唐代文人有做游戏文章之习，遂有虚构的钟馗故事出现。

元末明初，又出现梁山好汉小温侯吕方和赛仁贵郭盛。明清至民国期间的武将门神在全国各地各有不同，和北京民居中的门神在人物上是有区别的。如河南人所供奉的门神为三国时期蜀国的赵云和马超，河北人供奉的门神是马超、马岱哥俩，陕西人供奉孙膑和庞涓，黄三太和杨香武，而汉中一带张贴的多是孟良、焦赞这两条莽汉子。

北京民居中供奉的除秦琼、尉迟恭外，还有《水浒传》里的解珍、解宝、吕方、郭盛。因为北京的院落较大，占地面积往往延至后面的胡同。所以，在北京的住宅里，还有一种专贴在后门的门神。

因为北京是座古老的城市，是元、明、清数朝的政治、文化、商业中心，这里天南海北的人都有。同时，他们家乡的门神也被他们携往这里，以保佑他们平安。所以，在北京民宅的大门上，各地门神应有尽有。归纳一下，北京住宅院中所贴的门神多取自中国古典名著中的英雄好汉，或武艺出众、仗义疏财、精忠报国的英雄。

至于其他地方，还有把刘胡兰、赵一曼、董存瑞、黄继光等，抗日战争、解放战争、抗美援朝战争时期的战斗英雄、民族英雄的画像，逢年过节，贴在大门上。这样一来，门神便不为门神，而演变为门画儿了。

由此可以得知，这世上本来没有神，所谓神大都是人造神。历代门神职务随时代的换位，想来大致也是如此。

## 中秋节的来历

每年农历八月十五日，是传统的中秋佳节。就像月亮只有月缺没有月圆是一种遗憾，如果中国人没有中秋节同样也会有这种感受。因为这个时令的月亮之圆已成了合家团圆的一种意象，而中国人最渴望能过上“现世安稳，岁月静好”的生活，因此，中国人非常重视这个节日。

因此，吃圆圆的月饼自然也就成了节日的另一习俗。月饼象征着团圆。月饼的制作从唐代以后越来越考究。苏东坡有诗写道：“小饼如嚼月，中有酥和饴。”清朝杨光辅写道：“月饼饱装桃肉馅，雪糕甜砌蔗糖霜。”

中秋是一年秋季的中期，所以被称为中秋。在中国的农历里，一年分为四季，每季又分为孟、仲、季三个部分，因而中秋也称仲秋。八月十五的月亮比其他几个月的满月更圆、更明亮，所以又叫作“月夕”“八月节”。但关于中秋节的来历，历来说法不一，归纳下，大约有如下几种：

最为世人认同的一个说法是，中秋节的来历源自古老神话——嫦娥奔月。嫦娥为能成仙偷服不死之药，奔月成了月亮之神，成神的代价是终生不能返回人间。嫦娥起初觉得月宫很好，后来终耐不住寂寞，在每年八月十五日的晚上，返回人间与老公团聚，但在天明之前必须回到月宫。后人为纪念这个日子，每逢中秋。年复一年，人们把这一天作为节日来庆祝。

八月十五日为中秋节，还有另一种说法。根据史籍的记载，“中秋”一词最早出现在《周礼》一书中，周代每逢中秋都要举行迎寒和祭月。早在三代时期我国就有“秋暮夕月”的习俗。夕月，即八月十五日祭拜月神。

相传，古代齐国丑女无盐，幼年时曾虔诚拜月，长大后，以超群品德入宫，但未被宠幸。某年八月十五日赏月，天子在月光下见到她，觉得她美丽出众，后立她为皇后，中秋拜月由此而来。月中嫦娥，以美貌著称，故少女拜月，愿“貌似嫦娥，面如皓月”。

有人则不承认八月十五日定为中秋节是源自以上两则传说。他们认为，唐朝初年，中秋节才被正式册封为固定节日。这种观点的依据是《唐书》记载了“八月十五中秋节”，其观点无非是，中秋节是由唐明皇赏月开始的，此事见于唐代《开元天宝遗事》，说唐明皇每年八月十五日，必要赏月一番。之后百姓也来效仿，结果，成了一种风俗习惯沿袭下来。从此，始于唐朝的中秋节盛于宋朝。比如，南宋时，民间以月饼相赠，晚上，有赏月、游湖等庆典。

还有人对以上的说法都不以为然，他们认为，虽然唐诗中出现了“中秋节”的字样，但唐朝的类书里却没有有关“中秋节”的记载，真正第一次对中秋节做了明确记载的是南宋人吴自牧，他在《梦粱录》一书中说：“八月十五日中秋节，此日三秋临半，故谓之‘中秋’。此夜月色倍明于常时，又谓之‘月夕’。”书里还描写了南宋京都临安(今杭州)赏月逛夜市的盛况。可见,八月十五日为中秋节,始于宋代。

还有人提出另一种看法;中秋节原本是推翻元朝统治的一次起义纪念日。在元朝末年,老百姓不堪忍受官府的压迫,就把写有“杀鞑子、灭元朝;八月十五家家齐动手”的字条藏在做好的小圆饼内相互传递。到了八月十五日晚,许多百姓相约起事,推翻了元朝的统治。后来,每逢八月十五这一天,老百姓都吃月饼来纪念这次历史性的胜利。中秋节由此得名。

至明清时,已与元旦齐名。成为我国的主要节日之一。这也是我国仅次于春节的第二大传统节日。许多地方形成了烧斗香、树中秋、点塔灯、放天灯、走月亮、舞火龙等特殊风俗,来庆祝这个节日。

今天,月下游玩的习俗,已远没有旧时盛行,但设宴赏月仍很盛行,人们把酒问月,庆贺美好的生活,或祝远方的亲人健康快乐,和家人“千里共婵娟”。中秋节的习俗很多,形式也各不相同,但都寄托着人们对生活无限的热爱和对美好生活的向往。现在,祭月、拜月的活动已被规模盛大、多彩多姿的群众赏月游乐活动所替代。

除了这些看法,另外有人提出,中秋节的起源和农业生产有关。秋天是收获的季节。“秋”字的解释是“庄稼成熟曰秋”。八月中秋,农作物和各种果品陆续成熟,农民为了庆祝丰收,表达喜悦的心情,就以“中秋”这天作为节日。

虽然以上的说法都各有各的依据与道理,但在真正权威的定论出来之前,中秋节的起源,依然需要我们进一步探讨,以还原其本来面目。

### 清明节的来历

清明,是我国的二十四节气之一。清明最开始是一个很重要的节气,清明一到,气温升高,正是春耕春种的大好时节,故有“清明前后,种瓜种豆”。

但是,清明作为节日,与纯粹的节气又有所不同。节气是我国物候变化、时令顺序的标志,而节日则包含着一定的风俗活动和某种纪念意义。我国传统的清明节大约始于周代,约有两千五百年的历史。

按照旧的习俗,扫墓时,人们要携带酒食果品、纸钱等物品到墓地,将食物供祭在亲人墓前,再将纸钱焚化,为坟墓培上新土。折几枝嫩绿的新枝插在坟上,然后叩头行礼祭拜,最后吃掉酒食回家。唐代诗人杜牧的诗《清明》:“清明时节雨纷纷,路上行人欲断魂。借问酒家何处有?牧童遥指杏花村。”

清明节是最重要的祭祀节日,即是祭祖和扫墓的日子。现如今已成为法定节日。汉族和一些少数民族大都有清明节扫墓的习俗。清明节一般是在公历的四月五日,但其节期很长。清明节又叫踏青节,此时正是春光明媚、草木吐绿的时节,也是人们春游的好时节。

直到今天,清明节祭拜祖先、悼念已逝的亲人的习俗仍很盛行。人们在这个节日慎终追远、缅怀先人,因此清明节可以视为民族的复活节。

关于清明节的起源,据传始于古代帝王将相“墓祭”之礼,后来民间亦开始仿效,于此日祭祖扫墓,历代沿袭而成为中华民族一种固定的风俗。

清明节源于春秋战国时代,是我国汉族的传统节日之一,为中国二十四节气之一,时间约在每年的阳历4月5日前后。清明节后雨水增多,大地呈现春和景明之象。这一时节万物“吐故纳新”,无论是大自然中的植被,还是与自然共处的人体,都在此时换去冬天的污浊,迎来春天的气息,实现由阴到阳的转化。

古有清明前一天为“寒食节”之说,相传起于春秋时期晋文公悼念介子推“割股充饥”一事,后清明、寒食逐渐合二为一。唐代扫墓日期一般在寒食节,宋代后移到清明。传说寒食节的起源地就在山西中部介休,介休一名的来历即是为纪念介子推“割股充饥”而不图回报,最终在此因大火烧山而亡,绵山也因此又称“介山”。

相传大禹治水后,人们就用“清明”之语庆贺水患已除,天下太平。此时春暖花开,万物复苏,正是春游踏青的好时节。踏青早在唐代就已开始,历代承袭成为习惯。踏青时人们除了欣赏大自然的湖光山色、春光美景之外,还开展各种文娱活动,增添生活情趣。

明清时期,清明扫墓更为盛行。古时扫墓,孩子们还常要放风筝。有的风筝上安有竹笛,经风一吹能发出响声,犹如筝的声音,据说风筝的名字就是这么来的。

清明节还有许多失传的风俗，如古代曾长期流传的戴柳、射柳、打秋千等，据史书记载，辽代时期最看重清明节，上至朝廷下至庶民百姓都以打秋千为乐，仕女云集，踏青之风也极盛。

新中国成立后，人们都在这天祭扫烈士墓，缅怀革命先辈。

## 端午节的源头在哪里

农历五月初五，是中国民间的传统节日——端午节，它是中华民族古老的传统节日之一。端午也称"端五""端阳"。此外，端午节还有许多别称，如：午日节、五月节、浴兰节、女儿节等等。时至今日，端午节仍是中国民间一个十分盛行的隆重节日，该民俗经国务院批准列入第一批国家级非物质文化遗产名录。而关于它的得名和起源，历来有所争议，一般来说，以下几种说法最为人所知：

一、"浴兰节"说。古人五月采摘兰草，盛行以兰草汤沐浴除毒之俗。此习俗流传至唐宋时代，又称端午为浴兰之月。《大戴礼记》中记载："五月，……煮梅，为豆实也，蓄兰为沐浴也。"此书成书的历史很久远了，它是汉文帝时礼学名家戴德选编的，也是研究上古社会的第一手资料。如果此说成立的话，端午节在先秦时代已出现了。

二、"屈原"说。端午节始于春秋战国之际。关于其由来。说法不一，但以纪念屈原之说影响最广、最大。正是由于屈原的缘故，端午节也因此被称为"诗人节"。唐末江南僧人文秀写过一首《端阳》诗，诗云："节分端午自谁言。万古传闻为屈原。堪笑楚江空渺渺，不能洗得直臣冤。"表达了人民大众对屈原的同情与怀念。

三、"龙节"说。闻一多先生认为端午是龙的节日。据闻一多先生的《端午考》和《端午的历史教育》列举的百余条古籍记载及专家考古考证，端午的起源，是中国古代南方吴越民族举行图腾祭的节日，比屈原更早。他从节日的竞渡和吃粽子都与龙有关，进而推论端午是龙的节日。自他得出论证后，学术界大多沿用此说。

四、"恶日"说。有人指出，把端午节的主要内容说成是纪念屈原，是后世好心人附会而成，端午应起源于恶日。比如，像《论衡》《后汉书》等古书都有“不举五月子”，即不将五月所生的孩子抚养成人的内容。于是，五月初五，就成了古人忌讳的“恶日”。战国时齐国显贵田文五月初五出生，其父不让家人养之，说明那时五月初五已为俗忌。畋死时屈原还活着。东晋大将王镇恶、宋徽宗等人亦有同样经历。持这种观点的人认为，民间流传的吃粽子是祭屈原之尸，竞龙舟是拯屈原之体，挂艾草是招屈原之魂，其实都是附会。艾草、菖蒲都是草药，都与夏季各类疾病瘟疫滋生为灾有关，都因五月初五这个“恶月”“恶日”而来。粽子只是民间普通食品，龙舟竞渡是一种节日活动，最初并不固定在端午。

五、“伍子胥”说。在我国江苏、上海、浙江一带，一般认为端午节是纪念春秋时期的伍子胥。据史书记载，伍子胥为楚国人，因父兄为楚平王所杀，乃投奔吴国，助吴王阖闾伐楚，五战而攻入楚都郢。吴太宰受越贿赂，谗言陷害子胥，夫差信之，赐子胥一把剑，要他自尽。伍子胥于死前交代邻舍：“我死后，请挖出我的眼睛，悬挂在东门上，我要亲眼看着越国军队入城灭吴！”说毕，自刎而死。夫差听到伍子胥死前之言，大怒，令人取他的尸体装入皮革中，于五月初五投入大江。伍子胥含冤死后，人们“遂划龙舟，作救伍员状”。传说伍子胥变成了“波涛之神”。从此，在江浙一带，端午节就成了纪念伍子胥的日子。

六、“夏至”说。有人认为“有文字可考的端午起源应该是夏至”。他们的理由是，从端午的两个主要风俗看，在权威的岁时专著《荆楚岁时记》中，五月初五的节日风俗并没有吃粽子。而吃粽子却明明白白写在夏至节中——“夏至节日食粽。周处谓为角黍，人并以新竹为筒粽”。关于竞渡，隋朝杜台卿曾在岁时专著《玉烛宝典》中提出，竞渡是夏至节的娱乐活动，不一定是打捞投江的屈原。而端午风俗的另一些内容，如“踏百草”“斗百草”“采杂药”“以五彩丝系臂”等，均和屈原无关。若再查阅别的史籍，不仅在夏至的风俗中可找到后来五月初五风俗的端倪，而且还能找到记录夏至是五月初五风俗起源的内容。司马彪在《礼仪志》中的见解更明确：汉代五月初五的风俗是来自夏、商、周时期的夏至节，著名的岁时风物的著作《岁华纪丽》对端午的第一个解释是:"日叶正阳,时当中夏。"意思是端午节正是夏季之中,太阳正合于正阳的位置。因此,从端午节又名"天中节"来看,端午的最早起源的确就是夏至。

七、"纪念"说。六朝以前五月初五那天纪念的对象并不限屈原一人:山西一带纪念介子推;吴、楚两地纪念伍子胥和屈原;浙江绍兴、会稽一带纪念曹娥;岭南一带地区梧州人追念以诚信、孝道治郡的太守陈临。虽然今天有人认为这种纪念伍子胥、介子推,或者曹娥、陈临、屈原等说,是后世附会之辞,难以置信,但由于人们寄托了自己的理想、愿望,表达了对先人慎终追远的情感,所以中国人对端午节还是很看重的。不过呢,端午节的由来到底源自何处,至今还没有一个正解。

## 元宵节形成于何时

农历正月十五夜,是我国民间传统的庆典——元宵节,俗称"灯节"。旧习元宵之夜,城里乡间,到处张灯结彩,观花灯、猜灯谜,盛况空前。在这个节日里,盛装男女乐而忘返,尤其是女性,平日养在深闺,不能随便出门;只有元宵之夜,才可以随意走动,嬉笑不禁。更在于元宵之夜男女相聚无人干涉——"月上柳梢头,人约黄昏后",这段时光成为青年男女间谈情说爱的黄金时刻,从这一点上看,把它比做是中国人的"情人节",这个比喻可能也不算太跛足。

正月十五为什么叫"元宵"?有一种观点认为是指"第一个月圆之夜"。正月是一年之元月,初一旧称元旦,原意是新年的"第一个白天";不称正月初一之夜为元宵,是古人认为满月的夜晚才是最吉利的,而正月十五之夜是一年中的第一个月圆之夜,因此称为元宵。

今天,元宵节放灯、观灯,仍是中国广大地区人民喜欢的民俗娱乐活动。特别是近几年,随着人们的生活水平的大幅度提高后,元宵节出现了空前繁荣的景象。但这里始终存在一个疑问,人们如此喜欢元宵节,可它究竟是什么时候起源的呢?

有一种观点是元宵节是汉代传下来的。有人根据《曲洧旧闻》记载的"唐沿汉武帝祠太乙自昏至明故事",认为元宵节看来是"成于汉初的一种特殊事体,并不认为是一种娱乐”。《中国年节》一书也认为:“汉文帝是周勃戡平‘诸吕之乱’以后上台的。戡平之日是正月十五。每逢这天夜晚,汉文帝都要出宫游玩,‘与民同乐’。‘夜’在古语中又叫‘宵’,于是,汉文帝就把正月十五这一天定为元宵节。不过,当时还没有放灯的习俗。到了汉明帝永平十年,蔡谙从印度求得了佛法,汉明帝为了提倡佛教,敕令在元宵节这天点灯,以表示对佛教的尊敬。这是元宵节放灯的起源。”

而明人郎瑛则认为元宵节形成于唐代,他这个观点可不是信口开河的,他本人是一个出名的书痴,一生唯读书是务,他是在翻阅大量史料后得出这个结论的。在《七修类稿》中他写道:“元宵放灯,起唐开元之间,从十四至十六夜,后增至五夜。”该书考论范围极为广阔,以类相从,凡分七门。内容或测天地之高深,或明国家之典故,或研究义理,或辩证古今,以至奇怪诙谑之事,无不采录,考论严谨详明,能驰骋古今。其内容有很高的史料价值。所以,他的这种说法应该有很高的采信度。

另有一种观点的知名度更高,认为元宵节源于宗教活动。《涅槃经》曰:“如来维讫,收舍利罂置金床上,天人散花奏乐,绕城步步燃灯十二里。”而《岁时杂记》记载,这是沿道教的陈规。元宵之称源自道教的上元节,道教有“上元”(正月十五)、“中元”(七月十五)、“下元”(十月十五)三个节,上元节之夜就称元宵。而太一(主宰宇宙一切之神)主管上、中、下三元的分别为天、地、人三官,而这天官是个老顽童,特别喜欢玩,所以,他主管的上元节要燃灯,图个乐子。

近来,有专家在梳理各种说法之后,提出一种全新的看法,他们认为,元宵节“最早起源于对火的崇拜”,“原始人发明了火之后”,“认为神秘的火能驱赶走一切妖魔鬼怪”。相沿成习,最先形成仪式活动的便是“傩”,“傩”是一种持火驱鬼的习俗活动,其原始形态,可追溯至久远的上古时代。

关于元宵节的起源,民间传说中也没有一个固定说法。民间相传,元宵节源于汉武帝。当时宫女元宵正月过后思念家中父母,宫深禁严,如何与家人见上一面呢?足智多谋的东方朔得知此事后很同情她们,便设计成全她们。他先散布谣言,说火神君将派员火烧定安城，城里宫内一片恐慌。后又向武帝献计，十五晚上宫廷内人员一律外出避灾，城中大街小巷，庭院屋门，都挂上红灯，好像满城大火，以骗过天上观望监视的火神。武帝允诺，宫女们遂趁机与家人相会。从此，每逢正月十五都要放灯。之后这种佛教礼仪节日逐渐成为民间盛大的节日，汉文帝时，已下令将正月十五定为元宵节。

也有人说元宵节是隋炀帝误打误撞给惹出来的。相传，他色迷心窍想娶自己的妹妹。他的妹妹实在没办法，就托辞除非正月十五出现繁星满地的奇迹，才可成婚。这隋炀帝为了一己兽欲就下令京城四周百姓到十五日晚每户燃灯火，违令者斩。至十五日晚，他的妹妹登楼见满地都是灯火，误以为真是繁星落地，纵身投河自尽。为了纪念这位不甘凌辱的女子，民间百姓每逢正月十五都燃起了灯火。

除了以上两种传说，另外还有元宵灯会源于民间的“放哨火”等农事习惯的传说。每年正月十五左右，春耕即将来临，各地农民忙于备耕等工作。一些地区的农民就在这天晚上到地里把枯枝杂草拢在一起，放火烧掉，以除虫害。

虽然关于元宵节起源的各种说法不少，但事实上，元宵节的起源只有一个，所以，在无法确定它最早源于何时之前，仍是一个谜。

## 白蛇传说从何而来

白蛇传说源远流长，家喻户晓，是中国著名的民间传说之一。据明末《警世通言》记载，宋代时，有一千年修炼的蛇妖，化为人形后取名白素贞，与青蛇精小青，在杭州西湖遇书生许仙，白蛇顿时生出欲念，想嫁给书生。

后经历诸多是非，许仙得知白素贞、小青都是异类，并受白蛇威胁，惊恐难安，便求法海禅师救度。于是白蛇被法海收入钵内，镇压在雷峰塔下。许仙看破红尘情愿出家，礼拜禅师为师，就在雷峰塔剃度为僧。修行数年，一夕坐化而去。众僧买龛烧化，造一座骨塔，千年不朽，临去世时，亦有诗八句，留以警世，诗曰：祖师度我出红尘，铁树开花始见春。化化轮回重化化，生生转变再生生。欲知有色还无色，须识无形却有形。色即是空空即色，空空色色要分明。

后世根据此传说又添加了一些情节，使得故事更加平民化，符合大众的口味，并得以流传至今。内容大致如下：在宋朝时的镇江市，白素贞是千年修炼的蛇妖，为了报答书生许仙前世的救命之恩，化为人形欲报恩，后遇到青蛇精小青，两人结伴。

白素贞施展法力，巧施妙计与许仙相识，并嫁与他。婚后金山寺和尚法海对许仙讲白素贞是蛇妖，许仙将信将疑。后来许仙按法海的办法，在端午节让白素贞喝下带有雄黄的酒，白素贞不得不显出原形，却将许仙吓死了。后来，白素贞上天庭盗取了仙草灵芝将许仙救活。

法海将许仙骗至金山寺并软禁了起来，白素贞同小青一起与法海斗法，水漫金山寺，却因此伤害了其他生灵。白素贞因为触犯天条，在生下孩子后被法海收入钵内，镇压于雷峰塔下。后来，白素贞的儿子长大得中状元，到塔前祭母，将母亲救出，全家团聚。还有可爱的小青也找到了自己的相公。

据说，《白蛇传》起源于一千多年前的北宋时期，发源地在河南汤阴（今河南鹤壁市）黑山之麓、淇河之滨的许家沟村。许家沟所倚的黑山，又名金山、墨山，古为冀州之地，是太行山的余脉之一。这里峰峦起伏，淇水环流，林木茂盛，鸟语花香，环境清幽，赛过桃源。早在魏、晋时期，左思就在《魏都赋》里记载了“连眉配犊子”的爱情故事传说：“犊子牵黄牛，游息黑山中，时老时少，时好时丑。后与连眉女结合，俱去，人莫能追……”后来这一典故衍化为“白蛇闹许仙”的故事，故事的女主人公也由“连眉女”演变为白蛇。

“白蛇闹许仙”里的白蛇精，当年曾被许家沟村一位许姓老人从一只黑鹰口中救出。这条白蛇为报答许家的救命之恩，嫁给了许家后人牧童许仙。婚后，她经常用草药为村民治病，使得附近金山寺的香火变得冷落起来，也使黑鹰转世的金山寺的长老法海和尚大为恼火，决心破坏许仙的婚姻，置白娘子于死地。

于是引出了人们熟悉的“盗仙草”“水漫金山寺”等情节。白娘子因为水漫金山而触动胎气，早产生下儿子许仕麟。法海趁机用金钵罩住分娩不久的白娘子，将其镇压于南山雷峰塔下。通过此事，许仙心灰意冷，便在雷峰塔下出家修行，护塔侍子。18 年后，许仕麟高中状元，回乡祭祖拜塔，才救出母亲，一家团圆。

目前，白蛇传说已被列入国家级非物质文化遗产。

## 田螺姑娘的传说是怎么来的

田螺姑娘是福州民间传说中的人物。据说，从前，有个孤苦伶仃的青年农民，靠给地主种田为生，每天日出耕作，日落回家，辛勤劳动。一天，他在田里捡到一只特别大的田螺，心里很惊奇，也很高兴，便把它带回家，放在水缸里养着。

一天，那个农民照例早上去地里劳动，回家却见到灶上有香喷喷的米饭，厨房里有美味可口的鱼肉蔬菜，茶壶里有烧开的热水，第二天回来又是这样。两天，三天……天天如此，那个农民决定把事情弄清楚。第二天鸡叫头遍，他像以往一样，扛着锄头下田去劳动，天一亮他就匆匆赶回家，想看一看是哪位好心人做了那一切。他远远就看到自家屋顶已炊烟袅袅，他加快脚步，要亲眼看一下究竟是谁在烧火煮饭。可是当他蹑手蹑脚，贴近门缝往里看时，家里毫无动静，走进门，只见桌上饭菜飘香，灶中火仍在烧着，水在锅里沸腾，还没来得及舀起，只是热心的烧饭人不见了。

第二天，那个农民又起了个大早，鸡叫下地，天没亮就往家里赶。家里的炊烟还未升起，他悄悄靠近篱笆墙，躲在暗处，全神贯注地看着自己屋里的一切。不一会儿，他终于看到一个年轻美丽的姑娘从水缸里缓缓走出，身上的衣裳并没有因水而湿。这位姑娘移步起到灶前，便开始烧火做菜煮饭。

年轻人看得真切，连忙飞快地跑进门，走到水缸边，一看，自己捡回的大田螺只剩下个空壳。他惊奇地拿着空壳看了又看，然后走到走灶前，对正在烧火煮饭的年轻姑娘说："请问这位姑娘，您从什么地方来？为什么要帮我烧饭？"姑娘没想到他会在这个时候出现，大吃一惊，又听他盘问自己的来历，便不知如何是好。年轻姑娘想回到水缸中，却被年轻人挡住了去路。青年一再追问，年轻姑娘没有办法，只得把实情告诉了他，她就是田螺姑娘。青年非常喜欢田螺姑娘。后来他们就结了婚。

但是,蚂蝗精也非常喜欢田螺姑娘,看到田螺姑娘和农民这么好,很妒忌,决定抢走田螺姑娘。于是假扮算命先生,从她瞎眼婆婆那里骗去田螺壳,有了田螺壳,田螺姑娘就被蚂蝗精收到他的洞内出不来了。农民和他的伙伴为救田螺姑娘,去了蚂蝗精的洞中,但却被蚂蝗精打败了,后来他们想了个办法,用盐撒在蚂蝗精身上,蚂蝗精最怕的就是盐了,终于痛苦地死去。

田螺姑娘和农民过着幸福的日子,一年后生下了一个男孩。这个男孩转眼5岁了,一次在河边玩水嬉戏,被同伴们骂是田螺精的孩子。男孩听了人家的话,把母亲的壳藏起来了,田螺姑娘就再也变不回田螺了。

据考,田螺姑娘的传说,出自《搜神后记》:晋安帝时,侯官人谢端,少丧父母,无有亲属,为邻人所养。至年十七八,恭谨自守,不履非法。始出居,未有妻,邻人共愍念之,规为娶妇,未得。端夜卧早起,躬耕力作,不舍昼夜。后于邑下得一大螺……这便是田螺姑娘。

明朝冯梦龙所著《情史类略》卷十八“白螺天女”中也有类似记载,不同的是其中谢端说成是常州义兴人,谢端也不再是个农夫,而是一名性恭谨顺从上司的县吏。

另外还有一种说法是,田螺精的故事,表达了古代人对神的一种执着的信仰,宣扬的是一种只有信念坚定的人,才能得到神的恩惠的观念。只要你坚定信念,你的身旁,无论是田螺、蛤蜊,还是年画中的人物,这些原本没有灵性的东西,都会给你带来意想不到的幸福,这些异类实际上都是神灵的临时化身。这恐怕是一些传播神鬼故事的人,为了吸引人们而虚构出来的,使人们相信,对神笃信,神便会通过各种异类赐予他们幸福,或者帮助他们解决难题,并且获得人间难以想象的美好婚姻。

## 第三节 探索掩埋的真相

### 殷墟人种之谜

只要对人种学稍微有点了解就可以知道，中国的南方人和中国的北方人本身就是同一个人种下面的不同亚种。中国的北方人属于蒙古人种北亚型，中国的南方人属于蒙古人种马来型，还有一种蒙古人种海洋型，部分高山族人属于这种。

殷人人种问题涉及商族起源的问题。因此，它是世界各国专家学者长期关注的学术问题。殷墟出土的一件玉人头像，额突鼻高，脸长口小，不似东方人种，这更给殷人人种问题蒙上了神秘色彩。

我国汉魏时代的史学家司马迁等人都认为商族发祥地在我国西北，即陕西省的关中平原。而近代的王国维等人却有不同的意见，他们认为商族起源于东方，地点或在河南商丘与山东曹县，或在河北东部至渤海湾一带。到了当代，又有学者提出商族起源于北方，地名为“番”（被认为即是“亳”）和“砥石”，在古之燕地或今内蒙古昭乌达盟白岔山一带。还有学者提出商族起源于山西，仍属“北方起源”说。综合上述族源所涉皆没有跑出过蒙古人种亦即黄色人种的圈子，没有涉及其他肤色人种。

考古材料中的颅骨是人种学家们给古代居民与物质文化归属定性的主要依据，在人类的颅骨之间设立诸多的测量标准必然是为了使其产生差异，以便分类。中国的体质人类学家早就对人种学的科学性提出质疑，人种学者对具体人种的描述性措辞中充斥着含糊性与歧义，同一具头骨会随着测量标准的改变而显示出不同的人种特征。如一具头骨的鼻高接近欧罗巴人种，头型接近蒙古人种等；如某项指标落入蒙古人种范围内，另一项指标却接近尼格罗人种数值。

可是研究结果表明殷人人种问题的复杂性远远超出人们的预想。三百余具头骨，有属古典蒙古人种（黄色人种），有属海洋类尼格罗人种（黑色人种），有类似高加索人种(白色人种),还有类似爱斯基摩人等等。有专家据此判定,殷人人种当是多元异种系族群。

这下可乱了套,这么多头骨混在一起,是不是真的意味着多元异种呢?有人对此论不以为然,认为,这种论证的材料缺乏典型性,他们的理由是,只拿出祭祀坑的头骨来研究当时的人种问题,有点过于宽泛。因为,那些头骨中可能有武丁时期四处征伐、掠来的人口杀以祭祀的。所以,其来源自然很复杂,不能用来指证殷人人种。最终专家们得出结论:“很早以前,华北平原是许多不同民族的支系汇集的地方,而原始的中国人群就是由这些民族集团中的一部分融合而成的。虽然如此,我们应当记住,在这些支系中占优势的无疑是蒙古人种集团。”

在武丁的王妃妇好墓被发现时,人种学家曾希冀能够发现殷王室成员遗骨,以对殷人人种做出最具权威性的揭示。可惜的是,墓中尸骨无存。所幸出土了十五件玉石人物雕像。这些人物雕像的形象尽管各异,但仍多属于鼻阔颧高的蒙古人种。这为殷人是蒙古人种的见解提供了新的证据。需要提到的一点是,我们不能从遗传学上证明现代中国人与本土智人(如山顶洞人、北京人等等)之间的关系,也就是说,我们和史前时代的本土智人并不同种。

其实在“中国文明西来”说和“中国文明本土”说中,如果我们能找到夏朝文明或者更早的文明遗迹和确切的物证来证实“中国文明本土”说的话,疑点不难自破,但是迄今为止,我们拿不出能得到专家认可的商朝以前的物证。

如果殷墟时代的辉煌是凭空突然出现的,倒是不难解释为何其器物等均带有欧洲及中亚青铜时代的痕迹。因某种原因东进的一支文明,一路上势如破竹,不仅挟裹了各个地区不同人种的人民,还剿灭了中国本土的原住民。这次融合,造就了中华民族的雏形。

到目前为止,已经有若干个商墓中的遗骨经过 DNA 分析,但是结果却没有公布。从骨骼形体学分析,商墓中有各种亚洲人和白人遗骸。殷商统治者王室 Y-DNA 单倍体型到目前仍未公布,也许是结果不好公布。

中国学者正通过对殷墟王陵区祭祀坑人骨的同位素鉴定等方法，推断商代甲骨文中的“羌”与今天“羌民族”的关系。商代甲骨卜辞中，人祭卜辞约2000条，记载“人牲”总数14000余人，其中近8000人为羌。但学术界对羌是专指羌族地区的一个方国或羌族，还是商土以西各部族的泛称，一直存在争议。

殷墟的考古发现证明，卜辞中的“人牲”主要埋藏在西北冈王陵区，研究人员正在采集上述地区若干次商代“祭祀活动”的人骨，对其进行锶同位素和氧同位素试验，观察这些人骨的同位素水平是否有“聚类”的特性。如果羌是专指，占“人牲”一半以上的羌人骨会有聚类的相似性；如果不聚类，那么羌就是泛指商土西部各族。考古研究者采集两地出土的人骨标本进行试验，观察人骨同位素水平的差异后，得出这个结论。

此外，有专家认为，贵州水族系秦时自岭南迁来，与百越族群有着千丝万缕的联系。根据相关资料，水族族源最早可上溯至商周之际，在殷商亡国后由中原一带向南转移，脱离中原文化而逐渐融入南方百越族群。

还有人根据象征古代埃及文明的金字塔的筑造者并不是后世白色人种的埃及人，而是头发卷曲、皮肤黝黑的黑色人种，提出象征中国古老文明的殷商青铜器的建造者，是否也有其他肤色的人种？然而，迄今殷人人种问题还不能“盖棺论定”，尚有待专家们进一步研究。

## 巴蜀古国之谜

对于巴蜀古国，历来看法不一，有人以为它就是一个神话传说，虽然传得像孙悟空那样有名，却不是真的。有人却以为它是真实存在的。两方为这事掐得不亦乐乎，罗伯特·巴格雷编辑和其他七名学者仔细研究了1986年中国四川三星堆出土的文物（包括青铜器、玉器和陶器等），著了《古巴蜀：消失文明的宝贵财富》一书，以清晰的陈述和详尽的事实，力图解开这个被誉为“世界第九大奇迹”的文明之谜。

在三星堆遗址出土之前，中国的考古学家已经在成都平原上发掘出了很多有价值的文物。其中,13 个出土青铜像以世人从未见过的造像让学者目瞪口呆,那些铜像的面部轮廓极具棱角,方下巴、阔耳朵,看上去像大刀阔斧风格的木雕。一些青铜面具以巨大突出的眼部为特征,让人联想到非洲风格的雕像,似乎和远东任何艺术风格都无直接联系。这些“不速之客”究竟具有什么特殊含义呢?

其实,两个祭祀坑本身就是一个不解之谜,大多数学者倾向于把坑里的遗物归于“火烧的祭品”,根据是一号坑里的动物骨灰和残余骨片。其他一些假说,如“火葬”说和“储藏”说,因为缺乏依据不被大多数人所信服。

祭品可以揭示出青铜器的大致年代。一些样式精美的花瓶与湖南、湖北的出土文物风格相符。这些花瓶中的大多数被认为是从外地运入的。由于它们和中原地区公元前 12 世纪的容器类似,学者们认为那些人像也产生于那个时期。

但是,知道产生年代也很难揭示出它们的确切含义。最神秘的莫过于一座大型青铜立人像。它全身长 172 厘米,加上厚重的底座,总高度为 260 厘米,重约 180 公斤。人像所穿着的华美服饰与当时中国中原风格迥异。在长长的斗篷之外,是一件短袖及膝的束腰外衣。头饰则是用硬质材料制成的环状物,上面插有标志性的鸟羽。“他”是一位国王、王子,还是一件普通祭品呢? 人们无从知晓。

同样,其他塑像以及那些奇怪的眼部突出的青铜面具也是千古之谜。有人猜测,第一代蜀王蚕丛之所以眼睛像螃蟹一样向前突起,成为纵目,可能就是因为缺盐而患甲亢造成的,所以,才会出现那种不合常理的面具。

与古蜀国联系最密切的是生活在长江三峡地区的巴族和巫蠢人。远古的羌人在成都平原发展成蜀族以后,遭遇了一个始料未及的大问题:四川盆地食盐缺乏。从一号坑出土的 K1:2 青铜头像可以获悉,此像脸型轮廓及鼻子处理十分圆润,近乎现代写实手法,这在当时的中国绝无仅有。如同卡通造型的铜像各部位变形,如双目突出、双耳阔大,明显是人为的夸张。这种夸张不仅是雕塑家的刻意经营,还受到了统治者认可。其中有两副面具是镀金压膜的,不用说人们也能猜到它们象征着什么。

这些对中国中原文化来说陌生的艺术形式是“成都平原文明”的重要构成。由此可见，在公元前316年被秦始皇统一之前，古代四川与中原分属不同的文化体系。而且，那些外来的青铜器皿揭示出，这一消失的古老文明与中原文明是具有联系的。在被秦攻克之前，这个地区还没有正式的文字记载。中原的资料则把它的东部称作“巴”，中部称作“蜀”。“巴”和“蜀”的文化与政治含义并不清楚。但学者仍把这一古老文明称为“巴蜀文明”。

蜀国早在商朝时期就有了，背景神秘莫测，蜀人的象形文字也是原创的，不同于中原。它的玉器、青铜器、漆器制作甚精，可媲美中原也异于中原。蜀人的模样也很特别，三星堆出土的那个浓眉突眼阔嘴扁腮方脸招风耳的青铜人最为知名。这张棱角分明的脸与传统的团和的中国人的脸并不相似，反倒像西方人，一同出土的金杖、金面膜也是西方货，难道他们是从西方迁徙来的？

在战国以前的历史文献里，巴与蜀是分称的，不论在地域范围、人类群体，还是在古国、古族等方面，巴、蜀之间都有着清楚的分野。在战国时代的文献中，才开始出现巴蜀合称的记载，从地域相连的角度反映了巴与蜀文化和人类群体的交流融会。“巴”字的本义，按照东汉学者许慎《说文解字》的解释，原为“食象它（蛇）”，是一种吞食大象的巨蛇。此外还有一些关于“巴”字含义的不同解释，但多无确据，没有取得公认。至于“蜀”字的本义，许慎《说文解字》解释为“葵中蚕”，再从其他古代文献综合考察，“蜀”就是桑蚕，它是现代家蚕的直接前身。

据文献记载，古蜀国最早的先王是蚕丛、柏灌、鱼凫，三代而下是望帝杜宇、鳖灵，其后是开明。这些帝王名号怪异，史料匮乏，正如诗人李白喟叹道：“蚕丛及鱼凫，开国何茫然！”长久以来，古蜀国的历史一直是云遮雾罩，成为困扰着人们的难解之谜。

有关古蜀国与他国的战事，并无传世记载，但考古实物却证明确有其事。在殷墟和周原的卜辞中，出现了“蜀受年”“征蜀”“至蜀有事”的记载。可见，当时商朝与古蜀国之间曾经多次爆发战争，因此商王才会进行占卜，向上天询问吉凶、对策。

在三星堆众多的文物中那些清晰的鸟形纹、鸟形的变体纹与金沙遗址出土的太阳神鸟金箔饰图案极其相似。逆向飞行的神鸟，引颈伸腿，展翅飞翔，首足前后相接，围绕在内层图案周围，排列均匀对称。杜甫在蜀期间写过这样一句诗：子规夜啼山竹裂，王母昼下云旗翻。对诗中出现的“子规”，大家知道是杜鹃、杜宇、布谷鸟，而对“王母”许多人不能理解，其实只要读过《文选·思玄赋》（张衡）：“戴胜愁其既欢兮，又消余之行迟。”就会得到答案。因为李善注：“戴胜，谓西王母也。”翻译过来，“戴胜”就是指西王母。而在许多典籍中布谷鸟泛指戴胜鸟。

杜甫在字里行间，无不反映出戴胜鸟是古蜀先民敬日的图腾崇拜观念，也暗示了子规与戴胜之间，杜宇与西王母之间的姻缘关系。综合所述，能否大胆地做出这样一个设想：在五六千年以前，也就是人类大洪水的时代，以鸟为图腾的氐羌部落进入四川，带来了高度的文明，并与蚕丛部落结成了犹如炎黄部落般的联盟，并取代了当地较为落后的文明，也就是说，代表氐羌文化的柏灌取代蚕丛，创造了古蜀文明。当然，这种说法同样因缺少必要的史实作支撑，目前也只能聊备一格，作为存疑之说。

## “真假太子”的三百年悬案

明崇祯帝共有七个儿子，其中四个早殇，至明亡时，仅存周皇后所生太子慈烺、定王慈灿和田妃所生永王慈焕。崇祯帝死后，他的皇太子及两个王子的下落自然成了明朝百姓、遗老遗少关注的焦点，可这三人一直下落不明，但到后来，崇祯三子又反复出现，难辨真假。南明弘光和顺治、康熙三朝都因崇祯太子案，杀戮株连了许多人。

顺治元年（1644 年）十二月，忽有一少年，自称是太子，在常侍太监陪同下来到北京城内原周皇后之父周奎家。周奎开始相认，后来觉得事关重大，不敢隐瞒，就向清朝当局报告。于是朝廷派人将此太子带去，召集有关大臣和原来的明宫中内监审查。刑部主事钱凤览和御史赵开心等人认为太子是真的，而旧侍讲谢升等认为是假的。这事引起了百姓的不满，有人上书指出，如果太子是假的，为何周奎留宿两日始报？据此要求重新审核。摄政王多尔衮亲自审问，又经法司复勘，断定此太子为假冒，将其处死，同时被杀者还有钱凤览等15人。“北太子”一案就此收梢。

几乎与北京出现“北太子案”同时，南京也有一少年自称为崇祯太子。得知这个消息，福王把他带到内宫后，立即召集马士英等大臣对他进行盘问。此人从容讲述故宫之事，并能叫出某些询问他的大臣的名字，从北京逃到江南的原宫中小内监也认为他是真太子。而左御史杨维垣认为他是驸马王昺的侄孙王之明所假冒，少年反问道：“为何不叫我明之王？”诸大臣对他进行刑讯，少年坚不改口。南明在外地的一些将领得知此事，纷纷上疏要求保全“太子”，左良玉发起兵变欲攻打南京，据说也是为了拥立此太子。福王为了自己已得的帝位，坚决否认太子是真的，有言太子为真者皆处死。数月后，清兵攻下南京，豫王多铎把这个太子、弘光及潞王都押送北上，三人都被清廷处死。“南太子案”于此了断。

以上就是明史上有名的“南北太子”案，今人以土默热为代表的许多人甚至认为《红楼梦》中的真假宝玉即是影射真假太子案。理由是，宝玉当指玉玺，红楼即为朱楼。

对于南北真伪太子案，历来说法不一，但是无论如何，南北同时出现两个太子，至少有一个是假的。不少史学家认为北都被杀的太子是真的，南来的太子为假：北边是长平公主亲口承认的，甲申年她已经十五岁，崇祯子女不多，她怎么会把自己的弟弟认错？这话很有生活的道理。

美国人魏斐德有一本书叫《洪业——清朝开国史》，他在正文中主要引用《明季南略》的观点（支持“北太子是真”说）作为叙述主线，又在注中明确表明自己信服孟森考证的北太子为真的结论，这就意味着，他相信南太子是假的。同样的，顾诚的《南明史》也力言南太子为假，并结合童妃案，认为这是东林复社党人造谣生事，以动摇弘光朝廷的合法性。他认为，因福王与马士英的历史背景，受原有党争影响，再次翻出万历朝郑贵妃的老账，大肆排挤东林和复社人士，因而东林复社党人也还其颜色，故意借题大做文章，硬是强调南来太子是真的，与福王及马士英作对。以至于有人甚至针对太子及童妃两案弘光的态度，怀疑太子和童妃是真，福王是假。

另一种观点则认为，以上的看法可能出于自己明显的主观倾向，都有偏颇之处。他们认为，“北太子”未必就是真的，而“南太子”也未必就是假的。

他们的意见大体如下：南太子案中，王铎力斥太子为伪，然而王铎这人侍奉幼太子时间太短，又离朝多年，已经分辨不出成年太子的模样，且人品公认的不端，所以，他的话很难让人相信；庭审太子时，所用之人都是马、阮党人与诸内侍，这些人无论从其人品的角度，还是从其与太子的关系来看，都让人对他们的证言打上一个大问号。

还有就是，杨维垣挖苦说王昺的侄孙王之明貌似太子，后竟称此人就是王之明，杨维垣由于附逆案被赶出权力圈子十七八年，国家大事几乎没有沾过边，又能知道什么呢？至于方拱乾，情形也跟他差不多，由于方拱乾当时是戴罪之身，不免有以此求荣的嫌疑。

其实，能断定太子真伪的，主要是人证，既然当时的人证没法让我们信服，看来，只能采信体貌了。在诸家对明太子的记载中，他的体貌特征主要有“眉长于目”，或有内侍说他“腿骨双生”，异于常人，但王铎、方拱乾、袁妃这三个认识真太子的重要人物从来都没有提到这些明显的特征，弘光朝参与审核太子真伪的人，也根本不相信这些特征，所以，这种忽视，让人感觉有“故意”屏蔽事实真相之嫌。

至于“有虎牙，足下有黑痣”之说，则是出自陷于清廷的袁妃之口，而袁妃所述，实与同时发生的北京伪太子案有关，她所提供的这个特征，是向清政府报告验证北京伪太子的。当然，这并不能排除她是故意误导清朝以维护真太子的可能性。但是，也有人认为，这袁妃也是假的，她是清政府用来设伏陷害明太子的。

人们至今还对南北两位太子的真伪持有不同态度，那么，明末这位皇太子到底走失何方？当我们打开有关史籍，就会发现关于太子慈烺的去向有这样几种记载，一说他在永平被李自成杀害；二说他被李自成挟出北京带回陕西；三说他被明太监高起潜收留;四说他被舅父周奎交清廷处死;五说在广东灵光寺为僧;六说"不知所终"。而正史则是这样记载的:"今伪太子不一,史臣执笔,其何所适从哉?"这话直译过来即是:"明太子案至今没有最后定夺,我们做史官的实在不知道如何下笔写这段历史才好!"

根据明末清初有关著录的综合分析,清兵入关,李自成败退南阳地区淅川荆紫关时,太子走失,不知所终。接着出现上面所述的北京和南京的真假太子案,三百多年来,始终没能解决这一历史悬案。

## 董鄂妃是不是董小宛

明末清初的历史大片谲波云诡,其中就有由后世名头很大的一代美女董鄂妃担纲的"身份证谜案"。公允地说,这件事本来也不至于成为一个不解之谜,但由于正史需要给自己某些不便为外人知晓的家事捂一个盖子,既然正道的路径有些不明不白,小道的八卦自然就蜂拥而出,再加上数百年来许多文人墨客要把这事与另一个名女人董小宛挂上钩,于是,此事的结局不免会显得云山雾罩,至今看不清它的庐山真面目。

关于董鄂妃的身世,流传最广的说法是,她原是襄亲王的福晋,后被顺治帝纳入宫中成为宠妃。但钦天监监正汤若望却讲了这样一个段子,说"顺治皇帝对于一位满籍军人之夫人,产生了倾慕之情。当这位军人因此申斥他的夫人时,他竟被对于他这申斥有所闻知的天子亲手打了一记耳光。这位军人因此怨愤致死,或自杀而死。皇帝紧接着就把这位军人的未亡人收入宫中,封为贵妃。这位贵妃后来生了一个男孩,皇帝打算立他为将来的皇太子。可就在几个星期后,这位皇子不幸夭折了,他的母亲可能因悲伤过度不久也去世了"。但《爱新觉罗宗谱》载,襄亲王嫡福晋为孝庄皇太后的弟弟满朱锡礼之女博尔济吉特氏,并无侧福晋,这在一定程度上排除了"襄亲王福晋"说。另外《清世祖实录》及其他清代史料均无襄亲王率军出征的记载,他既然未曾经历战阵,也就够不上是"一位满籍军人"。可见汤若望所说的"一位满籍军人"应是另指他人。但正如上面所述,正史不一定就那么可信，它为了掩饰某些不好说出口的事实真相，有时也是要弄虚作假的——也正是因为这个，英国卡莱尔的那句“历史都是假的，除了名字”，才会引起许多人再三的点头认可。

关于顺治孝献皇后董鄂妃的前身是何人，社会上有各种传说，最普遍的一种说法是，她是明末清初的秦淮名妓董小宛。对此，自然是有人反对有人认可。反对的人认为，这种说法很不靠谱。赞同的人则说，《清宫演义》《清宫十三朝》等小说，都将董鄂妃说成是秦淮名妓董小宛。明降将洪承畴攻占江南时，生擒秦淮八艳之一的董小宛，为邀宠将董小宛献入皇宫，成了顺治帝的宠妃。

有人说这一说法属于误解。那为什么要将董鄂妃与董小宛扯在一起呢？是因为她们俩的姓中都有一个“董”字，加之二人又都是倾国倾城的绝代佳人，野史文人为了情节离奇需要或出于对满清皇帝的故意中伤，于是便移花接木，将董小宛说成是董鄂妃。他们说，其实这董鄂妃的“董”是满语译音非汉姓董，“董鄂”也有译为“栋鄂”“东古”“冬古”“东果”的。

但笔者对此说不以为然，这主要是从冒辟疆的《影梅庵忆语》里寻查线索的。有人说，“董小宛生于明天启四年甲子，故顺治出生时，董小宛已十五岁了；顺治七岁即位。董小宛已二十一岁了；顺治八年正月二日董小宛死，年仅二十八岁，而清世祖那时还是一个十四岁的小孩子。小宛比清世祖年长一倍，断无入宫邀宠之理。董鄂妃却是在董小宛逝世五年之后的1656年才入宫的。由此可见，董小宛并非董鄂妃。董小宛根本没有进过清宫”。这话看起来似乎很有道理。但是要知道，上述的董小宛的出生时间是冒辟疆在《影梅庵忆语》中提供的。而冒辟疆的话不一定就那么值得采信，因为冒辟疆在记述董小宛时有其自身的牵强，比如：他这边说，董小宛“与余形影交俪者九年”，另一边又说“数人强之去”。当然，他这么写是有苦衷的：签语是“数人强之去”那年写的，所以才有“到底谁知事不偕”之句。亦即在顺治八年，冒辟疆为了要说董小宛与他“形影交俪九年”，才将董小宛的诗说成是“签语”，并移到崇祯十五年，此间恰好是九年。

《清史稿·后妃传》记载:"董鄂妃年十八入侍。"若将她在顺治八年被掠入侍的真实年龄加上冒氏所说结成连理已九年的虚数,恰是他为董小宛卒年安排的年纪,二十七岁。二十七再去九,所得也恰好是董小宛入侍宫中的年纪,十八岁。冒辟疆说与董小宛"结成连理"已有九年,董小宛卒年二十七岁,目的是避开顺治,让董小宛与董鄂妃无关。这么一上推九年,恰恰推到顺治即位前面一年。冒辟疆为什么要如此苦心安排呢,顺治为了董小宛,连同父异母的十一弟襄亲王都下得了手,若知道董小宛曾是冒辟疆刚娶的侧室,能放过他吗?

同时代人对此事的隐说也是有的,吴梅村《古意六首》其六:"珍珠十斛买琵琶,金谷堂深护绛纱。掌上珊瑚怜不得,却教移作上阳花。""上阳"是指什么地方呢,大内皇宫。吴梅村虽然连续用以石崇之金谷园藏绿珠,晋武帝以绛纱系女臂等典故,来暗喻冒辟疆罩不住董小宛,终被顺治纳入宫中。这样做,一是写诗贵在含蓄;二是,躲在典故的大使馆内向外面扔爆料的炸弹,要安全得多。

吴梅村在《题冒辟疆名姬董白小像八绝》诗的后面有这样的四句:"江城细寸碧桃春,寒食东风杜宇魂。欲吊薛涛怜梦断,墓门深更阻侯门。"后人公认这就是歌咏董小宛的事。他又写道"乱梳云髻下妆楼,尽室仓黄过渡头,钿合金钗浑弃却,高家兵马在扬州",这诗一出,有许多人都认为这就是记述董小宛被掳走一事。"欲吊薛涛怜梦断,墓门深更阻侯门",这话已说得再明白不过了,几乎就明说出董小宛是被掳走并卖给豪门世家的事。他有四首《清凉山赞佛诗》,诗中有"可怜千里草,萎落无颜色"的句子。草头下面一个"千"字,"千"字下面一个"里"字,合起来,便是董小宛的"董"字。若嫌这个曲隐,还有更明了的呢:龚鼎孳的《题影梅庵忆语贺新郎》下阕:"碧海青天何限事,难倩附书黄犬,籍棋日酒年宽免。搔首凉宵风露下,羡烟霄破镜犹堪展,双风带,再生翦。""碧海青天""附书黄犬""破镜堪展",三典皆生别语,非悼亡句。可见,所谓的小宛死,只是冒辟疆的"讳饰之辞",入宫才是真相。

别人都如此大张旗鼓地说这事,失去心爱之人的冒辟疆会选择永远沉默吗?

不,他也曾借《金人捧露盘词》寄托自己的哀思:“……莺莺远去,盼盼楼空。倩女离魂,萍踪莫问。……能所双忘,色空并遣;长歌寄意,缺月难圆。”这个用典,明见就是生离,而不是死别。由此可知,董小宛不是死了,而是被掳了。

有意思的是,《红楼梦》也没放过这事。第十五回中,智能儿走去倒了茶来。秦钟笑说:“给我。”宝玉叫:“给我!”智能儿抿着嘴笑道:“一碗茶也争,我难道手里有蜜!”宝玉先抢得了……这或是暗指顺治与冒辟疆争一小宛(碗)吧。

后来还有人考证《红楼梦》中有影射顺治与董小宛故事之嫌:贾宝玉即是清世祖,林黛玉即是董小宛。“世祖临宇十八年,宝玉便十九岁出家;世祖自肇祖以来为第七代,宝玉便言:‘一子成佛,七祖升天’,又恰中第七名举人;世祖谥‘章’,宝玉便谥‘文妙’,‘文章’两字可暗射”,“小宛名白,故黛玉名黛,粉白黛绿之意也。小宛是苏州人,黛玉也是苏州人;小宛在如皋,黛玉亦在扬州。小宛来自盐官,黛玉来自巡盐御史之署。小宛入宫,年已二十有七;黛玉入京,年只十三余,恰得小宛之半,小宛游金山时,人们以为江妃踏波而上,故黛玉号‘潇湘妃子’,实从‘江妃’二字得来”。

而对于董鄂妃,正史是这样记载的:“董鄂妃(1639~1660年)实为内大臣鄂硕女,也可谓出身满洲贵族。十八岁入宫,因其美貌和贤良,颇受宠爱,刚入宫一个月就晋封为皇贵妃。顺治十五年(1658年)生皇四子荣亲王,不久爱子逝,董鄂妃体弱多病,加之丧子之苦,于顺治十七年(1660年)逝于承乾宫,年仅22岁,追谥孝献皇后,为鄂妃之丧,福临用蓝笔批奏章长达4个月之久。康熙二年(1663年),董鄂妃与福临合葬孝陵。”

对于两种截然不同的说法,我们到底该信谁的呢?董鄂妃与董小宛,是同一个人,还是两不相干呢?在真相的底牌没亮出来之前,一时还真说不清道不明。

浩浩愁,茫茫劫,一缕香魂无断绝,扑朔迷离谁说得?是耶非耶,仍无定论。

### “传国玉玺”的传世之谜

“传国玉玺”本是秦统一中国后,始皇命丞相李斯以“和氏璧”磨刻成的一方玉玺。一般来说,历史上的玉玺,就是秦朝以后历代帝王相传的这个印玺。中国历史上的第一个皇帝秦始皇在统一中国后下令镌造一枚皇帝玉玺。称之为“天子玺”。据史书记载,此玺用陕西蓝田白玉雕琢而成,方圆四寸,螭虎纽,一说龙鱼凤鸟纽。玉玺正面刻有丞相李斯以大篆书写的“受命于天,既寿永昌”八个字,作为“皇权神授、正统合法”的信物。从此,历代帝王无不把传国玉玺当作权力的重要象征,当作一统天下的象征。

传国玉玺不仅成了很多权谋家觊觎和割据君王争夺的目标,也是中央王朝后宫的珍宝,国之重器。一旦得到玉玺就被视做此人“受命于天”;而一旦失去玉玺则被视作王朝“气数已尽”。如果哪个皇帝登基的时候没有把传国玉玺捧在手里,就会被讥笑为“白版皇帝”。打个比方说,如果皇帝的龙椅是私家车的坐椅,那么,“玉玺”就好比是一个人开车的驾照。没有驾照就开车的驾驶员,是得不到法律与公众的认可的,因此,没有驾照便开车的驾驶员,内心是很虚的,所以,他们想尽一切办法搞那张驾照,来赢得大众的认可。

当秦始皇用命途多舛的和氏璧来打造至高无上的玉玺时,他本来希望这个皇权的象征能够世世代代在嬴姓子孙手中传下去,从此万代不易。但他却没想到,这个传国玉玺与和氏璧的命运一样,离不了一个颠沛流离。其实,这也不能怪它是用不祥之物——和氏璧制造的,任何物事与最高权力沾上边,都不免会有这样的结局。

公元前206年的10月,刘邦的人马打到了咸阳霸上,秦王子婴心不甘情不愿地将传国玉玺献给了刘邦。刘邦在西汉王朝建立后将它作为了新王朝的传国玉玺。刘邦也希望玉玺能够在刘家世世传授,将它称作“汉传国玺”或“汉传国宝”。传国玉玺珍藏在长乐宫。

西汉末年,一直潜伏在西汉王权龙椅边的王莽终于要改朝登基了,因为抢了姓刘的权力之车,他更需要一张叫玉玺的驾照来证明自己是一个有行车证的驾驶员。他派人强迫自己的亲姑妈——当时掌管传国玉玺的汉孝元太后王政君交出玉玺。

王政君哭骂着将玉玺掷到地上，玉玺被摔掉了一角，不完整了。王莽等人用黄金将缺角给补上，但玉玺还是留下了瑕痕。

王莽的新朝政权垮台时，传国玉玺开始一路颠沛流离，从更始帝刘玄到小皇帝刘盆子到东汉的刘秀、孙坚再到袁绍、汉献帝。从玉玺流浪轨迹来看，它最终又回到了刘家人的手中。

公元220年，曹丕逼汉献帝禅位给自己，建立了曹魏。传国玉玺自然顺延成为了曹魏的皇权象征。曹丕夺人家的财产，到底心虚，最后玩了这样一招，在传国玉玺的肩部刻下隶字“大魏受汉传国玺”。三国一统于西晋，玉玺归晋。西晋末年，中国北方陷入了所谓的“五胡乱华”时代，朝代更迭频繁，动荡不安。传国玉玺开始了最为剧烈的颠沛流离。公元936年冬，后唐末帝李从珂被后晋大兵围困，李从珂遂与后妃于天星楼自焚而死。据说，李从珂当时便随身携带着“传国玉玺”。可是大火过后，人们从灰烬中却不见此玺的踪影，甚至连一块外形稍像此玺的石头也没找到一块。

后周太祖郭威登基时，几乎翻遍所有地方也没有寻到传国玉玺，最后只好刻了“皇帝神宝”等两方印玺，来个冒充了事。这两方印玺一直到北宋都是皇权的象征。而宋朝一直没有放弃重新发现传国玉玺的希望。宋哲宗绍圣三年，咸阳有个人叫段义。他声称自己在修房舍时从地下掘得“色绿如蓝，温润而泽”的玉印就是失踪多时的传国玉玺，献给朝廷。朝廷很重视，翰林学士蔡京等十三名官员认真考证，认定这是“真秦制传国玺”。

可惜的是，《宋史》的几处记载都令人生疑。《宋史》虽然一一列举了“玉玺”身上的刻字，但没有提及“大魏受汉传国玺”等刻字。而李公麟与蔡京等人的考证方法臆想成分大于严肃的考证。后人更愿意将这个“重见天日”的玉玺看作是想当然的玉玺，认为是蔡京等人为期骗皇帝而玩的把戏。

元成宗铁穆耳时，又发生了一次“发现玉玺”的闹剧。1294年，元世祖忽必烈病死，由皇太孙铁穆耳遵遗嘱回朝即位。当时，铁穆耳以皇太孙的身份和丞相伯颜镇守上都。回大都的路上。右丞相张九思献上“传国玉玺”一枚,说是秦朝相传的国玺,在宋元交界的乱世为元朝大将军木华黎所得。现在木华黎的后裔因家境衰落而卖出。铁穆耳郑重地将玉玺收下后即位。但这个玉玺没有被其他人看到过,更没有经过任何考证,可信性可想而知。

到了明朝,明太祖朱元璋也打过玉玺的主意。他派遣徐达深入漠北,穷追猛打远遁蒙古的元朝残余力量,主要目的就是寻找传国玉玺,最终还是无功而返。明孝宗时,又有人进献“传国玉玺”。但明孝宗很肯定地宣布自己看到的“玉玺”是赝品而未采用。在明末改朝换代的时候,多尔衮率八旗部队出征蒙古察哈尔部,据说意外地从察哈尔部林丹汗的遗孀苏泰太后那里得到传国玉玺。多尔衮凯旋回师将玉玺交给皇太极。皇太极于得到玉玺的第二年改国号金为大清,建立清王朝。当然这个玉玺的出现可能也是出于政治需要而炮制的。乾隆皇帝好考据。曾对大臣高斌献上来的玉玺进行仔细考证后,钦定其为赝品。他说:“朕谓此好事者仿刻所为,贮之别殿,视为玩好旧器而已。”乾隆将这个假货当作工艺品放在宫殿中储存起来,视作玩物。

明清两代,不时会出现“发现传国玉玺”的传闻。但经专家过眼之后,认为这些所谓玉玺无一例外都是仿造的赝品。1924 年 11 月,冯玉祥等人驱逐末代皇帝溥仪出紫禁城时,警察总监张壁和鹿钟麟等人曾在宫中追索镶金的传国玉玺,终究没有找到。至此,人们才相信,真正的传国玉玺早已经被漫漫的历史黄沙所湮没了。

它究竟还在不在这个世上呢?这传国玉玺是材质奇特的和氏璧所制,应该万年不坏。说不定它正静静埋藏在某个不为人知的地方,等待有心人去考证发现。可是目前,它的最终下落却仍是一个难解的千古之谜。

### 秦朝十二铜人的秘密

凡是游览过阿房宫的人,对宫前两侧 12 个笔直挺立的巨大的铜人塑像,一定印象深刻。只是,这些足有 4 人高的铜人,并不是 2000 多年前秦始皇铸造的十二铜人的真件,而是仿品。真的十二铜人,至今下落不明。

秦朝十二铜人

史料记载，秦始皇扫六合、兼天下、筑长城、通直道、书同文、车同轨、统度量，完成了他的统一中国大业后，于秦始皇二十六年（公元前221年）收缴天下兵器，冶铸了十二个重各千石的大铜人，立在阿房宫的前殿。

这十二铜人到底是怎么回事呢？《三辅黄图》记述过这件事，“可车行酒，骑行炙，千人唱，万人和，销锋镝以为金人十二，立于宫门”。又据史书记载，铜人背后铭刻着李斯篆、蒙恬书“皇帝二十六年初兼天下，改诸侯为郡县，一法律，同度量”等字样。

相传，这铜人造型很别致，制作非常精巧，有人研究后认为：现在摆在阿房宫的道具铜人与秦铜人其实有着不少差别：第一，秦铜人比道具铜人高；第二，秦铜人的服饰应是狄族等少数民族的服装，而道具铜人却是汉服；第三，秦铜人全部是男性，而道具铜人中有两名女性；第四，秦铜人没有手持乐器的艺人乐工，道具铜人中却有。关于秦铜人的重量，史料中有“重各千石”“钟小者皆千石也”“各重三十四万斤”“各重二十四万斤”等记载。秦时的一斤等于现在的256.26克，如此计算下来，最小的一尊铜人重量也在30吨以上，大的则在87吨以上。

王根权认为，史料记载有三说，“高三丈”“坐高三丈”“有大人长五丈，足屦六尺，皆夷狄服……”这就是说秦铜人的高度有三种可能，一种是三丈合今8.12米；另一种是五丈合今13.7米；第三种是合今16.24米。根据相关资料考证，秦铜人应为16.24米高。

至于中国第一位封建皇帝秦始皇为什么要铸造这12个铜人，有一种说法是：

秦始皇为了巩固第一个封建王朝的政权,在平定天下不久,除了在原来政权机构的基础上调整和完善统一的、中央集权的封建国家机制外,还采取了一系列其他措施,其中有一条就是下令收缴天下兵器,铸成十二铜人,立于咸阳。这样做的原因是,他想要江山永固首先要解决的一个问题就是,应该收缴和销毁流散在民间的各种兵器。于是,就想到这个办法。

十二铜人的"十二"这个数字蕴涵着什么呢?有人研究后认为,古时把大地分成十二地支。十二地支统合起来就是大地。大地还有一种分法,先分成东南西北四个方向,每个方向再分出两个方向,这就是四面八方。四面八方也是十二。可见"十二"这个数字是能够代表大地的,而且是一个统一的大地。大地不就是天下吗?秦始皇所建立的不就是一个天下统一的封建王朝吗?因此,秦始皇铸造十二铜人的"十二"第一层意思就是"天下统一"。还有,一年四季,一季三月,一年十二个月,如此往复便是千秋万代。二者合一,"十二"这个数字解密后就是:天下统一,千秋万代。而秦铜人应该是中国历史上中华民族第一座和平统一纪念碑。

可惜的是,今人已见不到这十二铜人的踪影了。它们究竟到哪里去了呢?目前,主要有以下几种不同的说法:

一、有人认为,楚霸王项羽在攻克秦都咸阳、火烧阿房宫时,连同这十二个铜人也一起烧毁了。由于此说史无明载,故赞同者甚少。

二、有的学者指出,这十二个铜人毁于董卓、苻坚之手。东汉末年,董卓率兵攻入长安,便将其中的十个铜人销毁、铸成铜钱。剩下的两个被他迁到长安城清门里。至三国时,魏明帝曹叡下令把这两个铜人运往洛阳。当工匠运到灞城时,由于铜人太重难以搬动而终止了运行。到了东晋十六国时,后赵的石季龙又把这两个铜人运到邺城。到了前秦的秦王苻坚统一北方后,又从邺城将这两个铜人运回长安销毁。至此,前后经历了约600年的铜人全部都销毁了。

三、另有一种说法是,这十二个铜人并未被毁掉。由于这十二个铜人是秦始皇生前喜爱之物,所以在秦始皇陵墓营造好后,这十二个铜人和其他精美的物品一起被当作随葬品而葬于陵墓之中。由于秦始皇陵墓的发掘工作还不能展开,因而十二铜人的下落问题没办法两面对案。姑且备此一说罢了。

秦朝建国时间很短,留存下来的史料也很有限。那么十二铜人在当时的技术条件下是怎样铸造的?在什么地方铸造的?是谁铸造的?又是怎样消失的?有没有重新发现的可能性?这些问题均成了千古之谜。

## 秦人的发源地的"东西"说

"六王毕,四海一"。公元前221年,秦始皇拿下了其他对手,一统中国。从此,千年的统一梦想毕功于一朝,我国历史上第一个统一的、中央集权制的封建国家是由嬴姓的秦国人建立起来的。但与此同时,人们不禁会有一个疑问,这些对祖国历史做出重大贡献的秦人到底是什么来头呢,他们的祖先是什么人,他们的起源在何处?

司马迁给我们提供了一个答案,《史记·秦本纪》说:"秦之先,帝颛顼之苗裔,孙曰女修。女修织,玄鸟陨卵,女修吞之,生子大业……"这种记载,显然有太多的神话色彩,没能给我们一个"秦人到底出自何方,祖上何人"的准确说法。那么,秦人祖先究竟是谁呢?自古以来,史学家都在为这事大费周折,至今也没能得出一个令人信服的说法。

对于秦人的祖先源自何方,历来说法有异,有人认为是起源于我国西北地区的土著戎族,有人则认为是来自东部齐鲁地区与殷人密切相关的东夷部族。

这事看起来似乎让人觉得很是费解,按理说,想知道一个国家的种族起源并不难,只要翻开这个国家的历史记载,上面肯定会有许多关于先人的故事,那么,为什么秦人的发源地竟成了一个不明不白的"葫芦案"呢?

对于这个问题,司马迁给出的回答是,由于当时的秦是一个经济文化十分落后的后起之国,他们对于自己祖先的历史并没有系统地记载下来,直到秦文公十三年(公元前753年)才"初有史纪事",这样,就造成了某种历史的断代。由于没有一个确切的记载,人们只好依靠《史记》中的相关内容来推测秦人的祖先何人、祖居何地。

国学大师王国维对这个问题的看法是,“秦人是西北地区的古代部族成员”。王国维在《秦都邑考》中指出:“秦之祖先,起于戎狄。”也就是说,王国维认为秦人的祖先来自西北地区。历史学家蒙文通也著有专文《秦为戎族考》与《周秦少数民族研究》,为王国维的“秦为西方戎族”的观点助拳,当然,蒙文通的学术态度是很严谨的,他支持王国维的上述看法是来自《史记·秦本纪》与《汉书·律历志》中一些关于“秦人先人源于戎狄”的记载。

能为两位大师的观点作旁证的是一些先秦古籍。这些古籍虽然没有明确指出秦人源于何方,但有些地方也提到了秦人为“狄”或“戎狄”。这些记载,与王、蒙两位大师的看法有互证作用。

历史学家吕振羽虽然也认为秦人源于西方,但不同的是,他主张秦与周同属一脉,是由夏族而不是戎狄发展起来的,双方所述的地点虽然同属西方,但所主张的种族则不相同,这两种学术观点,在某段时间内,一直占据着秦人起源说的主流。

一波未平,一波又起。关于秦人的起源,又有人提出秦人并不是来自西方,而是与殷人同来自东方。这样一来,秦人的起源整个掉了一个向度。

这种观点的依据是,在一时找不到地理方面证据的情况下,可以另辟蹊径,从文化传承上做文章,他们认为,秦人与殷人在观念信仰上有着很大的相似度:一、他们都供奉“玄鸟”为祖先,即都是以“燕”为图腾的氏族;二、在经济生活上,他们有着游牧的共性;三、在墓葬形式上,秦人继承着殷制。所以,在殷商时期,秦人应该是从属于殷人的一个氏族部落,秦人的祖先早年应该是生活在山东半岛的齐鲁一带,殷亡后,他们集体沦为周人的奴隶。周成王时,秦人参加了反周的大叛乱,被周人镇压后,秦人被迫西迁,成为后来秦国人的直接祖先。

而另有一些学者则不同意这种说法,他们虽然也承认关于秦人祖先的“东方”说,但认为,秦人祖先原是上古时代住在齐鲁淮海一带的氏族部落,发祥地在今山东境内的莱芜泰山。这个嬴姓部落以女性为中心,是一个善于牧马、用马的游牧部落氏族。在夏商时期，嬴姓的氏族部落发展规模很是了得，地域跨越今天的山东、苏北、皖北、豫东乃至鄂东、河北、山西、陕西的广大地区，并建立了不少部落国家。后来，因为不敌周的强势入侵，最后只得放弃自己经营多年的地盘，被迫迁徙西方图求发展，由于与当地人长期杂处，最后，不知不觉变成了一种和西戎人没有区别的部族。

虽然近年来的秦人"东方"说占据了主流，但同样有人仍坚持秦人"西戎"说。这种观点否定了秦人源于东方而西迁于陕甘的看法，最给力的证据是逻辑与史实，因为从史书记载中，还真找不出什么证据来说明有一次由东向西的部族大迁徙。既然，所有关于秦人历史的记载都没有明确提到经历过由东向西的部落大转移，而秦人所述自己祖先的活动基本都是讲其西方的一些活动，那么，只能依据史实谈历史而不能胡乱推理；何况，从春秋到战国，华夏族的诸侯国也是一直把秦国当戎狄看待的。因此，这种观点认为，秦国不是外来文明而是土著文明。

虽然数说并存，不过，正确的观点只能有一个，相信随着时间的推移，我们不但能弄清秦人祖先的起源问题，同时也能弄清我们的文明究竟是由东向西、还是由西向东发展的问题。对此，我们拭目以待。

### 秦俑主人是何人

1974 年 2 月，一群农民在秦始皇陵东侧 1.5 公里处打井时，偶然发现了与真人真马一样大小的兵马俑。从此，一个埋藏了两千多年的"地下博物馆"被挖掘出来。

据考证，这兵马俑是在公元前 221 ~ 公元前 210 年修建的。至今，兵马俑已出土陶俑 8000 件、战车百乘，以及数万件实物兵器。其中一号坑为"右军"，埋葬着和真人真马同样大小的陶俑、陶马约 6000 件；二号坑为"左军"，有陶俑、陶马 1000 余件，战车 89 辆，是一个由步兵、骑兵、战车兵等三个兵种混合编组的军阵；三号坑有武士俑 68 个、战车 1 辆、陶马 4 匹，是统率地下大军的指挥部。这个"地下博物馆被"誉为"世界第八大奇迹"。

铜车马所有的零部件全部是一次铸造成型。而铜车马的篷盖与伞盖都有一定的弧度，这样难度大的篷盖、伞盖能一次性浇铸成功，不要说在两千多年前的秦代，就是在科技发达、设备齐全的今天也并非易事。铜马的笼头是由82节小金管和78节小银管连接起来的，每节扁状金银管长度仅0.8厘米，一节金管与一节银管以子母卯形式相连接，其精细和灵活程度较之现代的表链毫不逊色。令人感到惊奇的是那马脖子下悬挂的璎珞，这些璎珞全是采用一根根细如发丝的铜丝制作的，铜丝表面无锻打痕迹，粗细均匀，很可能是用拔丝法制成的。尤其是以铜丝组成的链，是由铜丝两端对接焊成，对接面合缝非常严密。如此纤细的铜丝（0.5毫米）到底是用什么方法制作的？采取什么样的工艺焊接？目前还是一个谜。

8000件兵马俑一列列、一行行地有序排列，千人千面，中国人所有的面型在秦俑中都有反映。这精美绝伦的秦俑群雕的设计者是谁呢？文献没有记载。但依常规而论，古代帝王陵园的规划蓝图是由相邦受王命主持设计的。那么，在此期间的丞相王绾、冯去疾、李斯等人之中，到底是谁主持设计了兵马俑，至今仍无法断定。

这一奇迹被认定是秦始皇陵的陪葬，几乎成为一种"公论"，甚至美国《焦点》杂志在介绍兵马俑时也称；"中国第一个皇帝秦始皇在2200年前统一了中国。下令修建长城，对中国实行残酷统治。他当时唯一惧怕的是天帝的震怒。他为此下令修建一座庞大的陵墓，让8000名真人大小的彩绘武士守卫。"但近些年来，有学者却对这一"公论"提出了质疑，认为兵马俑的主人根本不是秦始皇，而是秦宣太后芈氏。

理由大致有这么几个：一、很多研究材料说，兵马俑到秦始皇陵的直线距离是1.5公里。而这1.5公里还不是两地的中心距离，他们的估算是按照两地的边缘距离，中心区域相距还要超过这个数字。兵马俑的发现地点和秦始皇陵的距离太远，而陪葬品放置那么远是不符合常规的。

二、古代帝王的陵墓多是南北走向，兵马俑的方位却在秦始皇陵的东面。作为陪葬品，却没有坐落在陵墓的中轴线上，这非常不符合文化和建筑习惯。

三、按照现有说法，该俑坑建于秦统一全国的十几年后。但奇怪的是，坑里有很多不同轮距的车，这在当时是违法的行为。因为统一之前，秦国境内必须“车同轨”，否则无法在境内自由通行，统一六国后“车同轨”又在全国推行。秦始皇又怎么会允许自己陪葬品的车轨有宽有窄呢？

四、秦始皇统一中国之后，在着装上也进行了统一，规定衣服、旄旌、节旗“皆尚黑”的制度。而俑坑里几乎所有的武士俑，从上到下都穿了大红、大绿的战袍，紫色、蓝色、白色的长裤，真是五颜六色、异常鲜艳，这显然与秦始皇统一的“尚黑”是相悖的。

五、在一号坑、二号坑里，大量的卒兵围绕战车排列成一个个整齐的大小方阵，战车兵又是这支部队的主力，而车战则是这支部队最基本的作战方式。但在古籍中，秦始皇时期只有大量使用步兵和骑兵的记载，几乎没有进行车战的痕迹。可见它与兵马俑这个军阵队伍似无共同之处。这说明它可能不是用来打仗而是作为仪仗的。

六、又如奇特的武士，有的精梳各种发髻，有的头戴一顶软帽，根本没有攻坚作战中自身防卫所必需的头盔与护身铠甲。这样的武士是没有战斗力的，将其说成是秦始皇横扫六国的精锐之师，难以服众。

七、秦军以精良的钢铁兵器更新了装备以后，秦始皇于公元前221年，下令收缴全国铜质兵器，运入咸阳，悉数销毁，铸成12个重各24万斤的大铜人。之后，任何人继续收藏铜戈、铜剑，就是一种死罪不赦的犯上行为。而二号坑内有铜剑剑头，谁敢用这种陈旧、劣等的兵器去给秦始皇做陪葬之物？

如果它们是秦宣太后陵的陪葬品就大体上符合条件了，据《史记·正义》及《陕西通志》《临潼县志》等史料的记载，“骊山：在雍州新丰县南16里；秦始皇陵：在雍州新丰县西南10里；秦宣太后陵：在雍州新丰县南14里”，这些可以推断出秦宣太后陵在秦始皇陵的东侧偏南、距骊山山脚约2里处的西杨村、下和村一带，即今天的秦俑坑附近。而《西安府志》中对此也有这样的记载：“秦宣太后，葬芷阳骊山，去新丰县十四里，则在临潼界。”几个史料叠加一处，可见，秦宣太后陵的地理位置和兵马俑出土地点很近。另外在一些陶俑身上还发现了“芈”字,这个也是疑为秦宣太后的姓的重要证据。

但绝大多数秦俑考古工作者仍然认为秦始皇是秦俑的主人,他们说,秦俑坑内为什么没有铁兵器,那是因为战国和秦王朝时虽然出现了铁兵器,但大量的考古资料证明秦王朝时军队装备的主要是青铜兵器,而不是铁兵器。

此外,在坑内第一次出土的几千件兵器中铁器极为罕见,这与当时已很发达的冶铁水平是不相称的。因此,秦俑坑并不是秦始皇陵园建筑中的一部分,而是属于具有纪念碑性质的建筑物,可能称之为“封”。

对于“秦俑中的武士俑不戴头盔则有可能不是战士而是秦宣太后的仪仗队”之疑他们是这样解释的:兵马俑坑出土的武士俑一律不戴头盔,虽然石铠甲坑出土了大批头盔说明秦军的装备是有头盔的,但是秦军作战时非常勇猛,常脱去头盔英勇杀敌。不戴头盔是英勇的表征;他们还认为从坑内文字资料、坑内遗物、遗迹、秦陵的整个布局,俑坑威武雄壮的军阵分析,俑坑西北角一座级别较低的墓葬至今尚难断定是男是女,与宣太后无关,但可以肯定俑坑的主人不是宣太后,而是统一六国的秦始皇。

在兵马俑坑中出土了属于秦始皇时代的三年、四年、五年、十七年的“相邦吕不韦戈”,还有十四年、十五年、十六年、十九年的“寺工”长铍(“寺工”为秦朝官署名,专铸陵园陪葬用的兵器)。许多带铭文的兵器不可能跑到宣太后的陪葬坑里来。秦代时仍有以活人殉葬的陋习,制造如此大型俑坑也似乎没有这个必要。

如果兵马俑真是秦宣太后的陪葬品,那么哪里是宣太后的陵墓呢?目前考古学者还没有发现足以与兵马俑匹配的宣太后墓。考据学上强调“孤证不立”,就是单独的一个例子是不能证明一个事物的真实性的,至少凭借现有证据而断定“兵马俑的主人是宣太后而非秦始皇”为时尚早。

那么,秦始皇兵马俑的主人到底是谁呢?目前学术界仍有一些学者认为不能给予定论,属于有待考证之谜。

## 美女罗敷是怎样一个人

由于各种传布渠道的影响，人们一提到"罗敷"这两个字，可能都会不约而同地想起另外两个字：美女。而汉乐府民歌《陌上桑》中的女主角罗敷，已经成为我国古代文学作品中的美女形象。

对于这位名叫罗敷的美女，著名乐府叙事诗《陌上桑》是这样写的："行者见罗敷，下担捋髭须。少年见罗敷，脱帽著帩头。耕者忘其犁，锄者忘其锄。来归相怨怒，但坐观罗敷。"能让那么多人神魂颠倒。罗敷的美丽多么是难以想象啊！

如此一个大美女难免会招来好色之徒的垂涎，那好色之徒可不是一般人，而是当地的最高领导——使君大人。人家有权有势，弄不好要来个霸王硬上弓。美女罗敷不仅容貌美丽而且聪明，令人佩服的是，罗敷还有滔滔不绝的好口才，她用排比带夸张的方式把自己的夫婿好一通夸耀，让自我感觉良好的使君大人黯然失色、相形见绌。文中第三段就是罗敷夸婿，从场面威仪到身家财富，从官职地位到容貌风度，哪一样都比你使君要高出一大截，我罗敷有这样优秀得无以复加的丈夫，你一个小小的使君，有什么资格在这里显摆呢？

但是，这么传神的描写，让后人不禁对这么一位美女有了种种猜测，她到底是谁呢？有人认为，《陌上桑》与《秋胡行》的故事很相似，《秋胡行》的故事是战国时传下来的，虽然它的古辞已经不可知，但《陌上桑》很可能就是《秋胡行》的翻版。这也不能说明《秋胡行》里的美妇就是美女罗敷，因为这一类的传说故事，当时可能不止一个，而且口头流传时损益变化也很大，不能确切说秋胡妻就是罗敷。

第二种说法是从东汉社会生活的实际情况加以推断而提出的。在封建社会时，妇女是没有社会地位的，在东汉的时候，权豪、贵族甚至宦官都是肆意掠夺霸占妇女的。《陌上桑》在民间产生、流传的时候，正是这个时代，所以，《陌上桑》就借歌颂罗敷刚毅不屈的高贵品质，来表达大家对权豪势要侮辱妇女、掠夺妇女的不合理现象的反抗。

第三种说法是，罗敷本是汉代妇女惯用的名字，是东汉后期有些故事传说中的好女子的统称。根据诗歌里对夫婿一段的描述,我们推断秦罗敷可能是大家贵族的妇女——一个没文化没见识的女人是断断说不出以上那些话的,所以她身上的所谓的平民性,莫如说是自尊性,不能作为她出身何种阶级的凭据,而要看她跟故事里其他人物的关系,看她在故事里起什么作用,罗敷的丈夫统率着"东方千余骑",显然是镇守辽东一带的郡守或边将,是个英雄人物,而《陌上桑》里的使君,自己已经有了妻子,还要和罗敷调笑,这是作为罗敷的夫婿的对立面出现的可鄙人物。诗里的罗敷在这方面的爱憎和广大人民的爱憎是一致的,所以具有一定的平民性。

那么,这位大名鼎鼎的罗敷到底是秋胡妻,还是民间塑造出来的美女呢?由于几种说法都存在着一定的合理性,所以,罗敷到底是贵族家还是平民家出身的美女,看来,还有待进一步进行探讨。

### 分分合合的小雁塔

《三国演义》开篇有语:话说天下之势,分久必合,合久必分。这话听起来很有哲理,小雁塔就应验了"分久必合"这句话。

小雁塔是西安著名的旅游胜地,虽不及大雁塔规模宏大,但这里环境清幽,风景优美,在古城中别有一番韵味。小雁塔坐落在陕西省西安市荐福寺内,与大雁塔东西相向,是唐代古都长安保留至今的重要的标志,因规模小于大雁塔,且修建时间偏晚一些。故而称作小雁塔。至今已经历经1000多年的风雨沧桑。

小雁塔现存13层,高约43米,塔内设有木梯,登上塔顶,可饱览西安市内风光。寺内还保存一口重达一万多公斤的金代明昌三年铸的巨大铁钟,每天早晨寺内会定时敲钟,钟声清亮,数十里内都可听到。钟高4.5米,重10吨,上面刻有"皇帝万岁,臣佐千秋,国泰民安,法轮长转"16字吉祥语。"雁塔晨钟"被誉为"关中八景"之一。

小雁塔始建于公元707年,1000多年以来,历经几十次地震不倒。这一奇特现象在民间历来有"神合"说、"不倒翁"说等说法。对于小雁塔为何历经几十次地震而不倒，有关专家推崇“不倒翁”说，他们在对其周边进行勘探后发现，小雁塔塔基四周直径60米左右的地下，由外至塔基中心处的夯土层逐渐加深，中心部位是数层青石，上面用砖砌出塔基，同时地面垒了三米高的台基，其正上方才是塔身。小雁塔虽有40多米高，但其塔基之下的夯土层，如同一个实心锅，使其整体上好似不倒翁一般，虽经千年而无大恙。专家认为，正是地下的庞大载体让它具有了不倒翁的原理与功能，减缓了各种外力，故虽经千年风雨而能保存至今。为揭示“小雁塔不倒”之谜，还有人在试验中做了一个单筒结构的小雁塔模型，这个模型在震动试验中表现出了良好的抗震能力。同时得出小雁塔之所以抗震能力强，主要原因是塔体比大雁塔细长，自震周期长，所以不容易与地震波形成共振；另外，小雁塔的选址和地基处理也是其抗震的主要原因。

但是，他们对于为什么小雁塔会“四离三合”并没有给出一个令人满意的回答。“四离三合”并不是今人的故弄玄虚，历史对此事是有过记载的。

小雁塔底层北门楣有明嘉靖三十年“王鹤刻石”的刻石题字，上面这样写道：“荐福寺塔肇自唐，历宋、元两代，明成化末长安地震，塔自顶至足，中裂尺许，明彻如窗户，行人往往见之。正德末地再震，塔一夕如故，若有神合比之者。……”这是明确记载小雁塔的第一次自裂自合。原来小雁塔是由于一次地震而裂开的，不过又在另一次地震中自己将裂缝合上了，真是奇怪之极：“荐福寺塔……十五组，嘉靖乙卯地震裂为二，癸亥地震复合无痕！亦一奇也。”这是第二次的裂开，距王鹤刻字所记不到五年，经过了八年又第二次自然复合起来了。清道光十八年，钱泳在其著作《履园丛话》中又有这样的记载：“西安府南十里有雁塔，嘉靖乙卯地震，塔裂为二，癸亥复震，塔台无痕。康熙辛未塔又裂，辛丑复合，不知其理。”后面记载的是前一次砖塔复合一百二十八年后小雁塔又一次裂开，再经三十年后自然复合的第三次裂合事实。一个砖塔经过六次地震不倒塌，反而自然复合起来，确是一件令人难解的奇事。

第四次裂开虽无具体时间记载，但它是许多人共睹的事实，自顶至足有40厘米左右的裂口，后经西安市政府进行加固和整修，才恢复了原来的面貌。

一些人认为，小雁塔之所以多次裂开，主要是其结构上存在着较大的缺点。塔上所开的小窗南北相对应，从上到下一长串，整体结构上的牢固性当然是大受影响。之所以裂开后没有倒塌，可能是在于它有一个十分坚固的半圆形的塔基的缘故。那么它又是怎么自动合拢的呢？有人指出，小雁塔的离合与西安地面裂缝的出现和消亡是一致的，说穿了是地壳运动在不同物体上的不同表现。地裂塔也裂，地合塔也合。大部分的情况下，地壳裂开时比较突然，而合拢就显得十分缓慢，表现在小雁塔身上也是如此。可能在前面一次地震时，塔裂开后有些砖块虚撑在裂缝中未能掉下，当过了几十年又出现第二次地震时，砖块不再起支撑作用而纷纷坠落，塔也就自动复合了。

当然，这种以地壳运动引起小雁塔的离合之说，还不能完全令人信服。比如地壳运动的资料，其实和几个分合并不完全一致，而开合与地震也不是全部相符的，所以这些说法尽管很有道理，却还是难以让人彻底信服。

在小雁塔离合的三次地震中，西安地区并没有其他自动离合的例子出现，为什么只有小雁塔会四离三合呢？

没有人能解开小雁塔的离合之谜，这个谜底仍有待后人去揭开。

## 马和是不是发现氧气第一人

中国古代先哲不仅发明了指南针、罗盘，还最早发现了“磁偏角”现象，并且最先发现了氧气。氧气的这个发现者就是唐代堪舆家马和。

确认马和是氧气发现者的不是中国人，而是外国人。化学史上传统的观点认为：英国化学家普里斯特利于1774年，瑞典化学家舍勒于1773年，各自独立地发现了氧气。但是，早在两百多年以前，德国汉学家朱利斯·克拉普罗特就提出了与此不同的看法，他认为：氧气是中国唐代学者发现的。可见，中国古代发现氧气的问题，确实还是一个尚待解开的历史之谜。

1802年，德国东方学者克拉普罗特偶然读到一本汉文手抄本，书名是《平龙认》,作者是马和,著作年代是唐代至德元年(756年)。克拉普罗特读完此书以后,惊奇地发现,这本讲述如何在大地上寻找"龙脉"的堪舆家著作,竟揭示了深刻的科学道理:空气里以及水里都有氧气存在。

1807年,克拉普罗特在俄国彼得堡科学院学术讨论会上宣读了一篇论文,题目是《第八世纪中国人的化学知识》,论文中提道:空气中存在"阴阳二气",用火硝、青石等物质加热后就能产生"阴气";水中也有"阴气",它和"阳气"紧密结合在一起,很难分解。克拉普罗特指出,马和所说的"阴气",就是氧气。证明中国早在唐朝就知道氧气的存在并且能够分解它,比欧洲人发现氧气足足早了1000多年。克拉普罗特这篇论文使在场的科学家都感到惊奇不已。

克氏的文章发表以后,引起了国内外的各种反响,臧否之论纷起。1886年英国化学家德克瓦茨在《化学新闻》杂志上发表了一封公开信,特别提到了克氏的这一论文,希望化学界能够予以足够的重视,并且进一步征求补充的证明材料。1904年法国著名的无机化学家摩瓦桑在《无机化学大全》一书中。以肯定的语气述及中国学者最早知道氧气的存在。1919年德国化学史研究专家李普曼在《炼丹术的起源与发展》一书中,参考了克氏的论文,并扼要摘录了原文。1926年,在意大利出版的一种科学期刊里,刊登了意大利青年莫齐阿利撰写的文章。他认为:克氏论文中所根据的材料和得出的结论,都是不可靠的。莫齐阿利否定克氏的理由有四点:一、中国古代的"气"是指精神而言,不是后来西方所认识的气体,故不能把"阴气"当作"氧气";二、"阴阳"两字还有雌雄的意思,用意很广泛;三、当时不可能有制备氧气所必需的玻璃器具和橡皮塞;四、水需要高温或通电才能分解,这在当时也是办不到的。由于莫齐阿利也没有看到过《平龙认》一书,因此他的意见也仅仅是一种推测而已。1953年,北京大学化学系翻译出版了由苏联学者涅克拉索夫编写的《普通化学教程》,书中认为,中国唐代制备氧气("阴气")的方法,"实质上和近代的非常相似"。1960年,苏联学者第奥根诺夫在《化学元素发现史》中,也提出了相同的观点。1976年英国著名学者李约瑟在《中国科学技术史》第五卷第三分册中,以《一个中国人之谜:第八还是第十八》为题,详细引证和讨论了这一问题。他推测《平龙认》可能是18世纪的托名著作。

在国内,也有几种不同意见。袁翰青在《中国化学史论文集》中认为,《平龙认》是唐代人的著作。唐代某个炼丹术士通过观察发现,有些物质燃烧后能使空气发生变化,还可能观察到硝石加热后会放出气体,于是就用古代的阴阳学说做解释。因此,《平龙认》所用"阴阳"两字,是一般的哲学上的概念,还不能清楚地意识到空气的成分和氧气这一物质。总之,所有一切可以看作是在近代发现氧气之前所进行的"先驱工作"。要使唐代发现氧气之谜得以解决,关键是找到《平龙认》原书。孟乃昌在《太原工学院学报》1980年第1期上的《〈平龙认〉质疑》认为,《平龙认》一书,自克氏的论文发表以来,至今国内外尚无人见到。而且克氏在论文中把成书时间说成是"至德元年岁次丙申三月初九",即公元756年,但是,中国历史上并没有这个日子,因为756年被分成两半,就是一至六月的天宝十五年和只有七至十二月的至德元年。另外,加上其他一系列疑点,孟乃昌认为《平龙认》一书是克氏为了达到某一目的而编造的伪书。1980年《科学画报》发表了叶永烈的文章《对一件化学史悬案的新见解》,认为明代三宝太监郑和本姓"马",因此《平龙认》是郑和所著。之后,此刊物又发表了吴德铎的三点不同意见,他认为《平龙认》的年代、书名字体,以及作者都值得进一步深入探讨,至今尚不能做出最后定论。

大家对于谁是氧气的最早发现者这一问题众说纷纭之时,另一个大师级人物提出了自己的看法:他认为氧气的发现是团队作业的结果,不能把这功劳归于某个人身上。他——恩格斯在《资本论》第二卷序言中提道:"普里斯特利和舍勒已经找出了氧气,但并不知道自己找到的是什么。他们不免为现有燃素范畴所束缚。这种本来可以推翻全部燃素观点并使化学发生革命的元素,没有在他们手中结下果实。不过普里斯特利不久就把他的发现告诉了巴黎的拉瓦锡;拉瓦锡依据这个新的事实研究了整个燃素化学,方才发现这种新的气体是一种新的化学元素。因此,在燃素形式上倒立着的整个化学才正立起来。拉瓦锡主张,他和其他两位学者是同时并且相互独立地发现了氧气。虽然事实不是如此,但同其他两位比较起来。拉瓦锡仍不失为氧气的真正发现者,因为其他两位不过是找出了氧气,但他们一点儿也不知道自己找出了什么。”

到底是谁第一个发现了氧气呢?还有待人们进一步研究。

## 18世纪欧洲流行“中国热”

1700年1月7日,为庆祝新世纪的到来,“太阳王”路易十四在法国凡尔赛宫金碧辉煌的大厅里举行了一场盛大的舞会。当巴黎上流社会的显贵命妇们到场后,随着一阵音乐响起,只见国王竟身着中国式服装,坐在一顶中国式八抬大轿里出场,全场顿时发出一片惊叹声。这场由奥尔良公爵策划的“中国式”舞会,其实只是当时整个欧洲一种特殊风尚的一个片段。这种特殊的风尚,就是18世纪流行欧洲100年的“中国热”。

### (1)动荡欧洲出现“中国热”

很久以来,欧洲就一直渴望了解中国。早在罗马帝国时期,中国的丝绸作为一种奢侈品就曾在上流社会引起轰动。进入16世纪后,大批传教士纷纷前往中国,而他们带回的各种报告则直接引起了欧洲对中国的巨大兴趣。在众多传教士当中,利玛窦具有特殊的地位。他不但在中国获得了很大成就,也成为当时向欧洲知识界介绍中国文化的重要人物。16世纪中叶,利玛窦最早把儒家经典《四书》《五经》译为西文,他的《利玛窦日记》第一次向欧洲全面介绍了中国的道德和宗教思想。正是经过他的倡导和努力,来华传教士们把中国的哲学、宗教、科学、技术、艺术等介绍到欧洲,并在18世纪的欧洲产生巨大影响。

18世纪时,中国正处于康乾盛世,而欧洲仍在经受着教派纷争和战乱之苦。当前往中国的传教士们将一幅美好的中国图景呈现在人们面前时,立即引来整个欧洲的无比惊羡。结果在17世纪末至18世纪末的100年间,在欧洲形成了前所未有的“中国热”。在长达100多年的“中国热”期间,无论是在物质、文化还是政治制度方面，欧洲都对中国极为追捧，以至于在1769年曾有欧洲人写道："中国比欧洲本身的某些地区还要知名。"

(2)中国器物引领欧洲时尚

在"中国热"流行欧洲期间，人们普遍爱好来自中国的物品，热衷于模仿中国的艺术风格和生活习俗，以至形成一种被称为"汉风"(Chinoiserie)的时尚。这种时尚渗透到了欧洲人生活的各个层面，如日用物品、家居装饰、园林建筑等。

17世纪以来，丝绸、瓷器、茶叶等中国特产开始大量进入欧洲，成为上流社会显示财富的奢侈品。据说茶叶最初传入欧洲时，曾被上流社会当成包治百病的良药，妇女们常用它来治偏头痛。在1650年时，英国一户普通人家一年的生活费用大约为5英镑，而1磅(0.45千克)茶叶的价值就高达10英镑。中国瓷器一直受到欧洲众多王侯的珍爱，被视为"东方的魔玻璃"，通常只有在王宫和贵族的客厅里才能看到。

中国的上等丝绸也受到欧洲消费者的极大欢迎。由于当时欧洲生产的丝绸质量还比不上中国，所以他们往往绘上中国式图案并注明"中国制造"，冒充中国丝绸进行出售。此外，来自中国的漆器、墙纸、扇子乃至轿子等都一度进入欧洲上流社会的生活。这种需求的日益剧增，使当时从事中欧贸易的商人们大发横财。到1692年时，荷兰东印度公司的赢利总额已超过1亿法镑。

中国丝绸

在追逐各种中国器物的过程中,欧洲社会迅速形成了一种时尚,包括举行中国式宴会、观看中国皮影戏、养中国金鱼等,都成为高雅品位的象征。这种时尚最典型地体现在中国式园林与建筑在欧洲的盛行。1670 年一向以奢华著称的路易十四,下令在凡尔赛为自己的一位宠妃建造了一座“中国宫”。这座建筑一经落成,马上引来了欧洲各国的效仿。一时间,欧洲出现了许多中国风格的代表性建筑,其中最著名的要算普鲁士“无忧宫”中的中国茶亭。

由于中国时尚的狂热流行,当时也出现了很多趣闻。1672 年当传教士闵明我神父从中国回到欧洲时,马上就成了明星式的人物。1698 年巴黎曾出现了一位自称是中国公主的女人,受到上流社会高规格的接待。然而到后来,人们却发现她只是一位来自法国乡下的女骗子。

**(3)中国文化滋润欧洲启蒙运动**

在欧洲社会极力追求中国时尚的同时,知识界则将目光转向了中国的文化成果。到 18 世纪时,在启蒙思想家们的极力倡导下,欧洲掀起了长达半个世纪的中

**《论语》书影**

国文化热。著名思想家伏尔泰就对儒家学说推崇备至,他曾将《论语》中的“己所不欲,勿施于人”视为每个人应遵守的座右铭。受其影响,法国大革命时期的《人权宣言》中也曾出现这一格言。另一位启蒙思想家狄德罗也非常景仰中国文化,他

称孔子为“中国的苏格拉底”。在一次谈话中，他甚至说与孔子相比，“荷马是个糊涂蛋”。

欧洲其他国家也出现了中国文化热。如在俄国，大诗人普希金如饥似渴地阅读有关中国的文献，还在其名著《叶甫盖尼·奥涅金》的草稿中，将《论语》中“后生可畏，焉知来者之不如今也”这句话改写成诗句。

18 世纪欧洲中国文化热的流行，最集中地体现在中国戏剧的风靡上。1735 年法国的马若瑟神父翻译并发表了法文版《赵氏孤儿》后，开创了史无前例的中国戏剧热。伏尔泰又进一步改编《赵氏孤儿》，并取名为《中国孤儿》在巴黎上演。1755 年 8 月 20 日，当《中国孤儿》在法兰西喜剧院首次上演时，立即在民众中引起巨大轰动，一连演出了很多场。随后，英国、意大利等国也先后上演了这部中国戏剧。据统计，仅在 18 世纪，《赵氏孤儿》在欧洲至少有 4 个改编本和 3 个英文译本。

**(4)借鉴中国文官制度**

在官僚制度方面，欧洲当时实行的是贵族世袭制，这难免会带来许多弊端。到 18 世纪，当新兴的资产阶级力量渴望打破政治垄断，进入国家权力体系时，中国以科举为特色的文官制度恰好为他们提供了理想的蓝本。

早在 17 世纪之初，被派往中国的传教士们就发现了科举制度的优越之处。经过他们的介绍，欧洲的知识界开始对中国“学而优则仕”的文官制度发生了浓厚的兴趣。他们认为，在中国，即便是农夫的儿子，都有希望当上总督甚至宰相。在他们的影响下，法国在大革命后参考中国科举制度，引进了竞争性考试制度，以满足资产阶级和平民登上政治舞台的要求。

在治理国家方面，欧洲许多政界人物也纷纷效法中国。法国重农学派的创始人有“欧洲的孔子”之称的魁奈，就非常赞赏儒家的治国思想。1756 年经过他的极力说服，路易十五甚至曾仿照中国皇帝的样子，举行了一场别开生面的祭祀土地的仪式，在欧洲引起轰动。

不可否认的是，在 18 世纪的“中国热”中，欧洲也曾出现过一些盲目跟风的情况，但这次热潮对中西文化的交流却起到了重要的推动作用。鸦片战争前后，随着中国的日渐衰落，“中国热”也在欧洲逐渐降温，但它的影响仍持续了很长时间，如马克思就曾给他的两个女儿取了“中国皇帝”和“中国皇太子古古”的绰号。

## 唐朝“昆仑奴”就是非洲黑奴

唐朝长安（今西安）城，云集了来自世界各地的海外人士，其中也有不少来自非洲的黑人朋友。正在湖南博物馆展览的《走向盛唐》珍品文化展中，两个唐朝黑人陶俑，向观众传递了他们参与建设盛唐文明的信息。

这两个黑人陶俑是从西安市南郊唐墓中出土的，高 14.5 厘米，头发卷曲成螺旋状，厚嘴唇，憨态可掬。湖南省博物馆馆长陈建明分析认为，从他们展示的形象看，唐朝人民对他们没有种族方面的歧视。

《太平御览》中记载了一个“昆仑奴”凭借勇敢和智慧，帮助主人秀才和心爱的女子约会，并促成一桩美满姻缘的故事。唐诗《昆仑儿》中也有对“昆仑奴”的生动描写：“昆仑家住海洲中，蛮客将来汉地游”，“自爱肌肤黑如漆，行时半脱不锦裘”。

国内有学者研究，‘昆仑’一词在魏晋南北朝至隋唐时，常用来形容黑色或近黑的东西。因此昆仑奴指的就是黑人奴婢。

事实上，关于唐朝黑人的实物史料还有很多。敦煌唐代壁画及流传下来的一些唐代名画中都可发现黑人形象，比如阎立本的《职贡图》，周昉的《蛮夷执贡图》。在《旧唐书》《册府元龟》《唐会要》等古代文献中，也有关于黑人奴婢的记载。

湖南省一些文史专家认为，唐朝黑人人数可能不少。他们漂洋过海来到中国，除了个别人从事商贸外，多数人可能是被阿拉伯商人等贩卖给当时的达官贵人为奴，终生留在中国，见证并参与了大唐文明建设。

## 中国古代官妓揭秘

官员和妓女，本来是社会地位悬殊的两种人，生活没有交集，但是，历史上，这两种人的关系曾经最为紧密。

中国历史上所说的妓女概念,似乎比我们现在所说、所理解的要宽广一些。专家们认为,中国历史上的妓女有两大类,细分有5类。大的来说,有艺妓和色妓之分,前者主要从事艺术表演活动,而后者主要出卖色相,就是今日人们普遍认为的娼妓。

但之所以把旧时从事艺术表演活动的人归入妓女,是因为艺妓也经常卖身,只不过作为皇帝妓女的宫妓,经常是想卖身而不得。如果再细致划分,中国历史上的妓女由宫妓、营妓、官妓、家妓和民妓组成。

宫妓是皇宫中服务于皇帝的妓女,营妓是服务于军队军官和士兵的妓女,官妓是服务于各级地方官员的妓女,家妓是达官贵人家庭供养的服务于达官贵人的妓女,而民妓,可能更接近于今天人们所理解的妓女,就是活跃于民间,“服务”于社会的妓女。

在这5种类型的妓女中,前3类是国营妓女,按照现在的话说,是体制内的,她们地位卑贱,生活却相当优裕,注册经营(乐籍),由国家财政供养,当然,也服务于国家和国家象征的皇帝与官僚的需要。至于后两类,相当于个体私人经济,体制外生存,不向国家伸手,不给政府添乱,独立经营,自负盈亏。

在中国的历史上,春秋时期的齐国管仲设立国营妓院,收取税金,据说是国家发展妓女事业的开始,后来汉武帝又创立营妓制度,让妓女作为慰安妇为军人服务,体现出雄才大略的皇帝善解人意,关心士卒性苦闷的仁慈心肠。而到了隋朝,隋炀帝设立教坊,广纳歌舞艺人,纵情声色。唐朝沿袭了隋朝的教坊制度,风流皇帝唐玄宗更是扩大教坊机构,教坊艺人达到11409人。他还不满足于此,又设立梨园,极尽荒淫无耻之勾当。

上有所好,下必甚焉。尤其唐玄宗设教坊、置梨园,统4万宫妓作乐以及和杨玉环风流韵事传遍朝野后,各级官员极为羡慕,纷纷仿效。地方上诸道、方镇、府司、州县军镇都设有官妓,每逢节日宴游,迎送官员,招待宾客,都要分配妓女前去歌舞陪侍。

官妓、营妓向长官无偿献身被认为是一种义务，她们中出类拔萃的往往被一二把手独占，营妓、官妓为官员们生出孩子的也所在不少。有的官将还为妓女争风吃醋，闹得不可开交。

有的官员以妓女送人情，有的贵宾过境，就送妓女侍寝，有的官员看中某个妓女，也可借给他狎玩，如著名诗人，也是大官僚，也被后人怒斥为大淫棍的白居易任杭州刺史时，就让元稹把杭州歌妓商玲珑借去玩了一个多月，他有不少诗歌充满自豪地记载了他嫖妓宿娼的行径。当然，官员们白嫖官妓、营妓的同时，也决不会放弃到那些为社会人士提供服务的民妓那里寻求享乐，比如唐朝著名诗人杜牧在扬州担任书记时，常常出入扬州妓院，他的上司牛僧儒出于关心，暗地派人跟踪保护达数年之久。

唐朝官员嫖妓宿娼，出入妓院，勾搭妓女，作为风尚，一方面是皇帝的榜样示范作用，而另外的原因是，唐朝科举取士，诗赋是科考的内容之一，诗赋文章做得好，就可以当大官；而作为妓女，逐水草而居本身就是她们的职业特点，官员们就是她们丰盛的水草；而且，她们不仅仅是卖身，她们还卖唱，卖唱是卖身能够卖出好价钱的保障，因为唱得好意味着除了色相之外，还具有更高的艺术造诣，而这是文人官员更为看重的。

但唱什么呢？这些金榜题名、才华横溢的进士出身的官员的诗词歌赋显然是她们求之不得的传唱佳作。对于妓女来说，与这些官员厮混，能得到官员写的诗词，又能通过这些官员的唱和提高知名度，对于官员来说，与比自己老婆漂亮得多、风情得多、文雅得多的妓女厮混，本身就是巨大的人生快事，能够证明自己人生的辉煌，而且还能通过她们的口把诗词传唱出去，这无论对于官员还是妓女都是双赢的策略。

唐朝不少著名诗词既是妓女传唱的对象，甚至也因为妓女的传唱而更加流传久远。到了宋朝，那个著名的词人柳永，成为妓女们不惜重金争相服务的对象，只可惜宋朝已经反对官员嫖妓，柳永与妓女的关系影响了他在仕途的发展，只好奉旨填词终了一生。

宋元时期，理学兴起，重视男女之防，对于官员狎妓有所限制，规定妓女只能为官员提供歌舞和陪酒这类活动，不能提供性服务，违者要受到各种处分。这种规定执行起来一定有难度，因为私下的交易似乎很难被发现。

事实上地方军政行政长官私下命令地方官妓提供性服务的仍很普遍，不过，官员像唐朝那样公开要求妓女献身，并以这种交易为风流倜傥而骄傲自豪的风气，算是被转变了。到了明朝，朱元璋同样禁止官妓向官员提供服务，让一些官妓面向市场，向社会提供服务以增加财政收入。官员不能从妓女那里得到性服务，官员对于妓女的态度也开始冷落，官妓、营妓的经费也成为问题，她们不得不向市场化服务转变，中国的妓女的市场化从此开始了，中国妓女以官营为主向民营主导过渡。

到了清朝，雍正皇帝下令全国废除乐籍制度，国家不再正式供养妓女。从那时到现在，官员嫖妓在制度上是被禁止的，但不可能被禁绝。只是，没有了国家财政供养的官营妓女供享乐，官员嫖妓如果不是自掏腰包，就一定是有人为了某种利益为他买单，甚至是贪污公款或巧立名目用公款做嫖资了。

## 中西方历史上的七大巧合

在人类文明史的发展过程中，存在着许多至今都难以解释的谜一样的巧合。

一、公元前3000年左右，埃及金字塔王朝建立，恰与《史记》中所载的中国炎帝、黄帝同时代。两者俱为东西方文化始源。

二、中国孔子与印度释迦牟尼生于同时代，两人年龄只差14岁。一个开创了延续3000余年的东方传统文化——儒学，一个创建了世界最大宗教之一——佛教。

三、公元632年，李渊、李世民父子统一全中国，建立大唐帝国；穆罕默德创建阿拉伯帝国，两国分别雄踞东西，同样强大、繁荣，疆域也同样宽广。

四、莎士比亚、汤显祖不仅是同时代的人，而且同于公元1616年去世。莎士比亚为西方戏剧之父，汤显祖为中国戏剧之祖。

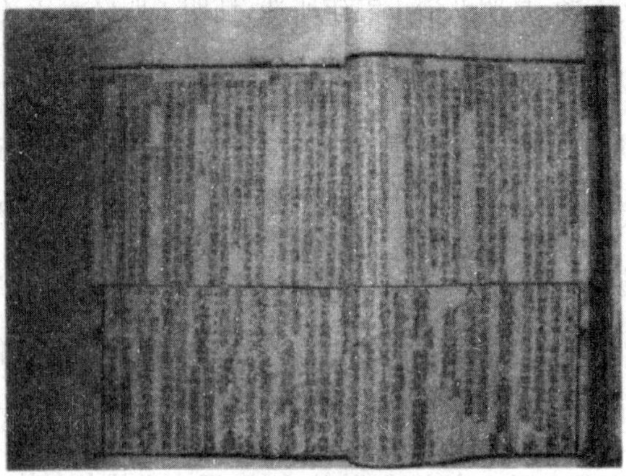

《诗经》书影

五、西方伟大的《荷马史诗》产生于公元前9~前8世纪,与中国伟大的《诗经》产生时代恰好相同,两者东西相映,俱在世界诗坛发出灿烂的光辉。

六、俄国彼得大帝与中国康熙皇帝同时登位,相继去世。彼得大帝开创了俄罗斯帝国,康熙皇帝奠定了东方最强大帝国,两人俱为一世雄主。

七、公元前22~前18世纪,古巴比伦创建了以月亮围绕地球旋转周期计算的历法,与中国夏朝所使用的阴历不仅同时,而且都是每隔2~3年置一闰月,二者如出一辙。

## 西夏文钱:中国古币珍宝

我国是世界上最早使用货币的国家之一。在我国古代货币上的文字,绝大多数是汉字,但也有一些是少数民族文字,如:西夏文、八思巴文、满文等。这些钱币在古代经济生活中起着价值尺度和流通手段的作用,钱币上的文字代表着我国古代的一种货币文化。

西夏文是西夏开国皇帝李元昊在大庆年命大臣野利仁荣所创制,西夏后来虽然被蒙古所灭,但西夏文直到元朝中叶在甘肃、青海一带仍然流行,到了明代个别地区仍有人使用。北京居庸关北支台洞壁上有6种文字的石刻,其中一种就是西夏文,是元至正五年刻的,可见西夏文在元代也有一定的地位和影响。后来,保定出土了两个西夏文石钟，是明弘治十五年所造，证明了明弘治年还有人使用这种文字，它也说明了西夏文在中国历史上应用了450多年。西夏把本民族的文字铸造在流通的货币上，形成了独特的西夏文钱，并在中国古代钱币中占有一席之地。西夏文钱币铸造精美，轮廓规矩，文字整齐：一向为钱币收藏家所赞誉和向往。

西夏文钱币传世和出土的有五六种，如福圣宝钱、大安宝钱、贞观宝钱、乾祐宝钱、天庆宝钱等。它们都是中国古代钱币的珍品，其中有些在笔者几十年的钱币收藏生涯中也很难见到，现在也只收藏到其中的四种，在银川市市区出土了一枚福圣宝钱，在贺兰山脚下出土了大安宝钱、乾祐宝钱、天庆宝钱各一枚。

西夏在我国历史时期很短，但它地位突出，形成了本民族独特的钱币文化，但现存的文献、文物稀少，很难全面再现当年党项民族的风貌。现今出土的西夏文钱，为研究西夏历史提供了宝贵资料，西夏文钱不但成为钱币收藏中的珍品，也成为研究西夏历史不可多得的文物。

## 中国十八个朝代名称的来历

中国历史悠久，每朝的创建者要着手办的第一件事就是确立国号（朝代名称）。国号就是一个国家的称号。名不正言不顺，确立了国号就名正了，代表一个新的国朝从此诞生。同时这也是有说法的：《史记·五帝本纪》曰："自黄帝至舜禹，皆同姓而异其国号，以章明德。"

那么国号由什么决定呢？一般来说大致有5个来由：由部族、部落联盟的名称而来，来自创建者原有封号、爵位；源于创建者原始所或政权统治的区域；源于宗族关系；寓意吉祥。接下来，来看看中国历史上具体的国号及其由来。

1. 夏：据传禹曾受封于夏伯，因用以称其政权为"夏"。另据历史学家范文澜先生说，禹的儿子启西迁大夏（山西南部汾浍一带）后，才称"夏"。

2. 商：相传商（今河南商丘南）的始祖契曾帮助禹治水有功而受封于商，以后就以"商"来称其部落（或部族）。汤灭夏后，就以"商"作为国名。后盘庚迁殷（今河南安阳西北）后，又以"殷"或"殷商"并称。

3. 周:周部落到古公亶父时,迁居于周原(今陕西岐山)。武王灭殷以后,就以“周”为朝代名。周前期建都于镐(今陕西西安西南),后来平王东迁洛邑(今河南洛阳),因在镐的东方,就有“西周”和“东周”的称号。

4. 秦:据《史记》记载,本为古部落,其首领非子为周孝王养马有成绩,被周孝王赐姓为“嬴”,并赐给了一小块土地(今甘肃天水市,另说是陇西谷名)。后来又因救周有功被封为诸侯,秦始皇统一六国,始建秦国。

5. 汉:项羽封刘邦为汉王,以后刘邦击败项羽,统一中国,国号称“汉”。汉朝前期都长安,后期都洛阳,故从都城上有“西汉”和“东汉”,从时间上有“前汉”和“后汉”之分。

6. 魏:汉献帝曾封曹操为“魏公”“魏王”爵位,曹丕代汉后便称“魏”。以皇室姓曹,历史上又称“曹魏”。

7. 蜀:刘备以四川为活动地区,蜀指四川,其政权又称“蜀”。历史上也称“蜀汉”。汉指东汉的继续。

8. 吴:孙权活动于长江下游一带,历史上曾建吴国,曹魏曾封孙权为“吴王”,故史称“孙吴”;又以地位在东,也称“东吴”。

9. 晋:司马昭逼魏帝封他为“晋公”,灭蜀后进爵为晋王。后来他的儿子司马炎继承他的爵位,逼令魏帝退位,自立为皇帝,国号“晋”。

10. 隋:隋文帝杨坚之父杨忠,曾被北周封为“随国公”。隋文帝后袭用此封爵,称为“随朝”。他认为随有走的意思,恐不祥改为“隋”。

11. 唐:唐高祖李渊的祖父李虎,佐周有功,被追封为“唐国公”,爵位传至李渊。太原起兵后,李渊称“唐王”,后废杨侑建唐朝。

12. 辽:辽原称“契丹”,改“辽”是因居于辽河上游之故。

13. 宋:后周恭帝继位后,命赵匡胤为归德节度使,归德军驻宋州(今河南商丘),赵匡胤为宋州节度使。故陈桥兵变后,发迹在宋州,国号日“宋”。

14. 西夏:拓跋思恭占据夏州(今山西横山区),建国时以夏州得名,称“大夏”。

因其在西方，宋人称“西夏”。

15. 金：金都城上京会宁（今黑龙江阿城南），位于按出虎水（今阿什河），相传其水产金，女真语“金”为“按出虎”。

16. 元：据《元史》记载：“元”的命名，是元世祖忽必烈定的。是取《易经》上“大哉乾元”句中的“元”，有大、首等意思。但也有人认为与蒙古人的风俗与图腾有关，有的认为与佛教有关。

17. 明：朱元璋是元末起义军之一，是继承郭子兴而发展起来的，郭子兴属于白莲教组织。白莲教宣称“黑暗即将过去，光明将要到来”，借以鼓舞人民反对黑暗的元朝统治。所以又称“光明教”。白莲教的首领韩山童称“明王”（他的儿子韩林儿称“小明王”），都体现其教义宗旨。朱元璋不仅曾经信仰白莲教，而且承认自己是白莲教起义军的一支（他曾为小明王左副元帅）。朱元璋取得政权后，国号称“明”。

18. 清：满族是女真族的一支。女真族在北宋时建立金国。明末女真势力复强，重建金国（后金）。后金为了向外扩展，割断了同明朝的臣属关系，清太宗皇太极把“女真”改为“满州”，把“金”改为“清”。在宋时女真人受制于契丹人，他针对“辽”字在契丹语中是“铁”的意思，因此命名“金”，表示比铁更坚强有力，可以压倒“辽”。“金”改“清”的原因，史学家有不同意见，有人认为是皇太极要避免引起尖锐的矛盾。

## 元旦一词用了多少年

中国人习惯将每年的1月1日称为“元旦”。“元旦”一词是如何来的呢？天津市天文学会理事赵之珩介绍说，“元旦”一词，是中国古代的“土产”。中国很早就有过“年”的习俗。“年，谷熟也”，也就是人们庆祝丰收的节日。

在中国夏朝时候产生了“夏历”，就是现在的“农历”。农历正月初一为“岁首”，岁首这天就叫“元旦”。“元者，始也；旦者，晨也。”“元旦”就是一年的“第一个早晨”。早晨是一天的开始，第一个早晨自然就是一年的开始。

辛亥革命推翻清朝统治，各省都督代表在南京开会，决定使用公历，把农历的正月初一叫作“春节”，把公历的1月1日叫作“元旦”。不过当时并未正式公布和命名。新中国成立前夕的1949年9月27日，中国人民政治协商会议第一届全体会议决定采用公历即阳历纪年，并把1月1日叫“元旦”。

现在，世界上大多数国家把每年1月1日作为元旦，也有一些国家和民族由于当地的历法传统及宗教信仰、风俗习惯、季节气候的不同，他们的元旦日期并不一样。不过，这也使得这个世界多姿多彩，更显地域、民族特色了。

## 大红喜字由来之谜

中国人在结婚办喜事的时候，总爱贴红双喜。“红双喜”字是从何而来的呢？相传王安石23岁那一年因赶考，来到汴梁（今河南开封）城东舅父家住宿。晚饭后上街散步，走过当地乡绅马员外家门口，见走马彩灯上闪出“走马灯，马灯走，灯熄马停步”的上联，他不禁拍手称好。不料马员外家的老家人要请他对下联，他因明日要去赶考，无时间思考答对，便急急地回舅父家去了。

剪纸红双喜

第二天，在考场上，王安石发挥得淋漓尽致，答卷十分出色。主考官在面试时指着考场门前的飞虎旗说:"飞虎旗,飞虎旗,旗卷虎藏身。"王安石想起马员外家门前的走马灯,不假思索地对答:"走马灯,走马灯,灯熄马停步。"主考官大为赞赏。

王安石考毕,刚进舅父家门,就被马员外家那位老家人拉去了。马员外见王安石后,请他写答下联。王安石就将主考官的上联挥笔写上:"飞虎旗,虎旗飞,旗卷虎藏身。"马员外大喜,便对王安石说明:"此上联是我独生女为选婿而出,现在,为王相公对出,联句成对,姻缘成双。"马员外征得王安石舅父同意,就择良辰吉日,为他们两人完婚。不久,两个报子高声前来报道:"王大人官星高照,金榜题名,头名状元。"

王安石与马小姐拜过天地,进入洞房,喜上加喜。于是,他一连写了两个斗大的红"喜"字,连在一起,贴在大门上,以表示他内心的喜悦之情。从此以后,人们遇有喜庆吉日,在大门上、器具上,都要贴上大红的红双喜。

**年龄的称谓**

赤子:出生的婴儿。"子生赤色,故言赤子。""大人者,不失其赤子之心也。"(《孟子》)

襁褓:本指包裹婴儿用的被子和带子,后来借指未满周岁的婴儿。"则四方之民襁褓负其子而至世。"(《论语》)

周晬:小孩出生一周岁。"两女牙牙,生汝死后,才周晬耳。"(袁枚《祭妹文》)

孩提:2~3岁的儿童。"孩提之童,无不知爱其亲者。"(《孟子》)

龆、齿龀:又称龆龀,指儿童换牙,借指7~8岁,也称童龄、重龀、毁齿、龀年、髫龀。"男人八月而生齿,八岁而龆齿。"(《韩诗外传》)"其子孙虽在髫龀,男皆诸侯,女为邑君。"(《后汉书》)"邻人京城氏之孀妻有遗男,始龀。"(《列子》)

垂髫、总角、黄口:借指幼年儿童。"黄发垂髫,并怡然自乐。"(陶渊明《桃花源记》)"这院子上也有四五个才总角的小厮,都垂手侍立。"(《红楼梦》)"古之伐国,不杀黄口。"(《淮南子》)

幼学:指十岁。"人生十年日幼学。"(《礼》)

豆蔻年华:女子13岁。“娉娉袅袅十三余,豆蔻梢头二月初。”(杜牧《赠别》)

舞勺之年:13~15岁。“十有三年,学乐诵诗舞勺。成童,舞象。”(《礼》)

束发:男子15岁。“束发而就大学,学大艺焉,履大节焉。”(《大戴礼》)

笄、及笄、笄年、上头:女子15岁。女子成年许嫁举行笄礼。“女子成年,十有五而笄。”(《礼记》)“年初十五最风流,新赐云鬟便上头。”(《花蕊夫人》)

冠、加冠、弱冠:男子20岁。二十体犹未壮,故曰“弱”;男子二十行冠礼,故曰“冠”。“冠者五六人,童子六七人。”(《论语·先进》)“既加冠,益慕圣贤之道。”《送东阳马生序》“无路请缨,等终军之弱冠。”王勃(《滕王阁序》)

而立之年:30岁。“三十而立,四十而不惑。”(《论语》)

不惑之年:40岁。“三十而立,四十而不惑。”(《论语》)

知命、知天命:指50岁。“四十而不惑,五十而知天命。”《论语》“及年愈艾服,任隆台衮。”(《王褒》)“耆艾修之。”(《国语·邵公谏厉王弥谤》)

下寿:60岁以下。“人上寿百岁,中寿八十,下寿六十。”(《庄子》)

花甲、花甲子:指60岁。“手捋六十花甲子,循环落落如弄珠。”(《唐事纪事》)“火销灯尽天明后,便是平头六十人。”(白居易《五八除夜诗》)“六十杖于乡。”(《礼》)“六十日耆。”(《礼记》)“耆艾而信,可以为师。”(《荀子》)

古稀(希)、致事之年:70岁。“酒债寻常行处有,人生七十古来稀。”(杜甫《草堂诗笺》)“大夫七十而致事。”(《礼》)

杖朝之年:80岁。“八十杖于朝。”(《礼》)

中寿:80岁。“人上寿百岁,中寿八十,下寿六十。”(《庄子》)

耄:80~90岁。“八十九十日耄。”(《礼》)“人耄耋,皆得以寿终。”(曹操《对酒歌》)

鲐背:90岁。“善养食者,鲐背鹤发成童儿。”(《柳先生集》)

上寿:90岁以上。“人上寿百岁,中寿八十,下寿六十。”(《庄子》)

期颐:100岁。“百岁为生人年数之极,故曰‘期’;此时起居生活待人养护,故

曰'颐'。""百年日期颐。"(《礼》)

## 八百里加急有多急

古时候的文件传输靠的是驿站,一般每隔20里有一个驿站,一旦需要传递的公文上注明"马上飞递"字样,按规定要求每天300里,如遇紧急情况,可每天400里、600里,最快达800里。传递紧急文件时,每个驿站都用快马,这样,虽然不是千里马,但每匹马都死命跑,也可以一日千里,"六百里加急,八百里加急"用来表示情况紧急程度。

在文学作品中,对此有精彩描写:"八百里加急！八百里加急!"一卷黄尘滚滚,骏马飞驰而至,但见人影一晃,跳将下马。大喝:"八百里加急！御赐金牌,阻者死,逆者亡!"随即便见烟尘滚滚,骑者已然离去！此时,古道疑云,晴空赫然!

诗人岑参在《初过陇山途中呈字文判官》一诗中写到"一驿过一驿,驿骑如星流;平明发咸阳,幕及陇山头"。在这里他把驿骑比做流星。按唐政府官方规定,快马要求一天行180里左右,再快些则要求日行300里。最快的要求则为日驰500里。天宝十四年十一月九日,安禄山在范阳起兵叛乱。当时唐玄宗正在华清宫,两地相隔三千里,6日之内唐玄宗就知道了这一消息,传递速度就达到每天500里。

据载,南北朝的北周宣帝,在洛阳招摇过市,亲自乘御驿马,日行300里。看来,唐朝的最紧急通讯要求日行500里,那无疑用的马是御马级别,难怪如此神速。唐代的一尺合现在0.303米,一里合454.2米,就是用现在的眼光看来,八百里加急快得不能再快,也要两天时间。

据《大唐六典》记载,最盛时全国有1639个驿站,专门从事驿务的人员共20000多人,其中驿兵17000人。邮驿分为陆驿、水驿、水路兼并3种,各驿站设有驿舍,配有驿马、驿驴、驿船和驿田。

在各种驿里服役的人,一般叫作"驿丁""驿夫",或称"驿卒""驿隶"。从名称来看,他们的身份比较低下。陆路上的驿丁,也同样受到煎熬。他们在烈日之下,在寒风凛冽的冬天,在倾盆大雨之中,都毫无例外地要身背文书袋,匆匆奔驰在驿路上。敦煌有一幅晚唐时期题为《宋国夫人出行图》的壁画，就描绘了当时驿使身背布袋的形象。他们日常的任务很繁重，除途中奔跑着传递文书外，还要兼管扫洒驿庭等事。

在唐朝法律中把邮递过程中的种种失误的处罚，都规定得很细。稍有差错，便要受到严厉的处置。唐朝规定，驿长应负有若干责任，首先必须每年呈报驿马死损肥瘠，呈报经费支出情况。若有驿马死损，驿长负责赔偿；若私自减去驿站人员和马匹，则“杖一百”。对驿丁的处罚更严。唐朝规定，驿丁抵驿，必须换马更行，若不换马则杖八十。唐律还规定，凡在驿途中耽误行期，应遣而不遣者，杖一百；文书晚到一天杖八十，两天加倍，以此类推，最重的处徒罪二年。

有人问：“执行八百里加急这样的重要任务，被敌人或强盗半道劫去了怎么办？”唐律规定假如耽误的是紧急军事文书，则罪加三等。因书信延误而招致战事失败则判处绞刑。《唐国史补》曾记载一个负责签发公文的员外郎的官，他处理一从河北发配到岭南的囚犯的文书，本应向河北、岭南两处发文，因夜间疏忽，只发了岭南一地，河北未发。事发之后，这个员外郎遭到了免官的处分。而泄露重大机密者处以绞刑。从这样严厉的法律看，一般强盗不会去动这些重要文件，免得招惹官方的拼命剿杀。而在交战时，应早料到敌方或会打埋伏拦截情报，至少会多途径多人携带文书以防万一。

## 中国古代传说十大情爱之神

在中国古代有许多关于神仙的传说，千百年来，民间也供奉许多神仙。这些神仙五花八门，有爱神、婚姻之神、送子之神、保安居家之神、登科及第所祈之神、福禄寿喜之神、财神以及各行各业之神等等。其中有不少神仙涉及性爱。这些现象不能仅用封建迷信来解释，主要是表达了民众对美好生活的祈求与向往。在阶级社会中，许多民众受苦受难越深，把命运寄托于神仙、寄托于来世的就越多。

### 1.媒神之祖

女娲是被中国民间广泛而长久崇拜的一位女性神，她被看成是创世神和始祖

寺庙里的女娲娘娘像

神。传说女娲能化生万物，她的最伟大的业绩一是炼石补天，二是抟土造人。

女娲在造人之前，于正月初一造出鸡，初二造出狗，初三造羊，初四造猪，初五造牛，初六造马，到了初七，开始以黄土和水造人。考虑到人要代代相继，善衍不绝，于是创建了婚姻制度，促使男子与女子结合以生儿育女，于是女娲就成了第一个媒人，被后世尊奉为媒神，又称“高”。人们祭祀这位婚姻之神典礼十分隆重，修了女娲娘娘庙或高禖庙，用太牢（猪、牛、羊三牲齐备）这一最高礼节来祭祀她。这些庙至今在山东洛宁、山西河津、江西雩都等地区还有保留。牛郎织女牛郎与织女最初源于原始信仰中的星辰崇拜，是星宿的神化与人格化。牛郎星即牛宿，又叫牵牛星，是二十八宿之一，为北方玄武七宿的第二宿。织女星又叫天孙，在银河西，和银河东的牵牛星相对。

早在《诗经》中，就有了牛女二星的记载，但尚无故事情节，至汉时已被人格化。牛郎织女的传说历来是我国古代文学中的一个主题，不少美丽的诗歌文章由此而生。旧时各地都有一些织女庙，把牛郎织女作为自由爱神来祭祀，以江苏太仓的织女庙最有名。

2.月神

月神是中国民间流传最广的神仙之一。月神又叫月光娘娘、太阴星主、月姑、月光菩萨等。崇拜月神,在中国由来已久,在世界各国也是普遍现象,这是源于原始信仰中的天体崇拜。在黑夜中,月亮给人带来了光亮;月色朦胧,又会使人产生许多遐想,许多美丽动人的故事因此产生,“嫦娥奔月”就是其中著名的一个。嫦娥偷吃长生不老药后升天而去,住于月宫,就成了月神娘娘。

此后,月神就较普遍地为民间供奉。我国古代男女热恋时在月下盟誓定情,拜祷月神,有些分离的恋人也拜求月神祈求团圆。元代大戏剧家关汉卿就写过一出《拜月亭》。《西厢记》里的崔莺莺也虔诚地对月神倾诉希望遇到意中人的情怀。清人丁耀亢所著的《续金瓶梅》第十八回中,一对痴男怨女郑玉卿和银瓶私尝禁果后,推开窗户,双双跪倒,对着月亮说:“就两人有一人负心的,就死于千刀万剑之下。”

我国有许多少数民族也盛行拜月的风俗,如苗族就有“跳月”的活动,青年男女在“跳月”中,寻求心上人,倾吐爱慕之情,永结同心。

3.月下老人

月下老人是我国神话传说中专管婚姻的神,又称“月老”。据沈三白《浮生六记》说:“一手挽红丝,一手携杖悬婚姻簿,童颜鹤发,奔驰于非烟非雾中。”我国不少地方有月老祠,如杭州西湖孤山下的白云庵中有个月老殿,殿的两旁悬挂着一副对联,脍炙人口,对联云:愿天下有情人,都成了眷属;是前生注定事,莫错过姻缘。这就是千百年来许多人供奉月老的原因。

4.恋爱之神

在封建礼教的压迫下,不少有情人难成眷属,于是只能向神仙祭祷,以求神仙帮助,这神仙就是恋爱之神——泗州大圣。

泗州大圣流传于广东、福建一带。他的产生有段故事:福建惠安和晋江两县交界处有一条洛阳江,水流湍急,无法架桥,经过多少代人的努力也没成功。有一天,有个老翁携一绝色女郎划船在江心,老翁宣布有谁以钱掷中姑娘,就把姑娘嫁给谁,于是前来投钱的人不计其数,可是钱都落在江里。这样过了几个月。江底积满了钱,成为架桥的奠基石。实际上,这位老翁是土地爷变的,姑娘是观世音菩萨变的,他们这么做的目的就是为了促成架桥。

可是,就在这大功快要告成之时,一个聪明的泗州人想了个巧妙方法,用钱掷中了姑娘。老翁便叫他到凉亭去议婚。这位泗州人往凉亭里一坐,就起不来了,原来他的灵魂被观世音菩萨度化到西天成佛去了,而肉体还留在亭中,成了民间膜拜的泗州大圣。

人们传说,泗州大圣十分理解与同情追求美满婚姻的痴男怨女,只要在泗州大圣佛像的脑后挖下一点泥巴,偷偷地撒在对方身上,对方就不会变心了,爱情、婚姻就会得到幸福的结局了。但是这一来,这座佛像的后脑勺就只好一修再修了。

5.喜神

喜神就是吉神。人们总是希望趋吉避凶、追求喜乐,所以要造出一个喜神来。结婚乃人生一大乐事,所以办婚事又称办喜事,办喜事当然离不开喜神,旧俗,新娘坐立须对正喜神所在的方位,但这方位何在,就要请教阴阳先生了。

阴阳先生对于喜神方位,还有一套说法,收入清朝乾隆年间成书的《均纪辨方书喜神》中:喜神于甲已日居艮方,是在寅时;乙庚日则居乾方,是在戌时;丙辛日居坤方,是在申时;丁壬日居离方,是在午时,戊癸日居巽方,是在辰时。

阴阳先生推算出喜神的方位后,新娘的轿口必须对着该方向;新娘上轿后,要停一会,叫作"迎喜神",然后才能出发。

旧时,北京妓院中还有这种习俗:大年初一天刚亮,妓女要拉上相好的去走"喜神方",即寻找喜神所在的方位,认为"遇得喜神,则能致一岁康宁;而能遇见白无常者,向其乞得寸物,归必财源大辟"。

喜神并无特殊形象,完全是福神——天官的翻版。与其他婚俗、性俗相比,拜喜神的风俗似乎迷信色彩更浓一些。

6.床神

祭祀床神的风俗由来已久，宋朝已流行此俗。宋人杨循吉《除夜杂咏》诗云："买糖迎灶帝，酌水祀床公"，即是指此。俗传床神有男女之分，床婆贪杯，而床公好茶，所以"以酒祀床母，以茶祀床公"，这叫男茶女酒。祭床神时，置茶酒糕果于寝室，祈"终岁安寝"。时间各地不一，有的地区在除夕接灶神后，接着祭床神；有的地区在上元日后一日，即农历正月十六祭床神。

旧时有些地区还有"安床"习俗，即在婚礼举行的前几天在洞房内安放新床；其位置要按男女双方的生辰八字、窗向、神位来确定，忌与桌、柜、橱相对。安床要选择吉日良辰进行，安床后，当晚要拜床母。在明清时就有拜床母的习俗，清代长篇小说《醒世姻缘传》中就有这方面的描写。婚礼礼拜床神，是希望新婚夫妻如胶似漆，生活幸福美满。

7.和合之神

古时和合之神有不同的含意。和合神原主家人和合，逐渐演变为婚姻和合之神，并由原来蓬头笑面、擎鼓执棒的一位神，衍变为一持荷、一捧合的二神。持荷由于"荷""和"谐音，捧合也出于此故。

苏州寒山寺的大雄宝殿后壁，嵌有清代名画家罗聘所绘寒山、拾得写意话画石刻。大殿旁堂屋供奉木雕金身寒山、拾得塑像，一人手持一荷，另一人手捧一合，造型古朴，栩栩如生。

清雍正十一年(1733)时，封天台寒山大士为"和圣"、拾得大士为"合圣"，于是，寒山、拾得这"和合二仙"又作"和合二圣"。

8.子孙娘娘

"多子多福，子孙满堂"是过去中国人传统的文化心态和追求，为了礼佛拜神、祈求子嗣，众多的送子神仙也应运而生。送子神仙名目繁多，一般都称为子孙娘娘。如广州著名的祈子神庙——金花庙中，主神为金花夫人，附祀的有张仙、华佗、月老、花王、桃花女、斗姆等，大都与生育有关，还有十二奶娘神像，也都和生育有关。

子孙娘娘分工细致，从投胎、怀胎、定男女、保胎，直到分娩、养育，乃至吃、喝、梳洗、行走、去病等无所不包，所以很受人们特别是妇女们的欢迎与崇拜。正如清道光时《佛山忠义乡志》卷十四所说：“金花会盛于省城河南，乡内则甚少。唯妇人则崇信之。如亚妈庙各处，内有十二奶娘，妇人求子者入庙礼拜，择奶娘所抱子，以红绳系之，则托生为己子，试之多验。然年卒不少。”

## 唐代名妓薛涛秘事

薛涛出身书香门第，只因父亲过早去世，贫寒的家境，使之不幸沦为乐伎。她酷爱诗文，虽身处逆境，却从不放弃研读，正因为这样，她在诗词、音律等方面有着很高的素养。闲暇时，她在成都浣花溪采用木芙蓉皮做原料，加入芙蓉花汁，制成深红色精美的小彩笺，用于写诗酬和。浣花溪水清质滑，所造纸笺光洁可爱，为别处所不及，彩笺因之被誉为“浣花笺”。

薛涛幼时即显过人天赋，8岁时，其父曾以“咏梧桐”为题，吟了两句诗：“庭除一古桐，耸干入云中。”薛涛应声即对：“枝迎南北鸟，叶送往来风。”薛涛的对句似乎预示着她一生的命运。

唐德宗年间，统领西南、能诗善文的儒雅官员韦皋，听说薛涛诗才出众，且是官宦之后，便破格将乐伎身份的她召到帅府侍宴赋诗。“女校书”“扫眉才子”之名已不胫而走。

在造纸艺术之外，薛涛是个奇女子，她传奇的迤逦妍逸的人生经历，透露出她过人的智慧和独善其身的秉性。即使身为乐伎，她的机智和才华仍获得了同时代诗人们的爱慕肯定。诗人元稹与大他11岁的薛涛有过一段情感经历，两人在蜀地共度了一年美好时光，最终却没有结果。元稹去了扬州后，曾寄诗给薛涛，表达思念之情，后来还是中断了这份感情。元稹离开成都时，薛涛写过一首《送友人》：“水国蒹葭夜有霜，月寒山色共苍苍。谁言千里自今夕，离梦杳如关塞长。”这首送别诗，表现出诗人对友情的执着。分别在“月寒”“夜有霜”的深秋季节，本来就教

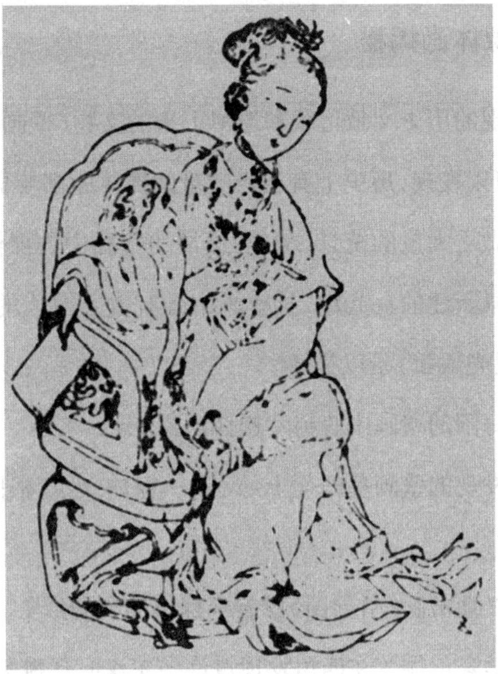

古代36位才女之一薛涛

人伤怀,可诗人偏说“谁言千里自今夕”,反伤感之意而安慰对方,其伤感之深沉可见一斑。

一张薄薄的桃色纸笺,终究留不住虚情场中是是非非的情感。薛涛对元稹的思念是刻骨铭心的,她相信元稹说过要回成都见她的话,不惜以全部身心等待与心上人再度相逢。最终她还是明白过来了,自己只不过是他生命中的一个小插曲。为此她退隐浣花溪,不参与任何诗酒花韵之事,只是一门心思在溪水边制作精致的粉笺,过了近20年清淡的生活,直到孤独地老去。

那份寂寞如今是不是一如既往地漂荡在浣花溪上,没有谁知道。“花开不同赏,花落不同悲。欲问相思处,花开花落时。揽草结同心,将以遗知音。春愁正断绝,春鸟复哀吟。风花日将老,佳期犹渺渺。不结同心人,空结同心草。那堪花满枝,翻作两相思。玉箸垂朝镜,春风知不知。”《春望》全诗,让人感受着花谢花落花飞的绝望。无疑,这首诗正是那些日子她凄怆悲凉心境的真实写照。

## 中国最早的裸体画揭秘

在今日所能发现的历史文献记载和遗留下来的文物(壁画、帛画、画像砖、画像石以及铜镜等)中可以发现,历史上有相当数量的裸体画都较早地出现于汉代。历史学家刘云辉对此做了大量的统计,例如:最早的壁画中的裸体形象,见于西汉景帝时的鲁恭王在曲阜所建的灵光殿,其壁画中画有太古时代的裸体怪形。东汉时的王延寿曾作《鲁灵光殿赋》予以描述。

西汉广王川刘海阳的壁画中有男女裸体形象。

河南洛阳地区发现的壁画墓门额上绘有“一裸体女子,横卧树下,形象绘制得既逼真又颇为生动”。

长沙马王堆西汉墓帛画《引导图》中有半裸体的人的形象。

近代法国考古学家色伽兰在四川发现过许多东汉时代雕刻在墓阙前碑之上的画像,“其间马、卒、猎士、裸身之人、半裸之女、各种兽畜互相追击,互相斗戏,生动之尤,虽在墓所,亦然”。

据邃古斋藏《金石索·镜鉴》录有汉人物画像镜,在其镜描绘的乐舞图中,有两个裸体舞女,翻身而舞,腰细如线,舞态轻盈,有若仙女之乘风。

此外还有许多事例,如在河南荥阳王村、四川扬子山、四川彭州市等地出土的画像砖、画像石上都有不少裸体杂技演员和裸体演员的形象。

特别值得注意的是,汉代的绘画不仅写生,而且有了裸体模特儿。据《汉书·广川惠王去传》记载:广川惠王刘去的一名妃子叫陶望卿,曾经请画工为她画像,画像时,她“袒裼粉其旁”,充当裸体模特儿。尽管陶望卿后来被丈夫杀害,但是她敢于大胆地成为中国历史上第一个女裸体模特儿是不容抹去的。

## 古代女性“体香”之谜

香女古已有之,文献记载颇多,香气因人而异,因国家不同香味而不尽相同。其实,香女并非独一无二,我国文献就有很多记载,最著名的当属我国历史上四大美人中的西施和杨贵妃。

西施因模样俊俏，身有香气，被越国大夫选中送给吴王夫差，吴王特意为西施修了香水溪、采香径等，每天在芬芳馥郁的气氛中与西施寻欢作乐。

关于杨贵妃，文献这样记载，开元二十八年(740)，唐朝第六代皇帝唐玄宗行幸温泉宫，遇一美姬，香气袭人，玄宗为之倾倒，占为己有，封为贵妃，此女就是杨玉环。杨贵妃有多汗症，出得汗可湿透香帕，玄宗感到她的汗是香的，还为她修了一座沉香亭。李白曾被召写清平乐诗，诗中“一枝红艳露凝香”“沉香亭北倚栏杆”，都突出了一个香字。

除去这两大美人外，清代的香妃也是记载比较多的香女，传说她体有幽香，不施香料而自发香气。香妃是新疆喀什人，因体有奇香迷住了乾隆，被封为香妃，恩宠不衰，在宫中度过了28个春秋。一个异族美女的体香，竟迷住了一个盛世明君，可见香气魅力有多大。

在国外，香女其实也很多。布鲁塞尔一家美容中心曾邀请10个国家的妇女做了一项别出心裁的体味检测试验。首先让她们用特制的肥皂擦洗身体，然后让其运动出汗，再用有关仪器检测，结果发现这些妇女国家不同，香味也不尽相同。例如，法国女性有酪香味，英国女性是藕香味，瑞典女性带木槿香味，德国女性散发出香木味，而美国女性则是藻香味等。

比利时的一位专家对某些人种的饮食习惯与人体气味进行研究后发现，体香和饮食习惯有着不解之缘。这和我国古人的认识不谋而合。

早在唐宋，无论是宫廷妃子还是民间百姓都非常盛行食杏仁、饮杏露、宫室熏香、品饮香茶。历代皇妃贵妇视幽幽的体香为贵体，杨贵妃不仅常沐香汤浴，不定期酷爱吃香榧子和荔枝；武则天爱饮用狄仁杰进献的“龙香汤”；她的女儿太平公主每日用桃花香露调乌鸡血煎饮，“令面脱白如雪、身光洁蕴香”；慈禧太后喜饮“驻香露”，“面肤去黑素，媚好溢香气”。

《红楼梦》里的薛宝钗服用“冷香丸、玫瑰香露、木樨露”等，成为人羡人爱的香美人。那么,根据饮食习惯说,是否调节饮食就可使体内生香?气味化学家认为,之所以能散发不同气味,除了与饮食有关,还由于每个人都有其独特的气味分子结构,它是由体质基因造成的。

## 揭秘古代皇帝的婚前教育

对于古代皇家来说,传宗接代尤为重要,广衍后嗣就需要早生、多生。皇太子或小皇帝在进入青春期以前就开始接受性启蒙教育了。担任皇帝(太子)性启蒙任务的是宦官。

宫中藏有大量的春宫画,还开辟专殿,内有展示两性交合的壁画和塑像,宦官负责开启殿门。《万历野获编》记载,明宫内廷有欢喜佛,一说是外国进贡的,一说是元代遗留下来的。“两佛各璎珞严妆,互相抱持,两根凑合,有机可动”。皇帝大婚前,由宦官导皇帝入此殿,先行礼,礼拜毕,“令抚揣隐处,默会交接之法”。

佛教本身戒淫,但是为了达到成佛的目的,在特殊情况下可以不受某些戒律约束,比如密宗可以利用女性作修法的伴侣(称为“明妃”)。清朝年间,宫廷中常设置欢喜佛,皇帝借此为媒与妃嫔交欢,增加房事的乐趣。

皇家还煞费苦心地在宫中豢养小动物,用小动物们本能的活动,提示皇帝(太子)两性关系的概念。明代《禁御秘闻》中说:“国初设猫之意,专为子孙长深宫,恐不知人道,误生育继嗣之事,使见猫之牝牡相逐,感发其生机。又有鸽子房,亦此意也。”因此,各朝代皇帝(太子、皇子)的性生活从未被耽误过。

皇室中男性结婚的年龄一般不超过18岁,常见的是13~16岁。然而很多皇帝(太子、皇子)在结婚以前已经“御”过女人了,甚至已经生育子女。例如,北魏文成帝16岁结婚,实际上他14岁便已经做了父亲。西晋的痴呆皇帝惠帝13岁结婚。在这之前,其父皇派后宫才人谢玖到东宫,教太子以房帷之事,谢氏离开东宫时已经怀孕。几年以后,惠帝在父母宫中见到一个孩子,并被告知这是他的儿子。清朝在制度上规定,皇帝大婚之前,先选宫女年龄稍长者8名,供皇帝“进御”。这8名宫女都有名分,被冠以4个宫中女官的职称:司长、司仪、司寝、司门。这种制度,意在使皇帝在夫妇问题上取得一些经验，以便在和皇后的生活中能够从容不迫。

一般来说，哪些女人最先与皇帝（太子）发生性关系并没有制度上的规定。对于青春年少的皇帝而言，在性问题上处于被开导而无禁忌的状态，对于太子而言，十四五岁行冠礼以后，被视为成年，非有皇帝的诏命不得随意出入后宫，以防与妃及宫女发生瓜葛，至于在东宫服侍太子的宫女，太子可以任意猥亵。那么，谁是皇帝或太子的第一个女人呢？从可能性上说，是其身旁的宫女，有的皇帝的乳妈也担任过这一角色。这两种人都属于没有名分的。宫女如果得宠，会取得名分，乳妈会长期出入禁宫，但名分不会更改。

大多数皇帝对于第一个女人，感情是不会持久的，浅尝辄止，然后转向其他目标。例如明神宗16岁时，路过慈宁宫，遇见宫女王氏，也许是缘分，神宗竟“私幸”了她，而王氏竟从此有了身孕。像这样重大的事情，太监那里都有案可查。但神宗却从此失去了对王氏的兴趣，倒是抱孙心切的慈圣太后关心这件事。一次，太后提起此事，神宗却装着没听见。王氏的宠遇极短，她所生的孩子同样遭到冷落。

然而，明代的另一位皇帝宪宗，却始终依恋他的第一个女人——万贵妃。万贵妃4岁就成为宫女，在英宗的母亲孙太后宫中服侍，进入少女时期以后，越发娇艳，加上聪明伶俐，很得孙太后的喜爱，于是成为孙太后身边的“小答应”。英宗的儿子宪宗出生不久便被立为太子，万贵妃被调去服侍太子。宪宗逐渐成长为一个少年，天生慧黠的万贵妃不知在何时、用何种方法勾引了少年天子。自此，宪宗对她的依恋更加深了一层，万贵妃充当了情妇和监护人的角色。宪宗对她除了感情和需要以外，还充满了敬畏。

宪宗旧岁即位时，万贵妃已经三十有五。在宫苑中，人们常能看到，宪宗的御驾前，有一位肥硕的中年妇女戎眼前驱。仗着宪宗对她的尊崇，万贵妃在宫中作威作福，而宪宗即使私幸别的宫女，也要避免让她知道。万贵妃58岁时，一次怒打宫女，因身体肥胖心脏负荷量大，加上怒气冲顶，竟一口气没有接上来而猝死。宪宗闻讯后，哀痛发自心底，怅然叹道：“万使长去，吾亦安能久矣！”果然，未出几个月，宪宗在郁闷忧怀中，也随万贵妃长去了。

明熹宗（即天启皇帝）据分析最初与奶妈客氏有过性关系。客氏在明宫中淫乱是有名的，她与熹宗的关系绝非一般的奶妈与养子的关系。从下列轨迹中可以看出客氏与熹宗的关系之不寻常，因此可以肯定客氏最先“勾引”了弱冠的熹宗，至熹宗23岁死，两人的关系始终暧昧。

首先，客氏和其他奶妈一样，将皇帝喂养大。但皇帝长大以后，就不需要奶妈朝夕相伴，而史载客氏“每日清晨入乾清暖阁（皇帝卧室）侍帝，甲夜后回成安宫”。从照顾皇帝的角度来看，没有这个必要，成年皇帝自有宦官服侍。

如果说客氏由于慈爱每天守着熹宗，那么又和下一个事实相矛盾：客氏后期与魏忠贤私通，一天，她和魏忠贤在太液池上欢饮，这时不远处上树捕鸟的天启帝，突然跌落，裂裳破面，客氏与魏忠贤却仍在嬉谈笑谑，此时客氏作为一名奶妈可谓玩忽职守了。其次，客氏在熹宗面前不是一副慈祥的母亲形象。客氏40余岁时，面色仍如二八丽人，而且穿着打扮与身份极不相符，妖冶艳丽令年轻的宫女瞠目。平时，用宫女的唾液梳发，以保持头发的乌黑光润。

再者，客氏先后害死了数个曾被熹宗“临幸”过的嫔妃，例如，张裕妃怀孕临产，客氏竟断绝给她的饮食，也不派人接生。张裕妃饥渴难忍，一个暴雨之夜，她匍匐到屋檐下接雨水喝，最后哭喊着断了气。另有皇子3位、皇女2位，皆因客氏而夭折。这和历代后妃间争宠残杀没什么不同。如果客氏仅仅作为乳母，可以借皇帝的光称霸乡间，任人唯亲，却不必对皇帝的后妃恨之、害之。第四，从客氏与魏朝、魏忠贤的关系上看，客氏是一个性欲极强的女人，上述两个宦官头领人官前，“净身”做得不彻底。最初，客氏与魏朝私通，后来得知魏忠贤性功能高于魏朝，便又投向魏忠贤，这些事情是在明目张胆中进行的。那么试想，客氏为何如此求欢于刑余的宦官，对青春少年的皇帝却无动于衷？客氏常常将龙卵（马的外肾）烹制好了献给熹宗，是为了大补，滋补的目的岂能是让熹宗多御几个嫔妃，多生育子嗣？那又何必予之又夺之、生之又杀之？

宫廷中有那么多妃嫔等待着皇帝去宠幸，多得连皇帝也记不清；有那么多宦官，其中不乏痴男怨女，所以不在性问题上加强管理是不行的。这种管理，到了明代达到了一个相当严密与制度化的程度。可是，其中充满了荒唐、压迫和无耻。

## 第四节　追寻隐含的奥秘

### 莫衷一是的《富春山居图》

“富春山，又见富春山。”这种语式，可不是武侠小说大家古龙招牌语言的克隆版。这句话是另一个台湾人说的——台湾大学艺术史研究所教授傅申用这样一句话来概括“中国十大传世名画”之一的《富春山居图》的传奇流变历程：“生于庚寅年，毁于庚寅年，名于庚寅年。”他说，《富春山居图》于公元1350年庚寅年完成；300年后，1650年，明代收藏家吴洪裕临死前下令将此画焚烧殉葬，是为“毁于庚寅年”；而同样是在庚寅年的2010年，温家宝总理的一席深情语，让《富春山居图》从一件艺术珍品变成两岸同根不可分的一个文化象征符号。历史有时会给出一种让人难以理解的“巧合”，此画的兴衰，暗合了黄宗羲那“三百年一兴衰”周期的“圆周率”。

富春山居图(局部)

要说这《富春山居图》，它在中国绘画史风云排行榜上，绝对是位居前列的扛鼎之作，它体现了中国画特有的人文情趣，又是中国传统文化精神的重要见证。作者黄公望生于宋咸淳五年(1269年)，死于至正十四年(1354年)，是元代四大画家之一。据说，他在构思这幅大作时，步履遍及富春江两岸，时间跨度达六七年之久，用墨干湿并用，笔简意远，最终将现实中的富春江两岸数百里精粹聚于笔底，变成流传至今的艺术富春江。它还被这幅画的收藏者之一吴洪裕的好友邹之麟誉为“画中之兰亭”。

都说同行是冤家，可见同行打心眼里认可的作品，才是真的好作品。明末大画家董其昌见到此画后视为至宝，认为是黄公望的“生平最得意之笔”。由于历史沧桑变幻，现在，这幅画一半在台北一半在杭州，生生分离已经60余年了。但它的传奇远不只这些，且让我们回头看看，这幅画到底经历了怎样的曲折离奇。

《富春山居图》，是1350年即黄公望82岁那年完成的作品，之后，黄公望将此画题款送给了无用禅师。作为《富春山居图》的第一位藏家，无用禅师考虑到此画会被人“巧取豪夺”，因而在画作未完成时就请作者“先书无用本号”，明确归属。无用禅师死后，此画转至明代画家沈周之手。沈周得此宝物，大喜过望，不仅自己在画卷题跋，还让同道中人也来题跋。

没想到，他朋友的儿子把这幅画窃去卖掉了。伤心不已的沈周只好凭借着记忆，背摹了一幅《富春山居图》。又过去一百多年，《富春山居图》落入明末画家董其昌手中。已是中年人的董其昌，面对此画，连声惊呼：“吾师乎，吾师乎，一丘五岳，都具是矣。”沈周、董其昌都是名重一时的画坛大师人物，他们二人如此合力推崇，《富春山居图》想不成名都很难了。

董其昌晚年，将《富春山居图》以高价卖给了收藏家吴之矩。吴之矩的三儿子叫吴洪裕，是一个除了收藏外什么都可以不要的主，他为了收藏官都不愿意做。《富春山居图》最终被传给吴洪裕。

吴洪裕一生钟爱《富春山居图》，在他弥留之际也不能舍此奇珍，最后，他想效法唐太宗将《兰亭序》带入陵寝陪葬的做法，授意侄儿取来他一生最爱的两件至宝——智永《千字文》真迹和《富春山居图》一起投火为殉，使他在九泉之下仍可持有这两件书画作品。苍天开眼，他侄儿在最后关头改变了主意，以偷梁换柱的手法将另一幅画投入火中。

但不幸的是，画的起首一段已烧去，中间烧出几个连珠洞，并断成一大一小两段。吴洪裕的侄儿救出此画后不久，经由当时极富鉴别能力和修复能力的古董商人吴其贞之手，将烧焦的部分细心揭下，发现还有尺许画卷完好，重新接拼后，居然正好有一山、一水、一丘、一壑之景，几乎看不出是经剪裁后拼接而成的，真乃天神相佑。这尺许完好画卷，为吴其贞所得。另外一段长余6米，保留了原画主体内容，重新修复装裱，仍是一幅恢宏长卷，归为吴洪裕的侄儿收藏。从此，小段被称作《剩山图》，大段保留了原画主体部分，被称作《富春山居图·无用师卷》。

前段尺许画卷，画幅虽小，但比较完整，因是火焰焚毁的画卷所剩，所以被后人命名为《剩山图》；后段画幅较长，但损坏严重，修补较多。而且，为了掩盖火烧痕迹，原本位于画尾的、董其昌的题跋被切割下来，挪至画首。跋中写明《富春山居图》是为“无用师”所画，所以此段被后人称为《无用师卷》。

1745年，一幅《富春山居图》被征入宫，乾隆皇帝极爱古玩字画，只要他认为是好的，一律奉行“拿来主义”，钤上自己的玉玺，在上面留下题画诗。乾隆皇帝见《富春山居图》后爱不释手，把它珍藏在身边，不时取出欣赏，并且在6米长卷的留白处赋诗题词，加盖玉玺。

没想到，第二年地方官员又呈上了另外一幅《富春山居图》。而且二者非常相像，真假难分。可能是出于先入为主的缘故吧，乾隆皇帝认定先进宫的那一幅，也就是他在上面赋诗题词的那一幅是黄公望的真迹，后进宫的那一幅是临摹品。

由于后来者画得实在“逼真”，简直到了“以假乱真”的程度，乾隆皇帝不忍心丢弃，也把它收入内府收藏。在《无用师卷》画上，除了一段他的“御识”，再没有留下任何“乾隆御笔”。

事实上，假的那幅《富春山居图》就是明代书画家沈周的仿作，也许是因为两幅画的真假实在太难辨认，乾隆断定后来的那幅是临摹品。乾隆有一枚“石渠继鉴”，按他的标准，入宫的历史名画，只要盖上此印章即为“真品”，假《富春山居图》

也可以成为真《富春山居图》。这正应了一句名言:“假作真时真亦假。”

还有一种说法是:《富春山居图·无用师卷》入宫后,乾隆皇帝也鉴别出了《富春山居图·无用师卷》真迹和仿作的真假,但他在此之前一直把仿作当成真迹珍藏,如果说之前的是假的,自己的“十全老人”百事通的大名就会丢光,会觉得很没面子,因此在真画上题字示伪,故意颠倒是非。

清朝灭亡后,学者们提出了疑义,认为被乾隆皇帝鉴定为假画的那幅《富春山居图》才是黄公望真迹。理由是:那幅《富春山居图》是半截画,有明显的火烧和修补的痕迹,与历史记载相吻合。但这种说法没有得到共识。

作为传世之宝的《富春山居图》一直被保存在故宫里。《剩山图》再次面世,已是两百多年后的1938年,故宫重要文物南迁,文物停放上海期间,书画鉴定专家徐邦达在库房里看到了两幅《富春山居图》,其中一幅乾隆皇帝题了很多溢美之词,而另外一幅则御笔题说为假。然而,徐邦达却发现“真的”《富春山居图》上的题款根本不符合元代的规范,而“假的”那幅画却有着明显的火烧和修补的痕迹。经过仔细考证,徐邦达最终推翻了乾隆皇帝做出的判断,为那幅被打入冷宫200年的“假的”《富春山居图·无用师卷》“验明正身”了。经过专家反复鉴定,最终确认被乾隆皇帝鉴定为真迹的是假画,被乾隆皇帝鉴定为假画的才是真迹《富春山居图》的后半段——《无用师卷》。

2010年3月14日的“两会”记者招待会上,温家宝总理在回答台湾记者提问时说:“我讲一个故事你可以告诉台湾同胞。在元朝有一位画家叫黄公望,他画了一幅著名的《富春山居图》,完成之后不久就去世了。几百年来,这幅画辗转流失,但现在我知道,一半放在杭州的博物馆,一半放在台湾‘故宫博物院’,我希望两幅画什么时候能合成一幅画。画是如此,人何以堪?”

时至今日,《富春山居图》“合璧”的寓意非比寻常,它已从一件艺术珍品变成两岸相连的一个文化象征符号。这幅《富春山居图》虽然仍各处两地,但“一分为二”的暂时性,最终会被“分久必合”的必然性所置换——度尽劫波兄弟在,相逢一笑泯恩仇。

### 欧阳修的“莫须有”绯闻疑案

在中国历史文化长河中，北宋的文坛领袖欧阳修在滁州写下的《醉翁亭记》，被公认是传世名篇。

欧阳修

名满天下，谤也随之。大名鼎鼎的欧阳修，仕途上屡次遭人暗算。欧阳修本人对自己身陷两起“乱伦门”事件也有过这样的自嘲：“少时有僧相我，耳白于面，名满天下，唇不著齿，无事得谤。”

所谓的“乱伦门”，是指欧阳修遭遇了“盗甥”与“私从子妇”的不伦绯闻。所谓“盗甥”，是说欧阳修与外甥女张氏通奸。当年，欧阳修的妹妹嫁给一个叫张龟正的人，张龟正有个女儿，是前妻所生。这个“外甥女”，其实不是欧阳修的亲外甥女。

张龟正死后，欧阳修的妹妹带着这个小女孩投奔了哥哥，在哥哥家中寄住过一段时间。这个小女孩长大成人，嫁给了欧阳修的远房侄子欧阳晟。后来，她与家仆私通，最终被人发现送到了开封官府。可能为了开脱自己吧，此女在他人怂恿与授意之下，一口咬定自己与欧阳修有过暧昧之事。

当时，审案的官员孙揆也认为此女的说法实在过于荒唐，就想用冷处理的手法，把这事掩下去。但不幸的是，这欧阳修是名人，又是政客攻击的对象，好不容易抓住这件“丑事”，那些人自然不会轻易放过。

当政的宰相吕夷简本来就把欧阳修视为眼中钉肉中刺，欲剔之而后快，听到孙揆的这种处理方案后，大发雷霆，当即另派太常博士三司户部判官苏安世重审此案，目的只有一个：一定要把欧阳修拖下水。

后来王昭明前去监督审核，他到了监狱，看见苏安世所写的案牍，大惊失色，说：“我自问也算是皇上眼中的红人了，我在皇上身边时，知道圣上对欧阳修很是看重，经常赞不绝口。看你这种判案倾向，摆明是为了迎合宰相，才会对欧阳修行如此恶手。你如此行事，肯定会连累我吃官司的！”

苏安世听后也害怕起来，不敢再说欧阳修与此女有私情，只弹劾欧阳修曾经用张氏的资金买田产立户一事。吕夷简因此大失所望，把欧阳修发配到滁州后，余恨未消，又把苏安世贬到泰州监税，把王昭明降至寿州监税。

说起来也着实很可笑，欧阳修被指与外甥女乱伦的证据，仅凭他的一首词：“江南柳，叶小未成阴，人为丝轻那忍折，莺怜枝嫩不胜吟，留取待春深。十四五，闲抱琵琶寻。堂上簸钱堂下走，恁时相见已留心，何况到如今？”

欧阳修为此上表为自己辩白，神宗对此事也大不以为然，可大内诗人、中书舍人钱勰对此却不依不饶：“七岁正是学簸钱时也。你那时都已经留心，更何况现在？”真是欲加之罪，何患无辞。欧阳修只得哑口无言，只怪自己当初不该写出那种不明不白的词！

这件事在宋代就有人提出疑问，认为欧阳修不会干出那种糗事来，纯粹是被人陷害的。至于钱勰为什么要陷害欧阳修，有人认为是欧阳修后修《五代史·十国世家》时，骂了钱氏的老祖宗，惹得人家很不高兴，借机报复他。

据说，欧阳修之所以骂钱氏老祖宗是因为他曾经与上司钱惟演争一妓不得，遂在《五代史》中诋毁钱氏先祖，这才引起钱氏后人钱勰的记恨。

这个段子是这样的：说早年钱惟演在洛阳留守任上，欧阳修在其手下做河南推宫时，喜欢上了一个妓女，而这个妓女也是钱惟演的最爱。

起先钱惟演还不信，有一天他在后园宴乐，宾客齐集，唯有欧阳修与这个妓女等了老半天才来，钱惟演就责怪妓女："为什么才来?"妓女说："天气炎热中了暑，在凉堂睡着了，醒来后失去了金钗，到现在也没找到，所以迟到了。"钱惟演当然不相信，认为两人去了老半天肯定有私情，从此，两人的梁子就结下了。不过，这个故事是真的吗?

不错，欧阳修在治《五代史》时，是抖了不少钱氏老祖宗的不堪处。可人家也是没办法，既然要修史，当然得按史实来。尊重史实，这是史家起码应有的底线。按当时的社会道德原则，只要欧阳修没有无中生有，钱氏后人是不会跟他结仇的。

纪晓岚也不认同钱氏后人挟嫌报复的说法。他认为，因为欧阳修在修史时说过钱氏老祖宗的某些不光彩事，就认定钱勰会对欧阳修加以报复，似乎不是公平之论。

至于《归田录》中说"文僖数事，皆非美谈"的事，也属于乱扣帽子。文僖是钱惟演的谥号。欧阳修的《归田录》中先后有三次提及钱惟演，卷一一则云"钱思公生长富贵，而性俭约，闺门用度，为法甚谨"。卷二两则，一则云"钱思公生长富贵，而少所嗜好"；一则云"钱思公官简将相，阶、勋、品皆第一"。

就凭这些话，根本看不出欧阳修对钱惟演的不敬来，相反，倒可以看出欧阳修在有意讨原来上司的好。还有人说，《望江南》这首词，根本就不是欧阳修所作，而是一个姓刘的人假借欧阳修之名写的，目的是为了诋毁他。

刘某之所以这么做，就是因为当年欧阳修主持科举考试的时候，黜落了一批人，其中就有刘某。其实，以上的这些说法都是"想当然耳"，最终的缘由还得要从时代大背景开始说起。宋仁宗庆历年间，范仲淹主持了一次改革，史称"庆历新政"。凡是改革，必然是会有既得利益者反对的，这场改革也不例外，最后发起者范仲淹、韩琦等人都被贬外放。

而欧阳修作为新政的支持者，更是范、韩等人的朋友，自然也在政敌的打击排斥之列。这回抓住的，可是个大辫子：生活作风问题，而且还不是一般的生活作风问题，事涉不伦，最有看点了。

这件事的最后结局是，时年三十九岁的欧阳修，由龙图阁直学士，骤降滁州知州。贬到“地僻事简”的滁州，他的政敌们的目的似乎达到了。但就在滁州，欧阳修写出了历代传诵的名篇《醉翁亭记》。

在生命的初秋，他把自己经历过的苦涩之果，酿成一杯飘香千古的“与民同乐”的美酒。因这次的贬谪僻远，得遇琅邪的山泉之色；这份千古难遇的奇缘，成就了一段百世传颂的佳话。

可以想见，如果没有这起绯闻案件，也就没有《醉翁亭记》的千古流传了。让善抓作风问题的政敌们没想到的是，他们成全了欧阳修，也成全了滁州。

这种打击私生活的恶招，并没有到此为止。欧阳修的第二次绯闻发生在宋英宗治平年间，他这次被指与儿媳妇乱伦。这个绯闻的源头还是政治。仁宗晚年无子，经韩琦、欧阳修的反复劝说，正式确认皇侄宗实为皇太子，赐名曙。半年后，仁宗暴卒，赵曙即位，是为英宗。

英宗上台后，面临的一个问题是：对他的生父、嗣父如何称呼。以韩琦、欧阳修为代表的执政派认为“出继之子于所继、所生父母皆称父母”，即对英宗的亲生父亲濮安懿王、仁宗皇帝都应该称父亲。

而以司马光等人为代表的台谏派却认为“国无二君，家无二尊”，若把濮安懿王称为父亲，那么又将仁宗皇帝置于何地。两方僵持不下，势如水火，闹得不可开交。英宗很想尊崇自己的生父，他面临舆论的压力，犹豫良久，最后下定决心支持执政派，将台谏派撵出朝廷。但当时朝野人士大多倾向台谏派，于是，欧阳修的对手们一心想寻找一个撕开对方阵地的突破口。

机会终于来了。当时，欧阳修妻子的堂弟薛宗孺犯了事，受到弹劾，薛宗孺本来希望欧阳修在皇上面前美言几句，为他开脱。欧阳修却上书要求及时处理。薛宗孺非常生气，就造谣说欧阳修与其大儿媳吴春燕有染。

因为薛宗孺与欧阳修的亲戚关系，外人自然会认为他的话可信度高，以为是“家丑”曝光。这则绯闻，立刻四下传播开了。

当时，有位御史蒋之奇，是个政治油条。本来，欧阳修对他有推荐之恩，但此人为了赢得党争中的个人利益，觉得不能放过这个千载难逢的机会，于是在此事上大做文章，上书弹劾欧阳修有违人伦、道德败坏。

此事闹得沸沸扬扬，并不亚于前一场绯闻案，但当时不满二十岁的神宗皇帝很有主见，亲自过问此事。主持公道，将诬告欧阳修的蒋之奇贬为监道州酒税。还有一细节值得一提：“私从子妇”的闹剧最终没有成事，除了实在是太过荒诞离奇外，赵既的仗义执言也功不可没。

这个赵既，也是位青史留名的人物。那个有名的“黑白豆”故事，说的就是他。

据说他的书桌上有两个瓶子，每当他起一善念，就扔一颗白豆到瓶中，起一恶念，就扔一颗黑豆至另一瓶中。刚开始时黑豆多白豆少，后来则是白豆越来越多了。赵既与欧阳修在官时曾同吃同住，赵既大概太过木讷寡言，欧阳修这样的大才子不大待见他，与其私交并不好。两人不但没有亲厚关系，欧阳修甚至还夺了赵既的官。

赵既本来是知制诰，但范仲淹、韩琦掌权时，觉得他没什么文采，便把他换了去做别的官，让欧阳修来接替了他。到后来，这起“乱伦案”闹得沸沸扬扬时，他却站出来替欧阳修说话了：“欧阳修是文德之臣，以这种肮脏的罪名诬蔑他，说出去其实是朝廷的耻辱。”

他甚至连反驳者的立场都设想好了：“我跟欧阳修没什么私交，他对我甚至很削薄，我并不是出于私心要庇护他，我想庇护的，是朝廷的体面而已。”这一回的“私从子妇”案，虽然比多年前“盗甥”案的结局要好些，但同样也给欧阳修的清誉带来不小的影响。

无论古今，打击对手的一个最阴险的手段，就是玷污他的私生活。轰动一时的两起绯闻案件，曾将欧阳修置于极为尴尬的境地。欧阳修当初被贬到滁州，也曾为

"莫须有"的罪名而愤怒，专门上表自辩，说自己生而孤苦，少则贱贫，同母之亲，唯存一妹。当年妹妹丧夫而无托，携孤女而来归，自己不能忍心拒之门外，况且也无法预料这位七岁的小女孩长大后会做出这样的事情，当时帮她们买田产置房产也是人之常情。现在追究其责任，实在是吹析于毫，深文罗织。

虽然他的这些自辩之语，真的是情动于衷，句句发自肺腑，但从宋代以来，还有人一直对欧阳修这两桩绯闻死死咬住不放，时不时地提起，说他的"解释是掩饰"，透着无比的心虚。这可能是出于对名人隐私无限的窥视欲吧？不过。要真想还欧阳修一个清白，还得拿出过硬的第一手史料。以此服众。对此，我们倾情等待：

## 高力士有没有替李白脱靴呢

一说到"诗仙"李白，最有名的故事是唐玄宗的宠臣高力士替他脱靴的故事。人人据此，以为这个诗界的大腕在政界也很吃得开。

有一个桥段是这样的：天宝元年（742 年），有两位声名煊赫、风格迥异的人物相遇于大唐首都长安宫苑。一个是权重四海的冠军大将军渤海郡开国公内侍监首领高力士，一个是落笔摇五岳、啸傲凌王侯独领风骚的天才诗人李白。有意思的是，这两位大名人还真有缘，虽然不是同年生，却是同年死。后来，他们相遇于明皇帝李隆基的大殿上。

对于高力士有没有替李白脱靴一事，历来说法不一，有人认为这事是真的，这种说法的根据是李浚《松窗杂录》中所记述过的话："会花方繁开，上乘照夜白，太真妃以步辇从。诏特选梨园弟子中尤者，得乐十六部。李龟年以歌擅一时之名，手捧檀板，押众乐前，将歌之。上曰：赏名花，对妃子，焉用旧乐词为？遂命龟年持金花笺，宣赐李白，立进《清平调》辞三章……龟年遽以辞进。上命梨园弟子，约略调抚丝竹，遂促龟年以歌。太真妃持玻璃七宝盏，酌西凉州葡萄酒，笑领歌意甚厚。上因调玉笛以倚曲……上自是顾李翰林，尤异于他学士。会高力士终以脱靴为深耻。异日，太真妃重吟前词。力士戏曰：'此为妃子怨李白'深入骨髓。何反拳拳如是？'太真因惊曰：'何翰林学士能辱人如斯？'力士曰：'以飞燕指妃子，是贱之甚矣。'太真颇深然之。上尝三欲命李白官,卒为宫中所捍而止。"

段成式的《酉阳杂俎》中说:"李白名播海内。玄宗于便殿召见。神气高朗,轩轩然若霞举。上不觉忘万乘之尊,因命纳履。白遂展足与高力士曰:去靴。力士失势,遽为脱之。及出,上指白谓力士曰:此人固穷相。"

这两则栩栩如生的故事。就是"高力士为李白脱靴"的原创本。李、段皆晚唐人,晚于李白百年左右。这些材料后被大量引用,写入正史、搬上舞台,盛传入口。高力士的弄臣形象就是这样塑成的。

但这并非是事实。首先《松窗杂录》所讲的时间背景——开元中,就完全不对。"开元"共二十九年。"中"是多少,对折算也在十四五年左右。殊不知贵妃册封在开元二十四年。开元中哪会有赞美贵妃之诗作?另外,李白在《为宋中丞自荐表》亦云:"天宝初,五府交辟(推荐),名动京师。上皇闻而悦之,召入掖庭。""天宝初"入京,写得明明白白,可谓铁证,足以否定"开元中"其说之非。

不过呢,"扶上马"的事,倒是确有信史记载。高力士与李白的交往,反倒有温情动人的一幕:范传正在《唐左拾遗翰林学士李公新墓碑》中云:"天宝初,召见于金銮殿。玄宗明皇帝降辇步迎,如见园、绮……他日泛白莲池。公不在宴。皇欢既洽,召公作序。时公已被酒于翰林苑中。仍(又)命高将军扶以登舟,优宠如是。既而上疏请还旧山。玄宗爱其才,或虑乘醉出入省中。不能不言温室树(宫内秘闻),恐掇后患,惜而遂之。"高大将军扶李白醉上龙舟,调护殷勤,这是多么动人的情节。范传正是李白的通家子侄。此序应当真实不虚,堪称信史。这里所载与李、段之小说家言竟是如此隔若霄壤。

高力士本姓冯,名元一,是岭南华阀大族。其远祖冯业是南北朝时北燕国主冯弘的族子,为北魏所逼,渡海定居岭南,世为粤中豪族,其跌宕起伏的家族史极富传奇性。其曾祖冯盎为唐初高州都督、耿国公广韶等十八州总管。祖父冯拭为潘州刺史。父冯君衡依例世袭潘州刺史,而为官方所不容,以擅袭父职被诛。九岁的冯元一作为阉童由岭南招讨使李千里送到武则天身边。因年幼交内侍高延福抚养,并改名高力士。

高力士自幼入宫，在平定韦皇后和太平公主之乱中立下功劳，很快成了唐玄宗跟前的红人。唐玄宗当年有一句话说："力士当上，我寝则稳。"意思就是说：只要有高力士在宫中值班，我就可以睡大觉。足见明皇对高力士的信任。

高力士牛到什么地步呢？他本是一个太监，居然还娶了一房"太太"。据说，这位太太去世时，朝野上下，争相吊祭，参加丧礼的人群，把大道都堵塞了，从高家到墓地，沿途车马络绎不绝。想想吧，这么一位连李林甫和杨国忠都争相巴结的权贵，李白胆敢让他为自己脱靴？脱靴事件压根儿就没有发生过。这样一件看似在权贵们面前扬眉吐气的"光辉"事迹，李白从未在自己或者与他人交往的诗文中提及，如果真有其事，按诗仙的行事风格与个性，想来也不会把如此风光的事给"潜伏"掉了。

因此，明人钟泰华在《文苑四史》中指出"恐出自稗官小说"。清人王琦在《李太白文集跋》中亦云："后人深快其事（指高力士脱靴），而多为溢美之言以称之。然核其事，太白亦安能如论者之期许哉。"

事实上，让李白被迫离开权力中心的原因，与高力士无关。不仅如此，有意思的是，高力士实际上行事端慎，一致好评如潮。连张说、张九龄、李邕等贤相名臣都对其尊重有加。那么，导致李白出走的人又是谁呢？李白的族叔李阳冰在其《草堂集序》中认为是翰林院同事进谗言。魏颢在《李翰林集序》中也说得清清楚楚："上皇豫游，召白。白时为贵门邀饮，比至半醉。令制出师诏，不草而成。许中书舍人。以张垍谗逐。"可见，正是张垍打的小报告。这张垍是何许人也？他是张说之子、明皇帝之娇婿，当朝驸马、卫尉卿。当时与其兄均以舍人学士任职翰林院，同掌纶翰。可说是李白的同列长官，皇家的娇客，官场的牛人，他的反对自然是一重大阻力。此外诸家所述，大致相同如此。

李白在《为宋中丞自荐表》中说："召入禁掖，既润色于鸿业，或间草于王言。雍容揄扬，特见褒赏。为贱臣诈诡，遂放归山。"李白放荡不羁，因此得罪的人不少，所以被罗织周纳，编造恶名，赶走了事。而张垍恐怕就是带头赶走李白的人。

此外，一些与李白有亲密交往并为他编诗写序的人，如：李阳冰、魏颢以及为他作墓碣的刘全白，也一致认为李白是天宝初间奉诏入京。更值得注意的是，李白在《为赵宣城与杨右相书》中说："伏惟相公，开张徽猷，寅亮天地，入夔龙之室，持造化之权。安石高枕，苍生是仰。"此文作于天宝十四年，是代宣城守赵悦写的。这里说的杨右相，不是别人，正是杨贵妃的堂兄杨国忠。将杨国忠比为"夔龙"（舜之贤臣夔与龙）、安石（晋谢安字安石），此等夸词，皆谀言非实之语。

不过，这却从另一侧面反证李白并不怎么嫉恨杨氏兄妹吧。假设真有贵妃谗逐李白之事，能这样写吗？李浚之说：不足取信。再明白不过了。至于《酉阳杂俎》所载，则更为离奇。试想尊贵风流、旷古一人的李隆基能为被他召来的白衣诗人李白的风采震慑和压倒而说出这样进退失据，出尔反尔的话吗？既然不满李白的放肆，又怎会要提拔他呢？其不合情理，一想可知。实为文人快意编出的小说家言而已。

可能是因为在那些规行矩步的馆阁诸臣眼里，李白掀天揭地的诗文，放荡不羁的做派，自然是看不顺眼，无法相容的。于是罗织周纳，编造恶名，赶走了事。而张垍则充当了这幕丑剧的领头者。

高力士与李白晚年境况，颇为相似。他们同卒于宝应元年（762 年），只差三个月。又都先后遭贬，发往同一个地方——夜郎（巫州）。而且有着几乎交集的路线，并都有诗作流传。不过李白被贬较早，至德二年（757 年）十二月，就从浔阳踏上长流夜郎之路。

高力士被贬巫州，在上元二年（760 年）七月。起因是他反对李辅国用武力强迫太上皇李隆基迁往西内，加以软禁。据《新唐书本传》说，力士行前曰："臣当死已久，天子哀怜至今。愿一见陛下颜色，死不恨。李辅国不许。"遂开始了他那一去不复返的悲壮旅程。他的《咏荠》诗，即作于巫州贬所："两京作斤卖，五溪无人采。夷夏虽有殊，气味终不改。"借物明志，表现了纵有沧桑巨变，而不改本色的高尚操守。

李贽在《史纲评要》中指出"高力士真忠臣也，谁谓阉宦无人。"是摒弃了传统偏见的中允不二的评论。

那么，高力士有没有替李白脱靴呢？据上面所述，这个可以有，但这个真没有。因为，诸多事实摆在那里，证明根本没有这回事。

## 诸葛亮有没有写过《后出师表》

时人一提起诸葛亮的《出师表》，可能就会想到他的《后出师表》。这么想的不仅是常人，大诗人也会这么想，前有唐人白居易——"前后出师遗表在"，后缀宋人苏东坡——"出师二表"，大家似乎对诸葛亮的"二表"都佩服得五体投地。不过，对于《后出师表》的版权归属问题，"良史"陈寿一开始就持不信任态度，这种态度可以从一个细节中看出端倪，对于《出师表》，陈寿在《三国志》中全文录入，却只字未提《后出师表》。同样的，在他编撰的《诸葛氏集》里，也看不到后者的身影。

《后出师表》的传世，有赖于裴松之注《三国志》，据传此文最早出现在三国吴人张俨的《默记》上。

今人对于《后出师表》是不是伪作，同样持有两种不同的观点，坚持"伪造论"的人，认为这篇大作不是出自诸葛亮本人之手，其理由有三：

其一，它不见于蜀汉档案。每个王朝建立后，由于之前戎马倥偬的经历，在撰写当代历史前，都有资料征集的过程，比如《隆中对》，刘备、诸葛亮谈话时，并没有史官在旁记录，只是在成都建立政权后，由诸葛亮（或还有刘备）回忆整理了出来，中间会有一些误差。《后出师表》却不同，这时候已有史官，也有文档保管的专门机构，陈寿编辑《诸葛亮集》时，不必要经历征集的周折，只需原文照录就行了。《诸葛亮集》共收录二十四篇，连一些并不重要的内容，如传运、废李平、与诸葛瑾书都收录了，何以忽略了后世倍赞的《后出师表》？唯一解释是压根儿没有见到。这肯定不是遗失，如果是遗失，其他人都能回忆起这件事情，追悼诸葛亮时也会提起，毕竟是一篇决定政治形势的表章。

于是，有人认为，既然蜀汉档案不见，“良史”陈寿未提，那么《后出师表》多半属后人伪托之作。这种说法得到许多人的追捧，以为是中的之语。有人对此事却不是这样看的，以为，陈寿不提《后出师表》，并不能说明它就是后人伪托之作，因为，在东汉三国时，官吏的奏折和上言一般都是写两份，一份自己留下，一份上报。根据个人情况，有的人会特意保留自己的草稿，有的人会特意毁掉，各自都有原因。

有实据可证这个说法不虚的是魏国的陈群，他的传记专门提到了这件事。所以，如果个人毁掉了草稿，原文保留的机会就降低很多。孔融被处死之后很多年，曹丕曾下令重金求购孔融的诗文，主要是从孔融写出的信笺中得到，这也说明著名人物的文章没有被全部保留下来的情况是经常性的。不能因为陈寿没有提到，就去否定它没有存在过。

陈寿编撰的《诸葛亮集》已经佚失，从现在保存下来的目录可以看出，诸葛亮给孙权、诸葛瑾、孟达等人的信件也是其中的主要内容，这些信件被对方保留下来是很正常的事情。张俨的官职是吴国大鸿胪，专门负责处理对外事务。当时吴蜀两国信使往来很频繁，互相接触很多，甚至有时到了无话不谈的地步，张俨接触到这些信件或转抄下来也是顺理成章的。而且，古代很多文章和诗文就是这样被保存下来的。

陈寿编撰的《诸葛亮集》，看得出来是费尽了心机的，但也不可能是诸葛亮文字的全部。诸葛亮的一生，事无巨细都要亲力亲为，经手的文件、书信多如牛毛，不会只是陈寿《诸葛亮集》中所收集的那十几万字，很难保证没有散失。

其二，风格不正。《后出师表》提出了必须进行北伐的六条理由，然而却没有一句正面的阐述，一直由“此臣之不解一也”历数到六。通篇都是气势汹汹的反问句式，这不是一个政治家表述意见的方式，更不是“政事咸决于亮”的当事人口吻，倒显得书生气十足，一副牢骚满腹的样子，诸葛亮不需要也不可能如此说话。《后出师表》和《前出师表》文辞风格迥然不同。《前出师表》是忠臣志士无意为文，故风格至为豪迈。《后出师表》是作伪者有意为文，因而辞意不免庸陋，如“群疑满腹，众难塞胸，今岁不战，明年不征”四句，均一句四字，两句对偶，意思完全雷同，《前出师表》就没有这样的句子。清代学者黄式之就说：“《前表》悲壮，《后表》衰飒；《前表》意周而辞简，《后表》意窘而辞繁。”

《后出师表》也被发现某些地方简直是文不对题。例如“刘繇、王朗各据州郡，论安言计，动引圣人，群疑满腹，众难塞胸，今岁不战，明年不征，使孙策坐大，遂并江东，此臣之未解二也”，这句话翻译成现代汉语就是：刘繇、王朗各占据了州郡，每当君臣一起讨论安危出谋划策的时候，动不动就抬出圣人，搞得大家满腹狐疑，今年不出战，明年不出征，眼睁睁望着孙策坐大，并了江东，这是臣不了解的第二个方面。但是仔细看看孙策生年与卒年就会知道，孙策坐大并江东那会儿刘备还什么地盘也没有，还在到处流浪。建安五年(200 年)，刘备被曹操击败，投奔袁绍。这件事可在《三国演义》第二十四回“国贼行凶杀贵妃，皇叔败走投袁绍”中找到。建安十二年(207 年)，孙策去世已七年，诸葛亮 27 岁时，刘备才“三顾茅庐”于南阳隆中，会见诸葛亮问以统一天下大计，引出了那次著名的谈话，成就名垂千古的《隆中对》。到此为止，他们才算君臣相遇，如鱼得水，最终演绎出“鞠躬尽瘁，死而后已”这一可歌可泣的佳话。也就是说，孙策坐大那会儿刘备压根儿还没碰上诸葛亮这个大才，所以“臣之未解二”这句话绝对是错漏百出，根本不可能是诸葛亮的手笔。

既然认为《后出师表》非诸葛亮自作，那么，伪造者又是谁呢？由于《后出师表》出于张俨的《默记》，因此，一些学者认为它是张俨所作。但有人指出张俨是诸葛亮的粉丝，他本人对北伐的主张也是赞同的，以为假使诸葛亮寿命长一些，北伐成功是很有可能的，反观《后出师表》对北伐的悲观态度，可以得出一个很靠谱的结论，伪造者不应该是张俨。也有人认为伪造者应是诸葛亮的胞侄诸葛恪。这诸葛恪与他叔叔虽然都在抗魏的同一战线，却是各为其主的，他在 252 年孙权临死时，受命为吴大将军，全权辅佐幼主孙亮。诸葛恪为了树立自己的威望和掌握兵权，想发动对魏的战争。然而这却引起举国反对——此情形正好比是《后出师表》中所说的“议者谓为非计”。于是，诸葛恪这时很可能伪制《后出师表》，以便使自己的伐魏主张得到一个有力的旁证。

但这里又出现一个问题,一个着意用兵的人,不可能去伪造一篇明显有反战情绪的作品,那样做似乎是没有必要的。还有,如果说诸葛恪看见过《后出师表》,或进而说诸葛恪有意模仿《后出师表》,得出这样的结论是正常的,但要是说诸葛恪编造《后出师表》,则不合乎情理,以诸葛恪的聪明,不会自己编造一篇著名人物而且还是自己叔父写的《后出师表》公布出去,然后照猫画虎地模仿着再写一篇类似的文章也公布出去,这终究会被人看破,那不是要贻笑大方吗?这是要欺负江东没有文人墨客吗?尤其是《后出师表》中说东吴的前领导人孙策的话语并不恭敬,如果这样明显地造假,要是被查出来那可要吃不了兜着走的。

其三,文中有严重漏洞。赵云是一员宿将,于建兴七年病故,他的死,诸葛亮当然记得很清楚,皇帝刘禅也很清楚。《后出师表》写成于建兴六年。然而文中却有"中间期年耳,然丧赵云、阳群……"《三国志》蜀书六赵云传明确记载赵云"建兴七年(229年)卒,追谥顺平侯",是在《后出师表》后一年去世,这说明建兴六年时赵云还在世,如果是诸葛亮本人写的《后出师表》,怎么也不会把活着的赵云写成已死,所以《后出师表》出现了一个明显的破绽。

赵云的去世年份不对,这是关键点,有人认为这是铁证。在这个关键点上本人反而不想多费口舌,也不必多费口舌。承认史书包括陈寿的《三国志》的记载也会出现错误,也有纰漏,就足以说单凭这点不能作为铁定的依据,不能说是板上钉钉的依据。裴松之给《三国志》做注解,也指出其中有一些小错误、小纰漏。比赵云更有影响力的孙坚的死亡年份就有不同的说法,裴松之认为陈寿的"孙坚初平三年死亡"的记述有误,裴松之在《三国志·宗室传》记述孙匡的时候很确定地说是"且孙坚以初平二年卒"。孙坚亡故的时间,王粲的《英雄记》中明确地写着"(孙)坚以初平四年正月七日死。"王粲深受史学大师蔡邕的看重,而且自身逃难到荆州,应该有第一手材料知道孙坚死亡的情况。三种说法哪个更准确呢?这可以再考证孙坚、孙策和其周围重要人物的活动推证出来。在这里,考证的结果并不重要,能看到史书记载也可能会出错误这点就可以了。

而坚持《后出师表》是诸葛亮所做的学者，也针对诸葛恪伪造一说提出异议。他们认为，由于亲属关系，诸葛恪可以得到诸葛亮的文字，因此《后出师表》还是出于诸葛亮的手笔。

作伪者既然意在乱真，理当尽量仿效《隆中对》《出师表》等作品才是。事实却不是这样。《隆中对》中的诸葛亮英气勃发，指点江山，犹胜券在握；《出师表》中的他虽内敛沉稳，但必胜之心，溢于言表。《后出师表》不仅绝口不言取胜，行文也不似前者气壮而语畅，倒像是恐人不信而回环往复、申之不已。后人对照"二表"常发出冰炭两途之叹。陈寿哪里知道诸葛亮的苦衷呢？伐魏无望，这诸葛亮不会不明白，为了避祸他这才不得已玩战争。但玩要玩得像真的，因为一旦被人看破，就没有玩的借口了；但又不能玩得太过火，若大打起来，则会输掉继续玩的本钱。要兼顾两头，也真难为了诸葛亮。他斩王双、射张，象征意义大，对伐魏大计却无多少裨益；而搞迂回，设疑军，打运动战，牵制敌人，这才是本意所在——保存实力。要不是玩战争，诸葛亮数出祁山，不可能没有惨烈的战争场面。事实上，只有街亭之役损失较大，那是因为马谡有违孔明节度所致。当然，即使把伤亡控制到最小，玩战争仍然是不道德的。诸葛亮对这点应该比谁都清楚。他长年伐魏，一直出奇地谦卑低调，有功不愿受贺，失利则自责求贬，尤其是对士卒体恤有加，甚至还说出"一夫有死，皆亮之罪"的重话。凡此种种，除了因自已避祸累及他人而愧疚外，殊难找到更合理的解释。陈寿在蜀国时并非高官，没有能力动用国家力量来收集诸葛亮的全部文字。蜀国亡国，很多大人物都在战乱中消失了，更别说文章了。蜀亡之后多年，陈寿奉命编撰《诸葛亮集》，那更是诸葛亮死后许多年之后的事情。大家都说蜀国没有史官记述历史，这些文件只能靠陈寿个人力量逐个寻找，可知难度很大，不可能做到"一网打尽"。而且有些涉及军事和人事的密表也不是一般人能看到的。如诸葛亮让蒋琬接班的事情，"（诸葛亮）密表后主曰：'臣若不幸，后事宜以付琬。"'既然是"密表"，当时一般的人当然是看不到的，估计也只能传出来只言片语。

这个问题就说到这里。

其四,有人很坚定地认为是诸葛恪造假写的这篇文章,主要依据是诸葛恪在自己的著论中特别提到自己看过诸葛亮的出兵抗魏的言论,诸葛恪造假的目的是要为自己出战魏国做舆论。还有人指出,诸葛恪著论的文风和口气与《后出师表》极其相像,很多语句几乎可套用,甚至为此可以打抄袭、盗版的官司。本人认为诸葛恪的确很有可能看到过《后出师表》,那时诸葛亮同诸葛瑾书信往来频繁,不仅谈国事还谈家事。诸葛亮没有子嗣的时候。过继了诸葛瑾的儿子诸葛乔"为己适子",两人书信中还谈到了对孩子的教育问题,亲如一家,关系密切。但是,正因为双方人员和信件往来频繁,而《后出师表》不是一般信件,诸葛恪不太有可能公开造假。诸葛亮死后十多年,诸葛恪出兵新城大败,随即被诛杀,诸葛恪死后十年左右蜀国灭亡,这期间如果诸葛恪造假弄出的这样一篇重要文章在世面上传看(丞相写给皇帝看的,而且涉及北伐的国家大事),鉴于两国的密切关系,在这近三十年的时间内必然会有人指出来。可以说诸葛恪造假没有道理也没有情理,分析当时的具体情况就可得出这个判断。

诸葛亮写《前出师表》的时候,出兵北伐的条件极为有利,曹丕已死,南中刚定。之前几年蜀国"务农殖谷,闭关息民",兵强马壮;南中一仗很有收获,"军资所出,国以富饶";而且同吴国的关系恢复,双方商定共同伐魏。而《后出师表》对应的时间是第一次北伐刚刚失败,街亭一役损兵折将,士气低落,"民穷兵疲",这时吴国在石亭大败曹休,魏国正顾东顾不了西,机不可失,诸葛亮顶着众多的反对意见坚持要第二次北伐。写《后出师表》的目的是要自我辩解,说服他人。再看诸葛恪出兵伐魏著论的时机,其情景完全不同,根本用不着依靠伪造《后出师表》来为自己服务。诸葛恪少年得志,以聪慧善辩受到孙权赏识。诸葛恪帮助孙权解决了旷日持久又极为头疼的山越反叛的麻烦事。与魏国几次小规模的冲突都获得胜利。陆逊死后,诸葛恪当上了大将军,又以太傅的身份受孙权的托孤重任,人气很旺，可与诸葛亮一样，诸葛恪攻打魏国的计划也遭到了舆论的反对，正是此时，诸葛恪写了与《后出师表》极为相像的著论来为自己出兵辩护。如果假设真有那么回事，这时候正是诸葛恪推出伪造的《后出师表》的最佳时机，因为之前之后推出既无意义也没条件。但这时候，诸葛恪面对的情况与《后出师表》的情况完全不同。魏国方面司马懿刚死，司马师刚接班，吴国方面诸葛恪本人刚掌大权，刚获东兴大胜，威望正高，抱着必胜的信念，怎么会用刚刚战败后意气消沉的《后出师表》来支持自己的主张呢？谁也不会在出师之前就大谈失败。诸葛恪因为疾疫的缘故最终导致新城大败，兵士“死伤涂地”，“众庶失望”，上下不满，刚一回军就死于宫廷内争。如果诸葛恪没有死，想要再次出兵，这才会用上《后出师表》，可是他已经没有那个机会了。

因此，清人袁枚跳出来斥之为伪作，理由是，出师临征，当以气夺人，《后出师表》却先自怯馁，“上危主志，下懈军心”，此虽至愚不为，而况诸葛。20世纪中叶，受过“科学主义”洗礼的傅斯年也称，《后出师表》“若果决而实忧疑，若奋发而实不振”，即使不算“败北主义”，也脱不掉悲观论之嫌，诸葛亮伐魏，志当必胜，必无漫做此等泄气话的道理。在众多史论家眼里，《后出师表》之伪，凿凿已成定论。

《后出师表》与诸葛亮的伐魏可谓有异曲同工之妙，内里藏着不可道破的玄机。从这点看，此表也许真是诸葛亮所写；若系伪作，则作者对诸葛亮的尴尬处境和内心活动把握之准，令人叹绝。究竟是真是伪，倘无旁证出现，想必会一直争论下去。不过，如果我们依照海德格尔把“真”理解为“去蔽”，那么，这篇妙文保存了历史的尴尬，引起我们的疑问和追寻，让我们发现了诸葛亮隐秘的苦衷，就这个意义而言，它也许够得上一个“真”字了。

诸葛亮究竟有没有写过《后出师表》，至今仍是一个谜。

## 《黄帝内经》成书于何时

《黄帝内经》成名已久，从古至今，专家学者提到它都竖大拇指，赞它是祖国医学中现存最早的一部医学基础理论著作，不服还真不行，那洋洋20万言的皇皇大作，可谓是集中国古代医学经验之大成，开中医理论体系之先河，至今仍被列为学习研究中国古代医学绕不开的经典。

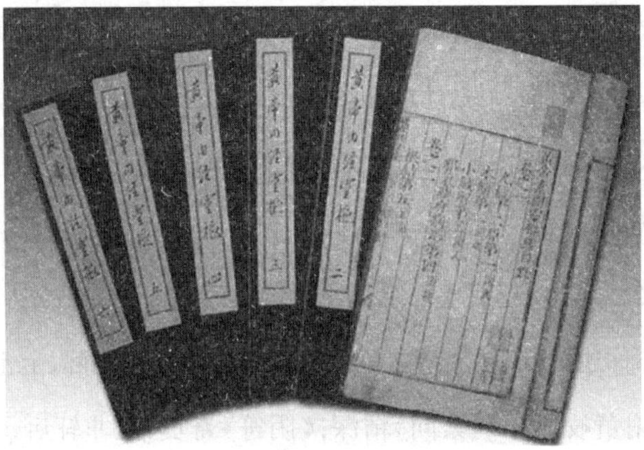

《黄帝内经》书影

可有一事一直摆在人们的面前，这本《黄帝内经》是什么时候写成的呢？一直以来，争论不休。有的认为这本书起源于黄帝，有的认为成书于春秋战国，有的认为是西汉与东汉之间的作品。

在现存的所有史书中，考察《黄帝内经》的书名，最早出现于《汉书·艺文志》："《黄帝内经》十八卷，《外经》三十七卷。"今天我们看到的《黄帝内经》是个残本，原本有的《素问》和《灵枢》两大部分不全，而传说中的《黄帝外经》彻底丢失了。

《汉书》是东汉班固所撰，但是班固在撰写《汉书·艺文志》时，是以西汉末年刘歆（？~公元23年）的《七略》为底本的。西晋时的医家皇甫谧（公元215~282年）在所著《针灸甲乙经·自序》中写道："按《七略》《艺文志》：《黄帝内经》十八卷。"这说明，在刘歆的《七略》中，肯定已经提到了《黄帝内经》。由此推断，《黄帝内经》最迟在西汉末期，即公元前1世纪末已经成书问世。这是《黄帝内经》成书的最后年限。

那么《黄帝内经》究竟成书于何时呢？会不会更早一些呢？历代学者对此一直有分歧。有些学者认为：《黄帝内经》是黄帝时代（公元前26—前22世纪）的作品，如晋皇甫谧在《针灸甲乙经·自序》中说："黄帝咨访岐伯、伯高、少俞之徒，内考五藏之腑，外综经络血气色候，参之天地，验之人物，本性命，穷神极度，而针道生焉。其论至妙，雷公受业传之。”北宋时的高保衡、林亿在《重广补注黄帝内经素问序》中说：“昔黄帝，坐于明堂之上，乃与岐伯上穷天纪，下极地理，远取诸物，近取诸身，更相问难，垂法以福万世；于是雷公之伦，授业传之，而《内经》作矣。”

但是，黄帝、雷公都是传说中原始公社制末期的人物，当时的生产力水平，不可能产生出像《黄帝内经》这样的科学著作。因此，另一些学者主张：《黄帝内经》成书于周秦之际（公元前11—前3世纪）。明代胡应麟在所著《少室山房笔丛》中说：“医方等录，虽亦称述黄岐，然文字古奥，语致玄眇，盖周秦之际，上士哲人之作。其徒欲以惊世，窃附黄岐耳”，“《素问》精深，《阴符》奇奥，虽非轩后，非秦后书”。清代《四库全书简明目录》说：黄帝《素问》二十四卷“原本残阙，冰采《阴阳大论》以补之。其书云，出上古，固未必然；然亦必周秦间人，传述旧闻，著之竹帛”。

现代的医史专著或教材中，也有持类似观点的，甄志亚先生主编的《中国医学史》（全国中医学院教材）就认为：《四库全书简明目录》的说法“基本上是正确的”。然而，还有更多的学者认为：《黄帝内经》成书于战国时期（公元前475~公元前221年）。宋代的邵雍在《皇极经世书》卷之八下《心学》第十二说：“《素问》《密语》之类，于术之理可谓至也。《素问》《阴符》，七国时书也。”宋代理学家程颐在《二程全书·伊川先生语》中说：“《素问》书，出战国之末，气象可见。若是三皇五帝典坟，文章自别，其气运处，绝浅近。”明代方以智在《通雅》中也认为：“守其业而浸广之，《灵枢》《素问》也，皆周末笔。”现代学者龙伯坚在《黄帝内经概论》一书中，任应秋先生在《内经研究论丛》一书中，也持同一观点，其主要理由是：首先，将《黄帝内经·素问》与同样是战国时代的《周礼》相比较，有许多相同之处，足以充分证明两书是同一时代、同一思想体系的作品；其次，《史记·扁鹊传》中有关医理的内容，与《黄帝内经·素问》的内容相类似，但却朴素、原始得多，而《史记·仓公列传》中有关医理的内容却比《黄帝内经·素问》有所进步，由此推断：《黄帝内经·素问》应当是扁鹊时代以后、仓公时代之前的作品，也就是战国时代的作品。最后，以《黄帝内经》的文体为例,也可以说明这一点:先秦之文,多作韵语,而《素问》中韵语的文字特别多。

但是,也有一些学者不同意以上几种说法,他们认为《黄帝内经》只能成书于西汉时期。刘长林在《内经的哲学和中医学的方法》一书中,吴文鼎在《上海中医药杂志》1982 年第 9 期上发表的《〈黄帝内经〉与黄老学派》一文都作如是观。其主要理由是:《黄帝内经》全书约计 20 万字,这在 2000 多年前可以说是一部巨著。编著这样的医籍需要有一个安定的社会环境,需要花费巨大的人力、物力,这在战事连年、七雄割据的战国时代是不可能办到的。只有在西汉时期,随着政治的稳定,经济的发展,才为医学家编著医籍提供了现实的条件,此其一;西汉初淮南王刘安的《淮南子·修务训》曰:"世俗人多尊古而贱今,故为道者必记之神农、黄帝而后能入说。"《黄帝内经》在书名和思想内容上与"黄老学派"的密切联系,也为只有在西汉"黄老学派"鼎盛时期才能成书提供了佐证,此其二;西汉司马迁在《史记·仓公列传》中,记述了西汉初年名医淳于意在接受老师公乘阳庆传授给他的十种医书中,竟没有《黄帝内经》,这也足以说明《黄帝内经》不可能成书于西汉之前,此其三。

春秋战国时期,甚至更早以前,出现过什么样的医学典籍现在已经很难考证。传说上古之时有"三坟",孔子在《尚书·序》中说过"伏羲、神农、黄帝,谓之上古三坟,严大道也!"而现代有学者认为,所谓"坟"就是用来刻字的泥板,那么"上古三坟",也就是记录了伏羲、神农、黄帝言行的典籍。而到明清时期则有一种较普遍的观点认为"三坟"中有大量内容记载的是医理,尤其是神农尝百草而著的本草、黄帝与岐伯辩论而成的《内经》即是其中二坟。这种观念固然美妙,但毫无依据,纯属臆测。

而《黄帝内经》的名称最早见于东汉班固所著《汉书·艺文志》,《汉书·艺文志》是现存最早的图书目录。《汉书·艺文志》对其中收录典籍的流传是如此描述的,大意是:战国以来,诸子百家言论纷杂、真伪不一。到了秦朝时以百家之言为患，就焚书而愚弄百姓。到了汉朝，开始广收篇籍，广开献书之路。到了孝武帝时，书缺简脱，礼坏乐崩，于是专门设立官员对书籍进行重新整理。到成帝时，书又大多散亡，于是派陈农搜集天下遗书，又让专人整理。最后这些皇家收藏图书就记录到了《艺文志》中。

从这段记载来看，一本典籍要想从战国流传到东汉是一件非常不容易的事情，中间经历了无数的战乱，其中还经过秦朝焚书坑儒的文化大浩劫，因此即便在离战国不太遥远的东汉时期，要想全面了解春秋战国时期医学理论的面貌也绝非易事。

在《艺文志》与《黄帝内经》中同时收录的医学、养生类书籍一共三十六种，分为医经、经方、房中、神仙四大类。"医经"类讲述的主要是各种医学理论，"原人血脉、经络、骨髓、阴阳、表里，以起百病之本，死生之分"，一共收录了七本书，《黄帝内经》即属于其中之一，另外六本是:《黄帝外经》《扁鹊内经》《扁鹊外经》《白氏内经》《白氏外经》《旁篇》。有学者认为，"黄帝""扁鹊""白氏"是流传于秦汉时期的三个医学流派，各个医学流派对医学理论有不同的阐述，然而流传到今天的就只有"黄帝"这一个流派了，其他两个流派已经失传，或者已经被融入了"黄帝"这个流派之中。也有学者认为，在这么多的医学著作中只有《黄帝内经》还能在各种农民起义、军阀混战中幸存下来，也正说明了《黄帝内经》在当时流传广泛，是一部生命力顽强的著作。

《艺文志》中"经方"类书籍十一种，主要讨论各种疾病的诊断、治疗方法以及药物的药性及配伍方法。这些书籍也都失传。但很可能其中部分内容被张仲景编入了《伤寒杂病论》中。

"房中"类书籍八种，可以看出秦汉时期对"性健康"极为重视。"神仙"类书籍十种，主要讲述各种保健养生的方法，以达到"保命求真"的目的。

从《艺文志》的记载不难推断，在春秋战国时期就有了很多医学典籍，尽管经历了人世间的各种灾乱，很多已经散亡，但也有一部分流传到了东汉时期，其间还有很多新的医学典籍诞生。而在东汉时期，医学、养生类的书籍比较丰富，但是时至今日这些典籍也大多亡失，我们只能从《黄帝内经》《伤寒杂病论》等非常有限的几本书籍中“管窥”秦汉时期及秦汉以前医学的面貌。

那么在东汉以后，《黄帝内经》又是怎么流传的呢？

从唐代王冰在《增广补注黄帝内经素问序》中，我们对《内经》在民间的流传方式可以有一点了解：《素问》一书尽管经过漫长的岁月、朝代的变迁，但是还是不断有人在传授讲解此书，但传授之人又担心徒弟不敏，所传非人，有的部分就被隐藏不传了。如第七十一篇就被“师氏”隐藏起来了。所以《素问》本来应为九卷，现在流传的只有八卷了。现在流传于世的版本，存在“篇目重叠、前后不伦、文义悬隔”等等弊端，要想施行其中的医术不易。由于流传的岁月太久远，在传抄过程中积累下很多弊端，不可胜数。

王冰认为，自己过去在研究《内经》时，由于上述弊端，使自己花费了多年的精力，仍然难以领会其中的要义。直到拜于郭子斋堂下，看到了先师张公收藏的秘本，顿时群疑冰释。于是将得到的秘本重新整理。时至今日，我们看到的《素问》一书，就是经过王冰编排整理的版本。

通过王冰的记述，我们可以看到在印刷技术不发达的年代，《内经》的流传方式主要依靠师传，师父根据徒弟的接受能力，传授《内经》的部分内容；徒弟将这些内容记录下来又传授给下一代，如此代代相传。也有的学者认为，口传、背诵可能是没有印刷或印刷不发达时文化典籍流传的一种主要方式，那时由于学习的需要，人培养出了极好的记忆能力，能背诵大量典籍。如《汉书·楼护传》记载：“护少诵医经、本草、方术数十万言”。《黄帝内经》中，黄帝向雷公传授医术的方式，也是先让雷公背诵医学经典，例如雷公向黄帝说自己学习医术时，“诵而未能解，解而未能别，别而未能明，明而未能彰”，可见在《内经》作者的观念中，学习医术要经历“诵”“解”“别”“彰”这样一个渐进的过程。而背诵经典正是医学学习的第一步。

其他文化中也有类似的现象，例如佛教早期经典的流传，也完全依靠僧人的背诵，直到释迦牟尼灭度后数百年才把僧人口头传诵的经典记录下来，结集成现在的小乘经典。如此看来，口传、背诵，确有可能是没有印刷术时文化经典流传的一种普遍方式。

综上所述，《黄帝内经》的名字最早出现在东汉的记载中，与之并存的还有大量其他医学典籍，这些典籍中的一部分很可能是春秋战国时期遗留下来的。而到东汉时可能存在着三个主要的医学流派，但流传到今天我们看到的只有“黄帝”这一个流派了，这也说明“黄帝”一派是影响最大，最有生命力的。师徒一代代口传心授、传抄，是医学典籍在民间流传的一种主要方式，但这种方式使得医学典籍在流传过程中逐渐失去原来的面貌。

## 诸子起源真相是什么

春秋战国之交，神州大地掀起了一场社会大变革的风暴，兼并战争连年不断，整个社会的格局呈现出重组的态势。在这个时期，一个新的社会阶层应运出现了，这就是士。他们来自社会的各个方面，地位虽然较低，但很多是有学问有才能的人，有的是通晓天文、历算、地理等方面知识的学者，有的是政治、军事的杰出人才。其代表人物如孟子、墨子、庄子、荀子、韩非子，以及商鞅、申不害、许行、陈相、苏秦、张仪等，都是著名的思想家、政治家、军事家或科学家。至于一般的出谋划策、谈天雕龙之流，以及击剑扛鼎、鸡鸣狗盗之徒，更是人数众多。

由于士的出身不同，立场不同，因而在解决或回答现实问题时，提出的政治主张和要求也不同。他们著书立说，争辩不休，出现了百家争鸣的局面，形成了儒家、道家、墨家、法家、阴阳家、名家、纵横家、杂家、农家、小说家等许多学派。

许多年过去了，对于“先秦诸子”如何能在那个时期突然耸起一座座学术高峰，一直是中国学术发展史上争论最大且最久的问题之一。对这个问题，学者各执一端，前后达两千年之久。

作为一个时人，庄子对于这个问题是这样看的，他提出了“六经说”。以为儒家经典的《诗》《书》《礼》《乐》《易》《春秋》是先秦学术思想之源，诸子百家是流，诸子是在继承六经的基础上发展而成一家之言的。庄周的“六经说”得到许多后来者的认同,尽管在当时,诸子之中就有人认为起源之功全归于“六经说”有点偏激,但用今人的学术观点来看,其间的内在确有某些衣钵关系。

西汉淮南王刘安是第一个跳出来跟庄子先生唱对台戏的,他提出“政治说”,认为诸子之说的起源是时势使然,应运而生的。实事求是来讲。现象都是表象,现实才是本质。所以,他把诸子学术思想的产生与特定的社会生活条件、特定的政治需要挂起钩来,也是很有道理的,虽然这种观点并不是他的首创,而是拾了孟子的牙慧,但耐人寻味的是,刘王爷的这种学术主张,很不招人待见,只有近人胡适以为他是一只学术上的“早叫的公鸡”,鸣声绝对高亢给力,在胡适看来,“此调虽自爱,今人多不弹”甚为憾事。

到了东汉之际,班固又提出来所谓的“王官说”。班老先生是科班出身,思想很正统,他认为诸子思想的青萍之末起于“王官”之水。他的这种“儒家者流,盖出于司徒之官”的看法,并不讨好,招来后来人的反弹声一片,赞同刘王爷的“政治说”的胡适自然而然地视他的这种言论为寇仇,还特写了一篇驳论,直指班固的“王官说”,“皆汉儒附会揣测之辞,其言全无凭据”。梁启超也为胡适助拳,笑话班老爷子强作解人,其实多是附会之辞,不足为凭。当然,有反对的,也有拥趸的,隋际,班老爷子这种观点的粉丝,也不乏其人。

清代以降,考据风大涨,争论诸子起源问题的专家学者更多,人多分歧大,往往而然。但大多脱不了以上诸说的畛域,比如,虽然章学诚得出了“战国之文,其源皆出于六艺”,“后世文学,必溯源于六艺”的结论,但从本质上论,还是认同了庄子的观点。龚自珍、章炳麟、刘师培都是班固的粉丝,其他人也没有新主张,只有今人侯外庐等人提出了“经济说”以为社会经济的变革是诸子兴起的“主要的物质基础”,虽然这个观点未必就是正解,但是他是把“经济对意识形态的最终支配作用”引入先秦诸子起源学说的第一人,此功甚伟。

不过,也有人明确对此说法表示反对,他们引恩格斯的“经济在这里并不重新创造出任何东西”的说法来反驳侯外庐的“经济说”,他们既“破”又“立”,重新提出了“积累说”。他们以为，诸子学术的发生除经济、政治的影响之外，必定是基于先人的学术沉淀。这个看法似乎很有道理。可惜的是过于泛化——可能是来自某种学术积累，但各自的学术承继的线路如在云中，不免导致了追寻的短路。所以，时至今日，诸子起源的问题，还是一个老大难问题。没有一个合理服人的正解。

## 《孙子兵法》的作者是谁

《孙子兵法》是我国现存最早，也是最杰出的兵法，历来被称作“兵经”。这本书总结了若干至今仍有科学价值的作战指导原则，对后世产生了广泛而深刻的影响，可以这样说，我国一代又一代军事家都品尝过它的精神乳汁。“治世之能臣，乱世之奸雄”的曹操花大力气写过《孙子注》，唐太宗、宋仁宗、明代大儒王阳明都曾力主学习此书。有宋一代，它更作为官定的军事教科书“五经七书”之首。当时，凡从军行武者，《孙子》是必考书，这一关过不了，想取得武职是不可能的事。

《孙子兵法》书影

毛泽东称赞书中的“知己知彼，百战不殆”是科学的真理。该书对西方文化同样也有深远的影响，据说拿破仑滑铁卢失败后，得见此书，自悔没有机会早读到它，不然胜负还在两可之间。时到今日，孙子的使用范畴已超出军事领域，于企业，于管理方面，多有建树之功。

相传，它为春秋吴将孙武所写。但从那时至今，《孙子》的作者到底是不是吴国将军孙武的争论，就像人类历史的战争，从来就没有消停过。

在战国时，《商君书》《韩非子》等书中提到“孙吴之书”就指的是《孙子兵法》和《吴子兵法》，但同样没有明确说出作者是孙武，直到汉代司马迁《史记·武列传》出，才正式把《孙子》“十三篇”的版权划在孙武的名下。挟《史记》信史的威名，千年之间，再没有对这本书的版权问题说三道四，都肯服膺太史公的说法。

质疑是从宋代开始的，宋人陈振孙在《直斋书录解题》中直接向太史公发飙，

《孙子》真是孙武撰著的吗？真有孙武其人吗？紧接着，宋人叶适与清人姚际恒也在为陈振孙助拳，当然，他们可不是信口开河的，都是讲事实摆道理的人。他们的依据是：

一、《史记》中虽然的确讲到孙武助吴王阖闾去讨伐楚国这件事，还提到一个杀掉吴王两个爱姬宫女以正军纪的经典段子，看起来似乎很真切。但这个可能是小说家言，为什么呢？试想一下吧，如果有人去投靠一个君主，想建功立业，第一次见面，就把君主的爱姬杀了，就算君主还让你脑袋留在脖子上，但想让君主不恨你不容易，更别说能不能得到君主的信任了。何况，《孙子兵法》强调的"诡道"和"势"，由头读到尾，也根本就找不到强调以杀戮来树纪律的阐述。

还有一个佐证是，《左传》在记述阖闾的生平事时，从来就没有一句提到孙武这个人的名字，如果春秋时真有孙武这个人，他又干出那么大的事迹，想来，《左传》这本书是不会不提到他的。《左传》对于吴国的事情，特别是吴国攻占楚国首都，讲得比较详细，其中提到伍员等人，未见孙武之名。由此不能断定孙武存在与否，但却可以说，在吴国的这些事件上，孙武就好像是一个跑龙套的，一点不像一个大军事家。

所以，他们认为，孙武这个人与他的事迹的名字和事迹的出处，大体不外乎这两种可能，一是，出自太史公从路透社得来的小道消息；二是，出自太史公"想当然耳"的凭空说"故事"。

二、如果《孙子》真是春秋时代的孙武所写，那么，书中就不该出现某些不该出现的"硬伤"。例如春秋时代称大夫为"主"，在这本《孙子》中，却屡称国君为"主"；春秋时，出征带兵，并无国君授命，将帅未征的事，不存在《孙子》书中提到的"将在外，君命有所不受"的事；春秋时，战争规模不大，几次著名战役，所用战车不过区区几百辆，而《孙子》屡屡提到的"驰车千驷……带甲十万"，这样大规模的战争，战国时代才可能有。因此，《孙子兵法》应是战国中后期人所写，春秋时的孙武献给吴王的不是这部兵法。

在《孙子兵法》中，“将”出现过数十次，这是战国以后的用法。在春秋时代，出征时统率大军的多是君主本人，如是臣下，也就是那个平日管理国家的重臣，多是君主的近亲或大贵族，将相多是由一人兼任，并没有“将”这样一个管理和指挥军队的专门职务，将相分离是战国时的事。《孙子兵法》一再提到将军或将，只能说这书是战国时编写的。由于将军及将出现次数甚多，不可能是后世人抄写之误。

在《孙子兵法》中写到军费开支时，多次提到“千金”二字，也还提到“百金”，这也暴露了此书应写于战国。春秋时金还不是货币，不会出现数词和金连在一起的说法。

还有，在《孙子兵法》中提到的“势如扩弩，节如发机”，要知道这弩也是到战国时才发明的。基于有以上的诸多不解，于是，叶适就下了这样的一个结论：孙武并无其人，“其事其书皆为纵横家作伪”，如果孙武像世人传说的那样“南服越人、西灭强楚、北威齐晋”，为什么没有被升为卿大夫？

也有人以为《孙子兵法》是孙膑写的。这种观点认为，在《吕氏春秋·不二》中列举了春秋战国时十大著名学派的十大牛人，孙膑赫然在列：“老聃贵柔，孔子贵仁，墨翟贵兼，关尹贵清……孙膑贵势……此十人者，皆天下之豪士也。”可见，在战国时期，其最高人物是孙膑。还有，在《战国策》提到孙子的名字多次，例如在卷八中提到“孙子谓田忌曰……”熟悉孙膑故事的人，都知道这个孙子指的一定是和田忌合作的孙膑。

由此可见，在先秦文献中提到的孙子应是指孙膑，而非孙武，“孙吴”并称中的“孙”应是指孙膑。另外还有孙武与他人“合一”的说法。一为“武膑合一”说，该观点认为孙武和孙膑是同一个人，孙子名武，膑是他的绰号。由于孙子在吴、齐两国都待过，司马迁没能分辨出来，就误以为是两个人，将二者记载于《史记》之中。

在相当长一段时间里，许多学者都认为《孙子兵法》的作者就是孙膑。但 1972 年山东临沂银雀山的一个汉代墓葬中出土了大量竹简又让这个观点不攻自破了，其中既有《孙子兵法》，也有《孙膑兵法》。这样，《孙子兵法》和《孙膑兵法》就应该是各有作者了。

随着大量竹简的出土，有人认为《孙子》的作者肯定是孙武。但也有持不同意见的人，他们认为竹简本的出土，虽然确实解决了许多疑问，但不能解决一切问题，对其意义，不宜过于夸张，因为竹简本还不能直接证明《孙子》就是孙武所作，又不能证明《孙子》的具体成书时间，也无法证明《孙子》从成书到竹简抄录时，其间有无重大修改。

于是，又有人说《孙子兵法》不是孙武所作，而是孙膑的门人所为。从表述上看，《孙子兵法》要比《孙膑兵法》更系统概括，似是将《孙膑兵法》抽象系统化后的论著（也不能排除吸取了其他兵家著作的精华）。所以，它也有可能是孙膑的门徒的作品。在《韩非子》中明确地说孙膑就是最重要的兵家首领人物，这部中国最伟大的兵家著作出自他的门下，也是可能的。这也只是推测而已。

同样的，也有很多学者不同意陈振孙、叶适的怀疑论，如明代宋濂认为：《孙子》原文，古色古香，定出春秋之世，至于其中若干涉及后世名物之文字，乃是后人的窜入。先秦古籍常有此种现象，即《左传》本身，也不例外，不足以影响其核心内容的真实性、历史性和孙武的著作权。还有一种意见，主张《孙子》是孙武与其门徒共同撰著的。这种意见认为《孙子》的主要思想体系肯定是属于孙武的。其间文字虽会有所增删，但未改变孙武核心思想。因此视为孙武所著，也未为不可。

看来，要彻底解开《孙子》的作者之谜，还有待于今后进一步的考古和研究。

## 左丘明有没有写《国语》

《国语》是中国最早的一部国别史著作。记录了周朝王室和鲁国、齐国、晋国、郑国、楚国、吴国、越国等诸侯国的历史。上起周穆王十二年（前 990 年）西征犬戎（约前 947 年），下至智伯被灭（前 453 年）。包括周、鲁、齐、晋、郑、楚、吴、越八国人物、事迹、言论的国别史杂记，也叫《春秋外传》。

《国语》传说是春秋末期鲁人左丘明所作，与《左传》并列为解说《春秋》的著作。近代学者研究证实，左丘明是稍早于孔子的著名盲史官，那时虽然没有今天

《百家讲坛》这类的大众平台，但在小众范畴内，他讲的历史得到过另一个顶级人物——孔子的高度评价。

这左丘明跟孔子是什么关系呢，可以这样说吧，他是中国人民的老朋友，也是孔子的老朋友，且是很要好的老朋友。用今天的观点来看，《国语》中除了记述历史外，其中有很多话很经典。比如，《国语》中有"一个人禀性冒犯就会欺凌他人；一个人禀性荒诞就会诬陷他人；一个人禀性自诩就会掩人之美；一个人凡事以己度人那么他就能诚信；一个人凡事爱护他人那么他称得上仁"（文言白话的大意）这类很劲道的话。有人说，要是论史学上的成就，左丘明实际上可能也一样不弱于孔子。所以，他在古人心目中的学术地位是很高的，有史可证：古人比今人显得更加尊重丘明：647 年（也就是唐贞观二十一年）李世民封左丘明为"经师"，墓前建石坊。1530 年（明嘉靖九年）明世宗封左丘明为"先儒"。1642 年（明崇祯十五年）朱由俭封左丘明为"先贤"。

关于国语的作者是谁，自古至今学界多有争论，现在还没有形成定论。可能由于那时候没有版权意识吧，韩非子用了《国语》中文字，却不提作者是谁，而只叫"记曰"。干这种事的，还有大名士贾谊，他同样也是大段引用《国语》的文字却不曾标明过书名。第一次明确提出《国语》的书名和作者的是说话办事一向严谨的史学大师司马迁。他在《史记》与《报任安书》中，分别提到"左丘失明厥有《国语》"。

到了东汉时，班彪班固父子齐上阵，正式将《国语》当作"左丘明"的作品。对此，王充也是认同的，另一位《国语》注释者晋孔晁也是这样看的。不过，同时人的傅玄却有不同看法。他根据《左传》记事与《国语》不同认为，《国语》不是左丘明的作品。他的理由是，比较两本书来看，在说同一件事时，两本书的说法有所不同，比如《国语》说没有某事而《左传》却说实有某事，倒过来也是这样的，这说明两本书不可能是同一个人写的。到了隋朝，刘炫根据上述同类现象再次论定，《国语》不是左丘明的作品。唐朝的刘知几仍坚持《国语》是左丘明的作品。他说，出现内容不同的原因主要是因为左丘明用编写《春秋》时所剩下的材料，因此，后来有些内容肯定会与《左传》有冲突之处，这并不奇怪。同时人赵匡却认为，《国语》一书肯定不是一个人写的，同时人陆淳也有类似看法。另外，柳宗元也持这种观点。

宋元明清时期，争论仍在继续。司马光与他的父亲持同一意见，认为《国语》是《春秋》的继作，朱熹的态度则在两可之间，他一面也认为《左传》与《国语》好似一个人的手法，但又说《国语》文字不如《左传》好。而叶梦得更有自己的看法：说古代有左氏、左丘氏两人，《国语》是左丘明写的，《左传》则不是他写的。所以，两本书的文风自然不同。叶适也反对二书同出一人之说。明人则多坚持二书同出一人，观点是最和谐的。而清人则意见不一，贺涛认为，《国语》只是编辑类图书，《左传》才是本人著述，不过，这两本书同出一人之手。他还怀疑作者就是赵国人，因为二书于赵事记载最详(《贺先生文集》卷二《读国语》)。姚鼐说：《国语》所记载的内容，亦多为《左传》采用。而采用的人，肯定不是《左传》的作者左丘明。

到了近代，康有为主张左丘明只做了《国语》，其说得到梁启超、崔适、钱玄同、胡适、林语堂等人不同程度的同情和支持。反对者更多，主要代表有章太炎、钱穆。章氏认为《左传》《国语》都是左丘明所作，而《国语》之成书在其晚年。钱穆则认为，左氏与左丘氏不是一个人，相关论述见他的《论语新解》的人物注。1978 年以后，徐仁甫重申康有为的观点，主张《国语》为左丘明作，《左传》乃刘歆抄改《国语》等书所伪造。杨伯峻等人纷纷著文批评“伪托”说，杨伯峻即认为《国语》非左丘明所作。而《中国史学名著解题》也认为，《国语》是一部汇编之书，是战国初期一些熟悉各国历史的人根据当时周朝王室和各诸侯国的史料，经过整理加工汇编而成。

一个事实是，现在的《国语》已不是“左丘明”当年所编的原本了，既存在着许多缺漏，又有后人拿史料当补丁的缝缝补补的痕迹，但它原先的大模样还是没有走动，可以说，还是研究先秦史可信的第一手史料。

对于它的作者到底是谁，直到现在，学界仍然争论不休，一般都否认左丘明是《国语》的作者，但是缺少确凿的证据。如果把所有的观点归纳一下，抛开《左传》

先不说,其实无非也就两种:《国语》是出自左丘明之手或不出于他之手。至于真相到底如何,目前的学术讨论还在如火如荼地进行中。

## 《吕氏春秋》究竟书成何年

《吕氏春秋》又叫《吕览》,按今人的体例划分,它应该属于是杂家的路数。当然,它也是杂家中的杂家,是杂家标志性的著作。相传,它是秦相吕不韦在执政期间命三千宾客编著而成的。不愧是经营权力企业的,吕不韦在那个时候就知道团队的巨大能量了,且能把它合理地运用起来,真的了不起。

全书有 26 卷之多,内分十二纪、八览、六论,共 160 篇。内容以儒、道思想为主,兼及名、墨、农及阴阳家言,汇合先秦各派学说,为当时秦国统一天下、治理国家提供了思想武器。在议论中引证了许多古史旧闻和有关天文、历数、音律等方面知识。

《吕氏春秋》出现于先秦诸子晚期,对当时的诸子百家兼收并蓄,保留了各家思想的合理内核,是先秦诸子的集大成者。说它是集大成者,主要是因为它有别于儒家的"忠孝"思想,在总体上坚持臣对君的服从,子对父的服从的情况下,又提出了要有个是非曲直,要有原则。什么原则呢?

其中有一段话是这样说的,即使是君主也好,父母也好,都不能走极端,你把鸟巢毁坏,把鸟蛋都拿走,那凤凰不会再来,你把动物全部杀死而且把幼崽也一同杀死,那么麒麟就不可能来了,你竭泽而渔,水干了,湖枯了,那么神龟神龙就再也不存在了。你一旦走极端了,老百姓就再也不支持你、拥戴你了,甚至会走向反面。这是对于儒家思想的一个很好的矫正,很有可取之处(译后的白话文大意)。

虽然太史公说过吕不韦之所以要编撰《吕氏春秋》,纯粹是虚荣心作祟,要把当世名闻天下的四公子比下去,但是同时也要看到《吕氏春秋》表现更多的是吕不韦治国、治家、治天下的大政方针政策,包括吕不韦对一些前朝政治和思想的评价等等,是春秋战国以来,各流派思想由各自为主到实现思想统一趋势的体现。

今人对《吕氏春秋》成书于何时,历来有争议。在先秦典籍中,《吕氏春秋》是唯一有确切写作年代的著作。吕不韦在序中的“维秦八年，岁在君滩”已将该书的成书年代说明，按常理来说，该书的成书年代是不会有什么问题的。但问题就出在理解性歧义上。

后来人对“维秦八年，岁在君滩”这句话的理解各有不同。“维秦八年”是史家纪年，东汉的学者高诱研究了好长时间，认为这是指“秦始皇即位之八年也”，即前239年。但问题又出来了，“岁在君滩”是太岁纪年，“君滩”当应是庚申岁，而始皇八年则为壬戌岁，二者相差两年。

面对这种歧义，清人孙星衍则认为所谓“秦八年”是指秦庄襄王灭周后的第八年，即从庄襄王灭东周的第二年癸丑（公元前248年）算起，至始皇即位六年庚申（前241年）。

首先对这个问题提出不同见解的是司马迁。他说，吕不韦迁蜀无疑是在秦十年之后。这个说法显然与吕不韦在《序意》中说《吕氏春秋》成书于秦八年不相符合。至于他是凭什么证据说这事的，司马迁在书中没有举出理由，后人也因此根本猜度不出他为什么要这样说。

鉴于上述说法之间的矛盾之处，后人经过考证分析后，又提出一种很折中的看法，认为《吕氏春秋》部分成于秦八年，部分成于秦十年的说法。这个看法，让人看起来似乎有两边都不得罪的嫌疑。

到了清代，史学家孙星衍对《序意》中所提到的纪年又做了重新考证。他认为，依太岁纪年“君滩”是“申”，而秦始皇即位八年是“壬戌”，可见太岁纪年与干支纪年不一致。如何解决这一矛盾呢？孙星衍说：所谓的“秦八年”，实际上应该是秦始皇六年。

现代有些学者在孙氏考订的基础上提出了不同的观点。他们赞同孙氏关于秦八年是指始皇六年的说法，但同时又认为，《十二纪》确系成于秦八年即始皇六年，而《八览》《六论》则成于迁蜀之后。这证明“秦八年”只完成了《十二纪》，而《八览》《六论》还没有完成，所以才会产生以上的误解。由此可以推断：《吕氏春秋》的初稿成于秦政八年，但后来补稿的内容，当在秦政统一天下之后。

为说服他人，他们还提出这样的反诘："如果真是如司马迁所说《吕氏春秋》成于秦十年之后，那时吕不韦权势已大落，身不在咸阳，又怎能做出如此轰动当时、传颂后世的事？"由此，他推断《十二纪》当是完成在秦八年，而《八览》《六论》当是完成于秦十年之后。他认为，吕不韦迁蜀后著的是《吕览》，不是《吕氏春秋》全书。

这种解释，似乎也颇有道理，但同样也有人认为：吕不韦在秦十年免相，秦十二年卒，这短短的两年，吕不韦整天忙政治战场的你来我往的权力之夺，哪里有空闲去完成《八览》《六论》共100篇约9万字的巨著呀？

对此，那些现代学者是这样解释的：《吕氏春秋》是吕不韦集门客"人人著作闻集论"而成的，而不是吕不韦独自所写，众多门客，一人写一篇也足够集成此作。

对这个看上去很美的解释，同样还是遭到被质疑的命运。另外有一些学者认为。这种解释是掩饰，掩饰他们不便示人的史学"硬伤"。后者并不赞成《吕氏春秋》是两次或陆续补稿完成的观点，而是认为这部书是一次性成型的。他们认为，"维秦八年"（即秦王政六年）是起稿时间，而不是成书时间。就是说，《吕氏春秋》是在秦王政六年（前241年）开始撰写，大约花了两年时间，全书就编成了。

还有一位专家的见解也很值得一说，他认为，孙星衍当初的考订是不正确的，孙氏由于对战国时实际行用岁次以及后人测算时的误差未曾深入研究分析，即以四分历为据将秦八年定为始皇六年，致使"以正为误，以误码为正"。按他的说法，秦八年即指始皇八年，这一年才是真正的庚申（君滩）岁。《吕氏春秋》（包括《八览》《六论》《十二纪》）成于秦王八年，即公元前239年。

综观上述，"秦八年"与"秦十年"之间的"华山论剑"，目前还没有真正分出高下。看来，还有待于下一轮的观点PK之后，才有可能真正见分晓。

## 第五节　绘画音乐悬疑

### 慈禧是否精通绘画

慈禧(1835年~1908年),民间百姓俗称“西太后”,是位妇孺皆知的人物。其父名惠征,是镶黄旗人,惠征由安徽的后补道台升任归绥兵备道台,便带着当时15岁的她及全家来到绥远城,先后在庆丰街等三处生活居住。

民间盛传慈禧的名字是兰儿或玉兰,而实际上,在清朝那个贵贱尊卑等级森严的时代里,对女性的称呼往往只是她的姓氏,如乌拉纳拉氏、马佳氏、郭洛罗氏等等,之所以会有“慈禧名叫兰儿或玉兰”的误传,恐怕是因为她在入宫之后被封为兰贵人,而当时的人认为玉兰是一种具有高贵气质的花,所以才据此揣测流传至今。事实上,在皇家玉牒(皇族家谱)上对她的称呼记载的是“叶赫那拉氏惠征之女”。由此可见,她在皇宫里没有名字,至少没有见到留下她名字的记载,从始至终仅仅是“惠征之女”。

慈禧除善弄权术、热衷政治外,生活中还非常喜爱书画,尤其爱以“自己所作的”书画赏赐群臣,以示恩宠,笼络人心。从一些历史资料上看,少女时代在绥远城居住的慈禧对文学、书画和历史表现出非常大的兴趣,她在此读书、学画、下棋、弹琴,且经常骑马射箭。对于少女慈禧的长相史书中并无记载,野史中描绘她:“每一出游,旁观者皆喃喃做欢喜赞,谓天仙化身不过是也。”那么,慈禧亲手所做的书法与绘画究竟是什么样子呢?

在北京故宫博物院藏有一件慈禧于光绪三十年(1904年)7月2日用朱砂墨书写的《般若波罗蜜多心经》,由此可窥慈禧亲书的真实面目。此经文其字结构呆滞松散,笔力孱弱稚嫩,毫无生气,属于初学墨书的水平。至于慈禧的亲笔绘画,可见钤有“慈禧皇太后御笔之宝”的慈禧“蓼花螳螂”画稿,画上有老师所做的批语,其中不乏“板墨甚有佳处”“好”“有笔意”等阿谀之辞。然而细审其画,同样属于初学

慈禧太后

者的水平:蓼花几如断枝枯叶,枝与枝之间杂陈不接,叶与花零乱,其用笔畏缩迟疑,全无功力;一只螳螂也画得离骨岔气不合章法。由此可见,慈禧的绘画能力还远没有达到独立成画的水平。这样的水平还敢用自己的书画作品用于对群臣的赏赐吗?当然不能。事实上,那些作品多是由一位叫缪嘉蕙的女画家所画,她是云南昆明人,是慈禧绘画的最重要代笔者,还曾经奉慈禧之命担任初入宫廷喜好书画的珍妃的老师。

缪嘉蕙入宫后,因惯于官场世故,又加之她唯喏承上、和气对下,故博得上至后妃、下至宫监的一致赞赏,尊称她为“女画师”“缪先生”。慈禧也对她优礼有加,赏三品服色,月俸二百金,免其跪礼,常令她陪伴在自己左右,以便随时教自己画画,或为自己代笔作画。而慈禧笔下的那些松、鹤、灵芝,则是由清末宫廷画家屈兆麟为其代笔的。

事实上,慈禧本人毫无艺术才华,只是在别人代笔的作品上钤上自己专用的印章,即成了慈禧本人的作品,所以,严格地说,将慈禧的书画称为慈禧款的书画似乎更准确一些。

由于慈禧本人艺术鉴赏力、表现力的低劣，导致了她执政期间宫廷绘画以平庸著称。晚清时期既没有培养出有创造力的画家，也没有创作出对当时的画坛，或对未来的画坛有影响力的作品。晚清的宫廷绘画在来自民间的、艺术上生机勃发的“海派”绘画的映衬下，越发显得苍白无力，以致常使人们忽略了它的存在。

### 绘画的始祖是谁

中国画，在世界美术史上独树一帜。中国绘画的起源远可追溯到原始社会，从陶器上的各种花纹、图案上可以看出绘画的痕迹，但这些花纹、图案又远非现代意义上的绘画。那么，中国画起源于何时？谁是中国画的始祖？我国古籍对此众说纷纭，其中传说甚多。

白阜始作图画说。白阜是传说中神农氏的大臣，《画史会要》中说：“火帝神农氏，命其臣白阜，甄四海，纪地形而图画之，以通水道之脉。”其实，白阜画的乃是地形图，故古人在讨论绘画起源诸问题时极少提及此说，《画史会要》所言亦无甚可靠依据，因而此说不可信。

绘画源于黄帝说。后汉人应劭的《风俗通义·祀典》说：黄帝时代，传说有神荼（读申舒）、郁垒（读郁律）二人，能将鬼捉至度朔山大桃树下，然后检阅众鬼，倘若发现有无道不义之鬼，则用草绳捆绑起来，拿到山上喂虎了事。黄帝就派他们管束魔鬼，并在门上装了一块用大桃树制成的木板，且在木板上画了神荼、郁垒二人的肖像，用来抵御鬼怪的侵袭。黄帝的做法到了汉代形成了风俗，县官们于除夕之夜在内门旁饰以桃木雕人悬挂苇绳，并画老虎于门，以防所谓凶鬼。《鱼龙河图》则说：“黄帝遂画蚩尤形象，以威天下。”这些可以说是绘画。《云岌七签》又云：“黄帝以四岳皆有佐命之山，乃命潜山为衡岳之副，帝乃造山，躬形写象，以为五岳真形之图。”这只能算是画地形图了。

伏羲氏始作画说。《周易·系辞上传》云：“古者伏羲氏之王天下也，仰则观象于天，俯则观法于地，观鸟兽之文，与地之宜；近取诸身，远取诸物。于是始作八卦，而文籍生焉。"古今都有学者认为，伏羲氏所画八卦的爻象是象形的，其意愿在图形。伏羲氏观察天象画出了"乾"，观察大地则画了个"坤"，等等。因而伏羲氏所画的八卦乃是中国最原始的绘画。平心而论，八卦即画说与八卦即中国最早之文字说一样，都是无稽之谈。

绘画作于史皇说。史皇是黄帝的大臣。《文选》李善注中说："《世本》云：'史皇作图，'宋忠曰：'史皇，黄帝臣，图，谓图画物象。'"《云笈七签》则称："黄帝有臣史皇，始造画。"说得更为直截了当。《画史会要》亦指出，黄帝之臣史皇颇"善画"，"体象天地，功侔造化"，无一不通，无一不画。史皇还"写鱼龙龟鸟之形"，授予黄帝的另一大臣仓颉"而作文字"。

绘画始于仓颉说，不仅绘画，书法亦源于仓颉。我国学者大多主张书画同源。朱德润《存复斋集》云："书画同体而异文……类皆象其物形而制字；盖字书者，吾儒六艺之一事，而画则字书之一变也。"《孝经援神契》中说道："奎主文章，仓颉效象。"宋均注云："奎星屈曲相钩，似文字之画。"意即"屈曲相钩"的文字实际上亦即中国最原始的绘画。

史皇仓颉共同肇始书画说。张彦远《历代名画记》中说："则有龟字效灵；龙图呈宝。……轩辕氏得于温洛中，史皇仓颉状焉。……是时也，书画同体而未分，象制肇创而犹略。无以传其意，故有书；无以见其形，故有画。天地圣人之意也！"说明书画同源，而且皆与史皇仓颉有关。宋濂《学士集》云："史皇与仓颉皆古圣人也。仓颉造书，史皇制画。""书与画，非异道也，其初一致也。"意即书画同源，由仓颉史皇"共造之"。又有人说史皇就是仓颉，书画是仓颉一人所独创。《吕氏春秋》云："史皇作图"。高诱为此所做的注称："史皇即仓颉"。《路史·史皇纪》亦云："仓帝史皇，名颉。"也就是说史皇、仓颉为同一人，"颉"不过是史皇的"名"而已。

黄帝说、史皇说、仓颉说、史皇仓颉说等，在我国古籍中均较常见，当然神话色彩颇浓。这些人物生活在黄帝时代，可见中国绘画可能起源于黄帝时代。然而，究竟谁是中国画的始祖呢？仍然莫衷一是。

封膜为绘画始祖说。《画》中指出："世但知封膜作画。"意思是说人们只知晓封膜为绘画之祖。此说很不可信。唐人张彦远见到《穆天子传》中有"封膜昼于河水之阳"之语后，遂误将"封"当作姓，又将"昼"解为"画"，并用郭朴的注来证实这一误解，牵强附会，使后人误传世上曾有过"封膜"其人，且把他当作了中国绘画之祖。此说实为以讹传讹，故而不足凭信。

果攵首为绘画始祖说。果攵首是传说中英雄时代舜的妹妹，《说文解字》曰："舜女弟名果攵首。"她曾"脱舜于瞍象之害"探知恶徒们欲置舜于死地后，立即报告了两个嫂嫂，救了舜一命。《列女传》盛赞她善画，"造化在心，别具神技。"果攵首又名嫘或画嫘。她之所以又叫画嫘，就是由于绘画创始于嫘的缘故。《画史会要》中说道："画嫘，舜妹也。画始于嫘，故曰：'画嫘'。"郑昶先生认为，黄帝、史皇等所画之物，反映的仅仅是当时人的宇宙观念、生活状况，"其制作之动机，系人生的而非艺术的。故时人无有以画为专艺者。"（见《中国画学全史》）。因此他们都称不上中国绘画的始祖。在果攵首以前，虽有图画，但"究属为极幼稚之线描"，无非是似文字又非文字的雏形画，根本无美术性可言。及至果攵首，可使绘画自成为中国美术之一体，因为虞舜时代，我国的一切文化雏形业已确定，有可能创作出带有美术性质的绘画了，所以果攵首"足当画祖之称"。刘昶先生进一步指出，自此以后，中国绘画才脱离了象形文字的范畴，故此说果攵首为中国绘画之祖未为不可。

然而，果攵首的绘画事迹，因年代久远，某些古籍的记载又缺乏有力的根据，往往带有神话般的传说，故无从查考。因而果攵首为画祖说的可信程度究为几何，值得怀疑。中国绘画的始祖也许是黄帝时代的人物，究竟谁属？目前仍是个谜。也许我们不应该只孤立地探讨某个伟人肇始了中国画吧。

### 水墨山水画的创始者是王维吗

水墨山水画，是我国传统绘画中的特有形式。它运用单一的色彩——水晕墨章，来描绘自然山川，在世界艺林中，是一种特殊的审美创造。水墨山水画始于何时？谁是水墨山水画的鼻祖？长期以来，学术界一直争论不休，各持一见。

明朝末年的董其昌（一说莫是龙）说：“禅家有南北二宗，唐时始分，画之南北二宗，亦唐时分也，但其人非南北耳。北宗则李思训父子著色山，……南宗则王摩诘始用渲淡，一变钩斫之法。”又相传王维的《山水诀》中有：“夫画道之中，水墨为最上”的话，于是有人就断定水墨渲淡是从王维开始的，王维是水墨山水画的鼻祖，直到现在山水画坛仍不乏此说。

二十世纪50年代，谢稚柳曾说：“从萧绎的《山水松石格》到吴道子的山水变

水墨山水画

格，水墨画开始在长成。这一变格，在当时有很高的评价。他除在大同殿的《嘉陵江山水》外，又曾在佛寺画过《怪石崩滩》。据唐张彦远《历代名画记》称说它‘若可扪酌’……同时的王维，遵循了吴道子的画派，占领了水墨画的领域，成为水墨山水画的鼻祖。”（《水墨画》，上海人民美术出版社1958年版）

近年葛路在《中国古代绘画理论发展史》（上海人民美术出版社）一书中的《水墨山水画的创始者张躁及其‘外师造化，中得心源’论》一节中写道：“唐代画家在继承东晋以来的青绿山水画风格之外，又开创了水墨山水画，代表人物是王维、张璪。在宋代人看来，王维是水墨画的始祖，这主要是由于宋代的一些文人画家对王

维的佩服，提高了王维的地位。在唐代，不这样看，唐人认为张璪的成就不下于王维。唐代文艺家首先称赞的是张璪而不是王维。张彦远见过王维的画，说他‘工画山水，体涉今古’。‘体涉今古’是说王维能画前代流传的青绿山水和新的水墨山水。又说‘余曾见破墨山水，笔迹劲爽。’”“当时见过张璪画画的符载，说张璪作画前，‘箕坐鼓气，神机始发’。动笔时，‘若流电激空，惊飙戾天，毫飞墨喷，捽掌如裂……’看起来张璪作画激情满怀，笔墨迅放。……还有个记载。说山水画家毕宏，有一次看到张璪作画，他感到奇怪的是张璪惟用秃毫，或用手摸绢素，就问他从哪儿学来的这个本领？璪曰：‘外师造化，中得心源。’毕宏非常惊叹，以致搁笔。

据此，水墨山水画的创始者当是张璪，而不是王维。

对王维始创水墨山水之说，学术界早有异议，已故美术史家俞剑华在《历代对王维的评价》（《美术研究》1959 年第 4 期）就提出“王维不是水墨画的创始者”。他列举和王维同时的杜甫在《奉先刘少府新画山水歌》中写的“元气淋漓障犹湿”，可知刘单所画山水元气淋漓，使障子看起来像湿的一样，是件水墨画。刘单在肃宗时任职奉先尉，代宗时任礼部侍郎，与王维系同时人，而同用水墨作山水，可见水墨不是从王维开始，更非王维独创。

相传王维的《山水诀》开头有“夫画道之中，水墨为最上”一句，并无下文。全篇都是论结构章法，没提到水墨。俞先生怀疑此句是原文还是后人所加，不得而知。所以拿这句话证明王维是水墨山水画的开山祖，是很难令人信服的。

张彦远是唐代鉴赏家，见过王维的画，因此他的话总比晚七百多年的董其昌可靠。张在《历代名画记》中说王维是画泼墨山水的，墨法如何却一字未提，只欣赏其“笔力雄壮”“笔迹劲爽”；可见王维虽画泼墨山水，但高度的成就还是在用笔而不是用墨。同书记另一与王维同时的张璪，“故予家多璪画，曾令画八幅山水障，在长，安平原里，泼墨未了……”荆浩谈到张璪时说：“夫随类赋彩，自古有能，如水晕墨章，兴我唐代。故张璪员外树石、气韵俱盛，笔墨积微，真思卓然，不贵五彩，旷古绝今，未之有也。”“水晕墨章，兴我唐代”，“兴”字可作兴起解，也可作兴盛解。水墨的运用在盛唐之后，确乎大为兴盛。不但有张璪、王维，且有项容的“用墨独得玄门”，以致“用笔全无其骨”，后来更发展了王维的泼墨山水。中晚唐的水墨画，可称得起兴盛了。其中王维的地位当然也很重要，但他的重要性还远赶不上张璪。荆浩对水晕墨章，首先提出的是张璪，且推崇备至，说他“不贵五彩，旷古绝今”，却没特别提到王维的水墨画。

综合上述，可以说：（一）水墨山水画不始于王维；（二）王维的画主要还是在用笔不是在用墨；（三）在唐代，王维水墨画的地位远不及张璪；（四）水墨的运用在盛唐和中唐之交，是社会的风气，并不是一个人的独创。

事实上，一种画法的形成，总有其渐替演变的过程，硬说水墨山水画为哪个所始创，这种提法本身也不科学，因而这个命题将永远是个谜。

## 《历代帝王图》作者之谜

《历代帝王图》又称《帝王图》，绢本设色，纵 46.7 厘米，横 39.5 厘米，现藏美国波士顿美术馆。

历代帝王图（局部）

原画为手卷式，画有历代帝王的图像，目前只剩下西汉昭帝刘弗陵、东汉光武帝刘秀、魏文帝曹丕、吴主孙权、蜀主刘备、晋武帝司马炎、陈文帝陈蒨、陈废帝陈伯宗、陈宣帝陈顼、陈后主陈叔宝、北周武帝宇文邕、隋文帝杨坚、隋炀帝杨广等汉至隋十三个帝王像。

画家通过对人物形象如面容、神态、眼神、眉宇和嘴唇等精心描摹，勾画出各个帝王不同的时代、经历、和个性特征。如对隋文帝杨坚的形象的处理上，画家在描绘其体貌奇特，仪表绝人的同时，又以深沉的眼神、紧闭的双唇，着意刻画出其“雄图内断，英谋外决”的性格，这与另一幅隋炀帝杨广的虚浮的面容、萎矮的身躯所体现的“内怀险躁、外示凝简”，形成鲜明的对照。又如西汉昭帝刘弗陵文静丰颐的面庞，从容沉着的神态，似在显示其宽厚有识；而东汉光武帝刘秀的美须眉、大口、隆准，又似隐现着他宽广的胸襟与情怀，那舒展的双眉、上翘的嘴角、含笑而通达的容止，则又表达出刘秀聪达多识、仁智明恕、乐施爱人的品质。此外，刘备被描绘为双眉紧锁、眼神疑虑，孙权则仪表温文尔雅，曹丕又目光敏锐逼人，均各具情态。而深沉卓识，励精图治的宇文邕，同软弱平庸、无所作为的陈宣帝，则形成强烈的对比，陈宣帝又和骄奢淫逸的亡国之君陈后主的鄙俗举止有微妙的区别，全图处处都显示出画家卓绝的洞察力和艺术技巧，欣赏者无不为古代画家的匠心独运所打动。

现在我们见到的这幅画作同样没有署上作者的名字，这大概是因为画是挂在皇宫之内，为统治者“见善足以戒恶，见恶足以思贤”起借鉴作用的，没有必要署上微不足道的画家之名，还是画家没有署名的习惯，当然，这只是猜测而已，历代传说此画是唐代人物画名家阎立本所作，这个说法主要来自宋人富弼的题跋，史籍却记载是宋代画家杨褒据白麻纸唐画传摩，并设色傅彩的，但后人都同意富弼的题跋。

有许多古代名画都是因为署名问题为后人留下千古谜题，这固然为人们欣赏作品时，增添了知人论世之难，但也为人们提供了巨大的想象空间。总之，由于古今价值观的不同，对于这样的谜题也不可过于执着。不过，《历代帝王图》在富弼以后流传有序，却是难得之事，富弼以后由杨褒转入吴升家，后为周必大之侄所藏，南宋及元代曾入内府，清初顺治年间归金陵李吉安所有，吴修《青霞馆论画绝句》说，此画在乾隆年间被求官者购去，道光年间，又落入阳湖蔡友石手中，孙星衍、李恩庆、李佐贤等人均有详细著录。清末，此画归福建林寿园所有，以后辗转落入梁鸿志手中，盗卖出国。

## “扬州八怪”之谜

自从隋朝开发大运河以后，扬州便成为一个繁荣的商业都市，清代康熙、雍正、乾隆时期，扬州的商业、手工业发达至极，仅关税收入就高得惊人，所谓“腰缠十万贯，骑鹤下扬州”，“千家养女先教曲，十里栽花算种田”，可知当时的扬州不仅是王公贵族寻欢作乐的场所，也是文人墨客大显身手的地方，从清初到乾隆末年，活动在扬州的著名书画家就有百数十人之多，书画作为商品，在扬州大为盛行，所以有郑板桥的“润格”（即现代所谓稿费），在画史上传为趣谈。

当时，扬州开放的经济文化状况和在这一社会舞台上穿梭般地表演的各种人物，成分非常复杂，文化艺术各方面的交流也频繁而广泛，同时又远离京城，政治环境相对比较自由，使得这里的文人书画家们思想活跃，较少正统意识，所以他们敢于藐视权威、“胆大妄为”，各自发挥着自己的艺术想象力，按自己的认识与理解创造自己的艺术风格。被称为“八怪”的这一群书画家，大多为布衣文人，其中高凤翰、李鳝、郑燮、李方膺曾做过地方小官，后被罢官，不再出仕，以卖书画为生，因此他们的书画与那些达官贵人以书画为余事大不相同，他们作书卖画既为生计，又不甘被他人牵着走，其个性气质及其对艺术本质的醒悟，又要求他们表现自我，于是他们的艺术创作在两者之间谋求统一，将自我追求与市民阶层的审美趣味结合起来融为一体。

“扬州八怪”有一个共同特点：都兼善诗、书、画，这一点在其画作上得到了完美的统一，其中金农、郑燮、高凤翰、汪士慎、高翔等人还兼工篆刻，其画作更为“四合一”自我风格的绝妙体现。就其书法成就而言，“八怪”多兼工隶、真、行诸体，草书则有黄慎兼工，篆书作品不易见，但其隶书中多含浓厚的篆法，而真书与行书也常一有篆意流露，“扬州八怪”中书法成就尤为杰出者，当推金农、郑燮，其次有高凤翰。就其绘画成就而言，“扬州八怪”突破了当时的形式主义画风的束缚，以一种清新而生气勃勃的姿态振奋了中国画坛，在中国画史上占有及其重要的地位，对后世产生过很大的影响。

“扬州八怪”在许多方面都表现出具有倾向性的群体特征，由于他们的书画有着共同的反传统、反正统、标新立异、不随潮流的强烈个性色彩，尤其与当时号称正宗的四王（即清初八家中的王时敏、王鉴、王翚、王原祁）画风迥异，而被时人目之为“怪”。光绪年间李玉棻著《瓯钵罗室书画过目考》，最早将他们归纳为“八怪”，指金农、黄慎、郑燮、李鳝、李方膺、汪士慎、高翔、罗聘；陈师曾《中国绘画史》加闵贞；郑昶《中国画学全史》去高翔、李方膺，增高凤翰、闵贞；黄宾虹《古画微》去黄慎、增华喦、边寿民、陈撰；俞剑华《中国绘画史》列几家之说之同者于前，异者于后，共十三人，也有说十五人的，实际上所谓“八怪”，历来都无法确定为八人，只宜看作是一个泛指，其实民间俗语也有谓人作“八怪”的，意思通常是指某人的长相、行动做派或者是写的字、画的画等等皆与常人相异，使人一时不能接受，词义有戏谑、调侃之意。“扬州八怪”虽非特指此意，却反映了康雍乾之世在商业、手工业高度发展、十分繁荣的扬州出现的一种艺术文化现象。

## 《五牛图》之谜

《五牛图》纸本设色，宽 20. 8 厘米，长 139. 8 厘米，北京故宫博物院收藏。在现存的古代绘画作品中，唐代和唐以前的画迹中很少见到画在纸上的作品，独幅画大多画在绢帛之类的丝织品上，《五牛图》画在麻纸上，为流传唐画中仅见。

五牛图

作品画牛五头，形态各不相同，中间一头为正面，透视非常准确，反映出早在唐代，中国画家就已经能够熟练运用透视画法表现对象了，其余四头为侧面结构，都非常准确，造型非常生动，画家用粗简而又富于变化的勾线，轻淡而沉着的敷色，恰到好处地表现出耕牛的持重性情，表现出那强劲有力的筋骨和厚重的皮毛质感。

画风淳朴自然,符合画家追求的“田家风味”。元代赵孟頫称其“神气磊落,稀世名笔”。

《五牛图》相传是唐代后期著名画家韩滉的杰作。韩滉(723~787年),字太冲,据《唐朝名画录》《历代名画记》及汤垕《画鉴》等记载,韩滉“能图田家风俗人物水牛”,“以牛羊最佳”,而“牛图是其所长”。明代李日华《六研斋笔记》云:“韩滉《五牛图》虽着色取相,而骨骼转折,筋肉缠裹处,皆以粗笔辣手取之,如吴道子佛像衣纹,无一弱笔求工之意,然久对之,神气溢出如生,所以为千古绝迹也。”宋代大诗人陆游在观赏《五牛图》时说:“每见村童牧牛于风林烟草之间,便觉身在图画,而引起辞官求去的愿望。”(《渭南文集》)这虽是诗人的借题发挥,但也说明韩滉的牛图中所赋予的农村风情,有引起观众联想的魅力,《五牛图》本身就足以证明这一点。

《五牛图》原作并没有作者款识,本幅及后幅上有赵孟頫、孙克表、项元汴、弘历、金农等十四家的题记,《清河书画舫》《珊瑚网》《郁氏书画题跋记》等书均有著录。由于赵孟頫等人的一再题款,并力证它是韩滉的作品,从此遂成定谳,很久以来即使有人提出疑问,也只是证据不足,所以著录此画的图书,对于作者问题大多不做深入的探讨。

还有一幅著名的画作:《文苑图》,也被认为是韩滉的作品,但我们从张彦远、朱景玄等唐人的著述中,得知韩滉的创作是以田家风俗人物为主,反映文人生活的创作未见评述,《文苑图》与《五牛图》风格大不相同,《五牛图》以粗拙滞重的线形见长,而《文苑图》则以勾笔简细,微有顿挫和转折的细线,尚有张萱的圆润秀挺笔法的余风,这种线描还表现在五代一些人的画作中,但不如《文苑图》精巧。隋唐时代以来,画家逐渐趋于专业,有人终生甚至只画一二种东西,如果如人们认定的《文苑图》《五牛图》皆是韩滉的作品,那么一个画家有两种完全不同的风格,在画史上是极为少见的,所以有些论者对此也曾有过疑问,但多数人采取调和论,承认这都是韩滉的作品。

那么韩滉到底是不是《五牛图》和《文苑图》作者？韩滉到底是不是兼具两种截然不同艺术风格的特殊画家？确实是令人回答不好的问题，所以人们只好只谈欣赏，不论其余了。

### “八大山人”名号之谜

“八大山人”是清初著名书画家朱耷（1626～1705）的别号。朱耷极擅诗歌创作、书法与绘画，在世界艺术史上也占有很重要的地位。朱耷的诗格调古怪而幽涩，充满了神秘性和讽刺性；其书法源于王羲之、王献之、颜真卿、王宠、董其昌等人，以秃笔传达出傲岸不驯的情态和流畅秀健的神采，别具一格，朱耷的行草藏头护尾，其点画及其转折中蕴含着一种国破家亡的心情，朱耷擅长花鸟、山水，其阔笔写意花鸟画，以象征寓意的手法、夸张奇特的形象、简朴豪放的笔墨、孤傲雄奇的格调，创造出前所未有的风貌，给后世以深远的影响。

他的花鸟画，大多缘物抒情，或表现自我，将物象人格化，以寄寓讽喻之意。如65岁所做的《牡丹孔雀图》，站立不稳的尖石上蹲着2只孔雀，尾巴3根花翎，似乎是影射着清王朝贵族大臣的奴才相。晚年所做的鱼、鸟多描绘成“白眼向人”的样子，鲜明地传达出画家傲兀不群、愤世嫉俗的性格。他的花鸟画，对象特征经过极度夸张，呈现出奇特的表情，加以险怪的构图、雄健酣畅的笔墨，形成一种光怪陆离、出人意表的艺术效果。这种率意而为，自由奔放的画法，进一步发展了明末徐渭的大写意花鸟画，达到了笔简意赅、形神毕具的至境。所作题材比较广泛，有花卉、蔬果、虫鱼、禽鸟及畜兽等，以册页最为精微。

朱耷的山水画，以水墨山水为主，也有设色之作，笔法多取自董其昌，却能变温静平和为荒凉寂寞，易矫饰秀雅为质朴雄健，而布局多承倪瓒，能用他人之法来抒自身真情。他与清初四王同受董其昌影响，却走着完全不同的创作道路，显示出鲜明的独创性。存世山水画作品不及花鸟画多，代表作有《兰亭诗画册》《山水》（现藏上海博物馆）等。

朱耷一生经历十分坎坷，他本是江西南昌人，明朝宗室的后裔，朱元璋十七子宁献王朱权的九世孙。少年时应试得中诸生，19岁时惨遭国破家亡之痛，遂装哑不语。清顺治五年（1648年）落发为僧，与母亲同住江西新建区西洪崖多年，朱耷是清初四高僧之一（即弘仁［江韬］、髡残［刘介丘］、八大山人［朱耷］、石涛［朱若极］。皆明末遗民，八大山人和石涛，系明宗室，后出家为僧。均深通禅学，寄情书画，各有独特造诣）。36岁时回家乡南昌，据《青云谱·净明忠孝宗谱》记载，他曾弃僧入道，经营青云谱道院，任道院住持，62岁离开青云谱。他的性格倔强，行为狂怪，常借诗文书画，发泄内心积郁。终其一生，都誓不与清王朝合作，而寄身于山林之间。一生都沉浸在悲恸情怀之中。

康熙二十三年（1684年），他为自己起了一个别号："八大山人"，这个别号一直用到他去世，而且以前字号皆弃而不用，足见其重视程度。"八大山人"具有很深的寓意，听上去像是隐居世外、不问世情的方外之人，但仔细观察朱耷的题款，人们发现原来纵向书写的"八大山人"四个字的草书，原来竟是"哭之"，"笑之"的字样，再看他笔下所刻画的一花一鸟一木一石以及山水人物，一切形象几乎都是变态、畸形的，原来他是以此发泄内心的愤懑之情，嬉笑怒骂皆成图画。这在当时国破家亡、清政府高压政策的特殊情形之下其实是相当难得的，尤其是这样一个相当独特的题款和那些饱含深情的书画作品结合在一起，更加深刻表现了他的悲恸情怀，具有极强的艺术感染力。

朱耷由于身处明代宗室这个特殊位置上，不满于清代的统治，以至于对客观世界的一切事物都加以歪曲，虽然显得有些过火；但是，他那"八大山人"所独有的、富含强烈讽刺意味的绘画艺术，却具有创新的意义。这一点同他的全部作品的艺术价值一样，是不可抹煞的。

## 唐三彩之谜

"唐三彩"是唐代出现的多彩软釉陶器的总称，是唐代陶瓷美术中的代表作品。由于唐三彩所具有的精湛的陶瓷技艺、精美的艺术造型、形象地记录当时历史的特殊作用，而蜚声中外，探寻唐三彩之谜也成为中外人士所热衷的话题。

唐三彩是怎样制作的呢？我们从大量出土的文物可以看出，唐三彩并不限于三种色彩，而是有单色、二彩和多彩之分，其胎料多为白色高岭土，烧成温度在摄氏900度左右，当时的陶瓷匠师们利用不同的金属呈色剂来表现不同的色彩，这些呈色剂分别调配在釉药中，涂在器物上，随着受热釉料的扩散流动，各种颜色互相浸润，于是产生了瑰丽耀眼的色彩。

唐三彩的出现并不是偶然的，它与中国古老的陶瓷制作工艺有很深的渊源，尤其与汉代已有的浅绿、栗黄、酱釉等釉陶器物有密切关系，安阳范粹墓等出土北齐釉陶上有的白釉或黄绿釉层里就曾挂上了绿色的彩带。到了唐代，这种技术得到极大发展，在同一陶器上，黄、绿、白或黄、绿、蓝、褐等釉色同时交错使用，终于形成著名的“唐三彩”。唐三彩以斑驳、淋漓的釉彩，构成一般器物的艺术特色，同时也以人物、动物造型的三彩俑，构成富有特色的雕塑艺术，成为唐代具有世界水平的艺术品，这种工艺传到朝鲜，被称为“新罗三彩”，在日本仿制成功后，称之为“奈良三彩”，足见其影响之深。

在唐代，唐三彩不仅是达官贵人、富商大贾们的日常生活用品和玩赏的工艺品，而且还是墓葬中的主要随葬品，深受人们的欢迎和喜爱。

唐三彩中最为突出的是三彩马，出自西安云麾将军右领军卫将军鲜于庭诲墓的“三花马俑”，活脱脱是白居易《和春深》一诗中提到的“马鬣剪三花”的真实写照，王勃诗中的“杏叶装全辔”在这匹马中也得到印证，那膘肥体壮、骨肉停匀、栩栩如生的骏马三彩俑，不仅使我们想到马在唐代社会生活中的重要性，也折射出盛唐社会的繁荣景象。

除了活灵活现的动物俑，色彩斑斓的器皿之外，唐三彩中，人物俑也格外引人注目，特别是那些美妙、艳丽、活泼、健康的女俑，更是三彩艺术的奇葩，处处显露出当时审美习尚和时代风貌。鲜于庭诲墓出土的初唐女俑，就是集中体现唐人心目中那种“丰肌”标准美女的审美观念的代表作。全俑高45.2厘米，头发总束为髻鬟，先向两鬓及脑后外下垂，末端再束起一个小髻，盘在额顶上；修眉长眼，鼻梁高耸，饱满圆润的脸微向右偏，袒露出细致滑柔的胸部；身披翻领蓝色长衣，两袖由肩部外侧垂下，下摆长至膝盖，内着绿色窄袖襦衫，黄色裙据；足穿黑色鞋，鞋尖上翘做卷勾形；两手笼于袖内，拱举于胸前，两脚立于方座之上。女俑仪态端庄，面容秀美，神情温顺柔和，气质雍容华贵，正是唐代雄健、华美、秀颖、自然的时代和艺术风格的完美体现。

唐三彩即使是在世界艺术史上也占有相当重要地位，千百年来人们着迷于唐三彩那富丽堂皇、精美绝伦的艺术表现之中，执着地探寻其艺术创造的魅力，虽然出现过众多仿制之作，但都难以具有唐三彩那样的艺术内涵。唐三彩，在许多方面都是人们魂牵梦萦的谜题。

## “难得糊涂”之谜

乾隆年间，郑板桥奉调先后在山东范县（今河南）、潍县上任，郑板桥在任知县期间，兴利除弊，取得了卓越的政绩，深受百姓爱戴，但最后还是因得罪豪绅而遭罢官。

板桥在潍县题过几幅著名的匾额，其中最为脍炙人口的是“难得糊涂”和“吃

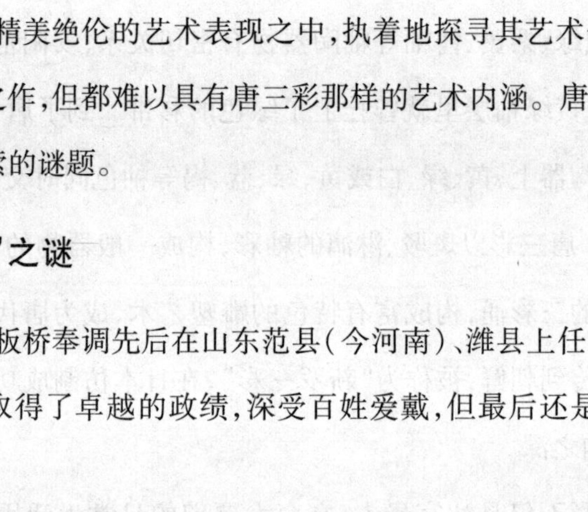


难得糊涂

亏是福”两块。据民间传说，“难得糊涂”这四个字是在莱州云峰山写的，莱州在潍县西北，背靠大海，城东南有一座云峰山，山上有很多历代石刻。有一年，板桥专程到云峰山去看一块春秋战国时代留下的“郑庄公碑”，由于盘桓很晚，于是不得已借宿山间的一间茅屋，这个茅屋的主人，是一位儒雅的老者，自命糊涂老人，言谈之间，出语不俗，板桥环顾室内，见陈设中最为突出的是一件硕大的、足有一方桌面大小的砚台，石质细腻，镂刻精良，真世间罕见之物，令板桥大开眼界。老人请板桥题

字，以便镌刻在砚背之上，板桥欣然慨允，他细思老人必有来历，便题了“难得糊涂”四字，并盖上一方新刻的：“康熙秀才、雍正举人、乾隆进士”印章。因砚石过大，尚有不少余地，板桥便请老人作一跋语，老人也是兴至，题了“得美石难，得顽石尤难，由美石转入顽石更难，美于中，顽于外，藏野人之庐，不入富贵之门也”，也用了一方印：“院试第一、乡试第二、殿试第三”。板桥一见大惊，心中已知这位老人必不是等闲之人，从印上看，应是一位退隐的官员，细谈之后，方知原委。于是板桥有感于糊涂老人的命名，当下见尚有空隙，便补写了一段：“聪明难，糊涂尤难，由聪明转入糊涂更难，放一著，退一步，当下心安，非图后来福报也”。老人见了，大笑不已。

“难得糊涂”，深刻地道出了板桥内心之中对当时政治复杂、官场昏暗的深切感慨，面对这种情形心中也是充满无奈，此后不久，即因收缴当地豪绅的罚款，为其陷害，而至罢官。台湾著名讽刺作家柏杨先生调侃道：“郑板桥先生真算看穿了中国官场，也看穿了酱缸”，“难得糊涂”遂成千古佳话。

### 歌唱是何时开始有的

卡拉OK，是当今青年人、中年人甚至老年人都比较喜欢的一项娱乐。演唱的人，手拿麦克风，跟着屏幕上的画面，边舞边唱，尽情地抒发胸中的情感。可是您可知道，中国何时开始有歌唱的，却还是一个需要进一步探索的悬案。

古书《毛诗》上说，当人们内心的情意被外界感应的时候，心里就会激起动荡，于是就会在唇吻之间发出声音来表示。而这种声音在经过调和美化之后，便成为歌唱。甚至还会引起手舞足蹈。即所谓：情动于中，而形于言。言之不足，故嗟叹之。嗟叹之不足，故歌咏之。歌咏之不足，故不知手之舞之，足之蹈之也。这里所说的“嗟叹”“歌咏”，就是歌唱的形成过程。至于是谁首先开始？说法就多了。

一种说法是始于帝舜。据《史记·乐书》记载说：舜是一个孝子，为了表达他的思亲之情，先制作了一张五弦琴，然后用这琴声来伴唱孝子思亲的歌曲——《南风》。于是，乐官夔根据他唱的歌，谱成乐曲，赏赐给各地的诸侯，希望天下都能受到舜的影响,起到普遍的教化作用。“昔者舜作五弦之琴,以歌南风。夔始作乐,以赏诸侯”。而《尚书·尧典》的记载,更生动具体。但没有说舜曾作琴、唱歌,而是说他下了一道命令,任命夔为乐官。要他作曲谱歌,用歌唱去教育年轻人,让他们变得正直而温和,宽大而谨慎;并做到性情刚直而不凌人,态度简约而不傲慢。为了要夔做好这一工作,舜还谆谆教导说,诗是用来表达思想感情的,歌唱则是借助语言把这种感情咏唱出来。唱的声音既要抒发胸中的思想感情,又要符合音律,使之优美动听。伴奏的乐器,还要注意和谐、协调,让神听了也感到快乐和谐。“夔,命汝典乐。教胄子,直而温,宽而栗;刚而无虐,简而无傲。诗言志,歌永言。声依永,律和声。八音克谐,无相夺伦,神人以和。”

另一种说法是始于长琴。《山海经·大荒西经》的记载说,颛顼的孙子祝融,祝融生了一个儿子叫长琴,他住在榣山上,开始为人们创制各种乐曲。“在榣上,其中有人,号曰太子长琴。颛顼生老童,老童生祝融,祝融生太子长琴。是处榣上,始作乐风。”而《山海经·海内经》还记载说,帝俊的儿子也创造了歌舞。记述中还强调帝俊有个儿子叫晏龙的,首先创造了琴瑟,于是他的七个兄弟开始歌唱跳舞。“帝俊生晏龙,晏龙是为琴瑟。帝俊有儿八人,是始为歌舞。”《山海经》中说的长琴和帝俊的八个儿子,它是放在不同地区说的,显然是指的不同部落的人。

再有一种说法还要早,说是始于三皇之一的葛天氏。据说他那时不仅有了歌唱,而且还是多人的载歌载舞。他们唱的歌,就是著名的“八阕”。《吕氏春秋·古乐篇》记载,“昔葛天氏之乐,三人操牛尾,投足以歌八阕。一曰载民。二曰玄鸟。三曰遂草木。四曰奋五谷。五曰敬天常。六曰建帝功。七曰依地德。八曰总禽兽之极。”“八阕”在《古乐志》中也有记载,把它与“南风”“阳陵”“白露”“朝日”“鱼丽”“白水”等列为古歌曲。

从以上记述,我们可以看出歌唱这一娱乐形式,具有极为悠久的历史,可以追溯到很早很早以前的史前时期。而且名称、形式也很多,如:齐歌曰讴。吴歌曰歈。楚歌曰艳。振旅而唱的称凯歌:在堂上由乐队伴奏而唱的称登歌或升歌。此外,根据抒发不同感情而唱的还分为：清歌、高歌、安歌、缓歌、长歌、浩歌、雅歌、酣歌、怨歌、劳歌等。真可谓洋洋大观，流派纷呈。

然而这种丰富多彩的歌唱，显然是经历了一个漫长的发展过程，它集中了人类的集体智慧，而不可能是哪一代、哪一个人的独创。看来歌唱始于何时，可能是一个永远难解之谜。

### 戏曲形成于何时

在中国古代光辉灿烂的历史文化中，有一颗璀璨的明珠，那就是中国古代的戏曲艺术。但是中国戏曲艺术究竟形成于何时？历来却众说纷纭，莫衷一是，难以得出一个确切的定论。

大约在十二三世纪，中国的南北方分别涌现出南戏和北杂剧这两种戏曲形式。它们无论在思想内容和艺术表演形式上都脱离了中国早期戏剧那种稚嫩的痕迹，而趋于高度成熟。一般认为，它们是中国戏曲最早的成熟形式。

产生于中国南方一带的南戏，又被称为“温州杂剧”或“永嘉杂剧”，它的具体产生年代是明人祝允明和徐渭首先提出来的。祝允明在《猥谈》中认为：“南戏出于宣和之后，南渡之际。”当时他曾经见到旧牒中有赵闳夫榜禁“颇述名目”，有《赵贞女蔡二郎》等南戏。徐渭的观点和祝允明略有差异。他的《南词叙录》是研究中国古代戏曲南戏的重要专著。他提出：“南戏始于宋光宗朝，永嘉人所作《赵贞女》《王魁》二种实首之。”这就比祝说“南戏出于宣和之后”的年代要晚 80 年左右。那么，祝说和徐说究竟谁是谁非呢？

目前一般多主南戏出于南渡之际一说。周贻白的《中国戏曲发展史纲要》虽分别列举了以上两种观点，不过从他首先肯定“宋光宗赵惇时期便产生了温州杂剧”这一说法来看，他比较倾向徐说。张庚、郭汉城主编的《中国戏曲通史》则将祝说和徐说的意见统一起来，形成一种折中的观点，这就是，宣和之后南渡之际，出现了南戏的前身，宋光宗朝使南戏趋于成熟。理由是，祝说虽然不见得没有根据，但是他所亲见的榜禁中的赵闳夫，据考察是宋室的宗族，实际上是宋光宗赵惇时代的人，那么赵闳夫榜禁的名目可能就是宋光宗朝的东西。这样，所谓南戏出于南渡之际的说法就有些靠不住。而徐渭所说“始于宋光宗”就显然有些道理。但是，从温州一带“尚歌舞”“多敬鬼乐祠”、社火、说书等民间艺术盛行的情况来看，南戏出于南渡之际也属可能。徐渭是明代嘉靖时人，出生年代比祝允明晚，他的观点本来就有些含混，在他提出“南戏出于宋光宗朝”后，又在同书中补充了另一种说法：“或云宣和间已滥觞，其盛行则自南渡。”可见他也不否认南戏出于南渡的可能。

与此同时，钱南扬在他的《戏文概论》一书中又提出了另一种观点。他认为，南戏在宋光宗朝已有《王魁》这样成熟的戏文出现，并已从村坊小戏进入城市，流传到赵闳夫当时可能做官榜禁的杭州，那么南戏的真正产生，当还在宣和之前。

有关早期南戏的资料，由于历史上的记载非常少，以致我们目前基本上只能根据祝说和徐说来推断南戏的大致产生年代。而祝允明和徐渭毕竟都是明中叶人，离开他们推断的南戏产生年代已有数百年之久，他们对南戏产生年代的论说又如此简略、含糊，这就使人对二者之说产生种种疑问。因此，有人根据南宋初期缺乏南戏的任何有关记载和当时南方一带宋杂剧盛行的情况，提出南戏产生年代可能在南宋末的观点。

另外，日本著名戏剧家青木正儿对南戏的概念也提出了截然不同的看法。他在《中国近世戏曲史》一书中提出，南戏即南宋杂剧的别称，因欲与北方杂剧相区别，乃更新以戏文之名，非仅对温州戏给以狭义称呼，元以后之南戏，才是真正的南戏。这就将南戏和南宋杂剧混为一谈，从而将南戏的产生年代推后到元代去了。

有关南戏形成年代的问题相当复杂，各家之说，难以统一。而对于北杂剧产生年代的看法，同样也很不一致，一般说来，有这么两类：

一些人认为，北杂剧形成于金末元初。就是说，金代是北杂剧的孕育演变时期。不过，至迟在金代末年已出现了杂剧这种形式，只不过当时还掺杂在金院本中没有独立出来，到了元代则脱颖而出，形成了成熟完整的戏剧样式。所以，他们不同意明人朱权在《太和正音谱》中将关汉卿列为“杂剧之始”的说法。因为元代初期关汉卿剧作已相当成熟,元杂剧已很兴盛,这中间应有个发展成长时期。但是北杂剧在金院本中怎样脱胎演变,现在仍缺乏有力的论证。

另有一些人则认为,北杂剧的产生年代应在元初。顾肇仓在他的《元代杂剧》一书中就提出,宋金两代虽然有杂剧,但所包括的内容都不是纯粹的戏剧,只有到了元初,各种条件才具备和成熟,由此才得以正式形成北杂剧。

还有很多学者对于中国戏剧的起源与形成发表了各种见解。其中任二北在专著《唐戏弄》中提出"中国戏剧起于春秋、完成于唐代"的观点;许地山在《梵剧体例及其在汉剧上底点点滴滴》一文中提出"中国戏曲受印度梵剧影响而形成"的观点;王国维在《宋元戏曲考》中提出"中国戏曲起源于古巫、宋元时期形成真正的戏剧"的观点。

中国戏曲究竟形成于何时?应该说至今仍是一个谜。

### "元曲四大家"是哪四人

"元曲四大家",是对于在元杂剧剧本创作中成就较高的四位剧作家的尊称。元代是我国戏剧创作的第一个高峰,出现了一批文人出身或艺人出身的作者,今知有姓名可考的剧作家就达二百余人,姓名未见于记载者,更不知有多少。"四大家"应该是哪四位呢?

"四家"之说,在元代就已出现;最早见于文字记载的是"关、郑、白、马",即关汉卿、郑光祖(字德辉)、白朴(字仁甫)、马致远(号东篱)。周德清《中原音韵》以存世剧本和已知作家为基础。"序"曰:"自关郑白马一新制作,韵共守自然之音,字能通天下之语,字畅语俊,韵促音调;观其所述,曰忠曰孝,有补于世"。关汉卿作剧六十余部,对社会有深广的概括,又能粉墨登场,当时就被誉为"捻杂剧班头"。郑光祖"锦绣文章满肺腑","声振闺阁,伶伦辈称郑老先生",威望也很高。白朴的《墙头马上》《梧桐雨》,马致远的《汉宫秋》,今日视之仍有较高的思想和艺术价值。周德清是音韵学家,他虽然主要着眼于音韵;但"关、郑、白、马"或"关、白、马、郑"之说,则为后世曲家如王国维等所崇。

关汉卿

明初,朱元璋之子朱权站出来排斥关汉卿。他所著的《太和正音谱》曰:“观其词语,乃可上可下之才,盖所取者,初为杂剧之始;没有功劳有点苦劳,但不能列于四家之首。朱权认为“宜冠于首”的应该是白朴。而马致远“若神凤飞鸣于九霄,岂可与凡鸟共语哉”,冠之于首也不够,应“列于群英之上”,是特等作家。这位皇子戏剧家的世界观不可能认识到关剧的思想意义,他的美学思想也无法欣赏关氏的本色风格。朱权又是个道教徒,使他对于在剧作中阐扬神仙道化,被称为“马神仙”的马致远表现出特别的感情。结果“四大家”的排名被他搅得一片混乱。

嘉靖时人何良俊从辞章之品评立论,又倡一说:“元人乐府称马东篱、郑德辉、关汉卿、白仁甫为四大家。马之词老健而乏姿媚,关之词激励而少蕴藉,白颇简淡,所欠者俊语,当以郑为第一。”(《曲论》)

今人谭正璧则认为自周德清以来,对“四大家”都有误解;元代所谓的“四大家”应该是关汉卿、白朴、庾吉甫、马致远。元末贾仲明《录鬼簿吊词》“关汉卿”名下有“姓名香,四大神物。驱梨园领袖,总编修师首。”等句;谭氏认为“四大神物”就是“四大家”的誉称,这几句话“乃是说,关是四个伟大作家之首。”而“马致远”名下的吊词中有"共庾、白、关老齐肩"一句,"正说他是和庾吉甫、白仁甫、关汉卿并驾齐驱的",因此"关、白、庾、马,毫无可疑"(《曲海蠡测》)。周德清的"关、郑、白、马"说历来有个使人疑惑不解的缺陷:关、白、马都是金末元初人,突然将一个晚于他们一辈的郑光祖与之同列,总觉不伦不类。如将郑光祖换成庾吉甫就不存在这个疑问了。谭氏认为很可能在周德清的时代庾吉甫的作品已很少流传,就抓来一个当时名声较大的郑光祖来顶替他。但由于庾吉甫的十几个剧本全部失传,我们今天也无法给他"恢复名誉",需待搜得更多资料才能定论。

嘉靖以前,论曲诸家虽然对"四大家"各有所据,但奇怪的是以《西厢记》而显示出极高艺术成就的早期剧作家王实甫,却被排斥于"四大家"之外。虽然贾仲明曾给他很高评价:"作辞章,风韵美,士林中等辈伏低。新杂剧,旧传奇,《西厢记》天下夺魁。"他之不受重视很可能和封建卫道者认为《西厢》"诲淫"有关。至王世贞等一些戏曲评论家,开始为王实甫鸣不平,或曰"北曲故当以《西厢》压卷","他传奇不能及"(王世贞《曲藻》),或曰"丽曲之最胜者,以王实甫《西厢》"(张琦《衡曲麈谈》)。王骥德更直接否定"四大家"的传统排名,曰:"世称曲手,必曰郑、关、白、马,顾不及王,要非定论",他认为"古词惟王实甫《西厢记》经帙不出入一字",所以"四大家"应该以王实甫居首,不及郑光祖,"王、关、马、白,皆大都人也"(《曲律》)。

当代一般的戏曲史论著,都是以关汉卿居元曲家之首,王实甫次之,几成定格。然而以《西厢记》的研究而获誉国内外的蒋星煜最近著文,认为新中国成立以来的研究中有对王实甫估价不足的问题。看来,在弄清历史上的"元曲四大家"的同时,又必然带出了今天怎样恰当评价这些"胜国诸贤"的课题。

## 《牡丹亭》创作于何时何地

汤显祖的《玉茗堂四种》,最有杰出成就的当推《牡丹亭》。这部足传千古的戏曲名著,创作于何时何地,历来众说纷纭,莫衷一是。由于说法各异,致使后人对《牡丹亭》的研究,带来了不少困难。

汤显祖

《牡丹亭》创作于何时？据毛效同所编《汤显祖研究资料汇编》中，收录的发表于《文学遗产》第一辑上的《汤显祖与牡丹亭》一文，作者李汉英认为："汤显祖少负才华，《牡丹亭》为他少年时代作品。"继而又说："《牡丹亭》是显祖少年之作。其后复作《紫钗》《南柯》《邯郸》，总称'四梦'。"这"少年时代"的概念，当理解为二三十岁年龄比理解为"早期创作"较为正确。可是，姚燮所著《今乐考证》中则说："愚谷老人曰：'汤若士先生作《四梦》，最后做《牡丹亭》，称古今绝唱"'，按此说，应认为《牡丹亭》是汤显祖的晚期作品。再有，侯外庐的《汤显祖牡丹亭还魂记外传》一文，开头首语就说："汤显祖在万历二十六年(1598 年)写成了《牡丹亭还魂记》。"汤显祖是年 39 岁，应称《牡丹亭》是他的中年之作。泛见不少著作传载：汤显祖于万历二十六年晋京上计后，就摜掉七品乌纱帽，所谓"引咎辞职"回乡。除侯外庐外，有许多学者普遍研究为《牡丹亭》创作于这个阶段。

那么，《牡丹亭》创作的地点又在何处呢？焦循《剧说》记载："相传临川作《还魂记》，运思独苦。一日，家人求之不可得；遍索，乃卧庭中薪上，掩袂痛哭。惊问之，曰：'填词至——尝春香还是旧罗裙——句也。'"由此看出，《牡丹亭》是汤显祖创作于临川家中。但是，康熙、乾隆年间的常熟人江熙的《扫轨闲谈》中却这样说："王文肃家居，闻汤义仍到娄东，流连数日不来渴，径去，心甚异之，乃遣人暗通从者，以观汤所为。汤于路日撰《牡丹亭》，从者亦日窃写以报。迨汤撰既成，袖以示文肃。文肃曰：'吾获见久矣。'汤内惭，谬曰：'吾本撰《四梦记》，此其一也；余尚有三。'文肃急欲索观，乃一日夜撰成焉。"

由此可见，《牡丹亭》是汤显祖"于路日撰"而成，并不是创作于临川家中，甚至被他的老师文肃公王锡爵使了手脚，派人买通仆从窃抄到手。波连其余"三梦"，也是汤显祖在太仓王府里"一日夜撰成"。当然，汤显祖无论是怎样的大手笔，要在子丑寅卯十二个时辰间创作出三部大型戏曲，那是绝不可能的，摭近荒诞。问题恰恰在于"汤显祖于路日撰《牡丹亭》"这句话，倒是值得玩味和推敲研究。

汤显祖"于路"即途次进行《牡丹亭》的创作活动，总得有个可供写作的环境，也即是创作地点，他是投宿招商客栈，还是羁旅深山古刹，或是奇居亲友家中来从事创作？《昆、新两县续修合志》卷十三《第宅·园林》部分，有一段十分重要却又常被人们忽略的记录，也是为《汤显祖研究资料汇编》这部70余万字的著作所没有采编到的一则资料，只要读一读这段文字，便可揭开汤显祖"于路日撰《牡丹亭》"的创作地点之谜："太史第，太仆少卿徐应聘所居，在片玉坊内，有拂石轩。应聘与汤显祖同万历十一年（1583年）癸未榜。客拂石轩中，作《牡丹亭》传奇。"徐应聘，字伯衡，县志上有传，与汤显祖同科进士。万历二十五年（1597年）至万历三十五年（1607年）曾家居十年。汤显祖弃官南来，到太仓"流连数日不来谒"见老师王锡爵，转而跑到昆山县城玉山镇，住进了现在改称为南街的片玉坊"太史第"，即徐应聘府上的拂石轩，"日撰《牡丹亭》"。昆山和太仓相距二十里许，往返近便。所以，王锡爵能够"遣人暗通从者以观汤所为。"并命"从者，日窃写以报"。

按照《昆、新两县续修合志》的记录，结合江熙《扫轨闲谈》所载，《牡丹亭》成书的时间应在万历二十六年（1598年）间，即如侯外庐等学者所说为正确。《牡丹亭》成书的地点也应当在昆山，不是在临川。此等见解是否确切？尚需学术界专家、学者验证。

## 杂剧《西厢记》的作者是谁

描写崔莺莺与张珙的恋爱故事的元代杂剧《西厢记》，全名《崔莺莺待月西厢记》，取材于唐代元稹的传奇小说《会真记》（又名《莺莺传》），是我国较早的一部以多本杂剧连演一个故事的剧本。数百年来，它所表达的“愿普天下有情人都成了眷属”的美好祝愿，深深扣动着青年男女的心弦，连《红楼梦》里的林黛玉也称赞它“词句警人，余香满口”。

《西厢记》原刊本现在已无从见到，现存的大都是明人校订本。也正是从明代开始，对于它的作者是谁，出现了几种不同说法。元末钟嗣成的《录鬼簿》认为是王实甫，明初朱权的《太和正音谱》及稍后王世贞的《艺苑卮言》也持有同样看法。几乎与此同时，又有人提出《西厢记》是关汉卿作或者关汉卿作王实甫续和王实甫作关汉卿续三种意见。《西厢记》全剧共五本二十一折，所谓“关作王续”“王作关续”，意即其中第五本系由王或关补续。王实甫和关汉卿的生平后人知之甚少，因此《西厢记》究竟出自谁人之手，各家都拿不出证据确凿的理由来。主张“王作关续”最早的明代戏曲作家徐复祚在《三家村老委谈》中，指出《西厢记》第五本“雅语、俗语、措大语、自撰语层见叠出”，文学风格和语言与前四本不统一。明末卓人月将《西厢记》第五本和前四本分别与宣扬“始乱终弃”的《莺莺传》做了比较，认为《西厢》“全不合传，若王实甫所作犹存其意，至关汉卿续之则本意全失矣”（《新西厢》自序），也主张“王作关续”。明崇祯十二年张深之校正本，更是署明“大都王实甫编，关汉卿续”。到了清初，金圣叹批本《第六才子书》盛见流行，“王作关续”说也几乎就成了一时之定论了。

新中国成立后，国内比较通行的看法都认为《西厢记》为王实甫一人所作。游国恩等主编的《中国文学史》认为，所谓“王作关续”，是封建统治者对《西厢记》的排斥和丑低。谭正璧也认为，《录鬼簿》和《太和正音谱》的说法是可信的，但他又认为，关汉卿也是做过《西厢记》的，不过不是杂剧，而可能是小令（《乐府群珠》卷四中，就有关汉卿作的总题为《崔张十六事》的《普天乐》小令十六支），这就是后人误传关汉卿作或续作《西厢记》杂剧的由来。从二十世纪60年代初开始，又有人在前人研究的基础上提出新的见解。例如，陈中凡既否定王实甫独作说，也不赞成“王作关续”说。他认为，《西厢记》确实原属王实甫的创作，但那不是多本连演的杂剧。元杂剧的通例是一本四折，每折由一人独唱到底，而现存的《西厢记》却打破了这些限制，在王实甫生活的元代前期还不具备这种条件。再则，《西厢记》与公认为王实甫所创作的《丽春堂》等剧相比，思想内容和艺术成就都有极大的差异。因而可以推知现存的《西厢记》是在元曲创作阵地南移到杭州，受到南戏影响后，由元代后期曲家改编而成的。其中第五本所用的曲调完全打破了前四本遵用北曲联套的习惯，唱法也不尽相同，自由运用声腔尤见进步，证明第五本尤为晚出。不久前，又有人从《西厢记》全剧情节发展的时间上的疏漏，结局与主题的不同等方面，论证了第五本非王实甫所作，认为《西厢记》在第四本“惊梦”之后便告结束，不仅符合我国传统戏曲的结构特点，而且改变了当时戏曲作品以大团圆来结尾的通病，否定了夫荣妻贵、衣锦荣归的封建正统观念，无论在思想上，还是在艺术手法上，都极其高明。而第五本的结局，只有在元末知识分子的社会地位由于重新开放科举仕进之阶而有了一些变化之后才可能产生。同时，从史料记载来看，无论是最早有关《西厢记》记载的元人周德清的《中原音韵》，还是明初朱权的《太和正音谱》，都只摘引了《西厢记》前四本，而没有任何第五本的资料，因此推断“王西厢”的原本应是四本，金圣叹将第五本定为“续书”还是有一定道理的。

## “二黄”之谜

“二黄”是京剧的最主要的声腔之一，原作“二簧”，在胡琴上的定弦是5·2弦。“二黄”是一种比较平和、稳重、深沉、抒情的腔调，节奏比较平稳，起音、落腔多在板上。由于二黄唱腔流畅、舒缓，比较适合表现沉思、忧伤、感叹、悲愤等情绪，因此悲剧题材的戏多用二黄腔。

关于“二簧”腔的来源，历来说法不一，据清·李斗《扬州画舫录》记载，乾隆时各种地方戏曲声腔云集扬州，“安庆有以二簧调来者”，以及对徽班和安庆艺人演唱的石牌腔、枞阳腔、安庆梆子等曲调的考查与分析,有“二簧腔”出自安徽的看法。但清乾隆时人李调元《剧话》记载,又有“二簧腔”即“宜黄腔”之说。从曲调分析上看,二簧腔主要是由吹腔和拨子衍变而来的。吹腔,是“四平腔”受昆曲、乱弹的影响以后出现的。至今作为一种独立的腔调,保留在皮簧声腔系统中,以笛伴奏。吹腔改用胡琴伴奏,变为平板二簧,或称“小二黄”,或称“四平调”,至今也仍是二簧腔的一种腔调。拨子,是由乱弹“二凡”衍变而成的,有北方梆子腔的影响,至今也保留在皮簧声腔系统中,用唢呐或特制的胡琴伴奏,以梆子击节。在拨子和“吹腔”的基础上,又衍化出“老二簧”或称“唢呐二簧”。后来,发展出二簧腔的各种板式,并改用胡琴为主伴奏。总之,“二黄”以它繁复的腔调形式、绚丽多彩的艺术表现手法,在京剧唱腔中占有举足轻重的地位。

“二黄”有十多种板式,大致是:原板、慢板、快三眼、碰板、顶板、导板、回龙、散板、摇板、滚板、反二黄、唢呐二黄等等。

我们这里重点介绍几种板式:

第一种:原板。原板是一板一眼的3/4板式。一般认为,二黄原板是由原始的二黄声腔演变为戏曲的板式声腔以来,最先形成的板式。原板是各种板式的基本形态:慢板、快三眼、散板、摇板等都是由原板发展变化而来的,因此原板是一种重要的板式。

第二种:慢板。慢板是一板三眼的4/4板式。是原板扩展放慢一倍的板式,其唱腔结构与原板大致相同,是板上开口,最后一字落在板上,即板起板落,也称三眼或正板,比它速度快的名叫中三眼或中板,更快些的叫快三眼,中、快三眼统称“快三眼”。

慢板长于表现比较复杂的情感,一般长于表现感叹、忧伤的情绪,抒情性较强。中、快三眼则叙事性强些。《捉放曹·宿店》中陈宫的“一轮明月上窗下”唱段,就是老生的二黄慢板唱段。

与“二黄”相似的还有四平调,也叫平板二黄,胡琴定弦、过门也都与“二黄”相同。但唱腔内部结构却和“二黄”有很大区别，从其上句落音、节奏和某些音跳动的情况看，四平调与西皮腔调类同，但从它的另一些行腔来看，由于多用自然七声的级进，曲调流畅平滑，1、2、5、6各种调式综合使用极为灵活，又很像“二黄”，因此可以说四平调是一种兼具西皮和二黄双重性格的腔调，它的板式变化不多，只有原板、慢板两种，慢板也只是原板放慢的板式，比较简单。但四平调的唱腔相当丰富，艺术处理手法灵活多样，因此，除正格四平调外，还有反四平调、四平调顶板、四平调流水、西皮四平调等不同类型的唱腔。

四平调的曲调和节奏变化非常自由灵活，任何复杂和不规则的唱词，都可以用四平调来唱，例如《贵妃醉酒》中的唱词：“裴力士啊，卿家在哪里呀……”，这样一段参差不齐的句式，若用一般的西皮或二黄板式唱，比较困难，而用四平调则顺理成章，这是它独特的地方。

四平调还能表达各种各样的情感，如《乌龙院》的轻松闲适、明快佻达；《清风亭》的苍凉沉郁、悲切凄楚等。四平调由于在曲调节奏唱法和艺术表现上具有不同特色，形成不同情调，老生、小生、旦角、老旦等都能使用，尤以旦角的唱腔更为丰富。

## 《玉堂春》中的苏三真有其人其事吗

京剧《玉堂春》是颇出名的，其唱功做工扮工均可称绝，所以凡扮演青衣的角色，其入门戏之一，必须是先学其中一出的折子戏《女起解》。它是京剧的基本功。

这样，戏剧中的主体人物苏三(玉堂春)也就更见红了。

中国传统戏剧涉及男女情事，通常有两种特殊图式：一是公子和小姐。所谓公子好逑。小姐怀春，通过贴身丫头拉线私订终身，风行的“落难公子中状元，后花园私订终身”即是百说不厌的；另一就是公子和青楼妓女。大概仍是公子好色，妓女多情义，经历磨难，终于完成大团圆的理想模式。此中旖旎，似源于唐人《李娃传》传奇。《玉堂春》故事很可能由此嬗变而来。但它似比公子和小姐那类图式要多些传奇味。就其主旋律的悲惨交响乐涵盖的苦中作乐、乐中有苦，这正也调谐农耕社会的士民心理机制和致思途径的儿，因而为人归依和认同，盛行了几百年。

据说《玉堂春》的苏三起解所以出名，走红大千世界，还有一个原因是实有其事的。唯真，才能尽善尽美，引起人们加倍的共鸣。

山西洪洞县修复了县衙里的虎头监狱。它是三晋大地罕有见存的一座明朝牢狱，有人还明确指出此中女监某处就是囚禁苏三的牢房。江山也要名人捧。据说当时新修复的洪洞监狱，门上还曾写有“苏三监狱”字样，地以人贵，它当然是真人真事了。因此游洪洞县，除了到城北二里地那棵大槐树下转转，寄托回归之乡情，其次就是看那因苏三得名的虎头牢狱了。

据说苏三案件还为洪洞留下不少古迹，像皮氏要砒霜的那家药铺；有人还在路旁公园内竖立一块标志：苏三于押解中曾在此休息过。总之，它要留给人们的印象

京剧《玉堂春》中的苏三（剧照）

是，苏三确有其人其事，也确实在洪洞县落难过。为此那个王三公子王金龙也被说成确有其人的。还说他本名叫王三善，原籍河南永城。由于父亲在南京当吏部尚书，就结识了苏三。他后来努力为苏三平反，以后双双回归永城。不久，苏三病死，

葬在王氏祖茔边，据称三十年代还有人在那里见到她的墓碑，上书“亡姬苏氏之墓”。

当然，在山西，像晋中太原和洪洞一带，苏三故事是更为走俏的。“特别是太原，人们长期传说‘苏三为沈洪妻皮氏诬陷的档案’确有其事。并说苏三档案在辛亥革命前，由当过洪洞县知事的河北玉田县孙奂仑窃走。还有人说，苏三档案被孙奂仑卖给法国巴黎古董商人。”（王定南《从苏三故事谈起》，《文史研究》1988年1期）据说“有人考证王三公子和玉堂春确有其人。甚至有人在山西洪洞县看到过玉堂春的档案”（王延龄《历史大舞台》，江苏文艺出版社，1987年10月），所以胡士莹界定冯梦龙创作的《玉堂春落难逢夫》（《警世通言》第二十四卷），“所叙为明代实事”。（《话本小说概论》）

苏三故事也许真有其人的。据王延龄说，他听人讲及明代中叶就有古本广东潮剧《玉堂春》，演苏三全部，剧情有一段故事是说苏三在三堂会审后，等候在五里亭，因天寒兼体弱受刑有病，竟冻死在郊外。不久苏三父亲来寻女，惊悉苏三已死，于是痛哭一场。在哭词里介绍了身世。原来他叫周彦字玉柯，河北曲周人，赴山西做官前，将爱女留在家中，竟为继母卖给保定府的苏家妓院，按年龄排为第三，故叫苏三。“潮剧的老艺人却说这是真事，而且祖辈相传，材料来自洪洞县苏三的供词案卷。这供词还讲到王景隆（一般戏中称为王金龙）和苏三同乡，也是曲周县王家集村人，和苏三的故乡相距仅十余里，他到苏家妓院见了苏三就十分倾倒，两人相爱。”（《历史大舞台》）

看来，苏三故事乃是以明朝中期为大背景的，有其人也有其事。

但是，现今所见最早记述的《全像海刚峰先生居官公案传》（明万历三十四年万卷楼刊本，李春芬撰），与现今流传的《玉堂春》苏三故事构架大体相同，惟出场之主角王金龙作王舜卿，沈洪作彭应科，且是浙江兰溪人，与山西洪洞无关，此案后由时任江浙运使的海瑞审判。此处玉堂春亦姓周而不姓苏。也无“苏三”字样，最后还是海瑞成全他俩姻缘了的。“公令人伪为妓兄，领回籍，后与舜卿为侧室。”

（卷一第二十九《妒奸成狱》）此处人地各异，看来是与今本苏三故事，风马牛而不相及，或循此建构再加工的。所谓玉堂春姓苏，始见于冯梦龙《情史》，“河南王舜卿，父为显宦，致政归。生留都下，支领给赐，因与妓玉堂春姓苏者狎”，（卷二《玉堂春》）尔后才有王离去。“山西商闻名求见”“携归为妾”故事。而《警世通言》以此为据，作了惟妙惟肖的形象思维，以致不胫而走，使苏三故事成为家喻户晓。

因为源流自小说平话，尤其是其源始见于海瑞判审，当不可信。据王定南说，在“文化大革命”前，山西省委书记郑林对他说，华北局某领导曾请郑组织人员研究苏三故事。为此他做了大量搜集工作。特别是山西省文史馆馆员尚德赴洪洞查看苏三档案情节。尚德参加过太原辛亥革命，曾任副都督府秘书长。“辛亥革命前在太原就传说：洪洞县县衙门档案库有苏三档案。尚年轻好奇，又与孙奂仑友好，为此专到洪洞县向孙奂仑询问，要看‘苏三档案’，孙和尚一起去问管档案的人，该人说：‘档案库没有苏三档案。”’

洪洞县衙有否见存苏三档案，当然不能判断有否其人，明末和清季的多次农民起义，洪洞县衙多次受毁，要能保存它，当时也不会有这强烈的意识，但《洪洞县志》均无此案记述，也没有传闻和发现“苏三档案”。因此王定南界定，“苏三的故事流传很广是小说家冯梦龙的功劳”，“写小说的人可以凭空虚构任意编造，但不能作为历史事实”（《从苏三故事说起》）。王延龄也认为，所谓王金龙即王三善说，却在《明史》本传中“不见一个苏三字样，他也并未做八府巡按到山西去三堂会审过”，“看来这些考证都是文人的臆测，真正看戏的人欣赏的是表演艺术，受感动的是故事情节，为他们两位大翻家谱，不免有画蛇添足之嫌。”（《历史大舞台》）

看来还是这句话，“假作真时真亦假”。苏三故事并非扑朔迷离，其真伪如何，也许这可以作为答案了。

## 《霓裳羽衣曲》与唐明皇“游月宫”有关吗

《霓裳羽衣曲》是唐代著名的歌舞大曲。它描写了唐玄宗向往神仙而又见到了仙女的神话故事，全曲共分36段。开始是六段“散序”，为器乐的独奏和轮奏，没有舞，也没有歌；中间部分的18段是“中序”，开始有节奏，是抒情婉转的慢板，舞姿轻盈，幽雅如仙；最后12段是“破”，节奏急促，终止时引一长声，袅袅而息。据此曲所表演的《霓裳羽衣舞》，舞者上身饰有多彩的羽毛，下身拖着有闪光花纹的白裙，怪不得中唐著名诗人白居易在元和年间见到当时宫廷里表演《霓裳羽衣曲》时说，舞者，“不著人家俗衣服，虹霓裳帔步摇冠，钿缨累累佩珊珊”，俨然是一副道家仙女的打扮。

关于《霓裳羽衣曲》的作者，历史上早有定论，是唐朝玄宗皇帝。唐玄宗颇通音律，又好歌舞。他这方面的才能用于朝政的话，也许就不会出现“安史之乱”了吧！然而，唐玄宗创作《霓裳羽衣曲》音乐的过程，却一直是个不解之谜。史书记载及民间传说都不大能令人全信。

有人说，一个叫罗公远的道士，曾经引唐玄宗“游月宫”，在月宫中，唐玄宗见到数百个“素练霓衣”的仙女“舞于广庭”。唐玄宗趁机询问仙女们伴奏的曲子为何，答曰“霓裳羽衣”，通晓音乐的唐玄宗乃“默记其音调”，可是回来后仅能记起此曲的一半音调，只得写出一半曲调。当时恰逢西凉府节度使杨敬述进献了一首《婆罗门曲》，其曲调与唐玄宗在月宫所闻颇为相符，唐玄宗如获至宝，大喜过望，遂以那在月宫中听到的曲调为“散序”，以杨敬述进献的《婆罗门曲》为“散序”之后的乐章，并定名为《霓裳羽衣曲》(见《全唐诗》卷二十二《舞曲歌辞·霓裳辞十首》)。

这一古已有之的充满神秘色彩的说法，当然有其荒诞离奇之处，不足凭信，如讲唐玄宗随道士“游月宫”，纯系传说，然而其中有些说法，倒是值得我们重视的，一是点明《霓裳羽衣曲》的主题或内容是游仙，郭沫若曾经指出，《霓裳羽衣曲》是“求仙访道思想的音乐化或舞蹈化”(见郭沫若《李白与杜甫》)。二是把此曲与杨敬述所献的《婆罗门曲》联系起来了。

有人则认为《霓裳羽衣曲》，本来就名为《婆罗门曲》，为西凉节度使杨敬述所献，唐玄宗只是对此曲稍加润色并配以歌词而已，再改用今名《霓裳羽衣曲》。乐府诗《婆罗门》诗序云：“商调曲，开元中西凉节度使杨敬述进，天宝十三载(745

年)改为《霓裳羽衣》。"

《杨太真外传》中说:"《霓裳羽衣曲》者,是玄宗登三乡驿,望女儿山所作也。"唐代诗人刘禹锡也在《三乡驿楼伏睹玄宗望女儿山诗小臣斐然有感》中写道:"开元天子万事足,惟惜当时光景促。三乡陌上,望仙山,归作霓裳羽衣曲。仙心从此在瑶池,三清八景相追随。"还有人认为玄宗登三乡驿望女儿山回来后,只做了此曲的前半部分,及至后来有幸吸收了杨敬述所献的《婆罗门曲》后才得以续成全曲。其舞、乐着力表现缥缈的仙境和仙女形象。这些说法可能比较切合实际,它略去了唐玄宗与罗道士"游月宫"的离奇传说,把《霓裳羽衣曲》说成是笃信道教的玄宗于三乡驿的高处,遥望女儿山,幻想仙境的产物。

《中国音乐史略》则认为《霓裳羽衣曲》的"散序"并非玄宗"游月宫"后所作,据《碧鸡漫志》引唐人郑嵎《津阳门诗注》的记载,其"散序"是唐玄宗登三乡驿望女儿山回宫之后依据他对女儿山的神奇想象写成的。此书作者认为《霓裳羽衣曲》另外的音乐则是外来音乐的改编曲调,而外来音乐乃是取自印度的佛曲,用它来表现中国道教的神仙故事,而不是所谓的《婆罗门曲》。

《霓裳羽衣曲》的创作过程,说法历来不一,综上所述可知,信史、传说参半,孰是孰非目前尚难定论。

## 隶书起源之谜

隶书,在汉字和书法史上有重要地位,特别是近年以来,随着以隶书书写的秦汉地下文献的大量出土,隶书在考古学、古文献学上的价值也日益突显。潘伯鹰在《中国书法简论》中说:"就中国文字和书法发展来看,隶书是一大变革阶段,甚至说,今日乃至将来一段的时期全是隶书的时代也不为过。"

关于隶书的起源,古人有种种说法,多以为是秦始皇时的一个叫程邈的人在云阳狱中冥思苦想创制出来的,所以叫隶书。现代人虽然断定隶书非一人所创,但囿于材料不足,对隶书的产生等情况,也只有揣测而已。近年考古的新发现方使鸿蒙大开。

隶书

1980年四川青川县出土的木牍上已见隶书的雏形：笔画由繁趋简，由曲变直，横画、捺画上已略有波形。不少字形变篆书的长方形为正方或扁方，因为它是在大篆基础上省改产生的，虽然结构上尚存篆意，但已初具隶书规模，人们称之为“古隶”。据考定青川木牍是秦武王二年(前309年)的遗物，它向世人证明，至迟在战国中期，隶书已经出现了。

1975年底，在湖北云梦县睡虎地秦墓出土了一千一百多枚竹简，据考是秦始皇统一中国前后的物品。云梦秦简的书法风格，在字的结构上以篆为主，但已明显简约隶化，在线条方面，变小篆的圆转为方折，在用笔方面，体现了提按轻重变化，特别是隶书的典型用笔“波势”已初具形态。云梦秦简的笔画结构与青川木犊极其相似，因数量很多，所以书法风格也多样，具有很高的艺术价值。

考古发现否定了程邈创制说，提前了隶书产生的年代，但隶书究竟如何产生？是否秦国所独有？是否小篆转化而成呢？多数书法理论著作认为：

隶书是继篆书以后的新兴书体，“大小篆生八分”隶书是由篆书变化而成的，卫恒《四体书势》说：“秦既用篆，奏事繁多，篆字难成，即令隶人佐书，曰隶字，……隶书者，篆之捷也。”“隶人佐书”就是说隶书是徒隶们所写的书体，最初是篆书的辅助字体，所谓“篆之捷也”。故隶书又称佐书、佐隶、徒隶，隶书解放了严谨的小篆体势，如“八”字之分散，故又称“散隶”。

秦代的隶书处在由篆向隶的变化之中，所以兼具二者的特点，这时期的隶书虽属早期，但已表现出整体的统一性和风格的多样性，是当时人们日常使用的书体，其成熟性已表明并非初创，而是经过了相当长一段由初起到渐渐成熟的时间历程。

徐利明《中国书法风格史》另辟新说，认为：隶书直承战国时代的手写体演化而成，并非经过秦小篆，而战国时的手写体与春秋末的侯马盟书和墨书又是一脉相承的关系，其间，西周时期尚未发现手写体墨迹，但由殷商墨迹和东周墨迹可以推知西周时期手写体墨迹的笔画形态当为同类，这也可以从西周早期及中期的一部分鼎彝款识中得到佐证，汉末以后通称战国古文为科斗书，其实这种笔画形态，远在殷商即可找到实证，可见这是篆书手写体笔画形态的基本特点。

徐氏进一步指出，秦隶的形成，固然有秦国篆书向隶书的自然演变过程，但篆书的隶变在春秋战国时期，尤其是在战国时期，是各国诸侯汉字及其书法变化发展的共同趋势，这在当时是个普遍现象，隶书的最终形成，是战国各国地域书法约定俗成共同作用的结果。

究竟隶书是如何起源的，还有继续深入研究的必要。

## 楷书产生于何时

楷书，又称真书、正书，因字体端正规范，堪称楷模，故得此名。提起它，人们很自然地会想到唐代欧阳询书写的《九成宫醴泉铭》、柳公权的《玄秘塔》和颜真卿的《颜勤礼碑》，以为这些就是中国最古老的楷书。其实不然。那么，楷书最初产生于何时呢？

一些人认为可以上推至汉初，甚至有人提出秦始皇时代。例如宋代著名的书法理论著作《宣和书谱》在《正书叙论》篇中叙：“字法之变至隶，极矣，然犹有古焉，至楷法则无古矣。汉初建初（汉章帝年号，公元76~83年）有王次仲者，始以隶字作楷法。所谓楷法者，今之正书是也。人即便之，世遂行焉。而或者乃谓秦羽人（羽人一说为职官名，掌征集羽翮作旌旗车饰之用；又一说是道士的别称笔者注）。王次仲作此书献始皇以赴急疾之用。”

不过也有不少学者认为楷书始于东汉，也有的说是三国时代的魏时。清人刘熙载在《艺概·书概》中说：“正、行二体始见于钟书。”钟，指三国时魏人钟繇。而今人种明善在《中国书法简史》中提出自己的见解说：“从汉字书法发展上来看，魏晋是完成书体演变的承上启下的重要历史阶段。”书法从小篆转向隶书，这是第一次重大的决定性变革，从此汉字由圆变方，一直至今都沿袭了这种方块的基本形

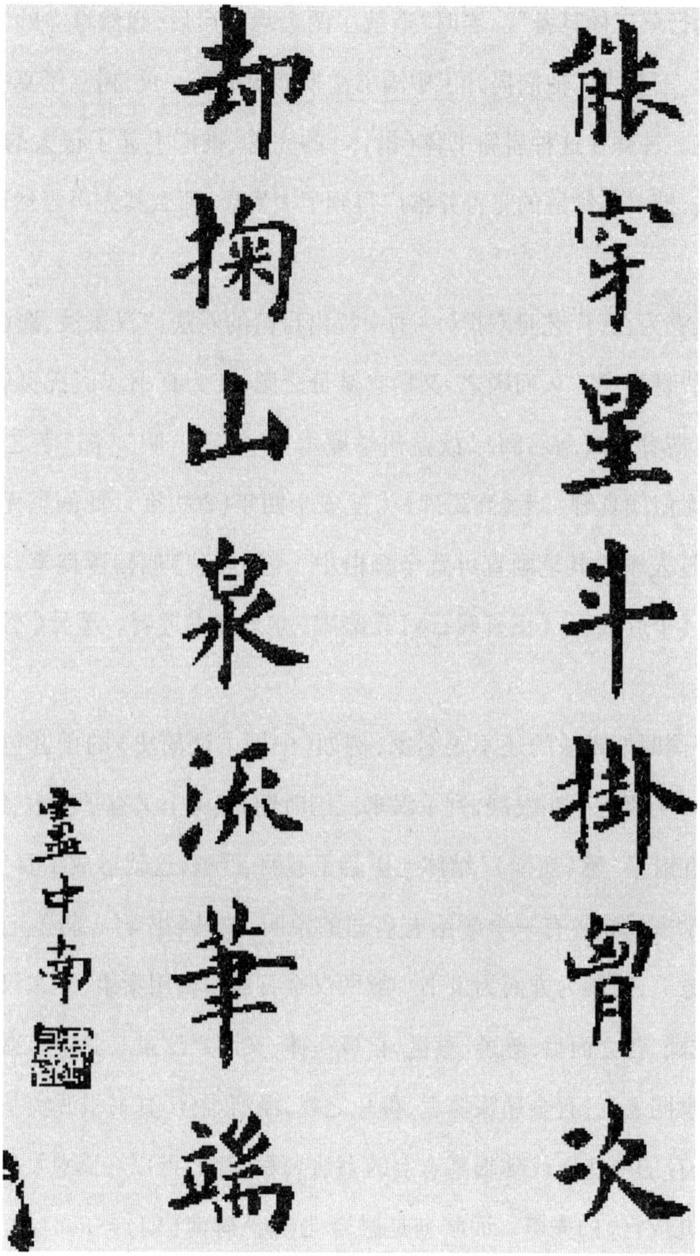


楷书

态。"隶书产生、发展、成熟的过程就孕育着真书。真书、行书、草书这三种汉字书法的重要书体的定型是在魏晋二百年间。魏甘露元年《譬喻经》墨迹、西晋元康六年写的《诸佛要集经》墨迹等，左弯的笔画为楷书的撇代替，斜钩代替了（隶书的）

磔。此时真行草三体具备”。当时“造就了两个承前启后,巍然卓立的大书法革新家——钟繇、王羲之。他们揭开了中国书法发展史的新一页,树立了真书、行书、草书美的典范。钟繇在这种崭新书体(楷体)的完善、推广上起了很大的作用”。按照这种说法,楷书经钟繇的完善并推广得到了大发展,那么其先声当然还得在此以前了。

近代康有为在《广艺舟双揖》一书中提出自己的看法:“汉末波、磔(左撇为波,右捺曰磔)纵肆极矣。久而厌之,又稍参篆分之圆,变为真书。”康氏又说:“汉隶中有极近今真楷者,如《高君阙》‘故益州举廉丞贯’等字,‘阴’‘都’字之‘邑’旁,直是今真书,尤似颜真卿。考《高颐碑》为建安十四年(209年),此阙虽无年月,当同时也。《张迁表颂》,其笔画直可置今真楷中。《杨震碑》似褚遂良笔,盖中平三年(186年)。《子斿残石》《正直残石》《孔彪碑》亦与真书近者。至吴《葛府君碑》则纯为真书矣。”

赞成三国时期说法的还不乏名家,例如《中国书法简史》的撰者包备五说过,“汉隶的形体美再进一步发展,到了汉末三国时期,字画上又有了‘侧(点)’‘掠(长撇)’‘趯(直钩)’‘啄(短撇)’结体上更趋于遒丽、严整,这就形成了真书。”有关真书,清代书学家钱泳曾有一个颇给人启迪的说明,按其《书学·隶学》上讲:“篆用圆笔,隶用方笔,破圆为方而为隶书。故两汉金石器物俱用秦隶,至东汉建安以后,渐有戈法波磔,各立面目,陈遵、蔡邕,自成一体,又谓之汉隶。其中有减篆者,有添篆者,有篆隶同之者,有全违篆体者,鲁鱼之惑,泾渭难分,真书祖源实基于此。”

循着今存的一些历代碑碣墓志上的书法窥察,我们可以在隋朝《龙藏寺碑》中看见唐代《九成宫》的先声。而隋则是融合北(朝)碑南(朝)帖的时代。北碑中的《张玄墓志》《张猛龙碑》《龙门二十品》等,都是采用规范的楷体书写的。而北朝的书法,又可以在汉碑中发现其痕迹。如《经石峪大字》《郑文公碑》《刁惠公志》,则出于汉《乙瑛碑》;《贾使君碑》《魏灵藏》《杨大眼造像》各碑,则出于汉《孔羡碑》。

## 《二泉映月》之谜

一曲如泣如诉的二胡独奏《二泉映月》，曾让世人流过多少同情的热泪，如此动人心魄的乐章，是那样的让人欲罢不能，人们陶醉艺术氛围之中时，也曾为作者不幸的身世扼腕不止。

《二泉映月》是盲人艺术家华彦钧最具代表性的作品之一，乐曲采用江苏民间音乐素材写成，运用多种二胡手法和不同力度的变化，生动、细致地表现出饱尝生活艰辛的社会底层人们悲怆的心情和倔强的性格。

整部乐曲是在一个短小的、类似叹息的引子后开始的，继之出现了呈微波形旋律线的第一乐句，恰似对往事的沉思。第二乐句从第一乐句尾音高八度音上开始，在高音区回旋的较为昂扬的旋律，流露出无限感慨之情。进入第三乐句，出现了带切分音的较为急促的节奏因素，旋律柔中带刚，情绪更为激动，全部乐曲将主题多次变奏，使内心的感情得以极为充分的抒发，多次变奏不是表现相对不同的音乐情绪，而是为了更加深化主题，从不同侧面来丰富和加深单一、集中的音乐形象。

《二泉映月》可以说是用华颜钧的心和血凝就而成的。华彦钧（1893—1950），人称瞎子阿炳，江苏无锡人，自幼随父亲雷尊殿学艺，对他的艺术生涯影响至重的是它的养父——一个孤独贫穷的道士华清和。华清和号雪梅，精通各种器乐，尤以琵琶为最，阿炳继承了华的全部衣钵，对于各种器乐也是相当精通，更以二胡、琵琶的演奏技艺最为精湛，深受人们欢迎，华清和去世后，阿炳经常同民间吹鼓手交往，并参加他们的活动。俗言“福无双至，祸不单行”，25 岁的华彦钧在道产变卖殆尽的时候，双目又完全失明，极度不平的生活经历，虽然给他带来很大困难和痛苦，但他没有沉沦，而是将全部情感熔铸在音乐之中，并保持着刚直、倔强的性格和伟大的爱国热情，尽管已经沦落为街头流浪艺人，他仍然倾心艺术，更难能可贵的是他作为一位民族艺术家的高风亮节，在日伪统治无锡的时候，他不畏强暴，坚持在群众中演唱抗日新闻。新中国成立后，当地政府曾认真计划录制他的演奏曲目，但遗憾的是，只初步录了六首，他就在 1950 年病故了。

阿炳以悲惨经历和全部心血铸就的《二泉映月》，已经成为民族音乐艺术中的奇葩，它以感人的乐章、精湛的艺术表现手法，永远留存于世界艺术之林。

### 围棋的来源

围棋，在我国古代称为“弈”，在整个古代棋类中可以说是棋之鼻祖，相传已有4000多年的历史。围棋以黑白两色演绎着变幻莫测，它将科学、艺术和竞技三者融为一体，有着发展智力、培养意志品质和机动灵活的战略战术思想意识的特点，因而长盛不衰，并逐渐地发展成了一种国际性的文化竞技活动。

围棋

首先，围棋和数学知识有关。纵横交错的棋盘，黑白相杂的棋子，以及行棋的步骤、次序和形势的判断都离不开计算。其次，围棋和天文知识、哲学知识有关。局（即棋盘）方棋圆是像地法天，棋分黑白是象征阴阳剖判。第三，围棋和军事知识有关。攻防搏击、围而相杀，犹如用兵斗法。至于围棋的一些术语，更是直接来源于军事术语，再明白不过地表示了它和军事斗争的关系。

我国围棋之制在历史上曾发生过两次重大变化，主要是局道的增多。魏晋前后，是第一次发生重大变化的时期。魏邯郸淳的《艺经》上说，魏晋及其以前的“棋局纵横十七道，合二百八十九道，白、黑棋子各一百五十枚”。这与河北望都发现的东汉围棋的局制完全相同。但是，在甘肃敦煌莫高窟石室发现的南北朝时期的《棋经》却载明当时的围棋棋局是“三百六十一道。仿周天之度数”。这表明那时已流行十九道的围棋了。这与现在的围棋局制完全相同。

由于南北朝时期玄学的兴起，文人雅士以风雅为荣，会不会弈棋成了判断是否为高雅之士的一个标准，上层统治者也无不雅好弈棋，他们以棋设官，建立“棋品”制度，对有一定水平的“棋士”，授予与棋艺相当的“品格”（等级）。

唐宋时期，由于帝王们的喜爱以及其他种种原因，围棋得到长足发展，对弈之风遍及全国。这时的围棋，已不仅在于它的军事价值，而主要在于陶冶情操、愉悦身心、增长智慧。弈棋与弹琴、写诗、绘画被人们引为风雅之事，成为男女老少皆宜的游艺娱乐项目。

唐代“棋待诏”制度的实行，是中国围棋发展史上的一个新标志。所谓“棋待诏”，就是唐翰林院中专门陪同皇帝下棋的专业棋手。当时，供奉内廷的棋待诏。都是从众多的棋手中经严格考核后入选的。他们都有国内第一流的棋艺，故有“国手”之称。

从唐代开始，围棋随着中外文化的交流，逐渐跨出国门，它漂洋过海到了日本，除了日本，朝鲜半岛上的百济、高丽、新罗也同中国有来往，特别是新罗多次向唐朝派遣使者，而围棋的交流更是常见之事。

明清两代，棋艺水平得到了迅速的提高。其表现之一，就是流派纷起。明代正德、嘉靖年间，形成了三个著名的围棋流派：一是以鲍一中为冠，李冲、周源、徐希圣附之的永嘉派；一是以程汝亮为冠，汪曙、方子谦附之的新安派；一是以颜伦、李釜为冠的京师派。这三派风格各异，布局攻守侧重不同，但皆为当时名手。

清康熙末年到嘉庆初年，弈学更盛，棋坛出现了一大批名家。其中梁魏今、程兰如、范西屏、施襄夏四人被称为“四大家”。四人中，梁魏今之棋风奇巧多变，使其后的施襄夏和范西屏受益良多。

鸦片战争的爆发，国势式微，弈道不彰。晚清棋界最有名的国手是周小松、陈子仙。两人去世后，清末棋坛彻底不振。

虽然通过目前最早的文字记载，可以得知围棋起源于春秋中叶之前的中国，但这并不能确定它的起源具体在哪个年代，关于围棋的起源，大致有以下几种说法：

“尧舜发明”说。据《世本》所言，围棋发明者是大名鼎鼎的尧，在这则传说中，围棋是这位上古圣人无心插柳却成荫的副产品，据说尧为了让儿子丹朱戒掉不走正道的恶习，就发明了一个游戏，没想到这种游戏的千变万化让丹朱一下子就入了迷，从此欲罢不能。于是尧一面指导儿子学棋，一面将围棋的万般变化与天地人之道联系起来，丹朱终成大器。

由于尧发明了围棋的说法提出时间最早，遂为后人普遍接受，并与舜连及，东晋张华《博物志》云：“尧造围棋，以教子丹朱。或云，舜以子商均愚，故作围棋以教之。”

由于《世本》为人所罕见，而张华又以博学多闻著称，所以后来的人都奉张华的话为圭臬。对于此说，日本棋道中人也深信不疑。享保12年，日本围棋四大门派掌门人——本因坊道知、井上因硕、安井仙角、林门人签了一张承诺书：“围棋创自尧舜，由吉备公传来。”“尧舜发明围棋”说源远流长，广为人知，迄今仍有学者为其论证。

“乌曹创始”说。明代的陈仁锡又提出“乌曹作博、围棋”的说法。乌曹相传是尧的臣子，有的又说他是夏桀的臣子。后来，董斯张的《广博物志》、张英的《渊鉴类函》等也采录了这种说法。

但也有人提出质疑，认为明清人把《世本·作篇》的“乌曹作博”的“博”误解为围棋，故而《潜确类书》《广博物志》中有“乌曹作博、围棋”之类的附会，不可凭信。但是，需要注意的是，否定尧舜造围棋的说法，并不等于否定尧舜时期有出现围棋现萌芽状态的可能。尧舜时期距今有4000多年，相当于原始社会末期。数学、天文学、阴阳学说和军事学的知识都有了很大的发展，应该说已经具备了萌生围棋的基础。

“战国纵横家、兵家发明”说。唐代诗人皮日休认为：“弈之始作，必起自战国，有害诈争伪之道，当纵横者流之作矣。岂曰尧哉！”这些话直译为：下围棋要讲害、诈、争、伪，而尧则是以仁、义、礼、智、信为本，因此，围棋只能是战国时那些鼓吹合纵连横的纵横家们所造的，不可能是尧造的。但是，如果围棋的“战国起源”说真的成立的话，它就抹掉了春秋时期的历史，推迟了围棋的发明时间，所以，它的不成立也是显而易见的。

用现代人的思维来看，围棋的出现显然是一个复杂的过程，不可能是一个人或一朝一夕可立就的。它应当是许多人长期实践创造出来的产物，是众人智慧的结晶。不过，无论如何，它一定有一个萌芽的滥觞之源。

那么，它到底源于何时何人呢？随着围棋史的深入研究，特别是考古工作的进展，我们相信，围棋起源之谜迟早会大白于天下。

## 二胡的起源

中国人一提到二胡，可能就会很自然地想到《二泉映月》。《二泉映月》起始轻微，收梢突兀，其间有欲语未尽之声。每次听完此曲，总能在乐曲停顿之后感受到一种余韵。

二胡又名“胡琴”，今天的胡琴一般被认为是奚琴的“后人”，奚琴因出自北方游牧民族奚人而得名。“胡”是中原人对游牧民族的泛称，同时表明这种乐器源于草原，后来汉族人又根据胡琴的两弦称之为“二胡”。唐宋时期凡来自北方或西北方的拨弦乐器均称“琴”，那么琴为什么加一“胡”字呢？据说，黄河以南的民族称北方民族为胡人，这个拉弦乐是从北方传来的，认为是胡人制造的，所以称为“胡琴”，为什么又称为“二胡”呢？因为是用两根弦拉奏，所以又称“二胡”。

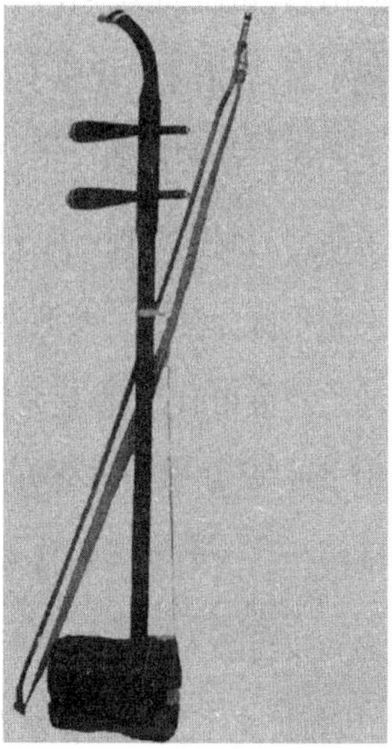

二胡

关于胡琴的起源,今人有两种不同的看法:一种观点是,胡琴作为中国的民族拉弦乐器之一,最早的记载是在宋朝,称二胡为"胡琴"或"南胡",在沈括《梦溪笔谈》中记载了"马尾胡琴随汉车"。这是最早关于胡琴的文字记载。到了宋代,又将胡琴取名为"嵇琴",宋代学者陈元靓在《事林广记》中这样记载:嵇琴本嵇康所制,故名"嵇琴"。宋朝沈括《梦溪笔谈》记载:"熙宁中,宫宴,教坊令人徐衎奏嵇琴,方进酒而一弦绝,衎更不易弦,只用一弦终其曲。"嵇琴即胡琴,自宋代开始出现马尾胡琴,到了明代,胡琴加上了固定弦长的千斤,已与今天的形制大体相同。自明末以后拉弦乐器崛起,成为音乐活动(特别是戏曲演出)中的主奏乐器,演奏的技巧已相当高超,展示了特有的魅力。由此认为,在北宋时已有了马尾胡琴。

另一种观点是,胡琴在唐代被称为"奚琴"并不确切,唐代时,二胡已被称为胡琴,有诗为证,岑参《白雪歌送武判官归京》中有诗句"中军置酒饮归客,胡琴琵琶与羌笛",这可以充分说明,胡琴在唐代已开始流传,而且是中西方拉弦乐器和弹拨乐器的总称。

欧阳修《试院闻奚琴作》诗云:"奚琴本出奚人乐,奚虏弹之双泪落。"早期奚琴为弹拨乐器,后来才出现属于擦弦乐器的奚琴。

至元代,"胡琴制如火不思,卷颈龙首二弦,用弓捩之,弓之弦以马尾"进一步阐述了胡琴的制作原理。而到了明清时代胡琴已传遍大江南北,开始成为民间戏曲伴奏和乐器合奏的主要演奏乐器。明代尤子求《麟堂秋宴图》所绘的胡琴图与现在的二胡很相似,即卷颈龙首,二弦,用马尾拉奏,并置有千斤。

到了近代,胡琴才更名为二胡。半个多世纪以来,二胡的身份已进入开宗立派的大师段位。而刘天华则是现代派的始祖,他奉行"拿来主义",把西方乐器的演奏手法和技巧融入二胡的演奏,并将二胡定位为五个把位,一改其低音不够洪亮的缺陷,从而扩充了二胡的音域范围,拓展了它的音域。

二胡作为胡琴类乐器的代表,其主要功用是为戏曲、说唱、歌舞伴奏,以及参与某些小型传统乐队的合奏。在伴奏与合奏中逐步形成了自己的一套演奏技巧和表现风格。就历史年代而言，它比钟、鼓、磬、埙、笛、琴、瑟等体鸣、膜鸣、气鸣、弦(弹)鸣类乐器晚出几千年；就艺术的积累而言，琴、筝、琵琶、笛、管、唢呐等都有丰富的演奏曲目，并且在演奏技艺方面形成了各自的体系和审美追求，而二胡恰恰没有那么多条条框框的约束，所以才得以轻装上阵，尤其后来的一百年“现代期”，它的艺术成就竟然超过了一千余年的“传统期”，这一点着实惹人深思。二胡艺术又迎来它的第二个一百年，是“锐意改革”呢，还是“因循守旧”呢，这同样又是一个让人思索的问题。

## 第六节　雕塑建筑疑云

这是一个奇妙无比的大千世界，无限奥妙令人百思不得其解。扑朔迷离的奇异现象，让人慨叹万千。神秘的文明魅影，让人构筑想象天堂。

### 原始社会的中国建筑文化

提到中国的建筑文化，首先就要说到中国古代。任何国家的建筑特征总是在一定的自然环境和社会条件的影响支配下形成的，中国是幅员辽阔的多民族国家，地质、地貌、气候、水文条件变化很大，各民族的历史背景、文化传统、生活习惯各不相同，因而形成了许多各具特色的建筑风格。而古代社会发展的迟缓和交通闭塞，又使得这些特色能够长期保留下来，成为后世学者研究考据的重要资料，例如：南方气候炎热而潮湿的山区有架空的竹、木建筑——干阑；东北与西南大森林中有利用原木垒成墙体的“井干”式建筑；北方游牧民族的人民有便于迁徙的轻木骨架覆以毛毡的毡包式居室；新疆维吾尔族人民因为居住在干旱少雨的地区，所以衍生了土墙平顶或土墙拱顶的房屋，清真寺则用弯顶；黄河中上游地区的人民利用黄土断崖挖出横穴作居室，称之为窑洞。

在我国原始社会初期，由于生产力发展水平极度低下，所以人类对于生存空间的要求并不高，只要能够遮风避雨，抵御猛兽侵袭就可以了。可以说，当时的建筑仅仅是物质生活的手段，建筑的发展是极其缓慢的。在漫长的岁月中，我们的祖先从艰难地建造穴居和巢居开始，逐步掌握了营建地面房屋的技术，创造了原始的木架建筑，满足了最基本的居住和公共活动的要求。

我国境内已知最早的人类住所是天然岩洞。《易·系辞》中有“上古穴居而野处”的记载。大自然所雕琢出的无数奇异深幽的洞穴，为人类在长期生存的过程中提供了最原始的家。在生产力水平低下的状况下，天然洞穴显然首先成为最宜居住的“家”。旧石器时代原始人居住的北京周口店、山顶洞穴居遗址以及其他天然岩洞，在我国的北京、辽宁、贵州、广州、湖北、江西、江苏、浙江等地都有发现，可见穴居是当时的主要居住方式，它满足了原始人对生存的最低要求。

进入氏族社会以后，随着生产力水平的提高，房屋建筑也开始出现。但是在环境适宜的地区，穴居依然是当地氏族部落主要的居住方式，只不过是人工洞穴取代了天然洞穴，且形式日渐多样，更加适合人类的活动。例如在黄河流域有广阔而丰厚的黄土层，土质均匀，含有石灰质，有壁立不易倒塌的特点，便于挖作洞穴，因此在原始社会晚期，竖穴上覆盖草顶的穴居成为这一区域氏族部落广泛采用的一种居住方式。同时，在黄土沟壁上开挖横穴而成的窑洞式住宅，也在山西、甘肃、宁夏等地广泛出现，其平面多为圆形，和一般竖穴式穴居并无差别。山西还发现了“低坑式”窑洞遗址，即先在地面上挖出下沉式天井院，再在院壁上横向挖出窑洞，这是至今在河南等地仍被使用的一种窑洞。随着原始人营建经验的不断积累和技术提高，穴居从竖穴逐步发展到半穴居，最后又被地面建筑所代替。

穴居方式虽然早已退出历史的舞台，但作为一定时期内特定地理环境下的产物，穴居方式对我们祖先的生存发展起到了重要作用。同时，其鲜明的地方特色也构成了一道道独特的人文景观，至今在黄土高原依然有人在使用这类生土建筑。

与北方流行的穴居方式不同，南方湿热多雨的气候特点和多山密林的自然地理条件自然孕育出云贵、百越等南方民族“构木为巢”的居住模式。在我国古代文献中也曾记载有巢居的传说，如《韩非子·五蠹》中就记载：“上古之世，人民少而禽兽众，人民不胜禽兽虫蛇，有圣人作，构木为巢，以避群害。”《孟子·滕文公》中也有“下者为巢，上者为营窟”之语，专家因此推测，巢居是地势低洼气候潮湿而多虫蛇的地区采用过的一种原始居住方式。严格来讲，此时的原始人尚未对这种“木构”建造有明确的意识，只不过是随着劳动生活中的钻木取火、劈砸石器等一系列无意识的条件反射而诞生的一种社会行为，因此算不得建筑。

但无论如何，与穴居相比，巢居在适应南方气候环境这一点上有着显而易见的优势：远离湿地，远离虫蛇野兽的侵袭，有利于通风散热，便于就地取材就地建造等。可以说巢居是我们的先民为了适应自然环境而发明的一项伟大创造。

随着人类生产力的缓慢提高以及氏族文化的逐渐形成与发展，建筑文化逐渐开始萌芽，成了社会思想观念的一种表现方式和物化形态，这种变化无疑促进了我国的建筑技艺向更高层次的发展。由此开始，历经六七千年的发展，最终形成了辉煌灿烂的中国建筑历史与丰富多彩的建筑文化。

在近年的考古工作中，一批原始社会公共建筑的遗址被发现，如浙江余杭区瑶山和汇观山土筑祭坛，内蒙古大青山和辽宁喀左县东山嘴石砌方圆祭坛，辽西建平县境内的神庙等。这些发现，使人们对5000年前的神州大地上先民的建筑水平有了新的了解，当时的他们为了表示自己对神的敬畏之心，开始创造出一种超常的建筑形式，从而出现了沿轴展开的多重空间组合和建筑装饰艺术，这是建筑史上的一次飞跃。从此建筑不仅具有了它的物质功能，而且还具有了精神意义，促进了建筑技术和艺术向更高层次发展。

人类的发展犹如文化的接力，农耕社会的到来，引导人们走出洞穴，走出丛林。人们可以用劳动创造生活，来把握自己的命运，同时也开始了人工营造屋室的新阶段，并建立了以自己为中心的新秩序，真正意义上的“建筑”就这样诞生了。

近年来，仰韶、半坡、姜寨、河姆渡等母系氏族社会晚期新石器时代的人类居住遗址频有发现。北方仰韶文化遗址多半为半地穴式，但后期的建筑已进展到地面建筑，并已有了分隔成几个房间的房屋。其总体布局井然有序，颇能反映出母系氏族社会的聚落特色。而南方巢居也已演进为初期的干阑式建筑。如长江下游的河姆渡遗址中就遗存了许多干阑建筑构件,距今约六七千年,是我国已知的最早采用榫卯技术构筑木结构房屋的一个实例。已发掘的部分是长约23米、进深约8米的木构架建筑遗址,专家推测这是一座长条形的、体量相当大的干阑式建筑。木构件遗物中甚至包括较为精细的柱、梁、枋、板、启口等,许多构件上都带有榫卯,有的构件还有多处榫卯。龙山文化的居住遗址已具有了家庭私有的痕迹,出现了双室相连的套间式半穴居,平面成"吕"字形,套间式布置也反映了我国先民当时是以家庭为单位的生活。在建筑技术方面,开始广泛地在室内地面上涂抹光洁坚硬的白灰面层,使地面能够防潮、清洁和明亮。考古学家甚至在山西陶寺村龙山文化遗址中,还发现了白灰墙面上刻画的图案,这应该算是我国已知的最古老的居室装饰了。

总之,当原始人真正走出洞穴,走出丛林,开始用自己的劳动创造生活时,也就开始了有目的地人工建造屋室的活动。人们可以按照自己及社会关系的需要建构自己的建筑与村落,同时,在满足了物质生活的基本需要后,精神需要越发成为左右建筑的重要因素。从这一点上来说,此时出现的建筑才是中国古代真正意义上的建筑。

## 中国古代园林艺术之谜

中国古代园林,又称为中国传统园林或古典园林。它历史悠久,文化含量丰富,个性特征鲜明,而又多彩多姿,极具艺术魅力,为世界三大园林体系之最。在中国古代各建筑类型中可算得上是艺术的极品,更是世界文化遗产宝库中一颗璀璨夺目的东方文明之珠。

我国古典园林建造的历史始于何时,至今尚无明确的定论。但从园林建筑的使用性质来分析,园林主要是供游憩、文化娱乐、起居的要求而兴建,而使用者则必须占有一定的物质财富和劳动力,才有可能建造供他们游憩享乐的园林《礼记·札记》中记载:"昔者先王未有宫室,冬则居营窟,夏则居橧巢。未有火化,食草木之

苏州园林

实，鸟兽之肉，饮其血，茹其毛；未有麻丝，衣其羽皮。”由此可见，在人类的生产能力很低、改造自然、征服自然的能力很弱，只能依靠群体的力量才能获得生活资料的原始社会，是谈不到造园活动的。

而之后到来的旧石器时代和新石器时代的繁荣时期，虽然先民们有了典型的村落如西安半坡村，锄耕农业和家畜饲养也已出现，甚至出现了手制的形态和花纹都很精致的彩陶，有些陶器上还刻有类似文字的符号，但这个时期的劳动生产率还是十分低下，只能提供极其微薄的富余资料而无法进行造园活动。

当社会从原始社会向奴隶社会转变后，由于生产的增长，交换的扩大，奴隶主的财富不断增加，人们的思想和趣味也随之起了变化。这时，既有奴隶经济基础的剩余生活资料可供奴隶主使用，又有可供他们驱使的劳动力，这就为满足他们要过奢侈享乐生活所需的园林的建造活动提供了条件。在我国古代第一个奴隶制国家夏朝，农业和手工业都有相当的发展，那时已有青铜器，有锛、凿、刀、锥、戈等工具，为营造活动提供了技术上的条件。因此，在夏朝已经出现了宫殿建筑。

商朝的甲骨文是商代文化的巨大成就，文字构造以象形为主，现已被识别的甲骨文约有 2000 个。商代已有立法，并具备了相当的天文知识，雕刻艺术也很发达。从商朝的经济、技术、文化艺术的发展情况来看，当时已经具备了造园活动的基础。

据有关典籍记载，我国造园应始于商周时期，当时称之为囿。由史籍记载中我们可以得知,最初的“囿”,就是把自然景色优美的地方圈起来,放养禽兽,供帝王狩猎,所以也叫游囿。天子、诸侯都有囿,只是范围和规格等级上的差别,“天子百里,诸侯四十”,据《孟子》记载:“文王之囿,方七十里”,其中养有兽、鱼、鸟等,不仅供狩猎,同时也是周文王欣赏自然之美,满足他审美享受的场所。从一些文献资料如《周礼》“园圃树果瓜,时敛而收之”,《说文》“囿,养禽兽也”以及《周礼地官》“囿人,……掌囿游之兽禁,牧百兽”等记载中都可以看出,当时囿的主要作用就是放牧百兽,以供狩猎游乐。可以说,囿是我国古典园林的一种最初形式。

到了春秋战国时期,自然山水园林开始萌芽,帝王的园林中已经有了成组的风景,而且还在园林中构亭营桥,种植花木,既有土山又有池沼。此时,园林艺术的组成要素都已具备,园林也已不再是简单的囿了。

1. 秦汉时期,出现了以宫室建筑为主的宫苑,秦始皇建上林苑,引渭水特长池,并在池中筑蓬莱山以象征神山仙境。从汉代起,园林被称为苑,并且在秦的基础上把早期的游囿,发展成以园林为主的帝王苑囿行宫,除布置园景供皇帝游憩之外,还在这里举行朝贺,处理朝政。汉高祖的“未央宫”,汉文帝的“思贤园”,汉武帝的“上林苑”等,都是这一时期的著名苑囿。从敦煌莫高窟壁画中所描绘的苑囿亭阁以及元人李容瑾的《汉苑图轴》中可以看出,汉代时的造园技艺已经有了很高的水平,而且规模很大。在枚乘的《菟园赋》、司马相如的《上林赋》、班固的《西都赋》、司马迁的《史记》以及《西京杂记》等史书和文献中,都有对于上述囿苑比较详细的记载。特别是汉武帝的“上林苑”,是在秦代旧苑的基础上扩建而成的,苑中分布着数十座离宫别院,其中的太液池更是运用山池结合的手法建造于蓬莱、方丈、瀛洲三座岛屿,岛上建宫室亭台,植奇花异草,自然成趣。这种池中建岛、山石点缀的手法,被后人称为秦汉典范。

2. 魏晋南北朝时期可以说是中国园林发展中的转折点。佛教的传入及老庄哲学的流行,使得当时的园林由奢靡浮华转而向崇尚自然的意境发展,同时,私家园林的数量也在逐渐增加。

3. 到了隋朝，由于其结束了魏晋南北朝后期的战乱状态，因此社会经济一度繁荣，再加上隋炀帝杨广沉迷于荒淫奢靡的生活，因此当时的造园之风大兴。杨广曾“亲自看天下山水图，求胜地造宫苑”，迁都洛阳之后，更“征发大江以南、五岭以北的奇才异石，以及嘉木异草、珍禽奇兽”，都运到洛阳去充实各个园苑。一时间，古都洛阳成了以园林而著称的京都，“芳华神都苑”“西苑”等宫苑都穷奢极侈。与此同时，那些身居繁华都市的朝野达官显贵们，为了逍遥玩赏大自然的山水景色，便就近仿效自然山水建造园苑，不出家门，却依然能享受到大自然的野趣。因此，作为当时政治、经济中心的隋朝国都长安，也就成了皇家宫苑和王府宅第花园聚集的地方。

中国的园林艺术在唐宋时期达到了成熟阶段，当时，不但在达官显贵中时兴造园之风，就连文人墨客也都自建园林或参与造园工作，将诗与画融入园林的布局与造景中，反映了当时社会上层地主阶级的诗意化生活要求。另外，唐宋写意山水园在体现自然美的技巧上取得了很大的成就，如叠石、堆山、理水等。

到宋元时期，园林艺术已发展到了一个兴盛时期，特别是在用石方面有较大的发展。这皆因宋徽宗对书法绘画颇有造诣，尤其喜欢把石头作为欣赏对象。为了满足自己的爱好，他先在苏州、杭州设置了“造作局”，后来又在苏州添设“应奉局”，专门负责搜集民间的奇花异石，并用专门的船只运往京都开封建造宫苑。苏州、扬州、北京等地的“花石纲”遗物以及现今开封相国寺里展出的几块湖石，形体的确奇异不凡，令人啧啧称奇。这期间，大批文人、画家参与造园，进一步加强了写意山水园的创作意境。

4. 明清时期，园林艺术进入了精深发展阶段。无论是江南的私家园林，还是北方的帝王宫苑，在设计和建造上，都达到了高峰，同时在明末还产生了园林艺术创作的理论书籍《园冶》。现代保存下来的园林大多属于明清时代，这些园林充分表现了中国古代园林的独特风格和高超的造园艺术。皇家园林创建以清代康熙、乾隆时期最为活跃。当时社会稳定、经济繁荣给建造大规模写意自然园林提供了有利的条件，如“圆明园”“避暑山庄”“畅春园”等等。私家园林是以明代建造的江南园林为主要成就，如“沧浪亭”“休园”“拙政园”“寄畅园”等等。自然观、写意、诗情画意成了占据园林创作的主导地位，建筑起了最重要的作用，成为园林造景的主要手段，园林也从最初的游赏逐渐发展成为可游可居的模式。

到了清末，由于外来侵略、西方文化的冲击、国民经济的崩溃等原因，造园理论探索停滞不前，园林创作也由全盛走向衰落。但中国园林的建造手法却在此时被西方国家所推崇和模仿，在西方国家掀起了一股“中国园林热”。中国的园林艺术也成了被世界公认的园林之母，直到今天，仍然是世界艺术领域中的一朵奇葩。

### 大观园之谜

曹雪芹的《红楼梦》不仅仅成功地塑造了宝玉、宝钗、黛玉、凤姐等一系列鲜活、可人的艺术形象，让他们的一颦一笑、一举一动，甚至他们的气质、性格、思想等都活生生地如同生活在我们身边；还栩栩如生地勾勒出一个世外仙境般的大观园，让一系列的欢笑、悲伤、欺瞒、虞诈、生生死死、是是非非都在这里现实又无情地发生着、经历着。人们如痴如醉地品味和想象着大观园中的一切，也探讨和争论着人间凡尘中是否真的存在如此这般的一个大观园，如果有，那么它究竟在哪里？

大观园

关于这个问题的探讨，早在乾隆时期就开始了。

有人说那红楼一梦就发生在南京小苍山，即随园的故址。当时一个名明义的满洲人写了二十首《题红楼梦》的诗,在其中一首诗的小序中写道:“曹子学芹出所撰《红楼梦》一部,备记风月繁华之胜。盖其先人为江宁织造,其所谓大观园者,即今随园故址。”袁枚在《随园诗话》中也持相同的观点:“曹子雪芹撰《红楼梦》一部,备记风月繁华之盛。中有所谓大观园者,即余之随园也。”

也有学者依据脂砚斋在“后一带花园”上批示的“后字何不直用‘西’字”,推断大观园就是曹家显赫时用过的江宁织造署西花园。这个西花园现已改为大行宫小学,据说在修建学校时,曾经在西北角发现了一块刻有“红楼一角”的碑石,后来还发掘出了完整的假山基底和西花园水池,这些实物的发现似乎更加证实了二者之间的必然联系。

还有人根据《红楼梦》中刘姥姥说的“在这长安城中,……”等细节认定大观园是在古城西安。

《红楼梦传奇》的作者陈钟麟则把贾家写成在南京,薛家在北京。

还有人依据《红楼梦》中提到红梅、翠竹、青苔、湘帘等景致,认为这个园址一定在南方。

更有一些专家认为《红楼梦》毕竟是小说,而虚构、综合等等都是小说的创作方法,它完全可以来源于生活又不等同于生活。他们认为荣、宁二府和大观园很有可能根本就无法在现实生活中找到其创作的蓝本,它是曹雪芹凭借多年的生活积累和想象创造出来的一个“惟一”,其中有着大江南北各处名园的精华。胡适也就此发表自己的见解:“至于大观园的问题,我现在认为不成问题,贾妃本无其人,省亲也无其事,大观园也不过雪芹的‘秦淮残梦’的一境而已。”

针对这种说法,许多人提出了异议,其中比较有代表性的说法是大观园之所以引人入胜,其魅力就在于真实性。因为后花园的描写在明清小说中就已很常见,之所以没有给读者留下更多的审美空间,在很大程度上是由于其写作手法上虚构的成分太多,使后花园的描写仅仅流于形式,引不起读者的想象和共鸣。曹雪芹的成功在于它突破了这种模式,为读者缔造了一个活生生的、有血有肉的真园子。鲁迅在《中国小说史略》中论及《红楼梦》时，也就这一问题指出曹雪芹“正因写实，转成新鲜”，说明他也认为人间是真有一个大观园存在的，而曹雪芹的写实手法，才是他新人耳目之所在。

但是，大观园究竟在何方？

红学家俞平伯著书《红楼梦辨》，并设置专门章节详细论述了这个地点问题，但是最后仍然不得不感慨：“所以说了半天，还和没有说以前，所处的地位是一样的。我们究竟不知道《红楼梦》是在南或是在北？……非但没有解决的希望，反而添了无数的荆棘，真所谓‘所求愈深所得愈寡’了。”

另一位资深红学家周汝昌也就这个问题进行了颇为深入的考证，他从内部结构、建筑风格、民间传说、园子内部的水源，甚至外部及周边的地形地貌等特征，反复论证了他的观点，即大观园就在位于北京西北部的恭王府。周汝昌认为《红楼梦》从姑苏、淮扬两地写起，这两个地方全是曹寅曾经仕宦的地方，但是伴随着黛玉入贾府，其实也就是书中的重点从姑苏转入了北京。从正文内容来看，第二回中，贾雨村在提及甄家时，曾用了如此的定语——“金陵城内钦差金陵省体仁院总裁”，说明甄家是在南京；第五十六回中，又有这样的描写——“刚说着，只见林之孝家的进来说：‘江南甄府里家眷昨日到京……’一语未完，果然人回：‘甄府四个女人来请安……’贾母便问：‘多早晚进京的？……这些年没进京，也想不到今年来。’四人也都笑回道：‘正是，今年是奉旨进京的。’从对话中的内容应当可以看出，是南京甄府家的人“奉旨进京”来到贾府，显然贾府不可能也同在南京了。再者，文学界一般单独使用一个“京”字，都通指首都。周汝昌还从宝钗吟咏大观园景物的“芳园筑向帝城西”以及书中提到的“出西门，找到花儿匠……”“兴隆街”（城内的）等说法，确认贾府的地点应在北京西北部。进而，周根据元春省亲从出行（约为现晚八点）到达荣国府，经历游幸、行礼、开宴、作诗、看戏、叙旧等应酬，到丑正三刻（现凌晨三点）再请驾回銮这段日程所用的时间，判断贾府所在地应位于“宫”西北不远处的地方；再据元春、惜春、宝钗、黛玉等众姊妹题咏新园的“应制”

诗来看,“衔山抱水建来精”“秀水明山抱复回,风流文采胜蓬莱”“借得山川秀,添来景物新”等诗句,都表明大观园是一个四周山水环抱,秀美程度可与蓬莱相媲美的园林。查考恭王府和周围城建设施的历史变迁,在皇宫内苑之外,什刹海和恭王府组成的景致最符合这一条件。周的这一说法得到了国内外许多红学爱好者的认同。

文学界有一句流传甚广的话,叫作“有一千个读者,就有一千个哈姆雷特”,这句话同样适用于《红楼梦》留给我们的巨大的想象空间和审美意境——有一千个读者,就会有一千个宝玉、黛玉,一千个大观园。时至今日,谁又能说得清楚,曹雪芹梦中的红楼,它究竟在哪里?

## 紫禁城之谜

紫禁城,名字中就透着一种雍容大气,壁垒森严的非凡气度,听来必是一个与黎民百姓相去甚远的地方。这个堪称城中之城的地方就是明清时期皇家王朝的统治中心、是中央政府的决策重地。它创建于明永乐四年至十八年,建筑面积约15万平方米,四周被10米高的宫墙和52米宽的护城河所环绕,里面曾经居住过24位皇帝。

这个昔日被御林军严防紧守的皇家宫殿,于1925年正式被辟为故宫博物院,自此普通的百姓才得以一睹“大内”风采,不断发掘和追寻着其中的奥秘。

那么,紫禁城的名称是缘何而来呢?

中国自古就非常崇尚天文,在他们的意识中天皇大帝是上天的主宰,在堪称中华文化第一本成书的《易经》中,视“天”为最重要、最神圣的神,古代的皇帝就自命“真龙天子”;皇帝生活和工作的地方自然也以天上的星座来规划和命名。

按照易学中所讲的星宿排布方式,天空的东方以青龙为代表、西方以白虎为代表、南方以朱雀为代表、北方以玄武为代表,四个神各执一方;位居中央的是北极星,又称紫微垣。传说中,天皇大帝理应在天空的中央,他居住在地处中心地带的紫微垣之“紫微宫”中。与天皇相对应,视为“天子”的皇帝居住的都城也成为一个

紫禁城

国家的政治、经济和文化中心，皇宫亦从汉代开始因“紫微宫”得名“紫宫”；又由于皇家要地是凡人不得自由出入的禁地，所以又有“禁城”的提法。到了唐代，皇家建筑群开始将“紫宫”的“紫”与“禁地”的“禁”连用，“紫禁城”因而得名。

紫禁城金碧辉煌、殿阁沉沉，不仅总体建筑名称的确立有资可考，其中各个主要建筑名称也都颇有讲究。比如，按照易学的说法，“乾”有像天、像阳、像龙、像君之意，所以皇帝居住的宫殿称“乾清宫”，寓意皇天清明浩荡；而“坤”则像地、像阴、像妇，所以皇后居住的地方称“坤宁宫”，寓意大地平静安宁。

此外，为突出紫禁城中的福瑞吉祥，城中七十多座宫殿，个个红墙黄瓦、飞檐翘首、富丽堂皇。在颜色的运用上，以红色象征喜庆、吉祥，黄色为“五行”中黄土之色，有土才有食粮，所以在以农业为主的中国，黄色就成为封建帝王的专用色，寓意中心和尊贵。

紫禁城中稀世珍藏不胜枚举，就是其中的大小房屋也多得难以计数，据说有9999间，这里大到整体建筑格局、小到具体的一个殿宇，甚至屋脊上形态各异的龙、凤、狮等动物造型的雕塑都有着厚重的文化积淀，可以说是集中了易学、太极、阴阳、五行、天干、地支等各路思想之精华，也或许正是这种博大精深的文化底蕴才使这座宏伟瑰丽的紫禁城在世界上神秘悠远、魅力非凡。

## 杏花村之谜

看到杏花村的名字，很自然地会联想到杜牧那首《清明》诗——“清明时节雨纷纷，路上行人欲断魂。借问酒家何处有，牧童遥指杏花村。”诗中杏花村给人的感觉是花香酒美，那份暖融融的感觉，似乎能让人暂时忘却雨中清明的凄凉与哀婉。杏花村是否真有其地，如果有，它会在哪里，一直是困扰诸学者的一个未解之谜。

在中国大地上，以杏花村为名的地方不下 80 处，其中尤以江苏南京杏花村、山西汾阳杏花村、安徽贵池杏花村以及山东、湖北等地的杏花村最为知名。

很多学者认为杜牧所写的杏花村位于南京，又称金陵杏花村。因为杜牧曾经多次去过南京，而且北宋年间的《太平寰宇记》中有“杏花村在县理西，相传杜牧沽酒处”的记载。《太平寰宇记》距离杜牧生活的年代只有百余年的时间，所以被认为是非常具备说服力的重要参考证据。1933 年，在陈文述所著《金陵历代名胜志》中也有“杜牧沽酒处……皆在金陵”的提法。

上海辞书出版社出版的《中国名胜词典》，将杏花村的地点确认为“山西汾阳县城北 15 公里”处。这种观点最有力的证据是当地不仅杏花美丽，而且自北魏开始就有了酿酒的记录，所产的汾酒和竹叶青均为名震海内外的“甘泉佳酿”，这一点是其他几个杏花村无法比拟的。喜好饮酒的杜牧对此地应当留有相当深刻的印象。所以，《清明》诗很有可能是杜牧晚年在江南落魄之际，回想起自己年轻时在汾阳踌躇满志、激情豪迈时引发的感伤；这首诗的广为流传，又使“杏花村”得名并名扬天下。

在《中国名胜大典》中同时列举了两种说法，一个是山西汾阳，另一个是安徽贵池区的杏花村。《中国名山大川辞典》《中国名胜辞典》等也将杏花村定位在贵池。据说这里也有酒肆，曾盛产一种名为“杏村大曲”的酒，味道香醇可口，至今古井犹存。杜牧唐会昌四年(844)九月来此地任刺史，为官期间曾来此地饮酒。在清代《贵池县杏花村志》和《江南通志》中都收入了《清明》诗，后者还特别注明杜牧所写的杏花村就在贵池。

也有人认为，杜牧笔下的杏花村并非确指。纪晓岚总纂的《四库全书总目》持此观点，认为“牧童遥指杏花村”是“盖泛言风景之词，犹之杨柳岸、芦荻洲耳。必指一村以实之，则活句反为滞相矣”，意即杏花村只是一个如同杨柳岸、芦荻洲一样的泛指，如果一定要找出与它相对应的实际地点，就未免将一个用得很活的句子概念化、僵死化了。在明朝陈沂所撰的《金陵古今图考》中，记载南京西南隅为“杏花村”，但并未提及与杜牧诗有任何联系；明《正德江宁县志》记载南京杏花村时也只提到这里的人家多种杏树，花开时节成一佳景，得名杏花村，也未提及杜牧沽酒之事；《金陵待征录》说明杏花村是在明嘉、隆年间由“遁园”改名而得，还强调“与杜牧诗无涉”；《大清一统志》中关于安徽池州杏花村的记载也未提及杜牧和他的《清明》诗。依照纪晓岚的观点，之所以若干的杏花村都言称自己就是杜牧笔下的杏花村，实为“附会古迹，以夸饰土风”，即想方设法与古迹相牵扯，以达到粉饰地方、吸引游人的目的。不知纪大人所言是否也有几分道理。

**桃花源之谜**

桃花源，那是深植于每个人心目中的一个山水如歌、恬静超然的世外田园，那些在激烈的社会竞争中感到失意或承受压力的人、那些向往美好生活的人、那些平凡的或超然的人，都不自觉地按照《桃花源记》中描述的景象，勾画和憧憬着那样一个清新、闲适、自由、富足的理想社会。

人世间真有如此美妙的桃花源吗？它会不会只是陶渊明在仕途坎坷时寄托的美好希望呢？

在很多探讨相关问题的著作和论文中，都认为那个“芳草鲜美，落英缤纷”、“土地平旷，屋舍俨然”、人人怡然自乐的桃花源根本不存在实际的原型，它只是寄托着作者理想的一个虚幻世界。他们认为桃花源的诞生与作者陶渊明的经历息息相关。陶渊明出生在一个没落的地主官僚家庭，胸怀建功立业的伟大志向，然而东晋末年，统治者昏庸无能，士族间割据混战，陶渊明虽身为官吏，但感慨官场丑恶，昏君得势，空有鸿鹄之志，亦难改变民不聊生的社会现状。他弃官还乡，隐居田园，希望从此过起“方宅十余亩，草屋八九间”的超然生活。在这段生活经历中，他一方面仍然难解壮志未酬的苦闷与悲愤，另一方面亲身实践和了解了农民的生活和思想愿望，知道辛勤劳作却依然苦不堪言的百姓们最大的希望就是能过上安居乐业的生活。于是他将自己的一腔抱负和理想寄托于笔端：让一个渔人“忽逢”桃花林，看到了其中和平、安定、富饶、纯朴的幸福生活，这里人人以诚相待、处处丰腴安康，使桃花源内的生活景象与外界的争权夺势、饥寒交迫形成了鲜明的对照，让人惊羡又向往，但当渔人带领武陵太守再次去寻找时，却不复得路；故事是美好的，结局却充满了玄妙，作者创造了一幅乌托邦似的美妙画卷，却以这种神秘的结尾让读者意识到这种地方在人间其实是不存在的，它只是一个美好的梦想罢了。

然而也有很多论述认为桃花源并不仅仅是诗人的一种寄托，它在世间是有现实原型的。首先，经过考证发现《桃花源记》中那位偶然发现了桃花源的武陵人是真实的。在南朝《武陵记》中记载着：“晋太康中，武陵渔人黄道真，泛舟溯流而入桃花源。道真既出，白太守刘歆。与俱往，则已迷路。”《武陵记》属于地方志，是当地人记载当地事，具备可信性，由此证实当年在武陵确有一个名黄道真的渔人不意之中发现了桃花源。那么，桃花源应当就在武陵附近了，武陵郡在今天的常德市，而常德市位于湖南省沅江下游近河口段，下辖桃源等六个县。这种提法在很多工具书如山东教育出版社出版的《中国名山大川辞典》、上海辞书出版社的《中国名胜词典》等中都得到了印证，书中都注明桃花源在湖南省桃源县城西南 15 公里的水溪附近；经济科学出版社的《中国名胜大典》也将桃花源一条目标注为“常德市桃源县西南 15 公里的沅江附近”。

另有一种说法认为桃花源应当在江西庐山西南部的康王谷，距离陶渊明故居不远。这里的风光山色与《桃花源记》中的描写非常相像，同样是花如繁星，溪流潺潺，而且依据古书记载，秦灭楚时，康王（即楚王）曾经躲入谷中避难，秦军追至，却忽遇大风大雨，使康王得以躲过一劫，从此康王深居谷中不再出来。由于陶渊明曾经在庐山脚下隐居，对康王的这段轶事非常熟悉，所以有人认为他很有可能是假借了当地的景物和康王事件的某些情节写就了《桃花源记》。

关于桃花源的具体地点问题，还有很多不同的提法，如依据古地名演变或景致特征等推断桃花源在今连云港地区或江西九江武夷山附近等等。究竟陶渊明在《桃花源记》中是描写了一个桃花源，还是虚构了一个桃花源，我们还不得而知，只有在欣赏这位伟大田园诗人简洁俊逸的文字和勾画的幸福图景中品味那种无尽的审美感受，再从文章的字里行间，从古代的史书记载中去寻求答案。

## 碣石之谜

凭海临风，亲身接触和感悟大海的波澜壮阔时，也许我们会随口吟诵出当年魏武帝曹操那首气势恢宏的《观沧海》——"东临碣石，以观沧海。水何澹澹，山岛竦峙。树木丛生，百草丰茂。秋风萧瑟，共波涌起。日月之行，若出其中。星汉灿烂，若出其里。"其实不仅是曹操，当年的秦皇、汉武也曾临碣石、观沧海，并赋诗抒怀，刻石纪念。然而，这个几代皇帝大驾亲临的圣址究竟位居何处，自古以来却未得一是。

碣石，在《说文》中注释为"碣，特立之石也"；《尔雅·释名》解释为"碣石者，碣然而立在海旁也"。显然，碣石是指那些海边突兀而起的巨石或巨石群。历来关于碣石的具体地点问题，有多种不同的说法，有的认为是今河北省昌黎县碣石山，也有人认为是在北戴河境内的莲蓬山，还有人认为是在河北省乐亭县西南，且现在已经"石沉大海"，沦落于海平面以下了。两千多年来，人们各执己见，争论不决，使之成为一大历史悬案。

1984年，辽宁省的考古工作者向考古和历史学界发布了一条重要信息，指出在距离秦皇岛山海关10余里的绥中县秦汉建筑遗址，应为当时举行观海等重大活动的地方。这为考察碣石的确切地点带来了一线曙光。

从地势地貌上看，在绥中至秦皇岛长达40公里的海滨区间内，海岸线平直，海滩不是砂泥质而是石质，海中耸立着许多孤崖、海蚀柱等由礁石组成的碣石带景观，确实有着"虎视何雄哉"的宏伟气魄，从史书所标注的地理位置上查考，在《史记·秦本纪》《汉书·武帝本纪》等书中都记载了秦始皇和汉武帝巡行东方、登临碣石的事迹。东汉文颖对碣石的注释为“在辽西,属临渝。此石著海旁”,在《水经注》《山海经》《新唐书·地理志》中也都同执一词。可见碣石的方位在辽西渤海湾的北岸也是正确的。

在辽宁省考古工作者于山海关外渤海岸边发现秦汉建筑遗址后所发表的《辽宁绥中县姜女坟秦汉建筑遗址发掘简报》中,认为这几处大型宫殿遗址很可能就是秦始皇东巡的行宫和汉武帝东临碣石的望海台。有人因此推断距离宫殿不远处海面的巨石“姜女坟”,就是秦皇、汉武和魏武帝等登临的碣石;也有人认为位于“姜女坟”以北40公里远北戴河海滨的鹰角岩才是真正的碣石,鹰角岩俗称鸽子窝,足有十五六米高,登临其上,确可望沧海无际;还有人认为在北戴河海滨至金山嘴半岛海蚀崖下的一块名为“南天门”的门状巨石是曹操登临的碣石。

针对这种种关于哪一块具体的碣石才是帝王们所描写的碣石的争论,有学者提出了异议,他们认为海边碣石众多,很难确定究竟帝王登临观海的是哪一块或不是哪一块巨石,不同朝代的帝王完全有可能喜好或登临不同的碣石;所以,自辽宁绥中姜女坟遗址到河北北戴河金山嘴遗址这一段长达40公里的海滨可以看成一个统一的区域,其间的姜女坟、鹰角岩、南天门,甚至其他一些我们尚未发现的碣石,都有可能是帝王们当年登临的碣石。

## 夜郎古国之谜

夜郎古国的历史我们不甚清楚,但是“夜郎自大”的成语却是很多人耳熟能详的。这个典故出自《史记·西南夷列传》。相传汉朝时,在我国西南方的四川、云南和贵州等地分布着一些比较落后的小国,由于没有道路与外界相通,他们如同井底之蛙,消息非常闭塞。汉武帝时期曾派使者前往这片地区,到达滇国时,滇王好奇地问:“滇和汉哪个大?”问得汉使者啼笑皆非。到了夜郎,夜郎国王同样关切地问:“汉的疆域和夜郎相比,谁更大?”其实,无论是滇还是夜郎,其地理范围都只相当于汉王朝统领下的一个普通州郡,而他们却由于缺乏对对方的了解而提出了一个以己之短比人之长的可笑问题。后来人们就用“夜郎自大”来比喻妄自尊大，而用“夜郎”来形容那些妄自尊大的人。

从史书记载和文物挖掘的现状来看，中国古代史上夜郎是确有其地的。但它是一个具体的国家还是一个民族主体、它的国都在哪里、疆域有多大等等一系列的问题都还存有争议。究其原因，主要是各类史书对夜郎这样地域较小又相对落后的西南部少数民族地区记载不够详尽，而且有的古籍记载本身就存在歧义和传抄过程中出现的贻误，加上古代通假字、假借字的运用，使本来就比较贫乏的史证材料更为扑朔迷离、真伪难辨。各路专家仁者见仁，智者见智，虽提出了多种不同的见解和主张，但夜郎问题却始终是史学研究中一个未有定论的千古之谜。

根据熊宗仁《贵州研究夜郎五十年述评》一文提供的材料，可以看到近半个世纪以来研究夜郎问题所取得的部分成果和进展。

一些学者提出，所谓的古夜郎国，并不一定指现在意义上完整、统一的国家，从当时的具体情况看，很可能是指夜郎族长统领的一些权益相对独立、地域又适当分散的民族群体，而“夜郎”只是这一共同体的总称。持此观点的学者主张夜郎存在于公元前650年至公元前27年左右。在地域分布上，战国时期夜郎的范围大致相当于今贵州西部和西北部、云南东部和东北部、四川南部和广西西北部，包括今四川东山、彭山等地；至西汉时期，夜郎包括5个犍为郡属县，8个牂牁郡属县和1个益州郡属县。也有人提出夜郎疆域最大时曾经包括了今天的贵州全省，而且北至四川南部，南抵广西田林、南丹，东至湖南新晃，西达云南的曲靖和陆良。

还有一些学者认为夜郎是以夜郎邑为中心的一个国家。其兴亡时间大约在公元前279年至前27年间。地域分布问题也难以统一，一说夜郎仅为古牂牁，或包括与之毗连且族属相同的其他大约数十个部落；另一说是汉牂牁的全境，即今北起遵义，南至云南文山州、红河州，西达云南罗平等地，东抵贵州黄平一带的广大地区。

夜郎的衰败，是在汉成帝河平二年，夜郎王率周围22个邑大举反叛汉王朝时，被汉所击败。到唐朝时，又设置了多个名为夜郎的郡县，在客观上使古夜郎的踪迹变得更加难以追寻。看来，要想真正解开这个历史谜团，还需要贵州及其周围省市的有关专家学者从历史、考古、民俗、民族、语言等多种学科入手进行综合的考察和论证。我们期待着终有一天覆盖在夜郎古国上的尘埃能被一层层地拭去，让所有关注和探求夜郎之谜的人们看到它所蕴含的独特历史风韵。

## 长城之谜

长城，对于中华民族、对于炎黄子孙，它的意义绝不仅仅在于一个古代的城墙，在浩瀚的历史长河中，它已与黄河、长江融为一体，成为民族尊严和智慧的象征；那种雄伟的魂魄早已深深注入了我们民族的血液，成为所有中国人坚韧不拔、勇往直前的无形旗帜！一段段的城墙、一座座的烽火台，纵横万里、跌宕起伏，或仍坚实、或已荒疏，都实实在在地记录着我们这个民族所经历的坎坷与辉煌！

长城

长城，对于世界，它是人类历史上可歌可颂、无与伦比的建筑奇迹。美国宇航员阿姆斯特朗曾经说过，在月球和太空回望地球，通过肉眼能够看到的只有两个地方，一个是荷兰的围海大堤，另一个就是中国的长城。

当我们登临长城，眺望美好河山，感慨“万里长城今犹在，不见当年秦始皇”的时候，有没有想过这恢宏壮美的万里长城究竟是不是秦始皇的“功劳”。

很多人都认为长城是秦始皇修建的,他们在肯定长城防御敌人入侵功用的同时,也痛斥秦始皇不顾人民的利益,以致留下了难以计数的像孟姜女那样的传说,让善良的人们在千年之后回想起来仍然心有戚戚。其实,长城早在秦始皇之前就已经存在了。查考古代资料,会发现早在四千六百多年前的屈家岭文化时期,人们就会修筑周长1000到2000米、高8米以上的城池,这为几千年之后春秋战国时期长城的修筑奠定了建筑基础。战国时期社会动荡,战乱连绵,黄河、长江流域出现了秦、楚、燕、韩、赵、魏、齐七个较具实力和规模的诸侯国,他们在征战中已经开始使用骑兵,而骑兵的攻城能力和速度大大提高,所以,为了维护自身利益,防御他国进攻,各诸侯国纷纷在自己的边境修筑长长的防护墙,这就是早期的长城。据《左传》记载,当年楚国就是凭借长城(当时称方城)做城防,加上有汉水做护城河,才避免了当时已然称霸的齐桓公的强行攻打,可见这高高的城墙在防御骑兵的攻打上是很有威力的。而且,秦、赵、燕三国经常受到与之毗邻的匈奴的威胁,匈奴生活落后,就以战争和掠夺作为获取财富的主要手段,经常挑起事端。这三个国家于是在北方修筑了长城。所以,在秦始皇以前,秦昭王长城、赵长城和燕长城就已经存在了,待秦始皇统一中国后,又派将军蒙恬发兵30万取河南,采取"可缮者治之"的政策,一方面修补和治理那些仍然可以发挥功用的旧长城,把秦、赵、燕三国原有的长城连接起来,以更有效地防范匈奴,另一方面又扩建了新长城,使当时的长城西起临兆,东至辽东,万里长城初具规模。

后来,两汉为了防范匈奴,北魏、东魏时为了抵抗柔然,北齐、北周、隋朝为抵抗突厥,明代为抵抗蒙古、鞑靼瓦剌、女真等少数民族的入侵,都修建了不同规模的长城。特别是明朝,边患不断,他们沿袭了古代修建长城抵抗侵略的办法,从洪武初年修筑居庸关和山海关开始,到嘉靖年间已经完成了东起鸭绿江,西至嘉峪关,全长7300余里的雄伟长城。明长城较之秦长城工程更为艰巨,气势更为恢宏。今天我们旅游所见到的长城,绝大部分都是明代修建的,八达岭长城就是一例;它依傍山势,在建筑材料上又多采用瓦、石,较之沙土夯筑更为费工费时,在八达岭长城发现的一块明朝石碑上，记载了当年几千名戍边官兵和许许多多的民夫才修筑了一段七十多丈长的工程，可见今日的长城曾经凝结着古代劳动人民多少的血泪甚至生命。当我们有幸再次登临长城或目睹那些几乎已成为废墟的古城墙遗址时，相信会有一种深重的历史责任感穿透岁月之墙，让我们永远铭记人民的苦难，肩负起国家的尊严，下定决心一定要让今日的中国自信、自强、生生不息地屹立于世界民族之林。

长城这条华夏巨龙，气势磅礴地奔腾在我们祖国的群山之巅。当我们明晓了一些关于长城的历史，会发现这几乎就是一部抗御强敌的历史、它的功过是非至今仍是毁誉参半，一方面有效地防范了匈奴等民族的侵扰和掠夺，保卫了国家和人民生命财产；另一方面，深重的徭役之苦又让无辜的百姓付出了惨痛的代价，甚至出现了“道路死者以沟量”的记载；所以，我们在无限珍惜、爱护和崇尚长城这样一个伟大的世界文化遗产的同时，也同样充满真诚地呼唤和平，但愿今后我们所修筑的不再是以防范为目的的城墙，而是象征沟通与理解，和平与发展的桥梁。

## 姑苏台之谜

姑苏，实为苏州的别名。相传这个名字和夏朝一位精通天文地理的谋臣胥有关，他因帮助大禹治水有功，获得吴这块封地，自此当地便有了姑胥之称，而吴语中“胥”“苏”读音相近，“苏”字相比之下又更为通俗易懂，所以“姑苏”渐渐取代了“姑胥”。也有人说，“姑苏”名字的传扬在很大程度上得益于昔日这里壮阔豪华的姑苏台，李白就曾经在《苏台览古》等诗中留下：“只今惟有西江月，曾照吴王宫里人”“稍稍来吴都，徘徊上姑苏。……目极心更远，悲歌但长吁”的感慨，慨叹昔日奢侈繁华、歌舞升平的姑苏台，历经千年的历史沧桑，到唐朝已经只剩下一座荒凉的山脊了。

后代的人们不禁抚今追昔，努力探寻这已经不复存在的姑苏台当年的荣辱兴衰。

查考中国古建筑文化的历史，可以看到早在商王朝，勤劳智慧的人们就已经拥

姑苏台

有相当深厚的高脚楼建筑功底，他们所建的鹿台高达千余尺，据说登临其上仿佛凌云驾雾，可以纵览天下，连凤鹤的鸣啼都可直通霄汉。到了周代，各诸侯国更是竞相造仿，互相攀比，楚灵王构筑了章华台，吴王则不惜劳民伤财建造了镶金戴玉、气势恢宏的姑苏台。

《史记·吴太伯世家·集解》中引用《越绝书》的记载："阖闾起姑苏台，三年聚材，五年乃成，高见三百里"；结合《索隐》的注释："姑苏，台名，在吴县西三十里。"可见，姑苏台位于吴县（今江苏苏州市内）以西三十里处，是吴王阖闾经过三年征集材料，再耗费五年的时间修筑而成的。《吴地记》中也有据可查："姑苏台在吴县西南三十五里，阖闾造，经营九年始成，其台高三百丈，望见三百里外，作九曲路以登之。"所载内容与前述基本一致。

但是，也有史书对姑苏台建造的时间和人物提出了不同的看法，他们认为姑苏台实为阖闾之子夫差所造，或者是阖闾初建，而后夫差又予以扩建。在《述异记》中认为姑苏台"周旋诘曲，横亘五里"，为吴王夫差花费三年的时间建造而成，其间不惜人财物力，精雕细刻、大兴土木。台上建有春宵宫，可容上千宫妓起舞欢歌；又修造千石酒盅，作为天池，池中造有青龙舟，舟上盛陈妓乐，夫差整日与西施游弋其中，过着奢靡享乐的生活。在《艺文类聚》一书中则主张姑苏台是吴王阖闾十一年在距离吴国三十五里的姑苏山上建造的，台因山而得名，建台的目的是"春夏游焉”;而后,其子夫差将其进一步扩建,使其高300丈,宽84丈,更为高大壮美。

姑苏台的命运在一定程度上反映着吴国的兴衰。它兴建于吴国强盛之时,据说姑苏台所用木材为越王勾践所献。当年吴越之间战事频繁,越王勾践采纳范蠡之计向吴王夫差进献绝代佳人西施和营造宫殿所需的高大木材,其中有两根足有20围粗、400尺高。勾践的所作所为骗取了吴王夫差的信任,夫差沉浸在亭台、美人与好酒之中,日日寻欢作乐,还杀死了进谏忠言的良臣伍子胥。他一意孤行、执迷不悟,一面耗尽民力,广修殿宇,另一面又北上攻齐,谋图向中原地区扩大势力范围。越王勾践乘机率师屯海,断绝吴路,同时经由江淮攻袭吴国,夫差大败,自杀身死,姑苏台也被放火焚烧,据说熊熊烈焰燃烧了整整三十多天。

从此,一个曾经张扬显赫的皇家豪台化为了灰烬,一代霸主吴王永远地成为了历史,而关于姑苏台的研究也越来越深入地展开了。

### 阿房宫真建成过吗

阿房宫是秦代著名的大建筑,它和长城、秦始皇陵齐名,被誉为“天下第一宫”。历史上关于阿房宫的记载可谓众说纷纭,那么阿房宫到底是个什么样的建筑呢?

相传,它修筑于秦始皇35年,遗址在今西安市阿房村,规模非常宏大。为什么把它叫作阿房宫呢?这是因为阿房宫是建在秦代一个叫“房”的地方。

千百年来,无数的文人墨客,曾把这座两千多年前的古代宫殿描写得美轮美奂。唐代大诗人杜牧曾在《阿房宫赋》中这样描述这座宫殿:它绵延三百多里地,几乎遮蔽了天日。五步就会有一座高楼,十步就会出现一座亭阁。从别国掠夺来的金银财宝,都运送到阿房宫中,堆积如山。

对于“阿房宫是否存在过”这个问题,目前史学界总体上可分成反对派与支持派。反对派认为,这个拥有千年盛名的阿房宫只是一个绵延千米的大土堆,只是个“半拉子”工程,传说中绵延数百里、“五步一楼,十步一阁”的阿房宫根本没有修好过,自然也就无从谈起它是不是被项羽给烧毁掉了。

他们所依据的主要有以下两点：

一、据史书记载：公元前212年秦始皇下令修建阿房宫，但庞大的工程还没有建成，始皇帝就驾崩了，工役们随之被驱赶到临潼，为他建造秦陵。秦始皇陵建造完工后，秦二世又重新开始建造阿房宫。但秦二世即位第二年，陈胜、吴广起义，随后，秦王朝被推翻。从时间上推算，从秦始皇下令修建阿房宫起一直到秦王朝覆灭，阿房宫工程总共历时还不到四年。阿房宫前殿的夯土占地54万平方米，夯土台高12米，建造完这个台基总共需要650万立方米的黄土，而四年的时间并不宽裕，其中还不包括工人取土和运土的时间。所以从时间上看，阿房宫显然是建不起来的。

二、现代考古界在传说中的阿房宫遗址钻探了数万个孔，并对地层的土样进行了元素分析，但并没有发现微小的炭粒。没有炭粒说明阿房宫并没有被大火烧过，如果当年阿房宫真的被烧过，那么在阿房宫遗址，一定有火烧过的秦代建筑遗物堆积层、炭迹等残留物。专家们后来发现了秦朝板瓦与筒瓦，从瓦片上面印戳的文字的书法风格和纹饰风格来看，的确是秦代的瓦片。找到了秦代的瓦片，这是不是就意味着阿房宫曾经建成过？但专家说了，有瓦片不算，有瓦当才算！那么这个瓦当又能说明什么呢？瓦当是不同于瓦片的，它是宫殿或房子建成后，位于屋顶梁处椽子的侧面位置，它的功能是防雨，是古代建筑建成所必不可少的建筑材料之一。在对秦咸阳宫等建成的宫殿考古中都可以找到瓦当的身影，但在阿房宫却没有找到瓦当。这或许可以说明，这里只是一个半成品工程，而不是成品工程。

为什么历史上会有那么多的文献对阿房宫进行了美妙的描述呢？对此疑问，反对者认为，这实际上就包含了汉唐文人的政治意图。汉唐文人为了告诫他们的当政者不要像秦朝的统治者那样奢华无度、涂炭百姓，所以加上了夸张的描写也是合情合理的。就像杜牧的感慨："楚人一炬，可怜焦土！"但是，如果历史学家只根据这些认为秦阿房宫是被项羽纵火彻底烧毁的，就大错特错了，史学毕竟不同于文学。前者必须要拘泥于实，后者则完全可以虚构。

而支持派则认为，项羽确实放火烧了阿房宫。他们的依据主要在如下这几个方面：

一、《史记》《汉书》没有明文记载项羽火烧阿房宫，只是说“项羽引兵西屠咸阳，杀秦降王子婴，烧秦宫室”。但他们认为，某些专家是为了借史料来印证自己的观点而故意没把书中的原话引完整。而《史记》《汉书》中项羽传记里的原话是：“居数日，项羽引兵西屠咸阳，杀秦降王子婴，烧秦宫室，火三月不灭。”那么，咸阳的什么宫室能让大火三月不灭呢？

他们认为，只有秦咸阳阿房宫的被焚才能让“大火三月不灭”，那渭水之南的阿房宫够不够这个格呢？据《三辅黄图》记载，秦灭亡时，阿房宫尚未建设完成，但已初具规模，该书说：“阿房宫，规恢三百余里。作宫阿基旁，故天下谓之阿房宫。隐宫、徒刑者七十余万人，乃分作阿房宫或作骊山。”《史记》的说法与此相类似。可见阿房宫周遭三百里，南至南山，东过骊山。虽然这个记载不免有夸张的成分，但阿房宫的规模应当不小于北阪宫殿群。

如果项羽“烧秦宫室”，仅仅烧的是北阪宫殿，那有没有连及渭水之南的阿房宫呢？应该是有的。既然秦宫皆被烧残破，那估计规模庞大的阿房宫不能独完。从《三辅黄图》的记载来看，阿房宫东到骊山，秦始皇兵马俑的考古发现，证实了秦始皇陵建筑有火烧的痕迹，秦陵着火，阿房宫不可能不被波及，所以从古籍记载推理，阿房宫必遭火灾。

二、那么，阿房宫考古队为什么没有发现火烧土呢？他们认为，这可能是因为后人的破坏所致。《三辅黄图》和《史记》中说，前殿“东西五十步，南北五十丈，上可坐万人，下建五丈旗”，那么，应该比现在遗址最高处的14.98米高出许多。阿房宫前殿何以变低呢？应该与人类的活动有关。阿房宫遭火烧，但遗迹尚多，还有宫墙、城墙等遗迹。汉武帝时，阿城以南，辟为上林苑。隋唐之际，李世民还在此屯过兵。唐末，朱温拆毁长安城，一代名城毁于一旦，估计原阿房宫遗迹破坏更大。到了北宋，遗迹大多破坏无遗，原阿房宫就成了农田，此后又经过一千余年的垦殖，浮土层被破坏是必然的,那么火烧过的遗迹不复存在也不是不可能的。因此,这一派的人认为,说不存在项羽火烧阿房宫之事,现在还为时过早,还需要更多的考古依据来证实。

因为双方各持己见,所以,阿房宫曾经是否真的存在过,至今还是一个未解之谜。

## 第七节　文学名著迷雾

### 《水浒传》的作者是谁

《水浒传》,又名《忠义水浒传》。关于《水浒传》的作者,自来异说纷纭。

流传较广的说法,认为此书的作者为施耐庵。

历史上确有宋江其人。宋江等三十六条好汉聚义的故事,南宋时即在民间广为流传,有的说书先生将其逐渐演绎成评话。宋末元初,有一本叫《大宋宣和遗事》的书,其中记载了宋江故事的轮廓。到了元末明初,施耐庵将长期流传于民间的故事,话本加以艺术加工和创造,完成了百回本《水浒传》。胡应麟《少室山房笔丛》认为《水浒传》系施耐庵所作。

但是,有的学者提出来,元末明初决不会出现长篇白话小说《水浒传》。《水浒传》最原始的本子应是郭勋的百回繁本《忠义水浒传》,这是郭勋指使他的门客编写而成的。在创作过程中,著者参考了宋元人的话本、笔记、诗词、元杂剧等。据考证,郭本《水浒传》中若干地名均为明代建制。明初以前无人提及《水浒》,而可考的早期述及《水浒》的文献已在嘉靖以后。《水浒传》成书当在明嘉靖十一年~十二年(1531~1532 年)。嘉靖时还没有公开署真名于小说卷端之例,所以施耐庵并非真实姓名,而是《水浒传》原作者为逃避文网委托的姓名。

有的学者认为,施耐庵确有其人,并非伪托之名,《兴化县续志》载"施耐庵墓志",说他原籍苏州,后迁居淮安。元朝至顺年中进士,卒于明洪武初年,年 75 岁。

现在兴化市新垛乡施家桥村尚有施氏墓地。根据新发现的《施氏长门谱》和《施廷佐墓志铭》,可以说明江苏省大丰区白驹镇是施氏故居和宗族所在地。

从《施氏长门谱》和《施廷佐墓志铭》两件文物史料看,元末明初年间,兴化白驹有过一位名叫施彦端的人。《施氏长门谱》记,“第一世始祖施彦端”,旁注“字耐庵”三字。

施彦端是不是就是《水浒传》的作者施耐庵呢?学者们看法不一,各执一词。

《施氏长门谱》乾隆四十二年序言中说,自明迄清所传族谱已消亡,此谱系后人“访诸耆老,考诸各家实录”修辑而成。根据此谱体例,各代姓字均书写在正文行丙,独“字耐庵”三字写于行侧。有人经仔细辨认,认为“字耐庵”三字笔迹墨色与他字有异,可能是抄录后增添的。《施氏长门谱》与《施氏族谱》均附录了杨新的《故处士施公墓志铭》。咸丰谱中记“先公耐庵,元至顺辛未进士,高尚不仕。国初,征书下至,坚辞不出,隐居著《水浒》自遣”,这段至关重要的话却不见于乾隆谱。据考,施耐庵著《水浒》的说法很可能是咸丰五年施氏后裔在建立施氏宗祠,重新修谱时添加进去的。

关于施氏的历史记载不仅零零星星,且多有自相矛盾之处或伪造之嫌。施氏家谱出自清咸丰年,不足为据。再据版本分析,施耐庵不可能是元末明初人。一些人士认为,施彦端就是《水浒传》作者施耐庵的论断难以成立。

另一些人士认为,《施氏长门谱》中“施彦端字耐庵”的记载不能轻易否定。施彦端就是《水浒传》的作者施耐庵。《施廷佐墓志铭》不仅有关于始祖施彦端的记载,所列几代谱系与《施氏长门谱》也大体相合。兴化、大丰一带不断发现有关施耐庵的文物史料,又流传许多关于施耐庵的传说,这种现象不是偶然的。

另一种说法认为,《水浒传》的作者为罗贯中。

论者认为,罗贯中创作《三国志演义》于前,创作《水浒传》于后,两书存在的明显差异恰好表现了作者在世界观方面发生了变化,在创作上也日趋成熟。

罗尔纲在《学术月刊》上撰文《从罗贯中〈三遂平妖传〉看〈水浒传〉著者和原本

问题》,也认为《水浒传》的作者是罗贯中。他说,罗贯中的老师施耐庵是不会来抢劫他的学生的著作的。

罗尔纲将《三遂平妖传》和《水浒传》两书中的赞词、叙事以及对待人民大众态度等相互对勘,发现《三遂平妖传》全部赞词二十一篇,其中有十三篇插入《水浒传》中十五处。罗尔纲认为,这种情况表明,只有同一作者的著作才会如此。

《三遂平妖传》为罗贯中所作,世无疑问。据以上考证,《水浒传》也是罗贯中所作。

关于罗贯中为《水浒传》作者的说法,王圻在《续文献通考》中也有记载。

罗贯中是一位小说家,他撰写的长篇小说除《三国志演义》《三遂平妖传》外,尚有《隋唐志传》《残唐五代史演义》及杂剧《风云会》等。罗贯中生年约为元天历三年(1330 年),卒年约为明建立二年(1400 年),是元末明初人。持《水浒传》成书于嘉靖年间的学者断然否认罗贯中是《水浒传》的作者。因为到嘉靖年间,罗贯中去世已百年:有余了。

罗贯中塑像

还有一种说法,认为《水浒传》的作者不光是施耐庵,也不单是罗贯中,而是施耐庵、罗贯中二人。

持此说的论者认为,《水浒传》所见最早本应是天都外臣序本,其题署为"施耐庵集撰,罗贯中纂修"。明代高儒《百川书志》著录其所见本,曰:"《忠义水浒传》一百卷,钱塘施耐庵的本,罗贯中编次。"郎瑛《七修类稿》所记与此略同。根据此说,《水浒传》是施作罗编,由施耐庵、罗贯中二人通力合作而成。

历史上有没有施耐庵这个人？施彦端是不是《水浒传》的作者施耐庵？学者们有争议。罗贯中一生写了许多小说，是不是写了《水浒传》？缺乏史料记载。至于施作罗编、二人合作撰《水浒传》说，学者们也议论纷纷，不以为然。

《水浒传》的作者究竟是谁？看来还得寄希望于发掘新的有价值的文物史料，方能解开作者之谜。

## 《红楼梦》的原作者是谁

产生于“乾隆盛世”的文学名著《红楼梦》，是我国一部伟大的现实主义小说，是一部反映中国封建社会的百科全书。作者在继承民族文化的传统基础上进行巨大的创造和发展，融散文、诗、词、曲、联为一炉，并以丰富的思想内容和精湛的艺术特色，登上了我国现实主义小说的艺术高峰，受到了很高的评价。不仅在中国文坛，而且在世界文坛上也占有重要的位置。它现在已被译成了三十多种文字，成为世界文学宝库中不可多得的奇珍。并形成了一门专门的学科——“红学”。

曹雪芹

一般人认为《红楼梦》前八十回是曹雪芹写的，高鹗续了后四十回。鲁迅先生说：“《红楼梦》的作者，大家都知道是曹雪芹，因为这是书上写着的。”这种看法在有关史料（如《八旗画录》和《八旗艺文编目》）中亦有记载。还有几乎和曹雪芹同时代的清代著名诗人袁枚，在《随园诗话》中也这样写着：“康熙年间，曹楝亭为江宁编造……其子雪芹，撰《红楼梦》一书……”所以，自清乃至近代鲁迅、胡适等都认为《红楼梦》的作者是曹雪芹无疑。

但是，"红学"研究者在对《红楼梦》进行长期研究中，透过对许多历史资料的真伪辨析，认为《红楼梦》除了曹雪芹这样一位卓绝的"披阅""增删"整理加工者外，还应该有一位原作者。因此，"红学"研究者在《红楼梦》的作者问题上，发生了争论。多少年来，一直众说纷纭，没有一个统一的定论。

第一，脂砚斋眉批设疑问。脂砚斋在庚辰本第十三回有一条眉批曰："读五件事未完，余不禁失声大哭，三十年前作书人在何处耶？"曹雪芹是壬午（1762年）除夕去世的，而庚辰本是乾隆二十五（1760年）秋年定的。当时曹雪芹尚在世。如果其作者是曹雪芹的话，脂砚斋在评书时是绝不会"失声大哭"的，也决不会问出"三十年前作书人在何处耶"？再把时间倒推三十年，当时曹雪芹只有十几岁，按常理讲，一个十几岁的孩子是根本写不出这样一部伟大的文学名著的。

第二，《红楼梦》成书过程作证明。在《红楼梦》自述中有这样一段文字："……空空道人因空见色，自色生情，传情入色，由色悟空，遂名情僧；改《石头记》为《情僧录》。东鲁孔梅溪题曰：《风月宝鉴》。后因曹雪芹于悼红轩中披阅十载，增删五次，纂成目录，分出章目，又题曰：《金陵十二钗》，并题一绝，即此便是《石头记》的缘起。"这显然告诉读者，《红楼梦》的原作者是"空空道人"，又名情僧；曹雪芹只不过是对该书进行"披阅""增删"而已。又在《红楼梦》甲戌本第十三回的一条批语中有"命芹删去"的说法。这就证明了《红楼梦》的成书，有一个原作者，又有一个进行"披阅""增删"的，他们不是同一个人，而是两个人。

第三，《随园诗话》有误影响深。袁枚在《随园诗话》中关于《红楼梦》作者的记载显然不确。别的不说，把曹雪弃和曹栋亭之间的辈分都弄错了，芹和亭之间本是祖孙关系，而袁氏却把他们说成是父子关系。并把《红楼梦》说成是"备记风月繁华之盛"，专写妓女和妓院生活的书，这岂不有点贻笑大方的味道，这也说明袁氏说法是难以令人置信的。所以成书于《随园诗话》后的《八旗画录》和《八旗艺文编目》两书，显然受到袁氏说法的影响。《八旗画录》不得不实事求是地说："对曹雪芹此人并不了解"，"惜文献无征（即证）不能详其为人"。

另外，在《红楼梦》的最早的几个版本中，都有戚蓼生、程伟元和椭高等人写的序，他们都未肯定曹雪芹为《红楼梦》的作者。戚、高的序连曹雪芹的名字都未提。程伟元的序也只说："《红楼梦》小说作者相传不一，究未知出于何人，唯书内记曹雪芹先生删改则过。"

第四：当代学者探本源。鉴于以上原因，当代"红学"研究者对《红楼梦》的原作者进行了这样的推测（见《求索》1986 年第 1 期）：

其一，《红楼梦》原作者年龄应比曹雪芹大 6~10 岁的样子，这样他才能了解曹家鼎盛繁华生活，而在小说中重现。再者，他的辈分应比曹 雪芹高一辈，这样才符合"自传"说法的人物辈分关系。

其二，那些评书者，在谈到《红楼梦》的作者时，大都讳莫如深，不敢直书其名，只用了一个化名——"空空道人"。在写曹雪芹时，毫无讳忌，直书其名，这恐怕不是没有原因的。因而，《红楼梦》原作者可能是一位戴罪的朝廷命官，后被削职隐匿民间或出家为僧。

尽管如此，曹雪芹为《红楼梦》的成书"泪尽而逝"，将自己的全部精力和心血，投入到对《红楼梦》的伟大而艰巨的"披阅""增删"的再创造中去，他的光辉业绩是名垂史册的。

现在仍然湮没在历史长河中的《红楼梦》原作者，像一颗埋在泥土中的璀璨的珍珠一样，他的业绩也是同样永放异彩的。

《红楼梦》的原作者到底是谁？"三十年前作书人在何处耶"？

## 《三国演义》成书之谜

三国的故事最早记载在史书上面，如两晋人陈寿所写的《三国志》，那是二十四史中的一部，是学者所写的"正史"。作为小说的《三国演义》并不是由某一个文人独立创作的，它的成书过程很漫长。

三国的故事在民间开始流传，至少在晚唐时就已开始。晚唐有位大诗人李商隐有一篇《骄儿诗》上记载了当时讲三国的事："或谑张飞胡，或笑邓艾吃"。宋代时,说书唱戏很发达,因为三国故事的内容很生动,就自然成了艺人们喜欢采用的素材。北宋时,有个专门说“三分”的专家霍四究,很受人欢迎。说“三分”也就是讲说“三分之国”的故事。南宋到元,三国故事开始大量被搬上舞台,金元时期演出的三国剧目就有《三战吕布》《赤壁鏖兵》《隔江斗智》等三十多种。元代还产生了一部气《全相三国志平话》,它是三国故事最早的写定本,是根据口头说唱写下来的。但由于没有经过文人的加工,写作上粗糙,文辞鄙陋不通,人名、地名也多谬误。

以上这些说唱和本子,基本上都是拥戴刘备、张飞一伙而反曹操的,不管如何简陋粗糙,却为更精备完整的《三国演义》的诞生奠定了基础。罗贯中正是通过改编、整理,并参阅陈寿正史而写出影响深远的《三国志通俗演义》的。这本书最早的刊本是嘉靖本,全书二百四十则(节)。自从《三国志通俗演义》出了之后,新的刊本也纷纷上市。一般都以嘉靖本为底本,做了些插图、考证、评点和文字上的增删,以及卷数和回目上的整理工作。古人没有“版权”一说,因而怎么改,怎么出都没关系。有的就将嘉靖本的两“则(节)”,合并成了一回,以至形成了后来的一百二十回的构架。

清朝康熙年间,毛宗岗以嘉靖本《三国志通俗演义》为底本,经过辨正史实、增删文字、更换论赞、改回目为对偶,使全书水平又一次提高,封建“忠”“义”思想也更增加。这就是后来通行的一百二十回本。

《三国志通俗演义》写的是从东汉灵帝建宁二年(169 年)起,到西晋武帝太康元年,(280 年)长达近百年的历史故事。通过对魏、蜀、吴三国之间政治、军事、外交等复杂斗争的艺术描写,反映了当时社会的黑暗腐朽和人民在动乱时代的苦难,表达了反对战争分裂,向往国家统一和歌颂忠义仁政、谴责暴政奸诈的尊刘抑曹的思想倾向。作为以政治军事斗争为中心的历史小说,凝聚了在漫长封建时代中所积累下来的丰富的军事、政治斗争知识和实际经验,反映了以智者为中心的英雄史观。善于描写战争是它艺术上突出的成就。在描写战争时以人物为中心,着重描写双方的战略战术、形势对比和地位的转化，从而使大大小小的战争千变万化，各具特色。人物塑造也十分成功。笔法富于变化，对比映衬摇曳多姿。所写四百多个人物，大都刻画得栩栩如生，尤其注意把人物放到现实斗争的尖锐矛盾中，通过各自的言行，表现其思想性格。关羽、诸葛亮、曹操、张飞、刘备、周瑜等，已成为中国文学画廊中的著名艺术典型。其中不乏浪漫主义成分，惟人物性格缺少发展。作品结构宏伟、布局严谨。头绪纷繁却又剪裁得当，情节曲折，场面壮观。采用半文半白的浅近文言，语言简洁生动。清初毛宗岗假托金圣叹之语，称之为“第一才子书”。

《三国演义》标志着历史演义小说的辉煌成就。在推动历史演义小说的繁荣及对戏剧、评话等创作，均产生过巨大和深远的影响，成为中国古典文学名著之一。

### 《西游记》作者之谜

《西游记》是中国文学史上的一部奇书，不但唐僧师徒西天取经的故事脍炙人口，《西游记》本身也给人们留下许多不解之谜，《西游记》作者到底是何许人也？至今还是个谜。

中国古代读书人，大多遵循孔子“古之学者为己，今之学者为人”的教诲，著书立说大多是“代圣人立言”，对于署名一事本无所谓，至于像《西游记》这样被当时的人们称为“小说家言”的著作，则署名与否更非必要之事了。对于《西游记》的作者，仅据目前我们掌握的材料，已经很难说清了，由此产生了一系列不解之谜。

关于《西游记》的作者，长期以来聚讼不止，焦点逐渐集中在两个人身上，一个是金元之际，借成吉思汗之力将全真道教发展到全盛时期的长春真人丘处机，另一个是早已湮没无闻的明代嘉靖中江苏淮安贡生吴承恩。

我们现在所能见到的明代《西游记》刊本，都不署撰人。清初有位西陵残梦道人汪澹漪，在大略堂古本《西游释厄传》中找到了一篇被明代金陵世德堂在万历二十年刊刻的《新刻出像官版大字西游记》中删去的第九回唐僧出身事迹，编著了一部笺评本《西游证道书》。在这本书里，汪澹漪首次将《西游证道书》署上全真道龙门派创始人丘处机的大名。此后又有人用《大学》和《周易》解释、研究《西游记》，在谈到《西游记》作者时，都毫不含糊地认为就是丘处机所作。

清代同治元年刊本《山阳志遗》的作者吴玉搢对丘处机说首次提出疑问，但他又提出另一位作者吴承恩，他的理由有两个：一是《淮贤文目》一书中的吴承恩名下有吴的著作书目，其中有《西游记》的名目，但篇幅、卷数皆无；二是认为《西游记》"书中多吾乡方言"。但这些都不足为证，由于吴玉搢拿不出更确切的证据，所以只是怀疑而已。

清末冒广生著的《射阳先生文序跋二》中，断言"其（吴承恩）所著《西游记》风靡一时，盖振奇之士也。"他的证据是他见到了丘处机的《长春真人西游记》，乃是一篇游西域的游记，因而证明丘处机不是《西游记》作者，确认吴承恩才是《西游记》作者。

1923 年，胡适根据上述材料，在没有提出任何新的证据的前提下，"大胆假设"，将《西游记》的著作权正式授予吴承恩，迄今出版的各种《西游记》版本都无一例外的署名吴承恩。吴是否就是《西游记》的作者呢？当代仍有许多学者对此提出异议。

关于吴承恩，我们知之甚少，李安纲先生在《苦海与极乐》一书中，从各种角度深入探讨了《西游记》的文化内涵，得出结论："吴承恩绝不是《西游记》的作者，因为他也根本不懂中国儒、道、释三教的传统文化精髓。"那么，《西游记》作者到底为谁？还须有心之人不断探索。

## 孙悟空的原型是什么

我国明代问世的著名神话小说《西游记》，前人曾有古今"第一奇书"之论。其中孙悟空这个极富英雄气概的浪漫艺术形象，人们历来在他的"血统""国籍"，亦即"模特儿"的问题上议论不止。原来，还在 20 世纪 20 年代，就有人研究发现：印度古代叙事诗《罗摩衍那》中那个聪明会飞，不怕困难，智勇双全且乐于助人的"哈奴曼"神猴，很可能就是中国小说中"孙悟空"典型形象的"一个背影"。

影视剧(西游记)中的孙悟空形象

据三国时代从印度译入的《六度集经》与南北朝期间输进的《出三藏纪要》、《杂宝藏经》等佛书印证,早在一千多年以前,印度神话传说中“人王与猴王共战邪龙”“猴猿大闹天宫”的故事,就已在僧徒和民众间广为流传了。

自唐宋后,更因玄奘只身出走西域,取“丝绸之路”遍访天竺(印度)的真实经历被人们神异宣扬,口碑传闻,于是引来一位曾经“博及群书”而酷爱“野言稗史”的饱学之士加以佐撰,他就是“性敏多慧”的《西游记》作者“射阳山人”吴承恩。

不言而喻,这位杰出的文学大师在艰苦的艺术构思并搜集材料的再创造过程中,不仅认真参考研究了《大唐西域记》之类的文献名著,也必然了解过五代宋元以来广泛流行于市井的《大唐三藏取经诗话》等“俗讲”宗教文学。这当中,他或许听及过佛道友人为其转述的那些天竺“神猴法身”的奇闻故事。正如鲁迅先生《中国小说史略》所阐明的:“魏晋以来,渐开释典,天竺故事亦流传世间,文人喜其颖异,于有意或无意中用之,遂蜕化为国有……”这便是孙悟空何以依据哈奴曼的由来之猜。

然而有人却认为在远古盛传的中国神话篇内,已早有禹的儿子启,是天地间裂石而生之人。又据《国语·鲁语》,也记载着“夔一足,越人谓之操,人面猴身能言”的野人轶事。此外又如《吴越春秋》《搜神记》、唐宋传奇及后来的话本说唱,都不乏关于猴人、淮涡水神无支祁等白猿成精作怪的种种神异典故。

那么,如此众多的记述,是否就能够完全地推却掉"猴子的故事""引进"哈奴曼之嫌呢?其实也很难肯定。因为在中外古今文化与科技的研究实践业已表明,世界各民族之间的相互影响与往来交流是可能的,也是不断发展和变化着的。这在今天若借鉴比较文学的观点来看,则孙悟空不仅可以"引进",其实也早就"输出"去了。据最新的消息报告:人们在非洲西部偏远的尼日利亚进行考古挖掘时,竟然在深埋于地下3.5米的古代陵墓里,出土了一个威风凛凛的"齐天大圣——孙悟空"雕像。他头戴发光的皇冠,身披金箔制成的战袍,右脚踏着一块象征云雾的翡翠雕刻。碧玉猴王无论从衣饰和神态来看,都酷似我国传说中的美猴王孙悟空形象。

好奇者兴许会决疑发问:孙悟空怎么会飞到遥远的非洲西部去了呢?有人据此猜想,它可能正是中国古代文化对外巨大影响的反映。也有人提出:这个"猴子的典型",恐怕是中外文化所共有的"综合"形象。但更有人不置可否。孰是孰非,尚有待于学者、专家们做出进一步的探究与考证。

## 《聊斋志异》成书之谜

《聊斋志异》的作者是蒲松龄,这是没有什么异议的。但他是在什么背景下写成此书的呢?一般认为,此书是蒲松龄在广采民间传说、野史逸闻的基础上,加以亲身见闻,经过艺术加工再创造而成。而且这部"孤愤之书"是作者有感而发,借谈狐说揭露封建社会政治的黑暗和官场的罪恶,歌颂被压迫者的反抗;歌颂青年男女的纯真爱情,批判不合理的婚姻制度。果真如此吗?

蒲松龄(1640~1715年)出生于一个地主兼商人的家庭,从青年时代起,为了求得科举进身,"日夜攻苦,冀得一第"。19岁初应童子试,考取秀才,在县、府、道的考试中连得第一,补博士弟子员。但此后却屡试不第。他31岁开始出外谋生,先在江南宝应县知县孙蕙处当了一年幕宾,以后便长期在缙绅家设馆教书,70岁撤帐家居。直到71岁,才援例选了岁贡生,四年后,他就去世了。学者们据其生平,广征史料,论证其写下此鸿篇巨制的原因。综合起来,有以下几点:

其一，家境贫困。蒲松龄一辈子生活在农村，过着“家门暂到浑如客，甕米将空始欲愁”的穷愁潦倒的日子。蒲松龄生于小康之家，稍长家境败落。他才富五车，也只好穷守蔽庐。为养家糊口，蒲松龄到外乡坐馆，以“舌耕”度日。在此期间，他多次为人代笔，写寿屏锦幛、叙跋疏表，无所不包。康熙十二年淄川大旱，眼看要过年了，孩子们闹着要吃要穿，而家里却无隔夜粮，甚至连给灶王爷供奉的祭品都没有。蒲松龄呼天唤地，悲从中来。绝望之中，他只能把搜神志怪、神异故事当作自己的精神食粮，勉强撑持着活下来。

其二，科场失意。蒲松龄一生接受的是封建主义的传统教育，他始终把金榜题名、荣宗耀祖当作正统的人生道路，而把科场失意看成是遗憾终身的大事。因其父蒲磐的影响，蒲松龄从小喜爱读书，经、史、诗、文皆过目成诵。19 岁时，在县、府、道连考三个第一，中了秀才。但此后几十年，屡次考试总以“病鲤暴腮，飞鸿铩羽”结束。康熙十七年，他再次落第，和朋友李文贻泛舟大明湖，借以消愁。面对良辰美景，他愁上加愁，泪水潸然而下。之后，写下了《大江东去·寄王如水》一词，感叹自己固然是抱玉卞和，无奈考官是糊眼冬烘鬼，也难以进身。在历尽辛酸之后，蒲松龄逐渐清醒。八股文的重压、科举考试对读书人的荼毒，功名不就的失意，考官的愚智不分，一股脑儿涌上心来，他满腔悲愤，似骨鲠在喉，必求一吐为快。他的创作具有明确的目的，即为了反映自己生活的时代，抒发自己的情怀。他在《感愤》诗中说：“新闻总入夷坚志，斗酒难消磊块愁。”在《聊斋自志》中写道：“集腋为裘，妄续幽冥之录；浮白载笔、仅成孤愤之书。寄托如此，亦足悲矣！”因此，从《聊斋志异》里，人们不仅可以看到他的胸中磊块，而且透过作品的狐鬼精灵、奇人异事，还可以真实地看到清代顺治、康熙王朝的时代冈石。

其三，知识渊博、广具才能。年轻时，蒲松龄和朋友张笃庆、李希梅、王鹿瞻等，曾结为“郢中诗社”，以求在学问、道德、文思方面有所发展。他们赋诗酬答，相互磨砺。由此练就了文字功夫。康熙年间，蒲松龄曾住进青云寺苦读，晨诵夕读，不遗余力。青云寺以它的甘泉春雨、朝霞彩虹陶冶了蒲松龄的文学灵性。他不仅擅长短篇小说创作，而且精通诗文词曲。他毕生写下了大量的作品，著有《聊斋志异》四百九十余篇，诗九百余首，文四百余篇，词一百余阙，俚曲十四种，戏三出，杂著数种。在他的许多不同体裁的作品里，可以看到一个突出的主题，就是揭露官府豪绅同人民群众的矛盾，反映社会黑暗和民生疾苦。如诗《空城雀》《日中饭》《道殣》，文《纪灾前编》《纪灾后编》，词《贺新凉梦》等。《聊斋志异》是蒲松龄的代表作。它在作者四十岁前后就基本写成，以后又经过长期的修订增补。虽然它的题材多数来自口头传说，但是大多经过作者的再创作，赋予新的内容和思想意义。

其四，幕宾生涯，增广见识。康熙九年九月，蒲松龄应朋友之邀，做了扬州府宝应县知县的幕宾。在此，他多次随知县视察民情，治理河道，欢宴游历，应付上司。大半生身居穷乡僻壤的蒲松龄，唯一一次混迹官场，见所未见，闻所未闻。一方面，他目睹了吏治的黑暗，另一方面，南方山水的钟灵秀气也使这位老夫子陶醉其中，欲发泄而后快。他是一个平生很少出远门的人，看起来仅仅登过泰山和崂山，多次到过济南而已，所以有机会到淮南游历就不免感受特深，沿途的景物他都写进诗篇中去。形成了他的诗的特点，进而也就形成了文章的特点，甚至影响到《聊斋志异》的风格特点。蒲氏在南游时已经在搜集故事，先用诗的形式写出试看，然后再写成小说。蒲氏有《独坐怀人》诗一首，中有句云："途穷书未著，愁盛酒无权。暮笛惊残梦，深窗坐小年"，虽说是"书未著"，其实"书"的内容已经在残梦后的深窗下酝酿了。假如蒲氏不曾有南游的亲身经历，没有多少篇七言律诗的试写，小说是不容易写到这种境界的。

其五，胞妹不幸。蒲松龄的妹妹，嫁了一个吃喝嫖赌、不务正业的丈夫。蒲家经济窘迫又无权势，无法顾及其妹。后来，妹妹来求胞哥帮忙，兄妹相对无语，只有泪长流。聪明、善良的胞妹的不幸遭遇，使蒲松龄对下层妇女的生活境遇、社会地位有了进一步认识，成为其描写妇女不幸和抗争的主要契机。

以上只是蒲松龄写成《聊斋志异》的外在、内在原因。其实，蒲松龄整整花费了三十余年时间，写成四百九十余篇聊斋故事，大概不会像写一部辞书那样有着明确的目的性。如果非要说是有什么原因的话，那应该是生活，是不如意的生活硬从强烈希冀科场进身的蒲松龄身上挤出一部流芳百世的《聊斋志异》。

## 《镜花缘》的作者是谁

嘉庆二十三年（1818年），清人李汝珍将费时十数载写就的《镜花缘》稿交由苏州一刻坊刊行。以后几十年，7次刊行。1955年，张友鹤又据苏州原刻本校注，由人民文学出版社将《镜花缘》重新印行。但是，在前后一个多世纪时间里，关于《镜花缘》作者问题却争论不休，成了一大疑案。

《镜花缘》苏州版初刻未就，就先有人据《镜花缘》二稿传抄本于江宁桃红镇私刻售行。接着，在一般市民和知识阶层中便陆续出现了关于《镜花缘》作者的种种口头传说。

到20世纪20年代，知识界正式展开了争论。先以江苏海州的吴鲁星，继而有江苏板浦的许绍蘧，力主《镜花缘》作者并非李汝珍，实为板浦"二许"（许乔林、许桂林兄弟。他们是李汝珍的子舅）。提出了"许作"说（《镜花缘》为"二许"所作）及"许凑"说（《镜花缘》不是李汝珍一人作，而是李与二许一起凑趣而成。）与此相反，孙佳讯先生等，连续著文，据实一一驳述，力主《镜花缘》确为李汝珍一人所作。其间，鲁迅、胡适、郑振铎等人，也分别就《镜花缘》的文学价值、著者及版本问题发表了很有见地的意见。

《镜花缘》脱稿后，李汝珍曾附信将稿送给许氏"斧正"，实意是要许氏为之写序。当时许氏兄弟在海州地区声望较高，几乎妇孺皆知。许乔林遂为之作序一篇，篇末署"海州许乔林石华撰"。囿于当时文禁尚严，《镜花缘》书并未署李汝珍的姓名。直至道光元年（1821年）本，书末才增刻《松石歌》（"松石"即李汝珍）。阅读者未见著者姓名，只见书序撰者，率说《镜花缘》著者是许乔林是完全可能的。这就是民间传说的主要起源。

其后，吴明星等人又据许乔林所作序文内容指出两个疑点：序文中有"相传北平李氏以十数年之力成之"的字句，"许和李同时之人，又姻而兼友，岂有李作一百回的大著，他不知道，用‘相传’二字轻轻地说过去呢?”“况且又未指李氏为何人?”这是疑点之一;另外，序文中又用“昔人称”“同时之人所做的书，‘昔人’如何得而批评呢?”这是其二。据此，吴认为:《镜花缘》实在是许氏托名李氏以传其书。

对于序文所引起的疑点，孙佳讯认为，许乔林写此序时，鉴于文禁尚严，思想上不无顾虑，这和李汝珍既亲自出马到苏州监刻《镜花缘》，却又不署姓名同出一种“文禁尚严，动笔墨岂有不小心”的心理。用“相传”可给人留下序文作者与书著者素昧平生的印象，又用“昔人”以给人隔世之感，这是为万一“劈版禁书”追查责任留有回旋余地。

“许作”说的主要证据是说“许氏事迹与此书内容有类似的暗示”，譬如《镜花缘》中“妙算谈天”好似许氏所著《算牖》内容。其实，李汝珍算学虽不如许氏，但李有通算学的老师凌廷堪指导。即使书中吸收许氏算学方面的谈资，作小说也并非是犯忌的。

另外，《镜花缘》道光元年本附“题词”十四家，这些题词人都和作者同时，从评语、眉批看起来和作者关系还甚为密切。不少“题词”都或明或暗地点出了《镜花缘》的作者，总括起来，可以结论:该书作者姓李，字松石，籍贯北平。譬如从《镜花缘》第七十三回“看围棋姚妹谈弈谱”为例，该处眉批有“作者本系高手，谈棋自得精微”。而许氏却不知棋道。许乔林曾自言:“余不知弈”。这种从同时期人所作眉批中说明作者是李汝珍的证据不乏其例。更明显的是，作者李汝珍假书中人物之口，数次提及一百回《镜花缘》故事系“士人李某”“老子后裔”所编。

至于“许凑”说，仅据李汝珍小说与许氏著作内容有某些相似之处，就推论《镜花缘》为李、许所凑，无论怎样自圆其说，也是很难令人信服的。例如小说中用到的关于“打灯谜”，似与许氏所著有关。这些知识性的资料，并非自成一家之言。李、许关系密切，相互为引是完全可能、也是完全允许的。很难说谁凑谁。况且，这些内容李汝珍并非门外，他“枕经葄史，子秀集华，兼冠九流，旁涉百戏，聪明绝世，异境天开”，也是许氏对李汝珍的评价。

## 《金瓶梅》的作者是谁

《金瓶梅》的作者究竟是谁？聚讼纷纭近400年之久，迄今仍无定论。

《金瓶梅》问世时，由于种种原因，作者并没有署上自己的真实姓名。但因此书丰富的思想内容、娴熟的艺术手法，在我国文学的发展史上，日益引起人们的注目。因此学者们对于探索它的作者问题，始终抱着很大的兴趣。

从现有的各种材料记载来看，晚明就有人提出了《金瓶梅》为“某大官家中的教师绍兴老儒”“金吾戚里门客”“某孝廉”等所作，由于这些看法纯系传说，并未受到人们的重视。但沈德符在《万历野获编》中说过《金瓶梅》一书乃“出于嘉靖间大名士之手”的话，而研究者们一时又找不出更为确凿的材料来证明这种推测性论断的不可靠性，因此，尚能迷惑一些人。入清以来，“嘉靖间大名士”如徐渭、卢楠、薛应旗、赵南星、李卓吾等人，都曾被假定为《金瓶梅》的作者。不过最为流行的看法，则是指嘉靖年间的大文学家王世贞。据传王世贞的父亲王忬，因献《清明上河图》的赝品，为唐顺之识破，因而得罪于权臣严嵩和严世蕃父子，最后被残害致死。王世贞为报父仇，特作小说《金瓶梅》献给严世蕃投其所好。书的内容隐射严嵩父子，揭露他们的种种丑行，而书上又涂有毒药，书阅毕，严世蕃即中毒而亡。这个故事后来成了“寓意说”“苦孝说”的根据。

1932年，山西省发现了《金瓶梅词话》，书前刻有“欣欣子序，兰陵笑笑生作，明万历四十三年”字样。它比原来的明崇祯天启年间的刻本——《绣像金瓶梅》和在康熙三十四年张竹坡根据崇祯本批点的《第一奇书金瓶梅》都早。由于这一新版本微露了作者的端倪，因而研究者们对《金瓶梅》作者的考辨更为重视。1933年10月10日《文学季刊》创刊号上，发表了吴晗《<金瓶梅>的著作时代及其社会背景》一文，率先对上述旧说提出质疑。该文用严谨的史学考证方法、查阅了大量的正史、野史、笔记，以翔实的史料作依据，剖析了前人据以立论的主要根据——《清明上河图》与王世贞家族的关系，得出历史上的王世贞之父并非献假图受害，严世蕃亦非中毒身亡的结论，就有力地否定了牵强附会的“寓意说”和“苦孝说”，也否定了《金瓶梅》为王世贞所做的传统看法。吴晗还从书中大量运用的是“山东方言”这一点来看，认为王世贞虽在山东做过三年官，但要像当地土著一样使用方言写出如此巨著是不可能的。他明确提出，《金瓶梅》应为万历十年至三十年的作品，作者绝不可能是所谓的“嘉靖间大名士”。时隔不久，有不少研究者撰文支持吴晗的观点。例如，王采石在《民治月刊》第二十期上发表《王世贞未作<金瓶梅>之确证》，说：“《金瓶梅》叙宋代之事俱不得要领，与王世贞‘博雅’的史学修养存在矛盾。”赵景深也发表了《谈<金瓶梅词话>》一文，确定“笑笑生”为山东峰县人。这样，王世贞非《金瓶梅》作者，在当时似乎已成为定论。然而，“笑笑生”究竟是何人，却仍然是一个难解的谜。

新中国成立后，特别是近年来，我国学术界关于《金瓶梅》作者的研究更趋活跃，呈现出“百家争鸣”的局面。归纳起来，大致可分为以下六说：

其一，王世贞说。有的研究者主要根据《明史·王世贞传》和《万历野获编》以及有关王世贞的身世、生平、籍贯、爱好、文学素养、社会经历、思想风貌、创作时间、生活习惯等，与《金瓶梅》全书对勘，认为作品所描写的内容与王世贞的各种情况都“很对口径”“王世贞的影子完全摄在《金瓶梅》中”，所以，“王世贞是最有条件写此书的作者”。

其二，李开先说。有的研究者认为，李开先的身世、生平和“对词曲等市井文学的极深的爱好和修养”等，与前人对《金瓶梅》的说法不谋而合；作品本身证明它同李开先关系密切；把《金瓶梅》和李开先的《宝剑记》做比较，就会发现有不少相同之处。所以，《金瓶梅》和《三国演义》《水浒传》《西游记》一样，都是在民间艺人中长期流传之后，经作家个人写定的，而这个写定者是李开先。

其三，贾三近说。有的研究者从新发现的《三希堂法帖》第一册中王羲之《快雪时晴帖》后的四篇题跋中，纠正了《万历野获编》的作者沈德符的两处错误，从而也否定了王世贞说。持此观点的人认为，以前有关《金瓶梅》作者的各种说法，都有一个共同的大破绽，即籍贯不是“兰陵”（即山东峰县）。《金瓶梅词话》序中的

“兰陵笑笑生”，是峄县人无疑，而此“笑笑生”是贾三近。因为在嘉、万年间贾三近的生平经历、文学素养、世界观和精神气质、笔名和《金瓶梅》全书所反映的内容较为相符。贾三近所作《左掖漫录》当是《金瓶梅》的原稿。

其四，“吴侬”说。所谓“吴侬”，是“生长在吴语地区，或是受吴语影响较深的人”的昵称。有的研究者从《金瓶梅》书中多次运用吴语词汇这一点来证明“改定此书的作者当为一吴侬”，并不一定是山东人。还有人曾将《忠义水浒传》与《金瓶梅词话》两书进行欢照，从作者所用的方言中发现了许多疑问。特别是作者对山东的地理知识，“似乎十分模糊”，说是“山东人”的可能性不大。

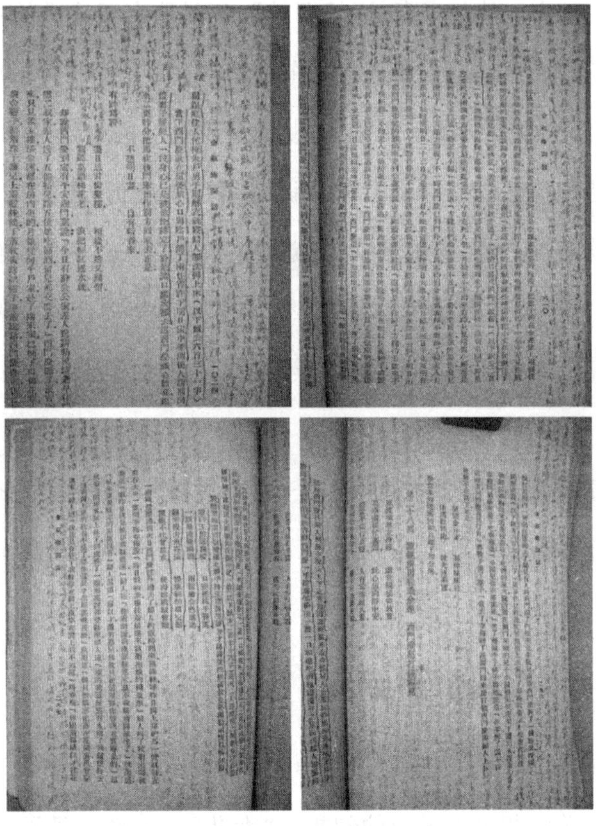

《金瓶梅》书影

其五，民间艺人集体创作说。有的研究者从明人有关《金瓶梅》的记载、词话源流及书中保留的说唱文学特点的例证认为，《金瓶梅》不是哪个大名士、大文学家个人创作出来的，而是“在同一时间或不同时间里”，由许多民间艺人参加的、到过多人加工整理的作品。还有人更进一步指出:在《金瓶梅词话》以前,应该有一部《金瓶梅说唱词话》,后来却把这一部《金瓶梅说唱词话》改写为《金瓶梅词话》,虽保留了词话的名称,实际上是普通小说。

其六,屠隆说。有的研究者认为《金瓶梅》成书的确切时间“当在万历十七年至二十四年间”,这样,作者定非“嘉靖间大名士”。从《金瓶梅》的内容来看,作者应是一个很不得志,看穿世事,不满现实,玩世不恭,而又做过京官,“好叙男女情欲和熟悉小说戏曲游戏文字”的人。明代万历年间文学家屠隆在《开卷一笑》中曾用过“笑笑先生”的代名,“笑笑先生”当为“笑笑生”,而“兰陵”应为江苏武进,是屠隆祖先居住过的地方。他的书斋是“婆罗馆”,正是取名于武进的古巷。从屠隆的籍贯和生活习惯看,符合著《金瓶梅》的作者条件。万历十二年,屠隆在京师正意气风发之时,被讦与西宁侯纵淫而罢官,使他看到世态的艰险,同时更纵情于诗酒声色。这种遭遇和身世以及对社会的认识,都和《金瓶梅》中所揭露、鞭挞的相一致。屠隆对人欲的看法是“既想治欲,又觉得欲根难除”,这与《金瓶梅》既“企图否定过度的淫欲”,又“不自觉地流露出赞赏”的观点也是吻合的。屠隆认为文学作品可以“善恶并采,淫雅杂存”,不必对“淫”的描写躲躲闪闪。这些都是产生《金瓶梅》的特殊思想基础。

《金瓶梅》是我国古代“四大奇书”之一。对其著作权问题的各种研究,都有助于深入探讨此书的思想意义和美学意义。这对中国文学发展史的研究也是大有裨益的。

## 《西游记》中“女儿国”消失之谜

一位美丽痴情的女王、一条喝了其中的水就能生孩子的子母河,《西游记》中描写的“女儿国”曾经留给人无数的幻想。“女儿国”究竟是吴承恩全凭天马行空的想象力虚构出来的理想乐园,还是历史上果真有过这样一个“女儿国”呢?

**1.史书中记载的东女国是否就是传说中的“女儿国”呢?**

“‘女儿国’在历史上的的确确存在过,而且现在有一些村寨一直将‘女儿国’

的古老习俗留存至今。”任新建说。任新建是四川省社科院历史所研究员、四川康藏研究中心副主任，他经过长期研究和实地考察发现，今天四川甘孜州的丹巴县至道孚县一带就是《旧唐书》中记载的东女国的中心。

东女国是否就是传说中的“女儿国”呢？据《旧唐书》第一百九十七卷《南蛮西南蛮传》记载：“东女国，西羌之别称，以西海中复有女国，故称东女焉。俗以女为王。东与茂州、党项接，东南与雅州接，界隔罗女蛮及百狼夷。其境东西九日行，南北二十二日行，有大小八十余城。”

据任新建解释，按照《旧唐书》的记载，东女国南北长 22 天的行程，东西长 9 天的行程，如果按照过去一天骑马 40 公里或者步行 20 公里，那么东女国应该南北覆盖 400~800 公里，东西覆盖 180~360 公里。

据史书记载，东女国建筑都是碉楼，女王住在九层的碉楼上，一般老百姓住四五层的碉楼。女王穿的是青布毛领的绸缎长裙，裙摆拖地，贴上金花。东女国最大的特点是重妇女、轻男人，国王和官吏都是女人，男人不能在朝廷做官，只能在外面服兵役。宫中女王的旨意，通过女官传达到外面。东女国设有女王和副女王，在族群内部推举有才能的人担当，女王去世后，由副女王继位。一般家庭中也是以女性为主导，不存在夫妻关系，家庭中以母亲为尊，掌管家庭财产的分配，主导一切家中事务。

**2.历史上的东女国后来难道已经消失了？**

《旧唐书》关于东女国的记载是十分详细的，但是到了唐代以后，史书关于东女国的记载几乎就中断了。难道东女国的出现只是昙花一现吗？

任新建说，唐玄宗时期，唐朝和土藩关系较好，土藩从雅鲁藏布江东扩到大渡河一带。可是到了唐代中期的时候，唐朝和土藩关系变得紧张，打了 100 多年仗，唐朝逐步招降一部分土藩统治区的少数民族到内地，当时唐朝把 8 个少数民族部落从岷山峡谷迁移到大渡河边定居，这 8 个部落里面就有东女国的女王所率领的部落。

当时东女国女王到朝廷朝见，被册封为“银青光禄大夫”，虽然是虚衔，但是品级很高，相当于现在的省级官员。后来到了唐晚期，土蕃势力逐渐强大，多次入侵到大渡河东边，唐朝组织兵力反击，在犬牙交错的战争中，东女国的这些遗留部落，为了自保就采取两面讨好的态度。

后来，唐逐渐衰落直至分裂，土蕃也渐渐灭亡。土蕃崩溃后，曾经被他们统治的青藏高原重新回到了原来的部落时代，唐代分裂后，也没有力量统一管理，到了后来的宋、元、明三代，对于青藏高原地区的统治很薄弱，因此基本没有史料记载，一直到清代才把土司制度健全。而东女国的遗留部落有些由于靠近交通要枢，受到外来文化的影响，女王死后没有保留传统习俗，逐渐演变成父系社会，而有一些部落依旧生活在深山峡谷，保留了母系社会的痕迹。

### 3.扎坝依旧保留着东女国的古老习俗

根据任新建的考察，历史上的东女国就处在今天川、滇、藏交汇的雅砻江和大渡河的支流大、小金川一带，也是现在有名的女性文化带。“而扎坝极有可能是东女国残余部落之一，至今保留着很多东女国母系社会的特点。”任新建说。

扎坝过去是一个区，现在有 7 个乡，5 个乡在道孚县境内，2 个乡在雅江县境内，一共生活着将近一万人。任新建在扎坝调查时发现，女性是家庭的中心，掌管财产的分配和其他家庭事务，与东女国“以女为王”相似，有的家庭有 30 多个人，大家都不结婚，男性是家中的舅舅，女性是家中的母亲，最高的老母亲主宰家中的一切。“很明显是母系社会的残余，经过现代社会的冲击，已经和原始的母系社会不完全一样，只是保留了一些基本特点。”任新建说。

扎坝人依然实行走婚，通过男女的集会，男方如果看上了女方，就从女方身上抢来一样东西，比如手帕、坠子等，如果女方不要回信物，就表示同意了。到了晚上，女方会在窗户边点一盏灯，等待男方出现。扎坝人住的都是碉楼，大概有 10 多米高，小伙子必须用手指头插在石头缝中，一步一步爬上碉楼。此外，房间的窗户都非常小，中间还竖着一根横梁，小伙子就算爬上了碉楼也要侧着身子才能钻进去，就好像表演杂技一样，这个过程要求体力好，身体灵活，这其实也是一个优胜劣汰的选择。第二天鸡叫的时候，小伙子就会离开，从此两人互相没有任何关系。男方可以天天来，也可以几个月来一次，也可以从此就不来了，他们之间的关系叫作“甲依”，就是伴侣的意思。女方可以同时有很多“甲依”，但也有极少数姑娘一辈子只有一个“甲依”，两个人走婚走到老。女方生小孩后，“甲依”一般都不去认养，也不用负任何责任，小孩由女方的家庭抚养。但奇怪的是，当地的小孩一般都知道自己的父亲是谁。

## 明朝为何盛行色情文学

除了具有中国第一“色情小说”之称的《金瓶梅》和其他明朝色情小说之外，明朝春宫画的出现和流行，也并不亚于色情文学。据汉学家高罗佩考证，明朝时的春宫画在其鼎盛时，印刷时使用了五色套印，其水平之高，画面之美，至今令人叹为观止。这些色情文学，在四五百年之后的今天还能见到，足见当时的印数之多，流行之盛。

明朝主流文化的台面上高唱着“存天理、灭人欲”的高调，而它的背后流行的却是宣扬欲望的色情文学。虽然也时有遭受焚书毁版的查禁，可一部又一部的色情小说还是不断出现和流行。在同一片天空下，有着与理论上如此相悖的事情，岂不是有点儿匪夷所思吗？

### 原因一：文字狱吓破了书生们的胆

明朝定国之后不久，朱元璋便大开杀戒，忌惮功臣们功高盖主，担心自己死后子孙们压服不住他们，便在他当政的 20 余年间，把与他一起打天下的功臣们大多杀掉了，且用的都是满门抄斩的法子，连门生故交都不放过。一面杀功臣，一面则是杀儒生。写诗做文章，凡是触犯了朱元璋忌讳的“光、贼、则”等字眼的，一律杀掉，其他就更不用说了。他的四儿子朱棣从侄子手中夺过天下后，又接着杀了一阵，其中仅“读书种子”方孝孺一案，就杀了 800 余人。面对这样的现实，谁还愿意拿自己的脑袋和皇帝开玩笑？公开地做学问不行，科举的路又窄得吓人，书生们还要吃饭，还要养家糊口，就是做风流才子也还要一些小钱的，所以，他们只好去寻别的活命的法子。

**原因二："床笫文学"成为"畅销书"能赚钱**

在明朝中后期的长江中下游一带，商业气息已是较浓的了，经济繁荣后便出现了一些有钱又识字的闲人，于是出版业便随之发达起来。书商们要赚钱，书生们要吃饭，有了闲钱的人们要惬意，通俗文学便出现并流行起来，流行得久了自然便流向了色情文学，因为"床笫文学"最能切中人性的欲望，最能成为畅销货。所以，色情文学一旦出现，很快就走上"畅销书"的排行榜，自然也就是顺理成章的事。

此外，在明清两朝，文字狱十分盛行。然而，考证这些文案，就会发现这些案件中，没有一件是因为创作了色情文学而兴的。大约在政治家们看来，色情文学流行，虽然有伤风化，危及道德，不可不管，但也不必一概禁绝，像对付研究历史、揭皇家短处的历史学家，以及议论朝政的学者那样严酷。原因在于政治家们明白，把聪明人的心思引到女人身上对统治者的政权要安全得多。

**群经之首《易经》：姬昌囚禁演周易之谜**

《周易》即《易经》，我国群经之首，是一部用阴阳学说揭示和描述宇宙内在本源规律的书。民间又称无字天书。《易经》分木经和大传两部分。本经包括八卦、重卦、卦辞，为易有主体，故称为经；大传包括上彖、下彖二、上象三、下象四、上系五、下系六、文言七、说卦八、序卦九、杂卦十，此十者合称十翼。

《周易》揭示和描述了宇宙万事万物运动变化发展的内在规律，这个规律最通俗最本质地说就是生老病死的规律。《周易》用两种方式揭示和描述了这种规律，一种是以图的形式即太极图标示，白的为阳，黑的为阴，阳死阴生，阴死阳生，阳盛阴衰，阴盛阳衰，物极必反，循环不失。另一种以文字即命理十二宫所描述，万物由长生、沐浴、冠带、临官、帝旺、衰、病、死、墓、绝、胎、养，再到长生而循环不已，这种生老病死的规律。根据这种规律就可以大体上对万事万物进行预测。

《周易》相传为周文王所作。周文王姬昌施行德政，发展生产，广纳贤才，在当时引起了其他诸侯的瞩目。商朝诸侯崇侯虎在自己的封地得知，西面岐山下的周文王在大行仁义之道，势力扩张的很快。崇侯虎不敢怠慢，连忙向纣王汇报。

纣王听后命令周文王觐见。随后将其囚禁监牢，一关就是七年。

周文王被囚期间，每日闭门待罪，便将伏羲所创的八卦演变为六十四卦，并且作了卦爻辞，代表世间万物蕴藏的阴阳规律之变化。于是，形成了《周易古经》。

## 古籍文献《春秋》：作者孔子质疑

《春秋》作为古籍有着不可估量的研究价值，是我国最早的一部编年史，记载了从鲁隐公元年（前722年）到鲁哀公十四年（前481年）的历史事件。

几千年来，《春秋》一直受到学者的重视，但是《春秋》的作者是否为孔子所作，人们对此有不同的看法。

一种观点认为，《春秋》由孔子所著。

周游列国的孔子，晚年回到鲁国集中力量把古代相传下来的文献加以整理，参考了大量各国的史书，着手编写了历史著作《春秋》。孟子在《孟子·滕文公下》中直接指出孔子作《春秋》的目的："孔子惧作《春秋》。……孔子成《春秋》而乱臣贼子惧！"

另外，从春秋时期的社会背景来看，诸侯割据争霸，礼法遭到践踏，孔子希望靠《春秋》以正名分，给诸侯、大夫以严正的褒贬，以安定天下秩序。孔子曾对自己做《春秋》一事说："知我者其惟春秋乎！罪我者其惟春秋乎！"意思是说，后人知道我孔丘的，将因为这部《春秋》；后人责骂我孔丘的，也将因为这部《春秋》。

另一种观点认为，《春秋》并非孔子所著。

支持此观点的人指出，《春秋》诸多地方笔调不一致，风格不统一，可能是由鲁国各个时期的多名史官撰写而成的。

还有一种观点认为，《春秋》是孔子参与整理的。

《史记·孔子世家》记载:“子曰:‘弗乎弗乎。’君子病没世而名不称焉。吾道不行矣,吾何以自见后于世哉?乃因史记作《春秋》。上至隐公,下讫哀公十四年,十二公。”司马迁认为,《春秋》是孔子根据鲁国和周王室以及其他诸侯国的史官的记载略加修改编辑而成的。

### 《诗经》的形成:“孔子删诗说”质疑

《诗经》是我国第一部诗歌总集,共收入自西周初期至春秋中叶约500年间的诗歌305篇,所以又称《诗三百》。由于《诗经》年代已久,关于其内容历代有“孔子删诗”之说,又有质疑和反对“孔子删诗”之说。

“孔子删诗”这种说法最早起源于汉代。《史记·孔子世家》载:“古者诗三千余篇,及至孔子;去其重,取可施于礼义……三百零五篇,孔子皆弦歌之,以求合翻武雅颂之音。”《汉书,艺文志》说:“孔子纯取周诗。上采殷,下取鲁,凡三百零五篇。”这些文献都认为《诗经》是由孔子选定篇目的。

支持此论点的史学家认为,孔子从前人已收录的多篇诗中选取305篇编为集子,作为教科书是十分可信的。所谓删诗,并不一定全篇都删掉,或者是删掉篇中的某些章节,或者是删掉章节中的某些句子,或者是删掉句中的某些字。《诗经》中有全篇未录的,也有录而章句不用的,可见这种情况与删《诗经》相吻合。

但是,持异议者提出一些反驳的理由。周代各诸侯国之间邦交往来,常常赋《诗》言志。如《左传·定公四年》载,吴攻楚,楚败几亡,楚将申包胥到秦国朝廷请求援兵,痛哭七日七夜,秦哀公深为感动,赋《诗经·无衣》,表示决心相救,恢复楚国。如果当时《诗经》没有统一的篇目,赋《诗》言志就无法进行。

据《论语》记载,孔子说:“吾自卫返鲁,然后乐正,《雅》《颂》各得其所。”孔子自卫国返回鲁国之后,时年近七十。在此之前,他均称《诗三百》,可见在于孔子中青年时期,《诗经》已为三百篇。所以,孔子只是对已经散乱的《诗经》进行了整理,用它来教育学生。

## 屈原诗中人物湘君湘夫人:娥皇女英原型之疑

浪漫主义诗人屈原的《湘夫人》抒发女子对湘君的爱慕,《湘君》则寄予男子对湘夫人的思念。然而,“湘君”和“湘夫人”究竟指代何人,却引起世人种种揣测。

《山海经》中有记载:“又东南一百二十里曰庭之山,其上多黄……帝之二女居之,是常游于江渊。澧沅之风,交潇湘之渊,是在九江之间,出入必以骤风暴雨。”后人便因“交潇湘之渊。是在九江之间”而认为“二女”即“湘夫人”。如此便有了“湘夫人即尧帝之女娥皇、女英”之说。而《史记·五帝本纪》中有关于“尧用二女妻舜”的记载,所以据此推论“湘君”便是舜。但有不少赞同“湘夫人即娥皇、女英”的人对“湘君即舜”的说法提出异议,认为从屈原以往的作品中皆能看出他将舜帝堪比天神,而不是湘水之神。“湘君”就是一个思念着娥皇、女英的湘水之神。

也有人认为,“湘君”即娥皇,“湘夫人”即女英。“湘君”与“湘夫人”分别是尧的两个女儿。此说源自《山海经》。不同的是,将“湘夫人”一人代之以娥皇、女英变为“湘君”“湘夫人”共代之。

而从《湘君》中的“望夫君兮未来,吹参差兮谁思”和《湘夫人》中的“闻佳人兮召予,将腾驾兮偕逝”来看,明显表达的是对异性的思念与爱慕。所以,将“湘君”与“湘夫人”理解为娥皇、女英两女子的说法也遭到了驳斥。

## 琴歌《胡笳十八拍》:创作者是蔡文姬还是董庭兰

琴歌《胡笳十八拍》是由十八首歌曲组合的声乐套曲,由琴伴唱,描写主人公饱受战乱之苦。抒发爱国思乡之情、骨肉分离之亲。千百年来成为我国传统音乐作品中的珍品,深受人们喜爱。

据传《胡笳十八拍》的作者是东汉著名文学家蔡文姬。蔡文姬,名琰,是东汉末年大名士蔡邕的女儿,在文学和音律方面有造诣。战乱的时代,蔡文姬被南匈奴掠去,因思念故乡加上自己的音乐天赋创作了《胡笳十八拍》。

《胡笳十八拍》歌词分为十八章,一章为一拍。其中既有“乱离”背景的描述,又有思乡之情的惆怅。《胡笳十八拍》的艺术价值很高。明朝人陆时雍在《诗镜总论》中说:“东京风格颓下,蔡文姬才气英英。读胡笳吟,可令惊蓬坐振,沙砾自飞,真是激烈人怀抱。”现代学者郭沫若对《胡笳十八拍》中歌词加以考证,也断言非蔡琰莫属,并称赞说:“这实是一首自屈原《离骚》以来最值得欣赏的长篇抒情诗。”

然而,自唐以来,有学者对蔡文姬创作《胡笳十八拍》提出质疑,认为这部作品的作者是唐代著名琴师董庭兰。

唐代进士刘商《胡笳曲序》(《乐府诗集》卷五十九转引)序文曰:“蔡文姬善琴,能为离鸾、别鹤之操。胡虏犯中原,为胡人所掠,入番为王后,王甚重之。武帝与邕有旧,遣大将军赎以归汉。胡人思慕文姬,乃卷芦叶为吹笳,奏哀怨之音。后董生以琴写胡笳声为十八拍。今之胡笳弄是也。”从序文中“后董生以琴写胡笳声为十八拍,今之胡笳弄是也”推断:《胡笳十八拍》乃唐代琴家董庭兰(即董生)所作,是为据。

琴歌《胡笳十八拍》作者到底是谁?这一问题的讨论自唐代至今,文学界见仁见智,音乐界也未有定论。但无论作者是蔡文姬还是董庭兰,抑或其他人,都不影响我们对作品的喜爱和推崇。

## 古代预言《推背图》:宋太宗为何不禁反推广

《推背图》是中国古代著名的政治预言书,据传是唐朝太宗皇帝时期天相家李淳风和袁天罡所著,本来是用以推算大唐国运的书籍。相传李淳风某日日观大象,得知武后将夺权之事,于是一时兴起开始推算起来是否属实,竟推算到唐以后中国两千多年的命运脉络。袁天罡见状推了李淳风的背一下,神秘地说道:“天机不可泄露。”于是李淳风再没有敢继续推下去。但《推背图》却因袁天罡这一推而得名。

《推背图》最初并没有得到重视,但经过几百年的见证,上面所写口诀竟与真实历史有八分切合,这使历朝历代的统治者胆战心惊,一直将其列为禁书。但是到了宋太宗赵光义的时代,《推背图》不仅没有遭禁,反被大肆推广。

据民间传言说,《推背图》预示了大宋王朝会在宋太宗这一朝灭亡。而当时的宋王朝经济和军事正如日中天，显然民间的谣言是非常荒诞的。但百姓容易受到愚弄，京城开封更是人心浮动。宋太宗暗道必定是有人借《推背图》危言耸听，制造危害宋室的言论，如果事态继续发展下去，一定会引起内乱，于是立刻下令查禁《推背图》。

但宋太宗的这种做法并未安定民心，《推背图》越是被禁，就越在民间私下发行。一时间不但没有把《推背图》的事情压下去，反而更激起民间的舆论热潮。于是便有大臣向太宗皇帝进言，查禁不宜，应当另行寻找对策。宋太宗向来心思缜密，略一思考，对臣子道："大禹治水，不禁而疏，效果极佳。查禁一事可以效仿，不必再禁《推背图》，索性大肆发行，让百姓随意购买，自然能止谣言。"大臣依太宗之言照做，最后无论京城内外家家有一本《推背图》。此后百姓对《推背图》的神秘性开始质疑，逐渐也就忘记了《推背图》预言，传于宋王朝即将灭亡的谣言也随之平息了。

## 画作《韩熙载夜宴图》：名画竟成谍报图

《韩熙载夜宴图》是我国历史上著名的画作之一。此画卷分多幅，如同一幅连环画，绘制了南唐著名官员韩熙载家开宴行乐的场景。整幅长卷线条流畅，工细灵动，层次分明，神韵独特。

然而这样一幅绝世画作，在当时却有人提出，其实这卷名画是一份"谍报"。为什么名画竟成了谍报图呢？可从画作的成因来看。

韩熙载夜宴图(局部)

李唐末年，各路节度使、太守、军阀趁势而

起，韩熙载生活在南唐国君李煜在位时期，是权倾朝野的大臣。时值国势衰微之际，李煜新娶小周后周薇，大臣们纷纷恭喜，韩熙载却写了一首讽刺诗。韩熙载为人耿直，李煜对他是又爱又恨。

不久，赵宋于中原兴盛起来，南唐岌岌可危，韩熙载终日在家饮酒作乐，夜夜笙歌。此事传到李煜耳中，于是叫了两个非常有名的画室去参加韩熙载的夜宴，并将夜宴的场景细细刻画出来。

《韩熙载夜宴图》花了数月的时间终于画好，李煜吩咐将此画送给了韩熙载。目的想借画告诉韩熙载，作为重臣不可如此堕落。可是韩熙载似乎并未领会李煜的用意，依然过着放荡不羁的生活，李煜在失望至极中决定将韩熙载迁至洪州。韩熙载这才知道李煜的用心，慌忙借此机会告老还乡，再不摄政。李煜念在他对南唐江山有功的份儿上，将他放逐出了金陵。但《韩熙载夜宴图》是否真的是份谍报，却没人能肯定回答出来。

## 行书楷模《兰亭序》：王羲之真迹质疑

《兰亭序》也称《兰亭宴集序》《兰亭集序》《临河序》等，是王羲之在东晋永和九年为朋友的诗作所写的序文手稿，全文共28行324个字，有“天下第一行书”之称。

1600多年前，三月初三日，绍兴西南兰渚山下，王羲之等一群文人墨客正饮酒作诗。有人提议将所作的诗编辑成集以作纪念，这个想法得到了大家的一致赞同，并推举王羲之写序。王羲之处于酒酣兴浓之时，遂提笔写下了流传千古的《兰亭序》。

然而，《兰亭序》是否为王羲之所写，历来颇有争议。

20世纪60年代，曾经发生过一场关于《兰亭序》真伪的大讨论，争论双方代表为郭沫若和高二适。1965年6月，郭沫若在《文物》杂志上发表了《从王谢墓志出土论<兰亭序>的真伪》一文，该文列举诸理由推断《兰亭序》并非王羲之的原作。这篇文章发表后，被江苏省文史研究馆馆员高二适看到，于是写了一篇《<兰亭序>的真伪驳议》的文章，坚持《兰亭序》仍为晋代王羲之手笔，并非后人之伪作。

在后来章士钊给毛泽东的来信上，毛泽东对此以及阅读了所附高二适的文章后,次日即复函给章士钊说:“高先生评郭文已读过,他的论点是地下不可能发掘出真、行、草墓石。草书不会书碑,可以断言。至于真、行是否曾经书碑,尚待地下发掘。但争论是应该有的。我当劝说郭老、康生、伯达诸同志赞成高二适一文公之于世。”于是,在毛泽东的支持下,《光明日报》和《文物》杂志先后刊载了高二适《<兰亭序>的真伪驳议》一文和影印的手稿。而郭沫若即针对高文发表了《驳议的商讨》和《<兰亭序>与老庄思想》两文,与之辩论。尔后,高二适也再次写了《<兰亭序>真伪之再驳议》一文回敬郭沫若。

一时间,学术界呈现出“百家争鸣”的繁荣景象,从中央到地方的报刊也都刊登了有关《兰亭序》真伪的论文。以郭沫若、高二适为首的两派展开了一场持续半年之久的争论,但因双方都没有充足证据,这场争论最终未分对错。

## 中华神品《清明上河图》:对“春景清明说”的质疑

《清明上河图》是我国北宋画家张择端绘制的一幅长卷风俗画,全长 528 厘米,宽 24.8 厘米,全面细致地描绘了北宋都市生活的各个方面,对了解和研究当时的人文风俗具有重要价值。自从它问世以来,受到上至当朝皇帝,下至文人学士的赏识和珍藏,现藏于北京故宫博物院。

《清明上河图》的创作年代及“上河”的含义曾有过一些争论,但对画中描绘的是清明时节,自金代以来似无异议。近年来随着研究的深入,一些研究者和收藏鉴赏者却对以往的“春景清明说”提出了不同意见。

一是“清明节”说。一般都认为《清明上河图》所描绘的是宋徽宗时期京都汴梁以及汴河两岸,清明时节的繁华热闹景象和自然风光。明代《味水轩日记》中有记载,这幅画最早的收藏者是宋徽宗赵佶,画上有宋徽宗亲笔的瘦金体题签“清明上河图”和双龙小印,还有宋徽宗的题诗,诗中有“水在上河春”一句。根据《东京梦华录》对清明节的相关记载,北宋时期清明时节不但要祭扫亡灵,还要举行盛大的郊游活动,这与画中所描绘的景致相吻合。近代及当代美术史家郑振铎、徐邦达、张安治等也均主张春景之说。

二是“清明坊”说。到了20世纪80年代,有人认为《清明上河图》所绘的是秋景,而不是北方初春的清明时节。

清明时节,北宋京都应是乍暖还寒的,然而画中带着扇子的,光着身子在街头嬉戏玩耍的,以及商贩的草帽、竹笠等细节描写却违背了自然环境,并不是清明节之景。

据北宋孟元老的《东京梦华录》记载,每年农历十月,汴京始“进暖炉炭,帏前皆置酒作暖会”,如果清明节前后进暖炉炭,则违背宋人生活习俗。画面上有酒肆多处,酒旗上写着“新酒”二字,《东京梦华录》中记述:“中秋节前,诸店皆卖新酒……”说明“新酒”不是在清明时节出现的。

另外,分析画中的“城门楼”,设想《清明上河图》应该是描绘的从“清明坊”到汴河口这一段上河的繁华热闹的景色。“清明”是指汴京城中的地名“清明坊”,而不是清明时节。

三是寓意“承平”说。有人认为“清明”既非时令又非地名,是称颂“太平盛世”之意。

《诗经·大雅》中有“肆伐大商,会朝清明”的说法,《后汉书·班固传》有“固幸得生于清明之世”之句,这里的“清明”都有政治开明有度、人民安居乐业之意。当时,张择端是皇家御用画院待诏,因此他用“清明”一词创作这幅画敬献给宋徽宗,进行歌功颂德是很有可能的。

画家选取汴河秋景入画,因为“汴水秋风”是汴城八景的第一景。汴水以“秋风为胜”,而汴城又以汴水两岸最为繁华。这正透露出张择端的作画意图,描绘汴河的升平景象,寓示盛世清明而非清明时节。

比较以上三种说法,第三种说法似乎更有说服力。

## 千古绝唱《满江红》:作者岳飞质疑

长期以来,人们认为《满江红》的作者是宋代抗金将领岳飞,他在写这首词时,正值中原遭受女真铁骑蹂躏的岁月,岳飞怀着一腔热血,矢志抗金,而这首词真实、充分地反映出岳飞精忠报国的英雄气概。对此,没有人怀疑它的真实性。

但是,近些年来。有关专家对这首词的作者产生了疑问。

坚持《满江红》是岳飞所做的主要根据是,宋代人陈郁在其《藏一话腴》中涉及岳飞时,记载有武穆"又作《满江红》,忠愤可见",说明在当时的著作中已有《满江红》的记载;其次,在河南省汤阴县的岳飞庙碑林中有一碑刻,碑上刻有《满江红》全词,碑刻于明天顺二年(1458年),由岳飞的同县庠生王熙所书。另外,就词中一些具体句子,一些学者也回答了持否定说的人的质疑。如台湾学者李安根据史实同《满江红》中的词相考证得出结论:《满江红》词乃岳飞"表达其本人真实感受,于公元1133年秋季9月下旬作于九江"。

但也有一些学者认为《满江红》并非岳飞所作。

现代古文献学家余嘉锡根据对《四库提要辩证》的考证提出了两点疑问。岳飞的孙子岳珂所编《金佗粹编·家集》中没有收录这首词。《满江红》这首词最早见于明代嘉靖年间徐阶所编的《岳武穆遗文》,是根据弘治十五年(1502年)浙江提学副使赵宽所书岳坟词碑收入的,赵宽也未说明这首词的来龙去脉,而且赵宽碑记中提及的岳飞另一首诗《送紫岩张先生北伐》经历史学家考证也是伪作。在此之前,宋、元时期的相关记载和题咏中并未发现它的踪影。

此外,在其他同时代人的作品中,也从来没有提到过这首词。直到明朝中后期,该词才被发现,这是否有可能是明朝人为了鼓舞士气,才假托岳飞之名而伪造的呢?

另外,词中有一句"驾长车,踏破贺兰山缺",这与当时的历史情况有出入。贺兰山在今内蒙古河套之西,南宋时属西夏,并非金国土地,而金国黄龙府在今吉林省境内。岳飞不可能以在西夏境内的"贺兰山"来比喻攻打金国黄龙府的志愿。岳飞曾与将士们相约"痛饮黄龙府",所以他进攻的方向应是今天的吉林省农安县。实际上是明代北方鞑靼族常取道贺兰山入侵甘、凉一带。因此,《满江红》可能并非出自岳飞之手。

# 第六章　考古未解之谜

## 第一节　古代遗迹之谜

### 半坡遗址之谜

黄河，我们的母亲河，她孕育了众多的文明，创造了灿烂的文化。半坡遗址就是在她身边的村落，这个遗址告诉了我们太多的东西，又留下不少谜团。半坡遗址是1953年被考古队发现的，随后几年中，考古工作者进行了多次发掘，渐渐揭开了这沉睡了6000多年的原始村落的面目，它位于陕西省西安市东郊，当时林木繁茂，自然环境异常优美。发掘中考古工作者认识到这是一个典型的原始村落，有较高的发展水平。但村民们的生活状态具体如何，人们之间是什么样的关系呢？这些都有待于发掘材料的证明。

半坡村落遗址南北长300余米、东西宽200余米的椭圆形，南部为居住区，北部为公共墓地。东北角有烧陶窑址。居住区、墓地与烧陶窑址之间有一条大壕沟相隔。这条壕沟长70多米，宽深各约5~6米，向两边延伸，起防护的作用，被壕沟围绕的是居住区。居住区内，最显著的是中间有一座大房子，其结构和建筑方法是半地穴式的。所谓半地穴式，是指建造时先挖出一个平整的坑，然后再搭建房屋，以至于房子一半处在地坑中，这种方法在技术落后的情况下易于使房屋稳定。大房子门向东开，中间为火塘，其作用应是村落成员们举行集体活动的地方，如商量大事，接待外族重要来客，可以称为全村的政治文化中心。北边有许多小房屋，小房子的房门都朝向大房屋，形成不甚规则的半圆形房屋群。

中小房子有半地穴式和地面建造式两种，从外表来看有圆形和方形之分。墙壁是用草和泥抹成的，房屋中心都有一个灶坑，是村民们做饭的地方。从房屋中灶炕附近的灰烬中发现有烧残的兽骨，没吃完成堆的螺蛳，可以看出半坡村人早已脱离茹毛饮血的蛮荒生活，过上了比较殷实且安定的日子。

半坡人已知道进行农业生产，使用了石头、兽骨和陶片制造的工具。石器以磨制为主，但仍有少量的打制石器。有些磨制石器也只是在打制的基础上，仅对刃部稍加磨制。石器制作方法的改进对人类来说有重大意义，标志着人类具有了征服自然的能力。遗址中发现生产工具达 600 多件，有斧，铲、锄头。先民们就用这些工具焚树造田、种植粟等农作物，这是典型的“刀耕火种”。在一座房子下面还发现了一陶罐保存完好的粟，粟虽已碳化，但皮壳却清晰可辨。这是半坡人过上了农业生活的有力证明。

当然，渔猎还是村民们非常重要的食物来源，从遗址中发现许多的渔猎工具和残留的大量兽骨可以推测出来。打猎使用的工具丰富多彩，最重要的是弓箭，有不同的样式，光箭头就有柳叶式、三棱形、扁平三角形、圆柱尖头式等。弓箭的使用，让人们的捕猎能力、提升了一个台阶，可以更安全、快速地捕到猎物。

陶器也是村民生活中重要的物品，有各种形状的盆、罐用于储藏、煮食物，盛水等。村中有一个公有的制陶作坊，制陶技法已很发达。早期的制法以捏制法为主，到了中晚期开始出现用转速很慢的转轮加以修整的制法。彩陶是具有代表性的一种陶器，彩陶花纹是在制作陶坯过程中绘上去的，然后入窑烧制，这样彩绘可以经久不脱。彩绘多以红色和黑色为主，题材多样，色彩对比强烈。内容除了人物形象外，还有反映动植物，天文等各个方面的写实图案。其中尤其以鱼形纹居多，最具代表性。这些彩绘早已超出实用的范畴，而是先民们创作的文化艺术了。在一些陶器的彩绘上发现了较多刻画符号，有人认为是早期的文字。也有人认为只是随意留下的，并没有什么意义，也无法识读。究竟是不是文字，仅从这些符号是不能确定的，如果哪一天也能像甲骨文一样发现众多材料，说不定汉字史又要向前推了。

在居住区附近有氏族的公共墓地，排列有序，位于居住区之北。这里已发掘出成人墓170多座，各墓排列纵横有序，成人墓多为一人一墓，合葬的较少。随葬品为日常生活用的陶具诸如罐和壶之类。半坡人对成人和小孩是用不同方式埋葬的。小孩墓地发现有70多座，绝大部分就是葬在屋旁，用瓮装着，不入公共墓地。可能是夭折不祥不能入氏族墓地，也可能是由于灵魂观念及“亲子之情”，把幼儿留在身边。

随着发掘的不断深入，半坡村民的生活状态逐渐明了。整个村落，居住区在中心，四周有防护沟，沟北为墓地，东边为窑场，从这种统一规划可看出，人们过的是一种有组织的生活。房屋的大小相近，随葬品数量及质量上相似，所以人们之间并无贫富差别。总之，他们过着一种集体而平等的原始村落生活。

## 中国也有金字塔吗

埃及金字塔享誉全球，是古代劳动人民智慧的结晶，其魅力令无数学者为之倾倒。你相信吗，其实在中国，也发现了一座5000年前的圆锥形“金字塔”式建筑。

20世纪80年代，考古队在辽宁发现了距今5000年的牛河梁红山文化遗址，先是发现了远古时代的祭坛女神庙积石冢群，后来又发现“金字塔”式大型红山文化建筑遗址。牛河梁发现的金字塔是中国目前发现的最为古老、最为庞大的金字塔。这座金字塔建筑的范围大约有近万平方米，基部直径约有100米，高20多米，顶部堆积有大量的坩埚片，据鉴定，这里是冶铜遗址，共有1500个炼红铜的坩埚，每一个坩埚高约30厘米，锅口直径长约30厘米，与现代人用的水桶一般大。整个“金字塔”的结构为夯土石砌圆形台阶式。在金字塔周围，还发现有30多座积石冢群，这些积石冢也都呈圆锥形，也是大抹顶，活脱脱一群小金字塔。

如此庞大的巨型建筑，光是夯土就达10万立方米，此外还有不计其数的巨型石块。在当时的条件下，这些古人是如何完成这项浩大的工程的呢？那么，远古人们修建这座“金字塔”式的建筑物用意何在呢？对这一问题，学者们众说纷纭，没有定论。

考古工作者对那些围绕在大金字塔周围的小金字塔群进行了部分发掘。在一座小金字塔内发现了一具男性骨骸。身高约1.8米,肩上和手腕处都佩戴着玉环。胸部放着一只碧绿色的玉龟,奇怪的是玉龟无头无尾无足,浑然一体。在骨骸的腰下部还有一个玲珑的猪首玉饰,猪的两只耳朵被出奇地夸大。如此被厚葬的这位墓主究竟是谁呢?

在另一座积石冢的中心大墓里也发现了一具完整的男性骨架,头的两侧放有两个大耳环,胸部放置着一只勾云形玉佩。双手上除戴着玉镯外,还各握着一对雌雄玉龟。这对玉龟有什么样的象征意义呢?苏秉琦先生认为玉龟也许是一种权力的象征,墓主很可能是一位仅次于王者的首领人物。也有的学者认为龟是当时墓主所属氏族部落集团的图腾,所以,在死后手中还要握着这种象征物。

除了辽宁牛河梁红山文化遗址发现金字塔外,在宁夏的西夏陵园也有类似的金字塔。在西夏陵区,约有200多座大小不一的陵墓,这些大小山包也全部都是人工夯筑起来的,被中外游客认为是"东方的金字塔""梦幻里的中国金字塔"。

埃及金字塔、美洲金字塔与中国金字塔有什么联系吗?虽然我们知道,其用途可能不同,除中国的金字塔作用还不能确认外,埃及的金字塔是古埃及法老的陵墓,而玛雅金字塔则用来祭祀。为什么在远古时代,不同地区不同民族的人们会不约而同地修筑金字塔呢?它们那极为神似的外形是出于纯粹的巧合呢,还是另有不为世人所知的内因呢?

1925年,据说美国的神秘学家摩艾利·德利博士在美洲的热带丛林中发现了一块翠绿碑板。在埃及古文献中曾提到过翠绿碑板,暗示里面记载了建筑金字塔的方法。可惜,翠绿碑板上的文字至今无人能破解出来,不知美洲金字塔究竟是如何建筑起来的。不过,根据当地的传说,翠绿碑板是由亚特兰提斯岛上的僧侣德斯所著,碑上确实记载着金字塔的建造方法,难道埃及金字塔与美洲金字塔真的同出一源?

近年来，流行中国人的祖先曾迁移美洲一说，也就是说，玛雅文明与中国远古文明其实是同源的，这种观点之所以流行，是因为经学者们多年孜孜不倦的探索，确实掌握了不少证据。如果这是真的，那么，埃及金字塔、美洲金字塔和中国金字塔三者之间又有着怎么样的联系呢？

西夏王陵（宁夏回族自治区银川市）

## 华夏第一都到底在哪里

中华民族有悠久的历史，从早期的人类到原始氏族社会，这片土地上有过我们祖先的身影。随着生产能力的提高，社会不断进步，尧、舜、禹三代之后，禹的儿子启废除统治权禅让的传统，夺权成立父子相承的国家——夏。“夏”也便成为我国历史上第一个国家政权，我们今天对于夏代的了解相当贫乏，只有少数文献中一些零星的记载。由于商都殷墟的发现，对商王朝的文明状况，我们有了较清楚的了解，而此前的夏代却仍是一片空白，几乎都要让人淡忘这个曾统治华夏几个世纪之久的王朝。如果能找到夏朝的国都遗址，我们就不会对夏代如此迷茫，但作为华夏第一都的夏都到底在哪里，长期以来一直是困扰历史学家的难题。

有人说是位于山西省运城市的夏县，据称，因我国奴隶社会第一个王朝夏朝在此建都而得名，号称“华夏第一都”。其历史悠久，为中华民族的发祥地之一。相传是嫘祖养蚕、大禹建都的地方，素有“禹都”之称。不过至今还没有在夏县找到有说服力的文化遗址。

有人说应该是在今许昌西部的禹州。禹州市是中华民族发祥地之一，大禹因治水有功曾在此受封“夏伯”。禹的儿子启继位后，于钧台大宴天下诸侯，建立了中国历史上第一个奴隶制国家——夏朝，亦被称为华夏第一都。夏都是在禹州吗？目前仍不得而知。

1959 年夏，中国科学院考古研究所组织了一支考古队，开始了探寻夏都的田野考察。从传说中夏人活动的中心地区豫西开始，在拨开重重迷雾后，考古队将目光锁定在河南偃师二里头，集中对其进行考古发掘。以此为标志，中国考古学界开始进入了有目的、有计划地探索夏文化的时期。

早期奴隶制夏王朝的存在无可非议，但由于文献和考古资料的缺乏，夏代的文化面貌始终无人确认。20 世纪 60 年代末，考古工作者在河南省偃师县二里头村发现了一些古文化遗址，出土陶器十分特殊，介于龙山文化与商代之间，引起了学术界的极大兴趣。二里头村，位于偃师县西南 9 千米的洛河南岸。古文化遗址包括二里头、圪当头、四角楼，寨后和辛庄 5 个村，面积 375 万平方米。1957 年发现后，1959 年开始进行发掘和研究工作，先后发掘面积达 1 万平方米。文化遗物的特征介于龙山文化晚期和商文化早期之间，尚属首次重要发现，命名其为“二里头文化”。这处遗址的最下层被确认为夏文化，出土有铜刀，为我国发现最早的青铜器。其上层为商代文化，发现有大型宫殿基址，面积达 1 万平方米。遗址中出土大批工艺精良的铜器与玉器，应为夏商时期的都邑遗址，在考古学上占有极重要的地位，对了解和研究夏商文化的历史有很大意义。

经过几十年的研究，可以确认二里头遗址是一座早期王城。但这座都城是属于商代的还是夏代却还不清楚。2003 年，考古人员又在现已发现的中国最早都城遗址“二里头遗址”中找到了两座大型宫殿建筑。其中一座，呈缺了一个角的长方形，东西长为 110 米左右、南北宽 100 米，东北部折进一角。整个庭院范围都是建造在高于地面半米的夯筑平台上。庭院四周为走廊，除西廊是外有墙、内有走廊外，其余三面中间都是墙，内外皆有走廊，说明在庭院北、东、南三面可能还会有相邻的庭院。这座宫殿的样式，后代有许多建筑都沿用。新的宫殿建筑群的发现又吸引了人们的目光，无论从其规模，还是样式都是皇宫大院的建筑。

这两座宫殿遗址的特殊处和意义，不完全在于认定它们是王宫，更重要的是它们发现的位置。早先考查知道二里头遗址所处的社会，很大可能是处于夏商两代分界的时期，其上层是商文化遗留，其下层为夏文化遗留。而这两座宫殿初步考定是处于夏文化层，那岂不是说，我们可以确定这是夏代的都城了吗？有位考古专家激动地说，“这意味着人们几乎可以从中触摸到中国第一个王朝的脉动了”。

然而事实上，二里头遗址是不是夏都并未得到公认，首先就此遗址本身的时期争论仍在继续，有人说属于夏文化晚期，有人说属于商文化早期，更为普遍的说法是“界于夏商之间”。历史学家冷静地说，“二里头遗址本身还存在着许多未解之谜，作为都城的二里头，它的内涵布局及其演变过程、它的文化面貌及其社会生活与组织结构、它的族属国别以及人地关系等诸多课题，目前还只是粗线条的把握。”

## 由发掘甲骨而发现的殷墟是商代的古都吗

### 1.假龙骨——小屯村人的意外发现

时间上推到 1899 年，那时还是满清末年，当时的北京国子监祭酒王懿荣，因为患病而吃药。他随便翻看一包刚买来的中药，以检验药的成色，发现一块“龙骨”上有些奇异的刻画符号。他没有轻易放过这个发现，而是立刻去药店查探，得到更多的有字龙骨，综合这些材料他得出这些符号肯定是商代的文字。此后他就不断以高价收购这些甲骨，一些商人也投其所好。此事逐渐为人所知，很多人便纷纷加入收购的行列，从此甲骨身价倍增。因为有巨大的利益，知道甲骨文来源的商人便长期隐瞒真正的出土地点。10 年后，著名甲骨文学家罗振玉终于得知出土位置——河南安阳小屯。

甲骨出土数量不断增多，古文字学者罗振玉在 1910 年释出了十几位商王的名号和死后的谥号，这更加证实了小屯村就是湮没的殷墟。

公元前 16 世纪前后，商汤灭夏，在中原地区建立了商。在当时恃殊的历史背景条件下，商王盘庚曾 5 次迁都，最后定都于殷。直到商纣亡国，273 年间殷一直是商代晚期的统治中心。周取代商以后，殷民迁走，殷都也在漫长的历史变迁中沦为一片废墟。

**2.对甲骨的发掘**

甲骨的发掘工作也经历了几个不同阶段，大体分为：早期的滥采滥挖、中期的低水平集众发掘、前中央研究院的科学发掘、新中国成立后科学系统发掘。

1899 年，甲骨文为世人所知后，其身价陡增，当地地主、农民、古董商等为牟取暴利集众挖掘。1904 年冬，小屯村地主朱坤率先集众在小屯村北地、洹河南岸的农田中建起了挖掘工地，大肆挖掘甲骨达数车。同村人霍文元、刘金声等人见有利可图，也集众挖掘，双方为了争夺甲骨还发生了群体械斗。最后，安阳知县下令禁止私掘，但禁令并未维持多久，私掘现象依然严重。

后来，前中央研究院历史研究所成立之后，便派董作宾于 1928 年 8 月到安阳小屯村调查甲骨出土及保存情况。董作宾在小屯村一带多处调查走访，了解到近几年在小屯村仍有甲骨出土，便从村民手中收购了部分甲骨。经过这次调查，前中央研究院认为小屯村的地下还有甲骨出土的可能，遂从 1928 年 10 月至 1937 年先后进行了 15 次考古发掘。参加发掘的主要工作人员有李济、梁思永、董作宾、郭宝钧、石璋如等。这 15 次发掘中，第 1 至第 9 次以小屯村为重点，得甲骨 6500 余片；第 10 至第 12 次以距小屯村 3 千米远的洹河北岸的侯家庄为重点，挖掘了王陵墓葬，但没有甲骨出；第13至第15次仍以小屯村为重点，得甲骨多达1.84万余片。其中收获最大的一次为1936年春开始的第13次发掘，出土甲骨1.7万片，并有完整和较完整的龟腹甲200多个。

通过这15次科学系统的发掘，他们不但发现了很多商代晚期的遗址、墓葬，同时还获得有字甲骨2.4918万片。后来，前中央研究院从中选出近1.3万片辑成《殷墟文字甲编》和《殷墟文字乙编》。这10年的殷墟发掘是以考古专业工作者做指导的，出土的甲骨等文物也收归国有，因此这是甲骨学史上的极大收获。特别是后5次发掘，对殷墟建筑基础的遗留及墓葬的排列情况都做了详细研讨，为中国考古学的形成奠定了基础。

新中国成立之后，文化部设立文物局。从1950年春到1977年，文物局对殷墟进行了十几次有组织、有计划的科学发掘工作，共获得有字甲骨5000多片及商代青铜器等珍贵文物，并使商代殷都的面貌整体呈献在世人面前，获得了甲骨学史上的空前收获。

### 3.甲骨文的文字特征和占卜之谜

甲骨文并不是一种处于起源阶段的简单文字，无论从文字的形体结构还是史料证据上，都说明甲骨文是一种比较成熟的文字。在距今约6000年的西安半坡遗址出土的陶器上，有二三十种刻画符号，郭沫若和于省吾先生通过考证都认为其是汉字起源的简单文字。约距今五六千年的大汶口文化时期的文字，更被认为是处于发展阶段的早期文字，而且其形体与商周文字较为接近。因此，许多学者都认为，在甲骨文字出现之前，中国的汉字可能已经经历了两三千年的发展和演变。

甲骨文已经不是最初的简单符号，它是商代文明的标志之一，其发达与成熟在许多方面都有所表现。从已出土的甲骨文看，其句子的构成已经具备了现今汉语的表达方式的雏形。不仅甲骨文中的词句已经具备了后来汉语表意方式的基本特征，而且甲骨文中的单字也已经具备了后来汉字的主要特征。汉代许慎《说文解字》中提出包括象形、指事、会意、形声、转注、假借在内的“六书”，甲骨文字也已经大体具备了这“六书”所包括的内容。

从甲骨文中可以看出，在商朝，人们对神的崇拜已经具有宗教意义。人们通过向神灵卜问来预测吉凶祸福，这在当时是非常流行的。甲骨文就记录了大量的占卜卜辞。

据研究发现，当时用于记录占卜卜辞的龟甲和牛胛骨是经过精心修饰的。在殷商时代，龟甲主要从南方进贡而来。据专家鉴定，出土于殷墟的龟甲多是取材于南方江淮、珠江流域的胶龟，其特大者则是产于我国近海的海龟。

学者们从一块已破译的甲骨上得知：商代武丁时期，一个雀地的诸侯一次向商王进贡“五百龟甲”。从其他甲骨文材料看，向殷王室进贡龟骨的人多为殷王之官或附属的方国之人。雀地的诸侯一次就送来500只龟，可见当时殷王室储存的龟甲数量是十分庞大的。

当时的社会，畜牧业已很发达，可以提供大量的卜骨。1973年在安阳小屯发掘的H99是当时存放骨头的一个窖穴，里面存放着大量未经加工过的牛胛骨。可见，卜骨也是预先收集，以备随时取用的。

从发现的甲骨看，它们都有被锯、削、刮、磨的痕迹。卜甲一般是将乌龟的甲壳分成凸起的背甲和较平的腹甲两部分。连接背甲与腹甲左右两边的甲片，就叫甲桥，其位置在乌龟的前后足之间。在锯开上下甲时，甲桥留在腹甲上。腹甲、背甲都要经过一系列的整治。要除去鳞片、胶质等，背甲一般从中间剖开，并将中脊凸起部分锯去，在上面钻一孔。卜骨主要用牛肩胛骨，不分左右。其整治方法是将骨的顶端骨臼的圆形削磨成月牙形，以使骨臼与骨面平整。

甲骨经整治加工以后，还要经过钻凿才能用于占卜，钻凿是在甲骨的反面加工出窠槽，由呈椭圆形的凿和呈圆形的钻作用而成。钻和凿都只加工到距甲骨最薄的地方而不透过骨面。钻凿大致有三种：一是有钻无凿，二是有凿无钻，三是钻凿并用。

甲骨钻凿完毕，即已完成了占卜前的所有准备工作。当时的占卜内容是十分丰富的。

占卜的起始程序叫“灼龟”。钻凿的第一种和第三种，都是在钻处进行烘烤，这叫“灼”。第二种则在紧挨凿的左边或右边施灼，称“单灼”。在甲骨反面施灼之后，它的正面就会出现裂痕，直裂的兆纹称为“兆干”，横裂的称为“兆枝”。占卜者就是根据兆枝的走向来判断吉凶祸福。

在占卜结束之后，把所问之事刻写于卜兆旁边，这就是卜辞。卜辞刻在甲骨的正面和反面的均有，但前者居多，这以武丁时期甲骨文为多。有的卜辞正面刻不完，就在反面接着刻。早期甲骨文中多见这种正反两面相衔接的卜辞。

殷人契刻卜辞有一定的格式。一篇完整的卜辞可以分为前辞、命辞、占辞和验辞四部分。前辞，也叫叙辞或述辞，记述占卜的时间和占卜者。命辞，也称贞辞、问辞，即命龟之辞，是向龟陈述要卜问的事。占辞，即根据卜兆而判断吉凶。验辞，即将占卜之后应验的事补刻下来。

甲骨上的卜辞除契刻以外，还有朱砂或墨书写的卜辞，这种书写的卜辞字形特别粗大，比同一版面上的刻辞字形大得多。

**4.由甲骨文引出的殷墟遗址**

继发现甲骨后，大规模的发掘工作随之而来，于是，一座标志古代文明的都市遗址——殷墟遗址被发现了。

殷墟是商代后期的王都所在地。河南安阳市西北2.5千米的小屯村是遗址的中心，洹水两岸的后岗、武官村、高楼庄、花园庄、孝民庄、侯家庄、四盘磨、大小司空村等十多个村庄都在遗址的范围内，总面积约24平方千米。

殷墟遗址从1928年开始共经历了15次发掘。抗日战争爆发后，发掘工作被迫停止。1949年，殷墟的发掘继续进行，直到今天尚未间断。从遗址上看，小屯村是当时的王宫所在地。到目前为止，已发掘出70多处版筑房基，其中有大型宫殿和宗庙基址，也有小型居住址，都排列有序。在房基附近还发现有700多个大小深浅不同的窖穴，这些窖穴大都用来贮藏粮食、器具、甲骨，少数则作为居穴。在小屯村也发现有墓葬，它们集中分布在宗庙基址周围，多为人祭坑。另外，在遗址的东边曾发现包括有名的妇好墓在内的属于王室贵族的中型墓。

王陵区分布在洹水北岸的侯家庄和武官村一带。在这里共发现13座大墓和千余座小墓、排葬坑，其中赫赫有名的商王大墓就在武官村。据推测，大墓多半是王陵，小墓和排葬坑应该是附属于大墓的陪葬墓和人祭坑。

古代居民遗址和墓地在其他各村也有发现，但规模较之都略小，在小屯村东南的苗圃北地和小屯村西北的北辛庄分别发现了规模较大的铸铜和制骨作坊遗址。

殷墟是我国考古史上最早的、历时最长的、规模最大的考古发掘之地，所获实物资料也极为丰富，其中经科学发掘所得刻字甲骨将近3万片，青铜器多达几千件，以及不计其数的玉、石、骨、角、牙、蚌、陶等各类遗物。所有这些都是研究商代历史最珍贵的实物资料。

总之，甲骨文与殷都遗址是一个难得的文物宝库。甲骨文中还有许多内容没有破译，它们和许多历史问题联系在一起，形成一个个谜案。研究甲骨文字，将有利于揭开许多历史谜团。

### 湖北铜绿山矿冶遗址开始于何时

中国古代的矿冶技术许多曾在世界遥遥领先，而有关我国古代这方面技术的记载以明代科学家宋应星的《天工开物》记载得最为完备最为系统。不过，这本书也是仅限于作者个人的见闻和经历，所以里面的内容都很简略，不可能全面反映我国古代在矿冶技术上的成就。实际上，我国古代的矿冶技术的成就远远超出了我们现代人的想象，近二三十年来的考古发掘就证明了这一点。

在距离湖北大冶县城3千米的铜绿山上发现了一处2000年前的古铜矿遗址，相当于我国春秋末至战国初期。铜绿山，据《大冶县志》记载，“山顶高平，巨石对峙，每骤雨过时，有铜绿如雪花小豆点缀土石上，故名。”其奇特的地貌和遍地盛开的莹蓝色铜墙铁壁草吸引着历代矿工来这里开发铜矿资源。铜绿山古铜矿遗址是迄今为止已经发掘的古铜矿中生产时间最长、规模最大的一个。

在这个遗址中，考古工作者发掘出大量用来支护井壁的圆木、采矿用的铜斧、铜锛、铜凿、木槌、木铲、铁锤、铁锄以及运载工具藤篓、木钩、麻绳等，另外还发现了少量陶罐等生活用具。

在距离开采地不远的东北坡，考古工作者们又发现了古代炼钢遗址。"共发掘出了外形、结构基本相同的炼钢炉九座，炼钢炉上还设有炉基、炉缸和工作台。炉基用沙石、粘土等细细夯筑而成，台基内还设有风沟；炉缸在发掘出来的时候已经残破不堪，据鉴定，为高岭土等耐火材料筑成；而炉身经历千年都已坍塌；工作台用粘土、矿石垒筑在炉侧，台面高于炉缸底部。"在这些炼钢炉内残留着数量不等的炉渣，而附近的渣坑中的炉渣堆积竟高达1米多，据有关专家粗略估计，此矿区遗存的炉渣至少在四十万吨以上！对这些炼渣中的含铜量进行测验的结果更是让有关专家大跌眼镜！因为在三号炉西侧发掘出的粗铜其含铜量为百分之九十三以上，而炉渣的含铜量仅为百分之零点七！对大冶湖边出土的铜锭进行铜含量测定，竟为百分之九十一点八六！在距今2000年前的古代，提炼铜的技术已发展到如此高超的地步！

在我国春秋战国时期开采冶炼技术已如此发达，说明我国古代劳动人民对金属的认识更为久远。事实也是如此，古代奇书《山海经》就已经比较详细地记载了战国以前矿业开发的情况，书中曾经明确提出当时的产矿地有一百六十七处，其中有铜矿五十二处。春秋战国时期进一步发展，其规模不断扩大，如《管子·地数》记载道："凡天下名山五千二百七十二，出铜之山四百六十七山。"从这两组数据中，我们可以真切地看出这时矿冶业发展得多么迅速！

江西瑞昌铜岭古铜矿遗址是我国迄今为止发现的年代最早的采矿遗址。在这之前，人们一直认为西周晚期开始出现冶铜业，而瑞昌古铜矿遗址的发现将我国采铜历史往前推进了数百年。

瑞昌古铜矿遗址面积约一平方公里，采矿区约有二十多立方米。发掘出竖井五十三口，平巷六条，斜巷三条，露采坑一处，木溜槽一处。由于这个采矿遗址开采的时间比较长，所以经历了好几个时期，所幸的是其地层迭压关系清晰，出土的遗物比较多，对其中的一件木制滑车进行测定，结果为商代中期的遗物，从而有力地证明了早在商代我国已经有了较发达的采矿业。除此之外，遗物中还有“陶制的鬲、罐、豆、盆、纺轮等；木制的滑车，锨、铲、水槽、瓢等；竹制的筐、盘、签等；铜制的斧、凿、锛等”。

其中出土的木溜槽也同样改写了我国冶炼技术的历史。这个木溜槽长三点五米，据有关专家鉴定，为分节水冲法选矿用的一种原始装置。而这种分节选矿法人们一直以为产生于宋代，在这之前文献资料中并没有记载。瑞昌铜岭选矿槽的发现，把我国的这种选矿技术往前推了两千年！

迄今为止，就目前的考古发现来看，我国铜的开采与冶炼技术最早出现在商代，那么，以后还会有新的考古发现能推翻这个结论吗？由于考古本身的随机性，谁也不能保证。

我国人工冶铁开始于什么时候也同样是一个悬而未决的问题。地质学家章鸿钊认为是在春秋战国之间；历史学家范文澜力主东周时期已经有了铁器，并从古体铁字的一种写法推猜东方的夷族最早掌握了炼铁技术；而另一历史学家李亚农则认为早在西周就已经有铁器了，赞成这一观点的还有郭沫若先生。

值得一提的是，在驰名中外的北京周口店龙骨山山顶洞人的遗迹中，考古工作者发现了一串串最原始的项链，这些项链是用红线把一颗颗青鱼上眼骨穿起来由此制作而成的。让人奇异的是，线之所以是红色，那是因为线是用赤铁矿粉染成的！在十多万年前，人类就早已懂得利用金属铁锈作“染料”，这究竟是偶然的利用，还是有过金属铁制品呢？

放眼世界，人类掌握冶炼技术的年代就更扑朔迷离。据说，在苏联的瓦什卡河岸上发现了一块稀有金属的人造合金，年代为距今十万年前！在秘鲁高原考古学家发现了一件铂制装饰品，要知道，熔化铂必须要有1800℃的高温熔炉！

这些现象该如何解释呢？有志于此的人可以去进一步探索。

## 长城的两端到底在什么地方

长城是中华文化的瑰宝、人类文化的财富。“不到长城非好汉”这句话更是每个中国人耳熟能详的名言。现在长城不但是中国人心中的圣地,而且世界各地的人也对它敬仰不已,只要提到中国,便会想起中国的万里长城,只要来到中国,就一定要去万里长城。中国的长城号称万里,实是当之无愧,并无疑义,但长城的两端到底在什么地方却有着不同的说法。因为长城的修筑前后历经二千多年、很多长城并不是绵延不绝连在一起,以及早期修筑的颇多损坏,以致对长城两端所在地的认识出现了不同的意见。

第一种说法是据《史记,蒙恬列传》载:“秦已并天下,乃使蒙恬将三十万众北逐戎狄,收河南(今内蒙古河套以南),筑长城,因地形,用险制塞,起临洮,至辽东,延袤万余里。”这句话表明了秦始皇修建长城的两端,即临洮和辽东。秦始皇修的长城其实包括三段,东段起于现在内蒙古德化县内,向东基本上是沿着今内蒙古和河北交界处蜿蜒东行的。进入辽宁以后,折向东南,一直延伸到朝鲜境内的平壤大同江北岸。其终点即是所谓的“辽东”。秦始皇长城的中段,从东至西由内蒙古兴和县,北依阴山,南靠黄河河套,西抵乌兰布和沙漠北缘。西段长城,经考察西起甘肃省岷县,循洮河东岸向北至临洮县、兰州,再东折至榆中县。

专家认为今天的岷县就是秦朝时期的临洮县,是秦万里长城的西边起点。现在其遗址旁树立着一块碑,写的却是“战国秦长城遗址”,原来在春秋战国时期各诸侯国都修过长城,秦国也不例外。这一段从临洮起点的长城就是秦昭王时修建的,后来秦始皇加以修缮。可惜的是,经过时间的侵蚀,我们很难相信西起临洮的这一段长城是否存在过,因为几乎看不到绵延于山川田野的城墙。为了探访秦朝是不是在这修过长城,有人几十年来走遍这里的每一个角落,寻找昔日的长城,并且找到了很多秦代遗物,不过这并不能证明修长城之说,因为这一带本来就是秦朝活动区域,找到一些秦遗物并不能说明问题。

第二种说法是万里长城东端到辽东,西端为现在新疆罗布泊地区。此种说法是基于汉代所修筑的长城之上的。汉朝时期，北方游牧民族匈奴强大起来，不断在汉朝边境滋事，为此，汉高祖刘邦亲征匈奴，但却以惨败结束，被围困了七天七夜，后来用谋士陈平的策略，才得以逃脱。在匈奴威胁下，汉初国力衰弱，只得年年给匈奴交纳大量贡品，以求平安，但边境的骚乱并没有完全停止。经过汉初几代皇帝的休养生息政策后，汉武帝时国力空前强盛。于是汉王朝不再唯唯诺诺，而是主动出击，派遣大将卫青、霍去病等率军多次给予匈奴巨大的打击。经过一系列战争，打通了甘肃经河西走廊到新疆罗布泊的交通要道，并使西域各王国臣服于汉朝的统治。

汉武帝在军事进攻的同时，还着手另一项工作即是大规模修筑长城。汉武帝有四次大规模的修筑，第一次在公元前127年，在击溃盘踞在此地的匈奴后，将防御匈奴的北方边界推进到今内蒙古阴山南麓的原秦始皇长城一线。第二次在公元前121年，夺得被匈奴占据的河西走廊，而后几年修筑了由今甘肃省永登县至酒泉的长城，东面与秦始皇所修长城相接。第三次在公元前111年，用了两年时间，修筑了酒泉至玉门关段的长城。最后一次修筑长城是在公元前104年到公元前101年，修了玉门关至新疆罗布泊段的长城。

那么，长城的西端是否应该认为是在罗布泊呢？汉代在河西走廊到罗布泊的这段长城和我们一般概念中的长城不同，只有相隔的城墩、烽火台，而它们之间缺少相连接的城墙。不过其功能却是相同的——驻防，互相通报敌情。如果不认为是长城，那么这条千里屏障又如何称呼。

第三种说法是长城分别是东到山海关，西到甘肃的嘉峪关。这两座雄关修建得气势磅礴，至今保存完好，又经过多次修复，一东一西相互对峙，所以被认为是万里长城的两端。此说其实是明长城的两端。明代是最后一个大规模修筑长城的朝代，在其统治的200多年中几乎从没停止过长城的修建，因为明朝有着更为严重的边患。在周边众多实力强大的政权的压力下，明朝为求得安宁与和平，只得年年用大笔银子在崇山峻岭中铺就一条坚固的防线。朱元璋占领北京，推翻元朝的统治，建立明政权。此时的元政权并没有被消灭，而是退出了北京，回撤到今长城以北，仍有东至呼伦贝尔湖，西至天山，北抵额尔齐斯河及叶尼塞河上游，南到现在长城一线的广阔地域。而且元政权的统治者并没有完全死心，而是时时不忘收复失地，重主中原。在陕西、甘肃、辽东都有不服从明政权的规模庞大的军事政权，时刻让明朝统治者寝食难安。明代中后期，北方女真族政权兴起，更是成为明朝廷的心腹大患，这时修建长城的工程也更为浩大。

还有人认为万里长城的东端并不是山海关，而是辽东鸭绿江畔。只是因由山海关到辽东一线修筑比较简陋，到现在基本被损坏，所以认为万里长城是明代修筑得比较精良的嘉峪关与山海关之间一段，其两端是这两座雄关。

万里长城的两端到底在什么地方，以什么时候的为标准来定，众说纷纭，至今尚无定论。

## 阿房宫真的是项羽烧的吗

史书记载，西楚霸王项羽进入咸阳后，看到如此奢华的秦朝暴君享乐之所，心中大怒，一把火烧了阿房宫。从此人们一直认为阿房宫是项羽烧的。但现在不断有人指出，项羽烧的是秦始皇在咸阳的宫室建筑，而不是阿房宫。项羽究竟有没有烧阿房宫呢，如果没有烧过，那规模宏大的阿房宫又到哪里去了，为何消失了呢？

唐代著名诗人杜牧在《阿房宫赋》对阿房宫有着脍炙人口的描写：“覆压三百余里，隔离天日。骊山北构而西折，直走咸阳。二川溶溶，流入宫墙。五步一楼，十步一阁；廊腰缦回，檐牙高啄；各抱地势，钩心斗角。”这时候，其实杜牧见到的也只是阿房宫的残垣断壁，但我们仍可想象阿房宫宏伟的气势！《史记·秦始皇本纪》这样形容当时的阿房宫：“前殿阿房东西五百步，南北五十丈，上可以坐万人，下可以建五丈旗，周驰为阁道，自殿下直抵南山，表南山之巅以为阙，为复道，自阿房渡渭，属之咸阳。”今阿房村南附近，有一座大土台基，周长约310米，高约20米，全用夯土筑起，当地人称为“始皇上天台”。阿房村西南附近，夯土不断，形成长方形台地，面积约26万平方米，当地称为“眉坞岭”。这两处地方是阿房宫遗址内最显著的建筑遗迹。

为何建造阿房宫，其名字含义还有众多说法，传说中秦王嬴政爱上过一个美丽的民间女子，芳名阿房，但这段美丽的爱情终究投有换来美丽的结局，为了纪念这位他深爱过的女子，秦始皇不惜耗费巨大的人力物力修建了极度奢华的阿房宫。

根据近年来的考古发现，专家认为，历史上有关项羽放火焚烧阿房宫的记载是不准确的。据考古队介绍，一年时间里，考古人员勘探的面积超过 20 万平方米，发掘面积也有 1000 平方米，但是发现的红烧土只有少量的几块。如果说是大面积的火烧三个月（此为史料所载）的话，红烧土应该遍地都是。除了红烧土外，还应有大量草木灰。

那么史书上记载的项羽烧的是什么宫殿呢？有人认为："项羽火烧的是秦咸阳宫。"而关于项羽火烧阿房宫、大火三月不灭的说法，秦汉时期的文献资料没有这样的记载，可能是对古文献的错误理解。他们说，《史记·项羽本纪》中记录的项羽在咸阳屠杀民众，"烧秦宫室，大火三月不灭"。这里所说火烧秦朝宫室的地点在咸阳。《史记》中其他各篇更明确地说火烧秦朝宫殿的地点是咸阳。《高祖本纪》说项羽"屠烧咸阳秦宫室"，《秦始皇本纪》也说项羽"遂屠咸阳，烧其宫室"。咸阳是秦朝首都，所烧毁的也是首都宫殿，根本不是秦朝时地处渭水之南的上林苑中的阿房宫。这从后来的考古发掘中得到证实，秦咸阳宫遗址曾发现大片的红烧土遗迹。

阿房宫并非毁于大火，那么到底毁于什么？

有人说，阿房宫其实并没有想象的庞大，它是个未完成的工程，虽然秦始皇有意把它修建为庞大的宫殿群，但他还未来得及修好就死了。考古人员在一年多的前殿遗址勘探过程中，没有发现一枚当时建房普遍使用的秦代瓦当及其碎片。这说明当时阿房宫主体建筑没有封顶，他们分析说，"阿房宫可能是基础打好了，但宫殿没有完全盖好"。当时修建阿房宫不到一年多，秦始皇就死了，劳动力被捡去修秦陵墓，陵墓没修完，秦二世就垮台了，阿房宫的活也就没完工。这次考古发掘没有找到封顶的东西也是一个佐证。既然阿房宫只是个宏大的规划，基本上没有建造，那么阿房宫不见了就很好解释了，不存在被毁的问题。

不过大多数人认为，阿房宫即使可能没完成，但必定已经初具规模，有众多的建筑了。至于这些建筑如果不是被项羽烧的，那么如何毁坏这一问题仍是个千古谜，有待将来破解。

## 敦煌莫高窟之谜

### 1.敦煌莫高窟的发展历程

敦煌坐落在甘肃河西走廊的西端、党河的绿洲上，是中国西部的一座边陲小城。汉武帝元狩二年（前121），汉朝在那里设置了武威、酒泉二郡，酒泉郡下辖敦煌地区。10年后的汉武帝元鼎六年（前111），汉朝又在此增设了张掖、敦煌二郡，这就是所谓的"河西四郡。"

敦煌莫高窟

前秦建元二年（366）对敦煌来说是一个具有特殊意义的年代。据史志记载，敦煌的第一个石窟就开凿在这一年，其建造者是一个名叫乐僔的和尚。乐僔和尚师徒四人来到敦煌城东南的三危山下时，看见了三危山上的奇景：夕阳照耀下，山峰发出灿灿金光，在乐僔的幻觉中，仿佛有千万个佛在金光中显现。虔诚的乐僔在三危山下顶礼膜拜，并立志要建造佛窟。他四处化缘，请来了一批工匠，在这沙漠的绿洲上开始了建造石窟的工程。

隋唐时期,敦煌莫高窟进入了全盛时代。隋王朝虽然在中国历史上的统治时间只有38年,但保留到现在的佛窟却有110个之多。在莫高窟现存的492个洞窟中,有一半以上建于唐代。安史之乱后,吐蕃乘机侵占河西走廊地区,统治敦煌长达70年,吐蕃也是一个信仰佛教的民族,莫高窟不仅没有因为统治者的改换而遭破坏,还增添了许多具有吐蕃风情的新窟。公元9世纪中叶,唐朝收复了河西走廊的东部。公元858年,敦煌世族张议潮领导河西走廊西部的人民起义,推翻了吐蕃贵族的统治,收复了敦煌及其附近地区,并遣使向唐报捷。不久,唐宣宗任命张议潮为归义军节度使,统领河西十一州之地。唐朝灭亡后,中国进入了五代时期。后唐同光元年(923),后唐政府任命曹义金担任归义军节度使。中原地区虽然动荡不安、军阀割据,但河西走廊地区在曹氏家族的治理下,却呈现出一片繁荣昌盛的景象,莫高窟的佛洞也在持续地开凿着。

后来,党项族建立的西夏控制了河西走廊一带,这个政权统治敦煌达200年之久,这一时期仅留下了为数不多的小规模石窟。1227年,西夏被蒙古灭掉,蒙古族也是崇奉佛教的民族。在这一时期,元朝统治者在莫高窟又开凿了一些洞窟。1524年,明朝政府封闭了肃州(今甘肃省酒泉市肃州区)西面的嘉峪关,敦煌和内地完全隔绝,莫高窟就在中原文明的发展中被遗落了。

**2.敦煌的艺术**

在1000余年的历史中,莫高窟的石窟在10多个朝代的众多统治者手中不断修缮、添新,也不断倾塌、毁损。总体来说,经历了以下几个阶段。

(1)初期。十六国时期是敦煌莫高窟石窟艺术的诞生期。公元366年,前凉的乐僔和尚在鸣沙山崖面上揭开了莫高窟艺术的第一页。这一时期的石窟内容以弥勒菩萨、禅定佛、说法佛为主要遗像。它们沉思俯视,垂悯下界,很具有时代特征。元魏时期是石窟艺术的大发展时期。公元439年,北魏灭北凉,统一河西地区,并设置敦煌镇。这一时期的主要窟型是有人字坡顶和中心塔柱的“塔庙”(或叫“支提”)窟,壁画内容除本生故事外,多以千佛为主要题材。西魏灭亡之后,北周统治敦煌20余年,其统治者宇文氏尊经重儒,宇文邕还曾经念佛,这使得敦煌的石窟艺术得到了很大的发展。现存的北周时期的洞窟内容丰富,描写细腻,人物渲染艺术手法多样,在技巧上充满探索精神,为丰富石窟艺术的表达能力提供了许多有益的探索。

(2)鼎盛期,隋朝的两个皇帝隋文帝、隋炀帝都十分信佛,把佛教尊为国教。隋文帝杨坚还诏令全国有破坏佛像者以“恶逆论”,从而增加了石窟造像的威严,也使佛教迅速传播开来。唐贞观十六年(646),翟思远一家修造的今编第220窟建成,这是莫高窟艺术的一个里程碑。武则天时期,由于她笃信佛教,再加上不断对西域用兵,从上到下为佛教与石窟艺术的发展奠定了良好的社会基础,许多方面都超过了前代。从神龙元年(705)到建中二年(781)是盛唐时期,也是唐朝由盛转衰的时期。为了维持西北地区的安定,唐朝大大加强了河西的保卫力量,仅玉门、安西、敦煌三地就屯兵1.45万人。当时的将军、都护、军使出兵西域,都带着许多文士、诗人、歌童、舞女、医人、星相,画匠、织工等各类随军服务人员。于是,内地的新画风、新技法在莫高窟有了直接的体现。莫高窟的中唐时期称为吐蕃时代。吐蕃时代壁画塑像在精致细腻方面是盛唐艺术的发展,笔墨精湛,线描造型的准确、生动都应是唐代艺术向深度发展所取得的成就。晚唐开凿的莫高窟石窟现存60个,但是,晚唐石窟在形式上和内容上较吐蕃时期还是有一些差异。首先,出现了大幅的《劳度叉斗圣变》,这是沙州民众推翻吐蕃统治的喜悦心情的直接反映。其次,《维摩诘经变》中吐蕃赞普的形象从壁画中消失。第三,经变中以汉族世家豪族的夫人子女代替了蕃装人物,给人耳目一新的感觉。

(3)衰落期。五代时期莫高窟的艺术风格是晚唐的继续。五代的壁画比较粗犷,特别重视笔、墨、色彩的结合效果,所谓“焦墨其中略施微染”的画法被广泛应用。西夏在莫高窟的早期做法是改修前代洞窟,其画风受甘州和西州回鹘画风影响较大,壁画上的人物造型和装饰纹样,与伯孜克里克石窟的壁画十分相像。元朝统治者也笃信佛教，当时全国比较流行萨迦派的金刚乘。因此，莫高窟现存的元朝石窟几乎都属于风格迥异的金刚乘藏密画派。明朝推翻元朝的统治后，封闭了甘肃酒泉西面的嘉峪关，繁荣近1200年的敦煌莫高窟艺术宣告结束。

敦煌莫高窟是我国古代佛教文化的集大成者，是一座举世无双的佛学宝库。按其艺术形式可将敦煌莫高窟艺术分为彩塑壁画和佛教典籍两大部分。莫高窟前后历时1000多年，保留下来的彩塑多达2400多尊，皆出自历代能工巧匠之手，风格多样，千姿百态，所以它不失为我国最大、最系统、最为珍贵的一份雕塑遗产。

莫高窟最早的彩塑是十六国时期塑造的，其表现题材比较简单，人物形象带有一些印度人的味道，塑造手法也存在石雕的痕迹，没有充分发挥泥塑特有的自由伸展的性能。隋朝时候，彩塑的形式开始有了明显变化。佛与菩萨由北魏以来的“秀骨清像”变得雍容厚重。唐朝是莫高窟彩塑的极盛时代，艺术家们充分发挥他们的艺术天赋，创造出了丰富多彩、风格迥异的艺术造型，并使塑像更接近写实，使佛与菩萨“世俗化”，并最终成功地打破了“神”与“人”的界限，使莫高窟艺术更接近生活。

莫高窟壁画的总面积达4.5万平方米。它所反映的范围虽然没有包罗佛教所有的经典内容，但几乎涉及了佛教经典的各部类宗派历史。莫高窟的壁画内容按其性质大体上可分为经变、说法图、民族传统神话题材、供养人像、图案装饰等5大类，其中内容最多的是经变。经变就是佛经故事画，画这种壁画的目的就是向人们灌输佛教思想。它们描绘的内容都是庄严简洁、没有污浊烦恼的西方极乐世界。壁画构图一般都很严谨，描写细腻。说法图是供养们供养礼拜的形象。北魏晚期的说法图，场面宏大，人物众多。中间的佛庄严神圣，两侧的菩萨却生动活泼、绰约多姿。他们有的交头接耳、窃窃私语，有的手舞足蹈、翩翩而起，有的虔诚献花，有的挽臂游戏，已冲淡了宗教法堂的庄严气氛，增添了浓厚的人间情趣。隋朝时，壁画内容发生了很大变化，说法图已减少，单身菩萨增多。这时期把菩萨画得都很美，几乎不再受西域影响，他们着俗装，衣饰华丽，不受固定仪型束缚，和现实世界中的人物很接近。唐朝时说法图已经退到一些次要的、不引人注意的地方，但这一时期的壁画达到了最高水平。供养人像也叫宗教"功德像"，是当时造窟人或参与造窟人的肖像。佛教传入我国之后，人们又把所谓的"前世""轮回"结合在一起，寄托在佛的世界里，希望"轮回"得到幸福。装饰图案主要绘于藻井，还有的画在龛楣、椽间和主体画的边上，它没有什么太大的意义，主要是起装饰作用。这时期的各式图案明显受西域的影响，有劲健和美妍之风，尤其是莲瓣式的龛楣，组织得更为精巧富丽。

**3.发现藏经洞**

现在敦煌被人们关注不是因为其悠久的历史，也不是因为辉煌的过去，而是因为莫高窟艺术宝库的发现，因为莫高窟藏经洞的发现。

一个世纪前的中国，正处在日渐衰弱的清朝末年，偌大一个莫高窟艺术宝库由一个云游而来的道士看管起来。这个道士就是那个一提起便让人切齿的"王道士"。王圆箓，原是湖北麻城的农民，因麻城连年旱荒，生活无着，他便逃到肃州（今甘肃酒泉），做了一名边防军卒。退伍后无事可做，就当了道士。王道士云游到莫高窟后，就在今天的第 143 号窟居住下来。此时，敦煌寺院住的多为红教喇嘛，诵的是番经，唯独王圆箓能诵道经，且说汉语。因此，当地人大都请他礼忏，他的生活状况得到了明显改善。

王道士有了些钱后，为积功德，聘请人改造佛窟。1900 年 5 月 26 日，王圆某早早起来，他要清扫莫高窟北端七佛殿下第 16 号石窟甬道中的积沙。他把这个 7 米长的甬道内的积沙清除掉后，甬道两壁露出了宋代人画的菩萨像，虽然画工并不精细，但保存得相当完好。王圆箓不经心地观瞧着墙上的壁画。这时，甬道的北壁忽然产生了一声巨响，墙上裂出一道缝隙。他吃了一惊，赶紧凑上前去，用旱烟管在裂了缝的墙壁上敲了几下。

结果让王圆箓吃惊不已，墙壁竟然是空的！王圆箓心里一阵激动，料想其中必藏有宝物。王道士轻描淡写地打发走了雇佣的人，耐着性子等到晚上，便悄悄地去打开了这道伪装的窟壁，找到了用泥封着的洞口。

王圆箓打开了这个洞口，一扇紧闭的小门出现了。他打开小门，里面是一个黝黑的高约160厘米，宽约270厘米，略带长方形的复室，室中堆满了数不清的经卷、文书、绣画、法器等等。王道士感到不知所措，他取出几份经卷，一路小跑来到县衙，送给县长汪宗翰。汪宗翰见多识广，知道这些古物的价值，便仗势向王道士索要了一批画像和写本。甘肃学台叶宗炽通过汪宗翰，也得到了不少藏经洞的藏品，其中有宋乾德六年（968）的水月观音像。他建议藩台衙门把这批文物运到省城来保存。昏聩的清政府觉得花高昂的路费运送这些“废纸”根本不值得，便没有采纳这项建议，只是发出了一纸命令，让王圆箓封起藏经洞，从此就不再过问了。

**4.宝藏重现后的风波**

1900年5月26日，道士王圆箓的发现使已经十分荒凉的敦煌再次成为世人瞩目的焦点，许多“学者”慕名而来。

盗取莫高窟宝藏的始作俑者是俄国的勃奥鲁列夫。1905年，当他听说敦煌石室发现古代经卷写本，便于当年10月到了敦煌，以少量的俄国商品作交换，从王圆箓手中骗去一大批珍贵的文书经卷。勃奥鲁切夫将卷带回国后，对此秘而不宣，直到1963年世人才知道这一情况。

继勃奥鲁列夫之后来到敦煌的是斯坦因。他对于中国文化并没有什么认识，然而凭着冒险家追寻宝藏的本能，一听到这个消息便匆忙赶到中国，带着一个姓蒋的助手直奔敦煌，想办法结识王道士。

斯坦因想用金钱从王圆笑手中收买经卷，王道士看着斯坦因手中白花花的银子，虽然十分眼馋，但还不足以消除他对神灵及官衙的畏惧，斯坦因想用金钱收买的计划落空了。斯坦因常常光顾王圆箓住的洞窟，千方百计讨好王圆箓，想弄到宝物。一天，他忽然对王道士住处的壁画发生了兴趣，感到自己似乎找到了攻关的钥匙。原来，王道士住进这个佛窟后，剥去了原来的壁画，请人在上面重新画上唐僧西天取经的故事。斯坦因便决定由此突破。其实，斯坦因对玄奘事迹知道得并不多,他多方查找资料。经过准备之后,便和王道士侃起唐僧及其西游来。他装出一副对玄奘无比崇敬的神情,而且还说自己循着玄奘的足迹,历尽千难万险,从印度穿越峻岭大漠才来到了敦煌。他说得天花乱坠,让王圆箓对他无比崇拜。

深夜,王圆箓终于再次打开了密室的门,拿出一些经卷写本给这位“司大人”看。第二天,王道士又答应了斯坦因的请求,把他引进了秘室。斯坦因首次获准进入藏经洞密室,初睹其中所藏丰富文物,简直目瞪口呆。他看见那小小密室里的物品,虽然不是井井有条,却是前所未见的经文卷帙。暗淡的油灯照明下,密密麻麻,一包包的手抄本堆在那里,几乎有3米高,后来经过测量,知道这密室容积近14立方米,几乎满是手抄本和书卷,密室内只留下仅能容两人站立的空间。

从那以后,王圆箓对这位洋大人放松了警惕,任由他进出密室,为所欲为。看到时机成熟,斯坦因告诉王圆箓说有成捆藏品要暂时拿出来作学术研究,而这样做绝非渎圣,因为抄本、书卷让诚心向道的人鉴赏等同宣扬佛法,功德无量。斯坦因还不断捐一点钱资助重修寺院,而且从来不提购买经卷的事,让贪心的王圆箓十分欢喜。斯坦因一边讨好王圆箓,一边利用中国助手屡次乘夜窃取大捆的珍贵文物背到营房。最后,这个以寻宝有功而被英国皇室封为爵士的家伙,共弄到24箱稀世奇珍,共计3000多卷经籍,另外5箱装着满满的绢帛以及200多幅经书。

斯坦因盗宝成功的消息,极大地刺激了其他帝国主义者的贪欲,他们争相派“考察队”前往敦煌。

1908年,法国汉学家伯希和也来到了莫高窟,他凭着对中国文化的研究,在斯坦因没有挑走的经卷中挑走了更珍贵的6000多卷写本和一些画卷,装满了10辆大车,几经辗转运到巴黎。他还把带不走的塑像和壁画拍了照片,印出了6大本,名为《敦煌千佛洞壁画集》,又把洞窟编了号码。他还拿着极少的一部分汉文写本来到北京炫耀,他的行为引起了爱国学者的极大愤慨。1909年,北京学部才正式发布文告,并拨款到甘肃,命令敦煌县令陈泽把千佛洞所剩的古写本全部运到北京。然而这批宝贵的文化遗产在启运来京的途中被各地官吏层层盗窃,又因此受到很大损失。这批文物全部运到北京后只剩下8697卷了，经整理后保存在京师图书馆。

1911年10月，日本人吉川小一郎和橘瑞超率领大谷光瑞探险队也赶到敦煌，从王道士手中骗得古写本经卷四五百卷和两尊精美的唐代塑像。

1914年，斯坦因又来到中国，用500两银子从他的“旧友”王圆箓手中“买”走了600多卷古写本经卷。至此，他共骗得织绣品150多方，绘画500多幅，还有图书、经卷、印本、写本共6500多卷，成为敦煌艺术宝藏的第一盗匪。同年，俄国人鄂登堡也来到敦煌，盗走了不少文物和塑像，还剥去了一些壁画。

1924年，美国人华尔纳匆匆来到敦煌，他用事先准备好的特殊化学胶布剥离盗走26方唐朝洞窟中的壁画，还窃取了几尊唐代塑像，这些东西现在收藏在美国哈佛大学的福格艺术博物馆和波士顿博物馆。

帝国主义分子掠夺的敦煌莫高窟文物数量十分惊人，仅北魏到北宋的古写本就有两万多卷。内容包括佛经、道经、摩尼经、诗赋词曲、小说、方志、信札、户籍、账簿、借贷契约、历书、医书等等。除此之外，还有绘画、织绣等工艺美术品1000多件，其中有一件唐咸通九年（868）的一卷刻本经卷，卷头有一幅“佛说法图”，是世界上最古老的一件雕版印刷品，也是被盗文物中最珍贵的一种。

敦煌莫高窟的文物被劫掠后，莫高窟也随之名扬世界，国内外学者们从各种专门学科的角度，对以敦煌为研究对象的学术领域进行深入的研究，形成了独特的“敦煌学（Tunhuanlogy）。”

### 5.谁封藏了藏经洞

敦煌藏经洞经卷的发现，对人们研究历史、文化、佛教等都产生了深远的影响。当然，如同许多其他宝藏被发现一样，围绕敦煌经卷的谜团也随之而来——如此丰富的经卷是被谁封藏起来的？封藏这批经卷又是出于何种目的？这些问题从所藏经卷被发现到现在，一直悬而未解。有人认为敦煌各寺院把没有用途的书卷集中在一个洞窟中，形成了藏经洞，这种说法被称为“废弃说”。

主张“废弃说”的代表学者是盗取敦煌文物的第一大盗匪——斯坦因。日本学者藤枝晃也主张“废弃说”，他认为废弃的原因是随着中国印刷术的发明，印刷的佛经取代了卷轴装的佛经；图书馆的重新布置导致了原来的卷轴佛典遭到废弃，时间是在1002年以后不久。

有人对此提出了不同意见，认为洞中的经卷是因为躲避战乱而有目的地藏起来的。主张“避难说”的代表人是另一位盗取敦煌文物的名流——法国汉学家伯希和。伯希和认为唐代发生了“安史之乱”以后，驻扎在敦煌的军队被调入内地平定叛乱，吐蕃人乘机占领了敦煌，这一时期史书上称为吐蕃占领时期。1068年党项在敦煌建立了西夏政权的统治。藏经洞中的藏品却没有西夏文书，而且藏品的堆放也没有一定的顺序和分类，所以伯希和认为在第一次党项攻打敦煌时，为避免兵灾，当时僧人匆忙将这些东西堆入洞中，封了起来。中国有的学者也主张“避难说”，但他们认为经卷的收藏并不是发生在党项攻打敦煌的时候。有些中国学者认为北宋绍圣年间(1094~1097)，黑汗王朝向北宋提出攻打西夏的请求，得到了北宋王朝的回应。当地僧人为了防止佛教典籍在战火中毁灭，主动采取了保护措施，将经典汇集一处，藏入洞中，并在外面画上壁画，进行了精心伪装。

究竟藏经洞中的经书是谁藏的，什么时候藏的，还是被抛弃的，至今还没得到完满的解答，仍是个未解之谜。

## 扶风法门寺地宫之谜

### 1.法门寺的历史与发掘

法门寺是我国著名的古刹，位于陕西省扶风县城以北的法门镇。法门寺始建于东汉。据史料记载，古天竺(印度)国王为弘扬佛教，各地分葬佛祖释迦牟尼的真身舍利，于是在世界各地建塔，法门寺即是其中之一，并以珍藏佛指舍利而闻名于世。

民国28年(1939)修整时，法门寺寺院殿宇焚毁殆尽，仅明代修建的砖塔独存。

1981 年，因雨积水，明塔半边倒塌。政府拨款重建寺塔，并整修了殿宇。相传法门寺塔下藏有佛祖释迦牟尼的一节手指骨舍利，因此寺塔又尊称大圣真身宝塔，所以当 1987 年清理塔基时，佛指舍利成了万众瞩目的焦点。

考古工作者非常小心地除开黄土，发掘到法门寺塔下地宫后室的藻井大理石盖，透过西北角的裂缝，当手电筒的光照进去的时候，反射出了一道道耀眼夺目的金光。推开地宫两扇厚重的石门，于公元 1987 年（佛历二五三一年）5 月 5 日凌晨 1 时，正是农历四月初八，释迦牟尼佛祖的诞辰，考古工作者发现了供奉于地宫的佛陀真身舍利。整座地宫结构复杂，用材讲究，雕饰精美。在目前全国已发掘的塔基地宫中是独一无二的。这种三室制的地宫，显然是模拟人间埋葬皇帝的最高规格的墓室构筑的。

**2.法门寺出土的文物**

法门寺塔地宫出土的遗物约 170 余件，可分为两大类：一是 4 枚佛指舍利；二是为供奉舍利而奉献的物品。奉献的物品有金银铜铁器、瓷器、玻璃器、珠宝玉器、漆木器、石质器、杂器以及大量的纺织品和货币。由于都是唐代皇室贡奉的物品，所以数量大、等级高，錾文内容丰富。仅金银器就有 121 件，与佛教有关的造像和法器有菩萨像、香案、舍利棺椁、宝函、阏伽瓶、锡杖、如意、钵盂等；日常生活用具有盆、盒、茶箩子、碗、碟、香炉、香囊、茶碾子、笼子、盐台等。这批金银器是长安的文思院和江南地区制造的。文思院是专为皇室制作金银器的手工业作坊，是当时工艺水平最高的制造所。江南地区在晚唐也是制作金银器的主要地区，都曾向朝廷进献过金银器。出土的石刻有石碑、灵帐、阿育王塔等，其中记述了奉献物品的名称、数量、器重以及奉献者的名衔等，使我们确切了解了出土器物的名称，使以往一些不确切的称谓得以纠正。出土的 19 件琉璃器中，不少为伊斯兰器，是中国与西亚交通和文化交流的物证，是早期伊斯兰美术的重要发现。

所有的出土文物都与塔中瘗埋的舍利有关，如捧真身菩萨，是全国数以万计出土文物中独一无二的稀世珍品。菩萨原置于地宫中室的东北角，完好地盛放在银棱檀香木盝顶宝函之中。菩萨头戴化佛花蔓冠,花蔓冠边缘串饰珍珠。上身袒露,双手捧着上置发愿文的鎏金银扁荷叶形银盘,下着羊肠大裙,单腿跪于莲座上,通身装饰珍珠瓔珞。菩萨手捧的金匾呈长方形,匾栏上贴饰16央宝相花,匾上錾文:"奉为睿文英武明德至仁大圣广孝皇帝,敬造捧真身菩萨永为供养。伏愿圣寿万春、圣枝万叶、八荒来服、四海无波。咸通十二年辛卯岁十一月十四日皇帝巡庆日记。"通观全像,菩萨与像座构成一个完整的曼荼罗,即密教的坛场。唐懿宗咸通末年,迎法门塔佛指舍利入宫内,即置于菩萨双手捧着的荷叶形盘内,供帝后嫔妃们顶礼膜拜,所以称为"捧真身菩萨"。懿宗登基后,内忧外患,于是想通过迎佛骨来缓和阶级矛盾和安定政治局面。咸通十四年(873)三月二十三日,从法门寺地宫中迎出舍利,经安福门送入宫内,放置在捧真身菩萨双手捧持的荷叶盘上供养。因此,这尊捧真身菩萨既是唐代最隆重崇佛的产物,也是唐代最后一次迎佛骨的见证。它的历史价值还在于是迄今为止唯一有皇帝名号的文物。

**3.佛指舍利探秘**

据历史文献记载,我国境内曾有四大名刹供奉释迦牟尼真身舍利。岱州五台及终南五台之舍利,在唐武宗会昌年间灭法时敕令毁坏;泗州普王寺也于清康熙十九年(1680)沉入洪泽湖中,此三寺的真身舍利已无法见到。唯有法门寺地宫是目前国内得以保存释迦牟尼真身舍利的地宫。地宫于唐懿宗咸通十五年(874)封闭直至这次发掘,有1113年间从未被移动过。这次发掘共发现佛指舍利4枚。据唐释道宣《集神州塔寺三宝藏通录》记载,显庆五年(660)春三月,敕取法门寺舍利往洛阳宫中供养,"皇后(武则天)舍所寝衣帐直绢一千匹,为舍利造金棺银椁,数九重,雕镂穷奇"。

法门寺所收藏的佛指骨舍利,极其受到历代信佛帝王的尊崇与信奉,在唐代时更是达到了狂热的程度。自唐太宗以降,朝廷多次加以殊礼,据唐宪宗敕命撰写的《佛骨碑》中所记载:"太宗特建寺宇,加以重塔;高宗迁之洛邑;天后荐以宝函;中宗纪之国史。肃宗奉之内殿;德宗礼之法宫。"唐贞观五年(631),唐太宗开启塔墓，以舍利示人。舍利出土之时，瑞光四射，四方民众，蜂拥寺内，同观佛光。从此，震荡大唐朝野达 200 多年之久的“佛骨旋风”拉开了序幕。

第二次奉迎佛骨发生在唐显庆五年（660），唐高宗李治一生信奉佛法，对于“三十年一开闭，开则五谷丰登，兵戈自息，天下太平”的礼迎佛骨之事自然热衷。敕令将佛骨从法门寺迎请到东都洛阳，并由道宣律师主持法事。在由法门寺经长安到洛阳的数百里路途中，僧俗士民络绎不绝，翘首踮足，急欲一睹佛骨风采。这次礼佛活动时间很长，规模很大：佛骨在京师供奉了 4 年之久才送回法门寺，并敕令为舍利建造了九重金银棺椁，以为供奉，皇后武则天也施舍了衣帐、直绢 1000 匹。

第三次奉迎佛骨是在武则天称帝后的武周长安四年（704），武则天早年为妃嫔时，曾被迫迁出宫中，削发为尼，度过了一段黄卷青灯的孤苦年华，便和佛教结下了缘分。于是，崇佛的高潮再度掀起，一时之间，烧指顶缸者争先恐后，舍财投宝者不计其数，种种香花鼓乐、华盖幡幢，如海如潮，盛况空前。

第四次礼佛发生在唐肃宗上元元年（760），“安史之乱”尚在继续，国难当头，唐肃宗临阵奉佛，希望止息兵戈，社稷安宁。这次迎奉佛骨的时间和规模都比前几次小得多，气氛也很不同，“道俗瞻恋，攀缘号诉，哀声振薄”，一派三界火宅、众苦煎熬的悲戚景象。

第五次奉迎佛骨在唐贞元六年（819），当时的唐朝处于“藩镇割据”的局面。藩镇诸将，胡族甚多，尤崇佛教。唐德宗的奉佛之举，或许正是为了笼络这些地方实力派吧！

第六次奉迎佛骨是在唐元和十四年（819），唐宪宗派专使往法门寺，将佛骨迎入宫供养三天，帝后率皇室人员及文武百官一一礼拜，并交京城佛寺轮流供奉。唐宪宗的这一举动震动京城，王公士庶奔走相告，“焚顶烧指，千百为群；解衣散钱，自朝至暮；转相仿效，唯恐后时；老少奔波，弃其业次”。整个长安城掀起崇佛狂潮。这使刑部侍郎、著名文学家韩愈十分忧虑，奋笔写下《谏迎佛骨表》上奏皇帝。他拍着胸脯慷慨激昂地表示:假如佛陀真能显灵,施人祸祟,那么所有的灾祸都由我韩愈来承担,上天作证,决不反悔。崇佛极深的唐宪宗哪能接受韩愈的逆耳忠言,一怒之下,要将韩愈处斩。众宰臣苦请从宽,最后韩愈得免死罪,但被贬到当时边远瘴疠的广东潮州。

迎请佛骨最为铺张的莫过于唐咸通十四年(873),第七次迎取佛骨。是年春,唐懿宗诏令大德高僧数十人恭迎法门寺佛骨,朝中百官纷纷上疏劝阻,但唐懿宗却说:只要能见到佛骨,死也心甘了。为了奉迎佛骨,在皇帝的亲自安排下,长安倾城出动,官民齐做准备,从长安到法门寺的100千米之间,车马昼夜不绝,沿途都有饮食随时供应,称“无碍檀施”。沿途制作数以万计的浮图、宝帐、香舆、幡花、幢盖、幢伞。其中用金银宝物制成的宝帐香舆,用孔雀鹬毛装饰宝刹,宝刹小者高一丈,大者二丈高,抬一座宝刹要用轿夫数百人。迎请佛骨的仪仗车马,由甲胄鲜明、刀杖俱全的皇家禁军导引,文武大臣护卫,名僧大德供奉,长安各寺僧众拥戴,成千上万善男信女膜拜,音乐沸天,旌旗蔽日,绵亘数十里。长安城里的豪富还在每条街上,用绸缎结扎成各式彩楼,并饰以珠玉金宝,五光十色,巧夺天工。同时,他们还施舍钱物,号为无遮会,争奇斗富,场面之盛令人叹为观止。唐懿宗亲往佛寺,恭迎佛骨入城,并顶礼膜拜,泣不成声。在奉迎佛骨的日子里,召请两街供奉僧入内,赏赐金银布帛,还把佛骨迎入皇宫内道场,设金花账、温情床,铺龙鳞之席、凤毛之褥,供奉三日然后送出,先后安放于安国寺、崇化寺,宰相以下文武百官竞相布施金帛供奉。由于皇帝带头迎拜佛骨,长安城内虔诚的佛教徒更是如痴如醉。为了表达对佛的虔敬,有的在佛骨面前砍断自己的左臂,用右手拿着断臂,一步一叩首,血流满地;有的肘行膝步,爬到佛骨面前;有的用牙咬断手指,用火烧手指,在佛骨面前发誓许愿;还有的头顶干草,点火燃起,直至头顶焦烂,哭卧于佛骨面前。在这场规模空前的迎请佛骨活动中,君臣士民皆激动不已,沉浸在宗教狂热之中。除皇室、百官、豪富争施金帛外,长安城内各坊里百姓组织社团,凡居民无论男女长幼,每人每十日捐钱一文,积钱无数,法门寺地宫内的稀世珍宝,大多是唐懿宗迎请佛骨送归时奉献的。然而，唐懿宗在大张旗鼓奉迎佛骨的第二年便死去了，唐僖宗继位登基后，立即诏令将佛骨送回法门寺，在仪式上也大大从简，远没有迎出时那番热闹了。饱经流离、生逢衰世的百姓，呜咽流涕，执手相谓："六十年一度迎真身，不知何日能再见。"

### 4.法门寺文物与茶文化

自唐代起，茶艺广为盛行，茶具也是各种各样，美不胜收。烹茶、啜饮呈礼仪化、规范化和艺术化，特别是陆羽的《茶经》问世后，越来越多的人开始饮茶。陆羽因此也被奉为"茶神"。法门寺地宫中出土的多种茶具，虽配套不甚严格，但仍可作一组器物，它们各专其用又互相配合，为我们认识晚唐饮茶方式提供了重要的实物资料。

地宫出土的鎏金镂空鸿雁纹银笼子，通体镂空，纹饰鎏金，两侧口缘下铆有环耳，环耳上套置提梁，上有银链与盖顶相连。笼子底部边錾"桂管臣李杆进"六字。

唐宋饮茶，烹煮时可先将茶团饼碾成茶末。因此碾是烹茶的重要器具。《茶经》里说茶碾用木制，讲究的则用银制。地宫出土的鎏金鸿雁流云纹银茶碾子，浇铸成形，纹饰鎏金，通体作长方形，由碾槽、辖板和槽座组成，碾槽嵌于槽身之中，底部弧形，便于碾轴反复运行。槽身两侧饰天马流云纹。与碾子配套使用的是碾轴，地宫出土的鎏金团花纹银锅轴，錾文"锅轴重一十二两"，浇铸成中间粗壮、手执处渐渐锐小的圆杆，两端刻花。碾出的茶末要过箩。箩细则茶浮，粗则水浮。因此，对箩孔的粗细有一定的要求。地宫出土的鎏金飞天仙鹤纹壶及门座银箩子，钣金成型，纹饰鎏金，箩外底錾有铭文。茶箩为仿木制的箱匣结构，由盖、身、座、箩、屉五部分组成，残存的纱箩极细密，反映这时茶末颗粒已很细。这组茶具上多处刻有"五哥"字样。僖宗李儇为懿宗第五子，册立为皇太子前宗室内以"五哥"相称。这组茶具是僖宗供奉的，茶是佛前供奉品之一，因而奉献茶具是在情理之中的。

此外，还出土有蕾纽摩纹三足架银盐台、壶门高圈足银风炉、鎏金四出花纹银箸、鎏金银龟盒等，它们分别用作盛盐、鼓风、拨炭、贮茶等。总之，法门寺地宫出土了一整套晚唐时期的饮茶用具,如此齐全的配置,在我国尚属首次。对研究唐代饮茶史,其重要意义是不言自喻的。

## 北京古城墙为何独缺一角

《诗经·商颂》云:"商邑翼翼,四方之极。"可见古代筑城时就有了城墙。

封建社会后期建筑时期最长、工程量最大的城是北京城。它最初称为元大都,城方六十里,十一门,至元四年(1267)始用夯土板筑。今天北三环路北还有土城遗址。《光绪顺天府志》说,北京城雉堞一万一千三十八,炮窗二千一百有八。内城周长约四十里。墙高三丈五尺五寸,围栏高五尺八寸,通高四丈一尺三寸。明洪武、永乐年间都重修加固城垣。宣德九年(1434),以五城神机营军工和民夫修城垣。这时才把城垣外壁包上砖。正统元年(1436)到四年才建成九门城楼和桥闸、月城(平常叫瓮城)和箭楼等。城垣内壁也包上砖。各城门外立牌楼,内城四隅各立角楼。城外挖濠建石桥。嘉靖年间又在南边增修了27里的外城。修建北京城一直是"皇极用建,永固金汤"的大事。

全城以前门至地安门为中轴,正南正北,整齐如划。从1972年和1975年美国发射的两颗地球资源卫星在北京上方900多公里的高空拍摄的卫星照片上看,最为清晰的就数明代修建的内城城墙了。一般说来,城墙应修筑成方形的,我国的一些古城大都如此。可是北京内城城垣的西北角却不呈直角,城墙到了这里,却成了东北—西南走向的。这究竟是为什么呢?

长期以来,人们解不开这个谜。

有人说,从地形上分析,这是因为元时大都的北城墙,在现今德胜门和安定门以北5里处,至今遗迹犹存。它的西北角并无异常,是呈直角的。明代重修北京城,为了便于防守,放弃了北部城区,在原城墙南五里处另筑新墙。新筑的北城墙西段穿过旧日积水潭最狭窄的地方,然后转向西南,把积水潭的西端隔在城外,于是西北角就成了一个斜角。明初时,积水潭的水远比现在要深得多,面积也大得多。为了城墙的坚固和建筑的需要,城墙依地形而呈抹角是合乎情理的,所以这种观点被很多人所接受。

第二种说法是，从国外卫星影像分析，北京城西北角既有直角墙基的影像，又有斜角的墙基影像。这两道墙基的夹角为 35 到 36 度，正东正西墙基线正位于元代海子西北端北岸附近，和东段城墙在同一纬线上，这说明这里确实曾修过城墙。可是为什么没有修成呢？通过卫星影像还可以看到，从车公庄到德外大街有一条地层断裂带，正好经过城的西北角与那段直角边斜向相交。现在的北京城是明朝永乐年间修建的，建城时北京城四角都是直角。但明清两代，北京及其附近地区经常发生强烈地震，每次地震北京城西北角从西直门到新街口外这段城墙都要倒塌，虽经多次重修，但无论建得怎样坚固，总是被地震震塌。经风水先生察看，原来地下地基不牢，可能有活断层。皇帝陛下不得不屈服于地震的威力，决定将西北角的城墙向里缩小一块，避开不稳定地段。以后北京地区又经历几次地震，再没有倒塌。这就是为什么缺一个角的原因。

第三种说法是，北京城处处的设计都有含义，其中不修全可能是因为上天的暗示。如紫禁城这个名字取自紫微星垣，紫微星垣系指以北极星为中心的星群。古人认为紫微星垣乃是天帝的居所，而群星拱卫之。所以自汉以来皇宫常被喻为紫微。为佐证这个说法，紫禁城内特意设有 7 颗赤金顶(分别是五凤楼 4 颗，中和殿、交泰殿、钦安殿各 1 颗)，喻北斗七星。有七星在此，谁能说不是天上宫阙？所以北京城墙缺一角必然有什么含义。其中就有这么一个故事，在明朝初年，燕王修建北京城，命手下的两个军师刘伯温和姚广孝设计北京城的图样。他们俩在设计的时候，不知为什么眼前都出现了哪吒的模样，他们很害怕，哪吒说不用害怕，我是上天派来的，告诉你们要如何建造都城，你们按我手中的图建造吧。于是两个人就都各自照着画了。姚广孝画到最后，吹来了一阵风，把哪吒衣襟掀起了一块，他也就随手画了下来。后来建城的时候，燕王下令：东城照刘伯温画的图建，西城照姚广孝画的图建。姚广孝画的被风吹起的衣襟，正好是城西北角从德胜门到西直门往里斜的那一块，所以至今那里还缺着一个角呢！

北京城墙缺少一角是因为上面哪个原因，或者都不是，不得而知。不过令人叹息的是，北京城墙现在都被拆除了，有人说那是一个始终会让人后悔的决定。

## 第二节 消逝的文明之谜

### 北京人失踪谜案

北京猿人遗址位于北京西南约50千米的房山区周口店村西部的龙骨山上。远在60万年前，古人类就生活在这里，在这片土地上留下了他们的印迹。他们创造了旧石器文化，至今还能找到他们的使用过的工具。1987年还被联合国列入"世界自然与文化遗产"名录中。可惜的是时至今日"北京人"化石还下落不明，成为一大谜案，"北京人"究竟到哪里去了？

1921年12月2日下午，考古工作者在经过漫长的期待和挖掘后，终于得到了一个完好的古人类头盖骨化石，这是一个震惊中外的发现。随后，经过多次发掘得到的头骨有5个，下颌骨15个，牙齿150余枚，少量的肢骨，这些人骨化石分属于几十个不同的个体。此外还掘得7万余件石器，虽然都是些非常粗糙的打制石器，往往就是原始人抓起石头一摔，摔出几瓣有锋利边缘的石头，这些石头就称为打制石器。

北京人化石发掘出来后一直存放在北京协和医院地下冷藏库中。但是，1937年日本发动全面侵华战争。外国考古专家呼吁决不能让北京人化石落入日本人手里，而日本人早就想把化石据为己有。于是，国民政府就和美国达成一致意见，把化石运往美国保存，战事结束后再运回中国。时间一直拖延到了珍珠港事件前期，北京猿人化石才从协和医院调出并装箱运往美国大使馆，而后由美军军舰运输完成此项任务。然而，不幸的是军舰在来中国的途中竟然撞上了暗礁，沉没于海底。后来日军在秦皇岛找到了运送存放猿人的箱子，不过，令人惊奇的是箱子竟然是空的。为什么会是空的，化石哪儿去了？一直到现在都没有找到。

有人说肯定是早被日本人夺去并暗地藏起来,对外便说失踪了。考古学家们因此念念不忘,有人多次到日本探查化石的下落,不过却毫无所获,也许是因为私人的暗访太多的局限。战后,日本成为战败国,被美军控制,美国于是也在日本寻找,最后也未果而终。化石藏于日本的可能性很大,但为何至今没有任何消息,日本人难道会把化石埋到地下?

第二种说法是被美国人得到了。据说美国人早就知道日本对此也有非分之想,于是先一步做了手脚,然后就栽赃日本人。美国人有充分的时间和极佳的机会进行偷梁换柱。“北京人”装箱后就运往美国大使馆,等待军舰来运输,这期间美国人搬出真正的化石隐藏起来或另外秘密运到美国,用一个空箱子诱惑日本人去抢,最后是顺理成章的“北京人失踪了”。还有一说与美国有关的是,最终美国人也没有得到,而是沉入海底了。美国人偷梁换柱,得到“化石”后暗暗装上了哈里逊号游船,而此船也没有成功抵达,在太平洋中遭袭遇难,永远沉入海底。

第三种说法是“北京人”最终不是落入哪个政府手里,而是被个人得到了。仔细推敲,为何多方探寻至今无果,所以此种说法是除了最惨地沉入太平洋一说以外,最有可能的一个。只有被个人得到秘密隐藏才会如此杳无音信,而政府得到肯定会加以研究利用,会透露出消息的。很多人都可以怀疑,甚至也有可能被文物贩子、江洋大盗偷了。然而无奈的是北京人化石从此就没现过身,也就没有任何线索。

也许哪一天北京人化石突然出现,也许将再也看不到他们,这个谜案何时能解开呢,我们都期待国宝重现的那一天。

### 三星堆文化之谜

三星堆遗址位于四川省广汉市南兴镇北,这里有一条古河道叫“马牧河”,河道北岸的阶地形似月牙,人们便给它起了个美丽的名字——“月亮湾”,而三星堆则得名于河道南岸的3个大土堆。三星堆遗址的最初发现,是非常偶然的。1929年2月的一天,家住广汉市太平镇月亮湾的燕氏父子在浇灌农田的过程中,锄头锄到了一块石板，他们满怀惊奇地撬开石板，竟发现了满坑光彩夺目的玉石器。不懂文物的他们却肯定这是宝物，于是燕氏父子便在深夜偷偷将一共300多件玉石器取出，搬回家中。过了一年，燕氏父子见周围并无异常反应，为了谋利，他们便携带这些玉石器到城市的少城路——以前最大的古董市场去卖。据说这些被他们变卖的玉器至今仍下落不明。如此多的罕见之宝涌入市场，一时间，广汉玉器在古董商和古玩家之间炒得沸沸扬扬。大批所谓的"淘金者"纷纷涌向月亮湾，去寻觅宝物。

三星堆遗址能以真面目示人也得益于一个机缘，就在燕氏父子出卖那些玉石器的时候，也带了一些送给当地驻军旅长陶宗凯。此人乃一介武夫，对古董一无所知，但他找到了当时在华西大学地质系任教的葛维汉先生，请他帮助鉴别。葛维汉先生来自美国，对古董有所研究，他看到这些玉石器后，眼前为之一亮，没想到如此精美的玉石器也会出现在西南地区，他初步认定了这些玉器是周代礼器，是稀世珍宝。就在1933年秋，葛维汉先生与同是华西大学教授的林铭钧先生、戴谦和先生等人组成了对三星堆遗址的考古发掘队。考古队在发掘中，发现了许多陶器、石器、玉珠、玉圭等稀世珍宝。1936年，考古队将发掘所获加以整理分析，在《华西边疆学刊》上发表了《汉州初步发掘报告》的文章。在报告中，把有关遗址文物称之为"广汉文化"。不幸的是，第一次发掘工作仅仅持续了4年，就被1937年开始的日本侵华战争阻断了。

第二次正式的发掘工作开始于20世纪50年代初期。为配合宝成铁路的建设，考古学家们又一次来到了月亮湾进行考古调查，继续十余年前对遗址的勘探。他们采集了大量石器和陶器标本，根据初步考证，他们确定该遗址可能是西周时期的古遗址。1963年的一次规模较大的发掘是由四川大学历史系考古学教授冯汉骥带领他的学生进行的。他们来到月亮湾的高地上，极目远眺，顿感这是一个不凡之地。冯先生深有感慨，他认为这里极有可能是古代蜀人的"都城"。后来的考古发掘证明了他的预言是正确的。

1980年，在全面发掘条件成熟的情况下，由四川省文物管理委员会组织的对三星堆遗址抢救性的发掘全面展开了。这次历时3个月的发掘，收获颇丰，不仅出土了不少的陶器、玉器、石器，并且还发现了大量的房屋基址和4000多年前的墓葬。这些陶器、石器让人们了解了4000多年前古蜀人的文化特点，从而也从它们身上见识到了古蜀文化和古蜀人的生活方式。在这次成功发掘的激励下，考古学家们锲而不舍、继续前进，试图进一步揭开古蜀王国之谜。1986年7月23日凌晨2时30分，他们又有了一个重大收获。考古学家以竹签为工具，在谨慎的挑土过程中，发现了一小点在灯光照耀下闪闪发光的黄色物体，他们耐住性子，继续挑土，不一会儿，黄色物体显露的面积越来越大，还显出花纹来。先是一尾雕刻逼真的鱼映入眼帘，接着人们又发现了一只振翅欲飞的小鸟。这弯弯曲曲的黄色物体不断地延伸，竟长达一米多，令人惊奇的是，上面除了刻有鱼、鸟纹外，竟然还刻有一个王者之像。考古人员将这一发掘物称为“金腰带”。意识到此发现非同小可，他们立即向政府请派军警保护现场，局面得以控制后，考古人员才公开了发现古蜀王“金腰带”的消息。一时间舆论哗然，三星堆又一次成为世人关注的焦点。继“金腰带”之后，大量的玉器、象牙、青铜器及金器也被陆续发现，尤其是青铜器中的各式人头像和黄金面罩是中国考古史上的首次发现，具有十分重要的意义。

在考古人员不知疲倦的奋战下，一具具神奇的青铜面具，一件件晶莹剔透的玉器，闪闪发光的金鱼、金叶，离开了它们沉睡的泥土，发出了熠熠光辉。尤其是1986年发现的两座器物坑，它是三星堆遗址的代表，它的发现令世人瞩目。其中一号器物坑位于三星堆土堆南侧100米左右，坑是一个口大底小的长方形，坑内大概有400多件文物出土；二号器物坑位于祭祀坑东南，相距大概20米，是一个坑壁稍微有些倾斜的长方竖穴，从这个坑里出土了439件青铜器，131件玉石器，此外还有骨、象牙等器物。这些3000年前的青铜人像雕塑，在中国古代文明史上十分罕见，在东方乃至世界艺术史上都占有十分重要的历史地位。那件大型青铜人像的发掘，填补了美术史上商代大型雕塑的空白，它总体身高将近3米，是目前为止发现的几尊最大的青铜铸像之一。人像面部的器官雕刻得栩栩如生，头上还戴着用羽毛装饰的发冠。它手臂的动作好像是在进献贡品，人像身着饰有巨龙、云雷、人面花纹的衣服，看上去十分华丽。无论是从它的面部表情、身体动作，还是衣着来看，都体现了浓厚的宗教色彩。因此，有的专家推断这个青铜大立像可能是一个象征着王者的“司巫”。在二号祭祀坑还出土了41件铜人头像，它们的大小、面部比例、神色与真人非常接近，大概也是反映了巫师的形象。

在这两座器物坑中，人们还发现了一种被专家称为有“不死”或“通天地”功能的神树，那就是用青铜器制作的铜树。其中最大的一棵，高近4米，由树座、主杆和三层树枝组成，体态挺拔，装饰十分精美。树下底盘为圆环形，上有一个描绘着云气状花纹的山形树座。高大的树杆一共有3层，一层向外伸出3根枝条，每一根枝条上都站立着一只鸟，枝端挂着一颗桃形的果实，十分精巧。除此之外，更让人称奇的是，在树座下面背朝着树干跪着3个人像，他们的表情十分威严庄重，愈发使神树显得神圣无比。这棵神树是目前世界上发现时代最早、形体最大的一株，据推测，后世兴起的“摇钱树”可能就是在此基础上发展而成的。两座器物坑中除了青铜人像和铜树外，还有玉石器和青铜礼器也是颇为重要的。出土的玉器，其中一部分像斤、斧、凿、刀、锄、舌形器、椭圆形穿孔附饰等，具有浓厚的地方特色，很明显是当地人制造的、蜀人本来就有的玉器。而另一部分像玉璋、玉琮、玉戈、玉瑗等，它们的制造则体现出中原文化的影响。

三星堆遗址重新出现在世人面前，它的社会影响和学术意义是十分重大的。英国《独立报》曾以《中国青铜像无与伦比》为题发表文章，称三星堆青铜像是“古代最杰出的艺术制品”，而这次大量的青铜文物的出现，也将使人们对中国金属制造的认识上升到一个新的高度，让我们感受到了一个高度发达的早期蜀王国文明的无穷魅力。从对三星堆遗址的研究来看，商的势力和商文化的影响确已达到了成都平原。虽然过去专家们在研究殷墟卜辞时也曾发现有“征蜀”“伐蜀”“至蜀”的记载，然而遗憾的是，由于人们怀疑商王朝根本无力攻入像四川这样的遥远之地，所以这些记载以前并没有引起人们足够的重视。至于商文化是如何从遥远的中原地区传入四川的，专家们提出种种推测，著名历史学家李学勤先生经过考察三星堆出土的若干青铜器，认为商文化可能是在向南推进的过程中，经由淮河流域，穿过洞庭湖，沿着长江流域逐步发展到四川地区的。

历史渐渐离我们远去，唯有在这些遗迹和遗物中，我们才能探寻到过去的讯息。当然，我们从中所感受到的只是一个早期蜀王国灿烂文明的物质表现，至于它那深厚的文化底蕴和神秘的青铜艺术则需要我们慢慢地去品味、去欣赏。

## 扶桑国在哪里

唐代姚思廉所撰《梁书》中记载道：南朝齐永元元年(499)，慧深和尚从位于中国东方几万里的“扶桑国”归来，这个国家因盛产扶桑木而得名。扶桑国，人们通常想到的是日本，还有“东渡扶桑”之说。不过一直以来都有人认为扶桑不是指日本，中国自古对日本的称呼为“倭国”。如果不是日本，那么扶桑国又是指哪里呢，东渡扶桑又如何解释？

持“日本”说认为，扶桑是中国远古传说中一棵与太阳有关的神木。《海外东经》记：“汤谷上有扶桑。十日所浴，在黑齿北，居水中。”其中指明了扶桑的所在地，为“黑齿国”北。那么古东方历史地理中，是否的确有一个黑齿国？如果有，此国位置在哪里？经考查，在史书中确实有过这么一个地方，周成王时，即有黑齿国人献白鹿、白马。而据考证日本古民俗确有崇奉白鹿、白马的风俗，黑齿国所在地，就在今日的日本列岛上。

当时虽有称日本为“倭国”，而且同一部山海经也记载了倭国，但并不排除黑齿国也在日本诸岛上，因为“倭国”也只是个小范围的国家，当时代表不了全日本。明李言恭《日本考》记述，直到明代，日本贵族尚普遍流行染牙成黑齿为贵的风俗。他还记述了染牙方法。所以黑齿国在现在日本之内。

然而，近代广为流行的见解认为“扶桑国”与墨西哥有关。始倡此说的是法国人金涅，他于1761年提交的一个研究报告中说：根据中国史书，在公元5世纪时，中国已有僧人到达扶桑，而扶桑，他认为就是墨西哥（按金涅所说的中国史书，指

《梁书,扶桑传》)。在中国学者中较早响应此说的是章太炎,他在所著《文始》中也认为扶桑即墨西哥。

据说,所谓扶桑木,就是古代墨西哥人所谓"龙舌兰"。它到处生长,高达36尺。墨西哥人日常饮食和衣料等,无不仰仗于这种植物。在墨西哥北部地区,古代有巨大的野牛,角很长。这同样符合《梁书》的记载。

那么,慧深是怎样到墨西哥去的呢?根据慧深记录的航线,先向东北航行,然后转向正东,最后折向东南到达扶桑国,很明显,他是利用季候风和海洋环流到达了目的地。

如果根据文献描述而言,扶桑国指的是北美墨西哥倒更为可信,其风貌都能得到较好解释,不过慧深是否有能力出海到北美仍然是个疑问,所以扶桑在何地之谜至今仍没有解开。

## 尼雅文明为何消亡

20世纪初,在我国西北部塔克拉玛干大沙漠边缘的尼雅地区,英国探险家斯坦因发现了一座古城。古城遗址规模庞大,东西宽约7千米,南北长约26千米,许多城墙、房舍、街道、佛塔的轮廓依然保存相当完好,其气势磅礴,堪与著名的古罗马庞培城相媲美。更令人惊讶的是,从这里挖掘出的大量珍贵文物,其中还有很多书写了奇怪符号的木简。这些发现立刻使尼雅一夜间轰动了世界,那些奇怪的符号是文字吗?如果是的话,写的又是什么?为什么在这沙漠之地会有具有高度文明的古城?这座古城是如何从历史上消失的?

在尼雅考古发掘中发现的奇怪的木简符号,经专家考证确实是一种叫佉卢文的文字。这是一种早已消失的文字,起源于公元前4世纪印度西北部,公元前3世纪印度孔雀王朝的阿育王时期就是使用此种文字。公元2至4世纪曾流行于新疆楼兰、和田一带,而此时在印度随着贵霜王朝的灭亡,佉卢文也随之消失了,距今已经绝迹1600多年,当今世上只有极少数专门的研究者能读懂它。佉卢文能在异国他乡流行起来至今还没有非常合理的解释。不过这似乎并不重要,重要的是木简上的佉卢文写的是什么内容呢？

解读它们发现，木简内容也许揭示了尼雅为什么消亡。其表述的多是各种命令，如“有来自某国人进攻的危险，军队必须上战场，不管还剩有多少士兵……”，“现有人带来关于某国人进攻的重要情报”；“某国人之威胁令人十分担忧，我们将对城内居民进行清查”。这些文字字体是弯曲形的，没有标点，字与字之间无间隔，给解读带来了困难。但就从一些零星的只言片语我们可知，尼雅王国受到了某个王国的威胁，而且该国力量异常强大，尼雅几乎无力抵抗，只有忐忑不安地等待着那悲惨的命运。因此尼雅的消失，是不是因为那个令尼雅害怕的王国的致命一击呢？

新疆一带古时又称西域，公元前后有诸多小王国，当时都臣服于强大的汉王朝。尼雅遗址属于当时某个小王国当属无疑，但又是哪个小王国呢？有人认为是史籍中记载的精绝国。精绝国位于昆仑山下，塔克拉玛干大沙漠南缘，与今天的尼雅遗址十分接近，而且精绝国的消失也是在公元二三世纪，与尼雅王国的消失时间上重合。不过当时的精绝国可不是滚滚黄沙，而是气候宜人，水草丰茂的一片绿洲。公元二三世纪，中原处于东汉末年和三国两晋的慌乱与纷争中，无暇他顾。致使西域诸多势力较强的王国没有顾忌，也掀起了兼并弱小王国的战争，木简上的佉卢文记载了尼雅的恐惧。无情的战火殃及尼雅，伟大的文明淹没在血腥的厮杀中。

另一种说法是，尼雅被毁是尼雅人自己造成的。从遗址及所发现的文物可以看出，当年的古城盛极一时。清澈的尼雅河从城郊缓缓流过，众多水道交织，大小湖泊星罗棋布，周边茂密的林木将遥远的大沙漠隔离。但尼雅人的活动却不断地对环境造成了破坏，特别是在1700多年前，生产方式粗放。人口的增加破坏了植被，又大肆砍伐树木，致使水源枯竭。塔克拉玛干大沙漠最终把尼雅吞噬。现在的尼雅遗址中房屋建筑被厚厚的黄土掩埋，只露出一些残垣断壁，到处是破碎的陶器，累累的残骨，还有干尸常常暴露在废墟中。要是当年富庶的尼雅人能看到今天的破败景象，也许他们就会珍惜那片神赐的绿洲。

尼雅的命运令人扼腕叹息，同时又告诫人们：我们只有一个地球，如果不珍惜，即使再辉煌的文明也会成为一片荒凉的废墟。

## 丝绸之路通向哪里

现在如果我们去西方，乘飞机最多不过一天就可顺利抵达。然而，在遥远的古代，我们的先民们在西行时，不论是走陆路，还是走海路，不知要克服多少艰难险阻，要花费多少倍的时间。我们的祖先早在距今两千多年前的西汉时期，就不断探索着外面的世界，经过不断的努力，终于走出了一条连接东西方文明的陆上通道，这就是著名的“丝绸之路”。

这条路由中原出发经过新疆一带，而后又通向更远的印度、西亚。最早开通这条道路是在汉代，张骞出使西域后，大规模的商贸活动就兴起了。出于研究的需要，人们给她取名，如“西域之路”“中西古商路”等等，但都没能通行。1877 年，德国著名的地理学者李希霍芬在其著作《中国》里，首次将古代中国与中亚南部、西部以及印度之间的丝绸贸易为主的交通路线，称作“丝绸之路”。而后 1910 年，德国历史学家赫尔曼在其著作《中国和叙利亚之间的古代丝绸之路》一书中，根据新发现的文物考古资料，进一步把丝绸之路延伸到地中海西岸和小亚细亚，确定了丝绸之路的基本内涵，即它是中国古代经由中亚通往南亚、西亚以及欧洲、北非的陆上贸易交往的通道，因为大量的中国丝和丝织品经由此路西传，故此称作“丝绸之路”，简称“丝路”。

近年中国各地的考古发现表明，在古代世界，只有中国是最早开始种桑、养蚕、生产丝织品的国家。古罗马帝国的显赫军事统帅和政治家恺撒大帝，有一次身穿一件丝绸制作的长袍，出现在罗马剧场，那轻柔光亮的质地、轻盈飘逸的效果让恺撒显得分外耀眼。剧场的人顿时对恺撒的这件长袍发生了浓厚的兴趣，他们认为这件衣服简直是“天堂上才有的东西”，因此称恺撒穿的衣服为“天衣”。没过多久，在古罗马贵族就以能拥有一件丝绸衣服而引以为荣。中国的丝织品流传广远，是中国人民对世界文明的重要贡献。所以把这条中西交通的商路称以“丝绸”为代称就得到了广泛的认同。

丝绸之路通向哪里？有许多说法，首先其起点就有两种不同观点。

第一种观点认为，丝绸之路的起点是西安。史书记载张骞出使西域是从西安开始，后来西汉与西域的交往都与当时的都城“长安”相关，因此说起点为西安有充分的证据。第二种观点认为，从商贸角度说，真正值得称为起点的应是洛阳。洛阳历史悠久，自古就是能与西安相媲美的繁华城市，在西汉虽然不是都城，但有繁荣的经济，是全国商品流转站，在这里交易而后路经西安再向西域进发。在东汉，洛阳成为都城，更是一个国际大都会。隋唐时期是丝绸之路最兴盛之时，当时洛阳已经是一个规范的经贸中心，其兴建有 3 个市场：北市、南市、西市。3 个市场各有分工，其中以南市规模最大。南市以商品交易为主，最繁荣时有商户三四千家，除了小商品零售外，与百姓生活密切相关的丝绸、瓷器、皮毛、珠宝、金银等商品由此批发到全国各地乃至国外，因此南市不仅在国内占有重要地位，也是当时重要的国际商业贸易中心。河南省洛阳市考古工作者新近在发掘一批唐朝墓葬中，首次出土 3 个胡俑，这 3 个留大胡子、高鼻梁、着大开领胡服、腰挎皮水囊的胡俑，一个为牵骆俑，两个为立俑，个个颜色鲜艳，栩栩如生。这说明当时洛阳已有西来的商客络绎不绝，这为洛阳丝绸之路“起点说”提供了有力的佐证，

对于丝绸之路的终点有诸多观点。第一种观点认为丝绸之路其实就是到新疆，这段路才是中国商人常走的路。到了新疆，即古西域，就把货物倒卖给西域诸国，而后返回中原。至于西域诸国又与西亚相互贸易就与我们不太相关了。第二种观点是丝路终点是西亚波斯湾附近。丝路是中西交流的路线，以商贸为主，中国商品两汉时就已经在西亚强国古罗马和其他国家通行，可见交流的密切。而且公元 1 世纪，东汉甘英沿着丝绸之路，率领官员代表东汉出使西亚各国，他就到了亚洲最西部，只因遇到大海阻隔没再向前进发，所以说丝路终点是西亚。第三种观点认为，丝路应该更远，其终点是北非，在北非考古中已经发现中国的古瓷器。中国的商品能到那里是无疑的。

历史苍茫，丝路已离我们远去，我们甚至连它的终点都不清楚，不过古老的丝路处处都是中国文明的遗迹，是中国文化西传的见证者。

## 古格王朝是一个怎样的国家

在西藏阿里地区象泉河畔、海拔约 3700 米的高原上有一座被赋予“阿里江南”之美誉的县城“扎达县”。距县城 18 千米的扎布让区一座高约 300 米，方圆 1 千米，四面陡峭的山岗上，屹立着一片建筑群。远远望去，高耸入云，气势不凡，这片建筑群就是著名的古格王国遗址。如今的古格受到世人注目，其优美的风景，绚烂的壁画及诸多未解之谜，每天都吸引众多慕名而来的游客。然而就在十几年前，这个璀璨的国度竟未被人所知，独自孤立于历史的寂寞中。传说中的古格王朝是个黄金遍地，富足奢华，拥有十余万之众的繁盛王国。其消失的历史离我们并不久远，17 世纪中叶突然湮没，为何如此强盛的王国一夜间就消失得无影无踪？十几万人口及他们的后裔都到哪里去了？古格王朝究竟是一个怎样的国度呢？

阿里，古称象雄，是西藏古老文化的发祥地之一。也许你对西藏的吐蕃王朝比较熟悉，象雄部落可是在吐蕃王朝之前就曾经雄踞于此。据史料记载，公元 7 世纪，象雄王李迷夏娶吐蕃王松赞干布的妹妹为妃，婚后两人不和，这位妹妹于是请求哥哥派来的使者捎信，让哥哥来攻打象雄。不久，松赞干布果真消灭了象雄。

吐蕃王朝晚期，王室内部争权夺利的斗争日趋激烈。王室的后裔吉德尼玛衮在这场斗争中败下阵来，被迫逃亡到阿里，受到当地部落首领扎西赞的礼遇，还把自己的女儿嫁给了他，于是吉德尼玛衮后来也就继任为当地的首领。

吐蕃王朝末代统治者郎达玛时期国力大衰，又实行灭佛政策，关闭佛寺，削弱教会势力，引起风雨飘摇中的政权更加动荡。公元 843 年朗达玛被一位僧人刺杀，内战纷起，4 年后平民起义，吐蕃王朝崩溃，时间为公元 9 世纪。之后先后曾出现大小 7 个王国，西藏长期处于藩王割据局面。

朗达玛的两个儿子奥松与云丹也为争夺王室相互斗争，奥松王子贝考赞为奴隶起义军所杀，贝考赞的儿子吉德尼玛衮见大势已去，回天无力，便带着三个大臣和100多人，投奔阿里，并娶了当地头人的女儿。后来吉德尼玛衮将阿里一分为三，分封给他的3个儿子，古格王国即第三子德祖衮的封地。17世纪中叶，古格王朝发生内乱，国王之弟请拉达克军队攻打王宫，王朝被推翻。古格王国覆亡后，并入叶拉达克（今克什米尔）一段时间，后被以达赖喇嘛为首的西藏地方政府重新收回。

这段历史头尾非常清楚，也为多数人所认可。不过，几百年的古格王国的状况却十分神秘。有人说，基于史书记载及现在从遗址中可探寻到的深厚佛教文化，可得知古格王朝是有人口10多万之众（史书记载古格曾以十几万人共抗入侵者），实力强大，雄踞一方的王国。王朝的建立大概从9世纪开始，在统一西藏高原的瓦解后建立的，到17世纪结束，前后世袭了16个国王。其统治范围最盛时遍及阿里全境。它不仅是吐蕃世系的延续，而且使佛教在吐蕃瓦解后重新找到立足点，并由此逐渐达到全盛，在西藏历史上具有重要意义。

另一种说法是，古格王朝并没有如此强大与重要，其仅仅是一个人口万人左右的小小城邦。首先，如果古格如此强大，拥有十几万人，又有成熟、灿烂王国的文化是如何在一夜之间突然、彻底消失的。在其后的几个世纪，人类几乎不知其存在，没有人类活动去破坏它的建筑和街道，修正它的文字和宗教，篡改它的壁画和艺术风格，它甚至保留着遭到毁灭的现场。其次，从现今的遗址来说，统计有房屋遗迹445间，窑洞879孔，各类佛塔28座，这些建筑是不可能容纳太多人的。最后，古格城周边的自然环境现在基本沙漠化，即使在几百年、上千年前，这小片土地，以当时的生产水平是不可能养活这么多人的。因此，估计古格中是一个万人上下的城邦，最后被战争一举毁灭。

最早对这座古城遗址进行考察的是英国人麦克活斯·扬。1912年，他从印度沿象泉河溯水而上，来到这里进行考察。此后便有探险家、旅行者、摄影家和艺术家们源源不断地来探奇访幽。但真正的科学考察是从1985年西藏自治区文管会组织的考察队开始的，这次考查对整个遗址进行了全面的探索。古格王朝整座城堡建筑在黄土坡上,地势险峻,王宫、庙宇、碉楼、佛塔、洞穴有序布局,自上而下,依山迭砌,直逼长空,气势恢宏壮观。这些洞穴多为居室,密密麻麻遍布山坡。最上层是王宫,中间是寺庙群,底下是普通居民房屋及奴隶的居住地,体现了王权的至高和宗教权势。城堡的建筑还充分考虑到了防卫功能,外面路陡山险,又处处加设岗哨。城内山体,修筑了许多暗道,暗道中某些类似窗户的洞,既为了采光又可以用来防御。这些暗道迂回曲折,拾级而上可直达山顶王宫。内外结合,这座古堡可谓固若金汤。

古格王国遗址位于今阿里地区札达县城西十八公里象泉河的南岸上。南北长一千二百米,东西宽六百米,总面积达七十二万平方米。遗址区内的地形极为复杂,沟壑纵横,宛若迷宫,而其遗址主要集中在一座二百米高的小山上。山的西、北是悬崖峭壁,东、南两面则遍布着房舍。据统计,共有房屋约四百五十所,窑洞八百余座。此外,还有佛塔、碉堡以及其他防卫设施等共一百余处。只可惜大多建筑都已坍塌,只有少数尚存。所有的建筑都依山而建,背水面山,整体看来规模宏大,气势雄伟。建筑群内还有四通八达的地下暗道,个个相通,路线复杂。

在古格王国遗址中规模较大,保存较好的建筑主要是佛教殿堂。古格王国在建国之始便与佛教结下了不解之缘,其第二位王意希沃退位出家,并在象泉河南岸修建了阿里最大的寺院——托林寺。在古格遗址的佛殿中现存较完整的主要有坛城殿、白殿、红殿、威德殿、度母殿等,里面发现了大量的壁画、天花彩绘图案、泥塑等佛教艺术品。其中佛殿中的壁画和天花彩绘展示出了古格文化艺术的高度成就。

佛殿壁画取材广泛,最具特色的要数佛传故事了。如释迦降生、天人浴太子、夜半逾城等等。此外,还有不少的佛、护法金刚、高僧等绘画,也有古格王统世系图、庆典图等。古格王统世系图等壁画对研究古格历史及古格建筑的年代具有重要的参考价值。

佛殿中的天花板彩绘也极富特色,绘在梁椽间的天花板上或藻井上,这是古格王国特有的佛教艺术风格。所绘之画丰富多彩,有人物、动物、植物等等。其手法之精妙,让现代人叹为观止,是我国艺术宝库中的精品。

古格王国的王宫遗址集中在山顶。四周都是悬崖峭壁,只有两条陡峭的暗道与外界相通。在边沿处还有土坯筑成的防护墙,碉堡林立,真可谓戒备森严,形成易守难攻之势。

山顶的建筑主要有三大部分组成:以议事厅和国王寝宫为中心的王宫区;以佛殿为中心的一处皇家寺院;储藏着大量盾牌、箭杆、火药筒的军用仓库。在王宫周围,考古学家们还发掘出了十多个洞窟,里面藏有许多武器、生产工具以及藏文典籍等。据专家们推测,这里很可能是国王的库房。

在古格王国遗址中最具争议而又悬而未决的是古格王国的"千尸洞"之谜。该洞位于古格王国遗址北面断崖内。洞口十分狭窄,仅能容一个人弯着腰进出。走进去以后,里边豁然开朗,分主室和南北两个侧室。令人毛骨悚然的是,不论是主室还是侧室都横七竖八堆满了人的遗骸,而且这些遗骸都没有头!更让人不可思议的是,没有头骨洞中却发现了许多人的发辫和绑扎的发束!有一具蜷曲着的尸体保存得较为完整。尸体外面包裹着一件藏式无领粗布长袍,身子被一根毛绳紧绑着,两只手交叉着置于腹前,由其头发上的松耳石和小铜环等可以看出这是一具女性的尸骸。这些尸骸的头骨都到哪里去了,为什么只有头发而不见头骨呢?

如此众多的无头尸骸是怎么一回事呢?

有的人认为这些人是战争中的俘虏。古格王国是一个好战的王国,很有可能在战争胜利后杀一批俘虏以示庆贺。

有人认为这是一种古格王朝特有的宗教仪式。但这只是猜测而已,也没有可信的文献资料证实。

古格王朝是一个怎样的国度,是强大的王国,还是偏处一隅的小城邦?最后那场战争到底是如何毁灭古格的?古格王国的这些无头尸骸是殉葬者吗?如果是,那他们为之殉葬的主人究竟是谁呢?在这个洞中却没有找到一个棺椁。如果他们并非殉葬者而是死者,那么那具被绳子捆着的女性做何解释?难道这也算他们的丧葬仪俗吗?由于文献资料的缺乏,这个谜至今仍未解决。

## 第三节　神秘的墓葬之谜

### 轩辕黄帝陵在何处

黄帝是我国原始社会末期一位伟大的部落联盟首领。黄帝姓公孙,因长于姬水,又姓姬。曾居于轩辕之丘(今河南新郑市轩辕丘),取名轩辕。祖籍有熊氏,乃号有熊。又因崇尚土德,而土又呈黄色,故称黄帝。司马迁所著《史记》记载:"生而神灵,弱而能言,幼而徇齐,长而敦敏,成而聪明",15 岁就被群民拥戴当上部落领袖,37 岁成为中原部落联盟的首领。轩辕黄帝一生历经 52 战,降服炎帝,诛杀蚩尤,结束了远古战战争。由于轩辕黄帝为中华民族创造了丰富灿烂的文化,后世都尊称轩辕黄帝为"文明之祖""人文初祖"。黄帝死后,人们选择了"桥山之巅",将他深深埋进黄土里,希望"黄帝灵魂升天,精神永远常在"。这就是今天海内外中华儿女拜谒的中华第一陵——黄帝陵。

不管黄帝众多传说的真伪,但黄帝陵却自古以来就有,黄帝陵在哪里呢?

第一种说法是黄帝陵位于陕西北部今黄陵县境内的桥山之巅。据《史记·五帝本纪》载:"黄帝崩,葬桥山。"自秦统一六国后,历朝历代每岁祭奠黄帝陵持续不断,因此黄陵县境内的黄帝陵已经有很多各代遗迹。陵冢在桥山之巅。桥山有沮水环绕,群山环抱,古柏参天,有大路可通山顶直至陵前。山顶立一石碑,名为下马石,上有"文武百官到此下马"字样。古代凡祭陵者,均须在此下马,步行至陵前,陵前有一祭亭,亭中立一高大石碑,上有郭沫若题"黄帝陵"三个大字。祭亭后面又有一块石碑,上书"桥山龙驭"四字。黄帝陵冢在山顶平台的中央,陵冢高 3.6 米,周长 48 米。四周古柏成林,幽静深邃。历代政府对保护黄陵古柏都很重视,宋、元、明、清都有保护黄陵的指示或通令。据《黄陵县志》记载，桥山柏林约4平方千米，共6.3万余株。历朝历代政府为了表示尊祖，宣扬礼制，都会去祭祀黄帝，又因为此处陕西黄陵最早由秦始皇祭奠过，于是后来者都到此祭祀。不过很多人并不认同这就是黄陵所在地。

第二种说法是黄陵应在今河北省涿鹿县的桥山。

根据《魏土记》的记载："下洛城东南四十里有桥山，山下有温泉，泉上有祭堂。雕檐华字被于浦上。"(《水经注》)《史记，五帝本纪》载："黄帝与蚩尤战于涿鹿之野"；北魏著名地理学家郦道元所著《水经注·谨水篇》载"黄帝与蚩尤战于涿鹿之野，留其民于涿鹿之阿"，也有记载此处为"桥山"的介绍。涿鹿县的桥山，在今河北省涿鹿城东南20千米，它以山顶上天然形成的一座拱石桥而得名，海拔981米。在桥山附近的一道山梁上，还有一个巨大的四方石桌，传说是祭祀黄帝时在此摆设祭品的。石桌右侧有一峭壁，壁面平整，像一块巨大的石碑，上面布满与象形文字一样的图案。传说这是古人刻石记事而留下来的遗迹。我国古代有许多帝王到桥山举行祭祀活动。

第三种说法是黄帝陵在北京平谷区。明《顺天府志》卷一上记载："(北京)平谷区东北十五里，传为轩辕黄帝陵，有轩辕庙。"黄帝当时曾在北京附近河北涿鹿一带建都，死后又葬在这里。唐代陈子昂的诗说："北登蓟丘望，求古轩辕台。应龙已不见，牧马空黄埃……"李白亦有"燕山雪花大如席，片片吹落轩辕台"的诗句。南宋爱国丞相文天祥诗曰："我瞻涿鹿郡，古来战蚩尤，轩辕此立极，玉帛朝诸侯。"北京市文物研究所与平谷区文化文物局组织中国社科院、历史博物馆、北京历史研究所等单位的专家学者，到平谷区山东庄村实地考察这个村西的轩辕陵，并确认这座轩辕陵即是中华民族始祖黄帝之陵。不过认为这个陵和陕西桥山的黄陵一样，是黄帝的衣冠冢。

据说全国共有黄帝陵7处，甘肃、河南、山东、河北等地都有黄帝陵，哪一个是真的黄帝陵呢，轩辕黄帝陵到底在何处？这同黄帝的其他传说一样还没有答案。

## 商代妇好墓的主人究竟是谁

殷墟是商王朝后期的王都，据文献记载，自盘庚迁殷至帝辛覆亡，历经8代12王。据历史学家确认盘庚迁殷为公元前1300年，武王克商年为公元前1046年，共有200多年，商王朝居殷最久是无可争辩的。按理，出土最多文物的就应为诸商王的陵墓了，特别是一些功勋显赫的商王，但可惜的是已发现的商王陵都被历代盗墓者洗劫，失去了研究的宝贵资料。直到妇好墓发现，一大批文物才得以面世。妇好墓位于当时小屯村的西北地，这里原是一片高出周围农田的岗地，1975年冬考古工作者对其进行考古勘探，在这一带用洛阳铲打孔钻探，几天后在钻一个孔时候发现土层有变化，工作人员马上兴奋起来，这预示着里面可能有遗迹。这时在场的人谁也没有出声，小心翼翼地向下铲去，在大概钻到6米深时候，慢慢向上拔铲，探铲提上来了，满铲都是鲜红的漆皮，漆皮就是腐坏的棺木，气氛顿时活跃起来，大家异口同声地说，是墓葬。

发掘结果证实，里面就是个藏宝库，这便是妇好墓。妇好墓保存完好，随葬品极为丰富，共出土不同质料的随葬品1928件，有玉器、象牙器、骨器、宝石器、青铜器、蚌器等，其中制作水平最高的是青铜器和玉器。青铜器共468件，以礼器和武器为主，礼器类别较全，有炊器、食器、酒器、水器等。尤为珍贵的是有诸多成套器皿，圆鼎12件，每组6件；铜斗8件，每组4件。还有成对的方壶、方尊、圆鼎；有的酒器竟配有完整的10觚、10爵。“觚、爵”为古代的青铜酒杯。

玉器类别比较多，有琮、璧、璜等礼器，作仪仗的戈、钺等，另有工具和装饰品。其中，玉人是研究当时人的发式、头饰、着装等的形象资料。各种动物形玉饰有龙、凤，有兽头鸟身的怪鸟兽，而大量的是仿生的各种动物形象，以野兽、家畜和禽鸟类为多，如虎、熊、象、鹿、马、牛、羊、鹦鹉等，也有鱼、蛙和昆虫类。

人们惊异于墓藏的奢华，感叹随葬品的精美和极高的艺术成就，于是疑问产生了，这个墓主人究竟是谁呢？肯定是个显贵无疑，那么又是哪个显贵？关于商代历史几乎没有记载，因为甲骨文的发现及释读，我们才可以得知部分情况。

从出土文物看，有部分铸有铭文，其中铸“妇好”铭文的共 109 件，占有铭文铜器的半数以上。其实妇好墓的发现正好解决了一个难题，因为专家们在此之前早就知道有“妇好”这个人。解读甲骨文的记载，妇好为商王武丁的妻子，是我国有文字记载的第一位文武双全的女将军。甲骨文中有关她的记录有 200 多条，属于数量相当多的。她曾率领 1.3 万多人的军队去攻打前来侵略的鬼方，并大胜而归，因功勋卓著而深得武丁、群臣及国民的爱戴。妇好终因积劳成疾而先逝，国王武丁予以厚葬，并修筑享堂时时纪念。

这个墓葬便是妇好的了，大量的刻有“妇好”的铭文器物，说明是她所有。而且墓室中发现兵器：商妇好大铜钺。钺主要是作为军权的象征。妇好墓出土了 4 件青铜钺。其中一件大钺长 39.5 厘米，刃宽 37.5 厘米，重达 9 千克。钺上饰双虎扑噬人头纹，还有“妇好”二字铭文。该钺并非实战兵器，而是妇好统帅权威的象征物。

虽然墓葬与甲骨文一定程度上相印证，认定墓主就是“妇好”，不过她又是什么样的人呢，甲骨文本身的记录也是让人无所适从。

有的甲骨片上说她是个大元帅，带兵镇压奴隶起义，辅助国王武丁南征北战；有的龟甲上说她是个诸侯，有自己的领地和供奉；也有的龟壳片上说她是商王武丁最宠爱的王后，武丁对她情深意笃，为她的怀孕和生子而焦虑。从这些发现上看，有人综合以后，说她是王后又有独立的领地，兼为一方诸侯。

可是后来发现的龟壳片上又出现了奇怪现象，有一些铭文中居然说她又嫁给了武丁前几代的君主，而且嫁了三个人！这令研究妇好的人们产生疑问：妇好到底是一个人，还是一类人的总称？为什么她在时间跨度长达 300 年间嫁给 4 个商王？于是原来肯定的墓主“商王武丁的王后”这个“妇好”，究竟是不是墓主，还是另有其他“妇好”？历史之谜解开一层，又显出一层。商代妇好墓主人究竟是谁？

## 曾国国君墓为何建随国

### 1.繁杂浩大的发掘

随县地处湖北省中北部,居长江之北,汉水以东,是江汉平原与中原之间的丘陵带。厉山,传说中为炎帝神农的家乡,即位于随县,这里至今遗留下了许多关于神农氏活动的踪迹,如神农洞、炎帝神农碑等。殷商时,随县是王朝的南土,这在殷墟甲骨卜辞上有清楚的记载。在西周时代,随县成为周天子所封同姓诸侯的领地。

1977 年,中国人民解放军某部为扩建营地,在距随县县城西北约 3 千米处名为擂鼓墩的丘陵地带实施修建工程。施工人员因红砂岩坚硬,阻碍施工,就用炸药把红砂岩炸得粉碎,然后用推土机推平,结果,发现了褐色的软土,再往下则推出了青灰色的石板。施工人员立即停止施工,迅速向上级做了汇报。

经多方支持,考古发掘工作于 1978 年 5 月上旬正式开始。首先是清理填土,接着是清理填土下的石板。石板向下是褐土与青灰泥相间的夯层,再往下是竹网、丝帛、篾席,木椁也随着发掘工作的深入展现在世人面前。在木椁四周与坑壁的空隙里,填有大量木炭。考古人员和民工一铲铲地挖出木炭,共清理木炭 31360 公斤,至此,墓室的椁板全部暴露出来。发掘人员连续作战,至 5 月 30 日,淤泥清理基本完毕,发掘出的大批文物令世人为之一振。

### 2.地下奢华的寝宫

曾国为楚国附庸国,公元前 433 年,楚惠王专门为曾国君主曾侯乙制造了礼乐器铜钟。

地下寝宫的墓坑方向正南,墓口东西长约 21 米,南北宽 17 米左右,总面积为 220 平方米。坑内置有木椁,高 3 米左右,分为北、中、东、西四室,且均为长方形。其中中室面积最大,长约 9. 75 米,主要放置整架的宗庙编钟、编磬和其他多种乐器,并有大量的青铜礼器。编钟靠近西壁和中室南部,其他随葬品的摆放井然有序,这充分反映了墓主人饮酒作乐的生活场景。

东室长 9 米左右，为墓主的“寝宫”，放置着墓主的特大型双层套棺和 8 具陪葬棺，以及 11 具葬宠物的狗棺。墓中人骨经鉴定，墓主人为男性，45 岁左右；陪葬的均为女性，年龄在 13 步~25 岁之间，尤以 20 岁左右居多。这些应是曾侯乙生前的妻妾嫔妃。各室中面积最小的是北室，南北长为 4.25 米，主要放置大量的兵器、车马器、皮甲胄，有 2 件高 1.3 米、重 300 公斤的大铜缶用以盛酒，并有 240 多支竹简，简文记载的是用于葬仪的车马兵器，有自制的，也有赠送的。西室与中室并列，长 8.65 米，主要放置了 13 具均为女性的陪葬棺，除了极少一些玩具与服饰外，再无其他葬品。

6 月底，发掘工作基本完成，出土文物共有 7000 多件之多，如此众多的文物，令人叹为观止。其中乐器 1.2 万件，包括编钟 64 件，礼器、宴器 140 件，而兵器最多，共 4500 件，由此可一窥当时楚国强大的武力。如此众多的随葬品充分说明了墓主人曾侯乙的地位。

### 3.别具一格的手工制品

曾侯乙墓出土的青铜器器种数量之多、器型之大、铸造之精、纹饰之美、保存之完整，在历代出土的青铜器群中独占鳌头。这批青铜器的材料主要为铜、锡、铅合金体，铜占 80%左右。出土的这些青铜器体积较大，重量较重，有 5 件超过了 100 公斤，另有两件大尊缶是迄今发现的东周时期最大最重的酒器。令人吃惊的是，铸镶法首次发现于曾侯乙墓的青铜器上。在出土的这些青铜器中有一件造型精巧、结构复杂的尊盘。尊是一种盛酒器，盘则是一种盛水器，出土时，尊盘浑然一体，寓变化于整齐之中，达到了玲珑剔透的艺术效果。

曾侯乙墓出土的数量众多的青铜礼器和乐器在当时引起了轰动。这些编钟及其他古乐器的出土，是中外音乐史上的一大奇观。乐器或由青铜构件和木石构件混合组成，或由木竹制成，共 125 件（套）。其中的编钟，是目前中国出土乐器中规模最大、质量最佳、完整性最好、音律协奏性最高的顶尖精品。

曾侯乙墓共出土了 5012 件漆器，使用漆器的范围远远超过中原。曾侯乙墓出土的漆器彩绘和雕刻以鸟兽形纹、几何纹和龙形图案为主，大多是木制用品。这些用品包括衣箱、食盒、餐具、梳妆用品等，其中以5件衣箱和一件鸳鸯形盒的彩绘最为出色，透雕或浮雕以4件盖豆和1件禁器见长。春秋战国时期金银器极少，曾侯乙墓出土的一件金制酒器，方唇直口，浅腹平底矮足，双环耳名"盏"的酒器，是迄今出土的先秦金器中最大最重的一件，约2150克。

考古人员从墓主人尸骨周围清理出500多件玉饰品。曾侯乙墓出土的玉缨是一件16节的龙凤玉挂。整件玉挂集透、平、阴雕等玉雕技艺于一身，共刻有大大小小的37条龙、7只凤及10条蛇，皆栩栩如生，玲珑剔透，实为古代玉雕之精品。

### 4.永留人世的谜团

曾侯乙墓的发掘，带给了人们一个个谜团，如战国时期的曾国在我国古代历史上只是一个名不见经传的小国，为什么这个小国的国君墓能具有如此规模呢？如在周代，礼器的使用权是泾渭分明的，其使用具有严格的限制，不同等级的人只能使用与自己身份和地位相符的礼器。曾侯的级别算是很低的，按当时规矩只能用"七鼎"，而曾侯乙墓出土的礼器却完全不管这些，规格极高，几乎达到天子的规格了。

除礼器外，曾侯乙墓出土乐器也同样规格极高，这使不少学者怀疑墓主曾经是周天子执掌礼乐的"大乐"，只是目前为止还没发现充分证据可以支撑这种观点，更何况如果曾侯乙真是周的"大乐"，为何史书典籍中没有他的一点踪迹？不过，大多数学者不认同这种观点，他们认为这种现象不足为奇，因为众所周知，春秋战国时期正是"礼崩乐坏"的时代，周天子的地位已江河日下，越位现象的事情也屡见不鲜。

除了这个问题有争议以外，人们争论得最激烈的还是这个墓为何会在随县出现。因为，曾侯乙是曾国国君，而湖北随县在当时则属于随国，堂堂一国之君，怎么会在别国建自己的墓地呢？有学者认为，当时战国时代的随国其实就是曾国。确实，这种一国两名的现象在我国古代并不鲜见。如魏又称为梁、晋又称为唐、韩又称为郑等等。石泉先生的《古代曾国——随国地望初探》就详细论述了这一观点。他指出:“随国和曾国都是姬姓国,都是西周分封于江汉的诸姬姓国之一。就两国的地望来看,也是一致的。从宋代出土的曾国青铜器,到曾侯乙墓,都分布在随枣走廊一带,而且都是从南阳盆地迁入随枣走廊的。”这个说法,也是有一定说服力的。

但是也有的学者不同意此种观点,他们认为,在西周时期,曾就已经与随并存了,这在文献中是有明确记载的,说随国就是曾国显然是不合理的。

究竟哪种说法接近事实呢?看来,只有躺在墓葬里的曾侯乙最清楚!

## 中山王墓为何有众多的鲜虞族珍宝

公元前770年,周平王迁都洛邑(今河南洛阳),中国历史进入东周时期。东周分春秋和战国两个历史时期。春秋时全国共有100多国,经过不断兼并,到战国初年,只剩下十几国,大国有秦、楚、韩、赵、魏、齐、燕7国,即有名的“战国七雄”。除七雄外,并存的越、宋、卫、中山、鲁、费等小国后来也都被7国所吞并。

中山国是春秋战国时期北方少数民族鲜虞族建立的方国,位于河北省中部,因城中有山而得名。1978年以来对中山王墓的发掘和对中山国都城灵寿城的勘探,揭开了中山国千古之谜。最令人叹为观止的是出土的文物诡异奇巧,是北方少数民族特色文化与中原文化融合的结晶,多为稀世珍宝,在世界各地展出时不断引起轰动。

1974年,考古学者在平山县三汲乡的南七汲村发掘了1号、3号、4号、5号和6号等战国时期的墓葬以及无数的车马坑和陪葬墓,发现了战国时期中山国的都城灵寿古城,而离城西2千米处的1号墓就是中山国王后的陵墓,结果发现挖掘的出土文物都具有北方民族的文化风格。

1号墓和2号墓都有高大的封土台,其中1号墓保存较好,封土南北长110米,东西宽92米,高15米,成三级台阶状。台上有带回廊和厅堂的三层建筑。两座墓都有陪葬墓和车马坑。王陵的墓室结构基本相同,平面为长方形,中间为方形椁室，南北为两条墓道。其中1号墓的椁室用厚约2米的石块砌成，椁室内约有4层套棺。两个墓出土的随葬器数量惊人，总数达到1900多件，其中包括青铜礼器、乐器、生活用器、雕塑，以及玉石器、漆器、陶器等。

春秋战国时期，大量错金银器的出现，成为这一时期工艺水平高度发展的一个标志。北方少数民族地区出土的大量金银器工艺所体现的高度水平，令人瞠目结舌。

墓中出土的许多文物堪称艺术珍宝，比如错金银镶嵌的龙凤形铜方案，错金银的青铜动物形器座，镶银双翼青铜神兽以及牛、犀牛、虎噬猪等形象，形如大树的十五连盏铜灯和银首人俑铜灯等，这些器物的形制特点都是战国前期所没有的。尤其是翼龙、水牛座、犀牛座以及龙凤方案座等青铜镶嵌工艺品，其镶嵌的技巧和图案，与战国前期颇不相同，技艺精湛，造型生动，组合巧思，为其他镶嵌器物所难以比拟。

如错金银四龙四凤铜方案，周身饰错金银花纹，下部有两牡两牝四只侧卧的梅花鹿环列，四肢蜷曲，驮一圆环形底座。中间部分于环座的弧面上，立有四条神龙，分向四方。四龙独首双尾。龙身蟠环纠结之间四面各有一凤，引颈长鸣，展翅欲飞。上部龙顶斗拱承一方形案框，斗拱和案框饰勾连云纹。此案动静结合，疏密得当，一幅特殊的龙飞凤舞图跃然眼前。

再如十五连盏铜灯，高82.9厘米，座径26厘米，重13.8千克。由灯座和7节灯架组成，全灯仿若一棵茂盛的大树，树干周围伸出7节树枝，托起15盏灯盘。每节树枝均可拆卸，榫口形状各不相同，便于安装。树枝上装饰着夔龙、鸟、猴等小动物，构思奇特，造型新颖，

中山陵墓作为处于北方地区的中山国陵墓，在铭文记述的资料和金银器工艺方面，向世人展示了中山国的历史与文化面貌。墓中出土了大量具有中原文化特点的文物，如青铜礼器、陶礼器等都与同时期的赵国、魏国墓葬出去的文物近似；有趣的是，它同时又出土了许多反映游牧生活的帐幕构件、巨大的山字形青铜饰件和

动物造型的金银青铜饰品。

考古学家认为，中山国最早可能是北方民族鲜虞所建立的国家，所以有鲜虞族的器物在墓中。有些考古学家则认为，在战国时期，出现鲜虞族器物在中山墓中的原因，是由于不同民族长期的交往与共同生活，使得文化上的差异逐渐消失，中山国同其他列国一起经历了当时的民族大融合。

孰是孰非，还有待人们的进一步探索。

## 汉景帝陵墓为何如此奢侈

大凡对历史教科书还有印象的人都应该记得西汉初年有一个“文景之治”。所谓的“文景之治”也就是指在汉文帝和汉景帝统治的40年中，汉王朝社会稳定，经济发展，百姓安居乐业。可以说，汉景帝在我们眼中是一位开明的贤君形象。

可是，随着阳陵，即汉景帝陵墓的初步发掘，这个观点却受到越来越多人的质疑。考古队不仅在阳陵中发掘出大批奢侈的随葬品，更令人震惊的是其陵墓南边发掘出数里长的殉葬坑！坑中尸骨不计其数，以千百计，很多骨骸的手脚上还戴着镣铐。如此众多的殉葬者是怎么回事呢？难道汉景帝竟然是一个嗜杀成性的人吗？

有人认为，这也许是当时的一种丧葬仪式，不值得大惊小怪。或者说是奴隶制时代人殉的残余。毕竟，西汉离人类野蛮时代并不遥远，我们不能用现在的标准来要求古人。

有人认为，这些人也许是建墓工人。朝廷怕他们泄露了机密，于是在陵墓竣工后就干脆把他们全部坑杀了。这种说法听起来也不是没有道理，历史上坑杀建墓工人的事并不鲜见，如秦陵的修筑就是一个例子。再加上很多人骨的手足上还戴着镣铐，说是做工的奴隶也并不矛盾。

有人认为，这些是战俘的尸骨。因为在景帝统治期间，曾发生过著名的“七国之乱”，也许是平定这场叛乱后，汉景帝为防止这些人东山再起，为保天下太平，就把这些战俘全部坑杀。地点刚好距离自己的陵墓不远，这也许是巧合，但也许是顺便就做了殉葬者,也能趁机显示自己的威仪。

也有人认为这些死难者既不是建墓工人,也不是战俘,而确实就是汉景帝显示自己尊贵地位的牺牲品,是纯粹意义上的人殉。他们还从史料上考证了汉景帝在历史上的口碑其实是徒有虚名的。

据《史记》《汉书》记载,有一次,汉景帝与吴王刘濞的儿子,也就是他的堂兄弟在未央宫下棋。下着下着,两个人争执起来,当时身为太子的汉景帝跳起来,一把抓起铜棋盘子就往那堂兄弟头上砸,堂兄弟顿时脑袋开花,一命呜呼。从这件事上可以看出汉景帝应该是一个性格暴戾、做事不计后果的人。

平定“七国之乱”,维护和巩固了国家统一,是汉景帝在历史上留下的光辉一笔。可是,有人认为,汉景帝在这件事上其实没什么功劳,相反,还犯有严重过失。景帝即位后,听从晁错建议,采取削藩措施加强中央集权。当时势力甚强的藩王之一刘濞本来就有野心,又因为莫名其妙痛失爱子而早就记恨在心,以至于“多年不朝”,现在机会终于来了。吴王刘濞借口晁错离间刘家皇亲骨肉,联合其他王国打出“诛晁错,清君侧”的旗号起来造反。汉景帝惊惶失措,怪晁错惹来大祸,竟然把晁错给杀了。哪想刘濞一伙本来就不是为了“清君侧”,而是冲着皇位来的,杀了晁错照打不误。幸亏景帝身边还有一个周亚夫可以独当一面,力挽狂澜,把“七国之乱”给镇压了下去。这样一位大功臣,不久也竟然被汉景帝治罪,在狱中饥饿而死。由此可见,汉景帝是一位既昏庸又无能的皇帝。司马迁在《史记·景帝纪》中对景帝的评价也没有什么像样的言辞。“七国之乱”这么大的一个历史事件就不见于《景帝纪》却散见于周亚夫、刘濞等人的传记中。莫不是连司马迁也认为汉景帝在平定“七国之乱”这件事上的作用是微乎其微的?

一些历史学者说“汉景帝只是沾他父亲和儿子的光,作为‘文景之治’,他不够格”。事实难道真的是这样的吗?随着阳陵的进一步发掘,也许我们不久就能知道答案!

## 马王堆汉墓之谜

### 1.火坑墓里出女尸

1971 年,全国各地的“深挖洞广积粮”的群众运动如火如荼展开了,这是基于当时的国际形势,为爆发战争做准备。马王堆旁一家部队医院将目光盯向了湖南省长沙市五里碑附近的两个大土冢,因为长沙临近湘江,地下水位高,土冢高几十米,自然成为修建地下医院的绝佳选择。在打孔探测过程中,马王堆汉墓被偶然地发现了。

马王堆汉墓

发掘工作开始于 1972 年初,东边的土冢被考古人员编为 1 号墓。封土挖开后,露出斜坡墓道和四级台阶的长方形墓穴。墓穴的白膏泥被清除后,发掘出了大量木炭,约有 5000 多公斤。木炭清除后,一座巨大的椁室完整地展现于世人面前,椁室上覆盖了 26 张黄色的竹席。整个椁室由厚重的松木板构筑而成,长 6. 73 米,宽 4. 9 米,高 2. 8 米。4 块隔板以“井”字形把椁室分为四个部分,第三层棺内外绘制的图案最为精美,并以朱漆辅之,象征祥瑞的龙、虎、朱雀和仙人的图案反映了汉人崇神及“事死如事生”的葬俗观念。第四层为殓尸的锦饰内棺,内为朱漆外为黑漆,两道质地精良的帛束横缠盖棺,棺四壁粘贴了一层菱形花形的毛锦,锦的边缘加饰了一条绒绣锦。

千年女尸在封闭较好的1号墓内,她的身上穿了18层衣物,并覆以两层衾被掩盖住。由此可推断,在中国古代,对于处在贵族的孝子贤孙来说,死去的先辈的墓葬是一定要认真对待的,所以形成了厚葬的风气,恨不得将死者生前衣食住行所用物品全放进墓穴里,以供死者进入阴间享用。1号墓在规模和随葬品方面,均优于2号、3号墓,并且是女性,在当时"男尊女卑"的思想控制下,显然她应是家族中极有权威的长者,故考古学家判断,它的入葬应晚于前二者的入葬。

**2.墓主身份揭秘**

根据墓中随葬的一些印章、封泥、器皿上的铭文,并结合有关文献的记载,墓主的身份也就清楚了。2号墓的墓主是轪侯利苍,1号墓的墓主名为辛追,是利苍之妻,而3号墓的墓主是他们的一个儿子。

公元前202年,刘邦建立西汉。为稳固天下,刘邦分封了7个异姓王,各辖一方,听命朝廷。其中吴芮被分封在长沙,乃是长沙王。至刘邦末年,这些诸侯固守一方,严重危及中央统治,于是刘邦除掉了这些异姓王,代之以自己的亲戚。这样就加强了中央对地方的控制。但是长沙王吴芮却因长沙的特殊战略地位而保住了自己的位置,因为在长沙国南边有一个具有较强军事实力的南越国,西汉也为之忌惮。因此,长沙国成为西汉的战略要地。但刘邦并不放心,他既要笼络长沙国,保住这个战略要地,又要防止长沙国的叛乱,就把利苍派到了长沙国以监督、管束长沙王吴芮,使其不敢轻举妄动。又因长沙国的重要地位,利苍不仅被封相且封侯。利苍的封地因在轪县(今河南信阳地区),故称轪侯。利苍死后,他的一个儿子利轪继任爵位。3号墓墓主却是利苍的另外一个儿子,即利轪的兄弟,他是一位带兵守戍的将军。在墓穴里出土的十几万字帛书证明了他非常好学,却极为短寿,大概活了30多岁,死因不明。最后一代轪侯名为利扶(有些史书上记为利秩,实为同一人),因其触犯汉朝法律,丢了列侯的爵位。轪侯在历史上就这样无声无息地消失了。

### 3.锦衣玉食精器显奢华

马王堆汉墓随葬品极其丰富，体现了鲜明的时代特点。马王堆汉墓出土的文物不仅数量巨大，而且保存基本完好，鲜艳美丽的丝织品和漆器，极具学术价值的帛书和帛画，都让世人吃惊。

①奇奢的丝织品

中国自古皆有“缫丝之国”的美誉，汉代的锦绮则以美丽的花纹、柔软的质地、闪耀的光泽、华贵的气魄而闻名于世，不但令北部草原上的游牧民族着迷，也使当时世界上的许多文明古国，如波斯、罗马、印度的商人慕名而来争相采购，而且那些国家的贵族们以穿戴中国产的丝织衣物为骄傲，它象征着身份、财富与地位。

所出土的丝织品中最精美神奇的要数墓主辛追夫人身上穿着的两件薄素纱禅衣。衣长128厘米，两袖伸直长190厘米，而重量却是轻得出奇，分别为48克和49克，不足一两。这种纱质地又轻又薄，透明度也甚高，故古人称其为“动雾縠以徐步兮”。薄如蝉翼轻若烟雾的纱衣穿在身上，看上去会产生一种朦胧感，使人显得美艳绝伦。这两件素纱禅衣之精美，完全可以和现代精工织造技术媲美。

②千年佳肴世人羡

马王堆汉墓出土的各种各样食物很准确地反映了汉代发达的农业状况。

食物本来是极难保存上千年的，但由于1号墓密封甚好，所以发掘出多种残存的食物，在椁室里到处都有食物，有的放在陶器、漆器里，有的放在竹筒和麻布袋里，其中有些已是烹饪好的菜肴。多种粮食，如稻、粟、豆、麦、黍等放在麻袋里。稻谷出土时就像新鲜的一样金黄、完整，但由于长时间的存放，内含物质大多分解消失，出土后，即脱水逐渐干枯。最多的是菜肴瓜果，如甜瓜、枣、梨、杨梅、藕、桃等。另外还有一些畜鱼类，如猪、牛、鸭、斑鸠、鸳鸯等，它们多被烹调成熟食盛放于精美的陶皿或漆器里。让人觉得有趣的是，陶器里竟盛放着各种调味品及酒类，可见墓主人生前的生活饮食是极其丰富及奢华的。桃、藕等物出土时，还色泽鲜艳，不过很快就化成了一滩水。

③光彩夺目的漆器

马王堆汉墓出土了大量漆器，1号墓有184件，3号墓有316件，这是全国各地发现的漆器中数量最多、保存最好的一批。其中1号墓的一件双层九子奁，在黑漆的器表上还贴饰了金箔，金箔上再用油彩绘出变形云纹，更加绚丽多彩。3号墓的一件粉彩云纹漆奁，其彩绘则用具有油画效果的堆漆法画成，先用白漆勾出凸起的边框，再用红、黄、绿漆填绘云纹。与这种强烈立体感相反的装饰手法称为锥画，不用笔，而是用细尖锥或针在将干未干的漆膜上刻画出各种细如发丝而又栩栩如生的图案来，给人一种阴柔的朦胧美，需借助亮光仔细观察，才能欣赏到图案纹饰的精巧和纤丽。

许多漆器上烙有作坊地名。有些则写有"轪侯家"或"九升"等字样，表明物主及容量。最有趣的是许多耳杯和盒、卮、小盘上写有"君幸酒"或"君幸食"，令人遥想起当年"劝君更尽一杯酒"的宴饮情景。

④阴间的侍奉者

墓中挖掘出的木俑是供墓主带到阴间遣役使用的，他们全都称职地守候在墓主的身边，随时听候派遣。木俑有平雕和圆雕两种，脸面均彩绘，有些着丝绸衣裳，有些则直接彩绘出衣裳。

除歌舞俑之外，还有乐俑和25弦瑟、7弦瑟、6孔箫、22管竽等乐器，这些乐器都是首次发现的西汉实物。其中1号墓出土的25弦瑟是目前发现的唯一一件完整的西汉初期的瑟。3号墓出土的一件竽在竽管中发现了竹子做成的簧片，簧片上有控制音调的银白色点簧，这是世界管乐器中最早使用簧片的实物证明。竽是中国古代的一种重要乐器，"滥竽充数"的故事想来大家都听说过。1号墓出土的12支一套的竽律证明竽在当时不仅是主要的乐器，而且还可作为其他乐器的定音标准。

4.招魂升天的帛画

汉代画在缣帛上的绘画作品颇多，但大多失传。马王堆1号、3号墓出土帛画共10余幅，占全国帛画出土量的近一半。

马王堆帛画最有代表性的应是在1号墓和3号墓出土的两幅帛画。画面呈"T"字形，顶部裹有竹竿并系有丝带，可以悬挂，是死者出殡时张举的旌幡。旌幡是古代丧葬仪式中的一种物品，使人高举，随丧葬队伍行进，大概起到识别死者、招魂、导引灵魂升天的作用。1号墓中的旌幡保存比较完整，3号墓中的则有些残破不清。

1号墓旌幡表现的是一幅死后升天图，自上而下分成三个部分，分别表示地府、人间、天上的情景。最下面有两只红鳞青色的巨鱼相交，鱼尾各立一长角怪兽，有人说此怪是打鬼的"方相氏"。鱼背上立有一裸体力士，双手擎着表示大地的平板，其左右有双蛇环绕，再外边各有一大龟，龟背上站有猫头鹰。大地之上是人间部分。中间画有两条巨龙左右穿绕于圆璧。璧下左右流苏之上，有两个羽人，悬着一个巨磬，巨磬的下面，有鼎壶以及成列的人物。圆璧之上，两只凶悍的豹子支撑着一个白色平台，一位衣饰华贵的老妇人拄着拐杖，身后有3个婢女，前面则是两个拱手跪迎状的男子，一穿红袍，一穿青袍。画中老妇是1号墓主——轪侯夫人，画中的两个男子应是天国使者，前来导引墓主人升天的情形。而在帛画最上面，天门已开，天门左右各有一个守门者，作等待、亲密对语形态。天门之上是天界，正中上方是一个人头蛇身的形象，有人说是女娲，有人说是伏羲，无论是谁，都应是天界的主宰。天界之中，凡人的一切想象都表现了出来。墓中女主人骑龙舞于空中。

3号墓旌幡构图与前者基本相同，由于墓主身份不同，人间部分画的是一个佩剑的男子、前后有9个侍从，显示出地位高于1号墓主。

这两幅帛画特色鲜明，充满了绚丽的神话色彩。画中图案，极具生命力和人间气息。这两幅帛画在构图上，众多的人物、禽兽、器物处理得有条不紊，左右对称，通过昂扬龙首的蛟龙、迎候的司阍，将地下、天界联系在一起，渲染出了升天的气氛。墓主的形象位于画的中央，显示出了主人的高贵身份，使画的中心更为突出。画的线条流畅挺拔，设色庄重典雅，展示了西汉绘画的卓越水平。

5.古文献的宝库

马王堆3号墓随葬帛书、简牍是继汉代发现孔府壁中书、晋代发现汲冢竹书、清末发现敦煌图卷之后，中国历史上的第4次古文献大发现，可分成六艺、诸子、数术、方术、兵书5类。

(1)六艺类。指儒家经典及一些辅助读物。《春秋事语》约2000余字，记载着春秋时的史实。《战国纵横家书》约1万余字，部分内容见于《战国策》《史记》，文句也大体一致。还有部分内容记载了苏秦游说活动，属于现已不见于任何典籍的佚文。

(2)数术类。此类书主要是自然科学的著作。马王堆出土的帛书，包括当时的阴阳五行学说、驱鬼辟邪信仰、天文气象书籍，其中的《五星占》是现存最早的一部天文书，在天文史研究上特别重要。

(3)兵书类。内容属于兵阴阳家。地图类，共发现两幅，一幅是《长沙国南部地形图》，另一幅是《驻军图》。画得相当精确，一些水道的曲折流向，与今天的地图大体接近，并附有图例。而《驻军图》是中国乃至世界发现的最古老的彩色地图，反映出古代中国劳动人民的高超智慧。

(4)诸子类。包括《老子》和《黄老帛书》。《老子》分《道经》和《德经》两篇，马王堆出土的《老子》，《德经》在前，《道经》在后，与现在通行本顺序截然相反，是目前所见《老子》的最古的抄本。

(5)方术类。汉代将医经、经方、房中术、神仙术4种称为方术。所出土内容最丰富的是《五十二病方》，全书有52题，记载着治疗各类疾病的医方，包括内、外、妇、儿、五官诸科，其中外科病方占70%以上，可以视为汉代的一部优秀外科著作。《导引图》是一幅绘有各种运动姿态并注有解说文字的图，还附有论述气功健身方法的文字。“导引”是把呼吸运动和躯体运动相结合的体育医疗方法，这是我国考古发现中最早的健身图谱。

## 5.满城汉墓的主人是谁

满城汉墓从一开始就让人觉得与众不同。为什么这样说呢？因为据考古工作者介绍，西汉流行的是竖穴土坑墓，而满城汉墓则显然是一座崖墓。所谓崖墓是指依山开凿的横穴墓。那么，墓主为何要如此别出心裁呢？这位墓主人又是何许人也？

满城汉墓位于河北省保定市满城县西南的一座陵山上。之所以称之为“陵山”，是因为当地相传这座山丘是一位古代帝王的陵墓。只是不知道这里埋的是哪一位帝王而已。

那么，满城汉墓的主人究竟是谁呢？满城汉墓其实有两座墓，一号墓全长51.7米，最宽的地方为37.5米，最高的地方为6.8米，容积近2700立方米；二号墓全长49.7米，最宽的地方为65米，最高的地方为7.9米，容积约为3000立方米。打开一号墓，惊现一件传说中的“金缕玉衣”，此外当然还有不计其数的稀世珍宝。但令考古工作者摸不着头脑的是里面竟然没有发现人的尸骨！据说，当时的负责人郭沫若同志马上推测道，可能是一号墓中原本就是一座埋殉葬品的仓库，所以没有埋入尸体。如果此种假设成立的话，那么周围肯定还有一座或几座大墓，墓主人也许就埋在里面。墓主人所在的墓葬在哪里呢？郭沫若同志认为，可能就在发现金缕玉衣的地方还藏有另一层墓穴，但也可能在一号墓的周围一带。后来，经过他认真思考，认定在一号墓北面的一座山坡上还有一座墓！就这样，满城汉墓的二号墓重现天日！

令考古队员大为震惊的是，二号墓竟然又发现了一件价值连城的“金缕玉衣”！不过，这件金缕玉衣与一号墓中的金缕玉衣有明显的不同，瘦小得多，似乎为女性所有。考古工作者还在二号墓中发现了两件刻字的铜器，上边有“长信尚浴……今内者卧”的字样，同时考古学家还发现了刻有“窦绾”和“窦君须”的铜印以及写着“中山祠祀”的封泥。

很显然，二号墓的墓主并不是我们要找的人，而是另有其人，而且还是一位女性。根据所掌握的资料来看，这位女性是中山王的妻子，名字可能就叫“窦绾”，字“君须”。

绕了一大圈子，问题还是没有得到解决，满城汉墓的主人究竟是谁？考古工作者不得不又重新思考这个问题。在一号墓中出土了不少铜器和漆器，上面不时刻着“中山府”“中山宦者”“御”等字样；出土的封泥作“中山御丞”；墓中还出土了大量西汉时期的五铢钱；墓主还有玉衣，这是汉代只有皇帝、诸侯王和高级贵族才配穿的殓服，而满城汉墓在汉代为北平县地，属于中山国。综合上述这些情况，一号墓很有可能为西汉中山王的陵墓。只是，在历史上西汉中山王共有10位。到底是哪一位呢？一号墓中的出土文物给我们提供了重要线索。细心的考古专家发现，在一号墓中出土的铜器和漆器中，刻有许多纪年。有“卅二年”，“卅四年”，“卅六年”，“卅七年十月”，“卅九年”，“卅九年九月”，等等，都是在30年以上。由此考古学家们断定，这必是中山国第一代王靖王刘胜无疑！因为据史料记载，中山国10个王中，只有靖王刘胜在位42年，其余的都没有超过30年。

满城汉墓的主人身份水落石出了，只是，靖王刘胜的尸骨究竟到哪去了呢？后来清理修整金缕玉衣时，专家们发现了里面竟然有些灰褐色的骨灰与牙齿的珐琅质外壳碎片。原来，经历了千年，刘胜的尸体早已腐朽，而他身穿的金缕玉衣又全部锈蚀在了一起，所以当时谁也没有注意。就此，这个困扰考古学家多时的谜团终于解开。

身穿金缕玉衣，仍旧没能保住尸骨，恐怕是靖王刘胜做梦也没想到的吧！玉衣在史书中称为“玉匣”“玉柙”等，据文献记载，玉衣是汉代皇帝、诸侯王和高级贵族死后的殓服。玉衣分为金、银、铜三个等级，对应不同等级的王公贵族，是很有讲究的。《后汉书·礼仪志》中提到，只有皇帝才有资格葬以“金缕玉匣”，诸侯王、列侯、贵人、公主等使用“银缕玉匣”，而大贵人、长公主只能穿“铜缕玉匣”。刘胜只是一个诸侯王，按规矩只能穿银缕玉匣，为什么他们夫妇两位胆敢冒如此大不韪呢？

也许是为了显示自己的尊贵,但更可能是为了使尸体不朽。在汉代,人们普遍认为"玉能寒尸"。所以,汉代的皇帝贵族都争相大量使用玉衣作为葬服。《后汉书·刘盆子传》中对古尸不腐有这样一句总结,"有玉匣殓者率皆生"。可是,现在看来,这只不过是古人一厢情愿的美好愿望而已。刘胜夫妇虽不惜工本制作了两件金缕玉衣,但不朽梦落空,还是没有能保住他们的尸体。而与他们同时代的马王堆汉墓出土的一具女尸,身上并没穿什么金缕玉衣,历经千年却依然栩栩如生,这对刘胜夫妇来说,不能不算是一个极大的讽刺。

## 僰人悬棺为何凿于万仞绝壁

在我国四川南部的珙县境内,曾经生活着一支特立独行的少数民族:僰人。从春秋时期到明代万历年间长达2000年的时间里,他们一直在这片土地上耕作、生息、繁衍。在春秋时期,他们被称为"僰人野人",在汉代,被称为"滇僰、僰僮",明朝则呼为"都掌族"。然而在明神宗万历元年(1573)的"僰汉大战"之后,这个部落从此就神秘地销声匿迹了,除了高悬在离地高达百米的断壁悬崖上的265具棺材,他们没有给这个世界留下任何其他的信息。

这些高高在上的"僰人悬棺"总重超过千斤,都是用质地坚硬的整木雕凿而成。其外形主要有船形和长方形两种。有的选择最为险峻的天然或人工凿成崖石安放,棺木还裸露在外面;有的在绝壁上凿孔,插入木梁,把棺木架在上面。悬棺离地面数十米到100多米,在山风中凌空俯视地面,令人可望而不可即。这些悬棺已经在高高的空中悬挂了数百年,经历着风风雨雨的剥蚀,至今仍牢实地迎空展示着。悬棺的崖壁上有许多红色彩绘壁画,内容丰富,线条粗犷,构图简练,形象逼真。

现存悬棺最集中的地方是宜宾地区珙县洛表乡的麻塘坝和曹营乡的苏麻湾两处景区。其中麻塘坝亦称僰人人沟,距四川省珙县城60千米,南北狭长,东西两侧奇峰挺拔,险拔峻峭的岩穴之间现存有悬棺160多具,许多棺木半悬山崖,距地面一般高约25至50米左右,最高的有100多米。苏麻湾距麻塘坝10多千米,在陡峭的石灰岩壁上分布着48具悬棺，沿着浩浩荡荡的江水，人们在船上就可以看见这些奇特的悬棺。

僰人为何要把棺木高悬于千仞绝壁之上呢？专家们认为，按古僰人的意思，悬棺入云，是吸日月之精气。从科学上来说，西南地区的少数民族由于长期居住在山水之间，他们对山水产生无比崇敬的感情，死后葬在靠山临水的位置表明亡灵对山的依恋和寄托之情。至于把棺木放得很高，那是因为高处可以防潮保尸，并可以防止人兽的侵扰。

可是所有放置悬棺的地方，上至峰顶、下距空谷，都有数十米到一二百米，而且到处都是异常陡峭的石壁，没路可走。古人是怎样将这些悬棺放置到悬崖峭壁上去的呢？对此，人们多方猜测，代表性的解释有"栈道论"和"吊装论"，还有"洪水说""隧道说""天外来客说"等等，众说纷纭，悬棺因此被蒙上了一层异常神秘的色彩。

"栈道论"认为，悬棺是通过修栈道运到悬崖上的洞穴中的。古人可能就像今天造房子搭架子那样沿着悬崖向上搭，当搭到洞穴口时便可将棺一层层递上来，直至送入洞中，或者由山顶搭栈道向下直至洞口。证据是现在只要乘竹筏沿九曲而游还可以在两岸的岩壁缝隙处看到一些残存的木料，这就是安置船棺后为确保它的安全而将栈道拆除的遗物。但是存放船棺的悬崖多是单独成峰的，突兀峭拔，崖壁坚硬，由下而上搭架子能搭到数百米谈何容易，特别是在工程技术还极其落后的古代少数民族地区很难实现。"吊装论"认为悬索下柩可以解决千斤之物如何挂上悬崖的问题。1973年9月，公安部门曾侦破了一起盗悬棺案。两名盗贼供认，他们买了数百公斤粗铁丝制成软梯，上端紧绑在岩顶的大树根部，一人把风，一人顺梯而下至洞穴，再设法在崖壁上开辟一条栈道，随后盗棺而出。有些人因此认为僰人是反其道而行：先找到安葬洞口，在洞口前架设数米长的栈道，棺木在峰顶就地制成，装殓死者后吊坠而下至洞口，再由人推进洞去。但人们至今不能断定古人是用什么简陋的机械将悬棺放到洞穴里。因为山顶到涧谷一般均有一二百米，鞭长力微，即使百人在峰顶一起用力绞拉辘轳之类的简单机械来吊升岩底的棺木，吊到洞口时也不能放进穴内。

悬棺隐身在云雾缭绕的峭壁之上，充满了永恒的神秘色彩，它作为文化发展史中的一个奇迹，沉积了往日逝去的回忆。僰人为何悬棺而葬？刀耕火种的年代如何置棺高岸？僰人是怎样消失的？棺上的红色岩画又在讲述什么故事？这些谜还有待今人解答。

## 定陵里面有什么

北京市昌平区北天寿山麓有驰名中外的明十三陵，即明代 13 个皇帝的陵墓区。十三陵依次为德陵、永陵、景陵、长陵、献陵、庆陵、裕陵、茂陵、泰陵、康陵、定陵、昭陵和思陵。其中，定陵为明神宗万历皇帝朱翊钧的陵寝。与其他陵墓不同，明神宗一反祖宗遗训，在其定陵里面合葬着其孝端皇后王氏与孝靖皇后王氏。

万历皇帝朱翊钧是明代第十三位皇帝，生于公元 1563 年，死于公元 1620 年。他 10 岁即位，在位时间为 48 年，是明代在位时间最长的一位皇帝。据史料记载，在他即位 12 年后，就开始忙着为自己建造陵墓，一共建了 6 年，耗银 800 余万两。在刚完工时，定陵本来有富丽堂皇的地上建筑，可惜后来遭受了几次浩劫，发掘时地面只剩宝城、明楼、陵门和几道陵墙了。

在定陵的发掘中，细心的考古专家们发现宝城东南面的一处小小的缺口似乎有拆动的迹象。在缺口里侧石条上发现了浅刻的“隧道门”三个字。在继续发掘中，又在隧道的尽头发现了刻有“此石至金刚墙前皮十六尺深三丈五尺”的小石碑。考古专家们根据这些文字的提示，发现了又一条石隧道，其尽头就是“金刚墙”，打开金刚墙便是隧道券，再往里走就是定陵的地宫，即所谓的“玄宫”。

开启玄宫的石门全部用石材建成，虽说制作得非常精致，但在中间仍留有一条 3 厘米宽的门缝。从门缝往里看，可以发现有一根顶门的石条将两扇大门从里向外顶着。要想把石门打开首先就得把这根石条移走。于是专家们便用一根开口的铁制板条从门缝中伸进去，利用板条的开口卡住顶门石的上端，以此推动顶门石离开了原位。当确定里面并没有传说中的暗藏着置人于死地的各种机关时，考古专家们打开了地下宫殿的大门。

定陵的地宫由5座高大宽敞的殿室组成。前殿呈长方形，长20米，宽6米，高7.2米。令人大惑不解的是，这里面没有发现任何随葬品，也没有任何陈设，只是在地面上铺着一层黄松木板，有人认为是下葬时为保护砖面而设。

中殿也是长方形，长32米，宽6米，高7.2米。西侧陈设着万历皇帝和孝端、孝靖两位皇后的汉白玉石神座，万历皇帝的神座居中，左侧为孝端皇后的神座，右侧则为孝靖皇后的神座。各神座前有黄琉璃五供，即一个香炉，两个烛台和两个花瓶。五供前又放着长明灯。当然，由于缺氧，长明灯早已熄灭。在中殿的南北两侧，还发现有左右两处配殿。

后殿是放置皇帝、皇后棺椁的地方，也是玄宫的主体部分，所以比起其他各殿自然更为高大和宽敞。其南北长约30.1米，东西宽约9.1米，高约9.5米。在中部偏西设有一座白石镶边的棺床，床四周作束腰须弥座，饰覆仰莲。棺床上放着三具棺椁，中间为万历皇帝，左为孝端王皇后，右为孝靖王皇后。

万历皇帝的椁室里面是一口楠木棺，长3.3米，宽1.5米，高1.4米。棺木上盖着黄色丝织铭旗，书有"大行皇帝梓棺"6个烫金大字。打开棺盖，里面装满了光彩夺目的奇珍异宝！有光芒四射的金银器，价值连城的珠宝玉器，精美绝伦的青花瓷器，还有绚丽多彩的丝织品。让人惊叹不已！万历皇帝的尸体以锦被包裹，头上戴一顶乌纱翼善冠，身穿刺绣衮服，由于这件衮服是目前所见唯一的缂丝衮服制品，所以显得特别珍贵。腰间束一条玉带，穿着一条黄色素绫裤，脚着红素缎高统单靴。万历皇帝的尸体已经腐朽。

此外，在定陵内还发现了29个随葬的物品箱，都塞满了各种精美的随葬品，如金银器，冠，带，佩饰等等。据统计，定陵出土的各类遗物共有2648件，其中不少是价值连城的稀世珍品。许多遗物不仅大大丰富了文献资料的内容，也为明史的研究提供了大量的实物资料。

## 西宫娘娘为何葬于东边

世人皆知有一位西太后慈禧，但并不是每个人都知道曾有一位与西太后并尊甚至身份应高于其上的东太后，即慈安皇太后。慈安皇太后何许人也？说起来她还是清朝咸丰皇帝的正宫皇后。西太后慈禧之所以能成为太后，是因为她是清朝的同治皇帝的生母，子荣母贵，所以在咸丰皇帝死后，慈禧才能由贵妃跃升为太后，与名正言顺的慈安皇太后并驾齐驱。

慈安皇太后对后世的影响之所以远远逊于慈禧，这由她本人的性格所致。咸丰皇帝死后，慈禧出主意，东太后与西太后曾共同垂帘听政。不久，东太后就感到厌烦了，常常推说身体不适。慈禧就自然独揽了朝政大权，统治了中国近半个世纪之久。

慈禧世称西太后，慈安世称东太后，有趣的是她俩的陵寝却一个在东边，一个在西边。具体地说，西太后慈禧死后葬于清东陵（今河北省遵化市）的东边，而东太后慈安死后却葬于清东陵的西边。这是怎么一回事呢？

民间流传着不同的说法，其中一种说法是对弈赌陵。前面已经提及，东宫太后慈安是由正宫皇后升为太后的，可以说是天经地义的皇太后，而西太后慈禧只不过是沾了儿子当皇帝的光才升级为太后的，所以在地位上远不及慈安太后，这样，西太后的陵墓无论是在风水上还是在规模上都不能与慈安太后相比。可是我们知道，慈禧太后向来争强好胜，心狠手辣，她怎么可能甘心屈居于慈安太后之下呢？于是她精心布置了一场赌局，与慈安太后约好，谁下棋下赢了，谁就先挑选陵墓。可怜慈安太后性格柔弱而又心无城府，自然不是诡计多端的慈禧太后的对手，于是西太后就毫不客气地把属于东太后的陵墓给霸占了。还有另一种说法，认为慈禧在柔顺的慈安太后面前根本就懒得去玩弄什么花招，说白了就是明抢了人家的陵墓。传说慈禧太后有一天晚上做了个怪梦，梦见自己死了以后被慈安葬在了清东陵的西边。这个梦给了慈禧一个大大的灵感，她想，如果慈安太后先于她死的话，把她葬在哪里还不是由自己说了算吗？于是，歹毒的慈禧太后就真的下药把慈安太后给毒死了，并如愿以偿地把她葬在了清东陵的西边。再后来，慈禧为了让自己死后继续过上豪华奢侈的生活，以"年久失修"为借口，对自己的陵寝花巨资大肆修整了一番。

当然也有人认为，慈禧太后生前虽然狡猾奸诈，不甘居人之下，但在祖宗面前她还是有所顾忌，不敢造次的，规规矩矩地葬在了属于自己的陵墓内。这个看法同样有不一样的观点：一种观点认为，东太后、西太后的名称，与她们的地位、资历是没有什么关系的，更不可能由她们的陵墓方位所决定。慈禧太后之所以称为西太后，是由于她生前居住于紫禁城内西边的储秀宫和长春宫，同样的道理，慈安太后之所以称为东太后，则因为她生前居住于紫禁城东边的钟粹宫。正是因为她们生前居住的方位不同，才决定了她们的称号。

西宫娘娘是否理应葬在东边？恐怕这个谜底将永远随着慈禧太后埋进坟墓。

## 印山王陵之谜

### 1.印山上的王陵

在浙江绍兴城南的印山上，有一个总面积达8.5万平方米的陵墓。这个陵墓是以环境为界，因山起陵，构筑巨大的封土丘。其规模庞大，级别较高，是古越国王陵。

这座陵墓的封土分为内外两层，是经过细致夯打筑成的。其外层封土较厚，土质为五花土，土中还夹杂有印纹硬陶与原始瓷碎片，这对判定该墓的年代起到了重要作用；内层封土虽然较薄，但也十分牢固，夯土中夹杂着开凿墓穴时留下的碎石。

封土下是一座带墓道的"甲"字形墓坑。这个墓坑与普通的"甲"字形墓坑不同，该墓的墓道与墓穴的总长有100米，而平均宽度却只有十几米。墓坑中填满了致密的青膏泥，下面堆积着厚厚的木炭。青膏泥可以保持墓室的密封，隔绝氧气；木炭可以去潮吸水，保持干爽。但奇怪的是，木炭堆积得并不平整，而是沿着墓室中轴的走向形成两面斜坡，中间高高地耸起一道脊。为什么会这样呢？以前发掘

印山王陵

时所见到的椁室成为长方形或正方形，但其顶部都是一个平面，两面斜坡的形状谁也没有见到过。难道是里面的墓室被压塌了，还是木椁上面还戴着“帽子”？

清理掉木炭之后，才知道这下面放着的是一个长达30多米、高近6米，截面为等腰三角形的木椁，木椁外面覆盖着140多层树皮，树皮被木炭染成了黑色，乍看上去仿佛一段黑色的火车车厢。这样奇怪的景象，让人感到惊叹。该墓也是迄今为止发现的唯一一座三角形墓室。

**2.与众不同的地宫**

这座与众不同的三角形墓室是用50多根长5.9米，截面边长为0.6米~0.8米的巨大枋木搭建而成的。枋木排成两列，柱头相撑，上面纵向压着半圆形的木柱形成屋脊。每根枋木上都精心漆过，搭建完成后椁内又整体涂过一层漆，有些地方到现在仍然光亮可鉴。

墓室的两端还立着封门柱与后墙。可能是由于遭受过盗墓贼的洗劫，偌大的墓室内显得空空荡荡，仅存一具用整棵大树雕成的独木棺孤零零地摆放在墓室正中，棺内也已经不见尸骨了。

值得庆幸的是，还有一批玉器保存了下来。其中，有用来压镇席子的圆形刻花玉镇17件，龙首的钩状玉器2件，等等。最重要的是，还出土了几件珍贵的玉质兵器,包括1支玉质宝剑,2件白色玉镞等。另外,在墓室中还发现了一件灰绿色柳叶形石矛,断面为菱形,矛的下部还可以看到矛柲的痕迹,精美的石器在古代也是被视为玉的。

印山大墓中为什么会出现玉质的兵器呢?《越绝书》中有这样的记载:“至黄帝之时,以玉为兵,以伐树木为宫室,凿地。”内容主要是先秦时期人们对黄帝的想象——用玉造兵器,砍伐树木建造宫殿,挖地为穴而葬。这不也是印山大墓的真实写照吗?由此看来,也许是因为当时流传着有关黄帝的这则传说,而让这位越王起了效仿上古圣君之意,所以就为自己建造了这样一座风格独特的木质三角形地下宫殿,又使用玉质的兵器为自己随葬。那么,这位颇具个性的越王是谁呢?

**3.墓主的猜想**

通过细致地分析填土中的印纹硬陶与原始瓷残片,专家们认定该墓葬的年代应是春秋末期。

那一时期,绍兴地区是越国的统治中心。生活在春秋末年的越王有两位,一位是允常,另一位则是他的儿子——勾践。那这个陵会是哪一位的陵寝呢?

经过各方调查发现,这座墓是勾践墓的可能性较小。文献中有记载,勾践曾经在独山为自己修建了一座陵墓。所以,印山王陵应该是允常的墓。

关于允常的墓,文献中也有记载:“木客大冢者,勾践父允常冢也。初徙琅琊,使楼船卒二千八百人伐松柏以为桴,故曰木客。”那么,这会不会就是传说中的“木客”呢?经过学者的调查,惊喜地发现原来印山在当地还有一个名称,发音就是“木客山”。

综上所述,印山王陵应是越王允常陵墓。这个说法也得到了大多数专家的认同。但此墓的年代还值得商榷,也还有很多的秘密未能解开。

## 越王勾践剑之谜

公元前496年,吴王夫差为报父仇,攻打越国,大获全胜。从此,越王勾践沦为阶下囚，并被扣押在吴国长达三年之久。勾践在吴国忍受了三年的屈辱生活后回到越国，在大臣范蠡、文种的辅佐下，卧薪尝胆，励志图强。经过十年的努力，勾践终于使越国由弱转强。

越王勾践卧薪尝胆的故事已经过去了两千多年，然而有趣的是，1965年12月，在湖北一个叫望山的地方，竟然出土了一把锋利如初的青铜剑。经过考证，证实剑的主人就是越王勾践。这柄剑如同它的主人一样，充满了传奇的色彩，同时它也是越国那段历史的见证者。

**1.出土地之谜**

这柄越王勾践剑出土时，置于棺内人骨架的左侧，并插在涂有黑漆的木鞘内。剑长55.6厘米，剑形挺拔、庄重，制作精良考究，保存完好如新。剑身上面满饰黑色菱形暗纹，剑格的一面是由绿松石组成的美丽图案，另一面则镶嵌着蓝色琉璃，整个装饰显得华贵、典雅。靠近剑格处有两行错金鸟篆铭文“越王勾践，自作用剑”。剑柄以丝缠绕。剑出鞘时寒光凛凛，耀人眼目，剑刃薄而锋利。虽然这柄越王勾践剑是作为陪葬品被放置于棺内的，但棺内的这副骨架却并不是越王勾践。人们不禁要问，为什么它会出土于远离越国故地的楚地呢？

有人认为，这柄珍贵的青铜剑是在楚国灭亡越国的战争中被楚军缴获，然后作为战利品而流入楚国贵族手中的。楚国贵族死后则把它作为陪葬品伴随身边。

还有人认为，这把剑是越女嫁给楚国时的陪嫁品。因为根据历史记载，越王勾践的女儿是楚昭王的宠姬。关于楚越之间的关系，在《左传》《史记》《吴越春秋》等书中都有记载。在楚威王以前，楚越的关系还是很密切的，而根据同墓出土的大批竹简得知，该墓入葬的年代为楚威王或楚怀王前期，所以说越王勾践剑是因赠送而自越传入楚地的可能性也是有的。

然而，因为缺乏史料记载，这柄越王勾践剑到底是两国友好时越国赠送给楚国的礼品，还是战争时楚国从越国缴获的战利品，便成了历史上的一个谜。

2.造剑之谜

剑是一种做直刺用的兵器,因此在铸造的过程中,必须要保证其强度。据现代科学分析,越王勾践剑主要以青铜铸造,但其剑身又含有适当的锡,这样既保证了剑的强度,又保证了剑的延伸性。而且越王勾践剑因其各个部位的作用不同,铜和锡的比例也不一样——剑脊含铜较多,能使剑韧性较好,不容易折断;而剑刃的部分含锡较高,这样就能使剑非常锋利。但不同成分的配比在同一把剑上又是怎样铸成的呢?

专家们考证后认为,这是采用了复合金属工艺,即两次浇铸使之复合成一体。这种复合金属工艺,世界上其他国家是到近代才开始使用的,那么两千多年以前的越国人又是如何掌握和使用这门技术的呢?这对我们来说也是一个谜。

3.千年不锈之谜

越王勾践剑深埋地下两千多年,为何不生锈呢?根据现代科学测定,剑的表面大部分地方含有不同比例的硫化铜,这种物质是可以防锈的。因此,有的专家认为,两千多年前的人们已经掌握了运用硫化铜进行表面防锈处理的先进工艺,这就是这柄剑千年不锈的原因。

但另一种看法则认为,越王勾践剑千年不锈的真正原因在于其特殊的密封条件。

关于越王勾践剑千年不锈的真正原因,专家们尚在进一步的探讨之中。

## 秦陵地宫之谜

秦始皇陵是一座充满了神奇色彩的地下“王国”,它吸引了无数人的关注。人们总是猜想,有着如此惊世骇俗规模的陪葬坑的秦陵地宫究竟是怎样的呢?

1.水银之河

民间传说,封土堆只不过是秦陵地宫的门楼,在其之下有一条地下长河,直至骊山九龙头的巨峰之下。神奇的是,河里所有的并不是水,而是水银,这些水银一直流淌到地宫中央宏伟华丽的大殿里。大殿上空悬挂着一只巨大的金钟,四角挂着四个金铃。水银河在大殿里旋转迂回,河中有一条放着金棺的船往返漂动。船会先漂至殿角碰撞金铃,再漂至大殿碰撞金钟。据说,农历每月十五的夜里,如果人们趴在秦陵四角,耳朵贴近封土,便可听到清脆的金铃声。

关于开凿这条水银之河的原因,有人认为是因为秦始皇生性多疑,担心死后被仇人盗掘坟墓,因此在地宫中注入水银,防止外人入侵。也有人认为,地宫中的水银是为了让入葬的尸体以及随葬品长久不腐烂。那么,这条神秘的暗河是否真的存在呢?

据《汉旧仪》记载,李斯对秦始皇说:“臣带领七十二万人在骊山修陵墓,已经挖深至极,凿之不进,烧之不燃,叩之空空,如下无状。”秦始皇说:“凿不进,烧不燃,旁行三百丈乃止。”

三百丈是古人行文中的一种模糊说法,指极长。“旁行三百丈”可能就与这条水银之河有着某种联系。

司马迁和班固都曾经对此事做过类似的记载。可以肯定,这两位大史学家绝对不会凭空臆造此事。虽然他们的记载只有寥寥数语,却勾勒出了地宫的基本轮廓。

**2.地宫布局**

《史记》中记载,地宫“上具天文,下具地理”。据考古学家推测,地宫的墓室顶部应绘有或刻有日、月、星象图,再以珍宝镶嵌,即所谓“上具天文”;以水银为江河大海在下作百川河流,即所谓“下具地理”。再加上百官位次和宫观,构成一幅地下宇宙图。在这个地下宇宙里,秦始皇仍是最高主宰者。

关于陪葬品,在秦朝以前就有以奇珍异宝陪葬的习俗。由此可以推断,秦陵地宫的珍宝之多是难以想象的,可能堆满了地宫里的每一个空间。

至于秦陵地宫的深度,人们各有说法,有人说是 30 米,有人说是 50 米。但据考古学家推测,30 米较为可信。

秦陵地宫里还有大量的暗道机关,暗道通向各个陪葬坑。当暗道里的机弩发射时,定是像飞蝗一样密集。不过据考古专家推测,经过两千余年,机弩的木制部分已经腐烂,但金属部分应该仍保存较好。

人们最感兴趣的是秦始皇的棺木,这也是秦陵的核心。20 世纪 90 年代,著名华裔科学家李政道推测,棺木应该是铜制的,墓室用石料砌成后浇上铜汁,相当坚固。加上水银的防腐作用和铜汁浇铸的墓室的防水作用相配合,秦始皇的遗体应当保存得非常好。

另外,令考古学家感兴趣的还有秦陵地宫内可能存有的大量文书。当年秦始皇焚书主要是焚诸子百家的书,因此,除此以外的各种典籍、档案在地宫应都有保存。

总之,秦陵地宫的真面目究竟是怎样的,大概只有等它被挖掘之后,谜底才能被揭开。

### 秦始皇陵封土来源之谜

1974 年,一个偶然的机会,西安的一位农民在挖井时挖出了陶俑。考古学家得知消息后,继续深度挖掘,终于发现了被称为“世界第八大奇迹”的秦始皇陵兵马俑。自从兵马俑被发现之后,人们对秦始皇陵就更加期待了。

然而,我国考古学界的权威人士却在 1994 年突然宣布:我们这一代人甚至下几代人都不考虑开挖秦始皇陵。这个消息,让秦始皇陵变得更加神秘。

秦始皇陵位于骊山和渭水之间,考古学家已探明秦始皇陵的布局。秦始皇陵筑有内外两重夯土城垣,象征着都城的皇城和宫城。内城略呈方形,周长 3890 米,除北面开两门外,其余三面各开一门。外城为长方形,周长 6294 米,四面各开一门。秦始皇陵的封土(指帝王陵墓地表以上的陵体)位于内城南部,呈覆斗形,底边周长 1700 余米。由于封土受到风雨侵蚀,现仅高 51 米。据《汉书·楚元王传》记载,秦始皇陵“高五十余丈,周回五里有余”,即封土高 116 米,底边周长 2000 多米。如果史书的记载完全真实,那么封土的原始规模就比现存的要大得多。令人迷惑不解的是,这么多的土究竟来自何方呢?

民间流传的说法认为:封土来自咸阳市北的北蟒山。

传说,洪荒之初,秦川一带还是一片汪洋,西海龙王料定洪水之后秦川就是天府之国,于是派一个龙子到此安家落户。这条龙长大以后,就化身为北蟒山,蛰伏于泾渭之间。

秦始皇选中骊山的墓址后,有人献计说:“咸阳北蟒山原本是龙,假如割下龙头搬到骊山,筑成封土坐镇四方,可得江山永固。”秦始皇听后大喜,下令斩下龙头运往骊山。

谁料,龙头的开挖并不顺利,白天挖一块,晚上长一块,无论如何就是斩不断。秦始皇大怒,命令几十万人昼夜不停地挖。当龙头快被斩断时,忽然间,狂风大作,电闪雷鸣,天昏地暗,龙头塌落成为一摊淤泥。但即使是这样,秦始皇还是不达目的决不罢休,硬是让百姓将淤泥炒干运往骊山。

尽管是传说,但是秦陵自古以来就没有大树,据说就是与当年炒土有关。现在的石榴树是1962年以后才栽种的,因为表土经人类多年垦殖已经熟化,故能栽树。

虽然现在的考古学家认为秦陵的封土可能来自距秦始皇陵2.5千米的鱼池村,并对此进行过踏勘。但是,直到今天仍没有确切的证据来证明这一结论。

## 秦始皇陵被盗之谜

相传,秦始皇陵曾经遭到过多次盗掘和焚毁。这种传说是否属实?如果是事实,那么破坏秦始皇陵的又是哪些人呢?

### 1.项羽损坏

在班固的《汉书》中有这样的记载:“项羽烧秦宫室,掘始皇冢,私收其财物。”意思是,项羽的军队火烧秦咸阳宫,又掘始皇陵,抢去陵中财物。书中又有“项羽入关发之,以三十万人三十日运物不能穷。”即项羽三十万人的军队在此盗掘一个月,仍未能把宝物盗完。据专家考证,项羽火烧秦陵建筑是事实,但是否进入地宫则不得而知,并且“三十万人三十日运物不能穷”这一描述,也是值得怀疑的。

2.牧童无意焚毁

另据《汉书·楚元王传》记载:“牧儿亡羊,羊入其凿,牧者持火照求羊,失火烧其藏椁。”说的是,牧童发现有几只羊儿掉进了地洞,就打着火把进去找羊,结果却凑巧走进秦始皇陵的地宫,最后一不小心,失落火把,烧着了秦始皇陵。这个记载显然有误,因为牧童之事发生于项羽之后,而此时西汉政府已经派专人守护秦始皇陵,牧童又何以能进入皇陵?所以这纯属编造。

3.黄巢掘墓

至于黄巢掘墓的说法,可能性也不大。史书中关于农民起义军盗墓的记载颇多,但并不可信。因为这些史书大都是封建文人所写,他们对农民起义军恨之入骨,因而记载中多有诬蔑不实之词。如果黄巢带领起义军盗墓,必然会留下大规模盗掘的痕迹,但今天的考古工作者在秦始皇陵的封土堆上却找不到被盗掘的痕迹。虽在封土堆的西面和东北面各发现一个盗洞,但这两个洞都只有9米深,且直径都只有1米,因此盗墓者根本无法通过这些盗洞进入到地宫里。

那么,秦始皇陵究竟有没有被盗掘过呢?

有人认为,之所以会出现秦始皇陵屡遭盗掘的记载,是因为在《史记》中有对秦陵地宫中金银财宝的描写,这必然会引起盗墓者的觊觎,同时也会引起人们的猜测,便出现了各种各样的附会。然而我们并不排除历代确有许多人欲在此进行盗掘的事实,但从现在的情况来看,似乎都未成功。据《史记》记载,地宫里注满水银,而且各陪葬坑都装有暗弩,一触即发。这些对盗墓者无疑都是巨大的威胁。因此,虽然有无数盗墓者对皇陵地宫的陪葬品垂涎不已,但还没有人敢冒死深入到地宫之中。

秦始皇陵是否被盗,目前有多种猜测。如果有朝一日秦始皇陵被发掘,真相将会大白于天下。

## 秦始皇陵兵马俑之谜

秦始皇陵兵马俑陪葬坑坐西向东,三坑呈品字形排列。最早发现的是一号俑坑,呈长方形,东西长230米,南北宽62米,深约5米,总面积14260平方米。一号坑四面有斜坡门道,左右两侧又各有一个兵马俑坑,现分别称二号坑和三号坑。还有一个未建成的兵马俑坑,为四号坑。在这些俑坑中,如同真人真马的陶俑、陶马共有8000件。陶俑身高1.8米左右,容貌不一,神态各异,整装待发,浑然一体;陶马则昂首肃立,肌肉丰满,装备齐全,栩栩如生。在人们叹服这些陶俑、陶马的完美之余,却有一些疑问至今仍无法解答。

### 1.兵马俑为何而建

有人认为,秦始皇陵兵马俑是秦始皇加强中央集权的象征,大批兵马俑的军事阵容正是秦王朝强大军事实力的形象再现。

也有人说,兵马俑军阵是一项未完成的工程,全部建成后应有五万个兵马俑。这个庞大的军阵按前、后、左、右、中配置兵力,实为秦军演习所用的八种阵法里最基本的方阵。

但兵马俑军阵的建造和排列到底有何目的,又蕴含着什么深意,一时还无法解答。

### 2.兵马俑中为何没有统帅俑

秦始皇陵中的陶俑无论是步兵、弩兵、骑兵还是车兵,都属于武士俑,并不见统帅俑,这是为什么呢?

有人认为,这可能是按照秦朝时的军事制度来塑造的。在秦始皇时期,每次出征前都由秦王指令一名将帅任统帅。而修建作为指挥部的三号坑时,将帅还未任命,工匠们也不敢随意塑造一位全军的统帅。

也有人认为,可能是因为秦始皇就是秦军最高统帅,为维护皇帝的绝对权威和神圣尊严,自然就不会把秦始皇的形象塑在兵马俑中。

这两种说法都还在猜测阶段，至于为什么兵马俑没有统帅俑这个问题，目前尚无定论。

**3.陶俑制作之谜**

兵马俑坑中的陶俑和陶马均为火候高、质地硬的泥制灰陶。经观察，没有发现模制迹象，因此兵马俑肯定是被工匠们一个一个塑造而成的。陶俑、陶马身上原来都绘有鲜艳的颜色，但因俑坑被毁，加上长期埋于地下，致使颜色几乎全部褪尽。但从局部残留的色彩仍可窥见当初颜色的种类——绿、粉绿、朱红、紫蓝、橘黄、纯白等。各种色调和谐、艳丽，更增添了整个军阵威武雄壮的氛围。

这些陶俑、陶马在暗五天日的地下掩埋了二十多个世纪，出土后仍然保持了色泽纯、密度大、硬度高的特点，真正达到了“炉火纯青”的境界。当代的制陶工艺大师经过十多年的努力，也仅能仿造一些简单的陶俑，仍旧无法仿造出一匹陶马。

而且，建造数量如此巨大的兵马俑，只能就地取材，就地烧制。学术界一直认为兵马俑是利用竖穴式窑炉烧制而成的。可令人疑惑不解的是，人们至今没有在秦始皇陵兵马俑陪葬坑附近发现一处烧制兵马俑的窑址。

所以，直到今天，兵马俑是如何建成的，仍是一个未解之谜。

**4.武器之谜**

塑造俑作为陪葬品是春秋时期起就有的惯例。那时的人们迷信地认为，用大量的兵器和兵马俑来陪葬，是为了保护死者的灵魂不受侵犯，这就为兵马俑是秦始皇陵的陪葬坑一说提供了证据。

但是细心的人发现，兵马俑的俑坑里只有青铜武器，而没有当时新式的铁兵器。这让人不禁疑惑，为什么不用先进武器来守卫亡灵呢？所以有人提出兵马俑坑其实是一种纪念碑性质的建筑物。好大喜功的秦始皇为了纪念战功而修造此坑，因此只是陈列了当年征战杀伐的青铜武器。

秦始皇统一天下后，曾下令没收天下兵器，将所有兵器销毁、熔铸，以示永远罢兵。可兵马俑坑里出土的大量兵器让人吃惊。如果这里是秦始皇陵的陪葬坑，那么谁会拿自己的头颅开玩笑，违禁埋葬这么多武器？这就证明了兵马俑坑不是陪葬坑。

有人考察了出土的铜钺的年代和武士俑身上的铭文，提出了秦昭王之母——秦宣太后才是兵马俑的真正主人，兵马俑是为了护送死后的太后回老家而修造的。同样，这个观点也存在问题，譬如说俑坑里有的兵器的时代比秦宣太后生活的时代要晚半个世纪，这又是为什么呢？

### 5.军阵之谜

在兵马俑的一号坑和二号坑里，发掘出了许多战车和兵士。这些战车和兵士编组成阵列，采取车阵攻防结合的方式，车人协同，互相掩护，坐如磐石，动如滚雷，威力无比。很显然，战车是这支部队的基本作战工具。可是，据古籍记载，秦始皇时期大量使用的是步兵和骑兵，而对于战车，则根本就没有提及。

### 6.兵马俑衣服色泽之谜

秦始皇统一六国后，规定“衣服、旌旗、节旗皆为尚黑”的制度，即那时的人们是一律穿着黑色衣服的。可是，俑坑中的武士俑们身上穿的长战袍或短褐都是五颜六色、鲜明艳丽的，这就让人百思不得其解。难道这些兵马俑真的和秦始皇无关？

如此谜团重重，使得人们至今仍未找出兵马俑的真正主人。

## 李世民陵墓之谜

唐太宗李世民，是唐朝第二位皇帝，也是中国历史上最出名的政治家与明君之一。他将华夏繁华推向历史巅峰，功盖寰宇。李世民对自己皇陵的建造，改变了前朝封土为陵的陵寝制度，因山为陵。他还曾下旨薄葬，将陵墓修于九嵕山之中。那么，李世民的陵寝到底是什么样的？是不是真的薄葬呢？

### 1.下旨薄葬

杜甫的《重经昭陵》中写道：“草昧英雄起，讴歌历数归。风尘三尺剑，社稷一

李世民

戎衣。翼亮贞文德，丕承戢武威。圣图天广大，宗祀日光辉。陵寝盘空曲，熊罴守翠微。再窥松柏路，还见五云飞。”

唐关中十八陵分布在关中地区，它们的占地面积为3000平方千米。其中一座“因山为陵”的帝陵就是昭陵。

昭陵位于九嵕山，在今陕西省礼泉县内。九峻山九峰俱峻，俯瞰神州，纵横起伏，巍峨壮美，唐太宗对此山十分满意，于是下旨“昔汉家皆先造山陵，既达始终，身复亲见，又省子孙经营，不烦费人工，我深以为是。古者以山为坟，此诚便是。我看九嵕峰，山孤耸回绕，因而傍凿，可置山陵处，朕实有钟焉之理。”（《唐会要·陵议》）也就是说，李世民因山为陵的初衷是薄葬。那么，李世民真的如他所标榜的那样薄葬而终吗？

史载唐太宗皇后长孙氏薨逝后，皇帝亲命匠人筑造昭陵，“凿石之工才百余人，数十日而毕”。唐太宗撰文刻字于碑上曰：“王者以天下为家，何必物在陵中，乃为己有。今因九嵕山为陵，不藏金玉、人马、器皿，用土木形具而已，庶几好盗息心，存没无累。”与以往朝代毕一生之时而修建陵墓的统治者相比，唐太宗爱妻的陵墓的确简约，完全称得上薄葬，至此天下人对皇上的薄葬举动深信不疑。

但在长孙皇后去后的13年里，李世民一面标榜自己开自古帝王薄葬之先河，另一方面却始终没有停止对昭陵的营造，其规模之大可想而知。五代时曾有人发掘昭陵，“见宫室制度，宏丽不异人间，中为正寝，东西厢列石床，床上石函中为铁匣，悉藏前世图书，钟王笔迹，纸墨如新。”(《新五代史·温韬传》)昭陵规模宏大、富丽奢华可见一斑。原来唐太宗的薄葬竟是一个弥天大谎！

那么，昭陵究竟为何要因山为陵？又为何要对天下施放薄葬的烟幕弹呢？唐太宗生前，大臣虞世南曾上疏道：“自古及今，未有不掘之墓。”原来因山为陵、下诏薄葬都是为了防盗墓贼。

然而在漫漫历史长河中，就算英雄豪杰最终也难免化为一抔黄土，无数坚石、磐石建造的陵墓都没有逃脱被盗的厄运。如今的昭陵只剩下陵前的一座座石刻，映衬着挺秀的九嵕山峰，在夕阳中拉长身影，讲述着太宗皇帝亘古无双的丰功伟绩。

**2.昭陵的全貌**

究竟这座唐陵有怎样磅礴的气势？

昭陵所处地势开阔，规模恢宏。陵园占地面积达2万公顷，周长60千米，城垣环山起伏。经考古调查，昭陵城垣各角皆有角楼。由于城垣残毁严重，城门的具体情况已无从查考，能够根据文献确认的只有南门和北门而已。如历代帝陵一样，昭陵的建筑分为地上礼制建筑和地宫两部分。昭陵早年被盗，地宫却未经发掘，因此那神秘的地下宫殿的容颜还不为世人知；昭陵地面上的建筑，根据相关文献的记载，主要有献殿、祭坛、寝宫和后宫。

献殿又称享殿，是供祭日上陵朝拜、祭献和陈列死者生前用物的地方。献殿位于山陵南部，面积达40余平方米。遗址中出土了大量建筑饰件，其中有一件巨大的鸱尾，高1.5米，宽1.6米，长1米，献殿旧址的昔日雄伟可见一斑。

祭坛位于陵山北麓，是祭祀之所。经勘测，祭坛平面略呈梯形，遗址东西长

53.5 米,南北宽 85.5 米。

寝宫又称上宫,坐落在陵山北部,是极为重要的祭礼礼仪场所。《全唐文》中有"寝宫便殿,用奉衣冠"的记载,可知寝宫的功能在于祭礼时奉衣冠之用。

下宫又称后宫,为守陵人的居所,作为供奉帝王日常饮食起居之用。宋代宋敏求的《长安志》记载昭陵下宫原在山上,唐德宗贞元十四年(798 年)为火焚毁,后移建于陵山西南侧。由于缺少考古材料的证明,下宫宫址至今无从考证。

## 昭陵六骏之谜

昭陵六骏是唐太宗李世民在统一战争中先后骑乘过的六匹战马。贞观十年(636 年),李世民为了纪念曾经唇齿相依、生死与共的战马,诏令著名画家阎立本绘制图样,工艺美术家阎立德设计并组织施工雕刻,把这六匹马分别刻制成高 1.5 米、宽 2 米、厚 0.3 米的青石屏,列置于昭陵北麓的祭坛上。这就是驰名中外的"昭陵六骏"。

昭陵六骏

石刻昭陵六骏或屏息静立,或飞跃驰骋,刻工精湛,铮铮露骨,栩栩如生。"特勤骠"是一匹毛色黄里泛白的战马,曾载李世民夜行二百余里,激战数十仗,一举击败了刘武周，收复了黄河以东山西等地。“白蹄乌”现已残损甚重，但其疾速飞奔、势不可当之状却得以保留，再现了当年浅水原大战之时，该马势若凌云、所向披靡的无畏气概。“飒露紫”是石刻六骏中唯一一匹兼刻人物图像的战马，艺术家们紧紧抓住该马胸部中箭，大将丘行恭为其拔箭时欲拔不忍的瞬间动作，真实地表现出一种残酷激烈的战争场面。“青骓”和“什伐赤”都是李世民与窦建德势力在武牢关大战时的坐骑，二马各中五箭，一役具损。“拳毛”是李世民率兵平定刘黑闼时的战马，该马身中九箭而亡。石刻昭陵六骏充分显示了李世民连年征战、浴血疆场的艰辛，也留给了后世子孙以“勿忘历史”的谆谆告诫。

从雕刻手法来看，昭陵六骏打破了历代帝王陵墓所列置之石刻都是圆雕作品的模式，而采用最早源自古代印度的佛教石窟寺文化制作的浮雕工艺。唐代的能工巧匠冲破了传统观念的羁绊，大胆吸收并采用带有浓厚佛教文化特色的浮雕法刻制昭陵六骏，达到了传统儒学兼容佛教文化的更高境界。石刻昭陵六骏以其经典独到的艺术魅力，如同无比悲壮的英雄史诗一般，默默地诉说着一代明君唐太宗的辉煌人生。

时至今朝，岁月沧桑。昭陵六骏已经不仅是大唐太宗皇帝宣扬文治武功、警示后人的祭器，而已成为集中展示唐朝政治、经济、文化发展状况的实物载体。它本身所固有的也不仅是一般意义上的史料价值和艺术价值，它从某种意义上已经承继了一种磅礴大气、积极向上的民族发展精神。昭陵六骏也因此而成为中华民族追忆先祖伟业、凝聚民族向心力的国宝重器。

近百年来，“昭陵六骏”一直是众多中外学者关注和研究的“重点”。然而，直到现在也没有人能确切地知道“昭陵六骏”的来源及含义。至于“昭陵六骏”名号，有人推测是波斯语，有人判断是粟特文，也有人认为是突厥文或梵文，但一直没有结论。

### 乾陵无头石像生之谜

乾陵位于陕西乾县城北的梁山上，距西安 80 多千米，是唐朝第三代皇帝唐高宗李治与他的妻子武则天的合葬陵。

乾陵无头石像生

据史书记载，建成后的乾陵规模宏大，仅外城周长就近40千米。20世纪50年代末，几位村民在一次施工中无意发现了乾陵的墓道。经考古工作者全面勘察，发现乾陵并没有被盗的痕迹，也就是说乾陵是唐代十八座帝王陵中唯一一座未遭盗的陵墓。

在乾陵陵园朱雀门外的东西两侧，分布着61尊石像生，其中东边29尊，西边32尊。石像生采用的是原雕的手法，现存的石人像残高在1.5米~1.77米之间，大小和真人差不多。石像生大多体形健壮，几乎每个石像生的肚子都被刻意雕刻成凸出的形状。但是令人奇怪的是，这61尊石像生都没有头颅。这是为什么呢？它们的头颅去哪儿了呢？

**1.番臣守灵**

史学家根据乾陵的建造背景和石像生背部的文字记载进行多年考证后，认为这61尊石像生应该叫61番臣像。它们都是依照当时唐王朝属下的一些少数民族酋领、朝廷文武官员和外国国王、王子以及特使的真人形象雕刻而成的。石像生有的身穿圆领口、紧袖口的武士袍，有的身穿宽袖、圆领褶袍，有的身穿翻领的窄袖短袍，有的肩挂弓，有的腰佩刀，形态各异。唐朝统治者安放这些番臣像，意在宣扬大唐王朝国力雄厚、统治四夷以及记录当时番臣归命中央与宿卫宫阙的历史事实。

### 2.石像生为何没有头颅

关于石像生头颅的去处，在民间有许多种说法。最流行的一种说法是：明末清初时，一个外国使节后代到乾陵来游玩，发现他的祖先在给大唐的皇帝守灵。他认为这有失国格，有辱人格，想将其毁掉，但又怕打碎石像生会遭到当地政府官员的惩罚，于是他想了一个装神弄鬼的办法——此后每天晚上，他都到附近的农田里去糟蹋庄稼；等附近农民怨声载道以后，他又故意去散布谣言，说亲眼看见那些守灵的石人半夜化成人形，跑到农田去糟蹋庄稼。他还假惺惺地给农民出主意，说要保护粮食，就必须把这些石人消灭，把它们的头敲碎，这样它们就不能成精了。当地农民信以为真，一气之下就把所有石像生的脑袋都打碎了。

明朝的开国元勋刘伯温曾到过乾陵，并留下了“番王严似立层层，天马排行势预腾”的诗句。由此可推断，刘伯温当时所见的石像生是完好无损地立于陵墓周围的。然而在明朝末年一些诗人描写乾陵的诗中出现了“赤马剥落离倒旁”的句子，也就是说，那时乾陵的石像生都已经纷纷倒在地上了。诗中所描述的石像生倒地的时间似乎与上文中的民间传说是吻合的。

还有一种说法，传说是八国联军侵华时，看见唐乾陵前立有外国使臣的群像，感到有辱洋人的脸面，于是把石人的头砍掉了。但据历史学家考证，八国联军当时并没有到过乾陵。

事实的真相究竟如何，至今无人知晓。

## 武则天的“无字碑”

中国历史上第一位也是唯一一位正统的女皇帝武则天，冲破男尊女卑的罗网，打碎封建思想的桎梏，创造了举世无双的封建统治神话。武则天生前权倾天下，唯我独尊，可令人费解的是，这位不可一世的女皇，死后却立了一块无字石碑。这究竟是为什么呢？对于这块至今仍伫立于陕西省乾县城北梁山上的“无字碑”，大家众说纷纭。

武则天的“无字碑”

有人认为，武则天立“无字碑”是为了夸耀自己的无量功德，以示自己的高功大德非文字所能表达，于是取《论语》中“民无德而名焉”之意，故立“无字碑”。

有人则认为武则天立“无字碑”是因为自知罪孽深重，如在碑文中歌功颂德必遭后世唾骂，所以还是不写碑文为好。甚至还有人按照封建正统论的观念来评价她，认为她改李唐为武周，愧对祖先，罪大恶极，故自然难以立碑。

还有人认为，武则天有自知之明，立“无字碑”系其遗言，是留待后人来评价她的功过是非，即“己之功过，由后人评定”。

也有人认为，武则天根本就没有留下遗言要给自己立“无字碑”，而是中宗李显认为母亲功高盖世，故立“无字碑”，以尽其孝，以树其威。

更有人认为，武则天虽然与唐高宗合葬，但事实上她确曾君临天下，改唐为周。若要树碑刻字，不论是称皇帝还是皇后，都难以落笔，权衡再三，还是立“无字碑”更为恰当。

总之，武则天陵前的那座“无字碑”究竟有何意义，相信随着研究的深入，一定可以得出一个比较确切的结论。

## 探索辽太祖陵寝

辽太祖耶律阿保机(872 年~926 年),是辽王朝的开国君主,在位二十年,即帝位十一年。他善骑射,明达世务,一生留下诸多的丰功伟绩。死后,他的陵寝蒙上了一层谜样的色彩。如今,辽太祖的陵寝——明殿的地点已经有了精确的定位,考古学家们透露,陵寝保存完好。那么一代开国君主的陵寝,之前是不是没有任何人打扰过呢?

其实,早在辽王朝败亡时,他的陵寝就遭遇了劫掠,辽太祖陵的地面建筑被烧毁,其中的金银珠宝也都尽落他人之手。

然而,辽太相陵并没有因此而得到安宁。20 世纪 20 年代至 30 年代,日本人在辽太祖陵旧址处大肆搜查,想要挖出辽太祖的陵寝,却没能够精确定位出其位置所在。

那么,辽太祖的陵寝到底在何处呢? 据了解,辽代帝王都是将陵寝修建在深山之中的。而有文献记载,辽太祖耶律阿保机的陵寝就建于祖山之上。那么,祖山又在什么地方呢? 有关的文献记载十分有限,而根据新中国成立之后的调查,基本断定祖山的位置在今内蒙古巴林左旗哈达英格乡石房子村西北,也就是当年契丹先祖的发祥地。

就在 2003 年,考古工作者在进行实地调查时,在祖山发现了石像生、石墙遗迹以及三座辽代墓葬。根据地望和相关辽代帝陵的形制,学者们判定这次调查发现的石像生即是辽太祖陵的石雕,石墙则是辽太祖陵陵园的围墙,而三座辽墓便是辽太祖陵的陪葬墓。这一发现再一次确定了辽太祖陵的位置。

辽太祖陵是阿保机驾崩后由他的皇后述律氏主持修建的,工程历时一年。与中原王朝历代帝王即位起便修建陵寝,动辄修建几十年的大举动相比,辽太祖陵的修建时间的确过于短促。但《辽史·地理志》中记载,辽太祖陵建制完善,气势宏伟,具有相当的规模。辽太祖陵是凿山为陵,修建于山势险要的祖山山谷之中,通向辽太祖陵的山谷中有两座巍峨的石峰,高昂屹立,犹如巨龙,这就是文献中记载的“黑龙门”，也就是辽太祖陵的大门。辽太祖陵的地宫称为“明殿”，“明殿”南边有用以祭祀的“膳堂”；“明殿”东侧的碑亭中，是记录阿保机游猎的石碑。再东侧则有碑楼，其中立碑以记述太祖阿保机的创业之功。而辽代效法汉制，陵园中自然也少不了石人、石兽等地面石刻。

根据相关的文献记载可以了解到辽太祖陵的布局和规模，但是想要真正地揭开辽太祖陵的面纱，探寻辽太祖陵地宫的秘密，唯有等到地宫挖掘出来的那一天。

关于耶律阿保机与辽太祖陵，这个草原帝国开国君主及他死后葬身的陵墓，有着很多或见于正史或流于民间的传说。

耶律阿保机 30 岁时被推选为部落的军事统领，率领骁勇善战的契丹人四处征伐，使契丹一族在北方草原迅速崛起。907 年，阿保机被部众推举为契丹可汗，正式建国，国号契丹。916 年正月，阿保机正式称帝，建都上京。作为一位马上皇帝，阿保机一生驰骋沙场，建功无数，最终开创了纵横北方的大帝国——大辽王朝，后病逝军中。

据记载，阿保机的皇后述律氏在阿保机下葬时悲痛欲绝，竟要以身殉葬，在大臣的极力阻拦下方才作罢。可她还是砍断自己的右手，以断腕随葬丈夫。当时那悲壮的一幕，令后人震惊。述律皇后是辽代第一位称制的太后，她的铁腕手段闻名当时。她狠心以断腕殉葬的举动，不知是否真的源自她对丈夫的深切之爱，可后来修建的义节寺断腕楼却孑立于祖州城，讲述着这个惨烈的故事。

今日的辽太祖陵墟址犹存，那位开疆拓土、建功立业的一代帝王的雄风依稀可见，只是不知我们何时才能一睹辽太祖陵地下建筑的庐山真面目。

## 宋陵选址之谜

北宋定都开封，前后有九个皇帝临朝，除徽宗赵佶、钦宗赵桓被金兵掳囚，死于漠北以外，其他七个皇帝，加上赵匡胤的父亲赵宏殷共七帝八陵都选址于河南省巩义市。宋陵总面积约 30 平方千米。那么，赵匡胤为何要将陵墓选在远离都城的巩义呢？

其实，赵匡胤原本打算在洛阳定都。他觉得开封地处平原，无山川之险，还经常要遭受黄河带来的水患；洛阳是历代王朝之都，山水绝佳，进可攻，退可守，颇具山河之胜。

而在选择陵园的位置方面，赵匡胤特别看重“风水”，他当上皇帝的第三年，便在洛阳附近寻找了一处风水宝地——巩义，并将他父亲的棺椁迁了过去。按古人的说法，巩义是个“山高水来”的阴宅吉地。它位于嵩山北，是为阴；位于黄河以南，亦为阴，符合了“山之北，水之南”的“风水”要求。正所谓“南山北水，山高水来就福贵不断”，看来巩义实乃北宋不可多得的皇家茔地。

关于迁都的事，因赵匡胤忙于统一全国而被耽搁下来。待他想起时，开封的经济、文化各方面都有了很大的发展，短时间内便成了当时世界上最繁华的大都市。于是，赵匡胤渐渐地打消了迁都洛阳的计划。而宋陵的陵址却永远地选在了距洛阳不远的巩义。

还有一件让人感到奇怪的事——包括永昌陵在内的八座宋陵都是南高北低，居于最崇高地位的陵台却处在各自陵区的最低处。到这里瞻仰宋陵，丝毫没有皇帝高高在上的感觉。这些皇陵几乎躺在了人们的脚下，这和历代皇帝的埋葬方法完全不同。

那么，宋陵为什么会有如此奇怪的选择呢？有人认为，如此选择还是和“风水”有关。在唐宋时期，流行“五音利姓说”的风水理论，赵姓属于角音，对应“五行”中的木，木生东方，阳气在东（开封），赵家皇帝必须在西方安葬，且陵地需要东高西下，所谓“东高西下为之角地……南高北下为之徵地，角姓亦可居之”。所以宋代的皇陵都南高北低，形成了一种倒仰的姿势。

### 西夏王陵中的谜团

西夏王陵是西夏王朝的皇家陵寝，位于宁夏回族自治区银川市西郊贺兰山东麓。它的占地面积为50平方千米左右，东西宽约5千米，南北长约10千米，主要包括八座王陵及七十多座陪葬墓，被人们称为“中国的金字塔群”。

随着时间的流逝,除了陵墓的主体,其他附属建筑多已毁坏。然而,外形虽毁,骨架尚存。那宏伟的规模,严谨的布局,残留的陵丘,仍可显示出西夏王朝特有的时代气息和风貌。

西夏王陵除了让人们充分地领略到西夏的历史风貌以外,还给人们留下了许多难以解答的谜团。

**1.王陵主体保持完好之谜**

西夏王陵的其他建筑多以砖石建成,而王陵主体却是以夯土筑成。奇怪的是许多砖石结构的建筑已经因风雨的侵蚀而倾塌了,但以夯土筑成的王陵主体却巍然独存。根据年代推算,最早的一座王陵距今约九百年,最晚的一座也超过七百年了。夯土建筑为何能历经如此漫长的岁月而屹立不倒呢?至今,人们还没有得出准确的结论。

**2.王陵上寸草不生之谜**

西夏王陵所处之地——贺兰山东麓,是牧草丰美之地。西夏王陵的四周也多是牧民放牧牛羊的好地方,可是夯土筑成的陵墓上却寸草不生。这是为什么呢?

有人说,陵墓是夯土筑成的,既坚硬又光滑,所以不会长草。可是即使是比泥土更坚硬的石头,只要稍有裂缝,落下草籽,也能长出草来,更何况是用夯土筑建成的陵墓呢。

还有人说,当年建造陵墓时,所有的泥土都是熏蒸过的,失去了使野草得以生长的养分,所以长不出草来。可是熏蒸的作用能持久到将近千年吗?陵墓上难免有随风刮来的带有草籽的浮土,这些浮土是未经熏蒸的,为什么也不长草呢?

**3.鸟儿不落王陵上之谜**

在人烟稀疏的西北地区,鸟类要比其他人口密集的地区相对多一些,特别是乌鸦和麻雀这种繁殖力较强的鸟类。在乌鸦和麻雀遍地的银川市,那些鸟类四处落脚,有的落在牛羊背上,有的落在树上,还有的落在建筑物上。可是奇怪的是,它们好像约好了似的,全都不曾落在王陵上。这又是为什么呢?

4.布局谜

王陵按时间顺序或者说帝王的辈分大体上由南向北排列，但是，每座王陵的具体位置安排却似乎又体现着什么事先做好的规划。如果从高空俯视，好像是组成了一个什么图形。

## 成吉思汗陵墓之谜

成吉思汗，名铁木真，蒙古族，庙号元太祖。他建立了历史上空前规模的蒙古大帝国，促进了世界性的政治、经济和文化交流，让蒙古族在13世纪的百余年间成为中国和世界历史上的主角。他也成为我国历史上赫赫有名的帝王，让全世界对其刮目相看。

成吉思汗陵

依照当时汉族的礼仪，像成吉思汗这样伟大的人物死后必定要修建规模庞大的帝陵，但是当时的蒙古并不是这样的。所以，如今不但找不到成吉思汗的陵墓在哪里，就连他的孙子忽必烈以下的各位元朝皇帝的陵墓也没有找到。

1227年，成吉思汗率军攻打西夏时病故。因为成吉思汗曾下旨“秘不发丧”，所以他的遗体被悄悄地送回故乡。《元史》中有记载：“国制不起坟垄。葬毕，以万马蹂之使平，弥望平衍，人莫知也。”意为陵墓被深埋地下，上面以万马踏平，坟地最终成为森林，没有人知晓。所以，想要找到成吉思汗葬在何处是一件艰难的工程。

也许有人会说，在今内蒙古鄂尔多斯高原的鄂尔多斯市伊金霍洛旗不就有座成吉思汗陵墓吗？其实，这只是后来建造的象征性的陵寝。

那么，成吉思汗的遗体到底埋葬在何处呢？史书众说纷纭。

其中，《马可·波罗游记》里记载的文字指出，成吉思汗遗体安放在阿勒泰山上。成吉思汗在率兵远征西夏时死于甘肃清水县，他临终前命令秘不发丧，以免涣散军心。于是诸将把他的灵柩运回蒙古安葬，“在把君主的灵柩运往阿勒泰山的途中，护送的人将沿途遇到的所有人作为殉葬者”。而中国史书中对于成吉思汗的所葬之处的记载并不详细，有的说是“起辇谷”，有的则说是“不儿罕山”（今蒙古国的大肯特山）。

考古学家们还曾在新疆北部阿勒泰山脉所在的青和县三道海附近，发现了一座人工改造的大山，怀疑是成吉思汗的葬身陵墓，但是却未能得到确认。

成吉思汗同元代所有的君主坟墓都没得到考证，可能是和元代的丧葬风俗有关。元朝虽然入主中原，却保留了蒙古族的习俗——贵族实行秘密潜埋。有史料记载，蒙古贵族死后不起坟，埋葬之后，“以马蹂之使平”，然后在这片墓地上，当着母骆驼的面，把子骆驼杀死，淋血在地上，派千骑士兵守护。到来年的春天，草生长茂盛之后，士兵迁帐撤走，而一般人所看到的只是茫茫草原，不知其墓地所在。如果皇帝要祭祀时，就拉着那只母骆驼引路，若见到母骆驼悲鸣之处，就算是墓地。由于墓地上无任何标志，也就无法辨认灵柩真正的所在地。

而坐落在内蒙古伊金霍洛旗阿腾席连镇的成吉思汗的陵园，号称“八白室”，是由八间白色的建筑构成。由于蒙古贵族有葬后灭迹、不留坟冢的习俗，埋葬地点不为人知，所以，为了纪念祖先，便创立了经常可以祭祀的灵庙，这种灵庙就叫作“八白室”。《蒙古源流》中记载：“因不能请出金身，遂造长陵共仰庇护，于彼处另立白屋八间，在阿尔台山阴、哈岱山阳之鄂托克地方建立陵寝，号为索多博克达明成吉思汗。其后遂留传至今。”

成吉思汗陵之所以会选在这里，相传是因为成吉思汗率兵征讨西夏，路经鄂尔多斯高原的时候，来到了这个地方。这时正是春天，这里水草丰美、花鹿出没。成吉思汗看后，十分陶醉，久久不忍离去。他在沉思很久之后，对周围人说："这个地方太美了，我死后就葬在这里吧！"

成吉思汗在西征的第二年（1227 年）病死在清水县军中。他的属下准备将他的灵柩运回故地安葬，但灵车路过鄂尔多斯草原时，车轮突然深陷地里，人架马拉也纹丝不动。这时，大家想起了成吉思汗生前的话，于是，就地将成吉思汗安葬在了鄂尔多斯草原上，并留下 500 户"达尔扈特"人守护。从此，他们便把这里称之为伊金霍洛，意为"主人的陵园"。

成吉思汗陵的现有建筑，是新中国成立以后重新修建的。1939 年抗日战争时期，德王秘密派遣蒙奸、汉奸进行阴谋活动，企图将成吉思汗陵盗窃去归绥。内蒙古广大人民得知这一消息后，提出了强烈抗议。在广大人民和抗日爱国人士沙王等提出迁移的呼吁下，国民党政府被迫成立移陵委员会，和沙王等人一起办理移陵之事。陵于 1939 年 5 月开始迁移，先迁到了甘肃省榆中县兴隆山，在榆中县放置了十一年后，又移至青海省塔尔寺。新中国成立以后，应内蒙古各族人民的要求，由内蒙古自治区组成迎接成吉思汗灵柩回蒙的代表团，专程前往塔尔寺，于 1954 年 4 月 1 日将灵柩接回伊金霍洛。此后中央拨专款 80 万元，重建了陵园。

## 明孝陵之谜

据说，明孝陵是明代开国皇帝朱元璋和皇后马氏的合葬陵墓。此墓坐落在南京市东郊紫金山南边的独龙阜玩珠峰下，它东毗中山陵，南临梅花山，是南京最大的帝王陵墓，也是我国古代最大的帝王陵寝之一。

明孝陵规模宏大，建筑雄伟，形制参照唐宋两代的陵墓而有所增益。此陵占地长 22.5 千米，围墙内宫殿巍峨，楼阁壮丽，南朝 70 所寺院中有一半被围入禁苑之中。陵内种有 10 万株松树，养有 1000 头鹿，每头鹿颈间都挂有"盗宰者抵死"的银牌。明朝时期，为了防止孝陵被盗，内设神宫监，外设孝陵卫，有近 1 万军士日夜守卫。

我们现在只知道明孝陵是朱元璋的陵寝建筑，但其地宫的具体位置在哪里，却众说纷纭，尚无定论。加之曾有朱元璋下葬时13个城门同时出殡和葬于南京朝天宫、北京万岁山等民间传说，让朱元璋是否真的葬在明孝陵成为数百年来人们心中挥之不去的谜团。

**1.朱元璋是否葬在独龙阜**

专家们采用的精密磁测技术是根据物体磁场原理，通过探测地下介质（土、石、沙及人工物质）磁场的空间分布特征，根据其空间磁力线分布图像的不同，输入计算机分析，来判别地下掩埋物是否存在，如存在，其形制又如何。

最初的测网布置乃以明楼为中心。探测结果发现这条中轴线上没有想象中的地下构筑物。通过异常的向东南延伸的磁导信号，找到了宝城内明孝陵地宫的中心位置，确认朱元璋就葬在独龙阜下数十米处，而且这座地下宫殿保存完好，排除了过去流传的地宫被盗之说。

**2.墓道为何弯曲不直**

明孝陵与历代帝王陵寝相比，有许多不同之处，其中之一就是墓道弯曲不直。

通过探测，结果发现竟是两种不同的岩石所致。明楼以北的山坡，地下由两种不同岩石组成，西侧是中侏罗纪的砾岩，东侧是稍晚的长石石英砂岩。这两种岩石本身的磁性差异很大，更奇怪的是，这两种不同岩体的接触界面呈南北走向，并且位置也靠近明楼中轴线，开始时被误认为是墓道。

由于西侧岩石硬度强，开挖困难，专家根据宝城内的地质特征猜测，不排除这样一种可能：当年明孝陵的建筑工程主持者已注意到本地岩石的磁性差异，而修改了原有的施工方案。

明孝陵地宫确实在独龙阜下，其墓道偏于宝城一侧的做法，起因是什么，目前尚不可知，但这种做法一直影响着明代后来的帝陵规制。如北京明十三陵中已发掘的定陵，其墓道入口便是偏向左侧，与孝陵墓道正好相反，但避免把墓道开在方城及宝城中轴线上却是它们共同遵循的法则。

3.卵石的用处

考古人员还发现独龙阜山体表面至少有60%的地方是经过人工修补堆填的，宝顶上遍布有规则排列的大量巨型卵石。

经过研究分析，这些巨型卵石是当年造陵工匠用双手从低处搬运上去的。这样做是帝陵美学的要求，还是为了防止雨水对陵表的冲刷和盗陵者的掘挖呢？至今还无人能给出答案。

明孝陵坐北朝南、依山傍水，堪称风水宝地。它留给世人的这些谜团也散发着神秘魅力，给后人留下了广阔的想象空间。

## 神秘的古墓之谜

建文帝因削藩，而导致叔父燕王发动“靖难之役”。他的帝王之旅，也因此只持续了四年就宣告结束，之后的去向不明，其陵墓的所在地也成了一个谜。如今在福建上金贝发现了一组古墓，那么，这墓真的是六百多年来史学家苦苦寻找的明朝建文帝的陵寝吗？

1.神秘古墓

上金贝位于宁德蕉城金涵乡，共80户300多人口。2008年初，一位当地干部在规划上金贝旅游线路时，发现了这座规格超乎寻常的古墓。这座神秘古墓的发现，为上金贝抹上一层神秘的色彩。

2008年2月3日，福建省文博专家、原福建省博物馆副馆长王振镛率队前来展开考古调查。经过6天的探研，专家们初步确认，上金贝古墓造于元末明初，至今已有六百多年的历史，是目前该省发现的规模最大、最为奇特的僧人墓。

2.墓主人是谁

对于僧人墓这一说法，也并不是十分确定的。此墓充满了谜团，其形制奇、墓刻落款奇，让人感到十分神秘。

所谓形制奇，第一，僧人去世后一般建塔不建墓，此墓却标示为“塔”，这十分奇怪。第二,墓的整体宏伟壮观,格局非同一般,三层六阔的墓坪,处处体现出一种缩小了的皇家气派。第三,墓的各种构件精致豪华,弧形条石砌为高大圆拱,更令人耳目一新。这些显然不是寻常和尚所能够拥有的,墓主人的身份非同一般。

至于墓刻落款奇,该墓舍利塔墓刻落款为"御赐金襴佛圆明大师第三代沧海珠禅师之塔",但没有镌刻朝代和纪年。对此,有人是这样解读的:"圆明"为"明朝和功德圆满"之意。那么,谁的功德最圆满?当然是皇帝(指朱元璋)。"第三代"是孙辈之意,与"朱允炆是朱元璋之孙"暗合。"沧海"是法号,暗喻神州一统的帝王心理。"珠"是俗家名字的后一字,是"墓主姓朱"的隐喻。而朝代、纪年的有意空缺,恰恰印证了墓主人不能告人的特殊而神秘的身世。鉴于此,该古墓有可能就是六百多年来史学家苦苦寻找的明朝建文帝的陵寝。

**3.何处出逃**

那么,这真的是建文帝的墓吗?由于历史原因,此墓已经被盗三次以上,如今墓室空空如也。想寻找建文帝由浙入闽和他隐居金鄁寺的证据,以证明古墓墓主就是建文帝朱允炆的陵寝,就得从古墓与古寺上下手了。首先,要找出建文帝当年逃亡的路线。

在浙江找到的《罪惟录》《致身录》《从亡随笔》原文中,有一些线索:明末清初大史学家查继佐应是第一个系统地研究建文帝下落的学者,他列举了23种当时有关于建文帝行踪的传说。历代专家学者的论述只涉及21种,独缺漏了两种,而这两种偏偏都与福建有关。

建文帝从哪里逃出来?《致身录》云:"大内火起,帝从鬼门遁去,从者二十二人。"鬼门在当时的南京城光华门内,可以从水路直通神乐观。研究小组比较赞成此种说法,理由有二:一是"鬼门"直通秦淮河,可达神乐观,神乐观位于当时的南京城东南方向,是当时的南京城外交通最便利之处。二是从近年南京城城建挖掘时发现的多处地下涵洞(即明皇城下水道,也即史书上所说之"鬼门"),为其从"鬼门"南逃之说提供了依据。

### 4.逃亡线路

建文帝出逃后的路线是怎样的呢？专家们一致认为从神乐观直接逃至浙江浦江县郑义门的说法较为可信。

清代修的《浦江县市》《兰溪县志》均有记载建文帝在郑义门及皇回寺隐避的事。

经过多方考证得知，号称“江南第一家”的郑氏家庭教师即是朱元璋四大谋臣之一的宋濂。郑氏第二十六代孙郑洽就是伴随建文帝出逃的二十二名近臣之一，建文帝会到郑义门与皇回寺，实与此人有关。郑洽终身追随建文帝，矢志不移，最后客死他乡。建文帝在郑义门时，曾遭乡人陈忠举报，郑宅因而遭三千多名御林军和锦衣卫搜查，建文帝被藏于结满蛛网的枯井内，躲过一劫。随后由郑义门转移到皇回寺。

由种种记载和考证得知，建文帝从“鬼门”突围，离开南京城后，第一个停驻点应在神乐观。从神乐观出发，乘船沿胭脂河南下，到达溧水后，改走陆路。经溧阳沿官道入浙，到达浦江县郑宅镇郑义门。

### 5.建文帝入闽

在《续修四库全书·史部·别史类》中的《别史类·罪惟录》中有这样两条重要线索记载：“一云，帝削发于淮清桥，从太平门乘马出历池州，渡浙江，投义门郑氏……旬日去之，如余姚石梁王氏。历温州，入闽。”“一云，建文帝携一子至浦江郑氏家，后又纳一妾，生四子……而帝左腋有痣，初别郑氏时，留龙纲为记，走住福州雷峰寺（疑为雪峰寺之笔误）。三保下洋遇之，泣拜于地，为之摩足。帝微嘱三保举事，泣对不能，别去后，徙广东某寺。”可见，建文帝一行是沿着余姚、温州一线，由浙入闽的。

对上述两种逃往福建的说法，“由温州入闽”一说得到相关人员的重视。“由温州入闽”，第一站应是原福宁县劝儒乡地界（今福鼎市地界）。据福鼎市与蕉城区两地的家谱与口碑资料，原福宁县劝儒乡与宁德县（今宁德市）境内的昭明寺、国兴寺、祭山寺、龟山寺，在永乐年间，被朝廷派兵焚毁，和尚悉数被杀。蕉城区金涵乡一带群众作证说，多年来，不断有文物贩子从金涵乡一带收购走金佛、玉碗、玉箸以及刻有“大内御用”字样的端砚等，还有刻在金鄗古寺后水井井壁上的“蒙泉，住山仓海作”等遗墨。

想要证实“由温州入闽”以及“由福宁至宁德”这两种说法，还需要进一步搜寻线索，寻求物证，相信蒙在上金贝古墓上的神秘历史面纱终将被揭开。

## 明十三陵碑文之谜

我国历史上出现的无字碑很多，最有名的当属武则天的无字碑，它给人们留下了很多遐想。但像北京明十三陵这样，十三陵中有十二陵无碑文，还是独一无二的。

明十三陵碑

在北京的明十三陵中，只有明成祖朱棣的长陵的石碑上有碑文，其余十二陵的石碑上都没有碑文，成为无字碑。那块唯一有碑文的长陵石碑，正面刻有“大明长陵神功神德碑”字样，下面刻有朱棣儿子明仁宗亲自题写的为其父歌功颂德的3000余字的碑文。

既然十三陵中第一陵有碑文，为何接下来的却又无碑文呢？一种说法认为，皇帝功德太大，无法用言辞表达，干脆不写了。另一种说法是明太祖朱元璋曾有圣谕，说皇陵碑记，都是一些儒臣粉饰之词，不足以为后世子孙敬戒。所以，明朝的官吏无人为皇帝撰写碑文，这责任便落到了继位的皇帝身上。

据史料记载，明十三陵从第二陵开始后的六陵，开始都没立碑，补立的六块碑是在嘉靖年间花了 6 年时间做成的。做成之后，按祖训应由当朝皇帝为其撰写，但当时嘉靖皇帝沉迷于声色，对此根本不感兴趣，直到他去世也没写出一篇来，所以这六块碑一直没有碑文。

之后的皇帝看到祖宗碑上没有碑文，再立碑时也就空下来不写了。

## 清昭陵之谜

清昭陵即清太宗皇太极的陵墓，占地面积 16 万平方米，是我国现存最完整的古代帝王陵墓建筑之一。

### 1.孝庄皇后为何未葬昭陵

在民间有着“生同衾，死同穴”之说，而清朝的皇族陵寝制度也有着类似说法。但是孝庄皇后作为皇太极的妻子，却未葬入皇太极所在的昭陵，而是葬在了遵化的昭西陵，这是为何呢？对此，史学界有以下三种说法：

第一，孝庄临终前说：“太宗已经安葬很久了，不要再为我打开地宫与之合葬，将我葬在旁边就可以了。”

第二，因为孝庄下嫁了摄政王多尔衮，所以不可再入太宗陵。不过，孝庄是否下嫁多尔衮，还没有确切的说法。

第三，孝庄晚年时期，清朝刚刚盛行的火葬制度虽已废除，但是入葬昭陵却仍需火葬。孝庄不愿火葬，故改葬昭西陵。

### 2.为何选“昭”为陵名

据了解，昭陵的名字是顺治元年（1644 年）八月初九太宗驾崩一周年火化校宫时确定的。对于陵名的来历，史学界持两种观点。第一种说法是效仿唐太宗的昭陵。其依据有两点：

(1)清昭陵的石马是仿照唐太宗昭陵内的“六骏图”建造的。六骏图刻的是李世民生前所骑的六匹宝马，而清昭陵中的两匹石马——大白和小白，是太宗生前坐骑的图像，这两匹马曾在战场上屡立功勋。

(2)皇太极与李世民同是第二代开国皇帝，两人庙号均为“太宗”。

第二种说法是出于对“昭”字含义本身的选取。“昭”的含义就是将太宗的文治武功彰明于世，显扬于后。但这种观点对错与否，仍然无法确定。

**3.护陵兽为何拴铁链**

在昭陵隆恩殿后，有一座悬山式琉璃瓦顶的石柱门，门两侧各有一方形石柱，顶上各雕着一个坐南朝北的石兽。传说陵寝的地宫门就在石祭台下面，两只石兽是护卫陵寝的。但令人奇怪的是，护陵兽身上有一条铁链与石柱连在一起。

相传，当年雕刻时，石匠的手不慎受伤，血滴在了石兽的身上。几年后，石兽有了灵气，常常跑到护城河饮水，还经常伤害守陵的官兵。一时间，守陵官兵人心惶惶。守陵官员将此事上报朝廷后，皇帝便下令将石兽用铁链锁在石柱上。

当然，这只是个传说。至于为何要在石兽身上锁铁链，至今仍是个谜。

**4.蛇神庙是谁修复的**

在昭陵正红门以东约 40 米处有一座蛇神庙。据了解，原来的蛇神庙在清末已经倒塌，现在的蛇神庙是 1926 年前后被修复的。但是谁修复的蛇神庙，也有两种说法。

第一种说法是，有一次时任奉天省长莫德惠前来谒陵，见蛇神庙变成一片废墟，于是出钱把蛇神庙修复了。

还有一种说法是，一位将军和他的妻子到北陵别墅小住时，他的妻子梦见一条蛇从鞋里跳到桌上，变成了一条巨蟒。蟒蛇对她说：“我已成仙得道，只是没有了栖身之所。如果你能帮助我，我一定帮助将军报杀父之仇。”妻子醒后讲述了此梦，这位将军起初不信这些，可是经不住妻子劝说，加上他报仇心切，于是派人修了这座蛇神庙。

## 乾隆地宫之谜

乾隆帝，姓爱新觉罗，讳弘历，生于康熙五十年（1711 年）八月十三，是雍正帝第四子。他在雍正十三年（1735 年）即位，为清入关后的第四任皇帝，卒于嘉庆四年（1799 年）正月初三，终年 88 岁，葬于河北清东陵中的裕陵（今河北省遵化市西北）。这位身富传奇色彩、被人们津津乐道的皇帝，他的陵墓中充满了疑云。

### 1.地宫偏移之谜

裕陵地宫的建造符合当时的“风水”之术，共有九券。前八券连成一条直线，与陵园的“风水线”相吻合，但是最后一券却出乎大家的意料。这个最重要的金券偏离了“风水线”，与风水线产生了一个大约 15 度的夹角，这是为什么呢？

许多人就这个问题给出了解释。有人说前八券是按照风水线排列，而第九券则是与子午线吻合。子午线是正南正北方向，可是经过验证后发现，第九券并不符合。

否定了上面的那个结论，有人则认为会出现这样的状况是人为的，是在修建时出现的偏差所致。但仔细分析后得知：清裕陵于平地起建，想要把握住方向并不困难，而且那时的建筑技术已达到炉火纯青的程度，一般普通建筑都不会出错，更何况是建造规模宏大的陵园和宫殿，怎么可能忽略一个肉眼都可以明确发现的误差呢？由此可见，最后一座券的偏离是有意为之的，但是其中所蕴含的具体意义，就需要后人继续研究了。

### 2.棺椁移动之谜

乾隆的陵墓也没能逃脱被盗的命运，然而盗墓贼进入这里时，却发现了一个奇怪的现象——乾隆的棺椁并不在棺床上，而是位于金券中第四道石门之后，这显然是被移动过。那么究竟是什么人或是什么样的力量使之移动的呢？

帝王与后妃的棺椁放在棺床上之后,都会用巨大的龙山石固定。这龙山石也称卡棺石,方形,石上刻有云龙纹,一组4块,各卡住棺木的一角。龙山石与石棺床之间以铆榫方式相连,异常牢固。同时,棺椁内还装有大量陪葬的奇珍异宝,异常冗重。想要将这棺椁移动,并不是一件容易的事情。

由于当时地宫中已经出现积水,于是有人猜测,是水的浮力使乾隆棺椁挪动了位置。然而金券中的6具帝、后、妃的棺椁中,以乾隆的棺椁体积最大,重量最沉。为何其他几具棺椁没有异样,反而是这一具浮了起来呢?而且地宫中的水是渗入的,然后形成死水,不可能流动。乾隆的棺椁又是如何脱离了棺床移动到石门之后的呢?

3.女尸不腐之谜

在1928年地宫被盗掘,满清遗老们前来重新殓葬时,发现一具没有腐朽的女尸。该具女尸皮肤仍有弹性,面目容貌十分清晰,宛如刚刚入睡,只是头发多半已脱落。据分析,这具女尸很可能是嘉庆皇帝的生母孝仪皇后的遗体。当时距孝仪皇后被葬入裕陵已经过去了153年。

这座墓中并不只是孝仪皇后一人入葬,其中有比她先入葬的,也有在她之后入葬的,他们共处一墓,但是其余尸体却都只剩白骨。这又是为什么呢?

遗憾的是,女尸重新装殓后不久也腐烂得只剩下骸骨了。我们已无缘见到孝仪皇后的真容,这个谜也无法解开了。

## 朱元璋的祖陵是"吉壤"吗

明朝开国皇帝朱元璋出身贫寒。少时,父母相继去世。邻居刘继祖看他可怜,赠给坟地一块,遂得以安葬亲人。从此,他孤无所依,于是入皇觉寺为僧。后来,红巾军起义,加入郭子兴部,不久任左副元帅,逐鹿中原,定鼎南京,位登大宝,国号大明。于是便追尊四代,建仁祖淳黄帝陵于凤阳,并命皇太子到泗州(今江苏泗洪)祭告祖考妣。

不过，由于年代久远，祖先当年葬地的确切位置连朱元璋本人也难以确认。因此，皇太子一行就只好站在泗州城上望河凭吊。可是，待至洪武十七年(公元1384年)农历十月十二日，族人朱贵声称他已找到朱元璋祖父当年的居地和葬处，并随之公布了一个连朱元璋事先也未必知晓的神秘的故事，尤其是祖坟的神秘的风水地址。这个故事是这样的——朱元璋的祖父熙祖生于宋元之际，为江苏句容县通德乡朱家村人。因天下大乱，遂携家渡过淮水，到泗州定居。有一天，他在杨家墩下屋后的一个土坑里正躺着休息。忽然来了师徒两个道士，那个师傅老道指着熙祖所躺的地方说："如果葬于此地，一定会出天子。"小道士问道："何以见得?"老道说："这个地方地气暖和，手气凝集，不信可以插根枯树枝试一试，十天内一定会长出叶子来。"接着，急忙喊熙祖起来。熙祖佯装睡熟，好一会儿才醒。老道士问他，你刚才听到了我们说的话吗？熙祖又佯装耳聋听不清别人说的话：于是，师徒两道士插上树枝便扬长而去。

十日刚到，熙祖又急急忙忙地赶早去检验，果然枯枝发芽生叶。于是巧施调包计，拔去已生枝叶之木，另换一相似原来的枯枝。过后，待到两个道士赶来，见枯枝未发叶，小道士就问："为什么没有生叶呢?"老道见熙祖又在附近，因此心生疑窦，指着熙祖说："肯定被此人换去。"熙祖没有办法隐瞒真相，就不置可否。道士说："你这样做泄了儿子的王气，看来不能传给儿子辈了，只能由孙子辈做天子了。"并对他说："你有福气，死后葬此，你家一定会出天子。"元泰定四年(公元1327年)，熙祖临死前把这个事告诉仁祖，后来果真葬在此地，不等封土，即自成坟。这一年末，朱家又迁到钟离之东的盱眙县木场里。一天，朱元璋的母亲遇一异人，儒须奇貌，头戴黄冠，身着红衣，给了她一丸白药。这药神光闪闪，待吞下，即身怀有孕。次年，即元天历元年(公元1328年)九月生下一子，这就是后来成为明太祖的朱元璋。

朱元璋对这个故事大为赞许，根据朱贵提供的线索，朱元璋命皇太子到泗洪县建起了高大的陵寝，此即明祖陵。朱贵也因认坟或杜撰有功，朱元璋除了恩赐给他田宅、钞锭、金带、衣服等物外，还特别授予他一个祖陵奉祀四品官，并诏其子孙世袭管理陵寝事宜。

客观地看，说句不恭的话，明祖陵所在地的确算不得风水宝地。其东为洪泽湖，其东南、西部皆为淮河环绕，由于位置正处于淮河入湖的水口处，因此，每当淮水泛滥，祖陵就被淹没在一片汪洋中。清康熙十九年（公元 1680 年），祖陵曾沦入洪泽湖，后才被加以保护。这样的地方，与其说是风水宝地，不如说是穷山恶水。然而，有道是：一人得道，鸡犬升天。既然此地的祖宗繁衍出了朱皇帝，人杰自然地也灵。因此，谁还敢说它不是一块风水宝地！好在风水中有的是遁词：虽说穴地欠佳，却可用所谓龙脉、祖山做掩护，打花拳、耍绣腿。

明崇祯时，礼部侍郎蒋德对祖陵风水做过一次肉麻的吹嘘，他说："龙脉西从汴梁而来，由宿虹至双沟镇，起伏万状，为九沟十八洼，从西转北，亥龙入首座癸向丁。……大约五百里之内，北戒带河，南戒杂江，而十余里明堂前后，复有淮、泗、汴河诸水环绕南、东、北，惟龙从西来稍高。陵左肩十里为挂剑台，又左为洪泽湖，又左为龟山，即禹锁巫支祈处，又左为老子山。自老子山至清河县，县即淮、黄交会处也。

下马坊

陵右肩六十里为影塔湖，为九冈十八洼，又右为柳山，为朱山，即明孝陵神道旁的石像生们，是在迎候明太祖朱元璋的亡灵吗？汴梁虹宿来龙千里结穴。真帝王万年吉壤。”平平常常的一块地方，被他们把那些相关与不相关的山水拉来一附会，这样，土墩的龙脉变成了发自中条山，前有渚水成湖，作内明堂；淮河、黄河合襟作外明堂；“天下第一山”成了近案，淮上九峰插天为远朝。如此等等，一块“真正的帝王万年吉壤”就这样被巴结、讨好皇帝的官吏与风水师们制造出来了。

朱元璋当上皇帝后，不仅有人为他祖陵制造出了风水，而且还为他父母葬地的中都皇陵也制造出了风水。

据载，朱元璋父朱世珍、母陈氏因瘟疫死后，朱元璋因家贫不能棺殓。次日，与其兄抬着父亲的尸体草葬山莽。相传兄弟二人将抵山麓，忽然电闪雷鸣，大雨滂沱，只好放下尸体避雨村寺。第二天拂晓，朱元璋急忙去看，见父亲尸骸之上已是土堆高耸。朱元璋自觉奇怪，遂把准备抬柩的六尺长扁担放在地下，坐于其上，累了，就仰躺在扁担上，四肢伸展，不一会，有一老道经此，看到朱元璋整个身子和扁担恰好组成了一个标准的“天”字；老道正觉惊奇，不料朱元璋无意中侧了侧身子，头一低，手一缩，脚一钩，腰一弯，又睡着了。说来也巧，他这一侧身，扁担正好转到了腰里。老道一看大惊，啊，这不是个“子”字吗？睡着时能现出“天子”二字，这人看来贵不可言，定是真龙“天子”下凡世。

朱元璋称帝后第二年，就在他父母坟墓上修筑皇陵，洪武十年（公元 1377 年）竣工，历时十年。

皇陵陵园规模宏伟，园中有皇城、砖城、土城三座。皇城中有正殿、大金门、御桥、左右庑碑亭和石像生。砖城内有具服殿、膳厨、官厅、棂星门、红桥、神厨、神库、天地鼓房等。陵园内还有大批精湛的碑石雕刻，其雄伟壮观的气势不亚于明孝陵和十三陵。同时，在修陵的过程中，也按照风水术的要求，对陵园的自然环境进行了修、补、填、挖，使它更合乎皇陵风水有关地势、龙脉、砂、水、内外明堂、近案、远朝等的标准，这样方才符合皇族贵胄的气派。

## 天下皇陵知多少

皇陵，就是指皇帝的陵墓。从皇帝陵墓所包括的建筑形式和内容来看，大多数人把包括远古三皇五帝与后来王侯的陵墓及其附属建筑合称为陵寝。事实上，帝王陵寝制度中的陵寝建筑，并不仅仅只有陵和寝，它只是以陵、寝为主，包括庙、城、车马坑、陪葬墓区以及后来的神道及其他地上和地下建筑等。

一般地说，陵是帝王的坟墓的专称。帝王的坟墓称为“陵”，普通百姓、臣民的坟墓简称为“墓”。所谓“寝”，是指皇陵上的寝殿建筑。它是由朝廷内的寝宫发展而来的。蔡邕认为，古代宗庙的制度，是因为皇帝所住的地方，前有“朝”，后有“寝”，所以皇帝死了，就在陵前制“庙”以像“朝”，后部制“寝”以像“寝”。庙、寝的所有建筑，多称为宫殿，它既是指君主及其家族所居住的整所宫殿，也是指君主用于祭祀祖先的整所宗庙。古代君主所居住的宫殿，包括前后两大部分，前部是“朝”，即是帝王朝见群臣和处理政务的朝廷所在；后部是“寝”，是指帝王及其家族饮食起居的场所。

华夏文明源远流长。悠悠岁月，留下了古老的黄帝传说；巍巍长城，刻下了不朽的时代印记。纵横上下五千年间，究竟有多少天子、王侯、皇帝，主宰过中国的历史命运，浩瀚广袤的中华大地上，究竟埋葬有多少天子、王侯、皇帝的尸骨，翻查史籍可知，是既说得清，又说不清。

从传说中的三皇五帝的遗迹，历经近两千年的夏商周三代，到大一统的各封建王朝，给千千万万的炎黄子孙留下了许多难忘的回忆。然而这些回忆，不论是痛苦的、辛酸的，还是快乐的、自豪的，都直接或间接地与最高统治者们的命运联系在一起。历代天子或王侯、皇帝，既是政权、神权的最高代表，渗透出皇权至上、君王至尊的威严与强暴，同时又垄断着人们创造的最优秀的文明成果，即使是他们死后的葬身之地——王陵或皇陵，也显得如此富丽堂皇。当然，其中也有少数王侯或皇帝，他们受尽凌辱，或寄人篱下，或落魄于别人的股掌之中，以致生不见人，死不见尸，不知葬所。同时，也有些王侯或帝王，由于时势的变迁，文献的散落，灾害与战祸以及本民族习惯的影响等原因，有关他们的陵寝，却留下了许许多多的难解之谜，甚至不知魂归何处，安葬何地。正是因为历史发展过程中具有曲折与复杂的特点，以致人们现在对帝王及其陵墓的数字，确实难以做出准确的统计与说明。

不过，据相对可靠的古代文献资料记载，从传说中的三皇五帝到最后一个封建王朝清代这五千年间，汉族和其他少数民族建立的统一王朝和边疆、地方政权与农民起义中建元称帝的共有帝王五百多人。现在地面或地下有迹可循，时代较为明确的帝王陵寝，包括有些王朝始祖皇帝所封的太上皇的陵寝等共有二百多处。我国的帝王陵寝，不仅数量众多，历史悠久，而且规模浩大，建筑宏伟，工艺精湛，具有独特的风格与象征意义，在世界文明史上占有重要地位。作为可供游览的名胜古迹，它们对中外文化交流以及发展我国的旅游事业，都具有极其重要的意义。

中国皇陵，包括其神秘的地宫或其中有代表性的建筑，之所以有的被称为“世界奇迹”，主要在于它们有悠久的历史，浩大的规模，磅礴的气势，奇巧的布局，精湛的工艺……以及由它们所组成的优美的环境。不管在哪座陵园里驻足，都会让人感到历史的风云在面前涌现，领悟到中国文化的神奇魅力。每一座皇陵，好似一个说不完的故事，一道看不够的奇观。

在我国历代帝王陵寝中，传说最早的帝王冢是盘古氏的盘古冢。相传他生于天地混沌之中，后来由他开天辟地，天日高一丈，地日厚一丈，他日长一丈，如此一万八千岁，天就极高，地就极低。所有日月、星辰、风云、山川、田地、金石、草木、动物、鱼鸟等等，都是他死后，由身体各部分变成的。同时，又有他死后葬于南海之说。据研究，盘古氏的传说始于南方苗族，后被汉族认同、传播。不过，在广阔的南海海域，盘古究竟葬在什么具体地点，人们不得而知，更谈不上有陵墓的遗迹。

今天，有迹可循的我国最早的陵墓建筑群是传说中的中华民族的始祖轩辕氏黄帝的陵墓。它坐落在陕北黄陵县城北的桥山上。相传黄帝以土德称王，因土为黄色，故称黄帝，是传说中的三皇五帝之一。由于他建立了卓越的历史功绩，因而被人们尊为中华民族的始祖。既然是始祖，那么其墓葬的年代自然是最早的。不过，黄陵的建筑群是后人所修的纪念性的附会墓冢，乃历代重修扩展而成。而且从全国来看，黄陵墓在全国还不止陕北一处，在今河南、河北、甘肃等地都有黄陵的传说。它们多是附会传说而成的黄帝陵冢。只是陕北的黄陵建筑时间最久、规模最大、影响最广而已。今天，只要是华人，不分国籍、地区、男女、老幼，大都认为自己是黄帝的后代，故黄陵的影响越来越大。

从历史上来看，真正意义上的皇陵，最早的是秦始皇陵。它始建于秦庄襄王三年（公元前247年），至秦二世元年（公元前209年）被迫停工，前后修造了近四十年。因此，今天的考古发现证实，它的规模之大，气势之雄伟，布局之气派，陪葬器物之多且巧，在历史上都是罕见的。尤其是在1974年被发现的兵马俑，被誉为世界上的“八大奇迹”之一。其高大的陵冢，虽然历经两千多年的风雨剥蚀和人为破坏，比原陵已降低了数十米，但其高度与规模仍为历代帝王陵墓之首，使其他皇陵难以望其项背，就是著名的唐宗宋祖之陵，也稍逊一筹。

不仅有文韬武略的皇帝建造起庞大的陵园，而且许多碌碌无为的帝王也在相近地区建造起规模宏大的陵墓，从而组成规模更大的陵墓群。秦汉时期，皇帝自登基之日起即营建陵墓，其规模和陵寝样式一如都城和宫殿。西汉时，每当皇帝建陵之际，皇帝即令迁移天下的各地富豪来守陵，并在陵旁建立起一个供守陵人居住的邑。据传说，汉武帝的茂陵人口比长安还要多。由此可想而知，西汉都城。长安城外以北的十余个黄帝陵及其陪葬陵所组成的大规模的陵墓群，其规模与人口的盛况，可谓非同一般。加上后来唐代有二十余座陵墓成为它们的“近邻”，因此，其规模与气势更是非同凡响，前所未有。

在公元1至12世纪，东汉王朝时期的十多座皇陵，与北宋的八处皇陵以及其他的帝王陵墓，在洛阳周围又组成了浩大的皇陵建筑群。至明清时期，北京都城附近的明“十三陵”与清代的东陵、西陵中的九座皇陵更是庄严宏伟，气派非凡，规模空前。尤其是以大量现今仍保存完好的陵寝建筑而著称于世，享誉中外。

## 虞姬墓

在两千多年前的秦朝末年，天下大乱、刀兵四起，转眼之间秦王朝就在各地农民揭竿而起的反抗活动中土崩瓦解了。在新的政治、军事力量中，楚霸王项羽称雄一时，几乎就成了当时中国的最高统治者。可惜，由于他的狂妄自大，不善于使用人才，转瞬之间就在政治、军事斗争中，由优势变为劣势，被原本他不放在眼里的"弱者"刘邦打得一败涂地，最后和虞姬演出了千古悲剧"霸王别姬"。

"霸王别姬"这个故事随着各种文艺体裁的广泛传播，早已深入人心，也让虞姬在中国成为一个知名度很高的历史人物。当然，对于大多数人来说，除了这一出历史悲剧外，可能对她并没有更多地了解。

对当时可能决定中国社会发展走向的人产生过影响的女性，一定有着独特之处。可是她却早早地香消玉殒了，空留下一座坟茔。

那么虞姬的墓在哪里呢？在近两千年的漫长岁月里，历史学家却一直无法回答。

如今已知的疑似虞姬墓的地方有好几处，它们分别在几个不同的地理位置。而且，每一处都有相应的传说证明它是真的虞姬墓，这让人们无法判断到底哪一处才是真的。

虞姬死后到底葬在哪里呢？现在大体有四种影响较为普遍的说法。

**1.安徽省濠州定远县的虞姬墓**

相传，虞姬自刎之处就在如今的安徽省定远县境内。所以，有些人就认为，定远县是虞姬的殇丧之地。虽然如今在定远县内，已经找不到虞姬墓了，可是，这种说法依然流传着。而且，在我国古代最重要的史籍《史记》中，也引用了《括地志》的记载：虞姬墓在濠州定远县东六十里……

**2.安徽省灵璧县的虞姬墓**

在清代康熙和乾隆年间，灵璧的地方志上记载着："在灵璧城东十五公里，与泗县交界处有虞姬墓。”在今天的灵璧，人们仍能看到传说中虞姬的墓碑，上面还刻有“巾帼英雄”四个字。另外，还有两句联语诗：“虞兮奈何自古红颜多薄命，姬耶安在独留青冢向黄昏。”凄凉之中点明了悼念虞姬之意。

3.安徽省虞姬庙

对于灵璧县虞姬墓，古人也曾多次提出质疑，认为是后人附会的。第三种说法也和“霸王别姬”的传说上下相连。清代道光年间，安徽省和县的《和州志》中记录了这个说法：美人虞姬当年自刎后，项羽将她的头系在马脖子上突围奔骑。经过一座山下时，原来插在虞姬头发上的兰花失落。于是，后人把这座山改名“插花山”，山上建有“插花庙”，也叫“鲁妃庙”或“虞姬庙”。直到今天，每年的三月三，当地群众都要戴着野花到插花山的虞姬庙里祈祷求子。

4.江苏省浦口区虞姬墓

有关浦口区的虞姬墓，其相对应的传说则同“霸王别姬”的情节有些不同了。

这里流传下来的说法是：项羽从垓下突围后，逃到了今天浦口区的兰花乡。在这里又遭遇到韩信的堵截，于是双方混战到了一起，虞姬也手舞双剑，跟在项羽身后厮杀。一不小心，虞姬头上的碧玉兰花簪子掉落在塘埂上，从此这里就开满了香气袭人的兰花。而这口塘也因此被后人称为“兰花塘”，这个地方也就随着被称为“兰花乡”。

项羽带着虞姬等人冲破堵截后，走了三四千米，在一座小桥旁就地宿营。此时的项羽面对自己的惨景心如刀绞，悲愤难忍。虞姬见此情景，便舞剑给项羽解忧。舞着舞着，她说了句：“大王珍重龙体，妾先去……”话未说完，便自刎身亡。项羽大惊，泣不成声。此时，汉军又来了。项羽无奈，只好把虞姬埋在小桥西边的田野里，随后带兵突围而去。后来，人们称这座桥为“失姬桥”。

“失姬桥”“兰花乡”至今还是浦口区的两处地名。

## 谢家桥一号汉墓

一座西汉古墓于 2007 年 10 月被挖掘出来。这里保存着一批完好的珍贵文物，器物精美，形制特殊，引起了众人的关注，也吸引了不少盗墓人。其中的一些简牍，则对研究汉代的户籍制度、丧葬习俗、名物制度及社会生活习俗具有十分重要的意义。此墓位于湖北省荆州市，被命名为谢家桥一号汉墓。

谢家桥一号汉墓

1.珍贵的随葬品

谢家桥一号汉墓是木椁墓。此墓有一个主箱与四个边箱，这些用木料制成的棺椁，埋在地下两千多年，又经过地下水的浸泡，却没有丝毫受损，木料质地仍然坚硬，光泽依旧。

拥有一个主箱和四个边箱，其中还有丰富的陪葬品，这种规模的墓葬形制是由墓主人的身份地位直接决定的，所以说这个墓主人的身份等级较高。

到目前为止，统计出的出土文物共八百六十余件，其中包括陶器、铜器、铁器、漆木器、竹器、竹简牍、棕麻制品、丝织品等。青铜器主要放在东边箱，都保存得十分完好，甚至连系在上面的红绳都完整保存下来。其中一件青铜蒜头壶是典型的西汉时期器物，它身圆颈长，造型优美。

陶器同各种工具则放在西边箱。那些陶器中，有一只密封陶罐里，甚至还找出了疑似酒的液体。如果一旦确认，那么这些经历了两千多年的佳酿，将会是一项惊世的发现。同时这一箱中，还出土了有史以来第一批汉代用来翻地的铁叉。

毫无疑问，随葬品最丰富的地方就是主箱了。而这些随葬品在此前已出土的同类墓葬中都是很罕见的,也为考古界提供了许多珍贵的历史信息。比如捆扎耳杯的丝带,连接蒜头壶的棕绳,大量保存完好的食物—红枣、板栗、莲子及稻穗等,这些都是了解两千多年前人们的饮食习惯的宝贵材料。

但是更为珍贵的还是那数捆完整的汉代竹简,它们总数达到208支。这些竹简的主要内容为"遣策"和"告地书",还有一些则对当时的社会文化进行了最真实、最直接的记录,是可遇而不可求的珍宝。那么,这些竹简将揭示出怎样的历史?又有着怎样动人的故事呢?

**2.充满神秘色彩的主棺**

主棺中放置着墓主人,停放于椁室正中的棺箱里。棺上覆盖着大幅的丝织品,黄底丝绸上,褐色的凤鸟十分清楚,它们被称为棺帷,以棺帷覆盖棺木也是很高的等级待遇。再次出土如此巨幅的汉代纺织品轰动了世界。这是继马王堆汉墓中出土的丝绸之后的又一次重要发现,也是近年来全国汉代丝织品考古的重要发现。

精美的棺帷一共有四层,令人惊奇的是在揭取第三层棺帷时,丝绸表面出现一个横卧的人形影像。这个影像通体呈白色,头、身体、四肢均清晰可见,头朝向南方。如此奇异的现象是之前从未出现过的,它的出现引起了大家的猜测。有人认为这是棺内尸体透出的显影。不过专家们则认为,这可能是一种化学物质的结晶。孰是孰非,只能等待今后深入的研究告诉我们答案了。

虽然椁室内的随葬品保存完好,但是棺椁里墓主人的尸体却已经腐朽不存了,只留下了满棺椁的黑色液体。后经研究证实,墓主人为女性,名恚,葬于高后五年(公元前183年)。

主棺中的墓主人已不在,疑团却接连浮现。考古学家在主棺中发现一些蛆壳,蛆虫为什么会出现在如此严密的棺木中?难道墓主人是在腐烂之后才被葬入的吗?谢家桥一号汉墓中的木椁室与随葬品都反映出较高的等级,但是墓主人所使用的棺木却只有一层,上面也仅髹了一遍漆,这明显低于应有的葬制。是因为下葬仓促,还是另有隐情?棺中的黑色神秘棺液是如何形成的?又是否存在特殊作用?

这些问题只能等待进一步的研究与科学检验才能解答，其中一些也许又将会成为千古之谜。

## 楼兰古墓之谜

楼兰作为西汉三十六国之一，曾有过一段辉煌的历史。它是丝绸之路上的一个具有高度文明的古代王国。如今，这座名城却沉于流沙之下，通往楼兰的古道也被沙漠淹没。

楼兰古城的消亡是在中国北方出现旱化的大背景下发生的。楼兰古城已有1800年的历史，经过了风吹雨打，如今仅存残缺的胡杨木架和少量的芦苇墙。

1979年，新疆考古研究所组织了楼兰考古队，开始对楼兰古城古道进行考察。在通向楼兰的孔雀河下游，考古队发现了大批的古墓。其中几座墓葬外表奇特而壮观：围绕着墓穴的是一层套一层共七层，由细而粗的圆木组成，圈外又有呈放射状向四面展开的圆木。整座墓的外形像一个大太阳，不由得让人产生种种神秘的联想。它的含义究竟如何，目前还是一个未解之谜。

木棺中还保存了几具较为完好的楼兰女尸。这些“楼兰美女”脸庞不大，下颏尖圆，鼻梁高、眼睛大、双眸微闭，体态安详。她们的头发浓密微鬈，散披肩后，充满了青春气息。头上戴有素色小毡帽，帽檐缀红色毛线，帽边插着几支色彩斑斓的雉翎。女尸裸体，周身裹着毛织布毯，以骨针或木针连缀为扣，双脚着短筒皮靴。

墓中的陪葬品有木器、骨器、角器、石器、草编器等器物。木器有盆、碗、杯和锯齿形刻木。有5件木雕半身人像，其中4件具有明显的女性特征，双乳丰隆，臀部肥大。这批墓葬标本经测定其年代距今约4000年，相当于中原夏商时期，这是目前所知最早的楼兰人的墓地。

然而，从考古学家的发现来看，楼兰遗址中虽然有大量珍贵的器物、丝织品和钱币等，但是没有发现大批尸骨，可见这是一座早被废弃的城市。那么它究竟遭遇了什么样的灾难呢？有人认为是罗布泊的漂移和过度放牧开垦造成生态环境的恶化，使楼兰人被迫远走他乡。那么，它的后裔究竟流落何方，这仍是未解之谜。

## 茹茹公主墓

河北省磁县一带墓葬多达134座,主要是北朝皇陵及功臣墓。其中有一座例外,它是塞外草原上柔然族茹茹公主的墓。茹茹公主的墓位于河北磁县城南两千米的大冢营村北。此墓的规模大,出土器物多,艺术水平高,曾在国内外轰动一时,属于重大考古发现。茹茹公主是一个什么样的人,为什么会与北朝的帝王贵族葬在一起呢?

茹茹公主墓的墓志铭,字迹清秀,刀法简练,字体楷隶兼备,属于由魏碑向隋唐楷书过渡性的作品。根据墓志铭上记载得知:茹茹公主闾氏是东魏大丞相高欢的第九个儿子高湛的妻子。她的这座墓是在北朝时期所修建的。墓里除了壁画之外,还出土了大批器物,完整的及可修复的达近1000件,其中陶俑有1064件。

一个东魏臣相的儿媳妇,她的墓葬为什么会享受如此高的待遇呢?人们不禁要问,茹茹公主到底是一个什么样的人呢?这要从茹茹公主的出嫁开始讲起。

茹茹公主是柔然族首领阿那瓌的孙女。柔然族是魏晋南北朝时期的一个少数民族。

542年,中国正值南北朝时期,东魏与北方柔然族决定联姻,一同牵制西魏的进攻。于是东魏丞相高欢决定将自己的第九子高湛(561年即位的北齐武成皇帝),与阿那瓌的孙女茹茹公主联姻。这一年,高湛8岁,茹茹公主5岁。

送亲仪仗的气派,从邯郸博物馆中小兵马俑的造型和排列中看更为具体:排在最前面的是风帽击鼓俑,后面是负剑菔铁索两裆俑、风帽仪仗俑、短风帽仪仗俑、札巾翻领侍从武士俑、小冠剑囊武士俑、负剑菔皮两裆武士俑、兵士俑、骑马俑。

俑,是中国古代殉葬制度发展到一定阶段的产物。据先秦文献记载,它最早出现在春秋晚期。俑作为随葬的冥器,取代了过去残酷的人殉制度。用陶俑随葬的风俗,在中国古代主要盛行于战国到五代,北朝是其中的发展高峰时期。这一时期的陶俑,人体姿态匀称,神态逼真,塑工精细,彩绘贴金,代表了这一时期陶俑的艺术风格。

在墓中发掘的陶俑中还有执簸箕俑、舂米俑、女侍俑、奴仆俑等。可见，茹茹公主来到中原后，汉族的夫君家对她在生活上的服侍是周到细致的，她在夫家的地位是显赫的。同时，这些小人俑也印证了在南北朝时期，胡汉两个民族是和睦平等相处的。

可惜的是好景不长，茹茹公主突然病倒了，最终离开了人世。那年茹茹公主13岁。高欢得知消息后，马上让天子下诏，特意造了一辆辒辌车——古时专门送葬的车，将小公主的棺木以飞快的速度送往邺城埋葬。阿那瓌得知孙女离世的消息后，异常悲痛。他依照柔然族部落的习俗，参照公主5岁时出嫁的场面，烧制了很多小陶俑。

墓室中还出土了150多平方米的精美壁画。壁画由红、绿、黑等色彩描绘。从残存的画面看，墓道入口处东壁绘青龙，西壁画白虎。青龙身旁绘有莲花纹及流云纹。白虎形象夸张，身长近4米，呈昂首奋爪腾跃状，神态矫健有力。墓道前端绘青龙、白虎，意在护墓主的灵魂升天，这是战国秦汉以来羽化升仙迷信思想的延续。青龙、白虎之后，每壁皆画场面显赫的仪卫行列。墓道北段上层壁画自南而北，画镇威神（或称方相氏）、羽人、风鸟等形象，其旁缀以莲花纹，画方相氏意在驱鬼逐疫，羽人、风鸟意在引导墓主的灵魂升仙。

在茹茹公主的随葬品中，有两枚东罗马拜占庭帝国金币，堪称国宝。那么，这两枚东罗马拜占庭帝国金币在茹茹公主墓发现，又说明了什么呢？拜占庭帝国的金币怎么会跑到这里来呢？

542年，正值东罗马查士丁尼皇帝时期。柔然族的可汗阿那瓌想在茹茹公主出嫁前，为她添一些珍贵的嫁妆，于是策划了一场柔然商队前往拜占庭的商旅。茹茹公主的家人在众多货物中看到了新铸的金币，以为可以避邪，便用中国丝绸为茹茹公主换了一块金币。

这块金币是查士丁尼一世皇帝在位时新铸造的。金币的正面是半身皇帝像，头上戴皇冠头盔，身披战袍铠甲，右手持标枪，左手持盾，背面是胜利女神像，侧身向右作前行姿态，头部与十字架之间有一颗八芒星；金币正反面都刻有罗马铭文。

商队回到草原后，家人拿出那块金币，茹茹公主看到后特别喜欢，因为她自己手里也有一块拜占庭金币，是东罗马阿那斯塔修斯一世皇帝时期所铸的金币。

这两枚拜占庭金币，作为茹茹公主的贴身避邪宝物，出嫁后自然被带到了高湛的家中。茹茹公主死后，也作为重要的随葬品被送进墓室。两枚金币的发掘不仅为人们研究中西古代的贸易交流提供了重要实物，还因其自身的珍贵价值，被国家定为一级文物。其中阿那斯塔修斯一世皇帝时期的金币，直径为 1.6 厘米，重量为 2.7 克；另一枚查士丁尼一世皇帝时期的金币，直径为 1.8 厘米，重量为 3.2 克。这两枚金币，含金量均为 99.2%。

### 杨贵妃墓

杨贵妃，字玉环，蒲州永乐人。幼时死了父亲，寄养于叔父家。她擅长歌舞，通晓音律，长得美艳绝伦。开元二十二年(734 年)，嫁给唐玄宗李隆基的儿子寿王李瑁。开元二十八年(740 年)，唐玄宗把她接入后宫，当了女道士，取道号为太真。

天宝四载(745 年)，杨玉环被册封为贵妃。她的三个姐姐，分别被封为韩国夫人、虢国夫人和秦国夫人，月给钱十万，为脂粉之资。她的堂兄杨国忠被任命为宰相。杨氏一门，一时间权倾天下。

755 年，安史之乱爆发。次年六月，叛军攻破洛阳，直逼长安。唐玄宗带着杨贵妃一家仓皇西逃。途经马嵬坡，士兵们不肯再前进，要求杀掉杨贵妃的哥哥奸相杨国忠。不等唐玄宗下令，大家一哄而上，把杨国忠杀死。之后，在陈玄礼、高力士的劝说下，玄宗将杨贵妃“赐死”。杨贵妃死后，被就地掩埋，马嵬坡就成了她的墓地。

唐代诗人白居易的不朽长诗《长恨歌》记其事：“九重城阙烟尘生，千乘万骑西南行。翠华摇摇行复止，西出都门百余里。六军不发无奈何，宛转娥眉马前死。”

然而，这并不是杨贵妃唯一的结局。另有传言，杨贵妃在马嵬坡并没有死，而是由陈玄礼、高力士策划，用一个宫女做替身死去，而杨贵妃则在他人的护送下南逃，去了日本。死后，也就葬在了日本。那么，杨贵妃的墓到底在哪里呢？

**1.马嵬镇贵妃墓**

在陕西省兴平市马嵬镇（历史上的马嵬坡）的杨贵妃墓是一个比较小的陵园。大门的匾额上横书“唐杨氏贵妃之墓”七个字。进门正面是一座仿古式献殿，穿过献殿便为墓冢。墓冢高约3米，封土周围砌以青砖。

墓冢旁边的碑廊嵌有大小不等的石碑数块，刻有历代名人来此的题咏。其中一首诗曰：“马嵬杨柳绿依依，又见銮舆幸蜀归。泉下阿环应有语，这回休更罪杨妃。”

另一诗曰：“六军何事驻征骖，妾为君王死亦甘。抛得娥眉安将士，人间从此重生男。”

**2.日本贵妃墓**

1963年，一位日本少女在电视台展示了她的家谱和古代文献。言之凿凿地称她为杨贵妃在日本的后裔，在日本引起了一阵轰动。

日本史学家邦光史郎的《日本史趣事集》、渡边龙美的《杨贵妃复活秘史》以及我国《文化译丛》上刊载的译自日本的《中国传来的故事》，都讲述着一个未死的杨贵妃的故事。

据说，当时杨贵妃大约在现在的上海一带乘船出海，经过艰险的漂泊，终于在日本久津半岛的唐渡口登陆，并定居在油谷汀。由于长期颠沛流离，贵妃身染重病，不久就死去了，当地人对她深表同情，把她安葬在那里。

杨贵妃墓背倚微微起伏的山冈，面临平阔壮观的大海，墓基是一块由乱石组成的面积有几十平方米的平台，台上有五座石塔，主塔高153厘米，日本人称它为“五轮”。

后来，唐玄宗终于知道了杨贵妃客死东瀛的消息，哀痛欲绝。为了给贵妃祈福，他派白马将军陈安带来了两尊佛像——释迦如来和阿弥陀如来，准备安置在杨贵妃归宿之地。可是陈安将军踏遍了日本大小列岛，也没有找到这个地方，只好把这两尊佛像暂时安放在京都清凉寺之后回国。

后来,日本当局发现了杨贵妃的墓地,便要清凉寺交出佛像,清凉寺则认为佛像在清凉寺安置已久,评价甚高,名声日大,不愿意将佛像交出。作为一种变通的办法,他们请当时最负盛名的工匠,照原像复制两尊,把四尊佛按新旧搭配,留二尊在清凉寺,另二尊在贵妃墓地建二尊院安置。

如今,二尊院的两尊佛像被指定为日本国家重点保护文物,油谷汀的二尊院墓地和五轮塔,则是山口县级指定有形文物。据说贵妃墓前香火不断,人们认为:朝拜杨贵妃墓,可以生得漂亮可爱的儿女。

一千多年过去了,杨贵妃之死引起的嗟怨赞叹,也早已成了历史陈迹。至于她同唐玄宗是生离,还是死别,她最后葬在哪里,将是一个永恒的谜团。

## 秦良玉墓葬之谜

秦良玉,字贞素,生于万历初年。由于她的父亲秦葵是明朝贡生出身,秦良玉自幼一直接受良好的儒家教育熏陶,最终成了明朝末年战功卓著的女性军事统帅、民族英雄。

她官至明朝的光禄大夫、忠贞侯、少保、太子太保、太子太傅、四川招讨使、中军都督府左都督、镇东将军、四川总兵、提督、一品诰命夫人,是中国历史上唯一单独载入正史将相列传中的巾帼英雄,也是唯一凭战功封侯的女将军。和她的传奇人生一样,秦良玉的墓葬也具有神秘的传奇色彩。

据传闻,秦良玉死后,同时发了四十八道丧,分别葬在四十八个地方的四十八座陵墓里。有一支分队赶赴良玉老家忠州下葬,其余四十七座坟在石柱境内。四十八支分队唯恐不能按规定的时辰返回而被问斩,所以他们按时返回并同时用餐,结果却因饭菜被预先下了毒而身亡。这样一来,秦良玉的真墓在哪儿就成了千古之谜。

而今,人们较为熟知的秦良玉的坟墓有三座。

第一座,秦良玉墓,位于石柱县城东 7 千米的回龙山上。建于清顺治年间,总面积为320亩。内有秦良玉墓,秦良玉衣冠冢、良玉子马祥麟墓、良玉兄邦屏、弟民屏及良玉后裔马光仁、马祐昭,麾下将官马德间等墓二十座。良玉衣冠冢前,有石俑、石马、石羊、石狮等石雕分列两旁,气势庄严。

第二座,秦良玉东墓,墓碑上刻有"秦良玉之墓"五个大字,旁边则刻有:"明上柱国光禄大夫镇守四川等处地方提督汉土官兵总兵官持镇东将军印中军都督府左都督太子太保忠贞侯"铭文。

第三座,秦良玉西墓,主碑上刻有:"马母秦氏贞素之墓"。两旁则分别刻有:"明万历二年甲戌岁吉诞""卒于清顺治五年戊子岁""孝男马祥麟立"等铭文。

## 香妃墓

传说中的香妃长得天姿国色,生来身上就有一种奇香,不需要香草、香汤熏洗,香气也可以持久保持。有关她的传说,可以说是家喻户晓。但是,真正的香妃到底是谁呢?这个到现在仍然是一个谜。所以,香妃墓如今也有好几处,没人能确定到底哪一座墓才是香妃真正的葬身之处。

### 1.伊帕尔汗和卓墓

传说,香妃本是回族首领霍集占的王妃。清高宗乾隆在听说她的事情后一直对其不能忘怀,又正巧碰上霍集占造反,便派清兵镇压,趁机将香妃捉来。谁知,香妃对乾隆冷若冰霜,百问不答,并出言要为国报仇。后来,这件事传到太后耳中,太后趁着乾隆外巡的时候命人把香妃给绞死了。乾隆听到消息赶回时,香妃早已死去。

为了表达自己对香妃的尊重和哀悼,乾隆便下令用驮轿将香妃的遗体抬回新疆喀什安葬,并拨款修建了香妃墓。

如今,在新疆喀什东北郊的伊斯兰墓群中就有一座香妃墓。墓旁还停放着一架"驮轿",传说这就是当年把香妃尸体运回故乡安葬的灵轿。人们相信,美丽贞烈的香妃就埋葬在这里。

据考证,这座墓茔本叫作“伊帕尔汗和卓墓”,葬的是伊帕尔汗家族的死者。人们把它当作香妃墓是因为1892年史学家萧雄在《听园西疆杂述诗》中描写道:“在喀尔回城五里许,有一处‘香娘娘庙’,庙形四方,上覆绿瓷瓦,中空而顶圆……”这是最早把“和卓墓”同“香娘娘”联系在一起的记载。

另外,有一位维吾尔族学者把汉文的“香妃”译成了维吾尔文“伊帕尔汗”。于是,人们就把“香妃”同当地的一座伊帕尔汗坟墓附会到一起了。

至于那架“灵轿”,则很可能是当地维吾尔族官员运送棺椁用后的弃置物。因为,驮轿的等级与香妃的身份并不相称。

**2.裕妃园寝**

河北遵化市清东陵西侧的“裕妃园寝”,该地宫由两个券堂组成,均为拱券石结构,在金券的宝床上,停放着一具红漆棺木,左侧棺帮被盗墓者凿了一个长方形大洞,贵重物件早已被盗窃一空。棺头正中有几行金漆手书回文,译成汉语的意思是:“以真正的名义……”这是伊斯兰教《可兰经》的开头语,也是伊斯兰教徒的常用语。棺木西侧有一具头骨,近旁有一条长85厘米的花白发辫和青缎衬帽、包头青纱,还有一些龙袍的残片和几件织物,织物上织有“江南织造臣成善”“苏州织造臣四德”等字样,此外,墓中还有残存的如意、荷包、珍珠、宝石、猫眼石、钻石,等等。

这些实物,为判别死者的身份提供了可靠的资料:棺头文字说明死者是一位伊斯兰教教徒;龙袍碎片、猫眼石等物,说明死者是一位妃子;花白发辫及牙齿磨损程度与容妃去世时的年龄(55岁)相符;织物上的姓名“四德”“成善”正好是乾隆五十三年时期的江南织造官。一切都可以证明,死者正是容妃。为何说容妃墓是香妃墓呢?

原来,有一些人在查阅了清宫档案后,猜想所谓的香妃其实就是乾隆的宠妃——容妃。因为她是乾隆四十多个嫔妃中唯一的回族女子。

容妃不只容貌俏丽,而且善骑射,精诗文,会编织,在宫中备受宠幸。乾隆还特许她可以穿本民族的服装,专配有回族厨师,一切生活设施,完全按维吾尔族习惯供奉。乾隆巡视江南时，亲自点名，要她陪伴，南巡江浙，东登泰山，北游盛京，拜谒清太祖的福陵。每逢节日生辰，她所受的金银首饰、丝罗锦缎、古董玩物等赏赐，总比别的嫔妃要多很多。

因为容妃喜欢家乡的散发着奇异香味的沙枣树，乾隆特派专人去新疆把这种树移植于她居住的宫苑，她的居室常常充满了这种奇异的芳香，因此人们又称她为“香妃”。

对于确信容妃即香妃的人们来说，这座容妃墓当然就是香妃墓了。

3.香冢

在北京城南风景宜人的陶然亭东北角上也有一座大冢，冢前立着一方石碑，下面刻着“香冢”两个大字，碑的背面，刻着一首哀婉凄切的词。

香冢

浩浩愁，茫茫劫；短歌终，明月缺。郁郁佳城，中有碧血。碧亦有时尽，血亦有时灭，一缕香魂无断绝。是耶，非耶？化为蝴蝶。

有人认为，这才是真正的香妃墓，是在乾隆的授意下，安葬在这里的，为了方便自己随时随地凭吊，以寄托无尽的哀思……

如今留给人猜测、凭吊的就是这样三座墓茔，至于哪座才是真正的“香妃”归宿之地，却仍然是一个不解之谜。

## 曹操七十二疑冢

曹操是我国古代杰出的政治家、军事家、文学家。他平生虽然奸诈多疑，却也身怀雄才大略，建立了纵横乱世的文治武功。他六十六年的人生留给后人无数传奇和争议，就像他同时拥有安邦治世的美誉和乱世奸雄的毁称一样。曹操的胸怀大略，不仅用在了生平处理国家大事上，就连自己死后墓地的安排，都让人琢磨不透，充满了疑云。据说在安葬他的那一天，邺城所有的城门全部打开，七十二具棺木从东南西北四个方向同时从城门抬出。那么，“七十二疑冢”真的存在吗？它们到底在哪儿呢？

### 1.传说中的疑冢

一千多年来，盗墓者数不胜数，然而却没有听说有谁发掘出真正的曹操墓。

据说，曹操的墓在古邺西门豹祠以西的漳河沿岸。南宋诗人范成大于1170年曾在此下马拜谒曹操陵，但是并不知他所拜的是不是真的陵。然而，历史上又有谁会为了寻找曹操真墓而花力气去将七十二冢找全呢？

经历了一千多年，这期间天灾人祸不计其数，曹操的陵墓还会完好无损吗？如果这“七十二疑冢”真的存在，那么真正的曹操墓是哪一个呢？

### 2.何处丘冢葬枭雄

在曹操生前，他曾下令将墓建于西门豹祠。但是由于西门豹祠经过战争的洗礼，又经过几度残毁和重修，已然不能确定曹魏时期西门豹祠的具体位置了，只能大概判断出它在河北省临漳县附近。因此，曹操墓也不知所踪。

如今对曹操墓的推测有四种：一、邺城西面（即今河北省磁县境内）；二、漳河水下，并附有重重机关，预防盗墓者；三、曹魏行政中心（即今河南许昌城外）；四、邺城西北部的铜雀台之下。相关人员虽然就此问题进行过深入的研究，但始终没有真正的考古发现来支持，所以曹操墓的确切位置直到现在还是个未解之谜。

## 探索三国英雄古墓

三国时代,魏、汉、吴三足鼎立,是一个充满生机、英雄辈出的时代,它常常引起后人追思。孙权、刘备、诸葛亮等人的事迹流传千古。千百年后,这些三国英雄的墓葬带着阵阵疑云,让人们充满了好奇。

### 1.南京的孙权墓

曹操墓的七十二疑冢虽然没有得到证实,但是在近年却传来曹操墓在河南安阳被发现的消息,只是至今还是质疑声不断。而同为三国英雄的吴王孙权,其陵墓的准确位置也仍然没有得到证实,只是绝大多数人认为孙权墓应在南京梅花山。可能是因为这样一个传说:当年朱元璋看中了南京梅花山,想选为自己的墓址。于是他的臣子提出墓址离孙权的孙陵岗太近,应该把孙权陵墓迁走的建议。朱元璋却阻止说:"孙权也算是个英雄,就留下他为我看守墓道吧。"但是这一猜测和传说都没得到证实。

在现在的梅花山博爱阁下面,人们发现了一处结构类似古时墓穴的封门墙,其开挖的构造和汉代帝王陵墓的建造方式相似。其后,专家在梅花山内发现的大墓,与前面的传说也是吻合的。不过,由于国家文物局目前禁止对帝陵发掘,现在还无法窥见孙权墓的全貌。所以在相当长的一段时间内,孙权墓的秘密将继续埋藏在地下。

### 2.传说中的诸葛亮墓

武侯墓,即诸葛亮墓,在勉县定军山脚下。然而这只是一个假墓,诸葛亮真正葬在哪里,也是一个谜。

在那个盗墓成风的年代,诸葛亮如此聪明的人必然有所防范,特别是要防止司马懿及其后人对自己茔地的侵扰。于是,有一个这样的传说:诸葛亮在五丈原一病不起,自知不久于人世,便遗表给后主刘禅,嘱咐他在自己死后,将尸体入棺,由四名士兵抬着向南走,杠断绳烂之处便是他的葬身之所,也就是以"杠断绳烂"的方式埋葬。诸葛亮死后，刘禅便按诸葛亮生前设计的方法，安排四个壮汉抬着诸葛亮的棺材一直向南走。四人按照吩咐抬着棺材走了一日一夜，到了一个没有人烟的荒山旷野，见抬棺的杠子并无太大的磨损，捆棺的绳子也未被磨烂。于是，四人一商量，便悄悄地把诸葛亮的棺材就地掩埋。事后，刘禅想想有些不对，这样短的时间内怎么可能让杠断绳烂呢？于是，便把那四人抓来拷问。最后四人招供，被处死刑。因此，诸葛亮的真身葬处，便成了一个谜。

而后人怕盗墓者寻找诸葛亮之墓，便设了多处疑冢，如"诸葛武侯真墓"。

## 陶渊明古墓之谜

陶渊明（约365年~427年），号五柳先生。东晋末期南朝宋初期诗人、文学家、辞赋家、散文家，曾做过几年小官，后辞官回家，从此隐居。田园生活是陶渊明诗的主要题材，他所著《桃花源记》《归去来辞》《五柳先生传》以及许多脍炙人口的诗词，都成了千古绝唱。

宋文帝元嘉四年（427年），陶渊明与世长辞。他死后，后人称其为"靖节"。他的墓在江西九江，坐落于庐山西南的面阳山南坡，北有汉阳峰，南为黄龙山。每年菊月（农历九月）的时候，漫山遍野都开满了黄花。据说之所以将陶渊明葬于此处，是依据他的遗言而来的。然而，如今有关陶渊明的墓葬所在之地却有许多争论。

### 1.陶渊明墓碑的发现

2006年，在德安县陶氏族群聚居地，吴山乡蔡河村林居社区，发现了陶渊明的墓碑。

墓碑为烟灰色，居中部依稀可见"故陶公潸（潜）公之墓"七个大字，墓碑高65厘米，宽45厘米，厚10厘米，石质为花岗岩。由于年代久远，保护不善，墓碑周围的小字已经模糊，但仍可见文中隐含了两个"陶"字，其中"故陶公潸公之墓，十五吉时"字样依稀可辨。

据当地村民说,陶氏宗族清光绪家谱中记载:“宋文帝元嘉四年(427年)渊明六十三岁,病重,九月自作祭文,十一月病卒,十五日吉时下葬。”现在所发现的墓碑虽历经风霜雨雪,但从依稀可见的碑文中,可见家谱记载与墓碑铭文有相吻合之处。

陶学研究中心的专家罗龙炎教授说:“从墓碑上的字迹可以看出这是陶公的墓碑,但由于墓碑上字迹不详,它是陶潜公死时所立,还是后人为纪念陶渊明而立,或其他原因而设,还有待于进一步考证。”

**2.陶渊明后裔墓葬群**

在德安县不仅发现了陶渊明的墓碑,还有陶渊明五代后的子孙之墓。陶姓在德安是一个大家族,有700多人,包括周围金湖乡等地就有1000多人。村民所指认的陶渊明墓穴周围及陶渊明故居的周围山头,随处可见其五代子孙的墓葬。目前,所发现的陶渊明后裔坟墓有四五百座,清晰可辨的有200余座。

陶渊明后裔墓碑如此之多,而墓碑上的字迹又是如此清晰,实在是全国罕见。墓冢的存在和碑文的记录完全可以证明当地与陶渊明有深厚的渊源,极具研究价值。

**3.深厚的关系**

在德安县不止发现了陶渊明的墓碑、陶渊明后裔的墓群,还发现了陶渊明母亲孟氏的墓地。而且当地许多自然风貌都与陶渊明的诗文、史料记载有相吻合处。而且据研究,这里的地名、故居、古驿道等,也与陶渊明有着紧密的关系。

此地关于陶渊明的传说有一个系统性,极具研究价值;陶渊明后裔古墓群、故居大量瓷片、砖头,是研究陶渊明极具价值的史料。专家们表示,将会联合考古、文物、史籍专家开展深入研究,进一步考证陶渊明墓葬所在地,揭开流传千古的陶渊明古墓之谜。

## 包拯为什么有两座公墓

包拯(999年~1062年),汉族,字希仁,祖籍安徽合肥。宋仁宗天圣五年(1027

年),包拯28岁,考中进士。

早在北宋时期,包拯就是一个家喻户晓的名臣。他为官清廉、言行一致、不畏权贵的形象深入人心,特别是他疾恶如仇、执法无私、为民请命的精神,千百年来更获得无数民众的好感和钦佩。这位生前刚正不阿,死后备受赞誉、受世人传颂的包公,他的墓到底在哪里呢?

在安徽合肥东郊大兴镇双圩村的黄泥坎,包公及其夫人董氏墓被发掘出来。然而,在河南巩义市宋真宗的永定陵附近,有一座高约5米的圆形冢墓,也是一个包公墓。一个包公,为什么有两座墓?如果合肥包公墓是"真"的,那么巩义市的包公墓又是怎么回事呢?

在合肥市东郊的包公墓,经过考古发掘的材料和宋代庆元年间(1195年~1200年)淮南西路安抚司干办公事林至撰写的《重修孝肃包公墓》等文献印证,被认定为真墓。而河南巩义市宋陵中的包公墓虽然冢大碑高,却是一个"假"墓。但是,问题真的有这么简单吗?

在合肥包公墓正式考古发掘之前,人们普遍认为巩义市包公墓是真墓,不仅因为其有很高的封土和墓碑,而是地方史志均有记载,明代嘉靖三十四年(1555年)修《巩义市志》记载包公墓位于巩义市西宋陵中,清代顺治以后各时期版《河南通志》皆承袭旧说,可见明初就已存在这个包公墓,至少有五六百年的历史。而包公墓志在大兴镇黄泥坎的出土,则证明合肥包公墓是真的。这里不仅出土了墓志盖,还出土了详尽的墓志铭。创作墓志铭的是与包公同为枢密副使的吴奎;书写墓志铭的是同朝的知国事监书学杨南仲;撰名墓志盖的是同朝"温州瑞安县令""甥将仕郎"文勋。

由于时间久远外加人为破坏,志石上的许多字已经辨认不清,不过有一点可以肯定,志石上篆刻的正是包公生平的事迹。现在,人们不禁要问:巩义市包公墓究竟修于何时?为什么要建这个包公墓?里面到底埋葬着什么?它和合肥的包公墓有什么关系?

这一系列问题，至今尚难回答。

## 周庄“水冢”之谜

古镇周庄有一个银子浜，地处苏州的昆山，东接长江口，北近白蚬江，西连太湖。相传，沈万三死后，便“水葬”于此。而银子浜也是因沈万三曾在周庄镇东建造千亩粮仓，在银子浜尽头建造堆放银子的府库而得名的。

据史籍记载，当年沈万三先以躬耕起家，后利用“东走沪渎，南通浙境”水路交通发达的周庄，成为“资产百万，田产遍天下”的江南第一富豪。每天都有很多小船进出银子浜，帮他运送银两。朱元璋见沈万三如此富有，非常担心他“富可敌国”，成为隐患，便下令杀沈万三。最后，还是在马皇后的劝说下，改为将沈万三流放云南。

### 1.为何葬在水底

沈万三真的葬在银子滨河水底吗？当地有个鲜为人知的传说，似乎可以成为探寻水底墓的一个佐证。

据说，沈万三有一个聚宝盆，放一支金钗进去，就能取出一大把金钗；放一只银元宝进去，就能取出一盆银元宝，可以说是取之不尽、用之不竭，所以他才会富甲天下。当年，朱元璋要修南京城墙，其中有三分之一都是沈万三出钱修建的。于是朱元璋便命沈万三交出银子，献出聚宝盆。沈万三无奈只得将银子运回周庄，藏在银子滨河水底。如果这个传说是真的，那么沈万三死后，葬于银子滨河水底也就顺理成章了。因为把墓穴修得异常坚固，又深埋水下，不仅能防朱元璋，更能防盗墓贼。而根据史籍的记载，沈万三葬在水底也是情理之中的，因为当年沈万三被流放，死后棺材只能被悄悄运回故乡，水葬有利于掩人耳目。

据一位专业人士分析，按常理来说，古人选择阴宅，是应该远离水的。因为没有人愿意自己死后浸泡在水中，饱受水患之苦。所以他更坚信，沈万三做这种有悖常理的事，定有他的道理。

也有人认为,沈万三是个商人,所以财产对他来说最重要。而水主财,象征富有,周庄最多的也就是水,所以沈万三死后为了能给家族带来财运,就选择了"水葬"。

还有人认为,"水葬"这个传说其实包含了家乡人民的希望——沈万三魂归故里,安心地"居住在"银子滨河底那清静的小屋里,庇护着家乡的土地。

**2.历史考证**

传说始终是传说,因此学术界从来就没有放弃对沈万三的生死进行考证。但是大多数史料对商人的记载都不多,所以沈万三被流放云南后的事情便没有了文字记载,无从查起。沈万三确切的去世年代也不可考。

在史料《明史,马皇后传》中有记载:"吴兴富民沈秀者,助筑都城三之一,又请犒军,帝怒曰:'匹夫犒天子之军,此乱民也,宜诛之。'后曰:'其富敌国,民自不详;不详之民,天将灾之,陛下何诛焉?'乃释秀,戍云南。"根据有关人员推断:朱元璋于洪武二年(1369 年)九月开始组织修筑南京城墙,到洪武六年(1373 年)八月完工,历时约四年。沈万三提出犒军也正在这一时期。朱元璋下令将沈万三远戍云南,应该在筑城完工之后。如果以 1373 年八月完工后计算,此时他约 72 岁。受此重大打击,沈万三身心疲惫,且流放路途漫长,生活待遇又差,年逾古稀的他很可能在流放途中便离开人世。即使能勉强撑到流放地,寿命也不会长久。如果推断成立,则可确定沈万三在明代只生存了短短五六年。相对于辉煌的中青年时期而言,沈万三的晚年境况应该极其悲惨不幸。

然而,沈万三是否到了云南?到了云南,他落脚在哪里?什么时候逝世的?去世后葬在何处?目前来说,还是一个谜。

## 曹雪芹墓

据考证,《红楼梦》的作者曹雪芹诞生于南京的江宁织造府内。雍正六年(1728 年)曹家被抄没后才全家迁至北京。当时。曹雪芹年纪尚幼。曹雪芹究竟住在何处、他的青年时期是如何度过的，等等，因文献无证，不能确指。他死后埋于何处，也没有相关的记载。于是，曹雪芹墓也成为人们讨论的话题。他的墓到底在哪里呢？

1968 年冬，在北京通县张家湾村，人们正在进行平整土地的大会战。该村青年李景柱在无主墓地的地下 1 米处发现一块长 100 厘米、宽 40 厘米、厚 15 厘米的青色墓石。墓石上面刻有“曹公讳墓”字样，右下角还有“壬午”两个字。

李景柱看后，便想这可能是《红楼梦》作者曹雪芹的墓志。于是，他找人帮忙把墓志运回家中，并用铅笔、窗纸拓好精心保存。

1991 年，张家湾镇政府拟建公园，立碑林，李景柱便将墓志无偿献出。就在第二年，这一消息被报道了出来，引起了红学界的巨大轰动，也引起了海内外学术界的极大关注。因为如果这墓志确实是曹雪芹的，将有助于人们了解曹雪芹的身世。围绕着墓志的真伪，学术界里展开了一场沸沸扬扬的大争论。

文物鉴定家秦公认为，这石碑可能是伪造的。他的理由是：石碑的用石不合理，没有一个平面，说明其原本不是用来做石碑的；字在碑石上的位置不妥当，墓志的最后一笔十分接近下缘；刻工很粗糙，刀法乱，有的笔画还直接借用石料上原有的斧凿痕迹；文法不合理，碑上不应称“公”，而应称“群”，如称“公”，应称其字；落款也不合理，应有立碑人等。

红学家杜景华则断定：“石碑不是伪造的。”他说：“有人疑心石碑是伪造的，但石碑出土于‘文革’时期，那时没有必要伪造一块曹雪芹的墓碑。”他还认为，曹雪芹死于壬午，是胡适和俞平伯的说法，但大多数红学家持“癸未”说。如果石碑是伪造的，那碑上为什么不落款“癸未”，以迎合大多数人的观点呢？他还推测，曹雪芹死前，家境非常艰难，过着“举家食粥酒常赊”的日子。被债主们逼得没办法，曹雪芹躲到张家湾昔日曹府的一个仆人家，可没想到，曹雪芹竟死在仆人家。仆人草草将他埋掉，并草草为他刻了这么个墓志。

红学家冯其庸也对墓碑持肯定态度。他还引证曹雪芹的好友敦诚《寄大兄》

文:“孤坐一室,易生感怀,每思及故人,如立翁、复斋、雪芹、寅圃、贻谋……不数年间,皆荡为寒烟冷雾。”

敦诚的《哭复斋文》中说:“未知先生与寅圃、雪芹诸子相逢于地下作如何言笑,可话及仆辈念悼亡友情否?”曹雪芹的故友寅圃、贻谋的墓都在通州区潞河边上,为什么敦诚说“与寅圃、雪芹诸子相逢于地下”呢?很可能他们同葬于潞河畔张家湾。

当然,还有许多红学家也提出了自己的看法。但是曹雪芹的墓到底在哪儿?这墓志是否是为曹雪芹立的,目前学术界还在争议中。

## 最大古墓群之谜

古人有“生在苏杭,葬在北邙”之说,所以历代王朝将这里视为风水宝地。河南洛阳邙山古墓群作为我国古墓最集中的地区,其拥有的墓冢之多、面积之大、延续时间之长,是世界罕见的。

邙山古墓群掩埋着自东周以来的诸朝王侯和达官贵人,不仅拥有许多待解之谜,还生动集中地记录了我国不同历史时期的政治、经济和文化发展史。2001 年 6 月,邙山陵墓群被国务院批准为第五批全国重点文物保护单位。

为了探清这 750 平方千米古墓群的底细,考古工作者将综合运用传统和最新的现代技术,对其进行历史上最大规模的考古调查与勘测,以探清古墓群的“真面目”。先进的科技手段包括计算机技术、测绘技术、航空影像技术、遥感技术,以寻找未知古代墓冢,记录调查成果。

之前正因为对古墓了解不深,文物保护工作和考古学研究一直难以深入开展。在面积达 750 余平方千米的陵墓群范围内,不仅拥有东汉、曹魏、西晋、北魏四代帝陵及其陪葬群,还汇集了东周、西汉、隋、唐、五代、宋、金、元、明、清等不同时期、不同类型的墓葬,有数十万之多,它们犬牙交错,让人难以分辨。

邙山古墓群所历经的年代久远,遭遇了历史的变迁,受到风剥雨蚀及人为破坏,数量不断变化,难以准确统计。其中,具有地面标志的墓茔,由解放初的 600 座左右减少到目前的不足400座。

在不影响墓冢、墓葬和陵园整体的前提下，此次考古调查与勘测将对古代墓冢进行全面普查，并对个别重要的帝陵和陪葬墓的周边地方进行试掘。

帝陵是洛阳邙山陵墓群的主体，此次工作正是以寻找十五座帝陵为重点。目前邙山十五陵中，北魏宣武帝景陵、西晋文帝崇阳陵、武帝峻阳陵三座已做过较详细的考古钻探和发掘。但东汉光武帝原陵、曹魏文帝首阳陵、西晋宣帝高原陵、景帝峻平陵、惠帝太阳陵五陵的具体位置尚不确定。

据了解，洛阳市第二文物工作队与解放军信息工程大学测绘学院遥感信息工程系共同研制开发的邙山陵墓群地理信息系统和数字信息库（电子地图），将对调查区域进行监测、建档和管理等。调查中发现的任何墓冢、遗迹点均可利用CPS（全球导航定位）定位在电子地图上，这样，墓冢、遗迹点均可通过GPS找到具体的地点。

据介绍，此项工作将分三个阶段实施，2003年~2005年为第一阶段，2006年~2009年为第二阶段，2010年~2012年为第三阶段。最后，调查的结果将落实在地形图、摄影图片、航测片等现代形象载体上。相信在不久之后，古墓群的真面目就会在人们的期待下被揭开。

## 龟山汉墓之谜

1981年2月，在中国江苏徐州市九里经济开发区境内的龟山西麓发现西汉第六代楚王襄王刘注的夫妻合葬墓。该墓为两座并列相通的夫妻合葬墓，分为南北两个甬道。其中，南甬道为楚王襄王刘注墓，北甬道为其夫人墓。这两墓均为横穴崖洞式，其工程浩大，建筑雄伟，是全国已知汉墓中极具科学文化价值和汉代特色的崖洞墓。

### 1.汉墓建造之谜

龟山汉墓工程浩大，打凿精细，特别是该墓的设计和施工，处处凝聚着汉代建筑师和工匠的高超智慧和精巧技艺，甚至很多方面都是难以破译的千古之谜。

龟山汉墓在龟山的半山腰。它几乎掏空了整个山体，共有15间墓室和两条甬道，其总面积共700余平方米，容积达2600多立方米。那么，以当时的技术，汉代工匠是通过什么来掌握山体的石质和结构，才能让整个施工能够顺利进行，而不会发生坍塌呢？

通往汉墓的南北两条甬道，长56米，宽1.06米。两条甬道沿中线开凿，其直度的精度达万分之一，最大偏差仅为5毫米；两甬道之间的距离为19米，夹角为20秒，误差仅为一万六千分之一，是迄今世界上打凿精度最高的甬道。

在首次发现汉墓时，南甬道上还有26块塞石。这些塞石有上下两层，每层都是13块，每块的重量约6吨~7吨，石块间的接缝紧密，连一枚硬币都塞不下。据专家考证，汉墓的甬道在当时处于龟山的半山腰，而塞石的材料却是由很远的地方运来的。那么，这些材料具体是来自什么地方的呢？以当时的技术，古人是用什么方法把这些庞大的塞石运来并塞进甬道的呢？

**2.墓室里的谜团**

当楚王刘注的墓室正式开放后，其棺室北面墙上渐渐出现一位真人大小的影子，十分清晰。它身着汉服，峨冠博带，做拱手迎宾状，被称为“楚王迎宾”。对于它的出现，有人认为，是由于墓室渗水，但是影子外却没有任何渗水痕迹。于是，又有人认为，这是因为岩石石质的不同而形成的，但它为什么偏偏出现在楚王棺室呢？这个问题暂时无人能解。

刘注前殿位于整个墓葬的中心部位，是15间墓室中最大的一间，面积达68.91平方米。这象征楚王生前理政朝拜、宴饮宾客的大殿。中间的擎天石柱，高大粗壮，气势雄伟，恰好撑在南北甬道的中轴线上。那么，该布局到底是巧合，还是另有寓意？

不只是楚王的墓室里有谜团，他的夫人的墓里也是迷雾重重。楚王夫人墓的前厅和棺室及石柱上都分别留有乳头状石包，其分布走向呈不规则排列。这些代表什么呢？又具有什么意义呢？有人猜测，这是上天星宿分布。也有人说这是因为楚王襄王刘注上应天星，但这些石包为什么没有出现在楚王墓室顶部呢？

### 3.刘注前殿图解壶门之谜

据专家考证，楚王夫人下葬的时间应该比楚王下葬的时间要晚三四年，但他们两人的墓却是同时开凿完成的，只留有一道连接两个墓宫的门未开通。当楚王夫人下葬后，这道门才由工匠们打开。

可是这道门却是15间墓室中唯一一个不按照规划开凿的：楚王这边门小，夫人那边门大，使整个通道成为一曲尺形。这是特意设计成这样的还是失误呢？能够建造此墓的能工巧匠，把两座墓宫勘测、设计、打造得天衣无缝，为什么却在这上面失误了呢？有人认为，这是在刚开始开凿时弄错了位置，当进行到一半时，才发现并修正过来。但为什么这15间墓室中，就只有这一处发生误凿，而其他的却没有，而且这个失误还是发生在这道只有两米厚的墙壁处？这个解释并不能说明问题。

## 大足水库下的墓葬

重庆大足区是驰名中外的“石刻之乡”，人文自然景观十分丰富。近年来，在大足区中敖镇上游水库的正常水位下10米处，发现了珍贵的摩崖造像以及400多座墓葬。其中，十王殿无头石刻造像，其精美程度非常罕见，显示出印度佛教文化传入后与中国文化结合的特点。

### 1.400多座水下墓葬

发现墓葬的水库主要是大足上游水库、化龙水库和玉滩水库。自从清代起，这些水库就处于蓄水状态，所以一直没有人发现古墓的存在。这次还是因为特大干旱，才让这些文物重见天日。

在这些水库中发现的400多座古墓，包括蛮子洞、宋墓、明墓、清墓。在宋墓和清墓中，还发现了作为随葬品的精美雕刻艺术品。

2.精美的摩崖造像

除了这些古墓，还在大足中敖镇上游水库，发现了一处罕见的精美摩崖造像。据专家推测，它们大概是属于南宋时期的。这些造像共五龛，其中第一号地藏十王龛是摩崖造像龛，雕刻技艺娴熟，精美程度罕见。

据相关人员介绍，那些龛的龛口略呈横长方形，龛口上缘为一弧线。龛高约1.2米，宽约4米，中间坐着的就是地狱的主宰——地藏菩萨。在他的两边，分别站着10位穿着古代朝服的造像，它们是十殿阎王。十王像身着朝服，胸佩方心曲领，雕刻细致，连衣服上的褶皱也清晰可见。地藏下的台座正面凿了一个洞，洞内有一个石狮浮雕，狮头顶刻出鬈毛，口衔长带，前双爪游戏绣球。

专家表示，这处造像与世界文化遗产石门山三皇洞部分文官造像服饰基本一致。

3.造像中的谜团

在水中发现的几尊十王龛石像虽然雕刻精美，却没有头。而且，它们虽然在同一地段，却出自不同年代，最早的可以追溯到宋朝。然而具体年代和它们的修建者，都尚未发现准确记录。那么，这些石像的头到底去哪里了呢？专家初步认为，它们并不是被偷了，至于为什么会没有头，还在研究中。

## 古村古墓之谜

尚丰村是一个闻名的古村落，位于漫江乡东面。因为这里曾出过48名进士、5名尚书、10多名将军，因而被后人称为“将军村”。

在尚丰村的深山老林里曾发现一座古墓，这座古墓距今已有八百多年。据古墓碑文和《莫氏家谱》记载，古墓墓主是元朝兵部侍郎莫以忠。他生于元世祖至元十二年(1275年)，曾被皇帝封为“义勇将军”。

然而，让人们感到奇怪的是，在他的墓室里发现的一块正方形的墓志铭却是北宋知制诰兼御史中丞徐禧的。据相关人员考证，徐禧死后，曾葬衣冠冢于此地。但为什么徐禧的墓志铭会出现在莫以忠的墓室里呢？他们两人是什么关系呢？

从一位莫氏后裔的话中得知：在莫氏家族中的一本祖谱里，记载着莫以忠是北宋时期出生的，与徐禧是同一个朝代。而且，他们两人还是往来要好的朋友。遗憾的是，这本祖谱已经遗失多年了。

然而，在墓志铭上还发现一些后人的名字，而元朝兵部侍郎莫以忠的名字就列在其中。莫以忠为莫将的第三代孙，根据这个记载按时间推理，莫以忠是出生于明朝的，《莫氏家谱》的记载没有错。

而这座古墓的墓碑是麻石雕刻而成的，在墓碑的左右还树立着用麻石雕刻而成的莫将和他父亲莫援的雕像，一左一右，站立在古墓两旁。

在“文化大革命”期间，村民们为了保护好这几块墓碑，将它们埋葬在新建的学校的墙脚之下，这样才被完整地保存下来。如今，墓碑和雕像虽然经历了一千多年的风雨，至今完好如故。

## “石碑幻影”之谜

昭陵明楼里的圣号碑通体用优质石材雕刻而成，周身用朱砂涂成深红色，所以也被称为“朱砂碑”。碑有 4 米多高，碑首正中开光部分用满、蒙、汗三种文字雕刻出“昭陵”字样，碑身正面则刻着“太宗文皇帝之陵”七个大字。传说，每到阴雨天，朱砂碑的背面就会出现一幅水墨丹青——麻姑献寿图。为什么会出现这种现象呢？

### 1.谁是麻姑

麻姑献寿图是我国民间常用的年画图案，这麻姑究竟何许人也？据清代《坚瓠秘集》记载，麻姑是五代时期麻秋的女儿。麻秋为人很严酷，他负责督促工人筑城，一直到天明鸡叫时才可以休息。麻姑于心不忍，常常假装鸡叫声帮助苦役们。麻秋知道后，气得不得了。麻姑因为害怕就逃到了山里，谁知麻秋穷追不舍而且还放火烧山。这时，恰巧王母娘娘路过，就化出一场甘霖灭了火，并且带着麻姑到了南方的麻姑山。山中有清泉十三泓，麻姑便用它们酿酒。十三年后，酒酿成时正巧逢着王母寿辰，麻姑就带着酒去瑶台祝寿。

另一说，麻姑是一位长着四寸长鸟爪的女子。有一天，她路过某位蔡姓人家，这家主人竟然说："这女子的手真好，真想得到她来给我挠背。"麻姑一听来气了，于是这位男主人的眼睛就遭了殃，流血不止。不过，作为献寿的麻姑，依旧是吉祥的象征。

**2."麻姑献寿图"是如何来的**

据说，"麻姑献寿图"是因为冯德麟而被画上圣号碑的。

冯德麟又名冯麟阁，海城市人，生于清同治六年(1867年)。1920年6月，他被任命为"三陵承办、盛京副都统兼金州副都统"，掌管关外三陵。

冯德麟在任期间，听说自己掌管的昭陵有一个传说，每逢阴雨天，昭陵圣号碑就会显现人形。有一次，他在昭陵拜谒完毕，突然想要观看这传说中的圣号碑。可惜，当天天气晴朗，冯德麟怎么看都看不出半点"人形"，于是他就琢磨着还不如直接在碑上画一幅"麻姑献寿图"。

冯德麟只是随口说出这个想法，却不料他刚走，昭陵官员就找来了奉天的两位赫赫有名的画匠，在那圣号碑后面描画了一幅栩栩如生的"麻姑献寿图"。可是，这妙笔丹青却和庄严肃穆的石碑十分不称。

**3.清除"麻姑献寿"**

1925年，三陵衙门撤销，冯德麟返回故乡，当时的奉天省署便立刻命令昭陵管理人员把这图涂掉。不过，负责清理的人员费了九牛二虎之力也没能完全将其涂掉。于是，圣号碑的背面就成了斑斑驳驳的模样。

再后来，一场雷火无情地焚毁了大明楼，当然圣号碑也不能幸免于难，碑身被火烧裂，最后只能用铁箍加固。不过值得庆幸的是，"麻姑献寿图"的残留物全烧没了。

### 4.其他石碑幻影

在昭陵内，还有另一座记载着清太宗皇太极的丰功伟绩的著名石碑——神功圣德碑。这个石碑也曾出现幻影。

这座石碑修建在陵寝的中轴线上，它的作用就是充当影壁，寓意清朝江山一眼望不到头。据传，每到阴雨天，神功圣德碑背面就会隐隐约约地出现人形，此人身材修长、翩若惊鸿，就像一个姿容俏丽的美女，因此有人叫这碑为美女石。这“神碑幻影”也成为盛京十景之一，还有很多文人墨客留下了诗文记载。

除了昭陵的石碑外，永城芒山镇刘邦斩蛇碑每逢夜间就会出现幻影。幻影主要是一个金甲武士，雄赳赳气昂昂，一手仗剑、一手捋着美髯，闪闪发光，大家纷纷以为这是刘邦显灵。

据说，这斩蛇碑是为了纪念这样一件事情的：秦朝末年，刘邦还是一个小小的泗水亭亭长。有一次，他负责押送一批刑徒。然而在到达芒砀山脚下时，已经逃走了许多刑徒。按照当时秦朝法律，这是大罪。于是，刘邦咬咬牙把剩下的人全放了。可就在这时，一条大蛇挡住了他们的去路，刘邦急忙上前挥剑将蛇斩为两截。后人为了纪念他，就修了这座“刘邦斩蛇碑”。

除了这些，还有很多石碑都有传奇的故事。辽南耀州庙有一座石碑，此碑能显现出一尊“韦驮神像”。

仁寿县黑龙滩风景区有两块石碑，如果水泼到它们上面，右侧的石碑会出现一行大字，左侧的石碑则会出现一幅墨竹图。当上面的水分渐渐蒸发之后，图也就消失无踪了。

北京半壁店森林公园有块石碑，每逢阴雨天，石碑上就会显现出一只熊的模样。

在山东曲阜境内有孔林，是圣人孔子的埋葬之地。在离孔子墓不远处，有一个远近闻名的石碑，传说每逢祭祀孔子的时候它就会“流泪”。

据说，北京故宫每到雷雨交加的夜晚，城墙上会像放电影一样重现当年深宫生活的一幕幕场景，例如宫女、太监打着灯笼到处行走，等等。

“石碑幻影”的现象为何会出现，又是因为什么而出现呢？

**5.解密“石碑幻影”**

关于种种石碑幻影的奇特现象，有以下几种科学解释：

(1)材质和水分的共同作用。有专家认为，“石碑幻影”是一种神奇的自然现象。由于石碑石质纹理不同，以致在阴雨天里，所吸收的水分不同，从而导致了石碑受潮后所显现的颜色深浅不一。

(2)反射问题。有专家也认为，像这种石碑呈现幻影的情况，是由于光的反射作用造成的。石碑表面不可能真的如镜子一般光滑，一定有很多微小的凹凸。这些凹凸面便会形成不同的反射。白天的光属于漫反射，因此看不见图像，而像刘邦斩蛇碑这样，夜晚有定点的光源，凹凸不平的表面就会形成不同的反射，从而产生明暗变化，就会出现一定的影像。

(3)“流泪”的解释。如果石碑是石灰岩建造的，那么石碑“流泪”就很可能是其受到了天气的影响。这是因为石灰岩有很好的吸水性，里面的水分在一定条件下会被释放。另外，游人经常摸来摸去，会使石碑表面形成一层“油膜”，当天气湿润的时候，水蒸气会凝结在这层油膜上而不会被石灰岩吸收，因此会造成“流泪”现象。专家称，孔林的石碑“流泪”，就是这个原因导致的。

(4)涂料问题。至于传说中的故宫幻影，有学者解释，这是因为故宫墙面上的涂料的缘故。红色的涂料里含有四氧化三铁，而闪电可能会将电能传导下来，如果碰巧有宫女经过，那么这时候宫墙就相当于录像带，如果以后再有闪电巧合出现，可能就会像放映录像一样出现那个被“录”下来的宫女的影子。

对“石碑幻影”的解释还有很多，但是有一点却很重要，那便是受到心理作用的影响，也会使人“看到”幻影，就像对着一面斑驳的花墙，有人也会想象墙面图案，从而编出故事。对着被水分作用的石碑，也会把那潮湿的印象想成一幅图画了吧。

## 陶碗古墓之谜

桂林市灵川县的文物工作者在当地三街镇的一座土山上发现一处古墓葬,该墓葬的惊人之处就在于墓体的封土共分四层,第三层竟然是用成百上千只陶碗叠砌而成的。

### 1.陶碗古墓出现

2003 年 7 月初,三街镇一位叫庾亚洲的初中老师发现学校附近有一处古墓被盗。继而他又惊奇地发现,这座古墓竟然是用成百上千只陶碗叠砌而成的。庾亚洲不敢耽误,马上将情况报告给了相关部门。

后来,经过考古专家勘察发现,这座墓葬已被盗过,损毁严重,最外层墓体封土只剩下一些残缺不齐的青砖。第二层为比较薄的黄土加石灰。第三层则全部用碗相互交叉叠砌。经考古专家鉴定,这些碗具硬度尚未达到瓷的硬度,应属于陶碗,但碗具里外都没有纹饰,只有一层釉。第四层封土是黄泥、石灰、草木灰混合成的三合土夹卵石,也是叠砌的。

这座碗墓葬目前的发掘工作已基本结束。但由于墓葬被盗过,考古人员在发掘过程中没有发现随葬品,只清理出了部分肢骨、头盖骨及五枚清朝顺治、康熙和乾隆年间的铜钱,其中有一枚已残缺,表面文字模糊不清。考古专家初步推定这座碗墓葬的年代跨度大约在明末至清朝乾隆年间,但墓主人身份仍难以确定。

### 2.建墓材料之谜

用作食具的碗为何成了墓葬的建筑材料?当地老百姓众说纷纭,却一直没有可信的佐证。据广西壮族自治区文物工作队的有关专家和灵川县文物管理所所长莫志东介绍,像这类碗墓葬原先只在桂林市的靖江王宗室墓和灵川、临桂两县偶有发现,在桂林市其他地方和整个广西都极少见到,全国也尚未见到类似的报道。因此,碗墓葬究竟源于何时、何地,是一种什么样的葬俗,这都是一个个尚待解开的谜。

### 探秘水下古墓

为了对水下古城探秘，揭开在千岛湖底沉睡了40年的遂安古城的神秘面纱，千岛湖旅游局组织有关方面专家，并从北京邀请了6名潜水员，还携带了国内先进的水下摄像设备。让人没有想到的是，这次探秘却得到了意外的收获。

用于水下古城探摸工作的水下机器人，具备灵活、安全的拍摄能力。然而，在一次城墙以外下潜过程中，机器人下潜到28米的深度时，失去了控制。潜水员下水查看故障时发现，机器人的电缆线与原来放置在水中的浮标绳索和另一组潜水员带到水中的灯光电缆发生了缠绕。潜水员用潜水刀割断尼龙制的浮标绳索，恢复了机器人的自由行动。

就在此时，潜水员意外地发现，在刚刚发生故障的水域附近，有模糊的建筑物的影子。凑近观察后才看清楚，这里是一座古代的墓葬。墓葬仍然保存着隆起的圆形土丘。潜水员很快找到了墓葬的石碑，擦去浮泥后，发现石碑上雕刻着“古冢”二字。而石碑的右边写有“道光已巳年仲冬”的字样，石碑的下半部分被掩埋在淤泥中。

潜水员看到墓葬的周围用木材围成了一个圈，墓葬前方的石块整齐地垒成了一堵矮墙。

有关专家查阅资料后分析，这个墓葬是经过清代时重修的当地的一个古老的墓葬。而墓葬的主人和保存的情况还不得而知。

## 第四节　奥秘的文物之谜

### 这些岩画是遥远的古代遗留吗

我国考古工作者在内蒙古狼山发现了一些远古时代的岩画。其中一幅画让人百思不得其解，上面画着两个桃子形状的东西，中间偏上方有两个圆圆的小洞，有点像人的两只眼睛，不过，如果这是张人脸却又不见鼻子和嘴巴。在这张“脸”的上方和周围画着很多的球状体，星星点点，纷纷洒洒，有人说是宇宙中的星星，也有人说是飞行器，自天而降。所以，很多人干脆把它称为“天神图”。

在韩乌拉山峰下东边沟口的岩画上，也发现了一些奇异的人头像。其中有一幅人头长着一张方嘴，两只圆眼睛，脑袋上还布满了线状物，就像古人形容的“怒发冲冠”。有人说是头发，有人说是天线，在画中还刻着“大唐”两个字。为什么写上这两个字呢？如果这指的是这些岩画的刻画年代的话，为什么不画佛也不画道呢？要知道，在唐朝，宗教画是非常流行的啊！这到底画的是哪一家的神灵呢？

无独有偶，考古工作者在宁夏贺兰山东麓也发现了一批稀奇古怪的远古岩画，共约300幅。其中北侧一块距离地面1.9米的岩壁上画着一幅人像写意画令人过目难忘。这幅画高20厘米，宽16厘米，头朝向西南方向，戴着一个又大又圆的密封式头盔，头盔与紧身连体套装浑然一体。头盔中间有一个圆形孔洞，也许是观察窗。整个头部就像是现代戴着头盔的宇航员。奇怪的是古代不可能有宇宙飞船，古人也不可能看见过今天的宇航员，那么，他们的灵感是怎么得来的呢？

事实上，类似这样的岩画不止在中国，在世界范围内都屡有出现。在非洲撒哈拉大沙漠中，欧美一些国家的考古学家在恩阿哲尔高原丁塔塞里夫特也发现了一些神秘的人头画像。这些画中的人戴着奇特的头盔，衣着也臃肿可笑。刚开始学者们都不知道这幅画是什么意思。直到美国人造飞船上天，人们才恍然大悟。原来，撒哈拉沙漠岩画上人头上戴的奇特头盔正是现代宇航员的头盔！而这些画中人穿着非常臃肿的服装也酷似现代宇航员的宇航服！我们不禁要问同样的问题，非洲的这些远古人类又是从哪里得来的艺术灵感呢？这是人物写真呢还是远古人类虚构出来的？如果真是人物写真的话，这些撒哈拉沙漠居民真的见到过天外来客吗？

在古代交通不发达的条件下，世界中的许多民族和地区都不约而同地留下了如此怪诞的图案，这不是能用“实属巧合”这类话能搪塞过去的。自古以来，全世界各个民族都有关于天神们开天辟地的神话传说，除了反映远古人类的艰难创业历程，是否也反映了人类祖先对于古代天外来客的原始记忆呢？也许，正是原始人类对这些具有高度文明的天外来客充满了崇拜，把他们当作神来膜拜，并把他们的形象绘画在了石壁上。

这些岩画真的是对天外来客的记忆吗？恐怕这个谜一时还无法解答。

## 红山文化女神庙里的女神像是谁

1983年10月，在辽宁省建平、凌源两县交界处的牛河梁，考古学家发现了又一处红山文化祭祀遗址，推测其原来是一座女神庙，出土一件面涂红彩的泥塑女神头像，头高22.5厘米，面宽16.5厘米，形体与真人相当。这是迄今为止新石器时代陶塑遗物最重要的发现。牛河梁红山文化"女神庙"遗址的发现，大约分属5或6个个体的女神像的陶塑残块。尤为珍贵的是神庙主室西侧发现的接近真人大小的彩塑女神像，肢体虽已残碎，但头部基本完好，较为完整的还有肩臂、乳房、手等。在此以前还在喀左东山嘴红山文化的祭祀遗址中发现了两个小型孕妇塑像。据研究，女神庙已残碎的女像可能也与孕妇像一样同属坐姿，女神头部两眼都用圆形玉石镶嵌，更显生动。这3尊女神像虽有大小的不同，但显然都是原始崇拜的偶像。红山文化年代跨度约略相当于仰韶文化时代，距今已5000多年。

红山文化是距今五六千年间一个在燕山以北、大凌河与西辽河上游流域活动的部落集团创造的农业文化，因最早发现于内蒙古自治区赤峰市郊的红山后遗址而得名。红山文化全面反映了我国北方地区新石器时代文化特征和内涵。其后，在邻近地区发现有与赤峰红山遗址相似或相同的文化特征的诸遗址，统称为红山文化。已发现并确定属于这个文化系统的遗址，遍布辽宁西部地区，几近千处。20世纪80年代中期，对辽西东山嘴牛河梁红山文化女神庙、祭坛、积石冢等进行了一系列的发掘。喀左县东山嘴遗址坐落在山梁顶部中央，面向东南，俯瞰大凌河开阔的河川。这是一处用大石块砌筑的成组建筑遗址，呈南圆北方、中心两侧对称的形制。南部圆形祭坛旁出土的陶塑人像中，有在我国首次明确发现的女性裸像。

与东山嘴相距仅三四十千米的凌源、建平两县交界处，分布着大规模红山文化遗迹牛河梁女神庙、祭坛、积石冢群。牛河梁居大凌河与老哈河之间，为东西走向的山梁。这一带地理环境优越，红山文化遗存密集；以高高在上的女神庙及广场平台为中心，十几个积石大冢环列周围，并且都和远处的猪头形山峰相呼应，形成一个互为联系的祭祀建筑群。目前，发掘工作限于局部，但女神庙已出土大量泥塑人像残块，可辨别出至少分属6个人像个体。其中最小的如真人一般大小，主室出土的大鼻大耳竟等于真人的3倍。泥塑人体上臂、手、乳房等，与泥塑禽兽残块以及彩绘庙室建筑构件、墙壁残块等，无一不是杰出的艺术作品，而一尊较完整的人像头部，尤为雕塑佳作。头像结构合理，五官比例准确，表情生动逼真，她不仅是我国文明黎明时期艺术高峰的标志，也是亿万炎黄子孙第一次看到的5000年前用黄土塑造的祖先形象，对中华文明起源史、原始宗教思想史的研究具有极其重要的意义。女神庙全长约22米，宽约2~9米，主体建筑长18.4米。庙由多室组成，主室为圆形，左右各有一圆形侧室。主室北部为一近方形室，南部似有三室相连，成一横长室；左右对称，主次分明，布局严谨而又有所变化。这种建筑格局，作为中国建筑的传统延续了几千年，已可追溯到此。所以这座女神庙不仅是中国最早的庙，亦可称为东方建筑之祖。

1983年秋季，牛河梁女神庙被发现。1984年，经国家文物局批准，考古工作者对女神庙进行了正式发掘。尽管女神庙的出土是人们翘首以待的事情，但当它真的被揭露出来的时候，其建筑遗存的完好程度、结构的复杂性，尤其是女神像的规模和精湛的雕塑技艺还是让人大吃一惊。牛河梁遗址由女神庙、祭坛和积石冢等16个地点组成，占地约50平方千米。女神庙位于牛河梁诸道山梁的主梁之上，其地位的重要性从地理位置上也得到了表现。女神庙和其北部的大型山台是牛河梁遗址的主体。山台地势平稳，系人力加工所为，南北东西各长200米，四周砌以石墙，极似城址。引人注意的是，神庙与山台的走向完全一致，说明应是一个整体。在山台北侧也发现有塑像残片和建筑物架，说明另有一座神庙与女神庙以山台为

牛河梁女神庙

中心呈南北对称分布，从而构成一台（或者也可以说一城）两庙的建筑群体结构。女神像发现于1984年10月31日的上午。一位参加发掘的考古队员后来回忆说，根本无法找到一个恰当的词来表达那时的心情。是欣喜若狂吗？显然不是。当女神像被一点点剥离出来的时候，人们都屏住了呼吸，整个工地悄然无声，只有小铲和小刷子剥离泥土的声音在沙沙响着。当女神头像完全显露出来的时候，辽宁省博物馆的摄像师不失时机地把这激动人心的瞬间定格在胶片上。后来，这张照片被题为“5000年后的历史性会面”。照片上，女神坦然而镇定地注视着5000年后的人们，嘴角带着一丝若有若无的微笑。

牛河梁红山文化女神庙是中国首次发现的远古神殿，其遗址中文化内涵与宗教遗存的丰富程度都是任何其他遗址所无法比拟的。它的发现，对中国史前宗教及文明起源的研究都有着非同寻常的意义。女神被有些人称为“中国的维纳斯”，但是这个维纳斯究竟代表何方女神，她究竟从何处以什么样的身份来主持着古老的红山文化？有人从历史古籍神话传说里查找女神的庐山真面目：《帛书》简述了伏羲、女娲氏族的形成及历史贡献。说伏羲女娲是中华各族的共祖，并不是神话。公元前7704年伏羲卒于桐柏鸡公山。女娲代立，时年52岁。伏羲二世、三世皆听命女娲，女娲死后葬于风陵渡。辽宁牛河梁（红山文化）女神庙中宫内端坐着一位比真人大3倍的裸体女娲娘娘，两边是龙凤巨型陶塑，四周坐满站满最小也与真人大小一样的裸体女神(有的还是孕妇)，她们可能是历代黄帝、少昊、颛顼等氏族的母系祖先。也有人从女神所处的环境及女神庙的历史痕迹考察她的身世归属。但是作为无语的历史，女神的微笑如同蒙娜丽莎的微笑一样等待后人更加精确的解读。

## 良渚文化为何有众多玉器

良渚文化是我国长江下游太湖流域一支重要的古文化，因1936年原西湖博物馆施昕更先生首先发现于余杭区良渚镇而命名，距今约5300~4000年。

经过半个多世纪的考古调查和发掘，初步查明在余杭区良渚、安溪、瓶窑3个镇地域内，分布着以莫角山遗址为核心的50余处良渚文化遗址，有村落、墓地、祭坛等各种遗存，内涵丰富，范围广阔，遗址密集。20世纪80年代以来，反山、瑶山、汇观山等高台土冢与祭坛遗址相复合，以大量殉葬精美玉礼器为特征的显贵者专用墓地的发现，莫角山大型建筑基址的发现，显示出良渚遗址已成为实证中华五千多年文明史的最具规模和水平的地区之一，并将成为东方文明圣地。

良渚文化最著名，最有特色的就属于她的玉文化，是中国玉文化的源头，并且一开始就显现出不凡的艺术魅力。良渚文化为何在五千年前就有如此出众的玉文化？先民们为何要雕琢那么多玉器，他们又是如何雕琢的？其中有许多谜等待解答。

有人说是因为装饰，美化生活的原因。

中国玉文化源远流长，玉在人们心目中有着崇高的地位。玉，一般晶莹剔透，即使是少量瑕疵，也是“瑕不掩瑜”，其石料很稀有，因此也非常珍贵。玉石还不能称为“玉”，要经过匠师的精心雕琢，成为具有各种内涵的玉器，正所谓“玉不琢，不成器”。玉有太多美好的品质，因此就往往把具有高洁品质的人和玉相联系。可以证实东周和春秋战国时期就形成了把玉当作自己(君子)的化身的礼仪。贵族，士大夫佩挂玉饰，以标榜自己是有“德”的仁人君子。“君子无故，玉不去身。”君子必配玉，玉只可配君子。汉许慎在《说文解字》中说，玉，石之美兼五德者。所谓五德，首先指玉的5个特性，具坚韧的质地，晶润的光泽，绚丽的色彩，致密而透明的组织，舒扬致远的声音的美石。然后是比附人的五个美德：仁、义、礼、智、信。

装饰生活、美化自己是人的天性，远在9000多年前，生产水平极端低下的山顶洞人，在闲时也不忘磨制骨器，石头制作项链等装饰品。7000年前鱼米之乡河姆渡的先民也是如此，在选石制器过程中，有意识地把拣到的美石制成装饰品，打扮自己，这就揭开了中国玉文化的序幕。在距今四五千年前的新石器时代中晚期，辽河流域，黄河上下，长江南北，中国玉文化的曙光到处闪耀。而最为著名的便是良渚文化出土的玉器。良渚文化玉器种类较多，典型器有玉琮、玉璧、玉钺、三叉形玉器及成串玉项饰等。这些玉器都造型精致，刻有各式图案，有很强的装饰作用，特别是成串的玉项饰。所以说良渚文化出现如此多优美的玉器，是因为装饰生活的原因不无道理。

另一种说法是，良渚玉器大量产生，不仅仅是装饰，而是有更深的文化内涵。把玉作为装饰品反而是更后的事情了。此说的证据首先是从良渚玉器本身情况来说。

良渚玉器以体大著称，显得深沉严谨，不是很适合随身的装饰，是否用于装饰住所还没能考证，但在当时生产力并不发达的情况下，是否会产生这样的需求还是值得商榷。

最能反映良渚琢玉特色的是形式多样，数量众多，如使人高深莫测的玉琮和兽面羽人纹的刻画。良渚玉琮系软玉雕琢而成，从外观看呈外方内圆、上大下小形，每个面的转角上有半个兽面，与其相邻侧面转角上的半个兽面组成一个完整的兽面。这些物品充满神秘气息，现在看来其形状和图案也是令人惊异，隐隐透出一股凉气。这些玉琮的用途应该是与宗教祭祀、财富权力有关。战国《周礼》书中曾有“苍璧礼天”“黄琮礼地”之说法。东汉郑玄注“璧圆像天，琮八方像地”，都说明玉琮与对鬼神的崇拜相关。

因此他们认为良渚玉器更深的文化内涵是对鬼神的敬畏，是用于祭祀的神器，由此又衍生出“玉”作为权力的象征。这一点从后来的“玉”的地位可以反证，“玉”不仅仅作为装饰，作为美好品质的象征，在中国文化上，从一开始就更多的是作为具有神圣地位的、能显示权力的神器。

长江中下游一直就有神秘巫术文化传统，楚国文化强烈的巫术气息，可能就是从此地久远的人类文明——良渚文化继承的。有人认为，良渚文化就是“蚩尤”为首领的部落文化，据考证良渚文化时期已经有初步的政权，可以称为良渚古国。后被中原炎黄部落为首的青铜文化所打败，共同汇入中华文明之中。从历史上看，良渚文化时代的玉文化不仅没有随良渚文化的衰亡而消失，而且被后来的夏、商、周三代王朝全面继承下来，成为古代中华文明最具特色的内容。夏、商、周三代从良渚文化继承的玉文化，包括一些具体的礼器，如象征王权的军事统帅权的玉钺、祭祀天地的玉琮、玉璧、玉圭、玉璜等；甚至连玉琮上那个表征良渚文化宗教信仰系统的神人兽面纹，都被夏、商、周王朝全面继承下来，成为三代礼乐文明的重要内涵。

良渚文化是神秘而又辉煌的，其为何有如此多的玉器，主要是因为装饰，还是另一种观点因为祭祀尚不能明确，不过良渚玉器形制奇特，肯定包含着先民神秘的思维。

## 塞外彩色陶罐来自何方

在新疆维吾尔自治区乌鲁木齐南郊乌拉泊水库旁的一座古墓中，曾出土了一件彩色单耳小陶罐，罐高14.8厘米，口径9.5厘米，底径5.5厘米。这是一件敞口短颈、鼓腹圆底的陶罐，在颈腹间还有一宽带状的单耳。陶罐为手制，外涂一层土红色的陶衣，陶衣上通体涂绘暗红色的花纹。陶罐颈部是上下两排三角形花纹，腹部为上下两个三角形花纹演变而成的勾连的涡卷纹，耳柄上绘有斜纹方格网状纹，口沿内壁还绘有一圈带纹。整个陶罐制作精巧，色泽艳丽，纹饰醒目，是一件美丽的原始艺术品。令人惊异的是在哈密哈拉墩地区和乌鲁木齐南山阿拉沟地区的古墓中，均发现了同样的陶罐。这是古代哪个民族的创造？陶器上彩绘三角纹、涡卷纹的花纹表现了什么？这些问题令人百思不得其解。

提起彩陶，人们马上就会联想到著名的仰韶文化。仰韶文化的发现要追溯到上个世纪初期，为了调查古脊椎动物的化石，瑞典著名的地质学家安特生博士来到中国。1921年初，安特生博士派往河南渑池仰韶村寻找古脊椎动物化石的工作人员虽然没有带来古脊椎动物的化石标本，却带回来了600多件磨制石器（细石器），而且这些石器全部是在仰韶村采集的。凭借一个科学工作者的专业素质，安特生博士马上意识到河南仰韶地区可能存在着一个相当大的人类新石器时期遗址。1921年4月8日，安特生第二次出现在仰韶（第一次是在1918年底，目的是为了寻找古脊椎动物化石，因此一无所获），在村南冲沟的断面上，他发现了一个厚厚的灰土层，其中不仅有磨制的石器，还有大量的彩陶。面对大量精美的彩陶以及与其相对应的磨制石器，安特生博士决定对这一地区进行更为细致的考察。安特生回到北京以后，马上征求当时的农商部以及中国地质调查所的同意，并且与河南渑池县政府联系，取得当地政府的支持。安特生一行于1921年10月第三次奔赴仰韶，进行正式的挖掘工作。此次发掘从10月27日开始到12月1日结束，历时35天。这是安特生在中国进行的最大和最详细的发掘工作，其影响直至今日。安特生把这些远古人类遗存命名为“仰韶文化”。由于仰韶文化的主要特征就是彩陶，因此人们也把仰韶文化称之为“彩陶文化”。这在中国历史上还是第一次运用现代科学的“文化”概念取代了传统史学的神话传说。

距今6000多年的半坡彩陶上就绘有鱼纹、蛙纹等动物花纹，更有宽带纹、三角纹等几何形花纹。在生产力还十分低下的远古时代，人们何以制造和绘饰甚至于与那个时代极不相称的彩陶文化，至今仍是个谜。面对琳琅满目的彩陶文化，我们为其灿烂的风采所倾倒，也因此迷茫不解而困扰。彩陶文化的研究者总结出彩陶的种类繁多，比如倒三角纹、大倒三角形的网状纹，还有倒三角纹演变而成的涡纹、竖条纹、平行短纹、树枝纹、弧线纹，棋盘格纹等。另外研究者也发现很多地方的出土陶器上的花纹样式及其构造方法上都比较类似，那么，世界上是不是存在着一条彩陶文化带？是不是在新石器时代晚期，有一支以彩陶文化为代表的先进农业集团由西向东进入了中国的黄河流域，然后这条线也就在中国境内绵延开来，形成了从新疆到中原的彩色陶器文化？英国考古学家赫伯森先生推论："彩陶文化的传播路线应该是由西向东的，源头是中东的两河流域，因此在中国的西部特别是新疆地区一定会留下传播痕迹，很有希望发现相同的彩陶。"事实上新疆塞外彩色陶器的发掘呼应了这一推论。

民俗学专家告诉我们，在古代，人们对墓穴的朝向的选择，往往是一个民族认为自己民族的来源之所的方向，表示对于远古时期故土的怀念。而观察总结可以知道，半坡遗址中所有的墓穴都朝向西方，同属于仰韶文化的北首岭、姜寨、横阵、元君庙、史家等史前遗址的墓穴朝向也与半坡相同。在位于河南西南部的淅川发现的仰韶文化遗址中，墓穴的朝向为西稍微偏北，而郑州和洛阳地区仰韶文化遗址中的墓穴，朝向基本上是西稍微偏南。而与仰韶文化关系紧密的齐家文化范围内的甘肃永靖县史前人类遗址，其墓穴分为南北两片，南部墓穴 99 座，朝向全部西偏北，而北部墓穴 29 座，朝向一律正西，也是以西为主。而新疆察吾乎沟、罗布泊、焉不拉克、艾丁湖、苏巴什、巴里坤草原、伊犁河谷地区、阿拉沟等地发现的彩陶文化墓穴的朝向，也都是朝向西方。那么如果民俗学家所总结的可以与彩陶文化现象相合并的话，彩陶的文化迁徙方向是不是就可以被认为是从西到东的？但是这些也只是猜测和推论而已，并不能确切地说明什么结论。在新疆发现的彩陶作为一种文化的代表或者最先昭示，它必然带给我们广阔的空间去接近曾经的辉煌与智慧。

### 禹王碑书写的是什么

禹作为一个做出多方面伟大贡献的民族英雄，因为制服了史前大洪水而受到人们的崇拜，特别是为治水，三过家门而不入的精神。因此关于他的神话传说也很多。

相传大禹开山制服洪水后留了一块碑竖立在衡山岣嵝山峰上，但人们一直没有找到它。据记载，早在唐代德宗时期，著名文学家韩愈、刘禹锡等就听说过衡山有禹王碑的事实了。由此可见，最迟在唐代德宗以前，禹王碑就早已竖立在衡山上了。据说，韩愈曾游览衡山，却没有亲眼看到禹王碑。他在《岣嵝峰》一诗中写道："千搜万索竟何有？森森绿树猿犹悲。"同时，刘梦得却记述"祝融峰上有'神禹铭'古石，琅

禹王碑

升姿秘，文蛹虎形"，肯定此碑实有之，独异好古者搜索不得，遂致疑以传疑："岣嵝何须到，韩公浪自悲。"

直到南宋宁宗嘉定五年(1212)，有一个名叫何致的人游览衡山，在樵夫的指引下，终于找到了这块禹王碑。他照原样拓描下来，回到长沙，摹刻了一块碑竖立于岳麓山。从此，岣嵝峰的禹碑名扬四海。据描述，碑面宽110厘米，高184厘米，共77字，每字径约17厘米。

据学者研究，这篇碑文既不同于甲骨钟鼎文，也不同于籀文蝌蚪文，很难辨认，杨慎释文也只是一说，难做定论。据古代传说，大禹为了寻求治水方法，日夜奔波于三山五岳，后来，大禹在南岳衡山梦见苍水使者，在仙翁的指点下，获得有治水方略和金简玉书，终于制服了洪水，有些人根据此神话传说而猜测：禹王碑正面所刻77个奇字就是大禹记述有关治水方略的内容。但传说毕竟是传说，要揭开石碑的真正面目还要依靠科学。据明代学者杨慎等对禹王碑的考译，全文77字，有两层意思，一是舜命禹去治水；二是禹治水历尽千辛万苦，累弯了腰，长年泡于水中，连汗毛也掉了，最后治平了九州洪水。还有其他学者考证过，结果大同小异。

许多学者认为，一个人有天大的本事，也不可能创造如此复杂的汉字。目前史

学界书法界普遍同意一种观点:汉字是远古时代的先民们在长期的生产,生活实践中,逐渐积累,几经约定俗成后,为人们共同认识、使用而创制的。但为何其字形奇怪,既不像大篆,更不像小篆,也没有一点甲骨文的痕迹。无论如何仅凭这些文字是考证不出其内容的。

禹王碑至今仍是无法彻底揭晓的一个谜,它涉及远古历史及古文字发展问题,只有等待哪一天像甲骨文样大量发现,才有可能通过相互对照来解读。

### 西周微刻甲骨文之谜

1976 年,考古工作者在陕西省岐山县凤雏村发现了西周初年的甲骨文。据研究,刻有微型文字的甲骨文共有 293 块,大都是周文王晚期到周康王初期的作品。这些刻在甲骨上的文字细若发丝,需要借助 5 倍以上的放大镜才能辨清。在当时的条件下竟能刻写出这么小的字,简直让人难以置信!一团迷雾笼罩在考古学界:这些文字是怎么刻上去的?

2002 年,考古工作者在陕西城固县宝山村商代遗址烧烤坑出土了一枚距今约 3000 多年的铜针。铜针首端又尖又细,末端还有一个微小的针鼻孔,孔径仅有 0.1 厘米。其做工精致,让现代人为之惊叹。这个铜尖针是做什么用的?有人认为,这样的钢针就是用来微刻甲骨文的。

那么,微刻出这么小的文字让别人怎么看呢?甲骨上的文字是需要借助数倍以上的放大镜才能辨别得出的!即使没有放大镜,也不能说明当时就没有办法微刻出这么细小的文字。因为有些人的视力是可以超过常人数倍的。今天选拔飞行员的标准,其中一条就是要求视力必须超过常人。另外,现代医学研究发现,患有某些眼疾的人如中心性网络膜炎晚期、黄斑部病变结痂前期等,看东西会比实物大数倍。西周时期有没有人得这些病,我们不得而知,但也不能排除这种可能性。事实上,古人的视力究竟怎样,我们真的一无所知。在美洲丛林中有一个与外界接触较少的部落,他们竟然能用肉眼看见人造地球卫星!这是否说明,原始人类比现代人类的眼睛要好得多呢?

还有一个问题，这些微刻出来的甲骨文有什么作用呢？又是刻给谁看的呢？据专家研究，这几百片甲骨文所记载的内容多是周与商王朝的关系，商王的狩猎以及占卜之类。有人认为，这些内容之所以要微刻是因为关乎"军事机密"。众所周知，商王朝是被周王朝取而代之的，在灭商之前周人必须进行一番长期而又秘密的准备工作。"这些工作除了发展势力，访贤任能，研究周与商的关系，对商王行踪进行侦察也是必不可少的。"这种记录当然属于国家机密，必须严格保密，所以聪明的周人就想到了微刻的办法。

当然，微刻的办法可能是想出来的，也可能是偶然发现的。如果是想出来的，那说明微刻技术在当时就已经存在了，周王只需要任用一些微刻能手就行。但也许当时并没有什么微刻艺术，只是那些专门负责占卜及其观察天象等职责的巫史在长期思想高度集中的状况下视力得到了提高或者出现了眼疾，从而恰巧发生了看东西比实物大几倍的事情，于是微刻出这些甲骨文也就是自然的事情了。

在科技并不发达的古代，人们是怎么完成如此精细的工作的呢？至今尚无定论。

### 长沙楚墓帛画中的妇人形象是谁

1949年春天，湖南长沙市东南郊陈家大山楚墓出土的一幅帛画，距今2200～2300年，是目前世界上发现的年代最早的帛画之一。帛画高约28厘米，宽约20厘米，画面中部偏右下方绘一侧身伫立的妇女，身着卷云纹宽袖长袍，袍裾曳地，发髻下垂，顶有冠饰，显得庄重肃穆。在她的头部前方即画的中上部，有一硕大的凤鸟引颈张喙，双足一前一后，作腾踏迈进状，翅膀伸展，尾羽上翘至头部，动态似飞。画面左边自下而上绘一只张举双足、体态扭曲向上升腾的龙。由于长期埋葬在地下，帛画出土的时候显得比较灰暗，几乎难于辨认。于是也就出现了新旧临摹版的差别之说。早在20世纪50年代初，郭沫若就根据当时的旧的临摹版本进行过研究，先后在《人民文学》上发表过两篇文章，论述帛画在我国文化艺术史上的地位。郭老认为妇人左上方的一兽一禽为夔（古代传说里的独角兽）和凤，并把帛画定名为“人物夔凤帛画”。画中妇人的身份,郭老未做更明确的考证。

20世纪80年代以来,通过对原画的重新鉴定,加上另外一些年代相近的帛画相继出土,不少专家学者多次撰文对帛画的主题思想以及它的用途做出了迥异的研究结论。如《江汉论坛》1981年第一期发表的熊传新《对照新旧摹本谈楚国人物龙凤帛画》一文,认为帛画的结构和布局有上中下三层,上层为天空,左上方的兽是我国古代神化了的龙,而不应该是夔。作者认为画中妇人即墓主人的画像。美术史家金维诺先生也支持这种看法,他在《从楚墓帛画看早期肖像的发展》中,认为这些画上的中心人物均为死者本人是可以肯定的,并认为此类帛画是我国肖像画的滥觞。

香港中文大学名誉教授饶宗颐先生经过详细考证,认为此帛画应视作《山鬼图》。王伯敏先生在他近年出版的《中国绘画史》中认为:这是一幅有迷信色彩的风俗画,描写一个女巫为墓中死者祝福。

但是帛画人物里的妇人究竟是谁?她的身份和地位究竟是什么?她的各种姿势确切的是要表达什么意思?这些还仍然是未解的谜,期待更进一步的考证和解读。

## 勾践剑的夫差戈为何在相邻的地方出土

吴越之地,自古便以冠绝天下的铸剑术著称。在吴、越两国所铸青铜器中,兵器既精且美。春秋中晚期,随着吴越对外军事扩张的需要,其兵器铸造业也呈现出空前发展、繁荣的状态,因此,“吴戈越剑”不仅为时人所艳羡,其美名还流传千古,为历代所称道。

越王勾践剑出土于1965年12月,剑出土时,装在黑色漆木剑鞘内,剑与鞘吻合较紧。剑身寒光闪闪,毫无锈蚀,试之以纸,20余层一划而破。可见史书记载的“夫吴越之剑,肉试则断牛马,金试则断盘盏”不是虚妄之语。剑全长55.6厘米,剑格宽5厘米,剑身满饰黑色菱形几何暗花纹,剑格正面和反面还分别用蓝色琉璃和绿松石镶嵌成美丽的纹饰,剑柄以丝线缠缚,剑首向外翻卷作圆箍形,内铸有极其精细的11道同心圆圈。剑身一面近格处有铭文两行8字，为鸟篆，释读为“越王鸠浅(勾践)自乍(作)用狐人还铨(剑)”8字。

越王勾践剑经检测得出其主要成分为铜、锡、铅、铁、硫、砷等元素，各部位元素的含量不同。剑脊含铜量较多，韧性好，不易折断；刃部含锡高，硬度大，非常锋利。脊部与刃部成分不同，采用了复合金属工艺，即先浇铸含铜量高的剑脊，再浇铸含锡量高的剑刃，使剑既坚韧又锋利，收到刚柔结合的良好效果。剑格含铅量较高，这种材料的流动性较好，容易制作剑格表面的装饰。另外，在剑格、剑茎和剑身上所饰的菱形几何形黑色暗纹含硫化铜，有利于防锈，是当时一种先进的独特工艺，这也许就是该剑保存至今2000余年而毫无锈蚀的原因之一。该剑上的8字铭文，刻槽刀痕清晰可辨，是铸后镂刻而成，而非铸就。铭文为鸟篆，笔画圆润，宽度只有0.3~0.4毫米。越王勾践剑集当时各种先进的青铜冶铸技术于一体，代表了当时吴越铸剑技术的最高水准，制作之精湛，可谓鬼斧神工。

提及勾践剑，不禁使人想起“卧薪尝胆”这段史实。春秋中期后段(约公元前6世纪前半叶)，吴越两国国力渐趋强盛，至春秋晚期达到顶峰。当时中原地区王室衰微，诸侯争霸，战争愈演愈烈，吴越两国也介入其中。

公元前515年，吴公子光刺杀吴王僚，代立为王，是为吴王阖闾。阖闾即位，重用楚国亡臣伍子胥和军事家孙武，西破强楚，国势益隆。公元前496年，越王允常新丧，子勾践继立。阖闾乘机兴兵伐越，勾践迎击之，大败吴军，吴王亡，太子夫差继位，以报仇为志。公元前494年，夫差领精兵伐越，大战于夫椒，越军被击败，勾践仅以五千甲兵退保于会稽山上，屈辱求和，卑身事吴。

此后，夫差挥师北上，与齐、晋等国争雄，连年征战，兵疲民困。勾践则表面上臣事于吴，背地里苦身焦思，发奋图强，伺机复仇。史载他平常置苦胆于座，坐卧即仰胆，饮食亦尝胆，时时提醒自己勿忘会稽之耻。公元前482年，夫差率精锐北上，与晋、鲁等国会于黄池(今河南封丘南)，争为盟主。勾践乘虚伐吴，攻占吴都，杀吴太子友。夫差仓促回师，与越讲和。自此，吴国一蹶不振，越国益强，两国又数度交战，吴皆败。公元前473年，勾践终灭吴，夫差自杀身亡。

“卧薪尝胆”的历史已经过去很久，但勾践这种矢志不移的精神却一直鼓舞后人自强不息，奋发向上，因此1965年越王勾践剑的出土格外引人注目。1983年11月在湖北省江陵县的楚墓又出土了吴王夫差戈。越王勾践剑和吴王夫差戈都出土在当年的楚汉之地湖北，有什么巧合吗？

有些考古学家和史学家认为是礼赠和赏赐的缘故，由于吴越出宝剑，故在吴越两国与其他国家的交往中，被作为赠赐的贵重礼物而到了楚国。“季札挂剑”的著名典故，就是以剑礼赠外邦之君的一个例子。

有些学者则认为是出于战争和掠夺的原因，战争是古代文化传播的重要纽带，吴戈越剑作为一种文化的象征或者战后的战利品，也随着战争来到了当时的楚国。

还有人认为，楚越有姻亲，楚惠王之母系越王勾践之女，所以作为陪嫁勾践剑留存于楚。当然也不排除有其他可能，比如民间流失到楚国，毕竟当时的国家那么小。

历史已远去，勾践剑和夫差戈的“相逢”仍然有待于考古学家的进一步考证。

## 银雀山汉简是谁人所有

1972年4月，在银雀山西汉一号墓和二号墓中发掘出土了以《孙子兵法》和《孙膑兵法》竹简书为主要内容的先秦古籍，震动国内外，被誉为中国当代十大考古发现之一。

发掘地点位于山东省东南部的临沂市，临沂历史悠久，文化灿烂。市区东南有两座山岗，古代相传两地均遍布一种灌木。此木春夏之交，鲜花盛开，花形似云雀，东岗为黄色，西岗为白色，故得名为金雀山和银雀山。两岗已定为省级文物重点保护单位。自1970年以来先后发掘墓葬百余座，出土了大批珍贵文物，现已在银雀山西南麓建成了我国第一座汉墓竹简博物馆。

银雀山汉简数量之多，保存之好，令人惊奇。为何能有如此多的汉简呢，墓主人是什么身份，藏下一大批并不容易存放的竹简，而且使其能千年不腐？

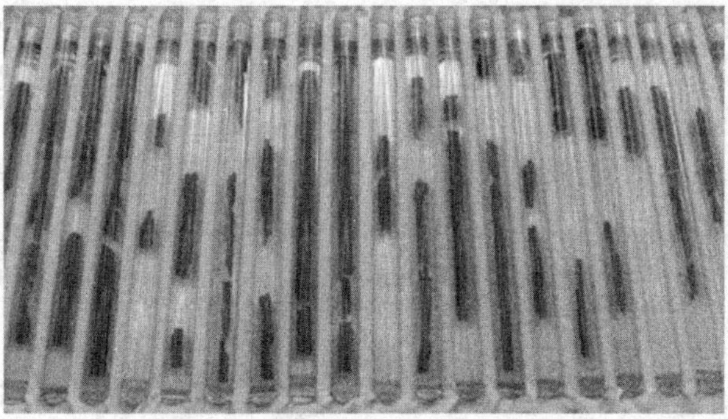
银雀山汉简

有人说，墓主人肯定是个将军。因为发现的竹简都是兵书，其中还有失传已久的、人们不断争论是否曾有过的《孙膑兵法》。秦始皇焚书，使得先秦文献付之一炬，后世人们只能不断寻求散落在民间的文献，每一次发现都激动人心。《孙膑兵法》在其他文献中都有相关介绍，可是却一直没有找到原文，人们都开始怀疑其真实性，直到两千年后的现代人方有幸看到这部书。特别是《孙子兵法》和《孙膑兵法》同墓出土，失传了近两千年的《孙膑兵法》重见天日，解决了历史上关于孙武与孙膑其人其书的千古论争。由于《孙膑兵法》的失传，致使孙武与孙膑、《孙子兵法》与《孙膑兵法》的关系混淆不清。后人或说《孙子兵法》源出于孙武，完成于后人；或说《孙子兵法》是孙武和孙膑两人所为；再者认为孙武即孙膑，是一个人。竹简兵书的出土，证实了孙武仕于吴，孙膑仕于齐；分别是春秋和战国人，孙膑乃孙武之后世子孙，二人各有兵法传世。

《孙子兵法》是中国古典军事文化遗产中的璀璨瑰宝，是中国优秀文化传统的重要组成部分。其内容博大精深，思想、逻辑缜密严谨。它大约成书于春秋末年，作者为春秋时期伟大军事家孙武。该书自问世以来，对中国古代军事学的发展产生了巨大而深远的影响，被人们尊奉为“兵经”“百世谈兵之祖”。历代兵学家、军事家无不从中汲取养料，用于指导战争实践和发展军事理论。三国时著名的政治家、军事家曹操第一个为《孙子兵法》做了系统的注解，为后人研究运用《孙子兵法》打开了方便之门。《孙子兵法》不仅是中国的谋略宝库，在世界上也久负盛名。8 世纪传入日本，18 世纪传入欧洲。现今已翻译成 29 种文字，在世界上广为流传。英国著名军事理论家利德尔向人透露：他的军事著作中所阐述的观点，其实在 2500

年前的《孙子兵法》中就可以找到。他也确实对孙武及其著作深感兴趣，不仅为《孙子兵法》英译本作序，还在自己的得意之作《战略论》前面大段引述孙武的格言。1991 年海湾战争中，美国海军陆战队军官都奉命携带一本《孙子兵法》，以便在战场上阅读。

《孙子兵法》历代都有著录，而银雀山汉墓出土的竹书《孙子兵法》为迄今最早的传世本，最真实地再现了作者的思想。后代传下的版本有多处改动，未能体现原貌，多是后人附会上去的，因此此次发现具有重要的历史意义。

银雀山汉简兵书的内容，除了鼎鼎大名的《孙子兵法》《孙膑兵法》外，还有《为国之过》《务过》《分土》《三乱三危》《地典》《善者》《五名五恭》《起师》《奇正》《将义》《六韬》《尉缭子》《守法守令》等篇；论兵的篇章有《将败》《将失》《十问》《略甲》《兵之恒失》《观法》《程兵》《将德》《将过》《曲将之法》《雄牝城》《五度九夺》《积疏》《选卒》《十阵》等，可以说就是个古代军事文献博物馆，如果其墓主人不是从军的将军，又如何会专门收集如此多的兵书。其次，要有能力收藏这样多的文献，这个人肯定具有比较高的地位，有财力去收藏，猜测墓主是个将军是有道理的。

另一种说法认为墓主可能只是个普通人而已。墓地留下的材料除了一批珍贵的古书外，实在太少了，我们几乎看不到作为将军应有的富丽、奢侈的随葬品，而且连兵器等随葬物品也没有发现。所以，有人就认为，墓主人是个藏书家。从汉简上书写的字体可以推断，藏书时间可能是汉初，而且说是秦末也未尝不可。这段时间社会动乱，民生凋零，几乎没有人会去特意藏书。从随葬品看，汉墓主人又没有什么显赫的身份，与大批藏书不符。那为何墓主又有众多书呢，原因可能是其祖上传下的，为免于战火和焚烧，于是埋入地下。据考，竹简可能比墓主更早就放置墓中了。

银雀山是我国先秦典籍的博物馆，保存这份珍贵材料的人却不知是谁，但我们仍然感谢他的遗赠。

## 汉委奴国王印是真的吗

1784年，在日本北九州地区博多湾志贺岛，一农夫在耕地时发现一枚刻有“汉委奴国王”5个字的金印。金印为纯金铸成，长宽各2.3厘米。这一发现震惊中日两国，因为如果是真的，它将证明中日远在汉代就有密切交流。而这对日本的意义更大，因为当时日本是相当落后荒蛮之地，社会还处于奴隶制早期，他们的历史还没有专门的史官记录，几乎不可考。这次发现可以说明他们在很早就有能力出海到达大汉国。

对中日交往作明确记载的是在《后汉书·东夷列传》：“建武中元二年（57）倭奴国奉贡朝贺，使人自称大夫，光武赐以印绶。”但这是否就是东汉光武帝赐给倭奴国王的那一枚印，日本学术界始终有争论。有人认为此印应为东汉光武帝所赐主印，即真印说。史书记载有此事应该不假，而且中国还发现了一枚“滇王印”可以作为此印的佐证。据《史记》载：“西南夷君长以百数，独夜郎滇受王印。”西汉时，夜郎古国及滇国均为西南夷中的强国，汉武帝为打通通向西域的商路，派使臣去滇国。滇王臣服汉室，汉武帝赐其“滇王之印”。1956年，云南晋宁区石寨山西汉古墓群中的一座滇王墓中发现“滇王之印”金印，印体方形，长宽各2.3厘米，高2.2厘米，蛇纽，阴刻篆体字。除上刻“滇王之印”四字与日本出土的“汉委奴国王”不同外，其他无论从外观、尺寸、字体形状等以及质地均同于日本的那一枚。

有人认为是日本人自己所刻，即假印说；还有人认为是日本人仿刻，即伪印说。这些看法，起始之因就在金印上所刻的是“委”而不是“倭”字。据《三国志·魏志·倭人传》对倭奴国的记载：“旧百余国，汉朝有朝见者，今使译所通30国。”这就是说，日本有100余个部落国，到三国时，已逐步合并为三十国，由邪马台国女王卑弥呼统治。据日本学者考证，这个“倭奴国”应读为“倭”的“奴国”，它就是《魏志·倭人传》所述女王治下约三十国之一的“奴国”，位于今九州福冈市附近。为何印章上却是“委”字。而且要说明当时日本使者是否来过中国还要有更多的证据，不能仅凭史书上一句话和一枚难辨真伪的印章，但这方面的材料却又只有这些。

这枚印章到底是不是真的呢，还不得而知，有待更明确的中日交流方面的记录。

### 丹丹乌里克千年古画描绘的是什么

唐代高僧玄奘在《大唐西域记》中记下了自己去天竺(今印度)取经途中的所见所闻，里边记载着许多奇闻逸事。千万不要以为这些故事是玄奘胡编乱造的，因为近代考古已经发现了这些神话传说的实物证明，这就是沉寂了1000多年之久的丹丹乌里克的千年画图。

丹丹乌里克位于新疆和田县东北部塔克拉玛干沙漠深处，玉龙喀什河畔。其遗址散落在低矮的沙丘之间，一群群古老的建筑物在沙漠中半露半掩着，残垣断壁随处可见，呜咽的风沙似乎在向人们诉说着昔日的辉煌。丹丹乌里克在唐代称梁榭城，属于当时的于阗国，是当时一个非常重要的佛教文化中心，印度文化源源不断地从外面注入，与当地文化本土文化和大唐文化相互融合，相生相长，形成了自己特有的文化风格。今天在那里发现的许多古代文书(有多种文字)、钱币、雕刻、绘画等文物，就有力地证明了这一点。

20世纪初，英国考古探险家斯坦因发现了几幅珍贵的唐代木版画和壁画，在世界美术界曾经轰动一时。这就是《鼠神图》《传丝公主》和《龙女图》。抛开其绘画风格和艺术价值不论，单就说其竟能与《大唐西域记》的某些记载完全一致，就够神奇的了。

先说《鼠神图》。据《大唐西域记》记载：于阗国都城西郊有一座鼠壤坟，传说里面的老鼠个个大如刺猬，领头的是一浑身金银色彩的硕鼠。但人们只是听祖辈们说过，谁也没有真正见过。有一次，匈奴数十万大军进犯于阗，恰巧就驻扎在了鼠壤坟旁。可怜于阗国小人少，只有数万兵力，哪里抵挡得住！于阗国王急得像热锅上的蚂蚁，实在走投无路，想起了传说中的神鼠，于是抱着侥幸心理摆出供品，向神鼠祭拜了一番。晚上，国王果真梦见一巨鼠，建议他第二日出兵，并许诺说必助其一臂之力。第二天交战时，匈奴军的弓弦、马鞍、军服之类不知什么时候都被老鼠咬断了,这样一来,自然丧失了战斗力。于阗军队大获全胜。为了感谢神鼠,国王就下令建造了神祠来供奉它。木版画《神鼠图》就画着一个头戴王冠的鼠头半身人像,在其身后还放射着椭圆形光环,威风凛凛地坐在两个侍从中间。或许,这就是传说中的鼠王吧!

木版画《传丝公主》画的是一个贵族模样的唐代妇女。只见她戴着高高的帽子,帽子里似乎藏有什么东西。在她两边都跪着侍女,左边那侍女左手还指着贵妇人的帽子。画板的一端画着一个篮子,装满了葡萄之类的小圆物。另一端还画着一个多面形的东西。这幅画是什么含义呢?它想向我们讲述怎样的故事呢?结合《大唐西域记》这个谜就水落石出了。原来,画上的贵妇人是唐代的一位公主,被皇帝许配给了于阗国王。于阗国那时没有蚕丝,国王于是恳求公主带蚕种过来。可是,当时中国严禁蚕丝出口,怎么办呢?这位聪明的公主就把蚕种藏在了帽子里,顺利出了关。如此说来,那画中篮里装的根本不是什么葡萄,而是蚕茧,而另一端画的则应是用来纺丝的纺车。相传这位公主是第一个把蚕桑业介绍到于阗的人,这么重要的人物和事件在艺术上有所表示是很合情合理的事。

关于《龙女图》的故事就更加充满浪漫色彩。与之相佐证,《大唐西域记》里有一则《龙女索夫》的记载。传说在于阗城东南有一条大河,原本浩浩荡荡,奔流不息,哺育着于阗国无数的农田。可不知怎么回事,河水竟然有一次断流了。这可把百姓们害苦了。听说这与河里的龙有关。国王于是在河边建了一座祠庙来祭祀,果真出现了一龙女,说她丈夫死了,以致如今无依无靠。要是国王能送她一个丈夫,水流就可以恢复。国王同意了,选了一个臣子,穿着白衣骑着白马跃入河中。从此,河里的水真的就再也没断过。了解了这个故事,再来欣赏这幅被称为古代东方绘画艺术杰作的壁画就不觉得怪异了。壁画的正中画着一名头梳高髻的裸女,佩戴着项圈、臂钏、手镯,身段婀娜多姿,亭亭玉立于莲花池中。左手抚乳右手置腹,欣喜而又羞涩地回头俯视着脚下的一个男童。这名男童也是赤身裸体,双手抱着裸女的腿,并仰视着她。根据古代佛教绘画神大人小的处理方式,很明显,裸女应该是龙女,而男童是她向人间求婚得来的新夫。

实物与史料获得惊人的统一,这在考古学上已不是什么新鲜事。但有的学者仍持有异议。他们认为对绘画内容的解释应该从佛教故事中寻求,而不能只停留于当时的世俗生活中。木版画和壁画的内容真是《大唐西域记》里所记载的内容吗?至今谁也说不清楚。

### 明代古海船有多大

明代开国几十年后,中国广州等沿海的大都市发展得十分繁荣。在经济获得良好的发展之后,发展海外交通和海外的贸易已经是十分迫切的事。明成祖也想利用对外活动,展示自己的实力,并建立自己的声望。因此,远航活动就势在必行了。要航海就要有能经受大风大浪的海船,明代能造出巨型海船吗?答案是肯定的,因为郑和七次下西洋都使用了巨型海船,并顺利出访远在地球另一边的国家。

不过据史书描述,郑和用的船却不是一般的大,而是惊人的大,明代真的能造出这样的船吗?

在郑和下西洋的船队中,有 5 种类型的船舶。第一种类型叫"宝船"。最大的宝船长 44 丈 4 尺,宽 18 丈,载重量 800 吨。这种船可容纳上千人,是当时世界上最大的船只。它的体式巍然,巨无匹敌。它的铁舵,须要二三百人才能举动。第二种叫"马船"。马船长 37 丈,宽 15 丈。第三种叫"粮船"。它长 28 丈,宽 12 丈。第四种叫"坐船",长 24 丈,宽 9 丈 4 尺。第五种叫"战船",长 18 丈,宽 6 丈 8 尺。

人们从这些原始记载里了解宝船的概貌,可是疑问也就从此产生了。船到底有多大?这是难解之谜。有的研究者把马欢记述的宝船尺度换算成现代公制,因明代的一尺相当于今天的 31 厘米,故宝船竟长达 138 米、宽为 56 米,这种巨型的木帆船,其排水量估计在 3 万吨左右,比现代国产万吨货轮还要大得多!宝船规模如此之大,引起了国内外学者的浓厚兴趣,这样在研究中便产生了一个疑问:如此大的"宝船"在明代可能出现吗?

第一种说法,他们相信史籍中关于宝船尺度的记载,他们认为,从历史渊源、明代生产技术水平、中国以及世界造船能力来看，出现郑和宝船那样的奇迹，并不是不可能的。汉朝时，我们已经是世界上最强大的海洋大国。我们的海上“丝绸之路”已经延伸到了波斯湾。中国是有航海传统的国家，郑和下西洋，不是一个偶然，而是一个必然，它是在我们前面航海传统上的延续。

郑和下西洋也需要造那么大的船，一是装载官军及应用物资的需要；二是装载赏赐品和贸易物资的需要；三是“欲耀兵异域，示中国富强”的需要。由此可见，不单是远洋航行的需要，特别是明朝政治上的耀兵、经济上示富的需要，促使郑和下西洋建造起这么大的船舶来。

郑和宝船与当时的其他船舶和现代船舶相比较，是很宽的。宽的船体对航行速度不利，为什么用于远洋的郑和宝船却如此之宽呢？原来，当时船舶均由木材建造，作为远洋航行的船只，就需要随带大量的人员和食品以及应付各种需要的财物，也就是说需要大的载重量和众多的舱室，而要增大载重量和舱室，就需要增加船长和船宽。船长了，抗击海水冲击的能力就会降低，而郑和船队远洋又常常会遇上狂风恶浪，因而航行速度在远洋航行中相比较却显得次要。所以说，造这样大的航海船是可能的。

今天已有比这更大的航空母舰，当时的巨轮材料是木制的，但集全国之力造出几只是可能的。

第二种观点，认为《明史》没错，船的大小却不同。他们说《明史》记载宝船尺度是可信的，只是其使用的尺度不一样。其使用的度量尺度与明代通用的尺度不同，明代通用尺寸一尺相当于现在的 31 厘米，而量古船的尺度为更古老的“七寸”尺，这种尺在上古是通行的，相当于 20 多厘米。不过即使这样，古船也是大得惊人，充分说明我国造船业的先进。

第三种观点，认为不会有那么大的船。他们认为，如果按照《明史》对古船的描述，古船竟然大到超越现代万吨巨轮，这显然不可能，因此，只能是史籍中的记载发生了错误。真正的史书已经被毁，《明史》本身的真实性受到怀疑，而且古人也一直有夸大的传统。

他们引用了南京静海寺出土的郑和下西洋残碑,碑文里说郑和船队为2000料或1500料的海船,据此推算,这种船只能是十几丈长宽而已。因此,郑和下西洋所乘宝船的尺寸,颇有可能是:长18丈,宽4.4丈,在明代有可能出现这样大小的船,但也不可能造得太多。

明代能否造出这么大的海船还有待考证,但是无疑我国当时的造船、航海技术是一流的。

## 第五节　神秘的宝藏

### 西汉黄金消失之谜

秦汉时,黄金为当时流通的主要货币,动辄赏赐、馈赠以千万计。秦汉黄金之多令后世惊奇,但令人奇怪的是,到了东汉年间,这些黄金突然消失,悄无声息地退出了流通领域,不仅在商品交换中以物物交换,而且以黄金赏赐也极少见。那么,西汉时巨量黄金到哪里去了呢?后世学者作了种种推测和考证。

一种认为是用于佛事。“后世黄金日少,金价亦日贵。盖由中土产金之地,已发掘净尽,而自佛教入中国后,塑像涂金,大而通都大邑,小而穷乡僻壤,无不有佛寺,无不用金涂。以天下计之,无虑几千万万。加以风俗侈靡,泥金写经,贴金作榜,积少成多,日消月耗。泥金涂金则不复还本,此所以日少一日也。”

一种认为东汉黄金数量减少,“是由于黄金的外流(赏赐外人)”,通过对外贸易,大量输出国外。

一种认为文书上所说的西汉巨量黄金其实并非真正的金,而是黄铜,因为从历史上看,从秦汉黄金开采量上看,从对外贸易看,西汉不可能冒出那么多黄金。人们惯以“金”称呼钱财,有可能把当时流通的铜称作“黄金”。

还有一种说法是埋葬于地下。唐任伍先生在《西汉巨量黄金消失之谜考》一文中指出，西汉巨量黄金入东汉后突然退出流通领域而消失，唯一的答案是一部分黄金作为各种金器金物随葬或遗落地下，另一部分则以金币形式随富商大贾和各级官吏而埋葬。

战国至西汉，商人以贱买贵卖手段集中了大量的黄金，而封建统治者则运用国家机器攫取占有了国家大部分黄金。人们纷纷贮存黄金，大批的黄金被这批人呆滞窖藏，如梁孝王死时，“藏府余黄金尚四十余万斤”，汉末王莽时，“时省中黄金万斤者为一匮，尚有六十匮，黄门、钩盾、藏府、中尚书、处处各有数匮”。

东汉时窖藏黄金者也大有人在，如董卓“筑坞于眉，坞中珍藏有金二三万斤，银八九万斤”。而且从后来出土的钱币看，中国历史上窖藏金银珍宝之量大确实惊人。

为什么他们贮存巨量黄金而没有用掉呢？一是掌握大量黄金的商人贮藏黄金以备用，二是西汉末年爆发了农民大起义，窖藏了大量黄金的富豪官吏，或死或逃，从而使其窖藏的黄金如纳粹德国隐藏的巨量黄金一样，无从可考。

不过，这些说法都是一家之言，关于这个问题的争论还远远未能停息。

## 南澳宝藏之谜

南澳岛位于中国广东省汕头市东部，南海和东海的交界处，被誉为“东方夏威夷”。这里除了美丽的风景，吸引人们的还有一个重要的原因，那就是藏在岛上将近一千年而从未被发现过的宝藏。

相传南澳岛上藏有富可敌国的巨大宝藏，金银珠宝不计其数。关于宝藏的说法从宋朝末年就开始在南澳岛流传，到了明代，又出现了海盗藏宝的传说。于是，一批又一批的寻宝者纷至沓来，但结果都一无所获。南澳岛上到底有没有宝藏？如果有宝藏的话，在这个面积仅 100 多平方千米的小岛上，这么多的财宝又会藏在哪里？

据专家研究，有关宋代宝藏的传说与南宋末年小皇帝南逃有关。七百多年前小皇帝赵昰和他的弟弟赵昺被元兵追杀，从临安一路向南逃，一直逃到了今天的南澳岛。一般说来，皇帝出逃都会携带大量的金银财宝，那么南澳岛传说中的宝藏，会不会就是这个逃亡中的小皇帝所遗留下来的呢？

在南澳岛东南部的云澳湾有一组雕像，雕像表现了南宋小皇帝赵昰兄弟与大臣陆秀夫等人在南澳岛生活的场景。不久前，当地旅游部门在为树立这组雕像群清理地基的时候，意外地发现了一个古建筑遗址。

据《南澳志》记载，南宋小皇帝赵昰和他的弟弟太子赵昺曾经在南澳岛居住了十五天，如果眼前这个地方是小皇帝居住过的太子楼的话，这就与民间的传说不谋而合，因为传说中的藏宝地就在离太子楼几十米远的一堆巨石中，但要想获取巨石中的宝藏，必须要破解这组摩崖石刻上的文字。

因年代久远，石壁剥蚀严重，现在巨石上总共留下了35个文字，而且字迹残缺不全，很难辨认，也几乎让人难以读懂。当地人讲，南宋末年逃亡南澳岛的小皇帝，眼看追兵步步逼近，决定在离开之前把一部分随身携带的金银珠宝留在南澳岛。为了日后能重新找回这些财宝，便在附近的石壁上刻下文字，既是记号，也是获取宝藏的秘诀。然而小皇帝离开南澳岛后不久，就在元军的追杀之下投海自尽了。于是宝藏就成了千古之谜。

就在距离石刻和太子楼遗址200米的海边，有一口古井，相传是南宋小皇帝逃到南澳岛时挖掘的，后人称作“宋井”。虽然古井与海水相隔咫尺，但井中涌出的却是甘甜的淡水。现在这口井已经成为当地一个旅游景点。当初在清理宋井的时候，文物部门发现了许多宋代瓷器碎片和宋代铜钱。考古证明，这一带正是当年南逃的南宋小皇帝居住和活动的地方。

那么，石壁上的神秘文字，是否能像阿里巴巴的“芝麻开门”一样，引领我们打开宝藏的大门呢？许多专家学者对这段摩崖石刻做出了种种猜测。南澳中学的一位历史教师张益欣先生认为，石刻是明末清初郑成功反清复明的檄文。泰国崇圣大学的郭伟川教授认为，该石刻的文字“非诗非文”，“应为经纬之言、扶乩之语”。南澳县博物馆馆长黄迎涛也提出了自己的看法：“传说中宝藏所处的乱石堆不是很高,占地也不过两百多平方米,但却很陡。我们还是在小雨中小心翼翼地爬上了巨石。这时在石崖的正下方,我们意外地发现了一条人工开凿的深沟。难道是以前曾有人盗过宝?”

虽然专家学者对摩崖石刻的含义众说纷纭。但今天的南澳人却更愿意相信这就是打开宝藏的秘诀。就在众多学者对石刻上的文字费尽心机的时候,南澳岛上另一个关于寻宝的谜语,也同样让专家学者绞尽脑汁。这就是“水涨淹不着,水涸淹三尺,箭三支,银三碟,金十八坛。”据说谁能破解这句谜语,谁就能找到明朝大海盗吴平的宝藏。

吴平是明朝嘉靖年间活跃在闽粤沿海最著名的海盗之一,他从倭寇劫掠起家,后来发展成一股强大的海上力量,势力范围远达台湾和东南亚。传说他善于潜水,能潜泳七八千米。在南澳岛的深澳镇,有一个吴平寨村,这是我们所见的第一个以海盗名字命名的村落。在寨内藏宝,有很大的可能性,因为易于看护。但生活在这里的渔民告诉我们,今天的吴平寨早已不是当年的寨子了。当年他们盖新房的时候,曾经看到过一些残存的围墙和石基废墟,但从来没有发现过任何宝藏的踪迹。由于吴平的势力越来越大,已经威胁到明朝对海防的控制,朝廷终于开始对吴平进行清剿。在今天南澳岛深澳镇的一块石碑上,就记载着那场战斗的经过:戚继光的背后突袭,使吴平全面溃败,不得不仓皇逃跑。于是,他多年来劫掠的金银珠宝,被迫遗留在了南澳岛。

离吴平寨不远处有个小岛,叫金银岛,说是岛,其实只是一个巨大的礁石堆。在岛上矗立着一位女子的雕像,据说就是吴平的妹妹。因为这个传说,金银岛现在成为南澳岛上一个著名的旅游景点。由于吴平妹妹的守财形象,游客到这里来都喜欢摸一摸她手中的元宝。据说谁要是摸了她手中的元宝谁就会招来财运。

不过,多少年过去了,到南澳岛上寻宝的人不计其数,但都一无所获。虽然仍无法解开南澳岛的藏宝之谜,但也正因为这个未解的藏宝之谜,使南澳岛美丽的风光平添了几许神秘的色彩,吸引着人们更多探询的目光。

## 张献忠宝藏之谜

古代中国的信用制度不发达，人们习惯于用窖藏的方式贮存财富。为了窖藏的安全，窖藏者都力求不使人知，甚至对亲人都要隐瞒。如果由于某种原因，他没有机会重新挖掘这笔财富，而又来不及将窖藏地点告诉他人就突然死去，窖藏的秘密就一直保持下去，除非有朝一日这秘密偶然被人发现。古往今来，发现窖藏的事不知有多少，今后也依然会有人继续发现。

明末农民军领袖张献忠东征西战，据蜀地建立大西政权。可是不久即被清王朝所灭。据传张献忠战败之前，将其亿万金银采取窖藏办法埋于四川，以备东山再起。但随着张献忠的战死，这个秘密也就一直没有揭开。

清朝文人的笔记、野史中也曾提到此事。成都一带还流传着"石牛和石鼓，银子万万五"的民谣。意思是说：只要找到锦江下的石牛和石鼓，就能找到张献忠窖藏的万万两银子。

记载张献忠窖藏的书有多种。吴伟业（梅村）在《鹿樵纪闻·献忠屠蜀》中说，顺治二年（1645 年），张献忠"用法移锦江，涸其流，穿数仞，实以精金及其他珍宝累万万，下土石筑之，然后决堤放水，名曰'锢金'"。彭孙贻《平寇志》卷十二引查继佐的话，也说张献忠"用法移锦江而涸其流，下穿数仞，实以黄金宝玉累亿万，杀人夫，下土石填之，然后决堤放水，名曰'水藏'"。两书中，一称"锢金"，一称"水藏"，当属于传闻异辞。彭遵泗《蜀碧》卷三也记有此事，作"锢金"，但没有提及窖藏的数量。

上述三书都是私家著作，而清朝官修《明史》的编撰者对这条史料也持肯定态度。《明史·张献忠传》说："又用法移锦江，涸而阙之，深数丈，埋金宝亿万计，然后决堤放流，名'水藏'，曰：'无为后人有也。'"经这样一记载，就更加被人们视为信史了。后来陈克家继他祖父陈鹤完成的《明纪》，也一字不易地抄录了这条史料。

垂涎这笔巨额财富的自然大有人在，连清朝政府也动过一番脑筋。《清文宗实录》卷八十九记载：道光十八年（1838 年），清政府曾派某道员到锦江实地勘察，因找不到窖藏的确切地点而中止。咸丰三年(1853年),翰林院编修陈泰初又旧事重提,由吏部尚书等代奏,呈请寻找这笔财宝。他说亲眼看到彭山、眉山居民捞到张献忠遗弃的银子,"其色黑暗",听说"曾经查出归官,尚存藩库,有案可核",以此来证明张献忠窖藏之事并非子虚乌有。当时正值太平天国革命高潮,清政府财政困难,咸丰皇帝于是动了心,命成都将军裕瑞"按照所呈各情形,悉心访察,是否能知其处,设法捞掘,博采舆论,酌量筹办"。但费尽心机,没能找到。

几百年来尽管不少人垂涎这笔巨宝,但都劳而无功。看来这笔财富又是一个新的"天朝国库"之谜了。

## 太平天国宝藏之谜

1864年,清朝湘军进入太平天国天京(今南京)后,烧杀奸淫,肆意抢掠,洗掠全城三日,可称得上是捞尽了地上浮财,因"历年以来,中外皆传洪逆(清统治者对洪秀全的蔑称)之富,金银如海,百货充盈",怀疑还有更多财宝窖藏在地下深处。

于是,曾国荃严审李秀成,曾国藩也派幕僚讯问李秀成,其中有一条问:"城中窖瘗金银能指出数处否?"李秀成就利用自述来对付曾国藩。他在自述里十分巧妙地作了委婉叙述,然后分别引出"国库无存银、米,家内无存金、银"的结论,搪塞了曾国藩。

天京城陷时,全城的口号是:"弗留半片烂布与妖(太平军对清兵的蔑称)享用!"但湘军仍然相信当时相传的天京"金银如海"之说,城陷之后,湘军到处掘窖,就是曾国藩在给朝廷的奏报里也公然提出"掘窖金"的话。其后南京民间还有太平天国窖金的事。直到辛亥革命以后,还有军阀要掘太平天国窖金发财。种种迹象表明,天京城应有窖金。太平天国在南京苦心经营十载,一直就有洪秀全窖藏金银财宝的传说。

攻打南京城的湘军十分相信这个说法,待到破城之日,湘军四处掘窖,曾国藩甚至还发布过"凡发掘贼馆窖金者,报官充公,违者治罪"的命令。湘军入城后,又有了曾九得窖金的传说,曾九是曾国藩之弟曾国荃(排行老九,故名)。其部队是最先进入天王府的，相传曾挖得洪秀全的藏金而入私囊，最终为毁灭证据，一把大火烧了天朝宫殿。清人有笔记记载，洪秀全的窖金中有一个翡翠西瓜是圆明园中传出来的，上有一裂缝，黑斑如子，红质如瓤，朗润鲜明，皆是浑然天成。这件宝贝后来居然在曾国荃手中。

当年，太平天国为了应付残酷的军事斗争，所有公私财产都必须统一集中到“圣库”（即国库），人们生活的必需品由圣库统一配给，百姓若有藏金一两或银五两以上的都要问斩。这种制度使得太平天国的财富高度集中，为窖藏提供了可能。“圣库”制度在太平天国后期“天京事变”后已名存实亡。

李秀成在临刑前的供状中说：“昔年虽有圣库之名，实系洪秀全之私藏，并非伪都之公币。王长兄（指洪秀全）、次兄（指杨秀清）且用穷刑峻法搜括各馆之银米。”这就说明天京事变后，太平天国政权由洪氏嫡系掌管，“圣库”财富已成洪秀全的“私藏”。而洪秀全进入天京后便脱离了群众，避居深宫，十年未出。如果没有其亲许，任何人都不能进入天王府，对其他异姓诸王更是猜忌日深。天王府成为他唯一信赖和感到安全的地方，如果要窖藏的话，最有可能就在天朝宫殿地下。

洪秀全建天朝宫殿时，是倾“全国”所有，掠各地宝物于宫内，其他王府也都藏金。据《淞沪随笔》记载：“城中四伪王府以及地窖，均已搜掘净尽。”虽然没有天朝宫殿窖金记载，曾国藩也向同治帝奏报否认天王府窖金之事，上报朝廷说除了二方“伪玉玺”和一方“金印”，别无所获。但在实际行动中，他听凭湘军掠取浮财。另有记载：“宫保曾中堂（指曾国藩）之太夫人，于三月初由金陵回籍（湖南），护送船只，约二百数十号。”如此多人，是护送窖金，还是其他重要物品？

当年湘军劫掠天王府时搜查得很仔细，甚至连秘密埋在天王府内的洪秀全遗体都被挖了出来，焚尸扬灰。一大批窖金怎会发现不了呢？但是，其实天王府并没有被全部毁掉，有不少还未烧尽，当年的核心建筑“金龙殿”依然存在，百年来，从来没有对其地下进行过勘查。“金龙殿”下边到底有些什么？天朝宫殿地下有没有藏金？这还真是个谜。

## 清王朝行宫宝藏之谜

清末，大清王朝已是风雨飘摇，原有的封建纲纪土崩瓦解，北京紫禁城内太监宫女偷窃文玩屡禁不止。清终后，废帝溥仪也加入了偷窃的行列，故宫文物因而流落民间者多矣。而此时，远在天边的宿迁皂河龙王庙行宫，僧人们也屡屡盗取宫中文玩变卖，据称当时行宫旁经常有古董商人光顾，行宫中珍藏的文物也就是从这个时候开始流散和毁坏的。

大型古建筑群"龙王庙行宫"位于江苏省宿迁市皂河镇，历经康熙、雍正、乾隆、嘉庆直至清末历朝修缮、扩建，规模宏大，雄伟壮丽，气象万千，吸引了众多观者。然而，游客们每每在赞美它的壮观之余，对于该行宫的缺失都会慨叹万千。天灾人祸，使这座本应堆金砌玉、满目繁华的皇家禁苑中，无数宝藏流失湮灭，让人扼腕长叹。

明清两代，一直都把河工、水运看作国家头等大事，而祭祀河神则被认为是水运畅通、御灾捍患的必要保障。在运、黄两河的沿线，祭祖河神、水神、龙神的祠宇很多。但其中规模最大的则是皂河龙王庙行宫。该庙始建于明初，自清以来逐代增饰，清帝多次亲临祭祖。庙中原有的匾额、碑刻、书画多出自清帝手，各殿中供奉神祉的陈设用具，无不遵循皇帝礼制，爵、豆、觚、尊，三设六供，一应俱全。一切银器、铜器乃至瓷器、玉器均为朝廷御赐，其他的木器、雕像、石刻、清供用品，其数量之丰，工艺之精，无不流光溢彩，精巧奢丽，远非一般民间庙宇所能比肩。

随着清朝皇帝多次临幸，加上岁时祭祖封赏，龙王庙行宫的珍藏不断增多，有些在今天看来价值连城的东西，在昔日行宫中都司空见惯。据行宫中最后一任方丈戒明和尚回忆，当时各殿神祉前供奉均用铜制宣德炉，总数不下三十个。按现在拍卖价格，每个宣德炉均在几十万元以上。

除正殿神像之外，僧人斋舍内供奉的都是一两尺高的鎏金铜佛。这种铜佛的价格如今约在三十万元左右。至于各种官窑瓷器，包括戒明在内的和尚们还俗以后，还都保留了许多，作为农家盆罐。而一件官窑青花瓷，如今卖上百万元已不是新闻了。另外像乾隆帝五次题诗的真迹,康熙、雍正所题的匾额、楹联、赞语,加上历年所接圣旨、御赐藏经计二百余件,俱由方丈亲自珍藏。

今天,站在这些金碧辉煌的殿阁楼台前,依稀还是往昔的香烟缭绕,而数百年的沧桑,已让繁华落尽。那些曾经让我们骄傲和景仰的文化遗产,那些琳琅满目的珍藏,大部分都已经散逸流失在一个个噩梦里。我们仅能凭着当地老人的回忆、蛛丝马迹的线索来追寻那些扑朔迷离的宝藏遗存。

民国初年,社会动荡,行宫几遭兵匪。如 1929 年,国民党岳继竣部队来宿迁镇压刀会,烧杀抢掠,肆无忌惮地抢劫走行宫中文物无数。其中一个营长还看中了龙王庙寺院慈善堂中供奉的一尊大型玉佛,指示手下将其抬走,谁知抬到镇中火神庙附近,却怎么也抬不动了。

镇中父老乘机求情,并说玉佛显灵了,不愿离开皂河。那军官有些害怕,只好作罢。而那玉佛一直放在火神庙里,新中国成立后火神庙一度成为文化活动中心,有人将玉佛放倒,坐在上面拉琴唱歌,后玉佛又被人掀翻到庙内池塘中。镇卫生院在此成立后,又在池塘处垫土,盖成了宿舍。

新中国成立后土地改革,龙王庙行宫的庙产湖田全被分给农民,僧人们坐吃山空,更加变卖庙中各种文玩古董。当时庙里一件红木条几,只卖二三元钱,一把硬木太师椅还卖不到一元钱。庙周围的农户中至今仍有人保存着当年购买的木器家具。

在此期间,最令人痛惜的是乾隆龙床的被毁。在临被赶出庙门的那个冬天,戒明方丈和几个小和尚到处找不到烧火的柴火了,能烧的已经烧完,总不能拆殿上的檀条吧,于是戒明只好狠狠心,亲手将龙床从后宫墙上取下(原来龙床是挂在后宫墙上的),用斧头劈开,当柴火烧火做饭了。

戒明生前每忆至此,自己也叹惜不已,据说那龙床极其熬火,做了近 10 天的饭才烧完。这和后来庙里的大禹王神像的遭遇是一样的。“文化大革命”前后,神像全被摧毁,泥塑的被捣掉,石雕的被砸碎,木刻的大禹王神像也被拉下神坛,用斧头劈坏，扔到了街东村部。村部冬天开会，天冷便劈一块神像来烧火，据说一烧满屋香气，一直烧了一个冬天才烧完。

离龙王庙行宫不远的北边有两座小庙，一为佛家，供观音，称观音堂；一为道教，供天后娘娘，称惠济祠。因道姑和尼姑都是女人，老百姓便统称两个庙都叫奶奶庙。龙王庙行宫被粮食部门征用后，汗牛充栋的经卷、碑帖都被运到了这里存放。当时奶奶庙正殿和两庑中都被塞满，无人过问。四周的农产起初都去扯回来当手纸，因为多是宣纸，毛边纸，纸质绵软，所以很受欢迎。后来渐渐发展到扯回烧锅，火旺而无烟，村民争先效仿，日久天长竟然用光了。街头村老会计一日做账，因无演算纸，想到奶奶庙拿些经本，可是一开门才知已是空空如也。

20 世纪 90 年代中期，原宿迁市文化部门在着手对龙王庙行宫进行新中国成立后第二次抢修的同时，也开始了对龙王庙原始文物流失去向的追寻工作。文博人员通过开座谈会，拜访知情者，下田头、进农户调查了解，取得了不少第一手资料。1997 年夏，在调查过程中，一个姓蒋的民间鼓乐艺人提供了一个线索。他在附近某镇的农具厂厂长家吹喇叭时，曾看过一座铁鼎，鼎上的铭文表明这是皂河龙王庙的遗物。该厂长自称是 1958 年大炼钢铁时，皂河镇卖给该农具厂的。文博人员非常兴奋。须知当年龙王庙行宫的铁鼎可算是宫中一绝，它以精铁铸就，两米多高，状如玲珑宝塔，雕龙刻凤，多层飞檐，烫金主顶，如果其能回归，无论是从文物保护角度，还是从行宫历史资料的研究角度，都将具有十分重大的意义。

在得到了有关部门同意后，文博人员决定正面接触该农具厂厂长。几次谈话，那厂长却一口咬定从未见过什么千斤铁鼎，并带着文博人员在厂区巡视了一番，的确不存在此物。

文博人员并不气馁，决定主动依靠当地的党组织，对该厂长加强国家文物法规知识的教育，经反复宣传，耐心说服，该厂长终于承认自己的确藏有龙王庙行宫的一件铁器，这是自己买断农具厂产权以后，从农具厂仓库中搬回家的。但这件铁器绝不是文博人员所说的千斤铁鼎，只是一个状如铁盆的东西，因为不认识就马虎地称之为鼎。

这是一个直径二尺左右的大型铁磬，呈盆状，四壁铸有铭文，为光绪年间皂河龙王庙方丈绪控监铸。文博人员试着敲击一下，音质悠长舒缓，非常优美，可谓保存完好。所有的文博人员都十分高兴，那厂长亲自开了卡车，运着铁磬，回到它阔别了四十年的龙王庙行宫。

1983 年，省市有关部门对皂河龙王庙行宫进行了新中国成立后首次大抢修。这个新闻在报端公布不久，当时的宿迁市文化部门就收到了一封来自上海闸北区的信。写信人自称新中国成立前在龙王庙行宫里做和尚，新中国成立后还俗，到上海做了一名普通工人，写信之时，已退休在家。

这名退休工人在信中讲述了这样一件事：在宿迁第二次解放的前夕（即 1948 年 6 月），当时做小和尚的他奉命和其他几位师兄弟，将庙内方丈珍藏的康熙、雍正、乾隆、嘉庆皇帝的御笔真迹、几大包圣旨，和一些当时认为价值较高的字画、账本等物品全装入箱中，埋入地下。信中指证，埋藏的地点是在后大殿内楼梯拐弯处的正下方，靠墙边向里第九块罗底砖下，中心深度五尺到六尺左右。

阅信后，县宣传部和文化部门大多数人都认为这是个无稽之谈。在当时的历史条件下，人们头脑中“左”的东西仍占据相当位置，另一方面，文物意识淡漠，认为此事即使是真的也不过是一些“封建糟粕”而已。但当时有一位负责新闻科的同志却留了心，他会同了当时负责文博工作的图书馆长，一同来到实地考察。

令他们失望的是，后大殿早已面目全非了。原大殿是重楼结构，但二楼被解放初期粮食部门拆掉，已不存在楼梯，所以楼梯拐弯处就无从找起。另外，地面上早已打上了厚厚的水泥层，第九块罗底砖就更无法确认。最重要的是：当时殿内满满地贮存了几百吨粮食，想见到地面都不可能，更别提挖五尺六尺了。所以，他们二人只好作罢。

直到 1999 年，省市文保部门决定对龙王庙行宫进行第三次大规模修复，而重修后大殿也在修复计划之内。恰巧，当年在宣传部工作的那位同志已是宿迁市主要领导之一，同时负责此项工作。他回想起当年的那封信，便明确指示，在这次修复过程中，一定要多方配合，注意寻找当年可能匿存的文物。

2000 年夏，皂河龙王庙行宫后大殿重修工程动工，地基挖掘工作刚刚到一半的时候，工地上便传来了鼓舞人心的好消息：施工人员在东墙根处挖出一块残破石碑。文博人员在清理现场后，没发现其他物品，便指挥工人小心翼翼地将石碑抬出。

经初步研究，这是块记载着龙王庙行宫当时庙产土地情况的记事碑。这块石碑的发现对于研究龙王庙行宫的源起、经济供给、发展状况，都具有很大的意义。

然而，接下来的施工过程，却给热切期待的人们泼了盆冷水。在历时两个月、深挖了近三米的地基清理过程中，文博人员及施工人员过滤普查了所有取出的土层，除了发现大量的瓦砾、瓷片、木炭、石灰等文化层之外，可谓一无所获，令人大失所望。

事后，建筑技术人员和县博物馆同志就此事作了认真分析。他们认为：即使没有发现上海来信中所说的“御书圣旨”之类的宝藏，也不能就认定当年的上海来信是凭空捏造。根据古建工程人员分析，尽管后大殿地基挖得很宽，涉及面很广，但毕竟殿中央地面仍没动土，说不定该宝藏正是埋在殿中央了。因为不是正式挖掘文物，所以不便专门深挖。根据博物馆人员的比较和分析，发现挖出的文化层中有大量的和此殿原地面建筑相一致的砖瓦石灰等建材碎片，这说明在 1957 年左右，粮食部门拆掉大殿上层时，已经挖掘过殿内地下部分了。也许，那批宝藏在当时已遭厄运了。

1998 年底，与皂河镇仅一河之隔的王官集镇某村的一位田姓老人，在临终前告诉他的儿子：他当年曾是龙王庙里的守门僧人，在 1948 年 6 月，他奉命和其他几位师兄弟，将庙里的银圆、银器和一部分金器收拾好，装入木箱中，埋在禅门前的大戏楼东侧。老人去世后，他的儿子立即将这一消息报告了刚刚组建的宿迁市博物馆。

馆里的同志非常重视，在征得有关领导的同意后，按照田姓老人所讲述的，找到了大戏楼的墙基遗址，在向东若干米，向北若干米的位置开始挖掘，挖了不长时间，就发现了松软的土层，还有一部分可能是用来做标记的石灰粉，但接着往下挖，便空空如也。

富有经验的古建筑队技术人员经认真检查后判断：这里已经被人盗挖过了，而且盗挖的时间起码在40年以上。也就是说：很有可能是当初参与埋藏的僧人，后来偷偷地盗走了这批宝藏。

### 铁山寺藏宝之谜

在历史悠久、风光独特的中国江苏省盱眙县铁山寺国家森林公园周围，长期以来一直流传着一个古刹宝藏的故事。

东汉末年，汉族出家的第一位僧侣严佛调到盱眙西南崇山峻岭间兴建铁山禅寺。因为严佛调乃汉桓帝、灵帝时在洛阳译经的安息僧安世高弟子，道行极高，因此慕名而来的信徒络绎不绝，铁山禅寺也随之成为闻名遐迩的天下名寺。

在众多来访者中，有一个人名叫张角。此人乃太平道的首领，自称“大贤良师”。太平道为道教一支，奉黄帝、老子为教祖。虽然张角的道教与严佛调的佛教并非同宗，但是他非常钦佩严佛调的才学与人品，故而不惜旅途劳顿，从遥远的冀州来到江苏盱眙铁山禅寺拜访严大师。二人一见如故，品茶对弈谈古论今，颇为投缘。

铁山寺牌坊

后来，张角以传道和治病为名，在农民中宣扬教义，进行秘密活动，并且鼓动农民起来推翻东汉王朝的统治。中平元年（公元184年，甲子年）初，张角成为黄巾起义的领袖，率领数十万起义军攻城夺邑，焚烧官府，取得了很大胜利。在这期间，张角在官方仓库里收罗了大量金银珠宝和古玩玉器。张角决定先将这笔巨额宝藏妥善收藏，为日后登基坐天下做个准备。

他吩咐手下一位姓张的副将，带领骑兵、工匠等人，日夜兼程押送数十马车珠宝来到铁山寺，并在一处密林里修建藏宝暗道，把那些价值连城的宝藏悉数埋入地下。因为铁山寺境内山高林密，很容易迷失方向，负责建造藏宝密道的工匠还特意绘制了一张藏宝图，并按张角的吩咐把此图交给了寺院住持严佛调保管。

张角的黄巾军由于各自为战，缺乏战斗经验，以致被东汉王朝集中兵力各个击破，最终导致失败。起义失败了，张角病故了，但是他埋藏于铁山寺的宝藏却并未被起用。

难道没有人打那笔巨额宝藏的主意吗？当然有，张角手下那位张副将就是其中的一员。话说那位长着三角眼蛤蟆嘴的张副将，得知张角已死，黄巾军大势已去，遂将那些当年与他一起进山埋宝的工匠、骑兵等人一一杀害，而后悄悄跑进铁山寺找到寺院住持严佛调，谎称是张角叫他来拿藏宝图的。

由于当时信息闭塞，严佛调并不知道张角已死，故而对张副将的话深信不疑。于是他从佛像后面的暗道里取出藏宝图交给了张副将。

藏宝图骗到手之后，张副将便按图寻找当年的埋宝之地。就在他走进那片神秘的埋宝密林之际，晴朗的天空突然乌云密布，天昏地暗，狂风大作，紧跟着就是电闪雷鸣，暴雨倾盆。

张副将被这突如其来的天气变化吓得面如土色，他赶紧跑到一棵大银杏树下，期望可以暂时躲避一下狂风暴雨。可是他做梦也没想到，他刚到树下，就被一个惊天炸雷击中了。随着那一声巨响，那棵百年银杏被一劈两半，躲在树下的张副将也随之一命呜呼。

这场暴雨还引发了一场罕见的森林火灾，大火烧了七七四十九天才慢慢地熄灭了。大火烧毁大片森林,也使张副将及他手中的藏宝图化为了灰烬。后来有许多人来此寻宝,而这些人中不乏当年参与埋宝的工匠、士兵的后裔,但是均无功而返,无果而终,因为铁山寺的面积太大,他们根本无法找到当初藏宝的具体位置。

铁山寺藏宝就这样成了一个千古不解之谜。

## 中山国宝藏之谜

阳光下,浩浩荡荡的狩猎队伍疾驰在山中,正追逐一只身受箭伤的狼,扬起的尘土遮天蔽日,奔逃的狼向路遇的东郭先生求救,被救之后却露出了它的狰狞面目。最终,一位路过的农夫设计将这只恶狼除掉了。这则脍炙人口的寓言故事,名叫《中山狼传》。

在弱肉强食的战国时代,千乘之国——中山曾与强邻燕、赵、魏、齐等大国抗衡,称王于太行山下。然而除了文学作品中恶名远扬的"中山狼",在浩如烟海的史籍中对它却仅有只言片语的记载,岁月的流逝为它蒙上了一层层厚重的面纱,以至被后人称之为"神秘的王国"。

### 1.太行山下的秘密

自石家庄向西北行30千米,在平山县三汲乡西陵山南面2千米的高地上,耸立着两座金字塔形的高大土丘。据故老相传,唐朝天寿太子辞京到此出家,后来皇帝派两位丞相来查访太子。丞相见到太子后请他回京,太子不愿而舍身跳崖。丞相在无法复命的情形下,也只好随同太子殉身。据说,附近一个名叫"访驾庄"的村子就是当年丞相访见太子的地方;而东陵山最高处的"望京楼",则是太子遥望京城的地方。

伤感的故事,随着岁月流逝。但传说毕竟不是真相,在这块厚厚的黄土之下究竟掩藏着什么样的秘密呢?

1973年寒冷的冬季,一个惊人的考古发现震惊世人——被岁月精心掩埋的千古秘密终于真相大白。考古工作者在这里共发掘了包括两座王墓在内的几十座战国时期的墓葬,调查、清理了灵寿城址,出土文物数以万计。这座墓葬的发现被誉为20世纪中国考古百项重大发现之一。

令人叹为观止的大量精品，镌刻在器物上的铭文，为史籍湮没已久的中山国提供了真实的资料，引领我们走进那段遥远的历史，探访那个勇武豪侠、钟鸣鼎食的国家……

2.被盗的中山王冢

墓上的封土很厚，像山一样高大，广植的树木如森林般茂密，屋宇似宫殿般壮观。经过2000多年风雨的侵蚀，中山国王墓依然还有南北长101米，东西宽90米，高达16米的土丘。

发掘工作从墓丘开始。20世纪使用的铁铲、铁锹、铁镐、双轮或独轮推车等工具，同出土的修墓工具相比较似乎并无太大的进步。依靠人力来移走这些墓丘封土，是一个枯燥而漫长的过程，考古工作队不得不雇用上百名附近的村民来完成这项工作。他们依次清理了耕土层、乱夯土层、乱瓦层和夯土台面。将封土和填土清理掉后，巨大的墓室呈现出来。墓室平面呈“中”字形，分椁室、东库、西库、东北库四个部分，并有南北双向墓道。墓室南面有一个平台，这里有两座车马坑、一座杂殉坑、一座葬船坑。墓室的东北和西北部还有6位陪葬者的坟墓。

深8.2米的椁室平面呈“亚”字形，最外一层为积石，具有鲜虞少数民族特色的积石墓。积石用的石料大小、形状不一，其中还有未曾加工的大河光石。这些杂乱的石料明显产地不一，应该是国王由各地征集而来。

使用这些杂乱而笨重的石料在深坑中向上垒砌是很困难的事，其间还填以容易滚动的卵石，这就更增加了砌筑的难度，说明当时构筑墓室的工匠具有相当高的技术水平和丰富的经验。

每壁积石有里外两层，四角用相互交错叠压。积石四周厚1.5~1.87米，上面与椁室口平齐。用这种方式来封闭四周和顶部是为了防盗，然而在入葬后不久便有了盗墓者的光顾，他们将盗洞一直打到椁室的北壁东段上部，将珍宝洗掠殆尽，并引发了一场大火，无情的火焰几乎将这里的一切都化为灰烬。

考古学家依据留下的蛛丝马迹大致推测其中的结构：积石之内是积炭层，此内是用宽厚各23厘米的方柏木垒起的厚约1.36米的题凑（这是战国时期王、侯所用的棺椁制度，且因地位的不同而有不同的使用厚度，按当时的尺制，题凑壁厚应当是王约6尺、侯为3尺），题凑室内正中放置木椁。椁内有五层木棺，最外两层为梓木棺；第三层为椴木棺，这是国君或具有相当地位的人才能使用的；最里面的第四、五层棺，是只有国王才能使用的。

在这里，显赫的王权、丰富的葬品，差不多都已经灰飞烟灭。面对这巨大的坑穴、无言的黄土，让人不禁生出无尽的沧桑感慨……

**3.陪葬坑的惊喜发现**

失望的考古队员将发掘的目光转向了陪葬坑。在这里，一次一次喜悦的发现，一次一次意外的收获，给了他们付出艰辛后的最好回报。

在战国时代的大墓中，设库室者极为罕见，这也是库室幸免被盗的原因吧。东库位于墓室内的东侧，主要随葬青铜生活用具。由腐朽的痕迹来看，随葬品当时是放在木制的大椁箱中，椁箱使用的木板厚度在12~13.7厘米之间，内外均涂上黑漆，椁箱盖板上还铺有苇席。在顶部还有一层圆形盖木来封闭库室。

西库位于墓室内西侧的南半部，随葬有礼乐器、玉石器和陶器。它的结构形式与东库相同，椁箱长5.5米、宽4.4米、高2.5米。东北库在墓室东侧的北部，这里的大椁箱在黑地上还绘有红白两色云雷纹、蟠虺纹。清理完毕未发现任何随葬遗物，究竟是原放之物已腐朽成泥还是根本未放任何物件呢？这些留给了人们一个永远也无法解开的谜。

外藏坑在整个墓地的南部，包括两个车马坑、一个杂殉坑和一个葬船坑。两个车马坑和一个杂殉坑共葬有车10辆、马30匹、颈带金银项圈的猎狗骨架2副，同时出土的还有兵器、便于拆装的帐篷构件等，由此来看还是一位喜爱田猎的君王。

葬船坑中一共有三小一大四条船，船上用于伎乐演奏的编钟、石磬、鼓等一应俱全，这是当时中原地区绝无仅有的将船用来随葬的现象。《吕氏春秋·先识》

载："中山之俗，以昼为夜，以夜继日，男女切倚，固无休息，康乐歌谣好悲……"民风如此，似乎国君也未能免俗，即使行船水上，也不忘歌舞相随。

4.灿烂的青铜文化

按照常理，最好的东西应该离主人最近，盗墓者在椁室中掠走的，应是整个墓中的精华，真难以想象：那部分精华会是什么样子呢？从出土的大量青铜器来看，中山国能吸取多方长处发展自己的文化。中山国的匠师们掌握了高度的青铜工艺技术。其青铜器不仅具有战国时期青铜器的一般特点，更兼具北方民族善于刻画动物形象以及用器便于流动携带的特点。

升鼎最高使用数是9件，只有王才有资格使用。古代不同等级使用鼎的数目和鼎内所盛的食物都有严格规定，中山王也不例外，在他的陵墓中同样出土了9件升鼎，它们按顺序排列，依次缩小。从外形和铜质来看，这9件鼎系临时拼凑合成而非同时铸成，这在同时期其他诸侯国是少有的现象。

九鼎中最大的首鼎重达60千克，这是中国目前所发现最大的战国时期铜铁合铸器物。它的最珍贵之处在于鼎壁上刻的77行共469字，这是迄今发现的战国时期铭文字数最多的铜器，刻有已逸失的中山国和战国时期的有关史料。九鼎的使用，反映出中山国已经接受并施行中原周朝的礼制，同时也有力地证明中山国已经跻身强国之列并且同周围的大国一起称王。但中山国的九鼎又与华夏诸国不同：九鼎形制成分不一，并非同时制成原配的一套，说明身为国君，对于反映和维护其统治地位的礼制执行得并非十分严格。

再根据鼎中残剩的腐朽肉泥分析，鼎内盛放的肉食与史书记载应放的食物有出入，没有最重要的牛肉而是史书不曾记载的马肉和狗肉。按礼书记载，升鼎只能用于陈设牲肉，并不用于烹煮，可是王九鼎中的首鼎却有烟炱和灶口痕。这些都有悖于中原礼制，说明中山国在发展进程中仍保留有游牧民族的痕迹，并没有严格遵循中原礼制。尤其是升鼎内放置马肉和狗肉，更直接地反映出游牧民族的生活习俗。

5.千年古酒

“酒，中山王喝的御酒！”一件青铜圆壶内盛的液体散发出浓郁的酒香。

哗然间，又有了一个惊世的发现。见识过无数稀世珍品的考古人员，此时也禁不住发出阵阵惊叹：“谁敢尝一尝，看看是什么味。”

盛在扁壶中的酒液大约剩下七八成，重6.7千克，呈浅翡翠绿色，清澈透明。另一种只剩半壶的酒为墨绿色，重3千克。

中山国的酒自古就享有盛誉，西晋左思在《魏都赋》中赞叹：“醇酎中山，沉湎千日。”许多同酒有关的历史记载或神话传说都少不了与中山发生联系。

古代传说“有酒千日醉”，在许多名酒之乡都有流传。《搜神记》写道：古代有个叫狄希的中山人，善造千日酒，饮了他的酒，能使人醉千日。一个名叫刘玄石的酒徒，慕名求酒，狄希便给了他一杯酒。玄石一饮而尽回家后醉死过去。3年后，狄希和玄石的家人挖坟破棺，果然见玄石醒来。

故事虽然可能有些夸张，但是却真实地反映出古代中山酒在当时所拥有的极高声誉和上佳品质。

清酒是古代酒中佳品，东汉郑玄在《周礼·酒正》注中说：“清酒，今中山冬酿接夏而成。”汉代的中山清酒需要半年时间才能酿成，说明中山酒对于酿造的季节和时间要求严格，所以其酒味醇厚，酒性浓烈。

墓内大量酒器中，未倾倒脱盖或器体未曾破裂的酒器里都有液体保存。经过科学鉴定和有关记载分析结果表明这两种酒都是用粮食酿造的。只是尽管密封得很好，但毕竟已深埋地下2300余年，酒精已经挥发得差不多了，只剩下万分之零点五。另外还含有乙醇、脂肪、糖等17种成分。

最令人感兴趣的是它美丽的颜色，是被铜锈染成的呢还是本来就有呢？化验时发现，酒中含有铜、铅、锡、银、镁、铝、锰等多种金属离子，这些都可能是酒呈绿色的原因。但是装有水的密封铜壶中，液体却不是绿色的，如果酒的绿色是金属离子造成的，那对水是否也应该同样有效呢？由于至今尚无科学论断，姑且就把绿色看成是当时的本色似乎更富于浪漫色彩。

墓中所出的古酒,不仅是中国考古发掘中第一次发现的实物酒,也是目前世界上第一次发现这样古老的实物酒。它不仅为研究中国酿酒历史提供了珍贵的实物资料,并与盛酒器相结合,也为研究当时的用酒制度提供了宝贵材料。

墓中藏酒,虽然经过两千多年,仍能散发出浓郁的醇香之气,足以说明当时造酒业之发达和制酒技术之高超。由此可以想见,中山人不仅继承和发展了中国传统的酿造技术,并使之提高到一个新的阶段。千年古酒证明了有关中山人造酒的神话传说绝非偶然形成。

**6.陶制礼器**

压划纹磨光黑陶,是专为殉葬特制的冥器(也称鬼器,是古代专为死者随葬而用陶、铜、石、木等材料制作的器物)。它们的造型非常典雅端庄,纹饰匀称流畅,做工精细考究,在我国古陶中极为少见。

胎质是灰褐色的灰陶。陶土较细,但烧制火候较低,胎质松软。器物轮旋痕十分明显,而且器上所需大小形状一致的附件,如盖钮、器耳、器足等,则用模制;表现动物形象的部分,如飞鸟、鸭首等,为雕琢成形。一件器物的主体和附件分别制成,再黏合一起构成一个完整器物。

这批黑陶虽表面光亮如漆,灰褐色的陶体是用了什么神奇的方法才变成眼前这样既黑又亮、纹饰多姿的外表呢?

奥秘就在于一个很费陶工时间与精力的工序之中。光亮的表面是当陶坯半干时,陶工用硬度较大而光滑的器具反复压磨而成。花纹是用硬度大、尖细而光滑的器具在湿涩的胎面压磨、将图案花纹压成光亮的暗纹而成。所以在磨光和压划纹处至今用手轻轻仔细抚摸和观察仍可发现均有压沟痕迹。然后,把陶坯入窑烧制,将要烧成时再采用浓烟熏染的特殊工艺,最终,有花纹的部位又黑又亮,花纹下的底子却黑而不亮,形成一种典雅娴静的特殊艺术效果。

黑陶鼎的造型仿铜鼎式样。鼎盖花纹规矩细致;第一层为云纹、菱形纹内填波折纹组成的纹饰;第二三层为光亮带和压划的内填波折纹的三角纹,显得规矩而整齐。鼎腹中心装饰着一周六组变形兽纹。头部昂起,双目圆睁,长尾上扬,四蹄腾空,似乎正在快速奔跑。兽纹用压划手法制成,以打磨光亮的黑线作为花纹轮廓,身体和尾巴上填以细细的波折纹。黑亮的兽纹衬托在黑色的地面上,使这些活泼的小生灵显得神采飞扬。

眼前这些专为中山王死后制作的黑陶都如此精美,他活着时使用的器物又该华丽到什么程度呢?

**7.让人目眩的玉器**

中山王对于玉器极为钟爱,这一点我们从其陵墓出土物中就可以看出。墓中一共出土随葬玉器 681 件。还未包括棺椁内相当数量被盗走的和其世妇、嫔、妻、妾等陪葬墓出土的玉器。如此庞大的玉器数量,足见中山王对玉的珍爱程度与同期中原诸国相比,有过之而无不及。最为有趣的是,他甚至让人连加工所剩的边角料、残器改制品也都放到了墓内。

墓中出土的玉器品种极为丰富,有专为安葬所制的,也有其生前长期收藏的,代表了当时玉器设计、琢制的最高水平。站在这些玉器面前,玉匠的大胆创新和自由变形仍然能够深深地感染着每一位观者。

白狄族在王时主流已然华夏化,但在意识形态、审美情趣等诸多方面,仍然或多或少地留有过去游牧民族的遗痕。一个很明显的例证就是,某些玉器的造型、装饰、风格都有别于中原华夏诸国。

墓中 17 件小巧精致的玉兽,均用墨玉琢制,体态相似,但由于玉色黑白相杂,又显出不同个性。身形似蛙,昂首蹲伏,一副随时准备跳跃而起的样子,此种小兽于其他战国墓中还未见到。

专为王死后葬尸所用的玉器中有 189 枚玉片,均单面抛光或雕琢纹样,因此应是镶贴于棺椁外起装饰作用的。这些玉片用和阗玉制成,形状各异,整体纹样十分简洁,注重布局的匀称,隐起的雕琢技法所产生的半浮雕效果,给人以呼之欲出的感觉,营造出一种既神秘又气势非凡的艺术氛围。有一种圆形玉片,是用青玉琢制的,其厚度仅仅只有0.2厘米。在稍稍凸起的正面,中心雕琢涡纹,周围为宽莲瓣纹。在薄如纸的玉片上琢刻如此细致工整的图案,中山工匠的高超制玉工艺由此可见一斑。

藏玉中,还有22件用毛笔蘸墨写有文字的玉器,技艺娴熟,具有很高的书法水平。文字虽然简单,但却是研究有关历史的重要材料。玉人是用玉片雕成的,极具特色。最高4厘米,最矮仅2.5厘米的小玉人的用途又是什么呢?

考古资料表明,中山国在春秋时期还存在着人殉现象,且殉葬者多为婢、妾之属,到了战国时期人殉制度才逐渐废除,然而作为一种长期形成的丧葬观念不会一下子就彻底根除,因此出现了人殉的替代品,这些玉人当属此类,随同其他大量珍贵物品一起埋入墓地,充任着婢、妾、仆佣的角色,以便墓主人在幽冥中能继续过着呼奴唤婢、奢侈豪华的生活。

### 8.千古第一图

古人也有建筑设计图吗?如果有,他们的图又是什么样子的呢?椁室的铜版兆域图给了我们答案。

这是一幅用正投影法制成的陵墓建筑平面规划设计图,重32.1千克,因在墓中经火焚和压砸而破裂,有的地方已凹凸变形。正面用金银片条镶嵌实线构成图形,并附文字注明各部分名称、面积、间距和国王的诏命。文字和镶嵌图形的沟槽与铜版是同模铸成。

如此巨大面积的铜版在当时条件下一次浇铸成功,单从技术角度考虑已绝非易事,再同时铸出文字并预留出嵌图的沟槽,就更增加了这项工程的难度。

兆域图最外两周图线上注文“中宫垣”“内宫垣”,这是墓地的两道围墙。下方沿内宫垣处等距离用银片嵌出四座大小形状相同的宫室图线,自左至右依次是:诏宗宫、正奎宫、执帛宫和大将宫。

这些名称对于今天的人来说陌生得有些不知所云,据学者考证,它们是陵园中主持祭祀礼仪、主管祭祀清洁、主管祭祀用物和看守陵墓官员所用的宫室。第三周线平面呈“凸”字形，以细银线构成，线上注文“丘次”，也就是王陵上面封土丘的底边线。

9.谜团还有很多

对于上面的这些发现，考古学家们认为仅仅只是揭开了古中山神秘面纱的一角。他们的祖先是哪个民族？他们最终又到了何方？被盗的宝藏最终流落到了哪里？

众多的谜团依然难解，等待着人们的进一步发掘、探究。

## 楼兰宝藏之谜

楼兰，位于中国新疆罗布泊附近，曾经是丝绸之路上的耀眼明珠和著名绿洲，佛教文化鼎盛之邦。它是怎样神秘消失的，至今仍是一个未解之谜。19 世纪末 20 世纪初，随着西方探险家的到来，它静谧的时空被打乱，神秘的面纱被撩开，但同时也揭开了它被污辱的历史。

中国史籍中最早关于楼兰王国的具体记载，见于《史记·大宛列传》。根据记载，我们知道楼兰是一个西域小国，建国于盐泽边上，有城郭，然而“兵弱易去”。这里的“盐泽”，指的是罗布泊。到汉代史学家班固撰写《汉书》时，楼兰王国有 1570 户人家，共 14100 口人，国都名“打泥”。《汉书》进一步介绍了楼兰的生态环境：“地沙卤少田，寄田仰谷分国。国出玉，多葭苇（芦苇）、柽柳（红柳）、胡桐（胡杨）、白草（芨芨）。民随畜牧，逐水草。有驴马，多骆驼。能作兵，与婼羌同。”

汉昭帝时，楼兰改国名为鄯善，并请求朝廷驻军伊循。昭帝便在伊循城置都尉，行屯田。从此楼兰便成为中央政府控制西域的战略支点。东汉时，楼兰在丝绸之路上依然占据着重要的位置。东汉政府在楼兰大规模屯田，开发楼兰。此后直至魏晋累几百年之久，楼兰一直是内地通往西域的重要交通枢纽，再后来，楼兰便很少见于史载，逐渐地神秘消失了。

19 世纪中叶至 20 世纪初，在位于亚洲北部，一向寂寞荒凉、杳无人迹的塔克拉玛干沙漠之中,不时地闪现出西方冒险家的匆匆身影。这使得这片广袤数万里、一直湮没无闻的区域,一时为世人所瞩目。沉寂在沙海之中千百年前的古代绿洲遗址,逐渐被这些探险者所发现,一队队行色匆匆的驼队,打破了沉寂千年的大漠。

1895~1896年,瑞典人斯文·赫定沿克里雅河穿越塔克拉玛干沙漠,到达罗布泊地区,沿途进行了艰苦然而极富收获的地质学、生物学和古代文物遗迹的考察,初步摸清了塔克拉玛干沙漠中重要古代遗址的大致情况。

1899年9月,斯文·赫定开始了他的第二次塔克拉玛干之行。这次中亚探险得到了瑞典国王美斯卡和百万富翁伊曼纽尔·诺贝尔的资助。

斯文·赫定在空寂而清冷的蜡羌县(今蓿羌)稍做停留,便继续向塔克拉玛干东端的罗布泊沙漠前进。1900年2月29日,一个戏剧性的情节,导致了一个非常重要的古代城址的发现。赫定一行抵达罗布泊北岸后,来到一处看来可打出淡水的地方,决定掘井取水时,发现唯一的铁铲丢失了,随同的一名向导被派回原路去寻找。此时暮色迫近,饥饿的向导寻得铁铲后连夜返回,不料路上狂风大作,漫天的风沙使饥肠辘辘的他无法前行。沙暴过后,在他眼前突然出现了高大的泥塔和层叠不断的房屋,一座古城奇迹般地显露出它的面容。向导将这一发现做了汇报。斯文·赫定立刻来到这里。当他亲手从遗址中找出了几件精美的木雕时,他异常兴奋,断定这是个非常重要的古城遗址。赫定后来回忆说:“铲子是何等幸运,不然我绝不会回到那古城,实现这好像有定数似的重要发现,使亚洲中部的古代史得到不曾预料的新光明!”

1901年3月,斯文·赫定对这座古城进行了发掘。他迫不及待地发出了悬赏,若是有人能最先找到任何形式的人类文字,便重重有赏,发掘现场不断有小块毛毡、红布、棕色发辫、钱币、陶片等出土。随着发掘的不断展开,终于有大批的汉文、回鹘文木简、纸文书和一些粟特文书以及精美绝伦的丝、毛织品,别具风格的木雕饰件出土。古城遗址面积很大,比斯文·赫定以前到过的各个古城都更丰富,建有官署、寺庙、僧舍、瞭望塔、马棚和街市,在城外,与之相关联的遗址还相当多。最具趣味的是,在古城附近,还能清楚地看到一条东西向的官道,那显然就是张骞、班超路经的古丝绸之路。也许是建筑基址起了一个固沙作用,附近的土地都已被千年朔风切割得远低于地面达数米,仅有这个楼兰古城,仿佛建筑在一块雅丹的顶部。

整整一个星期,斯文·赫定除了进行发掘外,还调查了古城的寺院遗址和居住遗址。他发现古城出土的简牍上多次出现“Kroraina”一词,根据在遗址内发现的汉文简牍将此城称为楼兰,因而推定楼兰是“Kroraina”的译音。

3 月 10 日,斯文·赫定心满意足地带领满载包裹的驼队离开了古城。斯文·赫定后来在他的学术报告《1899-1902 年中亚科学考察成果》第二卷《罗布淖尔》中,曾这样抒写自己在罗布泊的感受:“这里的景物一片死寂,就像来到了月球。看不到一枚落叶,看不到一只动物的足迹,仿佛人类从未涉足于此。”

在新疆探险史上,名声、影响、地位与斯文·赫定大致相称的是英籍匈牙利人奥利尔·斯坦因。

1900 年开始赴西域探险时,斯坦因正在印度旁遮普邦任学监。19 世纪末正是地理大发现的余波——从事中亚探险的准备阶段,久在与新疆相邻的印度任职,使斯坦因在起步前就处在一个有利的位置上。

当斯坦因手不释卷地拜读了斯文·赫定几年前探索西域,并获得重要成果后出版的《穿越亚洲》后,立即产生了步斯文·赫定后尘,赴中国探险的冲动。

1900 年,斯坦因利用年假,自筹资金,开始了他的第一次西域探险之旅。这一次,他的目标非常明确,按照斯文·赫定的探险记录,重走和考察斯文·赫定的发现,只不过他做得更细致、更彻底。但也有意外收获,就是他找到了尼雅古城的精绝故地,并发掘和窃取了大量的回鹘文字木简或木牍。

当获悉斯文·赫定找到了楼兰古城时,斯坦因凭借直觉立刻断定楼兰古城附近还会有未被探访的其他遗址,于是他便着手准备第二次中亚探险。

1906 年 4 月,斯坦因开始了第二次中亚考察,目的为调查“赫定 1900 年那次难忘的探险所发现的罗布淖尔北面的遗址”。此时,斯坦因还获知了德国探险队的勒柯克和法国探险队都将要进入塔克拉玛干沙漠寻宝的消息。他认为罗布淖尔也是其他探险队瞄准的靶子,他要赶在其他人之前到达那里。

在对喀什、和田、尼雅、安得悦等遗址进行考察窃取之后，他于当年12月初到达了若羌，随即开始了对楼兰遗址的探险。

在凑齐了当地所能找到的所有骆驼之后，斯坦因带上五十余名雇工，踏上了去楼兰的征途。

12月17日，斯文·赫定在图上标注的楼兰遗址开始出现在斯坦因面前了。硕大的率堵坡遗址在瑟瑟的寒风中巍然矗立，使得空旷的沙漠更显得荒凉、寂静。斯坦因在它的脚下扎下了帐篷，第二天即开始了发掘。

斯坦因记述中写道："我所有的努力都是值得的。我们清理的一连串遗址所得到的，要比我对遗址的数量或保存完好程度所期望的还要多。地面受到了严重的侵蚀，最沉重的大梁木也被破坏殆尽。这个甚至比尼雅遗址还小的古代居民点处于交通干线上，目睹了贸易的兴盛，所以构成主要遗址的一打左右的房间中，每一间都出土有丰富的文书……仅一个巨大坚实的垃圾堆中就有二百多件写在木头和纸上的汉文、回鹘文书，各个遗址中出土的回鹘文书足以决定性地证明，这里也像尼雅一样，当地的官方语言是一种古老的普拉克特语。公元3世纪印度影响到达如此远的东方是一个新的重要事实，具有广泛的历史意义。所有艺术品和丝织品与尼雅发现物有着惊人的相似。犍陀罗风格在所有的木雕与浮雕中颇为流行。发现物种类并不丰富，只装了一骆驼或两骆驼的建筑木雕、漂亮的毛毯碎片、刷漆的家具、妇女精美的绣鞋、青铜艺术等，但这点东西足以代表……"

楼兰古城位于罗布泊西北，距罗布泊约28千米，其地理坐标是东经89°55′22″，北纬40°29′55″。古城的四周大多是风蚀的雅丹地貌。遗址在两条古河道的中间，古河道是双向注入罗布泊的河流，古城中间有一条水渠与这两条古河道相连，从西北向东南斜穿古城遗址。

楼兰古城的平面略呈长方形。若以复原的城墙计算，东城墙长约333.5米，南城墙长约329米，西城墙和北城墙均长约327米。面积达10余万平方米。南城墙和北城墙因顺东北风势，故保存较长，而东城墙和西城墙因受东北风的强烈风蚀，保存很差。

古城城墙用新土与红柳枝或芦苇间杂建筑，红柳枝层20~30厘米，粉土层则厚薄不一。

楼兰城内的建筑遗迹，若以斜穿城址的水渠为界，可大致分成东、西两部分。东部主要残留四座建筑遗迹：佛塔与三处房址。佛塔采用夯筑方法，呈八角形，用土坯砌筑，塔身内有桩木。

比较集中的房址有三处：在佛塔东南约60米的台地上，尚可见有三间房室残迹，地表周围还可见到许多散布的木框构件，以及用红柳枝编织的涂泥的残墙。

城内渠道之西遗迹较密集，在楼兰城中略西南处，建筑遗迹规模最大。这是一座大院落，残存房间六个。在西城墙下，也有一组较大的建筑，是由许多房间组成的一组建筑。在城西侧的北郊和南郊也有大量的建筑遗迹，可见，在楼兰城被废弃之前，城内建筑是非常密集的。

斯坦因在城中发掘的一处范围近100平方米的垃圾堆，埋藏着大量汉文简牍和少量的回鹘文简牍，以及陶、铜、木器、漆器、丝、毛织品等。

从出土的汉文简牍分析，城中西南的大院落为长史衙署遗址，其附近为长史衙署的附属建筑。建筑形式一部分具有内地建筑的特点，一部分则保持了当地的建筑形式。城内渠道之东的一组房屋建筑，规模宏伟，是高级官吏邸宅和客馆。散布在城内的其他建筑，可能是当地土著与汉族的寄居区，而南城似乎为军事驻地。

斯坦因指挥民工和助手们在古城夜以继日地挖掘了十余天，获得了大批文书、简牍，仅在一个垃圾堆中就挖出二百余件写在木片和纸上的汉文、回鹘文文书，“其上面所记载的日期表明了这个神秘之城大约是在公元3世纪至4世纪时就被废弃了。”

迎着晨风，站立在斯文·赫定发掘过的官署遗址内，斯坦因体验了一下这位瑞典人当时的心境。他甚至发现了斯文·赫定在1901年遗失的一把金属卷尺！后来，他在伦敦英国皇家地理学会举行的一次宴会上将它还给了赫定。

当斯坦因伫立在窣堵坡（佛塔）遗址的高处，打量这座异常荒凉而又至为珍贵的遗址时，仿佛是在体验着岁月的魔力所创造的悲凉。眼前的一切，几乎使人难以

楼兰古城遗址

相信,过去这里曾孕育了一个充满生机和繁荣的社会。

当发掘进入最后几日,处境逐渐艰难起来,从外面带来的雇工连续患病,淡水也越来越少。12月29日,斯坦因决定离开这里,向敦煌进发。这天早上,骆驼队装满了楼兰的“发掘品”,在寒冷的东北风中,离开了楼兰。

楼兰是一座早已失去繁华的古城,甚至连它那令人倾心的名字也已消失了。楼兰古城在古代又称磨朗、密远,靠近今天的青新公路,南临楼兰河,处在自敦煌沿疏勒河到楼兰、昆仑山北麓西行的古丝绸之路南道上,是著名的伊循屯垦古城遗址。

楼兰古城是楼兰国最早的王城。始建于东汉时期。公元5世纪中后期,因楼兰国为丁零(高车)所破,民众尽散,城池废弃,其地为吐谷浑所占。唐初,吐蕃势力进入西域,讨伐吐谷浑,随之占据了此地。

早在公元前77年,楼兰国内发生事变,汉王朝册封的新王因久不在国内,担心继位后统治国家力不从心,于是,请求汉兵到伊循城(楼兰)屯垦戍边,楼兰自此繁荣起来。据斯文·赫定在楼兰发现的有关文书记载,楼兰周围有军事扰乱和战争的威胁,而驻守楼兰的官兵却忠于职守,拼死保城。兵士们照常给朋友们写信,丝毫不为即将到来的危险所惊扰。赫定感叹道:“这些中国人用这样大的毅力和勇气竭尽他们的责任,真令人感慨不已。由此可以看到这个奇异的民族是怎样统治半壁亚洲的。这并不是幻想力的创造物,也不是诗,这是赤裸裸的事实。”直到后来他还“高兴地梦想着它的伟大”,并自问:“我很奇怪,我们瑞典怎么就没有一块比我在楼兰发现的竹简和纸片更古老的石头?”就在楼兰古城彻底荒芜之时,楼兰屯田戍堡则空前强盛,不仅富庶而且安全,于是近在咫尺的楼兰屯田戍堡,就成了逃离点和接纳点。这或许可以为探索楼兰消失之谜打开一个窗口。

1907 年新年伊始,斯坦因在去敦煌之前,发现了“从未报道过、完全出乎意外”的楼兰壁画。后来他记述道,他在去楼兰的路上感到神秘和荒凉,其神秘就在于它与世隔绝,数个世纪以来从来没人去打扰。更令他激动的是出土了“一堆藏文文书。它们是从守卫着玄奘和马可·波罗都走过的去沙洲路上的古堡垒里出土的”。早些时候,他曾中止挖掘,奔向楼兰,现在他回来了。他在给朋友的信中描绘了楼兰丰饶的文物:“比藏文书更让人感兴趣的是一打一打的藏族漆皮鱼鳞战甲残片。各种残片都有,也许能制成一套战甲……”

“我一直认为堡垒附近一些宝塔和寺院建得更早些,我所希望的事被一种使人眼睛一亮的发现所证实。从一座破坏严重的寺院里,我找到了几个完好的涂垩粉的头像,与热瓦克发现物相比一样好或更好些。其中一些体积庞大,运输不安全,但我希望另一些能完整地运到你那里。同一寺院还出土了约公元 300 年的贝叶书,我还是第一次发现这种书写材料。”他一口气挖掘出的一件又一件稀世珍宝,足以使斯坦因富甲天下了。然而,他做梦也没想到,更大的幸运像天使般向他飞来。

这天,他来到一座大佛寺,在长方形的基座走廊上,发现了一个呈穹顶的圆形建筑。在这里他意外地看见了美丽的壁画——带翼天使的头像。其绘画时间,斯坦因断定不会早于亚历山大之前。他认为:“在我看来,壁画的整个构思和眼睛等表现,纯粹是西方式的。残存的带有回鹘文的题记的祷文绸带,高度可信地说明,这座寺院废弃于公元 3 至 4 世纪。”他终于找到了渴望已久的与尼雅同时期的绘画作品。

此外,他还找到了从上面滑落下来的大片壁画残片。移动这些壁画残片中最精美的一些天使像成了很棘手的问题。“我整天忙于包装这些又松又脆的壁画。幸运的是树林很近足以供应木头做箱子,还有芦苇等做填充材料。”

2 月 5 日,斯坦因在另一个围绕宝塔的穹顶寺庙的墙上发现了精美的壁画。“其外侧已变成一堆不成形状的残骸。只是部分上部板片和下面的护墙板没遭破坏,但这些均堪列入最好的犍陀罗雕刻品之列。持花的蒲蒂和周围装饰的快乐的男青年和其间的女郎头像,看起来是希腊—罗马式的,这是一幅多么好的中国边疆佛教寺院里的喜悦的生活场景。"他还以轻松顽皮的语调描述了这个场面:"这些漂亮的女郎从哪里得到玫瑰花冠? 这些男青年哪来的酒杯和酒碗? 这一切奇怪得像是用魔法在卡尔顿周围创造出了沙漠及其滚滚的沙丘,而一伙迟到的饮宴者正在为之惊奇。"

斯坦因原计划在楼兰挖掘四天或五天,但实际却呆了18天。盗取的文物之多令人惊诧不已。特别是"带翼天使"的发现令他激动不已:"这真是伟大的发现!世界上最早的安琪儿在这里找到了。她们大概在两千年前就飞到中国来了。"楼兰壁画是新疆境内保存最古老的壁画之一,这里的"带翼天使"可以说是古罗马艺术向东方传播的最远点。

驱赶着六峰装载着楼兰文物的骆驼,斯坦因心满意足地离开了这里。

1914年1月,第三次中亚探险考察的斯坦因再次来到楼兰,他对这个令他魂牵梦绕的神秘古城仍心存幻想,幻想着攫取更丰富的、令人痴迷的文物。

同年2月10日,斯坦因率领大批驼队在天黑时抵达楼兰遗址。此刻,这位身材矮小的探险家,由于前两次塔里木盆地探险"功绩卓著",而在1912年夏季被印度的英国总督授予印度帝国高级骑士头衔。授爵仪式于10月12日在克什米尔的斯利那加举行,也是在此地,斯坦因将前两次考察的情况整理出来,并将报告定名为《两战》,与第一次探险时相比,斯坦因此时颇有功成名就的得意感。

当功成名就的斯坦因开始他的第三次考察时,他已完全受到了一种与以往历次考察完全不同的意识观念和心态的影响。

在接近楼兰遗址的沙漠中,斯坦因又找到了几处古代遗址。城墙由树枝和泥土混合筑成,他们在那里清理出了许多建筑木构件和其他钢铁之物。在另一处比较小的堡垒附近,斯坦因又发现了一些用婆罗谜文、汉文等书写的简牍。他认为这几处遗址大都是公元4世纪初叶以前的建筑。

斯坦因在楼兰遗址清理了一段时间后,将工作重点转移至距楼兰遗址约6.5

千米的一处孤立的台地上。在那儿,他们找到了一批古代墓葬。各种随葬器皿及丝织物,令斯坦因眼花缭乱:花纹繁缛的各种丝、毛织物和铜镜、汉文文书等,清楚地表明是属于汉代的遗物。织有"韩仁绣"字样的汉代织锦,色彩斑斓,艳丽如新。毛织物的风格明确无误地表明了中西方的交往标志。在一片毛毡残片上,织有典型的罗马风格的人物头像,斯坦因认为是赫密士。

在孤台的东北,斯坦因找到一个城堡,他认为是汉代的卫戍所。城堡的建筑方式与沿途所见的堡垒相同。在北墙附近,发现了有纪年的汉文文书,年代在公元3世纪以后。在这个堡垒附近,他们又找到了另一处墓葬,发现了干尸。

"从饰有羽毛和其他猎获物件的毡帽、旁边的箭杆、粗纬的毛衣织物、织得很干净的盛食品的小篮之类看来,都可以推断这是一个半游猎的民族。"这是斯坦因后来做出的研究结论。

## 第六节　盗掘古墓大案

盗墓是渊源古远的社会文化现象。我国盗掘古墓之事由来已久。从新石器时代的考古资料中可以看到有意识的墓葬被破坏现象的遗存。历史上有记载的最早被盗的墓葬是商朝第一代王——商汤之冢,距今约3600年。春秋时期,厚葬之风兴起,盗墓行为日益盛行。

"群盗多蚁虻""荒冢入锄声"等诗句,反映了盗墓风习的普遍。巨大利益的引诱驱使着盗墓分子甘愿冒着生命危险获取墓中财物,而盗墓者既有贵为天子的皇帝,也有出身于草根的流贼,甚至还有墓主的自家人。官盗、民盗甚至团伙盗墓,无不触目惊心。

历史上曾出现过几大盗墓风潮,如南北朝时期的盗墓风、隋唐盗墓风,明清时期的盗墓则更为惨烈。可以看出,盗墓者对墓葬的破坏比较严重。一些重大的盗墓事件让人震惊,影响巨大。

本章重点撷取了历史上最为重大的盗墓事件,揭秘古代帝王的厚葬文化,彰显帝王墓的巧夺天工和奢靡。同时一个个古墓传奇和惊天案例，吸引着世人的猎奇，引发了无数考古专家及学者的关注和探索。

## 先秦名墓被盗案：皇陵王墓难安宁

春秋战国时期的王侯陵墓因各种原因被盗被掘者居多。春秋时期的晋灵公夷皋冢，曾被西汉时期的广川王刘去盗掘。

春秋“五霸”之一的齐桓公，死后葬于今山东淄博市临淄区齐陵镇郑家沟村南的鼎足山。屈原在《天问》中曾有“天命反侧，何罚何佑？齐恒九会，卒然身杀”之句，以示对这位春秋霸主命运的哀叹。

据《晋书》记载，齐桓公及其重臣管仲之墓在晋愍帝建兴年间，被一位名为曹嶷之人盗掘，据说里面的“缯帛可服”，珍宝尚有“巨万”。

吴王阊墓冢也曾遭人盗掘。阊间大城西北的虎丘是其死后墓地。虎丘山最出名处当为“剑池”。有学者认为，剑池是为了掩护吴王墓而设计开凿的。还有人认为，吴王夫差建墓时，为了防止千余工匠泄漏其中的秘密机关，以邀请饮酒观赏鹤舞为名，将他们全部杀死在剑池外侧一块平坦的大磐石上。工匠们的鲜血流在磐石上，浸渍渗透，与岩石融合，年久不褪。相传，吴国灭亡后的数百年间，越王勾践、秦始皇、东吴孙权都曾先后来此探宝求剑，结果均一无所获。

据汉朝刘向《论起昌陵疏》记载：“吴王阖闾违礼厚葬，十有余年，越人发之。”至于发掘时的情景及吴王墓的状况，因无记载，不得而知。

此外，战国时期被盗的名墓还有魏襄王冢、魏安厘王冢、魏哀王冢及赵简子墓等。

魏襄王冢被西汉广川王刘去所盗，其冢“皆以文石为椁，高八尺许，广狭容四十人。以手扪椁，滑液如新。中有石床、石屏风，宛然周正。不见棺柩明器踪迹，但床上有玉唾壶一枚，铜剑二枚，金玉杂具，皆如新物，王取服之”。

《晋书·石季龙载记》记载：邯郸城西石子岗上有座赵简子墓。后赵皇帝石虎继位后，曾命令下属盗发此墓。但开掘的结果，“初得炭深丈余，次得木板厚一尺，积板厚八尺,乃及泉,其水清冷非常。作绞车以牛皮囊汲之,月余而水不尽,不可发而止”。

### 汉武帝茂陵被盗案:陪葬品引发的悬疑种种

西汉皇陵中最为突出的要数汉武帝的茂陵,所以被盗掘的次数和规模也远远多于其他皇陵,仅历史记载的被盗事件就有五次。汉武帝在位 54 年,茂陵就修建了 53 年,由于茂陵营筑时间长,所以陵中众多的陪葬物也自然成为盗贼的目标。

汉武帝安葬之后的第四年,都城长安有人兜售一个玉箱和一个玉杖。一位曾经侍奉过汉武帝的侍从看到此物为宫中进贡物品,于是报告官府。官府将兜售之人抓起来拷问,但也因追查未果而作罢。汉武帝茂陵的谜团也由此而来。

关于茂陵的第一起悬案是随葬书籍真假说。公元前 64 年,山西采药人李友来到上党的抱犊山采药。当他爬到半山时,看见了一个山洞,黑暗的山洞里有个东西闪着金光,近前才发现原来是个金箱。他将箱子搬到洞口打开,发现里面盛满了书籍。包括《老子》两卷、《太素中脂经》六卷、《天柱经》九卷、《六龙步元文》七卷、《马皇受真术》四卷。经过进一步核对,原来这是汉武帝的随葬书籍。但这件事情的真假却难以断定。

第二起悬案是玉碟流落民间案。有一位地方官从一个农民的手中缴获几个玉碟,经过查验,发现是茂陵内的宝物,但农民是从哪里得到的这个玉碟却无人能知。

最后一起悬案是御用宝珠流失案。江苏某县县志记载:一位商人出门采购货物,途中在土地庙中避雨,在庙中拣到一颗刻着“御用”两个字的宝珠。不久这个商人不见了,最后人们发现商人口含宝珠死在离茂陵不远的一口井内。后来西汉皇室成员确认这颗宝珠是汉武帝的随葬品,并将它送回祭祀汉武帝的祠堂内。然而,这颗宝珠最终还是流失了。

悬案更加吸引后来者去探究茂陵珍藏宝藏秘密的是在公元 25 年,赤眉军攻入长安,大肆掳掠,在将长安城抢劫一空后,赤眉军又来到咸阳塬上发掘汉帝后坟墓、收取宝货。西京长安二百年的文物几乎被破坏殆尽。

据史书记载,赤眉军掘开茂陵后,成千上万的士卒搬取陵中宝物。搬了几十天,但“陵中物仍不能减半”。茂陵附近的帝后陵也遭到了同样的命运。公元26年,赤眉军再一次盗墓茂陵。起义军的军师徐宣知道汉武帝生前信神敬仙,收集了不少方士的道术,想盗取墓中秘册。但是士兵们找遍了茂陵的所有角落,甚至捣毁了著名的茂陵陪葬墓——西汉大将军霍去病墓,也不见道术秘册的蛛丝马迹。

## 王侯将相的团伙盗墓案:令人发指的敛财之道

魏晋时期朝廷腐败,政权更迭,战乱不断,百姓饥馑、经济萧条。面对满目疮痍的环境,许多人铤而走险,加入盗墓者的行列。魏晋时期盗墓最大的特点是盗墓者中多有王侯将相。为了争夺权力和地盘,军阀间战火不断,军阀财政收入匮乏,割据一方的豪强们纷纷想方设法广开财源。魏晋时期许多王公贵族盗墓集团就对王侯的陵墓进行了疯狂的盗掘,甚至做出了令人发指的行为。

西晋十六国时期的前赵国国君刘曜,本是汉王刘渊的同族,后来在一系列战斗中,势力日渐强大。《魏书》《晋书》记载其“下洞三泉,上崇百尺,积石为基,周回二里,发掘古冢以千百数”,其结果是“气塞大地,暴骸原野,器声盈衢”。由于其大量挖掘古坟,并将尸骸遗弃荒野,从而造成了太原一带瘟疫流行,老百姓死者无数。这一暴行,自然引起了老百姓的愤恨。

后赵的石虎性同野兽,十分残暴,又是一个盗墓狂,《晋书·石季龙载记》中说其“曩代帝王及先贤陵墓靡不发掘,而取其宝货焉”,这一点儿也不夸张。

此外,十六国时的前秦君主姚苌、后燕君主慕容垂等都是盗墓能手,每到一处即“毁发丘墓”,掠取宝物。经过这些人的大肆盗掘,前代陵墓大多遭到毁灭性的破坏。

更令人发指的还有始兴王陈叔陵。据《南史·陈宗室诸王传》记载:“好游冢墓间,遇有茔表主名可知者,辄令左右发掘,取其石志石器并骸骨肘胫,持为玩弄,藏之府库。”陈叔陵专好在坟墓中游荡,并将死者的尸骨当作收藏品来欣赏把玩。若遇到一些较为豪华的墓碑或是名人的墓碑,就下令让手下人挖开坟墓,把墓中的所有东西一一翻遍，拿走所喜欢的东西。陈叔陵常常将陵墓内的珍宝洗劫一空，甚至把所盗陵墓中的尸骨带回府悬挂起来作为战利品。

陈叔陵所挖掘的众多古墓葬中，有很多都是名人的墓葬，就连东晋太傅谢安的陵墓也没能逃出他的毒手。

### 唐恭陵被盗案：疯狂盗墓引发惊天大案

唐恭陵是武则天的儿子李弘的陵墓，俗称“太子冢”，位于河南省偃师市缑氏镇滹沱村西南的景山之巅。规模宏大，景色宜人。其中的神道好像现代公路，两侧立有两列石像生。恭陵的灵台封土呈长形覆斗状，高黏度红胶泥土质，坚硬密实，经过千余年的风雨侵蚀仍基本保持了原貌。陵园坐北朝南，长宽均为440米，四周原有神墙围护。陵园四角当年有角楼建筑。四面神墙中部各置神门，以喻青龙、白虎、朱雀、玄武。整个陵墓布局极为严整。陵侧有唐高宗亲自撰书的《孝敬皇帝睿德记》石碑。

恭陵是我国唐代陵墓中保存较好的一座，但仍没有逃脱盗墓贼的盗掘。

民国时，一群盗墓贼结伙带着工具来到了恭陵，试图盗墓。他们在封土的正中央开始挖掘，以为这样能最快地到达地宫。可是，洞刚刚挖了十几米深就塌陷了，挖掘的人全部被活埋，一个也没能逃出来。

1998年，恭陵的重要陪葬墓哀皇后墓被盗，成为当地最大的盗墓案件。盗墓贼张少侠对恭陵内大量陪葬品垂涎已久，可是陵墓因为有流沙的保护不能轻易得手，于是他便把盗墓对象对准了旁边的哀皇后陵。

趁着夜色，张少侠等六个盗墓贼带着作案工具驱车至哀皇后墓南侧，实施盗掘计划。他们拿着铁锹对着一块空地一阵挖凿，但土质坚硬，下挖根本无法进行。随后他们决定运用爆破技术进行盗掘。随着一声沉闷的爆炸声，沉睡千年的太子冢和唐恭陵哀皇后墓被炸开。

夜色下，宝物发出的剔透蓝光让几个盗墓贼瞠目结舌。紧接着，盗墓贼趴在地上疯狂地挖掘，最终盗掘出了彩绘陶俑、瓷壶、瓷罐等哀皇后墓室内多达六十余件的国宝。

不久,唐恭陵被盗事件被当地人发现。此时的哀皇后墓几乎被洗劫一空,墓中只剩下一些残存的陶俑和唐三彩的碎片。文管会相关人员及洛阳市文物局副局长郭引强亲赴现场了解文物被盗情况,同时向偃师市公安局报案。

勘察过现场后,洛阳警方立即决定:控制海关出口,抓紧侦查,重点定在周围地区有走私文物案底、突然暴富的人身上,并进行地毯式排查。

哀皇后墓附近村镇的排查工作基本完毕,仍旧是一无线索。后来有人透露,在洛阳市的一个乡里,有兄弟二人一夜暴富。不到半个小时,警方获得了重要线索:洛阳市山化乡汤泉村的刘江海、刘克军兄弟二人,于春节前后曾经向知情人询问过文物买卖行情。这段时间,他们趾高气扬,出手大方,花销明显反常。经侦察员秘密核实线索,实地调查,最后将刘江海缉拿归案成为破获这一惊天盗墓大案的关键。

据刘江海交代,就在盗墓当天,张少侠等人就将包括蓝釉灯在内的64件国宝分类打包装箱,将文物转移藏匿,随后联络倒卖文物事宜。警方根据刘江海这个线索,先后设计抓捕了张少侠等重大嫌犯。这样,国宝蓝釉灯和众多文物的下落基本明晰。

唐恭陵远眺

据专家分析,被盗哀皇后墓中的蓝色文物很有可能是随葬的灯座,如果为通体蓝色,是极为罕见的蓝釉器物,相当珍贵,具有极高的艺术价值。

在警方的分析和搜捕下，已出境的国宝蓝釉灯和众多文物也被追回。随后，众多文物专家对此做了鉴定。在收回的61件文物中，有19件国家一级文物、30件国家二级文物、12件国家三级文物。1998年10月1日，11名盗墓贼被就地正法。

## 关中十八唐陵被盗案：盗墓王温韬之谜

唐代崇尚厚葬，唐代大墓无不装饰精美，奇珍异宝藏满其中。尤其是唐代帝陵，陵园恢宏，雄伟瑰丽，气势磅礴。

唐代自建国以来，历21朝，凡290年，其中女皇武则天与高宗李治夫妻合葬，所以唐代共有帝陵二十座。除了唐末被朱全忠挟持至洛阳的昭宗李晔葬在河南渑池的和陵，哀帝李柷葬在山东菏泽的温陵，其他十八座唐陵均坐落在关中地区。这些陵墓分布于渭河以北的礼泉、干县、径阳、三原、富平、蒲城六县境内，东西绵延一百余里，以长安为中心，呈弧形展开，与巍峨的秦岭遥遥相望。由于这十八座陵墓均位于关中地区，所以后人将这些唐陵称作“关中十八陵”。

关中十八陵各据一山，因山起陵。或封土为陵，或凿山为陵。有的山势险要，曲折蜿蜒；有的峰回路转，难觅行踪，动辄百里之广，无不固若金汤。

十八唐陵中有十七座都被盗掘了，而第一祸首就是唐末五代时期的节度使温韬。温韬算是历史上盗掘帝王陵最多的一个人。

温韬是五代时梁国人，祖籍京北华原（今陕西耀州区）。后世流传着这样一个传说，温韬出生之时，有匪星陨落在嵯峨山。嵯峨东与九嵕山向望。而九嵕山就是唐太宗昭陵的所在之处。温韬年纪不到十岁，便加入土匪团伙。生逢唐末战乱，温韬就上嵯峨山发展土匪队伍。

在担任耀州节度使的七年时间内，温韬挖掘了关中十八陵中除了乾陵之外的十七座皇陵，敛取陵中无数金银珠宝。《新五代史·温韬传》记载：“（温）韬在镇七年，唐诸陵在其境内者，悉发掘之，取其所藏金宝。”《资治通鉴》也有类似的记载：“华原贼帅温韬聚众嵯峨山，暴掠雍州诸郡，唐帝诸陵发之殆遍。”嵯峨山临近唐太宗昭陵，而雍州即是关中地区。《资治通鉴》又记载：“（后周太祖）屡诫晋王日‘昔吾西征,见唐十八陵无不发掘者,此无他,唯多藏金玉故也'。"这一记载不仅坐实了温韬盗墓之事,也说明温韬盗墓的目的只有一个,那就是赤裸裸地抢劫财物。史学界、考古界都认定,温韬是中国盗墓史上危险最大的一个盗墓者,有千古之罪。

## 北宋八陵被盗案:大金官兵掘宝记

宋朝前后有九个皇帝临朝,除徽宗赵佶、钦宗赵桓被金兵掳囚死于漠北以外,其他七个皇帝加上赵匡胤的父亲赵宏殷共七帝八陵都选址于远离都城开封的河南巩义市。

宋陵的规模与秦、汉、唐诸陵有一定的差距,在设施布局等方面有着自己独特的制度和规律。七帝八陵分布在相距不足10公里的范围内,而且帝陵周围陪葬着21位皇后陵,140多座皇族子孙墓,还有功勋卓著的将领和文臣的7座墓,以及各帝宗室200多座,形成了一个大而密集并各成体系的陵区。陵区内每座皇陵都有一个完整的陵园,陵园分为上宫和下宫。远离京都下葬,送葬耗费颇大。赵匡胤下葬时仅护驾的就有3500多人,宋太宗赵光义下葬时,护驾人员增至9400多人,而到了宋仁宗赵祯时,护驾人员多达46000多人,其耗费之大历史罕见。

靖康之耻后,宋陵大规模被盗。靖康二年(1127年),北方草原民族金国,发动军队大举南侵,昏庸的徽、钦二帝被金兵劫掠北去,宋八陵首次遭到大规模破坏。大金官兵大肆盗掘八陵。南宋绍兴十年(1140年),抗金英雄岳飞大败金兀术于朱仙镇,后专门派人前往察看北宋皇陵,并加以整修。

北宋灭亡之后,巩义市八陵都遭到了破坏。据传,有一次刘豫从士兵手中得到一只水晶宝碗,认定不是一般民间所有,便查实是出自哲宗的永泰陵,于是组织盗掘队盗墓。永泰陵被掘开后,珍宝被洗劫一空,尸骨暴露在外。从此,不仅北宋诸陵被挖掘殆尽,甚至连民间冢墓也无一幸免。金灭亡后,元朝控制了北宋陵区,一切地面建筑除石雕外都被尽犁为墟。

## 永昌皇陵被盗案:惊魂未定"朱漆脸"

公元976年,宋太祖赵匡胤在京城皇宫的万岁殿中离奇驾崩,遗命安葬洛阳巩义，陵寝名为永昌陵。永昌陵占地 4000 亩，遍种松柏环绕陵园，郁郁葱葱，故名“柏城”。

北宋年间，民盗相继兴起，最有名的一个盗墓贼的绰名叫“朱漆脸”，他所盗之墓就是永昌陵。

“朱漆脸”并不是盗永昌陵的始作俑者，永昌陵的首任盗墓者是大齐皇帝刘豫。刘豫盗宋陵时，重点是宋仁宗的永昭陵，永昌陵虽然也遭到了较大程度的破坏，但是宋世祖赵匡胤的棺椁并未被打开。永昌陵也就成为北宋巩义八陵中保存比较完整的一个。但是，也正因为这一点，永昌陵在躲过刘豫后，却没有逃出民间盗墓者的手心。

“朱漆脸”经过一番详细勘察后，制订了盗掘永昌陵的计划，带领手下人顺利地打开地宫，进入墓室。当“朱漆脸”见到石床上安然如初的棺椁时，心中一阵狂喜。

打开棺椁，无数价值不菲的随葬品映入盗墓者的眼帘。当盗墓者们收敛尽覆盖在赵匡胤身上的随葬品后，皇帝的尸体暴露在人们面前。虽然经过几百年，可由于防腐措施得当，赵匡胤的尸体并未腐烂。他的腰间系着一条晶莹剔透的玉带，“朱漆脸”一看便知道这是一件价值连城的宝贝，便想方设法地要得到这条玉带。然而由于尸体僵硬，宋太祖的身量比较大、很胖，棺内空间又比较狭小，盗墓贼用尽各种方法也没能挪动赵匡胤的身体取走玉带。

最后“朱漆脸”想到一个办法，他用一个带子套上太祖的脖子，一端系在自己腰间，他跨骑在尸体上，试图用腰部的力量将尸体拉起来。这个办法果然奏效，赵匡胤的尸体被拉了起来。但就在赵匡胤“坐”起来的一瞬间，尸体的嘴巴突然张开，一股黑色黏液喷射出来，不偏不倚正喷在“朱漆脸”的脸上。“朱漆脸”惊得失魂落魄，以为是防盗的毒液。其实，这黑色的黏液是古人的尸体防腐剂，古人经常在临死前服下剧毒的药物，这样有助于尸体的保存。这种剧毒药物在人体内会腐蚀掉整个内脏，将其化成液状存留在体内。当有盗墓者搬动尸体时，尸身受到挤压，液体就会从嘴里喷射而出，灼伤人的皮肤。

后来,“朱漆脸”发现自己没有中毒,便渐渐放下心来。但是这粘在脸上的黑黏液却无论如何也清洗不掉,落得的“朱漆脸”的名字也就流传开来。而盗墓贼“朱漆脸”的本名渐渐地却被人遗忘了。

### 郢靖王墓被盗案:屡盗未遂及墓地真相揭秘

郢靖王朱栋是明太祖朱元璋的第二十三子,生于明洪武戊辰年(1388年),1391年册封为郢王,永乐十二年(1414年)十一月初一日病逝,享年27岁。

郢靖王墓建筑规模宏大,完全符合明代早期亲王陵寝规制。据《兴都志》记载:郢靖王墓,在兴都城南二十里清平村宝鹤山,妃郭氏合葬。享殿七间、东西厢十间、神厨五间、宰牲房三间、鼓楼一座、碑亭一座、棂星门三间、券门三间、红墙周回一百二十七丈、内官住宅一所。正德十一年(1516年),殿宇圮坏,睿宗献皇帝命官修理。嘉靖三年(1524年),明世宗嘉靖皇帝朱厚钦赐修葺,寝阁帷帐焕然一新。

自1999年以来,盗墓分子利欲熏心,多次对郢靖王墓实施疯狂炸盗,盗洞最深达8米,其中两次炸穿地宫券顶,受损严重,墓室内文物保护环境遭到极大破坏。但是盗墓数次未遂。

2005年,广西桂林人黄某看了《南国早报》刊发了湖北钟祥古墓众多,梁庄王墓发掘出了大量珍贵文物的文章之后,顿起盗掘之心。随后,黄某伙同龙某、潘某等6人于3月初窜至钟祥郢中城区,以参观为名,在市博物馆里了解到有关情况后,确定明显陵和郢靖王墓为盗掘目标。6名盗墓贼备齐工具,趁夜幕盗掘郢靖王墓,疯狂挖掘3米多深。

次日凌晨,附近村民发现古墓旁有很多湿土,遂向所在地的九里派出所报警。当晚8时许,警方当场将6名盗墓贼中的4人抓获,另2人仓皇逃走,不久之后也落入法网。

郢靖王墓遭多次盗掘,虽幸免于被盗,但是黄某的盗窃活动受到了各级政府和文物行政主管部门的高度重视。2005年4月27日,国家文物局下发《关于对郢靖王墓进行抢救发掘的意见函》,同意组织对郢靖王墓进行抢救性发掘。

2005年12月的一天，王墓地宫正式开启，这个神秘的王墓第一次展现在世人面前。

墓内的棺木和尸体已经腐烂。从剩下的牙齿及骨头来看，这是一座夫妻合葬墓。郢靖王墓的后室是王、妃合葬地。棺床上已经看不见棺木的模样，只是堆积着一些物品。后室里发现了两个青花瓷瓶，一个刻着龙纹，一个刻着凤纹，保存完好，属于珍贵文物。在棺床上还有一个金光闪闪的金粉盒，上面有铭文，记载着制造年份，专家推测这有可能是王妃生前的用品。

在墓室的左右耳室里有6副腐朽的棺材，左耳室和右耳室各有3副，棺木的头部均向着中室，殉葬者的尸体已经腐烂，只留下一个殉葬者的头骨和牙齿。在耳室里，专家们还发现了6个瓷瓶和一些金银饰品，由此看出殉葬者是6位女子，在殉葬者的头骨下面还发现了金珠和玛瑙。而6位殉葬者的身份、年龄以及为何成了殉葬品，史书中均无记载。

### 明显陵被盗案：官宦向本朝皇陵伸黑手

明朝的皇家陵园除了盱眙祖陵、凤阳皇陵、南京孝陵和北京十三陵外，还有一处皇陵也是十分有名的，这就是坐落在湖北省钟祥市的明显陵。

明显陵始建于明正德十四年，在嘉靖四十五年正式完工，前后共历时四十七年。陵园面积广大，由双城封建，红墙黄瓦，金碧辉煌，蜿蜒起伏于山岚叠嶂之中。陵园由内外城，前后宝城、方城明楼、祾恩殿、祾恩门、神厨、神库、陵户、军户、神宫监、功德碑楼、新红门、旧红门，内外明塘、九曲御河、龙形神道等三十余处规模宏大的建筑群组成。其布局构思巧夺天工，工艺浮雕美妙绝伦。

明显陵的主人是朱佑杬，明宪宗朱见深的第四子，明武宗朱厚照赐谥为“献”，按亲王规制营建陵园安葬。朱佑杬被追尊为皇帝后，他的陵寝安置规制也由原来的亲王级别提升到皇帝级别。

明显陵的被盗与明神宗有着极大的关系。明神宗的官宦之一陈奉在当时无恶不作，想尽一切办法意图最大限度地诈取钱财，甚至向本朝皇陵下了黑手。

一天，陈奉正在府中冥思苦想一些新的敛财之术，一份有关盗墓事件的密报打断了他的思路。陈奉从盗墓事件中看出了一个绝妙的财路——盗墓。“悉发境内诸墓”，盗得宝物无数。当时，在他权力范围内的坟墓无论大小，不论有名无名，几乎都被他派人盗掘了。从这些墓葬中，陈奉轻而易举地就获得了无数的奇珍异宝。陈奉并没有忘记“本分”，把盗得的财宝分了一半给皇帝。他的盗墓行为使满朝为之哗然，并激起了许多忠实大臣的反对。巡按御史玉立贤就曾上奏，请明神宗下旨停止陈奉的盗掘行为。然而，自身因盗墓而受益的皇帝根本没有理睬他。明神宗的举动大大助长了陈奉的恶念野心，最终导致了陈奉盗掘显陵事件的发生。

陈奉得知显陵就在枣阳矿山旁边，就以采矿为名进驻明显陵。不仅大量的地面建筑被毁，陵墓地宫内也惨遭劫掠。陵墓内所有的陪葬品连同朱佑杬棺椁内的金银珠宝都被陈奉搜刮一空。据说，陈奉回京述职时，搜刮来的金银财宝货物数以万计，运载财宝的舟船首尾相连，长达数里。为确保万无一失，陈奉还特意为护送财宝而增派了大量士兵护卫。

然而，陈奉回到京城，明神宗立刻就把他囚禁了起来，并对他施以酷刑杀死。罪大恶极的陈奉最终得到了应有的惩罚。

## 清东陵被盗案：惊动朝野的军阀盗墓大案

清东陵是我国古代陵墓建筑的精品，也是中国最后一个封建王朝首要的帝王后妃陵墓群，位处一块难得的风水宝地。群山环抱，流水环绕。传说当年顺治帝来此处打猎，看到周围灵韵十足的山水美景，赞叹不已，当即传旨说“此山王气葱郁可为朕寿宫”。

清东陵是一座有五百八十多单体建筑组成的庞大古建筑群，装修豪华，设计精美，葬有顺治帝、康熙帝、乾隆帝、咸丰帝、同治帝五位帝王，还埋葬了 14 个皇后和 136 个妃嫔。其中最引人注目的当属慈禧的陵寝。

慈禧陵装修华贵，所有石雕全部采用“凤上龙下”的花纹。慈禧的心腹太监李莲英亲眼见证了慈禧人殓，晚年他在《爱月轩笔记》中回忆，慈禧棺椁中铺了厚达

清东陵全貌

一尺的金丝串珠锦褥和珍珠，然后才放入尸身。慈禧头部放置荷叶，青翠透亮。脚下有粉红碧玺莲花、翡翠西瓜、翡翠甜瓜、翡翠白菜。这些花果皆用宝石天然纹理雕成，真实生动。左手侧放置玉石莲花一支，黑玉石荸荠一个；右手侧放置缠蟠桃的玉雕红珊瑚树一株。头部戴珍珠凤冠，凤冠上缀有鸡蛋大的珍珠。身着金丝串珠彩绣袍褂，身上盖着珍珠堆制成大朵牡丹花的衾被。棺椁里放着两百多个宝石制成的桃子、李子、杏子等果实，还倒进去四升珍珠、两千二百块宝石填充缝隙。

皇家陵墓自古以来就是盗墓贼垂涎的对象。1928 年 7 月，规模庞大的清东陵被盗。乾隆帝和慈禧太后的陵墓被炸开，棺木中瑰丽的奇珍异宝被洗劫一空。

事件发生后，社会引起了很大反响，多方面调查，种种证据都指向了军阀孙殿英。据说在炮击发生前，军阀孙殿英的部队对清东陵附近进行了封锁。孙殿英盗墓之说越传越烈，因此他有了“东陵大盗”的恶名。

孙殿英是被蒋介石的队伍收编的十二军军长，驻守清东陵。清东陵的守陵官员推测，孙殿英是监守自盗。然而推测终究是推测，当时孙殿英的部队戒严，把清东陵围得如铁桶一般，没人知道陵墓内究竟发生了什么事情。

东陵被盗一个月后，北京著名的古玩集散地琉璃厂来了一位神秘的客人。这位客人携带着一批罕见珍宝进入了琉璃厂最大的古玩店铺“遵古斋”。珍宝最终以十万元的高价被“遵古斋”收购。北平警备司令部洞察了这次秘密交易，对双方进行抓捕。审讯过后，发现出卖珍宝的神秘客人正是孙殿英麾下的师长。

事件报道后，社会上掀起强烈反响，纷纷要求严惩孙殿英。孙殿英则大声喊冤，说之前清东陵炮击是为了缴费，而这些珍宝是缴获的战利品。然而随后的一件事，让他百口莫辩。

在驶往青岛的一艘轮船上，青岛警察厅抓获了两名逃兵，这两名逃兵身上竟然藏着36颗珍珠。经审讯，两人承认是孙殿英的部下，其中一人亲口承认参加了清东陵盗墓行动。由此，孙殿英盗墓之事几乎可以确认，可是，这样一件惊天大案最后却不了了之。

### 最后的帝王墓崇陵被盗案：战火中的惨淡陵区

1938年秋季，我国历史上最后一座帝陵崇陵也未能摆脱盗墓者的魔爪，在建成刚刚二十五年后便被一伙不明身份的军人盗掘。崇陵里面埋葬着德宗景帝光绪和孝定景皇后叶赫那拉氏。1913年崇陵地宫建成，11月16日申时，光绪的棺椁正式安放于崇陵地宫之中。1913年病逝的隆裕皇后也同葬地宫。

崇陵的规模不如雍正、嘉庆的陵墓庞大，没有大碑楼、石像生等建筑，但它除继承清代建陵规制，参照咸丰帝定陵、同治帝惠陵的风格外，又吸收了古代建筑技术的精华，仍具特色。

1937年“七七事变”爆发，日本侵略者大举进犯，整个陵区便成了敌我双方争夺的游击区。各陵除了留有一名在此侍奉多年的老年守陵人看守外，整个西陵的戒护一时无人照管，这就给思谋盗掘陵墓的不法之徒有了可乘之机。

崇陵地宫究竟被谁盗劫，到现在也没有定论，一说崇陵是被当年参加过修建工程的人所盗，另一说是当地一股匪徒所为。

在清西陵附近的一个村子里，有个鄂士臣，此人胆大手黑，能发财的事什么都敢干。1938年11月初，鄂士臣找到老相识关友仁密谋搭伙。经过同意后，鄂士臣还凑到近前，手指点点脚下说：“就朝地下的死人要！”二人当下便物色了几个同伙,决定放开手脚盗墓。

这几人中李纪光具有多年盗墓经历,当众人聚在一起研究盗墓计划的时候,他一副成竹在胸的模样,建议盗妃陵。鄂士臣对此深表赞同,众人同声附和,决定先挖妃陵,但西陵内有三座妃陵,从哪个下手呢?八个人最后将目标集中在园寝中的珍妃墓。理由是:崇妃园距村庄较远,不易被人发现,比较安全。珍妃是光绪皇帝的宠妃,生前虽不得意,死后入葬的规格却很高,随葬的珍宝肯定不少,进行盗墓容易发横财。

他们去珍妃墓的第二个晚上,看见大约有一个营的军人奔向崇陵,第二天早晨就看见从崇陵出来的路上有盗墓者留下的痕迹:绫子布等琐碎的东西。崇陵被盗了,那批队伍究竟是何人,至今仍是一个解不开的谜。

虽然崇陵的被盗之谜至今仍未解开,但是盗光绪帝宠妃珍妃墓的人却早已被就地正法了。

## 郭家岗一号墓被盗案:千年古尸遭毒手

一些文物有着非同寻常的来历,比如珍藏在荆门市博物馆内的"战国古尸",就是因一件举世震惊的"中国第一古尸案"而被发现的。

古代的荆门与楚国古都纪南城毗邻,经济繁荣,有钱的王侯将相、达官贵人死后会有很多陪葬品陪葬。因此,这一地区古墓众多而且藏有珍宝。有楚庄王墓、妃子墓群等三百多座楚墓,无封无堆的平地墓葬更是无法统计。

"郭家岗一号"古墓位于四方铺南约四公里的207国道西边一公里的一片油菜花地里。最早发现这个墓葬的是郭店村六组组长侯传洲和砖桥村九组村民冯卫。这两个人经常盗掘当地的一些古墓。他俩邀约了一伙人赶来盗掘。但他们还没挖到一米深,就被郭孝平和本组的几个村民轰走。随后,村民郭孝平和本组村民李华邀约其他六人,悄悄赶到油菜地掘墓。

2月23日晚上,犯罪团伙冒着鹅毛大雪将"郭家岗一号"墓掘穿,黎明时分撬开外棺,打开墓室头厢,盗走镇墓兽、青铜鼎、漆木杯等205件珍贵文物。

郭孝平迫不及待地邀约4个村民再次钻入墓中。他们见墓室的前厢已经被盗,就直接走进了墓室的边厢,从里面盗出了1对木桶、1个皮鼓、1只铜鸟、3个古瑟、1根矛、2个铜砣。随后这些文物被卖掉。

经过这两次盗墓之后,很多人都把目光盯在了这个古墓上,等待着再盗的时机。2月27日晚上,村民郭永昌等6人带着作案工具再次到"一号"墓重新盗掘。几个人轮流下墓打捞,只从外棺摸出了一件约40厘米长的木桶,就再也没发现任何值钱的东西。他们又凿开了一个大洞,发现棺材内躺着一具完好的女尸。尸体的头上挽着一个簪,头发还是完完整整的。盗墓贼将这束千年古发一把扯了下来,然后用稻草将棺木盖上,又朝洞里揿了一些泥土,仓皇逃离现场。

3月7日,盗墓贼再次来到了陵墓。这次他们用床绳锁在古尸的颈子上拉到了古墓外。女尸身上的衣服与空气接触瞬间变成了碎片,而皮肤丝毫没有腐烂,四肢关节都能弯曲,肌肉还有弹性。众多盗墓贼将女尸扔到了一个坑洞里。然而,盗贼们并没有因此而终止犯罪。他们窜入"一号"墓坑,将珍贵文物以及所有器具工艺品洗劫一空,才满足地撤离了现场。

由于参与盗墓的人数众多,"一号"墓被盗的消息被传开。警官王海林随即带领民警展开调查。经过公安干警的艰苦奋战,"中国第一古尸案"才宣告破获。

1994年4月14日上午,荆门市博物馆考古人员在公安机关的协助下从泥坑中发掘了这具千年第一古尸。经专家鉴定,这具女尸活着时生活在战国时期,距今已经有2400年的历史。

**为寻秘籍盗古墓:仙女墓传说引出的悲剧**

很久以来,唐代就相传董仲舒的母亲坟墓里陪葬了神奇的秘籍,所以就有盗墓贼把目光盯在了董母的坟冢上。

历史上确有董仲舒母亲之墓地被盗发的记载。民间早有传说,认为董仲舒的父母双亲就是历史上著名的《天仙配》中所说的董永和七仙女,后来因为父母升天成仙,董仲舒无法奉养以尽孝道,遂修衣冠冢,春秋礼拜。

董仲舒探母之后，董母为仙女的消息便传播开来。坟墓中藏着宝物或长生不老的秘籍，加上董仲舒本人十分好仙，对神学有着深刻的研究，懂得许多阴阳秘诀，还经常制作一些神符灵药。于是，很多人打起了董母墓的主意。

据历史学家考证，董仲舒家乡为广川，离平舆有千里之遥。传说中的董永或有其人，但不会是历史名人董仲舒之父，可能是古代文人为给董永找一位最为有名的董姓后裔，查来查去便找到了董仲舒身上的。然而，这一文人的发挥，在董仲舒死去千年之后居然还有人深信不疑，从而引发了一起令人发指的盗墓案，这大概是谁也不曾预料到的。

其实，关于董母是仙女下凡的事情不过是个民间传说，并不存在。关于这个传说的记载最早出现在唐朝户部侍郎杜光庭的《灵异记》中，上面写道："蔡州西北百里平舆县界有仙女墓，即董仲舒为母追葬衣冠之所，传云董永初居玄山，仲舒既长，追思其母，因筑墓焉。秦宗权时，或云仲舒母是天女，人间无墓，恐是仲舒藏神符灵药及阴阳秘诀于此，宗权命裨将领率百余人往发掘之……"

根据上面的记载判断，董母墓被盗的原因实际上是董仲舒的神学学说。加上百姓的神化，导致了董母墓被盗的悲剧。

## 楼兰古墓被盗案：众人觊觎的"太阳墓"揭秘

楼兰王国深受汉族厚葬文化的影响，很多墓葬中都有丰富的陪葬品。于是，位于塔克拉玛干大沙漠边缘的楼兰遗址就成了众多中外探险家以及盗墓贼觊觎的地方。

楼兰古墓的"太阳墓地"因形状酷似太阳而得名。古墓中间是由木桩围成的墓穴，外围有若干木桩围成的七个同心圆，这些木桩同时形成以墓穴中心为端点的若干条射线，呈太阳光芒放射状。

1901 年，斯文·赫定雇佣农民在楼兰城中 13 处遗址内随意发掘，取得了大量汉五铢钱、精美的汉晋时期丝织物、玻璃器、铜器等兵器和艺术品。具有极高史料价值的汉晋木简、纸质文书达 270 多件。20 世纪 30 年代以前，俄美英日等帝国主义国家几乎都有人进入楼兰古城,发掘附近的古墓。

1998年3月5日,一个专业的盗墓团伙被破获。团伙的首领名叫阿布力孜·克里木,是乌鲁木齐经营珠宝古币的个体户。

古墓地点是在一个高二十多米的雅丹台地上,由于年代久远未见天日,自然而然地散发出一股阴冷之气。但是盗宝的欲望压倒了恐惧,他们举着手电,慢慢地滑到了陵墓底部。透过手电的亮光,他们看到了陵墓内的地面铺的是一块颜色鲜艳、做工精致的彩绘地毯。众盗墓贼被这块精美的地毯吸引了,决定把它卷起来带走。正当他们掀起地毯的时候,一道刺眼的光芒从地毯下面射了出来,地毯底下竟然是一具彩棺。

彩棺的年代当属汉晋,棺木通体用红、白、黑绘花,并以菱形将棺木连成一个整体。两头绘有汉民族象征日月的朱雀和玄武。打开彩棺盖子,一具完好的男尸出现在了眼前。男尸棕色头发,身材魁梧,皮肤与肌肉一点也没有腐烂、损坏,身上的衣服保存得也很好。贪婪的盗墓贼把这些衣服一件一件地都扒了下来。

这次被盗的文物共20件,其中国家一级文物有3件,二级2件,其余为三级。接着他们搜刮了彩棺内一切值钱的东西,最后把彩棺分割成块装进车里。

盗墓成功后,克里木以100万元的要价把彩棺卖了出去。这具彩棺后来又经由西藏进入尼泊尔,从而流落到了国外。

后来,克里木在楼兰古国盗墓的消息传播开来。当地警方立即对他及其同伙进行了抓捕、审讯。起初,克里木紧咬牙关,拒不认罪,后来团伙中有一个人自首。这样克里木盗墓团伙的罪行才被一一揭开,盗墓贼也相应地受到了法律的惩罚。

国学经典文库 图文珍藏版

# 中国未解之谜

王书利⊙主编

线装书局

# 第五节　人物传奇

## 世间到底有无鬼谷子其人

鬼谷子，春秋时人，生于魏国，其父为魏国大夫王错。鬼谷子曾在韩、宋、齐三国任职，后辞去官职，隐居于清溪之鬼谷，自称鬼谷先生，常入云梦山采药修道，享年75岁。

鬼谷子

历史上关于鬼谷子是否真的存在，争论颇多。有人说，鬼谷子确实存在，他的师傅是老子，也就是《道德经》的作者。他则是纵横家之鼻祖，其杰出弟子有张仪、苏秦、孙膑、庞涓等，其中苏秦与张仪为其最杰出的两个弟子。鬼谷子的主要著作有《鬼谷子》及《本经阴符七术》。《鬼谷子》侧重于权谋策略及言谈辩论技巧，而《本经阴符七术》则集中讲述养精蓄锐之道。

纵横家所崇尚的，是权谋策略及言谈辩论的技巧。他们的指导思想与儒家所推崇的仁义道德完全不同，因此，历来对《鬼谷子》一书推崇的学者非常少，而讥讽诋毁者却极多。其实如果恰如其分地评价，《鬼谷子》作为纵横家游说经验的总结,其价值是不言自明的,《隋书》中说:"纵横者,所以明辩说、善辞令,以通上下之志也。"

外交战术之得益与否,关系到国家之安危兴衰;生意谈判与竞争之策略是否得当,则关系到经济上之成败得失。即使在日常生活中,言谈技巧也关系到一个人的处世为人得体与否。

当年苏秦凭其三寸不烂之舌,合纵六国,配六国相印,统领六国共同抗秦,显赫一时。而张仪又凭其谋略与游说技巧,将六国合纵土崩瓦解,为秦国立下不朽功劳。所谓"智用于众人之所不能知,而能用于众人之所不能见。"潜谋于无形,常胜于不争不费,此为《鬼谷子》之精髓所在。《孙子兵法》侧重于总体战略,而《鬼谷子》则专于具体技巧,两者可说是相辅相成。

但是,也有人说,世间根本就没有鬼谷子其人。鬼谷子不过是一个虚构的人物而已。鬼谷子的书,也是别人代笔写的,或者说是多人的智慧结晶,不是一人所写。而且,关于鬼谷子的身世、生平,史书上记载得也非常少。

甚至鬼谷子的出身竟然还是一个神话传说。相传,鬼谷子是村夫庆隆和东海龙女的儿子。庆隆和龙女虽被东海龙王压死在云梦山中,化为山岭和龙泉,但阴魂不散,要借体繁衍,为后人造福。

两千多年前,朝歌城南王庄王员外的夫人怀孕三年之久而不分娩。初春一天之夜,突然狂风骤起,电闪雷鸣,大雨如注。人们都为这不正常的天象说长道短,突然从空中飞来一个火球,直飞到王夫人床前,变成一条小花蛇,慢悠悠地钻入王夫人的被窝,随之听到婴儿的哭泣声。家人掀开被窝,王夫人生下一个满头红发,容貌丑陋的小女婴。

王员外十分沮丧。正在这时,小女婴突然坐起,拉着王夫人的手细声细语地说:"娘,别难过,我会变美丽的。"话音刚落,这女婴就倒下咽了气。王夫人口中不住地喊叫:"儿呀,快醒醒,娘不嫌你长得丑。快醒醒吧!"只听女婴哇的一声苏醒过来。王夫人喜出望外,定睛一看,小女婴满头黑发,唇红齿白,十分可爱。王夫人忙让丫环请来老爷。王员外一见大吃一惊,心中不住思忖:三年不坠,火球助催,紫气东来，丑女变美，是大福大贵之兆，王家的好气数。想着想着，不禁大笑不止，走到床前说："夫人，晨曦吉辰，迎霞聚瑞，我看女儿必大福大贵，咱就取名霞瑞，你看如何？"夫人点头称是。

十八年后，霞瑞当然长成了一个俊俏美丽的姑娘，可是，谁也想不到，她虽身居闺房，却突然怀孕了。王员外得知消息，恰似五雷轰顶，把夫人叫到客厅，怒气冲天地说："你养的好女儿，竟如此伤风败俗，我乃赫赫大户，叫我如何做人？"夫人忙赔笑脸："老爷息怒，家丑不可外扬，你要想个两全之策才是呀！"两个人如此这般商量半天，决定把女儿连夜赶出家门，免得事后别人说三道四。

霞瑞姑娘蒙冤受屈，在丫鬟陪同下，毅然离开家门。后来在一个叫鬼谷的地方生下一个白胖的男孩。这个男孩便是鬼谷子。从这个故事里，人们便可以看出，鬼谷子不过是一个传说而已。

## 蔡文姬身世之谜

蔡文姬，名琰，东汉末年陈留圉（今河南开封杞县）人，是中国历史上著名的才女和文学家。代表作有《胡笳十八拍》《悲愤诗》等。

关于蔡文姬的身世，一直都是人们谈论的焦点。因为她多才又美貌，还因她克死丈夫与父亲，更因为她曾被匈奴掠去，再回到中原。一连串离奇的经历，让人们对她的身世倍加关注。

据说，蔡文姬的父亲蔡邕，是当时大名鼎鼎的文学家和书法家。还精通天文数理，妙解音律，是曹操的挚友和老师。生在这样的家庭，蔡文姬自小耳濡目染，既博学能文，又善诗赋，兼长辩才与音律。

蔡文姬

蔡文姬从小以班昭为偶像，也因此从

小留心典籍，博览经史。并有志与父亲一起续修《汉书》，青史留名。蔡琰出生后不久，家门就屡遭不幸。

根据《后汉书·蔡邕传》记载，汉灵帝光和元年（公元178年）七月，蔡邕任议郎时被冠以莫须有的罪名，蒙冤下狱，后因中常侍吕强极力求情才“减死一等”，充军到北方荒凉之地，襁褓之中的蔡琰也成为罪隶，随父亲一同流亡。

蔡邕罪徙朔方共九个月，于第二年遇大赦，不幸归途中得罪了宦官王甫的弟弟五原太守，不得已“亡命江海，远迹吴会，往来依太山羊氏，积十二年”，蔡琰亦跟随之。等到蔡邕亡命生活结束时，蔡琰已经十多岁了。

文姬随父回京后不久，京中发生大乱，初平三年四月，蔡邕再次蒙冤下狱，不久遇害。家庭突然的变故，对文姬已经造成了极大的打击。然而命运偏偏和她作对，父亲去世后没几年，巨大的痛苦又一次降临到她身上。

约在她十六岁时，她嫁给了河东人卫仲道，卫家当时是河东世族，婚后夫妇二人非常恩爱，可惜好景不长，新婚刚一年左右，卫仲道便因咯血而死。蔡文姬不曾生下一儿半女，卫家的人又嫌她克死了丈夫，蔡文姬不得已回到了娘家。短短几年，父死夫亡，蔡琰的精神已经到了崩溃的边缘！

后来文姬被匈奴掠去，那年她才二十三岁，被左贤王纳为王妃，居南匈奴12年，育有二子，此间她还学会了一些异族的语言及吹奏胡笳。

12年后，曹操统一了北方，想到恩师蔡邕对自己的教诲，于是用重金赎回了蔡文姬。文姬归汉后，嫁给了董祀，并留下了动人心弦的《胡笳十八拍》和《悲愤诗》。《悲愤诗》是中国诗歌史上第一首自传体的五言长篇叙事诗。蔡文姬的一生是悲苦的，“回归故土”与“母子团聚”都是美好的，人人应该享有，而她却不能两全。

后来，在曹操的安排下，她嫁给了田校尉董祀，起初夫妻之间生活并不十分和谐。蔡文姬饱经离乱忧伤，时常神思恍惚；而董祀正值鼎盛年华，生得一表人才，通书史，谙音律，自视甚高，对于蔡文姬自然有些不足之感。然而迫于丞相的授意，只好接纳了她。婚后第二年，董祀犯了重罪当死，文姬顾不得嫌隙，蓬首跣足地来到曹操的丞相府求情。曹操念及昔日与蔡邕的交情，又想到蔡文姬悲惨的身世，倘若处死董祀，文姬势难自存，于是宽宥了董祀。

从此以后，董祀感念妻子之恩德，对蔡文姬重新评估，夫妻双双也看透了世事，溯洛水而上，居于风景秀丽、林木繁茂的山麓。若干年以后，曹操狩猎经过这里，还曾经前去探视。

关于蔡文姬的才气，还有一个这样的故事。在一次闲谈中，曹操曾表示很羡慕蔡文姬家中原来的藏书。蔡文姬告诉他，原来家中所藏的四千卷书，几经战乱，已全部遗失。曹操流露出深深的失望，当听说蔡文姬还能背出四百篇时，又大喜过望。后来，蔡文姬凭记忆默写出四百篇文章，文无贻误，可见蔡文姬才情之高。曹操把蔡文姬接回来，也是为保存古代文化方面做了一件好事。于是，历史上把“文姬归汉”传为美谈。

## 许攸死因真相

许攸，字子远，河南南阳人。本为袁绍帐下的谋士，官渡之战时其家人因犯法而被收捕，许攸因此背袁投曹，并为曹操设下偷袭袁绍大军屯粮之所乌巢的计策，曹操因此大胜于官渡。后许攸随曹操平定冀州。再立下大功，不久后，许攸却死于曹操大将许褚的刀下。

关于许攸的死因，历史上有以下几种说法：

其一，许攸因为追随曹操，立下了不少功劳，加之又是曹操的发小，很是得到曹操的器重与信任。于是，当许攸随曹操平定冀州后，许攸更是在人前大摇大摆，做出一副不可一世的样子。许褚是曹操的爱将，他心想如果不是自己在战场上拼命杀敌，许攸哪里会有这么逍遥的日子。再说，没有曹操的赏识，他许攸还不知在哪里流浪呢。许褚脾气火暴，性子直来直去，眼里更是容不得沙子，加上许攸激发了他强烈的妒忌心，正当许攸得意地叫喊着曹操的小名“阿瞒，阿瞒……”去找曹操之际，许褚一刀下去，便结束了许攸的性命。

其二，据有关人士分析与推测，许攸很有可能是被曹操借许褚之手给斩杀的。因为许攸是个口无遮拦的人，无论说得说不得的事，总是满世界嚷嚷。加上许攸与曹操是发小，言行无所拘束，这点主子都没多讲什么，而且还总是很给他面子，作为武将，许褚犯不着跟一文臣去较真。但谁都知道曹操是个要面子的人，可许攸说话又总是不顾及曹操的感受。表面上看来，曹操总是不跟许攸计较，在他心里却还是很不舒服的。这样久而久之，曹操自然是对许攸忍无可忍了，痛下杀手也在情理之中。

比如说，有时候许攸会在士兵面前说，如果没有我，曹操不能如何如何。这话让曹操听见了，简直气得七窍生烟，哪有做臣子的这样在将士面前贬低主子的？又比如在筵席上，许攸也会当着众将的面，说："如果没有我，曹操平定不了冀州。"这话让曹操甚是恼火，但表面上曹操仍然微笑着说："是这样的。"

由此可见，这个许攸很多次都将曹操惹毛了，自己却全然不知。曹操呢，更不知道自己还能容忍许攸几天。说真的，他是一天也不想再听到许攸说那些"不堪入耳"的话了。于是，曹操为了保全自己在众将士面前的形象，经过仔细思量，终于下定决心不再顾及同学及同乡的情分了。于是，他暗暗交代许褚，若许攸再次信口开河，当地处斩。结果，当许攸再次狂妄自大的时候，许褚的刀便落在了他的脖子上。

其三，许攸只是一个从敌军投诚过来的叛徒。等于说他是个卖主求荣的人。平定冀州后，许攸基本上没有什么利用价值了。如果不除掉他，曹操担心将来自己会被许攸出卖，与其留下这么一颗定时炸弹，倒不如一杀了之。但毕竟许攸与自己曾经是同学，曹操不能亲自下手，于是做出很重视许攸的样子，与他大声说笑，这让一旁的许褚看得心里很不高兴。后来，许褚找了个借口将许攸给杀了。原本他以为大不了自己也是一死，没想到曹操只是象征性地说了许褚几句，因为这正是曹操想要的结果。

这样看来，似乎是许褚要了许攸的命，也似乎是曹操要了许攸的命，但更像是许褚和曹操都想要了许攸的命。总之，许攸这个人有智谋却不讨人喜欢，要么好大喜功，犯众怒；要么口无遮拦，惹祸事；要么卖主求荣，无诚信。无论是哪一条，都有失做人的准则。于是，有人说，其实是许攸自己害了自己。

### 嵇康为何被杀

嵇康，字叔夜，汉族，谯郡铚（现安徽濉溪西南）人。著名的琴艺家和哲学家，

“竹林七贤”的精神领袖之一。在整个魏晋文艺界和思想界，嵇康都是一位极有魅力的人物，他的人格和文学成就的影响是巨大而深远的。

嵇康对传统及当代的琴曲都非常熟悉，这一点在他的《琴赋》中可以体现。南京西善桥南朝墓出土的模制嵇康画像砖，描绘了嵇康席坐抚琴，器宇轩昂的形象。我们所熟知的是他以弹奏《广陵散》而闻名于世。而这首“声调绝伦”，已成绝响的曲目，据说除嵇康之外，无人会弹。嵇康因吕安的案子被收押，钟会劝司马昭乘此机会除掉嵇康。嵇康入狱后，立刻激起舆论的不满，许多豪杰纷纷要求与嵇康一同入狱。

嵇康

经有司劝谕后，众人一时遣散，然而最后嵇康和吕安却被判处了死刑。行刑当日，三千名太学生集体请愿，请求赦免嵇康，并要求让嵇康来太学做老师，然而这些要求并没有被同意。临刑前，嵇康神色不变，如同平常一般。他看了日影，离行刑尚有一段时间，便向兄长要来平时爱用的琴，在刑场上弹奏了一曲《广陵散》。曲毕，嵇康把琴放下，叹息道：“昔袁孝尼尝从吾学《广陵散》，吾每靳固之，《广陵散》于今绝矣！”说完后，嵇康被行刑，时年四十岁。

以往人们常常认为，嵇康之死的一个重要原因，是因为他没有处理好人际关系，得罪了新贵钟会。钟会为报私怨，才不断向司马氏进谗言，终于借“吕安案”之机，借司马氏之手诛死了嵇康。

从当时的表面现象、复杂的社会局面和人类的报复心理来看，好像也说得通。但是，这类观点。往往忽视了这件事情发生的特定时代背景，忽视了钟会当时的社会地位及其阴暗心理产生的特殊原因。试想一下，如果没有曹魏统治的衰朽，没有当时的“司马昭之心，路人皆知”，没有当权势力与反对势力的此消彼长，阮籍会时仕时隐吗？钟会敢向司马昭进谗言，诋毁嵇康吗？所以说，当时的钟会，还不具备诛杀嵇康的主观条件和客观条件。

也有人说，很可能是因为嵇康说了别人的坏话，揭了人家的短，所以遭人忌恨才被杀的。但是，按当时社会的价值标准，魏晋名士中的纵情背礼之举，虽然遭人笑话，但还不是什么大逆不道的事。如，阮籍死了母亲，还在晋文王（司马昭）那里喝酒吃肉；阮咸与叔父阮籍，手把手地在竹林之中游玩；阮籍喝醉了，睡在邻家卖酒的美少妇家里，并且还去吊唁平日里不认识的，突然亡故的少女；阮咸私通姑姑家的一个女婢，并且还让人家未婚先孕了……嵇康收集了不少别人这样的隐私，并且加以批判，当然让人的心里不太舒服。但是仅仅如此，明显还不至于导致嵇康被处死的结局。

那么，究竟是什么原因导致嵇康被处死的呢？有人说，嵇康之所以被处死，与他利用自己的特殊地位，在舆论上与司马氏兄弟作对有着密切关系。尽管这种行动非常隐秘，产生的影响也无碍大局，但在当时却为司马氏兄弟所不能容忍。

作为中散大夫，“职掌言议，顾问应对。”本来是职务范围内应尽之责，但是，问题就在于当时阵营渐趋分明，司马氏父子权力膨胀，已逐渐成为“路人皆知”的事实。这时，也正因为嵇康在本质上太相信礼教，才接连撰写了《太师箴》《管蔡论》《高士传》《与山巨源绝交书》等文章。在舆论上对司马氏父子的作为进行了驳斥，表明了鲜明的政治态度，建立了一套较为完整的新的思想体系，同时也为他招来了祸患。

**陶渊明故里之谜**

陶渊明，字元亮，谥号靖节先生，入刘宋后改名潜。东晋末南朝宋初时期诗人、文学家、辞赋家、散文家。曾做过几年小官，后辞官回家，从此隐居，田园生活是陶渊明诗的主要题材，相关作品有《归园田居》《桃花源记》等。

要想了解陶渊明的故里，还得从他的归隐地开始说起。正史是这样介绍的：陶渊明辞官后，便回了故里。这个故里究竟是哪里，却没有直接写明。也正是因为没有明确记载，所以引来了史学家们的猜疑。人们只能从他的生活中、诗词中去寻找答案。

那时，陶渊明过着“躬耕自资”的生活。因其居住地门前栽种了五棵柳树，又被人称为五柳先生。夫人翟氏，与他志同道合，安贫乐贱，“夫耕于前，妻锄于后，”共同劳动，维持生活，与劳动人民日益接近，息息相关。归田之初，生活尚可。“方宅十余亩，草屋八九间，榆柳荫后檐，桃李罗堂前。”陶渊明爱菊，宅边遍植菊花。“采菊东篱下，悠然见南山”至今脍炙人口。

陶渊明

陶渊明还喜欢喝酒，而且是每饮必醉。有朋友来访，无论贵贱，只要家中有酒，必与之同饮。他先醉，便对客人说：“我醉欲眠卿可去。”他的晚年，生活愈来愈贫困。有的朋友主动送钱周济他，有时，他也不免上门请求借贷。他的老朋友颜延之，于刘宋少帝景平元年任始安郡太守，经过他家，每天都到他家饮酒。临走时，留下两万钱，他全部送到酒家，陆续饮酒。

不过，他的求贷或接受周济，是有原则的。宋文帝元嘉元年，江州刺史檀道济亲自到他家拜访。这时，陶渊明又病又饿好些天，起不了床。檀道济劝他：“贤者在世，天下无道则隐，有道则至。今子生文明之世，奈何自苦如此？”他说：“潜也何敢望贤，志不及也。”檀道济馈以粮肉，被他挥而去之。他辞官回乡二十二年一直过着贫困的田园生活，而固穷守节的志趣，老而益坚。元嘉四年九月中旬神志还清醒的陶渊明，给自己写了《拟挽歌辞三首》，在第三首诗中末两句说：“死去何所道，托体同山阿。”表明他对死亡看得那样平淡自然。

公元 427 年，陶渊明走完了他六十三年的生命历程，与世长辞。他被安葬在南山脚下的陶家墓地中，就在今天江西省九江市和庐山市交界处的面阳山脚下。如今陶渊明的墓保存完好，墓碑由一大二小共三块碑石组成，正中楷书“晋征士陶公靖节先生之墓”，左刻墓志，右刻《归去来兮辞》，是清朝乾隆元年陶姓子孙所立。

通过以上介绍，人们认定陶渊明为“寻阳柴桑人”（浔阳古称“寻阳”），但具体地点又难以确定，后人有意或无意将祖籍、出生地、居住地、卒处，这些原本不同的概念混淆了，特别是因“柴桑县”的界定，让人们众说纷纭，难以把握。虽然陶渊明的墓地，在江西省九江市和庐山市交界处的面阳山脚下，但并不能说明他的故里就在那里。

也有人说，陶渊明辞世不久，与他同时代的文学家颜延之作文纪念。但颜延之在《陶征士诔并序》中也只说：“有晋征士浔阳陶渊明、南岳之幽居者也。”却不说明陶渊明的寿数几何，也不说陶渊明卒于何月何日及葬于何地。看来，陶渊明作为一个大隐士，真的是货真价实，名不虚传，连生卒的时间、地点都隐去不载了。于是，中国历史上一位伟大诗人的生死之谜就这样成了千古疑案。也有人说，陶渊明死前就曾交代过他的朋友颜延之等人，不准跟别人说起他的住地，更不可在诗里留下自己的详细情况，因为他要做一个真正的隐士。

后来，经过史学家们多次研究，认为以下几个地方都有可能是他的故里。一，栗里（庐山山南温泉栗里陶村）；二，上京（庐山山南白鹿玉京山）；三，楚城（庐山西南鹿子坂）；四，鹤问（九江市西郊七里湖滩）；五，宜丰。但都因证据不足，无法定论。

### 刘勰身世之谜

刘勰，字彦和。著有《文心雕龙》。刘勰入梁出仕后，兼任东宫通事舍人的时间较久，后世称其为“刘舍人”。一生未婚。刘勰晚年奉梁武帝旨，与僧人慧震在上定林寺校经，后出家，法名慧地，未期而卒。

在中国文化史上，刘勰是一个留下诸多谜团的人物。关于刘勰的身世，一直争论较多，但可以肯定的是，他出身寒微。据史书记载：《文心雕龙》不仅在中国文学史上地位重要，在世界文学史上，也是中国人永远引以为豪的杰作。鲁迅把它与古希腊亚里士多德的《诗学》并称为“为世楷式”。但《文心雕龙》却是刘勰在穷困当中写成的。

刘勰“早孤”，“家贫不婚娶”，处境的艰难，可想而知。京口是南朝重镇，人文荟萃之区，常有些著名经学家、史学家在此讲学，对刘勰可能有过某种影响，因而他“笃志好学”。二十六七岁时，刘勰到钟山（今南京紫金山）定林寺依靠了寺中方丈僧祐,知识分子跑到寺庙里与和尚打交道,虽是当时风尚,但对刘勰来说,大约与他的家贫不无关系。

僧祐是当时德高望重的大法师,门徒达一万多人,遍及达官贵人与平民百姓。刘勰与他相处十多年,为他整理了大批佛教经论。唐太宗时修成的《梁书·刘勰传》中还说:“今定林寺经藏,勰所定也。”

刘勰精通佛教经论,但他在定林寺住了十多年,却没有落发为僧,当然是在期待着什么。他所向往的人生,是文质彬彬,德才兼备,堪负军国重任,“穷则独善以垂文,达则奉时以骋绩,”就是说,仕途不顺就坚持德操,著书立说,传于后世;仕途顺利就驰骋才能,建立功绩,奉献于时代。但是,对于出身寒微的刘勰来说,“奉时骋绩”的可能性太渺茫了,他不得不选择“独善垂文”的艰苦路子。

于是他就开始了对文章问题的研究。最终,刘勰完成了永垂千古的名著《文心雕龙》,前后用了五六年的时间,这时他才三十七八岁。刘勰期望因此而成名,受到赏识。

《文心雕龙》写成后,当时不被人们称道。但刘勰心中有数,是很自信的。有一天,他打扮成一个货郎的样子,挡住沈约的车子,把书献给了沈约。沈约是当时的文坛领袖,官通值散骑常侍,地位高,名气大。他读了以后,认为“深通文理”,经常放在案头。第二年,刚刚改朝换代登上皇帝宝座的梁武帝萧衍,为了缓解地主阶级士族与庶族之间的矛盾,扩大他的政治基础,主张“唯才是务”,这给刘勰带来了转机。

可能还是由于沈约的赏识和推举,这一年刘勰当上了奉朝请。奉朝请,是奉朝会请召的意思,不是官职,没有定员,是给有些名望或影响的人的一种衔号。但对于刘勰来说,却是由布衣迈进了仕宦门槛。

后来,梁武帝又派他到定林寺与僧人慧震共同整理佛经。事成后,刘勰在定林寺落发为僧,出家后不满一年去世。

也有人说,关于刘勰身世,《梁书·列传第四十四》记载:“刘勰字彦和,东莞莒人。祖灵真,宋司空秀之弟也。父尚,越骑校尉。”据此,大多数学者认为,刘勰士族出身，至少出生一个没落的士族家庭。

还有人说，永嘉南渡时，北方贵族在晋陵境置侨郡"东莞莒县"，其时所置地域不可能是荒无人烟之地，当地肯定有土著人。一百多年后，刘勰在此出生。没有什么准确的证据能断定，此时的刘勰，就一定是南渡之人的后裔，而不是当地土著人的后代。因此，刘勰的血缘关系，有三种可能：一、可能是南渡贵族的后代；二、可能是当地土著人的后代；三、可能是南渡贵族与当地土著人通婚的后代。

## 骆宾王最后出家了吗？

骆宾王，字观光，汉族，婺州义乌（今中国浙江义乌）人。唐初诗人，与王勃、杨炯、卢照邻合称"初唐四杰"。

骆宾王7岁时做了一首《咏鹅》，很快就广为流传，成为各地学童人人喜爱诵读咏唱的童谣。骆宾王也被誉为神童。从此，骆宾王走上了文学之路。虽然他的文学之路顺畅，但仕途却很不得意。最后，不得已造反，兵败之后，便下落不明了，这也给后人留下了重重谜团。

骆宾王

骆宾王最后是不是出家当了和尚，争论较多。关于他出家之事。最早出自唐人孟索的《本事诗》。那本书里说，骆宾王扬州兵败多年后的一天，诗人宋之问被贬职到了江南，因为不满被贬心中烦恼，所以夜游灵隐寺。

那天晚上，宋之问见月光很好，四周一片寂寥。一时诗兴大发，便吟了一句诗："鹰岭郁岧峣，龙宫锁寂寥。"可是，念了这么一句后，却卡了壳，当他反复吟诵后，后联还是续不上来。这时，只见室内有一个老和尚，正在禅床上打坐，他见宋之问行吟得痛苦不堪，便给他续上了："楼观沧海日，门听浙江潮。"

宋之问一听觉得非常好，于是高兴地把全诗连起来反复吟思，本想当时就去跟老和尚讨教，但因为太晚了，有些不方便。第二天一早，宋之问便去拜访，可是老和尚已不见了踪影。他只得询问寺里的僧侣，这才知道，原来那个续诗的人竟是大名鼎鼎的骆宾王！

这个传说被后人广泛引用。但仔细想想，却不真实。因为宋之问和骆宾王早年便是诗友，《骆宾王文集》中至今还收藏了宋之问的三首诗，诗中称宋之问为“故人”，可以想象，他们的私人关系是非同一般的。

两个故人在异地重逢，哪有不相见的道理？何况宋之问被贬职到江南，已是武则天去世以后的事。那时朝廷正在为骆宾王恢复名誉，如果他还在人世，肯定要成为天下轰动的新闻。即使骆宾王为了避开尘世的烦嚣，不愿显身现形，但宋之问声张出去，定然会被众多文史家笔录，但并未见到这种情况。所以骆宾王灵隐为僧的传说，仅是人们怀念骆宾王，而编造出来的一段文坛佳话而已。

关于骆宾王兵败后的下落，既然没有出家，那他去了哪里呢？于是，便有了以下几种说法：被杀、逃亡、投水而死。据《资治通鉴》所载，王那相带着25颗人头向武则天投降，因为骆宾王是那次兵变的首犯，又是《讨武曌檄》的起草者，是所有人最注目的人物。所以即使骆宾王没有被杀，王那相为了邀功请赏，也肯定会谎称，骆宾王已经被他给杀了。另外朝廷就算知道骆宾王已经逃亡，但为了消除政治上的影响，安定民心，也会四处制造舆论，谎称骆宾王已经被杀。就算是骆宾王真的被杀，为何没有任何关于他被杀的细节传出？所以骆宾王被杀的说法，是不能完全相信的。

郗云卿是武则天死后，受朝廷委派，专门搜集骆宾王的诗文，并结集作序的人。生活年代与骆宾王同时或者说稍后一些，他在搜集骆宾王诗文的过程中，走访了众多与骆宾王有关系的人。他称骆宾王并不是被杀的，而是兵败后逃亡了，究竟逃到了哪里却没有说明。

至于《朝野佥载》的作者张鷟，也是和骆宾王同时代的人。他称骆宾王不是被杀的，虽兵败也不是逃亡，而是投江水而死的。那时候，王那相率众哗变，一时间船上大乱，骆宾王眼见大势已去，不得不跳水而逃。

甚至还有人亲眼所见，并传出消息，骆宾王投水后就溺死了。事实上，跳水的结果未必是死，那时，正是晚上，船又紧靠山边，只要稍懂水性的人，都能够顺利逃脱，何况有熟悉骆宾王的人还称，骆宾王其实熟识水性，溺死的概率应该是非常小的。所以骆宾王兵败逃亡的说法，是可信的。但是，他究竟逃到了何处？因为史料记载极少，至今无法查证，所以没人说得清。

## 李白的婚姻和子女之谜

李白，汉族，字太白，号青莲居士。中国唐朝诗人，有“诗仙”之称，是伟大的浪漫主义诗人。祖籍陇西成纪（今甘肃静宁西南），出生于绵州昌隆（今四川省江油市）青莲乡。逝世于安徽当涂县。存世诗文千余篇，代表作有《蜀道难》《行路难》《梦游天姥吟留别》《将进酒》《静夜思》等诗篇，有《李太白集》传世。762 年病卒，享年 61 岁。

说起李白的诗歌，无论老幼都能背上几首，但关于李白的婚姻及子女的情况，估计知之甚少，因为历史上对李白的情感及家人记载得相当少。总体来说，李白经历了四次婚姻生活。第一次和第四次的妻子都出身名门，而中间两次的婚姻，严格来讲只是同居，并没有按礼俗拜堂成亲。

李白

李白的第一位妻子许氏，出身名门望族，其祖父许圉师曾经做过左丞相，许家一直都很兴旺。李白这次成婚，是在 727 年，为他们搭桥牵线的是一位姓孟的官员。据一些历史学者分析，李白之所以能攀上这样的亲事，一来许氏长得不漂亮，李白为了自己的前途，才答应这门婚事的；二来李白与许氏成婚做的是上门女婿，一般条件好的公子少爷是不会倒插门的，而李白虽然出身不够高贵，但他的才华在当时已经有不少人知晓。

李白跟许氏大约生活了10年，其间李白经常外出游玩。李白与许氏生有一女一儿，女儿取名平阳，儿子小名明月奴，后改名伯禽。过了10年的稳定婚姻生活后，不知是寄人篱下的原因，还是许氏病逝了，总之李白带着自己的梦想和子女，永远地离开了许家。

李白的第二次婚姻是离开许家一年后，他在山东时，续娶了刘氏。当时，李白有个叫李冽的堂弟在那里做官，便给他介绍了刘氏。而这位刘氏是个非常现实的女人，她对李白的诗歌不感兴趣，甚至很反感李白每天只知道饮酒作诗不会挣钱养家；而身为浪漫主义诗人的李白，对第二任老婆的庸俗之气也很是不满，两人关系日渐恶化，最终分手了事。不过，还有种说法是，刘氏因为忍受不了贫穷，一脚蹬了李白，找别人过好日子去了。跟刘氏的这段婚姻生活，无疑给李白带来的烦恼和郁闷要大过幸福。

李白的第三次结婚对象，只知是一名山东女子，被称之为鲁女，不知其姓。这位女子长得如出水芙蓉，深受李白的喜爱，要不然，李白也不会为她写下缠绵的情诗：鲁女东窗下，海榴世所稀。珊瑚映绿水，未足比光辉。清香随风发，落日好鸟归。愿为东南枝，低举拂罗衣。无由一攀折，引领望金扉。

因为这时的李白，已经被唐玄宗李隆基诏入宫中为官，大概是官职的级别还不够高，他只能将鲁女续为妾。而这位深受李白喜爱的女子，最终不知是早逝了，还是因李白一去不复返改嫁了，这些都不得而知，就连他俩的儿子颇黎，也不知下落，成了一个永久之谜。

到李白与第四任妻子宗氏结婚时，李白已经是50岁的中年人了。宗氏为前宰相宗楚客的孙女，她跟了李白很多年，曾与李白一同上庐山观光作诗。今天可以看到不少李白写给这位宗氏妻子的诗歌体书信和他代替妻子写给自己的诗歌，如《秋浦寄内》《自代内赠》《秋浦感主人寄内》等，诗中饱含着思念之情。

由此可见，宗氏是个知书达礼的人，他俩的感情非常好。安史之乱时，李白被流放，宗氏与家人曾极力营救，李白被释放后，夫妻俩得以团聚。后来，李白去参了军，两人便各分东西。按理讲，李白与第四任妻子的感情最为和谐，可为什么最后两人还是分开了呢？李白病死的时候，宗氏并不在他身旁。或许，那时李白还没得到真正的自由，这其中可能有不得已的理由吧！

### 扁鹊生平和故里

扁鹊为我国古代医学的发展做出了重大的贡献，因此被后代医家视为“医学祖师”。《史记》记载，扁鹊姓秦，名越人，“渤海郡郑人也”。他年轻时做过经营旅店的“舍长”。舍客中有个叫长桑君的老人擅长医药，扁鹊便跟从他学到了高超的医术。扁鹊还是中医脉诊的创始者，司马迁在《史记》中曾说：“至今天下言脉者，由扁鹊也。”这样一位带有传奇色彩的著名医学家，他的生活时代和故里一直是学术界争论不休的问题。

扁鹊生平事迹比较详细的记载见于《史记·扁鹊传》中，此外《战国策》《韩非子》《列子》《韩诗外传》《说苑》等古籍中，也有一些记载。但是如果我们把史书上所有关于扁鹊的记载综合起来分析研究，就会发现一个问题：有关扁鹊事迹的最早记载是《韩非子·喻老》篇，最晚的记载是《战国策·秦策》，前后两者之间相距400余年。如果仅仅以《史记》所记扁鹊事迹而论，从赵简子立（公元前519年）到齐桓侯立（公元前384年），其间也达130年左右。

长期以来，古今学者对这一历史之谜的谜底孜孜以求。晋代学者傅玄认为，扁鹊是春秋中叶以前的人。清代学者梁玉则认为扁鹊是战国初期人。现代学者中，关于扁鹊的生平时代，有的认为是春秋前期或中期，有的认为是战国前期或中期，也有的认为是战国末期。

关于扁鹊的故里，《韩诗外传》和《说苑》都有“郑人”之说。晋代徐广认为，渤海无郑。西汉扬雄在《法言·重黎篇》中则云：“扁鹊，卢人也。”此后高诱注《战国策·秦策》、韦昭注《汉书·高帝纪》中，也都称扁鹊为“卢人”。

在现代学者中，关于扁鹊故里，有人认为是扬州，有人认为是郑州（今河南省郑州市一带），认为是原籍在渤海郡、家住郑州的亦有之，更有人认为扁鹊是齐国卢（今山东省济南市长清区）人。

扁鹊生平时代和故里的疑问一直没有定论，还有待进一步考证。

## 扁鹊墓地究竟在哪

史籍记载，扁鹊的本名叫秦越人，是齐国渤海郡人。他是一位医学巨人，一生倡导和推崇脉学，反对巫医骗术。直到今天，中医界仍把他提出来的脉学原理奉为经典。

正因为他医术太高，引起了小人的妒忌，秦国太医令李醯就是其中一位。李醯知道自己医术难比扁鹊，便雇人杀了扁鹊。可惜这样一位医学巨人，死后埋在什么地方，竟然是一个谜。

关于扁鹊的墓地的说法一直争论不止，有依据的就有七八种之多：

河南省汤阴县有扁鹊的墓和祠。据传说，这里原来是一道名为伏道冈的山冈。伏道之名就来自于扁鹊当年被“庸医恶其胜己，伏于道侧，谋而杀之”的缘故。这些至今尚存的墓和祠，没人能说清楚它们立于什么时代，只是墓旁的各种碑刻都是元代以后各朝各代的。

在山西省永济市清华镇有扁鹊的祠和墓。墓前有一对石羊及宋、明时代的碑刻，周围还保存着完整的石墙。

陕西省临潼区境内也有扁鹊坟。据传说，扁鹊当年就是在这一地区被害的。

还有一些说法在当地史料中记载着：

山东省济南市西郊，清代属长清区管辖。当时的县志中记载着：“今卢地有越人冢。”

山东省历城县1926年《续修历城县志》中记载：“扁鹊墓在鹊山西山下。”

现在，还有人认为扁鹊墓是在他的故乡，也就是今天的河北省任丘市。

一是由于年代久元，难以考证各种说法的真伪。二是由于陕西、山西、山东、河南、河北诸省在春秋战国时代分属秦、韩、齐、魏、赵各国，正是历史上记载的扁鹊行医周游列国曾经到过的地方。前无记载、后无依据,谁也无法辨别哪一座扁鹊墓是真。

## 鲁班与公输般是否同一人

鲁班是我国古代杰出的民间工艺家,是木工、石工、泥瓦工等工匠的共同祖师爷。他大约是春秋末期人。关于鲁班的传说,先秦时期形成一部分,汉唐时代也记载了一部分,直到宋、明才有了较完整的资料。

一般书刊上都把鲁班和公输般视为一个人,姓公输氏,名般。因为他是鲁国人,所以也叫鲁班或鲁公输般(我国古语中“盘”“般”“班”三字通用)。

据《墨子·鲁问》记载:“公输子削竹本以为鹊,成而飞之,三日不下。”这大概就是后来民间的风筝。《墨子·公输》记载:“公输般为楚造云梯之械成,将以攻宋。”

山东济南千佛山(原称历山)有鲁班庙,人们把他当作神人供奉,目的是纪念他为人类所做出的贡献。

东汉赵岐注《孟子》时说:“公输子鲁班,鲁之巧人也,或以为鲁昭公之子。”这说明,鲁班可能是鲁国国王昭公的儿子。桓宽《盐铁论·贫富篇》说:“公输子能因人主之材木,以构宫室台榭,而不能自为专屋狭庐,材不足也。”这又说明公输般不是鲁昭公的儿子,他只能为富贵者建筑宫室台榭,自己却穷得连简陋的草房也盖不起来。

《礼记·檀记下》记载:季康子之母死了。这时还很年幼的公输若就提出对敛尸下葬的办法进行改革。因守旧的公肩假极力反对改革,方案最终没有实行。有人说这个公输若就是公输般或鲁班,般为名,若是字,也有人不同意这种看法。

还有另外一种说法:唐代段成式《酉阳杂俎》记载:“鲁般者,肃州敦煌人,莫详年代,巧侔造化。于凉州造浮图,作木鸢,每击楔三下,乘之以归。”这可能就是古代的鲁班传说,也可能是说一个学鲁班的人,同时又是一个巫师,是敦煌人。

卢南乔教授主张鲁班、公输般是一个人,他根据有关鲁班、公输般、公输若的13个传说故事所涉及的人物——季康子、鲁公、楚王、宋公、墨子,推定鲁班是春秋战国之交即公元前510年~公元前440年的人。

也有人认为鲁班、公输般是两个人。晋人葛洪《抱朴子·辨问篇》说:“班(鲁班)、输(公输般)、狄(墨翟)机械之圣也。”葛洪在这里把鲁班、公输般视为两人。《古乐府》诗:“谁能为此器,公输与鲁班。”因此,他们主张不能将公输般的发明创造记到鲁班的头上。

明代罗欣《物源·器原篇》说,鲁班作砻、磨、碾子,饰门窗以铺首。公输般作铠、钻、隐括。两千年来,生产、生活和作战所用的器具,都传说是鲁班发明的,这不能作为信史。

有人认为鲁班造了赵州桥、卢沟桥。据说鲁班曾与妹妹比赛,在一夜之内(以鸡鸣为限)要修三座桥。鲁班将赵州桥、卢沟桥修好以后,正在修第三座桥,妹妹怕他累坏了,就学着鸡叫。鲁班以为真的鸡叫,就停了工。这座未竣工的桥,就是鸡鸣驿的石桥(见中国民间文艺研究会、北京文联合编《北京传说故事资料》第3集)。据说,五台山的悬空寺、绍兴的北海桥、桂林的花桥、北京天坛祈年殿等都是鲁班修的或鲁班指导修建的。有些地方的自然名胜也被认为是鲁班的遗迹,如长江上的瞿塘峡岩穴间露出一块匣子样子的石头,传说是鲁班的风箱。

古书记载把很多发明创造都集中到鲁班这一历史传说人物身上。这些只能算是民间传说而已。

由此看来,鲁班、公输般到底是一个人还是两个人仍是一个悬案。

### 张仲景身世探秘

张仲景(148~219)的生卒年的问题一直是历代医史家争论的焦点。张仲景是东汉时期著名的医学家,他目睹当时疾疫广为流行、死亡惨重的情状,激发了他“感往昔之沦丧,伤横夭之莫救”的心情,产生了著书立说、救人济世的伟大志愿,创造性地写成《伤寒杂病论》一书,该书被后人称为“活人之书”“众方之祖”,直到现在,日本、中国台湾生产的中成药,大多数来自仲景所创之方。其本人被历代医家尊为“医圣”。

仲景名机,南阳郡涅阳(今河南省南阳市)人。其生平事迹,在范晔《后汉书》、陈寿《三国志》均无卷传，也未见于郭玉、华佗等传中，除了在他的《伤寒论》序中我们能够了解到张氏家族为一望族，人丁兴旺，但"建安纪年（196 年）以来，犹未十年，其死亡者，三分有二，伤寒十居其七。"于是他感愤而发，立志医道，"乃勤求古训，博采众方"参照了当时所见之医著，如《素问》《九卷》《八十一难》《阴阳大论》《胎胪药录》等，结合临症经验，写就了《伤寒杂病论》合 16 卷，并在序末自题"汉长沙太守南阳张机仲景"。除此之外，在当时的文献中没有留下任何记录。

张仲景

晋代皇甫谧的《针灸甲乙经》自序又记有"机予言王仲宣二十年后眉落身死"后来果然应验的故事。另外在葛洪的《抱朴子内篇》、王叔和的《脉经》等书中也略有提及，及至唐初所撰的《隋书·经籍志》注引《名医录》才有一些姓名事迹。

唐代甘伯宗《名医录》对仲景的介绍虽然详细了一些，如"张仲景，南阳人，名机，仲景乃其字也，举孝廉，官至长沙太守，始受术于同郡伯祖，时人言识用精微过其师"，但也不能窥见仲景生平之大概。

清人陆懋修著《世补斋医书》，其中《补后汉书·张机传》方使仲景事迹趋于完整，但也是根据以上材料而来，并无实质性进展。所有有关张仲景的传记资料，大抵是这样叙述的"晋以后多据皇甫谧，唐以后多据甘伯宗，而近人都据陆懋修"，附会因袭，难成方圆：

1934 年，西安名医黄竹斋先生在桂林名医罗哲初处，抄得罗氏珍藏的其师左盛德光绪二十年（1894 年）传授予他的白云阁藏本《伤寒杂病论》，左氏在序中披露该本来自隐居在广西云开大山的张仲景第四十六世孙张绍祖，左序云："吾师（张绍祖）讳学正，自言为仲氏四十六世孙，自晋以后迁徙不一，其高祖复初公，自岭南复迁原籍，寄居光州，遂聚族焉。"自此，有关仲景家世又多出一条资料。

虽经历代学者不断考证，仲景身世至今仍是迷雾重重，众说纷纭。当代许多学者，如钱超尘、兰承祚、洪贯之、郑建明等人在仲景生卒年等问题上也都曾做过深入的考证，但是有关仲景身世的谜团只有留待地下材料的发掘和后人的努力了。

## 张衡发明地动仪之谜

张衡在132年创制的候风地动仪是世界上第一台测震仪器，它同中国四大发明之一的指南针，分别是人类在地震学和地磁学上的首创仪器。可是，候风地动仪在1700多年前神秘消失，它的外观和原理长期成为人们心中的谜团。

据《后汉书·张衡传》记载，“候风地动仪”制成于东汉阳嘉元年（132年），是用青铜铸造的。仪体形状就像汉代酒樽，樽上装饰有篆文山龟鸟兽之形，樽的内部立一根铜柱，张衡称之为都柱。都柱周围有八条滑道，称为“八道”。仪体的外部装有八条龙，分布在八个方位，龙口各含铜丸一个，龙头下方各放置一个张口向上的铜蛙（蟾蜍）。仪体内部装有机关，与体外龙头相连，一旦发生地震，机关被触发，龙口打开，铜丸落入铜蛙口中，发出声音，使掌管人知晓，并能判明地震来源的方向。

根据这一史料，中外科学家一直试图复原并弄清它的原理。19世纪末，日本和英国的科学家先后绘制出复原模型。目前家喻户晓的地动仪模型是中国历史博物馆科技文物专家王振铎于1951年设计的，其内部结构采用直立杆原理。但是几十年来，国内外地震学界一直对它的科学性表示怀疑，因为它不能检测地震。

目前地震学界普遍认为，作为地震专用仪器来说，直立杆原理是不能作为验震器来用的，且这个重量与结构均呈倒三角状分布的模型会在地震时整体性倾翻，原理和外形都存在明显的失误。

最近，中国地震学家和考古学家通过大量理论计算和科学实验，提出地动仪的工作原理应该是“悬垂摆原理”，即地动仪是利用了一根悬挂柱体的惯性来验震的，而非当今历史教科书中所说的在仪器底部简单地竖立一根直立杆。根据这一原理，在候风地动仪内部悬挂一铜柱，下压一铜球，铜柱会向地震的方向倒下，触动内部的杠杆，原来被杠杆压住的龙口中的铜球掉进蟾蜍口中，测得地震的方向。

张衡发明的地动仪究竟是什么样子？内部结构如何？又是怎样实现地震预测的呢？虽然科学家们的研究取得了一定的进展，但要找到一个可以说服所有人的模型，恐怕还需要一定的时间。

## 华佗创开腹手术之谜

东汉末年我国诞生了三位杰出的医学家，史称“建安三神医”。其中，董奉隐居庐山，留下了脍炙人口的杏林佳话；张仲景撰写《伤寒杂病论》，理法谨严，被后世誉为“医圣”；而华佗则深入民间，足迹遍于中原大地和江淮平原，在内、外、妇、儿各科的临证诊治中，曾创造了许多医学奇迹，尤其以创麻沸散（临床麻醉药）、行剖腹术闻名于世。后世每以“华佗再世”“元化重生”称誉医家，足见其影响之深远。

华佗

华佗，字元化，出生在东汉末年豫州沛国谯县（今安徽亳县）的一个普通士族家庭，约生于汉冲帝永熹元年（145 年），卒于汉献帝建安十三年（208 年）。

华氏家族本是一个望族，其后裔中有一支定居于谯县以北十余里处一个风景秀丽的小华庄。至华佗时家族已衰微，但家族对华佗寄托了很大的期望。从其名、字来看，名“佗”，乃负载之意，“元化”是化育之意。华佗自幼刻苦攻读，习诵《尚书》《诗经》《周易》《礼记》《春秋》等古籍，逐渐具有了较高的文化素养。

在华佗成长的过程中，除受到中原文化的熏陶外，盛产药材的家乡也给他以不少的影响。谯县出产多种药材，如“亳芍”“亳菊”，早已闻名天下。再加水陆交通较为发达，所以谯县自古就是一个药材的集散中心。至今在亳县的通衢大街上，中药材货栈比比皆是。幼年的华佗在攻读经史的同时，也留心医药，当地父老传说他曾在泥台店一带读书养性、学医识药。

在封建社会里,读书人大多以出仕做官为荣。而华佗则不然,他选择了一条完全不同的人生道路,终身以医为业,矢志不移。他青少年时期,正值东汉桓帝、灵帝之际,外戚宦官交替专权,朝纲不正,政出私门,卖官鬻爵,贿赂公行,对百姓敲骨吸髓,疯狂榨取,人民陷入了深重的苦难之中。华佗目睹官场之腐败和苍生之苦难,决心弃绝仕途,以医济世。当时朝廷中的一些有识之士对华佗的品行、学识很为赏识。太尉黄琬要征辟他为官,华佗谢绝了;沛相也荐举华佗为孝廉,对此他也婉言谢绝了。这充分表明了华佗志向的坚定和品德的高尚。

华佗行医,并无师传,主要是精研前代医学典籍,在实践中不断钻研、进取。当时我国医学已取得了一定成就,《黄帝内经》《黄帝八十一难经》《神农本草经》等医学典籍相继问世,望、闻、问、切四诊原则和导引、针灸、药物等诊治手段已基本确立和广泛运用;而古代医家,如战国时的扁鹊,西汉的仓公,东汉的涪翁、程高等,所留下的不慕荣利富贵、终生以医济世的动人事迹,所有这些不仅为华佗精研医学提供了可能,而且陶冶了他的情操。

华佗一生精通内科、妇科、儿科、针灸等,最擅长外科,并对针、药不能治的病使用了手术治疗,后世人常常把他看作是中医外科的鼻祖。值得称道的是,他发明并运用了中药麻醉剂——麻沸散。其过程大致与现代外科手术的过程相同,而且不必做脊椎穿刺,只需口服麻醉药,便可施行手术。手术前,他让病人用酒冲服麻沸散,全身麻醉后再进行剖腹手术,割掉病变部位,再进行缝合,最后敷以“神膏”并进行伤口包扎,“一月之间即平复”。《三国志》上是这样记载的:“若病结积在内,针药所不能及,当须刳割者,便饮其麻沸散,须臾便如醉死,无所知,因破取。病若在肠中,便断肠湔洗,缝腹膏摩,四五日差,不痛,人亦不自寤,一月之间,即平复矣。”因此,许多人便认为这就是华佗开中国剖腹手术先河的证据。

但是长期以来,由于对我国古代中医药的认识问题及有关华佗的史料较少,加之华佗医术又已失传等原因,学术界对华佗究竟是不是世界上首创开腹术的医学家存在很多争议,并形成对立的两派。

持不同说法的人认为,史书上有关华佗进行剖腹手术的记载不足为信。手术必须麻醉，而麻沸散可能属于子虚乌有一类，因为《三国志》不是医书。而张仲景与华佗是同一时代的另一位著名医学家，其在著作中未提及关于麻沸散的事。现代学者陈寅恪在《寒柳堂集》中说："断肠破腹，数日即差（痊愈），揆从学术进化之史迹，当时恐难臻此。"他认为华佗剖腹手术只是当时民间比附印度的一个神话，说印度古代有一叫耆域的神医，精研解剖学，能治疗人体脏腑中的许多疾患，会剖开肚子"扭转肝脏"，所以认定古印度的耆域是开腹术的首创者。苏联彼得罗夫主编的《医学史》中记载，早在奴隶制时期的印度、古巴比伦、古希腊的医学案例中，就已经应用曼陀罗花作为外科手术的麻醉药达百年之久。可见早在华佗之前，古代印度已有前例。

### 达摩面壁之谜

达摩是中国佛教禅宗的开山鼻祖，关于达摩的生平事迹，众说纷纭，其中最著名的是他在少林寺"面壁九年"的故事。那么达摩在历史上究竟是一个什么样的人？所谓面壁九年到底又是怎么一回事呢？达摩究竟有没有面壁九年呢？

史书记载，达摩是天竺国佛教禅宗第27代祖师般若多罗的嫡传弟子。达摩遵照师傅嘱托，东行来到今中国。首先在南朝都城金陵晋见了梁武帝萧衍。梁武帝问他，自己的一生造寺布施供养，有什么功德？达摩回答说，没什么功德。就这样得罪了皇帝，结果被驱逐出境。在南方不受欢迎，达摩只好渡江北上到魏都洛阳。

后来他几经流浪，到达少林寺，于是达摩决定留在这里。不久，他便在庙后面山坡上的3/4处发现一个小山洞。这个石洞大概有3米高、6.6米长，方方的洞门，正好朝阳敞开，冬暖夏凉，空气清爽，于是达摩决定在这里修行坐禅。相传，达摩在这个石洞里整日面对石壁盘膝静坐。一次，达摩发现自己刚坐下修炼不久，便不知不觉打瞌睡，他毅然用刀割断了自己的眼皮，扔出山洞。从此他不说话、不持律，默然地终日面朝石壁，双眼闭目，五心朝天，在"明心见性"上下功夫，在思想深处"苦心练魔"。达摩在山洞里呆了九年，一直修炼达到佛教的终极。

后来当达摩离开山洞开始传授禅宗时，弟子们发现，他坐禅面对的那块石头上，竟留下一个达摩面壁姿态的形象，宛如一幅淡色的水墨画像。在今天的嵩山少林寺西北的五乳峰的山腰，还有一个达摩洞。石洞幽邃，深约7米，宽3米。额上南面刻“默玄处”三字，北面刻“东来肇迹”四字，洞内有达摩及其弟子的石像。人像石旁有诗曰：“九年面壁佛祖在，灵石显影精气神。”还有另一种说法是，达摩在少林寺面壁修行整整十年，而不是九年。即通常说的“十年面壁”，就是从这衍生而来。

有学者提出，所谓“面壁九年”的说法是达摩所传的禅。以《楞伽经》为依据，他提出“理入”和“行出”的修行方法。所谓“理入”就是“壁观”。有人把“壁观”理解为“面壁静观”，于是就产生了“面壁九年”的说法。

也有人认为，达摩面壁的故事是后人杜撰的，只是表达一种佛学修炼的信念。达摩面壁九年的真实性是被后人质疑的——那么长的时间，不吃不喝也不睡觉，整日端坐在石洞里，不符合生理规律。而且，今天的达摩洞里所谓的影壁，其实只是一些轮廓模糊的石纹线条。

其实，不管达摩有没有面壁九年，这种修行的方法对我国禅宗的影响十分深远。

### 达摩见梁武帝

菩提达摩是中国佛教禅宗的始祖，生于南印度，他创立了一套参悟的禅法——“达摩禅学”，亦称“南天竺一乘宗”。梁武帝是中国历史上有名的好佛皇帝，据传他与达摩有过会晤。

据一些古籍记载，梁武帝曾在都城建康（今江苏南京）向达摩请教：“造寺度人，写经铸像，有何功德?”达摩笑道：“并无功德……此有为之善，非真功德。”双方“理不契机”，不欢而散（见《历代法宝记》）。流行的北宋道原所著的《景德传灯录》对达摩生前活动又掺入了许多附会、杜撰的文章，其中对这次会晤有许多渲染之辞。所以，梁武帝究竟有否与菩提达摩晤谈过，此事被列为禅宗“颂古百则”中的第一则公案，也成为中国佛教史上的一大疑案。

一些学者如胡适、汤用彤，台湾的刘汝霖、印顺，日本的仿估木宪德、宇井、镰田茂雄等人就认为没有此事。胡适在《菩提达摩考》和《书菩提达摩考后》两篇文章中说：据唐朝初年道宣所撰的《续高僧传》云，达摩“初达宋境南越”。此“宋境南越”系指南朝宋、齐、梁、陈四朝中的刘宋王朝，故达摩来华最迟在刘宋灭亡（479）以前。据《续高僧传》卷十五《僧副传》所载达摩弟子僧副从师、南游和终卒年代推算，达摩约于公元470年左右来华，在华生活约50年之久，萧齐初期（485~490）已在北方传道，此时梁朝还未建立。从时间上看，菩提达摩不可能与梁武帝有过会晤。又据《洛阳伽蓝记校注》卷一所载，达摩曾在洛阳瞻仰了华丽壮观的永宁寺，时间当是该寺的全盛时期。《洛阳伽蓝记》记有公元526年该寺刹上宝瓶被大风刮落之事，此后至公元534年毁于大火，故全盛期在公元516~526年之间，达摩谒寺约在公元520年左右，以此否定达摩于公元526年左右来华。《传灯录》中更杂以许多虚妄之处，因此胡适认为这次会谈纯属无稽之谈。

另一些学者如冯友兰、张岱年、孙述圻等人却认为确有此事。孙述圻针对胡适的论据阐述了自己的观点：“初达宋境南越”中的“宋境南越”是泛指中国南方地区，是地域概念而非时间概念，该句意为“达摩起初抵达中国南方境内”，并非指刘宋期间抵华；深慧皎的《高僧传》收录了至公元519年止的名僧，其中却没有达摩之名；永宁寺于公元526年被大风刮落宝瓶后，马上被修复，兴盛期延续至公元534年才真正结束，达摩于公元526年前后参观该寺是可能的；这些文献均出自晚唐前的人之手，它们比《传灯录》的可信度要大得多。

像任继愈、黄心川等人则认为上述两说均有可能，不能形成定论。看来，为佛教史上的这件疑案，学者们经过一系列笔墨勘对，还是没有形成一致的观点。

### 达摩与少林拳法之谜

少林寺在中国历史上盛名远扬。少林武术向来有南北之分，北有河南嵩山，南有福建泉州少林拳。可是泉州少林寺被毁于兵祸国难之中，着实令人心痛。不过中国少林武术从来就是一个整体，其实可以归二为一，应该是一个少林，那就是“中华少林”。

但是中国少林拳法的鼻祖是谁？关于这一点素来有许多说法：一说法是南北朝后期泛海来中国传教的天竺僧人达摩；一说是公元502年比天竺僧人早7年来

中国传教的南印度香至国三王子菩提达摩。但是,前者有“创拳”祖师的传说,后者有“传拳”祖师的传说。那到底中国少林拳法“创拳”或“传拳”的鼻祖是谁？这给后人留下很大疑问。

说中国少林拳法鼻祖是南北朝后期泛海来中国传教的天竺国僧人达摩,也不是凭空捏造的,有一定理论根据,嵩山“碑林”“少林初祖达摩颂”上刻“嵩山少林道场,达摩初祖之居地”。

达摩

据民间传说,公元 685 年,“在南北朝后期,有一个叫达摩的天竺僧人从海路来我国传教,先在南方,后辗转到北方”。但中国佛教史上却无这些记载,美国《世界日报》1984 年 11 月 11 日的《残留在印度的古少林拳法》一文中却有一段很长的论述:“少林拳源自中国河南省登封市少室山北麓的少林寺……少林寺建于北魏孝文帝太和二十年(468 年),孝文帝为了礼敬跋陀(佛陀)禅师而建立,成为中国佛教史禅宗发源地。达摩于梁武帝大通元年(527 年,比民间传说早 198 年)渡海到广州,梁武帝即派人迎至建业(南京),可惜二人话不投机,达摩遂渡江到北魏,于少林寺面壁九年,使少林寺成为少林拳的发祥地,达摩则被尊为禅宗东土初祖。达摩在少林寺传法,许多修行僧人体力不支,纷纷另求他处。达摩发觉这样不是办法,因此精心研究‘洗髓经’和‘易筋经’以传授门众,成为少林拳的由来,于是有‘达摩创拳’的说法。”

还有一种说法认为中国少林拳法鼻祖是南印度香至国(现今塔米尔省的康吉普拉姆地方)的三王子菩提达摩。菩提达摩于梁武帝普通元年(520 年,比天竺国僧人达摩早来中国 7 年)从海路到达中国广州,后来又到了嵩山,开创了拳法。如果这是事实,那么南印度香至国菩提达摩才是中国少林拳法的鼻祖。

有一些明智的学者怀疑"天竺僧人达摩"与"南印度香至国菩提达摩"是一人，毕竟二人都是泛海来中国辗转到少林寺。但如是一人，为何来中国时间又差异那样大？但中国少林拳法是达摩创，还是菩提达摩所传？他们谁是少林拳法的"鼻祖"？这些问题尚在考证之中。

## 陈抟道士与宋太祖赌华山之谜

陈抟是道家始祖之一，他一生大部分时间隐居在华山。在此期间，华山从不用缴税，这是为什么呢？

陈抟当时虽身在山林之中，而心在庙堂之上，时时注视着时局变化。自晋汉以后，陈抟听说改朝换代，便伤心很多天，碰到有人问，却瞠目不答。据《隐武当山诗》记载："他时南面去，记得此山名！"至北宋，有人改"南面"为"南岳"，题诗其后："蘚壁题诗志何大，可怜今老华图南。"《太华希夷志》中记载陈抟曾揽镜自照说："非仙而即帝。"这些传言未必真实，但说明陈抟志向本来很大。

陈抟尽管有着参与政治的宏大志愿，但缺少施展宏图的势力和才能，因此对封建割据统治者没有任何威胁。"曾践场屋，不得志而隐"的他，成了致力于一统天下的君主极力笼络的对象。后周显德(954~959)初年，陈抟在华山隐居为道，修整唐云台观居住。他总是闭门独卧，经日累月乃至"多百余日不起"。"花竹幽窗午梦长，此中与此暂相忘。"这诗多少透露出他的志向。周世宗好黄白之术，闻陈抟名，以为"必有奇才远略"，"以四方未服，思欲牢笼英杰"。显德三年(956)，世宗命华州送到阙下，令于禁中肩户试其睡功，月余始开。陈抟热寝如故。世宗非常惊讶，问神仙、黄白、修养之事、飞升之道。陈抟反问说："陛下为天下君，当以苍生为念，岂宜留意于为仙乎？"世宗也不责怪他，任命他为谏议大夫。他都拒绝了。显德五年(958)，世宗又令成州刺史朱宪带着50匹帛、30斤茶赐给陈抟。

传说陈抟早就认识宋太祖赵匡胤。当时，陈抟正在华山隐居，而赵匡胤只是一个浪迹江湖的无名小辈。陈抟善望气相人，知赵匡胤日后必成天子，便以华山为注与赵匡胤弈棋。赵匡胤喜弈棋，虽然他赌输了，但自认为赚了极大的便宜，因为当时华山不是他的，便同意了。陈抟连赢赵匡胤三局，并逼赵匡胤立约为据。

后来赵匡胤创建大宋王朝后，华山的居民拒不纳税，并拿出赵匡胤的字据为证。这时，赵匡胤始知陈抟乃得道高人，便下旨华山免税。

但是终太祖一朝，太祖未曾召见陈抟，陈抟也没有要求召见。从陈抟与宋太祖的关系看，这似乎不近情理，遂成难解之谜。

## 鉴真失明之谜

鉴真是唐朝时扬州的著名高僧，精通律学，在民间享有崇高的威望。唐天宝元年（742 年）十月，接受日本僧人荣睿、普照的邀请，东渡日本宣扬律学。从此以后，鉴真等人历经艰辛，屡遭挫折，曾五次渡海失败，直到天宝十二年（753 年）才成功地踏上日本的土地。在中日两国，很多鉴真研究者与中日关系史专家认为，鉴真第五次东渡失败后，于天宝九年（750 年）由广州到韶州时，由于疾病和劳累，导致双目失明。但是，鉴真和尚果真是双目失明了吗？

鉴真

著名史学家陈垣对鉴真双目失明提出质疑。他认为"鉴真和尚到日本后，晚年曾失明则或有之，谓鉴真和尚未到日本前已失明，则殊不可信"。因为在《宋高僧传·鉴真传》等史籍中都没有关于鉴真失明的记载，这一说法仅依据日本人真人元开所撰写的《唐大和尚东征传》中所述作为孤证，论据尚不充足。

在日本方面，成书于八九世纪之际的史书《续日本纪》对鉴真的事迹记载也有可疑之处。该书中说，在天宝七年渡海失败后，由于随行的日本僧人荣睿亡故，鉴真"悲泣失明"。学者陈智超认为，《续日本纪》所记载的鉴真在双目失明之下，以鼻辨药"一无错失"，或许可信，但仅凭记忆力来校正数百万言的经论而一字不差，就未免有点太过神乎其神了，难免引人怀疑。

日本学者田中块堂和安藤更生认为，《唐大和尚东征传》所说的"眼光暗昧"是指鉴真患有老年性白内障。鉴真请了阿拉伯医生施行针拨法治疗，由于手术后感染，病情恶化，即所谓“眼遂失明”，但还能分辨出字迹。田中块堂认为，鉴真到日本时尚未完全失明。

这些为数不多的现有史籍，对鉴真的眼睛失明所提出的种种质疑：鉴真和尚的眼睛在第五次渡海后失明了吗？如果失明，是为何而失明的？是“途中双目发炎，视力减退”疗治不当而失明呢，还是“因长年跋涉，身染重病，以致双目失明”？或是“因中暑毒，致使双目失明”？又是什么时候失明的，在中国还是在日本？要解开这个谜，还必须继续考证中日双方的有关史料。

## 张三丰与武当拳之谜

“北少林，南武当。”武当派是我国古代一支重要的武学门派，与著名的少林派齐名，两派并称中华武术的两大主脉。武当派武功的特点是以静制动，以柔克刚。其源流却十分复杂，引起众多人士的争论。

据研究，武当派共有四大派，即正乙派、全真派、玄武派、三丰派。

武当正乙派一般不外传，是武当山本宫龙门内部传接的一派。此派要求做到“心息相依，腰随时转，运行匀缓，动静自如”，“行与蛇之行，劲以蚕作茧，”“辨位于尺寸毫厘，制敌于擒扑封闭”。从技击角度看，幅度较小，行动较慢。虽然后人不断更新此武功，但它仍具有很强的古典特征。

武当全真派与玄武派都有许多拳术、剑术。众所周知的八卦掌、太极拳、形意拳以及鱼门拳、猿猱伏地拳、六步散手等民间珍贵拳种均包括在内；剑术有武当剑、白虹剑等。这一派传授之人众多。现存疑问颇多，如太极拳是否发源于陈家沟，董海川是否创立了八卦掌等等。

历来认为武当派的鼻祖是武当三丰派。《武当拳术秘诀》云：“本武当三丰之要诀，为武当之正宗。”1928 年秋，万籁声先生所著《武当汇宗》谓：“武当宗洞玄真人张三丰祖师。”裴锡荣、李春生主编的《武当武功》一书，也说是明代张三丰创立了武当武术。经过数百年的演变，武当武术由最简单的“八门五手”的十三势拳而发展今天，拥有众多门类，包括太极拳、八卦掌、形意拳、武当太极拳、武当八极拳、武当剑、玄武棍、三合刀和龙门十三枪等。

有人在对史料中的张三丰进行了考证研究后，却指出武当的祖师并不是明代道人张三丰，而是源于少林派。

经过武当拳法研究会和一些专家在1999年初开始的潜心挖掘整理，100多个武当拳法门派和500多种拳谱得到基本确认。几年中，武当拳法研究会和武汉体育学院的一批专家深入到民间考察，通过探访、召开武术名家座谈会等多方搜集资料，并查阅了成堆史料和数百件碑拓笔记。整理的资料总计1000多万字。他们从以上史实资料中得出武当祖师张三丰历史上确有其人的结论，并认为，在他提出的"守内、崇实、修性、健身"的原则指导下，武当拳运用"太极说""阴阳说""五行说"等进一步发展，形成了"顺其自然、以静制动、技进于道"的特点，也进一步完善了武当派的独特理论和技术体系。

## 赵舒翘身亡之谜

八国联军镇压了中国人民的反帝爱国运动之后，强迫清政府签订《辛丑条约》。该条约在文本开篇便指出拳匪（义和团）最初挑起动乱，挑衅友好邻邦，要清政府遵照列强的意旨诛戮那些支持义和团"灭洋"的大臣。清政府让李鸿章办理此事，刑部尚书赵舒翘便定为"赐自尽"。那么，赵舒翘是何许人也？他又是如何获罪和身亡的呢？

赵舒翘（1848~1901）进士出身，为人谨慎。曾经因为平反王树汶冤案而声震朝野。48岁任江苏巡抚，后任刑部尚书。

赵舒翘被治罪的幕后原因，有下列几种说法：

第一，赵舒翘虽然荣升军机处高官，和他的同事、满人刚毅相差甚远。因为刚毅是满人，赵舒翘凡事都唯刚毅马首是瞻。刚毅一意庇护义和团，赵舒翘为了保住仕途俸禄，没有把实际情况回奏朝廷，成为联军指名欲杀的战犯。

第二，赵舒翘被治罪，是李鸿章的一个幕僚捣的鬼。这个幕僚的父亲曾是赵任江苏巡抚时的下属，因贪赃枉法被赵舒翘撤职。这个幕僚怀恨在心，于是对李鸿章说，所惩办的王公大臣中没有汉族人，朝廷将会起疑心，不如把赵舒翘列入其中，李鸿章采纳了幕僚的建议，赵舒翘于是成了首祸诸臣之一。

第三，赵舒翘被列为首祸诸臣，是外国和谈代表来提出的。中方代表李鸿章等人认为赵舒翘“无仇洋之举，更无罪可科”。外国代表当时表示同意，但隔日却在照会中坚持原议，不许有丝毫更改，赵舒翘于是被重惩。

第四，1900年夏，义和团运动风起云涌，与清军及洋人发生冲突。这时，赵舒翘已是刑部尚书，并入值军机。慈禧命令赵舒翘赴保定一带查看。赵舒翘回京复命时，曾向部下表示义和团不可依靠，并在给慈禧的密奏中表明了内情。当时慈禧想利用义和团去进攻帝国主义军队，使其两败俱伤，以便坐收渔利。后来，帝国主义要求惩处支持义和团的王公大臣时，慈禧为保全自己，却用赵舒翘等人作了替罪羊。

赵舒翘是怎样身亡的？也是众说纷纭。《咸宁长安两县续志》《清代七百名人传》中笼统地说他“自尽”身死。《清史稿》中写道：“初饮金，更饮以鸩，久之乃绝。”

一种说法赵舒翘是西安本地人，乡梓望重，赵舒翘是当时西安人做官做的最大的官，由刑部尚书到军机大臣。慈禧西逃，就是赵舒翘护驾到他的老家的。一听说要杀赵舒翘，西安绅民立刻起哄，数万人在钟楼下游行示威。帝后逃到西安，惊魂未定，怎能再来个民变？慈禧只得令李鸿章与联军婉言相商，改“斩立决”为“赐自尽”。

另一种说法来自西安当地的民间传说，认为赵死的地点在臬司衙门，而不是在家中；死前，先用黄表纸盖住口鼻，然后用酒喷，使赵窒息而死。

赵舒翘之死应该说是清王朝腐败政治所致，由此可以想见当时政治斗争的残酷。

### 康有为《大同书》成书时间

康有为的《大同书》是一篇赋予这一古老命题新生机的鸿篇巨制，但直到现在，此书的成书年代仍是一个令人迷惑的问题。

提到作品的撰作时间，在1919年《大同书》甲乙两部单行本出版时，康氏专门撰写了《大同书题词》：“吾年二十七，当光绪甲申(1884)，洋兵震羊城，吾避兵居西樵山银塘乡之七桧园澹如楼，感国难，哀民生，著《大同书》。”而且在全书开卷之处，甲部《入世界观众苦》的《绪言》中也明言，本书为26周岁时撰作。这样说来，此书的撰作时间、地点均言之凿凿。不过仔细加以考查，却又大谬不然。

康有为

梁启超在1901年撰写《南海康先生传》时写道：“先生现未有成书，而吾自十年前受其口说。”言下之意，康有为的《大同书》在1901年尚未著成。1911年，梁启超又说：“先生……辛丑、壬寅（即1901年、1902年）间避地印度，乃著为成书。”可是康门弟子崔斯哲和陆乃翔认为此书著于1884年。崔说：“南海先生于清光绪十年，本《礼运》之旨，著《大同书》……因秘其稿，不肯以示人。”陆说：康有为“盖自二十七岁（1884）悟道，即创《大同书》”。由此看来，要想从当事人扑朔迷离的说法中寻找答案，并不是一件容易的事。

对全书加以校核，可以发现，这本书不可能告成于1884年或戊戌变法时期。因为该书不仅记载了1884年以后的事例，甚至还有披露戊戌变法以后的内容。可见，此书定稿不可能早于1901年。

当然，怀疑并不等于结论。如果《大同书》是于1902年或1901年前后成书的，那么为什么康有为的自述及弟子的追忆都反复提到康有为1884年著成此书并讲述大同思想呢？为什么梁启超1901年撰《南海康先生传》时论述的大同思想又与今本《大同书》有惊人的相似之处呢？最合理的解释应该是《大同书》始撰于1884年，以后陆续有所增补，至1901年避地印度时，最后定稿成书。

### 李莲英死因探秘

李莲英是清末有名的太监，直隶河间府人。因他望风使舵，在慈禧死后，乃得幸免。按正统说法，李莲英是在宣统三年（1911年）农历二月初四深夜病死在故宫西华门外南长街的南花园里，时年 64 岁，葬于恩济庄茔地。

1966 年，“造反派”们砸开李莲英的坟墓，打开棺材，令人吃惊的是，棺内除一颗骷髅般的头颅和一条 3 米长的辫子外，全身连一块骨头都没有。这一发现，引起人们探寻李莲英暴死之谜的兴趣。关于李莲英的死因，大致有如下几种说法。

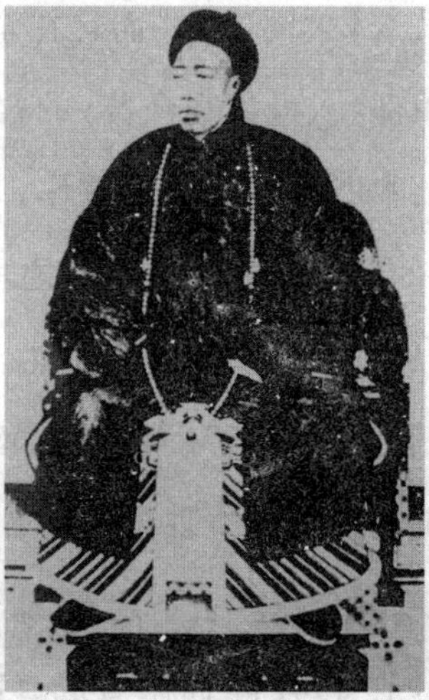

李莲英

一说李莲英被人杀死在升平署（南花园）内。李莲英一生大量受贿于朝廷内外官员，据说在皇室里，有三间大屋放着他几百万两白银。而在宫外，他仍有巨额资财。宫内外有许多贪财之徒，早已对他的积累侧目而视，想夺为己有。李莲英暴死，会不会是有人图财害命呢？

二是寿终正寝说。持这一观点的人认为李莲英棺内之所以只有头颅，并非因为横死。据李莲英的孙女李乐正讲：“我祖父是善终。享年 64 岁。”“我祖父因得急性痢疾，医治无效而病故，由得病到病终仅仅四天的时间。”《清稗类钞·阉寺类》记载“孝钦后（慈禧）殂后，不意又为隆裕后所庇”，“迨其病卒”隆裕后“特赏银二千两”。《李莲英墓葬碑文》写道：“太上孝钦皇后升遐，公之退志决矣。退居之时，年已衰老。公殁于宣统三年二月初四日。”

三是暗杀说。据李莲英的墓碑记载，他死于 1911 年 3 月 4 日。当时正是辛亥革命爆发的前夕。为了摧毁封建统治，李莲英会不会成为革命党人暗杀的对象呢？北京南郊有一位老人，父子两代为李莲英家看坟。有人曾问及李莲英的死因，但老人讳莫如深，守口如瓶。至今，李莲英的暴死仍是一个谜。

## 吴佩孚猝死之谜

1940 年 2 月 6 日，北平城中刚下过一场大雪，冷风凄凄。天刚蒙蒙亮，从东城什锦花园走出一支长长的送葬队伍，足有千人之多。一路上电车、汽车全部停驶，路旁站满了人，自发聚集的北平市民原来是为直系军阀头子吴佩孚送行……为什么有那么多人为其送葬，吴佩孚又是怎么死的呢？

1931年“九·一八事变”以后，日本帝国主义扶植溥仪搞伪满洲国，吴当即通电反对。1935年日本侵略者策动汉奸搞华北自治，请吴佩孚做“华北王”。吴佩孚愤然作色道：“自治者，自乱也。”加以拒绝。吴佩孚大义凛然拒做汉奸，使日本人十分恼火，决定杀害他。1939年12月4日，吴佩孚死在了北平。

吴佩孚究竟是怎样死的？1939年底，吴佩孚因气急交加，突患牙疾，肿痛难耐。德国名医诊断认为须入院做手术，并让赶快送往东交民巷的德国医院。吴佩孚素有“不入租界”的誓言，而德国医院正在东交民巷，所以对入院治疗坚决拒绝。

吴佩孚周围唯一没有被日本人收买的是秘书帮办张伯伦，他在12月4日最后一个单独去看吴佩孚，吴断断续续地说：“死了的好，死了的好。”又说：“将来美日必有一战，中国定可雪耻报仇。”下午3点，几辆小汽车急速驶向吴宅，当年直系头子之一、汉奸齐燮元与日本特务川本大作带领日本军医石田等及日本宪兵进入吴宅。进屋后，他们不顾家属奋力阻拦，拿出钢条和手术刀，开始撬吴的嘴巴，吴的五姑爷张瑞丰心头一紧，大喝一声：“慢着！”川本气势汹汹奔过去，用威胁的姿态问：“你——什么事？”张瑞丰怒目相问：“为什么不打麻药？”一句话提醒了吴的妻子，她也大声抗议：“既然是开刀，为什么不打麻药？”狐狸尾巴露出来了，石田满脸苦笑，十分窘迫，在皮包内翻了半天才拿出针剂，给吴注射了一针。然后，他撬开吴的牙齿。张瑞丰亲眼目睹，那把狭长锋利的手术刀，并不指向灌脓肿胀的牙龈，而是猛地刺向吴的喉咙，只听“啊”的一声惨叫，鲜血从吴佩孚的嘴里喷射出来，直喷到两个护士的脸上。吴佩孚两眼几乎迸裂出来，怒视着川本一伙，鲜血还在汩汩地往外流，顷刻，气绝身亡。在动手术时，吴的夫人张佩兰一直被齐燮元挡着不能近前。吴佩孚去世的消息传遍了北平城，“大帅没有屈服于日本人”也感动了北平的老百姓，到了送葬的日子，纷纷前来送别……

吴佩孚之死到底隐藏着什么样的内情，至今仍然是个令人费解的谜。

## 陈布雷自杀之谜

陈布雷年轻时积极宣传孙中山先生“驱除鞑虏，恢复中华”的革命思想，是国民党早期党员之一。他从政后，任总统府国策顾问、蒋介石的首席秘书和幕僚长等职务，蒋介石的讲演稿和文章，几乎都出自陈布雷之手。1948 年 11 月 13 日，陈布雷自杀于南京。半个世纪以来，这个政治意味浓厚的人生之谜，一直为人们所关注。

1948 年秋，国民党战局节节败退，陈布雷以其从政二十多年的经历，凭着他深远的眼光，看到了国民党分崩离析。他在遗书中写道：目睹耳闻，饱受刺激，想到自己忠心耿耿追随的蒋介石回天无力，不禁腹断心枯，再加上看到共事的党国要人在危如累卵的局势下，不能精诚团结，患难与共，反生离异之心，互询善后之策，而自己又无力挽狂澜于既倒，致使刺激过度，心理变态，突发抑郁狂，决定为垂死的党国“从一而终”。在他的《杂记》中，写到“想来想去，毫无出路，觉得自身的处境与能力太不相应了！”“为此烦忧二十天于兹，我今真成了‘忧郁狂’！忧郁狂是足以大大发生变态的！我便为这种变态反常的心理现象而陷于不可救，岂非天乎？”而国民党却将这些文字删去不予发表，反冠以感激轻生以死报国的名义，造成五十年未能破解的人生之谜。

身体健康状况的严重恶化，也可能是陈布雷自杀的又一个原因。他在日记中写道：“五日来精神疲惫不支，客人散去时，只能偃息于沙发榻上，不复能长时期久坐也……”于是精神上的刺激和肉体上的折磨相互交替影响，造成恶性循环，最终导致神经中枢的崩溃。正如他在最后一天日记中所写：“每逢心里痛苦时，常有‘终结我的生命吧’的念头来袭余之心……”

还有一种流传颇广的说法，当时货币贬值，陈布雷多年积蓄所换成的金圆券都成了一堆废纸。他在日记中悲叹：“与家人筹划此后生计，不仅无片掾尺地足以在外栖旅，且以币值降落之故，亦略无余储足以坐食三个月。年力渐衰，仍感如此严重之经济压迫，询乎愚忠直道，难以行于今日之世也！”但是陈布雷一生为官清廉，对钱财不屑一顾，况且身为国民党要员，无论时局怎样亦不至于到了影响生计的地步,故因生计为难而轻生近乎荒唐。

真正促使陈布雷自杀的原因到底是什么呢?曾经长期担任陈布雷贴身秘书的陶永标透露过一个信息:陈布雷曾劝蒋介石与中共和谈而遭拒。1948 年 11 月 8 日,蒋在演讲中表明战斗到底的决心,并斥责主和派,这无疑给陈布雷精神上一个巨大的打击。陈布雷彻底失望,于是以身殉职,以尸为谏。

时过境迁,五十多年过去了,当事人大多也已作古,揭开陈布雷自杀事件的重重疑雾,已成为中国近现代历史研究的一个课题,需要史学工作者的不懈努力,还历史的本来面目。

## 第六节　战争迷雾

### 庞涓到底有没有指挥过马陵之战

庞涓,战国初期魏国名将。曾率领魏武卒横行天下,北拔邯郸,西围定阳。

庞涓到底有没有指挥过马陵之战?这事还得从马陵之战说起。战国中期,魏国的实力明显要胜过齐国,其军队也比齐军强大,所以荀子说过,"齐之技击不可以遇魏之武卒",然而齐军却在桂陵之战中,重创了魏军。原因没有别的,就是因为齐国战略方针的正确和孙膑作战指挥艺术的高明。

其中主要原因,可能还是因为孙膑的谋略。也正是因为有了孙膑的帮助,齐国虽小,但魏国的气焰还是收敛了些。魏国虽然一直认为自己是强大的。但同时也觉得齐国并不是那么好欺负的。

公元前 341 年,魏国又穷兵黩武,发兵攻打比它弱小的兄弟之邦——韩国。韩国自然不是魏国的对手,危急之中便让人奉书给齐国求救,希望得到齐国的帮助。

事实上,韩国之所以向齐国求救,可能还是因为孙膑的智谋,他们知道,只要有孙膑在,就没有打不赢的仗。齐威王听到消息后,便马上决定发兵救韩。而在任的齐宣王却来征求孙膑的意见,孙膑的看法是:既不同意不救,也不赞成早救,而是主张先向韩国表示必定出兵相救，促使韩国竭力抗魏。当韩国处于危亡之际时，再发兵救援，从而“尊名”“重利”一举两得。他的这一计策为齐宣王所接受。

魏国当然也知道孙膑的厉害，便与赵国联合起来攻打韩国。因为得到了韩国的求救书，齐国便派出田忌率领军队，直奔大梁。魏国的大将庞涓听到消息，马上离开韩国赶回魏国，但齐国的军队已经越过了魏国西境。

这时，孙膑对田忌说：“他们三晋的军队，素来勇武而看不起齐国，齐国有怯懦的名声，善于作战的人只能因势利导。兵法上说，用急行军跑百里去争取胜利，会使上将受到失败，行军五十里而与敌争利只有一半人能赶到。为了让魏军以为齐军大量掉队，应使齐军进入魏国境内后先设十万个灶，过一天设五万个灶，再过一天设三万个灶。”

于是，齐军在孙膑的策划下，施出行军减灶之计，即第一天行军营地有十万灶，第二天军队后退减为五万灶，第三天再退缩减至三万灶，装出一副怯弱畏战的样子。

庞涓行军三天，见到齐军过后所留下的灶迹，非常高兴，说：“我本来就知道齐军怯懦，入我境内三天，士兵已经逃跑了一大半。”所以丢下步兵，只率轻兵锐卒，用加倍的速度追赶齐军。

孙膑估算了一下魏军的行军速度，知道他们在日落之前应该能够赶到马陵。马陵道路狭窄，旁多险阻，多可埋伏兵马。于是孙膑令人把一棵大树削去树皮后，露出白木，并在上面写上“庞涓死于此树之下”。然后命齐军万名擅长射箭的弓弩手，埋伏在道路两旁，事先与那些弓弩手约定好“天黑见到点着的火就一起放箭”。

没想到庞涓果然中计了，那天夜晚，当他来到削去了树皮的大树下后，一眼便看见了树上的字。可是，因为天黑，看不清树上写了什么字。于是，他命人钻木取火来照明，想看个究竟。没想到，字还没有读完，齐军就开始万箭齐发，顿时魏军全部乱了套，有的往东，有的往西。庞涓自知无计可施，军队已彻底失败，便用剑自刎，临死前，说：“总算叫孙膑这小子成了名！”齐国于是乘胜全歼魏军，俘虏了魏太子申回国，孙膑因此而名扬天下，世人皆传习他的兵法。

从这里可以看出，庞涓确实指挥过马陵之战，并且还在此战中自杀身亡。但是，也有人认为，庞涓虽然参与过马陵之战，并且还在此战中失利而身亡，但并不等于他指挥了马陵之战。实际上，马陵之战的总指挥是魏太子申。

而庞涓之所以身亡，也是因为他与孙膑的不和造成的。他们本是同窗，都是鬼谷子的弟子，可是，庞涓却总是对孙膑的才能心怀妒忌，最终与孙膑分开，转而投了魏国，并下决心要除掉孙膑，没想到，害人终害己，他没有除掉孙膑，反而丢了自己的性命。

## 秦赵渑池会的真相

秦赵渑池会主要讲的是关于蔺相如的一个智慧故事。蔺相如，战国时赵国上卿，战国时期著名的政治家、外交家。在强秦意图兼并六国、斗争逐渐尖锐的时候，蔺相如不仅凭借着自己的智慧和勇气，让秦国的图谋屡屡受挫，更难得的是，他有容人之量，以大局为重，“先国家而后私仇”，是一位胸怀广阔的政治家，也为赵国立下了汗马功劳。

那时，秦赵两国交战已达数年。秦王知道，赵国的实力确实雄厚，如果战争继续下去，秦赵双方必然损失惨重，于是派使者去赵国，约赵王在西河外的渑池见面，互修友好。

作为赵国的上大夫，蔺相如担心秦王会对赵王有什么不利的举动，他决定陪同赵王一起去渑池，还派人去棺材铺选购了一副上好的棺材。

临行时，大将廉颇带领大军把赵王送到边境，并在边境部署了大量军队，以防秦国进攻。但想着蔺相如连赵王的棺材都准备好了，心里还是感到十分难过。

到了渑池，双方行过礼，便在筵席上叙谈。秦王对赵王说：“你们楚国的歌一直很有名，我听说你也喜欢唱歌，现在就请你唱一支歌来助助兴吧！”赵王不敢推辞，只好唱了一首。这时，秦国的御史走了过来，在简上写道：某年某月某日，秦王和赵王在渑池宴会，秦王命赵王唱歌一首。

蔺相如见此很不高兴，命人找来一缶，然后上前对秦王说：“赵王听说秦王擅长击缶，我这里有个缶，请秦王敲一段缶乐让大家开开眼界。”秦王听了勃然大怒，不肯答应。蔺相如也不相让，将缶端到秦王面前，可秦王还是不肯敲。蔺相如便用力将缶往头上一敲，缶裂了，血顺着蔺相如的额头往下流。秦王大惊。“秦王不必着急，这个缶的质量不好，想必音质也不好，我让人再取一个来。”秦王看了看蔺相如的头，说：“你还是去包扎一下吧！”“男子汉大丈夫，流点血有何惧，即便我现在死了，也没什么好遗憾的，因为我在来之前已为自己准备了一副上好的棺材。”

秦王知道，蔺相如这是要与自己拼命啊！这时，取缶的小卒已将缶放在秦王面前，秦王只好敲了几下。蔺相如回头也叫赵国的御史，把这件事记下来：某年某月某日，赵王和秦王在渑池宴会，赵王命秦王敲缶助兴。一直到酒筵结束，蔺相如为了维护国家的尊严，从没放弃与秦国君臣的争斗，秦国从头到尾也没捞着半点儿便宜。

原来，秦国这次是想借言和的机会，展现一下秦国的实力，想不费一兵一卒智降赵国，不料蔺相如深知秦国的意图，寸毫不让。之后，秦、赵间暂时停止了战争。

但是，又有人说，渑池会并非人们认为的那样是强国与弱国的会晤，而是两大强国在实力基本平衡下的一次战略妥协。正是因为两强相争，秦国欲乘势主宰天下，赵国却欲代齐称霸中原，所以很有可能两败俱伤，于是，都有了妥协的愿望。可以说，即使赴会的赵惠文王没有贤臣辅佐，秦国也不会重演一场“武关结盟”。至于蔺相如的大智大勇，也不可能是渑池会得以成功的关键因素了。

也正是因为，秦、赵两国相近的实力，决定了双方在会盟中的平等地位，这种地位并非一两位出色的外交人员所能争来的。秦、赵举行渑池会盟也绝非偶然，它是双方共同的战略需要。因为秦、赵长期僵持，相互消耗，必然会导致齐、楚这两个昔日强国的复兴，这是秦、赵两国都不愿意看到的。

当时时局如此，与会的秦、赵双方都有意达成共识，即建立彼此间较稳定的友好合作关系，以转移主力粉碎齐、楚的复兴企图。所以，形势已经决定了秦、赵两国必须化干戈为玉帛，这也不是哪个外交奇才所能左右得了的。

### 淝水之战是不是以少胜多的战役

有人说，淝水之战是历史上著名的以少胜多的战例。西晋末年的腐败政治，引发了社会大动乱，中国历史进入了分裂割据的南北朝时期。在南方，晋琅邪王司马睿于公元317年在建康（今江苏南京）称帝，建立东晋，占据了汉水、淮河以南大部分地区。在北方，各少数民族政权纷争迭起。由氐族人建立的前秦国先后灭掉前

淝水之战

燕、代、前凉等割据国，统一了黄河流域。前秦皇帝苻坚，因此欲图一举荡平偏安江南的东晋，统一南北。“投鞭断流”，“草木皆兵”，“风声鹤唳”等成语典故都出自淝水之战。

淝水之战发生在安徽寿县，古称寿州、寿阳。公元383年8月，苻坚亲率步兵60万、骑兵27万、禁卫军3万，共90万大军从长安南下。同时，苻坚又命梓潼太守裴元略率水师7万从巴蜀顺流东下，向建康进军。近百万行军队伍“前后千里，旗鼓相望。东西万里，水陆齐进”。苻坚骄狂地宣称：“以吾之众旅，投鞭于江，足断其流。”

东晋王朝在强敌压境、面临生死存亡的危急关头，以丞相谢安为首的主战派决意奋起抵御，经谢安举荐，晋帝任命谢安之弟谢石为征讨大都督，谢安之侄谢玄为先锋，率领经过七年训练、有较强战斗力的“北府兵”（在北方的流亡移民当中选拔精壮者，加以严格训练培育出的一支军队，为东晋时期战斗力最强的主力军）8万沿淮河西上，迎击秦军主力。

谢石起初认为秦军强大，打算坚守不战，待敌军疲惫再伺机反攻。后来，得知秦军虽有百万之众，但还在进军中，便改变了作战方针，决定转守为攻，主动出击。

11月，谢玄派遣勇将刘牢之率精兵5000奔袭洛涧，揭开了淝水大战的序幕。秦将梁成率部5万在洛涧边上列阵迎击。刘牢之分兵一部迂回到秦军阵后，断其归路；自己率兵强渡洛水，猛攻秦军。秦军惊慌失措，勉强抵挡一阵，便土崩瓦解，主将梁成和其弟梁云战死，官兵争先恐后渡过淮河逃命，1.5万余人丧生。洛涧大捷，极大鼓舞了晋军的士气。

由于秦军紧逼淝水西岸布阵，晋军无法渡河，只能隔岸对峙。谢玄就派使者去见苻融，用激将法对他说："君悬军深入，而置阵逼水，此乃持久之计，非欲速战者也。若移阵少却，使晋兵得渡，以决胜负，不亦善乎？"秦军诸将都表示反对，但苻坚认为可以将计就计，让军队稍向后退，待晋军半渡过河时，再以骑兵冲杀，这样就可以取得胜利。

苻融对苻坚的计划也表示赞同，于是就答应了谢玄的要求，指挥秦军后撤。但秦兵士气低落，结果一后撤就失去控制，阵势大乱。谢玄率领8千多骑兵，趁势抢渡淝水，向秦军猛攻。朱序则在秦军阵后大叫："秦兵败矣！"

秦兵信以为真，于是转身竞相奔逃。苻融眼见大事不妙，急忙骑马前去阻止，以图稳住阵脚，不料战马被乱兵冲倒，被晋军追兵杀死。失去主将的秦兵越发混乱，彻底崩溃。前锋的溃败，引起后续部队的惊恐，也随之溃逃，形成连锁反应，结果全军溃逃，向北败退。

秦军溃兵沿途不敢停留，听到风声鹤唳，都以为是晋军追来。晋军乘胜追击，一直到达寿阳附近的青冈。秦兵人马相踏而死的，满山遍野，充塞大河。苻坚本人也中箭负伤，逃回至洛阳时仅剩10余万人。

但是，也有人说，淝水之战并不是以少胜多的战役，因为苻坚并不是败在敌人的手里，而是因自己外强中干，败在了自己的手里。

### 鸿门宴之谜

鸿门宴，指在公元前206年，于秦朝都城咸阳郊外的鸿门（今陕西省西安市东北鸿门堡村）举行的一次宴会。参与者包括当时两支抗击秦军的军队领袖项羽和刘邦。这次宴会对秦末农民战争及楚汉战争皆产生重要影响，被认为是间接促成项羽败亡以及刘邦成功建立汉朝的关键性事件。后人也常用“鸿门宴”一词比喻不怀好意的宴会。

项羽,名籍,字羽,通常被称作项羽,中国古代杰出军事家及著名政治人物。他是中华数千年历史上最为勇猛的将领,“霸王”一词,专指项羽。

刘邦,即汉高祖。出身平民阶级,起兵于沛(今江苏沛县),所以又称其为沛公。秦亡后被封为汉王。他对汉民族的统一、强大,汉文化的保护发扬有决定性的贡献。

秦朝末期,刘邦与项羽各自攻打秦朝的部队,刘邦兵力虽不及项羽,但刘邦先破咸阳,项羽勃然大怒,派英布击函谷关,项羽入咸阳后,到达戏西,而刘邦则在霸上驻军。刘邦的左司马曹无伤派人在项羽面前说刘邦打算在关中称王,项羽听后更加愤怒,下令次日一早让兵士饱餐一顿,击败刘邦的军队。

一场恶战在即。刘邦从项羽的叔父项伯口中得知此事后,惊讶无比,刘邦两手恭恭敬敬地给项伯捧上一杯酒,祝项伯身体健康长寿,并约为亲家,刘邦的感情拉拢,说服了项伯,项伯答应为之在项羽面前说情,并让刘邦次日前来谢项羽。鸿门宴上,虽不乏美酒佳肴,但却暗藏杀机,项羽的亚父范增,一直主张杀掉刘邦,在酒宴上,一再示意项羽发令,但项羽却犹豫不决,默然不应。范增召项庄舞剑为酒宴助兴,趁机杀掉刘邦,项伯为保护刘邦,也拔剑起舞,掩护了刘邦。

在危急关头,刘邦部下樊哙带剑拥盾闯入军门,怒目直视项,项羽见此人气度不凡,只好问来者为何人。当得知为刘邦的参乘时,即命赐酒,樊哙立而饮之,项羽命赐猪腿后,又问能再饮酒吗,樊哙说,臣死且不避,一杯酒还有什么值得推辞的。樊哙还乘机说了一通刘邦的好话,项羽无言以对,刘邦乘机一走了之。刘邦部下张良入门为刘邦推脱,说刘邦不胜饮酒,无法前来道别,现向大王献上白璧一双,并向大将军范增献上玉斗一双。无奈的项羽收下了白璧,气得范增拔剑将玉斗撞碎并大骂项羽。

鸿门宴本是家喻户晓的故事,情节富有传奇性,但它同时也留下一个千古未解之谜,后人为此而议论纷纷。有人说,既然是鸿门之宴,便是不同于寻常的宴会。

沛公的一举一动,无不在范增等人的监视下,何况还要招樊哙同出。樊哙闯进时,完全怀有敌意,这时却紧随沛公而出,五尺之童,也会疑忌的。《史记》先说"脱身独骑",那么,是独自骑马的,之后又说与四人步走,究竟是骑马还是步走,还是先骑马而后步走?也叙述得不清楚。

梁玉绳《史记志疑》则这样说:"若论禁卫诃讯,则彼尚不能御樊哙之人,乌能止沛公之出乎?"意思是说,樊哙是一员猛将,无人能敌也。有人马上反对,樊哙虽猛但与项王相比,却是不足一提,何况樊哙闯军营时,沛公尚在项王牢笼之中,这时却是两人提剑而出,实在说不过去。

也有人说,很可能是项王本无杀沛公之心,因为范增的怂恿,才动了杀心。可是后来与沛公一见,便马上冰释前嫌了。如果项羽真有杀沛公之心,哪怕是一百个樊哙,也是没有用的。如果项王一定要杀沛公,范增示意时,就可将他杀了,何必等到沛公逃走后才后悔没有杀他?不管怎样,项羽终是没杀刘邦,并且再也没机会杀他了。还有人说,正是项羽那种优柔寡断的性格,让他最终没有办成大事。

## "借东风"有没有发生过

小说《三国演义》中,有一段脍炙人口的"借东风"的故事。在曹操进攻荆州的时候,刘备、孙权两家结成了抗曹联盟。孙权的大将周瑜十分嫉妒刘备的军师诸葛亮的才能,想把他置于死地。于是周瑜让诸葛亮十天之内造出十万支箭,并立下军令状,若误期造不出便以军法从事。诸葛亮巧妙地利用长江的大雾,在夜里用数十只绑满稻草人的船只,在曹营前击鼓呐喊。曹军用箭射击,结果全都射在稻草人身上,诸葛亮不费吹灰之力便得箭十多万支。

诸葛亮又与周瑜共同制订了火攻曹营的计划。但连日来江上一直刮西北风,用火攻不但烧不着北岸的曹兵,反而会烧到自己。周瑜为东风之事闷闷不乐,病倒在床上。诸葛亮知道后,给周瑜开了个"药方",周瑜打开一看,只见上面写着:"欲破曹兵,宜用火攻。万事俱备,只欠东风。"

周瑜承认自己的心事被诸葛亮猜中,便问诸葛亮有何办法。诸葛亮说他能借来东风,他让周瑜为他搭起高九尺的七星坛,然后自己在坛上作法。几天之后,果然刮起了东南风。周瑜更觉得诸葛亮不可留,便派人赶到七星坛去杀诸葛亮。然而诸葛亮早就料到周瑜会有这一手,事先离开了七星坛,回自己的根据地夏口了。诸葛亮临走还给周瑜留下这样一句话:“望周都督好好利用此风大破曹兵,诸葛亮暂回夏口,异日再容相见。”周瑜只得作罢。

但正史却是这样的:诸葛亮并没有参与赤壁之战,也没有呼风唤雨的能力,指挥赤壁之战的人是周瑜。东风是长江上的一种自然现象,长期在当地操练水军的周瑜和黄盖对什么时候起东风非常清楚。他们聪明地抓住了这一战机打败了曹军,此外周瑜心胸也非常宽广,与《三国演义》中的描写完全不同。

但是,也有人说,诸葛亮借东风,虽然正史中没有记载,但很可能确有其事。谁都知道,每一场大战前夕,都得进行战前动员,目的是为了鼓舞士气。所以,孙刘两家在准备赤壁之战时,不能等到刮东南风后再进行战前动员。因此,为了能充分利用刮东南风的时间,必须在刮东南风之前,提前做好一切战斗准备。

而在这隆冬季节,老天爷通常刮的都是西北风,刮东南风却是一件十分稀罕的事情,这也难怪在周瑜明白了当时的气候状况后,急得直吐血。所以,知道什么时候刮东南风对于打败曹军来说十分重要。而东吴方面好像也没有在这方面能掐会算的人才,否则的话,吴国的史书早就让他留名青史了,所以只有“孔明借东风”这个情节的存在,一切才会显得顺理成章。因此,“孔明借东风”应该是确有其事的。

既然借东风之事是存在的,那么,在这隆冬季节有没有可能存在刮东南风的条件呢? 在赤壁,严冬时节,最有可能刮东南风的时间段是冬至过后的两三天时间内。民谚有云:冬至一阳生。意思是说,冬季到了冬至那天,气候就会从极冷转暖,这样的气候变化导致刮东南风的可能性较大,所以,当赤壁之战这天夜里东南风大起,程昱叫曹操小心提防的时候,曹操哈哈大笑说:“冬至一阳生,来复之时,安得无东南风? 何足为怪!”意思就是说:冬至一阳生,刮点东南风很正常,有什么大惊小怪的,可见曹操的生活常识是很丰富的。

但是冬至的到来,并不是老天爷刮东南风的充分条件,也有可能不会刮东南风。因此诸葛亮早在登坛祭风之前,就给自己安排好了万一不刮东南风的退路,在其临行之前，吩咐鲁肃说："子敬现在就回去帮助周公瑾调兵遣将，万一我没有借到东南风，你们到时候也不要怪我误了你们的大事。"所以，即使诸葛亮没有借到东南风，他也用不着为此承担任何责任。也就是说，不管结果如何，诸葛亮借东风都是一桩只赚不赔的买卖。

由此可以看出，诸葛亮上演借东风这出好戏，既不需要诸葛亮事先准确算出哪天能刮东南风，也不要求他具有呼风唤雨的特异功能，而只需他具有较丰富的生活常识，然后自己稍加运用就可以获得演出的圆满成功。在诸葛亮登坛不久后，还真的刮起了东南风，这实在是诸葛亮的好运气啊！

## 诸葛亮挥泪斩马谡仅为失街亭吗

"失街亭"是《三国演义》中的一个故事情节，说的是蜀国参军马谡，因刚愎自用而使军事要塞街亭失陷的故事。因为马谡在战前颐指气使，吹嘘自己"熟读兵书，颇知兵法"；在作战时，他骄傲轻敌，让军队驻扎在山上，舍弃有利地形，不切实际地用"置之死地而后生"的兵法，副将王平几次劝说都没有用，因而他是个赵括般的危险人物。

马谡

马谡这个危险人物根本不是"杰出将才"，而只是一个"成事不足，败事有余"的人，因而司马懿听说诸葛亮派马谡来时，笑曰："徒有虚名，乃庸才耳！"

马谡领命时立过军令状，表示"若有差池"，则"乞斩全家"。但结果他令军队全军覆没，耽误国事，还使诸葛亮险些被司马懿所擒。因此综合以上因素，正是因为马谡在战前、战时、战后的各种表现的综合，最终造成了马谡的被斩，而马谡的被斩，绝不仅仅是因为失掉了一个小小的街亭。尽管马谡没有畏罪投敌，而且还认识到了自己的错误，临死前还留了一份遗书给诸葛亮，使全军官兵感动得痛哭流涕，而诸葛亮最后还是杀了马谡以谢众人。

但是也有人说，诸葛亮挥泪斩马谡，明为失街亭，并且将所有过错都加在了马谡身上，但实际上却是孔明的错。的确，街亭一役，损兵折将，甚为惨重。蜀国不得不由战略反攻转为战略防御，这是谁的过错？马谡刚愎自用，固然是直接原因，但究其根本，却在孔明身上。是孔明在街亭一役中屡屡失败，最终导致了令人惋惜的历史结局。

首先，孔明不该派马谡去守街亭，古人云：用人不疑，疑人不用。孔明深知"街亭干系甚大，倘有失，大军皆休"，且"司马懿非等闲之辈，先锋张郃乃魏之良将"，深恐"马谡不能敌之"，更何况刘备在永安宫托孤时曾明言，"马谡言过其实，不可大用"，可见，孔明是深知其中利害的。既然如此，又何必派不放心的人去守要塞呢？"用人不疑，疑人不用"，孔明正好犯了兵家大忌。虽注重人才，却不能知人善用，这样也酿成了意料之中的悲剧。

另外，也有人说，其实是孔明并未真正认识马谡的原因。因为平素马谡"好论军事，才气过人"，在征讨南蛮、七擒孟获时，还曾经出谋划策，并且颇有建树，可谓"将才"。但是，没想到，一旦掌管帅印、规划全局时，却是万万做不来的。只有人才就其位，方能显其才。孔明误以马谡为帅才，最终导致千古遗憾。

还有人说，孔明不该斩马谡。当时蜀主新立不久，南蛮也才刚平静，而"五虎上将"或早逝，或年事已高，蜀国后继乏人。而且大敌当前，正当用人之际，又有"马谡自缚跪于帐前"。俗话说"智者千虑，必有一失"。孔明应该给部下一个改过自新的机会，若孔明让其戴罪立功，想必马谡也会变得成熟老练，萧何月下追韩信，刘备三顾茅庐，周文王渭河肃立，魏公子忍辱迎侯生，正由于他们有一颗宽大的心，才引得无数英雄为之折腰。马谡街亭失守，不能不说是犯了一个天大的错误，但若能平静对待，指陈其错，必能使其大受感化，精神升华。从这个意识上说，失街亭也并非是坏事。

更有人说，副将王平也是难辞其咎的。王平在战败之后，用计挽回了一些损失，诸葛亮认为其有功，提拔他为参军。实际上，作为马谡的副将，王平虽然在马谡做出将人马驻扎在山上的错误决定后，曾好言相劝，但是最后的妥协行为便是一个错误。错上加错的是，他竟然还独引一小部分人马守重要地段去了。王平作为诸葛亮派到马谡身边的人，明知马谡不按丞相之计办事，而不据理抗争，反而任由马谡按错误之法扎营，自己独自戍边，其中不免有失职之过。所以说，如果失街亭要分责任的话，诸葛亮、马谡各占四，王平应该占二。

也有人说，诸葛亮挥泪斩马谡，不是为失街亭，而是诸葛亮根本就不想打了，所以才有意让马谡失街亭的。而且马谡之死对诸葛亮是有益的，他为蜀汉撤军提供了一个充足的理由，同时也保全了蜀军的颜面。所以说，对于诸葛亮而言，仅用一个自己并不喜欢的马谡，就维护了威望，而且还让马谡直到死都感激他，这才是诸葛亮真正的高明之处。

## 隋朝三征高丽为何无功而返

高丽，也称高句丽，是古代中国东北的古老民族。隋文帝杨坚代周称帝时，高丽曾遣使奉贺，文帝授其王为“大将军”，又改封为“高丽王”。

隋炀帝即位后，要求高丽王高元尽快来朝见他，但多次征召，高元都未到，这便惹怒了隋炀帝，于是隋朝便开始征伐高丽。裴矩说，高丽之地，在汉代时本为汉之三郡，西晋时也为中土，征伐高丽只是收复故土。这更使炀帝师出有名了。

为征伐高丽，炀帝征调“河北诸郡男女百余万开永济渠”，以便运送军粮、军械；在涿郡置临朔宫，作为出兵征伐的总部；在河南、江淮造戎车五万辆，在东莱海口造船三万艘。船匠被迫终日泡在水下作业，腰部以下腐烂生蛆，死者十有三四。公元611年，炀帝驾临涿郡临朔宫。次年二月，炀帝下令出兵，水陆并进，其中陆军一百多万人，号称二百万，令左右各十二军分为二十四路，日进四十里，前军先发，后军继进，经过四十天，才尽出涿郡城。旌旗相望，鼓角相闻，绵延九百六十里。水军由大将军来护儿统率，从东莱海口出发，浮海行进，直指平壤，舳舻相连数百里。

炀帝性喜游玩，他把征伐高丽也当成了一次大规模的游玩。岂知高丽军民据城固守，拼死抵抗，炀帝督率的大军围攻辽东城，久攻不克；来护儿所率水军攻打平壤，遭遇伏击惨败；另一支由宇文述所率领的陆军三十万人渡鸭绿江攻打平壤，大败溃逃，回到辽东城只剩了两千七百人！最后炀帝乘龙舟返回洛阳，第一次征伐高丽宣告失败。

公元613年，隋炀帝再次东征，征发全国之兵集中在涿郡，又招募各地勇士从军，号称“骁果”。隋军攻打辽东城、平壤城，高丽军依然据城固守，隋军久攻不下。此时山东、河北农民起义接连爆发，而在河南黎阳仓督运粮草的杨素之子礼部尚书杨玄感又发动兵变，率军攻打洛阳，直抵洛阳城下。正在督军进攻辽东城的炀帝得知消息，连夜撤兵，军用器物，尽数丢弃。回到洛阳后，他以惩治杨（玄感）党为名，杀了三万人，流放了六千人，杨玄感曾开仓放粮，凡是来杨玄感这取米的百姓，均被坑杀了。

公元614年，隋炀帝诏令天下之兵，百道俱进，会于涿郡，他自己也亲抵涿郡。七月，进驻辽西怀远镇。这时的高丽因连年战争，困顿异常，无力再战，国王高元遂遣使求和。隋炀帝面对各地农民起义进行得如火如荼而隋朝的各路兵卒却不能如期到达的不利局面，也就借此收兵，返回洛阳。三打高丽是促使隋王朝灭亡的主要原因之一。

有人不禁要问，隋朝三征高丽为何会无功而返呢？有人说，兵不在多，在于精。将不在广，在于明。隋朝三征高丽，每次动辄大军数十万，甚至百万，却屡次失败，很有可能是以下几点原因造成的：1. 统帅决策失误，战场上战机稍纵即逝，隋炀帝确实不是一个好的军队统帅，把握不了战场上的瞬息万变的局势，既想平高丽，又想招降高丽，注定了浪费军机。2. 后勤方面吃紧，给养不足，劳师远征，隋炀帝一征高丽，总计征兵113.38万人。运者倍之，约226.76万人。3. 内部不稳。远征期间国内发生了杨玄感叛乱，农民起义风起云涌。4. 当时高丽是很强的，可以说是朝鲜历史上相当强盛的一个时代。而且当时高丽的战略也很对头，就是坚壁清野，固守坚城。

也有人说，那是一场非正义的侵略战争，所以国民厌战。当时隋军的兵力虽然强大，但是科技不发达，长途跋涉后的兵力明显下降，加上隋炀帝没有考虑辽东地区的气候等因素，结果导致三十万水陆大军无功而返，而且“死者十有八九”，损失惨重。

还有人说，隋朝的时候，隋炀帝三征高丽无功而返，说明隋炀帝无能；但是，唐太宗征高丽也是无功而返，他的武功赫赫有名，为何征高丽的下场和隋炀帝相同呢？可能主要是因为高丽那个地方太冷，交通不便。唐高宗时，一开始打高丽也多次失败，曾派唐朝的名将苏定方带领猛将契苾何力多次征讨，以苏定方之能耐，虽然把高丽军打败了无数次，但最终都因为天寒路远而未将高丽彻底征服。虽然唐最终还是将高丽给灭了，但那并不是唐高宗的功劳，而是武则天的功劳了。

## 谁策划了晋阳起兵

公元 617 年，中国历史上最大的事件，莫过于李渊父子的“晋阳起兵”。这个令历史改辙的大事件有诸多人物参与，这些人后来都成了大唐历史上赫赫有名的开国功臣。他们是裴寂、刘文静、长孙顺德、刘弘基、唐俭、柴绍、殷开山、刘政会、温大雅……

这些人是晋阳起兵最重要的骨干力量，正是有了他们的推动、策划、参与，这次起义才能获得成功，大唐王朝最终才得以横空出世。可不管怎么说，他们终究只是这个大事件的配角。晋阳起兵的主角，当然非李渊父子莫属。可问题是，在李渊父子当中，谁才是这次起兵的“首谋之人”呢？对此，历代官修正史都说是李世民。

李世民其实早就有起兵的打算，无奈他的父亲李渊总是不配合。于是，李世民和自己交好的裴寂想了一计。李世民让裴寂天天去找李渊喝酒，喝完酒又顺便“送上”几位美女。一连数日，把李渊伺候得周周到到。几天之后，裴寂找了个机会，对李渊说：“二郎暗中蓄养兵马，欲举义旗，恐大事泄露被诛，所以让我以晋阳宫女奉公，此乃情急之下，迫不得已之计。如今众人心意已决，不知公意下如何？”

李渊一听，当时便吓傻了。原来，这几天与他合欢的美女，竟然全都是晋阳行宫的宫女，皇帝杨广的女人！这可是灭门之罪啊！没想到自己的儿子和老友居然使了这么一招，把他绑上了“贼船”。李渊愣了很长时间，最后无可奈何地说：“吾儿既有此谋，事已至此，为之奈何？只好从他了。”

于是，李渊配合自己的儿子李世民，起兵了。当然，李渊也不亏，因为最后还是李渊当了皇帝。李世民也不亏,因为之后李世民便可以当皇帝了,从父亲手里接过皇位,那可是水到渠成的事啊！如果不是李世民立下了这巨大的功劳,他哪有机会当皇帝,就是轮也要先轮到他的哥哥才对。

但是,又有人说,表面上看,策划晋阳起兵的是李世民,实际上却是李渊。那时,李渊是受杨广的派遣驻守晋阳的。他在那里的主要职责有两条:对外,防御突厥毛贼骚扰;对内,镇压老百姓造反。李渊手下有一支部队,还有一队父子兵。

李渊有了想法之后,并没有立即采取行动。因为他缺少一个恰当的机会和理由,因为他深知,搞得不好,就会脑袋搬家。

眼看天下烽烟将起,李渊又整天和没事人一样,有个人沉不住气了。这个人便是他的二儿子李世民。一天,李世民来到李渊身边,说:“皇上整天只知道吃喝玩乐。”李渊说:“皇帝想要干什么,那是他的权利。”

李世民又说:“如今天下民不聊生,很多人都想高举反动大旗。”李渊瞪了他一眼说:“我们是皇上的属下,任务就是安定天下。”李世民还是没走,说:“难道您就没有其他想法?”李渊盯着李世民说:“想法？什么想法？你是不是想害了我们全家?”李世民只能无奈地离开了。

终于有一天,事情发生了重大转机。那是公元617年二月,和李渊同样有想法的马邑军官刘武周,终于沉不住气了,他突然发动兵变,杀了太守王仁恭,占据郡城,自立为王。

这是上苍赐给李渊的一个最佳机会。他以讨伐刘武周的名义征兵,然后,把队伍聚集到儿子的手下。很快,一支两万多人的部队就聚集起来。

那天夜里,他把李世民喊到跟前,说:“是时候了,你要见机行事!”李世民似有不解,不知道老爹要他干什么。李渊说:“傻儿子,快配合我把你那想法变成现实啊!”李世民看了一眼老爹,不由得暗中赞叹:姜还是老的辣!

就这样,李渊一声令下,反了！于是,带上自己的三个儿子正式起兵。不久,他便穿上了皇帝的“新衣”。所以说,真正策划了晋阳起兵的人应该是李渊。

# 第七节 文明谜团

## 指南针发明之谜

指南针是用以判别方位的一种简单仪器。它的前身是中国古代四大发明之一的司南。指南针的主要组成部分是一根装在轴上可以自由转动的磁针。磁针在地磁场作用下能保持在磁子午线的切线方向。磁针的北极指向地理的北极，利用这一性能可以辨别方向。常用于航海、大地测量、旅行及军事等方面。

最早在战国时期《韩非子》一书中，就记载了现在称为指南针的原型——司南，“先王立司南以端朝夕”；并在东汉王充《论衡》中记述了司南的具体形制，“司南之杓，投之于地，其柢指南”。

“指南”是张衡在《东京赋》中第一次提出来的，以后经过魏晋、南北朝、隋、唐，直到宋代一千多年的时间里才逐渐发展了起来。宋代杰出的科学家沈括在《梦溪笔谈》中，对指南针发展的当时状况做了详尽的论述。当时在生产和科学实验发展的推动下，特别是在航海事业和外贸兴起的推动下，指南针逐步发展起来。沈括总结了劳动人民在实践中创造的四种指南针的装置方法。

第一种是水浮法，将磁针浮于水面进行指南，虽然比较平稳，但容易动荡不定；第二种是指甲旋定法，将磁针置于指甲上，转动灵活，也容易滑落；第三种是碗唇旋定法，将磁针置于碗口边上，转动较灵活，但易滑落；第四种是缕悬法，用蚕丝将磁针悬挂起来，转动灵活而又稳定。

指南针

此外，还有“指南鱼”“旱针”“水针”。旱针、水针这两种指南针，为近代指南针

（罗盘针）的基本结构原理奠定了基础。沈括在研究指南针的过程中，还总结和发现了地磁有偏角存在。也就是说，指南针指示的方向，“常微偏东，不全南也。”这是我国对于地磁学做出的伟大贡献。

指南针不但最早为中国发明，随后还演变成罗盘并应用于航海事业上。就在北宋末南宋初的时期，约为 1180 年，中国的指南针（或者说罗盘）通过阿拉伯商人传入欧洲。此后，罗盘在世界航海事业上被广泛应用，因此才有 15 世纪～16 世纪欧洲人的世界地理大发现。

但是，在《不列颠百科全书》和《中国大百科全书》中的指南针词条，一说是“指南”（司南），另一说却是“指北”。两个词条其实是对指南针作了区分。一种是在陆地上、较简单的指南仪器，源于中国司南，另一种是用于航海和勘测上、较专业的指北仪器，欧洲和中国同时出现无先后之分。

分歧就这么出来了，对比这两个词条，发现《不列颠百科全书》似乎把“中国是最早发明指南针”这一说法完全给推倒了，因为在欧洲历史上，罗盘才是真正的“指南针”，并在欧洲人发现新大陆、争霸海权和开拓殖民地等近现代历史的决定性事件中，与火炮和航海术一样扮演了功不可没的角色。对“中国古老的指南针”不但给予否定，而且用了两个不同的词条加以区分。

在《中国大百科全书》中，也有指南针和罗盘两个词条，但不论是对指南针的解释，还是对罗盘的解释，都最终追溯到了战国的“司南”，这两种不同的指向仪器是同源关系，这与欧洲观念中的区分不同。

因此，康熙认同指南针和罗盘同出一源，用来指南，而西方人的观念，认为指南针显然应该是罗盘，并且认定罗盘是欧洲人自己发明的，与中国的司南没有必然联系，罗盘用来指北，而中国的司南则用来指南。这似乎是一种不同文化背景上的误解。当然，罗盘和司南到底什么关系，现在还是各有各的说法。

此外，西方人对康熙固执地认为指南针用来指南做了解释。他们认为，康熙之所以认为指南针用来指南，是因为在中国古代文化中，南是四个方位中最尊贵的方位，皇帝的御座、宫殿、陵墓、寺庙。甚至紫禁城，一切尊贵的建筑物都朝向南方。

但中国史书上对司南的记述确实为“其柢指南”，并没有因为后来“南”变成了一种皇帝尊贵的象征才改的方向。

其实，中国人认为指南针指南，欧洲人认为指南针指北，皆是合理的。因为现在的指南针为菱形，指针两头均衡，并非如司南只有一个杓柄，指南指北之争，似乎已经没必要了。

## 火炮的发明之谜

火炮是利用火药燃气压力等能源抛射弹丸的身管射击武器。火炮通常由炮身和炮架两大部分组成。早在 1332 年，中国的元朝就在部队中装备了最早的金属身管火炮：青铜火铳。

但是，最早的被称为炮的远程射击武器，还是抛石机。从作战形式上看，它完全可以被认为是火炮的鼻祖，曾被称作军中第一攻击利器。相传抛石机发明于我国周代，当时叫作“抛车”。春秋时期，抛石机已经被应用于战事。当时用抛石机可将重达 6 千克的石头抛出 100 多米的距离——这比徒手抛扔石块远多了。

抛石机发明伊始，即成为军队中的重要攻、守城兵器，在频繁的战争中发挥着重要的作用。但早期的抛石机有一个很大的缺点，它必须在敌人阵地前埋设，操作人员在敌人的弓箭射程内施工，容易导致伤亡。为了解决这个问题，一种带轮子的抛石机应运而生。公元 200 年，曹操讨伐袁绍时，在抛石机的下面装了四个轮子，叫霹雳车，亦叫作发石车。这种发石车可以在作坊里制成，无须临阵架设。

建安五年（公元 200 年），曹操率军在官渡迎击袁绍军队的进攻，史称官渡之战。当时，袁绍率十余万步卒和骑兵攻占黎阳后，连中曹操用兵之计，痛失颜良、文丑两员大将。袁绍初战失利，锐气受挫，于是变分兵进击为结营紧逼，企图以优势兵力迫使曹军决战。袁军到达官渡，依托沙丘修筑工事，东西计有数十里之长，形成了与曹军对峙之势。为了削弱曹军的力量，袁军在其营中修筑土山，造高橹，以众多的弓骑手居高临下，在橹的防护下向曹营发射箭矢，使曹军在一段时间内处于被动挨打的境地。为了稳定防御态势，打破袁军的远战优势，曹操集中了一批能工巧匠，造出了装有轮子的抛石机——霹雳车，突然在袁军营垒前展开。顿时，无数石弹飞入袁营,坚固的高橹被砸了个稀巴烂,大量弓弩手中弹丧命,小土山成了打击的大目标,袁军的坚固工事损失惨重。

现代火炮通常由炮身和炮架两大部分组成。炮身包括身管、炮尾、炮闩等。身管用来赋予弹丸初速和飞行方向;炮尾用来装填炮弹;炮闩用以关闭炮膛,击发炮弹。炮架由反后坐装置、方向机、高低机、瞄准装置、大架和运动体等组成。反后坐装置用以保证火炮发射炮弹后复位;方向机和高低机用来操纵炮身变换方向和高低;瞄准装置由瞄准具和瞄准镜组成,用以掌握火炮射击数据,实施瞄准射击;大架和运动体用于射击时支撑火炮,行军时作为炮车。

火药的发明,让火炮成了名副其实的"炮",据史书记载,我国古代的炼丹家在长期的炼制丹药过程中,发现硝、硫黄和木炭的混合物能够燃烧爆炸,由此诞生了中国古代四大发明之一的火药。公元800年,唐朝炼丹家清虚子撰写了《太上圣祖金丹秘诀》,其中的"伏火矾法"是世界上关于火药的最早文字记载,中国学术界由此认为火药的发明不迟于公元808年。

炼丹术中很重要的一种方法就是"火法炼丹"。它直接与火药的发明有关系。所谓"火法炼丹"是一种无水的加热方法,晋代葛洪在《抱朴子》中对火法有所记载。火法大致包括:煅(长时间高温加热)、炼(干燥物质的加热)、灸(局部烘烤)、熔(熔化)、抽(蒸馏)、飞(又叫升,就是升华)、优(加热使物质变性)。这些方法都是最基本的化学方法,这也是炼丹术这种职业能够产生发明的基础。

炼丹家的虔诚和寻找长生不老之药所遭受的挫折,使得炼丹家不得不反复实验和寻找新的方法。这样就为火药的发明创造了条件。在发明火药之前,炼丹术已经得到了一些人造的化学药品,如硫化汞等。这可能是人类最早用化学合成法制成的产品之一。炼丹起火,启示人们认识并发明了火药。

火药不能解决长生不老的问题,又容易着火,炼丹家对它并不感兴趣。于是,火药的配方由炼丹家转到军事家手里,就成了中国古代四大发明之一的黑色火药。

## 纸的发明者是谁

有人说,纸的发明者是蔡伦。蔡伦的家乡地处长江以南的湘水(今湘江)支流，是富裕的米谷之乡。他出生于普通农民之家，从小随长辈种田。汉章帝刘炟即位后，派人至全国各郡县挑选聪明伶俐的幼童入宫。

蔡伦

永平十八年，少年蔡伦被选入洛阳宫内为宦。当时幼年宦者必须习字读书知礼，蔡伦因成绩优异，于建初元年任小黄门，掌管着宫内外公事传达及引导诸王朝见、就座等事。后升任尚方令，负责管理皇室工场，监造各种器械。

永元四年，蔡伦任尚方令后，利用供职之便，常到乡间作坊察看。蔡伦看见蚕妇缫丝漂絮后，竹箪上留下一层短毛丝絮，揭下似缣帛，可以用来书写，从而得到启发。后来，他便收集树皮、废麻、破布、旧渔网等原料，在宫廷作坊施以锉、煮、浸、捣、抄等方法，试用植物纤维造纸，终于造出植物纤维纸。

元兴元年，蔡伦将造纸过程、方法写成奏章，连同造出来的植物纤维纸，呈报汉和帝，汉和帝大加赞赏，蔡伦造纸术很快传开。人们把这种纸称为“蔡侯纸”，全国“莫不从用焉”。

在没有发明纸以前的中国，书籍大多是用竹子做的，这样的书极其笨重而不宜携带；有些书是用丝绸做成的，由于代价昂贵而得不到普及。在西方，在纸没有引进以前的大多数书籍是用牛皮纸和羊皮纸制成的，这两种纸是经过特殊加工的羊皮和小牛皮，而牛、羊皮纸都是稀罕之物，造价极其昂贵。

值得一提的是，当时，当蔡伦研究出新的造纸工艺后，朝廷对这一新的发明进行了严格的保密，这使得西方国家，比中国晚几百年才使用上真正的纸。那么，造纸技术是怎样传到西方的呢？

据说，公元751年，在今天的哈萨克斯坦境内，唐朝的军队与阿拉伯人打了一仗，结果是唐军惨败，不少士兵被阿拉伯人俘虏。被俘虏的士兵中有几个是造纸技术员，他们受不了阿拉伯人的严刑拷打，说出了造纸的秘密。就这样，中国的造纸技术就像印度人发明的数字那样，经过阿拉伯人之手，绕过地中海，经中东、北非、西班牙，最后到达欧洲，传遍世界！

蔡伦的这一发明，成为中国古代四大发明之一，对人类文明做出了巨大的贡献。美国人麦克·哈特在《影响人类历史进程的100名人排行榜》中，将蔡伦排在第七位，远远排在我们熟知的哥伦布、爱因斯坦、达尔文之前。2007年，美国《时代》周刊评选和公布人类“有史以来最佳发明家”，蔡伦又榜上有名。

但是又有人说，蔡伦并不是纸的发明者，最多只能算是纸的革新者。公元1933年，世界上最早出土的西汉古纸，终于在新疆罗布诺尔汉代烽燧亭遗址出土了，这就是罗布诺尔纸。这片纸虽然不是世界上最早的纸，但它是中国第一次出土古纸的实物，更重要的是，它的出土证明西汉时期已经开始造纸了。据考古学家黄文弼研究，同时出土的木简年份为黄龙元年，黄龙是汉宣帝的年号，因而断定它是西汉时期的麻纸。此后，中国陆续出土许多西汉时期的纸，最早的古纸产生于汉文帝、汉景帝时期，从而证明西汉时代就已经出现纸了。

另外，有专家从1986年在甘肃天水市放马滩西汉墓中，出土的绘有地图的麻纸考证。得出的结论是：这些麻纸的年代应为汉文帝、汉景帝之时。而蔡伦大约出生于公元63年的东汉时期，由此可见，最早的纸并不是蔡伦发明的，他的贡献是组织并推广了高级麻纸的生产和精工细作，促进了造纸术的发展。

## 雕版印刷术的发明之谜

两汉以后，随着造纸业的发展，书籍的载体一般都是用纸张了。但长期以来，书籍都为手工抄写而成，既耗费人力与时间，又难免遗漏与错讹。印刷术的发明乃是长期生产实践和经济文化生活持续发展的结果。古代的印章和拓石，一般被公认为是雕版印刷术的先驱。

自从有了纸以后，读书的人多了起来，对书籍的需求量也大大增加了。晋朝初年，官府有书两万多卷。南北朝时期，梁元帝在江陵有书籍7万多卷、隋朝嘉则殿中藏书有37万卷，这是我国古代国家图书馆最高的藏书记录。

但是,这些书远远满足不了人们的需求。于是,我国劳动人民在拓碑和印章这两种方法的启发下,发明了雕版印刷术。雕版印刷的方法是这样的:把木材锯成一块块木板,把要印的字写在薄纸上,反贴在木板上,再根据每个字的笔画,用刀一笔一笔雕刻成阳文,使每个字的笔画突出在板上。木板雕好以后,就可以印书了。印书的时候,先用一把刷子蘸了墨,在雕好的板上刷一下,接着,把白纸铺在板上,另外拿一把干净的刷子在纸背上轻轻刷一下,把纸拿下来,一页书就印好了。一页一页印好以后,装订成册,一本书也就完成了。这种印刷方法,是在木板上雕好字再印的,所以大家称它为"雕版印刷"。

我国的雕版印刷是在什么时候发明的呢?对于这个问题,历史学家还没有统一的意见,但多数人认为是在唐朝时候发明的。

根据明朝时期邵经邦《弘简录》一书的记载:唐太宗的皇后长孙氏收集封建社会中妇女典型人物的故事,编写了一本叫《女则》的书。贞观十年长孙皇后死了,宫中有人把这本书送到唐太宗那里。唐太宗看了之后,下令用雕版印刷把它印出来。

贞观十年是公元636年。《女则》的印行年代可能就是这一年,也可能稍后一些。这是我国文献资料中提到的最早的刻本。从这个资料来分析,可能当时民间已经开始用雕版印刷来印行书籍了,所以唐太宗才想到把《女则》印出来。因此雕版印刷发明的年代,一定是比《女则》出版的年代要早。

到了9世纪的时候,我国用雕版印刷来印书已经相当普遍了。唐朝时,有个杰出的诗人叫白居易。他把自己写的诗编成了一部诗集——《白氏长庆集》之后,白居易的朋友元稹给《白氏长庆集》写了一篇序文,序文中说:当时的人们把白居易的诗"缮写模勒",在街上贩卖,到处都是这样。从前人们把刻石称为"模勒"。到了唐代,也就把雕版称为"模勒"了。这里的"模勒"两字就是雕版印刷的意思。

又有人认为,印刷术产生于印度。"印度说"的根据是公元671年至公元695年,赴印度求法的唐代僧人义净,在著作《南海寄归内法传》中的记载。书中说,西国"造泥制底及拓摸泥像。或印绢纸随处供养。或积为聚以砖裹之即成佛塔。或置空野任其消散西方法俗莫不以此为业”。如义净所记,可能就是印刷术。反对这种观点的人认为,把雕版印刷术同刻图章式打印混为一谈,实在不足为信。

也有人认为印刷术产生于韩国。其根据是1966年10月13日在韩国东南部庆州佛国寺释迦塔内,发现的一卷《无垢净光大陀罗尼经》。一些外国专家根据经文中用了武则天当政时代的几个新字,断定它是在公元704年至公元751年间刻印的,是迄今为止世界上现存的最早刻本。但也有持不同意见者认为,韩国和唐朝是有外交关系的近邻,但没有“臣属”关系,并没有必要服从武则天的命令用她所创造的一些新字。这毫无疑问是中土印本流传到当时的韩国而被装入佛塔中的一件法物。因此很多人认为韩国发明了雕版印刷是不足信的。

于是,大多数学者倾向于雕版印刷发明于中国的说法。学者们的辛勤研究,使印刷术发明的时间呈不断往前推进的趋势,当然欲知雕版印刷术最早出现的确切时间,还要对历史文献做进一步的发掘,尤其是更新的文物的发现。

### 酒的起源之谜

酒的品种繁多,就生产方法而论,有酿造酒和蒸馏酒两类。酿造酒是在发酵终了稍加处理即可饮用的低度酒,如葡萄酒、啤酒、黄酒、青酒等,出现较早。蒸馏酒是在发酵终了再经蒸馏而得的高度饮料酒,主要有白酒、白兰地、威士忌等,出现较晚。

最初的酒是含糖物质在酵母菌的作用下,自然形成的有机物。在自然界中存在着大量的含糖野果,在空气里、尘埃中和果皮上都附有酵母菌。在适当的水分和温度等条件下,酵母菌就有可能使果汁变成酒浆,自然形成酒。

酒的起源可以追溯到史前时期。人类酿酒的历史始于距今4万年前~5万年前的旧石器时代“新人”阶段。当时,人类有了足以维持基本生活的食物,从而有条件去模仿大自然生物本能的酿酒过程。人类最早的酿酒活动,只是机械地简单地重复大自然的自酿过程。

真正称得上有目的的人工酿酒生产活动,是在人类进入新石器时代、出现了农业之后开始的。这时,人类有了比较充裕的粮食,尔后又有了制作精细的陶制器皿,这才使得酿酒生产成为可能。根据对出土文物的考证,约在公元前6000年,美索不达米亚地区就已出现雕刻着啤酒制作方法的黏土板。公元前4000年,美索不达米亚地区已用大麦、小麦、蜂蜜等制作了16种啤酒。公元前3000年,该地区已开始用苦味剂酿造啤酒。

公元前5000年~公元前3000年,中国仰韶文化时期已出现耕作农具,即出现了农业,这为谷物酿酒提供了可能。《中国史稿》认为,仰韶文化时期是谷物酿酒的"萌芽"期。公元前2800年~公元前2300年的中国龙山文化遗址出土的陶器中,有不少高脚杯、小壶等酒器,反映出酿酒在当时已进入盛行期。中国早期酿造的酒多属于黄酒。

还有人说,果酒和乳酒便是第一代饮料酒。那是最早的、人类有意识地酿的酒。中国古代书籍中就有不少关于水果自然发酵成酒的记载。如宋代周密在《癸辛杂识》中曾记载,山梨被人们贮藏在陶缸中后,竟变成了清香扑鼻的梨酒。元代的元好问在《蒲桃酒赋》的序言中,也记载着某山民因难避于山中,堆积在缸中的蒲桃也变成了芳香醇美的葡萄酒。古代史籍中还有所谓"猿酒"的记载,当然这种猿酒并不是猿猴有意识酿造的酒,而是猿猴采集的水果自然发酵所生成的果酒。

我国原生的山葡萄有20多种。从东北到西北,从南方到北方,野生葡萄在我国分布范围很广。人工栽培的家葡萄在我国自古有之。早在商周时期就有了人工栽培的葡萄和葡萄园。《周礼》一书的"地官篇"中就有记载,并把葡萄列为珍果之属。古代我国西域(现在的新疆一带)盛产葡萄和葡萄酒。据《史记》和《汉书》记载,"大宛左右以葡萄为酒,富人藏酒至万余石,久者数十岁不败"。由此可见当时葡萄酒酿造的规模及其技术水平。

汉武帝派遣张骞出使西域,将西域的葡萄及葡萄酒酿造技术引进中原,促进了中原地区葡萄栽培和葡萄酒酿造技术的发展。葡萄酒已成为当时皇亲国戚、达官贵人享用的珍品。相传汉朝陕西扶风,一个叫孟佗、字伯良的富人,拿一斛葡萄酒贿赂宦官张让,孟佗当即被任命为凉州刺史。后来苏轼对此事感慨道:"将军百战竟不侯,伯良一斛得凉州。"

唐朝是我国古时候各方面成就迅速发展的鼎盛时期,也成了我国葡萄酒酿造史上很辉煌的时期,葡萄酒的酿造已经从宫廷走向民间。李白的诗:葡萄酒,金叵罗,吴姬十五细马驮。就说明了葡萄酒已普及到民间。

## 养蚕的起源之谜

我国古代发明蚕丝生产技术的确切年代,目前还无法确定。不过到了殷商时代,我国劳动人民已经充分利用蚕丝的优点,同时发明了缫丝技术。在很长一段时间里,我国是世界上唯一掌握蚕丝生产技术的国家,直到汉朝时才传到国外去。

华丽的绫、罗、绸、缎来源于蚕吐的丝,蚕在生物学中是属于鳞翅目昆虫。由于它造福于人类、美化了人们的生活,后人编造了许多关于养蚕起源的故事。有的说蚕是龙精,有的说蚕是马变来的,后来成了天上的天驷星等等,这样的传说很多。

正史中记载,我国饲养家蚕的发明人是黄帝的元妃嫘祖,《通鉴纲目前编·外纪》记载,“西陵氏之女嫘祖为黄帝元妃,始教民育蚕,治丝茧以供衣服,而天下无皴瘃之患,后世祀为先蚕”。

民间有关蚕桑起源,流传最广泛的是马头娘的故事:相传在四千多年前,四川有位姑娘思念远方的父亲,对家中的白马许诺,如果白马找到父亲,就嫁给它为妻。后来白马找回了她的父亲,但姑娘却无法兑现承诺,白马十分伤心。得知内情的父亲杀了白马,曝晒马皮。一天,马皮卷走了姑娘,姑娘在树林里变成了马首人身的蚕。从此那一带开始有了蚕桑,使当地受益。人们就将这片树林称为桑(谐音“丧”),桑树上的蚕便被称为“马头娘”。

从秦、郑、魏、卫、曹、唐都有关于蚕桑的诗歌来看,可能现今的陕西南部、河南、山西、河北、山东等地都曾栽桑养蚕,这在黄河流域已是相当广泛的一种生产事业了。

汉代,蚕桑事业得到进一步发展,无论在产量或质量上均有很大提高,著名的马王堆汉墓薄如蝉翼的丝织品,就是证明。另外,《汉书》中也有一段记载:汉武帝刘彻在元封元年(公元前110年)出巡朔方,封禅泰山,在华北地区进行了一次长途旅行,一路上用帛百万匹作为赏赐。一年的赋税可以征得五百万匹绢;公元前2世纪西汉时张骞出使西域，带去不少丝绸，也在那时输出国外，形成了历史上著名的“丝绸之路”。

蚕的饲料是桑叶。桑蚕原来是依靠野桑树生存的一种害虫，它们的繁殖数量由桑树的数量限制着，当人们开始人工大规模养蚕时，野桑树就供应不过来了，于是人们开始人工培植桑树。最早为了便于采桑都种在宅舍的附近，桑树的树种比较高大，采桑叶要爬到树上去采。

从出土的战国时代铜器上的采桑图来看，其中有的桑树很高，有的只有一人高，人站在地上即可采桑。从采桑图即可看出，那时已经培育出一种低矮的桑树了，后来叫这种桑树为“地桑”或“鲁桑”。

由于蚕业的发展，不断扩大桑树的种植面积，并在桑树间套作其他作物。西汉农书《汜胜之书》说：“每亩以黍、椹子各三升，合种之。”《齐民要术》也说在桑树下可种绿豆、小豆。《汜胜之书》还详细记述了地桑的培育过程，说黍、椹生长出来后，都要适当间苗，要使桑树苗稀疏适当，当黍成熟收割的时候，桑树苗同黍一般高，此时把以下的枝条都割去，这样第二年桑树就不会长得太高，且宜于采摘桑叶。这便是后世培植地桑的方法。

20世纪50年代末以来，长江下游地区一系列新石器时代遗址的考古发现，使有关养蚕起源的争论更趋复杂。1958年，浙江吴兴钱山漾出土了一批丝织品，经鉴定其绝对年代距今已有四五千年；1963年，江苏吴江梅堰出土了饰有蚕纹的黑陶；1977年，浙江余姚河姆渡出土了纺织工具组件和饰有蚕纹和编织纹的牙雕小盅。许多学者认为，蚕纹在陶器和牙雕上的出现，表明了当时人类对蚕的认识程度以及蚕与人类的密切关系，蚕纹和编织纹以及纺织工具的出土，说明了蚕丝在纺织中的应用。

## 毛笔是不是蒙恬发明的

公元前223年，秦国大将蒙恬带领兵马在中山地区与楚国交战，双方打得非常激烈，战争拖了很长时间。为了让秦王能及时了解战场上的情况，蒙恬要定期写战况报告递送秦王。那时，人们通常是用分签蘸墨，然后再在丝做的绢布上写字的，书写速度很慢。蒙恬虽是个武将，却很有文采。用上面说的那种笔写战况报告，使他常感到影响思绪。那种笔硬硬的，墨水蘸少了，写不了几个字就得停下来再蘸，墨水蘸多了，直往下滴，又会把非常贵重的绢给弄脏了。蒙恬便萌生了改造笔的念头。

蒙恬

暂时不打仗的时候，蒙恬喜欢到野外去打猎。一天，他打了几只野兔子回军营。由于打到的兔子多，拎在手里很沉，一只兔子尾巴拖在地上，血水在地上拖出了弯弯曲曲的痕迹，蒙恬见了，心中不由一动："如果用兔尾代替普通的笔来写字，不是更好吗？"

回到营房后，蒙恬剪下一条兔尾巴，把它插在一根竹管上，试着用来写字，可是兔毛油光光的，不吸墨水，在绢上写出来的字断断续续的，好端端的一块绢都给浪费了。一气之下，他把那支"兔毛笔"扔进了门前的山石坑里。

一天，蒙恬走出营房，想透透新鲜空气。当他走过山石坑时，又看到了坑里那支"兔毛笔"。蒙恬将它捡了起来，用手指捏了捏兔毛，发现兔毛湿湿的，毛色变得更白更柔软了。蒙恬大受启发，马上跑回营房将它往墨汁里一蘸，兔尾这时竟变得非常"听话"，吸足了墨汁，写起字来非常流畅。原来，山石坑里的水含有石灰质，经碱性水的浸泡，兔毛变得柔顺起来。就这样，毛笔诞生了。

但是，又有人说，毛笔不是蒙恬发明的。因为在1954年，长沙左家公山发掘了一座完整的战国木椁墓，随葬品保存良好。在随葬品的竹筐内人们发现了毛笔，据制笔的老技工观察，认为此毛笔是用上好的兔箭毛做成的。做法与现在的笔有些不同，不是将笔毛插在笔杆内，而是将笔毛围在笔杆的一端，然后用细小的丝线缠住，外面涂漆。与笔放在一起的还有竹片、铜削、小竹筒三件，据推测可能是当时写字的整套工具，竹片的作用相当于后世的纸，铜削是刮削竹片用的，小竹筒可能是用来贮墨的。这支毛笔的发现，对于中国毛笔的发明史是一个很重要的证据，在研究中国文化史上是具有重大价值的。这支毛笔比蒙恬发明的毛笔时间要早。

还有人说，毛笔是蒙恬发明的，只不过，当时他用的不是兔毛，而是羊毛。故事是这样的：一次，蒙恬在大青山一带巡查时突然发现了敌情，有数万匈奴大军前来进犯边境，情况十分危急。蒙恬连忙拿出“符”和“简”来，打算安排兵马迎战。可是，因为想要传达的命令很重要，字数也多，此刻制“简”的人尽管忙得满头大汗可还是写不完。

此时的蒙恬也很着急，在大帐里来回不停地走着。虽然时令已经是深冬了，但蒙恬却是满头大汗，于是，他把羊皮衣服脱了下来往后使劲一甩，不料羊皮衣服的一个角挂在了桌案上，而且掀翻了桌子上的油灯。油灯的烟罩掉在白色的羊皮衣服上，侍卫急忙上前整理，但油灯捻儿上黑色的灯烟灰，已经将羊皮衣服染了好几道黑色的印迹。

此时心急如焚的蒙恬，一扭头看见了这个现象，突然有了主意。于是，他又弄了一小撮灯烟灰用水化开，又从羊皮衣服上撕下一绺羊毛，蘸着灯烟灰水在白色的羊皮上写字，没想到效果非常不错。蒙恬非常高兴，就用这个办法完成了调兵的计划。再后来，蒙恬将军就用这种办法彻底代替了以前的“符”“简”，并不断改进和发展，最终形成了毛笔。

## 珠算盘起源的时间

算盘是我国古代一项重要的发明，是由早在春秋时期便被普遍使用的筹算逐渐演变而来的。珠算最早见于文献《数术记遗》一书，可见汉代已出现用珠子计算的珠算方法及理论。

“算盘”一词最早出现在《谢察微算经》中。至元代，算盘的使用已十分流行。宋元之际的刘因就写有《算盘》诗。明代有关“算盘”的记载更多，如《瀛涯胜览》《九章详注比类算法大全》等。

明初时，中国算盘流传到日本，其后又流传到俄国，又从俄国传至西欧各国，对近代文明产生了很大的影响。15世纪中叶，《鲁班木经》中有制造算盘的规格。现在我们可以看到的算盘材料有木、竹、铜、铁、玉、景泰蓝、象牙、骨等等。小的算盘可以藏入口袋,大的算盘需要人抬。

又有人说,关于算盘的来历,最早可以追溯到公元前600年,据说我国当时就有了“算板”。古人把10个算珠串成一组,一组组排列好,放入框内,然后迅速拨动算珠进行计算。东汉末年,徐岳在《数术记遗》中记载,他的老师刘洪访问隐士天目先生时,天目先生解释了14种计算方法,其中一种就是珠算,采用的计算工具很接近现代的算盘。这种算盘每位有5颗可动的算珠,上面1颗相当于“5”,下面4颗每颗当作“1”。

也有人说,算盘和算数是黄帝手下一名叫隶首的人发明创造的。黄帝统一部落后,先民们整天打鱼狩猎,制衣冠,造舟车,生产蒸蒸日上。物质越来越多,算账、管账成为每家每户每个人经常碰到的事。最初是用结绳记事、刻木为号的办法,处理日常算账问题。一次,狩猎能手于则,交回7只山羊,保管猎物的石头只承认交回1只,于则一查实物,正好还是7只。为什么石头只记了1只呢?原来石头把7听成1,在草绳上只打了一个结。又有一次,黄帝的孙女黑英替嫘祖领了9张虎皮,石头在草绳上只打了6个结,短少了3张。所以出出进进的实物数目越来越乱,虚报冒领的事也经常发生,黄帝为此事大为恼火。

一天,黄帝宫里的隶首上山采野果,发现一树熟透的山桃。一数,正好20个。他想:这十个桃核好比10张虎皮,另十个桃核好比10张山羊皮。今后,谁交回多少猎物,就发给他们多少山桃核。黄帝想了想觉得很有道理,就命隶首管理宫里的一切财物账目。隶首命人采集了各种野果,分开类别。比如,栗子果代表野猪;山桃果代表飞禽……谁料,好景不长。各种野果存放时间一长,全都变色腐烂了,一时分不清各种野果的颜色,账目全混乱了。后来,他又想出了用石片代替野果的办法,并且用绳子将打了孔的石片穿起来。每穿够十个数或一百个数,中间穿一个不同颜色的石片。这样清算起来就省事多了。随着生产不断向前发展,获得的各种猎物越来越多,不能老用穿石片来记账目。可是,隶首好像再也想不出什么好办法了。

后来，隶首遇到了风后，风后是指南车创始人之一。他对隶首说："我看今后记账、算账不要再用那么多的石片。只用100个石片，就可顶十万八千数。"风后接着说，"每满10个，就往前进位，还应画个记号。比如，十个数后边画个圈；100个数后边画两个圈；1000个数后边画三个圈；10000个数后边画四个圈。这就叫个、十、百、千、万。"

隶首明白了进位道理后，回家做了一个大泥盘子，把人们从龟肚子挖出来的白色珍珠捡回来，给每颗珍珠上边打个眼。每10颗一穿，穿成100个数的"算盘"。然后在上边写清位数；如十位、百位、千位、万位。从此，记账、算账再也用不着那么多的石片了。

中华民族当代"计算机"前身——算盘，5000年前就这样诞生了。随着时代不断前进，算盘不断得到改进，成为今天的"珠算"。特别是在民间，当初识字的人不多，但是，只要懂得了算盘的基本原理和操作规程，人人都会应用。

### 我国古代就有机器人

目前，对于形形色色的机器人，很多人不禁会问，机器人究竟是谁发明的？听说我国古代便已经有了机器人，这是真的吗？

有人说，发明第一台机器人的，是享有"机器人之父"美誉的恩格尔伯格。恩格尔伯格于1959年研制出了世界上第一台工业机器人。1983年，就在工业机器人销售日渐火爆的时候，恩格尔伯格和他的同事们，毅然将公司卖给了西屋公司，并创建了TRC公司，开始研制服务机器人。

恩格尔伯格认为，服务机器人与人们生活密切相关，服务机器人的应用将不断改善人们的生活质量，这也正是人们所追求的目标。一旦服务机器人像其他机电产品一样被人们所接受，走进千家万户，其市场将不可限量。

恩格尔伯格创建的TRC公司，第一个服务机器人产品是医院用的"护士助手"机器人，开始研制它是在1985年，1990年开始将其对外出售，目前已在世界各国几十家医院投入使用。"护士助手"除了出售外还出租。由于"护士助手"的市场前景很好，现已成立了"护士助手"机器人公司，恩格尔伯格任主席。

也有人说，其实在3000多年以前，我们的祖先便对机器人有过幻想和追求。据《列子·汤问》记载，在西周时期，我国就出现了能歌善舞的木质机器人，周穆王西巡返回中原途中，遇见了一个名叫偃师的能工巧匠。偃师为了表示敬意，向周穆王进献了他精心制作的机器人“能唱者”。这个机器人能歌善舞，栩栩如生，周穆王十分喜爱。这一史事可以说是古代有关机器人的科技梦想最早的记载了。

春秋后期，我国著名的木匠鲁班，在机械方面也是一位发明家，据《墨经》记载，他曾制造过一只木鸟，能在空中飞行“三日不下”，体现了我国劳动人民的聪明智慧。

一千多年前的汉代，大科学家张衡不仅发明了地动仪，而且还发明了计里鼓车。计里鼓车每行一里，车上木人击鼓一下，每行十里再击钟一下。

另外，三国时期也出现过机器人。一位叫马钧的人，用木材制成原动机，以水作动力，带动木质机器人。使之能做击鼓吹箫、跳丸抛剑、攀绳倒立等动作。这就是有关史料中提到的“百戏”机器人。后汉三国时期，蜀国丞相诸葛亮成功地创造出了“木牛流马”，并用其运送军粮，支援前方战争。

还有一些史料记载，晋代衡阳地方，有人制造了一个用木头做的“妇人”。若有人敲门来访，它会应声而去开门，“当户施礼，礼毕入室闭门”。唐代张鷟在《朝野全载》中也记载说：洛州县令殷文亮也曾刻制过一个木头机器人，给其穿上绸衣，让其做仆人，能酌酒行觞，彬彬有礼，让人受用。还有杭州工匠杨务廉制造了一个僧人模样的机器人，能持钵化缘，向施主鞠躬行礼，引得百姓向它大施其财。

据正史记载，黄帝和蚩尤在涿鹿打仗。蚩尤会法术，他在战场上施法起了一场大雾，顿时，战场烟雾弥漫，伸手不见五指，黄帝的官兵都迷了路，不知去向。黄帝立刻派人把他造的指南车运到战场，坐在指南车上，于浓雾中找到蚩尤的部队，打胜了这场战争。周成王时代（公元前1042年~公元前1021年），一个从远方来镐京向成王献书的君主——越裳氏，在半路迷失了方向，周成王赶忙派人送指南车去，把越裳氏接到镐京。自此之后，指南车就失传了。

最值得一提的是，成书于北宋年间的《太平广记》第226卷《伎巧》中，记载了隋代的一种机器人。隋代有个叫黄衮的人,用木头制成了一种大型游艺船——水饰。这种船上备有8尺长的小船7艘,每条船站5个两尺多高的木质机器人,这种小船专供隋炀帝和贵戚饮酒取乐。

船上的一个机器人端着酒杯,另一个捧着酒钵,还有一个在船头掌篙,另外两个在船中间划桨,小船绕"曲水"缓缓而行。"曲水"的沿岸廊下,坐着王公大臣,小船每到一个廊下即泊住,端酒的机器人把酒杯递给"顾客","顾客"们饮毕还杯,它赶紧接住,并转身向捧酒钵的机器人要过木勺添满酒杯;到另一个廊下,又递给别的"顾客"。

## 木牛流马之谜

木牛流马最远可追溯到春秋末期。据王充在《论衡》中记载:鲁国木匠名师鲁班就为其老母巧工制作过一台木牛流马,且"机关具备,一驱不还"。

又过了200多年,南北朝时期的科技天才祖冲之,据说又造了一台木牛流马。可是,虽然有过这样的传说,但史书上却没有具体记载。

而三国时,蜀汉丞相诸葛亮发明的木牛流马,更是让无数人为之痴迷。可是,木牛流马究竟是一种什么样的运输工具呢?千百年来人们提出了各种各样的看法,虽争论不休,却始终没有结果。

《三国演义》中关于木牛流马的介绍是,不吃不喝,能走路还能运输。当时的生产条件简单,远不及现代,木牛流马的构造看起来简单易行,也符合当时的情况。如果把木牛流马写得神乎其神,也许我们会把它当成神话而弃之,就因为书上写的情况符合当时的现实,所以人们不得不怀疑木牛流马有可能真的问世了。

木牛流马如果真的像书中所描述那样,不吃不喝还能行走,这显然是不符合现代科学的能量守恒定律的。因为如果木牛流马要行走,必定会消耗能量,当时肯定没什么石油、天然气之类的能源物质,它又不吃不喝,从哪里得到能量呢?

如果要造出像小说里描述的那种木牛流马,就必须抛弃现在的能量守恒定律。同时,这也必定是一个令世界关注的事迹。虽然疑点甚多,但在谜团未解开之前,谁也不能否认它的存在。

关于木牛流马有多种解释，其中说法最多的是“单轮木板车”，它是一种在山路上运送货物的木质人力步行机。设想有一条离地三尺、长四尺、高六寸的水平木条，木条左端削成车把的形状，右端有“品”字样子的三个孔。再设想这样的两条木条，被布置成人力车的左右两辕。再设想在两个“品”字形状的顶孔间，插有一条三尺长的轴，在其下面的两个孔中，各用小轴铰装着一条可以沿该小轴摆动的、另一端顶地的木柱，这个有四条腿的人力车就是木牛。

流马是一个向上开口的，左右侧壁近上缘的垂直中心线上各有一个孔的木箱。木牛的那根三尺长的轴就穿过流马的这两个孔，流马可以在该轴上前后晃动。为了不使箱中粟、米之类的载荷左右移动，有一块纵向隔板把木箱一隔为二，而且粮食是先装入布袋再装入箱中的。

当木牛叉开前后腿时随时可以停在坡地上。叉开度由在该四尺长的车辕上的限位钉限制。流马在木牛的上下动作下，会前后摆动，何时把手把拉上、压下和拉前当然要和流马的摆动频率配合，所以操作者需要有一定的技巧和经验。只要使流马保持稳定的摇摆，对操作者来说此时肯定最省力。当木牛流马在直路上下坡时，可以完全自动化。这里的意思就是说，木牛流马是有可能存在的。

但也有人提出了反对意见。木牛流马是历史上“明修栈道，暗度陈仓”所在地的产物。实际是魏、蜀、吴三足鼎立时代，蜀军通过秦巴山区，向祁山运输军需、供应粮食的器械。可见，凡是脱离上述历史使命及其客观环境，谈论与设想的木牛流马，自然是不符合实际而难以立足的。

具体来说，蜀军北上通过秦巴山区运粮，既没有大河湖泊之水路可走，也无宽阔平坦的陆路可行。除了台阶栈道，就是上下爬坡。换句话说木牛流马应是一个多功能的运输工具，既要能上下坡道，还要能步入台阶栈道。

史料记载，陕西省汉中市勉县的黄沙镇，是诸葛亮当年造木牛流马的地方。据考证，诸葛亮当年在北伐中，木牛流马总共用过 3 次，木牛流马就是从这里出发，走过 250 公里的栈道，到达前线祁山五丈原。这岂不是说，木牛流马就是现代的电动车，甚至是月球登陆车，踢球爬楼的机器人，也不能完成此项艰难复杂的任务。仅此，认为诸葛亮发明了木牛流马的观点和认识，就很难立足了。何况帝王将相，虽写有丰富多彩的历史，但在器物方面有所发明者，却是十分少见的。这就把木牛流马的问题研究，推入简单问题复杂化的死胡同，成为“瞎子摸象”之所为！

### 五千年前就有开颅手术吗

最近，山东省博物馆首次向公众展出了，我国5000多年前的开颅手术实例颅骨，据了解，这是中国目前所见最早的开颅手术成功实例。该颅骨于1995年在山东省广饶傅家大汶口文化遗址发掘出土，距今约5000年。

2001年，考古人员在整理人骨标本时，发现该颅骨右侧顶骨靠后部，有一直径为31毫米×25毫米的近圆形颅骨缺损。经国内知名专家学者近年来的研究论证，认定该颅骨的近圆形缺损应系人工开颅手术所致，此缺损边缘的断面呈光滑均匀的圆弧状，应是手术后墓主长期存活，骨组织修复的结果。相关人士推断，此墓主的颅骨创口是人工开颅造成的，而不是创伤性的，因为创伤造成的骨孔周围不可能这样光滑规则。而且，开颅后墓主还存活了很久，说明当时我国神经外科的医学技术已有很高水平。

但另外一些专家又认为，肉眼的确能看到光滑圆润的骨质，可是，怎么能证明这就是生长后形成的呢？况且，仅仅凭借几十年的医学经验，便能够推断出事实的真相吗？

以我们现在对医学的认知，开颅手术是一项大手术，手术中必须有麻醉术、输血术、无菌术，加上抗生素药物；而检查手段更是离不开CT、MRI及造影技术，另外还要有显微外科技术，这样开颅手术才算完备。如果不具备这些条件，谁敢拿生命去开玩笑呢？即便我国古代神医华佗发明了麻沸散，但那也是三国时期才产生的，时间相差太远。再者，5000多年前，我们的祖先还处于新石器时代，哪里有开颅骨的器械呢？

于是，便有人认为这个所谓的开颅手术实例，很可能是墓主被钝器击伤，导致颅骨粉碎性骨折及开放性颅脑损伤。然后，有一位医术精湛的外科医生，给墓主清除了血肿和碎骨片后，还将颅骨破碎区的一些不规则边角进行了打磨，也就有了后人看到的光滑创口，误认为是成功的开颅手术。至于给墓主做颅部伤口处理的器械，应该不是石头，而是青铜器，因为当时已经有了冶铜术。

另外，还有人认为，墓主很可能是头骨受伤破了个洞，在远古时代，那些人很可能为了争夺某样东西而打架，用尖利的石器击中对手的脑袋也是不排除的。在当时，还没有法律约束，也就没有杀人偿命这样的概念，和谐社会对于他们来说，简直能与古人登天同比。他们普遍野蛮、粗暴，遇到无法解决的问题就用打架的方式来处理，谁打赢了，谁就是裁决者和胜利者。很有可能，墓主是个年轻人，而且非常幸运，他存活了下来，骨头得到了生长，颅骨的创面也变得光滑了。这种被击伤的颅骨，在一些动物的化石中，也有着类似的情形，比如动物们在争夺食物或配偶时相互攻击，然后被对手用力一甩，脑袋撞击在尖利的石头上，将头颅撞出一个洞来，死后经过了千百年，便形成了颅骨有洞的化石。

这样看来，曾经轰动全国的5000多年前的开颅手术实例，还存在着不少疑问和争议，关于我国5000多年前到底有没有开颅手术，还有待相关专家对其进行进一步考证。

# 第三章　历史悬案探秘

## 第一节　帝王君主悬案

金顶红墙隔世绝，太液池边听秋风。从古到今，封建帝王都是你方唱罢我登场，兴于忧患，亡于战乱，中国历代王朝命运大抵如此。

绵绵数千年，在阴森的皇宫中，人类历史经历了无数次兴亡更替，旧王朝覆灭、新王朝崛起，既有喋血宫门的惊叹，也有黄袍加身的荣耀；在中国古代历史的大舞台上，曾出现过多少个粉墨登场的历史人物，或者千秋大业为人颂，或者一帝功成万骨枯。

在朝野深宫中，演绎出一幕幕人类历史上的悲剧、喜剧和闹剧，绘制了一幅幅血淋淋的历史画卷，其中有帝王统治江山平天下的王者风采，也有皇室纷争内乱、谋权篡位的血腥和倾轧；在宫廷深院外，封建帝王们的身世背后，嫡庶皇位的阴险斗争，皇帝与后妃之间的爱恨情仇，永远是后人悉数不尽、百听不厌的故事和谈资。

本节汇集了封建王朝中最具影响力的帝王代表，讲述了他们的人生轨迹、朝廷政务、后宫生活及得位根由、身死原因等，层层揭开帝王们身后留下的谜团。

### 大汉天子刘邦："感龙而生"的入世神话

汉高祖刘邦，生于周赧王五十九年（公元前256年），沛郡丰邑（今江苏丰县）人。在秦末农民战争中因为被项羽立为汉王，所以建国国号定为"汉"，定都洛阳，后迁都长安，为了和后来刘秀建都洛阳的"汉"区别，历史上称为"西汉"。

刘邦年轻时放荡不羁，鄙视儒生。称帝以后，他认为自己是马上得天下，《诗》《书》没有用处。陆贾说："马上得之，宁可以马上治乎？"刘邦于是命陆贾著书论述秦失天下原因，以资借鉴。他命萧何重新制订律令，即“汉律九章”。刘邦晚年宠爱戚姬及其子赵王如意，疏远吕后，几次想废黜吕后所生的太子刘盈（惠帝）而立如意。但因大臣反对，只好作罢。高祖十二年，刘邦因讨伐英布叛乱，被流矢射中，其后病重不起。公元前 195 年 4 月，刘邦在长安长乐宫崩逝，葬于长陵（今陵西咸阳以东）。

刘邦

关于刘邦的身世之谜，史书记载有非婚生子的结论，就是说，刘邦其实是私生子。《史记·高祖本纪》中讲到，刘邦生得仪表非凡，相貌堂堂，却不讨其父亲太公的喜欢，常被指责为“亡（无）赖”，不能“治产业”。“及壮”，30 岁才与好友一起“学书”，“试为吏，为泗水亭长”。

当然，也有学者不赞成这一观点。他们认为，农民出身的刘邦当上皇帝后，其卑微的出身使当时许多封建贵族难以接受。为此，刘邦的部下及其后代需要神化刘邦。《史记》描述刘母怀孕的情景，正是顺应了统治阶级的需要。因此，《史记》《汉书》对刘邦出生的记载应是神话，这在古代史书中并不鲜见。

从《史记·高祖本纪》中的有关描述可以看出，为了神化刘邦的“龙种”身世，故事也多增添了几分传奇色彩。

比如水域环境（“大泽”），因为龙是“水虫之神”，“乘于水则神立，失于水则神废”。接着刘媪“梦与神遇”，暗示刘邦是受天命而生的龙种。“蛟龙于其上”，表明刘邦乃“感龙而生”。东汉的王充在《论衡·奇怪篇》提及此事时，更明言龙在空中而行，刘媪感龙而孕是“吉祥之瑞，受命之征”。

### 汉武大帝刘彻：杀母立子秘闻

汉武帝刘彻虽然后宫佳丽成千，但是却只有 6 个儿子。皇后卫子夫生的儿子刘据是汉武帝的长子，被立为太子，后来被江充诬陷，迫不得已发动政变，兵败后全族被杀(说刘据本人自杀的居多)。燕王刘旦和广陵王刘胥多过失,宠姬王夫人生的齐怀王和李夫人生的昌邑王都早早薨逝了。

钩弋夫人是汉武帝的宠妃,姓赵,封为婕妤,住在钩弋宫,怀孕14个月生下刘弗陵。

汉武帝晚年欲立幼子刘弗陵为太子,但担心子少而母壮,女主"恣乱国家",就狠心杀掉了刘弗陵的母亲钩弋夫人。

公元前88年,70岁的汉武帝刘彻带着二十几岁的娇妻钩弋夫人到甘泉宫避暑。有一天,刘彻找到钩弋夫人的一个小错处,勃然大怒,下令杀之。钩弋夫人跪地求饶,汉武帝全然不为所动。钩弋夫人根本没闹明白是怎么回事,就被杀了。所谓欲立其子,先杀其母。刘弗陵8岁即位,即汉昭帝,追尊钩弋婕妤为皇太后。

后来,魏晋南北朝时期,北朝的皇帝一度把"立子杀母"当作了惯例。

## 中兴之主刘秀:光武帝因何笼络人心

刘秀是东汉王朝的开国皇帝,史称光武帝。历史上对于汉世祖光武皇帝刘秀的评价很高,说他上承天命,拨乱反正,使天下得以安定,并一心谋求国家振兴,是一位"中兴之主"。明末清初的大思想家王夫之评价光武帝"三代以下称盛治",认为"三代而下,取天下者,唯光武焉",甚至认定在夏、商、周三代以后,"唯光武允冠百王矣"。

刘秀

光武帝刘秀因何得民心,开创了光武中兴的东汉时代?

首先,刘秀善于笼络民心,赢得百姓的拥戴。据史料记载,刘秀在位期间,重视国家建设,关心民间疾苦。他先后9次发布命令释放奴婢,禁止残害奴婢,并多次下诏书,免罪徒为庶民。他减轻租税徭役,发放赈济,兴修水利;裁并400多个县,精简官吏。在统一天下后,刘秀就基本上不再用兵,对于边疆地区的少数民族也以安抚为主,化干戈为玉帛。这些措施都是深得人心的。

其次,刘秀的宽容大度是笼络人心的关键。一靠宽容平定了“叛逆之徒”的心。在公元24年,刘秀攻破邯郸,诛灭王郎,缴获一大批秘密文件,意外地发现有大量各州郡将与王郎勾结、毁谤刘秀的书信材料,竟然多达几千份,甚至还有数十封自己部下偷偷写给王昌的效忠信件。但刘秀并未追究其中的内奸,而是立即召集众将将全部信件烧个精光,化成灰烬。吴汉惋惜地说道:“留下这些信,就能找出隐藏的内奸。”刘秀不屑一顾地答道:“烧毁效忠信,令反侧子自安。今后不会再当内奸了。”这一举措安定了人心,也让那些曾经与王郎联合的人对刘秀心悦诚服。

二靠宽容征服了“逸民”“隐士”以及不驯的人物的心。太原郡广武县有个叫周党的人,在地方上很有名望,朝廷几次征他去做官,他都不愿意。后来不得已,周党就穿着短布单衣,用树皮包着头去见朝廷大员,刘秀却亲自召见了他。周党见了刘秀,不但不通报姓名,还直接说自己就是不愿做官,刘秀也没有强迫他。后来博士范升上书,说周党在皇帝面前骄悍无礼,应治“大不敬”罪。刘秀说:“自古明王圣主都有不愿为他人做臣的人,伯夷、叔齐就不食周粟。周党不接受我的俸禄,这也是各自的志愿,赐给他40匹绸子。”

破铜马时,刘秀对来降的铜马将领厚加礼遇,并封为诸侯,这些人心存疑惧。于是,刘秀又让他们仍回原部,统领自己的军队。刘秀亲自骑马巡视各部,这些将领都感慨道:“萧王(刘秀曾被更始帝封为萧王)推赤心置腹中,安得不效死乎!”

此外,刘秀还善于笼络臣子的心,创造“君臣共和谐”。有一次,光武帝和功臣饮宴欢聚,他问道:“如果你们没碰上时局大变动,会取得什么样的成就?”邓禹首先说:“我年轻时读书求学,或许可以做个郡文学博士。”刘秀认为邓禹太谦虚,就说:“你是世家子弟,品德志向都很高尚,何愁不做个掾功曹?”马武不假思索地说:“我有勇力有胆量,可以当个守尉,专管捉拿强盗。”光武帝听了,笑着对马武说:“你只要不做贼,不被人逮住,能当上一个乡村里的亭长,那就很不错了。”大家都哈哈大笑起来,可见,刘秀与这些功臣之间的密切关系之其乐融融,清初学者王夫之发出“三代以下,君臣交尽其美,唯东汉为盛焉”的赞叹实不为过。

## 悲情之君刘协:“衣带诏”败露真相引同情

汉献帝刘协在历史舞台上扮演了一个令人同情的、悲情的亡国之君的角色。汉献帝刘协虽然是一国之君,但却被董卓所操纵,后来又成了任凭曹操摆布的傀儡。刘协被曹操挟制得喘不过气来,就策划了一次反曹的行动。

但刘协势单力薄,于是,写了一道密诏缝在衣带里,赐给车骑将军国舅董承。董承回到家,从衣带的衬里之中发现了一份用鲜血写成的诏书,血诏中拜托他邀集一批忠义之士,设计殄灭曹操。于是,董承就秘密约了他的几个亲信,商量怎样除掉曹操。他们觉得自己力量不够,认为刘备是皇室的后代,一定会帮助他们,就秘密找刘备前来商量。

汉献帝刘协

刘备与徐州刺史陶谦是故交。曹操又一口咬定陶谦是杀父的仇人,还亲领大军攻打徐州,把徐州地面上的彭城、傅阳、取虑、睢陵、夏丘等 5 个城邑杀得鸡犬不留。徐州保卫战结束之后不久,陶谦就一病不起,临死之前把徐州托付给了刘备。后来,吕布阴谋夺取徐州,与袁术夹攻刘备,迫使他投奔曹操。曹操也不计前嫌,以汉献帝的名义任命他为豫州牧。汉献帝也很喜欢他,又拜他为左将军、宜城亭侯。

从表面上看,刘备好像是曹操着意栽培的同党,但暗地里曹操却在防备着他,他派人暗中监视刘备。刘备深知曹操的性格喜怒无常,为了避免灾祸,他只是在自己园子里种菜浇水。这些行为迷惑了曹操,曹操见刘备没有什么可疑之处,也就渐渐放心了。

当董承等人把血诏出示给刘备看的时候,刘备立即表示愿意加入反曹的同盟。这就是历史上著名的“衣带诏”事件。汉献帝刘协以此试图收回皇权,但不幸的是,他失败了。

就在刘备在徐州宣布反曹的第二年春节,有人向曹操告发了汉献帝密令董承诛杀曹操的事，曹操杀死了董承和参与此事的侍郎王子服、长水校尉种辑、议郎吴硕、昭信将军吴子兰，并将他们的三族全部诛灭。接着，曹操率领武士入宫，当着汉献帝的面，用白练勒死了汉献帝钟爱的董贵人。曹操又借此杀了一大批忠于献帝的臣子，朝廷上下安排的都是他的亲信。

董贵人被曹操害死后，伏皇后内心不安，她写信给她的哥哥伏完，历数曹操罪恶，请伏完寻找机会除掉曹操。结果，信被伏家的一个仆人偷偷地献给曹操。曹操勃然大怒，进宫胁迫献帝废去伏皇后。

"衣带诏"事件的败露使汉献帝刘协付出了许多血的代价：他的岳父董承被灭了三族，董承之女董贵妃和腹中胎儿被一并诛杀；贵为皇后的伏氏及两个皇子连同伏氏的家族也成了曹操刀下之鬼。

## 梁武帝萧衍：四入佛门饿死内宫之谜

南北朝时期，佛教不仅在民间传播，更被当时的帝王所推崇。梁武帝萧衍夺取帝位后，励精图治，南梁初期社会获得了比较好的发展。但是这种局势并没有维持下去，梁武帝安顿好江山社稷，消除种种后患之后，很快便沉溺于佛教中不能自拔。

他下令广建寺庙，全民奉佛，并亲自主持修建了大爱敬寺、大智度寺、同泰寺等，耗费无数钱财，座座都规模宏大，极尽华丽。他还下诏优待僧尼，出巨资资助各地僧尼研习佛法、聚众讲经。不仅如此，梁武帝还身体力行、率先垂范。公元527年，萧衍舍身进入同泰寺，当了三天和尚，回宫后，下令大赦天下，并改元大通。公元529年，萧衍第二次进入同泰寺，这一次他脱下御衣衮服，在寺中沐浴洗去凡尘后穿上法衣袈裟，长住于寺中，自号三宝奴，并亲自主持法会，向五万善男信女讲解《涅经》。

萧衍执意要出家，朝中大臣十分惶恐，便一起跪于同泰寺外反复磕头，叩请皇帝还宫理政。在寺中和尚的劝请下，他才极不情愿地回到朝廷。然而萧衍极度迷恋佛教，反复四次舍身寺院。

然而，这么一个崇信佛教的皇帝，最后却饿死于内宫，不禁让人惊诧万分。

梁武帝早年无子，于是便过继侄儿萧正德为嗣子做太子。可是后来梁武帝生

梁武帝萧衍

了个儿子,取名萧统,随即被立为太子,而侄子萧正德被改封为西丰侯。这让萧正德心里愤愤不满。加上后来梁武帝一心崇佛,荒废朝政,于是萧正德便勾结侯景发动政变,这就是所谓的“侯景之乱”。

侯景原来是东魏大将,因与政敌高欢不合从而转投梁朝。侯景本是奸诈小人,众人劝阻梁武帝且不可用,而武帝执意接受侯景来投,并授他为大将军、封河南王、督河南诸军事。侯景看到皇族矛盾重重,认为有机可乘,于是同萧正德勾结起兵发动政变,答应事成之后让萧正德做皇帝。

最后叛军攻进建康城,困住宫城,又引武湖水去漫宫城。梁武帝这位和尚皇帝被困在宫里成为瓮中之鳖,被侯景囚禁于台城净居殿,不许人接近。刚开始的时候,侯景还派人送些粗茶淡饭给萧衍吃,后来连粗食也不给他送了,这时萧衍已经86岁,被囚困的时候仍然诵经念佛、斋戒不辍,由于没有足够的食物营养,便被活活饿死了。

## 逆天虐民隋炀帝:并非“十恶不赦”的暴君

隋炀帝杨广是隋朝第二代皇帝,也是最后一个皇帝,年号“大业”。隋炀帝在位14年,炀是唐朝给予杨广的谥号,《谥法》说:“好内远礼曰炀,去礼远众曰炀,逆天虐民曰炀。”所以,千百年来,在世人眼中,隋炀帝是一个暴君。

隋炀帝自恃国富民强,好大喜功,在他即位后不断发起战争,亲征吐谷浑、攻打高句丽；而后他又营建东都洛阳、开发运河、修筑长城，造成“天下死于役”的惨象；他几乎每年都远出巡游，大肆营造离宫掠夺地方，造成社会生产力下降……在很多人看来，隋炀帝是一个几乎集中了人类所有邪恶的大恶人：淫荡、贪婪、狡诈、阴险、自私、冷血、残暴、血腥、昏乱……他犯下了几乎人类所有能犯下的罪行：“谋兄”“淫母”“弑父”“幽弟”“逆天”“虐民”……

隋炀帝

然而，历史上真实的隋炀帝并非是一个十恶不赦的大暴君。从唐朝开始，就有历史学家指出所谓的隋炀帝“好色”“淫逸”“淫母”“弑父”这些罪名，绝大多数都是由野史作者们强加在他头上的，在正史中并没有任何证据可言。有史料记载，隋炀帝本是一个文武双全、才华横溢、战功卓著，而且拥有雄才大略的勤奋敬业的君主。

杨广 14 岁时，同江南的大贵族之女萧氏结婚，一直到他去世。他们两人始终相敬如宾、举案齐眉，而且杨广就只有三个儿子，像这样感情专一的君主，就连历史上有名的贤君估计都比不上。

杨广登基之后，一生勤于政事。在他看来，南朝的灭亡主要原因是“江东诸帝多傅脂粉，坐深宫，不与百姓相见”，因此，在他统治的 14 年里，除了待在宫里的 4 年时间之外，其余大部分时间是花在巡游的路上。

隋炀帝在位期间修建南北“大运河”，将钱塘江、长江、淮河、黄河、海河连接起来，使得“商船旅往返，船乘不绝”。加强了隋王朝对南方的军事与政治的统治，同时南北方的文化交流也得到了有力的加强。

隋炀帝创立科举制，开设进士科，以考核诗赋为主，选择“文才秀美”的人才。这种制度削弱了门阀大族世袭的特权，为选拔下层优秀知识分子提供了极好的机会，对后世产生了深远影响。

除此之外，隋炀帝还掘长堑、置关防、开驰道、筑长城、置粮仓，曳大修文治，改定典章制度。在其统治的前期，曾多次普免钱粮，连续四次大赦天下，国家的财富和人口与日俱增。

《资治通鉴》有评价说："隋氏之盛，极于此矣。"只是因为隋炀帝的半生功业很少被人所提起。以此看来，那些关于隋炀帝是十恶不赦的暴君的野史传说，就显得荒诞而不可信了。

## 手足残杀：玄武门之变的真相

公元626年，太子李建成和四皇子齐王李元吉正准备从长安城北门玄武门进宫朝见高祖李渊，不料二皇子唐王李世民带领人马赶来，射死李建成，杀死李元吉并诛杀两家老小，进而带兵进宫朝见李渊说二人谋反。李渊随即下诏改李世民为太子。这就是历史上有名的"玄武门之变"。这场兄弟相残的惨剧，牵连人命多达数百人。但是令人稀奇的是，这一血腥事实的真相却一直扑朔迷离，学者们也一直争论不休。总结学者们的观点，大概有三种说法。

玄武门之变

一是自卫之说。秦王李世民是被逼无奈，不得已才后发制人，发动政变。史书记载，李世民在灭隋兴唐的大业中功高劳苦，显露出雄才伟略。作为太子的李建成不可能感觉不到李世民咄咄逼人的威胁，面对本来应该属于自己的皇位可能有失去的危险，李建成当然不甘心，于是一场你死我活、手足相残的争夺皇位的政治斗争爆发了，李建成和李元吉一直暗中蓄意谋害李世民。就在玄武门之变前不久，李世民到李元吉家喝酒，才喝几杯酒腹痛不止，回府之后"吐血数升"，差点死去。而李建成和李元吉此次进宫也正是为了向李渊参劾李世民。故李世民为了自卫，被迫先发制人，不得已发动政变。

二是预谋的杀兄篡位之说。李世民主动发难是蓄谋已久的，并不像史料中记载的那样。李渊诸子中，李建成是长子，按照嫡长子继承皇位的传统，当然应该以他为嗣君。高祖即位之初，也的确是立李建成为太子。李建成既然被立为太子，如果不发生意外，便可以顺利继承皇位。然而在太原起兵以后，统一全国的一系列战争中，李世民的功业远远超过了李建成，且李世民本人又气度不凡，具有远大的政治抱负，必然企图登上权力的顶峰。而李渊也曾对其许诺，若一朝得天下，必封其为太子。然事实上却是将李建成立为继位者，因此李世民怀恨在心，想自立为帝，遂发动玄武门之变。

三是李渊的暗中相助之说。明末清初的王夫之认为高祖李渊"处此难矣，非直难也，诚无以处之，智者不能为之辩，勇者不能为之决也"。认为李世民虽有篡位之心，但是得到了李渊的默许和暗中支持。李建成和李世民虽都才识具备，但是太子李建成贪图酒色，性格懦弱寡断，李渊早有意传位于李世民。但是李建成是长子，按照封建观念，废长立幼是不合礼制的，又加之李建成早已培植了一批亲信势力，如果改立太子，必定会激起兵变。所以，为改立太子，李渊策划了这场玄武门之变。李建成和李元吉几次怂恿李渊杀了李世民，都被拒绝。这些都为李渊的暗中相助提供了佐证。

## 唐高宗李治：情迷武媚娘为哪般

唐高宗李治历来都被一些人看作是昏懦之君，被武则天以媚术迷惑致使李唐王朝大权旁落。事实上，高宗之所以会如此迷恋武则天，是由于他的恋母心理，使他对武则天产生了一种似母亲又似情人的感情。

唐高宗李治其母长孙皇后温柔慈祥、英明果断，然而却在李治 8 岁时离他而去。母亲的早逝给高宗的心灵带来了深重的创伤。之后十多年,李治对母亲的思念更深了,他在潜意识中一直在不断地寻找与母亲相似的女人,直到他遇到了武则天。

李治与武则天初遇时,还只是个年轻的太子。武则天则刚刚入宫,是太宗的才人。当时李治身边并不缺少女人,但武则天的成熟稳健以及她颇似长孙皇后的气质深深地吸引了高宗。很快,武则天就由太宗的后妃变成了高宗的情人。

到永徽年间,高宗在感业寺又见武媚娘时更是感慨万分,相对落泪。此时的武氏历经坎坷,更透露出一种成熟女人的风韵,一种颇似母亲的气息,这一切就强烈地吸引着高宗。

初登帝位的高宗,懦弱的性格使他无法驾驭群臣;辅政大臣也以长辈自居,时时拿太宗的权威来压他。此时的高宗十分希望能得到母亲的支持和安慰,而武氏恰到好处地出现让高宗觉得,她就是长孙皇后。

武则天性格刚烈,又有豪气,这在她入宫之初就表现无疑。她在做太宗才人时,曾自告奋勇为太宗驯一匹名叫狮子骢的宝马。此马肥壮暴烈,无人能驯。武氏说只要给她三样东西,她就能驯服此马:“一铁鞭,二铁挝,三匕首。铁鞭击之不服,则以挝其首,又不服,则以匕首断其喉。”这种勇武刚烈的性格正是高宗所缺乏的,但又是他最需要的,这种气概给了高宗信心,使他敢去与反对者争执,甚至是去求他的舅舅辅政大臣长孙无忌。或许这就是最令高宗倾心的原因。同时,武氏又是温柔的。她侍奉高宗则是加倍地温柔体贴,使高宗感受到了如母亲般无微不至的关怀。

武则天在太宗身边服侍了12年,却未被其重视。反倒是他懦弱无能的儿子发现了这个奇女子,并对她依恋终生。是来自高宗心灵深处的对母亲的挚爱,使他发现了这个颇似母亲的女子。对高宗来说,武氏是情人,更是母亲;是妻子,更是得力的助手。有了她,高宗可以摆脱太宗的阴影,可以驾驭群臣,可以开创另一个“贞观之治”。

## 唐中宗李显:鸩毒之死谜重重

唐中宗李显是唐高宗与武则天所生的第三子。高宗驾崩后,武则天借口李显要超封其岳父韦玄贞官爵,把才登上宝位两个月的儿子废掉,押送房州安置。直到武后晚年病重,经狄仁杰等众大臣力保,李显才从房州贬所被召回京城。

公元710年农历六月壬午夜,唐中宗李显身穿赤黄龙袍,神情郁郁,在神龙殿呆坐无聊。恍惚之间,数日不相问讯的韦皇后盈盈而来。韦皇后身着袆衣,博鬓溢彩,饰以十二花树,打扮得风情万种,异于平时。在韦皇后身后,紧随而入的是中宗与韦后所生的小女儿安乐公主。这位貌美聪明的公主也是梳着博鬓,只是头上花树比母亲少了三款。红绵衫,绿罗裙,素纱中单衣,衬得她妖妖娆娆。中宗李显本来对韦后心烦气恼,看见爱女安乐公主随母亲一起,心中柔情顿起,脸上的表情也光亮了许多。

唐中宗李显

安乐公主居左,韦皇后居右,中宗李显居中,畅言欢笑,一副夫妇情深、爱女绕膝的天伦之乐图景。很快,光禄少卿杨均和散骑常侍马秦客二人亲自托持两个秘瓷中碗,献于中宗面前。晚膳进过不久,中宗并无食欲。安乐公主一旁娇言:“父皇,这两碗汤饼是我与母后一起下厨为你而做的,还是趁热吃了吧!”

爱女发话,中宗心头一暖,想起被贬房州(今湖北房县)的二十多年,正是韦后在无数个夜晚为自己亲手做汤饼吃,才使得他因整日惊悸而抽搐的寒胃得到及时的温润。一思及此,李显顿感释然,似乎许多天来与皇后之间的不愉快顿时全消。

李显端起碗，稀里呼噜，三下五除二，把一碗汤饼悉数吞入腹中。

未得把碗放下，一阵莫名其妙的剧痛在肚内涌动，中宗李显手中的碗登时滑落在地。恰如万箭攒心，李显霎时间感到全身火灼一样。李显左右顾盼了一下，在他临死的眼中，是韦皇后冰冷无情而又没有任何表情的脸以及小女儿安乐公主略呈惊惶的眼神。

中宗李显也真是倒霉，惊悸惶恐中度过 23 年，刚刚登皇位 5 年，就被自己的皇后和亲女毒死。

毒死中宗后，韦后秘不发丧，召诸相入禁中，并征府兵五万人屯京城；同时，她又派诸韦亲戚分领诸军以及宫中禁卫军。由此，"万骑"以及其他禁军的统帅皆是韦氏一族。

本来上官婉儿与太平公主密谋，草拟中宗"遗诏"，立中宗小儿子李重茂为皇太子，相王李旦参谋政事。宗楚客老奸巨猾之人，马上召韦后之兄韦温商量，改纂诏书，以相王李旦为太子太师，虚其职权。

宗楚客等人又不停劝韦后效仿武则天，革唐命，自称帝。由于相王李旦和太平公主宗属王亲，地位尊显，诸人也暗中加以准备，想除掉二人。

相王李旦唯唯诺诺之人，正因其懦弱的性格，才熬过武则天、中宗两朝。李旦自己没想过怎么办，听天由命，但其子李隆基一直愤愤不平。

李隆基时为临淄郡王，任卫尉少卿，兼潞州别驾。听闻中宗崩逝，李隆基急忙潜回京师，以观时变。在此之前，李隆基非常"有心"，与"万骑"以及禁军其他部府的头领和豪杰交游、玩乐，一直深相结纳。由于禁军统领韦播等人近日常杖打鞭击"万骑"将领立威，"万骑皆怒"，小队长葛福顺、陈玄礼等人纷纷找李隆基诉苦，大骂韦氏兄弟。

见众人意气可用，李隆基也打开天窗说亮话，表示要诛杀韦氏一党，以安社稷。众人闻言"皆踊跃请以死自效"。

兵部侍郎崔日用一直谄附韦氏，当他得知宗楚客等人想杀相王和太平公主，恐怕事不成而引祸上身，便先行派个和尚密告李隆基，劝临淄王先下手为强。同时，李隆基又与太平公主以及其子卫尉卿薛崇暕密谋，加紧准备起兵诛除韦氏。很快，众人相集，等待号令。

“向二鼓，天星散落如雪”。初秋时分，夜空朗彻，观此星象，众人皆讲：“天意如此，时不可失！”

于是，众人一鼓作气，分别纵马突入羽林营。御林军内各中、低级官员早有通气。大家又是战友，立刻联手，很快就斩杀了韦氏兄弟，并高举他们的首级在营中呼叫：“韦后毒杀先帝，谋倾社稷，今夜当共诛诸韦宗族，马鞭以上皆斩之，立相王以安天下。敢有怀两端助逆党者，罪及三族！”以正攻逆，大家自然听从。

起事的禁卫军很快攻克玄德门和白兽门，合兵于凌烟阁前，大呼大叫，共杀守门将，斩关而入。李隆基本人勒兵玄武门外，听见凌烟阁处兵士的欢呼声，也立刻率领羽林兵冲入。宫中诸处禁卫兵，听闻弟兄们起兵，都披甲响应。

韦后梦中惊醒，慌不择路，跑入飞骑营，立刻有眼明手快的军士迎上前，当头一刀，砍了这位母后的脑袋。“立功”之人飞身上马，驰至李隆基马前邀功。安乐公主当晚也在宫中，正照镜画眉，忽然门被踢开，还未及回过身，她在镜子里的漂亮脑瓜就被一把明晃晃的大刀从粉颈上一刀切下。

上官婉儿听说外间兵起，知道韦后一党不保，赶紧找出早已准备好的中宗“遗诏”，高执蜡烛，大开宫殿各门，率宫人跪迎起事军人。刘幽求第一个闯入，上官婉儿呈上诏书草稿，表示当初她自己本意是以相王李旦为辅政，后为宗楚客所篡改。刘幽求请示李隆基，临淄王不知为什么，深恨这位美貌才女，命人斩之于殿下。

## 唐肃宗李亨：子承父业之谜

唐肃宗李亨在灵武即位是唐朝中期政治史上的一件大事，一直以来颇受人们关注。玄宗的交出政权，肃宗的接受政权，在这一交接过程中，至今留有许多谜团还没有被解开。这其中人们最关心的问题是：唐玄宗李隆基真的有意传位？

李亨是玄宗李隆基的第三个儿子。从小聪敏强记，两岁封王。玄宗废掉太子瑛之后，朝廷中以李林甫为首的多数大臣都拥护玄宗宠妃武惠妃的儿子寿王瑁为太子。但是玄宗却认为李亨年长，又听高力士的话。在他的坚持之下，李亨得以在开元二十六年(公元738年)入主东宫。

在马嵬驿兵变之后，玄宗一心想入蜀，然而老百姓们却“遮道请留”，希望皇帝不要离开宫阙陵寝所在之地。玄宗叫太子李亨留在后面宣慰父老，自己继续西行。百姓父老拉住太子骑的马，太子无法前行。玄宗走出了一段路，见太子不来，心中有所疑虑，无奈之下，拨给他两千人马，命他收复长安。

唐肃宗李亨

有学者认为，太子“不得行”是故意制造的假象。长期以来，太子与父皇有较深的裂缝。玄宗曾同日赐死三个皇子，太子看在眼里，心里十分恐惧。如果继续跟随父皇到蜀郡，今后太子地位能否保住是难以预料的。他采用了李辅国等人的意见，让老百姓出面遮道请留，以求得发展个人势力。

后来，李亨率众自奉天一路北上，于天宝十五年(公元756年)七月到达灵武。仅过三天，他就在城南即皇帝位，是为肃宗。

其实，李隆基、李亨父子于马嵬驿分道扬镳之后，李隆基并没有听任李亨一个人去平定叛乱。相反，他于入蜀途中从容布置平叛，从未忘记自己的帝王身份。玄宗到成都后的第十四天，肃宗从灵武派出使者赴蜀，向玄宗报告即位的事情。四天后，李隆基颁布了《命皇太子即皇帝位诏》，此诏其实已无任何作用。诏中，玄宗说自己尽管已是太上皇，但是肃宗在处理军国事务后必须向他奏报。此外，他还为自己保留了以“诰旨”形式处理事务的权力。这样唐朝在一段时期内形成了一个由太上皇和皇帝同为政治中心的特殊的中央政治格局。

至德二年(公元757年)九月，唐军收复长安，在蜀郡流浪了一年多的玄宗在肃宗的迎接下回到了长安。作为太上皇，他重新回到了兴庆宫。不久，李辅国在肃宗授意下将玄宗幽禁于西内，直至最终幽愤而死。

许多人认为，尽管史书记述了众多玄宗情愿传位的资料，但从种种疑点推断玄宗禅位并非出自他的本意。他之所以会在得知肃宗灵武即位之后，颁布《令肃宗即位诏》，其实是一种政治手腕。然而，这一切也只是推测，要真正揭开玄宗“传位”的真相，还有待学者和历史学家们提出更多有力的证据。

## 宋太祖赵匡胤：“烛影斧声”千古案

公元976年，宋代开国之君赵匡胤驾崩，关于太祖的死因，宋人修史讳莫如深。野史笔记偶有记载，也是众说歧异。有的说是因饮酒过度而暴死，有的说是因腹下肿疮发作而病亡，更普遍的一种看法则认为太祖之死与宋太宗有很大的关系。

《湘山野录》中说，开宝九年十月二十日，一个雪夜，赵匡胤急召他的弟弟赵光义入宫，兄弟二人在寝宫对饮。喝完酒已经是深夜了，赵匡胤用玉斧在雪地上刺，同时说“好做好做”，当夜赵光义（原赵匡义）留宿寝宫，第二天天刚刚亮，赵匡胤不明不白地死了。赵光义受遗诏，于灵前继位，史称宋太宗。

《烬余录》说，赵光义对赵匡胤的妃子花蕊夫人垂涎之久，趁赵匡胤病中昏睡不醒时半夜调戏花蕊夫人，惊醒了赵匡胤，并用玉斧砍他，但力不从心，砍了地。于是赵光义一不做二不休，杀了赵匡胤，逃回府中。

司马光的《涑水纪闻》则干脆讳言太祖死因。而关于皇位继承问题，却又自持一见。他说，太祖驾崩的那天夜里，皇后守在身边。太祖一死，她急忙派遣太祖生前得宠的宦官王继恩传呼太祖四子德芳。王继恩阳奉阴违，径自驰入开封府传召晋王光义。光义于是随王继恩雪地步行入宫。宋皇后听到继恩脚步声，忙问：“德芳来了吗？”继恩答道：“晋王到了。”皇后一见晋王，先是一愣，接着惊呼：“我们母子之命，全托官家保护了！”晋王哭泣着说：“共保富贵，不要担忧。”按照历史学家司马光的记载，宋太祖临死并没有所谓传位光义的遗诏。光义继位，纯粹出于皇室内部争夺皇位的阴谋和斗争。

按说宫廷礼仪，赵光义是不可以在宫里睡觉的，他却居然在宫里睡觉。太监、

宋太祖赵匡胤

宫女不该离开皇帝，却居然都离开了。忙乱的人影、奇怪的斧声，以及赵匡胤“好做好做”的呼喊，——都告诉人们，这是一场事先策划的血腥谋杀。

近世以来，学术界大都认定宋太祖确实死于非命，但在有关具体的死因上，则有一些不同看法。如有人根据《烬余录》的记载，认为宋太祖与赵光义之间虽有较深的矛盾。但“烛影斧声”事件只是一次偶然性的突发事件。即宋太祖病重熟睡之际，赵光义趁机调戏其宠姬花蕊夫人费氏，被宋太祖发觉而怒斥之。赵光义自知无法取得皇兄的谅宥，便下了毒手。

宋太祖在位十七载，筹划一统，荡平割据，扫除五代弊政，号令征伐自天子出，奠定了两宋三百余年基业，雄视一世，功不可没。但惜乎身亡壮年，更留下了“烛影斧声”的千古之谜，令后人可叹。

## 宋太宗赵炅：金匮之盟难辨真伪

宋太宗赵炅，本名赵匡义，后因避其兄宋太祖赵匡胤讳改名赵光义，即位后改名炅。

据说赵光义以弟弟的身份继承兄长的帝位，是他母亲杜太后的意见。杜太后临终时，曾对赵匡胤说：“如果后周是一个年长的皇帝继位，你怎么可能有今天呢？你和光义都是我儿子，你将来把帝位传与他，国有长君，才是社稷之福啊！”赵匡胤表示同意，于是叫宰相赵普当面写成誓词，封存于金匮里，这就是所谓的“金匮预盟”。但是“金匮预盟”在初版的《太祖实录》却未见记载，在第二次编修的新录中才被提及，因而是否确有其事，仍疑点重重。

“金匮预盟”为赵光义当皇帝进行了辩护，也证明他是正当登上皇帝位置的。但是，这种说法遭到了很多人的质疑。

有许多人认为杜太后去世时，赵匡胤只有34岁，正值壮年，他的儿子德昭14岁了。即使赵匡胤几年后去世，也不会出现后周柴世宗遗下7岁孤儿、群龙无首的局面。杜太后一生贤明，怎能出此下策？况且，“金匮预盟”是赵光义登基5年后才列举证人、公布出来的，为什么不在赵匡胤死时堂堂正正公布出来呢？

关于“金匮之盟”的叙述也有多种说法。

其一，司马光在《涑水记闻》中称赵光义不在现场；真宗咸平元年（公元998年）重修的《太祖实录》说赵光义也参与顾命；王禹偁所著的《建隆遗事》则说赵光义和赵光美都一起聆听杜太后临终遗言；李焘的《续资治通鉴长编》认为，当事人只有杜太后、赵匡胤和赵普。

其二，杜太后的遗言不尽相同。《宋史·后妃传》中记载“将皇位传给你弟弟”。《涑水记闻》中记载“应当把帝位按次序传给你的两个弟弟及儿子”。《宋史·记事本末》则说“应传位给光义，再由光义传给光美，光美传给德昭”。《续资治通鉴长编》则称“你与光义皆是我亲生，应传给你弟弟”。

其三，“金匮之盟”本身又存在种种破绽。

“金匮之盟”的时间是公元961年。杜太后临终时，赵匡胤年仅35岁。德昭11岁。杜太后何以有“不用幼儿而立长君”之语？若用常理推断，赵匡胤死时，儿子必已长大成人，岂能与柴氏幼子相提并论。杜氏的言语显然说不通。

出示“金匮之盟”的时间大有问题。为什么赵普不在赵光义初即位时出示，而是在太平兴国六年（公元981年），在赵匡胤已死去5年，赵光义想要清除反对派时，赵普才出示秘密？

“金匮之盟”出示前后，赵光义对赵普的态度也值得仔细推敲。赵光义曾对人说：“如果赵普还做宰相，朕不能坐皇位。”还说：“赵普向来与朕有不足，众人所知。”但是，当赵普献上“金匮之盟”的厚礼，使赵光义之得位变得名正言顺后，赵光义马上改变态度，对赵普说：“人谁无过，朕不待五十，已尽知四十九年非矣。从今以后，才识卿忠。”

赵光义即位之后，不过两个月，便迫不及待地改元为太平兴国元年。自古以来，新皇帝若非篡位，均以明年改元。赵光义为此付出了很大代价，他曾回顾道：“即位之始，览前王令典，睹五代弊政，以其习俗既久，乃革故鼎新，别做朝廷法度。于是远近腾口，咸以为非。至于二三大臣，皆旧德耆年，亦不能无异。朕执手坚固，靡以动摇，昼夜孜孜，勤行不怠。”

据《辽史·景宗本纪》记载：“宋主匡胤殂，其弟炅自立。遣使来告。”何以称“自立”？这又是对“金匮之盟”的一大否定。

“金匮之盟”是否就是赵光义为巩固统治而与赵普商议的一个计谋？我们唯有从历史中去寻找答案了。

## 宋仁宗赵祯：狸猫换太子身世案

关于宋仁宗赵祯的身世，有一种至今流传的说法，这就是“狸猫换太子”的故事。开封府尹包拯外出巡视，一天在路上，突然被一阵怪风吹落了帽子。包公感到这风来得蹊跷，就向飞滚的帽子追去，来到一座破窑前。窑中住着一位双目失明的老妇人，衣衫破旧，面容憔悴。包公上前问候，并报出姓名。老妇人得知来者是当朝铁面无私的“包青天”时，不由得泪流满面，当下要求“为奴家申冤”。包公仔细询问后得知，老妇人实为当今天子宋仁宗的亲生母亲、宋真宗的李宸妃。李宸妃生下皇子后，却被刘皇后运用调包计夺走。刘皇后勾结太监郭槐，买通接生婆，用剥去皮的狸猫换出皇子，诬李宸妃生下怪胎妖孽，打入冷宫

宋仁宗赵祯

加以陷害，要将李宸妃治罪。李宸妃在宫人相救下得以逃出深宫，隐姓埋名，流浪颠簸至今。

包公开始半信半疑，老妇人取出当年真宗留给她的玉佩，包公见是宫中之物，才知老妇人所言不假，可怜她身为国母，却母子不能相认。于是包公将老妇人带回京城，设计使仁宗认母，并惩办了此案的郭槐等恶人。

然而，这一故事本身就是一件大案，仁宗究竟是真宗后刘氏之子，还是妃子李氏亲生，无论是小说还是戏曲，几乎众口一词，认定仁宗是李妃所生，而非刘皇后之子。

据可靠资料记载，真宗病危时，不放心年幼的儿子，生怕皇位落入他人之手。他在寝殿召见了大臣们，宰相丁谓代表文武百官在真宗面前做出承诺，皇太子已经做好了继承大统的准备，臣等定会尽力辅佐。这实际上是向真宗保证将全力辅佐新皇帝，绝不容许有废立之心。真宗表示满意。事实上，真宗晚年，刘皇后的权势越来越大，基本上控制了朝政。真宗留下遗诏，要“皇太后权同处分军国事”，相当于让刘后掌握了最高权力。

这样，仁宗就在养母的权力阴影下一天天长大。刘太后在世时，他一直不知先皇嫔妃中的李顺容就是自己的亲生母亲。明道二年，刘太后病逝，仁宗刚刚亲政，这个秘密也就逐渐公开了。

最有可能告诉仁宗实情的，当是“八千岁”皇叔赵元俨和杨太妃。赵元俨自真宗死后，过了十余年的隐居生活，不理朝政，在仁宗亲政之际，赵元俨复出，告以真相，应该是情理之中。杨太妃自仁宗幼年时期便一直照料其饮食起居，仁宗在宫中称刘后为大娘娘，所以杨太妃说出实情也是极有可能的。

## 宋高宗赵构：“泥马渡康王”的传说

相传北宋靖康三年，金军攻破东京汴梁后，掳徽、钦二帝北撤，将二帝幽禁于北国五国城后，随即又派四太子会斡离不南侵。会斡离不起胡兵十万，从太原进发。行至河北真定，会斡离不听闻自宋朝二帝被俘后，朝臣们推举康王赵构主持朝政，便生一计，预派人向康王下书，让他到军中议和，方肯退兵。朝臣中有一奸臣名王云,本为金国内奸,花言巧语力劝康王为社稷苍生前去议和。康王无决断便听信了王云之言,不顾其他朝臣的劝阻,命王云为副使,和他一起前去议和。

宋高宗赵构

他们一行人走到相州时遇到宗正少卿宗泽。宗泽听说康王要去金营议和,知道是鸿门宴,便拦住康王劝以要害。康王方如梦初醒,赶忙调转马头就跑。会斡离不听说康王跑了,急忙率军来追。

康王马不停蹄直往南跑,直到江边,马已累死,向逃难的百姓们一打听才知道到泰兴市。因为早就听传金兵要来,县官及大部分百姓早就逃过江去了,留下了一座空城,城中有一座小寺院。寺院门前有两匹泥塑的马,看匾额名叫"圆悟堂"。康王走了进去,环顾四周,只见彩塑的佛菩萨像庄严华丽,于是撩起衣袍跪倒在佛像前暗暗祈祷,恳求佛菩萨保佑他脱此大难,日后若登大宝必定重整河山、保境安民,重修庙宇,再塑金身。

片刻,金兵数十铁骑抢入寺来,举起火把,四下搜寻。康王忙躲于佛像身后。金兵们没搜寻到人,急忙拥出寺院上马继续追。康王安下心来,躺在佛像身后朦胧欲睡。忽然听见耳边有人大喝:"快起来上马,大王只顾快马加鞭,不要犹豫了。"康王急忙跑出寺外,只见星光下,果然有匹马打着响鼻立在台阶旁。于是抽身上马加上三鞭,疾向城外狂奔。

天未明,已至江边,只见江水滔滔,大浪拍岸,无船无渡。身后已见火把点点,耳闻马蹄嗒嗒,向江边移来。康王在生死关头,惊慌之下,提起缰绳,向马屁股上狂抽一鞭,欲跳江自尽。只见那马长嘶一声,跳入滔滔江水中,康王闭眼,只得听天由命。约过一个时辰后,人马俱已站在了江岸上。康王定下神来,一看已到了对岸,佛菩萨相助,便松了一口气,下马朝江北遥拜,再牵马时,只见马僵立不动,定睛一看，原来是泰兴圆悟堂前的一匹泥马。康王赶忙又跪下朝浑身是水的泥马拜了三拜，起身离去。

康王赵构一直逃到临安，果然即位成了皇帝，庙号高宗。后来，他还专门派人到江北泰兴市重修了圆悟堂，赐名“庆云禅寺”，一直相承至今。

## 元太祖成吉思汗：死因有悬念

元代开创者成吉思汗是一个拥有雄图霸业的征服者，领袖毛泽东称赞其为“一代天骄”。如此伟大的征服者，留给后人最大的历史悬念就是成吉思汗到底怎么死的？

史上据明太祖朱元璋称帝后下诏修改的《元史》记载：“（公元 1227 年）秋七月壬午，不豫。己丑，崩于萨里川哈老徒之行宫。”这些文字看似言简意赅，实则语焉不详。

后人对成吉思汗的死因也有种种猜测。

一是“坠马说”。这一说法记载于《元史》中，是几种说法中最正统也是最为多数人所认可的。1216 年秋天，成吉思汗带着夫人也遂去征讨西夏国。冬季时，在一个叫阿儿不合的地方打猎。谁知骑的红沙马被一匹野马吓惊，导致没有防备的成吉思汗坠落马下受伤，当夜就发起了高烧。此后，成吉思汗的伤病一直未好，反而加重，到 1227 年农历七月十二日终病死。

二是“中毒说”。这种说法来源于《马可·波罗游记》。马可·波罗是 13 世纪意大利商人，于 1275 年到达中国，和元朝有过 17 年的交往，在其游记日记中这样记叙：成吉思汗在进攻西夏时围攻太津（古要塞）时，膝部不幸中了西夏兵士射来的毒箭。毒箭攻心，伤势益重，一病不起。但是民间对“中毒”却有另一种说法：成吉思汗是让被俘虏的西夏王妃在陪寝时下毒致死的。

三是“被刺说”。被俘西夏王妃在陪寝的时候，趁成吉思汗放松警惕，刺死了他。这一说法源于清朝康熙元年的《蒙古源流》。

四是“雷击说”。出使蒙古的罗马教廷使节约翰·普兰诺·加宾尼在其文章透露，成吉思汗可能是被雷电击中身亡。南宋彭达雅所著《黑鞑事略》也记载：“鞑人每闻雷霆，必掩耳屈身至地，若躲避状。”但是这种说法并没有直接的证据。

实际上，成吉思汗的死因确实与西夏有关。公元1226年，成吉思汗亲自率十万大军进攻西夏。公元1227年正月，蒙古军队包围了西夏都城中兴府。同年六月，成吉思汗到六盘山去避暑。西夏首都中兴府发生了强烈地震，房屋倒塌，瘟疫流行，粮食断绝，西夏国不得不向成吉思汗投降。然而，就在西夏投降后，成吉思汗却猝死在六盘山上。

## 明太祖朱元璋：众说纷纭帝王相

都说明太祖朱元璋的相貌异于常人，那他究竟长得什么样，迄今最全的朱元璋画像，既有宫廷的也有民间的，版本达16种之多。到底哪种版本才是朱元璋的真实面貌？这也是一个令人颇感兴趣的历史谜团。

民间有一个流传极广的朱元璋画像故事。朱元璋称帝后遍召丹青高手给自己画像。第一个进宫的画师十分认真，把像画得惟妙惟肖、栩栩如生。朱元璋看到自己丑陋的形象，顿时大怒，把画师推出去斩了。第二个画师吸取了教训，把朱元璋画得五官端正、相貌堂堂。朱元璋一看，觉得画得不是自己，自然画师又难逃一死。第三个画师揣摩出了朱元璋的心思，有意刻画出一副帝王气派，结果朱元璋看到自己满脸仁慈，一副帝王之相，龙颜大悦。于是画师获赏。这段“民间故事”真伪虽然成为历史之谜，不过从中透露出一个信息，朱元璋的相貌确实异于常人，所以朱元璋暗示画师造假的可能是存在的。

明太祖朱元璋

除了一两幅外，绝大部分版本都系明亡以后民间所绘，有的版本把朱元璋的皇冠绘成了秦汉制式。还有的将朱元璋的下巴画得夸张很大，如果这种长着奇怪下巴的画像真是明时之作,那只有一种解释,就是当时确实把朱元璋的奇异相貌当成帝王奇相来理解了。从历史上看,在相貌上故弄玄虚,也是帝王美化自己的一个常用小把戏。

不排除后世或朱元璋本人有意为大明开国皇帝,从相貌上寻找天意的可能。民间一直认为,朱元璋患过天花而不死,留下了一副麻脸,加上他的下巴可能稍长,额骨稍凸,时人可能觉得太丑了,御用文人则正好附会说这是帝王奇相:“下辅学堂地阁朝,承浆俱满是官僚。如教中辅来相应,必坐枢庭佐舜尧。”一般地阁(下巴)饱满就是官相之人,而朱元璋地阁雄奇,贵不可测,自然是帝王的好命了。

明太祖朱元璋到底长得什么样,成了历史疑云。但从朱元璋的后代来看,朱标、朱棣等 24 个儿子,当中也没有一个人“异于常人”,也没有遗传传说中的朱元璋“大下巴”的外貌特征。从明诸帝的画像来看,也均无此长相。所以说,真实的朱元璋在相貌上很可能也是比较“标准”的。

## 明成祖朱棣:7 岁方立名,生母是个谜

明成祖朱棣出生于元顺帝至正二十年(公元 1360 年),但直至元顺帝至正二十七年(公元 1367 年)旧历年底,朱棣 7 周岁时,朱元璋才为其正式取名为朱棣。朱棣不仅名字起得晚,而且其生母是谁,数百年来一直扑朔迷离。

朱棣自称是马皇后所生,是所谓的嫡子。但自永乐年间以来,各种官方史书和野史上都对明成祖朱棣的生母问题有所记载、猜测。据历代学者考证,朱棣的生母不是马皇后。有的说朱棣与周王朱橚是马皇后所生,而太子及秦王、晋王等都是庶出。有的说朱棣是达妃所生,太子与秦王、晋王则是马皇后所生。有的则说朱棣的生母是硕妃。此外,还有其他一些说法。

马皇后是濠州红巾军郭子兴的养女。元顺帝至正十二年(公元 1352),郭子兴将其许配给部将朱元璋。当年朱元璋受到了郭子兴的猜忌,马氏多次从中调解周旋。明朝建立后,朱元璋册封马氏为皇后,对她十分信赖,多次听从她的意见宽免大臣过错。因此,有人将她与历史上的贤后——唐代长孙皇后相提并论。

《太祖实录》和《太宗实录》也记载朱棣为马皇后所生,后来的史籍如《明史》等

明成祖朱棣

正史多因循这种说法。

但是除朱棣外，马皇后亲生皇子又有着不同的解释。一种说法认为马皇后生懿文太子、秦王、晋王、燕王、周王。朱棣在夺取皇位后，让人编了一部《奉天靖难记》，为自己篡夺皇位辩解。该书开卷就标榜自己是马皇后的嫡子："今上皇帝（指成祖朱棣），太祖高皇帝第四子。母孝慈高皇后生五子：长懿文太子，次秦王，次晋王，次今上皇帝，次周王也。"还有一种说法认为马皇后只亲生燕王，周王、懿文太子、秦王、晋王都不是马皇后亲生。其实仔细推敲起来就会发现，《太祖实录》为明成祖朱棣所修，《太宗实录》为宣宗所修，其中自然有粉饰的成分，宣称朱棣为马皇后的嫡子。

实际上，朱棣的生母争论的焦点是明成祖到底是嫡出还是庶出，经过明史专家李晋华、吴晗等人的精细考证，朱棣非马皇后亲生而生母为妃的说法，已为大多数学者所接受。

## 嗜杀成性明成祖:朱棣活剐三千宫女之谜

朱棣于1402年夺了亲侄子的皇位,导致了几十万人战死沙场;建文帝宫中的宫人、女官、太监被杀戮几尽。他还将忠于建文帝的旧臣如方孝孺等人全部杀死,仅方孝孺一家灭"十族"就杀掉873人。

明成祖的徐皇后,于永乐五年(1407年)病死。徐氏死后,朱棣一直未立皇后。后宫有一位权贤妃,美艳殊丽,能歌善舞,且善吹箫,聪慧过人,最受朱棣宠爱。不料永乐八年(1410年),权氏随朱棣率兵北征,死于归途。朱棣正为失去宠妃而悲伤之际,有宫女揭发说权氏是被吕妃串通太监和银匠用砒霜毒死的。朱棣大怒,即下令将被告下毒的太监、银匠处死,对吕氏则采用酷刑,用烙铁烙死。受吕氏牵连而被杀者达数百人。

揭发吕氏毒死权妃的人,史书称其为"贾吕"。永乐十八年(1420年),朱棣准备立为皇后的宠妃王氏暴死,而恰于此时,皇宫内又有人告发贾吕、鱼氏与宦者"通奸"。朱棣勃然大怒。贾吕、鱼氏惧祸,上吊自杀。朱棣并不罢休,又兴株连之法,拘捕与贾吕亲近的宫婢。宫婢受了酷刑,竟诬服称后宫有人要谋害皇帝。这一口供,激起朱棣嗜杀本性。牵扯自承"谋逆"的宫婢侍女,竟然达近三千人之多。

朱棣下令将这些宫女全部处以剐刑,即凌迟处死。此刑主要用来处死"谋大逆""谋反"等政治犯。行刑时,朱棣亲临监刑,甚至亲自操刀,残杀宫女。朱棣还令画工画了一张贾吕与宦官相拥图,遍示内宫,羞辱无辜的宫女。

《李朝实录》记载,朱棣大肆屠杀宫女之际,适有宫殿被雷电击毁,但朱棣"不以为戒,恣行诛戮,无异平日"。

公元1424年,朱棣第五次出兵大漠,死于北征回师途中的榆木川(今内蒙古乌珠穆沁)。大内以三十余宫女生殉朱棣。

## 明神宗朱翊钧:20年"君王从此不早朝"探因

明神宗万历皇帝朱翊钧在位48年,是明代皇帝中在位时间最长的一位。可是,其间从万历皇帝主持朝政十四年至此后的二十年里,却不理朝政,不郊、不庙、不朝、不见、不批、不讲。作为一个帝王，上朝理政是分内之事，为什么万历皇帝二十年不理朝政呢？普遍说法认为，万历是因为立太子之事与内阁争执而不理朝政的。

万历皇帝16岁的时候，太后、大臣们便给他选择王氏和刘氏作为皇后、昭妃，然而叛逆的万历根本不喜欢这样强加的婚姻，更不喜欢皇后和昭妃，于是对这两个妻子十分冷淡。

万历20岁时，偶然临幸一王姓宫女，后得长子朱常洛。在当时，正宫皇后没有生出嫡长子的情况下，按惯例朱常洛应该立为太子。可是后来，万历遇到了自己心中的红颜知己，一生最爱的女人郑贵妃。郑氏本是一个宫女，因容貌秀美，机智聪明，深得皇帝的喜爱，很快被封为贵妃。两人相互封为知己，朝夕相伴，简直一刻也不能分离。四年后，郑贵妃生下皇三子朱常洵。万历皇帝爱屋及乌，对刚出生的孩子表现了极大的宠爱，直接将郑贵妃晋封为皇贵妃，地位仅次于皇后。与此同时想将朱常洵立为太子。

万历这一想法遭到群臣的反对，大家认为废长立幼是不合宗法礼制的，为了社稷，坚持要立皇长子为太子。群臣的反对令万历招架不迭，只好极力镇压。于是把户科给事姜应麟等强烈反对的大臣都贬了官、问了罪。后来慈圣太后知道了便对其进行质问。于是万历就将册立太子的事推迟，采取“拖”的方法。

为立太子的事情，万历和他的全体朝臣相对抗，谁也压服不了谁。这让万历大伤脑筋，也大为恼火。后来万历采取不上朝的方法，同他的大臣们消极对抗。

直到万历二十九年，万历怕自己一旦殡天，朝纲大乱，再加上其他一些原因，于是不得不册立朱常洛为太子，这场旷日持久的“国本”之争终于结束了。

## 明崇祯皇帝：自缢死地有疑问

明末农民起义，李自成率领农民军攻入北京后，崇祯皇帝朱由检仓皇出逃，在煤山（今景山）东麓的一棵槐树上自缢身亡。这或许是大多数人在历史教科书上所学到的知识，但是关于崇祯的死，历来众说纷纭，疑团不少。

有人认为崇祯自缢于巾帽局。《甲申传信录》卷一记载：“上怆惧还宫，易袍履,与承恩走万寿山,至巾帽局,自缢。”崇祯刚愎自用,他的性格决定了他不会轻易投降,也不会轻易去死。于是在京城旦夕可破的情况下,他取太监衣帽化妆后企图逃跑,却因守门士兵不知他是皇帝而被阻拦。逃跑不成,崇祯在太监的陪同下来到了巾帽局。李自成攻城之后,崇祯看大势已去,这才自缢而死。

有人认为他自缢于今北海白塔山。《明孝北略》卷二十记载:“手携王承恩,入内苑,人皆莫知,上登万岁山之寿皇亭……太监王承恩对面缢死。”“万岁山,金人名琼花岛,元至元四年筑宫城,山适在禁中,遂赐今名。”显然认为崇祯自缢于今北海的白塔山。

还有人认为崇祯自缢于西山。《明亡述略》中记载:“丁未,内城陷,帝崩于西山。”

红学专家俞平伯则认为,崇祯死在管园人居住的小屋里的椽子下。崇祯“爬上煤山查看了外国来的大炮。他又给李自成写了血书,要求他不要压迫老百姓,不要再用那些不忠的官僚,然后就在管园人住的小屋里的椽子上上吊自缢了。”

《明季北略》记载,崇祯是自缢在海棠树上。当时皇城内,海棠在巾帽局附近的回龙观最盛。“回龙观多海棠,旁有六角亭,每花发时,上临幸焉”,可见明代皇帝对这一带很熟悉,崇祯逃至此自缢也较为可信。

所以至此,认为崇祯皇帝吊死煤山是较为合理可信的,但是具体自缢于何处,目前尚无定论。

### 清太祖皇太极:争权篡位还是推举得汗

关于皇太极是如何继位的问题,有不同的说法。

一些明清史专家认为,皇太极汗位是从其幼弟多尔衮手中篡夺来的。清人蒋良骐的《东华录》顺治八年(1651)二月己亥诏内载,多尔衮声称“太宗文皇帝(皇太极)之位原系夺立”,暗示皇太极篡夺汗位。据说,努尔哈赤生前已立多尔衮为嗣子,而皇太极用阴谋狡诈的手段从其幼弟手中夺取了汗位,为去除篡位障碍,还逼迫多尔衮生母大妃纳喇氏死殉。

此说受到一些人怀疑,当时多尔衮才15岁,既无功业,亦无威望,故不可能立多尔衮为嗣。皇太极即位后，对多尔衮“特加爱重”，大力培养提拔，多尔衮对皇太极的恩育万分感念，尽心尽力辅佐皇太极，勋劳卓著，成为皇太极最得力的助手。皇太极与多尔衮兄弟感情较好，皇太极对多尔衮干下篡位、杀母的勾当是不太可能的。

清太祖皇太极

有的则认为，皇太极的汗位是通过激烈争斗，力克竞争对手而得到的。努尔哈赤死后，皇太极与诸贝勒争夺汗位的斗争白热化，最后皇太极击败对手自立为汗。其间，皇太极与代善的争斗尤为激烈，代善有勋绩、有声望也有势力，长期以来一直是汗位的有力竞争者，皇太极抓住一切机会打击代善，如利用代善与大妃纳喇氏的暧昧关系，推波助澜，借助舆论，促使努尔哈赤罢黜大妃，代善威望遭受损害。努尔哈赤死后，又逼大妃死殉，削弱代善的势力，最后压服代善，夺取汗位。

还有学者认为，皇太极汗位并非夺立的，而是由诸贝勒推举产生的。太祖努尔哈赤生前未立嗣子，而是确立了八和硕贝勒共治国政的制度，为汗者须请贝勒推举产生的。当时诸贝勒中，数皇太极实力最强，努尔哈赤死去当天，代善长子劝代善说：“四大贝勒（皇太极）才德冠世，深契先帝圣心，众皆悦服，当速继大位。”代善表示同意。次日，在诸贝勒大臣聚于朝时，代善提议举皇太极为汗，诸贝勒“皆喜曰善。议遂定，乃合词请上即位”。

按当时情况，民主推举皇太极为汗还是有可能的。因为在政治识见、军事才能和个人威望上，皇太极都高出诸贝勒一筹，推举才能卓著的皇太极即位是不足为怪的。

明熹宗天启六年（公元1626年），爱新觉罗·皇太极在诸多贝勒的商议下，被一致推举、拥戴为皇位继承人。35 岁的爱新觉罗·皇太极在这一年的九月初一正式登上后金的汗位，并决定第二年改元为“天聪”。清太宗天聪十年（公元 1636 年）四月十一日，爱新觉罗·皇太极将国号改为“大清”，正式称帝，并改元为“崇德”，女真也改为满洲。爱新觉罗·皇太极成了大清王朝的第一个皇帝。

## 皇太极之死：被刺遇害还是圣躬违和

皇太极的死一直都是一个疑点。有关的清代官修史书几乎都记载说皇太极死时是“无疾而终”。皇太极从小身体很好，中年以后身体发福，有些偏胖。官方史书从未记载过他有任何病史。

后世野史说皇太极是被多尔衮或多尔衮与庄妃合谋害死的，袁承志亲眼见到皇太极赶到庄妃的寝宫，被正在和庄妃幽会来不及逃走的多尔衮行刺而死。凭什么这样说呢？不过是因为“大妃阿巴亥之死”“孝庄下嫁多尔衮”两件谜案。

皇太极死时，顺治年幼，皇太极的几个兄弟手握兵权对皇位虎视眈眈。孝庄皇后为了保全顺治的皇位下嫁给实力最强的多尔衮，并封多尔衮为摄政王。得到多尔衮的帮助后，顺治的皇位得到了保证，顺利成为第一个入关进京登上帝位的满清皇帝。而多尔衮一直到死时，都没有对皇位产生不轨的念头，可以说孝庄皇后的下嫁功不可没。可见，皇太极是被多尔衮或多尔衮与庄妃合谋害死的传说是毫无根据的。

那么，皇太极真正的死因在很大程度上可能是“痰疾”。从崇德五年开始，清史的记载中屡次出现“圣躬违和”或“圣躬不豫”的字样。崇德五年农历七月廿七日，皇太极第一次“圣躬违和”，到安山（今鞍山）温泉疗养。崇德六年农历八月，松山大战前夕，明十三万大军来势汹汹，前线告急。皇太极调集各路人马，决定亲自前往前线坐镇指挥。本来定于农历八月十一日出发，不巧他患上鼻衄（即鼻出血），血流不止，不得不将出发的日期一拖再拖。八月十四日，出血仍未缓解，而前线军情告急。皇太极抱病出征，一路急行，三天后，病情才有好转。

皇太极这次病得相当重，不但用大赦的方式向天祈求康复，而且都察院的官员们还上疏建议：皇上不必事必躬亲，可让各旗、六部渚大臣处理一些日常事务，至军国大事再向皇太极奏闻，以减轻政事活动，得以静心休养。明显感觉力不从心的皇太极不得不同意了这份奏疏的建议，决定以后的政事由和硕郑亲王代善、和硕睿亲王多尔衮、和硕肃亲王豪格、多罗武英郡王阿济格合议处理。

通过这次变革，皇太极基本上交出了处理日常行政事务的大权。崇德八年正月初一，因皇太极“圣躬违和”，免群臣的新春朝贺礼。命令和硕亲王以下副都统以上诸人前往堂子，代替自己向上天和历代祖先行礼祈祷。

清太宗崇德八年（公元1643年）八月九日，爱新觉罗·皇太极突发急病死于盛京（今沈阳）的清宁宫内，年仅52岁。爱新觉罗·皇太极去世后，他的灵柩被放在崇政殿，同年九月廿一日，被葬于昭陵（在沈阳北陵），谥号为“应天兴国弘德彰武宽温仁圣睿孝文皇帝”，庙号为“太宗”。

## 清顺治帝：抛却帝王化为俗僧之谜

清代的顺治皇帝是传说中真正皈依佛门之人。据民间传说，顺治是因为受到精神打击，看破红尘，遂抛去帝位，遁入五台山削发为僧。

清世祖顺治

在顺治短短的一生中，他一共娶了19个妻妾，差不多是每年1个，但是最讨他欢心的，只有董鄂妃一人。在顺治眼里，董鄂妃就是他的心。

顺治出于对董鄂氏的偏爱，打算将皇位传给董鄂氏之子，可不幸此儿出生数月就夭折了。董鄂氏大受打击，同时加上皇太后雪上加霜的折磨，所以于顺治十七年八月抑郁而死，顺治痛不欲生。为哀悼董鄂妃，他5天不理朝政。没过多久，他又亲自给礼部下了一道圣旨，特意采用追封的方法，给董鄂妃加封谥号：孝献庄和至德宣仁温惠端敬皇后。董鄂妃死后，顺治的心也随之而去，于是遂抛去帝位，削发为僧。

顺治帝的离家出走，令清宫上下惊慌失措。他们为了不引起世人的非议，只得向外宣布：顺治皇帝驾崩。

《清史演义》《清代野史大观》等书中均有关于顺治帝因董鄂妃去世而削发出家的故事，诗人吴梅村也有暗示顺治帝出家的诗句。传说康熙亲政后，曾经以进香为借口，多次到五台山看望顺治，希望顺治能回到宫中，但是顺治不为所动。在康熙年间，两宫西狩，经过晋北，地方上无法准备供御器具，却在五台山上找到了内廷器物，这似乎又是一个顺治出家的证据。顺治一向好佛，宫中奉有木降、玉琳二禅师，印章有"尘隐道人""痴道人"等称号。他对木降曾说："愿老和尚勿以天子视朕，当如门弟子旋庵相待。"可见他早有削发为僧的念头。一些人认为顺治出家之因是与孝惠皇后不合，所以宠爱的董鄂妃一死，他就以此为借口皈依了净土。

但是后代较多的研究者认为，顺治帝并未出家，而是病死宫中。明清史专家孟森的《世祖出家事考实》举出《东华录》等史书的记载，认为清世祖死于痘疹，没有出家。

### 雍正帝胤禛：矫诏篡立背后的真相

清康熙帝驾崩以后，第四皇子胤禛在激烈的皇位争夺中登上了皇帝的宝座，这就是雍正帝。但雍正帝究竟是如何即位的，史学界对这一问题有几种截然不同的看法，使之至今还是一个悬案。

关于雍正即位，一种说法是"矫诏篡立说"。早在雍正帝在世时，社会上就盛传：康熙帝要将皇位传给胤禵，在他患病的最后几日，曾经下旨要召胤禵回京，但是胤禛的死党隆科多却隐瞒了谕旨。致使康熙去世当日，胤禵不能赶到。于是隆科多假传圣旨，拥立胤禛为皇帝。另一种说法为“盗改遗诏说”。康熙原本要把皇位传给十四阿哥胤禵，却被人将诏书上的“十”改成了“于”字，于是遗旨变成了传位于胤禛。

然而，这种观点遭到了部分学者的质疑。一、康熙遗诏是用满文写成的，不可能篡改；二、隆科多与雍正原非深交，不可能冒险矫诏拥立；关于矫诏夺位的种种传闻，无非是出于政敌的中伤，胤禛在康熙四十八年晋封为亲王，在皇子中的地位日益提高，先后22次参与祭祀活动，次数比其他皇子都多。此外，康熙对胤禛之子弘历宠爱有加，称赞其母是“有福之人”。由此可见，雍正是后来居上的皇太子候选人。

后世有人根据雍正在品格、才干、年龄和气质上的众多特点，以及康熙对雍正的认识和父子感情基础，还有康熙在死之前留下遗诏的在场人物、地点、时间及情节等来综合分析，认为雍正是合法即位的可信。

官书中记载，康熙六十一年(公元1722年)十一月冬至前，康熙患病住在畅春园疗养。胤禛请求侍奉左右，但康熙却让胤禛奉命代替自己到南郊祀天，并且命他待在斋所虔诚斋戒，不得离开。到了十一月十三日，康熙的病情突然恶化，这时才不得不破例把胤禛召到畅春园来。康熙对众皇子说：“皇四子胤禛，人品贵重，深肖朕躬，必能克承大统，着继朕登基，即皇帝位。”等隆科多向雍正宣布“遗诏”时，胤禛听后痛不欲生，而胤祉等其他兄弟则向胤禛叩头，并劝他节哀顺变，因此雍正就履行新皇帝的职权，主持康熙的丧葬之事。雍正曾特别强调：当日情形，“朕之诸兄弟及宫人内侍与内廷行走之大小臣工所共知共见者”。

可见，雍正的即位是由父皇康熙的寿终正寝后才开始的，是属于正常并且合乎法理的。对此，清代官书众口一词。

### 悬疑清世宗：雍正帝暴死圆明园奇案

公元1735年的一个早晨，清朝皇帝雍正突然暴死在圆明园离宫中。立时京师中谣言迭起，猜测纷纷，给这位清朝大帝增添了一层神秘的色彩。后世对其死因说法也各异，终成一大奇案。

对雍正之死，综合各家观点有三种解释。

一是发病身亡。《起居注册》中记载："八月廿一日，上下豫，仍办事如常。廿二日，上下豫。子宝亲王、和亲王终日守在身旁。戌时皇上病情加重，急忙在寝宫发布遗诏给诸王、内大臣及大学士。龙驭上宾于廿三日子时。由大学士宣读朱笔谕旨，着宝亲王继传。"由以上史料看来，雍正的病应当是一种急症，有人推测雍正可能是中风而亡。

二是被刺身亡。这是民间广为流传的一种说法。《满清外史》《清宫遗闻》《清宫十三朝》等记载，吕留良的孙女吕四娘刺杀了雍正皇帝。由于清朝政府采取民族高压政策，镇压汉人的造反，雍正杀死了很多汉人的全族，以警世人。吕留良文字狱正是雍正六年发生，雍正十年十二月，留良、葆中父子被处死。其亲人也被严加处置，另一子毅中斩决，孙辈发配极边为奴。传说吕留良的孙女四娘以宫女身份混入皇宫侍奉皇上，伺机行刺。

三是服丹药中毒而亡。这是从宫中档案等资料中推出的结论。雍正生前崇佛信道，迷信鬼神，"所交多剑客力士"，在宫中也曾蓄养了一些僧道异能之士，甚至与他们结交为兄弟。雍正从雍正四年开始服用道士炼制的既济丹，雍正八年得大病后，又命道士为他炼制丹药疗疾，及至雍正十三年八月，他传旨在圆明园用牛舌头黑铅两百斤炼煮。据此很有可能是由于丹药中有毒成分在体内长期积聚，终于使雍正帝中毒死去。

雍正死后第三天，乾隆登基后下谕旨将炼丹道士驱逐出宫。乾隆在同日另下谕旨谕告诫内监、宫女不许妄行传说国事，"恐皇太后闻之心烦"，"凡外间闲话，无故向内廷传说者，即为背法之人"，"定行正法"等，似乎为此说法提供了依据。

总之，雍正帝的死因因各种流传而蒙上了神秘的面纱，变得更加扑朔迷离。

### 嫡子即位话道光：爱新觉罗·旻宁入继大统之谜

清宣宗爱新觉罗·旻宁是清代唯一一位以嫡长子身份即位的皇帝。关于清宣宗爱新觉罗·旻宁的继位，史有疑案。

皇帝立储的小金匣，按清朝“家法”应放在乾清宫“正大光明”匾后面。清世宗雍正元年（公元1723年）八月十七日，清仁宗爱新觉罗·颙琰在乾清宫西暖阁，宣布实行“秘密立储”。皇帝立皇太子的御书，悬置于乾清宫“正大光明”匾额之后。在清宣宗爱新觉罗·旻宁之前，宣示传位密旨继位者，只有清高宗爱新觉罗·弘历和清仁宗爱新觉罗·颙琰。清高宗爱新觉罗·弘历内禅皇位给清仁宗爱新觉罗·颙琰，是由清高宗爱新觉罗·弘历亲自开启匣宣谕的。清仁宗爱新觉罗·颙琰在避暑山庄病逝后，本应立即派大臣急驰北京，到乾清宫取下正大光明匾后的秘密立储御书。但是，当时并没有这样做。那么秘密立储御书收藏在何处？据包世臣所撰《戴公（均元）墓碑》文记载当时情状，御书由清仁宗爱新觉罗·颙琰随身携带。戴均元和托津督促内臣翻检皇帝遗物，最后在清仁宗爱新觉罗·颙琰近侍身边的“小金盒”里找到了传位诏书。“匣”没有放在乾清宫“正大光明”匾之后，“匣”开启时也没有储君等在场，这是违背清室“家法”的。于是，有的学者认为：“‘匣’随清仁宗爱新觉罗·颙琰带往避暑山庄的记载，实难征信。”此为历史疑云之一。

清宣宗道光

清仁宗爱新觉罗·颙琰刚断气，总管内务府大臣禧恩，建议由清宣宗爱新觉罗·旻宁继位。清仁宗嘉庆二十五年（公元1820年）七月，禧恩作为内务府大臣，随清仁宗爱新觉罗·颙琰车驾到避暑山庄。《清史稿·宗室禧恩传》记载：“仁宗崩于热河避暑山庄，事出仓促，禧恩以内廷扈从，建议宣宗有定乱勋，当继位。枢臣托津、戴均元等犹豫。禧恩抗论，众不能夺。会得秘匮朱谕，乃偕诸臣，奉宣宗即位。”禧恩的建议没有得到军机大臣托津、戴均元等认同，这说明，奉清宣宗爱新觉罗·

旻宁嗣位一事在当时似曾经过一场激烈的争论。禧恩建议清宣宗爱新觉罗·旻宁继位表明:清仁宗爱新觉罗·颙琰生前并未就嗣位之事在大臣中公布,禧恩建议时也未公启匣。所谓"公启匣,宣示御书"之说,存在矛盾,大可存疑。禧恩只是内务府大臣,按照"家法",他没有资格"建议清宣宗爱新觉罗·旻宁继位",可是他又为什么违背"家法"而这样"建议"呢?此为历史疑云之二。

综上所述可以看出,清宣宗爱新觉罗·旻宁继位,得到以禧恩为代表的宗室之建议和认同,又得到皇太后的中宫懿旨和皇弟瑞亲王爱新觉罗·绵忻的赞同,最主要是有军机大臣等开启匣的御书圣旨。旻宁继位,皇太后与瑞亲王爱新觉罗·绵忻、宗室禧恩、军机大臣等达成共识。但是,在官私记载中,前后矛盾,仍给人们留下重重迷雾。

清仁宗嘉庆二十五年(公元 1802 年)八月廿二日,清仁宗爱新觉罗·颙琰遗体在避暑山庄入殓,由承德运往北京。清宣宗爱新觉罗·旻宁跟随灵柩而行,并已开始处理政务。同年八月廿七日,清宣宗爱新觉罗·旻宁正式即位于太和殿,颁诏天下,成为清朝入关后的第六代皇帝。

## 英年早逝同治帝:死因至今难揭开

同治六岁时登基称帝,同治十二年亲政,但却于同治十三年十二月初五病逝,此时距其亲政日期不到两年。对于同治的死因,朝野上下说法各异,至今仍然是个谜。

清代史料记载,同治死于天花。翁同龢是同治授读师傅,曾多次奉两宫太后之命前往探视。他在日记中记录下了亲眼目睹的同治帝的病情:"十一月初二日,入至内务府大臣处……见御医李德立、庄守和脉按言:天花三日……"又记:"初八日,伏见天颜……花极稠密,目光微露。"就在同治帝病逝当月,慈安太后之女也因患天花而死于宫中,说明当时宫内却是流行天花病毒,同治帝不幸感染,不治身亡。

近来,学者在清代档案中发现了属于清代皇帝脉案档簿的《万岁爷进药用药底簿》,查阅了自同治发病来,召御医李德立、庄守和入宫请脉的脉案、处方及服药记录,肯定同治帝是死于天花无疑。

然而，这些记载只是宫廷里的片面记载，民间的大多传闻却说同治帝是死于梅毒。在一些正规学术著作里都记载着同治帝微服出宫，嬉戏游乐，甚至出入烟馆妓院的故事，如萧一山所著《清代通史》中就有同治因出游而患梅毒终致死亡的记载。

据记载，同治帝十分敬爱端庄娴静的阿鲁特氏皇后，但慈禧太后不喜欢阿鲁特氏。每当皇后见到同治帝笑脸相迎时，慈禧就认为她狐媚惑主，于是限制同治帝宠爱皇后。慈禧特别喜欢侍郎凤秀的女儿，强迫同治宠爱她，想册立其为皇后，但同治帝却不喜欢凤秀的女儿。在生母慈禧的干预下，婚姻不幸福的同治与太监佞臣常常微服外出寻花问柳。起初，人们对他的身份毫无所知，后来知道了也佯装不知，一些王公大臣屡次劝谏也毫无成效。

同治染上梅毒后，开始时毫无察觉，后来脸面、背部显出斑点，才召太医诊治。御医一见大惊，不知如何是好。慈禧却传旨，向外界宣布说皇上只是染上天花。御医们畏惧慈禧，按照出痘的医法开药，没有效果。《翁同龢日记》中也记载："风声过大，且非两宫圣意。"同治日益病重，下部溃烂而死。

## 傀儡光绪帝：密诏与阴谋之辩

清德宗光绪元年（公元1875年）正月二十日，爱新觉罗·载湉正式即位。虽名为皇帝，实为傀儡。光绪临朝亲政后，53岁的慈禧太后权势依旧，一方面限制光绪的权力，另一方面又通过隆裕皇后及太监李莲英等人暗中监视光绪帝载湉的行踪。从即位开始，光绪帝就被慈禧太后所控制，或当作争夺权利的利器，或作为显示威严的权杖。

翁同龢是朝中帝党领袖，是光绪变法维新的主要支持者。然而，在变法开始时，《明定国是》诏颁布的第五天，翁同龢突然被罢职。一些史料分析，翁同龢被逐的原因归结于慈禧，由于他支持光绪变法，慈禧视其为眼中钉，而实际的目的是借放逐翁同龢来扼制变法、迫害光绪皇帝。

而历史学家吴相湘根据《翁同龢日记》得出结论：赶走翁同龢的不是慈禧，而是光绪帝本人。

当时外界传闻翁同龢与李鸿章等人接受俄国贿赂。俄国使臣私下与李鸿章、翁同龢等人密商，答应送每人50万两银子，条件是他们保证中国向俄国借债。翁同龢心存顾忌，没有接受贿赂。但是在舆论的蛊惑下，慈禧和光绪认为翁同龢另有所谋，从此对他不再信任。

翁同龢是光绪帝的老师，光绪皇帝因甲午战败，又有青岛旅大被德俄两国分别强租，迫切感到变法图强的重要性。而翁同龢却墨守成规，这让光绪帝十分不快。翁同龢根据“西法不可不讲，圣贤义理之学尤不可忘”，的基本思想为光绪起草“定国是诏”，结果也没有被通过。

翁同龢的不时“发怒诘责”等迹象让光绪对他渐渐失去了宠信。戊戌年农历四月廿七日，翁同龢正准备入朝，不料被传旨“回籍，以示保全”。翁同龢觉得非常意外，随后等候在光绪退朝时向皇帝叩头，希望自己不被“回籍”。但是光绪并不理睬。据陈夔龙《梦蕉亭杂记》记载，这一谕旨有如“霹雳一声，朝野同为震骇”。

光绪皇帝推行变法、力图振兴，结果却在瀛台被囚。光绪被慈禧幽禁之初，内心充满了愤懑，但最后无奈屈服。

光绪帝在清廷遭受的控制与打击，在精神与意志上受到的压制与摧残，在身心上经受的折磨，让他体弱多病，健康每况愈下。清德宗光绪三十四年（公元1908年）十月廿一日傍晚，38岁的清德宗爱新觉罗·载湉在中南海瀛台涵元殿满含悲愤地离开了人间。凑巧的是，光绪驾崩的第二天，慈禧太后也死在中南海仪鸾殿内。

民间传说是慈禧太后置清德宗爱新觉罗·载湉于死地，与慈禧太后控制下的清王朝黑暗腐败密切相关。也有的史书记载，光绪帝是因病而死的。清德宗爱新觉罗·载湉究竟死于何因，也成了一个谜。

## 第二节　后宫嫔妃玄案

细腰宫里露桃新，脉脉无言度几春。自古以来，帝王的后宫都是是非之地，这里既是三千佳丽云集的温柔之乡，也是胭脂水粉笼罩的血色战场。后宫中那群如花的女子，或许有显赫的家世，或许有绝美的容颜、机巧的智慧。她们为了争夺爱情，争夺荣华富贵，勾心斗角，机关算尽，爱恨情仇错综复杂，演绎出一幕幕血与火的悲剧，滋生出一桩桩荒诞离奇的丑事，既令人叹息，又发人深省。

透视皇宫的一角，在一个千百年来讲究三纲五常的国度里，在封建社会君临天下的制度严苛下，后宫女子的骄傲和心酸又怎能用一纸笔墨说得清楚？性本柔弱的女子，究竟如何一步步爬上权力的巅峰？又如何在深宫中度过她们的一生？当绝世恩宠忽然断绝，无数个如歌的青春，在万丈深宫中，又该以怎样的方式度过那些漫漫长夜？

本节展示了中国封建帝王的后宫别院之内幕，涤扫尘封千年的皇家秘史，揭示宫闱之争的残酷无情，玩味古代帝王的香艳情事。幽幽后宫深处，抒写了古代帝王以及后宫嫔妃鲜为人知的故事，再现后宫成就的专属女人的历史。

## 汉宫之争：吕后与戚夫人的争风风波

吕后是刘邦的正妻，名雉，字娥姁。在中国众多的皇后中，吕后算是心毒手狠、仍有心计的一个女人。在未娶吕后之前的刘邦生性顽劣，然而吕雉的父亲觉得刘邦相貌不俗，有将王之相，将来必成大器，于是将吕雉嫁给刘邦。当时乡亲们都嘲笑吕雉的父亲嫁女行为很愚蠢，等刘邦后来做了皇帝，村人才知道吕父的眼光是如何厉害。结发妻子吕雉给刘邦生了一儿一女，除了惠帝刘盈，还有鲁元公主。

吕雉好争风吃醋，在当了皇后以后做了许多狠毒的事情，把戚夫人制成“人彘”的事件，成就了她中国历史上最毒“毒妇”的骂名。

戚夫人是刘邦在与项羽争夺江山期间得到的宠妃。吕雉嫁给刘邦时已25岁，这在当时更属于“大龄”，而戚夫人是18岁，是中国历史上有名的美女之一。年龄上的差距让吕雉觉得自己年老色衰敌不过戚夫人。于是，两人分别当了刘邦的皇后和宠妃后，就开始明争暗斗起来。最初戚夫人占上风，戚夫人长得漂亮，善歌舞，备受刘邦宠爱。刘邦每次外出都由戚夫人陪侍，而把吕后丢在后宫。渐渐地，刘邦与吕后之间的情感就疏远起来。

在立太子事件上，刘邦本来已定下吕后生的儿子刘盈为太子，戚夫人却希望让自己10岁的儿子如意继位。刘邦不看好刘盈，觉得性格不像自己，而如意却很聪明，有自己年轻时的样子。后来，戚夫人又多次向刘邦提出立自己儿子为太子的事情，但年老的刘邦心有余而力不足了，在吕后的精心策划下，太子刘盈的势力已形成。年幼的如意被迫离开京城到三千里外的封地为王。

汉高祖刘邦死后，刘盈继位，史称惠帝。贵为太后的吕雉“恶毒妇人心”显露了出来。她第一件事情是把“情敌”戚夫人罚为奴隶，让人用钳子把她的一头秀发统统拔光，罚她去舂米劳动，限每天要舂一石，如果少半升则要打她一百棍。据《汉书》记载，自知命运不济的戚夫人悲从心中来：“子为王，母为虏，终日舂，薄暮常与死相伍，相隔三千里，谁当使告汝？”

吕后闻讯，又心生毒计，把戚夫人的儿子如意诱进京城，暗地把他毒死了。但就这样还不解恨，吕雉最后用“人彘”之刑把戚夫人活活给弄死了。后来刘盈在一间厕所里见到一具残缺不全、惨不忍睹的肢体，便问太监这是什么，一听是戚夫人，也差点被吓晕了。原来，吕雉对戚夫人下了毒手，施了酷刑后，又给她硬灌了药，让她听不见，不能语，半死不活地扔到了厕所里。

## 女人善妒：王娡、栗姬争宠玩心计

王娡和栗姬都是西汉景帝刘启的妃子，但两人的地位却有很大不同，当时栗姬的地位要比王娡高。栗姬貌美如花，景帝对她宠爱有加，她的儿子刘荣也被立为太子。而王娡的儿子刘彘（刘彻）当时仅仅是个胶东王。所以，王娡在和栗姬的较量中，一开始就处于不利地位，然而，这位外表谦和的女人却一步步登上了皇后的宝座，并让其子取代太子刘荣最终成为皇帝。

栗姬是齐国人，天生丽质，但心骄气傲，心胸过于狭窄。在争权夺利、钩心斗角的复杂后宫之中，难免遭人嫉恨。

王娡也是出身名门之后，最初嫁给金王孙为妻，后来被生母送进了太子宫。不久，王娡就得到了太子刘启的宠爱，被封为汉宫的“王美人”。

王美人入宫后给刘启生下4个孩子，分别被封为平阳公主、南宫公主和隆虑公主，而龙胎就是后来威名远播的汉武帝刘彻。刘彻生于长安未央宫的猗兰殿，初名刘彘。刘彘从小聪明过人,很讨景帝的欢心。

景帝的皇后薄氏没有儿子,所以在刘彻4岁的时候,栗姬的大儿子刘荣被立为太子,刘彻被封为胶东王。

王美人在太子宫内深得宠爱,过着穿金戴银、吃穿不愁的生活,原本她已经很满足了。但随着刘启登上皇位,对着后宫争相献宠的佳丽,她满足的心底也渐渐生出了一丝盼望。

王美人自从生了刘彘之后,更加谦恭温顺,广结善缘,处处小心谨慎,从不把内心的得意写在脸上。景帝登基第二年的秋天,匈奴遣使和亲,景帝只好与妃嫔们商议,从自己的女儿中选出一位嫁到匈奴和亲。嫔妃们自然舍不得自己的女儿远嫁到偏远的大漠,只有王美人表示愿意让自己所生的南宫公主与隆虑公主前去和亲。王美人深明大义的举动让景帝对其更加宠爱。

窦太后的爱女馆陶长公主是个相当有分量的人物。长公主想把自己的女儿陈阿娇许给太子刘荣,于是派人向刘荣的母亲栗姬提亲。可是,窦太后宠爱长公主早就让栗姬嫉妒眼红,于是栗姬一口回绝了这门亲事。长公主遂与栗妃结下冤仇,心存报复之念。

此时的王美人很善于把握时机,她趁长公主向栗妃求亲未果恼羞成怒之际主动示好。长公主转念把自己的女儿嫁给了王娡的儿子刘彘,精于世故的王美人自然不会放弃这个机会,欣然接受了长公主的提亲。这样既替馆陶长公主挽回了面子,又替自己的儿子找到了一个政治靠山。

后来,长公主经常向景帝进谗,诬陷栗姬,说栗妃崇信邪术,没有容人之量,日夜诅咒其他妃嫔,景帝听后对栗妃厌恶起来。有一天,景帝对栗妃说:"我百年后,后宫诸妃皆已生子,你应善待她们,千万别忘记了。"谁知栗妃脸有怒色,不发一言。待了多时,仍然无语。景帝不禁暗中叹气,便决意废去栗妃。

此后,长公主每每趁与景帝闲聊的机会就不停地夸奖刘彻如何聪毅仁孝,若立为太子必能继承大统。景帝也有点儿动了心,但决心还没有下定。王美人知道景帝这时候正在生栗妃的气,于是暗地里派人指示大行(礼官)上奏景帝说:"子以母贵，母以子贵，今太子母无号，宜立为皇后。”正在气头上的景帝被这不合时宜的话一激，不但诛杀了大行，而且废太子刘荣为临江王。栗妃从此彻底失宠，被贬入冷宫，不久因怨愤一病而亡。

得宠的王娡顺理成章被立为皇后，她的儿子刘彻被立为太子，兄长王信被封为盖侯。自此，这场双方实力悬殊的后宫争斗以强者栗姬母子的败亡、弱者王娡的胜利而告终。

## 一代女皇武则天：杀女夺后，妇人心毒

从感业寺入宫后的武则天很感激王皇后的照顾，对王皇后非常尊敬，侍奉得也很周到，这使高宗很高兴。很快武则天从嫔妃地位升到了昭仪。

武则天进宫之后，前后为高宗生了四男二女，可见武则天的受宠程度是其他嫔妃所无法相比的，这连主张让他进宫的王皇后也没有料到。

武则天

武则天的目标是皇后。她在地位稳固之后，便开始在后宫里想方设法笼络太监、宫女，特别是和皇后、萧淑妃关系不好的人，她总要设法接近拉拢，给予一些小恩小惠，让她们注意监视皇后和淑妃的行动。武则天先是联合王皇后打击萧淑妃，等高宗把萧淑妃废成庶人后，武则天便开始对王皇后下了手。

武则天生下的第二胎是个女孩儿，但武则天为了皇后之位，竟对亲生女儿下了毒手。

655 年的一天，在王皇后看过小公主后，公主却离奇暴毙。所有的证据都直指王皇后，最后李治以“请道士作法诅咒武媚”的罪名将王皇后废为庶人，并加囚禁。七天以后，唐高宗再次下诏，将武则天立为皇后。与此同时，又将极力反对她做皇后的宰相褚遂良贬为谭州即现在湖南长沙任都督。武则天在牺牲一个女儿后，成

功地坐上了皇后的宝座。

武则天对王皇后、萧淑妃也没有放过,将二人各打了一百杖,然后残忍地砍去双脚折磨至死。

随后成为皇后的武则天对那些阻碍自己向权力靠近的人施加报复,先要清除仍有威胁的长孙无忌。她指使许敬宗等人捏造罪名制造朋党案,然后将长孙无忌牵连进去,把他流放外地,后来许敬宗又逼长孙无忌自尽。

长孙无忌死后,武则天将于志宁、韩瑗、来济等人削职免官,贬出京师。至此,反对武则天的大臣都被或贬或杀,武则天在朝中的实力大增。

高宗因为不满武则天的专断,就和宰相上官仪商量废掉武则天的皇后,上官仪答应起草诏书。武则天得知消息后,就软硬兼施,把责任全推到了上官仪的身上,可怜的上官仪糊里糊涂做了昏庸皇帝的替罪羊。武则天又让许敬宗捏造上官仪和已经被废的太子李忠图谋反叛,将上官仪父子处死。

从此之后,李治再也没有动过废后的念头,反而把自己的权力都交给了武则天。武则天真正掌握了全部大权,李治每次上朝理事时,武则天隐身其后,从此,"二圣临朝"的时代开始了。

## 壬寅宫变:乾清宫里的骇人之举

明朝皇帝的寝宫是紫禁城内的乾清宫。嘉靖年间,乾清宫暖阁特殊的空间设置增强了皇上的安全性。然而,那些守在皇帝身边的宫女却干出了惊天动地的大事,这就是历史上的"壬寅宫变"。

"壬寅宫变"发生在嘉靖壬寅年(嘉靖二十一年,公元 1542 年)。当时史料曾有如下记载:

嘉靖二十一年十月廿一日凌晨,十几个宫女决定趁朱厚熜熟睡时把他勒死。先是杨玉香把一条粗绳递给苏川药,这条粗绳是用从仪仗上取下来的丝花绳搓成的,川药又将拴绳套递给杨金英。邢翠莲把黄绫抹布递给姚淑皋,姚淑皋蒙住朱厚熜的脸,紧紧地掐住他的脖子。邢翠莲按住他的前胸,王槐香按住他的上身,苏川药和关梅秀分把左右手。刘妙莲、陈菊花分别按着两腿。待杨金英拴上绳套,姚淑皋和关梅秀两人便用力去拉绳套。眼看她们就要得手,绳套却被杨金英拴成了死结,最终才没有将这位万岁爷送上绝路。宫女张金莲见势不好,连忙跑出去报告方皇后。前来解救的方皇后也被姚淑皋打了一拳。王秀兰叫陈菊花吹灭灯,后来又被总牌陈芙蓉点上了,徐秋花、郑金香又把灯扑灭。这时管事的被陈芙蓉叫来了,这些宫女才被捉住。朱厚熜虽没有被勒断气,但由于惊吓过度,一直昏迷着,好久才醒来。

事后,司礼监对她们进行了多次的严刑拷打、逼供,但供招均与杨金英相同。最终司礼监得出:“杨金英等同谋弑逆。张金莲、徐秋花等将灯扑灭,都参与其中,一并处罚。”

从司礼监的题本中可知,朱厚熜后来下了道圣旨:“这群逆婢,并曹氏、王氏合谋弑于卧所,凶恶悖乱,罪及当死,你们既已打问明白,不分首从,都依律凌迟处死。其族属,如参与其中,逐一查出,着锦衣卫拿送法司,依律处决,没收其财产,收入国库。陈芙蓉虽系逆婢,阻拦免究。钦此钦遵。”刑部等衙门领了皇命,就赶紧去执行了。有个回奏记录了后来的回执情况:“臣等奉了圣旨,随即会同锦衣卫掌卫事、左都督陈寅等,捆绑案犯赴市曹,依律将其一一凌迟处死,尸枭首示众,并将黄花绳黄绫抹布封收官库。然后继续捉拿各犯亲属,到时均依法处决。”圣旨中提到了曹氏、王氏,曹氏、王氏是谁呢?据人考证,她们是宁嫔王氏和端妃曹氏,因此,有人根据这道圣旨得出结论,是曹氏、王氏指使发动了这场宫廷政变。

然而有人则认为不然,认为如果主谋是曹氏和王氏,那么史料上应该记载宁嫔王氏和端妃曹氏的情况,而在以上所述的行刑过程当中,却从未见到过对曹氏和王氏的处置的描述,因此主谋是谁尚不能断定。

“深闺燕闲,不过衔昭阳日影之怨”,是明末历史家谈迁对此案的看法,但事实究竟如何,无人知晓,因此此事又成为一桩宫闱之谜。

## 权倾后宫:赵氏姐妹同侍汉成帝之谜

赵飞燕本是阳阿公主府邸的一位舞女,汉成帝刘骜在一次微服出游之际,在与阳阿公主的宴席上初次见识了这位美人的风采。

在用歌舞给酒宴助兴时，汉成帝从舞女群中看到了一个与众不同的窈窕美人。不但舞姿宛若天外飞仙，容貌更是艳质卓绝。刘骜不禁为之心动，宴席之后便将赵飞燕带回了皇宫，不久升为“婕好”，爵比列侯。

赵飞燕如同一只轻捷的燕子飞入了汉宫，使汉成帝身边所有的女姬男宠都失去了颜色。由于赵飞燕的获宠，赵氏一门大得荣光。然而，在外戚势力逐渐膨胀的西汉中后期，勋戚霍氏、许氏、王氏等先后秉掌朝政，人少族微的赵氏根本无法与之相比。因而，飞燕的后宫专宠并没有对朝政产生多大影响。入宫不久，她又把妹妹赵合德推荐给汉成帝，通过妹妹并宠做保障，弥补家族势力的不足。

赵合德不仅姿容出色，而且性情温柔，她不同于姐姐赵飞燕的飘然若仙，而是体态盈满丰润，肌肤胜雪，别有一番韵味。汉成帝又渐渐把心思移到她身上。赵合德入宫数日，也被封为婕好。

这样两姐妹轮流承欢侍宴。原先被皇帝宠爱有加的许皇后与班婕好，此时备受冷落。

赵氏姐妹大为得宠，野心也就随之水涨船高，不再满足于仅仅是宠妃的地位，又盯上了皇后的宝座。这时，汉成帝的许皇后已经失宠多年，满腹怨恨，就和姐姐许谒一起请巫祝设坛祈禳，企盼皇帝回心转意。赵氏姐妹本来就关注着皇后的一举一动，知道了这件事，当然不肯放过，就在皇帝和太后面前诬告许皇后阴谋用“巫蛊”来加害皇帝。许皇后背上这个罪名，不久被废，最后自杀而死。

赵氏姐妹还想把班婕好也牵连进来。但班婕好是有名的贤德才女，汉成帝不相信她会参加这种事情，就亲自前去讯问。班婕好从容地回答：“这样的事，妾非但不敢为，也是不屑为。”成帝听她说得坦白，不仅没有治她的罪，还赐给她黄金百斤。之后班婕好主动要求到长信宫侍奉太后，远离是非之地，以求避祸，在闲暇时作诗赋以自伤悼。班婕好在移居长信宫之后，就再也没有见过汉成帝，直到汉成帝死后，才以先帝嫔妃的身份前往守陵，5年后郁郁而终。

永始元年，赵飞燕终于被册立为皇后，赵合德也被封为昭仪，两人并得宠幸，同侍汉成帝一人，权倾后宫，共荣共宠近10年。

## 贞观嫔妃徐惠：为何为“情敌”武则天牵线搭桥

唐朝贞观年间的后宫有一位不仅不争宠夺爱，反而为情敌走上龙床牵线搭桥的后宫嫔妃，她就是曾名动江南的一代才女的徐惠，而那位情敌则是一代女皇武则天。

徐惠生于浙江湖州，自幼聪慧过人，4岁熟读《四书》《五经》，8岁出口成诗，而且辞致清丽，颇有水准。从此，徐惠的才气和名气一传十、十传百，直至传进皇宫。李世民一道圣旨召为才人，将一代才女揽入怀中。这时的徐惠才不过11岁。

入宫后，宫中的藏书让求知欲极旺的徐惠得以机会遍览群书，拥有了更高的才学和见识。看到徐惠如此好学，李世民十分高兴，不久就把她由最末等的才人晋迁为九嫔中的第八级充容。而徐惠也给李世民带来了许多的快乐。有一次，李世民派人叫徐惠来见自己，结果徐惠迟迟不来，令皇帝大为不悦。当徐惠姗姗而来的时候，马上发现了丈夫的不快，但她只是嫣然一笑，挥笔写了一首诗给丈夫消气。李世民读完之后，哈哈大笑，怒气一下子全消失了。

除文学造诣外，徐惠在政事上也颇有眼光。李世民统治后期好大喜功，多次兴兵攻打高丽，劳民伤财，民间因此怨声载道。徐惠多次想劝谏他，都忍住了，后来终于在贞观二十二年的时候再也看不下去，就认真写了一份奏疏交给李世民，明确指出“地广者，非长安之术；人劳者，为易乱之符”。希望李世民能够多加节俭，休兵罢战，还百姓以安宁。李世民读完后有所省悟，对徐惠重重奖赏了一番。

徐惠对李世民无疑是倾心相随，然而，徐惠对李世民的挚爱有时达到过火的程度，尤其在李世民对待后宫嫔妃的宠幸上，徐惠更是展现出她虚怀若谷的雍容大度。武则天之所以能走上李世民的龙床，就是由于徐惠的牵线搭桥。

武则天是与徐惠同时进宫的宫女，当徐惠被御封为才人的时候，武则天还没有见到李世民。机敏过人的武则天便想了个主意，她要和徐惠拜姐妹，通过徐惠来接近李世民。

于是，武则天千方百计讨好徐惠，常常以向徐惠请教问题为由到她的卧房。这样一来二去，两人就熟悉了。武则天见时机已成熟，便向徐惠提出拜姐妹之事，徐惠不假思索慨然答应。当天晚上，两人燃香结拜，并互立誓言，如果双方谁先被皇上宠幸，谁就提携对方，使两人同时在皇帝身边，互相照应，永远不分离。

后来，徐惠在为李世民侍寝时，就有意为武则天牵线搭桥。李世民当然十分相信这位江南才女推荐的人选，便同意让武则天侍寝一夜。就这样，武则天得以顺利走上李世民的寝宫。

### 人间尤物萧皇后：历经五位君王的传奇人生

萧皇后是一位传奇女子。她自 13 岁做了晋王妃后，便开始身不由己地更换着自己的身份。最初成为隋炀帝杨广的皇后，后来做了护卫校尉宇文化及的淑妃。命运辗转中又做了窦建德的小妾，以及两代突厥藩王的妃子，最后又被封为唐太宗李世民的昭容，历经五位君王的经历可谓前无古人。

萧皇后是南朝梁明帝的女儿，天生丽质，娇媚迷人。她出生时，当时著名的占卜奇人袁天纲曾为她的相貌而惊奇不已，仔细推算了她的生辰八字，最后得出了八个字的结论——“母仪天下，命带桃花。”而萧皇后以后的人生经历似乎也恰好印证了这八个字。

萧皇后 9 岁被选入宫，因为当时年纪小，接入宫中后并未与杨广马上成婚，而是读书、作文、绘画、弹筝。在开皇十三年杨广入朝时，他和萧氏女完成了婚事。此时杨广 25 岁，新娘萧氏女 13 岁。

太子杨广即位为隋炀帝，萧妃自然也就升为了皇后，这时杨广是 36 岁，萧皇后 24 岁。

登上皇位的隋炀帝，仍然未改贪欢好色的本性，从萧皇后转移到了宣华夫人身上，之后又一心征选新的美女入宫。然而这一切萧皇后都视若无睹，采取了忍让大度的举措以求保全自己。

她曾做了一篇“述志赋”，婉转地劝规皇夫有所节制、用心国政，但却毫无效果可言。

海山殿的护卫校尉宇文化及年轻英俊，早就被这位美丽而孤独的皇后迷住了，但碍于她的身份，不敢妄动。此时已年过 30 的萧皇后遇上宇文化及，霎时撞出了闪亮的火花。后来在隋炀帝开凿江南运河期间，天下大乱。太原留守李渊攻下长安；宇文化及与兄长宇文智及在扬州起兵造反，率兵进入离宫，缢杀了隋炀帝。萧皇后无可奈何地成了宇文化及的偏房。

宇文化及醉心于美人萧皇后的缠绵之中，暂时忘了自己的政治扩张。这时，在中原一带起兵的窦建德直通江都，宇文化及抵挡不及，带着萧皇后退守魏县，并自立为许帝，改称萧皇后为淑妃。而窦建德率军一路追击，最后竟杀死了宇文化及。

取得暂时胜利的窦建德又被萧皇后的美艳姿容和高贵气质迷住了，收她为妾，在乐寿地方纵情于声色。这时北方突厥势力迅猛，大有直逼中原之势。原来远嫁给突厥可汗和亲的隋炀帝的妹妹、萧皇后的小姑义成公主，打听到萧皇后的下落，就派使者来到乐寿迎接萧皇后，窦建德不敢与突厥人正面对抗，只好乖乖地把萧皇后及皇族的人交给来使。中原的混战，丈夫及情人的相继惨死已伤透了萧皇后的心，她也愿意远走大漠，来平复自己的情绪。

突厥可汗见到萧皇后的风采，顿感天下之美都集于此女一身，当天夜里蒙古包中春情洋溢，无可奈何中，萧氏便由隋天子的皇后变成了突厥番王的爱妃。后来，番王死了，由颉利可汗继位，于是义成公主与萧皇后姑嫂两人又成了新任番王的王妃。

十年后，唐朝大将李靖大破突厥，索回了萧皇后。这时萧皇后已是 48 岁。萧皇后入朝时，李世民见她美眸流盼，仪态万千，完全没有按年龄而应有的老态，不禁为之心旌摇曳，心生爱怜。不久，萧皇后被唐太宗封为昭容，成了大唐天子的爱姬。

在一次盛大的宴会上，唐太宗面对奢华的场面问身旁的萧昭容："卿以为眼前场面与隋宫相比如何?"萧昭容平静地说道："陛下乃开基立业的君王，何必要与亡国之君相比呢?"唐太宗立即明白了她话中的含义，深为她的明晓事理和言语得体而折服，对她愈加敬重和疼爱。

萧皇后在唐宫中度过了 18 个平静的岁月，67 岁时溘然而逝。李世民以皇后礼仪将萧皇后葬于杨广之陵，上谥愍皇后。

## 宋仁宗皇后郭氏：暴卒成永久的疑问

宋仁宗赵祯的皇后郭氏是临朝主政的刘太后（刘娥）册立为后的。被立为皇后之后，郭氏严密监视宋仁宗的行踪，使他不得亲近其他宫女妃嫔，宋仁宗心中十分愤怒，却不敢明言。

后宫中，仁宗比较宠爱尚美人和杨美人，而郭皇后却不时与她们争风吃醋。一次，郭后与尚氏同在仁宗前侍谈，没说几句，又起口角。尚氏恃宠不肯相让，并当着仁宗的面讥刺郭后，郭后气愤之极挥手打尚氏的面颊。仁宗起座拦阻，不料郭后一巴掌正打在仁宗颈脖之上，掐成两道血痕。仁宗一怒之下决定废掉郭后。

宰相吕夷简与郭皇后有隙，听说郭皇后误打宋仁宗之事，便让谏官范讽趁机进言："后立已有九年，尚无子，义当废。"吕夷简则在一旁随声附和。宋仁宗在吕夷简的游说之下，定下了废后决心。明道二年（1033年），宋仁宗颁下了诏书，说："皇后以无子愿入道观，特封其为净妃、玉京冲妙仙师，赐名清悟，别居长宁宫以养。"

郭皇后被废之后，尚、杨二美人越发得宠。真宗时的杨淑妃与内侍阎文应轮流劝说仁宗，贬逐二美人以保重龙体，于是二美人被送出后宫。次日传出诏旨：尚、杨两美人出家。九月，立大将曹彬的孙女为皇后。

后来仁宗游览御花园，见到郭后原来乘过的轿子，触景生情，黯然泪下，对废后之举颇有悔意，于是又派人告之有重召郭后回宫之意。郭氏一想到被废时的情景，顿感万分屈辱，表示若再受召回宫，必得百官立班受册方可。吕夷简、阎文应听到此消息大为吃惊，两人在仁宗面前说过郭后的许多坏话，担心郭后回宫将对自己不利。恰好郭氏得病，仁宗派阎文应带太医前去诊治，几天后，郭氏暴卒。

郭后的暴卒，当时就引起不少传言。有人怀疑是吕夷简、阎文应所害，认为二人力主废后，与郭后已势不两立，而仁宗欲召郭后回宫复位，这必定造成二人心理上的恐慌，从而采取措施将郭后害死。还有消息说，阎文应在带太医诊治郭后的过程中，故意用药引发其病，使其病体加重而亡或说是阎文应趁机进毒，致郭氏暴亡。甚至有人传言，郭后在病体加重时，阎文应就向仁宗报告郭氏病亡的消息，然后急忙用棺木收敛。当时有谏官王尧臣等人对此反常现象提出疑问，要求重新察验郭后的病历起居记录,但仁宗不同意,最后只得不了了之。

史载,仁宗得知郭氏病亡,“深悼之,追复皇后”,却不加谥号,也不行附庙之礼,只葬于佛舍。至此,郭皇后之死成了一个永久的疑问。

## 明末移宫奇案:李选侍抗群臣“长住”乾清宫

明熹宗皇帝朱由校即位不久,发生了史上著名的移宫案。移宫案是由光宗朱常洛原来四个选侍之一李选侍引起的。

李选侍本是郑贵妃的人,郑贵妃为了讨好朱常洛送给他,并让李选侍抚养朱常洛的长子朱由校。

明神宗时,郑贵妃以侍奉明神宗朱翊为由搬进了乾清宫,而朱常洛即位后,本应搬出乾清宫的郑贵妃依然要在乾清宫居住不肯搬走,朱常洛只好住进太子宫慈庆宫内。后来不得已郑贵妃搬出乾清宫后,李选侍又随朱常洛住进了乾清宫。在光宗正妃郭妃病死、明熹宗即位时,因皇后之位空缺,李选侍就想趁此争得太后。

明光宗因服用红丸而驾崩后,身居乾清宫的李选侍得到消息后,为了控制朱由校,就要挟群臣答应封自己为皇后。大臣们都明知李选侍的用意,纷纷表示反对。在群臣的秘密谋划下,皇长子朱由校出宫至文华殿,群臣请朱由校即日登基。李选侍见控制不住皇长子朱由校,心有不甘,便以先帝有嘱为由赖在乾清宫不走。

大臣们催李选侍移宫的奏折不断,虽然李选侍声明自己受明光宗的嘱托由自己辅助朱由校,但仍无济于事。

在朱由校登基的前一天,诸臣齐聚在乾清宫外,声讨让李选侍搬出乾清宫。无可奈何的李选侍见状,只得灰溜溜地搬出宫。

然而,搬出乾清宫的李选侍并未善罢甘休,她派人四处散布谣言说,自己被大臣所逼自缢。刑部御史入宫探寻实情后,立即将情况上疏皇帝。明熹宗听说后,为了不让事情进一步扩大,就列举了李选侍的数种罪状。后经大臣杨涟上疏,指明了李选侍被逼自缢纯属谣言。上疏称,明光宗驾崩后,李选侍别有用心,想让皇帝立自己为后,并阻止群臣见皇长子的要求,居住在乾清宫不肯搬出,还揭发了她诸如谩骂大臣等罪状。

明熹宗得知移宫始末,立即免去了李选侍的封号。至此,移宫风波才告结束。

后人在评说移宫案这一事件时,认为李选侍其实是与郑贵妃集团相勾结的,真正的幕后主使是郑贵妃,而非只是李选侍单独对抗朝廷的举动。可见,移宫案背后迷雾重重。

## 第三节　太子公主秘案

绿釉翘角,金檐阁楼,深陷于其中,唯有压抑、彷徨与恐惧,因为里面充斥着太多的权力与欲望,里面有着太多的无奈和束缚。皇室家族的庞大,必定有着嫡亲庶子之间不同的血脉,而不同的血脉也自然产生不平衡的地位、身份和权力。因此,皇宫里的生活就如同一盘棋局,每个人都是棋盘上的一个棋子。一宫一殿,是棋盘上的权势棋格;一人一事,是左右交错的生死棋线。而深陷棋局中的人,却常常因为各种原因而孑然不知,只是被动地入局接受任人摆布的一切。

身为皇族的太子和公主们,依然摆脱不了"棋子"的命运。尽管他们生在帝王之家,有着锦衣玉食的优越,享受荣华富贵的福禄,却依然生活得苦闷、抑郁,因为在至高无上的封建王权之下,纵使皇亲国戚甚至是皇上的儿子、女儿,也不过是权力斗争的牺牲品。

"最恨生在帝王家",是无数皇室儿孙无奈的慨叹。父不父,子不子,兄不兄,弟不弟,谁能说这不是生于帝王之家的悲剧!从掌上明珠的娇宠,到被贬他乡、赴远和亲;从出生皇族口含金,到剃度出家入佛门,帝王之家的子孙们在无奈与愤恨中不停地转换着角色,而其中的冷暖苦乐也唯有自知。

本节揭晓宫廷皇子和公主们的秘事,渴望自由,呼唤亲情、爱情,渴盼温暖,成为这些皇家儿孙不愿生在帝王家的最有力的理由。或许他们正盼望来世愿意身为一介平民,平生所求唯有自由与自在、笑揽风月、卧看红尘,才是真正的快乐。

### 春秋晋国太子案:骊姬作乱太子亡

骊姬是春秋时代骊戎首领的女儿,晋献公姬诡诸的王妃。骊姬貌美如花,工于心计，以美色取得了晋献公的专宠，后逐步博得晋献公的信任，参与朝政。

晋献公当太子的时候，有一妻两妾，妻未生育即病死，两妾各生一子夷吾（晋惠公）、重耳（晋文公）。但晋献公最宠爱的却是他父亲的小妾齐姜。两人乱伦生子申生。晋献公即位后立齐姜为夫人，申生为太子。后来，骊姬生了一个儿子名奚齐。少姬也生了一个儿子名卓子。从此，骊姬设谋展开一系列活动，排挤晋献公另外的几个儿子。

骊姬先从太子申生下手。她买通晋大夫梁五和关东五，让他们对晋献公说："曲沃（今山西省闻喜县东北）是晋国祖庙所在，最好派太子申生去镇守，蒲城和南北屈是边防要塞，最好派公子重耳、夷吾分别防守。"献公中计，只留下奚齐与卓子二人在身边，以伺机废立。史称"二五害晋"。

献公向骊姬表示欲废太子，以奚齐代之，而骊姬却哭着说："太子之立，诸侯皆已知之，而数将兵，百姓附之，奈何以贱妾之故废嫡立庶？君必行之，妾自杀也。"她在表面上为太子申生说好话，背后却指使人到普献公面前给申生进谗言，逐渐离间他们父子之间的感情。

骊姬觉得时机成熟以后，便迂回地采取行动。她假托献公梦见了申生故去的母亲，让申生赶快回曲沃的祖庙去祭祀。申生祭祀以后，把祭祀用过的酒肉礼品进奉给献公。献公当时在外游猎未归，骊姬就把酒肉留在宫中，在里边下了毒药。献公回来以后，骊姬直接把罪名加在太子申生头上。晋献公信以为真。在此情势下，申生不敢去自白，只好逃往外地。晋献公得知申生出奔，更是怒不可遏，将太子之傅杜原款处死。又派二五率兵去捉拿申生，申生身被恶名，无法洗雪，自缢而死。

骊姬随后将矛头指向二公子。此时，公子重耳、公子夷吾正在绛都。骊姬在晋献公面前进谗言，说他二人也知道太子的阴谋。两人听说后，急忙逃回自己的封地，重耳逃到了蒲城，夷吾逃到了屈城，各自促城自守。献公见二人不辞而别，以为他们果真参与太子申生的"阴谋"，不久就派兵去讨伐。

晋献公派寺人披去攻打蒲城。重耳逃亡到了狄国。鲁僖公六年春天，晋献公派贾华去攻打屈城。夷吾坚守不住，准备逃往狄国，但在却芮的劝说下去了梁国。

这次事件的结果，是晋献公立奚齐为太子，骊姬的目的总算达到。但没过几年，晋献公病危，临终前托孤于荀息，嘱他拥立奚齐为晋国国君。晋献公一死，大夫里克、邳郑发动三公子的党羽作乱，奚齐被里克等杀死，荀息又立卓子为君，也被里克杀死，二五也皆被杀死。骊姬见大势已去，投井自杀。

公元前650年，里克迎立逃跑的公子夷吾回国即君位，为晋惠公。后来，一直到重耳重返晋国执掌大权。

## 秦始皇子女考证：秦二世胡亥残害手足

秦始皇有多少子女，秦始皇死后这些子女下落如何，几千年来，一直没有人能说清楚。见于史书有名可考的秦始皇子女只有长子扶苏，少子胡亥、公子高、公子将闾四人。有史书说秦始皇有12个儿子，史书中还有秦始皇第10个女儿被杀的记载。

据专家考证，秦始皇共有子女33人。秦始皇的子女，除胡亥在赵高、李斯合谋下篡得皇位做了秦二世，其余32人皆死于非命。长子扶苏被篡改的遗诏赐死，胡亥称帝后，怕其兄长不满而残酷杀戮他们。史书记载的有，将“六公子戮死于杜”，将十二公子杀戮于咸阳市。公子高准备逃跑，又恐家属被诛，只好上书，请求为秦始皇殉葬，胡亥准其请求，公子将闾昆弟3人被迫拔剑自刎。胡亥不仅处死了他所有的哥哥，对其姐妹也不放过。史书记载，胡亥将“十公主戮死于杜”。就这样，胡亥为保住自己的皇位，残酷地杀害了自己众多的兄长姐妹。

近年来，秦陵考古的新发现，为我们提供了这方面的线索。1976午10月，在秦陵东侧上焦村附近发现了一组陪葬墓群，共17座，考古工作者发掘了其中8座。其中7座墓中各有人骨一具，5男2女。一座墓中，棺内只有一把青铜剑，未有人骨。令人不可思议的是，棺中尸骨非常零乱，有的躯体与四肢相分离，有的头骨与躯干相分离，有的头骨上有箭头，这些现象表明墓主系非正常死亡。墓中的随葬品非常丰富，计有金、银、铜、铁、陶、玉、蚌、贝、骨、漆器及丝绸残片二百余件，这种规格说明墓主人是有一定身份的。这些有一定身份而又遭到残酷杀害的墓主都葬在陵园附近，说明他们必然与陵园陪葬有关。这就使人自然联想到被残酷杀害的秦始皇子女。

在发掘过程中,人们在墓坑里还发现了挖墓人烤火的遗迹。这说明当时天气很冷,这与胡亥诛杀诸公子的时令相吻合。因此,专家分析,这些墓葬的主人很可能是秦始皇的儿女。在发掘中还发现了两枚私印:一枚“荣禄”,出土于男性墓中;一枚印文为“阳滋”,出土于女性墓中。由此推断,“荣禄”是秦始皇儿子的名字,“阳滋”是秦始皇女儿的名字。随着探索的深入,人们将取得更多的证据,秦始皇子女下落之谜有可能被彻底解开。

## 后赵石氏皇族太子案:灭绝人性的骨肉残杀

十六国中的后赵是羯族人石勒建立的政权。后赵第三代君主石虎是石勒的侄子。石勒亲自到当时有名望的将军郭荣家说媒,让郭荣的妹妹与石虎结为伉俪。但是,石虎不喜欢郭氏,反而对宠姬郑樱桃宠爱有加,两人便密谋把郭氏害死。很快,石虎又陆续娶了名门望族郑氏和杜氏家的女子为妻,郑氏生了儿子石邃、石遵,杜氏生了儿子石宣、石韬。

后赵延熙三年(公元334年)十月,石虎自称赵天王,改元建武,立儿子石邃为太子,把石弘废为海阳王。

太子石邃是个酒鬼暴徒,不喜欢过问政事,胡作非为。有时外出打猎几天不归;有时半夜闯进私宅奸淫人家妻妾;有时竟然兽性大发,酒席筵上将宫中美女的头砍下来,洗去血痕,放在漆盘里遍席传阅,观赏评论。石邃曾挑选美貌尼姑拉入宫中,玩够了杀死,将尸体肢解以后与牛羊肉混在一起煮着吃,或者盛在盘里遍赐左右佞臣,让他们分辨哪是人肉、哪是牛羊肉。

河间公石宣、乐安公石韬都是石邃的弟弟,石邃因为失宠而怨恨,一直想把这两个弟弟除掉。为了巩固自己的太子地位,石邃想讨石虎的欢心,暴躁的石虎对此反应漠然。石邃以太子身份总理一应政务,将大小事一律上奏石虎,石虎怒喝:“这些小事,也要进呈?”石邃于是不进奏小事,石虎又呵斥:“朝中小事,如何不进奏?”

受尽了石虎虐待的石邃自然对这个残暴的父亲恨之入骨。于是动员侍从密谋逆反,众人吓得浑身打战,无人响应,石邃也不敢贸然行事,于是称病不上朝。石虎听说石邃病了，便派了女尚书前去观察真伪。石邃心中正没好气，他微笑着把女尚书叫到面前说话，趁其不备，一剑砍下头来。石虎正在宫中饮酒作乐等候回音，结果等回来的是一颗血淋淋的人头。石虎勃然大怒，马上派人把石邃监禁起来。

不久，石虎打算父子重归于好，就下了一道赦令，召石邃到太武东堂进见。但石邃心中仍充满怨恨之气。石虎顿时大怒，马上下旨将石邃废为庶人，当天晚上又派人诛杀了石邃及其妻妾子女 26 人。然后，石虎又杀掉宫中石邃党羽 200 多人，并废石邃的母亲郑樱桃为东海王妃，另立儿子石宣为天王皇太子、石宣母亲杜氏为天王皇后。

石宣同样是个暴虐成性的人。有一次，侍中崔豹嘲笑石宣的属官孙珍眼窝深可以存尿，想不到犯了石宣的大讳，他马上派人杀了崔豹父子。

石宣很喜欢打猎。石虎的猎场派朝廷司法官看管，如果有人进入打猎，就处以死刑。石宣打猎时，命令文武官员立着或跪着围守在猎区周围，如果野兽从哪里逃出猎场，哪里的官员就得受罚；有爵位的罚下马步行一天，无爵位的则鞭打一百。有时为了一场围猎，士卒饿死、冻死的不下万人。

石宣与石韬是同母兄弟，但因为石虎偏爱石韬，石宣早就怀恨在心。一次石韬喝醉了酒，杨柸等几个石宣的心腹借梯爬进院去，杀死了石韬。石虎听说自己最心爱的儿子惨死，惊得昏倒在地，随后派石宣去临丧。石宣到了丧所，不但不哭，反而还掀开被子，慢慢欣赏血肉狼藉的尸体，然后哈哈大笑着离去。

一个叫史科的人前来向石虎告密，泄露了他听到的石宣派人杀掉石韬的密谋，石虎听了勃然大怒，立刻派人从皇后宫中把石宣捉来，关进席库，剥了衣服，反绑起来，用铁环穿透他的下巴，像牲口一样锁在库中铁柱上。石虎又命人抬来一个大木槽，把残汤剩饭全倒进槽里，让石宣饿了渴了就像牲口一样去舔，还命手下不分白天黑夜地用鞭子抽打石宣。

几天之后，后赵都城邺城北面积起了一个高高的柴堆，柴堆上立着一个大柱子，柱顶安装了辘轳。这是石虎亲自设计的处死太子石宣的刑具。刑具准备好之后，石虎带领数千人登上邺城内高台，观看行刑。石虎指挥人把石宣用梯子拉上柴堆，派石韬的两个亲信拔光他的头发，割断他的舌头，砍去他的手脚，挖去他的眼睛，剖开肚腹，弄得像石韬死时一样血肉狼藉。最后，石虎命人用绳拴住石宣的下巴，用辘轳吊到柱子顶端，四面放火。石虎看到石宣被残酷地烧死后，还不解心头之恨，又命令把尸灰分撒在路口，让万人践踏。随后，石虎又派人把石宣的妻子、随从、亲信、宦官300多人全部车裂肢解后丢到漳河里。

## 皇亲之争：汉代鲁元公主退婚案

刘邦称帝后，将自己与吕雉的女儿封为鲁元公主，许嫁给新继位的赵王张敖。然而就在这年冬天，刘邦在与匈奴冒顿单于的大战中受到了重创。鉴于王朝初立，国力疲惫，刘邦决定采纳大臣娄敬的主张，用“和亲”方式与匈奴化敌为友，换取休养生息的时间。于是，刘邦打上了鲁元公主的主意，逼着公主退婚转嫁到匈奴去。

吕雉得到这个消息，立即奔到刘邦面前哭求，又赶着为鲁元和张敖操办了婚事。刘邦这才罢休，将一个宗室之女作为公主嫁去和亲了事。

然而事情还没有完。当初刚从匈奴围困中脱身出来的刘邦，在返回长安的时候曾路过张敖的赵国。张敖对未来岳父毕恭毕敬，而满脑子想着悔婚的刘邦却把张敖当成奴仆使用，不但让他亲自端茶送饭，而且肆意辱骂。之后，刘邦在鲁元公主和亲一事上不得已让了吕雉一步，对女婿张敖的态度更加恶劣。一年后，刘邦再次路过赵国，张敖感激刘邦为赵国复国，又自认晚辈，倒也罢了。国相贯高却咽不下这口气，想要刺杀刘邦。

然而这个未能进行的计划不知怎么走漏了消息。刘邦大怒之下，下令把赵国君臣上下全部下狱问罪。

吕雉再一次奔到刘邦面前。然而，这次无论吕雉怎样苦苦哀求，刘邦坚决把张敖丢进了死牢。幸亏赵国国相贯高对张敖忠心耿耿、誓死不屈，没有因为酷刑而把不知情的张敖拖下水，而是“一人做事一人当”，这才保住了张敖的性命。

两次都没能处理张敖，这让刘邦非常懊恼。最终，心有不甘的刘邦将女婿由赵王贬为“宣平侯”。

## 痛杀亲子:唐玄宗“三庶人”之谜

开元十二年,李隆基废王皇后为庶人,太子少保王守一被贬为泽州别驾,随后又被赐死。三个月后,王庶人死在冷宫之中,死因成谜。随后李隆基立即将武氏册立为“惠妃”。

武惠妃工于心计,她的最终目的并不仅止于皇后,而是想要易储。因此,在礼部尚书李林甫的挑拨下,玄宗与裴耀卿、张九龄等大臣的关系逐渐破裂,这为武惠妃易储扫清了障碍。武惠妃还对着玄宗哭诉说“太子竟然结党想要害我们母子”,玄宗对儿子的情义本就在武惠妃阴柔的长期作用下日益淡薄,听了这话血冲顶门,立即找来宰相商议废黜太子的事宜。

唐玄宗

首辅宰相张九龄坚决反对,玄宗又确实找不到儿子们的罪证,只得暂且忍了这口气。同年,张九龄又在几桩人事任免案上反对玄宗的意见,玄宗一怒之下发诏书:命中书令张九龄为尚书右丞相,罢知政事。其权力由李林甫取代。

武惠妃向太子及二王假传旨意,说是内宫有盗匪,皇帝让太子立即披甲领兵护驾。少不更事的太子和二王对这道旨意没有任何疑心,立即照办。

当三兄弟带着大群卫士进入皇宫之后,武惠妃立即向玄宗报信,说太子果然谋逆,竟带兵闯进内宫!玄宗大惊,即日下诏,将太子李瑛、鄂王李瑶、光王李琚废为“庶人”。

不经过任何审讯勘查,就在一天之内废掉太子和两位亲王,这使得朝野上下大为震动。很多人虽然口不敢言,但心里都深为三人叹惜。而由于事出仓促,与三人有关的亲族、官员都还在任上,为之暗暗奔走。武惠妃很快就觉得自己有些势单力薄,她也知道太子谋反之事经不得推敲。唯恐“三庶人”府中接待自己所派内侍的人还有开口说话、翻案的机会，决定尽快斩草除根。于是，武惠妃联同李林甫和女儿女婿，拼命地将众人为“三庶人”鸣不平的事情改头换面之后灌进玄宗的耳朵里，制造紧张气氛。

正在气头上的玄宗经武惠妃、李林甫的吹风，立即下令将三个儿子一齐处死，以绝后患。

开元二十五年四月廿三，“三庶人”冤死。这个消息使得举国上下都沉浸在哀痛之中。人们不但诅咒武惠妃的阴险，更怨恨玄宗这个狠心的父亲。

玄宗听到了世人的议论，对于贸然决定处死“三庶人”从而使自己背上“杀子”罪名，也有些后悔。

而武惠妃则趁热打铁，让自己的儿子李瑁登上太子之位。正当她就快要达成心愿的时候，奇怪的事情发生了：她所居住的宫殿闹起鬼来。更玄的是所有的巫师都异口同声地说“三庶人为厉鬼”。

闹鬼的事情令武惠妃大受刺激，心虚胆怯之下很快就病倒了。无奈之下，武惠妃只得乞灵于祭祀，希望能够消除冤魂的怒气。武惠妃将奉命对“三庶人”行刑的刽子手做替死鬼被斩杀献祭，“三庶人”的灵柩也重新按照太子和诸王的礼仪予以厚葬。但武惠妃没有想到，宫中的鬼却越闹越凶了，人们整夜都处在惊恐之中。武惠妃自顾不暇，不久便病入膏肓。

### 野心使然：唐室四太子女权之下难立身

武则天亲生的儿子一共是 4 个——长子李弘，次子李贤，老三是李显，老四是李旦。公元 656 年，太子李忠被废黜，武则天的长子李弘被立为皇太子。

但武则天却不愿意让儿子夺走自己的政治权力。随着年龄的增长，李弘和武则天的政治分歧越来越大。武则天用最强势的手段打压李弘。李弘上疏要求为萧淑妃的女儿义阳、宣城二位公主挑选驸马一事彻底激怒了武则天，武则天用毒药将年仅 24 岁的儿子李弘毒死。

随后次子李贤被立为太子。武则天又感到李贤对她的强大威胁，便指使人诬告太子贪恋女色、想早日夺取皇位，将李贤贬为庶人，后来又被迫迁到巴州，多年后客死他乡。

在李贤被废掉太子的第二天,三儿子李显被立为太子。即位不到两个月的唐中宗李显也没有将宝座坐热,就被母亲赶了下去。中宗想让岳父韦玄贞做宰相,但遭到反对,武则天将中宗废为庐陵王,幽禁在深宫之中。幽禁中宗后,武则天把最后一个儿子李旦推上了皇位。

武则天虽然让小儿子继承了皇位,但不许他处理朝政,一切大事都由自己来决定。

688 年 9 月,唐太宗儿子、豫州刺史、越王李贞,李贞之子、博州刺史、琅邪王李冲,父子起兵反对武氏掌权,很快兵败被杀。武则天以李元嘉、李灵夔等一批李唐诸王与越王李贞父子通谋为名,全部杀掉。

690 年 8 月,酷吏周兴,罗织唐高宗李治之子、隋州刺史、泽王李上金,舒州刺史、许王李素节(萧淑妃之子)谋反罪名。武则天震怒,派人将李素节在龙门驿用带子勒死,并杀其 9 子。泽王李上金与许王一同被征召入朝,听见四弟被杀,惶恐之下也自缢而死,他 7 个儿子被武后于流放途中弄死。至此,唐高宗李治的 8 个儿子,有 5 个被武则天杀死,其中包括她的两个亲生儿子。9 月,武则天又派人杀掉南安王李颖等李京宗室 12 人,以及李唐宗室和不附己的文武大臣,从此再没有人对武则天的权势提出过挑战。

### 勾结祸乱:太平公主被赐死之谜

崔湜当年被贬在襄州做刺史时,与谯王李重福关系密切、交往频繁。后来谯王发动叛变,反对唐睿宗李旦,失败后被处死。本来崔湜也参与其中,该判死罪,但由于朝臣刘幽求和张说为他求情,才幸免一死。当崔湜当上宰相后,却反过来恩将仇报,对他们多方加以陷害。借故将刘幽求发配到岭南,并秘密唆使当时在广州任都督的表兄周利贞将其杀害;刘幽求由于种种原因免于一死,躲过了这一劫。接着崔湜又勾结太平公主,将张说驱逐出京城,流放到外地。本来张说对崔湜十分青睐、欣赏,对于他的才华更是赞叹不已。可就是这样一位对他有恩又对他非常赞赏的长者,却遭到了崔湜的暗算。

早在唐玄宗李隆基还在东宫做太子的时候，就与崔家关系密切。李隆基对崔湜十分信任，经常向他袒露心曲，可谓恩意有加。但是崔湜却忘恩负义、以怨报德，他暗地里与太平公主勾勾搭搭，引为依靠。

有一位名叫陈振鹭的门客，特向崔湜献上了一篇《海鸥赋》，意在提醒崔湜要多加警惕。可是崔湜看过之后，却不以为然，表面上称赞该赋写得好，而行动上却依然故我，没有丝毫改变。李隆基即位后，筹划诛灭太平公主的党羽萧至忠等人，拟把崔湜作为心腹，于是召他入宫觐见。崔湜觐见玄宗时，说话不着边际，不合玄宗的旨意，使皇上十分不满。

公元 713 年，太平公主勾结萧至忠、崔湜等人谋划政变，废黜玄宗。事情败露后，太平公主被赐死，萧至忠被斩杀。

### 叔侄对峙：朱瞻基平叛朱高煦谋反案

洪熙元年（公元 1425 年）五月，洪熙帝朱高炽病重，派人捎信，召还太子朱瞻基，遗命传位于皇太子。此时汉王朱高煦已广布密探、准备谋反。礼部尚书况钟担此重任，迎接皇太子朱瞻基北行赴京。

朱高煦得知太子朱瞻基正从南京赶来继位的消息，立即派人在中途劫杀太子，之后起兵夺位。朱高煦派出一支部队，第一次和朱瞻基斗法较量，不料出师不利失败了。原来太子朱瞻基正在拜谒明太祖的陵墓，当日即率领一些轻骑从传驿车道飞驰回京。朱高煦派出的劫杀部队晚了一步。朱瞻基因而甩开了朱高煦的劫杀。

朱瞻基回到北京以后，于洪熙元年（公元 1425 年）六月即皇帝位，次年改年号为宣德。

朱高煦派人劫杀朱瞻基未成，心中不免有些慌乱。朱高煦深知这个侄子不那么好对付。于是，他一面加紧军事上和经济上的谋反准备，一面设法试探朱瞻基，以便寻找下手的机会。

宣德元年（公元 1426 年）八月，朱高煦的护卫部队四出劫掠，乐安及周围百姓惊惧动乱、四下逃避。有出使乐安的使者向朱瞻基报告说汉王谋反了。原来，朱高煦在到达乐安的几年之中，与护卫军指挥韦达、韦弘等人长期谋划起兵之事，准备组建军队和筹备军资的工作。朱高煦将部队部署完毕，又授予王斌、朱煊等人太师、都督之职，表明自己一方是与朝廷分庭抗礼的独立政权。他们的战略计划是首先攻取济南，然后进军北京。这场叔侄之间争夺皇位的斗争不仅未见分晓，而且一开始似乎是朱高煦占了上风。

这时山东三司和所属州县都陆续上奏了汉王朱高煦的谋反情况，希望朝廷能早做安排。此时朱高煦的谋反活动已大白于天下，朱瞻基决定要欲擒故纵、后发制人。

朱高煦夺位心切，朱瞻基则冷静从容。朱瞻基先是修书一封，派人送给朱高煦，表示"如果不谋反，则宽容待之"。

随后，朱高煦的信使便到了北京。朱高煦在致朱瞻基的信中，对皇帝和大臣进行了指责，归罪于朝廷，要求朝廷杀掉夏元吉等人。朱瞻基看罢朱高煦的来信，下令兵部将朱高煦的反状张榜传示天下。

为了防止朱高煦得势，朱瞻基决定必须立刻平定朱高煦的反叛。为此，朱瞻基做了必要的部署：告诫诸将加强守备，并下令全城缉拿朱高煦的奸细；召还镇守大同的武安侯郑亨和镇守永平的遂安伯陈英，以备调遣；派人协助陈王宣镇守淮安，严防叛军南逃；赦免了一大批轻罪军徒，让他们从征朱高煦；分遣公、侯、伯等将领据守皇城和京师；选派自己的两个兄弟郑王朱瞻竣、襄王朱瞻墡留守北京，命广平侯袁容、武安候郑亨、尚书黄淮等人协助居守；命文臣蹇义、杨士奇、夏原吉、杨荣，吴中、张本扈从亲征；仍然任命阳武侯薛禄为先锋，率兵二万为先头部队直抵乐安，朱瞻基自己亲率大军随后出发。

宣德元年（公元1426年）八月，宣德帝朱瞻基将朱高煦的谋反罪行奉告天地、宗庙、社稷诸神，然后亲率大军向乐安进发。

不久，逃离乐安的护卫军官来到军中，讲述了乐安的情况。原来朱高煦约定山东的都指挥使靳荣发兵接应他，但他们的勾结为人察觉，掌管行政和司法大权的布政使、按察使控制了靳荣，使他不能发兵。兵部尚书朱恒力劝朱高煦率领精兵直趋南京的战略意图遭到了众多将领的反对。听说朱瞻基率军亲征，朱高煦有些害怕，军中将士也产生了动摇。军心不稳和举棋不定使朱高煦陷入了被动的境地。

随后,朱瞻基再次致书朱高煦,表示自己出征乐安是迫不得已之举,请朱高煦将主谋擒住献出,即可平息此事。同时威胁朱高煦说,与朝廷对抗等于以卵击石。

这时阳武侯薛禄派人驰奏,前锋已达乐安城下,朱高煦约定次日出战。第二天拂晓时分,朱瞻基率大军抵达乐安。诸将按照朱瞻基的指示,分别让开了乐安的四面城门,准备交战。朱瞻基考虑到攻城难免伤及无辜百姓,加上他仍然想迫使朱高煦先动手,于是严令将士不许攻城,再次致信劝降朱高煦。

到了中午,朱瞻基给朱高煦最后通牒。朱高煦吓得魂飞魄散,赶紧派人到朱瞻基的营帐请求宽限,并表示次日就亲赴军门谢罪。

第二天,朱高煦一露面,就被城外的明军一拥而上送到了朱瞻基面前。朱高煦见他的侄子朱瞻基端坐在营帐之中,表情高傲。文武群臣上前列奏朱高煦的罪行。请朱瞻基按刑法下令将他斩首。朱瞻基命侍从将群臣弹劾朱高煦的奏章扔给朱高煦看。朱高煦捡起地上的奏章,上面都是请求朱瞻基"彻底消灭"他的内容,不禁两腿一软,下跪向朱瞻基连连叩头表示"生死全听皇上的吩咐"。

朱瞻基将平定朱高煦之事通知朝野上下。他命人在西华门内修筑了一座囚室,将朱高煦父子关押在里面。从此,被废为庶人的原汉王朱高煦,带着木制的镣铐,度过了将近四年的囚徒生活。

宣德四年(公元1429年)四月的一天,朱瞻基来看望他的囚徒叔父朱高煦。长期的囚禁生活已使桀骜不驯的朱高煦难以忍受,朱高煦猛然抬起脚上的木铐向朱瞻基扫去,朱瞻基勃然大怒,派人点火把朱高煦烧成一堆灰烬,后下令把朱高煦诸子全部处死。

### 苦心求子:明景帝朱祁钰易立太子案

景泰二年(公元1451年)七月,明景帝朱祁钰宠爱的杭妃生下一个儿子,取名朱见济。此时英宗朱祁镇被囚禁在南宫,但名义上的太子依旧是英宗的儿子朱见深,景帝对此不甘心,因此便处心积虑地开始了易立太子的计划。

景帝改立自己的儿子为太子,是公然对祖制的破坏。因而,景帝开始不敢公开

明景帝朱祁钰

表露,先是将自己的意思告诉皇后汪氏。汪皇后却对丈夫的提议持反对意见,认为景帝这样做会让天下人笑话。景帝大怒,帝后不和的矛盾由此悄悄在宫中流传。

景帝立儿子朱见济为太子的决心已下,但生怕众大臣反对,便先试探大宦官金英的态度:“太子的生日是七月初二吧?”七月初二是朱见济的生日。金英明白景帝的意思,但他心向太子朱见深,答道:“太子生日是十一月初二。”景帝只好默然不答。

宦官王诚建议景帝先贿赂大臣,于是景帝派宦官兴安到内阁传旨,赐给内阁大学士陈循等人银百两、金五十两。众人已经看出这是景帝在为易储做准备。然而,景帝登基之时,曾许诺将来传帝位于英宗长子朱见深,并立其为太子。如今景帝为了私心要改立太子,即便是收了景帝贿赂、明白景帝心意的大臣,也不愿意主动迎合上意。

不久,景帝正式提出易储之事。户科都给事中李侃、吏科都给事中林聪及御史朱英三人率先反对;于谦、王直、胡濙等重臣都不表态;群臣大都表示赞同。满朝文武都署上名字表示赞同。

不久后，景帝正式下诏，立皇子朱见济为皇太子，改封故太子朱见深为沂王。群臣也因景帝改立太子成功被加官晋级，拿双份俸禄。

被软禁在南宫的英宗听到消息后，心中百般滋味。自己的亲弟弟不但夺了自己的皇位，还废了自己的太子，绝了他的后望。

景帝朱祁钰出于私心，废除了英宗儿子朱见深的太子位，破坏朱元璋所制定的皇位继承制度，直接导致了后来的夺门之变。景帝朱祁钰下诏立自己的儿子为太子时，皇后汪氏因谏阻而被废，幽于宫中。而杭妃被封为皇后。

朱祁钰在改立太子的斗争中取得了最后的胜利，但朱见济当太子仅仅一年，便夭折在襁褓之中。唯一的儿子朱见济死后，景帝颇受打击，他开始纵情声色。尽管景帝求子心切，却始终未能得子。

## 明太子朱常洛遇袭：万历东宫“梃击案”之谜

万历帝朱翊钧是明朝历史上在位时间最长的皇帝。他在位的时候，“梃击之案”首先发生，梃击的目标直指太子朱常洛。

明朝万历四十三年五月初四，有一个名叫张差的男子，手持枣木棍，即木梃，不由分说地闯入太子朱常洛所居住的慈庆宫，逢人就打，击伤了守门官员多人。宫中小臣朝本用眼疾手快，将持棍男子抓获，宫内才得以平静下来。

后来张差被捆缚到东华门守卫处，收禁起来。次日，皇太子据实上报给神宗，神宗命法司提审问罪。巡视皇城御史刘廷元按律当场审讯。可是，张差没说上几句话，就开始装疯。御史再三诱供，张差也是胡言乱语、乱答一气，惹得审判官不耐烦，只好退堂，把他交给了刑部定论。刑部郎中胡士相等人重新提审，也毫无结果。刑部主事王之认为其中一定有隐情，说张差肯定不疯不狂，而是有心计、有胆量。最后张差扛不住了，供认自己是红封教的成员，说自己是受郑贵妃宫中的太监庞保、刘成的指使而打入慈庆宫的，事成之后，他们答应给张差 30 亩地。参与此事的还有张差的姐夫孔道。消息传开后，朝野内外议论纷纷，都怀疑郑贵妃想要谋杀太子，以便扶立福王。

事情发生后，太子和郑贵妃先后赶来见明神宗。太子朱常洛气愤地说："张差做的事，一定有人主使！"郑贵妃则狡辩："奴家若做此事，全家甘受千刀万剐！"神宗看到双方如此对立，拍案而起，指着贵妃说："群情激怒，朕也不便解脱，你自去求太子吧！"朱常洛看到父亲生气，又听出话中有音，只得将态度缓和，并说："这件事只要张差一人承担便可结案，请速令法律部门办理，不能再株连其他人。"神宗听后，顿时眉开眼笑，频频点头，说道："还是太子说的对。"于是，一场家务案就这样在明神宗的导演下降下了帷幕。

后人再重新研究此案时，都认为是郑贵妃主使了此事。却也有人提出了异议，认为在郑贵妃与太子双方已经明确对立的情况下，郑贵妃不可能鲁莽地做出这种事来。如果郑贵妃想谋害太子，也不会仅仅派一人持棍去闯防备森严的太子宫殿。因而得出的结论是：太子为巩固自己的地位，自编自演了一出"苦肉计"，将郑贵妃铲除。只是因为皇帝的干预，太子才没有得逞。当然，这种说法也无确凿的证据。梃击案因为疑点重重而一直被后世猜测。

### 扑朔迷离"红丸"案：太子痴迷药丹命归西

"红丸"又称红铅丸，是古代宫廷中特制的一种春药。其制法很特别：须取童女首次月经，盛装在金或银的器皿内，还须加上夜半的第一滴露水以乌梅等药物，连煮七次，浓缩为浆。然后加上乳香、没药、辰砂、松脂、尿粉等拌匀，以火提炼，最后炼蜜为丸，药成。据《明实录》记载，嘉靖年间，宫廷为了配制"红丸"，前后一共选少女 1080 人。由此而引发了中国历史上一场特殊的宫女暴动。

万历末年，太子朱常洛因酒色过度，卧床不起。一天晚上，朱常洛为了寻求刺激，就服了一粒"红丸"，结果狂躁不已，精神极度的亢奋。次日早上，侍寝的太监吴赞连忙请来御医崔文升诊治。崔文升以为是邪热内蕴，下了一副泄火药。结果，朱常洛一宿腹泻三十余次，危在旦夕。重臣杨涟上书，指责崔文升给皇帝误用泻药。崔文升反驳道并非误用，而是皇帝服用了"红丸"造成病重。就在争执不下的时候，危在旦夕的朱常洛还念念不忘"红丸"。鸿胪寺丞李可灼当即进了颗红色丸药，朱常洛服下。到了晚上，朱常洛又要求再服一丸，李可灼又进了一颗红色药丸。

结果,皇上手捂心口,一命呜呼。

两颗“红丸”,酿成大案。红色药丸究竟是不是“红丸”?为什么在皇帝病重之时,还要进这种丸药?崔和李到底有没有幕后指使者?这一系列的疑问在人们脑海中盘旋。

明末宫廷内党派之间斗争激烈,“红丸”案激起了党派的更加尖锐的矛盾。有人认为,李可灼进的“红色丸药”其实就是“红丸”。李可灼把春药当补药进上,是想步陶仲文的后尘而已。也有人认为,那颗红色丸药是道家所炼金丹。用救命金丹来挽救垂危病人,一旦治活了则名利双收,要是死了算是病重难救。还有人认为,李可灼是受人指使,有意谋杀皇上。

最后,大臣韩上书平复众议。李可灼被判流戍,崔文升被贬放南京。“红丸”案才算了结。

### 崇祯真假太子案:京城太子难辨真假

明思宗崇祯十七年(公元1644年)十一月,北京出现一位皇太子。清世祖爱新觉罗·福临二年,南京的南明小朝廷中也出现皇太子。无疑,两位皇太子中必有一假。

崇祯十七年,北京城被清朝掌控。一个男子在一位太监的陪同下出现在嘉定侯周奎府中,自称皇太子。当时在周奎府中的长平公主见后,两人抱头痛哭。周奎举家向太子行君臣之礼,太子说:“城陷之日,我单独藏匿在东厂门外。后潜至东华门,投身于一个豆腐店。五天之后又到崇文门外的尼姑庵中躲避。常侍来尼姑庵发现了我,把我带回宫,藏在密室里。听说公主还在,所以就来相见。”

也许公主明白,周奎既然能把皇三子定王和皇四子永王交给李自成,这次也许会再出卖太子给清朝。果然,周奎要求太子自称姓刘,是一个假太子。当晚,周奎令家人将太子逐出门外。太子出门后,被巡逻的清兵以“犯夜”罪逮捕,交给刑部审理,断为假冒太子。

主审的刑部主事钱凤览找来原司礼监太监王德化、原锦衣卫10名侍卫太子的锦衣卫来辨认,都说是真太子。于是钱凤览上书朝廷,指责某些明朝的官员以真太子为假太子。最后,摄政王多尔衮出面,宣布将太子押于监狱,后来被处决于狱中。凡说太子为真的臣工都被处罚,钱凤览被处以绞刑。

这件事情详细地记载于《甲申传信录》,与《明史》中李自成封太子为宋王的情节有所出入。而且,清人所编的《明史》中也未提及这一次在北京出现的太子,而只提及南明小朝廷中出现的皇太子事件。

清世祖爱新觉罗·福临二年(公元1645年)三月初一,太监李继周奉弘光皇帝朱由崧之御札,将盛传正流落于苏州、杭州的皇太子接到南京。皇太子入南京后,被安排在兴善寺暂住。皇太子在南京的消息传出去之后,引发了弘光朝的政治危机。左良玉以护太子的名义进逼南京,在江北的黄得功、刘良佐等总兵也上疏要求善视太子。但是,弘光帝深知,如果太子是真,自己捡来的皇位可能就不保。因此,在他的布置下,辨认朝"假太子"的方向转移。曾经充任太子讲官的王铎,更是一口咬定太子是假。最后,审讯的结果是:假太子真名叫王之明。

五月初十,清军大举南下,弘光帝逃到了太平府。南京市民冲入监狱,殴打王铎,放出太子,并拥太子登上皇位。5天之后,清军即进入南京城。当时,清军的统帅多铎问:"太子何在?"投降的弘光朝大臣们说:"太子是假的,真名叫王之明。"一名降臣说:"太子原也不承认自己叫王之明,是马士英安排下的。"几个月以后,多铎将太子和弘光帝都带往北京,随后都被清廷处死。

## 满清太子争权案:本是同根生,相煎何太急

清太祖努尔哈赤建立了大金帝国,其中也有他的三弟舒尔哈齐的功劳。但是,努尔哈赤却将一代功臣手足舒尔哈齐残忍地杀害了。

努尔哈赤弟兄5人,他是长兄,四弟雅尔哈齐早亡,其余三兄弟皆先后追随努尔哈赤起兵征战。舒尔哈齐排行第三,比努尔哈赤小4岁,二人同母所生。舒尔哈齐始终是大哥的得力助手,20岁时成为努尔哈赤身边最勇敢的战将。事实上,在努尔哈赤称王的同时,他的势力已经可以与努尔哈赤相抗衡。

舒尔哈齐的锋芒外露,是努尔哈赤所不能容忍的,于是他开始冷落,故意贬低舒尔哈齐。由于舒尔哈齐实力不断增长,他越来越不甘心居人之后,只是碍于兄弟

清太祖努尔哈赤

的情谊才强忍。而努尔哈赤却无端对其削位夺权，这无疑挑起了舒尔哈齐心中的怒火。

万历二十四年（公元1596年）元旦，当努尔哈赤设宴款待明朝使者申忠一后，舒尔哈齐立即提出他也要设宴接待，于是有了“两都督府”的分别宴请。从这开始，同根生的兄弟俩出现了嫌隙。

万历二十七年（公元1599年），努尔哈赤借口哈达贝勒孟格布禄背弃盟约，想要娶叶赫美女东哥，于是发兵讨伐。但舒尔哈齐兵临城下，却未发一矢，努尔哈赤心中大为不满，自己亲率大军攻城。虽然最后哈达城被攻破，但努尔哈赤也失去了胞弟舒尔哈齐的心。

努尔哈赤兄弟俩的不和越演越烈。明朝总兵李成梁的儿子李如柏纳舒尔哈齐之女为妾，双方结为姻亲。舒尔哈齐逐渐成为“拥明”派，这与努尔哈赤期望“叛明”背道而驰。随后，在努尔哈赤已连续几年都没有亲自到京朝贡的情况下，舒尔哈齐第三次代表建州女真入京。当明廷以“建州等卫夷人都督都指挥”的名义向他照例赏赐，他进而萌发了借明自立的想法。这种想法无疑加剧了他们兄弟之间的矛盾，结果导致军事上的各自为政。

万历三十五年（公元1607年），舒尔哈齐作为统兵主帅与努尔哈赤的长子褚英、次子代善，以及大臣费英东等率兵三万接应东海女真瓦尔喀部蜚优城部众归附。途中遭遇乌拉数万兵马的拦截，舒尔哈齐裹足不前、滞留山下，他最信任的两个将领也率领百人在一旁观战。努尔哈赤非常气愤，以不力战的罪名将那两个将领处死，并不再让舒尔哈齐带兵打仗。舒尔哈齐满腔幽怨，找来三个儿子，共商大计要依靠明朝。

正当舒尔哈齐以为自己找到靠山时，努尔哈赤突然下令剥夺了他的家产，并杀死舒尔哈齐的两个儿子。之后，努尔哈赤佯称新宅落成，邀舒尔哈齐赴宴。然而，舒尔哈齐刚刚走进新宅的大门就被推入内寝，锁了起来。两年之后，舒尔哈齐死在了囚狱中。

## 虎毒也食子：清太祖杀子史实揭秘

努尔哈赤杀子是满清一大疑案。作为大清国的创始人，努尔哈赤为何会亲手杀死自己的亲生儿子，究竟是怎样的一种无法弥补的过失令这位一国之君残忍到萌生了杀子的动机？

关于努尔哈赤杀子一事，流传着这样的一个传说。故事发生在明朝与后清之间的萨尔浒之战中。当时的情况是明军以人数的绝对优势将后金合围，对此，努尔哈赤并无任何畏惧之念，并决心终以一路突破明军的包围，直逼西向。努尔哈赤见此状顿时大怒，他大声呵斥褚英：“你竟敢谎报军情，长敌军士气，动我军心！”褚英不解，他本是如实禀报，不想父王不自量力，最终被明军歼灭，于是据理力争。见此状，努尔哈赤暴跳如雷，于是下令：“将褚英拉出去斩了！”就这样，长子褚英因扰乱军心被处死。

努尔哈赤派其二子代善继续打探敌方军情。代善来到明军营前,他看到的是与褚英陈述中相同的场景。代善想,若是他回去实话实说,那将会得到与褚英相同的命运,反复揣度,代善终于想到一妙计。回抵后,代善对努尔哈赤汇报:“明军兵马确实多如牛毛,但在我看来,他们都是一些有身无首、不堪一击的草木之兵!”

努尔哈赤听闻此言顿时喜笑颜开。结果在那次战役中,八旗军队以少胜多。大战过后,努尔哈赤虽战败了明军,但却因杀死了自己的长子褚英而懊悔不已。

但是,传说毕竟是传说。《满文老档》的第三卷记述了癸丑年六月太祖杀褚英的原委。史实证明,褚英的死绝非努尔哈赤一时冲动。褚英性格孤傲、专横,心胸狭隘,努尔哈赤看在褚英功绩累累且骁勇善战,让其执掌国政,并希望褚英能够在揽得如此大权后,改掉心胸狭隘这一缺点。然而事与愿违。

努尔哈赤深知褚英弊病,便也怒褚英不争,为了服众,努尔哈赤开始逐渐削弱了褚英的权势,如此更加激发了褚英的极大不满。褚英开始敌视父王,于是结交党羽,进行报复活动。努尔哈赤听闻此事后,震怒之下将褚英监禁于牢中。被囚禁后,褚英并未因此悔改,并且对父王以及弟弟们的诅咒日益加剧。努尔哈赤见褚英始终无悔改之心,最终将其处死。

### 嘉庆公主秘葬:北京公主坟的真正主人

北京西郊有个著名的旅游景点叫公主坟。那么这个公主坟里埋葬的是哪位公主呢? 民间主要有以下三种传说:

一说降清明将孔有德之女孔四贞。这是最广为流传的一种说法。传说因明将孔有德降清后屡立战功,顺治六年被封为“定南王”。在顺治九年,孔有德在桂林被明将李定国围困,受伤后自杀身亡。顺治母亲孝庄皇后收养其女孔四贞为义女,并封为和硕公主,成为清朝唯一的汉族公主。她死后就埋葬在京西郊。

二说元帅金泰的妻子。传说汉人金泰从小被满族人收养,因立下战功被封为元帅。在游园时与公主相遇,一见钟情。但是朝中老臣却从中作梗,令皇帝流放金泰,公主服毒追随爱人而去。皇帝无奈,于是将金泰草草葬于香山,而将公主远远地埋在了今天的"公主坟"。

三说乾隆的义女。相传,乾隆与刘墉、和珅到民间微服,途中向一农户借宿。乾隆见农户家的小女乖巧漂亮,就认作干闺女,后来将姑娘留在宫中。可是姑娘在宫中没住多久便患病去世。刘墉说:"这位公主虽说不是万岁亲生,可是您自己认的干女儿啊!并且留有信物,如果草草葬了,万岁脸上可不光彩呀!"于是,乾隆只好传旨,按公主的葬礼把姑娘葬在了"公主坟"。

1965 年,文物部门对公主坟进行了考古挖掘,并参考历史资料考证,得出公主坟内葬的是嘉庆皇帝的两位公主。两位公主分别葬东西两边,东边葬的是庄敬和硕公主,她是嘉庆的第三女,是和裕皇贵妃所生,于嘉庆六年下嫁蒙古亲王索特纳木多布济。嘉庆十六年三月卒,年 31 岁;西边葬的是庄静固伦公主,是嘉庆的第四女,为孝淑睿皇后所生,于嘉庆七年下嫁蒙古族土默特部的玛尼巴达喇郡王。嘉庆十六年五月卒,年 28 岁。

清朝的祖制规定,公主下嫁以后,死后不得入皇陵,也不能进公婆墓地,必须另建坟茔。因和硕公主和固伦公主是同年而亡,所以埋葬在一处。两个墓葬都是夫妻合葬墓,陪葬有许多珍贵物品。

## 第四节　治国名臣密案

在中国的封建社会,为臣之道有很多种,其中最重要的是不要功高盖主、权大压主,避免让君主感到怀疑和威胁,否则就自身难保。

古之名君不多,这就为做臣子的留下难题,也许所有的臣子都羡慕和希望有一个周公时代的君王或者魏徵时期的唐太宗。然而,历史的现实告诉我们,名臣是需要名君的,没有名君的名臣下场都很可悲可叹。

"飞鸟尽,良弓藏;狡兔死,走狗烹。"这是范蠡为功臣写下的一曲无奈挽歌,也是他对君臣关系微妙的一种透悟。历史上的君臣,都只是在一定条件下相互适应的,如果条件改变,君臣之间的利益关系就会发生改变。君主既可以一声令下让臣子一步登天,也可以一声怒斥让臣子下入地狱。所以,伴君如伴虎,身为臣子就不得不需要参透其中的利害。

老子说:“功遂身退,天之道也。”功业已成就要引身后退,这是自然的规律。功成身退可以保全自身,有了功不居功,有了名不恃名,任何时候保持一颗平常心,才是身为臣子的明智之举。然而,许多枉死刀下的历代名臣没有弄清楚其中的道理,酿成了一个又一个的悲剧,令人扼腕。

本节借古代名臣的事迹为当今社会提供了警醒和启示,通过名臣冤案、忠臣遇害、奸佞当道等重大事件表现微妙的君主关系,其中忠奸势力的抗衡也给后人提供了值得反思的经验和教训。

## 夏朝谏臣关龙逄:夏桀因谏诛忠臣

夏王朝君王夏桀生活奢侈,荒淫无道。他竭尽民力,修筑王宫,又常常强迫人民打仗。据史书记载,当时有施族部落败,有施氏向桀王献美女,名叫妹喜。夏桀很是宠爱,昼夜与其淫乐,对妹喜言听计从,常常为此不理朝政。

夏桀的暴虐无道,百姓十分怨恨。夏桀却不以为然,还十分狂妄地把自己比作永远不落的太阳。对于夏桀的暴行,作为夏朝的大夫,贤臣关龙逄实在看不下去。据档案馆文献史料记载,关龙逄也称豢龙,是古代豢龙部族的后代。他多次向夏桀进谏,要他关心百姓与国家,但夏桀根本听不进去。经过长期思考之后,关龙逄决定以献黄图进谏。

关龙逄献了黄图,故意立而不去。夏桀看到关龙逄的样子,心里很是不耐烦,厌恶极了,什么也不问便把黄图烧毁,接着喊来兵士把关龙逄囚禁起来,不久就杀了。

夏桀杀了关龙逄,更加肆无忌惮。而商民族斗志日益兴盛起来,一举灭了夏朝,夏桀和妹喜一同逃奔到安徽南巢(今安徽巢湖),后死于亭山。

后人十分怀念有史以来第一位因进谏而遭杀戮的忠臣,便将关龙逄和被纣王剖心而死的比干一同纪念,修建了“双忠祠”。明代中期,著名文学家李梦阳撰写了碑文。在长垣县城东南10公里处的龙相村原有一座大墓,就是夏朝末年犯颜直谏的忠臣关龙逄的陵墓。

## 商朝功臣比干：直谏惹怒龙颜被剖心

比干是商朝第十五代王太丁（文丁）帝的儿子，十六代王帝乙的亲弟弟。据《孟子杂记》载："王子干，封于比，叫比干。"

比干是历史上有名的敢于进谏又不惜以死抗争的忠臣，也是商纣王的叔父。《尚书·微子篇》记载：帝乙在位时间很短，病重期间，曾宣比干、箕子等进宫商议继承王位之事。箕子劝帝乙立长子微子为王位继承人，比干却力荐次子帝辛（即后来的纣王）。因微子不是帝乙的正妻所生，所以比干不同意箕子的建议。最后，帝乙采纳比干的建议立辛为王位继承人。

帝乙死后，纣王即位，比干全力辅佐纣王治理国家。比干看到纣王荒于政事，就坦言直谏，并带纣王去太庙祭祀祖宗，给他讲历代先王创业之艰辛。纣王虽表面点头称是，但并不真正改过，而且更加荒淫暴虐。

比干冒着丧生灭族的危险，连续三天进宫向纣王进谏，指责纣王杀皇后、杀大臣、谪太子的过错，斥责他的暴政。比干道："君有诤臣，父有诤子，士有诤友，下官身为大臣，进退自有尚尽之大义！夏桀不行仁政，失了天下，我王也学此无道之君，难道不怕丢失了天下吗？我今日进谏，正是大义所在！"纣王勃然大怒，决定要拔掉比干这颗眼中钉，于是说："吾闻圣人之心有七窍，信有诸？"说罢，命人剖开比干的肚子取出心肝，并向全国下令说："少师比干妖言惑众，赐死摘其心。"公元前1029年夏四月初四，比干被纣王杀害于朝歌摘星台。

比干死后，葬于朝歌城南三十五里之王畿上。比干墓在今卫辉市城北顿坊店乡。该村也因存有比干庙而命名为比干庙村。周武王灭商后，认为比干是一位了不起的大臣，就在比干葬地汲县为比干封了墓，《尚书·武成篇》中曾记载"武王克殷、封比干墓"，对这一历史事实进行了真实的记录。

## 周朝士大夫杜伯：触怒周王被枉杀

周宣王是周厉王的儿子。公元前828年，周厉王死于彘，周宣王被立为周王，亲睹父亲的暴政给人民和国家带来的灾难，又亲身经历国人暴动的惨痛过程和后果，即位后的周宣王将励精图治、重振周室列为首要任务。针对国家所面临的内忧外患，他在固定公、召穆公、尹吉甫等大臣的辅助下整顿朝政，又对侵扰周朝的异族加以征伐，使日益衰败的国家重新复兴。通过一番的努力，周朝开始由弱变强，政治安定，经济发展，史称“宣王中兴”。

可是，晚年的周王却开始生活腐化、政治腐败，周王朝又重新出现衰败的迹象。晚年的周王固执己见，听不进大臣们的忠谏，刚愎自用，出现不少政治失误。尤其是在对待鲁国立继承人一事上，他将自己的喜恶强加给他人的内政之上，不顾鲁人的反对，硬逼他们废长立幼而失去人心。鲁人不服，周王又兴兵讨伐，更招致诸侯们的不满。

王朝大夫杜伯因为一件事触怒了周王，周王就不分青红皂白地叫人将他处死。杜伯的好朋友左儒加以劝谏，又遭到周王的斥责。周王却在说：“我就偏偏要杀死他，你能怎么样？”左儒愤怒地说：“如果大王坚持枉杀好人，臣就陪着杜伯一起去死，以明臣之志！”日渐昏庸的周王立刻令人将杜伯当场处死。左儒又羞又气，回家后便真的自杀身亡了。

杀死杜伯后，周王冷静下来，想到两个无辜的大臣因为自己的专横而惨死，越想越后悔。三年后，周王带领臣下到外面打猎，想以此散心。可是半路他突然大叫一声，便在车里昏迷不省人事，几天后便死去。有人说是当时周王突然看到被他害死的杜伯从路边走了出来，拔出弓箭射向他，他受了惊吓而死。也有另一种说法，说是杜伯的儿子为报杀父之仇，在周王经过的地方埋伏。等周王来到，他拈弓搭箭，射死了周王。

## 名宿悲歌伍子胥：忠言逆耳枉苦心

公元前496年，越王允常死，勾践继位。吴国乘丧伐越。越出兵抵御，战于檇李（今浙江绍兴）。吴军大败，吴王阖庐伤指，在回师途中死去。阖庐生前听从伍子胥的意见，以儿子夫差继位。

公元前494，年，吴军在夫椒（今太湖椒山）一举打败越军。勾践无力较量，为了免于亡国,只好接受文种"卑辞厚礼"向吴请和的建议,派大夫向吴请罪。夫差打算答应,伍子胥不同意。他讲了个夏少康怎样从危险中求生存、发展壮大终灭政敌寒浞而中兴夏朝的故事,并分析吴越两国同处三江之地不能并存的形势。

正当吴国君臣争议未决之际,越装饰美女八人送给吴太宰伯嚭。太宰伯嚭接

姑苏城的创建者伍子胥

受了贿赂,又软硬兼施地使已经开始骄奢自满的夫差终于首肯了这个和议。伍子胥叹道:"姬姓应该衰败了。这是养虎遗患。越国将会发展国力,训练军民,二十年之后,吴国就将变成池沼废墟了!"

而夫差认为越国力量小,不足为患。

公元前484年,越国君臣入吴朝贺吴国伐齐的胜利。吴举朝上下皆大欢喜,独有伍子胥心情沉重。他说:"这是越国存心豢养吴国而已。这个心腹之患一天不除,即使得了齐国,也不过是块石田,不能种植庄稼。"伍子胥的谏诤,吴王夫差越来越听不进去。加上伯嚭的谗言,夫差对伍子胥越发不满。他伐齐得胜回国时,得知伍子胥寄予齐国的厚望,立即以私通敌国、怀有二心的罪名,赐伍子胥以属镂之剑迫使自杀。

伍子胥始终不渝地抗争至死。死前,他对夫差说:"请把我一双眼睛挂在姑苏城东门,让我看见总有一天越国大军会从这门进来。"夫差恨及枯骨,把他的尸首包

在皮革里抛入江中,使之葬于鱼腹。

公元前471年,越国果然灭掉了吴国。

## 春秋谋臣文种:功成不退遭赐死

周元王元年(公元前475年),越王勾践增调大军持续围吴。为了激励全军将士奋勇杀敌,勾践诏示军中:父子俱在军中者,父归;兄弟俱在军中者,兄归;独生子

文种

者,归养;有疾病者,给以医药治疗。军中闻令欢声如雷,个个感恩忘死,拼死向前,军威空前强盛。这样,至周元王三年(公元前473年),吴王夫差在越军的强大攻势下势穷力尽,退守于姑苏孤城,再派人向勾践求和,恳求勾践像当年会稽被赦一样赦免吴王。勾践不忍,有意准降。站在一旁的范蠡连忙劝道:"当年大王兵败会稽,天以越赐吴,吴国不取,致有今日。现在天又以吴赐越,越岂可逆天行事?况且,大王早晚勤劳国事,不是为了报吴国的仇吗?难道大王忘了昔日的困辱了吗?"接着范蠡当机立断,对吴使说:"越王已任政于我,使者如不尽快离开,我将失礼,有所得罪了!"说罢,范蠡击鼓传令,大张声势。

不久,越军攻入姑苏城,吴国灭亡。勾践下令诛杀了奸臣伯嚭并派人对吴王夫

差说："寡人考虑到昔日之情，可免你一死。你可到甬东一隅之地，君临百家，作为衣食之费。"夫差悔恨交加，说道："我深悔当初不听子胥之言，死后还有什么面目和这些忠良之士相见呢？"于是拔剑自刎。

勾践兴越灭吴，范蠡"苦身戮力"，与之"深谋二十余年"，立有汗马功劳，被尊为上将军。

此时的范蠡并没有被功勋荣誉冲昏头脑，他居安思危，位尊不贪恋，以为盛名之下，难以久居，应该适时而退。范蠡久随勾践，对勾践的为人很了解。在范蠡看来，勾践身处逆境，虽能忍辱负重，礼贤下士，辛勤工作，表现出英明君主的风度，但他有一个很大的弱点，即"可与同患，难以处安"。勾践为了扩展疆土可以不惜群臣的生命，如今谋成国定，自然不愿意封赏功臣。因此，范蠡决心辞官隐退。

范蠡在决意隐退避祸的时候，没有忘记老朋友文种。范蠡曾劝文种也离开越国，否则难免会被越王杀掉。然而，文种对范蠡的劝谏却不以为然。范蠡隐退之后，又写了一封书信告诫文种说："飞鸟尽，良弓藏；狡兔死，走狗烹。越王可与共患难，不可与共乐。子何不去？"文种见书，虽然心有所动，但迟迟没有采取隐退的行动。

后来果然如范蠡所料，勾践日益骄横，君臣离心，许多与他共患难的大臣都日渐疏远了。又过了一段时日，勾践终于凶相毕露，对文种说："你有阴谋兵法，足以倾敌取国。你献九术之策，今我用其三已破强吴，其六尚在你处，愿你有幸带着余术去见我的先人于地下，跟他们去谋算吴国人吧！"随即赐文种一把剑命他自杀，文种伏剑而死。

只有在敌国存在的环境中，君主心目中才有谋臣的价值。一个没有价值的智谋之士，必然被君王视作威胁统治的心头祸患。这是君主专制制度下的一条政治规律。越王功臣文种不明其理，最终就要付出生命的代价。

## 积怨难消：嬴政怒杀吕不韦

秦庄襄王死后，13岁的嬴政继承了王位。嬴政年少，朝政大权完全落在太后赵姬和丞相吕不韦手中，他们同宦官嫪毐勾结在一起狼狈为奸、专权弄国，根本不把嬴政放在眼里。

吕不韦

嬴政自然对吕不韦这种贪得无厌的私欲产生了强烈的不满和怨恨。

公元前238年，嬴政22岁，在旧都雍城举行了加冕典礼，从此可以亲自处理朝政。吕不韦深知其中很不利的态势，他就想出了一个借刀杀人之计，利用嬴政不在咸阳的机会，怂恿嫪毐发动叛乱。嬴政听到嫪毐叛乱，决定将计就计，命令吕不韦带兵去平定叛乱。吕不韦虽然知道这是秦王要他们两败俱伤，但又没有理由拒绝接受命令，只好带兵前往。谁料叛军不堪一击，咸阳一战，叛军便被杀了数百人，余者四散奔逃。没过几天，嫪毐便被抓住押解到咸阳，并且施以车裂之刑，嫪毐的父族、母族和妻族也同受株连。

嬴政知道嫪毐的叛乱与吕不韦有关，便派人进行调查核实。待查清事实后，嬴政本想杀了吕不韦，但念他扶助父亲和自己登上王位有功，有了恻隐之心，就只罢免了他丞相职位，让他回到自己的封地洛阳。可吕不韦并不甘心就此退出政治舞台，表面上在洛阳闲居，实际上仍然同六国诸侯保持着密切联系，企图借助外国的力量东山再起。嬴政听说后勃然大怒，把吕不韦迁到了蜀郡，随即赐毒酒便让吕不韦自尽了。

## 枉杀画师毛延寿：丑画昭君谁之过

昭君出塞的背后，有多少鲜为人知的无奈与冤屈？毛延寿因画丑昭君被杀，恐怕要数其一。

东晋的杂书《西京杂记》中记载了昭君出塞的故事。众人皆知汉元帝后宫美女众多，需要依靠画师为其画像，以便汉元帝能从中挑选相貌出众之人。为了能够早日得宠，后宫众人都争相贿赂画师，希望画师能把自己画得更美，而唯独昭君不愿贿赂画师，于是被画师丑化，无缘得见龙颜。后来匈奴单于入朝，请求和亲，皇帝便按画像选人，便选中了样貌不佳的昭君。等到皇帝召见她时，才发现她样貌出众、知书识礼。皇帝懊悔不已，但又不能失信于匈奴，于是迁怒于画师并下令杀之。

《西京杂记》中提到的画师并不止毛延寿一人，还有陈敞、刘白、龚宽、阳望、樊育等人，均在同一天被杀。至于丑化昭君的画师是谁，书中并未交代。而自此画丑昭君的罪名就落到了毛延寿的头上。

历史上不乏为毛延寿喊冤之人，如宋代著名诗人的王安石，他在《明妃曲》中云："意态由来画不成，当时枉杀毛延寿。"在他看来，毛延寿并不是故意将昭君画丑，而是因为人的神韵仪态本来就很难用画像的形式准确地表现出来，难怪毛延寿笔下的昭君与真人不符。

范晔的《后汉书·南匈奴传》中关于昭君出塞也有详尽记载，更显"毛延寿画丑昭君"为无稽之谈。记载曰："昭君字嫱，南郡人也。初，元帝时，以良家子选入掖庭。时呼韩邪单于来朝，帝敕以宫女五人赐之，昭君入宫数岁，不得见御，积悲怨，乃请掖庭令求行。呼韩邪临辞大会，帝召五女以示之。昭君丰容靓饰，光明汉宫，顾影裴回，竦动左右。帝见大惊。意欲留之，而难于失信，遂与匈奴。"。由此看来，昭君是自愿请求在先，奉召示众在后，并无皇帝选画之说，更无毛延寿丑化昭君之言。

## 开唐功臣长孙无忌：忠臣枉做刀下鬼

自武则天当上皇后以后，长孙无忌很少抛头露面，主要承担领导编纂书籍的职责。当韩瑗、来济等被贬逐，褚遂良病死爱州之后，长孙无忌就成为武则天等人的直接对手。武则天和许敬宗等人都明白，只要长孙无忌还在朝中，关陇集团随时都可能卷土重来。

公元659年，洛阳人李奉节等告太子洗马韦季方和监察御史李巢互为朋党，高宗诏令许敬宗审理。许敬宗审讯急迫，韦季方自杀未遂，许敬宗则趁机诬奏韦季方与长孙无忌诬陷忠臣近戚、伺机谋反。由于在废立皇后问题上高宗和长孙无忌之间曾有过冲突，长孙无忌已失去了高宗往日的尊崇，但高宗对许敬宗耸人听闻的诬奏感到惊讶和疑惑，不相信长孙无忌会谋反，命许敬宗再加审查。第二天，许敬宗上奏，诡称昨晚韦季方已承认与长孙无忌共同谋反，还编造了谋反的口实，极力敦促高宗以法收捕。许敬宗见高宗怕留下杀舅父的恶名，迟迟下不了决心，又列举了汉文帝杀其舅父薄昭，至今天下仍称其为“明主”，以消除高宗的疑虑。许敬宗还进一步说：“古人有言，‘当断不断，反受其乱’，安危之机，间不容发。无忌今日之

长孙无忌

奸雄，王莽、司马懿之流也；陛下少更迁，臣恐变生肘腋，悔无及矣！”在许敬宗的一再劝说下，高宗没有召见长孙无忌，即下诏削夺他的官爵、封邑，流放于黔州（今四川彭水），并发兵立即遣送。不过，高宗仍念舅甥之情，念长孙无忌有拥戴之功，特准许按一品标准供给饮食。长孙无忌的家族也受到株连，从弟渝州刺史长孙智仁、族弟长孙恩、儿子驸马都尉长孙冲、族子驸马都尉长孙铨、长孙祥等也陆续被诛或

被贬，无一幸免。

不久之后，唐高宗又命司空李世绩、中书令许敬宗等五名宰相再次审理长孙无忌一案。许敬宗命大理正袁公瑜前往黔州，逼迫长孙无忌投绳自杀身死，并籍没其家。然后上疏高宗，说长孙无忌罪状属实。于是，高宗又下诏赐死韩瑗、柳爽等人。至此，关陇集团彻底覆灭。

## 明朝宰相胡惟庸：位高权重祸及九族

朱元璋为何大张旗鼓地制造胡惟庸案，至今以来都是一个谜。

明王朝建立伊始，太祖朱元璋并没有安下心来。他的多疑令他唯恐有谋臣造反，只有皇权完整地独立控制整个国家生杀之事，才能保证明王朝的千秋万代。因此而成为牺牲品的明朝将相不在少数，其中宰相胡惟庸算是最大的牺牲品。

关于胡惟庸获罪的原因，历史上有两种说法。

一说是胡惟庸位高权重，心生他意，同倭寇与旧元勾结，意在弑君，结果事情败露。另一种说法是胡惟庸引朱元璋来家里观看醴泉，这被认为是天赐的祥瑞之事，所以朱元璋欣然前往，结果在路上被一个宦官拦住，诉说胡惟庸谋反的阴谋。不管是哪种材料，都是疑点重重，真实情况已无从考证。但是胡惟庸谋反一事，在皇帝那里就是事实，这是十恶不赦之大罪。随后朱元璋借此东风，一举撤销中书省，不再设丞相。随后又追查了依附胡惟庸的官员和六部官属。结果此案迁延十余年，大小官员被处死者多达三万余人。

钱穆在《中国历代政治得失》一书中讲道：自古以来，中国的皇权和相权是划分的，即使两种权力的比例不同，相权对皇权有一定的制约，并不是皇帝一人专制。而政府真正由一个皇帝来独裁则是在明清两代，始作俑者就是这位明太祖朱元璋，他废止宰相一职，并严格规定子孙们永远不准再立宰相。从明朝中后期的事情来看，皇帝们总是滥用手里的权力为所欲为，最终没能守住祖宗的这份基业，在祖宗这里也许能够找到根由。

胡惟庸一案的血流成河，并没有让朱元璋放心，因为宰相虽然没有了，还有很多劳苦功高的大臣，难以保证他们不会起异心。于是，他又举起了屠刀，洪武二十六年(1393年)正月,蓝玉案起。蓝玉以谋逆罪被杀,连坐被诛杀者达1.5万人。

## 嘉靖名臣海瑞:直言进谏惹狱灾

历代王朝,多的是直言进谏之忠臣良将,为何独海瑞上疏而名声大噪?不得不从嘉靖皇帝的独断专横说起。

嘉靖皇帝朱厚熜即位后,想追封亲生父亲兴献王为皇帝,却遭到群臣的反对。嘉靖三年,吏部侍郎何梦春、修撰杨慎带领200余名朝臣冒死进谏,嘉靖皇帝不仅不为所动,反而令侍卫将群臣逮捕,施以廷杖之刑。

嘉靖四十三年,海瑞任户部主事。他对嘉靖时期的"君道不正,臣职不明"深感忧虑。眼看国力日衰,不得不冒死向皇帝呈上《治安疏》,直言不讳地批评嘉靖皇帝迷信道教,大兴土木,竭尽民脂民膏;不视朝政,以至法纪废弛;听信道士妖言,不与皇子们相见,以致父子之情淡薄;在西苑深居不回宫城,导致夫妇之情淡漠。正是这些荒唐的举止,导致"天下不直陛下久矣"!直面上疏后,海瑞自己也预计到难逃一死,事先安排好了后事。然而,结果却出人意料。

虽然嘉靖皇帝看后勃然大怒,命随侍的宦官"趣执之,无使得遁",然而当拿起奏疏反复阅读后,最终只将海瑞关押入狱,并未执行死决。

对于嘉靖皇帝没有立斩海瑞的原因,后人做出了不少推测。一说海瑞官职虽小,却有清正刚直之名。其居官清廉,刚直不阿,救济黎民,有"海青天"之称,深得百姓尊敬与爱戴。若杀海瑞,则天下震动。二说嘉靖皇帝欣赏海瑞,认为可以"以作治贪之利器"。三说嘉靖为向天下人展示其虚怀纳谏、宽宏大量的帝王气量,故放海瑞一条生路。

当然,也有人从《治安疏》中寻找答案。海瑞上疏,将嘉靖皇帝比为汉文帝,言"陛下天资英断,过汉文远甚"。在此前提下,才开始列举当今朝政之弊端,并将弊端之源归于"陛下误举之,而诸侯误顺之,无一人肯为陛下正言者,谄之甚也"。奏疏的结尾,海瑞又将嘉靖皇帝与"尧、舜、禹、汤、文、武"并列,只要"陛下一振作间而已",则"天下何忧不治"?这正是海瑞的过人之处。

值得一提的是,海瑞入狱不到两个月,嘉靖皇帝驾崩,新君即位后便下诏释放海瑞。

## 嘉靖名臣夏言:锋芒毕露下场悲

夏言是明朝嘉靖时的名臣,他四次入阁为首辅大臣,权重一时,名震天下。夏言的下场却是可悲的,最后被处以极刑,斩首于北京菜市口。如此人生巨变,探根溯源,不能不归结到夏言的刚直上。

夏言学问高,本事大,唯其如此,皇上不得不借重他。夏言自恃才高,刚直得近于傲慢,皇上他也敢反驳,皇上屡有不快,只是引而未发。

时任礼部尚书的严嵩要借此扳倒夏言,自己登上首辅之位。一次,嘉靖皇帝因迷信道教,制作了一批道士似的服装分赐大臣,要他们穿着上朝。夏言以有伤国体之故,不肯听命。严嵩看出嘉靖皇帝为此内心恼怒,便借机进谗道:“夏言目无皇上,当众抗命。他每以忠正自居,如此不敬皇上,其狼子野心不是昭然若揭了吗?”嘉靖深以为然,自此疏远了夏言。

与夏言相反,严嵩在嘉靖面前表现得极为恭顺,凡事无不赞成,即使明知皇上有误,他也一味拥护,遭人讥笑也不在话下。长此以往,嘉靖皇帝对严嵩的好感日增,最后让他入阁拜相,成了一名重臣。

夏言先后三次被免去首辅大臣之职,第四次入阁为首辅时,他的一位好友来到他的府上,却是连声叹息,不住地摇头。夏言心中有异,问其缘故,他的好友便说道:“大人三去相位,可知是为什么吗?”

夏言乃道:“皇上见异,乃是小人作祟。如今皇恩逾隆,足见皇上的英明。”

其友却道:“大人刚直,天下尽知。皇上容你三次,还会容你下次吗?小人陷你三次,还会收手不为吗?望大人引以为戒,否则祸不可测了。”

夏言凛然道:“大丈夫为国尽忠,岂能藏头缩尾、违心行事?我心无私,皇上自能体察,祸从何来?”夏言依然故我,嘉靖皇帝愈加厌恶于他。后因在收复蒙古人占领的河套地区一事上,夏言又出言犯上,和嘉靖皇帝有了争执,加上严嵩在旁进谗,嘉靖皇帝终于动了杀机,将他定了死罪。

## 明代忠臣于谦:忠贞反为祸根苗

明英宗正统十四年(1449 年)秋,由于蒙古瓦拉部侵犯大明江山,英宗采纳宦官王振的建议亲自抵抗外族的侵犯,由于组织不周且前线指挥由宦官独断,导致明军在土木堡被瓦剌军打败,英宗被俘。这时于谦挺身而出,力排众议,坚持"社稷为重,君为轻"的思想,取得了京师保卫战的胜利。后来明英宗时期,各地政局产生了一些动荡,也都被于谦平定。

于谦

景泰八年,将军石亨、左副都御史徐有贞等发动宫廷政变,于谦被逮捕。罪名是迎立外藩、图谋不轨,罪至当诛。石亨曾是于谦的部下,经于谦提拔才至将军位,在京师保卫战中也曾立过战功,但是此人经常藐视大明律多行不义,于谦就参劾他,由此对于谦恨之入骨。徐有贞在京师保卫战后被罢免官职,后来让于谦替自己向景泰求情,景泰对徐极为反感,复官不成,这笔仇怨也记在了于谦头上。

当石亨等人力主要杀于谦的时候,明英宗"不忍心杀害功在社稷之人"。力主要杀于谦的人就把当年其"社稷为重,君为轻",不顾英宗死活的主张告诉了英宗,还强调:"不杀于谦,此举为无名!"英宗才痛下决心杀了于谦。

据史料记载,于谦死之日,阴霾四合,天下冤之。"京郊妇孺,无不泣洒",还有人不顾个人生死收敛于谦的遗骸。

成化初年,于谦的儿子被赦免,他上疏为父申冤,这才得以恢复于谦的官职和赐祭,皇帝的诰文里说:"当国家多难的时候,保卫社稷使其没有危险,独自坚持公道,被权臣奸臣共同忌妒。先帝在时已经知道他的冤,而朕实在怜惜他的忠诚。"诰文在全国各地传颂。

弘治二年,采纳了给事中孙需的意见,赠给于谦特进光禄大夫、柱国、太傅,谥号肃愍,赐在墓建祠堂,题为"旌功",由地方有关部门年节拜祭。万历中,改谥为忠肃。

## 明代首辅张居正：功亏一篑酿悲剧

有人说，倘若张居正早生几百年，再碰上明主，相信华夏在他的改革之下将发生翻天覆地的变化。《明史》当中记载的张居正是这样的："居正为人，颀面秀眉目，须长至腹。勇敢任事，豪杰自许。然沉深有城府，莫能测也。"

张居正

明朝中期，幻想长生不死的嘉靖皇帝修仙炼道，不理朝政，将社稷大业教给了奸相严嵩打理。严嵩父子趁机为非作歹，贪赃枉法。隆庆皇帝在位六年，极少审批公文、听任群臣争议。每每有人重振朝纲，诸如首辅徐阶、高拱等人，却都难以奏效。

张居正继任首辅后，决定实施改革，重振明朝。隆庆二年八月，他托《陈六事疏》中就从省议论、振纪纲、重诏令、核名实、固邦本、饬武备等六个方面提出改革政治的方案，其核心就是整饬吏治、富国强兵，明确地把解决国家"财用大匮"作为自己的治国目标。通过一系列改革措施，明朝形势好转。

面对幼主万历皇帝，张居正如同一个严厉的父亲，一方面教导幼帝，另一方面把持着朝政。明初皇权过分集中的局面再次打破，张居正令相权再次分离出来。

作为一个具有雄才大略的政治家，张居正对明王朝所面临的问题有深刻的认识。针对外患问题，他倚重抗倭名将戚继光解决了沿海倭寇，抵御了北方鞑靼的入侵。此外，他利用鞑靼首领说服鞑靼称臣。之后二三十年间，明朝和鞑靼之间一直没有发生战争。

对于当时国力匮乏和盗贼横行的问题，张居正认为是由于吏治不清造成的。张居正很高明地把了国家的脉象，于是在万历元年(1573 年)十一月，张居正上疏对官员实施"考成法"，以便明确职责。张居正在施行考成法时，还将追收赋税作为考成的标准。一时间,全国各地官员因无法缴纳赋税而遭到降职处分。由此官员们再也不敢贪污受贿。

然而,对官吏的管理限制势必损害官僚豪强的利益。不管张居正的改革多么成功,但他始终是地主阶级内部的改良运动。改革虽然可以清除积弊,澄清吏治,抑制豪强,减轻农民痛苦,可是却树立了大地主阶级这个强敌。而财政收入的提高,致使官僚豪强大地主更加盘剥百姓。

张居正死后,神宗万历皇帝废除新政,国家朝政急遽败落,危机故态复萌。不仅统治机构自行解体,各种社会矛盾交错而起,而且国家库藏被耗尽,百姓生活在水深火热中,全国各地怨声载道,朝堂动荡不安。

一场轰轰烈烈的改革成果轻易地被破坏了,这究竟是张居正的悲哀,还是大明王朝的悲哀?寻根究底,是体制的弊端造成了改革的悲剧。而对于张居正本人,历史上也是褒贬不一。

## 王大臣闯宫案:真假预谋连环谜

明神宗万历元年正月十九日(1573 年 2 月 20 日),年仅 10 岁的神宗皇帝走到乾清门时,一名宦官打扮的男子慌慌张张地走过,神宗身边的人将其拿获,在他的身上搜出刀剑各一把,随后将其移送东厂审讯。经初步审问,得知此人名叫王大臣,以前是别人家的仆役,现在没有雇主。案件发生后,除了对王大臣严加审讯外,朝廷也采取措施加以防范。

案件发生后第三天,首辅张居正上疏要求追查王大臣前来犯驾的主使之人。从这时起,很多人开始谣传,本案是张居正与司礼监首领太监冯保联合置前任首辅高拱于死地的一种谋划。随着这种谣言从普通官员扩展到朝中大臣,张居正又迅速采取办法,于案发 34 天后将王大臣斩首结案,其他人均未波及。

虽然这种猜测有很多记述,但是张居正究竟是否参与了此次案件的谋划,一直都是疑案。1999 年,韦庆远先生的著作《张居正和明代中后期政局》出版,对这个疑案作了定论,称“是由冯保主谋,在张居正知情,并在一定程度内参与下炮制而成的假案”。

但《万历起居注》中记载:“是日早,乘舆出乾清门,有男子伪着内使巾服,由西阶下直趋而前,为守者所执,索其衣中,得刀剑各一,具缚两腋下,诘之,但道其姓名为王大臣,系直隶常州武进县人,余无所言。司礼监太监冯保奏状,奉旨:‘王大臣送东厂究问,还差的当办事校卫着实缉访来说。’”可见,从王大臣身上搜出刀剑系当时之事,下东厂究问在其后。则冯保没有时间将刀剑缚于王大臣身上,也不可能在极短的时间内即决定以此谋害高拱,更没有时间与张居正商量后,再“令家人辛儒饮食之,纳刃其袖中,俾言拱怨望,遣刺帝”。故此,冯保“置刃其袖”以诬陷高拱之说与《明史·冯保传》所载之说皆系推测之词,与实际情形颇不相合。

此外,王大臣挟刃犯驾,张居正作为顾命大臣,面对有人挟刃惊吓了年仅10岁的皇帝这一突发性事件,想得严重些也完全在情理之中。在戒备松弛的情况下,出现突发性事件只能让人立即追查此次事件之原因。张居正的做法实在难与配合冯保联系起来。

通览《国榷》《明史》《明史纪事本末》《明通鉴》的有关章节可发现,对于王大臣一案的记述也都情节离奇,难有定论。

## 第五节 戎马将军玄案

人的性格能够决定其一生的命运,有时历史会用假象蒙蔽我们的双眼,这需要我们不断地探讨和研究表象背后的真相。纵观历史,那些震古烁今的戎马名将,有的从一代霸王变成了悲情英雄,有的从流氓草寇上升成为一代帝王,他们为什么会有如此的变化呢?观其一生,这与他们的性格是分不开的,是他们的性格决定了他们的命运。

智勇双全、战功赫赫被人称为有大将之风,而有勇无谋则会被视为莽夫,既无勇又无谋只能是懦夫、无能者,这样的人不能够担当将军的重任。所以,一名大将到底能成为名垂千古的名将,还是成为徒有虚名的败将,与其自身的原因有很大的关系。

每个人的心中都有一种英雄情结。一个真正的英雄人物,应该既是一个杰出的军事统帅,又是一位清醒的政治家。人心向背问题不仅关系着战争的胜负、人民的存亡,也是治理国家、辅佐君王不可忽视的决定性因素,善于妥善处理军事与政治之间的相互关系,才是有勇有谋的将才。

本节既有驰骋沙场的常胜名将,也有壮志未酬的悲情英雄,通过一个个生动离奇的历史事件,再现了历代将军们叱咤疆场的雄才伟略,以及因性格缺陷导致人生悲剧的泣天恸地。

### 战国名将赵括:"纸上谈兵"是冤枉

赵括是战国时期赵国马服君赵奢之子,出身名门,自幼熟读兵书,对军事方面有自己的见解,少年时代即随父亲赵奢出战。少年赵括曾献计帮助父亲一个月之内攻下了赵军久攻不下的麦丘。公元前270年,赵括运用反间计,成功地解救了瘀与地区,因此扬名。

赵括

在公元前260年长平之战爆发之始,赵括没有任何实际带兵打仗的经验,在军队中他更多地扮演了军师的角色。公元前260年,秦王命王龄进攻韩国上党地区,并且顺利地占领该地区,但是上党地区早在两年前已归属于赵国,此次秦进攻上党,赵孝成王就派名将廉颇出战,廉颇驻军长平,与秦军交战,采取了自己不擅长的消耗坚守战略,秦军不断吞食赵军,完全占领了上党地区,这对赵国都城邯郸十分不利。因此,赵国内部出现了混乱,不断有人提出建议,换下廉颇。最终,赵王听取乐毅的建议,由赵括取代廉颇,对战秦军。赵括率领四十万大军,改守为攻,主动全线出击,向秦进攻。秦将白起分兵两路:一路佯败,把赵军吸引到秦军壁垒周围;一路切断赵军后路,实行反包围,使赵军粮道断绝而困于长平。最终,赵括突围不成,战死长平,四十余万赵兵尽被坑杀。

综上,有几点值得注意。

一、赵括虽然有跟随赵奢出征的经历，但是从来没有独立为将、带兵打仗的经验。虽有谋略，但是却缺乏实际作战经验，大多数战功只是靠“军师”而得来。因此，在关键的时候，赵括上阵打仗，取得成功的可能性并不是很高。

二、在经过了赵惠文王策划的“沙丘之乱”之后，赵国的国力逐渐削弱。赵国的实际情况根本就支撑不了长久的消耗战，让赵括上任之后，除了速战速决以外，更无任何选择。

三、赵括上任以后，大量修订军纪，把廉颇规定的一套制度全部废除，这一番大刀阔斧的改革是赵括经验不足的表现。

四、赵括的举动是“纸上谈兵”的关键，即赵括在战役之中所采用的战略战术。当时秦军在西、赵军在东，秦军以西是河水很宽很深的泌水，赵军以东是河水很宽但水浅的丹水，两军之南是太行、王屋山脉，北面也是太行山的山脉，整个战场由山脉和河水组成了一个矩形。但是，南面的山脉已由秦军所占。北面的山脉为秦赵共同占有。因此，无论是哪支军队要全身而退，都只有选择水路，要么是涉水渡过丹水，要么是乘船渡过沁水。赵括决定派晋阳赵军南下支援沁水西岸的赵军，控制沁水西岸一带，再向西进攻秦军，配合自己的大军东西夹击秦军。但是，赵括没有想到的是，沁水西岸的赵军并没有完成自己的命令，未能控制沁水西岸，所以当赵括大军一路追随不断向西撤退的秦军至沁水河东岸时，不但没有消灭秦军，反而使自己陷入了秦军的包围圈之中。最后，秦军骗降赵军，两军再战，死伤无数，赵军四十万大军终因力竭而败，赵括自杀殉国。

其实，赵括的部署可谓得当，只是赵皮牢、晋阳二军未能完成任务。所以，赵括在长平之战中并不是“纸上谈兵”。

### 大将军韩信：阴谋造反难断定

韩信是秦汉之际最著名的军事家，为西汉建国立下了汗马功劳，与萧何、张良并称为“西汉三杰”。但是，这位大功臣最终的结局并不如想象中的美好，他被吕后、萧何捕杀于长乐宫中，三族被夷。那么，究竟是什么原因使得这位大功臣落得如此凄惨的下场呢？

韩信

一直以来，史学界对韩信的死因说法不一，各执一词。

韩信被杀的起因是自请封王。汉高祖五年，平定三齐之后，刘邦被楚军围困于荥阳，焦急等待韩信率兵来救。但是，刘邦等到的并不是韩信大军，而是韩信自请封为齐王的上书，这让刘邦十分震怒，而有求于人的刘邦，也只好遂了他的意。韩信自请封王的做法，在刘邦心中埋下了深深的隐患。因此，在楚汉战争刚刚结束，刘邦就设计夺了韩信的兵权，徙封为楚王。入楚的韩信还是没有意识到自己的危险处境，反而与项羽旧部钟离昧相交甚密，刘邦势必对韩信的怀疑更甚。

真正让刘邦有机会杀掉韩信的原因在于有人告韩信谋反。

自请封王事件之后，刘邦对韩信已经是心存芥蒂，所以当有人举报韩信要谋反的时候，刘邦采用陈平的调虎离山之计，趁着韩信来陈朝会见之时逮捕了韩信。果断而深谋远虑的刘邦仍念韩信建国功勋，并未杀之，改封为淮阴侯，使居长安。危机四伏的韩信依然没有看清楚形势，反而勾结握有重兵的陈豨，准备趁着刘邦伐陈之时发动叛乱。韩信的阴谋被人告发之后，被吕后、萧何捕杀于长乐宫之中。

还有的人认为，刘邦为了消除割据势力、统一集权而杀韩信。刘邦为平定天下，在特定的历史条件之下分封了七个“异姓诸侯王”，这些“王中之王，国中之国”成为西汉王朝统一集权的重大隐患。尤其是在刘邦基本上控制了六国旧贵族和关东豪杰的分裂活动之后，异姓诸侯王更成为刘氏家族的眼中钉、肉中刺。所以，不论韩信有无谋反之心，刘邦必然会采取高压手段来消灭异姓诸侯王，才能免除战祸，休养生息。

近年来的研究认为，刘邦并未有杀韩信之意。韩信被吕后、萧何所杀，只是吕后为了自己以后篡权扫除障碍，而萧何作为韩信的举荐人，捕杀韩信是因为当时自己已深受刘邦猜疑，如不屈从于吕后的意旨，自己也会遭到株连。所以，韩信被杀，所谓谋反只是莫须有的罪名，吕后揽权才是真正的主因。

### 飞将军李广：战功显赫因何一生未封侯

李广一生征战拼杀七十多场，而且多数获胜，极少失败，是匈奴人眼中的劲敌。但是，尽管李广战功赫赫，却因各种原因没有得到相应的封赏，更难被封侯。和他一起出来且声名远在他之下的堂弟李蔡已经身为丞相，李广依然只是一个普通的将军。

李广雕像

李广有一次和占卜天象的王朔讨论自己难封侯的原因。王朔问："你是否做过违背良心的事?"李广想了想说："我镇守陇西的时候，羌人曾经造反，我用计谋使他们投降，后来又将八百多名投降者在一天之内杀掉了。这是我认为最遗憾的事。"王朔叹息说："把已经投降的人杀掉，这就是将军没有被封侯的原因。"

公元前119年，朝廷对匈奴发起大规模战争，分两路向匈奴进军。已经年老的李广主动请战，担任前将军，由卫青指挥。李广在行军途中经常迷路，等到会合地点时，已经迟了几天。手下的人叫李广的部下到卫青那里去请罪，谁知李广气愤地说："我的部下没有罪，迟到的责任在于我自己，要审问就审问我一个人。"

接着，李广对部下说："我一生跟匈奴打了七十多场仗，这次跟大将军出战，没想到大将军把我的队伍调开，让我走迂回遥远的路线，而偏偏又迷了路，这岂不是天意吗？况且我已经这么大年纪了，毕竟不能同那些小吏打交道了。”说完，拔刀自刎。李广一生威名显赫，最后的结局却凄凉万分。

李广是个很有传奇色彩的将军，但是他一生却未能封侯，其原因很多。

首先，就是他的运气太差。李广虽然名气很大，但是实际上打的大规模胜仗不多。只是在一些特殊情况下，靠个人的勇武获得了一些超出常人的战绩。汉武帝元光六年，四路大军出塞。卫青、公孙敖、公孙贺、李广各率一路，每军一万人。本来这次出塞，四个人都有机会靠优异的成绩获得主帅的位置。但是运气和个人素质让四个人遇到了不同的情况。公孙贺在塞外旅游一圈，无功而返。公孙敖遇到匈奴一部主力，损兵七千。李广最倒霉，遇上了更大的匈奴单于主力，不仅兵败而且被俘。后来靠个人的机智和勇武才逃脱。卫青的运气和战略眼光都很好，长途奔袭，端了基本不设防的匈奴圣地龙城。前面提到王昌龄的诗，实际上有很大的错误。龙城与李广无关，他从来没到过那里。龙城飞将的说法，可能仅仅是为了合辙押韵而已。另外李广对匈奴的战绩，小仗胜大仗败，远远够不上“不教胡马度阴山”的水平。

李广参加的最后一次大战役，卫青已经是主帅了。为了提拔自己的亲信立功，卫青拒绝了李广担任前锋的要求，而令其侧路袭击。但是李广的坏运气再次发生作用，他居然迷路了。这时的李广已经六十多岁了，自己知道这是最后一次参加大型战役了。不仅没立成功封成侯，还要面对军法处那些笔杆子的羞辱。绝望加羞耻，致使他引刀自刎，一代悲情名将就此陨落。这是李广难封的运气原因。

其次，还有个人性格原因。综观李广战绩，勇不必说，其智谋就表现得不够出色，极少以少胜多或以计克敌的战例。此外，他的另一个性格特征也很重要。元光六年出塞，兵败被俘脱难归国。按照当时的军法，李广是死罪。靠族人出钱赎罪才免于一死，贬为庶人老百姓。之后有次外出回城晚了，叫门说“我乃前将军李广”。守门小官有点儿势利眼，加上喝得有点儿高，就说：“现任将军也不能违反夜间戒严令，何况你是前任将军？”李广干气没辙。后来李广重新带兵后，就把这个守门官调到自己军中找了个借口杀了。这些事情,反映出李广的性格缺陷,心胸狭窄、暴戾,缺少独当一面的战略才能。面对“李广难封”的典故,既要明白王勃用典的初衷,也要能从真实的李广身上学到教训。

### 唐朝起义将领黄巢:英雄遗迹何处寻

黄巢率领农民起义军围困长安时,曾有诗作“待到秋来九月八,我花开后百花杀。冲天香阵透长安,满城尽带黄金甲”。借此形容势不可当的义军力量。然而与唐朝军队的仓促应战,让他败北。结果,他带着残兵败将逃到了山东,自此没有任何音讯,他如何终老也就成为一个千古之谜。

在唐朝历史关于黄巢的记述,出现两种截然不同的说法:一个是被杀,另一个是自杀。

据《旧唐书·黄巢传》中有关黄巢死因的记述是这样记载的:“巢将林言斩巢及二弟邺、揆等七人首,并妻子皆送徐州。”也就是说,是黄巢在兵败后看到生还无望便让外甥林言把自己杀掉的。同时这样记载的史书还有《资治通鉴》《桂苑笔耕录》《北梦琐言》。林言是黄巢身边的禁卫队首领,是黄巢最亲密的人,从基本事实上看,林言拿着黄巢的首级去投唐这是一个事实,其中又有怎样的故事却不为人知。

而《新唐书》对于黄巢的死却是这样记载的:在黄巢兵败狼虎谷后,他见大势已去,生还无望,为了保存反唐血脉,他让自己的外甥林言拿着自己的首级去投唐,但是林言不忍心杀掉自己的舅舅。于是,黄巢自刎却没有死,林言随后就斩下黄巢的首级去降唐军,不料中途遇到沙陀人,沙陀人求功心切遂将林言也杀了,将两人的首级一同献给唐军。

《新唐书》成书于北宋年间,但是有关唐史在五代后晋时就有官修的唐史,后世为了区别两者,遂把五代时期的《唐书》称为旧唐书,而把北宋欧阳修主持修编的唐史称为《新唐书》,但是由于成书时间的差异以及时代背景的不同,旧唐书成书于乱世且仓促,书中大有疏漏之处,而欧阳修主持修编的《新唐书》,不仅内容丰富而且对于史料的收集也是极为全面的,《新唐书》秉承春秋的笔法写史,因此研究历史的人大都会参考《新唐书》的相关记载。

从敦煌莫高窟发现的“敦煌文书”中有一部《肃州报告黄巢战败等情况残卷》，里面有这样的记载：“其草贼黄巢被尚让杀却，于西川进头。”尚让是黄巢起义军的人物，其早年追随王仙之后投奔黄巢。后来遇到唐军反扑后，黄巢带余部到达今河南境内却遭遇沙陀兵的突袭，伤亡无数急需救援。但是这时的尚让却背叛黄巢反投唐军。那么黄巢死于尚让手下也不是没有可能。

## 抗金英雄岳飞：千古冤狱“莫须有”

岳飞，字鹏举，是赫赫有名的抗金名将。靖康之变中，金灭北宋，康王赵构于南京继位，史称南宋。将领岳飞上书数千言，大概意思是说：“陛下已登皇位，社稷有主，已经足以打破敌人奸谋，加上勤王的军队日益会集，而敌人认为我方素来软弱，应该乘金轻敌懈怠之时出兵击之。”

岳飞

岳飞治军严明，“冻死不拆屋，饿死不掳掠”。凡是朝廷有封赏犒劳，都分给部下军吏，不私拿一丝一毫。后来，岳飞率领经过严格训练的岳家军先后两次北伐。大败金兀术，收复大量失地。

正当岳飞指日之内就要渡过黄河北进时，秦桧却企图放弃淮河以北地区，暗示台谏官奏请高宗命令岳飞班师回朝。岳飞上奏回绝。秦桧知道岳飞北伐意志坚定不可扭转，于是先请求高宗让张俊、杨沂中等人率军回师，然后说岳飞孤军深入不能久留，请求下令班师。一天之内连下十二道金字牌，岳飞为其惋惜。

金兀术在给秦桧的信中建议“必须杀掉岳飞，然后才能够议和”。秦桧认为岳飞不死，终究会阻碍和议，自己也必然会遭到祸害，因此极力图谋杀死岳飞。

由于谏议大夫万俟离与岳飞早有怨仇，秦桧就暗示万俟离弹劾岳飞，又指使御史中丞等人连上章奏弹劾。但秦桧还不满足，又引诱王俊诬告张宪谋划迫使朝廷把兵权交还岳飞。

秦桧派人逮捕岳飞父子后，命令万俟离审理。万俟离污蔑岳飞说：岳飞曾写信给张宪，让张宪谎报敌情以震动朝廷；岳云也写信给张宪，令张宪采取措施使岳飞回到军中，并且说这些书信已经烧毁。后来又安排一些人来附会岳飞冤案。

当初，岳飞被关在狱中时，忠直的大臣说岳飞无罪，都被秦桧构陷，而凡是附会凑成岳飞冤狱的人，都不同等级地升了官。老将韩世忠愤愤不平，到秦桧那里质问真凭实据，秦桧说："岳飞儿子岳云写信给张宪这件事虽不明确，但这件事情或许是有的。"韩世忠愤怒说："'或许有'三个字，怎么能够使天下人信服？"

到了年末，这件案子还是没有成立，秦桧亲自写一个小纸条交给监狱，监狱当即报告岳飞死亡，当时岳飞年仅39岁。

**明开国将军徐达：是病死还是被毒死**

朱元璋作为郭子兴部将的时候，徐达22岁前往跟从朱元璋。徐达不仅作战勇猛，还擅长出谋划策。徐达待人宽厚，率领的军队纪律严明，朱元璋曾经对将领们说过："带兵稳重，纪律严明。得胜后最有大将风度的就是徐达。"

进攻吴地时，徐达派使者向朱元璋请示事宜，朱元璋敕令慰劳他说："将军才略胆识超过同辈，故而能够遏止暴乱，削平群雄。如今有事一定来禀告，这是将军的忠诚，我很赞赏。然而将领在外，国君不能驾驭。军中有紧急的事情，将军可以见机行事，我不会从中干预。"

不久平江被攻破，抓获张士诚，送往应天，获得兵源25万人。城将被攻破的时候，徐达对将领士兵下令说："抢夺百姓财物的处死，毁坏百姓房屋的处死，离开军营20里的处死。"入城后，吴地百姓和原来一样安定。

朱元璋建立明朝后，任命徐达为右丞相和太子少傅。徐达继续为朱元璋南征北战，灭掉了元朝，最终帮助朱元璋统一了天下。

天下安定后，徐达每年春天都会在外统兵，冬末的时候再回京城，回来后就把将印交还朝廷。朱元璋把徐达当成兄弟看待，而徐达反而更加谦虚谨慎，深得朱元璋的好感。朱元璋曾经说:“可以把我当吴王时期的住宅赐给你。”徐达坚决推辞。有一天,朱元璋和徐达一起到住宅,故意把徐达灌醉后抬到卧室。徐达醒过来后,吓得跪下高呼死罪。朱元璋心里非常高兴,下令给徐达盖了另外一处府邸,并且在府邸牌坊写上“大功”二字。

徐达

胡惟庸当丞相的时候,想和徐达拉关系,但徐达鄙薄他的为人,不愿和胡惟庸打交道。胡惟庸怀恨在心,就收买徐达的看门人福寿,让福寿陷害徐达。徐达知道后也没有追究福寿,只是常常劝朱元璋对胡惟庸多留个心眼儿,说胡惟庸不适合掌权。后来胡惟庸果然因为谋逆而被处死,朱元璋因此更加看重徐达。

不久,天象发生变化,月亮侵犯上将星座,朱元璋很忌讳这事,对徐达开始不太放心了。徐达在北平生了病,背上长了毒疮。朱元璋就派徐达的长子徐辉祖代表自己去慰劳徐达。第二年,徐达就去世了,当时有人传说是朱元璋把徐达毒死的。

徐达去世后,朱元璋很悲痛,还亲自去参加了葬礼,把徐达列为开国第一功臣。

## 白莲教女英雄唐赛儿:是战死疆场还是削发为尼

《明史纪事本末》记载,永乐十八年,明成祖朱棣下了一道奇怪的命令:“凡北京、山东境内尼及道站,逮之京诘之。”随后,明朝政府开始大肆抓捕尼姑道士。全国所有的尼姑以及女道士统统被逮捕送到京师逐一审问,验明真实身份。

这场史无前例的尼姑逮捕案,起源于一场农民起义运动。永乐十八年,山东境内发生了严重灾荒,官府不但没有发粮救济,还抓捕了大量聚众向官府讨要粮食的农民,许多人被活活打死。二月,唐赛儿以白莲教名义组织农民数千人,以红白旗为号,于滨州起义对抗朝廷。起义军很快就占领了青州、诸城、莒县、即墨等州县。明成祖朱棣派重兵镇压。然而起义军却突然消失,领袖唐赛儿也消失不见了。官军便禀报明成祖说唐赛儿失踪了。

白莲教起义多次打败明朝官军,但是规模毕竟很小,持续时间也不长,但是唐赛儿对政府的招安不理不睬,蛊惑民众与朝廷对抗,使得朱棣颜面扫地。因此,朱棣为了消除心中怒气,杀一儆百,下令必须抓到唐赛儿。

《明史纪事本末》记载:“唐赛儿久不获,虑削发为尼或处混女道士中,遂命法司,凡北京、山东境内尼及道站,逮之京诘之。”那么,朱棣又为何认为唐赛儿是藏身于尼姑之中呢?首先,佛门自古就是清净之地,远离世俗,官府不能介入佛门之事。所搜捕的官员在长期搜索不到唐赛儿所在,就以其藏身佛门为借口来推卸责任。其次,唐赛儿起义之时自称“佛母”,也让人们有理由相信她有可能藏身于佛门。因此,山东左参政在得到朱棣的首肯之后,第一时间抓捕了在山东、北京的尼姑,但是却还是没有唐赛儿的下落。《明史纪事本末》又记载:“永乐十八年二月,山东蒲台唐赛儿反,唐赛儿不获,溟逮天下出嫁尼姑万人。”朱棣在山东、北京一无所获之后,他把搜索的范围扩大到了全国,长时间的搜捕之后仍是毫无进展。

白莲教并没有因为明成祖的大肆抓捕而消失,直到清朝也一直没有停止活动。至于唐赛儿是否藏匿于佛门,或是战死疆场还是削发为尼,后人不得而知。直到朱棣去世,官府依然没有她的下落。历代史学家为了寻觅这位巾帼英雄之所在,皓首穷经也无定论。

### 明起义领袖李自成:战败之后下落何方

李自成的大部分部下被胜利冲昏了头脑,他们整日不是狎妓取乐,便是做着新朝登基的春秋大梦。明朝的半壁江山还没有打下来,当时的形势依然还很复杂。将军李岩给他提了四条建议:一是不要急于称帝;二是颁布的贪官追赃法令要严格按律执行。在政局还不够稳定的时候尤其要严明法纪,对于实在贪污严重者可以杀,其余都可以不予追究。对于那些清廉的官员更要在政策上保护,以争取这部分人的支持;三是严明军纪,一切军士均不得扰民,违令者斩;四是明朝各地握有军队

李自成行宫

的官员现处于观望状态，切不可兴兵讨伐，如若讨伐必将陷大顺于万劫不复之境地。可以采取安抚的策略，赐侯封爵未尝不可。

可是李自成没有采纳这四条建议，入京不足一月便被迫出走，一场浩浩荡荡的农民起义就这样结束了。

兵败后李自成带余部南撤，途中遭遇围追堵截、屡战屡败，后闯王不知所踪，成为历史之谜。

关于战败后的李自成究竟下落何方，有两种说法。

一说客死九宫山。这个说法来自当时清朝名将爱新觉罗·阿济格，他是在山海关大破李自成农民军的重要将领之一，他对李自成如何殉难是这样解释的："李自成窜走时，随身只有士兵20人左右，在九宫山被山民围困，不能逃脱，然后自缢而死。"但阿济格并非亲眼所见，不足为信。

据明末清初诗人吴伟业的《绥寇纪略》中有关于李自成兵败九宫山的记述："至九宫山，独自上山谒元帝庙，当地山民误以为是盗贼首领'碎其首'而亡。"而费密的《荒书》记述："李自成率十八骑，由通山过九宫山岭。"被山民围攻，十八骑被杀，李自成和山民程九伯搏斗，不慎被程九伯外甥金某从背后袭击致死。

二说夹山灵泉寺隐匿。

澧州知州何璘首先否定了清廷关于李自成死于九宫山的说法，他在《李自成传》中称,兵败后李自成逃到夹山削发为僧,法名奉天玉和尚(因为李自成曾号称自己是奉天倡义大元帅)。而且何璘还去实地考察过,说他见到一个操着陕西方言自称曾经服侍过奉天玉和尚的老人,并且他还有奉天玉和尚的画像,据说画上的和尚与当时史书上闯王的模样极为相似。在奉天玉和尚的墓葬中发现的很多遗物以及《塔铭》都与何璘记述寺内的遗物和皇室玉器极为吻合,而且从夹山寺里发现了只有君王才能使用到的石雕龟形敕印,这似乎在向研究者说明这个奉天玉和尚就是李自成。

由于关于李自成起义的很多文献资料都不知所踪,所以我们不能真实地了解当时的情况,进而对这位起义领袖的归宿也不得而知,因此关于李自成失败后的结局就成为一个历史疑案,有待后人评说。

## 明末将领袁崇焕:多变之秋的千古冤狱

明朝末年,后金军队攻打明朝,明朝将领袁崇焕率领部队东征西战,沉重打击了后金军队,收复辽东失地。然而,这位曾经为明朝廷立下汗马功劳的一代将领,却被崇祯皇帝下令逮捕入狱,次年被杀害。关于明将袁崇焕之死,历来学者有着不同的说法。

一说被崇祯皇帝误杀。有学者认为,袁崇焕因为崇祯帝听信阉党的诬告,中了皇太极的反间计而被误杀。在明军与后金军作战时,后金军曾两次被袁崇焕军击败。后金军见形势不利,就避开辽东防线,转而绕道进攻北京。袁崇焕得知消息后迅速回京防守,在北京城再次痛击后金军。此时,皇太极意识到明军的势力之猛,要进取中原,必须除掉袁崇焕。于是,皇太极用了一个反间计:后金军的副将高鸿中和参将鲍承按照皇太极的计谋,假装耳语说:“撤兵不过是个计谋,袁巡抚有密约,事情即将告成。”而此时被后金军俘获的明廷太监窃听到了他们的谈话,等到被后金军放回明朝后,太监便向崇祯皇帝告知袁崇焕与后金军“有密约”之事。崇祯皇帝听说袁崇焕背叛了朝廷,立即下令将其逮捕入狱。这样,皇太极就借着明崇祯帝的皇权除掉了袁崇焕。可悲的袁崇焕被中了反间计的崇祯帝而枉杀刀下。

二说被崇祯帝蓄意杀戮。有人对崇祯帝轻信反间计而误杀袁崇焕一说表示质

袁崇焕

疑,认为袁崇焕之死完全是崇祯帝的蓄意谋杀。其真实原因是崇祯皇帝担心袁崇焕及其东林党人对皇权构成威胁,崇祯帝以巩固皇权、防止大臣结党并削弱东林党势力为目的,以反间计为借口杀掉了袁崇焕。

三说基于袁崇焕自身的性格悲剧。袁崇焕性格耿直,敢说敢为,这令阉党人极其不满,也令崇祯帝反感。加上他是整个后金战局的统帅,有很大的军权,势必成为皇帝猜忌的一个因素。崇祯帝开始起用东林党人又继而起用阉党,就是为了实现自己的专权,而袁崇焕常常目无君主,曾因擅自诛杀明辽东大将毛文龙一事而招致崇祯帝的不满,但当时崇祯帝容忍了他的功高盖主的行为。随后的己巳之变,让崇祯帝和袁崇焕之间的君臣关系难以维持,导致崇祯帝下定决心痛杀袁崇焕。因此,从这个意义上说,袁崇焕实质上是君臣冲突的牺牲品。

## 清代权臣年羹尧:飞扬跋扈,丢官丧命

年羹尧是清代康熙、雍正年间人,进士出身,官至四川总督、川陕总督、抚远大将军,还被加封为太保、一等公。年羹尧曾运筹帷幄,驰骋疆场,立下赫赫战功。雍正二年入京,深得雍正帝的特殊宠遇,位极人臣。

然而短短一年时间,92 条大罪,一丈白绫,断送了这个曾集高官显爵于一身的

大清功臣。究其原因,众说纷纭。

有人认为,年羹尧自恃功高盖世,不把天子和朝臣放在眼里。在一次庆功宴上,雍正出于爱将之心,多次要求将领们将铠甲卸下,却无人敢动。唯等年羹尧发话之后,众人才敢卸下铠甲。年羹尧还把朝廷派来的御前侍卫当作奴仆使唤,对雍正的恩诏不行三跪九叩之礼,甚至在知道雍正打算亲笔为《陆宣公奏议》撰序的情况下,都敢以不愿烦扰圣驾为由,自拟序言,更要求雍正公诸于天下。如此飞扬跋扈,雍正岂能容他?

对于雍正大力整顿吏治一事,年羹尧处处干预,诸多阻挠。其贪敛财富、结党营私、任人唯亲等举动到了无以复加的地步。即便是被贬职上任,仍大运财产,更带数千亲兵同往。年羹尧不知收敛地撞在这风口浪尖之上,正好给了雍正帝杀一儆百的机会。

也有人认为,年羹尧参与了雍正夺位之事,他的死正是一代帝王为巩固帝位而上演的"鸟尽弓藏"的悲剧。据说康熙帝原本指定皇十四子允禵继位,而雍正帝篡改诏书夺取帝位,并且得到当时任川督的年羹尧助其一臂之力,牵制了拥兵于四川的皇十四子允禵,使其无法兴兵争位。雍正既登帝位,又有雄才大略治世贤能,若留下年羹尧这个知其篡位阴谋的功臣,实乃一大掣肘。加之年羹尧一旦得势就不知收敛,功高盖主而不自知,就注定了迟早落个丢官丧命的下场。

更有甚者认为,年羹尧之死是因其自立为帝的计划败露。陈捷在《年羹尧死因探微》中认为,"羹尧妄想做皇帝,最难令人君忍受,所以难逃一死"。《永宪录》中也提到年羹尧曾与静一道人、占象人邹鲁商谈做皇帝的事。《清代轶闻》一书更记载了羹尧失宠之后,"当时其幕客有劝其叛者,年默然久之,夜观天象,浩然长叹曰:不谐矣。始改就臣节"。由此可见,年羹尧似乎真有称帝之心,只因为"事不谐",不得不"就臣节"。

**爱国将领冯玉祥:海上遇难有悬疑**

1948年7月31日,一艘名为"胜利号"的客轮载着322名乘客从纽约起航,开往目的地苏联敖德萨。但是,"胜利号"却在途经黑海之时突然失火,大量乘客遇

冯玉祥

难，其中包括即将返回中国参加政治协商会议的冯玉祥将军和他的小女儿。

这一事件引起人们的质疑："胜利号"失火的原因是什么？它的失火与冯玉祥将军有何关系？

"胜利号"轮船在发生火灾之后，经苏联调查结果显示是，是由于电影胶片处置不慎而导致失火，火势蔓延，最终导致整条船烧毁。

火灾发生后，冯玉祥将军身死"胜利号"的消息，引起西方世界的极大轰动，各家媒体纷纷报道，但苏联报纸却对这个"不幸事件"讳莫如深，只有一则标题为《"胜利号"轮船发生不幸》的简短报道，报道之中也完全忽略了火灾的起因。

值得注意的是，"胜利号"从纽约起程之前，纽约当局曾强迫对"胜利号"进行了消毒处理。也就是说"胜利号"上原有的200余位工作人员必须全部离船，在消毒的两天时间里，没有人知道"胜利号"发生了什么。

另外"胜利号"在返程途中还突然接到黑海航运局的指示，要求"胜利号"绕道转去埃及亚历山大港，接收从埃及遣返回国的亚美尼亚人，把他们送回格鲁吉亚海港巴统，然后再返回敖德萨。"胜利号"执行了此项命令。"胜利号"在亚历山大港接收了3000多名亚美尼亚人返航，到达巴统之后返回敖德萨。路经黑海就发生了严重火灾，所以调查人员推测，有可能是破坏分子从亚历山大港混入其中，后来在船上蓄意引起火灾。而且在这批遣返人员上船后,人们在船上不同地方都发现了一种块状矿石。这种矿石在燃烧时可以放出蓝色火焰,能达到很高的温度。但是调查机关并没有按人为破坏说继续追查下去。

此次事件最为蹊跷的地方还在于:一是"胜利号"着火之后不久,苏联政府突然下令停止了亚美尼亚人的返乡潮。二是在"胜利号"实际发生火灾之前,美国的广播电台就提前播报了火灾的消息。

近年,冯玉祥将军的儿媳余华心女士撰写出版的《传奇将军冯玉祥》一书中就对冯玉祥将军的死进行了分析。她认为冯玉祥将军的死是一场经过精心谋划的谋杀行动,特务事先在油漆轮船的时候,在油漆里混入了大量的烈性炸药,所以大火才能很快地燃烧起来。

然而,"胜利号"失火的起因疑点重重,至今为止,对于冯玉祥将军的死亡原因也没有定论。

## 第六节　红颜美人悲案

"桃花羞作无情死,感激东风。吹落娇红,飞入窗间伴懊侬。谁怜辛苦东阳瘦,也为春慵。不及芙蓉,一片幽情冷处浓。"清代文人纳兰容若的这首《采桑子》,表达了对古代一位美艳女子息妫(桃花夫人)的缅怀之情。息妫的故事流传后世,引起后人的万千慨叹。历代无数诗人词家、名家都曾为她赋诗唱和,息妫凄婉多变的命运让她成为历史上尽人皆知的薄命红颜。

历来绝代佳人、倾城美人,其命运却也似二月桃花随波逐流。西施、王昭君、貂蝉、杨玉环古代四美人的命运悲剧,用苦短的青春祭奠了历史王朝的血泪史;而李师师、董小宛等青楼名妓,以及红尘侠女的颠沛人生,更引发后人的无限同情和沉重思考。那一曲曲凄婉的琵琶声流转着怎样的心曲?那"回眸一笑百媚生"的美丽背后真的是艳羡众生吗?

虽然我们不能感同身受她们的坎坷与落寞,但无论是有如昙花一现的惊艳,还是共佐几代君王的妩媚，这些红粉佳人们的痴与怨、笑与忧、身与心，都构成历史上光鲜华丽的篇章，也为她们的人生增添了浓墨重彩。

本节选取的是古代历史上最具亮点的美女佳人，尽管她们的故事和传说被世人传颂了千遍万遍，但其中的奇特趣闻和百态人生仍是我们津津乐道的永恒话题。

### 万里和亲刘细君：公主琵琶幽怨多

李颀的《古从军行》中的诗句“公主琵琶幽怨多”，后人都认为此处指的是王昭君。因为王昭君曾被册封为公主，而且最擅弹琵琶，并且她的故事为大多数人所熟知。其实，这首诗里的公主并非是王昭君，而是一位远嫁的汉朝公主，这位公主不仅有美丽的名字，还有美丽的容貌，《汉书·西域传》里还有关于她的记载。

她叫刘细君，是江都王刘建的女儿。元封六年（公元前105年），汉武帝封其为公主，远嫁乌孙国王昆莫猎骄靡，为右夫人。尽管此时的西汉王朝已相当强盛，经过大将军卫青、霍去病的彻底打击，匈奴已经远离漠北，可是汉武帝仍不得不采用怀柔兼武力的办法积极打通西域各国联合防御匈奴，乌孙国就是主要的争取对象。《汉书·西域传》记载：“乌孙国，去长安八千九百里……不田作种树，随畜逐水草，与匈奴同俗。民刚恶，贪狼无信，多寇盗，最为强国。汉元封中，遣江都王建女细君为公主，以妻焉。赐乘舆服御物，为备官属宦官侍御数百人，赠送甚盛。”

就这样，刘细君从深宫转入西域。尽管她娇弱无助，对故乡恋恋不舍，但也只有用琵琶声诉说幽怨。晋人《琵琶赋·序》云：“汉遣乌孙公主，念其行道思慕，使知音者裁琴、筝、筑、箜篌之属，作马上之乐。”唐人《乐府杂录》中记载：“琵琶，始自乌孙公主造。”

《汉书·西域传》里抄录着她的悲歌：“吾家嫁我兮天一方，远托异国兮乌孙王。穹庐为室兮旃为墙，以肉为食兮酪为浆。居常土思兮心内伤，愿为黄鹄兮归故乡。”这首诗传到汉地，连汉武帝也感慨万千，于是时常派特使携带珍贵礼物去慰问细君。

细君远嫁的第二年，昆莫猎骄靡就死了，其孙岑陬军须靡继位。按照西域风俗，新国王将继承前任国王的妻妾。细君上书汉武帝，表示自己不愿再嫁他人，而天子却赫然命令“从其国俗，欲与乌孙共灭胡”。

为了大一统这个冠冕堂皇的理由，细君公主作为政治的祭礼，牺牲着自己的青春年华，在大漠悄然陨落。

## 三国美女貂蝉：倩影幽魂何处去

貂蝉是中国古代四大美人之一，传说在一个月圆之夜，已长成花季少女的貂蝉正对月而拜，本高悬于空中的月亮竟慌忙躲进云中，再不肯出来，她的美令明月都自惭形秽。于是，貂蝉又以“闭月”的美名来形容。

曾经倾注大量笔墨渲染貂蝉义举的罗贯中，对貂蝉“长安兵变”后的下落，始终保持沉默。在她的历史价值被榨干之后，却遭到了主流文人的抛弃。但仍有一些作者在孜孜不倦地追问她的下落，继而任意虚构故事，以致其结局形成了“惨死”和“善终”两大系列。

“惨死系列”至少包含了四种不同的版本。第一种版本，昆剧《斩貂》细述吕布在白门楼被曹操斩首，其妻貂蝉被张飞转送给了关羽，但关羽拒绝受纳这位污点美女，怕其水性杨花、朝三暮四，难免为他人所玷污，只有一死才能保全其名节。于是，乘夜传唤貂蝉入账，拔剑痛斩美人于灯下。

第二种版本出自杂剧《关公月下斩貂蝉》，是说曹操欲以美色迷惑关羽，使其为自己效力，遣貂蝉前去引诱。貂蝉使出浑身解数，上下挑逗，关羽心如磐石，为了自己不受魅惑，杀死了貂蝉。

基于儒家文人的悉心改造，明代以来，貂蝉和关羽的形象日益贴近士绅阶层的伦理标准。第三种版本出自明剧《关公与貂蝉》，剧中的貂蝉向关羽痛说内心冤屈，详述其施展美人计为汉室除害的经历，赢得关羽的爱慕，但关羽决计为复兴汉室献身，貂蝉只好怀着满腔柔情自刎，以死来验证自身的政治贞操。

第四种版本陈述貂蝉在怜香惜玉的关羽庇护下逃走，削发为尼，曹操派人追捕，为使桃园三兄弟不再重蹈自相残杀的覆辙，貂蝉毅然触剑身亡，一缕幽怨的香魂追随国家大义而去。

“善终系列”则有三个核心版本。第一种版本是貂蝉出家为尼，以佚名方式写下杂剧《锦云堂暗定连环计》,向世人言明自己的政治贡献,最后在尼姑庵里寿终正寝。

第二种版本则宣称关羽不恋女色,护送貂蝉回到其故乡木耳村,而貂蝉则一直守节未嫁,终于熬成了一个贞烈老妪,被乡人建庙祭奠。为谋生和丰富群众文艺生活起见,貂蝉还组织戏班演出,她所搭建的戏台成为该村一个诱人的景点。

第三种版本称貂蝉被关羽纳为小妾,并送往成都定居,本想在功成名就后慢慢享用,不料自己兵败身死,可怜的貂蝉从此流落蜀中,成了寂寞无主的村妇。

关于自杀说。在央视《三国》中貂蝉(陈红饰)在吕布杀死董卓后选择了自杀,结束了自己的一生,当她被吕布发现时早已身亡了。在海外的日本《三国志》和横山光辉《三国志》这两部著名作品中,貂蝉的结局和央视《三国》版的完全一样,董卓被杀死后,她自己的使命也就结束了,因此貂蝉选择了自杀。

曾有新闻称,某老人1971年于成都北郊拾得一块古碑,其铭文约略为:貂蝉,王允歌姬也,是因董卓猖獗,为国捐躯……随炎帝入蜀,葬于华阳县外北上涧横村黄土坡……这是有关貂蝉下落的最新证据,却无力证明任何东西。这里的“炎帝”疑为“关帝”的讹记,公元1652年清顺治帝加封关羽为“忠义神武关圣大帝”,此后民间才会出现“关帝”的简称。成都发现的墓碑,最多只是清代好事者的伪作。貂蝉的下落,依旧是个不可索解的悬谜。

### 大唐贵妃杨玉环:香消玉殒马嵬的种种谜团

杨贵妃,名玉环,号太真,出生在官宦之家,自小学习音律,能歌善舞,姿色超群。唐玄宗的女儿咸宜公主在洛阳举行婚礼时,杨玉环也应邀参加,寿王李瑁对她一见钟情,在武惠妃的要求下,唐玄宗册立杨玉环为寿王妃。

五年后,唐玄宗竟然也对杨玉环有了爱慕之情,为了得到她,唐玄宗先是打着为窦太后荐福的旗号,下诏令杨玉环在太真宫出家做道士。公元745年,杨玉环守戒期满,唐玄宗便下诏让其还俗并接入宫中,正式册封为贵妃。成为贵妃后,杨玉环“集三千宠爱于一身”,唐玄宗为了她甚至能够“春宵苦短日高起,从此君王不早朝”。

安史之乱发生后,西逃的李隆基在马嵬驿歇息,兵变的将士们射杀杨国忠后,强烈要求李隆基处死杨玉环。李隆基无可奈何,只得"命力士引贵妃于佛堂缢杀之"。就在两人难舍难分中,高力士缢死杨玉环于佛堂前梨树下,陈玄礼等人还亲自检验杨玉环已死去,这才令将士散去。

这也是为大多数人接受的史实。中唐白居易《李夫人》和郑隅《津阳门诗注》等均明确提到了杨玉环死后葬在马嵬驿,郑隅还详细地记载了李隆基命高力士移葬杨玉环的情形;宋朝乐史的《杨太真外传》也说是高力士将杨玉环缢死于佛堂前的梨树下。

然而,杨贵妃是否真的魂断马嵬坡?

杨贵妃墓

一部分学者认为杨玉环的确死于马嵬驿，但不是被高力士缢死的，而是死于乱军的刀下，如杜甫的《哀江兴》有云："明眸皓齿今何在，血污游魂归不得。"此诗作于安禄山占据的长安城内，所以有可能暗示贵妃并非是缢死的，而是死于乱刀之下。

还有一部分人并不认为杨玉环死于马嵬驿，而是最终流落民间。俞平伯先生于20世纪20年代末首先提出这一观点，他主要是对白居易的《长恨歌》和陈鸿的《长恨歌传》进行了考释。1984年，周煦良先生在《晋阳学刊》上发表了《<长恨歌>恨在哪里》一文，对杨玉环未死之说进行了全面的论证。

《长恨歌》则描述："天旋日转回龙驭，到此踌躇不能去，马嵬坡下泥土中，不见玉颜空死处。"所谓"空"字，根本就没有找到尸骨。李隆基就派方士去找，最终方士在"玉妃太真院"里找到了杨玉环。杨玉环还拿出信物"金钗钿合"带给李隆基，以证其实。

基于这种种原因，俞、周两人认为马嵬坡事起仓促，杨玉环虽被赐死，但未必真死。当日仓促之间，很可能使用了调包计。由于高力士和验尸者陈玄礼都是李隆基的亲信，派人秘密送走杨玉环，用一个宫女代替是极为可能的事。杨玉环流落民间后，住在"玉妃太真院"，故杨玉环最终沦落为娼妓。

史学界有一部分人赞同杨玉环未死之说，但却认为杨玉环逃往日本，这种观点在日本民间和学术界广为流传。据说，杨玉环在马嵬坡并没有被缢死。而是由高力士、陈玄礼策划，用一个宫女做替身死去，然后叫人护送贵妃南逃，漂泊到日本。由于某种原因，杨玉环最终未能回国而客死异乡。据说，日本至今仍有杨玉环之墓。

### 北宋名妓李师师：一代名妓归宿之谜

北宋末年，京城汴梁出了个倾国倾城的名妓，不仅姿色出众，气质优雅，而且能歌善舞，颇具大家闺秀之风范。她就是李师师。

得知京城出了一个色艺双绝的名妓后，喜好寻花问柳的宋徽宗变得寝食难安。当徽宗目睹了这位绝色佳人的风采之后，竟然不顾群臣反对，正式将李师师迎入宫中，册封为李明妃。然而，宋钦宗即位后，李师师却被贬为庶人而逐出皇宫。

关于李师师的下落，民间主要有以下四种说法。

其一，靖康之难后，李师师逃出汴京，来到慈云观中做了女道士。

其二，在金兵攻破汴京之后，李师师不幸被俘，然后随金兵北上，并嫁给一个身有残疾的金兵，默默无闻地度过余生，在清人所著的《续金瓶梅》等书中都有这种说法。

其三，汴京沦陷后，李师师辗转南渡，成为一个商人的小妾。此时的她已经衰老憔悴，全无往日风姿。这种说法在很多野史上都有记载，例如《青泥莲花记》中记载："靖康之乱，师师南徙，有人遇之湖湘间，衰老憔悴，无复向时风态。"《宣和遗事》中也曾记载："后流落湖湘间（今湘南一带），为商人所得。"

其四，进入汴京后，金主垂涎李师师的美色，便派降臣张邦昌千方百计寻找，为讨金主欢心的张邦昌不惜重金悬赏，最终将李师师找到。李师师不愿意伺候金主，先是用金簪自刺喉咙没有成功，于是又折断金簪吞下自杀。大多数史学家都对这种说法表示怀疑，认为这只不过是后人借塑造李师师这一形象讽喻当世。

那么，一代名妓李师师的归宿究竟如何，恐怕永远是一个难解之谜了。

## 宋代女词人李清照：晚年改嫁有悬问

李清照是北宋学者李格非的女儿，21岁时嫁与名士赵明诚，夫妻皆好学诗文。然而不幸的是，丈夫赵明诚亡故，李清照随后即改嫁张汝舟。

对于李清照改嫁之事。历史上一直有过争议，这一问题也成为后代学者探究的历史之谜。

近代一些学者认为，李清照改嫁本无事实。黄墨谷认为，对李清照改嫁一事的记载是不符史实的。赵明诚的表甥谢伋在其著作中不但未提李清照改嫁，还引出了李清照对其丈夫赵明诚表示坚贞的祭文。同时他对李清照的自传文章《后序》提出了自己的看法。按照历法和宋代著作《容斋四笔》《瑞桂堂瑕录》等记载，《后序》应当作于绍兴五年，此时张汝舟已除名三年，即使李清照改嫁，在《后序》中应该提到。此外，李清照曾经讲到"虽处忧患而志不屈"等，并且因在丈夫赵明诚死后颁行《金石录》不满而上表朝廷。这些情况说明李清照并未改嫁。

另有学者黄盛璋在《李清照事迹考辩》中认为，南渡后赵明诚的哥哥赵存诚、赵思诚都曾做过官，当时并不是没有权势。针对《谢启》的真伪问题，他提出，李清照“颁金通敌”的冤案发生在建炎三年，从《谢启》中提到的“克复”“底平”等情况看，《谢启》应当作于绍兴三年以后。建炎三年，朝廷正处于避乱时期，所以“颁金冤案”与《谢启》本无关系。

李清照

另外黄盛璋还认为，从宣城、广德经吴兴有一条独松岭道，所以不能肯定张汝舟去过杭州。根据宋代社会习俗分析李清照改嫁，他认为，明清两代妇女守节才趋严格。《宋史·礼乐志》中对治平、熙宁年间诏许宗女、宗妇两嫁之事也都有所记载。可见，宋代视改嫁为平常的事，李清照改嫁也无可厚非。

## 明末歌女柳如是：因何选择悬梁自尽

在明清易代之际，曾出现过一位著名的歌妓才女柳如是。她气质高雅，才色并茂，有着强烈的爱国民族气节，在明王朝面临危难之际，她尽全力资助和慰劳抗清义军，因此名气很大。

柳如是生于明万历五十年，幼年聪慧好学，但由于家贫从小就被卖给一个名妓做养女，妙龄时流落青楼。崇祯十四年，刚过二十的她嫁给了东林党领袖钱谦益，康熙三年五月廿四日，钱谦益去世，随后几天，柳如是也悬梁结束了自己的一生。那么，这位才艺双绝的明末名妓自缢的原因到底是什么呢？

有些史学家认为，因为受到他人逼迫，柳如是才选择自尽，这种说法是有一定道理的。柳如是嫁到钱家时，钱谦益的原配陈氏还在，另外还有几房侍妾，但是，随着柳如是的到来，钱家的经济大权逐渐掌握在她的手中，这自然会引起钱氏族人的不满。所以,钱谦益刚刚去世,攘夺家产的斗争也就随即爆发,且越演越烈,这就是“钱氏家变”。

钱谦益尸骨未寒,族人却要瓜分他的财产,并且聚众大闹,原配陈氏与其他侍妾失宠多年,早就对柳如是恨之入骨,因此趁着这个机会,每日堵门叫骂不绝,虽然柳如是散尽千两白银,但众人还是喧闹如故。柳如是几经斡旋,仍难以摆平。

丈夫去了,柳如是失去了依靠,而族人的无理取闹,也让她失去了生活的希望,于是她吮血立下遗嘱,然后解下腰间孝带悬梁自尽,追随钱谦益于九泉之下。

另外,还有一些史学家认为柳如是与钱谦益的感情深厚,因此殉节而死。但是,从史料中记载,在某些事情上,柳如是对丈夫的做法是极其不满的。例如,当清军兵临城下时,柳如是想要钱谦益与其一起投水殉国,钱谦益不肯,柳如是则“奋身欲沉池水中”,最后被钱谦益硬托住而获救。

清军统一天下后,钱谦益作为明朝遗臣,又是一方名士,必定会引起新政权的注意,于是柳如是再次劝钱谦益以死保节,但钱谦益犹豫再三,最终答应了清廷召他入京为官的要求。

钱谦益的一生中有许多污点,虽然他后来辞掉官职,不再为清廷效力,但柳如是对他的这些所作所为仍然耿耿于怀。所以,柳如是为钱谦益殉节一说并没有多少说服力。

## 秦淮名妓董小宛:她不是顺治钟爱的董鄂妃

秦淮名妓董小宛,色艺双全,名满金陵。她与“复社”中的书生冒襄(即冒辟疆)一见钟情,双双遁迹杭州,结成夫妻。顺治二年,清兵攻陷杭州,董小宛被掳掠,献给清世祖顺治皇帝。顺治帝对董小宛恩宠有加,未过多久,董小宛就被封为淑妃,为六宫粉黛第一美人。世人认为,董小宛就是顺治的爱妃董鄂妃,那么,董小宛到底是不是董鄂妃呢?

在历史上,董小宛确有其人。董小宛,名董白,她除了“小宛”还有一个号“青莲”。她和陈圆圆、柳如是、李香君、顾眉、朱无瑕、赵令燕、马湘兰等,都是明末举世艳称的名妓。她出生在明天启四年(1624年),到崇祯十七年(1644年)明思宗朱

董小宛

由检自尽时，作为早已艳名远播的美女，她已经 20 岁了；而此时的清世祖爱新觉罗·福临（即顺治皇帝）的年纪最多也不超过 7 岁。

真正的董小宛在崇祯末年便从良了，当时她 19 岁。她的丈夫冒辟疆与方以智、陈贞慧、侯方域一起，被称为明末的“江南四公子”。明朝灭亡之后，他便隐居乡里，终生不仕。然而，董小宛红颜薄命，1655 年，一代名妓死在水绘园影梅庵家中。

董小宛嫁给冒辟疆后，两人生死与共，没有分开过，董小宛死后，冒辟疆还写了一篇《亡妾董小宛哀辞》悼念她，文章中有“今幽房告成，素疢将引，谨卜闰二月之望日，安香魂于南阡”的记载，据时人记载，冒辟疆把她葬在影梅庵。

而深受顺治帝宠爱的董鄂妃与董小宛其实是两个人。据《清史稿·后妃传》中记载：“孝献皇后董鄂氏，内大臣鄂硕女，年十八入侍。上眷之特厚，宠冠后宫。”可见，董鄂妃是内大臣鄂硕的女儿，18 岁入宫，受到顺治的宠爱。当董小宛去世的时候，董鄂妃刚刚年满 13 岁。

董小宛 16 岁与冒襄相识，这个时候顺治皇帝只有 2 岁。清入关以后的顺治八年，顺治皇帝 14 岁，而董小宛已经 28 岁，顺治皇帝和董小宛年龄相差 14 岁。显而易见,董小宛和董鄂妃根本不是一个人。

## 一代红颜陈圆圆:殉情出家难定论

山海关战役后,吴三桂从李自成手中夺回陈圆圆。随后,吴三桂被清政府封为平西王,陈圆圆也跟着他去了云南。那么,之后的陈圆圆又经历了哪些事情?她的结局到底如何呢?

史学界流传的一种说法是,陈圆圆年老色衰,好色的吴三桂对她产生厌倦,转而疼爱"四面观音""八面观音"(均为吴三桂宠妾的绰号)。看破红尘的陈圆圆立意吃斋念佛,不与他人争宠。虽然她还住在吴三桂的寝宫,但独处一室,常年吃素,与外事隔绝,与"出家"无本质区别。

还有一种说法,当清兵攻破昆明城时,吴三桂之孙吴世璠服毒自杀,而吴世璠妻子与陈圆圆均自缢而亡,或陈圆圆绝食而死。清代文人孙旭在《平吴录》中记载:"(吴三桂叛乱失败时)桂妻张氏前死,陈沅(圆)及伪后郭氏俱自缢。一云陈沅不食而死。"《平滇始末》也说:"陈娘娘、印太太及伪皇后俱自缢。"又有人说,陈圆圆在吴三桂兵败后,没有自杀或者绝食而亡,而是在昆明归化寺出家做了尼姑,法名"寂静"。

直到1983年,贵州岑巩县的考古工作者提出"陈圆圆魂归岑巩"的说法,被多数学者所接受,至此,有关"陈圆圆结局"的争论才告一段落。

据考古学家称,在岑巩县水尾镇马家寨狮子山上有陈圆圆的墓。墓碑上刻有"故先妣吴门聂氏之墓位席,皇清雍正六年岁次戊申仲冬月吉日立"。原来,马家寨的人全部姓吴,是吴三桂的后代。当年,吴三桂将败,其爱将马宝将陈圆圆与吴三桂的儿子吴启华偷偷送至四州(今岑巩)。陈圆圆死后,家人不敢明目张胆地写上她的名字,便采用暗语"聂"。陈圆圆本名姓邢,后跟养母姓陈,邢和陈都带有"耳"字旁,且"双"字含有美好、团圆之意,因此"聂"暗指陈圆圆;"位席"有正妃之意,表示其地位崇高。于是,墓碑上"故先妣吴门聂氏之墓位席",就可以理解成"母亲苏州人氏陈圆圆王妃之墓"。

但后来有人根据史书记载,"马宝在楚雄继续对抗,最后兵败被俘,被押送省城，终被凌迟致死”，认为马宝没有去过岑巩。

一代美女陈圆圆究竟是看破红尘出家为尼，还是为吴三桂殉情，抑或吴三桂兵败后她隐姓埋名生活数年，史学界至今也没有统一定论。

## 青楼侠女小凤仙：她为蔡锷殉情而终吗

小凤仙是民国初年的青楼女子，因与将军蔡锷交往密切及助蔡出走的事迹成为当时政坛上的一段传奇。

关于小凤仙的出身家世，有的说小凤仙的父亲是清朝武官，落职后家庭窘困，小凤仙也遂此堕入青楼。还有的说小凤仙是一位旗人姨太太的女儿，后来无奈辗转入青楼。

后来，小凤仙得以与蔡锷相识。民国初年，蔡锷到云南组织护国军，小凤仙帮助蔡锷逃脱了袁世凯的羁绊。关于小凤仙助蔡逃牢笼的事件，各家也有不同的记载。

有的人说蔡锷带着小凤仙去往天津，在旅馆内谎称生病，从后门乘日本船逃走。也有的人说在出走之日，蔡锷打了一夜的牌后次日打电话给小凤仙到某处，趁人不察时，蔡锷出西苑门乘车赴天津，绕道日本。还有的人说蔡锷由津渡日时，小凤仙要求一同前往，却被蔡阻止。关于小凤仙和蔡锷如何逃脱一事，曾经追随蔡锷多年的僚属雷飙有一段蔡锷口述的赴滇经过：一日晚间，小凤仙处请客，正当宾客满座畅饮之际，蔡锷悄然离座，单身赴车站乘火车赴天津，次日早晨到达，住进日本共和医院。袁世凯得到报告后，立即派人赴津挽留。蔡锷告诉他们来津是为了养病，并请他们转达给袁世凯。蔡锷知道天津并非久留之地，就在当天晚上隐姓埋名，化装后去了塘沽坐船赶赴上海。不料到了上海后，有军警上船搜查，于是蔡锷没有上岸，而是继续乘原船赴日本神户。神户的警察也在进行十分严密的搜寻，蔡锷只好乘船返回上海，在其他人的帮助下秘密买好去香港的船票，最后由香港到越南辗转到云南。这一说法普遍为人认可。

后来蔡锷去世后，《北京晚报》曾发表文章称，小凤仙隐姓埋名，与一个工人结婚。这一说法也否定了小凤仙因蔡锷的去世而自杀的传闻。

## 近代奇女赛金花：褒贬评说留谜题

赛金花本是苏州一个贫家女子，为生活所迫而入青楼，后来嫁给状元鸿钧。赛金花随同丈夫出使德法英俄等国家，鸿钧去世后，她又重坠风尘，在京津沪一带享有艳名。

赛金花

庚子之变时，赛金花因八国联军及日后和议而名震一时，其后重操旧业，先后嫁过铁路职员曹瑞忠、前江西议员魏斯炅。

赛金花生平有许多的不解之谜。她自称姓赵，名彩云，入青楼后冒姓富。但是刘半农的《赛金花本事》附言中称，她的赵姓"也是冒出，实乃姓曹，为清代某显宦的后代"。赛金花自称是徽州休宁县人，但曾朴说是江苏盐都区人。另外，关于她的年龄也并不确定，她自称是1871年出生，有时则说是1874年出生。据考证，应是1864年。

关于赛金花之谜争议最多的，要数"赛瓦公案"和"促成和议"这两件事。

1900年八国联军侵占北京，德兵闯入赛金花居住处，赛金花略懂德语，于是就向德兵打听过去在德认识的名人包括瓦德西的情况。德兵感到很惊奇，回去报告统帅瓦德西，瓦德西在第二天接赛金花进兵营，此后往来频繁。那么，赛金花与瓦德西是初次相识还是以前就已熟识呢？刘半农的《赛金花本事》记载其口述说："我同瓦德西以前并不认识，我小时同洪钧去过德国。"但曾繁的《赛金花外传》中记载："到德国那年结识了瓦德西将军，他和洪先生是常来往的，故而我们也很熟识。""在北京相见时，瓦德西隐约间还认得我。"在赛金花自述中，还谈到瓦德西托她代办军粮的事。她又诉说民众罹害之苦，恳求瓦德西下令停止杀戮抢掠，"瓦德西将军便下令不准士兵违律妄行"。

在赛金花的自述中，还提到和议之事。议和之时曾陷入僵局，由于德公使被义和团杀害，其夫人提出许多苛刻的条件，甚至要西太后偿命、要皇上赔罪等，把负责全权的和议大臣李鸿章逼得毫无办法。“我私下里便向瓦德西劝说了数次”，又经瓦德西介绍劝服德国公使夫人，以建立牌坊并用皇帝的名义刻碑的方式表示对德公使遇害的纪念。经过赛金花的一番说服，议和事件才告一段落。

还有一些人认为，赛金花根本没有见过瓦德西，更不可能与之谈论国事。当时一切国事的交涉是由各国公使进行的，赛金花虽然略懂德语，但还没有资格与之论国事。瑜寿的《赛金花故事编年》中，对赛金花与瓦德西在京相见的时间也表示怀疑。赛金花自述是在联军入侵北京后到京，后遇德兵的骚扰，此后才见瓦德西。联军是八月十五日攻陷北京的，而瓦德西十月十七日才到京，所以赛金花的口述也有待考证。

## 第七节　宦官乱政诡案

权倾朝野，袖里乾坤。每当封建王朝政治极度腐朽黑暗、皇权衰弱之时，就给了宦官和外戚以可乘之机。宦官乱政，外戚夺权，在朝廷和宫闱内演出了一幕幕争权夺利、你死我活的斗争。一场场的宦党之争，让封建时代的政治矛盾和派系冲突纤毫毕现。

纵观历史，任何一个王朝的更替都是经历由盛而衰的过程，最终由新王朝取代旧王朝。而就在新旧王朝更替之时，一股不可忽视的势力正在悄然酝酿，或者尔虞我诈在深宫中挑起一场内讧，或者潜伏力量准备独揽王权，将当朝皇帝赶下御位。这股势力就是来自朝廷内部的宦官以及外戚们。

本节列举了史上最有名的宦官代表和外戚势力，比如指鹿为马的赵高，大名鼎鼎的高力士，外戚王莽、武三思叛乱等，或许权谋背后的历史教训才是值得我们真正深思的。

## 秦朝宦官赵高：指鹿为马篡政权

赵高虽为一介宦官，在历史上却是一个非常受争议的人物，一是身世，二是生年，三是功过是非。此人精通律法，虽是宦官，却深得秦始皇的喜爱。然而，他又是一个可以将善恶、是非、忠奸、美丑颠倒乾坤的邪恶人物，可以说秦国亡在了他的手上。

赵高

当时秦二世胡亥年幼无知，一直依仗赵高，所以对于赵高的狼子野心根本毫无察觉，而赵高已经继李斯位列中丞，秦二世根本没有想到赵高有篡政的打算。

秦二世三年（公元前207年）八月某日，赵高于朝上叫人牵来一只鹿，对秦二世说："陛下，我献给您一匹好马。"秦二世一看这哪里是马，分明是一只鹿，便笑着说："丞相错了，这是一只鹿，怎么说是马呢？"赵高笑着道："请陛下看清楚，这分明是一匹千里马。"秦二世又看了看鹿，将信将疑地说："马的头上怎么会长角呢？"赵高道："陛下若是不信，可以问问众位大臣。"

大臣们明知他胡作非为、颠倒是非，多敢怒不敢言。有些正直的大臣坚持认为是鹿而不是马，还有一些赵高的党羽则顺着赵高之言。不久，那些正直大臣纷纷被赵高以各种名目治罪，甚至满门抄斩。

"指鹿为马"风波，让赵高知道了哪些人依靠自己、哪些人反对自己。隔日，赵高便派占卜者对胡亥说："皇帝您连鹿马都不分了，肯定是祭祀没有好好斋戒，以致脑袋昏聩。"胡亥不疑他，遂去上林苑斋戒。后来秦二世在一次打猎中，不小心射死了一个路人。赵高借着胡亥射杀活人的事情，对胡亥说："皇上您无故杀了一个人，上天恐怕会怪罪，应该躲起来才是。"胡亥立刻躲到咸阳城外的望夷宫。望夷宫中都是赵高的亲信,已经深陷牢笼的胡亥犹不自知,就这样浑浑噩噩地丢掉了性命。

胡亥一死,赵高想要凭借自己也有着嬴姓赵氏的血统,准备登基为王。但基于他是个宦官,只好将玉玺传给了秦始皇之弟赵子婴。由于秦国实力已经大不如前,子婴只得取消帝号,复称秦王,随即便与自己的贴身太监韩谈商定了斩除赵高的计划,诛赵高于内宫,并夷其三族。

### 汉代第一次党锢之祸:宦官与学士间的围剿战

公元162年,杨秉任太尉,与司空周景联合上书,要求将宦官的爪牙从各级官位上驱逐下去。得到桓帝支持后,捕杀或免官达50多人,天下人莫不肃然。在地方上,清流与浊流之间同样展开了争夺。南阳豪强张汜依附权宦,胡作非为,郡太守成缙查明其罪后,不顾朝廷的赦免之命诛杀了他,令宦官们愤恨不已。不久,山阳太守翟超没收了中常侍侯览的财产;东海相黄浮诛杀了权宦徐璜之侄徐宣一门。但翟超、黄浮等人也遭到了报复。

公元166年,有一名叫张成的方士,以方术曾经结交了不少宦官,连汉桓帝也很相信他的占卜。一次占卜之后,张成当众推断不久皇上要大赦天下。张成怕人不信,居然叫自己的儿子去杀人,以便日后验证。张成算得倒挺准,只是没算准会撞到李膺手中。李膺拘捕了张成的儿子之后,果然有宦官求下了皇帝的大赦令。李膺更加愤怒,按律杀了张成的儿子。谁也没能料到,就是由于这么一件事,引发了历史上有名的“党锢之祸”。

张成的弟子上书,诬告李膺结交太学生共成一党、诽谤朝廷。汉桓帝自从依靠宦官力量灭了梁冀之后日益荒淫,便下令逮捕李膺,然后清剿党人势力。李膺、杜密等三百多人被捕。对于逃亡的各地党人,权宦四处搜捕,悬赏捉拿。

被捕的党人在监狱里接受残酷的折磨。他们的头颈、手、脚都被上了刑具,叫做“三木”。由于当时被捕的都是有名望的人士,很多人以不在党人名单为耻。一些儒生纷纷上书,称自己也是附党,应该连坐。桓帝只好置之不理。

李膺等人入狱,并没能钳制朝野之口。毕竟宦官专权,实在不得人心。城门校尉窦武是窦皇后的父亲,与太学生有些交情。太学生贾彪劝说窦武出面营救,窦武也对宦官擅权不满,便与尚书霍胥联合上书。汉桓帝释放了李膺等党人,遣送他们各自回到老家,禁锢终生,不准回到京师,更不准做官。这就是第一次"党锢之祸"。

## 汉代第二次党锢之祸:学士与宦官集团的抗争

第一次党锢之祸使清流派受到沉重打击,但没有被彻底击垮,被禁锢的党人还得到社会的广泛同情,声望空前提高。

公元167年,汉桓帝驾崩,灵帝即位,外戚窦武辅政。窦武为了打击权宦,起用了陈蕃为太傅,士人胡广为司徒。为了壮大势力,他们重新起用了李膺、杜密、尹勋等人。一时间,士人们对铲除权宦势力无不翘首以待。但宦官势力盘根错节,尤其是中常侍曹节、王甫,他们与灵帝的乳母赵娆勾结,组成了宦官集团的核心。

灵帝继位,陈蕃、窦武趁机上奏太后,控诉宦官越轨不法、培植亲信、扰乱朝政、触犯天颜,应当全部诛杀。结果太后任由二人处死了作恶多端的宦官。

不久,陈蕃、窦武为了扩展势力,任命了一大批士人掌管京师要职,继而上奏了一批准备捉拿的宦官的名单。但奏章被搁在一边没加理睬,反而让曹节、王甫从太后那里抢了玉玺和印绶,把太后和汉灵帝软禁起来,然后以汉灵帝的名义宣布窦武、陈蕃谋反把他们杀了。

李膺、杜密等被撤职回到家乡。一些名士、太学生们由此更加痛恨宦官;宦官也把他们看作死对头,找机会再次陷害。

有个名士张俭,曾经告发过宦官侯览,侯览一心报复。正好张俭家赶走了一个仆人。侯览利用那个仆人,诬告张俭跟同乡24个人结成一党诽谤朝廷、企图造反,要求汉灵帝再一次下令逮捕党人。

逮捕令一下,各州各郡又骚动起来。有人得到消息,忙去报告李膺。李膺坦然说:"我一逃,反而害了别人。再说,我已经60岁了,死活由他去,还逃什么!"就自己进了监狱,不久被拷打而死。杜密知道免不了一死也自杀了。汝南郡的督邮奉命到征羌(今河南郾城)捉拿士人范滂,范滂也主动投案入狱。

除了李膺、范滂被杀外,还有六七百个人在全国有声望的,或者跟宦官有一点怨仇的,都被宦官诬指为党人,结果不是被杀就是充军,或禁锢终身。朝廷里的比较耿直的官员都遭到打击，大小官职差不多都由宦官和门徒占据了。

## 八王之乱：两晋时代的宦官当政案

两晋是一个充满外戚、宦官、后宫乱政的时代，其中最有影响的事件要数西晋的“八王之乱”。“八王之乱”所指的八王，是晋室的八个宗亲：汝南王司马亮、楚王司马玮、赵王司马伦、齐王司马冏、河间王司马颙、成都王司马颖、长沙王司马乂、东海王司马越。八王作乱的原因，是普通的王室为了争权夺利而引发的，不过这其中牵涉的不仅仅是宗亲，还有后宫与外戚之争。

晋武帝重病之时下诏，依托汝南王司马亮及皇后杨芷的父亲杨骏共同辅政即位的晋惠帝。但是杨骏却排挤司马亮，单独辅佐晋惠帝，一统大权。惠帝的皇后贾南风是个野心极重的女人，想要借此把持朝政，于是杨骏就成了贾南风最大的敌人。

为了防止贾南风碍自己谋权，杨骏任命了自己的亲信掌管禁军，此举引起皇亲国戚及某些大臣的不满。贾南风立刻借此机会说动了汝南王司马亮和楚王司马玮，请二人带兵入京讨伐杨骏，还制造出杨骏谋反的舆论。杨骏见状不妙，本想逃跑，没想到却被司马玮截杀。

杨骏被杀后，朝政大权由司马亮与卫武瓘共同执掌。很显然，贾南风并未达到自己的政治目的，于是竟然串通司马玮杀了司马亮及卫瓘，随后便将矛头又指向了司马玮。她令人拟定一份司马玮手笔的假诏书使得将领们归顺皇室。司马玮乖乖就擒。

贾南风执政后，于晋惠帝元康九年(299 年)废了太子遹，第二年将其赐死，由于皇室缺少了正统继承人，八王中其他诸王为了争夺中央政权不断进行内战。先是，统领禁军的赵王司马伦联合齐王司马冏起兵杀了贾南风。永宁元年(301 年)，赵王司马伦废惠帝自立，帝位还没有坐稳，洛阳城中的禁军将领王舆造反，将惠帝又推上台，并且杀了司马伦。隔年，河间王司马颙从关中起兵讨司马冏，但被洛阳城中的长沙王司马乂抢先一步杀了司马冏，夺得政权。太安二年(303 年)，河间王司马颐、成都王司马颖再次合兵讨长沙王司马乂，屡次被司马乂打败。次年正月，二王联合东海王司马越与部分禁军,终于除掉了司马乂。成都王司马颖担任丞相,左右朝政,此举招来了司马越的不满,司马越便从洛阳将晋惠帝挟持,攻往北方邺城。司马颖见状不妙,立刻出兵击败了司马越。与此同时,河间王司马颙派张方率军占领洛阳,与并州刺史司马腾(司马越弟)和幽州刺史王浚联兵攻破邺城。司马颖只好带着晋惠帝去长安躲避。东海王司马越不甘失败,东山再起,不但击败了河间王司马颙,还杀了司马颖,将晋惠帝又迎回洛阳。朝政大权落在了司马越的手中,自此八王之乱才算告终。

“八王之乱”整整持续了16年。而内乱之所以发生,有两点原因:第一个原因便是晋室未能出现一个真正具有魄力、才能、贤明且长命的君主。晋朝帝王不贤能,也无法任用贤能,只会被小人左右。第二个原因是中央集权制度不完善。晋朝的皇权、相权、地方长官权、外戚权等各种权力并不明晰,所以给了各方势力任意干涉朝政的便利条件。

## 甘露之变:唐文宗和宦党之争

唐文宗太和九年阴历十一月廿一,文宗坐殿,金吾将军韩约高声奏称:“左金吾听事房后石榴树上,昨夜降下甘露,特向陛下禀报。”文宗皇帝欣喜,百官齐齐拜舞,向皇帝称贺。天降甘露,是国家大治、天下清平的瑞兆。

文宗忙乘软舆往含元殿升座,命宰相李训、中尉仇士良、鱼弘志率众宦官前往验看。仇士良等人踱进听事房后庭,仰着脑袋观瞧半天,见石榴树上根根皆是干枝,一滴甘露也无。再扭头观瞧金吾大将韩约竟是一头热汗,神色惶恐。

一阵北风起,听事厅的门帘幕布随风乱张,仇士良忽然发现厅里面挤满了手执利刃、全副武装的兵士。同时,又听见四下刀剑铿锵、甲声叮当,以及军靴杂乱踏地声。仇士良等宦官顿感大事不妙,纷纷往庭院大门处奔跑。宰相李训在含元殿看见一大群宦官飞奔上阶,连忙高声呼唤值班的金吾卫士:“有上殿护驾者,每人赏钱百缗!”

众太监奔至文宗御座前,有数人架起皇帝抬起狂跑回宫。含元殿大门外台阶处已涌上数百金吾卫兵登殿纵击,追上落后未及跑入殿的宦官剑捅刀砍。

殿内宦官扛着文宗往宣政门方向跑。眼看宦官们抱走了皇帝这块“大招牌”，宰相李训大呼小叫，力图阻止。文宗李昂知事不谐，也大声叱喝李训。宦官们簇拥着文宗皇帝逃入宣政殿，立刻把大门严严关死。宫殿内外杀声、欢呼声此起彼伏。

李训趁乱跑出京城。宰相王涯、舒元舆等人回到中书省，两省官吏也纷纷询问发生了什么变故。

不一会儿，只听宣政殿方向宫门大开，太监细嗓“奉旨讨贼”，而后便是禁卫军的叫杀声，由远而近，竟直朝中书省议事厅方向逼来。

仇士良等太监控制文宗后，口称敕旨，率禁卫军从宣政门冲出，逢人就杀，血流遍地，人头乱滚。接着，仇士良一边安排监军骑马出城追赶，一边命在城内大肆搜索，宰相王涯等人皆被逮捕，于长安城内问斩。

李训逃到半路被几个军吏一刀砍了。郑注听闻李训事败，还未来得及逃避，也被监军使张仲清诱杀。

“甘露之变”后，唐文宗完全失去权柄，受制于宦官。公元 839 年，“甘露事变”四年之后，病中的唐文宗被宦官毒死，时年 33 岁。

## 外戚武三思：秽乱宫闱与五王之冤

武三思是中宗李显的表兄，安乐公主与武三思的儿子武崇训是夫妇。高宗时代，谏劝废掉武后的上官仪被加以谋反罪杀掉后，其小女儿上官婉儿没入宫府为奴婢，后被武则天看中，让她专掌宫内之秘。中宗复辟后，对上官婉儿也无恶感，便“拜为婕妤，专掌制命诏书”。

在武后时，上官婉儿与武三思就一直暗通款曲。至此，在上官婉儿牵针引线下，儿女亲家韦后与武三思又在宫中会面，竟至私通。韦后整日夸赞武三思。中宗李显自然把这位表哥亲家翁召入宫中，图议政事。

唐中宗还升封武三思为司空、梁王，武攸暨为司徒、定王。为了安抚张柬之等人，唐中宗下诏，以张柬之、武三思等 16 人皆为助己复辟的大功之人。

张柬之等人虽被唐中宗表面“荣宠”，实际已无权柄。张柬之怕武三思等人在唐中宗面前说自己坏话，就派先前曾提携过的考功员外郎崔湜为耳目，让他刺探宫内动静。崔湜是个投机小人,眼见中宗宠信武三思,于是临阵倒戈,把张柬之等人的密谋报告给武三思。武三思马上提拔崔湜为中书舍人。又与韦后定谋,讲张柬之等人的坏话,说他们"恃功专权,将不利于社稷"。于是,唐中宗下诏,以敬晖为平阳王、桓彦范为扶阳王、张柬之为汉阳王、袁恕已为南阳王、崔率玮为博陵王,并皆罢知政事。至此,五王失权,武三思把昔日窜逐的武后旧党悉召入朝。

驸马都尉王同皎闻知五王失势,韦后、武三思秽乱宫闱,"每与所亲言之,辄切齿"。武三思闻讯,愤恨不已,派崔湜把这位驸马爷告上朝廷,诬王同皎与洛阳人张仲之等人准备杀武三思,废韦皇后。

唐中宗接表,赫然大怒,命杨再思、韦巨源等高官旁听,监察御史姚绍之等人主审。府堂开审。张仲之自然知悉,朗声大骂武三思与韦后通奸之事。而杨再思、韦巨源则不响应。主审姚绍之命手下送张仲之入大狱,以谋逆罪斩杀王同皎、张仲之等人,并施以族诛。

过了数日,武三思又诬告已被外任当各州刺史的敬晖、桓彦范、张柬之、袁恕已、崔光玮五人与王同皎通谋。因此,这五人也被贬于偏远小州做司马。

两个多月后,武三思派手下书写载有韦后"秽行"的大字报,张贴于天津桥上。唐中宗震怒,马上派御史大夫李承嘉彻底追查。李承嘉禀武三思意旨,很快结案,上奏说是被外贬的"五王"派人张贴大字报。于是,"五王"被杀。

杀掉"五王",武三思气焰覆天,权倾人主。正当他把下一个目标对准中宗太子李重俊时,景龙元年(公元707年)八月,李重俊率左羽林及"千骑"三百多人,突然冲入武三思府中,立斩武三思、武崇训父子以及党徒十多人。

## 宫闱丞高力士:机关算尽反误身

高力士本姓冯,武则天喜欢他的聪慧机敏,就让他在身边侍奉。后因高力士犯了小错,被鞭打赶出。一年后,武则天又召其入宫。高力士身长六尺五寸,天性谨慎细密,擅传诏令,授官宫闱丞。

景龙年间,玄宗在藩国,高力士对他倾心侍奉,因此获得了玄宗的恩宠。到唐隆年间平定内难,玄宗便表奏高力士进入太子官署内坊每日侍奉左右,被提拔为朝散大夫、内给事。当时宦官逐渐权重，担任监军之职，权力超过节度使，出使则令各郡惊惧退避。其郡县丰饶，宦官一到军中，则所期望的以千万钱计算，修功德所获捐款，买鸟兽所费资金，每到一处则不止千贯。当时京城中最豪华的宅第，京畿内最好的田产、果园、池苑，宦官竟占其中一半。

每有四方进呈上奏文表，一定会先呈送给高力士，然后再转给玄宗，小事高力士便自行裁决。这样很多人都来依附高力士，以期其在君王前讲好话。肃宗当太子的时候，称高力士为二兄，诸王公主都称呼"阿翁"，驸马们称其为"爷"。高力士在寝殿傍帘帷中休息，殿侧有一院落，其中有修炼功德之处。岭南节度使于潘州找到高力士生母麦氏送至长安，高力士让两位老妇人同处高堂，美食供养。金吾大将军程伯献还与高力士结拜为兄弟。

高力士家资殷实丰厚，非一般王侯所能比拟，高力士还在京城西北截取澧水建造碾坊，五轮同转，每日可碾三百斛麦子。

高力士为人乖巧谨慎，大家都很喜欢他；天宝十四载，玄宗命令设立内侍省，有内侍监两名，官阶正三品，高力士和另一宦官思艺分别担任。玄宗出巡蜀地，思艺跑去投靠安禄山，高力士则侍奉玄宗至成都，晋爵为齐国公。

上元元年八月，逊位后的玄宗移居太极宫甘露殿，高力士与宦官王承恩、魏悦等人因侍从太上皇登长庆楼，被李辅国设计陷害，流放黔中道。宝应元年三月，遇大赦回返京城，才得知太上皇已去世。高力士北望号啕痛哭，吐血而死。

## 宦党权枭魏忠贤：史上最大的宦官乱政案

魏忠贤年轻时是个无赖，走投无路之下入宫当太监，改名叫李进忠。后来得到皇帝宠爱才恢复原姓，皇帝赐名忠贤。

魏忠贤性情残忍，善于阿谀奉承，却深得皇帝的信任。因此气焰更为嚣张，不仅除掉了大太监王安，宫廷中的人也没有人敢顶撞他。

王安死后，魏忠贤升为司礼秉笔大监。熹宗皇后张氏多次向熹宗谈起魏忠贤的过失，但明熹宗却一直沉默不语。魏忠贤又恨又怕，扬言张皇后非国丈张国纪之女，而是盗犯所出。

明熹宗执政的第三年，初夏时分下了冰雹，周宗建说了句这时下冰雹与时令不合，怕是由于魏忠贤的邪恶引来的，修撰文震孟，太仆少卿满朝荐也跟着这样说，结果这三人都被皇帝罢了官。这一年的冬天，魏忠贤被授命接管东厂。从此，他的势力更加如虎添翼。

小人崔呈秀和王绍徽编辑《同志录》和《点将录》等小册子，把不投靠魏忠贤的官员名字全部列入，称为东林党人人名册，交给了魏忠贤，魏忠贤十分高兴。魏忠贤的党羽许显纯首先发难，他假造供词，把赵南星、杨涟等二十多人都牵连进去，逮捕了本已被贬回家的杨涟、左光斗、魏大中、周朝瑞、袁化中、顾大章等六人。之后又继续清除魏党以外的官员，尚书李宗贤、张问达，侍郎公鼎等几十个官员又遭驱逐，朝廷官署的空缺由魏忠贤的亲信弥补。于是，朝廷的各个部门都由魏忠贤的党羽来控制。

当时东厂的差役遍布全国各地，缉拿某些逃亡的“犯人”。一旦抓到，不问青红皂白，先是一顿毒打，就连皇亲国戚有时也会遭到东厂迫害。宁安大长公主的儿子李承恩，家中存放着公主赏赐给他的物品，魏忠贤就诬陷他偷盗皇帝使用的东西，居然判了他死刑。中书吴怀贤仅仅因为读了杨涟弹劾魏忠贤之文以后，表示出赞赏之意，而此事被家中仆人告发给东厂，魏忠贤就下令杀了吴怀贤，还抄了他的家。武将蒋应阳为熊廷弼鸣冤叫屈，立即被杀。至于在各县城街头巷尾，如有老百姓三五成群议论国事甚或涉及魏忠贤的，则极可能立即遭到逮捕，并被施以各种酷刑，如挖目、割舌，被酷刑至死者多得无法统计。

到了这时，朝廷内外大权已经全部落入魏忠贤之手。

崇祯帝即位后，深知魏忠贤的为人，对他的所作所为一贯不满。魏忠贤自知危在旦夕。这时，朝中大臣钱嘉徵上折弹劾魏忠贤十大罪状，崇祯帝看后下令将魏忠贤逮捕入狱。在去凤阳的途中，魏忠贤已得到自己将被捕入狱的风声，便上吊自杀了。

### 夺门之变：明宦官曹吉祥谋反案

南宫复辟实际上是因为景帝病重，某些投机分子临时起意，事先并未有周密谋划。参加这一政变的人，主要有石亨、王骥、张軏、杨善、宦官曹吉祥，以及徐有贞。其中，徐有贞为主谋。

曹吉祥是参与夺门之变的另一个重要人物，英宗在位时就颇得宠信。景帝即位后，王振的同党马顺、毛贵等人都被杀掉了，曹吉祥却逃过一劫，并很快掌管禁军与内廷侍卫，成为新皇帝的新宠。

景泰八年（公元1457年）正月十二，景帝在病不能临朝。群臣聚在一起悄悄商议立储。景帝本想正月十五亲自祭祀天地，正月十七临朝，哪知头昏眼花，于是决定派武清侯石亨代替祭祀。

石亨内心已经打起了主意。退出后，立即派人找到了前府右都督张軏和宦官曹吉祥，商议要为自己谋后路。石亨说："景帝病已沉重，如有不测，又无太子，不若乘势请上皇复位，倒是不世之功。"于是，这三个野心勃勃的投机分子决定将赌注压在太上皇英宗身上，拥立英宗复位。

当场，三人做了分工，宦官曹吉祥进宫去见孙太后，密告她复辟一事，借机取得了孙太后的支持。石亨和张軏则一起去找太常寺正卿许彬商议。许彬听说二人的来意后，建议找徐有贞商议。石亨和张軏又连夜去找徐有贞。几个人经过详细谋划，决定在正月十六晚上动手。

正月十六晚，徐有贞顺路邀请了杨善和王骥作为同党。三方人马会齐石亨叔侄、曹吉祥叔侄后，又等到了张軏率领的大队京营兵，一齐向皇城进发。四鼓时分，大队人马从长安门直接进入皇城，顺利到达了南宫。

英宗朱祁镇正秉烛读书，突然看见一大堆人闯了进来，还以为是有人来杀自己，不禁惊慌失措，谁料众人一齐俯伏称万岁，随即簇拥着英宗朱祁镇直奔大内。

一行人来到东华门，英宗朱祁镇站了出来，表明自己太上皇的身份。守门的士兵不敢阻拦。于是，众人进入了皇宫，朝皇帝举行朝会的奉天门而去，并迅速将英宗朱祁镇扶上了奉天殿宝座。徐有贞等人一起叩拜，高呼"万岁"。石亨敲响钟鼓，召集群臣到来。

天色微亮，众臣因为景帝事先说明今天要临朝，都已经早早等在午门外，准备朝见。但当众人走入奉天门后,眼前的一切使他们目瞪口呆:宝座上的皇帝已经不是景帝朱祁钰,而是八年前的英宗皇帝朱祁镇。众朝臣见此,只好跪倒参拜。这就是历史上著名的"夺门之变"。

## 第八节 官场浮沉险案

中国古代官场的发展历程就是一部权术史。权术是中国历史上谋臣手中的兵法,是云谲波诡、百态纷呈的官场仕途中的经营学,是古代文人谋臣制胜的谋略和手段。

在历朝历代的谋臣官员身上,几乎都可以看到权术的影子。可以说,权术是身居官场的任何一位谋臣都需要掌握和运用的。任何涉足官场的一位谋臣,要想在仕途中拥有自己的一席之地,需要的不仅仅是勇气,更是大智慧。还没有跻身仕途的人,会为了争取官位而不惜一切手段;已经置身政治舞台的人,则千方百计地要扩大手中的权力。不同历史时期,不同身份地位的人,有不同的获取官位和权力的方式,或者以力取,或者以德取,或者以智取,或者以才取,还有的钱、色、貌并用,真可谓形形色色、五花八门。

本节展现的是一部浓缩了的官场现形记,从官场一角的世态折射出整个历史官僚中的黑幕和冷酷,从一个个的官场博弈中让人参透其中的浮沉玄机。为何有的大臣名相久居高位,而有的却经不起政治风云的变幻考验而丢了乌纱帽?其中也必然有着规律和智慧可循。

### 互相倾轧:霍光与上官桀的同僚之争

汉武帝遗诏让霍光、金日磾和上官桀共同辅佐幼主。不久,金日磾病死,由霍光和上官桀共同辅政。霍光和上官桀之间有着姻亲关系,霍光的大女儿是上官桀儿子上官安的妻子,彼此原本亲密无间。但过了不久,两人的关系就逐渐紧张起来。

霍光

上官安贪图禄位,请求霍光把他的年方5岁的女儿送进宫去,许配昭帝作为皇后。霍光认为外孙女年龄太小,没有同意。上官桀父子又通过昭帝姐姐鄂邑长公主把上官安的女儿收入后宫,被立为皇后。上官安也被封为骠骑将军、桑乐侯。

上官桀父子位高权增之后,对长公主十分感激。上官桀、上官安想为丁外人求封爵,希望依照国家关于列侯娶公主的成例把外人封为列侯。他们又为丁外人求取光禄大夫的官职,但遭到霍光的反对。因此,长公主对霍光大为怨恨,上官家族的人也很怨恨霍光,企图与之争夺权力。

此时,自以为年长又未得立为帝的燕王刘旦,常怀怨恨之心。御史大夫桑弘羊创始酒、盐、铁专卖官营制度为国家兴利,居功自傲,想为他的子弟求官不得,也怨恨霍光。于是,上官桀父子便同长公主、桑弘羊串通一气,并勾结燕王刘旦,策划发动政变,先除掉霍光,然后废黜昭帝,立燕王刘旦为帝。燕王答应事成后封上官桀父子为王。上官安则图谋事成后杀燕王而立其父。他们各怀鬼胎,却还是为共同的预谋走到了一起。

元凤元年(公元前80年)八月,上官桀等人让一个冒充是燕王使者的人向朝廷上书,以燕王的名义攻击霍光"专权自恣",并列举了他的三大罪状:其一,霍光到长安东郊去主持郎官和羽林军的大规模军事演习时盛气凌人。其二,霍光赏罚不公。其三,霍光擅自调动、增加大将军幕府的校尉而不报告朝廷,并称燕王怀疑霍光别有企图。上官桀打算从宫里把这件事下交给主管官吏查办,桑弘羊负责和各大臣共同胁迫霍光退职。但是,燕王书信上奏以后,昭帝并没有向下转发查处。后来,上官桀派人把上书的人杀了,然后制造假证,说他是畏罪自杀,这件事才算告一段落。

上官桀等人见上告的计谋不行,于是密谋叫长公主设酒席请霍光,暗伏兵士,杀掉霍光,乘势废掉昭帝,迎立燕王为天子。霍光辗转得知此消息,震惊不已,当即采取断然行动。这年九月,上官桀父子、桑弘羊、丁外人等都以谋反罪被处死,并诛灭了他们的宗族。长公主、燕王刘旦都自杀而死。

在这次激烈而残酷的权力争夺战中,霍光取得了绝对性的胜利,从而也奠定了他更为坚实的政治基础,为日后推行他的政策和主张提供了有效的保障。霍光、上官桀与桑弘羊等同僚最终转化为政敌,究其原因仍逃脱不了一个"利"字。

## 尔虞我诈:袁盎与晁错的明争暗斗

袁盎与晁错是汉朝人,汉文帝即位时,袁盎凭着其兄的举荐升为郎中,得在文帝身边做侍从。而晁错是凭着自己的才能进入仕途的。晁错为人峭直刻深,袁盎则圆滑含蓄。晁错上书凡30篇,涉及内外重大事务,使文帝知其才能,其官也就不断升迁。袁盎身为侍从,向文帝进言的机会很多,常使文帝悦服,官运也很亨通。

但同朝为官的袁盎和晁错却合不来。只要晁错在座,袁盎总是回避;袁盎在座,晁错也总是回避。

晁错做事优柔寡断,缺乏应变才能。袁盎不仅比晁错更会看风使舵,而且中伤人总能抓住要害。晁错与袁盎结怨,自然要想办法置袁盎于死地。晁错派遣官吏调查得知,袁盎曾私自接受吴王刘濞的钱财,并向景帝报告,景帝下诏免除了袁盎的官职,将其贬为庶人,袁盎因此对晁错怀恨在心。

吴、楚等诸侯王发动叛乱,由于袁盎曾是吴王的相国,晁错便趁机想置袁盎于死地。有人把这件事告诉了袁盎。袁盎连夜找到受景帝眷爱的外戚窦婴商量。窦婴因为吴、楚之事被免官在家,也对晁错早就恨之入骨。

然而,吴、楚七国起兵不久,吴王刘濞提出了"诛晁错,清君侧"的口号,把攻击的矛头直接指向了坚决主张“削藩”的晁错。窦婴见时机成熟，便向景帝说：“袁盎有平乱的妙策。”景帝一听袁盎有平叛妙策，立即召见了他。景帝屏退了周围的人，晁错无奈，只得悻悻离去。

袁盎对景帝说：“陛下知道七国叛乱打出的是什么旗号吗？是‘诛晁错，清君侧’。七国书信往来，无非说高帝子弟、裂土而王、互为依辅，没有想到出了个晁错、离间骨肉、挑拨是非。他们联兵西来，无非是为了诛除奸臣、复得封土。陛下如能诛杀晁错，赦免七国，赐还故土，他们必定罢兵而去，是与不是全凭陛下一人做主。”

景帝听了袁盎这番话，又想起了晁错建议御驾亲征的事，起初觉得晁错用心不良，即使未与七国串通一气，也肯定是另有图谋。于是，景帝密嘱丞相陶青、廷尉张欧等人劾奏晁错，准备把他腰斩。

一天夜里，宫人奉诏前来传御史晁错即刻入朝。马车行进途中，晁错发现并非上朝，而是到了处决犯人的东市。宫人读到处以腰斩之刑处，晁错已被斩成两段，晁错的身上仍然穿着整齐的朝服。

就这样，袁盎在晁错的逼迫下抓住机会，采取比晁错更黑的招数暗中下手，巧借景帝这把刀，除掉了自己的大仇家晁错，实在是手腕儿高超。

## 争权夺利：窦婴与田蚡的相位之争

魏其侯窦婴担任大将军的时候，田蚡还只是个郎官。汉景帝晚年，田蚡由于外戚的身份逐渐显贵，被任用为太中大夫。随着地位的提高，田蚡开始不把窦婴放在眼里。

汉武帝建元元年，丞相卫绾因病被免职，窦婴和田蚡都想争得这丞相的宝座。田蚡使用了比较圆滑的手段，以退为进并巧妙地借助王太后的关系，使自己爬上了丞相的宝座，占得上风。而窦婴则是好大喜功之徒。

田蚡的门客籍福劝田蚡道：“魏其侯窦婴很早就已显贵了，天下的士人一向归附于他。将军您新近发迹，声望比不上魏其侯，如果皇上用您做丞相，您一定要让位给魏其侯。魏其侯担任丞相，您一定会担任太尉的。况且太尉和丞相的尊贵程度相等，您又有让贤的美名，何乐而不为呢？”田蚡听罢非常高兴，大大地嘉奖了籍福。其后，田蚡将自己承让之意很委婉地告诉了王太后并暗示皇上，于是，汉武帝便用窦婴做丞相、田蚡做太尉。

窦婴为自己的暂时成功而沾沾自喜，却不知道这背后有着更深的陷阱。

窦婴、田蚡都喜好儒家学说，废除关禁，按照礼制规定服装制度，试图用这些措施宋实现太平政治。而窦太后喜欢黄老学说，推行汉初承继下来的"与民休息"的政策。但是随着形势的变化，黄老之学已不适应统治的需要了，于是窦婴等人坚决推崇儒家学说，贬低道家学说，这使得窦太后更加不喜欢窦婴等人。

窦婴任相的第二年，赵绾因上书激起窦太后的恼怒，当即被罢免。同时，窦太后又对窦婴和田蚡等人不满，解除了他们的职务，另外起用柏至侯许昌做丞相、武强侯庄青翟做御史大夫。

田蚡虽然不但任官职，但因为王太后的缘故，仍然可以得到皇帝的亲近与宠信，他在政务上提过多次建议，大多付诸实施并见了效。于是，那些趋炎附势的官吏和士人都离开窦婴而依附于田蚡。

田蚡身材矮小，相貌丑陋，但他有极强的权力欲，妄图压服所有人。田蚡认为各国王侯大多年长势重，而武帝新近登位，年纪很轻，自己以皇帝的心腹亲信而担任朝廷的丞相，如果不好好地整饬一下，用礼制使他们屈服，天下人是不会服服帖帖的。在这个时候，田蚡进宫报告政务，所说的皇上都听从。田蚡推荐的人有的从平民百姓一下提拔到二千石，皇上也没有异议。田蚡以为幼主好欺，于是肆无忌惮地培植自己的势力，妄图把皇帝的权力逐渐转到自己手里，总是寻找各种机会来体现自己的威严。

### 争权夺势:唐代的贵族和庶族之争

唐太宗为了能长久地维持统治政权，立太子一事成为一大心病。尤其在长子李承乾被废黜之后，这个问题更加凸显出来。太宗曾经属意的人选包括魏王李泰和吴王李恪，但在权衡利弊之后，意识到应立晋王李治为太子。

李世民召见长孙无忌、房玄龄、李世绩、褚遂良等人，又召来晋王李治，说:"我三子一弟，所为如是，我心诚无聊赖!"说完便倒在床上，抽出佩刀就要自杀。长孙无忌等人大惊,拉住后忙问唐太宗原因。唐太宗说:“我欲立晋王。”长孙无忌当即回答道:“谨奉诏,有异议者,臣请斩之!”然后,唐太宗对晋王李治说;“汝舅许汝矣,宜拜谢。”从来没想过当太子的李治取得了太子身份。

唐太宗之所以立晋王李治为太子,就是考虑到要平衡各集团之间的利益。长孙无忌既是开国元勋,又是皇室贵戚,出身于关陇贵族,在当时统治集团中是个举足轻重的重要人物。而崔仁师、岑文本等人都出身于庶族,官位仅次于长孙无忌、房玄龄等人,算是后起之辈。因此,在立太子问题上的分歧,实际上反映了关陇贵族集团和关东庶族之间的矛盾斗争。

在一废一立之间,很可能激化矛盾,打破朝廷中大臣各种势力多年来保持的相对平衡。如果魏王李泰得立为太子,庶族官僚势力必然增长,长孙无忌为首的关陇贵族自然要加以反击,宗室诸王也将掀起争夺皇位的斗争。而发生新的政变,势必两败俱伤,削弱唐王朝的统治实力。另一方面,唐太宗虽然提拔了大量庶族出身的官僚,关陇集团在唐朝政权中仍然占有十分重要的地位。在这种关键时刻,唐太宗当然不能以牺牲关陇贵族为代价去助长庶族官僚的势力。如果立中间性人物晋王李治为太子,既照顾了关陇集团的利益,也不致引起庶族官僚的强烈反对,这是唐太宗改立李治为太子的根本原因。

公元649年,时年53岁的唐太宗李世民病逝于翠微宫含风殿,将李治托孤于长孙无忌和褚遂良。太子李治即位为帝,是为唐高宗,加封长孙无忌为太尉兼检校中书令,知尚书、门下二省事;以李世绩为尚书左仆射、开府仪同三司、同中书门下三品。此外,太子少师于志宁为侍中掌管门下省,太子左庶子许敬宗兼礼部尚书。

### 新官上任陈光蕊:赴任途中遭遇害

唐朝贞观初年,苏北考生陈光蕊高中状元,被授予江州刺史之职,又迎娶了娇妻满堂娇。陈光蕊寒窗苦读十余年,终于学有所成。他带着官凭,吩咐家人王安去找赴任船只,又叫妻子准备美酒,高高兴兴准备赴任。

王安领着一个叫刘洪的船夫来见陈光蕊。陈光蕊看了刘洪一眼,点头表示同意。夫人满堂娇却说:“这个人语言无味,面色可恶。看他胁肩谄笑,不像个好人。"陈光蕊则说:"不妨事。"就这样,陈光蕊上了刘洪的船,往江州而去。

船夫刘洪果真盯上了陈光蕊的财物,又见其夫人满堂娇美若天仙,就动了谋财害命霸占娇妻的歹念。刘洪先把王安推入江中,然后持刀逼近陈光蕊。

陈光蕊本是一介书生,没遇到过如此情景,吓得不知所措。贪婪的强盗刘洪上前一把揪住他,将刀子捅进陈光蕊的胸中,接着也推入江中。

强人刘洪霸占了满堂娇后,拿着陈光蕊的官凭,穿戴起他的官服,顶替陈光蕊到江州上任。冒充陈光蕊的刘洪大模大样地当起了江州刺史,并且在江州为官18年。强盗做官做了18年而不被揭穿,可见当时古代的官员选拔制度及其标准的严谨程度了。

强盗可以做官数年,在宦海沉浮中能够驾轻就熟,一方面的原因是古代新官上任时的身份查验不严,给很多冒名顶替者以可乘之机,促成假官真做。另一方面的原因是强盗之类的"江湖人士"似乎比苦读文书的文人更能洞察世事,知道圆融趋避之道,因而在官场上能够应付自如,甚至官路畅通。因此,很多的古代文学作品中都曾有过假官做好官、会做官的故事,比通过正途上任的新官还更胜一筹。

在《西游记》成书之前,陈光蕊的故事就在评书中广为流传。陈光蕊是一个文弱书生,对世事一窍不通,对官场更是一无所知,所以他的被杀一定程度也要归咎于自身的软弱和对社会的"无知"。"一心只读圣贤书",即使考取了功名、步入仕途,也难当大任。

刘洪做官到了第19年的时候,冒名顶替陈光蕊赴任一事才被揭穿。原来满堂娇到江州后产下一个男孩。为了孩子不落入恶棍刘洪之手,她把男孩放入木盆置入江中,写血书说明身世,后男孩被金山寺的长老搭救,长大后剃度为僧,就是著名的唐代高僧玄奘。玄奘知道身世后,回江州为母亲报仇雪恨,惩治了恶霸刘洪。

### 献媚巴结杨再思:卑躬屈膝善讨巧

置身官场、求取功名需要一些权术,否则就寸步难行。官场中人最讲实际利益,若能讨得上司的欢心,加官晋爵,别人的说长道短又算得了什么呢?武则天时的杨再思从一个县尉爬到宰相高位,仅仅用了几年的时间,这不能不说是个奇迹。

当时，武则天的男宠张易之、张昌宗兄弟权势极大，杨再思一心想巴结他们，只是苦于没有机会。一次，杨再思去参加他们举行的宴会，张易之的哥哥张同休拿他取乐，说他长得像高丽人。在众人的大笑声中，杨再思不以为羞，反以为荣，竟是当众跳起了高丽人的舞蹈，挤眉弄眼，故作丑状。事后还亲自向张同休致谢，极尽媚态。

有人谄媚张昌宗长得漂亮，说他面似莲花，杨再思却能更进一步地说："此言差矣！非六郎似莲花，然莲花似六郎也。"

杨再思如此行事，连他家的下人也看不下去了。一次，杨再思家的下人大胆地问他："大人高官显位，何必讨好别人呢？"

杨再思说："你一个下人，为什么要怕我呢？"

不待下人作答，杨再思便说："道理很简单，你不讨好我，我就要辞退你，你便没饭可吃了。我不讨好有权势的人物，他们便会整治我，我便一无所有了。与其说几句好话、出一点小丑，而能换来荣华富贵、美满平安，我何乐而不为呢？无知的人才会笑我，我又何必在意他们呢？"

## 口蜜腹剑李林甫：煽风点火制造冤情

开元十四年，李林甫被任命为御史中丞，后来担任过刑部和吏部的侍郎。当时武惠妃最受宠爱，她的儿子寿王也因此得到了唐玄宗的另眼看待。李林甫抓住机会讨好武惠妃，他悄悄派人告诉武惠妃："我愿意保护好寿王。"武惠妃很感激他。

李林甫和裴光庭的妻子有染，裴光庭死后，他妻子请求高力士让李林甫代替丈夫的官职，但高力士没有答应。唐玄宗让萧嵩推荐宰相人选，萧嵩推荐了韩休。高力士把这个消息透露给了裴妻，裴妻马上让李林甫去告诉韩休。韩休当上宰相后不知道是萧嵩推荐他的，还以为李林甫从中出了力，很感激李林甫，却和萧嵩不和。他推荐李林甫当宰相，武惠妃也从中相助，于是唐玄宗将李林甫命为黄门侍郎。

李林甫后来担任礼部尚书，善于对皇上察言观色、讨好逢迎。但是李林甫性格多疑，喜欢树敌。朝中凡是不和他打交道的官员，都会被他想办法排挤掉。李林甫当着别人的面把好话说尽，但转过身来就用最阴险、最毒辣的手段害人，别人都形容他为“口蜜腹剑”。

宰相张九龄是个很正直的人,经常为了原则而和唐玄宗争执,导致唐玄宗对张九龄越来越不满。李林甫却经常在旁边煽风点火,让唐玄宗增强对他的好感。李林甫当上宰相后,依靠溜须拍马博得唐玄宗的好感,唐玄宗把一切政事都交给李林甫处理。这样他自己一手控制了朝政,别的大臣都得看他的脸色行事。

李林甫谄媚皇帝,为了巩固自己的权位,谁对他的位置构成威胁,他必然会想尽办法把谁打倒。太子妃的哥哥韦坚进入朝廷任职,李林甫表面上举荐韦坚担任要职,而实际上却在暗中筹划对付他。他让御史中丞杨慎矜暗中调查和监视韦坚。正月十五晚上,太子出宫游玩,遇到韦坚。杨慎矜打探到这个消息后,就告诉了唐玄宗,诬告他们图谋不轨。唐玄宗很生气,就把韦坚罢黜了,并要太子将太子妃废掉。李林甫借此机会诬告前任宰相李适之等人和韦坚关系密切,结果唐玄宗将韦坚赐死,其他人被赶出了朝廷。

当杨慎矜权势大起来之后,李林甫又把矛头对准了他。让心腹诬告杨慎矜,把杨慎矜全家都害死了。后来成宁太府赵奉章上书揭发李林甫的罪状,告状信还没有送到皇帝手里就让李林甫知道了。李林甫授意御史台将赵奉章逮捕,将他活活打死。

## 唐代朋党之争:延续四十余年的牛李党争风波

唐朝的选贤任能的科举制让出身低微的知识分子打破旧的封建等级界线,有了进入仕途的机会。这让养尊处优的士族们感到强烈的心理失衡。于是,一场政治斗争在文人间如火如荼地展开。这就是“牛李党争”。书生牛僧孺、李宗闵在不知不觉中踏入了党争的泥淖。

唐宪宗元和三年,长安制科考试,举人牛僧孺、李宗闵在策论中批评时政,得到考官的赏识,但因为二人的考卷中抨击了宰相李吉甫,于是李吉甫从中作梗,对二人久不续用。谁知此事却引致朝野哗然,争为牛僧孺等人鸣冤叫屈,谴责李吉甫嫉贤妒能。唐宪宗迫于压力,只得将李吉甫贬为淮南节度使,另任命宰相。至此,朝臣分成两派,互相对立。但真正的“牛李党争”,是在牛僧孺和李林甫之子李德裕上台之后开始的。

唐穆宗在位期间,牛僧孺曾一度为相,一次科举考试由牛党人物钱徽主持,其中牵涉李宗闵等人。时任翰林学士的李德裕指斥李宗闵等人主持科考舞弊。结果李宗闵等人被贬官,斗争逐渐趋于复杂化。就这样,朝廷中形成以牛僧孺、李宗闵为首的“牛党”和以李德裕为首的“李党”两派,相互倾轧四十余年。

牛李两党的政治主张主要表现在:李党力主摧抑藩镇割据势力,恢复中央集权;牛党反对用兵藩镇,主张姑息妥协。可见,唐代党争已经完全演变成了一场争权夺利的政治斗争。

历朝历代“朋党之争”的性质是不同的,汉明两朝主要是宦官与外戚或朝臣的权力之争,宋朝则是朝臣的政见之争,而唐朝的朋党之争则是公卿显官集团(李党)同豪强地主、暴发户庶族(牛党)之间的冲突。

## 趋炎附势的丁谓:排斥异己攀名位

丁谓是北宋真宗时一位有名的权臣,善于趋炎附势。真宗初年,权臣王钦若得势时,丁谓专投王钦若所好,唯王是从。王钦若失势免宰相职后,丁谓又采取欺骗手段,获取了寇准的信任。

宋真宗大中祥符八年(公元 1015 年)冬,丁谓与曹利用同时出任枢密使,掌军机大权。曹利用与寇准有宿怨,早仇恨在心,丁谓本来由寇准所荐,得以进宫,但不久前因寇准当着群臣的面,对逢迎自己的丁谓表现的奴颜之相予以公开嘲讽,由此丁谓衔恨,于是与曹利用联手,共同对付正直的寇准。

天禧四年(公元 1020 年),宋真宗患病不能理政,皇后刘氏开始干预朝政。寇准曾铁面无私惩治了刘皇后的不法亲戚,刘皇后心中是恼怒万分,此时自己执掌权柄,自然要趁机报复。这样,朝中形成了以刘皇后、曹利用、丁谓和翰林学士钱惟演为核心的反寇准集团势力。宰相寇准见刘、曹、丁、钱势焰熏天,于是进宫私下建议真宗,要求他以社稷为重,传位给众望所归的皇太子,并选择真正干练的大臣辅佐朝政,并说:“丁谓、钱惟演乃奸邪小人,万万不可辅佐少主。”真宗对寇准的建议颔首同意,并要他布置准备。此事被丁谓得知。于是丁谓串通刘皇后,至真宗前诬告,说寇准是挟太子夺权。真宗被惑昏愦,随即免寇准职。这年七月,丁谓被升为宰相职,他一上台,即排挤寇准,月内三黜,把寇准远贬道州司马。

朝中另一宰相李迪与寇准相契,丁谓就勾结刘皇后,无中生有,栽诬李迪结党营私,把他贬到衡州。丁谓有意让传令的太监在马前外悬带穗宝剑,示上意行将诛戮之意,诱使李迪自裁,李迪幸亏儿子及左右相劝,才免枉死。寇准则被贬至雷州。

寇准、李迪等清正大臣相继被丁谓排挤后,丁谓成了北宋朝廷单手遮天的人物,他恃势恣横,为所欲为,一时朝臣为之侧目。

乾兴元年(公元 1022 年)二月,王曾拜为宰相,他对丁谓的揽政专权极为不满,想方设法除去丁谓。王曾等到丁谓逐渐放松对自己的警惕,于是独见仁宗,呈上一份奏疏,尽列丁谓多年以来的奸事,有丁谓伙同内侍雷见恭擅自改动先帝陵墓计划等。仁宗见疏,甚为吃惊,几天后便下诏宣布丁谓获罪,免去所居宰相之职。

不久,丁谓又被查出勾结女道士刘德妙欺君罔上。结果数罪并罚,被仁宗贬到崖州。丁谓于贬所途中经过雷州寇准贬地,寇准把欲杀丁谓的家仆关在府内,不准其外出,又派人特意送蒸羊一只,借此暗示自己坦白胸襟。丁谓见状,赶紧离道逃到崖州,直到英宗明道年间,才离开贬地。

丁谓靠奉迎起家,排挤前任,终于爬上宰相之位,大权独揽。欲将除之,实属不易。王曾可谓用心良苦,对丁谓事事服从,卑躬屈膝。终于,使丁谓成为俎上之肉,后悔也来不及了。

## 新旧交锋:北宋王安石新党与司马光旧党之争

宋代中期,辽国、西夏屡屡入侵,内外矛盾加剧。以王安石为首的变法派主张变法改革,这就是历史上所谓的"新党"。"新党"在宋神宗的支持下,进行了一系列政治、经济改革,力图改变积贫积弱的社会局面。但王安石的变法遭到以司马光为代表的旧党的猛烈攻击,由此揭开了北宋新旧党争的序幕。

反对变法的旧党以司马光为首,还有欧阳修、富弼等元老重臣。众人不断向皇帝上书,攻击新政和王安石。这就严重打击了以王安石为首的新党的情绪,王安石一度称病在家,神宗温词慰勉,王安石才勉强继续执政。

神宗的摇摆态度，使本来就摇摆不定的中间分子的态度发生了变化。他们慑于元老重臣的威严，纷纷倒向旧党。旧党的气焰越涨越高。旧党领袖之一文彦博是三朝元老，他在同神宗的谈话中，直截了当地表达了自己敌视变法的态度，反对祖宗法制、农田水利法。

王安石

面对旧党的猛烈抨击，新党决定加速改革的步伐，但是由于各方面的抵制，改革并不顺利。此时，外部的敌对力量也故意挑衅。面对内外夹击的不利形势，新党虽继续坚持变法，但改革也出现了停滞，并导致了内部的分裂。

公元1074年，河北大旱灾，一些官员趁机进言，说旱灾是王安石变法造成的，要求神宗把王安石撤职。神宗只好妥协，让王安石暂时离开东京，到江宁府去休养。王安石离京后，变法由韩绛、吕惠卿等人负责。此时，变法派的中坚力量为了各自的利益走上了不同的道路。

吕惠卿是个极有野心的人，他提拔亲族吕升卿、吕和卿等人，扶植自己的势力，打击变法派内部的其他成员，妄图取代王安石的地位，引起了朝中大臣的不满。吕惠卿不久即被旧党攻击去职，新党遭到重创，士气十分低落。宋神宗决定实行更为强硬的手段来推行新法，严惩反对变法的官员。

宋哲宗即位后，实际权力落在宋神宗的母亲高氏手中。高氏本来就不满于新党变法，便立即停止了变法，新旧两党的党争局势发生了急速变化，旧党的核心人物司马光出任了宰相。

司马光上任后，马上同文彦博、吕公著一起建立了旧党的统治体系。不满变法或是因反对变法而遭到打击的官僚士大夫们都被重新召回，那些中间派人士也被他们拉拢过来，开始大肆攻击新党。

旧党执政后，首先着手废除新法。退休在家的王安石听到这个消息后悲愤至极。

旧党当权之后，不仅尽量扩大自己的势力，而且全力打击新党。新党的重要成员如吕惠卿、蔡确、吕嘉问等都遭到排挤和打击。

旧党要彻底铲除新党，当然是“欲加之罪，何患无辞”。他们以李定不为生母服丧为名，将李定逐出。旧党还将蔡确以前作的《游车盖亭诗》加以引申，指斥为对高太后的诬蔑，将蔡确发配至新州而亡。后来在吕大防、梁焘、刘安世的主持之下，旧党还把较为出名的新党成员大约八九十人的名字分别归附于王安石、吕惠卿、蔡确名下，称为“亲党”，张榜于朝堂之上，使他们永世不得做官。

## 皇室外戚之战：南宋韩侂胄庆元党禁案

庆元党禁指的是南宋宁宗庆元年间，韩侂胄打击政敌的政治事件。宋宁宗是由赵汝愚和韩侂胄拥立为帝的，赵汝愚出身皇族，韩侂胄则是外戚，二人不合。赵汝愚为相后，收揽名士，朱熹就被召入经筵为皇帝讲书。韩侂胄图谋排斥赵汝愚，将赵汝愚和所有支持赵汝愚的人都罢官放逐，凡是和他意见不合的都被称为道学之人，后又斥道学为伪学。名列伪学党籍者，受到程度不等的处罚，凡与他们有关系的人，也都不许担任官职或参加科举考试。

韩侂胄是北宋名臣魏忠献王韩琦的曾孙，父亲韩诚娶的是宋高宗皇后的妹妹，他因父亲的门路走上仕途。

韩侂胄越来越受皇帝的信任，权势越来越大，决定向赵汝愚下手，将他置于死地。韩侂胄命中丞何澹、监察御史胡紘参奏赵汝愚图谋不轨，证据竟然是赵汝愚曾经做过的一个“乘龙授鼎”的梦。宁宗也不辨真伪，贬赵汝愚为宁远军节度副使，安置在永州。当赵汝愚走到衡州时，衡州地方官按照韩侂胄的指示，对其百般羞辱，气得赵汝愚饮食不进，不久就自杀了。

赵汝愚死后，宁宗将京镗升为右丞相，韩侂胄的亲信们掌控了朝政大权。为了把反对自己的人全部除掉，京镗同何澹、刘德秀、胡紘三人定出了一个所谓的“伪学”黑名单，凡是反对过韩侂胄的，对其专权有妨碍的，统统都被列入了这个名单之中。

太皇太后吴氏听到这个消息之后，劝宁宗不要兴党禁，以免大臣间相互攻击，导致朝政混乱。但宁宗的诏书不过是一纸空文，丝毫没能阻止韩侂胄等人对“伪者”的打击。

公元1197年冬，太皇太后吴氏死了。一个月后，宁宗下诏排定“伪学”名单，名单中共有59人，这些人都被贬官，多数到了海南等偏远地区。不仅如此，朱熹注释的《六经》《论语》《孟子》《中庸》《大学》等书也被列为禁书。

韩侂胄此时官至少傅，封豫国公，朝中大小官吏多为党羽，一些不得其门而入之人。对韩侂胄极尽逢迎谄媚之能事。

韩侂胄专权日久，庆元党禁又很不得人心，韩侂胄怕树敌太多、日久生变，就决定北伐金国。

当时，金国内部很不稳定，朝政也渐趋腐败，西北方的蒙古正在兴起，可谓是内忧外患。韩侂胄起用了辛弃疾、叶适等主战派，并追谥岳飞为武穆，加封鄂国公，同时贬低秦桧，改谥缪丑。

此一举措极大鼓舞了士气，南宋军队于是从东、西、中三路北伐，初战得胜。韩侂胄任命京洛招抚使郭倪出奇兵突击，攻陷了金国边境重镇泗州（今江苏盱眙北）。因这次北伐是在南宋的开禧年间，因此也称开禧北伐。

结果南宋大败，金军一连攻陷十余州。韩侂胄北伐的美梦破灭，急向金国求和。金国要求南宋交出发动战争的祸首，也就是韩侂胄的首级，方肯退兵。于是，宁宗的妻子杨皇后布下罗网，乘韩侂胄入朝时将他杀掉，把人头送到金国中都（今北京），悬挂街头。

宁宗在事后才知道韩侂胄被杀，只得下诏历数了韩侂胄的罪行，布告天下，没收了韩侂胄的全部家产，流配其养子至沙门岛，其党羽也各自降官、免官，彻底结束了韩侂胄专权的历史。

## 弹劾严嵩案：权倾天下一朝获罪

朝廷征召严嵩深得明世宗的宠爱。严嵩表面清高但内心险诈，他一方面讨好皇帝博得宠爱，另一方面又在朝廷中排挤忠直的大臣。他先将内阁大学士翟銮排挤出内阁，然后又剥夺了吏部尚书许赞、礼部尚书张壁公文起草的朝政权力。皇帝从十八年安葬章圣太后以后就不临朝听政，移居到西苑万寿宫。当时，严嵩权倾天下。

严嵩的儿子严世蕃被任命为工部左侍郎。严世蕃为人阴险凶残，凭借父亲的宠爱，诈取权势和财物不知满足。严嵩年老后，朝廷大事一概委托给严世蕃，士大夫愤恨而不敢言。不法之徒奔走在他的门下，装在竹器中的贿赂财物在道路上都互相望见。严世蕃在京城营造府宅，每天聚集宾客纵情作乐。

首辅夏言权力比严嵩大，经常排挤严嵩的党羽。严嵩见夏言对自己不利，又听说明世宗的宠臣陆炳不喜欢夏言，就和陆炳结交，共同对付夏言。等到夏言失去明世宗的信任后，他以河套地区被蒙古占领为理由弹劾，最后害死了夏言。

明世宗喜欢掩盖自己的过失，是个很爱面子的人。严嵩就抓住这点想方设法激怒他，以铲除异己。很多大臣都上书弹劾严嵩，但由于他老奸巨猾，加上明世宗昏庸无能，那些大臣都被严嵩残害。

另一个阁臣徐阶获得明世宗的恩宠。徐阶为了争权，指使党羽弹劾严嵩，但没有成功。严嵩虽然很能揣摩明世宗的心思，但也力不从心。后来万寿宫失火，严嵩奏请明世宗搬到南城暂居。南城是当年明英宗被软禁期间住的地方，明世宗听了严嵩的建议后心里很不舒服。而徐阶负责重新修建的万寿宫让明世宗非常满意，从此徐阶取代了严嵩在明世宗心目中的地位。

明世宗听从方士蓝道行的劝告，有意除去严嵩。御史邹应龙上书直言，透彻地评论严嵩父子违法，说："臣子的话不合事实，乞求斩臣子的头来向严嵩、严世蕃请罪。"皇帝下圣旨审问严嵩，而把严世蕃交给法官处理。严世蕃获罪后，和倭寇勾结图谋不轨，事发后被论罪处死，严嵩全家被罢官为民。

### 忠与奸的争斗：南明史可法与马士英的斗争

史可法与马士英之争，是典型的忠与奸的争斗。二人的争斗开始于拥立福王。崇祯十七年（公元1644年）三月十七日，李自成率领农民起义大军包围了北京城，崇祯帝自缢。自然地拥立新君成了问题。当时，都御史张慎言、詹事姜日广等起草文书，主张立潞王。史可法也完全同意他们的意见。这时，手中掌握兵权的凤阳总督马士英却认为，立君要以贤明作为标准，不能固执地拘泥于人选的辈分顺序。

史可法

马士英的话传到了史可法那里，史可法就给马士英写了封信，把福王"七不可立"的意见坦率地告诉他。史可法还以为马士英也主张立潞王，但他哪里知道，马士英心目中的理想人选不是潞王而是福王。

马士英与阉党人物具有很深的关系。而朱由崧的父亲朱常洵、祖母郑贵妃，当年又都是魏忠贤、阮大铖之流竭力加以"保护"的。如果能立福王，马士英就可以获得更大的权柄而爬上更高的位置。出于自身的私利，马士英与阮大铖沆瀣一气，拥立福王。

马士英等一边假惺惺地说"立君以贤"，一方面与南京的勋臣刘孔昭等相勾结，又拉拢驻守江北的武将黄得功、高杰、刘泽清和刘良佐等，把福王推上台。史可法从外地回到南京之后正与张慎言等一起筹划拥立潞王的大事，忽然，从长江北岸传来了消息：凤阳总督马士英主张拥立福王。经过反复的思考，史可法不得不以大局为重同意了马士英的提议。

马士英本以为拥戴福王有功，福王一定会感恩戴德将他大加提拔。结果，马士英虽然成了内阁大学士，却仍旧只是在凤阳督师，京中的大事都要听史可法安排。马士英不能接受这样的格局，他要自己控制朝政。于是，马士英挑拨离间，排挤史可法。

马士英为了离间福王与史可法的关系，并表明他对福王的"忠诚"，将当初史可法写给马士英的书信,上面有福王"七不可立"的意见告诉给了福王。福王看后,心里当然不是滋味。后来,马士英要求朝觐福王,并劝福王马上称帝,福王答应了他的要求,宣诏马士英入京晋谒。

举荐史可法去做督军,这是排挤史可法的第一步。史可法虽然心里非常气愤,但江淮一带是南京的门户,另外也想到马士英此次来南京。其对朝中大权是志在必得,为了避免严重内讧,采取了让步。

于是,福王正式即帝位,并确定年号为弘光元年(公元1645年)。次日,马士英正式入阁办事。而史可法带了三千兵卒离开南京城。自此南京城的实权,落入了马士英手中。

史可法身陷是非之地,处处是马士英给他设的爪牙和圈套,稍有不慎便会落入魔掌。史可法忍气吞声,为了江山社稷忍辱负重。

马士英掌权以后,与手下"四镇"战将联合,想借机除掉史可法,然而史可法早已识破。

马士英用诡计把史可法挤出南京。但是,南京的不少大臣都站在史可法一边。因此,马士英又计算着新的策略,把斗争的矛头指向张慎言等人。

马士英在对史可法亲信发起进攻的同时,仍不忘寻找自己的知己,来组成自己的帮派。为了巩固他的地位,马士英引荐阮大铖。福王便下谕旨,决定起用阮大铖等人。

从此,马士英与阮大铖事实上控制了南明的朝政。马士英拥有了自己的集团,控制了朝中的权力,对于史可法的威胁更加严重。

## 借光攀升黄兰阶:欺世盗名走后台

在清朝政府的官场中,一直盛行靠后台、走后门、求人写推荐信来谋取官位。但军机大臣左宗棠从来不给人写推荐信,他说:"一个人只要有本事,自会有人用他。"左宗棠有个知己好友的儿子,名叫黄兰阶,在福建候补知县多年也没候到实缺。黄兰阶见别人都有大官写推荐信,想到父亲生前与左宗棠很要好,就找左宗棠。左宗棠见了故人之子,十分客气,但当黄兰阶一提出想让他写推荐信给福建总督时，当时就变了脸，几句话就将黄兰阶打发走了。

黄兰阶又气又恨，离开左相府，就闲踱到琉璃厂看书画散心。忽然，黄兰阶见到一个小店老板学写左宗棠的字体，十分逼真，心中一动，想出一条妙计。

“给我写柄扇子，落个款。”黄兰阶对店主说。店主取过扇子，落上左宗棠的款。黄兰阶手摇扇子，得意扬扬地返回福州。

这天，是例行参见总督的日子，黄兰阶手摇纸扇，径直走到总督堂上，把扇子一晃：“不瞒大帅，外边天气并不太热，只是这柄扇是我此次进京后，左宗棠大人亲送的，所以舍不得放手。”总督听了大吃一惊，心想：我原以为这姓黄的没有什么后台，所以候补几年也没给他放实缺，不曾想他却有这么一个大后台。左宗棠天天跟皇上见面，他若恨我，只消在皇上面前说个一句半句，我可就吃不住了。总督要过黄兰阶的扇子仔细察看，确系左宗棠笔迹，一点不差。总督将扇子还与黄兰阶，闷闷不乐地回到后堂，找到师爷商议此事。

师爷一听笑道：“大帅放心，左宗棠眼下不会害你，他向来不替人写荐书，这柄扇子其实就等于是推荐信了。大帅只要马上给姓黄的一个官做，左宗棠就会高兴了。否则……”

总督笑了：“好！明天就给他挂牌放任知县好了。”

就这样，黄兰阶巧妙地“借”左大人的“光”弄了个七品知县，而且在左大人的“光罩”下，不几年又升到四品道台。

## 第九节　科场舞弊奇案

在中国封建社会，一个人的自身价值大多用官衔的大小来衡量。高官大贵，小官小贵，无官职的则被视为低贱，这也成为古代的读书人一心求取功名，把做官作为最终目的的重要原因。对于那些求取功名利禄的文人谋臣来说，做官就拥有了一切。而通往仕途的常规之路，就是每年令人瞩目的科举考试。

本节揭晓古代科举考试中的种种趣闻、科考案背后的秘密。考官徇私舞弊，考生作弊成风，令人眼红的状元帽究竟好戴不好戴，金榜题名的背后隐藏着怎样的科举潜规则？一桩桩的科举舞弊案妙趣横生，又耐人寻味。

## 明代南北举子争科榜案：考官“按地域优先录取”

明朝建立后，朱元璋决心恢复宋元时期的科举取士的制度。由于明初南北经济文化发展的不同，发生了震惊全国的南北举子争科考的事件。

公元 1397 年会试，主副考官刘三吾、白信蹈从全国几百名举人中，点出 52 名贡生，其中以宋琮为贡生第一，上报给了皇帝。皇帝过目后，会试发榜。贡院的负责官员将贡生的名单的抄在皇榜上，张贴在贡院门口。皇榜刚一贴出，立即群情哗然。皇榜上的北方举子全部落选，从第一名的宋琮到最后一名的刘子信，全都是江南考生。在接下来的殿试中，又是福建闽县的陈某夺得了状元，这势必引起了北方举子的不满。

北方举子认为，来自南方的刘三吾和白信蹈等是有意压制北方举子的。这一说法赢得了大多数北方举子的响应，顿时群情激愤。于是，北方举子们纷纷用泥土石块朝皇榜砸去，随后召集了一批同样有不满情绪的落第学生向礼部走去。礼部得知主副考官刘三吾、白信蹈私取同乡的奏报后，纷纷派请锦衣卫来镇压学子的游行队伍。

事态越来越大。北方考生再次举行游行示威队伍，并且书写了大量的字帖张贴满了南京的街头小巷。礼部见局势发展难以控制，便上报朱元璋。朱元璋非常震惊，决定亲自查问主考官刘三吾。而刘三吾解释说：“连年的战争对北方的文化摧残极大，这些年来北方举子文章远不如南方举子，成绩相差悬殊，已是不争的事实。”

朱元璋本要加强北方边境的防守力量，培养一批北方学子，而对南方地主知识分子心存不满，这次的科考又全部是南方举子中试，更加增添了他的不快。于是，朱元璋下令韩林院张信主持会试复查。复查之后，张信禀报皇帝：“南北考生成绩的确相差悬殊，最后一名的刘子信也比北方的优秀考生高出许多。北方举子的试卷仅列第 53 名。”朱示璋听后仍不相信，以为他是故意拿成绩差的考生来狡辩，又命令刑部对刘三吾、白信蹈和张信三人严加审问。

刚开始,三人拒不承认。刑部只好用大拷刑讯逼供的方法,将其三人的家眷全部打入大牢,这才查出了这一徇私舞弊科考案。

朱元璋明知是冤案,但为了平息北方学子的激愤,就称刘三吾、白信蹈是蓝党,张信是胡党,有谋逆之心。刘三吾被流放充军,而张信、白信蹈则被凌迟处死。而这一次所有录取的举子也全部取消资格,当科状元按行贿罪被判处死刑。

同年的五月,由朱元璋亲自阅卷,从北方考生中点出61名进士,第一名为韩克忠,第二名为任伯安。此后,明朝科举一律分南北榜取士。至此,明朝的南北榜公案了结。

### 徐经、唐寅科考案:贿赂买考题,自古已有之

明代中期最大的科考案,即弘治十二年(1499年)江阴徐经与苏州唐寅的所谓泄漏会试试题案,是一起因官场斗争而进行诬陷所造成的冤案。

徐经(1473~1507),字直夫,是徐霞客的高祖,出身书香门第。他的祖父徐颐在英宗时,因善书法而入中书科为中书舍人;叔祖徐泰,以江阴县秀才人选京师国子监深造,景泰七年(163年)秋参加北京的顺天乡试高中为解元。徐经的父亲徐元献,于成化十六年(1480年)应天乡试中经魁(前五名)举人,次年会试落第后返乡。徐经在父、祖的影响下,为了继承父、祖的金榜题名遗志,在弘治八年(1495年)22岁时,应天乡试得中第41名举人。

唐寅(1470~1523),字伯虎。16岁时,由老师举荐进入府试考场,得中苏州秀才,一时誉满江南。弘治十一年,唐寅以超群的才气在南京的乡试中一举夺魁,深受主考梁储的赞赏。

弘治十二年,京城会试。各省的举人都可应考,考中者称为贡士,经殿试即可赐出身为进士金榜题名。徐经怀着对功名的热望,邀请唐寅同船共赴北京参加会试。

此科的两位主考官,是礼部尚书兼文渊阁大学士李东阳和礼部右侍郎程敏政。

唐寅前一年乡试夺魁后,早已名播江南,延誉京都,担任江南乡试主考的梁储

回京后，曾拿唐寅的文章给程敏政看，“敏政亦奇之”。唐寅、徐经抵达京城后，遍访前辈，广交名流。唐寅陪同徐经拜见了礼部右侍郎程敏政，程敏政是徐经乡试中举时的主考官，这次又和李东阳一起任此次会试的主考官。结果受到众举子的猜忌和唐寅同乡、学友都元敬的中伤。

唐寅

会试按例举行三场考试，不料入试两场刚毕，流言蜚语已满京城，盛传富家子徐经贿买试题。弘治帝震怒诏令程敏政立即停止阅卷，听候审查。他已经初选的卷子全由李东阳会同其他考官复核；徐经、唐寅即以科场舞弊的嫌疑犯关进监狱，严刑拷问。

然而，经过李东阳等的复核，程敏政选中的试卷中没有被指控为贿买到试题的徐经和唐寅之卷。明明是诬告。几番拷审，毫无所获。最后，一场大狱竟以“查无实据”“各打五十大板”草草结案。主考、礼部右侍郎程敏政被免官；诬告人给事中华昶降职；徐经、唐寅则以进京时曾拜会主考程敏政而被革除举人资格，不准再参加此后的科举考试，唐寅被发落为浙江藩府小吏。

程敏政出狱后，因忧愤发痈死。《明史·程敏政传》中否定程敏政有“鬻题”之说，并透露“或言敏政之狱”，系他的同事礼部左侍郎、翰林学士“傅瀚欲夺其位（指主考官），令昶奏之。事秘莫能明也”。

江阴明清志书和《梧塍徐氏宗谱》都没有记载徐经的科场案，清代邑人顾心求手辑的《江上诗钞》收录徐经诗时，在所附作者小传中注明“宏治乙卯举人，已未再试礼闱，为飞语所中，廷勘罢归……经与唐寅以才名相引重，为都穆所忌，中伤之”。道出了科场案的真相。

### 顺天丁酉科场案：暗中操作震惊全国

顺治丁酉年（顺治十四年），正值顺天乡试。顺天即北京，是京师所在地，顺天、直隶(今河北省)、关外以及名隶国子监或籍系满蒙汉军八旗的士子都参加顺天乡试,称为北闱。这一年北闱的正副主考是太子庶子曹本荣、太子中允宋之绳。除正副主考之外,还有同考官,又称房官,负责分房阅卷。

顺天乡试因在北京举行,同考官多为进士出身的闲散小京官。由于考生众多,正副两名主考无法遍阅全部考卷,所以先要经过同考官筛选,而经同考官看中并依比例向正副主考推荐的,十之七八会被录取。从明末开始,每到乡试举行前两三个月要确定同考官人选的时候,就有人竭力钻营,以谋一席。据娄东无名氏《研堂见闻杂记》记载:“各分房之所私许,两座师(指正副主考)以及京中贵人之所密嘱,如麻如粟……至北闱尤甚。北闱分房诸公及两座主,大率皆辇下贵人,未入场已得按图挨次,知某人必入,故营求者先期定券,万不失一,不若各省分房,必司理邑宰,茫然不可知,暗中摸索也。”京师消息灵通,参加顺天乡试的国子监监生中又多为贵宦子弟,许多人能预知本科将由哪些人担任同考官,或以势求,或以行贿。

丁酉北闱同考官有大理评事李振邺、张我朴,国子博士蔡元禧等人。这一科考生有5700多人,中额限定为206名,录取比例为28:1。如果考生中父兄为高官、家内殷实者,“自以为唾手折桂”,所以行贿的现象在当时并不为怪。由于录取名额有限,贿赂者人数过多,闱中考官推敲得失,各同考官为了搜求“走关系”者的试卷,相互翻查。向李振邺一人贿赂的就有25人。因一时难以全部寻获,李振邺竟让亲随书童拿着写有暗号的纸条去各房查对。

榜发以后,落第士子愤愤不平。有人写了匿名传单,到处张贴,揭露内幕。吏科给事中陆贻吉为了压住舆论势头,就为行贿的士子和受贿的考官居间说合。刑科给事中任克溥因未能谋得同考官的位置,心怀不满,趁机上疏皇上。清世祖大怒,传旨严缉所有人犯到案,由吏部、都察院满汉大臣会审。满大臣当时还不懂关节,吏部汉尚书王永吉给他们解释,不料随即审出李振邺所接受贿赂的人中第二名就是他的亲侄子王树德。

经过反复刑讯,结果奉旨将纳贿的同考官李振邺、张我朴、蔡元禧,行贿得中的新科举人田耜、贺鸣郊、邬作霖等人立即处斩,而接受赃银的陆贻吉也被腰斩处死。

有行贿情节的王树德等人从宽免死，流放尚阳堡。正副主考曹本荣、宋之绳虽未受贿，但失察渎职，受到降级处分。

清世祖怀疑新中举人通过行贿侥幸登第的还有不少人，就命令吏部速传来京，候朕亲行复试。于是地方官把本地的新举人又监送到京进行复试。复试的结果只黜落了文理不通的士人，大部分的举人身份得到认可。顺天科场案从案发到结案长达半年，其处分之重、牵连之广震惊全国。

## 江南丁酉科场案：纨绔子弟金榜题名

与顺天丁酉科场案并列为清代科场重案的还有江南丁酉科场案。

江南是顺治初年新设的行省，省会江宁（今南京），设有国子监。江南文风之盛是其他省份难以比拟的，上江（今安徽省）、下江（今江苏省）的士子都参加江南乡试，称为南闱。

丁酉南闱正副主考为翰林院侍讲方猷、侍读钱开宗。发榜后因取中者颇多富贵人家子弟，苏州、常州的落第士子不服，就在两主考北归的途中随舟唾骂，甚至投掷砖瓦。有人甚至撰写一词加以讽刺当时的科考腐败："命意在题中，轻贫士，重富翁。诗云子曰全无用，切磋欠工，往来要通，其斯之谓方能中。告诸公：方人子贡（孔子的弟子），原是货殖家风。"名士尤侗高才不第，编了一部《钧天乐》传奇，揭露考官纳贿的情状。

清世祖听到传闻，正好又有言官举劾江南乡试的舞弊之风，于是又兴大狱。一年后定案，正副主考及其他同考官全处死刑，妻子家产籍没入官，有行贿嫌疑的举子方章钺等8人流放宁古塔（今黑龙江宁安）。

而这一科取中的举人统统被押解至京复试。时值隆冬，考生僵立在冰雪中，限时交卷，每人由两名护军持刀监视。复试结果，黜落14名，罚停会试两科24名。吴江才子吴兆骞本无行贿情节，纵有真才实学也未能完卷，被认为贿中是实，受重刑。《研堂见闻杂记》记载："是役也，师生牵连就逮，或就立械，或于数千里外锒铛提锁，家业化为灰尘，妻子流离，更波及二三大臣，皆居间者，血肉狼藉，长流万里。"

顺治年间南北二闱科场案，表面上看来是为了肃清场规，整顿陋风，实质上是借此巩固政权。士人通过科举之道求取仕途功名，然而每次及第者寥寥，名落孙山者居多。那些连科赴考、连科不中的人满怀怨气，对新获科第的举人进士在歆羡之余，不无忌恨。所以，清世祖以科第为诱饵，目的是扩大新朝统治的社会基础。在处理科场案时，一反晚明因循姑息的旧例，使许多无钱无势的贫寒之士大为称快，加强了对新朝的向心力，而少数得中、免祸的人经皇帝亲自复试，更以此为荣。

顺天乡试案发后，他一再强调"朝廷选举人才，科目最重，必主考、同考官皆正直无私，而后真才始得"，"开科取士，原为遴选真才，以备任使，关系最重，岂容作弊坏法"，并下令把定案结果"刊刻榜文，遍行严饬，使知朕取士釐奸至意"，"自今以后，凡考官、士子须当恪遵功令，痛改积习，持廉秉公"。

此外，官僚集团内部结党争利，互相倾轧，也是酿成重案的诱因之一。

### 江南辛卯科场案：科场"评卷人"行贿黑幕揭秘

辛卯科场案指的是康熙五十年发生在江南乡试的科场案。

这年江南乡试中举者除苏州 13 人外，其余多为扬州盐商子弟。句容县王曰俞所推荐的吴泌、山阳县知县所推荐的程光奎皆属文理不通之辈，竟也榜上有名，于是掀起一阵舆论大波。以廪生丁尔戬为首的苏州生员共千余人集会玄妙观，将财神像抬入府学表示抗议，愤怒的考生还在贡院的大门上贴出一副对联"左丘明两眼无珠，赵子龙一身是胆"，以此讽刺主考官左必蕃和赵晋。两江总督噶礼将丁尔戬等人拘禁，准备按诬告问罪。

康熙

主考官左必蕃、江苏巡抚张伯行奏报朝廷。康熙帝派户部尚书张鹏翮会同噶礼、张伯行以及安徽巡抚梁世勋在扬州详审。审讯中，噶礼、张伯行发生分歧。张伯行以贿卖举人、包庇罪犯弹劾噶礼，噶礼则弹劾张伯行挟嫌诬陷。结果康熙帝将二人解任，令张鹏翮会同漕运总督赫寿继续审理。在审理过程中，张鹏翮又因袒护噶礼而被解任。康熙帝另派户部尚书穆和伦、工部尚书张廷枢前往再审，并请吏部议复。康熙帝认为，张伯行为官清廉，操守为天下第一，这样处理“是非颠倒”，令九卿、詹事、科道据实再议。后以两人都是封疆大吏，“互相参讦，殊玷大臣之职”，将噶礼革职，张伯行做革职留任处理。

经过一年多的审讯，审出副主考赵晋与同考官王曰俞、方名私受贿赂，取中吴泌、程光奎的情况。赵晋、王曰俞、方名被处斩立决；吴泌、程光奎等均处绞监候；主考左必蕃失察，被革职。

## 顺天己卯科场案：徇私舞弊还是诽谤

清康熙三十八年（1699 年），顺天府举行乡试。历史将其列为典型的清代科举舞弊大案。

该乡试由皇帝钦定“以翰林院修撰李蟠为顺天乡试正考官，翰林院编修姜宸英为顺天乡试副考官”。二人分别是康熙三十六年（1697 年）丁丑科的同榜状元和探花。

试榜一放，立即引起轩然大波。有的记载说：“因中试者多为大臣子弟，落第士子编造歌谣‘老姜全无辣味，小李大有甜头’。散发传单，指斥正副主考‘纳贿营私，逢迎权要’。”也有的记载说：“（康熙三十八年）九月，己卯顺天乡试科场案发。是科发榜后，物议沸腾，落第考生揭文于市，斥责正考官李蟠、副主考姜宸英瞻顾情面，纳贿徇私，所取皆朝臣及官家子弟。”更有人指李蟠投靠善于玩弄权的内监鲍三老，品行不端，贪财如命，这次考试中收受贿银一万多两。

中堂四五家，部院数十人都金榜题名；大学士王熙、李天馥为子孙行贿三千；工部尚书熊一潇、左都御史蒋宏道、湖抚年羹尧为其子行贿上万；举子史贻直、潘维震之父分别为浙江、福建主考，私下也做了交易；韩孝基、张三第因父官居礼部，掌管复查试卷大权被全部录取，豪富巨商为子弟竟也行贿得中。揭帖指责主考、副主考行为不端，辜负圣恩，呼吁朝中有识之士弹劾李、姜，否则就要挺身而起，把李、姜刺杀。好事者传播流言飞语，推波助澜，攻击矛头无有例外地指向主考李蟠、副主考姜宸英。李、姜有口难辩。

顺天乡试震动清廷。康熙三十八年十一月丁酉(初三日),江南道御史鹿佑上疏康熙皇帝,弹劾顺天乡试正副考官李蟠、姜宸英:“以宾兴论秀之典,为纵恣行私之地,实为有玷清班,请立赐罢斥。”奏章立即引起康熙皇帝的重视。康熙皇帝传旨,“着九卿詹事、科道会同,将李蟠等严加议处”。九卿等部门上奏,提出将李蟠、姜宸英撤职。(康熙三十八年)十一月,谕将已经顺天乡试所取举人,齐集内廷,皇帝亲自复试。圣祖亲命试题,特命严加监试。为保持公正,还增派诸多朝臣参与其事。复试的结果是,录取名单仍是原来乡试中公布的考生。所不同的,只是康熙皇帝将原来的第一名浙江宁波考生姚观,换成了宿迁考生徐用锡。事发后,李蟠、姜宸英被刑部看管起来。因康熙皇帝有言“严加议处”,复试后,康熙皇帝将李蟠流放沈阳尚阳堡三年,下旨释放姜宸英。遗憾的是,姜宸英受诬气愤不过,含恨饮药自杀。震动全国的顺天榜乡试案,终于落下了帷幕。

但是,己卯顺天乡试一案是否舞弊案呢?有学者认为,此次乡试不是舞弊案,而是毁谤案。

从江南道御史鹿佑趁机上书康熙皇帝来看,弹劾主考李蟠、副主考姜宸英,虽受康熙皇帝称赞,但并非出以公心,仗义执言,是假公事而泄私愤,挟嫌报复。原来乡试之前,鹿佑对即登门拜访主考李蟠,并有馈赠,委托对其参加乡试之子予以关照,竟为李蟠婉拒,便心怀不满,后借机发难。

复试证明顺天府乡试大体公正公平。康熙皇帝亲自主持复试,目的在于揭露弊情。但是,复试结果,原定举子无一落榜。这就证明,李蟠、姜宸英主持的考试公正公平,并无舞弊。此科京城显贵子弟录取畸多确是事实,也正是由于这一特殊情况,才给落第士子发难以由头。李蟠、姜宸英依卷录取并无不当,只是让某些落榜官僚子弟钻了空子。

从处理结果看,顺天府乡试也并非舞弊大案。历代对科考舞弊案的处分极其严苛,但是,对此案的处理却与其他科考案大相径庭。如果己卯顺天乡试同为舞弊案,作为主考的李蟠无疑要被处以极刑,作为副主考的姜宸英也不会一死了之,而朝廷仅仅对李蟠处以流放三年。

康熙将李蟠放逐三年,实际上是康熙皇帝为维护皇权尊严、平息社会舆论做出的一项折中举措。为了平息事态,不得不拿李蟠祭刀。三年后,李蟠被赦返里。康熙还欲起用李蟠。

关于己卯顺天乡试一案,李、姜无罪,当时朝野已有共识。康熙皇帝只得做出如此尴尬无奈的处理。但康熙皇帝心中有数,当时朝臣也心知肚明。刑部官员亲自处理此事,亦有"非罪"之论,对姜宸英之死心怀愧疚。

可见,顺天榜舞弊案,基本上是个由诽谤而生的假案。

## 嘉庆科举冒籍案:吴曰钏是否为"移民"考生

嘉庆十年和十一年妫直隶乡试,直隶河间府吴桥县考生吴曰钏去县里考试的时候,生员段元魁、王中植等人攻击他"冒籍",消息传到直隶学政那里,学政发文到县学要求扣押吴曰钏,不让其参加考试。

"冒籍"就是考生冒充籍贯,参加科举考试。早在宋朝的时候,朝廷为了照顾边远和文化落后地区的发展,在科举名额上有"优先录取"的条件,给予它们更高的录取比例。其他地区的考生为了获得优惠的照顾,就以各种名义转移到这些地区参加科举考试。此举引发了当地考生的不满,因此"冒籍"现象受到了严厉打击。冒籍的考生会被剥夺考试资格,即使考中了被发现也要取消功名,再行治罪。

嘉庆

吴曰钏不甘心被取消考试资格,申明自己是冤枉的,府县调查的结果是吴曰钏的确是冤枉的。吴家祖居吴桥县拓园镇,该镇后拨归山东德州管辖,吴曰钏的祖父吴毓潍即在德州入学。后来因为吴家坟墓都在吴桥县境内,吴毓潍搬回吴桥境内居住。吴毓潍的儿子吴应麟在嘉庆二年

(1797年)呈明官府,仍归吴桥县原籍考试入学。因此,吴曰镧应归吴桥县考试,不算冒籍。

嘉庆十二年(1807年),训导王樾荫赴京,回任路过河间。吴曰镧的姑父魏如愚担心王樾荫在考试问题上再刁难吴曰镧,就托人向王樾荫央求照顾。王樾荫答应放吴曰镧入学。可就在当年十二月,吴曰镧赴县里应考的时候,又有吴景唐等人指认吴曰镧是山东德州卫军籍,不能参加本县乡试。

清政府规定考生加入某地籍贯的标准是:祖父、父亲人当地籍在二十年以上,坟墓、田宅都确有实据。其中最核心的标准是祖先的坟墓。为了更有效地打击冒籍者,清政府要考生进入考场前核对口音。即使是这样,科举场上也没能完全杜绝冒籍现象。

嘉庆十三年(1808年)五月,吴曰镧被送到河间府考试。进考场前又被考生季培等人指出有冒籍官司在身,能否考试要"赴学请示"。

收了吴家好处的王樾荫这时竟然要将吴曰镧扣考。魏如愚赶紧又找人说和,许给王樾荫白银一千两。王樾荫同意吴曰镧考试。吴曰镧的族人又送给季培一百千钱帖一纸,季培却以吴家行贿的名义提出控告,吴家则以季培讹诈反告。官司拖到十月临近考试,王樾荫仍不将吴曰镧送考。魏如愚第三次向王樾荫请托,送钱八百千,求其送考。这次王樾荫不肯收受,魏如愚提出控告。三案齐发,酿成了嘉庆年间著名的科场冒籍案。

最后经直隶总督温承惠会同学政吴芳贻审定,相关人员剥夺功名、罚钱流放,案件才得以了结。

### 晚清科场第一案:考生错卷,牵出连环命案

清朝咸丰戊午年的八月初六,是顺天乡试的日子。此次乡试由皇帝钦点主考官为军机大臣、协办大学士、户部尚书柏葰,两位副主考分别由兵部尚书朱凤标和都察院左副都御史、户部右侍郎程庭桂担任。此次乡试考生有上千人,最后录取300名。发榜后不久,咸丰帝认为主考官柏葰功不可没,升其为大学士。

然而,参加科考的士子们在看榜时,发现优伶平龄竟然中了第七名。按清制,

娼妓、优伶等不能参加科考。御史言官孟传金呈递奏章，指出士子平龄身份不明，不能录为举人，同时参劾平龄的朱卷和墨卷不一致，应该查究。

咸丰帝当即任命怡亲王载垣、郑亲王端华、兵部尚书全庆和陈孚恩等四人专职会审查办此案。会审团很快查清，平龄并非优伶，只是平素喜欢曲艺，其得中举人，并无不妥之处。但重要的是，平龄的朱卷和墨卷不相符合。

"墨卷"是考生在考场内用墨笔书写的考卷，而为防止考官通过字迹舞弊，命人用红笔誊抄的试卷称为"朱卷"。为了保证试卷的真实性，誊抄人员抄写的朱卷必须与考生的墨卷完全一致。而会审团调阅了平龄的墨卷和朱卷，经过仔细对照，发现其墨卷中的七个错别字在朱卷上都被改正过来。就在会审团开展调查时，争议考生平龄被革去举人身份，投入狱中不久竟不明原因地死去，这无疑使案情更为扑朔迷离。

平龄的同考官邹石麟对此案供认不讳。在披阅平龄的试卷时，他以为是誊抄人员手误所致，就把错别字改正过来。最后，会审团向咸丰帝上奏处理结果：平龄演戏是个人喜好，不属优伶之列，不必治罪；但试卷中多处出现错别字，不足以被选为举人，按律应罚停会试三科，因平龄已死，免去此罚。后又将邹石麟革职，主考官柏葰和两位副主考朱凤标、程庭桂三人罚俸一年。

平龄案发后，咸丰帝怀疑其他试卷也有类似情形，下令严格审查。结果五十多份试卷中错字、别字、谬称等比比皆是，而且都有涂改的痕迹。

咸丰帝没想到作为遴选国家栋梁之材的科考，内幕竟然如此肮脏黑暗。当日，咸丰帝就下旨将主考官柏葰革职，两位副主考暂行解任，听候查办。随后，会审团开始对这件大规模的科场舞弊案展开调查。

罗鸿绎是广东肇庆府阳春市人，家境殷实，他向同考官浦安"递条子"求助。虽然考卷达不到录取标准，但浦安还是向主考官柏葰作了推荐。主考官柏葰和两位副主考经过商议，决定将该卷打入副榜，定为备卷。副榜是正榜之外的名额，如果正榜内有不合格的考生，副榜可以替补。浦安见推荐的考生被打入副榜，觉得很没有颜面。正好柏葰的仆从靳祥奉主子之命来告知此事，于是，浦安便恳求他向柏葰提议一定要录取那份试卷。

靳祥向柏葰建言，说浦安推荐了一份试卷，最好能录取。思虑再三，柏葰同意撤下一张试卷换上罗鸿绎。榜示出来，罗鸿绎中了第238名举人。

被录取后，罗鸿绎给李鹤龄送了500两纹银作为“酬劳”，送10两银子给浦安、3两银子给浦安的侍从，呈给柏葰银16两、门包银6两。

如此乌烟瘴气的科场风气让咸丰帝十分愤怒，于是下旨严惩不贷。刑部将柏葰、浦安、李鹤龄、罗鸿绎逮捕，革去罗鸿绎的举人身份，撤去李鹤龄的兵部主事、浦安的翰林院编修之职。

而主考官柏葰是一品大员，如何处置应由刑部提议，最后由皇上决定。刑部此时却很是为难，毕竟柏葰是宰相。咸丰帝也曾表示过“柏葰早正揆席，勤慎无咎，欲曲待之”，意思是可以从宽处置。

负责审讯此案的会审团成员载垣、端华、全庆和陈孚恩四位大臣经过商议，将审理此次科场舞弊案的情况上奏朝廷，拟处柏葰、浦安、李鹤龄、罗鸿绎斩立决。咸丰帝又向绵愉、彭蕴章、肃顺、赵光、文祥等亲王和大臣询问处斩柏葰的意见。

肃顺说：“科举乃取士大典，关系至重，亟宜执法，以惩积习，柏葰罪不可宥，非正法不足以儆在位！”咸丰见此，再也无法姑息柏葰，最后下旨：“柏葰情虽可原，法难宽宥，言念及此，不禁垂泣。”最后，柏葰、浦安、李鹤龄、罗鸿绎四人被押赴菜市口刑场行刑。

## 科场尴尬：鲁迅爷爷“为子通关”行贿案

鲁迅的祖父周福清，是丁卯年（1867年）的举人。在同治十年（1871年）的辛未科会试中中了进士，并被钦点为翰林院庶吉士。

鲁迅的父亲周用吉读书至秀才。当时的清朝官场作弊成风，周福清想疏通官员，让周用吉取中举人。

光绪十九年（1893年）是江南乡试之年。京官殷如璋出任江南乡试主考官。绍兴城内阁中书周福清派人前来拜托殷如璋，为长子周用吉“打通关节”。周福清在北京做官多年，和殷如璋相识，就写了一封信附上银票派下人送过去。

周家下人拿着信来到主考官殷如璋处，正好有苏州地方官拜访。周家下人也不看时机，就把信和银票交给随从，让呈给殷如璋。殷某接到信和银票，明白其中的用意，但因苏州地方官在场，也极为尴尬。苏州地方官自然也知道是怎么回事，赶紧端起茶杯喝茶。殷如璋看了看银票，便把它装进了口袋。

周家下人见银票送进去后，也没有回信，就大骂殷如璋"拿了银子不办事"，引得百姓围观。殷如璋恼羞成怒，苏州地方官下令将周家下人缉拿。殷如璋随手拿出周福清的来信和银票，交给苏州府衙查办。

周福清行贿乡试主考一事被告发，案子很快就上报朝廷。光绪皇帝见竟然有官员公然行贿，将周福清判了个"斩监候"。

周家听说消息后，发动周福清的科举旧交、京官同僚疏通官场。时任浙江按察使赵舒翘对周福清的遭遇很同情，就免了他的死刑。周福清在杭州的监狱里待了八年，光绪二十八年(1902年)死于狱中。

主考官殷如璋则受到降级的处分，周用吉被革去秀才功名，贬为庶民。

## 名额私定：翁彦枢"中举"

《玉泉子》中记载了这样一个故事：苏州人翁彦枢赴长安参加科举考试。当时他有一位同乡僧人经常出入于礼部侍郎裴坦门下，裴侍郎因其年老，对他很是优待，任他在府中自由来往。这一年，裴坦主持进士考试，他的两个儿子裴勋、裴质整天私自在家中商量应该录取谁。由于僧人经常出入，来后总是手持佛珠，闭目诵经，不问世事，两人也不戒备。因此，僧人对他们商量的结果很清楚。

有一天，翁彦枢来拜访僧人，僧人问他希望考中第几名，翁彦枢只道是僧人和自己开玩笑，就漫不经心地说，考中第八名就够了。随后，僧人就来到裴侍郎家，裴勋、裴质正在那里商量录取进士的事。僧人故作生气的样子，指责他们说：是裴侍郎主持考试，还是你们二人主持考试呢？现在全由你们二人决定录取，再说你们准备录取的，都是权豪人家的子弟，没有一个平民士子，这怎么行呢！僧人说着，就把他们二人平时私下商量的录取名单一一说出。二人大惊，想用金钱堵住僧人的嘴。僧人说：我老了，要金钱干什么？只是我的同乡翁彦枢，这次一定要进士及第。二人想把翁彦枢列入丙科，僧人说非第八名不可。二人不得已，只好答应了。这年，翁彦枢果然中了第八名进士。

## 第十节　文字大狱冤案

文字狱是封建制度的特有产物，历朝历代，史不绝书。清朝是大兴文字狱的时代，曾编印的《清代文字狱档》中收录的文字狱案，血雨腥风，力透纸背。

在封建统治下，文字狱十分残酷，出乎常情。因深受文字狱之害的是古代文绅（知识分子），所以，文字狱也可以看作是惩治知识分子的“特种刑庭”。

用“深文周纳，吹毛求疵”形容文字狱不为过。文字狱不同于一般狱讼，它往往是先找出罪人，但又无法确切地定他的罪名，于是就从他的文字作品中找“证据”。大则几十本的专门著作，文集、诗集；小则短文、诗词、断句或者言语。无论是自己做文章，还是传抄、誊录别人的，只要是写出来的文字都可以作为文字狱的罪证。文字狱的罪人则被扣上“叛逆”的帽子，然而文字狱的案件大多却是冤案、假案和错案，罪名也是罗织成立的。

实际上，文字狱只是封建统治者树立权威、维护政权的一种手段，最终目的是要借此迫使全体臣民慑服皇权。

本节列举史上曾震动朝野的几大著名的文字狱案，或生动有趣，或啼笑皆非，或发人深省。看似满纸的荒唐言，实则一面是对昏聩的封建统治者的嘲讽，另一面是对古代知识分子的弱势地位和命运的同情。

### 焚书坑儒事件：蓄谋已久的政治阴谋

焚书坑儒其实是一场蓄谋已久的政治阴谋。

公元前 231 年，秦朝的群臣们都早早地聚在了咸阳宫中，神色紧张，他们要讨论的是关于大秦帝国国家体制的大问题。

其中以淳于越为代表的“保守派”，主张实行分封制，其重要政治基础是一些

焚书坑儒

守旧的儒士；另一派则主张实行郡县制，主要由新势力组成的政治集团，代表人物是李斯。

李斯说："五帝不相复，三代不相袭，各以治，非其相反，时变异也。"意思是陛下创下千古伟业，迂腐的人是不能理解的。今非昔比，天下一统，法令一出，莫不遵从。

嬴政说："以卿之见，汝之奈何？"

李斯只说了一个字"焚"。

至于如何焚书，李斯说道："臣请史官非秦记皆烧之。非博士官所职，天下敢有藏诗、书、百家语者弃市。以古非今者族。吏见知不举者与同罪。令下三十日不烧，黥为城旦。所不去者，医药卜筮种树之书。若欲有学法令，以吏为师。"

关于坑儒其实是一个传说。秦始皇因迷恋长生不老术，大肆招募术士，于是术士的社会地位得到重视。大批江湖术士奔赴咸阳。但这些术士的仙丹方药并非神通广大，始皇帝勃然大怒，下令诛杀术士。于是坑杀的人从术士变成了儒士。"坑儒"由此而来。

司马迁在《史记·儒林列传》中也有明言："及至秦之季世，焚诗书，坑术士。"故秦始皇主要坑杀乃方士、术士，并非儒生。

## 北宋乌台诗案:苏轼"语出不慎"蒙冤

北宋熙宁年间,宋神宗重用王安石,令其大张旗鼓地变法,后来变法失利,政府开始改制。就在变法到改制的转折期间,元丰二年,苏轼被贬谪,不料突然遭遇诬陷入狱,史称"乌台诗案"。那么,"乌台诗案"到底是因何而起的呢?

苏东坡石雕

苏轼在奉调时,依例向宋神宗上表致谢。他在表中写了"知其生不逢时,难以追陪新进;查其老不生事,或可牧养小民"一句。由于"新进"是暗指王安石引荐的新人,结果惹怒了一些尚在当政的新进们。他们指责苏轼以"谢表"为名,发泄对新法的不满,于是苏轼被扣上了诽谤朝廷的罪名。为了置苏轼于死地,新进们开始有预谋地整治苏轼,御史李定、何正臣、舒亶等处心积虑地从苏轼的其他诗文中找出个别句子,断章取义地给苏轼罗织罪名。这就是乌台诗案的始末。

北宋中期新旧两党明争暗斗,苏轼站在旧党一方,与王安石为代表的新党属"敌对"状态,在这样的政治背景下,苏轼遭到政治打击也存在必然性。苏轼性情豪放不羁,行文间常见讥讽与尖锐的言辞,也容易被人抓到把柄乘机陷害。

苏轼在御史台的死囚牢里被关押了4个月零12天,司马光、苏辙等30人也受到株连,苏轼的文章诗词被大量毁掉。乌台诗案后,苏轼被贬黄州。

## 洪武魏观案："复宫开泾"是否心有异图

魏观案是洪武年间兴起的第一件文人惨案。

魏观是湖北蒲圻人，读书人出身，后加入朱元璋的阵营，是明朝的开国功臣之一。魏观历任国子监助教、浙江按察司佥事、礼部主事等职，深得朱元璋的信任。明朝初期，魏观出任苏州知府。为政期间，他宽厚待人，"课绩为天下先"，得到了当地百姓的支持。他的教化百姓、移风易俗的政策得到了当地文人的支持，其中包括高启、王彝、王行等人。

洪武七年(1374年)，苏州知府魏观进行了"濬河道"与"修府治"等事。苏州府衙曾在元末被割据东南的张士诚占为皇宫，后来在朱元璋攻灭张士诚的姑苏战役中，府衙化为了荒墟。明朝建立后，苏州府衙多年来就设置在水司衙门的旧房中。魏观决定在张士诚府衙废墟的基础上重修府衙，同时治理城中的湫溢(春秋吴国时修的水利工程)，计划疏浚河道减轻水患。

苏州指挥使蔡本和魏观有隙，上书攻击魏观："观复宫开泾，心有异图也。"而御史张度认为此举是在"兴灭王之基，开败国之河"，进而魏观被斩杀。

朱元璋将魏观案定性为一次谋逆事件，而事实表明这只是一个诬告。其原因是，魏观已经六十多岁，而且跟从朱元璋多年，深受朱元璋的赏识，所以不可能起谋逆之心。苏州作为重镇，明朝在此设立了苏州卫指挥使司，留有军队镇守。魏观作为知府，没有苏州卫的军权，不具备谋反的兵力。最重要的是，"复宫开泾"只是兴修水利，与谋反无干系。

有人称负责调查此案的御史张度向魏观索贿未果，就做出了不利于魏观的调查结果。然而没有证据表明张度曾经索贿。张度的调查报告是不利于魏观的，但并没有采用蔡本的"异图说"，只弹劾了魏观"非时病民"的罪状。认为魏观调拨民工修建两大工程耽误了农民的农时，而且在修建过程中工程过急，有催赶逼工的现象存在。

魏观被杀没多久，朱元璋仔细想想，也觉得是个冤案。于是明朝政府允许魏观以礼归葬，朝廷允许文人们给他编辑了文集，还派诸王和相关官员祭祀，算是给予了实质平反。

实质表明，魏观案是朱元璋为排斥异己、巩固皇权而兴起的大狱。魏观浚河修府的举措，违背朝廷法禁，对朱明王朝的稳定产生了负面影响。于是，朱元璋借"魏观案"警告江南士子："率土之滨，莫非王臣。寰中士夫不为君用，是自外其教者，诛其身而没其家，不为之过。"

## 明初高启案：致命的《上梁文》

高启是明朝初期的文坛代表人物，出生于苏州。明朝建立后，高启在名作《登

高启雕像

金陵雨花台望大江》中对明朝统一天下表达了欢欣之情："我生幸逢圣人起南国，祸乱初平事休息。从今四海永为家，不用长江限南北。"而作为明朝开国皇帝的朱元璋自然满心欢喜，于洪武二年(1369 年)招揽高启参修《元史》。

高启的态度得到了明王朝的肯定，很快就被授予翰林院国史编修官。

洪武三年(1370 年)秋，朱元璋擢升高启为户部侍郎，而高启以"年少，难当大任"为由拒绝任命。朱元璋虽然没有十分勉强，但高启又说自己心力疲惫，提出解除本兼各职的请求。高启当众请辞让朱元璋顿时对他厌恶起来，但朱元璋想到高启是文坛领袖，对他的安置具有标志性的意义，所以忍住了发作的念头，便接受了高启的辞呈。

洪武七年(1374年),朱元璋为了巩固中央集权和皇帝的权力,对苏州等东南各地采取打击豪强、加重赋税的政策,对一些富豪和文人大加挞伐。高启虽反对朱元璋的高压政策,但也权小势微,无可奈何。高启只能将其情感诉诸笔端,曾写诗:"女奴扶醉踏苍苔,明月西园侍宴回。小犬隔墙空吠影,夜深宫禁有谁来?"揭露宫廷内争风吃醋的丑闻。

在魏观"复宫开泾"的事件中,高启给苏州新府衙写了一篇《上梁文》。张度看过文章后回京向朱元璋报告说,高启写的《上梁文》不妥当,认为是"典灭王之基,开败国之河"。

朱元璋本农民出身,听说后下令亲自查看高启的《上梁文》。看完以后,朱元璋断定:《上梁文》是在暗射大明朝的衰败。

《上梁文》这篇文章已经失传。根据散落在其他文献中的内容,文章提到了苏州府衙"龙盘虎踞"。这四个字通常是用来形容南京城的。高启用这个词来形容苏州府衙,的确有不妥当的地方。朱元璋见此字句更是疑虑重重:苏州府衙原来是与自己争夺天下的宿敌张士诚的宫殿,用"龙盘虎踞"来形容显然是对自己的贬低。而苏州府衙又正处于魏观的修筑时期,"龙盘虎踞"是否另有其意?联想到高启之前的举动,朱元璋认定他有谋逆之心,要推翻新王朝,所以拒绝任职。

高启还吟诵了一首《郡治上梁》诗。其中有一句"欲与龙廷宣化远,还开燕寝赋诗工。大材今作黄堂用,民庶多归广庇中"。这首诗原意是借上梁称赞魏观是国家的栋梁之材,但是"龙廷""黄堂"等词用在府衙上就犯了"大忌",而且高启还要魏观"广庇民众",这让朱元璋又认为是与自己"争夺民心"。

于是,在众多的"造反证据"下,朱元璋一口咬定高启有意谋逆,将高启、王彝等人腰斩于市。高启当时只有39岁。

### 徐一夔《万寿贺表》案:好心致贺词反被杀

明太祖朱元璋统一全国后,觉得文人也会借机讽刺自己,所以对臣子的言谈和奏章非常留意、反复揣摩,如果觉得某些文字是在讽刺自己,他就会毫不留情地大加杀戮。因此,当时有不少文人因荒谬的文字狱而惨遭冤狱。

朱元璋性情多疑,因此很忌讳别人提起他曾经的经历,比如给人放过牛、当过和尚以及后来的参加农民起义,他认为这些都是耻辱。

明朝初期,每当皇帝过生日、册封皇后和嗣立太子的时候,朝廷官员都要进献《贺表》以示祝贺。杭州府学教授徐一夔替杭州知府写了一张《贺表》,其中有这样一句:“光天之下,天生圣人,这世作则。”不料朱元璋读过后大怒:“这个穷酸的儒生敢用这样的话侮辱我!”大臣们看了《贺表》之后,也不明白哪句话得罪了朱元璋。

朱元璋拿起《贺表》指着说:“‘光’就是‘秃’,这是在骂我是个秃和尚。‘生’就是‘僧’,也是在讽刺我是个和尚。‘则’和‘贼’读起来音相近,是说我参加过农民起义,当过贼! 这样的小人难道不该杀吗?”大臣们听了朱元璋的解释,一个个惊讶得目瞪口呆。随后,朱元璋下旨,将徐一夔斩首。

## 庄廷龙《明史辑略》案:清初第一文字狱

庄廷龙《明史辑略》案是清顺治、康熙时重大的文字狱案之一。

清顺治年间,南浔富户庄廷龙购得明大学士、首辅朱国桢生前的部分明史稿后,请了一批江浙学者对尚未刊刻的《明史概・诸臣列传》等稿本进行重编,增补了天启、崇祯两朝史事,辑成《明史辑略》。编纂完成后,庄去世。其父庄允城为遂子遗愿,请闲居在家的原明礼部主事李令析作序后刊刻,于顺治十六年正式出售。《明史辑略》是以清美堂朱史氏的名义刊刻的,除作序者外,还包括“参订者”18人。

查继佐、范骧、陆圻三人因未参与该书的编写工作,却被庄廷龙列于“参订者”表示不满,向学道胡尚衡提出控告。胡批示湖州府学查报。府学教授赵君宋从该书中摘出数十处“毁谤语”,在府学门前张贴通报。庄廷龙即以高价将已售出的四十多部《明史辑略》赎回,对书中一些忌讳处加以修改,重新刻印。又疏通关节,通过前任守道、时任通政司使的王永祚的关系,由湖州府将书分呈通政司、礼部和都察院三衙门备案。同时,庄廷龙重贿湖州知府陈永命,将书版劈毁置库。

前任归安县令吴之荣因贪赃获罪,赦免后闲居,得知此事后,在李廷枢的唆使下,向庄廷龙敲诈钱财,庄廷龙不理。吴之荣就将庄廷龙告发于镇浙将军柯奎。柯奎又将此事转告浙江巡抚朱昌祚。庄廷龙得知被告发的消息后，一面向有关官员行贿，一面请人向柯奎说情，事情才得以平息。

吴之荣诈财不成，反而被巡道派兵驱出境，恼羞成怒，于康熙元年（1662 年）初直接上京至刑部告发庄廷龙的《明史辑略》有"毁谤朝廷"之罪。在告发前，吴之荣将书中序文及参订人员姓名之页撕去，另补刻上朱佑明的名字。

庄廷龙"私修明史毁谤朝廷"一事当即引起朝廷的震怒，执掌大权的顾命四大臣随即指派刑部满族大员赴杭办案。接着，庄廷龙、朱佑明被捕羁押。

同被关押的赵君宋在审问时为朱佑明开脱，称其与庄廷龙的修《明史》之案没有关系，有家藏《明史辑略》初刻本为证，致使此案牵连的人员越来越多，成为清初第一文字大案。

结果，庄廷龙、朱佑明被杀，参与此书的写序者、校阅人、刻字、印刷人员也一同受到牵连，七十余人被处死刑，数百名家属被流放。

## 黄培诗案：私刻诗文"悖逆"康熙王朝

康熙五年（1666 年），山东发生了黄培诗案。黄培是山东即墨人，曾任明末官至锦衣卫都指挥使，接济过于七农民起义军，明亡后隐居在家。

黄培所作诗句如"一自蕉符纷海上，更无日月照山东""杀尽楼兰未肯归，还将铁骑人金徽""平沙一望无烟火，唯见哀鸿自北飞"等，反映出反清的民族思想。

黄元衡本姓姜，是黄培世奴家仆黄宽之孙，在他考中进士、当上翰林后，为了归宗还姓，解除与黄家的主仆名分，就向官府控告黄培，认为黄培私下刻印并收藏有"悖逆"的诗文书籍等。结果，黄培等 14 人被捕入狱，被处斩。

姜元衡又伙同恶人上了一道《南北通逆》的禀文，指控顾炎武等"故明废臣"和对清廷怀有二心之人，南北之间的通信不是密谋造反，就是诽谤朝廷。在这份居心叵测的禀文中，姜元衡点了约三百人的名字，企图制造一件大案。

此案惊动朝廷，山东总督、巡抚也亲自过问。顾炎武为此被囚禁了近七个月，经朱彝尊等人营救才出狱。

## 朱方旦《中补说》案:医学新思想是否“诬君逆民”

朱方旦《中补说》案发生在康熙十九年(1680年)。朱方旦是个名医,他的思想主张是,“脑”是思想中枢,而不是传统医学认定的“心”,认为“古号为圣贤者,安知中道?中道在我山根之上,两眉之间”。此说引起医学界极大的震撼。

朱方旦的观点一提出立即遭到群起挞伐,康熙帝力主要斩首。当时征吴三桂有功的顺承郡王勒尔锦十分尊敬朱方旦,想极力营救,康熙帝便先革了勒尔锦的职,再下诏杀死朱方旦,所有著作也一律焚毁。

此案在《清代禁书总述》中也有记载:“朱方旦之狱——康熙十九年(1680年),湖广有朱方旦者,自号二眉山人,聚徒横议,撰《中补说》,谓中道在两眉间山根上,……康熙二十年(1681年)七月,侍讲王鸿绪得方旦所刻《中质秘书》,指摘其中有诬枉君上,悖逆圣道,蛊惑民心之处,次年二月,九卿议复‘乞正典刑,以维世道’。结果朱方旦被斩,弟子陆光旭、翟凤彩、顾齐宏亦被判为斩监秋后处决。”

实质上,“记忆在脑不在心”一说早在明末许多知识分子就已经流传开来。吴伯娅在《朱方旦》中有评价说:“表现清朝统治者愚昧无知,顽固落后,以致臣民因持一些科学和进步观点成为遭到杀害的典型事例。”

## 戴名世《南山集》案:修史犯“大清年号禁忌”

戴名世是桐城学派的代表人物。与著名散文家方苞齐名。

戴名世专于治史,一直有想修一部完整的明史愿望。他的同乡方孝标著有《滇黔纪闻》一书,上面记载南明桂王时期的历史,戴名世将此书做参考。后来他的门生余湛先告诉戴名世,一个叫犁支的和尚了解南明桂王的事情,这和尚原是南明桂王府内的一个太监,桂王被吴三桂杀了之后,便出家当了和尚。戴名士急切想求得犁支和尚关于南明桂王的一些言论,以便印证《黔滇纪闻》中的记载。于是,戴名世与余湛先通了几次书信,这几封书信后来被戴名世的学生龙云鄂于康熙四十一年收录于刊刻的文集《南山集》中,取名为《与余生书》。

康熙五十年,左都御史赵申乔根据《南山集》参奏戴名世,指斥他:“妄窃文名,私刻文集，肆口游谈，倒置是非，语多狂悖，逞一时之私见，为不经之乱道，徒使市井书场翻刻，贸鬻射利营生……”由于戴名世的《与余生书》谈到了方孝标的《黔滇纪闻》，因而此案又牵扯到了方孝标，以及为《南山集》作序的方苞、刻《南山集》的龙云鄂等人全部受到牵连。

戴名世的罪名是《南山集》直书南明政权的年号，包括福王的崇光政权，唐王的隆武政权，桂王的永历政权，等等。这些南明政权按清王朝的要求应该以顺治十六年纪年，戴名世不称顺治年号，被指控为对清朝统治的不满。因此，刑部上书道：“查戴名世书内，将本朝年号削除，写入永历年号，乃大逆罪，照例凌迟处死；其第戴世平斩绝；其祖、父、子孙兄弟，伯叔父兄弟及子，俱斩；女眷、15 岁以下子孙皆给功臣为奴。”

康熙五十二年降谕旨：戴名世从宽免凌迟，即刻处斩，其书版烧毁，其家人宽免。由此案牵扯出的《黔滇纪闻》案的方孝标之子方登封、方云旅等人俱从宽免。为《南山集》作序的方苞免其死罪，刊刻《南山集》的龙云鄂被流放宁古塔，与戴名世书信来往的余湛先于康熙五十一年死于狱中。

后来有人考证，戴名世的《南山集》只是《与余生书》中有叙南明弘光帝在南京一段并于文字间写了“永历”的年号，其他并无一处是犯清朝禁忌的。

## 汪景祺《读书堂西征随笔》案：“天子挥毫不值钱”

汪景祺，字无已，钱塘（今浙江杭州）人。汪景祺为人“豪迈不羁，谓悠悠斯世，无一可为友者”。康熙五十三年，汪景祺考中举人。雍正二年初，汪景祺由抚远大将军年羹尧亲信胡期恒的引见而被年羹尧延请入幕，在年羹尧的西宁大营中当幕僚，在随年羹尧西游期间，著有《读书堂西征随笔》二卷。

一年后，年羹尧因“九十二款大罪”被雍正下令赐死。官府在查办年羹尧案时，从其府中查出了汪景祺的《读书堂西征随笔》。官府将书呈至朝廷，雍正发现，书里面有一首诗曰：“天子挥毫不值钱，紫纶新诏赐绫縢；《千家诗》句从头写，云淡风轻近禾天。”进而“天子挥毫不值钱”被视为是无君之举。

书中有一篇文章《历代年号论》，里面指“雍正”的年号有“一止”之象，又论康熙的庙号不当为“圣祖”。这又被雍正帝定为“大不敬”罪。

在一篇《功臣不可为论》的文章中，汪景祺指出，人臣立了大功之后往往难以君臣相安，他告诫君臣要善于相处，做臣子的要谨慎，做君主的则要包容。此时的雍正刚要赐死年羹尧，一见此言则认为是对自己不善做君主的讽喻，如此当然罪不容诛。汪景祺于是被判“大逆”。后雍正心有不忍，将汪景祺由凌迟改为立斩，将其家人老少流放宁古塔。

按雍正旨意，汪景祺被斩后其头要长悬于北京宣武门外。直到乾隆登基，其头才被取下与身合葬。

## 钱名世《名教罪人诗》案：“颂扬奸恶”获罪名

钱名世，字亮工，江苏武进人，与年羹尧是乡试同年，彼此有交谊。

雍正二年（1724 年），年羹尧进京觐见，钱名世赠诗谀颂，有“分陕旌旗周召伯，从天鼓角汉将军”“钟鼎名勒山河誓，番藏宜刊第二碑”等诗句。雍正帝给钱名世加的罪名是“曲尽谄媚，颂扬奸恶”。但没有斩杀他，只是把他革职逐回原籍，御书“名教罪人”四字，命钱名世原籍地方官将其制成匾额，挂在钱家中堂上。雍正帝还命常州知府、武进知县每月初一和十五去钱家查看匾额悬挂情形，如未悬挂则呈报巡抚奏明治罪。

“名教罪人”四字不但使钱名世无脸做人，而且使他的子子孙孙都抬不起头。

当钱名世离京时，雍正又命京官自大学士、九卿以下都作讽刺诗为钱名世“赠行”，结果共有 385 人奉诏作诗。雍正帝过目后，交付钱名世辑成专集，题为《名教罪人诗》，刊印后让天下士子人人知晓。

正詹事陈万策有诗评论钱名世，“名世已同名世罪，亮工不异亮工奸”（指戴名世和年羹尧），措意尖刻，造句新巧，得到雍正帝的称赞。而翰林侍读吴孝登则因诗句“谬妄”，被发配宁古塔。查嗣庭还批判钱名世“百年遗臭辱簪缨”，谢济世批判钱名世“自古奸谀终败露”，但是不久，二人也被牵扯进文字狱中。

## 查嗣庭科场考题案：“维民所止”触犯龙颜

清朝雍正四年（1726 年），查嗣庭科场试题案震惊全国。这是继顺治年间庄廷龙《明史辑略》案、康熙年间戴名世《南山集》案和雍正三年汪景祺《读书堂西征随笔》案之后的又一大案。

该案受到查处的是当朝二品大臣、内阁学士兼礼部左侍郎、江西正主考官查嗣庭。查嗣庭所出的试题是《大学》中的“维民所止”一句。然而,“维”“止”两字,却被人暗含去“雍”“正”之首意。雍正帝听后立即下旨将查嗣庭押解进京,下狱问罪。

《清代科举考试述录》一书中记载:“查嗣庭著有《维止录》,取‘明之大厦已倾,得清维止之’之意。世宗(雍正)览之,初甚嘉许,谓其识大体。太监某进曰:‘此悖逆书耳,何嘉焉?’雍正询其故,某曰:‘纵观之,见其颂扬我朝,若横观之,尽是诋斥满洲耳!’雍正侧而观之,果然。遂大怒。”

而查嗣庭解释说:“‘维民所止’乃《诗经商颂玄鸟》中一句:邦畿千里,维民所止。意味着歌颂皇上的盛德,何来反逆之意?”雍正帝马上找人拿来《诗经》,果真见有“维民所止”一语,顿时语塞。但查嗣庭还是因“维民所止”的犯上之罪而冤死狱中。

## 曾静、吕留良案:反清“思想罪”,后果很严重

雍正六年(1728年)九月廿六日,川陕总督岳钟琪正乘轿回署,突然有人拦轿投书。这就是曾静、吕留良之狱。案结处置,吕留良、吕葆中父子开棺戮尸,枭首示众;吕毅中斩立决;吕留良诸孙发遣宁古塔给披甲人为奴;家产悉数没收;学生沈在宽斩立决;黄补庵(已死)嫡属照议治罪;刊印、收藏吕留良著作的车鼎丰等四人判斩监候,另二人同妻子流放三千里外,还有十数人受杖责。而曾静供词及忏悔录集成《大义觉迷录》一书,刊后颁发全国所有学校,命教官督促士子认真观览晓悉,玩忽者治罪。又命刑部侍郎杭奕禄带领曾静到江浙一带等地宣讲,命兵部尚书史贻直带领张熙到陕西各地宣讲。

雍正十三年(1735年),乾隆帝继位,尚未改元就公开翻案,命将曾静、张熙解到京师,于十二月把二人凌迟处死,并列《大义觉迷录》为禁书。

吕留良文字狱起自雍正六年的“曾静案”,至雍正十年结案,历时4年半,震惊

朝野。凡涉及之人,无一幸免,上至入土已五十年之尸,下及襁褓之婴,或斫棺戮尸、剉骨扬灰,或凌迟处死、斩首立决,或徒刑数年、流放千里。此案牵涉之广,影响之大,处置之严之酷,为清代文字狱所罕见。

此案发生后,士人视读书为畏途,治学风气因之而顿塞,影响直至清末。

由于吕留良“华夷之分大于君臣之论”“华夷中外之别”的观点是曾静等人图谋反清的理论依据和思想根源,而且吕留良本人在江南有着广泛的影响,所以“曾静案”发生后,雍正立即将矛头转向了吕留良,并借此大做文章,欲通过对吕留良等人的严厉打击和镇压,消除南方部分汉族士林强烈的反清情绪,分化反清势力,以服务稳固于自己的政治需要。

又由于在曾静案前三四年,刚发生过汪景祺、查嗣庭两起文字案,为此雍正决心改变“绅衿士庶”的“不良”风气。他说:“浙省风俗浇漓,人怀不逞。如汪景祺、查嗣庭之流,皆以谤讪悖逆,自伏其辜,皆吕留良之贻害也。甚至民间氓庶亦喜造言生事,如雍正四年内有海宁、平湖阖城屠戮之谣,比时惊疑相讪,逃避流离者有之。此皆吕留良一人为之倡导于前,是以举乡从属而靡也。”

使吕留良获罪的原因主要是他的著作、日记和书信。他在日记中多有“谤议及于皇考”的言论,被定为“思想罪”。辛亥革命后,吕留良被尊为反清志士,始得昭雪翻案,崇德地方官绅民众筹资为其建亭立碑。

## 伪孙嘉淦奏稿案:乾隆伪稿追查扑朔迷离

乾隆十六年(1751 年),发生了一起伪孙嘉淦奏稿案。孙嘉淦历任左都御史、吏部和刑部尚书及直隶总督、湖广总督等要职,以敢于直言极谏著称,声望很高。

乾隆十五年(1750 年)前后,民间出现了一个假托是孙嘉淦写的奏稿,稿中“五不解,十大过”等内容直指乾隆帝,并对朝中大臣全部进行揭露和斥责。全国多省皆争相传抄伪稿,次年六月,伪稿流传到云南时被发现,全国追查伪稿作者的行动由此展开。

山西巡抚阿思哈上奏,山西介休市的直隶民人王肇基呈献诗联,毁谤圣贤。乾隆皇帝立刻命其悉心根究,是否为伪奏稿案的“党羽”。后来,阿思哈查明王肇基进献诗联是为取悦皇上，要求皇上任用他，与伪稿无关。接着，又有人揭发山东巡抚准泰在追究伪奏稿一事时有失职和拖延，被乾隆皇帝革职。此两件事在乾隆帝看来，说明伪稿流传甚广，肯定其党羽不少；地方官员在办理此案时，存在故意推诿、拖延的情况。于是，乾隆帝命军机大臣传谕各督抚，所有诬告撰写、传言之犯均当从重办理。又向各督抚提出警告，不实心查办者均严加处置。

在各省督抚全力缉查下，先后查出伪稿有加注批语的情况：浙江鄞县知县、巡检、千总曾传阅伪稿；甘肃也查出抄传伪稿的人犯若干名，更有甚者在西南的土司境内也有传抄者。到该年年底，各省已查拿不少人犯，其中以湖广、江西最多，而四川一省就捕获了二百八十余人。从乾隆十七年以后，不得不由某些省的秘密缉访转向全国性的公开严查。

而涉嫌者及传抄之人互相指责，有的在严刑逼供下认罪，使案情纷繁复杂。

伪稿一案追查不力，乾隆帝迁怒于督抚官员，事涉封疆大吏，一些朝臣企图劝谏。十二月十九日，御史书成奏称：伪稿一案株连波累，恳请将现在人犯概行宽释，遭到乾隆帝斥责，遂被革职。之后，又有乡居在籍侍郎陈群奏言，其意也是不必查办伪稿，同样遭到乾隆帝痛责。到此无人再敢劝阻。就在这进退两难之际，江西巡抚鄂容安查获传抄伪稿的长淮千总卢鲁生，经军机大臣审讯，供出其稿得自南昌守备刘时达、刘守朴父子。于是卢鲁生、刘时达父子被押到北京，责成军机处进行审讯。

但是又有刘守朴的幕友孔则明供出，封寄伪稿给刘时达系其代为经手，其伪稿乃得自苏州。这样案情横生枝节，又陷入困境。

一年来，全国上下大张旗鼓追查伪稿，乾隆帝既找不出主犯，又不能继续追查，就将卢、刘二犯作为替罪羊。乾隆十八年(1753年)二月，军机大臣向乾隆帝奏报：经审讯，孔则明代书寄稿家信全属子虚。卢鲁生也承认了与刘时达共同捏造伪稿的“实情”。这些复审及奏报，实际上皆由乾隆帝授意。当月，乾隆帝宣布，伪稿一案已全行昭著，“主犯”卢鲁生押赴市凌迟处死，伪稿所有传抄各犯俱加恩宽免；对于传抄伪稿的官员，则照例治罪。另外对审理不力的官员革职，交刑部治罪。两江总督尹继善、闽浙总督喀尔吉善以失察罪交刑部严议。至此,轰动全国的清查伪孙嘉淦奏稿案才算了结。

## 胡中藻《坚磨生诗钞》案:都是“浊”字惹的祸

胡中藻官拜内阁学士,是满洲大学士鄂尔泰的门生,与以大学士张廷玉为首的一派官僚相对立。鄂尔泰去世后,胡中藻遭到张廷玉一派打压。他心中愤愤不平,写了诗集《坚磨生诗钞》。

乾隆帝厌恶胡中藻为鄂尔泰党羽,于乾隆二十年(1755 年)二月,密令广西巡抚卫哲治将胡中藻任广西学政时所出试题及与人倡和的诗文“并一切恶迹,严行查出”。乾隆帝召集群臣,列举了胡中藻《坚磨生诗钞》中的诗句,如“又降一世夏秋冬”“一把心肠论浊清”“无非开清泰”“斯文欲被蛮”“与一世争在丑夷”“相见请看都盎背,谁知生色属裘人”“南斗送我南,北斗送我北。南北斗中间,不能一黍阔”“虽然北风好,难用可如何”等。乾隆帝批驳:“‘一把心肠论浊清’,加‘浊’字于国号之上,是何肺腑?”认为这些诗句都是在讥贬和仇视满清,于是命将胡中藻捉拿归案,下令以凌迟处死,其家属全部监禁,家产被抄没。

## 徐述夔《一柱楼诗》案:啼笑皆非的诗文释义

江苏举人徐述夔去世后,其子为纪念亡父而刊印《一柱楼诗》。集中有诗句“举杯忽见明天子,且把壶儿抛半边”被朝廷指责是用“壶儿”比喻“胡儿”,暗指满清。而“明朝期振翮,一举去清都”一句,乾隆帝称“用‘朝夕’之‘朝’为‘朝代’之‘朝’,不用‘上清都、到清都’,而用‘去清都”’,明显是有“兴明灭清”之意。

乾隆四十三年(1778 年),仇家蔡嘉树检举其诗有辱骂清廷之意,于是酿成大案,只要是涉及《一柱楼诗》者,均无遗漏。

乾隆帝指示:“徐述夔身系举人,却丧心病狂,所作《一柱楼诗》内系怀胜国,暗肆底讥,谬妄悖逆,实为罪大恶极!虽其人已死,仍当剖棺戮尸,以伸国法。”结果,徐述夔及其子已死也遭开棺枭首示众,两个孙子虽携书自首,仍以收藏逆诗罪处斩。

徐述夔的两个族人徐首发和徐成濯，名字连起来是“首发成濯”。根据《孟子》中“牛山之木，若波濯濯，草木凋零也”一句，因此这两人的名字连起来是首“发”成濯，也被指责是嘲笑清剃发之制，二人以大逆罪处死。

乾隆帝的宠臣沈德潜因为给徐述夔写过传记，被“革其职，夺其名，扑其碑，毁其祠，碎其尸”。当地其他徐姓族人被翻箱倒柜抄家，有些徐姓人逼迫无奈隐姓改名以躲追究。

## 尹嘉铨文字狱案："古稀罪"，何为罪

道学先生尹嘉铨官至大理寺卿，其父尹会一是道学家。乾隆四十六年(1781年)，尹嘉铨离休回到老家河北博野，乾隆帝西巡五台山回跸保定时，尹嘉铨一心要参加接驾盛典。然而并没有圣旨要传召他入觐，尹嘉铨灵机一动，想到其父尹会一，便草拟两份奏折：一是请谥，二是从祀，然后将请谥奏折送至朝廷。

乾隆帝看到他“为父请谥”的奏折，十分生气地批上：“与谥乃国家定典，岂可妄求？此奏本当交部治罪，念汝为父私情，姑免之。若再不安分家居，汝罪不可逭矣！”而尹嘉铨接着又送上一本，请求皇上恩准他的父亲从祀文庙。乾隆帝看后更加大怒：“竟大肆狂吠，不可恕矣！”于是承办官员罗织罪名，给尹嘉铨扣上“大不敬”“假道学”“伪君子”等罪名。

还有一条罪名被称为“古稀罪”：尹嘉铨自称“古稀老人”，但乾隆帝认为：“朕称‘古稀老人’早已布告天下，尹嘉铨岂敢也自称‘古稀老人’？”于是，数罪并罚，尹嘉铨被杀。

## 蔡显《闲闲录》案：引经据典得罪朝廷被斩首

康熙时，戴名世因著作《南山集》遭到严惩，主犯戴名世被杀头，株连亲戚朋友几百人。乾隆皇帝再次旧事重提，利用“南山集案”大兴冤狱，杀害了71岁的举人蔡显，株连24人。

事情的起因并不离奇。蔡显的诗文集《闲闲录》出版以后，其中有引用古人《咏紫牡丹》的诗句：“夺朱非正色，异种尽称王。”原意是，红牡丹是上品，紫牡丹如

果称为上品，就是“异种称王”。然而，诗文本意却被一些官僚们强词夺理地指责蔡显含沙射影，“夺朱”是影射满人夺取朱明天下，“异种称王”是暗指满人建立清朝。

两江总督高晋、江苏巡抚明德把这个案件上报乾隆皇帝，主张按照“大逆”罪凌迟处死蔡显。乾隆皇帝仔细看了高晋和明德的奏折，以及随同奏折附上的《闲闲录》，下圣旨把凌迟改为斩首，同时对高晋、明德大加训斥。

原来，乾隆帝从《闲闲录》中发现有“戴名世以《南山集》弃市”之类的字句，以为蔡显是在发泄对现实政治的不满，而高晋、明德查办此案时竟然没有发现这类字句，于是，乾隆帝认为二人“有心隐曜其词，甘与恶逆之人为伍”，故意纵容包庇，理应也承担罪责。把蔡显由凌迟改为斩首，意在警告大臣，务必处心积虑地收集罪证，不能有所遗漏。

结果，蔡显和他的17岁儿子被处死，幼子及门生多人充军。

**王锡侯《字贯》案：精减《康熙字典》被指大逆罪**

举人王锡侯为了给参加科举考试的士子提供方便，把《康熙字典》加以精减，编了一本《字贯》。这一举动被朝廷认为是“大逆不道”。因为，《康熙字典》是康熙皇帝“钦定”的，王锡侯擅自删改，便是一大罪状。何况《字贯》没有为清朝皇帝的名字避讳，构成另一罪状。不但王锡侯遭到严惩，书版、书册全部销毁，经办此案的江西巡抚海成也因“失察”而治罪。

原来，海成在向乾隆皇帝报告说，有人揭发王锡侯删改《康熙字典》，另刻《字贯》，狂妄不法，建议革去王锡侯的举人功名。但他并没有细细审查《字贯》本身的文字是否有问题。乾隆帝在看了海成的奏折后，又仔细审查了随同奏折附上的《字贯》，发现在《字贯》序文后面的“凡例”中，王锡侯居然把圣祖（康熙）、世宗（雍正）的“庙讳”，以及玄烨、胤禛、弘历等御名毫无避讳地写出来。

乾隆帝认为这是“深堪发指”“大逆不法”之举，应该按照“大逆”律问罪，同时对江西巡抚海成革去举人的职位的建议大加斥责。海成因此被革职查办，押送京城，交刑部治罪。

而王锡侯尽管为自己的蒙冤极力辩解，但皇帝下谕旨"人人得而诛之"，王锡侯自然也难逃一死。

## 第十一节　酷吏贪官黑案

清官与贪官的区别很明显。清官以天下为己任，廉洁奉公，忠君爱民，刚正不阿，赏罚分明。百姓爱清官，视清官为青天，奉若神明，加以敬仰、崇拜，由衷叹服；贪官多以私利为目标，横征暴敛，阴狠残忍，不顾廉耻，贪污受贿，多遭人唾骂而遗臭万年。

清官受人拥护和爱戴，却也活得疲累和艰难；贪官虽然令人厌恶，但也能够荣华富贵、名镇朝野。

公为百姓做主，私为自己名利双收，是每一位做官者的目标。能够平衡好公私利益的人，成了能臣、清官；反之，极端的利己者就会成为酷吏、贪官。因此，清官和贪官有时并非在智力和才干上有所差距，而是取决于个人的志向，也受制于环境的制约。

本节介绍了史上比较有名的酷吏和贪官，用生动的事例透视古代封建社会政治的腐朽和黑暗，并借古论今，告诫后人要引以为鉴。

### 狠毒酷吏李洪之：矫枉过正法严苛

李洪之，本名文通。真君年间，在狄道当护军，被赐给安阳男爵号。他还是魏高宗元后的哥哥，凭着外戚的身份被授予河内太守，爵位晋升为任城侯，一切礼仪待遇都与刺史相同。河内郡北边与上党相邻，南边与武牢相接，地势险要，居民猛悍，经常聚众抢劫，成为一方祸害，当地的官吏都没有办法制止。李洪之到河内郡上任以后，设置了各种严厉的条律禁令，只要征募到斩杀盗贼的人就予以重赏，还劝当地百姓勉励农耕，让他们从事农业生产，于是盗贼得以止息。但李洪之为了诛杀除灭奸邪之辈，矫枉过正，显得过于严酷暴虐。

李洪之任使持节、安南将军、秦益二州刺史。李洪之到了任所之后，设立严禁奸邪的各种制度。凡有带着刀刃行路的人，其罪与抢劫相同，量刑治罪的轻重等级，都分别列具详细的条款。又大摆酒席宴请州中的豪杰之士与有身份的长者，向他们昭示各种严格的法制，并且在夜晚秘密派遣骑兵分别埋伏在各个交通要道，凡是遇上违反禁令的人，立即捉拿解送到州里，公开宣布罪行斩首示众。其中冤枉被他杀害的人数以百计。

当地少数民族羌族的人深居于山谷之中，同当地的人互相攀结。李洪之派人砍伐山林开辟道路，向那里的羌人显示要派兵前来的架势，并把军队开到他们的边境之地。山里的羌人十分害怕。李洪之带领几十名骑兵进到他们的村寨里，安抚他们的妻子儿女，向他们询问痛苦忧患，并给他们送去必要的物资。羌人们皆大欢喜，主动请求把他们编入户籍，课纳户税，从那里所得到的户税收入十倍于以往。李洪之善于治理戎夷，能够做到恩威并举，然而认为他施政苛刻厉害的说法在朝野之中都有所闻。

高祖建立官禄制度时期，法制禁令相当严峻，负责监察的官员听说李洪之接受贿赂之事，都主张严加追究。于是李洪之被逮捕送到京师。有关官员向皇帝启奏李洪之受纳赃物很多，又兼以为官残酷暴戾。但因为李洪之是朝廷大臣，高祖就决定听任他在家中自杀。

李洪之生性激昂慷慨，到他将要自尽的时候，他从容地沐浴完毕，更换好衣服，让守卫他的士卒扶持着，环绕着家中庭院走遍各处，久久地长叹，最后才躺下把毒药喝掉。

## 残暴酷吏来俊臣：罗织罪名诬陷人

来俊臣是京兆万年人。天生残忍，反复无常。他住在和州时往往为非作歹，被捕入狱，又在狱中上告反叛事，刺史东平王李续审讯后不属实，打他一百杖。天授年间，李续因罪被杀，来俊臣上书得到召见，自己陈说先前上告琅邪王李冲谋反情状，被李绩压制。武后认为他诚实可信，多次升迁后任侍御史，审问皇上特命监禁的犯人。武后的暗地放纵，让他更加狠毒苛刻，前后灭掉一千多个家族。

来俊臣带领手下残酷暴徒诬陷朝中大臣。他们每次告发的时候都事先对好口供细节，当时人们把这种方法称为“罗织”。武则天还专门在丽景门外面设立了监狱，命令来俊臣他们在那里审理谋反事件。而他们经手的犯人，没有一个能得到清白。

来俊臣

来俊臣和手下编写了一本教人专门诬陷别人的《罗织经》，按照书上的做法去罗织罪名。来俊臣对犯人使用的刑罚千奇百怪，不管罪名轻重，一律先把醋灌进鼻子里，让囚犯睡在满是粪尿的地方，不给他们吃饭，除非犯人死了，否则休想出去。他还制造了特殊的大枷刑具，囚犯戴上刑具不一会儿就被活活闷死。很多囚犯还没来得及用刑就吓得认罪。

辛相乐思晦被来俊臣陷害灭族，只有一个9岁的儿子没被杀害，而是送到宫里当奴隶。他对武则天说：“来俊臣是个大坏人，蒙骗圣上，如果陛下编些谋反的案子交给他审理，他同样会弄假成真地结案。我全家都被杀害了，也不求能活命，但我只是痛心陛下的法度被来俊臣这种人亵玩！”武则天这才醒悟了过来，狄仁杰等人才没有被杀。

来俊臣在审问大将军张虔勖和内侍范云仙的时候，张虔勖含冤要向大理寺告状，被来俊臣命人用乱刀砍死，范云仙也被来俊臣割掉舌头而死。此后又听说西突厥酋长有个婢女擅长歌舞，就让人诬告酋长造反，目的是想得到婢女。

来俊臣和同党一起在龙门聚会，他们把想陷害的人的名字写在很多石板上，然后用石头扔那些石板，写着谁名字的石板被击倒他们就先陷害谁。结果他们扔中写着李昭德名字的石板，但没有击倒。李昭德知道这回事后，开始谋划扳倒来俊臣。

来俊臣知道群臣不敢排斥自己，于是有了反叛的意图，打算诬告皇嗣和庐陵王与南北衙的官吏一起图谋造反，借此实现自己的意图。卫遂忠知道来俊臣一直策划诬陷睿宗和中宗，就告发了来俊臣。曾经被诬告的武三思、太平公主还有张昌宗这些人，觉得报复的机会来了，纷纷站出来作证，武则天便下令将来俊臣斩首。人们知道这个消息后互相庆贺，行刑之后，大家争着挖他的眼睛、割他的肉，又牵来马踩他的骨头。

## 腐败风起：贞观遗风下的纸醉金迷

唐高宗李治统治初期，能够继承其父唐太宗时的政治清明，注意勤俭，关心民众，抑制贪污，因此社会秩序比较安定。故人们都认为他颇具"贞观遗风"；可是没有多久，由于李治本身生性孱弱，办事无能，很快统治实权就落到了皇后武则天手中。社会上的腐败之风也随之越刮越烈，官吏贪污受贿也日益普遍。

武则天任用酷吏，采取奖励、告密等手段，打击、贬斥反对她的异己（如门阀贵族）和过去位高权重的老臣（如长孙无忌和褚遂良等）；提拔、重用支持和拥护她的各级官员（如李义府、许敬宗等）。在武则天的卵翼下，其党羽们便有恃无恐，大张旗鼓地贪赃枉法，行贿受贿，卖官鬻爵，无所不为。

神龙元年（705 年），武则天退位，在宰相张柬之的拥戴下，唐中宗李显重新复位当上了皇帝，国号也从大周恢复为大唐。可惜唐中宗并未能励精图治，使唐朝中兴，而是纵情享乐，奢侈腐败，不久大权就旁落到皇后韦氏和其女儿安乐公主，以及上官婉儿和武三思等人手中。这些人穷奢极欲，大量侵占民田，营造宫室、别墅、园林、湖池等，耗费了国库巨额的存储和民财民力，破坏了国民经济的发展。为了满足奢侈生活的需要，他们公开纳贿卖官。当时只要有人出 30 万钱，就可以被御赐官衔。他们终日花天酒地，纸醉金迷。据说安乐公主有一条"百羽裙"，价值竟达一亿钱，它是用百鸟的羽毛精心制成的，早、中、晚不同的时间，在不同的角度会显示出不同的颜色。

## 利欲熏心：唐贪官崔挹与崔湜秘事

公元 705 年至公元 713 年，短短的 8 年间，唐王朝就发生政变 7 次，更换了 4 位皇帝。这期间,皇室内部钩心斗角,争权夺利,国家动荡不安。

崔挹与崔湜父子就生活在这种氛围之中。父亲崔挹曾做过礼部侍郎、户部尚书等官。崔挹秉性贪婪,利欲之心特重,尤其爱财,凭借官位贪污中饱,受贿收礼,侵吞了大量钱财。后来退休在家颐养天年,可仍不安分,曾经多次让儿子通过走后门,为别人跑官、说情、办事收取钱财。

早年,崔湜曾经上奏疏建议开凿陕西南山,引丹水通漕运到商州,然后再从商州凿山出石门,往北直接抵达蓝田,可通挽道运输。结果唐中宗采纳了崔湜的建议,并派他专门负责此项工程。为了劈开大昌关,就动用了几万民工。由于工程艰巨,条件恶劣,民工竟死亡了一半以上。为了尽量让人们走新开的路,便禁止大家走旧路,结果由于夏天山洪暴发,冲坏了新路,造成了道路阻塞,人们很有怨言。

崔湜的弟弟崔液、崔澄,以及其堂兄崔准等人,都因文才出众而身居高官,在朝廷中占据着重要位置。他们常常在居家私宴时,把自己的家庭与东晋时的王导、谢安两家的声誉和盛名相比。崔湜一生都在投机钻营、处心积虑地往上爬,贪欲之心永远也不满足,直至败灭。

## 后唐贪官赵在礼:巧取豪夺一掷千金

赵在礼,字乾臣,涿州(今属河北)人。年轻的时候在唐末名将刘仁恭手下当一名军校。后来,刘守文被其弟刘守光杀掉,于是赵在礼便投奔到太原的李存勖,在李存勖手下干事。后唐建立后,赵在礼为效节指挥使,率兵镇守瓦桥关,屯兵贝州(今河北清河)。不久,军士皇甫辉等人发动兵变,赵在礼当了叛军的首领。后来辗转各地,历任泰宁、匡国、天平、忠武、武宁、归德与晋昌节度使等职。

赵在礼非常善于聚敛钱财、横征暴敛、巧取豪夺。在赵在礼所到任之处皆邸店罗列、买卖兴隆、财源滚滚,因此他可以大肆搜刮,聚财巨万,珍宝无数。赵在礼用这些钱除了奢靡挥霍外,就是向上行贿,或修庙拜佛,以保佑自己地位安稳腾达。

后晋灭掉后唐后,赵在礼继续做官,在出帝石重贵统治时期,赵在礼被任命为北面行营马步都虞使,率兵攻打契丹,可是没有取得什么战果。后来赵在礼又镇守宋州(今河南商丘南),在此他更是大肆搜刮、巧取豪夺,弄得百姓苦不堪言、怨声载道。后来人们听说赵在礼要被调离此地，宋州百姓欣喜若狂，互相祝贺说："赵在礼若是走了，真如同眼中拔掉了颗钉子，怎么能不叫人高兴呢？"赵在礼听后，勃然大怒，欲报"拔钉"之谤仇，于是他上表请求再在宋州做官一年，得到朝廷批准。赵在礼命令手下官吏核查户口，不论是本地人还是外来人口，每人都要交纳一千钱给他，名为"拔钉钱"。如若逾期不交，就要严惩，大加鞭笞，真比逼租索赋还要厉害。在这一年中，赵在礼共得"拔钉钱"以百万数。

后晋灭亡后，契丹军攻入汴梁（今河南开封），赵在礼跪拜在契丹首领、奚王拽刺马前，请求投降。拽刺并不马上受降，而是逼他交出所有钱财、宝物。赵在礼听说后晋的大臣已经大多数被契丹人所俘，惶惶不可终日。于是在一个漆黑的夜晚，赵在礼偷偷地溜到马厩，解下衣带挂在马槽上自缢，终年 62 岁。

## 文绅贬值：清代江南奏销案的台前幕后

发生在顺治末年的江南奏销案也称顺治十七年分江南抗粮案。当时清政府财政拮据，军饷告急，很多官兵因缺粮断饷而病死。有的驻军因拿不到军饷而成群逃亡，或出城抢掠百姓。广东、福建等总督上报朝廷以救急。面对财政危机，户部派江苏巡抚朱国治负责追缴欠款欠粮，以供军用之需。江南奏销案由此发起。

清政府发动奏销案的借口是欠粮、抗粮，并以追逼钱粮逋欠为由打击达官士人，而江南士人逋欠最多，因而受到的打击也最严重。朱国治对江南的绅士文人限令在两个月内如数上缴。同时，吏部、户部和礼部三部共同议定了抗粮处分的规定：对拖欠钱粮的贡生、监生等按逋欠程度的轻重加以不同等级的惩罚。如果有官员知情不报者，一律处罚。在追缴过程中，朱国治对人十分严酷，有的人只因欠一厘而被降级或罢黜。没有能力缴纳的则遭到官吏的催逼勒索。

顺治十七年，刑部对嘉定县欠钱粮一案做出处罚，对补交逋欠的人由巡抚拟罪，对没能上缴的人押赴京城定罪。

顺治十八年，朱国治将逋欠的士人上报与朝廷。清人叶梦珠在《阅世编》中记载，朱国治不仅对欠粮的士人进行上报，还对欠粮的衙役进行了上报。当户部接到朱国治所造的欠册后，又按照欠粮人的身份重新造册，再由各部按定例议定。

实际上，朱国治对欠粮的追缴并不得力，拖欠的数额不仅未少，反而增多了。此后他还把征缴欠粮的责任推卸给了当地的衙役。

依照当时的定例，奏销案的上报对象应是抗粮文绅，而朱国治在编写逋欠名册时只根据原有的名册匆忙编造，并没有认真审核哪些人是抗粮文绅。后来为了定罪的需要，清政府才对文绅的范围进行了界定。

后来江苏巡抚韩士琦接替了朱国治的位子，继续处理奏销案。他将朱国治未处理完的三百多宗奏销案一一开始清理，用了8年时间才彻底查清了逋欠钱粮的情况。

对于这场奏销案，清朝史籍却只字不提，明代的一些记载也多是通过私下记载而进行整理的。此案的详细情况仍是个谜。

## 贪官和珅：乾隆朝贪污黑幕的缩影

清朝贪官和珅承袭了父亲“三等轻车都尉”的世职，20岁时入宫当差。公元1772年，和珅被提为三等侍卫。

和珅深受乾隆帝的恩宠，加上自身的聪明伶俐、眼勤手快、善于逢迎、善于揣摩皇帝的心思，因此官位几乎是年年攀升。从副都统、户部侍郎、内务府大臣、户部尚书、兵部尚书到文华殿大学士，一路升迁。

公元1780年，乾隆帝将自己的第十女和孝公主许配给和珅的长子丰绅殷德，从此，和珅与乾隆成了亲家，成了皇亲国戚中的一员。

和珅生性贪婪，为了扩大财源，他千方百计地进行盘剥与搜刮，很快就扭转了内务府亏空的局面。在乾隆帝的恩宠之下，和珅在极力聚财敛财的过程中拼命地贪污受贿。和珅当权之时，他自恃有乾隆撑腰，便为非作歹，不可一世。每年四方进贡皇宫的珍品，都要经过和珅的筛选。上等的留给自己，次等的送到皇宫。无论是皇宫内外的奇珍异品，和珅总是先入为主、挑选最好的。

嘉庆帝即位之后，和珅便以太上皇乾隆之名中饱私囊，耀武扬威。

公元1799年，和珅被逮捕入狱，接着被抄家、没收财产。经查抄，和珅的家产共有田地80万亩，生沙金200万两，金元宝1000个，银元宝1000个，银子不少于

12亿两。比清宫10年收入的总和还多。其他的诸如玉器珠宝、瓷器、西洋器物等宝贝则数不胜数。

和珅的贪污款项之大，给世人留下了历史第一大贪官的罪名，曾经民间还有“和珅跌倒，嘉庆吃饱”一说。

## 民间冤案：杨乃武与小白菜案的背后

发生在清同治、光绪两帝期间的“杨乃武与小白菜”一案是晚清四大冤案之首，历时四年才得以沉冤昭雪。这个案件之中也有着许多鲜为人知的真相。

杨乃武是浙江余杭县乡试的举人，自幼勤奋好学，为人正直，好打抱不平。小白菜原名毕秀姑，是葛品连之妻，容貌俏丽。小白菜夫妇曾租住在杨乃武家的一间房子里。因葛品连在外帮工，早出晚归，而杨乃武与小白菜同住一楼，过往甚密。所以传出流言，说杨乃武与小白菜之间关系暧昧。同治十二年十月初九，葛品连突发疾病死。第二天，尸体的口、鼻内竟流出血。葛品连的母亲向余杭县知县刘锡彤要求验尸查明死因。

刘锡彤带着仵作沈祥及门丁沈彩泉等前去勘验。结果沈祥向知县禀报说是中毒身死，却未报何毒致死。而沈彩泉则说是砒毒致死。刘锡彤又联想到关于杨乃武与小白菜有奸情的流言，认定小白菜有杀夫嫌疑，将小白菜带回县衙审问。小白菜在刘锡彤的严刑酷法之下，承认了自己用砒霜毒死了葛品连。小白菜供述说她是在十月初五这天从杨乃武手中得到砒霜，在十月初九这天把砒霜倒入药汤中让葛品连一起服下的。

刘锡彤与杨乃武之间本有仇怨，杨乃武曾以滥收钱粮、敛赃贪墨的罪名举发他，刘锡彤因此而断了财路。加上此事件，刘锡彤马上逮捕了杨乃武。但是杨乃武却说自己十月初二到十月初九这段时间根本不在余杭县内，而是去余姚岳母家办事，否定小白菜供认的初五交砒霜的事实。杨乃武拒不认罪，但在严刑酷法的拷问之下最后也不得不认罪。

得到杨乃武和小白菜的供认，杭州知府陈鲁以杨乃武与小白菜通奸共同谋害致死葛品连定案。判处两人死刑。

期间，杨乃武在狱中，书写了关于自己是被屈打成招的申诉材料，由其妻杨詹氏和其姐杨淑英向衙门申诉。经过辗转波折，杨乃武与小白菜案由刑部在北京重审。刑部在审理过程中发现了大量疑点，杨乃武和小白菜酷刑与官员上奏中所说的并无刑讯明显不符。当初提供证词说卖给杨乃武毒药的艾仁堂药店的店主钱坦已经死亡。种种疑点说明这起案子极有可能是冤案，于是刑部决定重新开棺验尸。经过再次验尸，刑部仵作认为葛品连因病而死，并无中毒现象。

自此，历时4年多的杨乃武与小白菜案最终得到平反。朝廷下令革去了刘锡彤知县之职，此外沈祥以及其他相关人等三十多位官员被革职、充军或查办。

## 名伶冤案：杨月楼新婚入公堂

杨月楼是京剧戏班演小生的名伶。同治年间，他在上海租界著名戏园金桂园演出，无论从演技上还是扮相上都赢得人们的赞赏，为此杨月楼在当地名声大震。

同治十二年间，杨月楼在金桂园演出表现男女之情的《梵王宫》等剧时，广东茶商韦姓母女连看了三天而不厌。韦女名叫阿宝，年方十七，对杨月楼心生爱慕，于是回去后便写一封书信向杨月楼表达自己的思慕之情，意欲订婚约。

信传递过去后，韦姓母女又派人叫杨月楼约其相见。杨月楼觉得自己只是一位戏园小生而心里害怕，不敢如约，然而韦女阿宝却相思成病，一天比一天严重。由于韦父长期在外地经商，家内之事全由韦母操持。韦母便顺遂女儿的意思，派人告知杨月楼，令媒妁以求婚。杨月楼这才应约，大备聘礼，开始准备婚事。

阿宝的叔父得知阿宝与名伶杨月楼成婚的消息，以良贱之婚不合礼法而极力表示反对。

虽然遭到叔父的反对，阿宝与杨月楼的婚礼还是照常举行了。阿宝的叔父便召集乡党绅商等人将杨月楼抓捕起来，以拐盗民女罪控告于官府。

结果，在婚礼当天，县差及巡捕将杨月楼与阿宝两人一起抓捕起来，在被押往公堂的路上，新娘阿宝身着红嫁衣，引得沿途路人纷纷观看。

知县叶廷眷负责审理此案，此人心狠手辣，当堂对杨月楼施加严刑；而阿宝也未放过，因阿宝性情刚烈，称嫁给杨月楼“决无异志”而惹怒了叶廷眷，被罚打二百嘴巴。最后二人被押监牢狱，听后处置。

清朝廷得知此案后，慈禧太后还为其澄清。最终，杨月楼案糊涂地做了了结，而杨月楼的妻子韦阿宝却被逐出家门。

## 第十二节 财色凶杀命案

一个人如果利欲熏心，将个人欲望无休止地延伸，就必然会碰得头破血流；如果正确地对待人的需要和欲望，正确地处理人的情感、欲望和现实的矛盾，并进行合理调节，就能够活得自在潇洒。可悲的是，古往今来，有很多执迷不悟的人看不清其中的本质，而被欲望的诱惑迷住了双眼，扭曲了心灵，甚至导致犯下难以饶恕的罪行，不仅自己难逃法网，也给别人带来伤害和创伤。

为财为色而发生凶杀案，是为社会为公众所不容的，然而，人类的本性影响着自身的行为，所以，走入极端或者心理人格扭曲的人最容易做出冲动之举。

知足为幸福快乐的源泉。这个道理人人都懂，但是禁不住诱惑的人，爱与他人比较的人，爱意气用事、打抱不平的人，往往把这一信条抛之脑后，等做过错事之后才追悔莫及。

本节的财色命案曲折迷离，跌宕起伏，环环相扣，让人在品读故事的同时引发出对人生、对生命的认真思考。善待生命，追寻人性的善良和美好，才是我们应当从中领悟到的启示。

### 三国吴帝孙亮巧破陷害案

三国时期，吴国盛产蜂蜜。皇帝孙亮特别喜欢吃蜂蜜，为此宫中设立了一个仓库来存放蜂蜜，又专门派了一个藏吏管理仓库。跟随孙亮左右的一个宦官也喜欢吃蜂蜜，私下宦官经常向藏吏索要。要的次数多了，藏吏害怕万一暴露了就会杀头，不肯给他。宦官便怀恨在心，伺机准备报复。

一次，孙亮来到西苑游玩。他看到园中树上的梅子熟了，就坐在石凳上，准备吃几颗梅子解解渴。他一面叫人上树摘梅子,一面派宦官到仓库中去取蜂蜜来渍梅子。

宦官从藏吏那里领到蜂蜜,正往回走,突然看到一只老鼠从面前窜过。他灵机一动,想了一个陷害藏吏的办法。他拐到一个堆放粮食的仓库墙角,找到一摊老鼠屎,抓了几颗放到盛蜂蜜的银碗里,然后匆匆地往回赶。

孙亮已经等得不耐烦了,拿起洗净的梅子准备渍到蜜中去。突然,他看到有几颗糙米粒大小的黑色鼠屎浸在蜂蜜中。孙亮大怒,命人将藏吏叫来。

孙亮指着银碗中的蜂蜜问藏吏:"蜜中怎么会有老鼠屎?这是怎么回事?"

藏吏见状,大喊冤枉,说:"启禀陛下,方才宦官去拿的时候,蜂蜜还是干干净净的。从小的那里拿来的时候,里面肯定没有鼠屎。"

孙亮又问宦官:"是不是这样?"

宦官说:"小的去拿的时候,也没有注意蜂蜜里面是否有鼠屎,就拿了回来。"

孙亮皱着眉头,沉思了一下,问藏吏:"宦官以前向你要过蜂蜜吗?"

藏吏不敢隐瞒:"以前曾私自向小的要过多次,小的实在不敢给他。"

孙亮又问宦官:"是不是你索要蜂蜜不成,想要偷放鼠屎陷害藏吏?"

宦官赶紧跪下说:"小的跟随陛下几年来,尽心尽力,侍奉备至,丝毫不敢做有损陛下的事,怎么敢索要宫中的蜂蜜呢?又怎么敢在蜂蜜中放鼠屎呢?藏吏工作失责,做出伤害陛下的事,不主动认罪,却来诬陷小的。请陛下明鉴!"

藏吏和宦官各执一词,一时难以明辨是非。

这时站在旁边的侍中说:"宦官和藏吏的说法不一,陛下把这件事交给刑狱部门审断吧!"

孙亮说:"不用,朕自有办法。"于是,他命人用小刀将盛着蜂蜜的银碗中的老鼠屎从中间切开,仔细查看,看到鼠屎里面是干燥的。

孙亮笑着对侍中说:"如果鼠屎长时间放在蜂蜜中,应当里外都是湿透的。现在鼠屎外面湿而里面干燥,说明必定是刚刚放进去的。而放进鼠屎的人只能是宦官。宦官与藏吏有嫌隙,想借机嫁祸于藏吏。"

至此，宦官不得不低下头认罪。孙亮命左右对宦官行髡（剃发）刑，并鞭笞五十，然后交给刑狱部门治罪。

### 明洪武年间奇案：床下意气

洪武年间，京师有一名校尉与邻妇通奸。一天清晨，校尉见邻妇的丈夫出门后，溜入邻家登上邻妇的床意欲与之行苟且之事。谁知邻夫中途回家，校尉躲闪不及吓得赶紧钻在床下。

邻妇问丈夫："为何又回来啊？"

丈夫说："出门见天气寒冷，想起你还在熟睡，脚露在外面怕你着凉，所以回来给你添些被。"于是，邻夫给妻子添加了些被才又出门。

正在床底下大气不敢出的校尉听完此番话，忽然想到邻夫如此疼爱他的妻子，而邻妇竟背叛他。校尉气愤之下，从床底下爬起来取出佩刀杀死了邻妇，随后而去。

有一位卖菜的老汉平时常常给邻妇家供应蔬菜，这天他进门给邻妇送菜，见家中无人，便转身退出。结果人们认为是卖菜老汉杀害了邻妇，就把老汉抓起来并报官。

卖菜的老汉百口莫辩，最终落个杀人的罪名。然而，就在老汉即将被押赴刑场问斩时，校尉却挺身而出，大声喝道："是我杀了邻妇，为何要让他人偿命！"于是将实情禀告监斩官，并且要面奏皇上。

在监斩官的引见下，校尉来到朝廷面见皇上，禀报说："邻妇的确与我通奸，那天我在床下听完其夫的话，因念此妇如此忍心辜负她的丈夫，一时发怒，就将她给杀了。愿陛下赐我一死。"

皇上感慨道："你杀了一个不忠不义的邻妇，又救了一个无辜的卖菜翁，应该得到嘉奖。"于是，皇上赦免了校尉。

### 明朝山东荆花鱼汤命案

明朝时候，山东某县一个农妇给在田里种地的丈夫送饭，结果她的丈夫吃后中毒毙命。于是，公公把儿媳以谋杀亲夫罪告上了官府。

农妇不明白其中的原因，申诉说自己根本没有杀夫之念，更不可能在饭食中下毒，而丈夫为何突然毙命，自己也十分不解和惊讶。

公堂上的农妇不肯招认“投毒”，经过知府反复审讯，又加上严刑拷打逼供，农妇承受不了酷刑的摧残，最终屈打成招，承认自己佣毒药杀害了自己的丈夫。案件这才得以了结。

然而，与审理此案的陪同巡视官员对此案不禁心生怀疑。如今当地大旱，经济来源都是个问题，农妇如果杀了丈夫，靠什么生活？这其中必有隐情。负责审理此案的知府一听，也觉得有道理，于是农妇杀夫案重新审理。

知府仔细地看了关于此案的细节，心想农妇的丈夫是在吃了农妇送来的饭菜之后中毒的，那么其中的原因必定与饭食有关，而之前断定的农妇心存杀夫的动机觉得不太可能。想到这里，知府下令带农妇进入公堂。

农妇被带到公堂后，经过细审，果然问题出在饭食本身上。原来，农妇给丈夫送的是鱼汤，送饭的道路要经过一片荆树林，此时正值荆花盛开的时节。传说荆花絮若飘落到鱼汤中，会生剧毒。

官府的巡视官员于是做了实验，把加了荆花絮的鱼汤喂狗吃，结果狗也被毒死了。至此，冤狱得以昭雪，农妇宣判无罪。只是无意中的荆花鱼汤毒害了一条人命。

### 顺治年间逃犯木子雄连环被擒案

顺治年间，山东知府张立山到浙江开化一带，处理了一起图财害命的事件。此案已结，凶犯名叫木子雄，已于限定之日处斩。当时的监斩官是一个王姓之人。

三年后，张立山任江西县令。在此期间，引发了一起窃贼拒捕伤脑案。张立山在公堂上审讯之时，却发现凶犯的相貌很熟悉，好像在以前见过一样，听其口音又是开化一带人，再问姓名，回答说叫“李雄”。张立山立刻怀疑此人李雄就是三年前的那个木子雄。

张立山非常吃惊，说：“你不是已经被正法了吗？怎么今日又出现在这里?!”

李雄抬头看了看县令张立山，知道他就是三年前那个承审官，于是不敢隐瞒，就详细地说明了事情的经过。原来当年木子雄被处斩时正值黑夜，斩刀恰好割断了颈骨，而头和身子还连接着，木子雄因颈部疼痛而昏厥过去。不久，木子雄醒了过来，发现四周已经空无一人，就用力挣脱了身上捆绑的绳索逃走了。

木子雄逃到了江西，改姓李。然而，木子雄又以偷窃小儿来度日，不料又被拒捕归案。张立山很是吃惊，连忙派人查验在大堂下李雄的脑后，果然当年被斩的刀痕还清晰可见。

张立山经询问得知，当年的监斩官是署任王某。于是就将木子雄过去被处斩而后逃脱以及今日又被捕之事报告给了上级，江西巡抚又将此案移交给浙江查办。浙江巡抚听说后也觉得很惊讶。当年的王监斩官已离任到了浙江，被审讯之时，他说："当年木子雄被处斩之时确实是在黑夜，只见刀砍下去后随即身体倒地，便怀疑已死，就用草席掩盖了，等待天亮以后再验收。然而第二天，尸体却不见了，我不敢声扬，就报告说'已斩'。没想到木子雄后来逃到江西，却因为另一桩案件而败露。"

浙江巡抚派人将李雄带到浙江，命令他的亲人来相认，结果证实李雄就是木子雄。后来知府经过审讯，得知司刑的人没有受贿和舞弊之行为，就定了此案。

最后，木子雄被押解回江西结案。

## 雍正年间麻城涂氏杀妻案

雍正年间，麻城县发生了一起骇人听闻的命案。案情本由麻城县富户涂如松及其妻杨氏而起，经过错综复杂的连环案，牵连出一系列的地方官员、生员之间的明争暗斗，最终真相大白。此桩案件从地方至清廷刑部，上至雍正皇帝，下至平民百姓，几乎无人不知，可谓影响极大。

那么，这桩人命案究竟是怎样一个来龙去脉？其实，案件本身并不复杂：

麻城县殷富人家涂如松本是本分人，其妻杨氏貌美如花，性情活泼，常与涂如松的学友调笑嬉闹，夫妻之间渐生芥蒂。久而久之，涂如松气愤不过就动手殴打杨氏，而杨氏则跑回娘家躲避。有一次，涂如松与杨氏又生嫌隙，他以为妻子又会回娘家而并不在意，结果杨氏并未回自己的娘家。涂如松与其母见杨氏果真失踪，慌忙悬赏发帖，求乡邻们帮助寻访，结果一个月过去仍杳无音讯。

杨家得知女儿失踪的消息后，怀疑是涂如松下了毒手。杨氏的弟弟杨五荣，从小不务正业，养成了无赖脾气。听说姐姐失踪，就鼓动父母去县里告状。

麻城知县汤应求是一个二甲进士出身的清官。他接到状子后，认为涂如松杀妻的可能性很小，并向杨五荣表示“为其做主”。

麻城县西北有一个山村叫九口塘。涂如松在九口塘有一所别院，杨五荣就怀疑他是在别院里害死了姐姐杨氏，于是独自一人悄悄地潜进了九口塘。杨五荣进了一家酒店以探风声，却不料遇上了一个叫赵当儿的青年，两人就聊起了九口塘别院。

赵当儿原是本地的一个无赖，接近杨五荣目的只是为了骗点儿酒钱，就编造了一个事件，说：“涂相公的夫人杨氏在三个月前来过别院，结果被涂相公所害，原是有意加害于她。”杨五荣听后激动万分，当即要拉着赵当儿跟他去公堂作证。赵当儿没想到此人就是涂如松的妻弟，一时吓得发愣，但一见有银子可图，就和杨五荣一起奔了麻城县衙。

在大堂上，赵当儿一口咬定涂如松在九口塘别院杀害了他自己的妻子。既然有人证，汤知县只好下令把涂如松缉拿归案。但涂如松对杀害杨氏一事矢口否认。涂家的杂役、管家等人都证明，涂母病重时，涂如松一直不曾离开。但杨五荣却哭诉涂家上下沟通，制造假证欺蒙官府。汤知县见状只得下令暂将涂如松收监，待查出确凿证据再作论处。

正当杨五荣拉赵当儿作证把涂如松下狱之时，一个老妇人告诉杨五荣：“令姐与其子冯大有勾结，她与涂如松发生口角以后，为逃避如松的殴打，私自藏匿在自家。本想躲避一阵后再回夫家，不想你误认为她已被涂如松杀害，告到官家，已有人到我家进行查询。”

杨五荣听后惊讶万分，实际上他告状的目的并不是为了给姐姐申冤，而是企图敲涂家一笔竹杠。然而，这一消息让他的企图落空，因为害怕落下诬告的罪名和承受坐监之苦，杨五荣就将其姐姐杨氏送至和自己赌过钱的生员杨同范家中躲避。

杨同范是麻城县的一位生员，在县城内颇有几分名望，他对涂如松的妻子杨氏倾慕已久，如今见杨五荣将其姐杨氏送到自己家中，不禁暗自叫喜。杨五荣把杨氏如何逃匿、如何与冯大成奸、自己又如何状告涂如松的事全都告诉给了杨同范，杨同范当即表示“让杨氏放心在自家躲避风头”。杨氏的姿色令杨同范神魂颠倒，不久二人就做起了露水夫妻。

第二年夏季，刑房书办李献宗没有通报就匆匆走进屋来，向汤应求报告：“县城以西三十里的举水河滩上，有一具已经腐烂了的尸体，死者已死去数月，请老爷带人前去验尸。”汤应求很快想到杨氏的失踪，就带着仵作（旧时指官署中检验死伤的吏役）李荣会同捕头何雄一同前往河滩。

仵作李荣验尸查伤颇有经验，重大案件几乎未曾出现失误。就在李荣将要陪同汤应求前往河滩之前，有一位不知名的书生前来拜访，从怀里掏出一锭银子，请李荣“证实死者是女性，年纪在二十三四岁之间，系被人用绳子勒死的”。李荣为人坦荡，对此人行贿之举深感愤怒，当即拒绝了他。

汤应求带着李荣等人来到了河滩尸场。人群中的杨五荣，正双眼通红地哭喊着姐姐。在杨五荣旁边有一个衣着华丽、戴相公巾的秀才。正是生员杨同范。而河滩上的尸体早已腐烂得面目全非，男女难辨。

李荣将尸体认真地进行了一番检查，然后禀报：“死者是一个童子，男身，乃病疾而亡，死的时间大约在两个月以前，与杨五荣无关。”汤应求还没说话，闪在人群中的杨同范挤了出来，气势汹汹地对李荣说：“这样一个重案，怎能被你三言两语就定出结果来？”然后转过身对汤应求说：“生员杨同范，久知杨五荣之姐被人杀害，今五荣好不容易认出亲姐姐，大人不给他做主，反而轻信仵作妄词，叫全县百姓怎么心服？”汤应求见双方争执不下，只得下令暂将尸首停放起来，容日后复核。

杨同范和杨五荣写了一纸控诉状将汤应求上告给了湖广总督迈柱。迈柱怒火冲天，立刻传令：“着令广济县高仁杰重验尸骨，三天内报结果。”

于是，案子由汤应求转到了代理广济县令高仁杰的手中。

高仁杰生性凶狠、恶毒，声名狼藉。仗着家里有钱，在四川候补一年多，后又用钱买通巡抚，改调湖北候补。如今代理县令之职，让他十分不满意，他借麻城杀妻案之机买通总督府幕僚，捞到了重新验尸的差使，借此机会参倒汤应求。于是传令仵作薛无极立刻准备赴麻城县验尸。

杨同范担心薛仵作也和李荣一样，把尸体断为男尸，就派了一名家人扮作书生前去行贿。薛无极没有李荣的耿直，而是个贪婪、狡猾奸诈之人，杨同范见其受贿，便放下心来。

第二天复审官高仁杰在衙役的簇拥下来到了验尸场。薛无极因受了杨同范的贿赂而假装认真地检验了尸体，然后禀报："死者是个女身，24 岁，右肋之下有重伤，显系被人用重物猛击致死。"高仁杰传令，将尸身装在木匣内就地埋葬，苦主且随本县进城再作定论。

这时湖广总督迈柱在同一天里接到两份申报，一份是麻城知县汤应求对涂如松杀妻案的结案详文；一份是广济代理县令高仁杰弹劾汤应求受贿，包庇杀人凶犯的呈文。呈文后还附了一张验尸报单，上面写着死者是 24 岁的妇女，被重物击伤右肋而亡；而汤应求却硬把女尸当成男尸，显然是有意包庇真凶。最使迈柱怀疑的是，对涂如松杀妻案，汤应求拖了一年多没有结论，偏偏在高仁杰验尸以后审理结案，这明摆着是欺蒙上宪。因此，迈总督对汤应求失去了信任，相比之下他觉得高仁杰能在几天里验明尸体，揭示出案情的重大疑窦，确实是个难得的人才。如果委派他全权审理此案，一定能迅速地使事件真相大白，想到这里，迈柱命高仁杰负责涂如松杀妻案，而停了汤应求麻城知县之职。

高仁杰进入县衙，将涂如松、李献宗、李荣等人拘捕入狱，开始用严刑逼供。第一个受刑的是涂如松。起初在严刑的拷问下，涂如松拒不招认，但后来因实在难以对抗酷刑，就供认"因杨氏与我不和，一时起了歹心，于去年二月将其诓到九口塘用木棍打死。尸体埋在举河河滩上"。

麻城仵作李荣、书办李献宗同样遭受私刑。衙吏夹起烧红的铁链把李荣烧得满堂翻滚，只一会儿工夫就昏死在堂上。五十多岁的李荣惨死在烙刑之下。李献宗此时已是浑身棒伤，鲜血淋漓，但神志尚清醒，他知道自己也难免被烙死的结局，于是不再抵辩，招认了汤应求受贿纹银八千两，自己分得五百两，帮助汤应求写了一道假呈文，李荣受银三百两，故意把女尸断为男尸等情节，高仁杰令他当堂具结画押。

后来高仁杰担心证据不足，又将涂如松押上大堂，令其指出血衣和头发的所在。如松的母亲得知消息，不忍心让儿子继续遭受酷刑，就偷偷地剪掉了自己的头发凑成一束。李献宗的妻子也割破了左臂，以鲜血染红了一套衣裙。这样头发与血衣证据齐全了，高仁杰写了一道结案呈文，报到黄州府。

黄州府知府蒋嘉年是四品正衔官员，颇有政声。接到高仁杰报来的涂如松案，他知道这是总督大人亲自过问的案子，不敢怠慢，立即审阅。当看到案卷夹着的广济仵作薛无极的验尸单时，发现了破绽。根据蒋嘉年多年的经验，纵使肋骨折断也不致身死。麻城仵作李荣已被刑讯而亡，而李荣验尸结果又与薛无极截然相反。李荣作风严谨，深得他的信任。李荣故意把女尸断为男尸实在令人难以置信。为了慎重起见，蒋嘉年决定亲自过问此案，他暗中调了四个县的领班仵作，趁高仁杰不备来到麻城，下令复验河滩上的无名尸。高仁杰只得派薛无极陪同。

蒋嘉年的四位仵作走到尸体旁边，经过认真的检验后，问薛无极："薛仵作，你说尸体是男是女？"薛无极此时正惶恐不安，只得嗫嚅地说："我看是女尸。""因何致死？""右胁被重物击伤而亡。""果真如此吗？"薛无极一惊。其中一位仵作说："这明明是一具男童之尸，身上并没有半点伤痕，你怎么会说是女尸呢？"薛无极一时面红耳赤。高仁杰这时站出来说："想必是尸身被人调换过了。"随即要追查换尸人。蒋嘉年却说："回衙再议。"

就在蒋嘉年等回到县衙不久，一场洪水将停放在河滩上的男尸冲得无影无踪，高仁杰得讯后大喜，一口咬定原验尸体是女尸，并将详文越过府台和巡抚，直接报到了总督台下。

迈柱给黄州知府蒋嘉年写了一封信，通知他将汤应求拘押待审，麻城县令则在得力的候补人员中选择一名。迈柱想通过蒋嘉年提拔高仁杰。但是蒋知府把麻城知县的空缺委派了一个名叫陈鼎的孝廉，而高仁杰仍被送回广济当代理县令。

新任麻城县县令陈鼎只有28岁，但为人秉性公正，深受蒋嘉年赏识。他来到麻城后不到十天，就洞悉内中的冤情。但是定案结论并非易事，他决定暗中调动力量，查访杨氏下落。

不久有一书吏告发陈鼎："杨氏在生员杨同范家中。"原来，有一个名叫张学礼的人，与生员杨同范毗邻，杨同范的夫人临产，请张学礼的母亲前去接生，碰巧遇见了杨氏。杨氏把事情告诉给了张学礼的母亲。张学礼听后不敢隐瞒，就将此消息告发给陈鼎。

此案即将真相大白，湖北巡抚吴应棻吩咐陈鼎将此情况直接向迈柱禀报。陈鼎把高仁杰的位置夺走了，迈柱正心里不舒服。陈鼎不等总督再问，把杨氏并没有死的情况诉说了一遍。迈柱听了嘴角露出一丝傲慢的冷笑说："那杨氏的尸体已被验明，血衣、头发均已起出，难道那都是假的？"陈鼎说："杨氏健在，尸体、血衣和头发自然是假的，是高仁杰在重刑逼供所为。"迈柱说："高仁杰审案是本督委派的，人证物证俱在才动大刑，逼供之词从何说起？"

陈鼎并不示弱，辩解道："涂如松身上烙伤累累，显然私刑所致，仵作李荣刑下毙命，犹无口供，历来审案，没有这样狠毒的，高仁杰怎能逃脱逼供之嫌？况且麻城乡绅联名递状鸣冤，民声鼎沸，若不审理清楚，如何向朝廷交代？杨氏隐于杨同范家，已有明证，只需搜出杨氏，全案就可真相大白，大人若准予按律查办，卑职当于十天内将案情剖析清楚。"对于陈鼎的陈述，迈柱心中十分恼火，但又无言以对，只得说："既然你断定杨氏未死，那么限你十天之内拘捕杨氏，审清此案。"说完示意陈鼎退去。

陈鼎返回麻城县，调集差役二十余人直奔杨同范住所。只半个时辰，差役就打破了夹壁，把打扮得花枝招展的杨氏搜了出来。陈鼎当即下令拘讯杨同范，缉拿杨五荣。

公堂上，陈鼎对跪在大堂上的杨氏说："你私自潜藏，害得你丈夫家败人亡。"杨氏却好似在雾中一般，只是饮泣着说："我丈夫打骂我，还到官府告我与奸夫拐款潜逃，我怕被官府抓住要上大刑，所以才藏在杨生员家，并没有害人。”陈鼎又将涂如松带上来，涂如松形容枯槁，只有喘息的气力。杨氏被吓得不由自主地向后挪动身子，但很快就认出了这就是自己的丈夫。她猛扑过去，抱住丈夫大哭起来。杨同范、杨五荣二人此时只得低头认罪。

然而，案情并未完全了结。总督衙门送来了一道行文，是迈柱给雍正的奏章抄件，奏章中把最近审讯情况说得一清二楚，请求仍按高仁杰的原判结案。

雍正皇帝分析着湖北省总督、巡抚两位大吏送上来的两道针锋相对的奏折。然后提笔下令：迈柱、吴即刻解除现职，内调京师另行委任，特简户部尚书史贻直督湖广，委两省各司官员，会审涂如松杀妻案，限两个月将结果直报大内。

户部尚书史贻赶到武昌镇。他到任后仔细地看了三天案卷，很快发现了案卷中的漏洞。在物证中，他发现了几根斑白的银丝，被杀的杨氏是一位24岁姣美的少妇，怎会生出白发？从血衣的质料看，针线完整，并没有在土里腐坏的痕迹。说明头发和血衣完全是伪造的。后来史尚书见到涂如松的母亲头发被剪断了一块，而书吏李献宗之妻剜臂染血衣之事，也被查清。他又到河滩附近，暗中寻访在两年前死亡的男童。结果证实，举河岸边富户黄得功有一个书童，两年前得急病而亡，草草埋葬在河滩上。

很快，一张审判文告公布出来：涂如松释放归家；汤应求执法公允，清正廉明，仍复七品功名，留任麻城；李献宗奉公守法，堪称良吏，升任麻城典史；李荣执法拒贿，忠直刚正，为公殉身，以县令礼厚葬；新任麻城令陈鼎，断案公允，主持正义，着调离麻城，升任黄州府；高仁杰居心险恶，伪造证据，重刑逼供，致伤人命，着即革去功名，收监候审；杨同范、杨五荣通伙作弊，行贿伪证，拟判斩罪；杨氏私逃，与人通奸，败坏风纪，着发往边疆苦役终身；仵作薛无极，受贿伪证，致死人命，与杨同范、杨五荣同时处斩；无赖赵当儿贪图钱财，诬陷良民，发配充军。

至此，轰动京城的麻城杀妻案终于得以澄清。

## 嘉庆年间西安毒馒头事件

嘉庆年间，西安知府邓廷桢正在处理一桩投毒杀人案。某县兵营中有个名叫郑魁的小兵,被人控告用放砒霜的馒头毒死了县民宋某,郑魁被判为死刑。邻妇孙氏与卖馒头的和卖砒霜的人都被作为证人带至西安府。

府衙上下都认为铁证如山,可以批准结案,而邓廷桢却感到此案并非简单,其中必有蹊跷。

邓廷桢

随后,邓廷桢将卖馒头的人带入公堂,审问:"你每天能卖多少个馒头?"卖馒头的回答:"两三百个吧!"

邓廷桢又问:"一人大约买几个?"对方答道:"三四个。"

邓廷桢沉思片刻说:"如此看来,你每天要同近百个顾客打交道了,是吧?"

卖馒头的点头说:"是。"

邓廷桢突然问:"这近百人的相貌、姓名,以及哪一月、哪一天来买过你的馒头,你都能记得吗?"

卖馒头的人摇头答:"不见得。"

廷桢立即反问:"那么,你为什么偏偏记得郑魁是某月某日买过你的馒头呢?"

卖馒头的人经不住追问,就道出内情:"我本来也不记得,县役冯某说,衙门里正审问一桩投毒杀人案,凶犯郑魁已经服罪招供了,只缺少一个卖馒头的证人,就让小人出庭作证。我做小本生意的怎敢得罪衙门里的人,便应允了。"

邓廷桢又传孙氏讯问,原来她也是受县役冯某的唆使,不得已提供伪证的。而卖砒霜的人则确切地承认,郑魁确实在他那里买过砒霜。

邓廷桢经过周密细致的调查,终于弄清了事实真相。原来,宋某与郑魁一直不和,临死之前又与郑魁吵了一架。县官来验尸时,发现他嘴唇发青,便怀疑是中毒身亡。恰巧郑魁这天又买过一包砒霜,于是人们都认为是郑魁投毒。郑魁有口难辩,被屈打成招。汉中县令又指使县役冯某找来几个"证人"。其实,宋某是死于狂犬病,所以嘴唇发青。而郑魁买砒霜,却是为了毒老鼠。

案情得以大白,邓廷桢当堂释放了郑魁、卖馒头的人以及孙氏,依法惩办了汉中县令与县役冯某。

## 令人啼笑皆非的嘉庆龙阳秘案

嘉庆九年间,河北邢家村有个男子名叫邢大,年龄 17 岁,长得皮肤白嫩,面容姣好,如同女子。同村还有个洪大,是个孤儿,靠祖上遗留下来很丰厚的家业,过着安逸的生活。此人游手好闲,唯独有龙阳之癖,极好男色。一次偶然洪大途遇邢大,回到家中竟整夜未眠。

这一天,洪大又遇着邢大,便悄悄地尾随其后,来到邢家。邢大发现洪大跟着自己来到家中,居然十分紧张,如同少女初见生人一样羞涩。洪大见邢大生活困苦,就说:"小弟生活实在可怜,不如跟我回去,给我做个伴,我一定会让你吃穿不愁,幸福如意。"邢大感激涕零,于是跟随洪大进了洪家。

洪大当即为邢大置衣备食,关怀备至。两个人一起喝酒,一会儿工夫邢大已是不胜酒力,东摇西晃,脸色绯红。洪大见状,兴奋异常,借着酒性伸开双臂,想拥抱求欢。

邢大惊诧万分,急忙说:"小弟受兄德泽,没齿难忘,可我是个男子,怎么能如此报答你呢?"洪大认真地说:"我只图色,不分雌雄,你若肯蓄发跟我一起,我可以对天发誓,绝不再娶!"邢大经不住他的软磨硬缠,又因其对己有恩又无法回报,只得听之任之。从此,邢大开始蓄发,涂脂抹粉,身穿女服,走路行女步,与洪大成了"夫妻"。

洪大有个结义兄弟名叫刘六,有一次来洪家串门。洪大介绍邢大说:"这是我妹妹!"刘六对邢大颇有好感。三年之后,洪大得了重病,倒卧在床上。这时,对邢大早已生情的刘六提出想以重金聘娶洪大的"妹妹"。

于是，洪大涕泪纵横地对邢大说："我已病入膏肓，考虑再三，我看刘公子极喜欢你，不如你嫁给他，也有个安身之所，我也心安了！"邢大听罢伤心欲绝，泣不成声道："话虽然有道理，但是他以后发觉真相，我该怎么办呢？"洪大道："刘公子为人老实，不至于太糟。"邢大只好点头应允。

次日，洪大便将此事告知刘六，刘六欣喜若狂，当下转告父母，择吉日完婚。成婚那天，父母、亲戚和乡邻见新媳妇温顺柔美都赞不绝口。刘六更是笑逐颜开，喜不自胜。夜深客散，刘六步入洞房。温柔娇妻一下子变成了俊男，刘六顿时目瞪口呆。而邢大却极尽媚态，柔言蜜语劝道："你千万不要害怕，我早已经想好了出路。我有祖传秘技，能够使仙人附体，治百病有神效。如果我们做这生意，肯定能赚很多钱，今后任你娶妻买妾，养儿育女，我绝无怨言。"事已至此，刘六只得答应。

不久，刘六便告别父母，带着邢大来到附近乡村，告知村民说是有仙姑下凡来给百姓治病。结果在"仙姑"邢大的哄骗下，人们争相就诊，生意兴隆。刘六每日收入颇丰，欣喜万分。

县衙里有一位衙役，听说行医的"仙姑"极其美艳，就假装有病叫邢大来诊治。邢大刚一进屋，衙役突然把他紧紧抱住，并乘势抚摸其下体。邢大躲避不及，被衙役识破真相。衙役十分气愤，要将邢大捆缚起来。邢大见事情败露，惊慌不已，急忙跪地哀求衙役。衙役秉公执法，将邢大连同刘六一起捆绑起来送去县衙。

嘉庆十二年，这一案件被送入刑部，一时朝野震动，舆论哗然。结果，邢大被处斩刑，刘六被刺配为奴。

### 咸丰年间七涧桥凶杀案

咸丰年间，有一家四口，户主鞠海为人善良、扶贫济困；其妻向氏四十出头，容颜清秀；儿子鞠安，与父亲秉性相同，除了行医外兼种农田；儿媳周氏，是七涧桥出名的美人。鞠海、鞠安父子靠祖传治疗蛇伤为业，方圆百里颇有名望。

然而，就是这样一个其乐融融的四口之家，却发生了一起耸人听闻的事件。鞠氏父子无端被杀了！

知州荣雨田本是一个浪荡公子，花钱捐了一个七品官衔。七涧桥出了凶杀案，重庆知府杜光远接到文告，提笔批道："限一个月内将人犯拘拿归案。"加上向氏常来县衙鸣冤，哭求知州大人为其丈夫和儿子报仇雪恨。知州荣雨田愁眉苦脸，连忙找书吏陈老伦密谋，陈老伦在接过银子后保证"两个月内结案"。

陈老伦路经七涧桥，找到了鞠家。向氏提起丈夫被杀的事泣不成声、语无伦次，陈老伦只得把儿媳周氏叫出来询问。鞠家儿媳周氏一出现，书吏陈老伦立刻被她的美貌吸引住了，一时忘了断案之事，匆忙中问了一些事情就辞别了向氏婆媳。

陈老伦回来后对荣雨田说："鞠海的妻子向氏和儿媳周氏，容颜十分秀丽，这在七涧桥一带人人皆知。姿色美就不能不引人注目，那鞠家生活又十分清苦，小人推测可能是她勾引奸夫，杀害了鞠海父子。但目前拿不出实证。不过小人已安排好了一条妙计，保管在两个月内水落石出。"

原来，陈老伦年近31岁，但尚未娶亲，回去后竟萌发出了娶周氏为妻的念头。于是他串通一位姓孙的媒婆前去与向氏游说，令其儿媳周氏改嫁，一则因为周氏年纪尚轻，二是改嫁后还能减少鞠家的人口负担。经过孙媒婆的一番巧嘴，向氏思量后觉得在理就同意了。

陈老伦把周氏迎娶过门之后，对周氏百依百顺。而鞠家的底细也被陈老伦摸得一清二楚。不久，陈老伦对周氏说："实不相瞒，我已经摸清了案子的来龙去脉，杀死你公公和丈夫的就是你的婆婆向氏。"周氏惊愕得一时说不出话来。

两天之后，知州荣雨田升堂。一名中年女子应声呼起冤来，此人正是向氏。知州吩咐喊冤者上堂，大声吼道："鞠海父子系你与奸夫合谋杀死，案发之后岂敢不老实认罪！本州早已查清，你与奸夫通奸已有两年，为掩人耳目，竟合谋杀害丈夫、儿子！"向氏自然不从。

荣雨田见向氏不肯屈服，便派狱卒押解着一名自称金六的彪形大汉走上堂来，认定他就是与向氏合谋的"奸夫"。金六在公堂上承认，二人合谋杀害了鞠家父子。向氏这时才明白，原来是知州早已布好的圈套，自己竟以淫妇的罪名入狱。她请求知州召见儿媳周氏，以当堂对质，结果周氏按照陈老伦的指示也认定"婆婆确曾勾引过奸夫"。向氏一面痛恨周氏竟然也诬证自己与人通奸，但又想到她也是万不得已，于是委屈地表示“民妇愿招”。话刚说完就昏厥了过去。

不久，从嘉陵江上来了一列船队，一只高大的官船停靠在码头上。一大群袍服冠戴整齐的官员，簇拥着一位身穿黄马褂、头戴双眼花翎的中年官员走上岸来。此人是上任不久的四川总督黄宗汉。随同黄总督的还有幕僚李阳谷。

黄宗汉想借此案革掉一批贪官污吏，一振四川的风气。只是这个案子有些复杂，如果自己不掌握实际情况，恐怕难以澄清。于是，他暗下决心，一定要把这个案子弄个水落石出。

李阳谷是知县出身，对民间及官场的事情十分熟悉，特别是对于审理大案、奇案颇有经验，他为人耿烈，善于主持公道。黄宗汉决定派李阳谷协同自己处理这件事。

李阳谷深知此案复杂，于是采用微服私访的方式来逐步深入，以尽快查清实底。当天晚上，他化装成一位仆人，从总督衙门后门出发。

李阳谷的小船刚在码头停靠，突然被一位管家截住，要求他先到自家道署落脚。李阳谷无奈之下来到道署，原来是重庆知府杜光远所邀。

酒席过后，李阳谷回到驿馆，这时一位长者造访。李阳谷意识到他是为合州命案而来。老者说：“合州命案中的鞠海父子被杀，凶手连夜脱逃，合州知州就将一名无辜女子当作元凶下狱。道台、按察使失于详查，造成冤狱。然而，此案联系着州、府、按察使三级官吏，并与藩台、巡抚也有些瓜葛，上面惊动了总督、巡抚，下面牵进了藩臬二司，纵使道台大人出面平反也于事无补，还是恳请大老爷高抬贵手、息事宁人为好。道台大人愿敬奉三千两银子，大老爷意下如何？”

李阳谷听后说：“合州命案，我虽有耳闻，但并不知详情，此次是偶尔来渝，却被道台大人误解。不过请老先生放心，我早已脱身官场，您方才说过的话我绝不对外张扬就是！”说完不客气地将老者送出门外。

第二天，李阳谷从驿馆出来，从水路登岸，悄悄地潜进七涧桥。李阳谷扮成一位收买山货的行商，以接近乡民。山庄的农民平日有些山货不知向何处去卖，见到李阳谷十分欢迎。李阳谷只一天工夫就与农民混熟了，很快就从乡亲们嘴里摸出了对错判向氏的极端不满。

他先与亲自到过鞠海父子被杀现场的人进行交谈，弄清了现场的情况；接着从向氏的邻居口中得知，陈老伦派孙媒婆来七涧桥的经过，以及向氏一生贞洁无瑕的节操。他进入合州城，在茶馆四处留意查访，了解到书吏陈老伦为人阴险毒辣，多次栽赃诬陷好人。李阳谷又找到了孙媒婆，询问出陈老伦请她做媒的经过，以及从州狱的衙役中得知，向氏被下狱之前，陈老伦曾三次进入监狱审讯死囚犯金六，不久金六就成了向氏的“奸夫”。

这时，李阳谷对整个案子的来龙去脉已经了如指掌，但是凶手是谁，还是一点儿线索也没有。李阳谷决定暂回成都，先把向氏的冤情辨清。

然而，就在回成都的路上，李阳谷无意中听到了一则最关键的消息，由此也找到了真正的凶犯。

原来，李阳谷在回去的傍晚来到一家客店准备投宿。猛然间，他听到两个人的谈话声。其中一个人对另一个人说：“合州七涧桥出了人命案，你听说了吗？”“没听说。”“七涧桥有一家人，爷儿俩在一个晚上被人杀了，合州知州抓不到凶手，硬把死者的老婆当成谋杀亲夫的犯人，可合州知州送了礼，从府台到按察使，都硬说这个案子铁证如山。如今那个妇人已被判了凌迟。”另一个人问：“你怎么知道的？”醉汉声音低下了许多，说：“是我干的，那天晚上我路过七涧桥，带来的盘缠全输光了。忽然发现路边一家街门开着就走进去，在堂屋里摸出了一串钱，正要拿着往外走，一个老头追出门来抓住了我，我就抽出藏在腰间的尖刀捅了过去。接着又出来一个青年，我趁他和我夺钱的机会又给了他一刀。我怕被抓住就逃了，如今听说案子已经结了。”

李阳谷听了这些很是激动，但他怕打草惊蛇，就先回镇所，拿出总督大人的书信，讲明自己的身份，随后立即调二十名兵包围客店。不到一个时辰，罪犯被捉拿归案。

咸丰四年，四川总督黄宗汉亲自监审合州人命案。重庆知府杜光远、合州知县荣雨田也在场。承审官员依次提审人犯，合州县先提谋杀亲夫犯向氏上堂，向氏当堂推翻原供。金六也揭出了陈老伦指使他冒充"奸夫"的经过。陈老伦自知无法抵赖,只得承认自己贪图周氏貌美,又禁不住金钱禄位的引诱,才设下毒计诬陷向氏。黄总督当即下令革去荣雨田的功名,拘押听审。在黄宗汉的审讯下,周氏吓得全盘托出,声明自己完全是由陈老伦的指使而诬告婆婆向氏。

公堂上,黄宗汉的一句:"带凶犯!"让藩台和巡抚惶恐不安。那位名叫陈龙的杀人真凶很快被押上堂,详细地交代了当夜杀死鞠海父子的经过。黄宗汉当堂判定陈龙斩立决。

黄宗汉又转身对重庆知府杜光远说:"你位居四品黄堂,无视国法,受贿贪赃,妄加罪名陷害贞洁之妇,乱施刑法,本督革去你的功名,按国法论罪。"杜光远连忙叩头请罪。

最后,黄宗汉下谕宣布:陈老伦与周氏,狼狈为奸,妄加人罪,分判大辟及凌迟,秋后行刑。合州知州荣雨田昏聩无能,草菅人命,行贿营私,欺蒙上宪,拟处斩监候。重庆知府杜光远贪赃枉法,革去官职,发配充军。七涧桥民女向氏,为人淑贤贞洁,遭人诽谤,身陷囹圄,备受酷刑,即日昭雪,当堂释放,发银五十两,养伤治病。总督府幕僚李阳谷公正秉法,拿获真凶有功,任合州知州之职。

至此,七涧桥凶杀案才告完全了结。

## 太原张百万嫁女惹命案

太原富户张百万因嫌弃穷女婿曹文璜,将二女儿玉珠许给一家姓姚的富翁,但玉珠不贪图钱财,而是与曹文璜私奔了,准备投靠曹家故交交城县令陈砥节。

二人出城前在一家豆腐店歇息,豆腐店主莫老汉父女同情他们的遭遇,将自家毛驴借给了他们。张百万找不到二女儿玉珠,就带领家人前往大女儿金珠家找人。金珠家有一个大衣柜,张百万怀疑是大女儿把玉珠藏在了衣柜中,就命人打开大衣柜,谁知衣柜里有个和尚。

为了找台阶,张百万谎称二女儿暴病身亡,为和尚穿上嫁衣置于灵房。到了半夜时辰,和尚悄悄逃走了。凑巧的是,和尚也来到了莫老汉家的豆腐店,用嫁衣换了一身普通衣服。和尚途中因调戏妇女,被其丈夫吴屠户杀死,将尸体扔到井里。

和尚命案和张家走尸案轰动全城，县令杨重民开堂公审。有人指认和尚所穿为莫老汉家衣物，于是杨重民不管三七二十一就认定莫老汉为凶犯，莫老汉屈打成招，案情上报刑部。

曹文璜回太原时途经吴屠户的酒店。酒后失言的吴屠户吐露了他杀害和尚的秘密。几天后，曹文璜回太原还驴并为莫老汉申诉。

杨重民对冤情虽有所察觉，但害怕暴露自己严刑逼供草菅人命，而将曹文璜认定为同谋。玉珠的丫鬟秀香在探监时得悉全部案情之后，请求晋祠保长监视吴屠户，而玉珠又找到刚从交城县令提升为山西提刑按察司陈砥节。至此，案情才真相大白，莫老汉和曹文璜被无罪释放。

## 戏言牵出的淄川无首尸案

淄川县有两个分别叫胡成和冯安的人。一天，两人一起喝酒，喝到微醉时，两人开始吹牛。胡成先说起大话来："我一点儿也不担心贫苦，百金之业轻松就可得到。"冯安家境并不丰厚，因此胡成嘲笑他。胡成又一本正经地说："实不相瞒，昨天我在途中遇到一位大富商，装载着很多价格高昂的货物，我抢了富商的钱财并将他扔进南山后的一口井里了。"冯安则笑胡成是在吹牛。

恰逢胡成的妹夫郑伦为说合田产，将百金财物放置在胡成家，胡成常常拿着这些金子向冯安炫耀。冯安想起胡成酒后的话不免怀疑起来，如今看到果真有百金财物，就对胡成的作案深信不疑。于是，冯安就一纸诉状将胡成告上了衙门。

县令费祎祉抓捕胡成到公堂对质，胡成就将那天酒后所说的话坦言相告，而后又询问胡成的妹夫郑伦，郑伦所说的自然与胡成的话不相符合。费祎祉便和众人一起来到南山后的那口井跟前，县令派了一名衙役下井查看，井中果然有一具无头之尸。

胡成百口莫辩，连声叫冤枉。费祎祉大怒，将胡成打了数十大板，说："有证据在，你岂敢叫冤！"说完将胡成押进牢狱。随后又回头吩咐，井中的无头之尸先暂且搁置，不必取出，然后告知各村，等待尸体的主人投状。

过了一天，有一位妇人前来投状，自称是亡者的妻子。妇人说她的丈夫带着百两金子出门做生意，结果被胡成杀害了。费祎祉说："井下的无头之尸也未必就是你的丈夫。"但是妇人却坚持说，死者就是她的丈夫。于是，费祎祉命人将尸体从井下抬上来，仔细一看，果然如此，妇人不敢上前接近，站在旁边大哭起来。

费祎祉对妇人说："如今凶犯已知，但是尸体却残缺不全，还需要证实，你先回去，等着找到全尸再通知你，并给予你赔偿。"

费祎祉从牢狱中叫出胡成，说："明日如果找不到尸体的头在何处，你就要被处斩了！"在衙役的押解下，胡成去寻找尸首。找了一天后返回，县令询问是否找到，胡成只是哭着说："想必凶犯当时在夜里慌忙扛着尸体走得急，尸首不知道什么时候掉了，也不知道掉在了何处，怎么能找到呢？"说完胡成痛苦地要求县衙要快些寻找。

过了几天，费祎祉问妇人："你有几个子女？"妇人回答："没有子女。"费祎祉又问："你的丈夫还有其他的什么亲属？"妇人说："有一个叔叔。"说着不觉又哭泣起来。

费祎祉说："如今杀人的罪名已定，只要找回尸首保证全尸，此案即可判决。了结了此案，你还可以再改嫁他人。"妇人感激涕零，退下了公堂。

费祎祉决定亲自审查，寻找尸首。夜晚，他投宿在一家客店中，这时同村有一个叫王五的人前来报告说他知道尸首所在何处，经过查验果真与无首之尸相符合，于是赏给王五一千两银子。

然后，费祎祉派人找来了妇人丈夫的叔叔，对他说："此案已有定论，但人命关天，不是轻易草率就能了结的。妇人没生下孩子为依靠，生活必定艰难，不如趁早劝其改嫁他人。你只需为此案做个证人即可。"妇人丈夫的叔叔开始不同意，但辩驳不过，最后答应了。妇人听了连忙表示谢意。

不久，有一个人前来向妇人提亲，此人正是提供尸首的王五。于是，费祎祉派人把妇人和王五同时叫到公堂上，便问："你们知道真正的杀人凶犯是谁吗？"妇人说："是胡成。"费祎祉说："不是胡成，而是你和王五两人合谋杀了你的丈夫！"妇人和王五吓得连忙辩解，声称冤枉。

费祎祉这时对妇人说:“我早就知道其中的案情了,之所以迟迟不告发出来,是担心有人被冤枉。尸体尚未出井之时,你凭什么确信说就是你的丈夫?说明你早就知道你的丈夫已死在这里,而且死者身上只穿了件破薄的衣服,那数百两金子从何而来?”然后又转身对王五说:“尸体的头在什么地方,你怎么知道的?之所以这样着急地想了结本案,其实是你们两人想速合而已。”妇人和王五听后吓得面如土色,一句话也说不出来。

经过费祎祉的审问,两人终于说出了实情。原来王五和妇人早有私情,是二人合谋杀害了妇人的丈夫。而恰巧胡成又在醉酒之时语出戏言,被冯安诬告,于是此案就牵连到了无辜的胡成身上。

至此,本案真相大白。胡成无罪被释放,冯安以诬告罪受鞭笞之刑,妇人和王五也得到了应有的惩罚。费祎祉断案如神,没有冤枉一个人,令众人叹服。

## 诗扇供出元凶的青州情色案

山东青州府有个名叫范小山的生意人,以贩卖毛笔为业,常年在外经商。四月间的一个夜晚,范小山的妻子贺氏独自在家,结果被强盗杀害。由于案发的当夜下过雨,人们在泥水中发现了一把题诗的折扇,上面标注有“王晟送给吴蜚卿”的字样。

吴蜚卿是范小山的邻居,平常行为不轨,邻居们都怀疑是他杀害了贺氏。县衙把吴蜚卿抓去审讯,吴蜚卿执意不认,受到严刑拷打,被定了杀人罪。吴蜚卿嘱咐妻子倾家荡产去救济穷困孤寡的人家,而自己准备买毒药自尽。但就在夜间他做了一个梦,梦见一位神仙对他说:“你千万不要死,往日‘外边凶’如今‘里边吉’了”。他感到很奇怪,就打消了死的念头。

青州知府周元亮在审理吴蜚卿的案子时,感到其中可疑,当即传范小山来讯问,范小山说有诗扇为证。周先生打量扇子后,问:“王晟是谁?”范小山回答:“不认识。”周元亮下令,解除吴蜚卿的死囚枷锁,同时气愤地对范小山说:“你是想错杀一个无辜的人吗?”

于是,周元亮传讯人犯南门外某旅店主人,问道:“你的店铺墙上有日照县李秀的题诗，你知道是什么时候题写的吗？”店主人回答：“去年学政大人来青州府时，日照县三位秀才酒醉后题写的。”周元亮于是又派人拘捕李秀。

几天后，李秀到堂，周元亮问：“你身为秀才，为什么要杀人？”李秀一听，连忙磕头否认。周元亮就把题诗的折扇扔到李秀面前，质问道：“明明是你作的诗，为什么假托王晟之名？”李秀细看了扇子后说：“诗是我作的，看笔迹却像是沂州王佐的。”于是又派人去传讯王佐。

王佐到堂后，说：“这是青州的铁商张成求我写的，而王晟是他的表哥。”周元亮却喝道：“杀人凶犯就在这里！”随即命人把张成带到公堂，一经审问，张成果然招供认罪。

原来，张成见到范小山的妻子贺氏貌美，心生邪念，如果假冒吴蜚卿的名字，人们都会相信是他干的，所以就假造了一把吴蜚卿的折扇，嫁祸于吴蜚卿。结果他逼迫贺氏成奸落空，在贺氏持刀反抗的情急之下杀了贺氏，丢下扇子逃跑了。

冤狱平反后，周元亮笑着说：“这桩冤案是最容易查清的。贺氏被杀是在四月上旬，当夜又是阴雨天，哪里用得着扇子呢？我见那个店铺墙上的题诗和扇子上的诗风格相似，所以从李秀顺藤摸瓜，就找到了真正的凶手。”众人无不钦佩。吴蜚卿忽然想起梦中神人所说的“里边吉”正是一个“周”字，顿时恍然大悟。

### 伪造的阳谷血衣之谜

阳谷人朱生，年轻豁达，喜欢开玩笑。朱生因为死了妻子而去求媒婆做媒，路上遇到邻居的妻子，心生爱慕之情，就跟媒婆开玩笑地说：“您的邻居之妻年轻美貌，如果为我求配偶，她就可以。”媒婆也开玩笑地说：“如果你敢杀了她的丈夫，我就为你谋求这件事。”朱生说：“可以。”

一个多月之后，邻居在野外被人杀害的消息传开。县令抓捕了一些附近的村民审讯，却一无所获。后来追问到媒婆，媒婆就将自己和朱生相互开玩笑的话告诉给了县令，于是县令怀疑朱生就是杀邻居的凶犯。

朱生自然不承认。县令怀疑邻居的妻子与朱生私通，就用严刑拷问她，妇人忍受不了酷刑，就招供了。而朱生却辩解说：“妇人身体柔弱，受不住苦刑，又被强加上不贞洁的名声，她是冤枉的。倒是我想要杀了她的丈夫，娶她做妻子，与妇人无关。”

县令问：“有什么凭据？”

朱生回答：“有一件血衣可证明。”

县令就派人到朱生家搜查血衣，没有搜出。朱生说：“母亲不忍心出示证据让我死，让我自己去把它取来吧！”于是，衙役押着朱生回到家中，朱生对母亲说：“给我那件衣服吧，就算不给，我也是死。既然都是死，故意拖延还不如果断处理得好。”朱母哭着取出衣服交给他。

县令仔细看了看衣服上的血迹，果然是真的，就下令将朱生处斩。然而，将要处斩时，忽然有一个人奔上公堂，怒气冲冲地对县令大骂：“我是关帝座前的周将军！昏官要是敢动，我立刻杀了你！杀人的人是宫标，与朱生无关。”说完，倒在地上，面无人色。

原来这个人就是宫标。后来他在醒来后全部招供了罪状。原来邻居讨债回来路遇宫标，宫标猜想他身上钱财一定很多，就动了杀人劫财之念，结果杀了邻居也没有得到财物。听说朱生被逼承认了诬陷，宫标心中还暗自庆幸。

而朱生血衣的来处，原来是朱生的母亲割破手臂用血染成的，经检查发现，她的左臂上的刀痕还没有平复。结果，县令被免去官职，受罚赎罪。而邻居之妻感激朱生的义气，就嫁给了他。

## 第十三节　方士巫蛊怪案

流行于宫廷内的巫蛊案可谓是最神秘莫测的事件，不仅会导致宫廷内乱，还会扩大事态牵连数人。同时，中国封建帝王的求神问药、遍访方士、嗜食仙丹和修行修仙等行为在当时的社会影响下也是十分盛行的。在今天的人们看来，这些行为十分的荒谬和可笑，然而历代皇帝，尤其是唐朝各帝王，对仙丹的迷恋达到了痴狂的程度。皇帝为何对仙丹情有独钟？其中必有玄机。

求仙问药之事早在秦始皇为帝时就已经开始并逐渐流行了。世上果真有长生不老的仙丹和灵药吗？那些为皇帝们崇信的方士究竟用什么方法蛊惑人心的？封建帝王为何对神顶礼膜拜？

本节的故事并不是简单的神话传说，也非民间野史，而是真实的历史再现。透过封建帝王们荒唐之举所酿成的悲剧令我们不得不反思：是所有的皇帝都昏聩无能，还是封建王朝的历史环境使然？

## 入海求仙：秦始皇执迷求方丹之谜

秦始皇自登上帝位以来，很宠信方士，让他们到处给自己寻找长生不老药。

公元前219年，秦始皇第一次东巡山东。在黄县停留期间，秦始皇诏见了徐福。徐福奉命陪同秦始皇登莱山、祭月神。秦始皇一行人离开黄县之后，经牟平县（今山东省烟台市福山区）到达山东半岛最东端的成山头（今山东省荣成市境内）。在返回的路上，秦始皇等人登上了芝罘岛（今山东省烟台市芝罘区境内），然后南行前往琅琊郡，并在那里住了三个月。

秦始皇

在秦始皇畅游琅琊的时候，徐福等人上书说渤海中有三神山，名叫蓬莱、方丈、瀛洲。山中住着许多仙人，还珍藏着一种人吃了可以长生不老的奇药，他愿求取献给始皇帝。秦始皇很高兴地批准了徐福的请求，命他入海求取仙药。

据说徐福第一次出海求仙，因风大浪急失败而归。他回来对秦始皇说："臣在海中遇到海神，海神告知'以美好童男童女和各种工匠用具作为献礼，就可以得到仙药'。"秦始皇听后，遂命徐福征发童男童女、工匠用具往求仙药。

公元前218年，秦始皇第二次东巡山东。秦始皇虽然在途中遭到韩国贵族张良派遣的刺客的伏击，但他仍按计划经黄县直赴芝罘，然后再次住进琅琊行宫。这次因徐福入海求仙未归，秦始皇没有拿到长生不老药，最后只好先返回咸阳。

公元前210年，秦始皇第三次东巡山东。这时，徐福闻讯秦始皇驾临琅琊，急忙从家乡赶来面见秦始皇。徐福因没有求得仙药，为了逃避惩罚，只好向秦始皇说，长生不老药本来可在蓬莱仙山求得，只是水神派大蛟鱼守护无法近前取药，请皇帝增派一些射箭能手同去。秦始皇求药心切，当即批准了徐福的请求。

秦始皇一行乘船直到临近芝罘才看见一条大鱼。秦始皇将大鱼射杀以后，西航至黄县北海岸的黄河营港。在此做短暂停留后，秦始皇等人乘船继续西行，至莱州湾西岸的厌次县（今山东省阳信县东南处）上岸。然而，在返回咸阳的路上，秦始皇却病死于沙丘平台（今河北省平乡县境内），至死也没吃上长生不老药。

## 迷信方士：汉武帝苦寻神仙梦之谜

汉武帝一生信仰鬼神，相信有长生不老之术。他一直认为是有神仙的，之所以没有修炼成功是由于方士的本领太差或者欺骗他。因此，刘彻杀了一个方士，又相信另一个方士，陷入求神的泥潭中不能自拔。

汉武帝早在即位之初，就不停地寻找升仙之路，摆脱死神的纠缠。他并不只想为了自己独尊至上的权力而生存，为了成仙长生，他愿意抛弃一切。

汉武帝崇信鬼神是有家族渊源的。他的母亲王夫人出身卑微，本来已经嫁给了一个姓金的人，后来因为汉武帝的外祖母通过卜卦得知自己的女儿贵不可比，竟然将女儿硬生生地抢了回来，送入皇太子的宫中，随后就生下了刘彻。刘彻由胶东王而被立为太子，王夫人就一跃成为母仪天下的皇后。“一人得道，鸡犬升天”，王氏家族遂拜相封侯，显赫一时，这更加验证了卜卦之灵验。汉武帝小的时候母亲就常常给他讲应验符照之事，刘彻这样长期受母亲的影响，也崇信起鬼神来。

汉武帝相信鬼神，追寻神仙梦，还有一个原因。他即位后，陈阿娇皇后多年无子，导致帝嗣无人。于是，汉武帝祈祷神灵保佑。后来，在他29岁时，卫子夫生下了太子刘据，汉武帝这才遂了心愿。可是，陈皇后嫉恨卫子夫，在宫中兴起了巫蛊之祸。汉武帝感到巫蛊之事直接威胁到了自己的生命安全，于是开始向神祈福，向往神仙的愿望更加强烈了。

汉武帝的神仙梦是从敬祠神君开始的。神君原本是长陵地区的一位妇女，她生下一个男孩，几岁时就夭折了。神君悲痛过度，精神失常，经常胡言乱语，装神弄鬼。起先是她的妯娌们把她供奉起来，招致了乡邻来求神问药，结果神君的话往往灵验。汉武帝的外祖母也曾拜过神君，结果后来自己的子孙们都发达起来，且尊贵无比。

汉武帝即位后，王太后就把神君请到宫中供养起来。每当祭祀的时候，神君只现其声，不现其人。虽如此，武帝依旧把她奉若神明。

如果说汉武帝相信神君还只是对鬼神的迷信和崇拜，那么他接受方士的学说，就是为了实现长生不老、得道成仙的梦想了。

汉武帝相信的第一个方士叫李少君。公元前134年，有个自称活了几百岁、有返老还童仙方的李少君方士到了长安。有一次在别人家里喝酒，李少君看到酒席上坐着一个九十岁的老者，就一本正经地说他曾经和老者的祖父在某个地方打过猎。那个老者不知道这其实是李少君早就打听好了的，只是记得八十年前的确和祖父一起打过猎，就连忙称是。这一下，满堂的客人都十分惊异，把李少君当成了一位“活神仙”。

汉武帝听说这件事后，连忙把李少君请到宫中，问他有什么长生不老的方法。李少君就说，要先虔诚地祭祀灶神，把鬼神请来，然后将丹砂炼成黄金。用这种黄金制作的器物饮酒吃饭，就可以延年益寿、长生不老。他还吹嘘自己曾经在东海上见过仙人安期生，仙人送了他一颗仙枣。一心想成仙的汉武帝对方士之言深信不疑。他一面亲自祭祀灶神，派李少君给他在皇宫里炼制丹砂，一面派人去东海找仙人安期生。可是李少君不久就死了。汉武帝以为他羽化成仙了，反而愈加相信修道成仙。

汉武帝相信的第二个方士是齐人少翁。当时，汉武帝最宠爱的李夫人刚死，武帝常常思念她。于是，少翁声称自己可让汉武帝见到李夫人，通过一番装神弄鬼，加上灯和影的运用，让汉武帝依稀见到了日夜思念的李夫人的影子。汉武帝一高兴就大大赏赐了少翁，并拜他为文成将军。

后来，又有人给汉武帝推荐了方士栾大。栾大和少翁是旧识，他向汉武帝夸口说，自己也曾游于海上，见到过炼制仙丹的神仙，只是自己人微言轻，怕仙人们不肯传授自己神仙之术。汉武帝遂赐给栾大尊贵的地位，后又拜为五利将军。不久，又赏赐给他天士将军、地士将军、大通将军和天道将军四道金印，甚至赐列侯甲第，还把长公主嫁给了栾大。栾大经常在夜间祭祀，说是能迎神送鬼，后又称自己可以入海访仙。但汉武帝后来发现自己上当受骗了，遂把栾大杀掉。

汉武帝牵肠挂肚地求了五十年的神仙，用了数以万计的方士接连不断地入海求仙、入山觅药，不惜挥霍无数的财力、人力、物力，他终究没有见到神仙，更没有成为神仙。后来的"巫蛊之祸"造成了太子刘据冤死，祸乱了国家正常的皇位承嗣。他终于对求仙由怀疑到摒弃，幡然悔悟。

## 嫔妃内讧朝中乱：西汉巫蛊连环案

西汉巫蛊连环案的事情起因源于汉武帝的一场幻觉。征和元年（公元前92年），内宫出现了妃嫔以巫蛊互相攻击的事件。当时武帝未放在心上，哪知道妃嫔们的斗争愈演愈烈，最后互相诬陷对方用巫术诅咒皇上。汉武帝见状，一怒之下处死了大量宫人和一些外戚臣子。

随后汉武帝总是梦见有人在用木人诅咒他，一时间寝食难安。有一天，他正坐在建章宫内养神，恍惚看到有一个男子带剑走进，吓出一身冷汗的汉武帝认为是刺客，大叫侍卫护驾，并派人到皇宫内翻查，却一无所获。

彻查的结果让他非常失望和生气，不但没有找到刺客，反而在后宫和京城各家百姓当中翻出大量的木偶和咒符。武帝暗道：难怪寻不到刺客，原来分明是有人用巫术制造神魔来刺杀自己。于是，"巫蛊案"就这样掀开帷幕。

"巫蛊案"本来可以很快地过去，但是有人却诬告当朝丞相公孙贺的儿子公孙敬声施用巫蛊之术诅咒皇帝。公孙贺抓了阳陵侠客朱安世，想要借此立功，帮儿子将功赎罪。

朱安世托人上书汉武帝，称公孙敬声和武帝的女儿阳石公主私通，并派遣巫师在天子所驰的马路上埋木偶人诅咒天子。汉武帝立刻相信此事，逮捕了公孙贺一家，交给了当时著名的酷吏杜周查办。杜周公报私仇，不但杀了公孙贺父子，还将阳石公主和与本案没有关系的诸邑公主一起杀了。

汉武帝还是认为有人想要害自己，于是将“巫蛊案”交给了自己的宠臣江充查办。没想到江充却将个人恩怨融入查案当中。他最想扳倒太子刘据，于是借巫蛊案诬陷太子和皇后卫子夫。但刘据看出江充的歹心，一怒之下发动政变杀了江充一干人等。

恰在此时，有人在武帝耳边说太子想要谋反。一开始武帝并不相信，便派了侍从去长安城探听情况。侍从回甘泉宫禀告武帝，太子的确造反了。汉武帝昏聩之下听信了小人之言，于是向丞相刘屈氂发布敕令：立即发兵出击，对造反者一律杀无赦。刘屈氂本来无心害太子，无奈天子之命不能违抗，便派兵攻打长安城。

刘据根本没有造反之心，只得发动百姓死守长安。但百姓只知道“太子造反”之事大逆不道，所以刘据大失人心，最后兵败，而后逃离了长安自缢而死，其母卫子夫早在他之前上吊自尽。

一年以后，汉武帝才查清楚原来是奸臣搞鬼，害死了自己的皇后和太子，除了为太子平反、追封刘据，再没有什么能够挽回的了。

小小的一桩巫蛊案，其实到头来却发现充满误会与阴谋。

## 丹药中毒：北魏皇帝拓跋珪死于试毒案

北魏开国皇帝拓跋珪是鲜卑族人，公元386年，代国称王，改国号为魏；公元398年，自称皇帝。在政权刚刚稳固后，拓跋珪因刚愎自用，致使内部分裂，最后被其子杀掉。而这一杀身之祸的原因却是拓跋珪服食丹药中毒导致精神失常。

拓跋珪信奉道教，对仙丹情有独钟，经常妄想自己能够长生不老。当时有个臣子给拓跋珪献上了一部《服饵仙经》，拓跋珪如获至宝，立即设专职人员按照此书炼制仙丹。仙丹炼成后，拓跋珪先让死囚试服，看仙丹是否具有毒性，结果试服的囚犯全都中毒身亡。《资治通鉴·晋纪三十三》记载：“仪曹郎董谧《服饵仙经》，珪置仙人博士，立仙坊，煮炼百药，封西山以供薪蒸。药成，令死罪者试服之，多死，不验；而珪犹信之，访求不已。”

拓跋珪见状却仍对炼制仙丹执迷不悟，不断派人寻找长生不老的仙方神药。有道士炼成仙丹“寒食散”，拓跋珪取之服下，顿觉阳气上升。“寒食散”本是秦汉时期流行的一种丹药，性燥热，服用后须冷浴或者吃冷食来散热，否则就会危及生命。

拓跋珪雕像

然而，拓跋珪在开始还听从太医的指导来服用，但不久之后便随意服用，甚至大量地吞服丹药，结果中毒。中毒之后的拓跋珪喜怒无常，疑神疑鬼，胡话连篇，见人就杀。朝野上下，人心惶惶。

天赐六年，拓跋珪竟要杀掉皇后，儿子拓跋绍听说后便与宦官等人进入拓跋珪的寝宫杀掉了他。

### 迷恋“长生不老丹”：唐太宗暴亡含风殿案

唐太宗李世民是中国历史难得一见的有为皇帝，可以说，是他一手奠定了中国封建时代最辉煌时期——唐代。这么一位杰出帝王，却因慢性中毒而死。

据史载，贞观二十三年（公元649年）四月，“上崩于含风殿，年五十二”。所记很简单。李世民的具体死因，传统认为是死于痢疾。实际并非如此。

贞观二十一年，李世民得了中风的疾病，瘫痪在床上。经御医诊治，半年后病体稍愈，可以三天上一次朝了。如继续边治边养，说不定会逐渐康复的。可是，此时的他却迷恋上了方士们炼制的金石丹药，希望自己长生不老。他先是服食了国内方士炼出的丹药，并不见效，以为国内方士们的道术浅，于是派人四处访求国外高人。

贞观二十二年，大臣王玄策在对外作战中，俘获了一名印度和尚，名叫那罗迩娑婆。为迎合李世民乞求长生不老的心理，把他献给李世民。这个印度和尚吹嘘自己有二百岁高龄，专门研究长生不老之术，并信誓旦旦地说，吃了他炼的丹药，一定能长生不老，甚至成仙。

这番话打动了李世民，遂给这个印度和尚安排住进了豪华的馆驿，每餐都是丰盛的美食。天天有下人侍奉，生活不亚于帝王。印度和尚见李世民对自己深信不疑，就煞有介事地开出很多稀奇古怪的药方，李世民号令天下，按此方采集诸药异石，不论任何代价，只要能采到印度和尚药方中的药，哪怕刀山火海也得取来。一年之后，药配制好了，李世民非常高兴，毫不迟疑地将药全吃了下去，结果七窍流血中毒暴亡。年52岁。

留给后人可叹的是，一代王君竟成了中国历史上被“长生药”毒死的第一个皇帝。

## 执迷成仙：唐高宗李治吞仙丹致死案

唐高宗李治在位32年，他的身体一直不好。《旧唐书·高宗本纪》记载：“帝自显庆以后，多苦风疾，百司表奏，皆委天后详决。”

为了治好自己的头晕病（风疾），李治开始笃信长生不老术，派人征集方士的道术，并要求炼制名为黄白的丹药。有一次，宫内共召集了百人炼丹道士。“化黄金治丹”，耗资千万。

唐高宗李治

后来，李治又请当时的炼丹名师潘师正、刘道合等人炼丹。二人皆是当时的隐士，刘道合曾经在李治的仪鸾殿前表演“止雨术”而赢得李治的崇拜。

《旧唐书·刘道合传》记载：“高宗又令道合还丹，丹成而上之。”

刘道合死后，他的弟子开棺后发现，尸体只有一层空皮，犹如蝉脱壳。人们都说这是道家成仙后的尸解现象。这一说法让李治对刘道合敬献的丹药疗效深信不疑，于是就加大了服药量，结果导致急性中毒而死。

## 丹药毒身:唐宪宗李纯走火入魔吃仙丹

唐宪宗李纯与唐太宗李世民、唐玄宗李隆基齐名,即位之初,好学勤政,君臣同心,致使唐朝后期出现"元和中兴"的盛景。

唐宪宗李纯

李纯在最初对丹药还有着清醒的认识,称其为"轻怀左道,上惑先朝,医方不精,药术皆妄。俱是奸邪,罪当诛杀"。可是随着唐皇嗜食丹药的流行,李纯渐渐也开始遍求方士为自己炼制仙丹。

李纯曾下诏书,寻求长生不老的偏方。这给一些炼制丹药的江湖骗子提供了可乘之机,身边的大臣们也纷纷向李纯推荐炼丹仙人和术士。李纯在方士的蛊惑之下,对其一些十分荒谬的秘方深信不疑。有的方士在进行了一番神秘的指点之后偷偷溜走,李纯还下令将其召回来。

李纯在服用仙丹后表现为"日加躁渴",大臣裴潾力谏李纯不要迷信仙丹,还建议让敬献仙丹的人先试服。然而走火入魔的李纯已经听不进任何劝告,还将裴潾贬了职。众臣见状,再无人敢劝谏皇上。

公元 820 年,李纯终因服用丹药过量而暴亡于大明宫中和殿,年仅 43 岁。

## 嗜丹成瘾:唐穆宗李恒服丹治惊疾

唐穆宗李恒服丹药的疯狂程度不亚于唐宪宗李纯。有术士给李恒进献仙丹时,身边的大臣曾用李纯被丹药毒死一事来提醒唐穆宗李恒,反对李恒服用仙丹。但是李恒不仅不听劝告,反而越发酷爱吃仙丹,甚至达到上瘾的程度。当时,朝野上下议论纷纷,但却无人敢进言。

其实,李恒在此前并未迷信仙丹,只因在一次游猎中不慎摔伤,得到一术士的建议才服用仙丹治病,从此便迷恋起仙丹来。有一次,李恒在与大臣游猎的过程中,忽然有一个人从马上摔下来,受惊的马直奔李恒而来,幸亏有左右护驾才避免受伤。但李恒却因此受了惊吓,双脚抽搐。

这时,有一位方士建议李恒服用仙丹可医治此病,李恒从此上瘾。虽然经大臣的劝谏,李恒也听取了建议,然而并未停止服用,最终病死于长安宫。

### 食毒引疾:唐宣宗李忱服丹药疽发毙命

唐代的多位皇帝都因丹药中毒而毙命,唐宣宗李忱是道教的反对者,曾经怒杀掉许多道士,积极推广佛教。李忱刚开始的时候与李纯一样,对丹药的毒害有着深刻而清醒的认识,还表示"虽少翁、栾大复生,不能相惑"。然而,不久之后,李忱这个反对道教方术的唐王,居然也依赖起了仙丹。

刚开始服用仙丹的时候,李忱就已经发现了丹药的毒副作用。起初神经烦躁、口渴,随着丹药的继续服食,中毒的症状越来越明显和加剧。后来,李忱的后背上生了脓疮,直至溃烂而死。《资治通鉴·唐纪六十五》记载:"上饵医官李玄伯、道士虞紫芝、山人王乐药,疽发于背。八月,疽甚,宰相及朝臣皆不得见。"

## 第十四节　变节投降异案

在中国封建社会,地主阶级和农民阶级是两个主要的阶级,它们的矛盾是中国封建社会的主要矛盾。数千年封建社会的历史,主要是农民阶级和地主阶级对抗的历史,是两个阶级你死我活斗争的历史。

中国自秦汉以后形成了统一的封建中央集权国家,广大农民通常要受封建国家和地主阶级的双重压迫与剥削。地主阶级需要一个强有力的封建中央集权国家来确保对农民超经济强制的实现,这也是中国封建地主阶级建立专制主义的中央集权国家的重要原因。

封建专制主义国家也就是地主阶级国家的实质,历代封建王朝的法律都把维护地主阶级的利益和镇压农民的反抗作为一项重要的任务。而农民革命的领导者坚持斗争的气节，也是对封建社会的政治要求。

本节的史上变节投降事件是有着深刻的历史根源的，这种根源性看似深不可测，然而沿着历史规律的踪迹就会发现，其结果也有着必然性，这也是农民起义大多失败或变节的悲剧原因。

## 汉代将军李广利：投降匈奴的内幕

西汉时期将领李广利，曾被汉武帝任命为贰师将军。他的这个“将军”名号是靠裙带关系得来的。李广利有一个妹妹，天生丽质，凭借倾城倾国之貌被汉武帝看中，纳为妾，称为李夫人。可是，李夫人红颜薄命，被疾病折磨致死。临终前嘱托汉武帝要照顾好自己的儿子和兄弟。

为了完成李夫人生前的愿望，汉武帝决定赐予李夫人的兄弟高官厚禄，任命李夫人的哥哥李延年为协律都尉、李夫人的弟弟李广利为将军。

然而，李广利在战场上屡战屡败，难为将军。

汉武帝征和三年，匈奴入侵，烧杀抢掠，边民处于水深火热之中。为此，汉武帝特命李广利率大军三次出击匈奴。第一次征匈奴，李广利在天山大战右贤王，先胜后败，差点丧失性命。第二次征匈奴，李广利在蒙古土拉河与匈奴单于十万大军血战，久战不下后匆忙撤军。第三次征匈奴，李广利率七万精锐在内蒙古杭爱山与匈奴决战，全军覆没，李广利本人也投降匈奴。李广利原以为用屈膝投降可以换一条命，苟且一生，但是好景不长，不久之后就在巫蛊之事中被他人害死。

当年李广利究竟为何投奔匈奴，这一历史疑案引发了后人无尽的思考。

有人认为这与李广利的人品密切相关。李广利当初得势是凭借姐姐李夫人的关系才得以实现的。事实上，他本人是一个无品无德无才的庸人。在任大将军期间，阴狠奸诈，结党营私，陷害太子，直接造成汉武帝末年的巫蛊之祸。身为将军，战场上不善谋略，更是嫉贤妒能，排斥异己。征战匈奴期间，坐视李陵孤军被围而不救，断送了一代名将的前程，而自己最后也兵败投降。

还有人认为李广利之所以败降于匈奴，在一定程度上是受到了当年宫廷里发生的巫蛊事件的影响。当年李广利与匈奴厮杀于沙场时，京城长安发生了巫蛊事件，汉武帝被人诅咒。武帝为此专门查访，若发现必斩首。因为此事，宫中人人自危，彼此以巫蛊进行陷害，丞相刘屈氂和李广利也被卷入其中，被密告共同向神祝祷，希望昌邑哀王刘髆将来做皇帝。最终，刘屈氂被处以腰斩，其妻儿也牵连被斩首，李广利的妻儿们被逮捕囚禁。战场上的李广利听到家中妻儿被捕的消息，忧患重重，最后试图通过戴罪立功拯救妻儿。但由于过于冒进，犯了兵家之大忌，最终导致惨败投降。

### 英雄难过美人关：洪承畴降清案

清军在对明朝的战斗中获得胜利，但当时明军实力尚存，其中洪承畴的军队三十万人。崇祯皇帝了解到洪承畴是一个唯命是从的人，却不明白他担任三边总督达八年之久，要他承担对清作战的重任，失败是可以预料的。松山的战役，洪承畴指挥无度，战略失策，导致明军部队功亏一篑，洪承畴也被清军所俘虏。

洪承畴

清帝皇太极认为洪承畴容易被收买，所以赐予他丰厚的待遇。当洪承畴解至盛京，饮食供帐等于王侯。初期，洪承畴装腔作势，誓死报国。清方派人劝导，洪承畴不听，有时还恶语相加。这时清吏部尚书范文程窥伺到洪承畴的情况，识破了他的初衷，知道洪承畴是不会为崇祯皇帝效忠到底的。于是，范文程主动见洪承畴，开始劝慰，继之表示同情。

范文程不谈投降一事，而是谈一些古今兴衰的大事，洪承畴被感动了，逐渐开始回答他的问话。两人交谈间，屋梁上的灰尘落在洪承畴的衣服上，洪承畴取出手帕轻轻地把灰尘擦去。

后来范文程拜见皇太极，将二人的所见所谈告知皇帝，并且还将洪承畴用手帕轻拭灰尘的细节告诉了皇太极，加以解释说："洪承畴对敝袍犹爱惜若此，况其身耶?”后来,洪承畴在孝庄皇后的美人计下失节,投降清朝。

### 祖大寿归降:皇太极招降另有其意

公元 1631 年 7 月,皇太极为实现清军入关、一统中原的愿望,走出了入关战略的重要一步——亲率大军攻大陵河城。大陵河城是战略要地锦州的门户,并由明朝以祖大寿为总兵率一万六千余人守城。

皇太极率兵围城三月,祖大寿弹尽粮绝,为了城中一万六千将士与三万百姓的安危,祖大寿投降了。皇太极对祖大寿极为礼遇,不顾人的劝阻接受了祖大寿的智取锦州之计。就像皇太极所说:“朕以诚待他,他必不负朕。即使他负朕,朕在所不惜,要的就是心悦诚服。”

然而,令皇太极始料未及的是,祖大寿失信了。回到锦州城的祖大寿,彻底地断绝了与皇太极的联系,甚至他已经顾不得在清军中为质的儿子祖可法以及部将三十余人的性命。面对祖大寿“我绝对不做失信之人”的誓言,皇太极却表现出了空前的宽容和耐性,依然厚待祖大寿的儿子和部将。

历史总是在不经意间显示出其戏剧性的一面。十年之后,清军进攻战略要地锦州城,守卫锦州的依然是祖大寿。因为锦州城是山海关最后的屏障,攻下锦州,就好比是一把利剑直抵明朝的咽喉。那么要如何才能攻下锦州呢?皇太极从满洲贵族的特殊利益和满族本身的具体历史情况出发,决定屯兵义县,将其作为攻取锦州的前沿阵地和后勤基地。面对“塞上之兵,莫劲于祖大寿之兵”的形势,皇太极悉心采取了《三国志》曹丕的话:“坐而降之,其功大于动兵革也。”明朝降将张存礼也为皇太极献上了一计:将明军内部的蒙古兵作为争取对象,里应外合就可轻而易举地夺取锦州城。

皇太极的对手依然是祖大寿,采取的方法依然是围城。这次围困让祖大寿又想起十年前的大凌河之围。与大凌河城一样,锦州城也陷入了孤立无援、弹尽粮绝的境地。而城内还有部分有意归降清军的蒙古将领,可谓内忧外患。崇德七年农历二月十八,洪承畴在松山被俘,松山失陷,祖大寿等待明朝援军的希望破灭,又受到已经投降清军的两个兄弟祖大成和祖大乐的劝导,无奈之下于公元 1642 年农历三月初八再次投降清军。这一次皇太极依然对祖大寿礼待有加,祖大寿被皇太极的诚心所感动,真正地投降了清军。如果说第一次投降是祖大寿无奈之下的背叛,那么第二次他就算得上是真心归降了。

那么,面对祖大寿第一次投降、背叛,为何皇太极还要再次招降祖大寿呢?

皇太极深知祖大寿在军事上的价值,祖大寿抗清二十多年,有多少满洲人都是在“取祖大寿项上首级,夺南朝花花江山”的梦想中长大的,可以说祖大寿是一代满人在军事上的精神目标。而且对皇太极的雄图大业来说,锦州之后的下一个战略目标就是重镇宁远。宁远总兵、辽东提督吴三桂统率了关外明军,成为清军的最大阻力。但是,祖大寿却是吴三桂的舅舅,可想而知,祖大寿在对吴三桂的战役中具有举足轻重的作用。皇太极招降祖大寿的真正目的其实就为了吴三桂。

## 争议人物施琅:是民族英雄还是叛臣汉奸

施琅是一个颇有争议的历史人物,对他的认识人们往往存在这样的分歧:施琅是收复宝岛台湾、促进祖国统一大业的爱国将领,还是背弃明朝、投靠清朝的叛臣?

顺治三年(1646 年),施琅加入郑成功的抗清队伍,不久成为郑成功旗下最为得力的骁将。

早年时的施琅,拥有要强的脾气性格,常与郑成功对立。顺治八年(1651 年),施琅对郑成功“舍水就陆”、掠夺军饷的举动提出了异议,引发了彼此间强烈的不满。之后,施琅的部下曾德因犯罪而逃至郑成功处,并在郑军中得以重用。施琅不顾郑成功的意愿,杀了曾德,因而再次得罪郑成功。郑成功下令将施琅父子三人(施琅及父亲施大宣、弟弟施显)逮捕起来,投入大牢。施琅用计逃到大陆,可是其父和弟弟却惨遭杀害,施琅被迫降清,任福建水师提督,与郑成功为敌。

康熙二十二年(1682 年),施琅率领清军东征,攻克澎湖,打下台湾郑氏王朝,对完成清朝的统一起了重要的作用。收复台湾后,朝廷内部对是否留台的问题产生了争论,在施琅等少数大臣的力争下,康熙转变了之前“弃台”的观点,采纳了施琅的意见,决定留守台湾。

有人视施琅为“叛徒”。原因是台湾本是他的故土,而他却引狼入室,带领着清廷军队攻打台湾，这是对国家的不忠；明清之争乃满汉之争，施琅投身强大的清政府而欺凌弱小的台湾，是对民族的不仁；施琅进攻台湾，打倒郑氏政权，背叛了曾经的君主，是对君王的不义，由此可见是个十足的“汉奸”。

也有人追捧施琅为“民族英雄”。此时清朝的建立和强大已是不可逆转的趋势，郑氏坚守的台湾与清朝政府不再是两个民族、两个帝国之间的斗争，而是关乎国家统一和领土完整的问题。施琅收复台湾，是从整体的利益出发，维护了整个中华民族的利益，所以说施琅是个忠国忠民的有功之士。

也有人认为，评价施琅，不能够因为他投靠清军，就给他背上“叛臣”的罪名，而否定其做出的贡献，也不可因为收复台湾而一味将其尊奉为“忠义”的圣贤，忽视他易主的事实。施琅到底是不是忠臣，也自有后世来评说。

### 石达开自投清营：大渡河畔密信写给谁

石达开是太平天国农民起义的杰出领袖，少年投身太平天国，英勇善战，足智多谋，功勋显著，被封为翼王。可惜，太平天国后期，内部混乱，石达开终于在1857年率二十万兵马从天京出走，转战数年，却难觅一足之地，后来他毅然决定进军四川，最终丧师于大渡河畔。

石达开向四川进军，路过大渡河畔，遭到清军与地方土司紧紧围困，成为釜中之鱼。经过六个月的征战，却仍未能摆脱困境。无奈之下，石达开决定用自己的头颅换取数万将士的生命，自投清营，不幸牺牲。

《太平天国文书汇编》记载，石达开在无可奈何的情况下，命军师曹伟人给清军写了一封信。信的内容是：石达开愿意以自己的生命为代价，请清军放过几万将士。这封信被射入了驻守在大渡河对岸的清朝四川重庆镇总兵唐友耕的军营中。因此，人们一直认为此封信是石达开写给唐友耕的。然而，史学界对这封信的收信人提出了新观点。那么，这封信的收信人到底又是谁？

最值得关注的说法有两种：一是收信人是重庆镇总兵唐友耕，另一种说法是四川总督骆秉章。

收信人是唐友耕的说法，来源于1908年唐鸿学所编《唐公年谱》。此书中就提到了石达开在大渡河畔所写的信。据《唐公年谱》记载，信的内容是："惟是阁下为清大臣，当得巨任，志果推诚纳众，心实以信服人，不蓄诈虞，能依清约，即冀飞缄先复，拜望台驾近临，以便调停，庶免贻误，否则阁下迟行有待，我军久驻无粮……"持这种观点的人还有萧一山，他认为《唐公年谱》附录的石达开信函是可靠的，该信的确是石达开写给唐友耕的。萧一山还写成了《翼王石达开致清重庆镇总兵唐友耕真柬伪书跋》一书。《广东文物》按照萧一山的说法，著有《石达开致唐友耕书》一书。因此，此种说法一直广为流传。

收信人是骆秉章的说法，主要来源于四川《农报》的一篇标题为《致四川总督骆秉章书》的文章，该篇文章表明收信人应是骆秉章，而不是唐友耕。因为四川农民高某在紫打地偶然发现了石达开的函稿三通，稿中内容说明石达开是要写信给骆秉章的。

人们之所以赞成这种说法，另外一个依据主要是根据书信的内容来分析。《太平天国文书汇编》记载："惟是阁下为清大臣，肩蜀巨任，志果推诚纳众，心实以信服人，不蓄诈虞，能依清约，即冀飞缄先复，并望贲驾遥临，以便调停，庶免贻误，否则阁下迟行有待，我军久驻无粮……"此处的说法与《唐公年谱》大致相同，但还是有区别。首先，把"肩蜀巨任"改成了"当得巨任"，其次把"并望贲驾遥临"改成了"拜望台驾近临"。罗尔纲先生认为，这是唐鸿学为了使人相信此信是石达开写给唐友耕，而故意做的篡改。因为从唐友耕和骆秉章的职位来看，唐友耕是重庆镇总兵唐，而骆骆秉章是四川总督。能担当"肩蜀巨任"的人只有可能是骆秉章。从当时两人所处的地方来看，当时唐友耕与石达开隔河相望，而骆秉章却在四川，适合"贲驾遥临"的也只有骆秉章。此外，唐友耕是降清太平军，而且作为重庆镇总兵，也无生杀释放大权，石达开又怎么可能会写信乞求唐友耕放守自己的将士呢？显然，此封信的收信者最有可能的就是骆秉章。

总之，石达开到底是写信给了谁，一直也没有统一的定论。

### 李秀成被俘：投降书真伪质疑

太平天国后期，由于内部存在的弊端，逐渐衰退。太平天国被清军攻破之后，李秀成也不幸被湘军俘虏。李秀成在湘军天牢里写下了一篇长达五六万字的《亲供》，即《李秀成自述》。这篇《自述》成为李秀成戎马一生的最大污点。那么，这封类似于投降书的自述真的是出自李秀成之手吗？现代很多学者对李秀成投降书的真伪提出了质疑。

李秀成

《李秀成自述》最先见于清政府宣布的投降书。这份投降书是由曾国藩从李秀成完成的自述之中删改誊抄的一部，而上交军机处，并由九如堂刊刻行世，即“九如堂本”。《李秀成自述》的原本被曾国藩保留下来，从不肯公开示人。但是，人们对曾国藩手中的《李秀成自述》的真伪也有所怀疑。

许多人认为，不论是清政府公布的投降书，还是曾国藩所保留的原本，都并非出自李秀成之手。在清代，清政府极有可能捏造了一篇所谓的《李秀成自述》，伪托是叛军领袖的供状，谎称他们俘获了这个领袖。这篇《李秀成自述》也极有可能是某个俘虏或者是曾国藩的狡猾幕僚所伪造的。但是又有人提出，如果《李秀成自述》是伪本，那么曾国藩又何必把这么一份显然是假造的文书藏于家中呢？

《李秀成自述》一共分为九天写成，每天写成一部上交，那么全书中间应该就有八个间隔。每天随写随交，正品应该就是要分为九个部分。但是现在所见的《李秀成自述》“原稿”的影印本文字相连，每天都写到最后一页纸的最后一行字，看不出天与天的间隔。因此，这份如此一气呵成的“原稿”极有可能是曾国藩派人将李秀成每天所写的真迹抄在一起得来的。另外，从字数上看也存在疑问。据说原稿一共有五万多字，然而影印本却只有三万六千多字，剩下的一万四千字极有可能是被曾国藩删改掉了。从书写形式来看，曾国藩所呈的自述书中对于太平军与湘军的交战情况十分简略，而且这份自述中出现“上帝”“天王”并不多，许多避讳也有问题，例如把该避讳的“清”没有避讳，而不该避讳的“青”却写成了“菁”。相反，有许多人认为《李秀成自述》的确是出自李秀成之手。广西通志馆的吕集义来到湖南湘乡曾国藩的老家,有幸见到了《李秀成自述》原稿,并据此而写成了《忠王李秀成自述原稿笺证》。后来罗尔纲先生把《忠王李秀成自述原稿笺证》与李秀成其他书信进行比较,从笔迹、语汇、用词、语气、内容等多方面进行鉴定,他认为这份"原稿"是真品。

对于原稿首尾相连甚好,一气呵成的问题,陈蘦先生认为这与个人的书写习惯有关。对于字数缺失的问题,有人认为极有可能是李秀成夸大的说法,因为不论是曾国藩,还是李秀成本人都不可能去掉字数。而曾国藩在誊抄过程中就发现了这个问题,所以在他给不同人的信件之中对于这份自述书的描述也各不相同。

对于曾国藩上呈清廷的文件之中,鲜少提到湘军与太平军交战的问题,也可能是由于曾国藩为了炫耀自己镇压太平天国运动的功劳,而对原本进行了删减。

钱远熔先生也认为这个"原稿"是李秀成的真迹,曾国藩只对它进行了删改,并没有撕毁或是偷换。

## 第十五节 谋杀行刺惊案

历史上的谋杀事件数不胜数,在改朝换代、社会进步的变动期,就为刺客的刺杀提供了时机。除了政治和军事上的谋杀外,也有许多基于个人恩仇和信仰,并非受政治势力指使的刺杀行为。自古以来,豪侠刺客都是引人注目的,司马迁的《史记·刺客列传》就是专为他们而著的。历史故事中的刺客杀手更是名不虚传。刺客是神秘的,行如流星,纵横江湖,武艺高强,往往杀敌于无形;刺客是智慧的,能辨识忠奸,能伸张正义,疾恶如仇,化险为夷,塑造史书传奇。刺客有坚毅的决心,为了心中的目标,可以卧薪尝胆,苦练心志,也可以隐姓埋名,浪迹江湖。

项庄舞剑,意在沛公。自古以来,位高、权大者必遭人忌,皇帝的宝座背后隐藏着致命的危机。酒席间的鸿门宴、路途中的遇袭遭劫、寝宫内的喋血传奇、卧榻边的风声鹤唳,带来的是怎样一种惊险和刺激,引发了多少悬疑和谜团?剑拔弩张、刀剑相拼的背后又潜藏着怎样的预谋？

如果说武侠小说中的刀光剑影带给人们的是遐想和幻影，那么历史中的改朝换代留下的则是沉重的教训和惨痛的代价。从一定意义上说，刺杀并不是单纯的政治斗争手段。当它呈现为正义的弱者对邪恶的强者的坚决挑战时，刺客的行为更能引起后人的注目和尊重。

本节描写了历史上有名的谋杀行刺大案，精彩生动，险象环生，让我们在惊心动魄的体验中发现史实背后的真相，在正义和邪恶的较量中领略刺客的侠义豪情。

### 暗藏杀机：荆轲刺秦王失败之谜

荆轲刺秦王是中国历史上一次颇负盛名的刺杀行动，同时也被多数人认为是最失败的一次。荆轲与秦王近在咫尺而无侍卫在旁，一边是养尊处优的皇帝，一边是精于剑术的刺客，外加一把满是毒液的匕首，为何荆轲在这么有利的条件之下，都无法成功刺杀秦王？荆轲的失败令人百思不得其解。

荆轲刺秦王

很多人将荆轲失败的原因归咎于他的助手秦舞阳。据史料记载，起初应该是荆轲捧着樊於期的人头，其助手秦舞阳捧着燕国督亢的地图，两人一同走上大殿献给秦王。然而秦舞阳临阵慌张，被侍卫呵斥，让秦王起了疑心，有所防范。而荆轲一人上殿，又增加了刺杀行动的困难，从而导致刺杀失败。

除上述说法外，更多的人认为，刺杀不成功是荆轲自身的能力问题。荆轲在“图穷匕首见”后，没能把握时机一击致命，抓着秦王的衣袖却被秦王挣脱。秦王在大殿之上绕着柱子跑,剑客出身的荆轲竟然追不上,甚至躲不开秦王的长剑,连番遭袭,最后死在了侍卫的斩杀之下。也许正如当时著名剑客鲁勾践所说:"嗟乎,惜哉其不讲于刺剑之术也!"

即便如此,还是有人将原因推究到了太子丹的身上。太子丹在派荆轲刺杀秦王之前曾对他说:"诚得劫秦王,使悉反诸侯侵地,若曹沫之与齐桓公,则大善矣;则不可,因而刺杀之。"按太子丹的意思,荆轲首要做的是劫持秦王,逼他归还之前侵吞的各诸侯国的土地,若秦王不答应,才刺杀他。这就使荆轲在最能置秦王于死地的那一刻有所迟疑,不仅劫持不成,更错失了刺杀的先机,才导致彻底的失败。

关于荆轲刺秦王的历史,即便是撰写《史记》的司马迁,都并非亲眼目睹而记录之,其中的因由终究无可定论。

**刺客传奇:豫让行刺赵襄子**

豫让是晋国人,晋国大臣智伯非常尊崇他,称他为国士。等到智伯攻打赵襄子时,赵襄子和韩、魏合谋灭了智伯;消灭智伯以后,三家分割了他的国土。赵襄子最恨智伯,就把他的头盖骨漆成饮具。

豫让潜逃到山中,说:"士为知己者死,女为悦己者容,我一定要为智伯报仇。"于是更名改姓,伪装成受过刑的人,进入赵襄子宫中修整厕所,身上藏着匕首,想要用它刺杀赵襄子。赵襄子到厕所去,心一悸动,鞫问修整厕所的刑人,才知道是豫让。侍卫要杀掉他。襄子说:"他是义士,我谨慎小心地回避他就是了。"最后还是把他放走了。

过了不久,豫让又把漆涂在身上,使肌肤肿烂,像得了癞疮,吞炭使声音变得嘶哑,使自己的形体相貌不可辨认,沿街讨饭。就连他的妻子也不认识他了。路上遇见他的朋友,辨认出来,说:"你不是豫让吗?"回答说:"是我。"朋友为他流着眼泪说:"凭着您的才能,委身侍奉赵襄子,襄子一定会亲近宠爱您。您再干您所想干的事,难道不是很容易的吗?何苦自己摧残身体,丑化形貌?"豫让说:"托身侍奉人家以后,又要杀掉他,这是怀着异心侍奉他的君主啊!我之所以选择这样的做法,就是要使天下后世的那些怀着异心侍奉国君的臣子感到惭愧!"

豫让说完就走了。不久，襄子正赶上外出，豫让潜藏在他必定经过的桥下。马到桥头，蓦地惊叫起来，襄子惊呼："必是豫让行刺！"手下卫士搜索桥下，果然是他。襄子说："过去你也曾投奔过范氏，后来又投奔智伯，为何单单忠于智伯，给他卖命？"豫让说："我在范氏、中行氏手下，他们以平常人待我，我所以用平常人的态度对待他们；至于智伯，他以国士待我，我所以用国士的壮举回报他。"襄子叹息了一声，流着泪说："念你是忠义之士，第一次杀我，我不忌恨，把你放了。这次你又来杀我，我怎好再放你呢？"豫让知道赵襄子是一位宽宏大量的贤明君主，便对襄子说："今天我罪当处死，只请求把你的衣服用剑砍几下，以满足我为智伯报仇的愿望，我便死而无憾了。"襄子即脱下衣服传给豫让，豫让奋起举剑，跳起来连砍几下，大呼一声："我可以到九泉之下向智伯回报了！"说完就拔剑自杀了。

### 替人行刺：聂政刺韩傀

聂政（？～前397）是战国时期著名的四大刺客之一，年轻时行侠仗义，因除害杀人，与母亲和姐姐一同逃往齐国。

当时，韩国大臣严仲子与国相韩傀结下仇怨，严仲子怕被杀害，逃往他国。严仲子四处游访侠士，希望找到能替他向韩傀报仇的人。

严仲子来到齐国，听说聂政是个勇士，前来登门拜访，求聂政为自己报仇。聂政备办酒席款待严仲子。席间，严仲子亲自为聂政的母亲敬酒，并用黄金百镒为贺礼祝她长寿。聂政明白严仲子的意思，但却说："我屈身在市场上做屠夫，就是为了奉养老母，母亲在世，我不敢以死报答别人。"

聂政的母亲去世后，忆及严仲子知遇之恩，孤身一人前往韩国朝都阳翟（今禹州）刺杀韩傀。

聂政到了韩国都城，找机会进了相国府。韩傀坐在堂上，周围有很多持刀荷戟的护卫。聂政大喝一声，挺剑便刺。卫士们很快从相国被杀中反应了过来，有人喊捉刺客，有人去关闭大门，随后便围攻聂政。而聂政早已经将生死置之度外，他左冲右突，一连击杀数十人，但寡不敌众，他为了保护姐姐和严仲子，而不被人认出，就用剑划破了自己的脸，剜出自己的眼睛，然后切腹壮烈而死。《史记》中记载：

"自皮面决眼,自屠出肠。"

韩国人不知道刺客是谁,就将聂政的尸体放在大街上让人来认,谁能认出来赏一千镒黄金,但却没有人能够来领这笔赏金。盛怒之下的韩烈侯只好下令将聂政暴尸街头,以诫后人。然而韩国相国被杀无疑是一次重大事件,聂政的姐姐聂荣听说刺杀韩相的刺客不明身份,便立即想到是聂政。聂荣赶到韩国,辨认出尸体果然是聂政的,伏尸痛哭,向来往行人说明刺客的身份:"其是吾弟与?嗟乎,严仲子知吾弟。"然后,死在聂政尸体之旁。

## 鱼腹藏剑:专诸宴座刺吴王

专诸是吴国堂邑(今江苏六合北)人,相貌非凡,口阔目深,熊腰虎背,颇具侠士风范。伍子胥从楚国逃奔吴国,路上遇见专诸与人格斗,钦佩其勇气,于是与他结为莫逆之交。后伍子胥将侠士专诸介绍给公子光,自此三人成了朋友。

一天,公子光向专诸详细地复述了祖父传弟不传子的遗嘱后说:"兄终弟及,季札王叔让位,王权宜重归嫡长,嫡长之后,舍我其谁?王僚贪位恃力,不肯退让,我力弱不足以图大事,欲请壮士相助。"专诸慨然应许,问道:"不知王僚有何嗜好?"公子光想了想说:"王僚喜滋味,极爱吃鱼。"于是,专诸动身前往太湖,寻找名厨,学习制作鱼炙的手艺。鱼炙手艺学成后,专诸返回都城,待公子光之命。

公子光告诉吴王僚说自己新招了一个太湖厨师,做得一手好烤鱼,请国君晚上到自己家中赴宴。随后公子光把武士武装起来,暗藏在密室里;伍子胥带领另外一队武士,埋伏在公子光府邸周围,准备由外向内进行配合。

接到公子光的宴会邀请后,吴王僚随即答应了。但怕公子光有阴谋,于是傍晚出门前,吴王僚穿上三重盔甲,再套上外衣。

吴王僚为了保证安全,下令将公子光府邸严密戒备。公子光府周围三步一岗,五步一哨,从门口到厅堂内外布满甲士。吴王僚还携带了不离左右的亲信,为了保证食物的安全,亲信们仔细检查了食材和调料。每一位上菜的厨师先被搜身,再跪着用双膝前进送菜,整个过程中都有甲士护卫。

公子光心中忐忑,不能确信专诸还能否刺杀成功。公子光频频劝酒之后,以给脚部上药止痛为借口退下厅堂。厅堂中只剩下吴王僚和一些亲信武士。

公子光绕到厨房，见专诸埋头做烤鱼，就像什么情况都没有发生一样。公子光又闪到了密室，然后穿戴好盔甲，佩上利剑，等待厅堂里的变化。

专诸做好烤鱼后，捧着菜盘，进献给吴王僚。在厅堂门口，有人接过菜盘，有人将专诸的衣服剥下，对专诸全身进行了搜查。确信没有武器后，两列武士夹着专诸，将刀架到他的颈部，让专诸赤膊跪地用膝盖前行。吴王僚示意专诸将烤鱼端到案几最靠近自己的一边。专诸跪在地上，挺直腰板，将鱼盘放到吴王僚的前面。就在鱼盘即将放下的那一刻，专诸的右手迅速滑进盘中的鱼肚子里，摸出暗藏其中的鱼肠剑，猛刺向吴王僚。鱼肠剑透过吴王僚的三重盔甲刺穿了他的胸膛。一瞬间血光飞溅，吴王僚仰面倒地而亡。

吴王僚的鲜血沾满了案几，两旁的武士刀戟齐下，将专诸砍为肉酱。公子光听到厅堂的响动后，率领伏兵扑向厅堂，吴王僚带来的人很快就被尽数剿灭。府外的伍子胥也消灭了周围的王宫卫士，赶进府中和公子光会合。

公子光、伍子胥两人戎装进宫。匆促召集的大夫们表示拥戴公子光为新吴王。

## 问心有愧：要离刺庆忌

春秋末年，吴王阖闾（即公子光）为夺取王位，派专诸刺杀了王僚。阖闾王夺位后，心头大患并没有完全消除，因为王僚的儿子庆忌“之勇万人莫当”，所以把这一重任交给伍子胥去处理。于是，伍子胥向吴王推荐刺客要离行刺庆忌。

要离刺庆忌

对于要离刺庆忌,《吴越春秋》有一段详细的记载:

经伍子胥的举荐,吴王一见要离,竟是个不起眼的人物。而要离进言说:"一个人不尽力服务他的君主,是不忠;不去除掉他的君主的忧患,是不义。现在我愿意大王杀了我的妻子和孩子,砍掉我的右手,我装成罪犯逃到庆忌那里,他一定会信任我。"

于是,要离装作有罪出逃,吴王杀了他的妻子和孩子。要离先在诸侯列国大放怨言,让天下都知道他的怨苦。之后去卫国求见庆忌,说:"阖闾王昏暴,杀我妻儿又焚尸扬灰,我无罪竟蒙受这份诛杀!我了解吴国内情,全部禀告给您。依仗你的英勇,阖闾王是能够擒获的!"庆忌相信了要离,随后带兵与要离一起向吴国进发。

要离和庆忌同乘一条船,当船行驶到江心时,要离坐在庆忌一边,乘着风势用手中的矛钩掉了庆忌的头冠以遮其眼,紧接着矛头直刺进了庆忌腹中。受伤的庆忌返身抓住要离,将他的头浸在江水里。侍从们想要杀掉要离,庆忌却制止说:"这才是天下的大勇士,把他放还吴国吧!"说完,庆忌就咽了气。

要离内心惨痛地说:"杀自己的妻儿以服务君主,很不仁;为新君主而杀老君主的儿子,很不义。现在我贪生弃德更是不义,我有何脸面见天下的人士?"说完自断手足、剑刺咽喉而死。

还有一种说法是,要离回到了吴国,吴王阖闾封他高官,他坚辞不就,说:"我杀庆忌,是为了吴国的安宁,不是贪图富贵。"说罢,自刎而死。据说死后葬于今无锡鸿声镇鸿山泰伯陵旁、专诸墓西首。三座墓成品字形。现在要离冢遗迹依稀可见。

从《吴越春秋》的记载看,这似乎是一段真实的历史故事,汉晋时吴人就郑重祀奉要离,还为他立了墓(在苏州梵门桥弄内)。然而,经研究其中也有着让人无法解析的谜。

为骗取庆忌信任,要离竟让阖闾杀死自己的妻儿,显然有点夸张的成分。他缘何要付出这样的代价去为君主效力?而庆忌为父复仇也是天经地义,并且与要离有交谊,要离为什么非置他于死地?有人认为要离可能为博取阖闾王的厚赏,但结局他却甘心自杀,也令人不明其因。

司马迁的《史记·刺客列传》中有“专诸刺吴王僚”的详述记载,却没有“要离刺庆忌”的记载。究竟这段故事是历史真实事件,还是文人杜撰,则不得而知。

## 义不容情:完颜亮夜刺金熙宗

金熙宗完颜亶,是金太祖完颜阿骨打嫡子宗峻的儿子。宗峻病死,其母蒲察氏拖着金熙宗被宗峻的异母哥哥宗干纳为侧室。宗干的儿子完颜亮和金熙宗完颜直成了兄弟。

史书记载完颜亮为人臣时所讲的话:“吾志有三:国家大事,皆自我出,一也;帅师伐国,执其君长,问罪于前,二也;得天下绝色而妻之,三也。”金太宗在位时,宗臣宗翰等人力荐太祖嫡孙完颜亶为皇储。看见哥哥金熙宗成为皇帝,完颜亮想到:自己也是太祖之孙,应该有与哥哥一样的权威,所以觊觎帝位也在情理之中。

十二月初九夜,恰逢楚克与思恭在皇宫内。天交二鼓,一行人夜趋禁宫。由于大兴国有符信,守门军不敢拦这位皇帝亲侍。又见其身后是帝婿驸马唐古辩,侍卫们不疑有诈,忙大开宫门。完颜亮诸人继之怀刃而入。行至大殿,守殿门的几个卫士察觉来人有异,刚要喊叫,唐古辩等人皆抽刃加之咽喉。几个人突入寝殿。

金熙宗平日床边常置宝刀一口。听见殿门被踹开,数人闯进,金熙宗心知不妙,忙摸索宝刀想抵抗,但大兴国在他临睡前已经把刀“先取投榻下”。金熙宗慌忙摸索之际,额埒楚克一刀就捅入他的身体,思恭随之又进一刀,金熙宗不支倒地。完颜亮又狠剁数刀,血溅其面及衣。看着血肉横飞倒亡在地的金熙宗,谋弑者们一时愣住,半晌无言。

思恭打破僵局,高声道:“开始谋事时就答应事成拥立平章(指完颜亮),今复何疑!”于是,思恭第一个奉完颜亮坐于仍旧鲜血淋漓的御榻,跪倒高呼万岁。众人随从,皆向完颜亮称臣。

弑了金熙宗以后,待天色见明,几个人又诈称金熙宗之命,召诸王、大臣入宫。完颜亮不忍心杀掉完颜宗敏等人。但完颜乌达走近御座,低声对完颜亮说:“宗敏是太祖儿子,对陛下威胁最大,不杀恐留后患!”完颜亮随即让思恭下殿杀宗敏,完颜宗敏躲闪不及,顷刻间血肉狼藉,被惨杀于殿堂之内。接着,完颜亮又下令卫士把刚刚入殿的宗室完颜宗贤也推出去斩首。至此，完颜亮正式称帝，废金熙宗为东昏王。

## 情何以堪：才子徐渭发狂杀妻案

徐渭，字文长，山阴人。他自幼聪颖过人，十多岁时就仿效扬雄的《解嘲》作《释毁》，长大后以同里季本为师，在当时非常有名气。

总督胡宗宪将他招到幕府管理文书。一次，胡宗宪得到一头白鹿，打算献给朝廷，令徐渭草拟奏章，并将其他门客所拟奏章一同寄给相处友好的学士，选择优秀的上奏。学士将徐渭所拟奏章上奏皇帝，世宗非常高兴，更加宠爱胡宗宪，胡宗宪因此更加看重徐渭。

徐文长常常与朋友在市井饮酒，总督府有急事找不到他，便深夜开着大门等待。有人报告胡宗宪，说徐秀才正喝得大醉，放声叫嚷，胡宗宪反而加以称赞。当时胡宗宪权重威严，文武将吏参见时都不敢抬头，而徐文长戴着破旧的黑头巾、穿一身白布衣，直闯入门，纵谈天下事，旁若无人。

后来胡宗宪因严嵩一事牵连被逮入狱，死于狱中，他原先的幕僚也有好几人受到牵连。徐文长生性偏激，连年应试未中，精神上很不愉快，此时他对胡宗宪被构陷而死深感痛心，更担忧自己受到迫害，以致发狂。他写了一篇文辞愤激的《自为墓志铭》，而后拔下壁柱上的铁钉击入耳窍，流血如迸，医治数月才痊愈。后又用椎击肾囊，也未死。如此反复发作、反复自杀有九次之多。嘉靖四十五年，徐文长在又一次狂病发作中，因怀疑继妻张氏不贞，将她杀死，因此被关入监牢。

在狱中，徐文长身带枷锁，满身虮虱，冬天雪积床头，冷得发抖，连朋友送来的食物也被抢走。后来他的许多朋友为解救他而四处活动，才使待遇有所改善。其中援助最为有力的，先是礼部侍郎诸大绶，后是翰林编修张元忭，他们都是徐文长的至交，又都是状元出身，颇有声望。在这些朋友的解救下，徐文长坐了 7 年牢，终于借万历皇帝即位大赦之机获释。这是 1573 年的事，徐文长已经 53 岁了。

徐渭天生才智过人，诗文超过同辈。擅长草书，善于画花草竹石。他曾经自己说："我书法第一，诗其次，文章又其次，绘画再其次。"晚年乡居的日子里，徐文长越发厌恶富贵者与礼法之士，所交游的大都是过去的朋友和追随他的门生。据说有人来访，徐文长不愿见，便手推柴门大呼："徐渭不在！"他一生不治产业，钱财随手散尽，此时只得靠卖字画度日。但手头稍为宽裕，便不肯再作。倒是一班门生和晚辈的朋友，或骗或抢，常常得到他的杰作。徐文长似乎特别嗜蟹，许多题画诗记载了朋友们用活蟹来换他画蟹的经过。最后几年，徐文长身患多种疾病，画也不能常作，生活更为贫苦。《徐文长文集》中有《卖貂》《卖磬》《卖画》《卖书》诸诗，显示出这位大文学家、艺术家凄凉的晚境。1593 年，徐文长去世，年 73 岁。

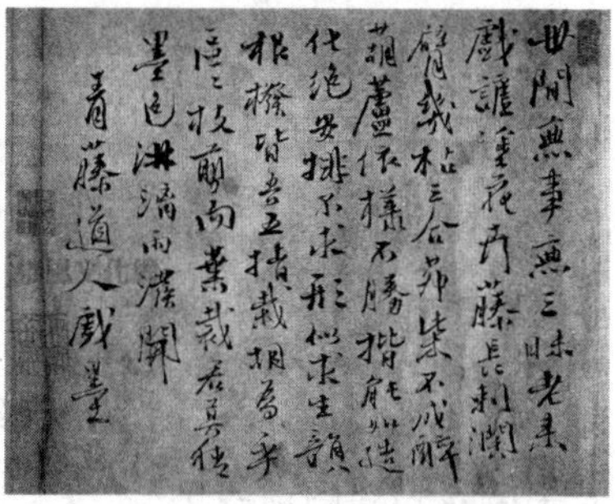

**徐渭书法作品**

## 晚清第一刺杀案：张文祥刺杀马新贻始末

道光二十七年，马新贻跟李鸿章同榜中进士。后在镇压太平天国运动中不断立功，从知县、知府到安徽藩司，一路升官。太平天国平定之后，马新贻被升为浙江巡抚。两年之后，又移任两江总督。

同治九年，两江总督马新贻在江宁练兵。七月的一天，马新贻按例行事，操练检阅，正当练兵结束意欲步行回署的时候，一个中年人向他走过来并双手呈上一封信。原来此人来找马新贻索要军饷。正当马新贻不耐烦地与之搭话时，突然背后传来一个声音："请大帅申冤！"马新贻回头正要看来者何人，与此同时一把闪亮的短匕首迅疾地刺进了他的胸膛。顿时鲜血浸染，马新贻倒地。然而，令人奇怪的是，刺客并未逃走，而是大声高喊道："我是刺客张文祥！"

两江总督马新贻被刺事件，立即在当时引起了巨大的轰动。案件发生后，朝廷十分惊恐，慈禧太后还亲自将曾国藩从天津调来审理此案。另外，又派出众多亲信参与审案。然而，经过一番审讯，案犯张文祥供词闪烁，主审官最后只得含糊结案。

那么，作为两江总督的马新贻为何会得到清政府乃至慈禧太后的重视呢？这里面还有着深层的幕后背景。当时太平天国运动爆发，清政府需要依靠湘军的力量来与之对战，太平军被平定后，湘军的力量大增，这让慈禧太后深感不安，于是她将曾国藩调离出去，任马新贻为两江总督，并裁撤湘军。可是，马新贻非精明强干之官，他为官期间，假报军功，巴结权贵，还与匪盗之徒拜为兄弟，靠着上欺朝廷、下欺百姓实现了官运梦。

对于张文祥刺马一案，清政府的结论是"听受海盗指使并挟私怨而行刺"，"实无另有主使及知情同谋之人"。

后人在评价此案时，有人认为慈禧太后亲自出面是要掩饰自己杀大臣的预谋。可是马新贻既无兵权，也不属于任何派系，所以这一说法不足为信。

经此案改编的戏曲"刺马戏"似乎从侧面揭露了案件的背景。戏中的两江总督马新贻与曾国藩平起平坐，暗示了马新贻又遭太平军的俘虏，以及案犯张文祥本是湘军等。

高拜右在《刺马案与湘军》中说："刺马一案，到现在也没有弄清真相，其实，马新贻是死于湘军的嚣张气势之下。"还有学者认为，主使人杀马新贻的是湘军统帅曾国藩或者其亲信。总之，围绕刺马案这一事件众说纷纭，难有定论。

### 惹祸上身：民国内阁总理唐绍仪被刺之谜

唐绍仪刚接任总理时，勤于公务，注重办事效率，令政府呈现出一派新气象。袁世凯独揽大权的习惯，使他对唐绍仪推行责任内阁制极为不满，两人的积怨日益加深。蒋介石上台后，唐绍仪以党国元老自居，担任一些闲职，对政治几乎是不闻不问。

唐绍仪平时在家中以欣赏古玩自娱自乐，当时他可能万万想不到以后的杀身之祸也与此有直接关系。

1938年9月下旬，日本驻中国特务机关长土肥原来上海，有意向与唐绍仪秘密接洽合作计划，劝其再做总统。军统首领戴笠将有关唐的情报转呈蒋介石过目，同时命令手下加紧监视。唐绍仪的女婿诸昌年劝唐脱离日伪包围，移居香港。戴笠参照蒋介石的意思，叫杜月笙从香港写信给他，劝他赴港居住，但他迟迟没有行动。不久，戴笠发出了刺杀令。

唐绍仪

戴笠得知唐绍仪平时喜欢收藏古玩,最喜欢历代瓷器。几天之后,军统安排的内线谢志磐带着军统人员,身着便装,冒充古董商人,直抵唐宅。

待唐绍仪从楼上下来后,谢志磐赶忙上前呈上几个装有古玩的锦绣盒子。唐绍仪拿出放大镜,对几件古玩仔细观看,连声称赞。谢志磐随便报了价,随后几位神秘的古董商人便走了。他们发现,唐绍仪对古董的痴迷,对特别珍贵的物件甚至要屏退仆役,关紧房门,不让外人窥见。于是一个周密的暗杀方案定下了。

几天后谢志磐与另外三人又来到唐寓所。特务赵理君扮作古董商,后随军统杀手王兴国、李阿大提着一个大皮箱。箱内装的是一只南宋御制大花瓶,一把宝剑,还有其他的古玩数件,那只南宋大花瓶内有一把锋利的小钢斧。

赵理君先抽出那把宝剑,走到唐绍仪面前,称这把剑是戚继光抗倭时所用,价值连城。唐绍仪接过宝剑仔细查看,认为这把剑是假的。当唐绍仪转身鉴赏其他古玩时,李迅速从南宋花瓶内取出小钢斧,绕到唐的背后,照着其头颅猛然砍下。随后赵理君等众人撤离。

唐绍仪的伤势极重,到达广慈医院时已奄奄一息。当天下午4时,唐绍仪终告不治。第二天,上海各报纷纷登出消息:“唐绍仪被刺殒命!”

唐绍仪遇刺后，国民党中的一些老将认为没有掌握唐绍仪失节确证而将其杀害，有很多意见。于是蒋介石下令付治丧费5000元，并将唐绍仪生平事迹存付国史馆，以平息风波。

## 剑走偏锋：民国刺宋子文疑案真相

民国时期，宋子文被行刺事件究竟有怎样的内幕？战后，当时的日本驻华公使重光葵在他的回忆录中描述："那时，日本樱会军官集团的一些人在上海不断进行策动，想要在日华之间挑起事端……当时的驻华公使馆陆军武官辅佐官田中隆吉大尉也是其中的一员。因为我是他们策动计划的障碍，所以他曾想要杀死我。田中大尉是想要在宋子文和我搭乘同一列车到达上海站，并肩走过来的时候，让他们开枪射击的。直接进行暗杀的人是当时上海恐怖团体青洪帮。但是我们一行提前一步走出了车站，得以幸免于难。"

半个世纪之后，与这件事有直接关系的王述樵（王亚樵的胞弟），在自己的回忆录中却指出是孙中山之子孙科派马超俊到上海，请王亚樵刺杀宋子文，并负责经费。刺宋行动由王亚樵负责……负责刺宋的人员。有南京的郑抱真、张慧中，有上海的华克之。7月23日上午7时8分，宋子文下车时，华克之命令部下开枪。但不料宋与秘书唐腴胪均着白西装，因分辨不清，误将唐腴胪击毙了。

那么到底哪份回忆录才是真实的？

1931年7月22日，宋子文接到青岛电报知母亲病重，决定于当晚回沪。郑抱真获情报后，立即给王亚樵发去密语快电。之后刚刚回到住处，其手下便急切告知：日本特务准备在上海北站刺杀日本驻华公使重光葵，然后嫁祸给王亚樵。

华克之主张立即派发一份加急电报，暗示情况起了变化，并与郑抱真两人商议决定，郑、华同时搭乘当晚快车。与宋子文、重光葵一起去上海，到达北站时，赶在宋子文与重光葵出车厢之前对空鸣枪以做信号，叫他们不要出车厢，以此来破坏常玉清的行刺计划，同时也通知王亚樵撤出战斗。

此时王亚樵却毫不知情。就在他紧张指挥的同时，常玉清也率领人马来到现场开始部署。他在重光葵有可能进入的贵宾室门前，安排了两名刺客伺机而动。

另外，又在出口处作了重点布置。

宋子文和唐腴胪下了车。负责监视任务的人一见宋子文与一人并行，马上发出信号。郑抱真、华克之眼看宋子文就要进入常玉清的狙击范围内，感到形势危急，便不顾一切跳出车厢，对空鸣枪，以示警告。宋子文的卫士听到枪声立刻拔枪还击。

枪响的同时，宋子文正好在出口处。此时同他并肩的已不是日本公使，而是机要秘书唐腴胪。混在人群里的刺客朝这位“重光葵”射击。唐腴胪连中三弹，倒在血泊中。

退出现场后，常玉清一度得意于这次行动的顺利，等他见到了田中隆吉，才知道击中的是唐腴胪而根本不是重光葵。

## 第十六节　国宝失窃重案

中华文化博大精深，国宝文物就是其中的一颗明珠，它的熠熠光辉不仅是中华民族的骄傲，也令世界为之钦佩和赞美。中国的玉器、瓷器、珠宝、金银饰品，琳琅满目，美不胜收；传统的唐三彩、青花瓷、青铜器，不仅是一个时代的产物，更是古代文明的奇迹。精湛独特的手工制艺和千姿百态的造型艺术，向世界昭示着一种含蓄而雅致的东方美。

然而，国宝作为一个令人称羡又充满好奇的富贵象征，正在一点点地流失。价值连城的黄金珠宝不翼而飞，世界罕见的中国珍奇经过重重劫难而流入异国他乡，已经成为一个不容忽视的问题。

在这些精致的文物被转卖收藏的同时，又有多少看似朴实无华但却可能具有更为宝贵的历史文化价值的文物却遭到了不可挽回的破坏。所幸的是，致力于国宝寻踪的学者和考古学家们正努力采取多种方案，帮助遗失的国宝珍玩顺利地实现回归之路。

本节的国宝重案是本书的一大亮点，也是最受世人关注和期待的社会热点。

一个个精美的珍宝背后诉说着怎样不凡的经历和道路，一个个稀有的国宝其寻踪谜团又是怎样一层层地被揭开，其中的苦辣酸甜就是一次悸动，一个记忆，一丝欣慰，以及一个值得回味和珍藏的历史收获。

## 帝王九鼎遗失案：至尊宝鼎下落扑朔迷离

帝王九鼎的铸造代表了我国青铜铸造技术的高超水平。九鼎是王权的象征，后人将争夺政权称为“问鼎”，建立政权称为“定鼎”。

根据《左传》记载，夏朝初年，令九州州牧贡铜，铸造九鼎，将全国各地山川奇异之物画成图形，分别刻于鼎身。九鼎铸成后，陈列于宫门之外。此后，九鼎便成了夏商周三代传国之宝。

关于九鼎的铸造时间和何人所铸，历来说法不一。

《左传》认为九鼎铸于“夏之方有德”之时，而《史记》认为铸鼎的时间在“虞夏之盛”之时，由大禹而铸，本意象征九州。《长墨子》说九鼎铸于夏后启时。这种说法基本认定了九鼎是夏朝建立时由大禹所铸造。

而近代古史辨派学者认为，《战国策》多夸大其词，禹铸九鼎是不可能的事实。也有学者根据当代的考古发掘，认为夏代以前已经出土过铜器和青铜器，证明夏代时完全有能力制造铜器，包括禹铸九鼎，九鼎也可能在夏朝建立之前就已存在。

春秋时期，强大的诸侯国对九鼎产生了觊觎之心。《史记·楚世家》记载，楚庄王八年(前606)，楚庄王带兵攻打陆浑之戎。周定王派大夫王孙满前去慰劳。楚庄王咄咄逼人，问九鼎大小轻重如何。王孙满说：“如果本质美好光明，鼎虽小而犹重，反之虽大犹轻。周德虽衰，天命未改，鼎之轻重，未可问也。”楚庄王只好作罢。

关于传承到周朝的九鼎的下落，《史记》中周、秦二本纪都说秦昭王五十二年(前255)，在周赧王死后，终于“取九鼎入秦”。《秦始皇本纪》说九鼎在迁往咸阳的途中，有一鼎落入江苏的泗水中，其余八鼎有可能安置在秦国皇宫中，应当失于秦亡之后。

唐人张守节在《史记正义》中记载：“周赧王十九年，秦昭王取九鼎，其一飞入泗水，余八入于秦中。”可是他将秦昭王取九鼎的时间较《史记》提前了41年。

《史记·封禅书》又说：“周德衰，宋之社亡，鼎乃沦没，伏而不见。”那么九鼎早在东周末年便已遗失，与秦无关。后来，《汉书·郊祀志》说“周显王之四十二年，鼎沦没于泗水彭城下”。秦始皇派了上千人在泗水打捞，结果未能如愿。说明九鼎并未入秦，至少有一鼎是不知去向。

清朝王先谦在《汉书补注·郊祀志》中认为，周人毁鼎铸钱后诡称丢失，史载秦灭周取鼎的说法并非事实：九鼎沉入泗水也是秦人谬传。而反对此说的人认为，九鼎是王权的象征，即使有他人觊觎也完全不可能自行销毁，况且九鼎铸于夏初，器形不会太大，毁鼎铸成钱更无道理可言。

古籍中对九鼎遗失的时间和地点虽然说法不一，但并无已被销毁的确切记载。经学者分析，九鼎如果失于东周灭亡之前，那么可能流失于关东一带；如失于秦末，那么埋没于关中的可能性比较大；如果项羽破秦后载归彭城，则可能“沦没于泗水下”。

## 稀世国宝失盗案：西周夔纹铜禁与斗鸡台下落何处

在天津历史博物馆中珍藏着一件稀世珍宝，它就是西周夔纹铜禁。其造型独特古朴，彰显了巧夺天工的青铜铸造艺术。每一个看到此件国宝的人无不为之称奇和赞叹。

然而，这件西周夔纹铜禁如今已经整修一新，或许无人能够想到，曾经的真品被觊觎的盗贼摧残得支离破碎。此次盗宝案的罪魁祸首是军阀党玉琨。

党玉琨少年时期在西安、北京等城市的古董行里当过学徒，对文物古玩略知一二。军阀混战时期，党玉琨投靠了陕西一带的地方军阀郭坚的手下。为了筹措军资，党玉琨挖空心思寻找生财之道，当年古董行学徒的经历让他忽然想到，搜罗文物即可发财，于是他便将目光投向了地下。

此时斗鸡台的一个乡绅为了讨好党玉琨，通过同乡给党玉琨透露消息：在当地的戴家湾村的山崖上有一个宝洞，当地的百姓经常在里面发现古董。党玉琨于是命人前去打探。据史书记载，戴家湾曾经有秦文公、秦宪公的墓葬，还有不少青铜器出土，在暴雨的冲刷下，甚至在田间地头就能找到重要的文物。

党玉琨等人制订了详细的盗宝方案之后就开始行动了。1927年秋到1928年春的8个月中，党玉琨等人的盗宝团伙将戴家湾挖了个底朝天。他们一共盗得青铜器1000多件、青铜禁3件，其中最引人瞩目的就是西周夔纹青铜禁。党玉琨将文物全部运回凤翔，伺机出售。

1928年，冯玉祥部下的陕西省主席宋元哲负责肃清境内的土著军阀，党玉琨的老巢凤翔即在围剿之列。在宋哲元军队的炸墙攻城的战斗中，党玉琨被乱军打死。党玉琨曾经所盗获的青铜文物及大量的金银珠宝也都被宋哲元没收。后来这些文物又被运往西安。

经过多次辗转，党玉琨盗得的文物青铜器被宋哲元的部下萧振瀛通过古董商卖给了外国人，而西周夔纹铜禁在此后的一段时间内，在国内国外都了无踪迹。

这件稀世珍宝是否也被古董商卖给了外国人呢？实际上，它保存在宋哲元的家人那里。

抗日战争期间，日本人派兵抄了宋哲元的家，将西周夔纹铜禁扣押。此时，宋哲元的弟弟宋慧全通过手段从日本人手中拿回了夔纹铜禁，藏在其夫人的住处。期间，西周夔纹铜禁受到了轻微的损坏。“文革”后期，宋慧全的女儿表示希望将铜禁捐献给国家，但此时几经周转的国宝已经被砸得粉身碎骨。1972年，天津市将破碎的国宝送到了中国历史博物馆，经过专家的修补将国宝恢复原貌。如今，西周夔纹铜禁已是天津历史博物馆的镇馆之宝。

## 历史黄金第一案：西汉巨量黄金消失之谜

秦汉时期，黄金成为流通的主要货币，当时黄金数量之多以千万计。但到西汉年间，黄金退出流通领域，不仅在商品交换中以物换物，而且以黄金赏赐也极少见。那么，巨量黄金到哪里去了呢？后世学者做出了种种推测和考证，主要有以下几种说法。

一说佛教耗金。佛教传入中国以后，到处建寺、塑像，而佛像无不用金涂身。加之风俗奢靡，用泥金写经贴金作榜，日消月耗，大量的黄金挥霍而光。持反对者认为,史书明确记载,佛教传入中国是在东汉初年,并且只能依附于传统的道教和神仙思想,根本不可能大张旗鼓地修寺庙、塑神像,即便使用黄金,量也微乎其微,不至于巨量黄金突然消失。而且西汉巨量黄金退出流通领域时,佛教还没有传入中国。

二说外贸输出。有人认为,因为对外贸易,西汉巨量黄金大量输出国外。这种说法显然也缺乏根据,因为西汉时期,中国是商品输出国,只有少量的黄金流到西域、南海各国,但并不常见,而且许多还是邻国称臣纳贡而得的,加上和汉朝有贸易往来的国家经济相对落后,对黄金的需求量也很有限。相反,西汉时期丝绸之路的开通,中国向西方国家输入了大量的丝绸和布帛,却换来了大量的黄金。

三说黄金本是黄铜。还有人认为,史书上记载的西汉时期赏赐黄金、府藏黄金都是指的"黄铜",所以数量才会巨大。从秦汉黄金开采量上看,人们有可能把当时流通的铜称作黄金。这种说法缺乏有力证据,因为汉代时金、铜区分已很明显,黄金、铜钱都是当时流通的货币:黄金为上币,计量单位为斤,用于赏赐、馈赠;铜钱为下币。计量单位为株,主要用于铸钱和铸造器物。

四说窖藏地下。一种说法认为西汉黄金以金币的形式窖藏在地下,另一种说法认为黄金被铸造成各种金器金物随葬在墓中。考古工作者也不断发现地下窖藏的西汉黄金。后因战乱或人祸导致藏主或亡或逃而使藏金失传。

但是这种说法也引起质疑,因为即使窖藏巨量黄金的金库也应留有线索,不会因一场战争或一场天灾人祸后,所有的黄金拥有者都死去或忘记自己的财宝所在。如果说一部分因窖藏而消失还可以理解,而绝大多数黄金都说是因窖藏而不知所终则难以令人信服和理解。

可见,西汉巨量黄金失踪之谜至今仍有待学者的探讨。

## 旷世典籍被盗案:《永乐大典》流落何方

《永乐大典》编撰于明永乐年间,初名《文献大成》,是中国的百科全书式的文献集,全书目录60卷,正文22877卷,装成11095册,约3,7亿字,这一古代文化宝库汇集了古今图书七八千种。自编成后,就被收藏在南京的文渊阁,却因常遭战火被毁。至今,六百多年过去了,在全世界范围内,所有的《永乐大典》也不过只有800余卷,400册左右。由于《永乐大典》藏于深宫禁地,所以明朝历代史书上很少见到关于它的记载,《永乐大典》的下落也就成了一个谜案。

据史籍介绍,永乐十九年,《永乐大典》的原稿仍藏于南京文渊阁,并在明代中期毁于一场宫中火灾。而正本则被永乐帝带到了北京,藏在宫中的文昭阁。弘治帝时,《永乐大典》曾被查阅。嘉靖三十六年时,宫中大火,紫禁城三大殿被焚毁,《永乐大典》也险遭厄运。据史书记载《永乐大典》是嘉靖帝"殊宝爱之"的珍品。登基以来,他一直将其作为必备的参考经典。嘉靖十一年秋,副本抄写工作开始,持续六年,隆庆元年才完成。这样,《永乐大典》就有了正、副两部。但明朝灭亡以后,《永乐大典》正本却神秘消失了。

清朝康熙年间,为编著《四库全书》,朝廷下大力寻找《永乐大典》,终于发现了踪迹,但此时已经遗失了1000多册。道光之后,《永乐大典》被视为无用之物,一些官员便趁机偷窃,被清朝官员盗走的书又被其后人出售,卖给洋人或者古董商。就这样,幸存的《永乐大典》又大量流到民间。

光绪二十六年时,八国联军入侵北京,翰林院也沦为战场,《永乐大典》几乎丧失殆尽,仅存的数百册也散落世界各地,国内只余60多册。近代战争中,这60多册《永乐大典》被多次转移。曾由美国国会图书馆代为保管的一部分于1965年转运中国台湾,现存于中国台北故宫博物院。没有运到美国的部分《永乐大典》则在抗战胜利后运回北京。

新中国成立后,一些藏有《永乐大典》残本的个人纷纷捐献,加上苏联国立图书馆归还的52册和德意志民主共和国归还的3册,目前中国国家图书馆馆藏《永乐大典》已达221册,是世界各收藏地中数量最多的。

### 书画珍品被盗案:屡次被盗的《清明上河图》

北宋画家张择端创作的长卷《清明上河图》,被公认为稀世神品。千年来,它曾五次进入宫廷,四次被从宫中盗走,历尽劫难。

首先收藏此画的是北宋宫廷,被宋徽宗赵佶视为神品。据考证,该图前面应当

清明上河图(局部)

还有一段,描写的是远郊的山,并且还有赵佶瘦金体的"清明上河图"五字签题和他收藏用的双龙小印。

靖康之祸时,该画流落民间,又为金朝监御府书画官张著所得。元灭金后,此画第二次进入皇宫。元顺帝至正年间,宫中有个姓裴的装裱匠挖空心思,用临摹的赝品将真本换出,暗中高价卖给某真定太守。

后又辗转易手,到了明朝奸相严嵩手中。据严嵩败后查抄他家财产登记账中,确有此画,在明朝隆庆时收入宫廷。明穆宗不喜欢字画,成国公朱希忠乘机奏请将《清明上河图》赏赐给他,皇帝便让人估成高价,抵其俸禄。这时名画却不翼而飞。不久,宫中传说一个小太监得知《清明上河图》值钱,便将画盗走。出宫时遇见管画人,仓皇之中将画藏到阴沟里,正值阴雨连绵,待三天后来取,画已腐烂。最终此事不了了之。

后来,人们才知此画落入秉笔太监、东厂首领冯保之手。名画"毁尸灭迹"的传说不过是他一手策划的计谋。

清兵入关后,此画相继为陆费墀、毕沅所得。清廷早就对它垂涎欲滴,据说毕家因此家破人亡,《清明上河图》第四次进入皇宫。1911年,清王朝灭亡,但溥仪仍留住宫中。溥仪以赏赐其弟溥杰为名,将重要文物偷运出宫,《清明上河图》即在其中。

1945年东北解放前夕,溥仪携大量珍宝至通化,准备乘机亡命日本。飞机还未起飞,就被苏联军队俘获,国宝交回中国政府。《清明上河图》先存放在东北博物馆,后被北京故宫博物院收藏至今。

### 稀世字帖变卖案:三希堂宝帖天各一方回归难

故宫养心殿西侧的西暖阁有一间小屋名为"三希堂"。由乾隆皇帝所题。

乾隆皇帝的所有书法中有三件宝贝:一件是晋朝书法家王羲之写的《快雪时晴帖》,第二件是王献之写的《中秋帖》,第三件是王珣写的《伯远帖》。乾隆皇帝为这三帖专门设立房间用于收藏,因而命名"三希堂"。

《快雪时晴帖》是晋朝书法家王羲之写的一封书信。但这幅书法却不是王羲之的真迹,而是唐代书法家临摹的,由于年代距王羲之最近,又是唯一的一件,所以后人就一直把这幅《快雪时晴帖》当作真迹。

《快雪时晴帖》一直保存在北京故宫博物院。抗日战争胜利后,国民党政府将大批故宫珍贵文物运往台湾,《快雪时晴帖》也随之去了台湾,存放在台北故宫博物院至今。

相传光绪皇帝的妃子瑾妃深知"三希堂"宝帖价值连城,就想把它们卖掉。因怕被人识破,她先把《中秋帖》和《伯远帖》卖给了一个小古董铺子。恰巧北洋军阀袁世凯的账房先生郭葆昌光顾古董铺,他一见是"三希堂"宝帖中的《中秋帖》和《伯远帖》,深知是深宫宝贝,就一掷千金把它们买了下来,深藏家中,秘而不宣。

1932年,郭葆昌请当时的故宫博物院院长马衡吃饭,谈到故宫的文物时,郭葆昌将《中秋帖》和《伯远帖》两幅宝帖取出来,展示在马衡面前。当时紫禁城里的大批文物珍宝被偷盗变卖,流散丢失。马衡正在为整理和寻找这些文物珍宝而奔波,不想却在这里见到了《中秋帖》和《伯远帖》。加上《快雪时晴帖》,故宫"三希堂"宝帖正好齐全。

郭葆昌给马衡院长看过宝帖以后，就深藏了起来，再也没有拿出来过。

一百多年后，“三希常”宝帖《中秋帖》和《伯远帖》惊现台湾。而《快雪时晴帖》已经随着大批故宫文物带到了台湾，藏于台北故宫博物院，加上《中秋帖》和《伯远帖》，“三希堂”宝帖正好团圆。然而，台北故宫博物院却因经费紧张无力收购。

1951年，两幅宝帖又出现在香港的一家英国银行里。宝帖的持有者是郭葆昌的儿子郭昭俊。他把《中秋帖》和《伯远帖》带到台湾，欲卖给台北故宫博物院未成，又转到香港将两幅宝帖抵押给了一家英国银行。抵押期限快到，郭昭俊却无力赎宝，且英国银行也早就盯上了这两幅宝帖，郭昭俊在无奈中准备出卖宝帖。

广东省银行香港分行的经理徐伯郊，得知郭昭俊要卖“三希堂”宝帖，一面阻止一面迅速将此事报告上级。最后，国家派出文物局副局长王冶秋、北京故宫博物院院长马衡和上海文管会主任徐森玉等人以35万元重金买下二帖，现藏于北京故宫博物院，而《快雪时晴帖》仍藏于台北故宫博物院。

## 中国南海沉宝案：万件珍宝流入外国人手

据一本收藏在荷兰东印度公司档案馆里的古航海日志记载：1752年，一只名为“歌德马尔森”号的中国商船触礁沉没。当年，这只从广州出发的商船满载着瓷器和黄金，准备驶往荷兰首都阿姆斯特丹。200多年后，英国职业海上打捞者迈克·哈彻发现了这个秘密，从“歌德马尔森”号打捞上来了青花瓷器23万多件、金锭120多块。1986年，哈彻将这笔宝藏交给了荷兰嘉士德拍卖行。从此。“南海沉宝无数”的消息不胫而走，一批又一批的寻宝人前来盗捞中国的水下宝藏。

1999年，哈彻在南海又找到了一只载有100多万件康熙年间四大官窑瓷器的清代沉船“泰星”号。为了便于运输和抬高价格，他竟然敲碎了60多万件成色普通的瓷器，将剩下的35万多件运往德国拍卖。

据中国历史博物馆水下考古研究中心统计，在中国的茫茫海域下“沉睡”着2000~3000只古船，其中以宋元时期的船只居多。沉船中还有一些英国东印度公司和瑞典等的外国沉船。这些船满载的中国陶瓷、丝绸、金银珠宝等宝藏随船体下沉被大洋淹没，其数量难以估量。几乎就在考古学者深入海底的同时，逐利而来的各色人等也瞄准了发财机会。

在苏富比拍卖行，一件中国元代青花瓷罐曾拍出了2.3亿元人民币的天价。如此巨大的商业利益，引诱着越来越多的"哈彻"加入沉船打捞的队伍。他们不惜血本，利用各种手段在各个海域搜寻水下文物。

曾参加过"越战"的美国老兵费尔，格雷科就借与菲律宾政府合作，盗捞了数万件中国古董。为了"开发"南海宝藏，格雷科从当地渔民的讲述中搜集沉船信息。从1997年到2002年，格雷科先后在南海发现了16只沉船，捞起了约2.3万件古董。他将这些文物运回美国，又将古董卖给了私人收藏家。

德国工程师蒂尔曼·沃特法也把目光集中在了南海最重要的海底宝藏。1998年，他在"黑石"号船打捞到了几万件保存完好的陶瓷制品。在接下来的3年里，他先后捞起6万件唐代文物，包括陶瓷酒壶、茶碗以及刻有浮雕的金银餐具等。据考证，"黑石"号上的长沙窑瓷器品种相当丰富，青花瓷也是迄今发现最早、保存最完整的。

比利时人吕克·海曼斯在2004年勘察出了一只来自10世纪的中国沉船，他指挥潜水队，把将近25万件珍宝逐一打捞上来。其中最令人称奇的是精美的瓷器上其纹饰还清晰可见，完好无缺。

除了国际盗捞者，国内也有许多文物贩子在盯着南海的宝藏，从而使地下文物遭到了严重的破坏。

## 黑城宝藏流失案：西夏古文献经卷"落户"俄罗斯

历史上有关西夏黑水城的传奇故事从来没有停止过。而有关黑城藏宝的故事，流传甚广，甚至传入西方，引起了一些外国探险家对黑城的觊觎。

20世纪初，俄国地理学家科兹洛夫亲率远征队，闯入了巴丹吉林沙漠。半个多月后，远征队找到了黑城遗址。

随后的十几天里，强盗们在城中各处乱挖乱掘，盗得佛经、佛像、雕塑、绢质佛画、钱币、金属碗以及波斯文经书等大量珍贵文物。随后，科兹洛夫将这些黑城文物运往俄国，在当地引起了极大轰动。

1909年，科兹洛夫又一次率队来到黑城。在离黑城不远的一座佛塔中又发现了大量书籍、文献、佛画等宝物。这是迄今为止在黑城最大和最有价值的发现。

科兹洛夫后来回忆说："这是一座覆体喇嘛塔，高约10米，方形基座，塔内底部约12平方米，四周摆放了泥、木彩色塑像，中间平台周围是喇嘛像，面前摆放着经卷，塔的北墙有一具坐姿骨架，四周挂满了佛画，塑像和墙壁间隙处叠放着成百上千册书籍，仅佛画就有537幅……"因佛塔中的宝物太多，科兹洛夫无法一次运走。在他离开黑城之前把其中的一部分埋在了城南的一座壁龛中。科兹洛夫在黑城到底盗走了多少珍宝？至今也没有准确的统计和说法。

从黑城运到俄罗斯的珍宝，先是放在圣彼得堡俄国地理学会。后来，根据科兹洛夫的建议，把它们收藏在俄国科学院亚洲博物馆。此后不久，珍宝中文献以外的佛像、绘画、雕塑等艺术品先是收藏在俄国民俗学部，后来又转藏于冬宫埃尔米塔什博物馆。许多佛像、绘画、雕塑都是举世无双的珍品。除公开展出的以外，还有多少，至今也不得其详。

中国学者中最早知道和接触黑城遗书的是罗振玉。1912年，他与圣彼得堡大学教授伊凤阁相见时，看到了西夏文、汉文双解词典《番汉合时掌中珠》中的一页，深知该书的重大学术价值，次年即向伊凤阁借得其中的9页，付诸影印。伊凤阁是俄国最早从事黑城遗书研究的汉学家，这部词典是他从圣彼得堡西夏文书中发现的一部西夏人和汉人互相学习对方语言文字时的工具书。

1929年，北京图书馆购得在宁夏发现的西夏文佛经一百余卷，出版馆刊《西夏文专号》以资纪念，俄国学者龙果夫和聂历山都为专号撰文，并分别提供了俄藏黑城西夏文遗书目录41种，公之于世。黑城遗书中所包含的西夏文文献才得以首次为中国学术界所了解。

此后，中国学者一直没有忘记流散海外的西夏珍宝。但由于历史的原因，中苏之间的学术交流一度中断。直到1987年，中国西夏学者史金波和李范文才以中苏交换访问学者的身份来到圣彼得堡，首次亲自批阅了西夏文献。

1993年，中国社会科学院、上海古籍出版社和俄罗斯科学院东方研究院圣彼得堡分所在北京就中俄双方合作整理出版圣彼得堡分所收藏的中国黑城出土西夏文献达成协议，决定成立组委会，以《俄藏黑水城文献》为名，编辑出版在圣彼得堡收藏的黑城全部西夏文、汉文及部分其他文字文献。按照协议，中国学者来到圣彼得堡东方研究所。当他们看到这批流失在海外的我国西夏文献时，都为数量之大、内容之丰富而感到巨大的震惊。

东方研究所中，除了有大量的西夏文献外，还有相当数量的西夏汉文、藏文、蒙古文和其他文字文献。根据协议，中国学者只能按照东方研究所已整理编目的西夏文献进行工作，而未经东方研究所整理编目的文献数量，不得而知。

至今，上海古籍出版社已出版了其中的11卷，其余各卷的整理编辑工作还在进行中。也就是说，黑城宝藏之谜的神秘面纱还有待学者们的进一步探索和发现。

## 巨额军费搜寻案：石达开藏宝点“太平山”之谜

相传，石达开兵败大渡河前夕，为了保留财物以图东山再起，于是边把军中巨款金银隐藏起来。为了今后能辨认出藏宝地点，令人在石狮旁边的悬崖壁上深深地凿出“太平山”三个大字。

在四川当地的传说中，还有这样一段趣闻：只要找到“太平山”的位置，就能找到石达开藏宝的地方。目前，传闻中的“太平山”已经现身，附近也有石砌的痕迹，可以看出是人工凿刻的，只是传说中的财宝一直没有踪影。在“太平山”下面有一排石砌的遗迹，是否就是传说中藏宝的地方，谁也说不清楚。

抗战期间，国民党四川省主席刘湘秘密调了一千多名工兵前去挖掘。在大渡河紫打地口高升店后山坡下，工兵们从山壁凿入，豁然见到三个洞穴，每穴门均砌石条，以三合土封固。但是挖开两穴，里面仅有零星的金玉和残缺兵器。当开始挖掘第三大穴时，被蒋介石得知。蒋介石速派古生物兼人类学家马长肃博士等率领川康边区古生物考察团前去干涉，并由故宫古物保护委员会等电告禁止挖掘。不久，刘湘即奉命率部出川抗日，掘宝之事被迫中止。根据研究人员赴现场考察后判断：该三大洞穴所在地区和修筑程度，并非为太平军被困时仓促所建。

建国后，也有许多人前往石棉县安顺场寻宝，只是此类民间行为既无财力支持又缺乏理论根据，一无所获也在意料之中。

也有史学专家认为，太平军当时的境况根本不可能有大量的金银财宝，完全是在弹尽粮绝的状况下才全军覆没的。所以，石达开到底有没有埋下宝藏仍旧是个谜。

### 龙王庙行宫宝藏流失案：战乱中的珍宝劫

龙王庙为清朝皇帝的行宫，位于江苏省宿迁市西北的古镇皂河。该庙始建于清代顺治年间，改建于康熙二十三年。后经复修和扩建，成为大运河畔规模最大的宫廷建筑群。乾隆皇帝六次下江南，五次留宿在龙王庙行宫，并建亭立碑。

龙王庙行宫堪称货真价实的藏宝库。除正殿神像之外，僧人斋舍内供奉的都是鎏金铜佛。各种官窑瓷器应有尽有，仅一件官窑青花瓷就已价值连城。清朝皇帝亲临龙王庙祭祖时留下的匾额、碑刻、书画，加上历年所接圣旨、御赐藏经总共有二百余件。各殿中供奉神祉的陈设用具一应俱全。无数珍贵的银器、铜器、瓷器、玉器，其他的木器、雕像、石刻、清供用品，其数量之丰，精巧奢华，远非一般民间庙宇所能攀比。

随着清朝皇帝多次临幸，加上岁时祭祖封赏，龙王庙行宫的珍藏不断增多。然而，如此丰富精美的宝物却在战乱中毁于一旦。

清朝末期，军阀混战，民不聊生。龙王庙行宫的僧人们屡屡盗取宫中文物变卖，行宫中珍藏的文物也就是从这个时候开始流散了。

民国初年，行宫几次遭遇兵匪抢劫。1929 年，国民党岳继竣部队来宿迁以镇压刀会为名，肆无忌惮地抢劫行宫中文物，损失无法计数。“文革”前后，神像全被摧毁，木刻的大禹王神像也被斧头劈坏。

1983 年，江苏省有关部门对皂河龙王庙行宫进行了新中国成立后的首次大抢修。一位退休工人讲述了这样一件事：在宿迁解放的前夕，当时做小和尚的他奉命和其他几位师兄弟，将庙内方丈珍藏的康熙、雍正、乾隆、嘉庆皇帝的御笔真迹和几大包圣旨，以及一些当时认为价值较高的字画、账本等物品全装入箱中，埋入后大殿内楼梯拐弯处的正下方靠墙边向里的第九块罗底砖下，中心深度5~6尺。后经实地考察，大殿早已面目全非，楼梯拐弯处更无从找起。

20世纪90年代中期，宿迁市文化部门在着手对龙王庙行宫进行新中国成立后第二次抢修的同时，也开始了对龙王庙原始文物流失去向的寻找工作。

1997年，一个姓蒋的民间鼓乐艺人提供了一个线索。他在附近某镇的农具厂厂长家曾看过一座铁鼎，鼎上的铭文表明曾是皂河龙王庙的物件。得到这个消息的工作人员非常兴奋。龙王庙行宫的铁鼎以精铁铸就，烫金主顶，是宫中一绝。如果能将其寻回，意义十分重大。

该厂长承认自己的确藏有龙王庙行宫的一件铁器，但这件铁器不是千斤铁鼎，只是一个大型铁磬，呈盆状，四壁铸有铭文，为光绪年间皂河龙王庙方丈绪控监铸。

2000年夏，皂河龙王庙行宫后大殿重修工程动工。施工人员除了挖出一块残破石碑外，其余都是大量的瓦砾、瓷片、木炭、石灰等。根据博物馆人员的比较和分析，在1957年左右，那批宝藏就已经被发现，甚至被变卖或盗走。

但是，在这样一个庞大的皇家庙宇中，众多的珍藏财物不可能只埋在一个地方，很有可能会分散藏匿，而且也可能是多人或团伙作案盗走了财宝。所以，龙王庙地底下，极有可能还埋藏着更多的未被发掘的宝藏。

## 抗战期间国宝劫持案：杨宁史青铜器的追讨之路

德国人杨宁史是抗战期间的禅臣洋行经理，在中国搜集了大批珍贵文物，其中最引人瞩目的是战国宴乐渔猎攻战纹青铜壶。此物是国宝级的珍品，外表精美绝伦，上刻有178个人物和94只鸟兽，栩栩如生。精湛的工艺和精美的纹饰让人们啧啧称奇。

1944年，中国政府成立了“清理战时文物损失委员会”，开展文物追缴工作，杨宁史青铜器的成功追讨，在当时影响极大。

文博专家王世襄、原故宫文献馆馆长沈兼士和平津区副代表唐兰等人参加了“清员会”，自1945年11月开始了追讨被劫掠文物的工作。

文物的追讨前期并非十分顺利，由于当时社会名流众多、地区广泛，加上文物的转移、藏匿或倒卖,让"清损会"人员一筹莫展。后来,又通过《华北日报》的宣传以及个人的社会关系,为追讨工作提供了一些便利。经过努力,有一个古玩商提供消息:有一个叫杨宁史的德国商人在河南沦陷的时候趁机购买了大批珍贵青铜器。这个消息让王世襄等人精神振奋,但随后又产生了疑问:这些青铜器是否还在国内?商人杨宁史也是正常的贸易,如果贸然追讨势必会促使他将文物转移别处。

深思熟虑之后,王世襄决定先到禅臣洋行去看看。在洋行里有一位外籍女秘书正在打印文件,王世襄不经意间将目光落在了正在打印的文稿上,谁知这份文件正是青铜器目录。王世襄立刻认定这份目录与杨宁史青铜器密切相关。于是他亮明身份,追问青铜器的下落,外籍女秘书惊慌失措,交代此目录是一个叫罗越的人让她打印的。凑巧的是,罗越是王世襄的邻居,很早两人就相识,这让王世襄很是振奋。

待找到罗越之后,他开始矢口否认,谎称青铜器与自己毫无关系。在王世襄的劝说下,他才承认青铜器目录是自己所列写的。不过,最后他交代,青铜器不在自己手上,而是在杨宁史那里。王世襄得知青铜器还未被运往国外,追回的希望就会更增大一分。

于是,王世襄与罗越一起赶往天津杨宁史处。但狡猾的杨宁史怎肯交出已到手的肥肉,他一方面找理由推托,一方面寻找将青铜器转移并运往国外的途径。在罗越和青铜器目录文件的对质下,杨宁史没有办法,竟撒谎说青铜器已经被国民党九十四军封存。于是,王世襄又与国民党军方联系,但对方不预配合,文物追讨再次陷入困境。

无奈又气愤的王世襄只好回到北平,找教育部的沈兼士寻求帮助。由于沈兼士与国民党教育部长朱家骅有往来,希望他能从中做些工作。而此时的杨宁史正一边得意一边紧急筹划着运送青铜器的方案。

在王世襄等人追讨文物屡遭受挫之际,原北洋政府的代理国务总理朱启钤带来了新的曙光。当他得知此事的来龙去脉之后,表示愿意出力帮忙。朱启钤认为,这一重要案件应当引起时任行政院长宋子文的重视,于是他让王世襄立即写材料陈述有关青铜器追讨事件的始末，然后上交给宋子文。在两人的干预下，问题终于得到了圆满的解决。

从1945年到1946年期间，王世襄等人成功追讨了杨宁史青铜器240多件。后来这些青铜器被北京故宫博物院所接收。在1946年1月25日的《华北日报》上还以《德人杨宁史呈献所藏古铜器经我接收在故宫陈列》为题做了专题报道。

## 圆明园遗珍夺宝案：十二生肖铜首像的竞拍之旅

享有万园之园美誉的北京圆明园三百年来驰名中外。圆明园汇集中国江南名园胜景，兼取西方古典宫廷建筑艺术特点，是罕见的园林建筑集大成者。其中，海晏堂是西洋楼中最大的建筑物，法国传教士蒋友仁当年为乾隆皇帝在此处设计建造了一组兽首人身的十二生肖水力钟。从清宫廷画家郎世宁的写生图中可以得知，生肖铜像每到一个时辰，相应的生肖动物就会喷出水来，而到了午时，12只动物便会一齐喷水，十分有趣。这座生肖雕像喷水池采用精炼的红铜打制而成，精致生动，融合了中西文化，堪称艺术精品。

然而，世人还未来得及享尽圆明园的繁华，就惨遭帝国主义列强的劫掠，1860

十二生肖四铜首像

年，圆明园被洗劫一空，随后的一把大火将富丽繁华的园林化成了断壁残垣。海晏堂前的十二生肖雕像喷水池其石身被砸毁，生肖的铜头不知去向。

1980 年，在美国的纽约大都会博物馆的展览上，表示申时的猴首铜像和表示亥时的猪首铜像在众人面前亮相。1987 年，猴头像在美国纽约拍卖会上被一位台湾同胞购买，在台湾岛引起巨大轰动。2000 年，圆明园猴首、牛首及虎首三兽铜像惊现香港，香港拍卖行宣布，将对以上流失百年的圆明园国宝进行拍卖。

国家文物局得此消息后，立即致函香港拍卖行，要求停止公开拍卖圆明园文物，因为这些文物在法律上属于战争期间被掠夺的文物，按照联合国教科文组织的规定，此类文物应归还原所有国。

然而，香港与内地的法律制度存在一定程度上的差异，香港拍卖活动照旧进行。在此危急关头，中国保利集团公司毅然出击，以 3000 万元港币的天价拍回猴首、牛首和虎首铜像三件国宝，避免了国宝再次的流失。

随后，保利又开始了寻找猪首的过程。在经历了几个轮回之后，终于在纽约的一位收藏家的手里找到了踪迹。2003 年，澳门赌王何鸿燊以低于 700 万港元购入猪首铜像，其后转赠保利集团，被空运至北京，后被保利艺术博物馆收藏。

至此，十二生肖铜像中的四件国宝已经回归祖国，还有另外八件仍备受海内外人士的关注。据了解，鼠首、兔首由法国人收藏，马首在台湾；而龙首、蛇首、羊首、鸡首和狗首五件国宝至今仍下落不明。

## 赵王陵国宝被盗案:国宝铜奔马的追捕行动

在河北省邯郸市博物馆里，有三匹古朴的青铜马造型奇特，引人注目。三匹青铜马形或低首伫立，或昂首欲行，生动逼真。经文物专家们鉴定，这三匹青铜马为先秦时代立体圆雕马的造型，具有重要的历史和艺术价值。

但是，就在铜奔马进入博物馆前，一伙利欲熏心的盗宝分子正在把黑手伸向这一国宝。

1997 年的一天夜里，河北省邯郸市有一群人正在盗墓，很快三件古朴的青铜马展现在盗墓者的面前。

盗墓者的头目杨巍在墓顶上看到了出土的青铜马后，心中不禁一阵狂喜，他很快将其他几个盗墓工“打发”掉了，将国宝据为己有。此时杨巍不知道，这三匹青铜马出土的地点就是著名的赵王陵。

赵王陵位于河北省邯郸市三陵村的西北部，共有五座古墓封土，俗称“陵台”。但是为了保护文物，赵王陵至今也没有正式考古发掘。

很快，赵王陵被盗的事情被传开，引起了国内外的广泛关注。许多文物专家纷纷表示，这三匹青铜马是难得的稀世珍宝，必须追回。

据被捉拿归案的盗墓者杨巍交代，他将青铜马转交给了幕后老板李强。李强一直在河北省涞源县以开铅锌矿为掩护走私文物。只有抓住李强，才能追回国宝青铜马，如果珍贵的国宝文物流失海外，这会使国家遭受巨大的损失。专案组马上召开紧急会议，最后决定迫使李强归还国宝。

当时李强远在国外，李强的家人收到由邯郸警方送达的拘留证。万般无奈的李强偷偷潜回国内。他回来并没有自首，而是先后通过关系找邯郸警方，甚至不惜花费巨资企图打通“关节”。

为了解决燃眉之急，李强花了2.3万元买了一件宋代磁枕，想带往青岛卖个好价钱。公安机关获悉后，迅速行动，在郑州开往青岛的火车内将李强抓获。

# 第四章　名人未解之谜

## 第一节　名人身世与血缘之谜

### 孔子是私生子吗?

孔子是我国历史上伟大的思想家、政治家、教育家,儒家创始人,孔子本人也被称为"圣人",是历代统治者所尊崇的对象。他的卓越思想,是我国乃至世界思想界宝贵的财富,让人们推崇备至。然而由于史籍记载的模糊和理解史籍的不同,致使孔子的出身问题,千百年来纠缠不清,以至于后世有这样一个看法,就是认为孔子是"私生子",这是以史书中对孔子"野合而生"的记载为依据的,

大史学家司马迁在《史记·孔子世家》里记载:孔丘生而其父叔梁纥死,葬于防山。防山在鲁东。孔子问他父亲的坟墓在什么地方,但是母亲颜征在不愿告诉他,为什么颜征在不愿告诉孔子?这是因为"叔梁纥与颜征在野合而生孔子"。换句话说,孔子是"私生子",汉朝时候的郑玄为《礼记·檀弓》作注时也认为,孔丘的父亲和颜氏野合而生下孔子,颜氏感到可耻而没有告诉孔子,孔子后来也对自己的出生情况讳莫如深。"孔丘疑其父墓处,母讳之也,"

圣人孔子竟然是"野合"而生?这不是有些不可思议吗?有人持反对的态度。他们认为,产生这个看法的原因即是读这句"不知其父墓殡于五父之衢"的时候在"墓"字的后面断句了。古文断句是不打标点的,那么同样一段文字就会产生不同的看法,清朝雍正年间的一个举人在《檀弓》中,把"不知其父墓殡于五父之衢"连起来念,"墓"字后面不断句,这样就产生了第二种看法,即孔丘在三岁的时候父亲

就死掉了，后来孔母也去世了。孔子想将父母合葬，但是不清楚埋在鲁城外东南部的父亲墓是“丘”葬，还是安葬深埋的，所谓“丘”葬就是浅埋的，它是一种过渡性的坟墓，可以改葬，而深埋的坟墓则是正规的坟墓，不能改葬了。对于这样一个大事，孔子自然十分慎重，他为此特地拜访了一位老人，打听到父亲的坟墓是“浅埋的”，

孔子

孔子这才把父亲的骨殖迁过来，和自己的母亲合葬在防地。因此，在整个事件中，根本就不存在“母讳之”的问题。孔子是正式婚姻的结晶，不是私生子。这个举人认为，自从司马迁以来，读者都把“不知其父墓”断为一句，因此才造成了后世这样大的疑案。

也有说法认为，孔子父母正式结过婚，但是年龄差距太大了，所以被时人称为野合。《孔子世家》记述，叔梁纥原来的妻子是鲁国的施氏，生的九个孩子都是女孩，所以他又娶妻，生下男孩孟皮。但是孟皮的脚有毛病，于是他就求婚于颜氏。颜氏在姊妹中最小，她遵从父亲的命令，与叔梁纥完婚。既然颜氏与叔梁纥成婚是

明媒正娶，为什么还会有野合的现象呢？唐朝司马贞写的《史记索隐》说："今此云'野合'者，盖谓叔梁纥老而征在（颜氏）少，非当壮初笄之礼，故云野合，谓不合礼仪。"也就是说，当时男人三十岁称"壮"，女子十五岁及笄，头发上首次戴簪，才准许结婚。叔梁纥老了，颜征在还年少，并不是壮年初笄，所以叫"野合"。

有人认为，古代婚嫁时的礼品很多，一样礼也没有，就被别人说成是私奔野合。梁玉绳在《史记志疑》一书中则认为这种说法是有破绽的，《孔子世家》已经说得很明白，颜征在是听从父亲意见后而出嫁的，既然是从父命的正式婚姻，怎么会产生六礼不备的情况呢？（当然，孔子父亲当时是否因为经济原因而缺礼，世俗是否因为其礼未备遂起流言，"孔丘是野合而生"，我们无从得知。）梁玉绳进一步认为，所谓野合是因为这对夫妇曾经"祷于尼丘而得孔子"，因而被演绎成"野合"。

颜征在向尼山祷告，祈求神灵降福给她儿子，当时叫"野合"，这种现象在后代也有，例如安禄山的母亲向轧荦山祷告生安禄山。"春秋公羊学家，所谓圣人皆感天而生，此即野合而生也。"根据现在存在的尼山以及孔子"生而首上圩顶"、如尼山之形的说法乃至庙内至今还供奉着的叔梁纥、颜征在、孔子、孔子之子孔鲤、孔子之孙孔伋的牌位，崔适在《史记探源》中写道：此文疑作"纥与颜氏女祷于尼丘，野合而生孔子"。也就是说颜征在在尼丘山扫地为祭天之坛而祷之，遂感而生孔子，因此被称为野合。

关于"野合"，现代学者从婚姻制度方面进行考察得出下面的看法。他们认为，孔子所处的时代虽然早已经是男权的社会，但是原始社会所遗留下的偶婚制对当时社会还有一定的影响。野合之风不仅在春秋时代没有消失，实际上在战国时代也时有发生。这反映了时代的婚姻痕迹。或许，孔子对这种野合风俗很不提倡，感觉这是很不文明的，所以他才千方百计地将自已死去的父亲母亲合葬在一起，作为一夫一妻的标志。这种行为与孔子提倡"礼教"以及其他的倡导文明的思想是相一致的。

性学家们则从另一个角度来看待"野合"的现象。他们认为，原始的性风俗是允许"野合"的，它本来就是远古人类的一种婚配形式。远古的人类（甚至包括现代社会的一些地区的人们)认为,野合实际上更合乎天道,是吉祥、美好的象征,并不是淫秽的、丑陋的。所以,孔子的父母"野合而生孔子",有什么值得奇怪的呢?

孔子的身世到底怎样?大多数人都将孔子乃"野合而生"看作是可信的,但是更具体的,迄今仍众说纷纭,还有待于史学家的进一步研究。

## 陶渊明血统之谜

"采菊东篱下,悠然见南山",这是生活在刘宋的诗人陶渊明的诗句。他以平淡自然却韵味深藏的作品和自身蔑视权贵、不愿与统治阶层同流合污的气节确立了自己在文学史中的位置。至今,他的作品依旧被人们欣赏和赞叹着。

一直以来,人们自然地认为陶渊明是汉族人,因为历代史籍中没有关于其民族出身的明确记载,更没有史籍表明他是少数民族作家。直到近代,陈寅恪将陶渊明的民族出身作为一个问题提出来,并指出陶渊明不是汉族人,而是奚人。

果真如此吗?

考证陶渊明的民族,自然要先弄清楚他所属的世系。一般认为晋代大司马陶侃是陶渊明的曾祖。《宋书·隐逸·陶潜传》《陶渊明传》《南史·隐逸·陶潜传》《晋书·隐逸·陶潜传》等史籍都说陶渊明是"晋大司马陶阚之曾孙"。众口一词,因而陶侃是陶渊明的曾祖也就成了定论。

这就需要探究陶侃是何族人。陈寅恪在《<魏书·司马传>江东民族条释证及推论》一书中提出了陶侃、陶渊明这一世系皆为奚族的观点。自然,这一论述也是从史籍对陶侃民族状况的记载入手的。陈寅恪提出了以下几个理由。

首先,陶侃的居处。陈寅恪认为陶侃本不是"浔阳柴桑人",而是鄱阳人,他是在西晋平定东吴之后才迁家到浔阳的。鄱阳原是奚族居住之地。至于鄱阳境内的奚族会在西晋平吴后迁至浔阳的原因,那是因为"鄱阳境内奚族以勇悍善战之故,晋平吴后,遂徙之于庐江郡内当日交通较为便利的浔阳,易于控制"。

其次,有史料记载温峤曾骂陶侃为"奚狗"。

《世说新语·容止》篇记载了一个故事。当时朝中大臣庾亮害怕见陶侃,温峤则劝庾不必害怕，但见无妨，并说：“奚狗我所悉，卿但见之，必无忧也。”可见陶侃应是奚族人。

第三，陶侃后人的情况。

陈寅恪详细列举分析了史籍对陶侃后人的记载，得出结论说，在晋宋时期，“其诸子凶暴虓武，颇似善战之奚，似更为可疑。”

又有人补充陈寅恪的观点，认为陈寅恪的第三条理由“持论甚微”，仅从其后人“凶暴虓武”来断定其民族，不仅论据不足，且“更为可疑”一句也只是以怀疑语气出现，不能作为考据其血统的依据。论者提出另外一条来自《晋书》的记载。《晋书·陶侃传》说陶侃“望非世族，俗异诸华”，就是说陶侃出身不是名门大族，生活习惯也有别于华夏地区，这实际上就暗示陶侃出身低微，且不是汉族，也正是因为这一点，所以尽管陶侃在当时官居高位，却依然受到同僚歧视。进而分析说，也许陶渊明一生不得志，亦与此有关联。

“陶侃、陶渊明出身奚族”的说法提出后，陶渊明的身世开始引起人们的关注。但是大部分人都对陈寅恪等人的观点持反对意见。针对陈寅恪的论断，有学者撰文指出，其一，“奚狗”并不一定指奚人，这就好像古时北方人骂南方人为蛮子，并不是指南方人就是少数民族，只不过是一种侮辱人的方式而已。其二，说陶侃后人凶暴，因而断定其为奚族人，不仅论据不足，而且也不合乎史实，因为陶侃后人中也有不凶暴的。所以陶侃并不是奚人，从而陶渊明也不是奚人。

关于陶侃，陶渊明血统问题的论断，由于“奚人说”证据尚不充分，而“汉人说”也只是对“奚人说”进行批驳后对传统说法的坚持，也缺少明确的史实依据，因此，陶渊明的血统之谜还是值得进一步探究的。

## 李白是胡人还是汉人

李白是我国历史上一位颇具传奇色彩的大诗人。历史上说他的长相特异，对月氏语十分精通，并且据说他的先世曾经流落到西域。那么他的家世如何？这是后人非常感兴趣的研究话题。一直有人在问：李白究竟是胡人还是汉人？

根据李白自述及其好友的述说，李白是唐玄宗的族祖，出身显赫。在李白自己的作品中，他曾经自述说：“家本陇西人，先为汉边将。攻略盖天地，名飞青云上。”以及“白本陇西布衣，流落楚汉”“白本家金陵，世为右姓，遭沮梁蒙逊难，奔流咸秦，因官寓家，少长江汉”等。李白的叔父李阳冰在《草堂集序》中说，“李白，字太白，陇西成纪人，凉武昭王李暠九世孙。蝉联圭组，世为显著。中叶非罪，谪居条支，易姓与名……神龙之始，逃归于蜀”。

李白

据此，有人推断，李白应该是太宗李世民的曾侄孙。进而再推断，李白的曾祖父有可能是李世民的哥哥或弟弟中的某一个。

但是根据史料记载，唐玄宗在天宝年间曾经下过诏书，准许李暠的子孙“隶入宗正寺，编入属籍”，也就是说登记上皇族的户口。为什么李白一家没有去登记呢？李白后来进入了翰林院，有很多与皇帝接近的机会，为什么也从没有提起过？晚年的李白，处境很是艰难，求人推荐的心情也很是迫切，但是他仍然没有提起过自己的皇族身份。身为皇族后代是十分荣耀的事情，足以使他光耀门户，青年时代的李白纵然豪放飘逸认为这不值得一提，可是晚年困境中的他为什么仍旧死守？这难道不是有点奇怪吗？有人推测，这大概是因为既然李白的祖上是李世民兄弟中的一个，便可能牵涉到玄武门事变这样一场宫廷恩怨。此外，前文还提到，李白可能是李陵的后裔，因为李陵曾因罪在历史上留下了不是很好的名声，故而李白生前只承认远祖李广，却否认李陵。因此，李白生前不愿意将自己的家世公之于众。

后世对李白父子的了解则更显得模糊。前文提到，“中叶非罪，谪居条支，易姓与名……神龙之始，逃归于蜀”，李白的一个好朋友也曾经写过：“隋末多难，一房被窜于碎叶，流离散落，隐易姓名，故自国朝以来，漏于属籍。神龙初，(其父)潜还广汉，因侨为郡人。父客，以逋其邑，遂以客为名，高卧之林，不求禄仕。”通过这两段已有的关于李白之父经历和处境的材料，人们会提出疑问：李客为什么要“逃归于蜀”？为什么要“潜还广汉”？是国破家亡、流落异域，还是因为触犯刑律、流放边疆？无论是哪一种理由，在时隔百余年后，都构不成“逃归于蜀”和“潜还广汉”的可以讲得通的原因。那么，促使李客“逃归”“潜还”的真正原因究竟是什么？还会有什么更为严峻的理由使李客跑到偏僻的山中？李白父亲的“逃归”之谜，使人们对李白身世的了解更为迷离。

清朝人王琦分析认为，李客的逃很可能与任侠、避仇有关，他推测说李客或许是一位行侠仗义的侠客，由于其行为触犯了当权者，所以只能是避到穷乡僻壤，隐姓埋名，终其一生。

如果上述推断得以成立，那么李白家世中的一些疑难问题就可以略见端倪了。李白父亲特殊的经历和处境，使李白能在诗文中对身边所有的亲戚朋友都饱含深情，却唯独对自己的家世闪烁其词。他的亲友在提及李白的家世籍贯时也出自“为尊者讳”“为亲者讳”的目的，不得不使用一些托词和曲笔。这样分析，李白这个皇族的后裔，他不敢将自己的家世形诸文字，更不能登记上皇族的户口，等等疑问，似乎也就有了答案。

又有人根据李白的长相及其对外语和外族礼节的精通提出了一种新的看法，认为李白的出身并非如他自己所言，而是西域的胡人，持这种说法的人考证说，其一，碎叶、条支等地，在隋朝末年并不在中央政权的势力范围内，怎么可能成为窜谪罪人之地？这样推断，李白不是汉人而是胡人。其二，从李白之父的名字看，他们认为，其名字是在潜还蜀中后改的，其名为客，是因为西域人的名字与中原不一样，西域人往往被称为“胡客”，因此以“客”为名。其三，隋末，蜀中地区正是与西域胡人贸易往来的区域，李客也许以经商致富，入蜀后因富有渐成贵族。其四，从李白的相貌看，李白“眸子炯然哆如饿虎”，相貌具有胡人的特征，又精通月氏语，对少数民族的礼节也十分精通。总之，所有证据都指向这一结论：李白根本就是一个胡人。

同时也有许多人对此予以驳斥。他们指出，“窜谪”一词的含义不应如此被限制。古时凡是由汉族居住区域移往外域，即是“窜谪”。何况，李白的先世移居西域并非因罪窜谪。并且谁说这一事件发生在隋末呢？再有，不仅仅西域人入中原被称为“客”，外地汉人入蜀不也可以被称为“客”吗？说李白精通月氏语和懂得夷礼，这也不足以说明李白就是胡人。在唐朝这样一个地域博大、民族融合广泛的帝国里，一个汉族人，如果他的家世与西域有关联，是完全可能精通夷礼夷语的。至于说李白貌似胡人，汉族人中不是也有具有胡人特征的人吗？进而指出，倘若没有确凿的证据说李客不姓李，是胡人，那么也就不能肯定李白的先人是胡人。这些人的驳斥使用了一系列诘问，可以说给认为李白是胡人的人以足够的挑战。

还有人认为，李白并不是李广的后代。他的先世应该是久居西域的汉人，“潜归蜀中”，后来为了抬高自己的门第，所以才更改了姓名，假冒是李暠的后代。

另外有一种看法较为折中，认为李白先世既非胡人也非汉人，而是汉胡两族的混血儿。他们查证古籍后，认为李白是西汉名将李广的嫡孙李陵的后代。当年汉武帝时，李陵兵败投降，汉武帝盛怒之下将李陵在中原的妻儿老小全部杀死。李陵后来娶胡女为妻，他的后代也就随胡人俗。隋朝末年，其后裔又蒙难被流放到西域。李白的先世就属于这一支。这样，李白带有胡人的血统，那就不足为奇了。这种分析，可以说折中了所有的观点，似乎也言之有理。

然而无论哪一种说法，都因为关于李白家世的文字记载之隐约其词而有漏洞，李白自己的记述也使自己的身世扑朔迷离。这位号为“诗仙”的传奇大诗人李白，其身世之谜何时能够解开？

### 白居易是胡人吗

提到唐代大诗人白居易，可以说是无人不知、无人不晓，那家喻户晓的“离离原上草，一岁一枯荣。野火烧不尽，春风吹又生”的诗句给人们留下了深刻的印象，其他的长篇作品如《长恨歌》《琵琶行》等，千百年来也一直广泛地流传着。对白居易的出身有人提出了这样的疑问：他究竟是胡人，还是汉人？

很多人认为，白居易是西域胡人，而不是人们比较愿意接受的汉族人。持这样

白居易

看法的人的理由主要是这样的：

宋朝人孙光宪的《北梦琐言》记载说，白居易的从弟白敏中曾经与曹确、罗劭权等共同执掌宰相大权，崔慎猷叹息说："可以回家了！现在中书(省)到处都是番人。"所谓的"番人"自然是指胡人这样的少数民族，既然崔慎猷说白敏中是胡人，那么可以断定白居易也是胡人。白居易曾经给从侄僧人白寂然撰写过《沃洲山禅院记》，文中说："厥初有罗汉僧西天竺人白道猷居焉。……大和二年春，有头陀僧白寂然来游兹山。……六年夏，寂然遣门徒僧常贽自剡抵洛，持书与图，诣从叔乐天乞为禅院记云：昔道猷肇开兹山，后寂然嗣兴兹山，今日乐天又垂文兹山。异乎哉！沃洲山与白氏其世有缘乎？"由这段话可以了解到，白道猷是"罗汉僧西天竺人"，白居易自己说"沃洲山与白氏其世有缘"，即是自认白寂然是他的本家，据此可以推断白居易本身也是胡人。

有人否定了白居易是胡人这种看法，他们认为白居易是汉族人。在白居易的《故巩县令白府君事状》一文中，白提及自己的族系时曾经说："白氏是华姓，是楚国的公族。当年楚熊居太子建出奔到郑国，建的儿子胜居住在吴楚一带，号白公，并以此为姓氏。楚国杀死了白公,他的儿子出奔到秦国,代为名将。其后裔孙名为起,对秦国有大功,因此被封为武安君,后来又因为坐罪而被赐死杜邮。……到秦始皇的时候,始皇怀念武安君的大功,所以把武安君的儿子仲封在了太原,其子孙后代便世代以此为家,故现在为太原人。从武安君以下凡二十七代,至府君高祖,北齐王兵尚书,赠司空。曾祖名讳士通,为皇朝利州都督。祖名讳志善,朝散大夫,尚衣奉御。父名讳温,朝请大夫,检小都官郎中。公名讳鍠,字上钟,都官郎中第六子。……公有子五人:长子名讳季庚,襄州别驾。……次名讳季般,为徐州沛县令。次名讳季轸,为许州许昌县令,次名讳季宁,为河南府参军。次名讳季平,为乡贡进士。"白居易的父亲就是襄州别驾白季庚,而白季庚的族系所属是清楚的,因而白居易自称汉人,应当可以相信。

如果白居易是汉族人,后世居住洛阳的白氏出自哪一支呢?我们知道,白居易没有儿子,晚年退职后居住在洛阳履道里,修香山寺,以醉酒吟诗为消遣,死后葬于香山如满师塔之侧。根据现存的洛阳白书斋处的《白氏谱系序》稿本记载:"幼文(白居易兄)有三个儿子:景回,景受,景衍,将景受过继给白居易,因此洛阳白氏,都是景受之后裔。白居易为始祖,传至今已经有五十余代了,"这样看来,白居易兄长的儿子景受过继给他,洛阳白氏都是白景受的后裔,而奉白居易为始祖,因此洛阳白氏也应当出自汉族。

尽管有白居易自撰的《故巩县令白府君事状》详细介绍了自己的族属问题,并可以由此确证白居易是汉族人,但是现世仍然有许多人坚持认为白居易为胡人。20世纪80年代的《文学评论丛刊》曾发表过顾学颉的《白居易世系家族考》,在这篇文章中,顾学颉认为,白居易的"祖先并不是汉族,而是西域龟兹国的王族;曾经役属西突厥,为西突厥统治下的十部落之一的鼠尼族部,因龟兹国境内有白山,故汉朝赠其王姓白,一直到唐代未变"。顾学颉提出这种看法的主要依据是《后汉书·班超传》。在《后汉书·班超传》记载道:"今宜拜龟兹侍子白霸为其国王。……明年(永元三年)……以超为都护……拜白霸为龟兹王,遣司马姚光送之。"为什么白居易说自己是汉族人?实际上,白居易是知道自己的胡姓血统的,他之所以要假冒汉族人，只是为了提高自己的身价，不被人轻视为寒族。但是还有人提出疑问：白居易时已经是中唐时代，唐朝对于寒族的轻视已经不像从前那样严重，尤其是经过武则天时期的武周革命后，门户观念也已经在唐人心中变得淡薄；同时，唐朝政治的大一统宏阔局面，少数民族在当时是受到尊重的，因此，白居易没有必要刻意地掩饰自己的胡人身份。

争论仍然在继续着，白居易到底是胡人还是汉人，这个问题看来是需要费一番考证的。如果白居易真是胡人，那么中国文学史上又将多了一位大名鼎鼎的少数民族作家。

### 蒲松龄血统之谜

清朝著名的文言小说作家蒲松龄，以其蕴涵深刻思想意义的作品《聊斋志异》闻名于中国文学史，在海外也享有盛誉。随着人们对《聊斋志异》及其作者蒲松龄研究的深入，学术界开始对蒲松龄的血统问题产生了争议。有人说他是汉族，有人说他是蒙古族，有人说他是色目人，有人说他是回族人，还有人说他是女真人，一时间难辨各说真伪。而参考各种典籍文献，至今也难以确定蒲松龄的血统到底为何。

有说法认为蒲松龄是蒙古族人。《蒙古族简史》就肯定地说："蒙古族文学家蒲松龄，把采自民间的事编写成《聊斋志异》，借以反映社会现实，内容生动有趣。"持此看法的人又将蒲松龄自己做的《族谱序》作为此说的重要证据。在这篇序中，蒲松龄说："按照明初移民之说，不载于史，而乡中则迁自枣、冀者，盖十室有八九焉。独吾族为般阳土著。祖墓在邑西招村之北，内有谕葬二：一讳鲁浑，一讳居仁，并为元总管。盖元代受职不引桑梓嫌也。然历年久远，不可稽也。相传倾覆之余，止遗藐孤。吾族之兴也，自洪武始也。"从"般阳土著""鲁浑""元总管"等字眼中可以看出，蒲松龄的远祖鲁浑应是元代般阳路独总管，不像汉人。在路大荒的《蒲柳泉先生年谱》中也说："相传元朝即将灭亡的时候，蒲氏曾经将遗孤改换名姓寄养在杨氏处，后来到了明朝洪武年间才改回自己的蒲姓。还说，他曾访问过许多姓蒲的人都有他们是蒙古族的传说。"

蒲松龄

一说蒲松龄是回族人或回族人的后裔。

有人考证历史，发现宋代时前来中国的阿拉伯人和波斯人的名字前面大多冠有“蒲”字。他们都信仰伊斯兰教，其中的一些人即以“蒲”为姓。而“蒲”是阿拉伯语的汉译，是“尊者”“父亲”的意思。到了元代，回族人中一些人仍然使用阿拉伯名，但是逐渐改用了汉名汉姓。他们根据这个来推断，认为蒲松龄的远祖蒲鲁浑、蒲居仁都是取其父名中的第一个字“蒲”为姓，而“蒲居仁”则为汉人的名姓，“居仁”正取自于《孟子》的“居仁由义”。《八闽通志》一书中还记载说，蒲居仁曾经任主盐酒铁醋专卖及管理市舶司的都转运盐使，当时担任此职务的人大多都是回族人。这无疑也为蒲松龄是回族人这一说法提供了旁证。此外，根据《蒲氏族谱》的记载，有“世秉亲真教，天下蒲皆一脉”的说法，所以，蒲姓者无疑是回族的后裔。

对蒲松龄是回族人的说法，后人提出了质疑。人们分析了《聊斋志异》，发现在这部作品中，蒲松龄毫无顾忌地提及了佛教、道教及俗话中传说中的城隍、判官、阎王等，由此就可以判断蒲松龄绝不是回族人。回族与伊斯兰教是同一种教，其教徒只信仰真主，对于多神教的诸神是绝口不提的。另外，在《聊斋志异》中，蒲松龄说自己出生时，他的父亲曾经梦到一个佛教僧人托梦，并自称他的一生经历与僧人相似。可见，蒲松龄全家尊信的是佛教而不是回教，因此蒲松龄也就不可能是回族人。还有人亲自前往山东淄博采访了蒲松龄的同族人，从没有人说过蒲松龄是回族人。

还有说法认为蒲松龄是色目人。日本学者前夜直彬在《〈聊斋志异〉研究在日本》一文中，根据有关资料推断说，“蒲松龄的远祖为元朝的般阳路总管，明初改姓隐身”，因而他断定，蒲松龄大概是色目人。此外根据元代的官制，担任路的总管的人大部分都是色目人，也有回族人和女真族人，从这一点也可以推测蒲鲁浑不是蒙古族人，而可能是色目人。

而有人在仔细研究了《金史》后发现，有的女真人的名字就是“蒲鲁浑”，而并不是姓“蒲”名“鲁浑”，也不是姓“蒲鲁浑”。也就是说，“蒲鲁浑”是金女真族习用的名字。根据这一点他们认为，蒲松龄可能是金女真族人。

蒲松龄纪念馆的工作人员则认为蒲松龄是汉族。

这些工作人员仔细分析了《蒲氏世蒲》第一篇《族谱序》，认为应该明确认定的是，蒲的祖先是“般阳土著”。般阳，是指汉朝时的般阳县，明洪武元年改州曰淄川，今天则是山东淄博市。既然史料说蒲鲁浑、蒲居仁也是当地人，且是当地的“土著”，那么他们就不会是蒙古族人，也不是什么色目人、回族人、金女真族人。蒲松龄写此《族谱序》时是康熙二十七年，修族谱也在这年，当时蒲松龄是49岁。因而可以判断这部族谱是，可信的。而福建的那部福建的《蒲氏族谱》则并不可信，其所宣称的“世秉清真教，天下蒲皆一脉”，也没有理论根据，有些牵强附会，因此不足为信。

目前，越来越多的人倾向于蒲松龄是汉族这一说法，但是由于相关的资料太少，所以还不足以证明他确实是汉族血统。人们期待着更多的史料的发现以早日解开这个谜。

## 乾隆是汉人的后代吗

乾隆皇帝是清朝历史上乃至整个中国历史上著名的皇帝。这位满清皇帝当然应该是满族人，正史中的记载是这样的“高宗（即乾隆）……纯皇帝，讳弘历，世宗……宪皇帝第四子也，母孝圣……宪皇后钮祜禄氏，……以康熙五十年（公元1711年）辛卯八月十三日子时诞上于雍和宫邸。”也就是说，乾隆皇帝的生母是钮祜禄氏，出生地是北京的雍和宫。但是在清末民间，却广泛流传着这样一个传说，说乾隆皇帝是“浙江海宁陈家”的儿子。这种似乎荒谬不堪的说法在当时社会上，上自官僚贵族，下至普通百姓，可以说是尽人皆知。这究竟是怎么一回事？

很多私家编撰的稗官野史中详细记载了传说中的乾隆帝的出生。如，《清朝野史大观》记载说：雍正帝当皇子的时候，和海宁陈氏家的关系非常好。这年雍正帝的妃子生了一个女儿，正巧陈家也生孩子，且是个儿子。两个孩子的日、月、时辰都相同。雍正听说之后非常高兴，就命人把孩子抱来。很久才把孩子送回去。陈家拿到孩子后，发现已经不是自己的儿子，而且已经被换成女孩了。这样的事情当然让“陈氏殊震怖”，但也不敢声张，更不敢追究，只能使之成为秘密。“未几雍正嗣位，即特擢陈氏数人至显位”。据说这个孩子就是后来的乾隆皇帝。

海宁陈氏何人也？《清秘史》中说，陈之一生，历经康熙、雍正、乾隆三代，是一位三朝元老。“陈氏自明季衣冠雀起，渐闻于时。至之遴始以降清，位至极品。厥后，陈世倌、陈元龙等父子叔侄，并位极人臣，遭际最隆。康熙间，雍正与陈氏尤相善。”之后，就是两家孩子被换之事发生的这一年。史料记载，在乾隆即位后，对陈氏的优待就更加优厚。

在《清史稿》中还记载了这样的事情：“雍正十一年（公元1733年），陈以年老乞休，雍正帝命加太子太保衔。行日，赐酒膳，令六部满汉堂官饯送，沿途将吏迎送。”在当时，这样的待遇是很不多见的。而乾隆在位时曾经六下江南，确实曾经到过海宁。也许正是由于陈元龙受到的皇帝的特殊恩惠等原因，所以所谓“乾隆是陈元龙（一说陈世倌）的儿子”“陈与帝共一宗”的说法才不胫而走，传遍大江南北。

在民间，更有一些关于乾隆皇帝回海宁老家省亲、夜祭父灵等的记载。例如有人说，乾隆南巡至海宁，当天即去陈家，垂询家世甚详。最后一次临走的时候走到中门，命令即刻封门，并告诉说以后如果不是皇帝临幸，此门不得再开，“由是陈氏遂永键此门”，说得煞有其事。还有人说，乾隆本人对自己的身世也很怀疑，所以南巡屡次到陈家，想亲自打听清楚。又有人说，乾隆知道自己不是满人，所以经常在宫中穿汉族的服装。有一次，他穿着汉人古装冕旒补褂，问亲近大臣看自己像不像汉人，一位老臣跪奏：“皇上于汉诚似矣，而于满则非也。”还有一些资料说，陈氏的宅堂中有两个匾额，分别题有“爱日堂”和“春晖堂”，都是乾隆皇帝亲自题写的。“爱日”当为恩德讲，而“春晖”则源自孟郊的“谁言寸草心，报得三春晖”，用以比喻慈母的关爱。因此，这两个匾额的题词，都是用尊敬和孝顺父母的语意。所有这些事情确实透露着一些蛛丝马迹，让人不得不怀疑。

有史学家否定了上述的看法。他们是以两个族谱为依据的，即《海宁渤海陈氏宗谱第五修》和《徐乾雪家谱》。在年谱中可以看到，陈元龙有一个儿子和两个女儿，其中儿子在乾隆帝出生前的十七年就已经去世了，两个女儿也早于乾隆帝二十年。同时，乾隆皇帝是在康熙五十年八月出生，此时陈元龙的两个侧室已经去世，只有已经五十岁开外的原配夫人宋氏还活着，并且也于当年九月生病死去。怎么可能当年生子？

此外雍正有十个儿子，六个女儿，生弘历（乾隆）时，已有个8岁的儿子弘时，既然已经有子嗣，那么何必“掉包”换别人的孩子？至于海宁陈氏一家的殊荣，到陈家等，这些历史事实并不能够说明雍正与陈元龙有以女换子之事。陈氏在清朝初年就是名门望族，三代官爵显赫，皇帝给他们特殊的优厚，乃是和睦的君臣关系的表现以及对老臣功臣的尊重，也或许正是雍正本人恩威兼施、驾驭笼络臣下的惯伎；乾隆六次南巡海宁盐官，则是为了勘查海塘工程，陈家自然是接待皇帝的理想之处。乾隆游陈家花园是事实，但所谓的“省亲”“祭父灵”等事不过是传闻，并无真凭实据。此外乾隆喜欢穿汉装，虽是事实，但清代并非仅仅乾隆喜穿汉装，其他皇帝和后妃喜欢穿汉装的也不少，怎么能由此说乾隆有汉人血统？从出生制度上，清代宗室生子一定要报宗人府，定制十分缜密，怎么可能轻易就把宫外的婴儿换进来？如此等等，他们断定盛行于前清末年的“乾隆是陈氏之子”的传说乃是都是清末汉人在排满的革命浪潮中编造出来的，是对清代皇帝的诋毁。

关于乾隆的身世，还有一种说法，认为其生母乃是热河行宫的李姓宫女，诞生地乃是行宫狮子园一草舍。这种说法出自 1944 年 5 月 1 日出版的《古今文史》中《清乾隆帝的出生》一文。但这种说法与《清圣祖实录》的记载不合，所以很难让人相信。此外，还有人说乾隆的生母乃是当初雍正帝身边的一个唤作“傻大姐”的宫女。种种说法，都似乎有根有据，但又都经不起推敲，也就无法有定论。看来，乾隆皇帝的身世问题，仍是个让人疑惑的谜案。

## 第二节　名人命运之谜

### 李广为何难封

“但使龙城飞将在，不教胡马度阴山！”这是唐朝著名边塞诗人王昌龄的诗。诗中的“飞将”是指汉朝的将军李广。李广是一位颇具传奇色彩的人物，他一生征战无数，为汉王朝立下了累累战功。然而不知为什么，这样一个优秀的军事将领，又在那样一个帝王开疆拓土、以封侯赐爵奖励军功的年代，却始终没有得到封侯，后世遂有“冯唐易老，李广难封”一说，文人亦用以慨叹自己的命运，

李广为何终不能得封侯？

一说认为李广之所以不得封侯乃是因为“杀已降”。李广在世的时候，眼看着身边的大大小小的将领都已经封功授爵，而自己身经百战却始终身居下僚，心里感到十分疑惑。于是他找到“操望气之业”（相面）的王朔，请教说：“自汉击匈奴而广未尝不在其中，而诸部校尉以下，才能不及中人，然以击胡军功取侯者数十人，而广不为后人，然无尺寸之功以得封邑者，何也？岂吾相不当侯邪？”王朔问李广平生可有憾事，李广自言说任陇西太守时，曾杀过已经投降的八百名羌人，这是自己最后

悔的事，针对此，王朔说："祸莫大于杀已降，此乃将军所以不得封侯者也。"这个看法在日本史学界得到了相当多的人的赞成。但是这一说法明显带有强烈的唯心论色彩，且王朔不过是以李广之憾事来消除李广心中不得封侯的怨气罢了。国内持此说法的人不多。

明人董份认为，"广不能忘一尉之小憾，乃知功名不成，非特杀降也，亦浅中少大度耳，其不侯故宜"，认为李广是一个心胸狭窄的人，因此不得封侯。此说是以李广"杀霸陵尉"为依据的。史料记载李广曾因兵败而丢了将军的职位，被贬为庶人的李广一天夜晚回家路过霸陵亭。霸陵尉不予放行，李广手下的人说情道："这是过去的李将军。"酒醉的霸陵尉轻蔑地回敬道："当今的将军尚且不能夜行，何况过去的将军！"后来李广复职，很快就借故杀了霸陵尉。董份以此认为李广乃"少大度"之人，所以功名不成。

宋朝人黄震则以为："李广每战辄北，因踬终身。"即认为李广是一个常败将军，因此自然得不到封赏，司马光也持这种说法，认为当时的将军程不识虽然没有功劳，但是也没有失败，而李广却经常使军队陷于覆亡之境地，既然如此，当然不能封侯。但是这种说法显然是不合理的。做出此说的依据多是《史记》，但是司马迁写《李将军列传》的时候仅仅记载了李广一生中的几次战事，而不是说李广大小七十余战，一无战功。倘若李广屡战屡败，司马迁何以称他为"名将"，匈奴兵何以敬畏地称之为"飞将军"？

一说认为李广"治军不严"，所以受此冷遇。宋朝人何去非认为，"自汉师之加匈奴，广未尝不任其事，而广每至败衄废罪，无尺寸之功以取封爵，卒以失律自裁者，由其治军不用纪律。"这种说法显然也经不起推敲，因为何去非显然忽略了李广本人小事上可能不拘一格，但是对征战大事还是肃审慎严的，并且他的部下也个个愿意为之冲锋陷阵。并且，所谓李广"治军不严"的说法，不过是和程不识的治军整严相对而言。而司马迁明确指出，李广和程不识一样都是好将军，不过是治军方式不同而已。

还有一种说法认为李广的不公平待遇乃是由于汉武帝的偏见和卫青的压制。

李广数次征战失利，使汉武帝对他产生了偏见，觉得他"数奇"（即不吉利），不胜重任。所以李广最后一次出征时，汉武帝就嘱咐统帅卫青，不让李广居前夺首功。卫青也出于私心，让好朋友公孙敖出任前锋，代替了身为前将军的李广，致使李广失道触犯军律，遂自刎而死。这种说法从汉武帝时代的政治、军事上探索原因，视野较为开阔，但是依然有很多的疑点。

李广自杀前慨而言"岂非天哉！"王维亦在诗中感叹"卫青不败由天幸，李广无功缘数奇"，然而真的是一句"天意"就能解释了吗？李广悲剧的一生，犹让今人唏嘘着。"李广难封"之谜地揭开，也许能让人稍微释怀吧！

### 李商隐与牛李党争之谜

晚唐大诗人李商隐，其人一生沉于下僚，过着郁郁不得志的生活。有人说"锦

李商隐

瑟无端四十弦，一弦一柱思华年""相见时难别亦难，东风无力百花残"等无题诗都是他对自己仕途多蹇的伤感。考察他当时所处的时代，整个政治正陷于党争纷繁之中，他的一生基本上都与长达四十年之久的牛李党争相始终。

所谓牛李党争，是指中晚唐时期两个官僚集团之间的斗争，一方以牛僧孺、李

宗闵为代表，另一方以李德裕为代表。史载李商隐之所以政治不得志就是由于他卷入了党争之中。果真如此吗？一介文人的他如何卷入此等纷争中？这在历史上向来有不同的说法。

一般认为李商隐的政治悲剧从他被令狐楚赏识开始。根据《旧唐书·李商隐传》的记载，李商隐因为年少时就颇富文采，受到当时镇守河阳的令狐楚的赏识，“以所业文干之”。李商隐年及弱冠后，令狐楚更以其才俊，而对他非常礼遇，还让他与自己的诸子在一起交游。按此形势，李商隐本来应该能够在政治上大有作为的，但是事情却发生了变化：当时“镇河阳，辟为掌书记，得侍御史”的王茂元也对李商隐欣赏有加，并把自己的女儿嫁给了李商隐。而王茂元其人是李党领袖李德裕所信赖的人，恰与当初欣赏、提携李商隐的牛党方面的令狐楚则是对头冤家。现在李商隐做了王茂元的女婿，因此李宗闵、令狐楚所代表的势力对他极其鄙夷，认为他是忘恩负义之徒。当时令狐楚已经死了，“其子绹为员外郎以商隐背恩，尤恶其无行。……令狐绹作相，商隐屡启陈情，不之省”，这就是说，李商隐早年为牛党的重要成员令狐楚重视，后来又得到李党成员王茂元的赏识，并娶其女儿为妻。这在牛党看来无疑是一种背恩的行为，因此遭到了令狐楚之子令狐绹等人的厌恶和诋毁。李商隐虽然屡次向其“陈情”，希望令狐绹能够引荐自己，但是自己的处境却始终都没有得到改善，一生受尽冷落。

对李商隐的遭遇，著名史学家陈寅恪在《唐代政治史论稿》中指出，“李商隐之出自新兴阶级，本应该始终属于牛党，方合当时社会阶级之道德。乃忽结婚李党之王氏，以图仕进。不仅牛党目以放利背恩，恐李党亦鄙其轻薄无操。斯义山所以虽秉负绝代之才，复经出入李牛之党，而终于锦瑟年华惘然梦觉者欤！”也就是说，陈寅恪也认为李商隐是先党牛后党李，是一种放利背恩的行为。

对此看法，有人提出异议。

清代学者徐湛园认为李商隐一直都属于牛党。他说：“唐之朋党，二李为大，牛僧孺为李宗闵之党魁，故又曰牛李。杨嗣复、李宗闵、令狐楚与李德裕大相仇怨。义山为楚门下士，是始乎党牛之党也……徐州归后，复以文章于绹，乃补太学博士，是始乎党牛之党矣”。意即李商隐从始至终都是在牛党手下做事,先是为令狐楚门人,楚死后,又在其子绹手下做事,所以从来都属牛党。

而朱鹤龄则认为李商隐属李党。他在《笺注李义山诗集序》中,认为李党“理直”,所以李商隐就王茂元等任“未必非择木之智”。张采田在其《玉谿生年谱会笺》中也进一步指出,与其说李商隐属牛党,不如说他属李党,并说“朱氏(鹤龄)所谓李党者,据其迹也;余之所谓李党者,原其心也”。

这两种看法都认为李商隐是从于一党的,而当代一些学者则提出了另外的新看法,认为《旧唐书·李商隐传》的记载并不可信,李商隐和牛李党争其实并没有关系,他既不属于牛党,也不属于李党。

首先,李商隐与令狐氏的矛盾并不是党派纷争引起的。李商隐因少有文采而受到令狐楚的赏识和提拔,这表明他和令狐楚是师生的关系,而不是一种结党行为。后来,由于李商隐与令狐绹在政见土产生了分歧,加之两人地位、性格的不同,因此隔阂越来越大。李商隐最初还对令狐绹抱有希望,然而令狐绹却始终“不省”,两人终至绝交。

观李商隐一生,他见识超迈,并非结党营私之人。他与人交游,从来不问对方的党属,更没有过什么狼狈的结纳现象,他的作品既有酬赠牛党人士的,也有酬赠李党人士的。可见他并没有把自己看成是牛党或者李党之属。他后来之所以会赴王茂元泾原幕,及后来与李德裕有所交往,其原因并不是党属之变,原始动机或许只是为了仕进,只是希望能借助他们实现自己的政治理想,并没有考虑过自己会冒犯到牛党,也就谈不上去牛就李。

古今看法各不同,或认为李商隐处于牛李党争的夹缝中,或认为本属一党,或认为根本不是任何一个党派。孰是孰非?李商隐空怀大志,却终生沉于下僚,其原因究竟何在?这仍是一个谜。

### 陆游与唐琬爱恨离愁之谜

陆游是南宋的爱国诗人,在文学创作上的成就一直受到后人的高度赞誉,那首

《示儿》中“王师北定中原日，家祭无忘告乃翁”的爱国情怀和悲愤至今还让人唏嘘

陆游

不已。因为陆游一生坚持抗金主张，因此也屡次遭到统治者集团投降派的打击，政治上郁郁不得志；同时，陆游的感情经历也很曲折，他早年的那首《钗头凤》词背后的凄婉的爱情故事一直被后人传诵着。

“红酥手，黄滕酒，满城春色宫墙柳。东风恶，欢情薄，一怀愁绪，几年离索。错！错！错！春如旧，人空瘦，泪痕红浥鲛绡透。桃花落，闲池阁，山盟虽在，锦书难托。莫！莫！莫！”

《钗头凤》是陆游写给表妹唐琬的。绍兴十四年（公元 1144 年），不满二十岁的陆游与舅舅的女儿唐琬结为夫妻，婚后两人的生活甚是美满。然而让人疑惑不解的是，陆游的母亲竟然对自己的内侄女非常不满，先是百般挑剔和刁难，最后甚至蛮不讲理地逼陆游和唐琬离婚，硬将一对恋人拆散。接着，陆母又让陆游另外娶了自己所中意的王氏女，唐琬也迫于家长之命改嫁给同郡的赵士程。

时隔十年，这个春天陆游到故乡禹迹寺南的沈家花园游玩，恰好唐琬和后夫赵士程也到此游玩。陆游看到了唐琬，想起了别后十年来消息的隔绝和人事的变迁，难以消散的伤痛又在心中涌起，于是提笔在墙上题了那首悲痛绝伦的《钗头凤·红酥手》。“错！错！错！”和“莫！莫！莫！”的悲叹中包含着多少心酸！唐琬看到这

首词后，心中的愁苦也是不言而喻的，回到家以后，也和了一首词，不久就郁郁而终。

这一幕婚姻悲剧，成为诗人心底不可平复的创痛即使后来时过境迁、一切已是旧迹，但陆游总是无法忘掉它。即使是在晚年时，每当年底，陆游总还要登上禹迹寺的楼上眺望，并写了很多诗抒发自己心头的隐痛。比较著名的是陆游75岁时候写的诗："池上斜阳画角哀，沈园非复旧池台。伤心桥下春波绿，曾是惊鸿照影来。梦断香销四十年，沈园柳老不吹棉。此身行作稽山土，犹吊遗踪一泫然！"此时已经距离唐琬逝世四十余年，陆游却依旧如此伤感！读来犹让人潸然泪下。

面对这样一个悲剧，人们不禁猜疑：既然陆游与唐琬志趣相投、婚姻美满，陆游母亲为何反而会逼着儿子离婚？最早的一则记载陆游、唐琬悲剧史料《耆旧续闻》中只是简单地记载二人的婚姻悲剧，并没有明确说明陆母不喜欢唐婉的原因。在这之后，刘克庄在《后村诗话》中说，陆游的父母担心陆游因沉溺儿女情而荒废学业，所以才逼迫儿子离婚。但是这种说法仅仅是一种推论，没有实际的证据加以证明。

陆游第一次应考失败，当时是18岁，还没有和唐琬结婚。如果陆母果真有那么崇高的精神境界，为什么要让儿子年纪轻轻、且刚刚落第时就急急忙忙地娶妻？陆游第二次应试本来是名列第一的，但是当时权贵秦桧弄权，陆游因为触怒了秦桧而被贬黜落榜。这时陆游是29岁，唐琬早已经被离弃，甚至陆游与续娶王氏所生的长子已经有5岁了。可见，陆游科场不利，与唐琬的婚姻没有任何的关系，唐琬在这方面是不应该受到任何指责的。由此说陆游的父母是为了国家、民族的利益、为了陆游的前途和事业而逼自己的儿子离婚，是不足以服人的。

陆游曾经有一首诗名为《夏夜周中闻水鸟声甚哀，若曰"姑恶"，感而作诗》。有人根据此诗推测说，唐琬婚后一直都没有生孩子，而老夫人弄孙心切，又听信了别人的谗言，于是便逼迫儿媳离婚。但是单纯地从陆游的诗词中的某个字句来推断陆游夫妻二人被逼分散的缘由还缺乏充分证据。

另外有一种说法是说，唐琬嫁到陆家后，由于不通人情世故，礼节不周，因而使老夫人对她很不满意。后来陆游考试落榜，陆游的父亲也因为主张抗战而触怒了秦桧被革职，悒郁而死，这都给了陆游母亲以很大的刺激。而唐琬是一个心胸豁达的人，对公公的死没有行诸于颜色，陆母当然很不高兴。而一个偶然的机会让陆母老夫人遇见了王氏女，王氏女的端庄孝顺让陆母非常满意，归来后她便强迫儿子与唐琬离婚，以“不孝翁姑”为理由休弃了唐琬而娶王氏。当然这种说法也是有很多疑点的。比如说陆游和王氏结婚的时候在二十三四岁，而陆游父亲去世是在这之后，这时候唐琬早已经离开了陆家，怎么可能有前文所说的“遇见公公死不行诸于颜色而得罪婆母”之事？

不管怎么说，在这个婚姻悲剧中，陆母的责任是不能推卸的。在那样一个讲究“孝道”的社会中，陆母可以行使自己封建家长的威严命令儿子，那么所谓“欲加之罪，何患无辞”，她的目的是达到了。至于她究竟为何硬要拆散儿子和唐琬，陆唐二人的悲剧之因究竟为何，还有待于后人根据史料进行进一步的研究。从这样一个谜案，人们也看到了封建社会婚姻制度的残酷，陆唐二人悲悲切切的爱情，有情人终不能成眷属，犹令今人感叹。

### 孝庄下嫁之谜

孝庄皇太后，本名博尔济吉特·布木布泰，蒙古科尔沁部贝勒之女。这位13岁就嫁给清太祖皇太极、被封为庄妃的美貌女子，曾先后辅佐了皇太极、清世祖顺治和清圣祖康熙这三朝君王，又主持了清军入关、定都和灭明这三件大事以及两次皇位的变更。可以说，孝庄对清朝初年的政权建立、巩固和政治的清明所起的作用是不可估量的。

凡是这样具有动人美貌和超人胆识的女子往往会留下后人津津乐道的话题，孝庄当然也不例外。自从清朝顺治初年以后三百年间，孝庄皇太后下嫁多尔衮的传说，于民间广为流传。

清初政治史上孝庄第一次真正亮相是在1642年。当时正是清军与明军争战之时。明王朝蓟辽总督洪承畴在松山战败被俘，押送到了盛京。洪承畴气宇轩昂，

孝庄太后

对高官厚禄、金钱美女都嗤之以鼻，绝食等死。在洪承畴绝食的第四天，一个汉家儿女打扮的美貌小女子来到洪承畴的居室与之攀谈，最后竟然使这样一位一心求死的大将对清朝俯首称臣！据说，施行这一美人计的小女子，就是庄妃。

崇德八年即1643年，皇太极暴死于寝宫。由于皇太极生前未指定皇储，造成了多股势力角逐皇位的局面。这个时候，庄妃纵横捭阖，联络了当时的济尔哈郎、多尔衮等多方力量，把她六岁的儿子福临推上了皇位，即历史上的顺治皇帝。多尔衮是当时的摄政之一，庄妃则被尊为皇太后。传说，庄妃为了确保福临即位，早就同多尔衮有了苟且之事，多尔衮也常常出入皇宫内院，毫不避嫌；多尔衮摄政以后独揽朝政，大有以朝廷自居之势，又再次构成了对幼帝的威胁。在这种局势下，传说孝庄太后为了保全幼子的皇位，“纡尊降贵”，下嫁多尔衮。此时是顺治五年或六年的二月初八，在庄妃寿辰之日，两人举行了婚礼。

庄妃下嫁之事，既不见于后人编撰的正史，当日之“实录”诏敕也没有关于此事的记载，因此有人对它的真实性表示怀疑。20世纪30年代，明清史专家孟森撰写的《太后下嫁史实考》一文中对太后下嫁之事力辩其妄，同时根据《朝鲜实录》的有关资料推断，庄妃既没有下嫁多尔衮，与之也没有任何的暧昧关系。

但是，很多学者都认为太后下嫁确实是存在的，

首先，太后下嫁具有可能性。清朝是少数民族建立的，按照当时满族的婚姻习俗，弟弟娶兄嫂以及妻姑侄媳都是可行的。例如《清史稿》记载说，顺治五年（1648），多尔衮逼死皇太极长子肃亲王豪格后，娶了豪格的妻子为己妻。既然多尔衮可以纳侄媳为妻，那么娶兄嫂就更不足为怪了。因此皇太极去世后，其后妃转嫁皇太极之弟多尔衮，是符合满人习俗的，是无可非议的。再根据当时宫廷斗争的形势和孝庄皇太后善于应变、精于手段的特点，太后下嫁是顺理成章的。至于为何此事不见于正史，乃是因为满人入关后，受到汉族婚姻风俗影响，接受了汉人的礼仪和道德标准，乃认为太后下嫁有碍体面。为了“为尊者讳”，于是删掉了一些内容，致使后人无法从正史上获知太后下嫁的真相。

还有一些旁证材料显示了太后下嫁确有其事。在蒋良骐的《东华录》中，记载有顺治八年宣布的多尔衮罪状，其中就有多尔衮“自称皇父摄政王，又亲到皇宫内院，以为太宗文皇帝之位原系夺立，以扶制皇上”等语，其“鸠占鹊巢”之行迹，已经分明显现出太后下嫁的痕迹。此外，多尔衮同时代的张煌言在《建夷宫词》中写了“上寿觞为合卺尊，慈宁宫里烂盈门。春宫昨进新仪注，大礼躬逢太后婚”的诗句。还有“掖庭又说册阏氏，妙选孀闺足母仪。椒寝梦回云雨散，错将虾子作龙儿”等也极尽挖苦讽刺之能事。《清史稿》还记载：“叔父摄政王治安天下，大有勋劳，宜加殊礼，以崇公德，尊为皇父摄政工。”而《朝鲜仁祖实录》中则记载说：“臣问于清国来使，则答曰，今则去‘太上’者，朝贺之事与皇帝一体云……似是已为太上矣。”何为“太上”？显然是太后的丈夫。可见，在朝鲜国眼中，多尔衮已经是太后的丈夫了。另外，多尔衮死后被破例追封为成宗义皇帝，也可以看出多尔衮已经取得顺治帝父亲、皇太后丈夫的地位。

康熙二十六年(1687)的十二月,已经成为太皇太后的庄妃病重,她临终前对康熙说:“太宗奉安久,不可为我轻动。况我心恋汝父子,当于孝陵近地安厝,我心始无憾。”人们认为,庄妃之所以不愿意与皇太极同穴合葬,其原因就在于她既然已经下嫁给多尔衮,那么再与前夫合葬是怕给后人留下笑柄。考证清史,清东陵所有别葬诸后,都是在风水墙内,唯有孝庄葬在风水墙外;孝庄死后,亦以当时有叛乱为借口而未按惯例全国举哀。此外,孝庄之浮厝在康熙时拆迁到“暂安殿”内一停就是近40年;直至雍正朝下葬时,雍正又不亲临祭祀。通过这些可以看出,孝庄的子孙后代,也都以她“下嫁”一事为憾。

也有人对此提出反驳,例如认为“亲到皇宫内院”虽可理解为秽乱宫廷,但是秽乱的对象却并不是确指庄妃;庄妃所以不与皇太极合葬是因为皇太极身边早已经有孝瑞文皇后合葬在先;《朝鲜仁祖实录》的记载出自远道藩国、邻国的讹传和诳传,没有任何的凭据,也是不足信的。至于说多尔衮娶妻,实际上他所娶的是豪格的妻子博尔济吉锦氏,与庄妃的姓氏博尔济吉特氏读音相近,才会导致不知道内情的人以讹传讹、附会到庄妃的名下。

究竟孝庄皇后是否为了政治目的下嫁给多尔衮,史料中的蛛丝马迹还不足以做出定论,这位精于手段的美貌妃子,她的婚姻也就成了一个难以解开的谜。

### 和珅受宠之谜

清以来,明君屈指可数,乾隆帝是其中较为突出的一个,但令人奇怪的是,在这样的一个贤君身边,竟时刻跟随着一个奸臣,这个奸臣就是和珅,民间有“和珅扳倒,嘉庆吃饱”一说。然而为什么这样的奸臣会受到乾隆的无比宠幸呢?

有人认为,是因为和珅善于揣摩乾隆的心思。有名的“乾隆下江南”就是和珅鼓动而成的。一次,主仆二人说起江南秀丽风光,繁华都市,乾隆帝道:“朕也想重游江南。但顾虑南北迢遥,劳民伤财,朕所以未决。”和珅道:“圣祖皇帝六次南巡,非但未招致民怨,反而被颂为圣君。古来圣君,莫如尧舜,《尚书·舜典上》也说‘五载一巡狩’,可见自古巡览就是胜典。但凡圣君,道本相似,何况国库殷实,金

银充足，区区巡游不会耗费多少库银。”和珅这一席话，正好逢迎了皇上仿效先祖、

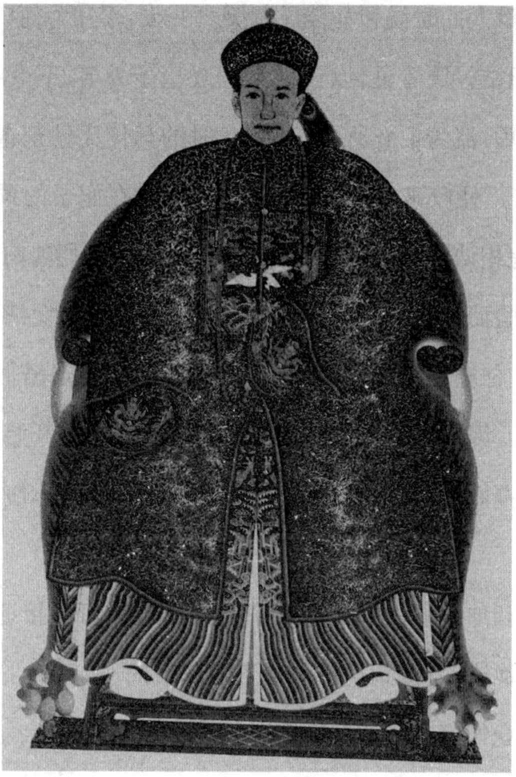

和珅

学尧舜的喜好，乾隆遂降旨预备南巡。和珅亲自为皇上监督龙舟等南巡的设施，华丽奢侈之极，库银由和珅流水般地挥霍掉了。和珅也因此更加得到皇上的宠信，被升为侍郎。

这种观点认为，和珅论文论武，都没有什么才能，但因为他善玩心理战术，逢迎皇上，才受皇上的恩宠。乾隆五十五年（公元 1790 年），有个叫尹壮图的官员向皇上呈奏，各省库金银亏空。和珅对其怀恨在心，上奏请皇上命尹壮图再去查实，暗中派了自己的亲信前往。结果尹壮图被降职，原因是所奏不实，和珅更得宠信。官库虽然空虚，但和珅却以各种名目进行搜刮，所以皇帝不愁没银子花，而和珅也更加受宠。

然而，关于和珅受宠的原因，还有另外一种说法，据记载，在乾隆帝还是宝亲王

的时候，曾钟情于马佳氏，而这马佳氏正是雍正皇帝宠爱的妃子。宝亲王时年17岁，情窦已开，常在没人的时候和马佳氏调笑。一天，不知为何，马佳氏误撞到宝亲王的眉际，被皇后钮祜禄氏看见，以马佳氏调戏皇子为名，下令将马佳氏牵到月华门勒死。宝亲王听后，流着泪到月华门前，此时的马佳氏已奄奄一息，宝亲王便放声哭道："我害了你。"便咬破自己的指头，滴一点血在妃子的颈上，说："我今生无力救你，来生以红痣相认。"话至此，马佳氏淌了两行眼泪便魂归西天。宝亲王又仔细端详了马佳氏的脸面，吩咐用上好的棺木盛殓，并买通宫女把马佳氏贴身的衬衣脱下来，日日同眠。他登基后，这件事渐渐淡忘了。而和珅酷似马佳氏，那颈上也有一颗鲜红的血痣。因此，和珅被乾隆认为是马佳氏在世，开始受到万千宠爱。御书房是他和皇上同榻而眠的场所，和珅做出百般娇媚的样子，使皇帝更加相信他就是第二个马佳氏。

而且，据考证，和珅所居住的恭王府中有一条地道可直接通往皇宫，据说和珅每次就是通过这条地道，直接到达宫中与皇帝幽会的。

事实的真相究竟如何？和珅到底由于何种原因受到宠信？这些君臣之间的故事只能留给后人评说了。

## 第三节　名人归宿之谜

### 骆宾王下落之谜

以一句"试看今日之域中，竟是谁家之天下"而让武则天赫然变色的骆宾王，是初唐诗坛的活跃人物，为"初唐四杰"之一。这位四杰中年辈最长、阅历最多之人，其遗闻也最富有传奇色彩，其中他的下落至今仍旧是一个谜。

骆宾王一生壮志飘零，沉沦下僚。唐高宗仪凤四年时，他被升任为侍御史，又因屡次向武则天上书言事而被诬下狱，在狱中，他写下"露重飞难进，风高响易沉"的千古名句抒发自己的悲愤。武则天称帝后，大肆斥逐李唐王室旧臣，并大量起用武氏家族成员。光宅元年（公元684年），对武则天政权极为不满且自身仕途失意、郁郁不得志的骆宾王参加徐敬业发动的扬州兵变，被辟为艺文令。这其间，他起草著名的《讨武曌檄》。该檄文历数武则天的秽行劣迹和阴谋祸心，备述起兵的目的，申明大义。结尾处“试看今日之域中，竟是谁家之天下”，气势非凡，极富号召力。据说武则天看了檄文后，赫然变色，连忙询问檄文为谁所写。被左右告知是骆宾王后，十分惋惜，并说：“这个人有这么大的才能，却流落到这个地步，这是宰相的过错啊，”惜才之心溢于言表。但是由于徐敬业武略不够，所以扬州兵变才三个月就遭到失败。唐人郗云卿在《骆宾王文集序》中记载道：“文明（唐睿宗年号，684）中，与嗣业于广陵共谋起义，兵事既不捷，因致逃遁。”后来《新唐书·骆宾王传》沿用这个说法，也用“宾王亡命，不知所之”来描述骆宾王的下落。骆宾王的下落之谜由此而始。

在众说纷纭的说法中，流传较广的大体有以下几种说法：

第一种说法是说兵败后骆宾王被杀，《旧唐书·骆宾王传》《资治通鉴》《新唐书·李勣传》等书都如此记载。此说法认为，徐敬业兵变失败后，骆宾王等人准备入海逃往高丽，抵达海陵时，遇到风浪受阻于遗山江中，骆宾王被徐敬业的部将王那相所杀，传首东都，并牵连家族。具体记载如《资治通鉴》说：“乙丑，敬业至海陵界，阻风，其将王那相斩敬业、敬猷及骆宾王首来降。”另外，骆宾王的世交宋之间曾写过一篇《祭杜审言学士文》，在这篇文章中，宋之间也说骆宾王“不能保族而全躯”，看来骆宾王不仅自身未保，而且家人乃至族人都遭到牵连而被杀。

第二种说法认为骆宾王在兵败后逃脱隐居，也有人说他是削发为僧。郗云卿在《骆宾王文集序》中所谓“兵事既不捷，因致逃遁”就是骆宾王并未被杀的证明。根据这种说法，兵变失败后，官军没有捕获徐敬业和骆宾王，他们害怕武则天会治他们的罪，因此以假乱真，杀了两个面貌酷似徐、骆的人，将其首级报送京师。事实上骆宾王和徐敬业二人均逃脱并在后来落发为僧。最早说骆宾王出家为僧的人是唐朝人孟棨，根据他的《本事诗》记载，宋之问有一次在杭州灵隐寺玩月赋诗，吟出两句：“鹫岭郁岧晓，龙宫锁寂寥。”然而苦于没有佳句可续。正在这时，走来一位老僧,听罢宋之问的诗后,立刻说道:"何不云:楼观沧海日,门对浙江潮?"并接着连吟十句诗完篇,句句精妙非凡,令宋之问惊叹不已。老僧吟罢一去不复见,宋之问再去拜访也没有找到他的影踪,后来宋向人打听这位老僧,得知此人竟是骆宾王。

还有人说骆宾王是逃匿于今天的江苏南通一带。根据明代人朱国祯《涌幢小品》所记载,明朝正德年间在南通城东发现了骆宾王的墓,墓主衣冠如新。这座墓后来被迁到了狼山,至今遗迹犹存。清人陈熙晋的《骆临海集笺注·附录》中还记载说,雍正年间有自称是李勣十七世孙的李于涛,他说他们家的家谱中记载说,扬州兵变失败后,骆宾王与徐敬业的儿子一起藏匿于邗之白水荡,后来骆宾王客死崇川,据说骆宾王的陵墓就是徐敬业的儿子修的。

第三种说法是说骆宾王投江水而死。唐人张鷟在《朝野佥篇》说:"骆宾王《帝京篇》曰:'倏忽抟风生羽翼,须臾失浪委泥沙。'后与徐敬业兴兵扬州,大败,投江水而死,此其谶也。"就是说,骆宾王最终死于江水中。不过这种说法加入谶语之说,且没有资料加以旁证,所以并不广为流传。

现世对骆宾王下落的争论主要集中在前两种看法上,即兵败后骆宾王究竟是被杀死还是逃脱得生。主张骆宾王被杀的人认为,除了《新唐书·骆宾王传》说骆宾王"不知所之"外,其他所有的正史记载都说他是兵败被杀。而宋之问说骆宾王"不能保族而全躯"的那句话,则更是有力的证据,因为凭宋之问和骆宾王的亲密关系,宋的话是足可信的。至于孟棨《本事诗》所言宋之问与骆宾王在灵隐寺月夜联句一事,被指斥为荒诞不经。因为宋之问和骆宾王本是熟识的密友、世交,相逢时怎么可能会不相识?

与之针锋相对的,主骆生者认为,《本事诗》固然存有缺漏,但是这并不排除官军为邀功请赏而用假首级报送朝廷的可能性。同朝人郗云卿是奉诏搜缉骆宾王的遗文,他说骆宾王"因致逃遁",必定是有所根据的,不可能信口雌黄。至于宋之问的"不能保族而全躯",并不能作为骆宾王被杀的证据。因为宋之问是骆宾王的好朋友,他自然是熟悉骆宾王的,那么他可能是在辨认出报送京师的乃是假骆宾王的首级后才说的那句话。他可能说出真话吗？一来他要帮好友活命，肯定不能说真话；二来恐怕他也不愿意得罪送交首级的官军。所以，用宋之问的一句话作为骆宾王兵败被杀的证据，是难以站住脚的。

由于这些关于骆宾王下落的史籍记载的相互矛盾，这桩公案一直争论不休。何时能有定论？恐怕要等新的、确凿的材料出现后才可能知道。

### 黄巢死因何在

“待到秋来九月八，我花开后百花杀。冲天香阵透长安，满城尽带黄金甲。”“飒飒秋风满院栽，蕊寒香冷蝶难来。他年我若为青帝，报与桃花一处开。”提到这两首诗，人们一定会想起唐朝末年农民起义的首领黄巢的霸气。当年黄巢率领起义军转战南北，攻克唐都长安，建立大齐政权，坚持斗争达十年之久，沉重地打击了唐朝的统治。唐僖宗中和四年即公元884年，起义军在唐朝军队的疯狂镇压下最终失败，黄巢本人的生死结局随之也成了一个谜，至今难以定论。

黄巢

正史上的记载大多是黄巢被杀和自杀两种说法。

一是黄巢兵败被杀。《旧唐书·黄巢传》记载说，黄巢入泰山，时溥派遣大将张友和尚让之众追捕黄巢军队。黄巢军队退到山东泰山的狼虎谷后，黄巢手下部将林言杀死黄巢并斩杀黄巢弟弟黄邺、黄揆等七个人的首级，连同其妻子一起送到了徐州。《僖宗纪》和《时溥传》也都这样记载。后来司马光写《资治通鉴》也采用了这种说法。

一是黄巢兵败遂自杀然而未果，最后请外甥林言帮助结束生命。《新唐书·黄巢传》如此记载说，时溥派遣陈景瑜与尚让追战黄巢至狼虎谷，黄巢计穷，对林言说：“我欲讨国奸臣，洗涤朝廷，事成部退，亦误矣。妆取我首献天子，可得富贵。毋为他人利。”林言不忍心杀黄巢，黄巢于是自刎，但是没有成功。林言忍痛斩杀黄巢，连同黄巢兄弟及其妻子，皆“函首，诏书将诣溥”。而太原博野军又杀了林言，与黄巢的首级一起送到时溥那里。

与黄巢被杀和自杀说法相对的是黄巢兵败遁入空门为僧。这种观点认为，起义军失败后，黄巢没有死，他虎口脱险，做了和尚，并得以善终。宋朝劭博在《河南劭氏闻见后录》中曾指出，“唐中和四年六月，时溥以黄巢首上行在者，伪也。东西二都旧老相传，黄巢实不死，其为尚让所急，陷泰山狼虎谷，乃自髡为僧得脱，往投河南尹张全义，故巢党也。各不敢识，但作南禅寺以舍之。”我们从实际的情况分析，如果说林言在狼虎谷杀掉了黄巢，并献其首级到徐州，则两地相距有约五六百华里，即使是快马也要三天路程，而徐州至成都，两地相距三四千里，马不停蹄，日夜兼程，也需要二十天。当时又正是酷热的夏天，“函首”恐怕早就腐臭无法辨认了。何况被“函首”的有黄巢兄弟六七人，其中就没有与黄巢状貌类似的吗？这也就难免会出现劭博在《河南劭氏闻见后录》所说的“以黄巢首上行在者，伪也”的情况。而在官修或钦定的史书中，黄巢遁逸得脱之类的事情是绝不敢被直说的，这也正是新、旧唐书和《资治通鉴》等正史的记载所值得怀疑的地方。而我们借助于野史、笔记小说的记载，却往往可以寻找到更符合事实的答案。

除《河南劭氏闻见后录》的记载外，还有很多其他相关的记载。如陶毂《五代乱离纪》说，黄巢遁逸免死，后来削发为僧，且有诗云：“三十年前草上飞，铁衣著尽著僧衣。天津桥上无人问，独倚危栏看落晖。”劭博也还曾说过，他曾多次到相传黄巢舍居过的洛阳南禅寺游览，见壁上有黄巢穿着僧服的画像，“其状不逾中人，唯正蛇眼为异耳。”根据当时人所说，寺庙中还有黄巢在上面题诗的真绢本。宋人还有多种笔记进一步认为黄巢兵败后遁入空门，做了和尚，又依河南尹张全义，舍于洛阳南禅寺，最终迁居明州（今天的浙江宁波）的雪窦山，法号雪窦禅师。张端义的《贵耳集》说“黄巢后为缁徒，曾住大刹，禅道为丛林推重。”他临入寂的时候，指一指脚下，有“黄巢”两个字。据说，南宋时候，雪窦山上还有黄巢的墓，每年邑官都要派遣人祭祀。对于那两首相传是黄巢所作的诗，宋人赵与时在《宾退录》中曾指出，这两首诗作是取唐诗人元稹的两首《智度师》诗拼合而成，乃是伪作。但是他所否定的仅仅是诗的不可靠，对黄巢的结局并没有阐述，更没有否定黄巢遁隐的可能性。

所以黄巢的下落究竟如何，还是值得怀疑的。若没有新史料的发现，想确定其真正的结局恐非易事。

## 建文帝是自焚而死吗

明洪武三十一年即1398年，明太祖朱元璋驾崩。临终前他立下遗诏，把皇位传给皇太孙朱允炆，史称为“建文帝”，第二年，建文帝的四叔燕王朱棣以“清君侧”为由在北平起兵，号称“靖难”。经过三年苦战，朱棣终于攻破南京。正当曹国公李景隆等人打开金川门、迎接朱棣进城的时候，后宫忽然起了一场大火，建文帝就在这大火中下落不明，其去向至今仍然是一桩疑案。

被载入正史的是最先传出来的“阖宫自焚说”。

《太宗实录》记载说，朱棣攻破南京城，率领众人抵达金川门。“诸王文武群臣父老人等皆欲出迎，左右悉散，唯内侍数人而已”。看着身边几个内侍，建文帝不禁叹息说：“我还有什么脸面见他？”遂“阖宫自焚”。朱棣进宫后，到处寻找建文帝，最后在一片灰烬中找到一具面目全非的尸体，有人说这就是建文帝。于是朱棣令以皇帝的礼仪将其埋葬。夺取皇位这一年，朱棣在给朝鲜国王的诏书中说：“高皇帝弃群臣，建文嗣位，权归奸慝，变乱宪章，戕害骨肉，祸几及朕。于是钦承祖训，不得已而起兵，以清敦恶。不期建文为汉奸逼胁，阖宫自焚。”假惺惺地表明，自己不过是想要“清君侧”而已，自己没有想到会导致建文帝的自焚。

首先创“焚死”说的是清代的王鸿绪，他在其所著的《明史稿·史例议》中花了大量篇幅专门论述建文帝必定焚死。此外，清代的学者钱大昕在做《万斯同传》的时候，也采用了这个说法。至于永乐年间的《实录》和清代修编的《明史》，也都是重复这个说法。建文帝自焚而死一说大有盖棺定论之意。

但是，大多数人认为焚死说不可信，他们认为建文帝并没有丧生火海中。这些人从“正史”的字里行间，找到了另外一些蛛丝马迹。其中最能引起人们怀疑的即是《明史》。

明代南京城垣遗址

《明史·恭闵帝本纪》中关于建文帝死亡的记载如下：“都城陷，宫中起火，帝不知所终，燕王遣中使出帝后尸于火中，越八日壬申葬之。”人们以此为发端，提出疑问：既然是“不知所终”，怎么能辨认出那个被烧得面目全非的尸体就是建文帝？而既已发现了帝尸，为何又说是“不知所终”？这种自相矛盾的记载难道不值得人怀疑吗？更有人认为这段话根本就是含混的话语，因为“帝后尸于火中”似乎可以理解成仅仅得到了皇后的尸体。而乾隆年间补纂《明史本纪》称：“棣遣中使出后尸于火，诡言帝尸。”则更为明确地道出当时根本就没有找到建文帝的尸体，不过“诡言”而已。于是，另外一种说法就出现了，说在朱棣攻破南京那天，建文帝正欲拔刀自刎，被身边人救下，然后由程济等贴身亲信22人带领，从地道或御沟中逃跑了。逃走后的建文帝又匿向何方？有人说他由宫中的主录僧溥洽为他削发，扮演成和尚，藏匿于某处寺院了。当然，也有南逃至海外的种种传闻。

众多说法中流传较为广泛的是出家为僧说。有记载说，建文帝在南京城被攻破后出亡为和尚，晚年还曾经返回京师，去世后埋葬于北京西山。在《明史·程济传》中写道："金川门启，济亡去。或曰帝亦为僧出亡，济从之，莫知所终，"在《明朝小史》中的记述则更为生动："高皇大渐时，封钥一小匣，甚固，密授帝，戒以遇危难始启。及靖难兵入城，启之，乃杨应能度牒也。遂削发披缁，自御沟中逃出。"从此，建文帝以僧人身份四处流浪，直到朱棣死后才来归。建文帝在朱棣死后回归的故事在明代王鏊《震泽纪闻》及其他明代四家记述中有传奇般的记载。据说，这个流浪四方多年的老僧在宫内安然地度过了最后的日月，死后葬在北京西山，未加封号，号称"天下大师"。

记载这段故事的王鏊生于1450年，同"老僧"出现的时间相近，后来又做了户部尚书、文渊阁大学士的高官，其说大致可信。

关于建文帝并没有死的消息在社会上的广泛流传。这对朱棣来说震动自然很大。他当然知道，自己是冒着"夺嫡"和"篡位"的罪名登上皇位的，正式的皇帝在世或者出逃，对他的帝位是一个极大的威胁。于是一方面他为了安定人心，不得不煞有其事地发布建文帝已死的诏书，另一方面又不得不根据传闻中的蛛丝马迹苦苦寻觅。关于朱棣寻找建文帝的故事也就自然有很多了。

如《明史·姚广孝传》说，84岁高龄的姚广孝病危的时候，永乐皇帝亲自到广寿寺看他，他说"和尚溥洽关押太久，希望能够放掉他。"溥洽是谁？就是皇宫里的主录僧，他就是传闻中替建文帝剃头改装，被认为知道建文帝下落的人。这样一个和尚被关押16年，可见永乐皇帝对建文帝的下落有多么担心。《明史·胡荧传》则记载了永乐皇帝派遣胡荧暗察建文帝下落一事。永乐二十一年，以寻访仙人张三丰为名、通行天下州郡乡邑遍访建文帝下落的胡荧还朝时，已经就寝的永乐皇帝深夜召见他，直到四更才出。这再次暴露了朱棣的紧张。

还有人说郑和之所以下西洋，其主要目的也是为了寻找建文帝的下落。《明史·郑和传》记载："成帝疑惠帝(建文帝)亡海外，欲踪迹之，且欲耀兵异域，示中国富强。"看来，朱棣自己也认为"不知所终"才是建文帝结局的最真实的结论。

随着时间的推移,建文帝的遗迹屡有发现,随之而来的便是新的疑问和新的谜团。著名历史学家顾颉刚在北大求学期间,居然在颐和园后面的红山上,找到了"前明天下大师之墓";1928年的《艺林旬刊》还刊出了"明建文帝衣钵塔"及云南武定狮山佛寺塑造的"明天下大师像"的照片,照片的图注肯定地说:"天下大师者,明建文帝也。"看来,建文帝下落之谜,仍然会被史学家及对此有兴趣的读者探究出来。

## 李自成真的当了和尚吗

李自成,明末农民起义军的著名领袖,号称"李闯王",他所领导的农民起义直接推翻了明王朝的统治。就在他已经率领军队进入北京城,准备登基称帝的时候,由于明将吴三桂迎清兵入关进攻起义军,李自成迎战失利,被迫退出北京向西撤退。此后,这位领袖的结局——死于何时何地,因何而死,直到今天仍然是众说纷纭、莫衷一是。

李自成

目前,流传较广的说法有两种:一是削发为僧,圆寂而终;一是兵败后被杀。

关于李自成出家为僧的说法,最早见于乾隆年间澧州知州何璘《澧州志林·书李自成传后》。他认为,李自成兵败后,"独窜于石门夹山为僧",法名"奉天玉和尚"。所谓夹山,即夹山寺,该寺内遗有与此说相关的一些碑记塔铭、诗文残板,以及奉天玉和尚的骨片和包括宫廷玉器在内的许多遗物,寺西南15千米有遗冢岗,岗上有传为闯王疑冢的墓40余座。何璘说自己到夹山进行考察时曾见到一位口音似陕西人且服侍过奉天玉和尚的老僧,此僧对何璘出示了奉天玉和尚的画像,特别像史书所记李自成的模样。又,李自成曾自称为"奉天倡义大元帅","奉天玉"即"奉天王"多一点,恰好用以隐喻奉天王。此外,1681年所做的《梅花百韵》木刻版中，有“金鞍玉镫马如龙”和“徐听三公话政猷”等诗句，说话口吻和气势显然与一般的和尚迥然。其弟子野拂所撰碑文及有关文物，又都可与何璘的文章互相引证，显示出奉天玉和尚应该就是李自成。

至于李自成出家为僧的动机，人们分析说这是形势所逼。当时农民起义军的敌人是清军，抗清已经成为当务之急，因此，必须联合国内的其他武装力量来对抗清军。根据当时的形势，李自成可以联合的力量，只有湖南何腾蛟拥立的膏王朱聿键部。这就面临着一个问题：联合何腾蛟，部队就必须交何腾蛟指挥，但是何是唐王的，李自成已经是皇帝，皇帝怎能听从宰臣？这在情理上是难以接受的。并且，李自成逼死崇祯皇帝，深恐唐王不能谅解他。所以，李自成就采取了假死、隐居等做法避开矛盾，让他的妻子高氏和李过出面与何腾蛟联合，从而实现自己抗清的夙愿。

有人否定李自成出家为僧的看法，他们认为何璘的记述并不可靠。如奉天玉和尚的画像与史书记载李自成“状况狰狞”的面目有出入；根据《梅花百韵》中诗歌的口气就下结论过于武断，如此等等。

那么，李自成的结局是什么？他们认为，通山县九宫山才是李自成的最后归宿。

《清世祖实录》记载说，“被俘贼兵俱言，自成窜走时，携随身步卒二十人，为村民所困，不能脱，遂自缢死，因遣素识自成者，往认其尸，尸朽莫辨。”另一种记载说，清顺治二年五月初二，李自成东征途中转战江南，为清军所挫，折向湖北，兵败单骑脱逃至九宫山，曾于黄土洞中躲藏，后来误入圈套，被程九伯手下的寨勇包围而战死。

假使李自成真地被杀死在九宫山，那么就有了一个新的问题，即他是死在湖北的九宫山还是湖南通城的九宫山。三百多年来，在史学界占主导地位的说法是后者。

今天通城九宫山附近居住的续、廖、杨、姚等百姓中间，还流传着一种说法，这在同治《通城县志兵事》有所载，说李自成被害后，他的侄子李过夺回李自成的尸体，以衮冕葬在罗公山下（通城九宫山的又一名），并灭了一个村子而后离去。这也可以证明李自成是死在湖南通城的九宫山。

关于李自成的归宿，依旧是一个难解之谜。

## 第四节　名人遗踪之谜

### 徐福东渡去了何方

徐福，秦始皇时人，历史上传说他东渡日本。这引起了中日学者的兴趣。果有其事吗？徐福出海最后的行迹怎样？

最早叙述徐福史事的是司马迁的《史记》。在《秦始皇本纪》《淮南衡山列传》和《封禅书》等篇目中都曾经记载了徐福出海为秦始皇寻找仙药的故事。但是《史记》中只说当年秦始皇东巡琅邪，“遣徐市（徐福）发童男童女数千人，入海求仙人”，并称“徐福得平原广泽，止王不来，于是百姓悲痛相思”，并没有记载徐福最终到了什么地方。

继《史记》之后，西晋陈寿的《三国志·吴书》中说，徐福到达的是亶洲，“亶洲在海中，长老传言秦始皇迁方士徐福将童男童女数千人入海，求蓬莱神山及仙药，止此洲不还，世相承有数万家；其上人民时有至会稽货布。会稽东县人海行，亦有遭风流移至亶洲者。所在绝远，卒不可得至。”关于亶洲的位置，东晋葛洪的《枕中记》认为“对东海之东北岸”，唐人《括地志》认为“在东海中”。后世人说法不一，有人认为是台湾，也有说是美洲，但很多人都说是日本。

这样就有人将徐福东渡和日本联系在一起，尤其是唐宋以来，随着中日交往的日渐频繁，这一说法更为广泛流传。最早提出徐福到日本定居的是五代后周的义楚和尚，在他著的《义楚六帖·城廓·日本》中记载：“日本国亦名倭国，在东海中。秦时，徐福将五百童男、五百童女止此国，今人物一如长安。……徐福至此，谓蓬莱，至尽子孙皆曰秦氏。”根据义楚和尚的自述，这个说法是从他的日本朋友弘顺和尚那里得来的。在这之后,徐福在日本安居的说法开始广泛流传起来。如欧阳修有"徐福行时书未焚,逸书百篇今尚存"的诗句,明朝初年的日本空海和尚到南京向明太祖献诗,也提到"熊野峰前徐福祠"。清朝末年的黎庶昌、黄遵宪做日本使节的时候,还参观了徐福墓,并诗文题记。

近代学者对徐福史迹的考证更加充分,但是史学家们对徐福有否到达日本是持不同态度的。徐松石在《日本民族的渊源》中认为,先秦战国时期,中国东南沿海民众曾经大量往日本移民,徐福的童男女正是其中的一队,所以"徐福入海东行,必定真有其事。"更有人认为,徐福到日本之后建立了日本王朝,徐福就是神武天皇,如《日本神武开国新考》,所以马百非说:"徐市(徐福)东渡日本事,中日学者最初皆首肯之。"也有人根据古代中国和日本的海上往来、海船的营造规模和古文物发掘,推测徐福有可能到达日本,如阎孝慈《秦代方士徐福东渡日本新探》就认为,"当时航海技术落后,指南针未问世,所以远海航行需靠季风吹送,带有极大的偶然性",作者还推测了徐福的行程可能是"横穿黄海至朝鲜半岛的南端,从半岛与济州海峡穿过,最后到九州岛,他所向往的蓬莱仙岛"。

但是同样是从航海技术出发,有人提出了反对意见。他们认为凭借当时的航海条件,徐福的船队是无法战胜海洋上的狂风恶浪的,最多只能停留在中国千里海岸的各个港口或沿海的大小岛屿上,并逐步向中国的内陆移居。还有人断言说:"徐福东渡到日本的传说,是10世纪左右日本的产品,到了宋代,中国人对这样的传说就深信不疑了。"

近代的日本学者最初也都对徐福东渡到日本一说表示肯定,还指出至今的日本新宫市还保留着徐福和他的侍员七人墓、徐福祠等遗迹,而且每年的八月新宫市还要举行大的祭祀仪式。《日本名胜地志》《异称日本传》《同文通考》对此都有详细的记录。但是近来在日本,很多学者开始否定这一说法。在这些学者中,有人认为秦灭六国之时,有很多燕齐的遗民渡海避难来到日本,但是并不包括徐福及其率领的童男女;日本古书《日本书纪》《古事记》《新撰姓氏录》也有关于秦人东渡之事的记载;木宫泰彦《日华文化交流史》还根据考古发掘的战国先秦铜器证明了确实有中国人迁居日本。但都不认为徐福在其中。一些学者认为，徐福东渡日本的说法多属牵强附会，如江上波夫《考古学见外来文化的影响》就做如是说。宋赵伦《中日民族文化交流史》更进一步地否定了徐福到达日本，并称神武天皇系日本神话时代的人物，根本无法与徐福挂钩，而新宫市的徐福墓及其他遗迹，也都是后世好事者的伪造。

目前的日本学者大多认为徐福东渡日本一说只不过是民间的一个传说，徐福并没有到达日本。事实应该是当时的中国人为了躲避秦始皇的暴政，才大量移民日本。汉唐以后，随着中日交流的频繁，常有日本和尚来到中国散布徐福事，义楚和尚不辨真伪，直接记入了书中，因此这一说法是一种"神奇而浪漫的传记"。据考证说，徐福所到的三神山，并非在日本境内，而只是渤海湾里的小岛；歌山、广岛、爱知、秋田等县和富士山地区的徐福的遗迹也多为后人伪造，有的史迹还是明治末年炮制的。

也有一些相信徐福曾到日本的学者，但是他们对徐福具体的登陆地点也都各执己见。有的认为，徐福是在今天的新宫市东北数里外的波多须浦登陆的，这个地方现在也叫"秦住"或"秦须浦"，并且留有秦氏的后裔。波多须浦面临太平洋，从古时候开始就是船舶出入的港口，而有关徐福的很多遗迹都在这里。但是这个看法在另一本史料记载中遭到质疑。据《日本书纪》和《续日本纪》记载，东汉灵帝的曾孙阿智使主曾"率十七县人夫归化"。这些人被集中安置在高市郡桧前村居住，这一地区成为汉人主要活动地区。有人据此认为，根据当时的航海条件和自然条件，徐福的航海路线应该与他们相似，所以登陆点不会是波多须浦。

徐福究竟行迹何在？他究竟是否到了日本？若未到日本，又到哪里去了呢？秦始皇当年要为自己长生不老寻找仙药，寻药未果，徐福之遗踪倒成了历史未解之谜，恐怕是谁都没有料想到的吧！

### 曹操七十二陵墓之谜

几乎所有的皇帝都希望自己死后也能让后世仰望自己的权威，所以他们想出了各种方式让自己永垂不朽。我们看到埃及法老金字塔的神秘,看到秦皇兵马俑的威武,看到历代皇陵依山傍水的择地而立。帝王无疑会把自己的陵墓作为社稷江山的象征,因此尽管需要耗费不尽的财富和民力,帝王们还是乐此不疲,甚至希望把生前的一切都带进陵墓。

然而也有一位不是帝王却贵比帝王的人,他提出了“薄葬”;更让后世疑惑的是,人们甚至无法找到究竟哪一个才是他的陵墓。这个人就是曹操。

根据《三国志·武帝传》的记载,公元218年,即建安二十三年的六月,曹操下了一道诏书安排自己的身后事,是为《终令》。在这道诏书中,曹操明确提出死后不要厚葬。他说:“古之葬者,必居瘠薄之地。其规西门豹祠西原上为寿陵,因高为基,不封不树。《周礼》冢人掌公墓之地,凡诸侯居左右以前,卿大夫居后,汉制亦谓之陪陵。其公卿大臣列将有功者,宜陪寿陵,其广为兆域,使足相容。”一年后,他又为自己准备了送终的四季衣服。再一年,这位杰出的军事家和政治家病逝于洛阳,死前他留下遗嘱说:如今天下未定,一定要按照我的薄葬嘱咐:要按当时季节所穿的衣服入殓,不要陪葬任何的金玉珍宝。魏文帝遵照父亲的遗嘱,将其遗体运回

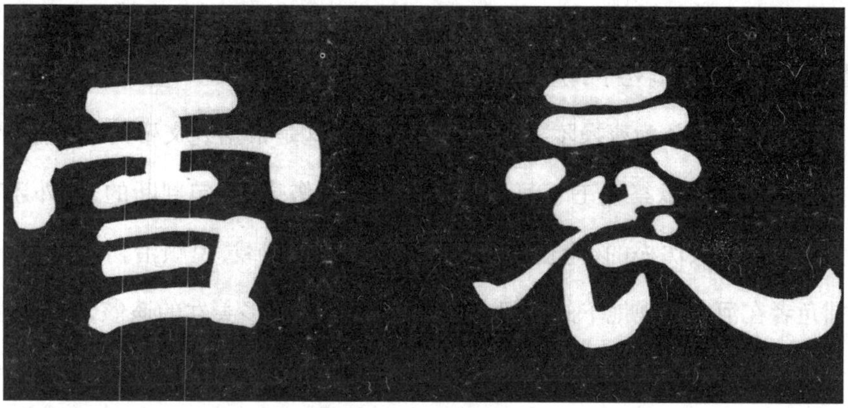

衮雪帖·三国·曹操

到邺(今天的河北临漳西南邺镇)安葬。之后,在晋人陆机的《吊魏武帝·遗令》一文中,有“葬于邺之西岗上,与西门豹祠相近”,后世也有“漳河累累漳水头,如山七十二高丘。正平只有坟三尺,千古安眠鹦鹉洲”的诗词,可见曹操的归宿是依照他生前的意思的,然而,当时的西门豹祠是当地邺人用来避祸禳灾的习惯建筑,也就

是当地有很多西门豹祠，那么究竟与哪个西门豹祠相近的陵墓是曹操墓呢？还让人疑惑的是，曹操的遗嘱中称将自己葬在"西门豹西原上"，而陆机则说"葬于邺之西岗上"，这两处大相径庭的地点，究竟哪个是真哪个是假？

看来曹操墓可谓疑雾重重。

根据《舆图备考》《方舆纪要》等相关的史籍记载，曹操生前曾设立了七十二疑冢。其目的是防止盗墓，同时也正与曹操的生性多疑相符合。据说在安葬他的那一天，邺城所有的城门全部打开，七十二具棺木从东南西北四个方向同时从城门抬出。此七十二疑冢分布于临漳三台村以西八里的讲武城至磁县之间，使人真假难辨。明清的一些学者曾坚信在这些疑冢中必定有一个是曹操的真墓，但是随着后来这些疑冢的被盗，人们发现它们大多是北魏、北齐时人的陵墓。1988 年的《人民日报》还专门发表了《"曹操七十二陵墓"之谜揭开》一文说明所谓的七十二疑冢实乃北朝的大型古墓群。疑冢之说不攻自破，然而曹操的真墓也就此不知所在。

曹操的真墓究竟在哪里呢？

根据陆机的文章，有人认为曹操墓在今天临漳县西面的丰乐镇西门豹祠一带。但是这个论断很快就被推翻：这个西门豹祠是在北齐天保五年，也就是 554 年建立的，曹操早在 220 年就死了，说曹操葬于此不是很荒谬吗？

另外一个说法认为曹操陵墓是在漳河河底。这是根据魏文帝的《止临菑侯植求祭先王诏》中的"欲祭先王于河上，览省上下，悲伤感切"句判断的，此外还有传说作为佐证。清人沈松的《金健笔录》曾引用过一段记载，说顺治初年漳河干涸，一个捕鱼者在河中发现地下的石门，进入石屋见到了很多美女的遗骸，一石床上还卧着一个冠服如王者的人，碑文上记载这就是曹操。1983 年的时候，当地农民还曾在漳河大桥河床上挖到了珠宝，这就更加让人相信了。所谓"铜雀宫观委灰尘，魏之园陵漳水滨。即令西湟犹堪思，况复当年歌无人"正是为此。但是，根据考古学者的推断，这些被挖出的珠宝，其实是明代皇宫的船队在漳河内翻船而遗落，与曹操没有任何关系。又一个推测被推翻了。

还有一种说法，认为曹操的陵墓在其故里谯县的"曹家孤堆"。《魏书文帝纪》

和《亳州志》等史籍中都记载了公元220年曹丕在谯“大飨父老”一事。学者分析说，曹操在220年的正月死，二月入葬，如果他真的葬于邺城，曹丕为什么不去邺城而返回故里呢？说明他此行的目的是为了纪念父亲曹操。《魏书》中还说：“丙申，亲祠谯陵。”谯陵就是曹氏孤堆，这里曾经有曹操建的精舍，也是曹丕的出生之地。曹丕祠谯陵，目的可见。另外，亳州有庞大的曹操亲族墓群，曹操的祖父、父亲、长女等人之墓均在此，由此可以推断，曹操的陵墓也应该在此。

由于这种说法只是一种假设，所以遭到了后世人的质疑。反对者认为曹丕祠谯陵不一定是祭祀曹操，也可能是祭祖。此外祖先坟在此，不一定曹操坟墓也在此。

也有说法认为曹操陵墓在今河南安阳灵芝村与河北临漳习文村一带。这种说法不仅有《魏武纪》《述异记》《邺乘》《漳德府志》《通典》等有关材料的记载，而且还有1975年在临漳习文村发现的东汉晚期墓葬实物等考古结果为依据。学者们分析认为，这一带地区正好符合曹操遗嘱所说的“西原西门豹祠”，并且这里是当年邺的中心，曹操选择墓地，中心地带当然是首选的。此外，在今距习文村北四里、灵芝村西北约六里处有东太平村，原名駞村，是铜驰村的简称，历史记载说曹操陵墓有铜驰恐怕这就是该村名字的来源。

一千多年过去了，人们还是无法确定曹操的真正陵墓。有人感叹道：奸雄生前欺人，死后亦欺人。诚如此，我们就不得不佩服曹操的“奸雄”在死后依旧存在了。

### 刘备陵墓之谜

三国时蜀国皇帝刘备，其死后所葬的惠陵，至今仍然依傍在武侯祠旁。从现有的材料看，从未见惠陵被挖掘过的文字记录，甚至还有盗墓者进入惠陵被神鬼严惩之传说。这就让后人产生了疑问：历来皇帝陵墓鲜有不被盗挖的，为何此墓却完好无损？难道真的有神仙保护吗？显然这只是后人杜撰出的无稽之谈。为此，早在两宋时期就有人怀疑真陵并不是真的刘备墓，而只不过是纪念刘备的衣冠冢。

那刘备真正的陵墓是在哪里？

刘备

有人坚持惠陵即是真的刘备墓。史书记载,关羽败走麦城,为东吴所杀,刘备为了给死去的兄弟报仇,亲自带领军队攻打东吴,然而不幸大败。兵败后的刘备退回到了白帝城,在公元223年四月病逝。五月,诸葛亮扶灵柩回到成都,八月下葬。这说明刘备的陵墓确实就在成都的武侯祠,并且今天的武侯祠内确实也还有刘备陵墓的建筑。《三国志》记载说,刘备死后,尸体由奉节运回成都,后与甘夫人合葬在惠陵。《三国志》的作者陈寿曾任蜀汉的观阁令史,专门负责文献档案的管理工作,则关于刘备墓地的记载必定是可靠的。

1985年,陈剑提出刘备应是葬在奉节。他认为,刘备死于四月,八月时下葬,并且是由奉节(即白帝城)运往成都。这里的四月和八月按照古时计月方式应是农历四月、八月,则此时的四川,正是酷热的夏天,温度极高,尸体最容易腐烂发臭。更何况,白帝城与成都之间相距千里,又都是逆行而上的水路和崎岖难行的山路,以当时的交通条件,即使是单行也需要一个多月的时间,若是大军扶灵柩而行,该用多长时间才能抵达成都?此外,当时几乎没有防止尸体腐烂的保鲜技术,一些民间的所谓的可以防止尸体腐烂的方法经专家的鉴定其实都是没有效果的。这样分析,刘备尸体在一个多月的时间里必然已腐烂不堪了。诸葛亮怎么可能拉着腐烂的帝王尸体,经过长达三个多月的时间去长途跋涉,非要刘备葬于成都?这显然不合情理。陈剑还指出,宋元以来的典籍和地方志大都记载说甘皇后葬在奉节,而据《三国志》所载,刘备是和甘皇后合葬的,然而在惠陵中却没有甘皇后。这就表明刘备应该是和甘皇后一起葬在奉节。此外,历史上还有很多关于刘备葬于此地的传说,近代还曾在奉节城内发现了多处人工隧道口,很像是墓道。文物勘测队曾经使用超声波开展物探,发现在隧道所通往的当地人民政府大院内的地底深处,埋藏了两个建筑结构,分别为18米到15米,高5米,专家分析认为它们很可能就是刘备和甘皇后的真墓。

坚持惠陵说的学者又对此提出反驳,他们引《三国志·先主甘皇后传》关于甘皇后的记载说,甘皇后死后,被葬在今湖北江陵,后追谥为皇思夫人,并欲迁葬于蜀。然而甘皇后的灵柩还没有到,刘备就死了。之后护送刘备灵柩归成都的诸葛亮在途中给后主上奏章述及此,认为甘皇后"宜与大行皇帝合葬",并告太庙。可见刘备确实是和甘皇后合葬于一处的,此事在陈寿的《三国志》中有非常明确的记载,陈寿生在蜀地,又在蜀国为官,怎么会把国君的墓记错?另外还有人说,秦始皇于酷暑死亡却也千里迢迢地运尸归葬咸阳,刘备为何不可?并且如果说秦始皇时期还没有较好的防腐技术,400年后的三国时期,防腐技术必然是大有发展的,因而说因天热而不可能运尸回成都,理由并不足信。更何况史书中有明确的记载说刘备归葬成都。

近来,又有人提出刘备墓是在四川彭山的莲花坝。地处牧马山、彭山脚下的莲花村依山傍水,并且向来被看作是风水宝地,是古人墓葬的最佳选择之地。并且,牧马山当时是刘备的养马场,刘备手下有四名心腹都是彭山人,因此说莲花村是其墓所在具有可能性。此外,牧马乡的莲花村自古就有皇坟的传说。附近的农民也说他们村里大部分都姓刘,都说皇坟里躺着的是刘备。

但是仅从地理位置的优越来判断刘备墓就在莲花村也不充分,明显的疑问在于:就是莲花村与成都相距很近,刘备尸体运往成都安葬不合理,难道运到莲花村就合理吗?

历史上还有一个传说,认为刘备当年病死在白帝城,就在那里被安葬。对此人们解释说,三国时期正是历史上的乱世,这个时期的皇帝,无论是刘备还是曹操,他们都要防止自己的陵墓被破坏以及被后世盗墓者所毁。出自这样的心理,在刘备出殡时便四路进行,以求死后能得安生。

帝王都愿意自己死后依旧能享受到安乐的生活,然而他们的神秘和历史对其葬地的记载却让后人陷入迷雾之中，至今，各种传说虚虚实实，扑朔迷离，人们对刘备的陵墓依然在猜测不已，只能等待考古学者的进一步发现方能拨尽眼前迷雾。

## 王羲之终老何处

东晋大书法家王羲之以其飘逸的《兰亭集序》流传后世，被历代书法家尊为“书圣”，《兰亭集序》亦成为我国书法艺术中的瑰宝。根据《晋书·王羲之传》的记载，东晋永和十一年，也就是兰亭聚会后的两年，王羲之因为不受朝廷的重用，即“称病去郡”，从此开始了山水之游。然而，王羲之“去郡”以后终老何处？只因史籍语焉不详，至今史家仍无定论。

第一种说法是认为王羲之终老诸暨苎萝。这种说法是根据宋朝《嘉泰会稽志》。该志记载说，王羲之“墓在(苎萝)山足，有碑。孙兴公为文，王子敬所书也”。《晋书孙楚传附绰》也记载说：“温、王、郗、庾诸公之薨，必须绰为碑文，然后刊石焉。”孙绰与王羲之是好友，有孙绰所做的碑文，又和正史的记载相符合。同时，主持编撰《嘉泰会稽志》的乃南宋的著名大诗人陆游，历史上向来都对此志的史学价值有较高的评价。所以以上的记载都当是可信的。

但又有人提出疑问：《晋书》中所说“王”姓者能妄断就是王羲之吗？难道不可能是王羲之的父辈王旷、王异，昆弟彪之、兴之，或者是侄辈徽之、越之等人？甚至也可能是是与王羲之“不洽”的王述等。也就是说，凡是当时与孙绰友善的王姓贵族和文人都有可能是那个“王”姓者。另外一些认为王羲之的生卒年为321~379年的学者认为，孙绰比王氏早9年去世，王羲之怎么可能在孙绰生前就请他为自己写好碑文？可见说王羲之终老诸暨苎萝说是不足信的。

第二种说法认为王羲之终老于山阴。

山阴即今天的浙江绍兴。当年王羲之徙至山阴时，绍兴鉴湖水利工程使绍兴的土地得到了较好的垦殖。发达的农业，山清水秀的自然风光，王羲之被这一切深深地吸引了。曾经咏出“山阴道上行，如在镜中游”的千古名句。之后的几年里，他又在这里任会稽内史，美丽的山水风情已经让他“不能自拔”，那么王羲之决心终老山阴就是情理中的事了。

还有一条史料可以证明王羲之终老于山阴,即智永移居云门寺。《绍兴县志》记载说,王羲之七世孙,隋初高僧智永,为了便于拜扫在绍兴云门山的先祖墓,便从永欣寺移居云门寺。智永作为王氏的后人,他书艺在当时也是堪称大家的。《宣和书谱》卷十七记录了后人对他的书法的评价说:“以羲之为师法,笔力纵横,真草兼备,绰有祖风。”作为书法家的智永所祭祀的先祖无疑是被人称为“书圣”的王羲之。

对此,有人提出了反对。持异议者提出,说王羲之因为喜好稽山鉴水而决心终老山阴,这根本就是一种臆测,王羲之所赏叹的地域岂仅限于山阴?这位喜好山水的人,所赞叹的地方还包括今天的嵊州市、新昌等地。若据此就判断王羲之“终老山阴”,不是很武断吗?至于智永,虽然他所谓的“先祖”可能包括王羲之在内的智永父辈以上的祖父、曾祖等人,但是因为智永并没有明确说明“先祖”究竟为谁,因而也就不能据此断定智永所说的墓就是为王羲之的墓。

第二种说法认为王羲之终老嵊州市金庭。近年来很多学者都倾向于此种说法,颇有为大众认同之趋势。

学者们找到了很多可据的史料。如白居易在《沃洲禅记》中说,越之金庭,“高士名人许玄度、孙绰、王羲之等十八人或游焉,或止焉”。唐人裴通的《金庭观晋右军书楼墨池记》中说:“(王羲之晚年)家于此山,书楼墨池,旧制犹在。”《浙江通志名胜》说王羲之的好友许询(玄度)听说王氏隐居在金庭,便特意从萧山迁到嵊州市与王羲之为邻,死后葬在邻金庭的孝嘉乡济庆寺。李白还写诗说:“此中就伫立,入剡(嵊州市古称)寻王许。”此诗中所说的“王许”当指王羲之与许询。此外,宋人高似孙撰《剡录》中记载有:“金庭洞天,晋右军王羲之居焉。”并说:“王右军墓,在县东孝嘉乡五十里。”在王氏第47世孙王鉴皓主修的《金庭王氏族谱》也记载说,公元361年,王羲之病逝,他的后人知道他喜爱金庭胜景,就将他葬于他的居宅旁边。《族谱》中明确指出了王羲之是“自琅琊迁会稽、自会稽迁金庭之祖”。在今天的金庭,还有很多当年的遗迹。现在的新合乡有十几个自然村都以王姓为主,村民多自称是王羲之的后裔。

王羲之为什么会想到去金庭度过晚年？人们分析说，王羲之所生活的年代正是佛道鼎盛之时，整个社会都盛行着尊佛隐逸之风，王羲之本人更是如此。他与当时的高僧竺道潜、支遁、道猷等人都有着密切的交往。竺道潜出身于琅琊华族王氏，和王羲之的父辈有交，他所居住的地方是当时佛道修行者的中心地；支遁在原属剡县的沃洲建寺院教导僧众，人数多达百人；当时的金庭被称为是道家第七十二洞天。崇尚隐逸的王羲之，为了方便与高僧交往，便在辞官后选中了金庭作为自己归隐终老之所。

虽然这个说法所依据的史料甚多，但是还是有人它提出异议，比如对王氏《族谱》的怀疑，对王羲之墓中出土的砖乃梁大同年间一事的怀疑等等。

看来王羲之这位飘逸如其书法的逸士，其人终老何处，还会让后人继续争议下去。

### 杜甫死后葬何地

“朱门酒肉臭，路有冻死骨。”这是唐朝著名的现实主义大诗人杜甫的名句。杜甫生前忧国忧民，在他的诗歌中处处可见对国计民生的担忧和对君主的殷殷期待。然而，杜甫的一生更是穷困潦倒的一生。诗人的晚年生活更见窘迫，“亲朋无一字，老病有孤舟”，可谓悲凉！后世通常认为杜甫最终死在湘江水上的一条小船里。他死后，儿子宗武无力葬父，只好将父亲的棺材权厝着，直到40多年后，孙子杜嗣业才借助于乞讨，将祖父安葬。那么杜甫究竟被葬在何处？诗人生时经历催人泪下，身后也留下了依旧凄凉的谜。

杜甫

关于杜甫最后的葬地，历史上通常有

四种说法。分别是湖南的耒阳县、岳阳县、平江县以及河南的偃师县。

《耒阳县志》记载说，杜甫开始时为避战乱到蜀，“往依严武。武卒，蜀乱，复移夔州。大历三年下峡，至荆南，游衡山，将适郴州，依舅氏聂十二郎，侨居耒阳。”当时正好赶上天降大雨，江水暴涨，杜甫很久都没有食物。聂氏县令乘船出迎，并赠牛肉和白酒给杜甫。有一天晚上杜甫大醉，住宿在江上的酒家，结果被水淹死，只遗落一只靴子在江上，聂氏县令只好将靴子做坟。其他史书如新、旧《唐书》也都这样记载，由此可以看出，杜甫死后连尸体都没有找到，那么耒阳的杜甫墓其实只是一个埋其靴子的衣冠冢。据说，这个墓在耒阳县城北郊二里，建于南宋理宗景定年间(1260~1264)，明朝嘉靖年间曾为当时的知县马宣重修过。

而唐朝郑处晦《明皇杂录》等书也认为杜甫死于衡州耒阳，葬于县城北耒江左畔。但是这个墓杜甫的权厝冢，并不如前文所说的“尸体不存”。《偃师县志·陵墓志》记载，唐宪宗元和八年时，即杜甫死后的第四十三个年头，杜甫的孙子杜嗣业“启子美之柩，襄祔事于偃师”，实现了祖父归葬祖茔的遗愿。那么究竟在偃师的什么地方？有史料说是在偃师县西土楼村，也有说是在首阳山，各种看法让人感到疑惑。

唐朝诗人元稹曾经应杜甫孙杜嗣业的请求撰写过《唐故检校工部员外郎杜君墓志铭》，这篇墓志铭对于确定杜甫的葬处有着重要的意义。铭中说“适遇子美之孙嗣业，启子美之柩之襄，祔事于偃师。途次于荆，雅知余爱其大父之为文，拜余为志。辞不能绝，今因系其官阀日铭其卒葬云……甫字子美，……舟下荆楚间，竟以寓卒，旅殡岳阳，享年五十有九。……嗣子曰宗武，病不克葬，殁，命其子嗣业。嗣业贫无以给丧，收拾乞丐，焦劳昼夜，去子美殁后四十余年，然后卒先人之志，与足为难矣。”这一段记载可以说是确定杜甫墓究竟是在偃师还是在湖南岳阳，或是在平江此三种说法的重要依据。

后人参照元稹的墓志铭以及《湖南通志》《巴陵县志》《平江县志》等文献，认为杜甫在耒阳死后，其子杜宗武并没有继续南下，而是举家移居岳州(即今湖南岳阳)，并将葬于耒阳的父亲的灵柩暂时厝于此，所谓元稹所说的“旅殡岳阳”。《巴陵县志》即记载说，“杜甫墓在岳州，今不知其处。按元微之(元稹)墓志，扁舟下湘江，竟以寓卒，旅殡岳阳，是杜墓在岳阳也。元和中，孙嗣业迁墓偃师，后人遂失其殡处。”后人寻找今天的岳阳，没有找到杜甫的墓地，也没有找到杜甫的后裔。但是后来在《平江县志》中找到了一点线索：今天汨罗江畔的湖南平江县小田村有杜甫墓，还有杜甫的后裔。进而考察出，平江在唐代称为昌江，隶属于岳州，因此“旅殡岳阳”就是权葬岳州昌江。后来，杜嗣业将祖父杜甫的灵柩迁回了河南偃师县西土楼村的祖茔。据《艺文志》记载，清朝乾隆年间，偃师的杜公墓被村民侵成麦地，后邑令朱续志找出了杜甫墓的遗址，并造茔树碑表示纪念。

也有人认为杜甫原本就病逝于平江，而不是耒阳，所以他的墓所就在平江小田村。杜甫死后，杜宗武贫困无力迁葬，也在平江病逝。再加上当时的战乱，所以杜宗武、杜嗣业这一支就一直在平江留了下来，一方面也方便祭守墓地，清朝同治年间，张岳龄在实地考察偃师后，写了一篇《杜工部墓辨》，指出偃师既无杜甫墓，也没有杜氏后代。李元度的《杜工部墓考》也这样说，认为“岳属别无杜墓，遗迹在小田无疑”。

关于杜甫究竟葬于何处的争论仍在继续，一直没有得到一致的看法。战乱中的杜甫受尽了苦难，死后他的去处依旧是一个未解的谜。这是诗人的悲哀，也是时代的悲哀。

## 第五节　名人死亡之谜

### 韩非死亡之谜

中国历史上最早从理论上提倡“权术”论的人物恐怕就是韩非了。韩非是战国时期韩国人，著名的思想家。他曾经拜荀卿为老师，继承和发扬荀卿的法学思想，同时又吸取法学前辈李悝、吴起等人的学说，最终成为法家的集大成者。韩非的“法治”思想，以及提出的“法”“术”“势”等主张，对后世产生了极大的影响。因为当时正是群雄争霸之时，韩非的这种封建君主专制理论，是很适用于当时情势的。据说秦王嬴政看到他的文章后，非常急于得到韩非。但是韩非来到秦国后不但没被重用，反而很快被投入秦国监狱走上了不归之路，这是因为什么？

韩非

有人认为韩非是死于李斯的嫉妒陷害，这种说法自从王充《论衡》中阐述"韩非之死，乃李斯忌才所致"后，已经成为史学界普遍的看法。司马迁《史记》中也有这样的记载。《老庄申韩列传》中记载到，韩非出身于韩国的贵族世家，师从荀子，与后任秦国宰相的李斯为同窗学友。适值韩国日渐衰落，韩非屡次上谏韩王变法图强，却不被韩王所用。于是韩非发愤著书十余万字，来阐发自己的法治主张。这些作品后来传到秦国被秦王嬴政看到。嬴政读后大为叹服，激动地说如果自己能够得到韩非这个人，则"死不恨矣"。当得知韩非是李斯同学时，便下令攻打韩国，索要韩非。韩王本就不想用韩非的主张，现在自己处在秦国的攻打下，毫不吝惜地将韩非献出，美名曰将韩非"派遣到秦国"。

韩非到了秦国后马上被秦王接见。据说韩非本人有点口吃，但是他深刻的思想，令秦王折服。秦王非常赏识韩非，大有相见恨晚之意。李斯看到这个情形，深知自己不如韩非，感觉自己的地位受到了严重的威胁。于是李斯对秦王说："韩非是韩国公子，他能真心为大王您吗？现在大王想吞并诸侯，他终究会为韩国而不能为秦国，这是人之常情。不能为秦国效力，大王您现在又留着他甚至送他回国，这是祸患的开始。不如找个过错用法律把他诛杀吧！"李斯这段话说得非常有技巧，句句充满对秦王和秦国的忠诚。一向对李斯很信任的秦王觉得李斯言之有理，便下令查办韩非，将韩非囚入监狱。李斯的目的初步达到，当然不能允许自己的计划落空。为了尽快铲除了韩非这个威胁，避免因秦王后悔而生出他事，他派人送去了毒药。韩非很想到秦王面前申诉,狱卒和李斯却不给他这个机会。可怜的韩非,昨日还是秦王座上客,今日就成了阶下囚,含冤而死。待到秦王后悔让人赦免韩非时,发现韩非已经死了。而李斯则说韩非是畏罪自杀,秦王半信半疑,但人已死了,也只有作罢。

也有人为李斯申冤,说李斯不可能杀韩非。原因有很多。若李斯是嫉贤妒能之人,他又何必把韩非的作品介绍给秦王?并且当时秦王不过是对韩非很赏识而已,还没有对韩非加以重用,作为当时绝对有权的李斯来说,韩非还不足以构成对自己的威胁吧!在这种情况下,李斯为什么要加害韩非呢?

与李斯“奸嫉贤良”版本相反的是,《战国策》中所记载的韩非之死则是说韩非自取灭亡。当时,楚国、吴国、燕国和代国四个国家打算联合起来抵抗秦国,秦国派姚贾出使四国。姚贾用重金贿赂四国,瓦解破坏了四国计划。姚贾回国后受到秦王重赏。韩非就攻击姚贾拿国家的钱自己去交朋友,还指出姚贾出身的低贱。姚贾在秦王面前反驳说,以财宝来贿赂四国,出发点是为了秦国谋利,而不是为了自己的利益。如果是为了自己交朋友,何必又返回秦国呢?虽然自己的出身低贱,名声不好,但是有一颗效忠君主的心,哪里像有些人,只是在那里说却不做任何实际的事情,专门挑别人的毛病。秦王认为姚贾的话非常有道理,更加信任姚贾,而对“挑拨是非”的韩非则冷落起来,最后杀掉了韩非。这样看来,韩非遭到杀害,是因为他自己嫉妒别人,是搬起石头砸了自己的脚。

后世人还认为,杀害韩非是秦王的主意,李斯就算是再受到秦王的宠幸,他也不敢自作主张杀死韩非。为什么说是秦王自己的主意呢?秦王嬴政是一个寡恩多忌的人,尽管他爱惜贤才,欣赏韩非的理论,但是韩非出身于韩国贵族这一事实终究不能消除秦王对韩非的戒心,始终害怕韩非会暗中为韩国出力。并且,韩非来到秦国后,只是谈自己的君主集权主张,不谈统一天下(作为韩国公子的韩非也不可能谈),因此,秦王并不重用他。但是,放回韩非,必定又要给韩国增添了一个抵抗秦国的好帮手。秦王怎么可能放他回去?相反,若是杀了韩非,不但他的学说可以为自己所用,而且也为秦国铲除了威胁,不是一箭双雕吗?这样分析,秦王杀死韩非是必然的了。这还可以从《史记》中看出来，书中说秦王对韩非的死感到后悔，但是他可曾去追究李斯的擅自谋杀罪？可曾为死去的韩非正名？不过是简单的“后悔”而已。

还有人认为，是李斯等大臣杀死了韩非，但是这 并不能说明韩非死亡的实质，韩非实际是死于秦国和韩国之间的政治斗争。战国时期，各个诸侯国都极力保全自己，尤其是竭力对抗秦国这个一心消灭它国统一天下的大敌。韩国派韩非出使秦国，实际上就是为了保全韩国。李斯和韩非两个人，一个忠心于秦国，一个热爱韩国，两个人之间的矛盾是不可避免的。韩非必然要破坏李斯攻打韩国的计划，而李斯站在秦国要兼并六国的立场上，必然也要揭穿韩非出访秦国的目的。韩非与李斯、姚贾的矛盾冲突并不是如《战国策》中所说的是韩非个人的嫉贤妒能，也不是李斯本人与韩非有什么个人恩怨，而是秦国与韩国政治斗争的反映。所以说，韩非的死是当时秦与韩尖锐的矛盾斗争的反映。

关于韩非的死因究竟如何，韩非究竟是死于谁手，至今也没有更确凿的证据证明。一代大思想家死因未明是个历史的遗憾，但是想到韩非的理论终为后世所用且影响至今，韩非本人也算是重于泰山了。

## 郑成功暴死之谜

郑成功是我国著名的民族英雄，明清之际，台湾被荷兰殖民者占领。永历十五年(1661)，郑成功率领将士数万人，从厦门出发，经过澎湖，在台湾鹿耳门的禾寮港登陆，对荷兰总督所在地赤嵌城进行了围攻。八个月的激烈战斗后，荷兰总督终于投降，台湾回归祖国的怀抱。之后，郑成功在台湾建立了行政机构，推行屯田，极大地促进了台湾社会经济的发展。可以说，郑成功对祖国统一所做出的贡献是彪炳千秋的。

然而就在郑成功收复台湾仅仅五个月之后即 1662 年 6 月 23 日，正当郑成功想要在台湾进一步有所作为的时候，他却忽然死去，年仅三十八岁，留给后人无限的惋惜。由于关于郑成功的死因没有确切可依据的史料，也就给后人留下了深深的疑惑,以至众说纷纭。

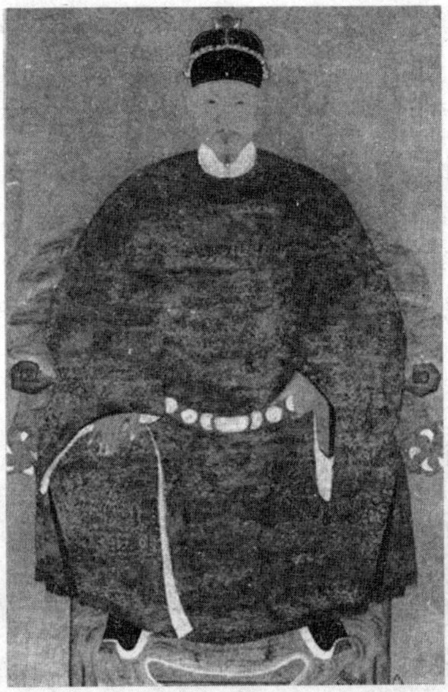

郑成功

同时代人对于郑成功死亡情况的记载都比较简单。不过几乎所有的史籍都记载郑成功是病死的,一般是说他“偶伤寒”“感冒风寒”。同时代人李光地在《榕村语录续集》中还提到“马信荐一医生以为中暑,投以凉剂,是晚而殂”。

正是由于过于简单的记载,导致了后世人的种种猜测。于是有人说郑成功是由于“狂怒而闷窒致死”,有的说是“身染肝郁病症,内伤外感,又缺药物,终致死亡”,还有人说郑成功得肝病、肺结核病、恶性疟疾、流感等,外国学者乔治·菲力浦甚至认为郑成功是得了“骤发癫狂”的疯狂病。看来郑成功最后得病是可以肯定的。

也有人在心理上和精神上寻找郑成功死亡的原因。当时郑成功的儿子郑经与乳母通奸生子,郑成功下令将其处死,郑经惊恐之下竟然想要和清军妥协,这使性格刚强且崇尚礼教的郑成功在精神上受到了极大的刺激。除这个外,由于清政府的海禁给粮食接济造成了重大问题,吕宋华侨受到西班牙殖民者的残酷迫害,永历皇帝蒙难,祖坟被掘,自己的父亲等十余人被处死在北京等等,如此多的事情任哪一件都足以造成对郑成功的打击。继而一次急性感冒作为直接原因夺去了身体处于疲惫虚弱状态的郑成功的命,

诸多说法中,最骇人听闻但是也最广为流传的说法是郑成功乃为人毒死。

夏琳的《闽海纪要》中说,郑成功当时的病并不严重,病中“尚坐胡床谈论,人莫知其病”,汪日升的《台湾外纪》也有类似的记载,说在他死的当天,他还“登台观望”,然后回书室,请《太祖祖训》出,边阅看边饮酒。如此谁会相信他是病死的?因而,林其泉先生指出,根据郑成功临终前的异常情况以及当时郑氏集团内部的矛

盾,可以推断郑成功是被人用毒药毒死的。林先生进一步分析了郑成功被人害死的理由。

当时郑氏集团内部暗藏着很多危险因素。郑成功的儿子郑经生活失检,对郑成功十分畏惧;兄弟侄子辈中的郑泰长期掌管郑军的财政大权,拥资数百万,虽得郑成功的信任,但是却心怀叵测。郑泰一心想让郑成功在困难和打击下自败,结果不仅没有如愿以偿,台湾反倒在郑成功的努力下形势大好,这当然使郑泰感到不安,如此他孤注一掷,毒杀郑成功就是有可能的了。此外,郑成功平时纪律严明,赏罚分明,性情又十分暴烈,使包括他的长辈亲族在内的很多人被处以极刑。这自然引起了一些人的不满和恐惧。人心惶惶下,最容易引起解体和离心,"其下常惧株","人多思叛"。结果不少人在清政府的高官厚禄下叛逃,另一部分很可能会铤而走险,支持和参与阴谋篡权,甚至谋划杀害。

根据史料记载,历史上暗杀郑成功的活动不止一次。据说,清王朝曾多次收买郑军内部的人来实施暗杀。有一次收买了郑成功的厨师,计划在食品中投放孔雀屎来毒杀郑成功,后来此事虽然没有造成严重的后果,但是足见反对势力对郑成功的谋杀阴谋是存在的。

另一个疑点是马信的死。马信是清朝的降将,后来投靠郑成功任都督并得到了郑成功的信任,他在郑成功死后神秘死亡。郑成功去世的当天,马信曾经"荐一医生以为中暑,投以凉剂",当天晚上郑成功就死了。人们分析认为,马信很可能直接参与了谋杀郑成功的行动,至少了解一部分内情。谋杀的主谋者收买了马信,事后又来个杀人灭口,以防止其泄密。

从郑成功临死前的状况看,也完全可推断他为中毒而死。汪日升的《台湾外纪》说他"以两手攀面而逝",夏琳的《闽海纪要》说他"顿足抚膺,大呼而殂",吴伟业《鹿樵纪闻》说郑成功死时"面目皆抓破";沈云《台湾郑氏始末》说他"啮指而卒"等等。所有的这些记载,都可以看作是毒性发作时的症状。《闽海纪要》还记载说郑成功临终前都督洪秉诚调药以进,被郑成功扔到了地上,然后"顿足抚膺,大呼而殂"。为什么会有这样的举动?可能郑成功当时发现了有人在毒害他,只是为时已晚。

郑成功的死在当时也引起了人们的怀疑，大家都认为这是一起谋杀，主谋就是郑泰。如前文所说，郑泰早就居心叵测，有篡权之心，很可能还与清政府有勾结，他很可能就是谋杀郑成功的凶手。可惜郑成功的继承人郑经在逮捕郑泰后，发现郑泰有大量银款放在日本，于是就将注意力集中到银款上，并且他原本就对父亲的死存有侥幸，当然不愿意进一步追查。因此，郑成功的死因也就没有得到认真的追究，当然几百年后，就更疑雾重重了。

郑成功被毒死一说，毕竟只是在蛛丝马迹中的一种猜测，并没有直接的文献记载加以证明。要破解这位民族英雄的死因之谜，还需要我们更进一步的努力。

## 林则徐死亡之谜

林则徐，提到他，人们就会很自然地想到“虎门销烟”这个让中华民族扬眉吐气的一幕。这位清朝末年著名的政治家、伟大的爱国者，他领导了禁烟运动，第一个奋起组织抵抗外国侵略，并放眼世界，探求新知，主张学习外国先进技术，被称为“放眼看世界”的第一人。1850 年，清朝道光三十年，在广西道上，被任命为钦差大臣的林则徐驰赴广西赴任，日夜兼程百余里，到广东普宁市洪阳镇后于 11 月 22 日猝然去世，终年六十六岁。

林则徐

这样一位朝廷官员在赴任途中忽然死亡，不能不让人们产生种种怀疑。历史上关于林则徐的死因说法各异，疑云重重。

一种说法认为林则徐是在赴任的途中病死的。在《清史稿》中就有着这样的记载，文中说林则徐“行此潮州，病卒”。施鸿保的《闽杂记》中，对于林则徐死亡前夕的情况还有比较详细的记载：“公患痔漏久，体已羸，至是力疾起行，十一日抵潮州，复患痢，潮守刘晋请暂留养疾，不可。次日遂薨于普宁行馆。”

另有一些学者认为，林则徐积劳成疾而死，到了普宁的病情恶化乃是其直接的原因。林则徐一生为官四十年，足迹遍及全国各地，曾经自称为“身行万里半天下”。这种长期走南闯北的动荡生活，给他的健康造成了极大损害。而在禁烟运动中，他禁烟有功却反遭贬斥，被发往伊犁。在伊犁戍边期间，他又患了鼻衄、脾泄、疝气等病症，一直到后来也没有痊愈。道光三十年的时候，清廷因为广西的拜上帝教起义，屡次召林则徐回京就职，林则徐都因为自己的病体而未能奉召；最后清廷任命他为钦差大臣，林则徐以国家利益为重，只得抱病驰赴广西督理军务。到达广东普宁市洪阳镇时，他的病情恶化，最后因医治无效而死。

林则徐在洪阳镇时，因为病重曾经在当地的“黄都书院”疗养。黄介生医生介绍当年曾祖医治林则徐病的经过时说：“林则徐十六日到揭阳后，县令怕承担责任，借口揭邑名医黄华珍已往普邑执业，请大人速往就诊。”当到达普宁洪阳时，“林则徐又吐又泻，经黄医生切脉后断定由于长期患病，身体虚弱，加上旅途奔波，外感风寒，以致又吐又泻。病已危笃，仅能设法急救。当即立下脉论、症论、方论及附上药物。因为侍从医官系北方人，认为用药剂量太轻，没有给服。越日，黄医生复诊，断言‘昨天未服所付药物，现已病入膏肓，无救活。虽再服药，惜已失去治疗时机。”’林则徐病逝后，黄华珍医生将诊病资料上报朝廷审核，御医确认用药正确，还亲赐“杏林春满”匾给黄医生。

还有的说法是根据林则徐的《讣文》和林则徐的儿子林汝舟的《致陈子茂书》等材料得出的结论，认为林则徐腹泻是因为没有服药且日夜赶路，所以病情日益严重；之后虽然服药后略有好转，但是由于仍旧在日夜赶路，所以导致“胸次结胀”，引发了心肺旧疾，以致“两脉俱空，上喘下坠”。如此元气大亏、脾胃虚寒的情况下，医生又错投了“参桂重剂”，结果又使咳喘加剧。林则徐已是66岁高龄的老人，哪里能经得起这样的折腾？终于因无法救治而死去。

与林则徐病死这种说法相对的是认为林则徐乃为洋商暗害而死。张幼珊的《果庵随笔》中记载说：“禁烟事起，广州十三行食夷利者，恨林公则徐刺骨……后公再起都师粤西，彼辈惧其重来，将大不利，则又预以重金贿其厨人谋，谋施毒。公

林则徐虎门销烟处

次潮州(应为普宁),厨人进糜,而又以巴豆汤投之,巴豆能泄泻,因病泄不已,委顿而卒。或劝其公子穷究其事,清例,凡毒死者,须开棺验视,家人忍而不请。其是疆吏虽微有所闻名,亦不欲多事。”广东《东莞县志·逸事余录》中所记载的内容与上述的记载大体相同,并且还直接指出了谋害林则徐的是广东十三洋行总商伍氏(伍绍荣),因为伍氏曾被林则徐在查禁鸦片时缉拿,因此对林则徐记恨在心,这次听说林则徐起任广西巡抚,伍氏担心林再次复职督抚广东,所以就特地派亲信对林则徐施行谋害活动。引起人们怀疑并坚定人们这种“林则徐被毒死”说法的主要原因是林则徐弥留之际所大呼的“星斗南”,“星斗南”是什么意思?有人考证,林则徐是福建人,福建话“星斗南”的发音与“新豆栏”相同。而“新豆栏”是广州十三行附近一条街名,当地聚居洋商。林则徐之所以大呼“新豆栏”,说明他在已经意识到是十三行洋商谋害自己,他的呼喊是提醒人们记住洋人和汉奸的罪行。

后来有学者指出,厨子投毒之事纯属乌有。林则徐是钦差大臣,随从必定是很多的,他的次子也伴随在身边。如此森严的戒备,一个来路不明的厨子想要下毒谋害,岂是随便就能做到的?还有一点,按照清朝的规定,像林则徐这样奉旨赴任的官员的食宿,应该由州县当局或驿站供应,不必自带厨子,那个厨子又怎么能得逞呢?从十三行谋害的动机上说也是不足信的,因为林则徐此次赴广西,与广东十三行并没有直接利害冲突,十三行洋商何必要冒如此大的风险谋害林则徐呢?

然而各种推论都还没有足够充分的证据加以证明，因此这位民族英雄的死因还有待于进一步的考证。

## 第六节 名人动机与意图之谜

### 屈原为何投汨罗

“长太息以掩涕兮，哀民生之多艰”，“路漫漫其修远兮，吾将上下而求索”——这些都是伟大的政治家、文学家屈原留下的光辉诗句，屈原是中国历史上第一位杰出的浪漫主义诗人。他忠君爱国，忧国忧民，一生都在与邪恶势力做不屈不挠的斗争。然而，当时楚王信任奸佞小人，屈原一次又一次地受到迫害。最后，楚都被攻破，屈原自沉汨罗，谱写了中国历史上爱国主义的可歌可泣的诗篇。历史上一向认为屈原是殉国，然而关于其死因，后世除了这一看法外，还有许多其他的看法，所以屈原自沉汨罗的原因也就成了一个让世人争论不休的谜。

屈原

清代的王夫之认为屈原自沉是为殉国。屈原哀叹自己的国都被攻破，国家被灭亡，人民颠沛流离，无家可归。昏庸腐朽的顷襄王又不能抵御强秦。眼看着自己的国家即将被灭掉，屈原无比的痛苦，于是便自己投进了汨罗江以殉国难。现代人郭沫若也坚持并发展了这种说法。他说，“屈原活到了六十多岁，他的流窜生活已经过了好久，然而他终究是自杀了。自杀的动机，单纯用失意来说明，是无法说通的。屈原是一位理性很强的人，而又热爱祖国，从这些推断来说明，他的自杀应该有更严肃的动机。顷襄王二十一年的国难，情形是很严重的。那时，不仅郢都被破灭了，还失掉了洞庭、王渚、江南。顷襄王君臣朝东北避难，在陈城勉强地维持了下来。故在当年，楚国几乎遭到了灭亡。朝南方逃的屈原，接连受到迫害。一定是看到了国家的破碎已无可挽救，故才终于自杀了。”

而姜亮夫等人则认为屈原之所以自杀是为了自己光明磊落的道德理想。诗人在自己的绝命词《怀沙》中庄严地说：“世界混沌没有人了解我，人心不能说啊！知道死亡是不能躲避的，因此希望不要吝惜它。明白地告诉君子，我将成为他们这一类人。”正是在这种“举世皆浊我独清，举世皆醉我独醒”的黑暗世界中，屈原才愤而投江，捍卫自己的高洁。不仅仅如此，坚持屈原自杀为“洁身”的人还强调，尽管屈原不是因为白起攻破楚郢都而“殉国难”，但他是激愤于昏君佞臣的不识忠良、祸国殃民才愤而投江的。这样的死，不是怯懦，也不是想要逃脱责任，而是以死来表明自己对邪恶势力的抗议。虽然他的死同样是出于对楚国前途和命运的担忧，但从最实质的意义上讲，他是为了自己的道德理想而死。

第三种说法是认为屈原在奸佞横行的楚国受到严重的迫害，不断被流放，但是他的忠君爱国之心，从来不曾泯灭。他没有办法使楚王觉悟，只好投水而死，希望以自己的死来唤起楚王的觉悟。这就是有些人的“尸谏”的看法。

当时楚怀王已死掉，顷襄王继位后变本加厉。屈原一直主张联合齐国抵抗秦国。但是这个时候的顷襄王早已忘记国土沦丧、父亲被骗客死异国的国耻家仇，反而与齐国断交，认秦国为好友；内部则骄奢淫逸，任凭奸佞弄权。就这样，全国上下内无良臣守备，百姓离心，外有虎狼之秦国，楚国已经面临着亡国的大祸。满怀救国济民之志的诗人受谗言而遭受罢黜和放逐，欲报国而无门。顷襄王最后一次放逐屈原时，屈原感到自己的报国之梦已经完全绝灭。诗人身心交瘁，他怒斥了楚王的昏聩，并写下了“不毕辞以赴渊兮，惜壅君之不识”的诗句，决心以死谏来震醒无能的庸君。

为了证明这一点，还有人在“尸谏说”的基础上，增加了屈原效法彭咸一说。屈原《离骚》中有“愿依彭咸之遗则”一句。据说彭咸是殷朝的贤良大夫，他劝谏君王而不被采纳，于是便投水而死。屈原既“愿依彭咸之遗则”，“将从彭咸之所君”，则暗示了自己最后在衰志不堪时，将选择投江道路，以死做最后的一谏。

除了以上三种分析，后世乃至当今文学界历史界还有人从屈原的心理倾向、政治人格等方面来讨论屈原死因。前者认为屈原充满了悲剧性的双重人格，这种人格精神必然使他发狂，从而必然走向悲剧。后者认为屈原崇圣和忠君的政治人格酿成了他自杀的悲剧，因而他的死实际上是一种“殉道”行为，也就是对理想的坚持。这些说法更多地吸收了西方精神分析的方法，与其说是分析屈原投江的原因，更多的不如说是现代人的一种文学上的分析，所以不足为世广泛流传。

伟大的诗人投江自尽了，留给后世的是无尽的叹息。今人以各种形式纪念这位具有伟大情操的人物，因此无论从哪个角度分析屈原自沉汨罗的原因，无论屈原自沉之谜何时能够解开，这位高尚诗人永远都是不朽的，亦将鼓舞更多的人。

## 曹植《感甄赋》为谁而作

人称“才高八斗”的曹植，是魏文帝曹丕的弟弟。其人风流倜傥，文思敏捷，是建安文坛上一位叱咤风云的人物。然而他的任性纵酒，使其父曹操对他颇为失望，他的才华又遭到了其兄长曹丕的妒忌，终被一贬再贬，终身备受迫害。

曹植一生留下了很多千古名篇。公元223年所做的《洛神赋》尤其情采风流，被后人广泛传诵。该赋用浪漫主义的笔调抒写了自己的对洛水之神的爱慕之情。写作这篇赋时，曹植正处于政治苦闷之中。传统看法认为，此赋是借人神恋爱的悲剧，来抒发作者自己对君王的一腔衷情和怀才不遇的感慨，是“托辞宓妃以寄心文帝”。所谓“虽潜处于太阴，长寄心于君王”，也正是借洛神之口说出了曹植自己的心声。

然而，唐代人李善在为《文选》作注时却说，这篇赋是曹植为了感念他的嫂子甄后而写的。该赋的原名是《洛神赋》，后来曹丕的儿子魏明帝读后，才为之改名为《感甄赋》。这种说法犹如激起了千层浪，舆论哗然。曹植爱上了他的嫂子了吗？这篇《洛神赋》真的是为了甄后而作吗？这无疑是不忠不义的违逆之举啊！千百年来，人们一直对此争论不一。

李善认为《感甄赋》乃是曹植为甄后所作，这种说法只有李善为《洛神赋》作注解时叙述的"赉枕"一事可以作为旁证。他说："(曹植)黄初中入朝，帝示植甄后玉缕金带枕，植见之不觉泣。时甄后已经被郭后谗死，帝已寻悟，因令太子留宴，仍以枕赉植。"曹丕乃为皇帝，为什么要将自己妻子用过的枕头送给弟弟？其居心是耐人寻味的。看来，曹丕应该知道他的弟弟曹植倾心于甄后，至少是暗恋甄后，所以才故意刺激曹植，让他"一辈子抱着枕头空悲切"。李善在注解中还说，曹植离开京城返回封国，途经洛水，想起了甄后，并与之相见，得到甄后以珠玉相赠，悲喜不能自胜，于是作了《感甄赋》。

但是翻开所有史籍，人们并不能找到曹植与甄后有私情的记载。因此对于《洛神赋》的寓意问题，历来有两种对立的看法。

第一种看法是为曹植的"不忠不义"辩护，否认《洛神赋》为感甄之作。唐宋明清的一些文人学者认为，甄后本是曹丕的妃子，小叔爱慕嫂子，臣子暗恋国母，这是不成体统大逆不道的事情，必须辨伪正本，口诛笔伐。他们提出了《洛神赋》非感甄之作的诸多理由。其一，李善本无此注，是宋人刊刻时误引的。其二，图谋自己的嫂子，这是"禽兽之恶行"，讲究操行的曹植断然不会那么做。其三，即使曹植真的爱上他的嫂嫂，在这样的社会条件下，他也绝对没有那么大的胆量写《感甄赋》以表达自己的情感。其四，"赉枕"的说法是不合情理的，纯属无稽之谈。曹丕乃君主，怎么可能做出如此荒诞的事情来？毕竟自己的弟弟对自己的妻子有所图谋不是什么好事，于己于人都是不应声张的。其五，曹植时年十四岁，甄妃已经二十四岁，在年龄上是不合情理的。

进而他们提出了自己的看法。他们认为，《感甄赋》的甄，并不是"甄后"的"甄"，而是"鄄城"的"鄄"，"鄄"与"甄"通，遂讹为"感甄"。《洛神赋》实乃"托辞宓妃以寄心文帝"，是"长寄心于君王"，是向曹丕表达自己的忠君之情，以求任用。

尽管这些理由和推论很充分，但是仍然有人认定《洛神赋》是感甄之作。尤其是一些文人，如李商隐、蒲松龄等人，往往是抱着宁可信其有，不可信其无的态度。李商隐在诗文中曾经多次提到曹植"感甄"的情节，甚至还认为"君王不得为天子，半为当时赋洛神”。一些小说传奇对这一情节更是渲染有加。现代学者郭沫若在《论曹植》这篇文章中,也直言不讳地说“子建(曹植)对这位比自己大十岁的嫂子曾经发生过爱慕的情绪,大约是无可否认的事实吧!”他认为魏晋时期的男女关系比较浪漫,那么曹植对自己美丽嫂子产生爱慕之情并不奇怪。当然,碍于礼教名分,曹植不会做出非分之举动,不过是通过诗词歌赋顽强地表现而已。甄氏与曹植都比较高雅、清高,两人从气质上是相和的,所以,甄氏的心中也不一定就不明白曹植的感情。至于之后两人命运的相似、情感的相通,更让两人有惺惺相惜之感。曹植以甄氏为自己文学作品的写作模特,“应当是情理当中的事”。曹植写《洛神赋》,很可能就是为了寄托作者身不由己、好梦难圆的惆怅和愤怒。

还有人分析说曹植的“感甄”是甄后被杀、曹氏兄弟关系紧张等事件发生的重要原因之一。也有人说所谓的“长寄心于君王”中之君王是指曹植,这是宓妃对其表达心迹之语,并不是向君主寄托忠臣之心。

上述两种观点,或言是,或言非,都提出了很多理由。但是无论是哪种理由都不过是推论而已,并且也没有直接的证据去推翻对方的观点。不知道这场笔墨官司要几时见出结果。

## 上官婉儿为何不记武则天灭族之仇

上官婉儿是一代才女。在唐高宗时,上官婉儿一家被武则天抄没,然而上官婉儿一心服侍武则天,她为何就不记武则天的灭族之恨呢?

据说婉儿尚在母腹中时,其母梦中见大秤一杆,于是请教相士,相士掐指一算,惊呼:“此子日后当称量天下。”待到婉儿出生,竟是一个女孩,大家都很失望,说相术骗人,无非为钱财而已,也就不再在意,等到婉儿祖父上官仪被武后杀害后,童年的婉儿与母亲郑氏被没入宫中为奴,本以为会暗无天日,可是等婉儿长成,她的才华开始在宫中显露出来。她博古通今,诗词文章犹为出色,甚至书法、数术、弈棋等无所不精。她的才名很快传到了武后的耳中并召见了她。当场面试时,小婉儿聪明伶俐,从容不迫,一挥而就,写了一首七言诗,其文辞精美,比起朝廷大臣们的腐儒酸调，可谓天上人间。尽管诗的字里行间不时透出对武则天的愤恨之情，可武则天并不计较，并感叹道："此女才智非凡，赛过须眉！"随后，她命上官婉儿离开掖庭，到她身边来当秘书。上官婉儿接到诏命，心里非常复杂，这个权力至上的女人，曾是杀死自己家人的仇人，害得自己和母亲沦落为奴，现在，她又要将自己从困境中解救出来，委以重任，而且是随侍身边的贴身秘书，憎恨、感激、恐惧各种滋味涌上心头，烦恼无比。但是一个月以后，她就成了武后最信任的贴身女官。武后讨厌批阅表奏，起草诏命，便把这些事都给婉儿处理，由此也正应了"称量天下"的预言。朝廷大臣们也竞相奔走其门下。从此，上官婉儿对武则天由仇视慢慢转为拥护。到中宗李显即位，上官婉儿更是大被信任，中宗被婉儿的才貌所迷，便将婉儿召幸，册封为婕妤，封其母郑氏为讳国夫人。

上官婉儿

但此时婉儿并不高兴。因嫌中宗懦弱无能，在武后晚年时，她开始与武三思私通，并在诏命封旨上推举武氏，抑制唐中宗。此时的上官婉儿已变得心机重重，她为了讨好皇后韦氏，将武三思让给了韦氏。

景云元年，韦后和安乐公主毒死中宗，立中宗年仅16岁的幼子李重茂为帝，韦后称太后，临朝听政，并派上官婉儿商请太平公主，想得到她的帮助。此事未果以后，韦后自当朝政，后来还想杀少帝李重茂和相王李旦，此事被相王第三子李隆基得知，他与太平公主合谋，联络羽林军冲入皇宫杀死韦后和安乐公主。李隆基后来诛其逆党时，上官婉儿受此牵连被杀了。"称量天下"的一代才女从此香消玉殒。

## 郑和为何下西洋

郑和，我国乃至世界航海史上最出色的航海家之一。明朝永乐三年（1405）至宣德八年（1433）的二十九年间，他奉明成祖朱棣之命，七次下西洋，先后到达非洲、

郑和

亚洲两大洲的三十多个国家和地区，最远到达非洲的东海岸，创造了远程航海史的壮举。可惜当年郑和航海的全部档案都被当时的兵部侍郎刘大夏付之一炬，后人难以对郑和航海的史料加以详细考证，于是就有了关于郑和航海的诸多谜案，其中一直让后世学者疑惑不解的是郑和下西洋的动机。人们的问题是：郑和为何下西洋？朱棣称帝后为何忽然将目光转向了茫茫大海？

关于郑和下西洋的第一种说法是认为郑和远航乃是奉明成祖朱棣之命，寻找建文帝。

众所周知，明成祖朱棣是通过谋反登上皇位的。当初建文帝朱允炆为了巩固皇权，相继废削了握有军政大权的周王、齐王、代王、岷王等藩王的职权。燕王朱棣唯恐自己被废，并且他对皇位觊觎已久，早就不甘心让自己的侄子为帝，所以就借口“朝无正臣，内有奸恶”，起兵谋反，号称为“靖难”。战争持续了四年之久，朱棣取得了最终胜利，登上了皇位，随即将都城迁至北京，称明成祖，改年号为永乐。就在朱棣大军攻破南京城时，建文帝朱允炆在一场大火中下落不明。虽然朝廷宣称

建文帝已经在大火中丧命，但是朱棣心里明白这只是为了安定民心的做法，建文帝实在是“不知所终”，甚至他一直怀疑建文帝已经出逃。这种推测自然让有“篡位”之名的朱棣不得心安，为了彻底除去建文帝卷土重来的可能性，他多次派人四处秘访建文帝的下落。郑和就是朱棣派出寻找建文帝下落的一支。近年来，有学者考证说，为了寻找建文帝，郑和不但下西洋，而且三次东渡扶桑，到日本去过。

第二种说法说寻访建文帝最多不过是郑和远航的一个附带任务，说他是“专程”寻找建文帝踪迹则不合情理，他们认为郑和的远航有军事目的。如《明史·郑和传》说郑和远航“欲耀兵异域，示中国富强”；近代学者梁启超说，郑和下西洋是“雄主之野心，欲博怀柔远人，万国同来等虚誉”；尚钺在《中国历史纲要》中也指出，郑和下西洋“大概是想联络印度等国抄袭帖木儿帝国的后方，牵制它的东侵”，从而保证明朝的安全，而以郑和航海时的巨大规模，势必也能够实现这个目的，因为在郑和远航的15世纪，世界范围内还少有如郑和船队那样大的规模和气势，船队所展示出的强大的军事实力足以震慑异域。

第三种说法认为郑和航海以经济目的为主。明成祖为了增加财源，弥补财政亏损，派郑和出海远航。史实表明，郑和的船队与其所到之处的居民开展了很多的经济贸易，不仅满足了明朝官方对外贸易上扩大市场的需求，而且沟通了西洋大国对明朝的“朝贡贸易”，收效甚好。并且有史料表明，明代的中国已经被纳入世界贸易体系，与亚洲、非洲的几十个国家都有贸易往来，不但明朝官府、周边国家，甚至连沿海官绅、百姓都从中获得了巨大的经济利益。鉴于这样总体的经济环境，说郑和远航是出自经济目的是有一定根据的。

第四种说法认为郑和航海以政治目的为主。朱棣知道自己有篡位的坏名声，所以在他登基后积极采取各种措施来塑造一个好君主的形象。郑和下西洋的巨大规模向外界展示了自己所统治的国家的恢宏气势，这正是朱棣造成万国来朝的盛世局面以稳固政权的方式，并且也借此瓦解政敌势力。学者根据史料分析，郑和前三次航海，与东南亚、南亚沿海诸国建立了友好关系；后四次则向东亚以西的未知世界探访，开辟了新航路，使海外远国都“宾服中国”。也就是说，郑和远航已经达到了朱棣的既定目标。此外也有人说，郑和下西洋是政治和经济的双重目的，是“一箭双雕”的行为。

第五种说法则认为上述的诸种说法都有失偏颇，他们认为郑和下西洋是有阶段性的目的的。前三次的目的大致有三：一是追寻传说中逃往海外的建文帝的下落；二是镇抚海外的臣民，同时也是为了炫耀国威；三则是为了扩大海外贸易，沟通与南洋诸国的联系，保持南部海疆的和平。之后的四次下西洋，更多的则带有探险和猎奇的性质。朱棣是一个雄心勃勃的人，对南亚以西的未知世界很感兴趣，同时也想让他们对自己所统治的明王朝有更多的认识，因此派郑和开辟新航路，让海外诸国“宾服中国”。

尽管有这么多关于郑和远航原因动机的推测，但是至今并没有真正的结果。一个大陆国家为何要进行如此大规模的远程航海，也就在刘大夏对史料的“付之一炬”中成了千古难解之谜。

## 吴三桂“一怒为红颜”吗

明朝崇祯十七年(1644)春天，李自成农民军攻占了北京，崇祯帝在景山自尽。此时辽东总兵吴三桂拥重兵驻扎在山海关。背面是南下的清兵，南面是提兵挺进的大顺军队。吴三桂的进退将对当时的战事起到近乎决定性的影响。最后，吴三桂选择了降清之路。于是吴三桂与李自成双方在山海关附近激战之时，关外的清军突然出现，攻击李自成军，李自成军措手不及，败绩而退。吴三桂引清军入关后，在清朝军事统一中国的过程中，立下了“汗马功劳”，那么吴三桂为什么投降清朝？是真心投降清朝吗？后代史家对此议论纷纷。

第一种说法是为了陈圆圆。

吴梅村在《圆圆曲》中写道：“恸哭六军皆缟素，冲冠一怒为红颜。”这两句诗生动地揭示了吴三桂投降清朝的心态。“缟素”是为死去的崇祯帝戴孝，“红颜”自然是吴三桂的爱妾陈圆圆。

明朝末年清兵攻打到锦州，吴三桂在崇祯的命令下奔赴北方前线。由于明朝制度军中不能携带姬妾,所以吴三桂只能让陈圆圆留在北京。不料,李自成的起义军很快就攻进了北京城,吴三桂之父吴襄也投降了闯王的军队。当时吴三桂率领的军队乃是当时号称为“关东铁骑”的数万精兵,李自成和清朝都急于得到他。吴三桂自己则持观望态度,迟迟没做出决定。在这个关节上,李自成军队的一个将领刘宗敏听说了陈圆圆的美貌,便想要得到她。于是这位将领抓来吴襄,拷问陈圆圆的下落,并带兵到吴三桂的府上带走了陈圆圆。这个消息传到了吴三桂的军帐,吴三桂勃然大怒,拔剑斩案曰:“大丈夫不能保一女子,何面目见人耶?”于是转而向清乞兵,使六军披麻戴孝,打着为大明王朝的崇祯帝报仇的旗号,带兵打入北京。就这样,吴三桂投降了清朝,成了清王朝统一中原的开路先锋。接下来,他又引兵进攻李自成,接受清朝官爵,镇压大顺、大西政权,追杀南明政权永历帝,俨然是清王朝的一员猛将。

陈圆圆

吴伟业的《圆圆曲》一出,吴三桂“冲冠一怒为红颜”的降清原因,几乎成为定论。但是有人提出了异议。他们指出,吴三桂降清不可能起因于陈圆圆被掠。对于一个帝王将相来说,女子不过是他们的玩物而已。陈圆圆虽然美貌,但是她不过是妓女出身,不过是被别人当作是礼品送来的政治投资。像吴三桂这样一个聪明的人,怎么可能为了她而确定自己的重大政治决策?从刘宗敏这方面讲也是不合情理的,刘宗敏是一个忘我投身李自成事业的人,是李自成手下的忠实部属,甚至曾经在危难的时候杀掉了自己的妻子追随李自成。他不会不明大义,为了一个女子而影响大顺政权前途。之所以会有吴三桂为陈圆圆而降清的说法,一方面是人们对吴三桂降清的讽刺贬斥,另一方面也可能是后人对此事的附会加工以及文学创作上的需要。

二是为父报仇说。

根据《辽东海州卫生员张世珩塘报》记载，当时李自成的军队实行了一项追赃助饷的政策，对明王朝的大小官吏严加拷讯，逼要银两资助军队。吴三桂的父亲、明朝遗臣吴襄，本来已经归顺大顺，然而也被捉拿拷打，强逼交银，“止凑银五千两”。后吴三桂得悉父亲被大顺军拷打将死，怒不可遏，于是放弃了本要投靠李自成的计划，转而投靠清朝，决计攻灭大顺，为父雪仇。

但是有学者认为此说不实。《明季北略》记载，吴襄投降大顺后，曾经充当说客，写信给吴三桂劝他降大顺。吴三桂对此非常生气，并因此声称断绝父子关系，说“儿与父诀，请自今日。父不早图，贼虽置父鼎俎之旁，以诱三桂，不顾也。”后来，当起义军以他全家性命相威胁的时候，吴三桂也同样置之不顾，结果全家三十多口人被杀。这样的一个人，可能为父报仇吗？他不过是为了自己的安全和帝位罢了，为父报仇不过是一块遮羞布而已。

第三种说法是说吴三桂投降清朝乃是出自阶级的本性。

李自成所率的农民起义军在进入北京后，基本保持着农民起义军本色。吴三桂也许曾经有过投靠李自成的想法，但是那不过是为了保全自己利益的政治投机罢了。尤其是当他知道李自成的军队在北京城内拷掠明朝降臣后，他对李自成的幻想就完全破灭了。而清朝对他则会是高官厚禄，他出于其大官僚地主阶级的本性，为维护本阶级利益，保证自己的荣华富贵，也必然会做出投降清朝的选择。

也有人认为，吴三桂并没有真心投降清朝，只是无可奈何之下的权宜之计。当时的吴三桂虽然握有重兵，但是他的兵力在李自成和清兵面前也不过是微弱的力量。形势让他必须在两者之间做出选择。实际上，在引清军入关前，吴三桂是一贯坚持抗清的，吴三桂曾经多次严拒了明降清将领的劝降。在李自成攻逼下准备联清时，他写信给多尔衮只说在攻灭大顺政权后，“我朝之报北朝者，将裂地以酬”，可见他只是想借兵联合，并无投降归附之意。山海关战后，清廷对吴三桂极不放心，吴三桂的力量也远远不能控制当时的局面。但是吴三桂在发布的檄文中，称：

"周命未改,仍是朱家之正统。"并且要求:"凡我臣民为先帝服丧,整备迎候东宫",为明王朝摇旗呐喊。此外,后来他还招揽奇才,广植党羽,训练士卒,囤积财货,为反清复明做了不少的工作。最后终于在1673年起兵反清。持这种看法的人指出,对吴三桂的降清如果简单地视为卖国投敌,无疑是站在了大汉族主义和明王朝的立场上,对于吴三桂是不公平的。

然而这种说法,始终很难得到世人的同情和认可。尤其是对于后来吴三桂的起兵反清举动,后世普遍认为那不过是因为康熙下令削藩,吴三桂自感自己的地位受到了严重威胁,丝毫不是为了明朝。看来,对于吴三桂投降清朝的原因还要继续地争执下去。

## 第七节　名人史事真伪之谜

### 黄帝是传说中的人物吗

古书中有"三皇五帝"的说法,其中"五帝"是指东方太皋、南方炎帝、西方少昊、北方颛顼和中央黄帝。而传说中,黄帝是中华民族的祖先。然而,他究竟是人还是神?为什么被称为"黄帝"?现在仍然众说纷纭,没有统一的说法。

有学者认为,黄帝是神话传说中的雷电之神,后来才崛起而为中央黄帝。相传他长有四张脸,能同时顾及东、西、南、北四个方向。无论什么地方发生了事情,总逃不过他的眼睛。后来,他战胜了东、西、南、北四个天帝,建立了自己的神国。

黄帝

黄帝和炎帝停战言和后组成的统一的部落联盟,成为中华民族的祖先。所以,今天的中国人自称"炎黄子孙"。也有学者认为,黄帝实有其人,他应该是原始社会末期一位部落联盟的首领。《史记·五帝本纪》记载:“黄帝者,少典之子,姓公孙,名轩辕。生而神灵,弱而能言,幼而物齐,长而敦敏,成而聪明。轩辕之时,神农氏势衰,诸侯相侵伐,暴虐百姓,而神农氏弗能征,于是,轩辕乃习用干戈,以征不享,诸侯咸来宾从。”

这些记载似乎说明历史上的黄帝实有其人,是中华民族的形成与发展的创始者。因此,说他是人更有道理。那么,他又为什么被称为“黄帝”呢?

据说,黄帝在五个天帝中,是管理四方的中央首领,又因专管土地,而中原的土地是黄色的,故名“黄帝”。学者们认为,这反映了上古时期,人们对黄土地的崇拜。古史称他为“以土德为王”。后世之人以此而崇尚黄色,把黄色演变成一种权力和尊贵的象征。历代帝王穿的“龙袍”“马褂”都是黄色,就是由此引发而来的。

在中国的历史典籍和神话传说中,都有许多关于黄帝的记载,但因年代久远,许多说法都已经无法考证。然而,黄帝作为中华民族的始祖却是不容置疑的。

## 唐伯虎点秋香之谜

明代吴中才子唐寅,字伯虎,号六如居士,他恃才孤傲,放浪不羁,每每遇到开心之处,则纵情开怀,放浪形骸。民间就流传有“唐伯虎点秋香”的故事。

唐伯虎的确曾为一个女子隐名为佣。这在《中国野史大观》中有记载,但只不过这位女子并非叫秋香,而叫桂华,是当时锡山华虹山学士府中的一名女婢,深得华夫人喜爱。唐伯虎对她一见钟情,因而以一才子屈身为佣,最终赢得了美人归。所以说,“唐伯虎点秋香”可能就是唐伯虎赚妻桂华这一故事的演变,唐伯虎没有点秋香,但是点了桂华。

一天,唐伯虎出去游玩,碰见了在华府为奴的桂华,对她一见钟情。从此唐伯虎怎么也摆脱不了那个漂亮女婢的身影,最终想到一个办法,就是到华府隐名为佣,改名华安伺机而动。

他到华府先为伴读。结果一手好文章让华学士对他刮目相看,将他留为亲随,掌管文房。一应往来的书信,均令华安处理,没有不合华学士心意的。因此,华学士对华安更加器重,恩宠有加。

不久,掌管华府典铺的主管不幸病逝,华学士便让华安暂时先代管其事,掌管典铺。华安不负所望,典铺的出纳账目有条有理。华安的工作也特别小心谨慎,秋毫无私。

华学士非常满意华安的工作,意欲将其升任为典铺的主管。但唯有一点使华学士不很放心,华安眼下尚是孤身一人,没有妻室,万一哪一天他一走了之的话,委任其主管这样的事务,岂不是有点儿用人不当?

华学士觉得眼下这样还很难对华安委以重任,必须等到华安有了妻室,心真正安定下来才好,于是找媒婆,商议起为华安择偶婚配的事情来。

最终,华安和桂华终于在华学士及其夫人的鼎力帮助下,拜过花堂,适时完婚,婚后二人情投意合,恩爱日深。

其实,早在20世纪80年代就有人指出唐伯虎并没有点过秋香,如苏州市文联段炳在《光明日报》上写过:唐寅并未自称过“江南第一风流才子”,未点过秋香。唐在29岁时的科场冤案过后,本想以“功名命世”的他变成了一个“春光弃我竟如遇”的感伤者,变成了一个“猖狂披髦卧茅衡,万里江山笔下生”的失意者。在这种潦倒落魄的窘境里,曾经自谓“布衣之士”的唐伯虎决不会说出“江南第一风流才子”之类自大之语的,更无心去干什么三笑点秋香之事。

因此到底真相如何,也就不得而知了。

## 第八节　名人逸事轶案

### 西游圣僧唐三藏:太宗原意不西行

看过电视剧《西游记》的人们大多都认为,唐僧是受唐太宗之托并且在隆重的告别仪式之后才踏上取经的路途的。然而,小说与历史是有很大出入的。事实上,唐僧西天取经的计划最初并没有得到唐太宗的支持。

唐僧原型为唐代僧人玄奘。由于佛经的原文都是梵语，因此在翻译佛经的过程中就出现很多的争论。中国佛教的各家各派也就随着各种各样的争论林立起来。通过多年来在各处讲筵所闻，玄奘深感异说纷纭而无从获解。在这样的情况下，玄奘决心远赴印度，将正确无误的佛经传入中国。

然而，如此重大意义的西行，却没有得到唐太宗的许可。原因是玄奘准备到天竺取经之时，唐太宗李世民刚刚继位。由于朝廷换届，国家尚不稳定，唐朝的政治环境还处于动荡之中。唐太宗当时对外并不主张开放，以免对政局的稳固与加强产生负面的影响。所以，在这个国家环境并不安宁的时候，玄奘向唐太宗要求到印度寻取真经的愿望就遭到唐太宗的拒绝。玄奘几经说服都没能取得唐太宗的支持。

然而，玄奘并没有因此罢休，唐贞观三年八月，26岁的玄奘前往佛教的发源地印度取经。唐太宗曾经多次下令通缉捉拿玄奘，都没有成功。

历经千难万险，跋山涉水，唐玄奘终于到了天竺。他在此地取经学经，一待就是十几年。玄奘回到大唐后，唐太宗为他的事迹所感动，在玄奘请罪的时候赦免了他，还为玄奘加官加冕，然而都被玄奘婉言拒绝了。玄奘从此便在中国大地上传授真经，教诲众人，普度众生。

## 唐代诗仙李太白：死因扑朔难定论

唐代大诗人李白，字太白，号青莲居士。关于李白的死因，学界并没有一个明确的答案。搜集各种说法，可以概括为以下三种。

第一种说法是年老体衰，饮酒过度所致。李白一生唯有酒与其常伴，是酒让他孤寂的心灵得以抚慰。从李白的诗句“古来圣贤皆寂寞，唯有饮者留其名”中，足见酒对于李白是何等的重要。《旧唐书·李白传》中记载：“永王谋乱，兵败，白坐长流夜郎。后遇赦得还，竟以饮酒过度，醉死于宣城。”

第二种说法因病去世。晚唐著名文学家皮日休诗云“竟遭腐胁疾，醉魄归八极”，郭沫若在其《李白与杜甫》中称：“李白从夜郎释放回来，曾游览金陵，肯定往来于宣城和历阳之间。”

当时李光弼镇压叛军，李白欲从军报国，可惜行至金陵便旧病复发只能返回，第二年死于李阳冰处，逝前作《临终歌》。

第三种说法“捞月而死”。五代王定保《唐摭言》言：“李白着宫锦袍，游采石江中，傲然自得，旁若无人，因醉入水中捉月而死。”这种说法很可能只源自传说，不足为信。

以上三种说法都没有直接而彻底的证据，但是李白的死与其参与李璘谋反有着千丝万缕的联系，李白因此而被流放夜郎，后遇赦，不久便结束了他短暂的一生。

正史《旧唐书》中关于李白死因的记载符合当时的情况。李白政治上的失意，人生的不得志，让他唯有饮酒以解忧。从《临终歌》里，我们也可以看到李白对生命的感叹和对自己不得志的感慨。另外，李白从军讨伐安史叛军在正史中并没有提到，所以不足为信。

## 王安石与苏东坡：假宿怨和两相亲

王安石和苏东坡是年轻有为的朝臣栋梁。北宋年间，二人身不由己地陷入变法革新的党派之争中不能自拔。政见上的背道而驰，使王安石和苏东坡在官场中针锋相对。许多反对变法的保守派因此大做文章，把二人说成不共戴天的仇敌。

当时，王安石是坚定不移的变法派领袖，而犹豫不定的苏东坡眼见新法在实施过程中常被贪污腐败之人利用，成为盘剥百姓的工具，对王安石激进的改革作风不能苟同，于是走上了积极反对变法的道路。

熙宁二年(1069年)，王安石准备变更科举制度，请求兴办学校，在科举考试中罢黜诗赋等科目，专以经义、论、策来考试。苏东坡随即上《议学校贡举状》，论述贡举之法行之百年不可轻改，得到宋神宗的召见。王安石对此极为不满。

之后，宋神宗想让苏东坡编修中书条例，王安石强烈反对：“轼与臣所学及议论皆异，别试以事可也。”当王安石得知神宗打算任用苏东坡当谏官时，更是极力阻止，并派苏东坡去做府推杂事的小官。

苏东坡在任开封府推官期间，又呈上《上神宗皇帝书》《再上神宗皇帝书》，直言反对新法。而最令王安石忍无可忍的，是苏东坡的《拟进士对御试策》，其中提到“晋武平吴，独断而克；苻坚伐晋，独断而亡；齐桓专任管仲而霸，燕哙专任子之而败；事同功异”。苏东坡借此含沙射影地批判王安石在变法过程中不顾阻挠的“独断专行”。

苏东坡

王安石怒不可遏，向神宗谏言：“轼才亦高，但所学不正……请黜之。”几天后，他又对神宗说：“如轼者，不困之使自悔而绌其不逞之心，安肯为陛下用！”恰巧朝中有人告发苏东坡兄弟运父灵回乡的过程中偷运私盐，王安石立即下令彻查，并拘捕了相关人员审问。虽然之后查明此事实属诬陷，但经历了这一次又一次的交锋，苏东坡自知已无法再在朝中待下去，于是请求外放，出任杭州太守。

此时朝中反对变法之声仍旧不减。王安石在遭逢诬陷之冤与丧子之痛后，罢相辞官，回到江宁老家。

元丰初年，王安石的“朋党”李定、舒亶、何正臣等人向神宗皇帝上奏，说苏东坡“谤讪朝廷”。神宗震怒，传旨将苏东坡逮捕入狱。不久，苏东坡被定罪候斩。除其弟苏辙外，满朝文武无人敢为他求情。

此时王安石身在江宁，待他得知苏东坡罪名已定，性命危在旦夕。想到国家正值多事之秋，而苏东坡的确是个难得的人才，王安石立即派人快马加鞭赶至京城，将自己的亲笔书信呈给神宗皇帝。信中说道，目前国家正值用人之际，切不能因为苏东坡写了一些不中听的小诗就错杀良才。神宗皇帝对王安石敬重有加，看过信后觉得颇有道理，便下旨释放苏东坡，将他贬到黄州。

元丰三年，苏东坡奉命从黄州移居汝州。途径江宁，想起隐居于此的王安石，深为过去王安石不计前嫌冒死相救而感动不已，于是趁此机会专程拜访，以消除多年的隔阂。王安石听说苏东坡来到江宁，马上披蓑衣戴斗笠，骑着瘦驴风尘仆仆地赶到渡口与苏东坡相会。两人在江边煮酒和诗，通宵达旦。此后两人同游数日，畅谈甚欢。

事实上，王安石和苏东坡从未成为真正的敌人。政见上不可调和的矛盾，仅仅在于各自看问题的角度不同，绝不存在对错之分、忠奸之别。王安石与苏东坡，于文学中的相互钦佩，于政治上的彼此宽容，使多年的官场恩怨最终烟消云散，成为中国历史上“文人相亲”的典范。

# 第五章 文化未解之谜

## 第一节 悠久的渊源寻根

### 中华民族何时称为“华夏”

相传,我国历史上第一个朝代是夏朝。古时候,黄河流域一带的先民自称“华夏”,或简称“华”“夏”。“华夏”一词最早见于《左传》:楚失华夏。唐孔颖达疏:华夏为中国也。从字面意思来讲:华,是为“章服之美”也;夏,是为“礼仪之大”也。

这两大修饰“美好”的形容词,强强联手,其含义不言自明,就是好得不能再好的意思。虽然“华夏”一词本义只是指中原诸侯,也是汉族前身的称谓,但因为它意义很好,再加上人们用惯这个词,日久生情、约定俗成了,所以“华夏”因此至今仍是中国的别称。

华夏族的祖先,原是生活在黄河流域的黄帝和炎帝,后由于合并融合,蛮、夷、戎、狄等民族相继融入华夏族,构成后来汉族的主体,汉族因汉王朝而得名,此前称华夏族,所以汉族本身就是由不同民族融合而成的,其主体是华夏族,这就是中国之所以称为“华夏”的缘由。

当今的人认为,一个民族的形成,要经过漫长岁月的磨合、融汇、甚至牺牲,才能凝结成一个有共同语言、共同情感、共同文化、共同经济、共同疆域的整体。可以说,民族的形成完全是一部野蛮的争斗史,也是一部文明的团结史。

而秦汉时期所说的中国人,实际上来源于华夏、东夷、南蛮三大民族集团。而三大集团中的华夏集团的代表,一个叫炎帝,一个叫黄帝。炎帝神农氏没落时期,黄帝轩辕氏"习用干戈，以征不享"，经过阪泉之战和涿鹿之战后，黄帝排除了异己，兼并、融合、统一了中原地区的诸多民族，形成了华夏族主体。华夏、东夷、南蛮三大集团是构成华夏族的核心部分。华夏集团发祥于今陕西省的黄土高原上，在有史以前已经渐渐地顺着黄河两岸散布于中国的北方及中部的一些地方。

东夷氏族的代表人物是太昊氏。传说中的黄帝与诸侯中最粗暴的蚩尤战于涿鹿，并且擒杀了蚩尤，这蚩尤就属于东夷集团。东夷集团所居住的地域，北至山东北部，西至河南东部，西南至河南的极南部，南至安徽的中部，东至海滨。南蛮集团的代表人物是伏羲与女娲。这一集团所处的地域以湖北、湖南、江西等地为中心。华夏族的形成过程就是华夏、东夷、南蛮三个部落集团长期斗争、相互融合的过程。经过战争，使得胜利者越来越强大。《史记》称，黄帝"东至于海，登丸山，及岱宗。西至于空桐，登鸡头。南至于江，登熊、湘，北逐荤粥，合符釜山，而邑于涿鹿之阿"。就是说，黄帝使炎帝以及其他一些部落臣服，势力东达渤海，西至甘肃，南到长江，北到幽陵，并在今河北省涿鹿县建了"帝都"，形成了一个势力强大、相对稳定的早期"国家"。随着时间的推移、历史的发展，黄帝及其后裔的华夏集团与其他部落不断融合。虞氏虞舜与陶唐氏帝尧的两个女儿的通婚，意味着华夏集团与东夷集团的进一步融合。舜帝征服三苗，就意味着一个亲善大于仇视，友好大于争夺，联合大于离乱，世世代代通婚，不断繁衍生息的民族大融合的共同体——华夏族基本形成了。

据前面所说，华夏族早在尧舜时期已经形成。但是史学界也有持不同意见者，他们认为华夏族是在夏朝时才形成的。持这种观点的学者认为：一个民族的形成是以破坏氏族部落为目的，淡化血缘概念为条件的。这个民族共同体的形成与夏代国家的建立是一个同步的历史进程。而原始社会末期，炎黄时代的社会结构是由家族、氏族、胞族和部落构成的，不符合民族发展形成的规律。

传统观点认为，华夏族在夏朝才形成的这个观念，是以国家的形成根据的。但是，根据现代考古发现和研究，国家的形成应该从夏代往前推千余年。那么，还认为华夏族是在夏代才形成的观念就显得落伍了。长期以来这种落伍的观念来自我们对夏代以前的历史不了解，而又不愿深入研究，只认识商代的甲骨文，就以为中国以前只有传说，没有历史。这种观念一直束缚着中国史学界的思维，很多创新观点被迫裹足不前，这无疑是一种文化的认知缺陷。当然，其间也有学者发出不同的声音，认为华夏族起源于商、周或战国时期。

事实上，一个民族的形成过程是漫长而艰难的，往往要经历分裂、统一、再分裂、再统一的反复磨合的过程，因此很难准确地说明这个民族诞生在哪朝哪代。譬如，汉民族的形成就是尧舜时期在华夏族形成的基础上，历经夏、商、周、春秋、战国、秦、汉几代的民族统一，以及与周边的少数民族不断融合，才得以发展成为拥有灿烂的古代文明和广大人口的汉民族。

到了公元前1600年，居住在今商丘北部的商部落灭了夏朝，成了中原的主人，领土比夏朝时多了徐州和山东西部。商部落有东夷血统，但是语言上操一种汉语方言。东夷属于北亚人种与北方远东人种的过渡人种，他们的语言属于汉藏语系而不属于汉语。经过几百年的统治，商部落完全华夏化。但作为华夏族在关中的移民，血缘和文化上他们仍然是以华夏族为主体。

总结以上的观点，第一种看法是，“华夏”是民族的名称。其中，这种观点又有两种认知的分歧，一种观点认为我国古代以“夏”为族名，而“夏”这个名词则由“夏水”而得——“华夏族定居在华山之周，夏水之旁，故而得名”；另一种观点认为，“华夏”实际是历史上夏族的一个分支。古老的夏族曾生活在甘肃、河南、山西一带，后来这个民族不断向四周迁徙，逐渐形成“东夏”“西夏”“大夏”三部分，后来大夏变为夏族的总称；第二种看法则认为，“华夏”是地域文化概念，认为它是以文化的高低定名，谁的文化程度高，谁就是老大；文化程度低的俯首称臣，做了小弟。

“华夏”这一文化疑案至今还存在争论，没法最终定案，仍需要等待后来者去解开。

## 女娲传说

女娲又称为女娲娘娘，是传说中人类的始祖，她创造了万物。《太平御览》中，说女娲在正月初一创造出鸡，初二创造狗，初三创造羊，初四创造猪，初六创造马。初七这一天，女娲用黄土和水，仿照自己的样子造出了一个个小泥人。她造了一批又一批，后来觉得太慢，于是用一根藤条沾满泥浆挥舞起来，一点一点地泥浆洒在地上，都变成了人。

为了让人类永远的流传下去，女娲创造了嫁娶之礼，自己充当媒人，让人们懂得“造人”的方法，凭自己的力量传宗接代。女娲不仅创造了人类，而且炼石补天，让人们免受天灾，是被民间广泛而又长久崇拜的创世神和始祖神。

然而关于女娲其人，却有不少待解之谜。

女娲是男还是女？这个问题看起来未免令人发笑。因为从古至今，人们一般认为女娲无疑是一位女子。

大部分人根据上古神话，传说女娲是伏羲的妹妹，或者根据其名字、所处的母系社会而断定她是女性，且为创世之母。

诸多古籍，如《太平御览》《山海经》中，都有关于女娲为女性的记载。女娲娘娘，又称女阴，风姓，生于成纪（甘肃秦安县），是中国历史神话传说中的一位女神。

然而有人却认为女娲原为男性，被后人讹传为女性。清代赵翼考证，女娲本为风姓，号为女希氏，是上古时帝王中的圣贤者。因当时没有文字，在人们口口相传中，因音成字，写作女娲，并不是指其性别为女。

女娲炼石补天的故事在我国广为流传。传说远古时候，火神祝融和水神共工打起仗来。共工把撑天的柱子不周山撞倒了，天塌下半边来，地也陷成一道道大裂纹，山林烧起了大火，洪水从地底下喷涌出来，龙蛇猛兽也出来吞食人民。

为了拯救万物，女娲先是炼制了五色石头，一块一块把天补好了。对于女娲补天的传说，后人对此做了解释。有人认为，五金有青、黄、赤、白、黑五色，皆生于石中，女娲首先识别它们，并用火锻炼出来，制为器物工具之类，后传为炼石补天。据此，女娲补天又被解释为原始冶金的发明和应用。

还有学者认为女娲补天的神话实际上可能是远古时期的一次陨石雨灾害，并以河北望都白城村洼地遗址为据。也有人认为，女娲补天的传说源于济源。

而对于女娲埋在哪里，她的陵墓在何处，说法也颇多。女娲作为一个充满神秘色彩的女神，关于她的文化源远流长、博大精深，而由于她所处的时代距现在太遥远了。因此要想解开她的这些谜实属不易。

### 伏羲始祖

相传伏羲人首蛇身，与其妹女娲成婚，生儿育女，成为人类的始祖。也有相传他是古代华夏部落的杰出首领，是我国古籍中记载的最早的王。

据说伏羲聪慧过人，根据天地万物的变化，发明创造了八卦，即以八种简单却寓意深刻的符号来概括天地之间的万事万物，从而结束了“结绳记事”。据说这是一组代表自然界天地水火山川雷电的象形文字，也是中国文字的起源。而其中所蕴含的博大精深的文化内涵，则成为古代东方哲学的标志。

此外，他还模仿自然界中的蜘蛛结网而制成网罟，用来捕鸟打猎，并教会了人们渔猎的方法。他还发明了瑟，创作了《驾辨》曲子。

伏羲的活动标志着中华文明的起始，也留下了大量关于伏羲的神话传说。而关于伏羲的记载在古籍中很常见，但又说法不一，给世人留下许多难以弄清的问题。

伏羲有许多名称，如宓羲、庖牺（也称庖牺氏）、包牺、伏戏、牺皇、皇羲、太昊，史记中称伏栖。而在先秦可靠的典籍中，言太昊则不言伏羲，言伏羲则不言太昊，太昊与伏羲并无任何瓜葛。到了汉代，《汉书·律历志》始，已称太昊伏羲氏了。西晋称伏羲为太昊伏羲氏。因此关于太昊、伏羲是两个人还是一个人，也是一个谜。

其实，伏羲名称的差异也反映着人们对伏羲职能看法的不同。

《易·系辞传》中，把伏羲列为中国历史上第一个王，讲他“仰则观象于天，俯则观法于地，观鸟兽之文与地之宜，近取诸身、远取诸物，于是作八卦，以通神明之德，以类万物之情。做结绳而为网罟，以佃以渔”。如果他能察天地之象，那他就是最早的天文学家；能推算八卦六十四复卦，他就是最早的数学家；能教人结网捕鱼、耕田种植，他还是最早的渔翁和农夫。

在其他一些典籍记载中，有说他“制以俪皮嫁娶之礼”，可谓最早的礼仪大师；有说他“斫桐为琴、绳丝为弦，织桑为瑟”，堪称最早的乐器制作师；有说他“禅于伯牛，钻木作火”，堪比希腊神话中的普罗米修斯；有说他“取牺牲以充庖厨”，被视为最早的大厨师。《吕氏春秋》还以他为“苍精之君”“东方之帝”“木星”等等。

自春秋战国以来，关于伏羲的外貌形象一直是“人首蛇身”，尤其在汉代以后，伏羲“人首蛇身”的图案更是被作为装饰图案广泛地运用到人们的日常生活中，在人们心中根深蒂固。

在汉代画像砖上的伏羲，腰身以上是人形，穿袍子，戴冠帽，下面是和女娲紧缠在一起的蛇躯。这和《帝王世纪》中的“疱牺氏……蛇身人首”记载相吻合。

而在河南南阳汉墓中我们看到的伏羲则又是人身龙躯。据《玄中记》记载，西汉鲁恭王灵光殿内的石刻伏羲形象也是这样。

也有专家认为伏羲“人首蛇身”的形象是人们的一种误解。其实，应该是“人首龙身”，而这个龙则是从大鲵演变而来，伏羲部族也以鲵为图腾。在甘肃天水武山、甘谷曾出土了两件人首鲵鱼纹瓶，似乎也证明了这点。

在甘肃天水市有一组明代建筑群——伏羲卦台，这里的先天殿里供奉着一座三米多高的伏羲像：粗黑的浓眉，滚圆的双眼，棕黄色的皮肤，披着满身绿色的鳞甲。在王延寿的《鲁灵光殿赋》中也有这样的描写：“伏羲鳞身”。

除此之外，民间敬奉的伏羲，还有脚踩猛虎或身边带着猛虎的人像的形象。

### 伏羲与女娲通婚之谜

中国古代“三皇五帝”的传说一直流传至今。伏羲和女娲都位居“三皇”之列，他们是传说中人类的始祖。

伏羲、女娲兄妹通婚的故事，在中国古代传说中也流传得较广。据传，伏羲和女娲是一对兄妹。天降洪水，他们在一个大葫芦里躲过了劫难，然后兄妹结婚，人类便是他们的后代。这个故事是真是假，没有太多的历史记载。唐末李元的《独异志》中有这样详细的记载："昔混沌初开之时，有娲兄妹二人于昆仑山咒曰：'天若遣我兄妹二人为夫妻，而烟悉合。若不，使烟散。'于是烟即合，其妹即来就兄。"

河南唐河曾出土了一幅《伏羲女娲图》，其前均有两朵烟，这是夫妻可以结合的象征。

还有的汉墓画像石上有着交尾状的伏羲、女娲像。伏羲被画成鳞身，女娲被画成蛇躯。他们被比喻成人格化的蛇神和女神。有的汉墓画石上有分别手捧着太阳和月亮的伏羲和女娲。这就是说伏羲是太阳神，是阳精；女娲是月亮神，是阴精，取阳光雨露滋育着万物生长之意。

如今，在陕西省临潼骊山有一座人祖庙里，仍供奉着女娲。这里每年要举行两次祭礼，一次在农历三月三日，一次在农历六月十五日。当地的人们又把这两次庙会称为"单子会"。很多不育的妇女往往趁庙会之时，夹着床单，怀里藏着布娃娃，先到骊山的人祖庙给女娲烧香许愿，然后再偷偷地夜宿附近的树林中。附近各村的青壮年男子在晚饭后也多上山，遇到这些不育的妇女，便可就地同居。次日清晨，这些妇女回村时，只能低头走路，不可回顾，否则会"冲喜"。

这种奇异的"野合"风俗，恐怕也是从远古伏羲、女娲兄妹通婚的传说中遗传下来的。

中国远古时，兄妹为什么可以通婚呢？人类最原始的婚姻状态可以对此做出一定的解释。婚姻和家庭观念最初并不存在于人类的头脑之中。当时人类之间是一种杂乱的两性关系。采集、狩猎经济发展起来后，古人们在劳动中开始按照男女、年龄进行分工。随着人类思维的进步，父母开始不愿与自己的子女发生两性关系。最后杂乱的两性关系终于被人类摒弃了。比较固定的血缘群团，又称"血缘家庭"或"血缘公社"发展了起来。作为一个生产、生活单位，它同时又是一个内部通婚的集团。在这里面,祖辈与少辈之间、双亲与子女之间发生两性关系是不允许的,而兄妹之间互相通婚并没有被禁止。这种血缘群婚在人类发展史上经历了以百万年计的漫长岁月。据人类学家考证,在我国发现的云南元谋人、陕西蓝田人均属于分类学上的直立人阶段,大致都处于血缘公社时期。

在我国的少数民族中,如纳西族、傣族、苗族、侗族、壮族、黎族和高山族等,现在还都流传着兄妹通婚的神话。此外,在一些少数民族地区,现在还或多或少地保留着血缘婚的残余。

现代的历史学家至今还不能断定出伏羲和女娲的年代距今有多长时间。但是他们一定是生活在原始社会的血缘公社时期,这一点是可以肯定的。而这一时期距今有百万年之久,伏羲和女娲究竟是否兄妹通婚,现有的史料还无法充分证明。

### 王母娘娘身份

王母娘娘在道教里被称为西王母,简称王母,又称金母、金母元君,道教中的全名为白玉龟台九灵太真、金母元君或太灵九光龟台金母元君。王母娘娘只是老百姓叫的俗称。在正统道教神系中,西王母是先天阴气凝聚而成,是所有女仙之首,掌管昆仑仙岛。而所有男仙之首为先天阳气凝聚而成的东王公,其掌管蓬莱仙岛。玉皇大帝是群仙之首、众神之主。西王母本来与玉皇大帝不是夫妻,只有在中国民间的故事和小说里,才认为他们是夫妻,甚至还有七个如花似玉的女儿。

从汉代以来,道教的传播加上口耳相传的民间故事的演绎,西王母在民间受到广泛信仰。她不但作为道教的一位大仙为道家所信奉,享受人间的烟火,而且经常出现在各类文学作品中,为人们所乐道,具有广泛的影响。那么王母娘娘的形象是怎样嬗变而来的?让我们一起揭开她的身份之谜。

《山海经》是先秦古籍,是一部富于神话传说的最古老的地理书。其中提到的西王母被说成是半人半兽的怪物。“西王母,其状如人,豹尾虎齿而善啸,蓬发戴胜,是司天之厉及五残。”意思是说,西王母的外形像人,长着一条像豹子那样的尾巴,一口老虎那样的牙齿,经常大声吼叫,满头乱发,还戴着一顶方形帽子,是上天派来负责传布病毒和各种灾难的神。她住在昆仑之丘的绝顶之上，有三只叫作“青鸟”的巨型猛禽，每天替她叼来食物和日用品。

据说西王母半人半兽的怪模样，源于我国古代的动物崇拜和图腾崇拜。

《穆天子传》中，西王母是商周时期西方一个图腾部落的领袖。相传，周穆王曾乘坐“八骏马车”，不远万里到西方拜见西王母。西王母在瑶池宴请穆王，双方诗酒唱和，约定三年后再见面。这里的西王母早已不是“豹尾虎齿”那样的异象，而是一位具有君王风范的妇人。这个西王母部族，也有说是中国最早有女儿国的记载。然而，穆王拜访之后，这个部族也就失踪了，由此留下不少神话传说。

《汉武帝内传》中，西王母已经升华为神仙中人，是一个容貌绝世的女神，头上梳着太华髻，戴着太真晨婴(缨)冠，穿着黄金丝织成的衣服，脚穿凤纹鞋。她赐给汉武帝三千年结一次果的蟠桃，吃得汉武帝齿颊留香、通体舒泰。这里的西王母住在昆仑山的瑶池，园里种有神奇的蟠桃。小桃树三千年一熟，人吃了体健身轻、成仙得道；一般的桃树六千年一熟，人吃了白日飞升、长生不老；最好的九千年一熟，人吃了与日月天地同寿。因为西王三母送汉武帝仙桃以延寿，从而她被定位为赐福、赐寿的女仙。道教在每年的三月初三庆祝王母娘娘的诞辰，此日举行的隆重盛会，俗称为蟠桃盛会。

至此，经过原始神话、传说和后来人不断的加工、创造，王母娘娘的形象逐渐被人格化、故事化，日渐完善了起来。

## 观世音性别

观世音菩萨俗称观音菩萨，是与中国民众结缘最深的一位印度菩萨，中国民众对她的崇信远在其他佛教神祇之上。《妙法莲华经·观世音普门品》说：“观世音以何因缘名‘观世音’？佛告无尽意菩萨，善男子，若有无量百千亿众生受诸苦恼，闻是观世音菩萨，一心称名，观世音菩萨即时观其音声，皆得解脱。”观世音菩萨大慈大悲，拯救一切苦难众生，故全称“大慈大悲救苦救难观世音菩萨”。在唐代，因为避唐太宗李世民的讳，又简称“观音”菩萨，沿用至今。

观世音菩萨崇拜产生的历史非常久远，可以上溯到3000年前，观音菩萨信仰很早就是亚洲文化的中心信仰。据婆罗门教经典《梨俱吠陀》记载，在印度固有的婆罗门教中，已经存在观音崇拜。释迦牟尼佛创建佛教以后，把婆罗门教的观世音纳入佛教，成为观世音的自性身。在大乘佛教典籍中记载，释迦牟尼佛介绍观音的历史时说：观世音菩萨在远古以前，早已成佛，他的名号称为“正法明如来”，他与唐代中叶传入日本的佛教密宗的昆卢遮那佛（又称大日如来），几乎有相等的久远历史，他又是密宗莲花部的本尊，诸如马首明王、准提佛母、千手千眼大悲观世音等都是他二而一、一而二的分身现象。

观音菩萨传入中国大约是在魏晋时代。随着佛教中国化的发展，印度的观音形象在中国逐渐发生了重大变化。观音传入中国之初，还是以“伟丈夫”男菩萨的形象高坐佛堂，在中国早期的佛教造像中，如敦煌莫高窟的壁画、南北朝时期的木雕等，观音形象种类很多，但大多是以男身出现，甚至还留有两撇小胡子。南北朝以后，特别是在唐宋以后，观音几乎完全变成女菩萨模样，其面庞妩媚秀美，姿态端庄华贵，又不失稳重的气质。

中国佛教对观音菩萨的改造，不仅体现在造像上，更突出表现在编造观音菩萨新的身份上。印度的男观音变成了中国春秋时期楚庄王的三公主，这就是流传广泛的观音菩萨为妙善公主的传说。这种女观音的身世最早见于宋·朱弁的《曲有旧闻》，其后宋末元初的管道升著《观世音菩萨传略》成为完整的传记，此后又陆续出现了一大批观音故事书，遂使观音故事广泛流传，甚至完全取代了印度佛典中的“正宗”观音菩萨。

那么观世音菩萨到底是何种性别呢？如何看待一位在印度具有种种身世，传入中国后又由男观音变为女观音这种现象呢？到底具有哪一种说法才是观世音菩萨真身世呢？这些问题在一般人来看确实是个不解之谜，但据佛经的解释，却是完全合理的。《妙法莲华经·观世音普门品》就具体描述过观世音菩萨所能显现的各种救度众生的化身，如有众生应以佛身得度，观音就显现佛身去救度；若是众生应以罗汉身得度，观音就显现罗汉身去说法；观世音还能随时显现男身、女身、国王身、宰官身、和尚身、道士身……甚至为百兽飞禽。这就是《妙法莲华经·观世音普门品》说的："应以何身得度者，即现何身而为说法。"观世音菩萨既然可以随意变化，那么他由男菩萨变为女菩萨应当就是正常的了。南怀瑾先生认为，依佛法的道理，一切菩萨成就菩提时，皆是非男非女相，这种相不是医学观念中的阴阳人，而是超越男女相的限制，不执着于任何一边，可做完全自由的变现，也就是"即男即女"，随缘示现，应化无穷。

为何观世音菩萨的形象在中国佛教中以女身出现，有如此广泛的影响呢？有人认为，大慈大悲的观世音菩萨就像母亲呵护儿女一样对待芸芸众生，所以显现的是慈祥端庄的女身相；还有人认为，南北朝时期女性佛教徒日益增多，而佛教四大菩萨中，唯有观世音菩萨最具女性心肠，另外"男女授受不亲"，在家修行的女性教徒供奉男性菩萨，也不成体统，于是观世音菩萨就变成女身了；也有人认为，观音与净土宗信仰和西方宗教信仰有关，在西亚有母神那那衣亚，直到现在仍留存于以色列犹太教的礼仪之中，她手执带叶柳枝作为繁殖的象征，据认为与中国的杨柳观音、水月观音的观念有关，中国的观音变为女性，应与此有关；现代高僧印光法师则认为，观世音菩萨，久已成佛，特以慈悲心切，现九法界身（九法界即菩萨、缘觉、声闻、天人、阿修罗、饿鬼、畜生、地狱也）种种方便，度脱众生，于人法界，又复种种不一，……了无一定。但以菩萨之像，微妙庄严，世人不能形容，以故多类女像，非菩萨原是女身也。

## 二郎神原型

二郎神是道教神话中的一位神仙。在我国民间，有些地方崇拜二郎神，还修建有二郎庙。那么二郎神的原形是谁，这是一个迷雾重重的难题。

有人说二郎神的原型叫李二郎。这种说法与开凿都江堰的水利家李冰确关。秦蜀郡守李冰在任期间，带领民众建成了功德绵延千年的都江堰，将成都平原变为天府之国。而蜀中民间传说，李冰的次子"二郎"有协助父亲凿离堆、开二江的大功,因而也被民众作为神灵奉祀。

有人说二郎神的原型是杨二郎。凭借小说的力量,杨二郎成为明清以来人们最熟悉的“二郎神”。《西游记》第六回称他是“显圣二郎真君,见居灌洲灌江口”。《封神演义》更明指其名叫杨戬,是玉鼎真人的徒弟。其实杨戬本系北宋徽宗宠信的一个宦官。宋元时代,民间流传有一些关于他的轶闻,其中一则后来被编进明话本小说《醒世恒言》第十三卷“勘皮靴单证二郎神”中,大意是徽宗后宫有一韩夫人因患病,奉旨借居杨戬府中休养。某日,韩夫人由杨戬内眷陪同去清源妙道二郎神庙里拈香,庙官孙神通窥其貌美,假扮二郎神,趁夜潜入杨府,诡称与韩夫人有仙缘,诱其苟合。后被杨戬识破,设计捉拿治罪。有人认为,故事中孙神通所冒充的清源妙道二郎神,就是赵昱。但未知有意或无意,这个杨戬捉拿假二郎的逸闻在辗转流传的过程中走样了,最终杨戬变成了二郎神,再经《封神演义》“落实”,遂成定论。所以在民间俗信中的各种二郎神里,这个产生于小说的“杨二郎”是最不足为据的。

此外,学者中尚有认为“二郎神”的原型是白族传说中“二楞神”、羌族传说中“罗和二王”、彝族传说中“支格阿龙”等多种说法。二郎神到底是谁,人们至今还没有形成一个统一的意见,有待于进行更深入的考证。

### 财神爷形象

财神俗称财神菩萨,是掌管天下钱财的。因此每逢新春佳节,全国各地的人们都会祭祀财神,人人满怀发财的希望,祈愿在新的一年里大发大富,而各地祭祀的方法却各有千秋。

北方地区春节时,家家请回财神,供奉财神像,焚香上供品。正月初二清晨祭焚财神像。祭祀时边行礼边诵祝词:“香红灯明,尊神驾临,体察苦难,赐富百姓。穷魔远离,财运亨通,日积月累,金满门庭。”供品一般是公鸡、猪头、活鲤鱼等。

南方在敬祭财神供品上非常讲究,供品共分三桌:第一桌为果品,有广橘,示生意广阔。第二桌为糕点,多用年糕,意为年年高;糕上插有冬青枝,意为松柏常青。

第三桌为正席，有猪头、全鸡、全鸭、全鱼等，有招财进宝、鱼跃的吉意。祭祀时，主人点燃香烛，众人顶礼膜拜。

全国各地都有祭祀财神的踪迹，可见财神在人们心目中的重要地位。由于中华历史悠久，不同时代对于财神的认知也有所区别，因此出现了不少财神爷的形象。

通常财神都是指赵公明。传说赵公明原是瘟神，主管秋瘟，与其他四位瘟神——春瘟张元伯、夏瘟刘元达、冬瘟钟士贵、总管中瘟史文业——主管世间瘟疫。

旧时年画中，赵公明的形象多为头戴铁冠，手持宝鞭，黑面浓须，身跨黑虎，面目狰狞。直到《封神演义》问世，赵公明才不再像昔日那样浑身充满邪气、鬼气和瘟气。姜太公奉元始天尊之命按玉符金册封神，封赵公明为“金龙如意正一龙虎玄坛真君”，职责是专司金银财宝，迎祥纳福。

从此赵公明开始掌管天下财富，做了财神爷。凡做买卖求财，只要对赵公明祈祷，便无不称心如意，故而民间奉其为正财神。

除正财神外，还有偏财神，这是就财神所在的神像位置而言的。民间的偏财神经常是指“五路财神”。

与赵公明所辖的同时受封的还有招宝天尊肖升、纳珍天尊曹宝、招财使者姚少司、利市仙官陈九公。在民间，人们通称他们为“五路财神”。

每年正月初五是五路财神的生日，因此民间在这天放鞭炮、摆供品，分别到东南西北中五方财神堂迎接财神，五位财神接齐后，挂起财神纸马，点燃香烛，众人顶礼膜拜，拜罢，将财神纸马焚化。

“文财神”财帛星君也称“增福财神”。他的形象一般是脸白发长，手捧一个宝盆，“招财进宝”四字就是由此而来。他的绘像经常与“福”“禄”“寿”三星和喜神列在一起，合起来为福、禄、寿、财、喜。

有人说比干就是文财神。比干是殷纣王庶兄，官居少师，忠耿正直，因为得罪纣王被剖心。传说后来因吃了姜子牙送给他的灵丹妙药，并不曾死去。因为没了心，也就无偏无向、办事公道，所以深受人们爱戴、称赞，被人们敬为财神。

也有人说春秋末期的越臣范蠡也是一名文财神。他在辅佐勾践灭吴称霸，在举国欢庆之时，急流勇退。他辞去相职，驾着小船到山东齐地经商。他化名陶朱公，没有几年，就积累了数千万家产，成为当时有名的大富翁。后来，他广散钱财于百姓，天下人都赞美陶朱公，拜其为财神。

也有人说关羽是“武财神”。关羽一生忠义勇武、坚贞不二，为佛、道、儒三门崇信，有“武王”“武圣人”之尊，因此人们视他为“武财神”，民间各行各业都对他顶礼膜拜。人们之所以奉关公为财神，大概是因为关羽不为金银财宝所动，与一些世间贪利妄义之徒形成鲜明的对比。而且他重义气，更易于招财进宝。

在中国民间信仰的众多财神中，有一类只能算作是准财神，即没有得到财神封号，但由于此神能为人们带来一定的财运，承担了一部分财神的职责，于是人们就将其作为财神看待。

刘海蟾就是其中最具代表的一位准财神。他原名刘海，五代时人，以宰相之职辅佐燕主刘宗光。后来，他拜吕洞宾为师，得道成仙。刘海后来成为财神，也许是源于他的道号“海蟾子”。当时，人们曾把蟾蜍当成避五病、镇凶邪、助长生、主富贵的吉祥物，是有灵气的神物。因此，刘海是以“蟾”为道号而闻名。

刘海戏金蟾，金蟾吐金钱。他走到哪里，就把钱撒到哪里，救济了不少穷人，人们尊敬他，感激他，称他为“活神仙”，因此他被抬上了财神的宝座。

此外，也有把太上老君当作财神。在道教著名的三清尊神中，以太上老君出现最早。原型为春秋时思想家、道家学派创始人老子。太上老君是道教最高神之一，东汉的张道陵（后来的张天师）创设师教（五斗米教），为了和佛教抗衡，便抬出老子为祖师，并尊称为太上老君。

凡此等等，在民间各个行业里，崇拜的财神也都不一样。那么财神究竟有多少个形象，只有凭人们自己理解和认知了。

## 灶神形成

灶神又叫灶君，俗称“灶王”“灶王爷”。旧时每到腊月二十三或二十四，家家都要祭灶神，他是我国民间祀奉最普遍、历史最悠久的家堂神之一。远古时期每家都有五位家堂神：门神、井神、厕神、中雷神和灶神，负责其家人的安全和幸福，不准闲神野鬼来骚扰，称为“五祀”。这是远古“泛灵信仰”的遗迹，后来其余四位有亏职守，渐渐地被人忘记了，只有灶神一直被人祭祀。

有关祭祀灶神的最早记载见之于《礼记·月令》：“孟夏之月，……其祀灶。”汉班固《白虎通》也有“夏祭灶，灶者，火之主，人所以自养也。夏亦火主，长养万物”的记载。可见最初祭灶是在夏日举行。腊月祭祀灶神始于汉代。《后汉书·阴识传》说：“宣帝时，阴子方者至孝有仁恩，腊日晨炊，而灶神形见。子方再拜受庆，家有黄羊，因以祀之。自是以后，暴至巨富……至识三世，而逐繁昌，故后常以腊祀灶而荐黄羊焉。”从此人们竞相效法，相沿成俗。传说灶神是玉皇大帝派到人间监视每户人家行动的，每年腊月二十三都要上天向玉帝报告所在人家的善恶，玉帝据此决定此户人家来年的吉凶祸福。因为灶神的嘴决定了人们的命运，所以在送灶神上天前，总要摆些酒菜和糖果加以祭祀，希望他上天多说好话，同时在灶龛两旁贴上一副小对联：“上天言好事，下界保平安”。少数地区也有在腊月二十四祭灶神的，还有“官三民四蛋五”的说法，也就是官府在腊月二十三日，一般民家在二十四日，水上人家则在二十五日举行送灶。接灶一般都在除夕，仪式较为简单，在灶龛前燃香，换一幅新灶神像就可以了。

家家户户所祭祀的这位灶神是谁呢？关于灶神的出身来历，自古至今说法各不相同。

第一，帝王及其后裔说。《淮南子》有“黄帝作灶，死为灶神”的说法。《淮南子·氾论》曰：“炎帝作火死而为灶。”高诱注：“炎帝、神农，以火德王天下，死托祀于灶神。”《礼记》载：“颛顼有子日黎，为祝融，祀以为灶神。”

第二，浪子说。唐·段成式《酉阳杂俎》载，灶神姓张名单，字子郭。夫人忌卿，有六女，皆名察洽。张单是个负情浪子，因羞见休妻而钻人灶内，后成为灶神。

第三，虫变说。《庄子·达生》载有："灶有髻"司马彪注："髻，灶神。着赤衣，状如美女。"所以古人也将灶神看成美女。"髻"是什么？据《广雅·释虫》说，髻是一种虫。长栖灶上，夜间多集于灶旁。有学者分析说，这种常见于灶上的小生物，古以为神物（或鬼物），崇而祀之，将它做了灶神。

第四，老妇说。《礼记》中有"燔柴干奥"的记载。原注说，奥或作灶。《疏》曰，奥即灶神。春秋时"孟夏之月"祭祀，"以老妇配之"，其祭"设于灶陉"。可能因为过去都是老妇看火、做饭，所以灶神就成了老妇。

除此以外，在我国民间还流传着许多种有关灶神的说法。灶神究竟是谁呢？是男、是女、是老、是少，确实是个难解之谜。

### 吕洞宾墓中女尸

吕洞宾姓吕名岩，道号纯阳，是唐代京兆人，也有说他是河中府人。他曾经在终南山中修道，后来又浪迹江湖，自称为"回道人"。关于他的故事，在民间流传的很多，道教信徒尊称他为"吕祖"，他被传说成为神仙大概是在宋代中叶以后。

在今天的山西省芮城县西 20 千米，永乐镇的峨眉岭下，有一幢道教古建筑——永乐宫。在永乐宫门外东约 200 米处，有一座引人注目的墓，上面题刻着"大唐纯阳吕公祖墓"。这就是著名的吕洞宾墓。可是一次意外的发现，使这座道教圣墓成了一个谜。

1959 年 12 月至 1960 年 1 月期间，为了迁建永乐宫，山西省文物考古部门对吕祖墓进行了发掘和整理。谁也没有料到，吕祖墓打开后，人们看到墓室一具松木棺椁中有两具尸骨，左为男、右为女，都是仰身直体而卧，头向着北方。

世代相传的吕祖墓竟然是男女合葬墓，这让人惊诧不已。根据我国丧葬习俗，只有夫妻死后才能合葬，那么这座古墓就很有可能不是吕洞宾的墓。在古墓中发现的铜钱，更使人堕人迷雾之中，因为这些古钱是宋代流通的货币。其中，开关通宝 4 枚；祥符通宝 2 枚；女尸口中所含的 1 枚是天圣通宝。这告诉世人，墓室的主人只能是在宋代天圣年间(1023~1031)或者是在那以后才下葬的,与唐代吕洞宾活动的那段时间相隔了近200年。

这些发现都使吕洞宾这个人物更富有神秘感了。如果根据从古墓中得到的发现否定它是吕祖墓,那么与之矛盾的是,此地的旧方志中却记载了永乐镇在唐代就修建了吕公祠,而且还记录了唐以后历朝历代,包括宋和元两代所进行的祭祀。这些难道都是假的?结论确实不能轻易地下。可是谁都无法肯定地说:生命的极限不能达到或者超过200年。所以,用年龄问题去排除吕祖墓中有吕祖是说服不了人的。

而墓中女尸也有可能是二次迁葬,因为在迁葬时完全有可能把一切工作做得很细致、认真,让后人看不出破绽。而实际上目前还是有些可疑之处的。比如,铜钱都是从女尸身上和周围找到的,男尸身上或周围为什么没有?这就完全有可能是男、女尸不是同一时代的人,或者丧葬习俗不同。那么很有可能这座吕祖墓中就真的埋葬的是吕洞宾。至于女尸是谁,又是为什么被放进去,很可能另有隐情。

当然,这些论断的"可能""也许"用得太多了,因为吕祖墓现在毕竟还是一个谜。虽然不能轻易地否定它,但是要肯定它的真实性现在也是很难做到的。看来,"神仙"的墓还是充满了神秘的色彩。

## 董永其人

黄梅戏《天仙配》讲述了这样一个故事:天上玉帝有七个女儿,她们久住天宫,寂寞烦闷。一天,经七姐妹商议,众姐妹决定趁父王大宴四海神仙之际,出宫同游天河。她们一行来到天河上的鹊桥,极目远眺,非常羡慕自由逍遥的人间生活。突然间,七仙女瞥见一个男子哭哭啼啼,大姐告知,此人叫董永,父子二人原本以种田为生,因家境贫寒,父亡后没有棺木安葬,只得卖身葬父,因而心中忧愁才哭泣。

七仙女对孤单无靠的董永不禁产生怜爱之情,并有意结为夫妇。大姐不顾天庭戒律,毅然促成七妹下凡,又将一把白扇赠给她,以解日后危难。

七仙女来到人间,路遇董永,自许终身,由槐树为媒,双双结成伉俪,同去傅员外家做奴。东家不愿收留眷属,以一夜织就10匹云锦来刁难她。七仙女召来众姐妹助织。傅家无奈,于是将董永3年的长工改为百日。期满,夫妻正欲归家,不料玉帝得知七仙女私自下凡,命她立即返天,否则就要降灾董永。这时七仙女已有身孕,为免丈夫受苦,她只好含泪忍悲与董永在槐树下痛别。

20世纪80年代,安徽怀宁开展文物普查,在洪镇野圹(今洪铺镇野圹村)见到村南半山腰上有一深不可测的山洞,名"雪山洞"。传说此洞可以通长江,不过从来没有人走到洞的尽头。明朝时有人依洞建庙,名曰普陀寺。

该庙前有一棵枝繁叶茂的参天古树,当地有位姓裴的长者说:"当年董永与七仙女就是在这棵大树下由土地老爷主婚喜结良缘的。七仙女被玉帝逼归天庭后,还来这里送子。往日,这周边的老百姓逢每年的四月初五、七月十三,纷纷到庙里烧香磕头。"

这个故事在洪镇一带广为流传,世代沿袭。董氏宗谱记载与裴老先生的口述相吻合,不过董氏宗谱记载是一位手巧的普通民间女子"织女",而裴老先生说的是七仙女。看来,经过历代口头传说,普通民间女子巧手织布的故事渐渐演化为人与仙的爱情故事。

董永与仙女的故事诞生在怀宁,黄梅戏及黄梅戏《天仙配》也是,怀宁因黄梅戏、《天仙配》的美丽传说而出名。故事的真伪无从考证,但仍留下了许多美好的东西。

### 古人崇尚黄色之谜

对于某种颜色,有人喜欢,有人厌恶,洵属常理。比如,黄色,西方人就很厌恶它。他们讨厌黄色,有史记载的,可以追溯到公元8~10世纪的泛日耳曼时期。很多欧洲学者认为黄色让人看着很不爽,心里不待见的事,不免会形诸于色。日耳曼民族为什么会对黄色如此厌恶呢?他们将黄蜂的尾巴与黄色联系在一起——黄蜂尾上针,黄色因此也成了危险的标签。除了这个,西方人还经常用"黄色"来指称带有明显色情意味的东西。1894年,英国创刊了一家杂志,名字就叫《黄杂志》,一批有世纪末文艺倾向的小说家、诗人、散文家、画家等,围绕该杂志形成一个被称为"颓废派"的文艺集团。他们的作品,有时带有一点色情意味,但不能算淫秽。

在第二年4月3日,当时极负盛名的英国剧作家王尔德,因同性恋的罪名遭到逮捕。而逮捕他时的一个小插曲,使得《黄杂志》名声大受损害。当时报纸上说,王尔德在被捕时胁下还夹了一本《黄杂志》,于是人们想当然地认为这杂志和王尔德同样是不名誉的,第二天就有人到《黄杂志》的出版商门前示威,用石头将橱窗玻璃砸得粉碎。

其实王尔德被捕那天,胁下夹的书是法国作家比尔·路易的小说《爱神》,碰巧这本小说和当时法国的许多廉价小说一样,也是黄封面的。这种小说称为"yellowback",也被认为是不登大雅之堂的。于是本来代表危险的黄色处境更加尴尬,被加以猥亵淫秽的寓意。

被西方视为猥亵淫秽的黄色,在古代中国人的眼中,却极受待见,不但宝之而且专之,甚至直接把它定为最高权力的专用色调。这一个"黄"字,可谓是怎一个"贵"字了得。

为什么黄色会成为皇家的禁脔呢?有人认为,这是因为在古代中国被推崇,起始于远古社会,封建社会时期因"黄"与"皇"谐音,于是黄色成了皇家的专用色,虽然没有什么明文规定。到了唐代,这种趋向进一步加强,而到了宋代,官家直接开始立法,规定黄色是皇家的专用品,其他闲杂人等一概禁用。至此,黄色那至高无上的尊贵地位得以用立法的方式获得承认。

那么,在宋立法确认黄色的官家地位之前,黄色的地位如何呢,有史料表明,中国人一直很待见黄色。因此,在重大物事上,国人一般都喜欢加上"黄色"这个修饰语,似乎不如此,就不能言其尊贵、品级。于是,寻常的钟、花、发,加一黄字——黄钟、黄花、黄发,就立即提升了级别,长了身价,甚至海,也要加上一个黄字,黄在这里并不是指颜色,而是指其重要——黄海(即中央之海)。看来,国人的眼中,无论如何寻常的东西,一旦著一"黄"字,则境界全出。甚至就连寒气森森阴气逼人的阴间，取上一个叫“黄泉”的别名，也变得不那么恐怖了。

在我们中国文化的许多年头中，黄、青、白、赤、黑五色，一直以正色的身份接受着世人的膜拜，而黄色，则名列这五种正色的榜首，毫无争议地坐在带头大哥的宝座上。

黄色的老大地位，并不是信口开河而是言有所据，从历朝史料和小说戏曲中，我们都能看到许多关于黄色被当作君权神授的象征色和御用色的记载，黄钺（它可不是一般的劈柴的家用斧子，而是一种用黄金为饰的斧），一旦它抹上了黄金的色调，身价一下子就来了一个鲤鱼跃龙门，倍增指数高得怕人——因为它贴上了作为君王权力的标签。

在《尚书·牧誓》中，古人用“王左仗黄钺”来显示武王伐纣的英武相。黄龙，是帝王的服饰上的专用图案；黄袍，是帝王专用服装。如果“黄袍加身”了，就意味着你就是真龙天子——宋太祖赵匡胤坐上当时政坛上的一哥宝座，就是因为他身披黄袍了。黄袍这件马甲，是最高权力的象征。同样，不是皇帝的臣子，如果误用了黄色，下场是不妙的。清雍正时大将年羹尧可谓功绩卓著，但他被判死罪，其中就有擅用黄色包袱和出门时用黄土填道等罪名。

黄色的尊贵，显然是其间赋予了更多的政治社会学的含义，那么，中国人何以非要崇尚黄色呢？有人认为，那是因为黄色是中和之色，它介于黑白赤橙之间，是诸种颜色的中央之色，这种中和的色调，与中国人“执两用中”的调和油的处世风格有着一个相通的契合点，因此它被选为高贵的象征。

这种“中和之色”，正是中国人性格的比德之物，不过，有人提出这样的质疑：人们为什么一定要选用黄色作为黑白赤橙的中间之色，或者说，偏偏选用了黑白赤橙这么四种恰好能放进“中央之色”的四方之色？这是一种巧合呢，还是有意的安排？是上古的人们意识到这一点并照此做的呢，还是后人理解出来的？

不过呢，另一种观点不是这么看的，以为，黄色被如此尊崇，显然与中国人的生存方式及生活态度有大关联。因为中国历来是农耕社会，人们视土地为本，而华夏民族世代息居黄土高原，对黄土大地也有浓厚的依恋与崇敬。这种崇敬也是一种黄色情结。这些说明了由对养育自己的土地敬仰进而崇尚土地之色的心理基因。

而在《淮南子》《山海经》《太平御览》等文献中都记载了“女娲以黄土造人”的传说。这些“黄土”造的子孙有着“黄皮肤”，是“黄帝”的子孙，其生长繁衍的摇篮“黄河”，几千年来耕种的黄土地……使得汉民族自古以来就和黄色结下了不解之缘。

还有一种观点是人种说，提出这种观点的是刘师培。他认为，中国“古代人民悉为黄种”，因此崇奉黄色，而“黄帝者犹言黄民所奉之帝王耳”，他主张，中国人崇尚黄色是出于对自家肤色的待见。反对此说的学者则认为这种见解有想当然的成分在，他们认为，上古时代，对外交流很闭塞，人们很难意识到自己是黄色肤种的人，因此也不会特意把黄色当作国色。

以上种种说法，各有道理，但到底应怎么解释中华民族崇尚黄色的原因，至今尚无定论，这个谜还有待继续研究解决。

### 夏朝是否存在过

近年来，有一个朝代的存在与否问题，一直让考古学家们很头大，为什么呢？说不信吧，可有号称西周初期的文献《尚书》与“信史”——《史记》屡次说：真的有；说信吧，但想把它找出来，还特费劲。它就是历史上的“有夏”或“夏”。

在大多数人的常识中，“夏”是上承三皇五帝，下接商朝的中国的第一个朝代。最初是治水的大禹打下基础，获得帝位；然后大禹的儿子启破坏禅让制，继承了帝位，从而建立夏朝。太康失国，少康中兴，孔甲养龙……最后因为夏桀的无道，导致民众反抗，商汤起兵灭掉夏朝，建立商朝。

关于“夏朝是否存在”的讨论，从来没有停止过。维护正统的史学家和考古学家，竭力想要证明夏朝是真实存在的朝代，却始终不能说服对方。

质疑者认为，周公与司马迁都说有的事，本来应该是可信的，但按照历史研究的一般规则，当时人记当时事的第一手资料价值最高。所以，像《尚书》《史记》这样已晚了上千年的记载,可信度不太大。

还有,他们对支持者提出一个让这些人很不好回答的问题:“你们不是说是商朝人推翻了夏朝,建立了自己的王朝吗?那么,对于这样一件改天换地的大事,商朝人是不是应该在乌龟壳和牛骨头上大书特书呢?按理说应该是这样的,为什么商朝人似乎根本不知道有夏朝的存在这回事呢?甲骨文虽是卜辞,但涉及面极广,几乎包括商王朝社会生活的各方面,简直可以称之为商代的‘百科全书’。但遗憾的是,已经出土的十万片甲骨文,上面记载的事情五花八门,竟然连‘夏’这个字都没出现过。这也太不合乎常理了。”

据史书记载,商汤是灭夏建商的开国之君,然而甲骨文中祭祀他的卜辞有600余条,都是歌颂其功绩的词语,却丝毫不提推翻夏朝这么了不起的丰功伟业。很多甲骨片上还记载了商朝建立以前商人的先王们,按照史书上的说法,当时他们还只是夏朝的诸侯,可是这些甲骨片仍然没有提到任何有关夏朝的事情。

所以,他们说:“这不是很荒谬吗?你能想象周王朝、秦王朝、汉王朝等在他们的政府文件和档案中不记载他们的前一代‘王朝’的任何情况吗?”于是,他们得出了除非商王朝是第一个王朝才会出现这种情况的结论。

近来,还有人考证说,《尚书》中提到夏朝的那几篇文章其实是春秋战国时期的人伪造的,而当时夏朝已经灭亡将近一千年了。简单来说,历史学界确定一件事情,大致需要两方面的证据:其一是文字记载,其二是文物。类似于法庭的“人证物证”。

其实,以上的怀疑来源于一个很简单的西方理论:没有考古学上的证据,就不能明确证明。西方的这个理论并非自古就有,而是西方近现代考古学形成之后出现的。近代欧洲的一系列考古发现,大大增强了这种理论的底气。

没证据的记载,不但给后世的研究带来了困难,也给斤斤计较的外国史学家提供了怀疑的机会。近期出版的《剑桥中国上古史》坚持不列“夏朝”一章,就是这种怀疑所产生的结果。“反对派”认为夏朝不存在,或者说“夏文明”不存在,主要也就是基于以上的理由。

而拥趸者则认为，司马迁的人品是值得信任的。他或许会用春秋笔法去为尊者讳，但涉及具体的事情，却绝少无中生有，更别说编造一个数百年的朝代了。这是其一。

晚出文献记述的古史内容愈来愈丰富，曾被疑古派说成是“层累地造成”，这也是需要重新讨论的。虽然战国以后确实存在以古相高的风气，但按常理推测，当年司马迁撰写《史记》时所看到的史料肯定要比我们现在知道的史料多出许多，如果当时的那些材料都能保存下来，历史事件也能按时代先后加以排比，恐怕也不至于陷入只有记载没有证据的尴尬处境了。这是其二。

历史记载多为综合性的。周公作为政治家谈夏商史，主要着眼于总结历史的经验教训；孔子作为教育家、思想家谈到夏商，则在于强调其礼制的传承；历史学家司马迁的笔下，诸如朝代的兴替、世系的先后、史事的轮廓、人物的褒贬等，都不是此前周公、孔子等人尽所言及的，这是因为历史记载是综合性的，各方面的内容都需要涉及。对各种历史文献的性质不加细化分析，只顾一味考量它们时代先后的排比，就直接断言某时某事存在与否，进而推论晚出文献在蓄意伪造古史，其实并不具备真正的说服力。这是其三。

在世界学术史上，早就有运用民族学的方法揭示其背后隐藏的原始巫术和宗教信仰的方法与事例在，而在我国的传世文献中，叙述古史同样也常常表现出浓厚的人——神化色彩，所以，有些学者因此说它是虚妄地连带否定了相关的古史。其实这样做未必就很科学。对于商周以前的古史研究，要善于从那些人——神化资料找寻出事实的真相来。这是其四。

位于河南省偃师的二里头，是一个重要的夏商时期考古遗址，中国学者与持反对意见的外国学者在这里就“夏朝是否存在”的问题又进行了尖锐的交锋。在二里头考古现场，发掘出来了青铜器，以及王宫遗址。中国学者据此认为二里头有可能是夏朝的遗址。而外国专家则说，二里头只有青铜器，没有车，没有文字，只能作为部落文明，还谈不上“夏朝”这个国家。

争论还在不停地奔跑着，让它止步的方法，是令双方都能信服的证据闪亮出场。

## “万岁”何时成了皇帝的专称

在中国传统政治文化中，“万岁”是一个具有特殊意义的词语。“万岁”一词，今人都认为它专属于皇帝一人，其他闲杂人等动它不得。一动，没二话说，死罪。如要说这话，对，也不对。因为，从战国到西汉，这个词语并不是皇帝的专利。如果某位草根一族生个儿子或过个生日，喊个“万岁”，以示庆祝与开心，听到这话的人，也只视这个为寻常事，不去管它。自然，这里所谓的“万岁”，并不是我们现在理解的“皇上”，它只是一种欢呼语，具有庆贺之意。

司马迁在《史记》中提及，蔺相如捧着有名的和氏璧到达秦国，秦王大喜，传以示美人及左右，左右皆呼万岁。这里的“万岁”让人产生歧义也容易理解，毕竟，秦王本身就是“万岁”一族，然而，这里的“万岁”只是表示欢呼与祝贺之意。另外，田单为了麻痹燕军，“使老弱女子乘城，遣使约降于燕，燕军皆呼万岁”，其中的“万岁”显然是指欢呼声，没有别的用意。

所以，在古代的某个历史阶段，人们虽常呼“万岁”，却并非专对帝王而呼。清人赵翼考证，在后周、隋、唐时的民间，老百姓的名字，仍偶有称“史万岁”“刁万岁”的。宋朝以后，“万岁”成为皇帝专用，但并不是长命百岁的意思。而且包括唐律、明律、清律那样严密的封建法典中，也没有皇帝即“万岁”，臣民必须“山呼万岁”以及不呼“万岁”即以大不敬罪论处的条文。

那么，“万岁”一词究竟在什么时候归帝王专用的呢？史学界意见并不一致。当代学者王春瑜写过一篇《万岁考》，认为，至少在商代，没有“万岁”之说，商代保存的大量甲骨文字，皆无“万岁”，亦无“万岁无疆”的记载。而在西周中、晚期的金文中，屡见“眉寿无疆”“万年无疆”，并亦有“万岁”的记载。但是，它并不是专对天子的赞颂，而是一种行文款式。

有人则不同意王春瑜的看法，认为，汉高祖刘邦临朝时，“殿上群臣皆呼万岁”。这时的“万岁”，与战国时作为一般欢呼语的“万岁”不同，是与一整套朝廷礼仪连在一起的。刘邦在得天下、登上皇帝宝座后，仍时常露出草莽英雄本色。名臣叔孙通认为，没有礼制就不利于维持天子的尊严，于是制定一套御用礼仪，使“自诸侯王以下莫不振恐肃敬”，也使刘邦感到“吾乃今日始知为皇帝之贵也”。后来这套礼仪为后世礼制不断补充、修订，越来越完善。因此，“万岁”成为皇帝的专称，应是从刘邦开始的。

清人赵翼也持“刘邦”说，他认为，至汉武帝时，随着儒家被皇帝定于一尊，“万岁”也被儒家定于皇帝一人。

但同样也有人不认可这种说法，以为，“万岁”一词虽然汉武帝用过，但并非皇帝专用，只是到了宋朝以后，皇帝的专用性才逐步加强。因为汉朝时，除了皇帝以外使用“万岁”一词的人，还是有的。比如汉朝礼仪规定，对皇太子亦可称“万岁”。当时皇族中还有以“万岁”为名的，汉和帝的弟弟就叫“刘万岁”。还有，从汉代到唐代，对臣子称“万岁”的事例，也是不胜枚举的。不仅在汉代，“万岁”没有真正成为皇帝的专有私物，就是在隋朝也是如此。比如隋朝战功卓著、屡挫突厥，打败达头可汗后被杨素诬陷而死的史万岁，唐高祖时和尉迟敬德一同降唐的刘武周部将张万岁，唐高宗时任梓州都督的谢万岁，唐玄宗天宝年间周玄珞之子周万岁，安史之乱时坚守平原的颜真卿部将刁万岁等。

如《后汉书·李固传》记载，名士李固被权臣梁冀诬陷入狱，门生故旧上书申诉，“太后明之，乃赦焉。及出狱，京师市里皆称万岁”。唐郭子仪与回纥会盟，“执酒为誓，子仪酹地回大唐天子万岁，回纥可汗亦万岁，两国将相亦万岁”。然而在唐玄宗以后，文献中再也看不到以“万岁”为名者。

直到宋朝，“万岁”才真正成了皇帝的私人用语，违者格杀勿论。北宋时，寇準误被一精神病患者“迎马呼万岁”，此事立即被寇準的政敌上书告发，结果，寇準的官职从“部长”直降为“州长”。大臣越礼尚且如此，那平头百姓更是不成了，无论你是“主叫”还是“被叫”，只要你“联通”了“万岁”这个词，就必须被处死。因此，持这种观点的人认为，从北宋开始，万岁才真的叫“万岁”了。

至此，万岁成了“万岁”，有“刘邦”说、“刘彻”说，还有“北宋”说。那么，“万岁”这个词到底是从什么时候开始真正成了皇帝的专用名称呢？这仍是一个值得探讨的问题。

## 中国人的龙崇拜之谜

说到龙，人们可能条件反射地想到一个名字：中国。龙作为中国人的图腾，已被全世界所认知。龙是吉祥的象征。喜欢什么谈什么，就像中国人取名字一样，中国山川城池的名字中带有“龙”字的，那叫一个多：龙城、龙泉、龙门、龙塔……；与龙有关的民俗也是指不胜屈：龙舟、龙灯……中国文化就是“龙文化”，中国人也自谓是“龙的传人”。

但一个问题跳了出来，都说自己是龙的传人，从古至今，无数的学者与探险家、爱好者组成了一支庞大的队伍，在浩瀚的天地里，希望能找到龙存在的证据。那么，龙是真实存在的吗？

由于龙历来过于神秘，从来就没有人看到过，以致质疑者讥嘲说，“不要迷信龙，它只是一个传说”。不能说这话全无道理，从古至今，关于龙的传说史不绝书，但真正见过龙的，恐怕一个也没有。因此，龙到底有没有，成了中国文化史上遗留下来的最大的谜团之一。

龙，作为中国人崇拜的图腾，由来已久，久到什么时期呢，推而寻之，至少是在原始社会就有了，那么，龙究竟是一种什么样的动物呢？它是确有其物吗？大多数学者认为，龙是我国古代先民的图腾，是一种虚无的动物。

那么，龙最早期的原型是什么呢？许多学者认为，中国古代的龙的形象源于鱼或者蛇。据考古发现，最原始的龙的形象当推西安半坡仰韶文化遗址出土的陶壶龙纹，它的造型与后世的龙有很大的差别，是蛇身鱼形，它是仰韶文化氏族居民的图腾形象。在山西襄汾夏墟遗址也曾发现与仰韶文化遗址相似的龙纹。这说明，中华民族的龙崇拜至少已有五千年的文化渊源。2000 多年前的战国时期，龙多次被生动地描绘在帛画上。到了汉代，龙的样子就跟我们今天见到的龙差不多了。

在原始人的信仰中，认为本氏族人都源于某种特定的物种，大多数情况下，被认为与某种动物具有亲缘关系。例如，“天命玄鸟，降而生商”（《史记》），玄鸟便成为商族的图腾。作为一种最原始的宗教形式，动物化成的图腾与氏族的亲缘关系常常通过氏族起源神话和称呼体现出来。如匈奴人以狼为图腾。上古时代，各种各样的动、植物占据着人们的信仰与精神的中心，对龙的崇拜就是从那个百兽共争的时代开始的，到今天至少有 8000 年的历史了。

但龙在那个时候并不是主流图腾。先秦时期，龟的地位远高于龙。龟鼎代表国家政权，龟代表天子，以拥有龟的大小标识贵族等级：天子龟一尺二寸，诸侯一尺，大夫八寸。汉帝刘邦说，他是母亲与龙交配所生。后世文人和方士就把前代帝王都改造成“龙颜”。而先秦古籍中，没记载任何帝王有“龙颜”，没有任何帝王出生与龙有关，而龙的出现往往伴随灾难。陶阳、钟秀根据全国搜集的神话编辑的《中国神话》一书中，从开天辟地到大禹治水这一阶段，关于龟的故事有七个：龟都是善的，保护人类的。关于龙的故事有十七个：其中十五个龙是恶的；另一个是被龟降伏，改恶从善的；还有一个是帮黄帝灭蚩尤的应龙，它所到之处就发大水，所以灭蚩尤后，黄帝就叫它到南方去了。就是说，华夏氏可能都不是把龙当作图腾的部落。

据此，有学者指出，后世所见的龙的形象与造型，是由半坡长鱼纹演变而来的。根据从半坡到夏墟的原始龙纹来看，龙起初是一种生活于水中的蛇状长鱼，夏人和仰韶文化古人之所以把它作为图腾族徽，反映了他们常常面临洪水灾害，希望人类能像龙鱼那样在水中生活，于是把龙鱼当作民族保护神来崇拜。

何新在其《诸神的起源》一书中，曾怀疑过龙真实存在的可能性，并假定龙的真相和实体实际上是云。但他在其后出版的《龙：神话与真相》一书中却认为，“龙”在古代确实是存在的，它就是现代生物分类学中一种巨型鳄——蛟鳄，或者说，它是古人眼中鳄类、蝾螈类以及蜥蜴类动物的共名。他认为，在远古人类所面对的各种猛兽中，巨型蛟鳄无疑是最神秘和最具有威胁性的，远古人类既恐惧之，又崇拜之，故而常把鳄看作地神、水神和战神。也有人认为中国人信仰的龙就是远古时期的翼龙。在 2011 年举行的古脊椎动物学会年会上，美国匹兹堡查塔姆大学的生物力学家发表研究论文称，6500 万年前最大的巨型翼龙一次可不间断地飞行 1 万英里（约合 16093 公里）。其中的一个例子就是得克萨斯的北方风神翼龙。根据 7000 万年前的化石记录，它们站立时的高度大约相当于现代长颈鹿的高度。跃向空中飞行时，翼展宽达 10 米。研究表明，在温暖的白垩纪，较高的气温也为翼龙飞行提供了更多的热量，如果在现代气候条件下，它们的飞行能力可能要差很多。会飞的龙，再加上其他的一些想象，或许就成了中国龙的形象。

1987 年，考古学家在河南濮阳西水坡的一处距今 6500 年左右的古墓中，发现了墓主人身旁有一件用白色蚌壳摆塑的“龙”的文物。在甘肃也出土过绘有鲵纹的彩陶，在东北的辽河流域发现过距今约 5000 年的玉龙。山西出土过带有蟠龙纹的彩陶。当然，这种“龙”与今天我们见到的龙的形象还有很大的差距。

据专家考证，这些所谓的龙图腾，实际上是与后来的龙形象相近的蛇、鳄、蜥蜴等动物。这些动物在氏族的祭祀中，被赋予了神圣的意义，在形态上也被神化。在漫长的远古岁月中，动物图腾形象与其他原始宗教中崇拜的动物形象融合在一起，形成了原始的龙形象。

“龙”脱掉“原始”二字，即由原龙纹变成真正的龙纹，约在商代。商王朝非常重视宗教与巫术，也十分重视宗教活动中必不可少的礼器——青铜器的铸造。青铜器作为沟通天地的礼器，本身就有宗教的意义，青铜器上的纹饰则具有更浓郁的宗教色彩，即通过各种象征性的纹饰，向人们展示应崇拜的神灵，求其保护，免受怪物的侵害。这种纹饰中，原龙纹成为主要的部分。

以后，经过各个朝代的加工，龙的样子越来越威武神气了。从红山文化到汉代的几千年时光里，龙就这样作为一种从遥远的上古一路走来的神奇动物，频频在中国浩如烟海的文化中亮相，一步一步地走向了我们民族神性的深处。

既然今人已经无法从文学作品中窥视出龙这一神秘物种的真实面貌或者找到直接的证据，那我们只好到官方的史料中去找寻有关龙的只言片语了。儒家经典“十三经”中的《左传》有这样的记载，伏羲氏时，有龙呈瑞，因而以龙纪事，创立文字。而《竹书纪年》记载伏羲氏时各氏族中有飞龙氏、潜龙氏、居龙氏、降龙氏、土龙氏、水龙氏、青龙氏、赤龙氏、白龙氏、黑龙氏、黄龙氏，这些应该都是以龙这种动物为图腾的部落。《左传·昭公二十九年》中有“公赐公衍羔裘，使献龙辅于齐侯”的记载。《拾遗记》也说：“舜时，南浔之国献毛龙，一雌一雄，放置豢龙之宫，至夏代，豢龙不绝，因以命族。”说明夏朝有着饲养龙的习俗和以龙为族名的氏族集团。《礼记·礼运》也有豢养龙的记载：“故龙以为畜，故鱼鲔不淰。”《疏》云：“鱼鲔从龙者，龙既为人之畜，故其属见人不谂然惊走也。”以上这些记载都说明，从虞舜时期到夏代确实都存在世代专以驯养龙为业的氏族，称为豢龙氏，在夏代或被称为御龙氏。

那么谁是这个宫廷里养龙的饲养员呢？《左传·昭公二十九年》记载晋国太史蔡墨说：“昔有飕叔安，有裔子曰董父，实甚好龙，能求其耆欲以饮食之。龙多归之。乃扰畜龙以服侍帝舜。帝赐之姓曰董，氏曰豢龙。”这就是说在舜帝的时候，有个叫董父的人，喜欢并且能够饲养龙。舜帝就赐他姓董，赐他这个氏族叫豢龙氏，专为舜帝养龙。后来夏王孔甲也很喜欢龙，有一天雄雌两对龙自天各降于黄河与汉水之上，孔甲视为天赐神物，欣悦不已，令人捕之，但无人能饲养。尧帝的部落有一个后代叫刘累，随豢龙氏学习了驯养龙的技术，然后跑到孔甲那里承包了养龙这个项目，孔甲很喜欢他，就赐给他的氏族叫作御龙氏。后来有一条雌龙死了，刘累偷偷地把龙做成肉酱给孔甲吃了，孔甲吃后觉得味道不错，吃完后还想吃，刘累一看要坏事，就逃到了鲁县这个地方，并改姓为范氏。

故事里的董父就是今天“董”这一姓氏的祖先，而刘累就是今天“刘”这个姓氏的祖先。《左传·襄公二十四年》记载范宣子自称其祖在夏为御龙氏，在商为豕韦氏。《国语·郑语》也有“豢龙氏”“豕韦氏”等记载。这些均可证明蔡墨之言绝非子虚。而且,《史记·夏本纪》也有同样的记载。

这时所记载的龙,还并无太大的神力,最多是“其血玄黄,斗于洧渊,谓之四灵,颔下藏珠”而已。甚至能饲养,会死,肉还可以吃,味道似乎还很鲜美。那个时代的文字只有国家的高级文职官员才能掌握,而他们往往都是一些品德高尚的精神领袖,是一些知识渊博的学者。当时的一切文字记录都是相当严肃的,因为要作为国家或者宗教信仰的记录传承。今天出土的大量甲骨文已证明了这一点。

可是到了春秋时代,天下大乱,礼崩乐坏,宫廷里的学者官员们都背着鼓磬,抱着书简,流落江湖。又经过教年之后,战国秦汉年间神仙方术之风大盛,然而味道却慢慢地变了。于是灵兽们也一起变得能腾云驾雾起来。比如《山海经》提到的一种“人面蛇身,体长千里,两眼立生,就如两条直缝”的“烛龙”,很多人并没有把它当作神话故事,而是当作“历史故事”口口相传着,而据专家考证,所谓“烛龙”,实际上是北极光。

中国古代一直有祥瑞这种说法。古人认为每当皇帝登基的时候,太平盛世的时候,或者政治混乱、天灾人祸的时候,大自然就会发生各种征兆,而这种征兆都是要记录在案的。

“龙”的角最早见于商代,那时龙角的形状还不固定。为什么商以前的龙形象中并没有角,在商代龙却生出角来呢?有专家一语道破天机:商人崇拜角。在动物之中,有角的一般是雄性,它是威武有力的象征,商代尚武,自然对象征强力的角很是膜拜,因此,商人给本来无角的原龙加上各种角,是因为他们认为角有神性,可能他们还觉得这种装饰单一,又把象、虎、猪、鳄等动物的不同器官加到龙的身上,这种经过艺术改造加工后的龙与我们现在见到的龙大体就差不多了。

但是,另一个问题又出来了,为什么不仅在古代中国,龙是最重要的图腾之一,而且在英国与加拿大也流传着关于龙的故事?远在古代巴比伦、印度和玛雅文化中,均发现了蛟鳄崇拜的遗迹。这种神秘的动物为什么总是出现在世界不同民族的历史文化中呢？

英国曼彻斯特博物馆的古生物学家菲尔·曼宁认为，龙与恐龙渊源颇深，龙或许也是生物进化史中未被发现的一个环节，古人或许曾发现这种古老物种的化石，根据化石而推断生物原貌，并作为集体记忆流传下来。

一个只有图画留存的动物，一个被隔阂了千年的传说，一个灌注了亿万人幻想的神话。在现代科学如此昌盛的今天，中国龙，你真的存在吗？要想找到这个问题的答案，我们只有细细地拂去历史的灰尘，剥开一层层神话和传说，最后等待时间来揭晓答案了。

## 帝王为何被称“九五之尊”

北京故宫作为中国最后两个封建王朝的宫廷建筑，处处体现着帝王的至高无上。民间大都知道“九五之尊”的说法，故宫的建筑的确与“九”和“五”两个数字有关联，如天下闻名的天安门城楼其城台设5个门洞，面阔9间，进深5间。故宫中许多建筑物的开间多为9间或5间，唯独太和殿的面宽是11开间，在整个故宫是独一无二的。这是为什么呢？

一种简单的说法为：中国古代把数字分为阳数和阴数，奇数为阳，偶数为阴。阳数中九为最高，五居正中，因而以“九”和“五”象征帝王的权威，称之为“九五之尊”。

另一种说法认为“九五”一词来源于《易经》。现在流传下来的《易经》版本据说为周文王所演，因此也称为《周易》。《周易》64卦的首卦为乾卦，乾者象征天，因此也就成了代表帝王的卦象。乾卦由六条阳爻组成，是极阳、极盛之相。从下向上数，第五爻称为九五，九代表此爻为阳爻，五为第五爻的意思。九五是乾卦中最好的爻，乾卦是64卦的第一卦，因此九五也就是64卦384爻的第一爻了，成了帝王之相。

这里的“九”本不是具体的数字，而是判别数字阴阳属性的符号。后来人们把“九”和“五”作为具体的数字来运用，可以认为是为了契合代表帝王的“九五”之爻;再者,"九"和"五"两个数字在建筑上的使用也是非常符合美学原则的。《周易》的释义词句有"乾道变化,各正性命,保合太和,乃利贞"。太和殿名字的由来据说就源于此。

既然"九"和"五"是封建帝王的象征,为何太和殿面宽为11间呢?有关资料显示,太和殿在明朝时叫作奉天殿,面阔9间,进深5间,李自成进京后被毁,清康熙八年(1669)重建时改为11间。为何改为11间,据说是当时找不到上好的够长度的金丝楠木,建成9间的话木材的跨度不够,只好改成了11间,以缩短跨度。

不管这种说法是否属实,太和殿作为紫禁城的第一建筑,采用11开间这种独一无二的形式达到了在建筑群落中脱颖而出、鹤立鸡群的效果,突显出至高无上的尊贵地位。9开间的形式在故宫中被多次运用,在9之上增加一个数字单位只能是11。因为要保持建筑物正中开门的特征,其开间数必须是奇数。在美学效果上,11开间还是可以被接受的,13开间以上除非是长廊,对屋宇建筑来说是太多了点。

## "东道主"来历之谜

鲁厘公三十年(前630)九月十三日,晋文公和秦穆公的联军包围了郑国国都。郑文公在走投无路的情况下,只得向老臣烛之武请教,设法解围。当夜,烛之武乘着天黑叫人用粗绳子把他从城头上吊下去,私下会见秦穆公。

晋国和秦国是两个大国,他们之间本不和谐,常常明争暗斗。烛之武巧妙地利用他们的矛盾,对秦穆公说:"秦晋联军攻打郑国,郑国怕是保不住了。但郑国灭亡了,对贵国也许并无一点好处。因为从地理位置上讲,秦国和咱郑国之间隔着一个晋国,贵国要越过晋国来控制郑国,恐怕是难于做到的吧?到头来得到好处的还是晋国。晋国的实力增加一分,就是秦国的实力相应地削弱一分啊!"秦穆公觉得烛之武说得有理,烛之武于是进一步说:"要是你能把郑国留下,让它作为你们东方道路的主人。你们使者来往经过郑国,万一缺少点什么,郑国一定供应,做好充分的安排,这有什么不好?"

秦穆公终于被说服了，他单方面跟郑国签订了合约，晋文公无奈，也只得退兵了。秦国在西，郑国在东，所以郑国对秦国来说自称“东道主”。后来，它泛指招待迎接客人的主人。

## 称妻父为“泰山”之谜

以前，丈夫对妻子父母的称谓，一般在口语中称为丈人、丈母。“丈”在古代有“长”的意思。“丈人”原来是对老年人、长辈的尊称。

《论语·微子》中说：“子路从而后，遇丈人，以杖荷篠。”这里的“丈人”就是“老汉”之意。王充《论衡·气寿》中，也有“名男子为丈夫，尊公妪为丈人”的说法，也讲“丈”之本意，原是尊敬他人，尤其是尊敬老年人的意思。

不过，在王充所处的汉代，对老年人不分男女，无论公妪均可称为“丈人”。那么，对妻父尊称“丈人”源于何时何地呢？有人以为此说从汉代匈奴那儿传来。班固所著《汉书·匈奴传》中，有匈奴单于谓汉天子为“我丈人”的说法，当时汉朝历代皇帝对匈奴实行“和亲”政策，以公主或宗室女（也有以宫女假冒的）嫁给匈奴单于为妻，故有此称。这大概就是对妻父尊称“丈人”说法的起源。

而对妻母则尊称为“丈母”，最早的记载大约要算北齐颜之推所著《颜氏家训·风操》。其中有“丈人之妇，猥俗呼为丈母”的说法，之后对妻子父母尊称为“丈人”“丈母”的记载屡见不鲜。唐代柳宗元祭祀妻杨氏之父母，著有《祭杨詹事丈人独孤氏丈母文》，可见“丈人”“丈母”之称的来源比较简单，除上面所述之外，至今还没有找到过其他的说法。

书面语中，人们又有称妻父为“泰山”“岳父”“岳翁”的。这“泰山”之称从何而来？最早应该来源于唐代的《酉阳杂俎》，唐明皇封禅泰山，张说封为禅使。张说的女婿郑镒本是九品官。按照旧例，封禅以后，自三公以下都能迁升一级，只有郑镒靠了丈人张说骤迁五品，兼赐绯服。玄宗看见郑镒的官位腾跃，怪而问之，镒无词以对。黄幡绰曰：“此泰山之力也。”

此事很快在百姓中间逐渐传播开来，但是人们并不十分责怪张说的过失，反而觉得他提拔自己的女婿情有可原,以为他重情重义。街头巷尾开始议论此事的人多了,人们便开始把男子的妻父称为“泰山”,因为泰山又是“五岳之尊”,因此,在“泰山”的基础上又派生出“岳父”的叫法。

而因为有这么一段历史,再加上泰山“东方万物始,故主人生命之长短”(汉代纬书《孝经援神契》)等特殊意义,妻子的父亲也乐于接受“泰山”或“岳父”的称呼。不想这两个称呼一叫便是千余年。

还有一种说法,“泰山”之称乃是从传讹转化而来。清代赵翼著《陔余丛考》一书,其卷三十七中说,晋人乐广为卫厘父,卫厘尊其为“乐丈”“乐”讹为“岳”,“乐丈”讹为“岳丈”,又从“岳丈”变化为“岳翁”“岳父”,“岳”又使人联想起“五岳之首”的东岳泰山。因而妻父又被称为“泰山”,为了与“岳父”之“父”相应并称,人们将妻子之母尊称为“岳母”,也有一些人,为了与“泰山”相应并称,便将妻子之母尊称为“泰水”。

### 古人同姓不结婚之谜

同姓不婚,即同一姓之男女不相嫁娶。据传,这一规定始于西周初期,是周民族实行族外婚时遗留下的规定。春秋时,人们对同姓婚配会造成后代畸形及不育已经有了进一步的认识,但同姓婚配仍在贵族中时有发生。战国以后,以氏为姓,汉代以后,姓氏不分,因而同姓不婚多有不禁。至唐代,对同姓配婚又循古制,予以禁止。明、清时地域更大,人口众多,早成为以地域为基础的社会,取代了原先以血缘为基础的氏族。

据《魏书·高祖纪》记载:“夏殷不嫌一姓之婚,周制始绝同姓之娶。”古代违反这一规定者,轻则受到舆论谴责,重则受到法律惩处。唐律规定:同姓为婚者徒二年,同姓又同宗者以奸罪论。明、清律规定:凡同姓为婚者各杖六十,离异。但上古的姓和后世不同。上古时代,同姓必同宗,后世则同姓不一定有血统关系。所以清末《大清现行刑律》删去了这一规定。

这段记载已经明白无误地告诉我们:在周代以前,夏、商时期还有同姓成婚的存在，而从周代开始，从制度上严格禁止同姓成婚。另据史料记载，从周代往后，诸朝历代都对“同姓不婚”有严格的规定，这些规定大多以法律条文的形式确定下来，凡违反规定者，都要对其采取强制措施，其中不乏一些体罚、判刑或勒令离婚等条例。

为什么要禁止同姓结婚呢？对于这个问题似有多种看法存在。其一，不利遗传基因。同姓结婚在很大程度上会造成近亲繁殖，这与遗传基因有着密切关系。据说，在周代，人们就已经懂得了这个道理，认识到近亲繁殖的危害。《左传·僖公二十年》称：“男女同姓，其生不蕃，”“不蕃”意即不健康、先天不足。《国语·晋语》又称：“同姓不婚，恶不殖也。”这句话说得也很中肯，同姓不婚，意在避免婚后不育。

其二，出于政治需要。禁止同姓成婚，在客观上会促进与异姓之邦的联姻，以此扩大和加强与异姓集团的政治合作及军事联盟。其目的在于扩充势力范围，向一统天下迈进。应该肯定“同姓不婚”的政策，在政治上还是起到了积极作用的。

其三，崇尚伦理道德。古时大多把同姓看成血亲，因此把同姓成婚与至亲、嫡亲兄弟姐妹通婚等同看待。《通典》一书，就将同姓嫁娶视为兽行，故而当绝。另外，《白虎通·嫁娶》也称：“不娶同姓者何，重人伦，防淫佚，耻与禽兽同也。”这里所说，似乎比较严重，因为它把同姓成婚视为乱伦。

其四，宗法原则考虑。持这种观点的人认为，禁止同姓成婚是出于宗法原则考虑。其目的在于维护以男权为中心的宗族利益。在周代盛行自上而下、完整有序的宗法制度，当时社会的基本组织是宗族，同一祖先的后辈们根据与其祖先血缘关系的亲疏，形成严格的尊卑贵贱的等级，并由此享有相应的社会政治地位。

因此，由血缘关系而产生的尊卑等级，成为整个社会统治秩序的基础。为了维护这种秩序，周代采取一系列的措施。其主要表现在婚姻制度上，即做出了同姓不婚的规定，以避免同姓结婚给这种等级秩序带来的混乱。因为同姓为婚，自然不能亲兄弟姐妹结婚，而只能是嫡、长、亲者与庶、幼、疏者之间通婚，但是，通过这一方式结成婚姻之后，“夫与妇齐”，就可能把同姓内部原来的嫡庶、长幼、亲疏、尊卑秩序打乱。相反，实行异姓通婚，则可以把两姓间的嫡庶、长幼、亲疏相对应，而又不损及本姓内的嫡庶、长幼、亲疏秩序。并且异姓通婚结成两姓间的姻缘关系后，两姓间还可以借此友好相处，相互支持、相互依靠。所以《礼记·郊特牲》说："夫婚礼万世之始也，取于异姓，所以附远厚别也。""附远"即指异姓间的依托，"厚别"即指同姓内的区别。

## 古代缠足之谜

缠足是中国封建社会特有的一种装饰陋习。其具体做法是用一条狭长的布带，将妇女的足踝紧紧缚住，从而使肌骨变形，脚形纤小屈曲，以符合当时的审美观。在缠足时代，绝大多数妇女大约从四五岁起便开始裹脚，一直到成年之后，骨骼定型，方能将布带解开；也有终身缠裹的，直到其老死之日。

缠足，是一种摧残肢体正常发育的行为。缠足后的一双小脚，不仅在实际生活中有种种不便，而且在整个裹脚过程中，妇女要承受极大的伤残痛苦。这种毫无实际效用又使承受者极端痛苦的事，竟然普遍流行，成为社会风俗，绵延数百年。

司马迁的《史记》称："临淄女子，弹弦，跕缠。"其中"跕缠"可能指缠足，或许仅限于少数风月场所中的女性所特有。唐朝白居易的诗中有一句"小头鞋履窄衣裳"，可能描写的是缠足女性。杜牧诗中"细尺裁量约四分，纤纤玉笋裹轻云"，则刻画妇女用布带缠足的情况。但是，五代以前，缠足并不流行。马王堆古墓出土的汉代妇女是天足，五代时，韩熙载《夜宴图》中的侍女也都是天足。

也有人说，缠足始于隋朝。相传隋炀帝东游江都时，征选百名美女为其拉纤。一个名叫吴月娘的女子被选中。她痛恨炀帝暴虐，便让当铁匠的父亲打制了一把长三寸、宽一寸的莲瓣小刀，并用长布把刀裹在脚底下，同时也尽量把脚裹小。然后又在鞋底上刻了一朵莲花，走路时一步印出一朵漂亮的莲花。隋炀帝见后龙心大悦，召她近身，想玩赏她的小脚。吴月娘慢慢地解开裹脚布，突然抽出莲瓣刀向隋炀帝刺去。隋炀帝连忙闪过，但手臂却被刺伤。吴月娘见行刺不成，便投河自尽了。事后，隋炀帝下旨：日后选美，无论女子如何美丽，"裹足女子一律不选"。但民间女子为纪念月娘，便纷纷裹起脚来。至此，女子裹脚之风日盛。

还有人说，缠足得以流行，南唐皇帝李煜的"推广"功不可没。《道山新闻》记载："后主宫嫔窅娘，纤细善舞。后主作金莲高六尺，饰以宝物细带璎珞，莲中作品色瑞莲，以帛绕脚，令纤小屈做新月状。素袜舞云中，回旋有凌云之态。"

上有所好，下必仿之。通过缠足，窅娘的体态更加轻盈，如弱柳扶风，备受皇帝赞赏与宠幸。为了争宠，后妃们竞相模仿，缠足便在皇宫内流行起来。

只要许多人卷入其中，那么，从众的情形就将是强烈的。一旦模仿作为一种策略被采纳，那么，它就可能转变为一种日常的惯例或者习俗。由此，皇宫内流行的缠足，被贵族士大夫阶层的家眷所模仿，进而蔓延到普通阶层。

可是，到了清代，却禁止女子缠足了，因为满族统治者认为这是一种陋俗。顺治元年（1644 年），孝庄皇后谕，有以缠足女子入宫者斩。顺治二年后，民众所生女子禁缠足。以后，到了康熙七年（1668 年），却对女子缠足开禁，于是缠足又风靡全国，不仅汉族女子缠足，连不少满族妇女也纷纷学样了。

女子缠足以后，她的三寸金莲就变成了一个最隐私的部位，绝不可让陌生男子看见。除了丈夫以外的男子，如果不小心碰了女子身体的其他部位（包括胸部）还不大要紧，如果碰到小脚是万万不行的。

女子缠足一直延续到 20 世纪的民国初年才逐渐禁绝，但是直到新中国成立后，少数边远地区仍有存在。不过，现代女子均为天足，缠足现象已然绝迹。

### 十二生肖之由来

十二生肖，是由十一种源于自然界的动物即鼠、牛、虎、兔、蛇、马、羊、猴、鸡、狗、猪以及传说中的龙所组成，用于纪年，顺序排列为子鼠、丑牛、寅虎、卯兔、辰龙、巳蛇、午马、未羊、申猴、酉鸡、戌狗、亥猪。

用十二生肖纪年，在我国至少在南北朝时便开始了。《北史·宇文护传》中，记载了宇文护的母亲写给他的一封信，信中说："昔在武川镇生汝兄弟，大者属鼠，次者属兔，汝身属蛇。"表明当时民间已有十二生肖的用法了。

但是，十二生肖的来历又是怎样的呢？我国古籍中记载，古代的中原地区，最初使用的是“干支纪年法”，即用10个天干符号（甲、乙、丙、丁、戊、己、庚、辛、壬、癸）和12个地支符号（子、丑、寅、卯、辰、巳、午、未、申、酉、戌、亥）相配合来纪年。在我国西北地区的少数游牧民族，则以动物来纪年。《唐书》中记载：“黠戛斯国以十二物纪年，如岁在寅，则曰虎年。”另外，《宋史·吐蕃传》中也有记载，吐蕃首领在叙事时，以物纪年，所谓“道旧事则数十二辰属日，兔年如此，马年如此”。以后，在中原同少数民族的交往中，两种纪年法相互融合形成现在的十二生肖。正像清代赵翼在《陔余丛考》中指出的那样，“盖北俗初无所谓子丑寅卯之十二辰，但以鼠牛虎兔之类分纪岁时，浸寻流传于中国，遂相沿不废耳”。这种关于十二生肖来历的解释，已经被许多人认可。

另外，关于十二生肖来历还有其他说法：洪巽的《阳谷漫录》中说，十二地支中位居奇数者，以动物的指或蹄也为奇数相配，如子位居首位，与它相配的鼠为5指，地支中居偶数位的，则取相属之偶数以为名。如牛与丑相配，为4蹄。叶世杰在《草木子》中，把十二生肖的来历解释为：术家以12肖配12辰，每肖各有不足之形焉，如鼠无牙、牛无齿、虎无脾、兔无唇、龙无耳、蛇无足、马无胆、羊无瞳、猴无臀、鸡无肾、犬无胃、猪无筋、人则无不足。其他的说法还有种种。诸如：黄帝要选拔12种动物在天上按时值班。通过竞赛而选中了鼠、牛、虎等12种动物；十二生肖来源于原始社会一些氏族的图腾崇拜；十二生肖可能是从天竺引进的；或28个星宿分布周天，以值12个时辰。每个星宿都以一种动物命名。从每个时辰值班的动物中，挑选某种常见的用作某一年的代称等等，不一而足。

尽管人们不能确定十二生肖的确切来历，但因为它的通俗、方便又具有趣味性，所以一直沿用至今，成为古人留给我们的一种仍有实用价值的宝贵遗产。

十二生肖的由来，还流传着一个神话传说：当年轩辕黄帝要选12个动物担任宫廷卫士，猫托老鼠报名，老鼠给忘了，结果猫没有选上，从此与鼠结下冤仇。大象也来参赛，被老鼠钻进鼻子，给赶跑了，其余的动物，原本推牛为首，老鼠却跑到牛背上，猪也跟着起哄。于是老鼠排第一，猪排最后。虎和龙不服，被封为山中之王和海中之王，排在鼠和牛的后面。兔子又不服，和龙赛跑，结果排在了龙的前面。狗又不平，一气之下咬了兔子，为此被罚成了倒数第二。蛇、马、羊、猴、鸡也经过一番较量，一一排定了位置，最后形成了鼠、牛、虎、兔、龙、蛇、马、羊、猴、鸡、狗、猪的顺序。

汉族生肖中的十二种动物的选择并不复杂，它们与汉族人的日常生活和社会生活密切相关，大致可将其分为三类：第一类是已被驯化的“六畜”，即牛、羊、马、猪、狗、鸡，它们是人类为了经济或其他目的而驯养的，占十二种动物的一半。“六畜”在中国的农业文化中是一个重要的概念，有着悠久的历史，在中国人的传统观念中“六畜兴旺”代表着家族人丁兴旺、吉祥美好。春节时人们一般都会提“六畜兴旺”，因此这“六畜”成为生肖是有其必然性的；第二类是野生动物中为人们所熟知的，与人的日常、社会生活有着密切关系的动物，它们是虎、兔、猴、鼠、蛇，其中有为人们所敬畏的介入人类生活的，如虎、蛇；也有为人们所厌恶、忌讳，却依赖人类生存的鼠类；更有人们所喜爱的，如兔、猴；第三类是中国人传统的象征性的吉祥物——龙，龙是中华民族的象征，是集许多动物的特性于一体的“人造物”，是人们想象中的“灵物”。龙代表富贵吉祥，是最具象征色彩的吉祥动物，因此生肖中更少不了龙的位置。

## “三皇五帝”究竟是谁

中国历史的早期，现在称为先秦时期，可以划分为皇、帝、王、霸四个时代。中国早期最高统治者称“皇”和“帝”，他们在位的时间就是中国开国之初，古人称之为“三皇五帝”时代。

古人理解的“中国”具有“天地人”静态结构和“五行”运转模式。因此，“三皇”指天皇、地皇、人皇。“五帝”指木帝、火帝、土帝、金帝和水帝。

后代学者习惯把个人推崇的古皇古帝人选，放入以上八个“座位”中，于是就形成了不同的“三皇五帝”组合。田野考古学所见的中国各地文化面貌，有史以来第一次趋同的时代就是龙山文化时代。中原龙山文化时代就是“三皇五帝”时代。

有人说，“皇”的原意是“大”和“美”，不当名词用。战国末期，因上帝的“帝”字被作为人主的称呼，遂用“皇”字来称上帝，如《楚辞》中的西皇、东皇、上皇等。在《周礼》《吕氏春秋》与《庄子》中也开始有指人主的“三皇五帝”，《管子》并对皇、帝、王、霸四者的不同意义做了解释，但都没有讲出其中的人名。

还有人说，“三皇五帝”是中国在夏朝以前，出现在传说中的“帝王”。现在看来，他们都是部落首领，由于实力强大而成为部落联盟的领导者。秦始皇为表示其地位之崇高无比，曾采用“三皇”之“皇”“五帝”之“帝”构成“皇帝”的称号。但是不同的史学家对“三皇五帝”都有不同的定义。

“三皇”是谁，“五帝”是谁，存在多种说法。基本上，无论是按照史书的记载，还是神话传说，都认为“三皇”所处的年代早于“五帝”的年代。三皇时代距今久远，时间在四五千年至七八千年以前，乃至更为久远，时间跨度也可能很大；而五帝时代则距夏朝不远，在4000多年前。

由于《古微书》的影响力而得到推广，伏羲、神农、黄帝成为中国最古老的三位帝王。后来在道教中又将“三皇”分初、中、后三组：初三皇具人形；中三皇则人面蛇身或龙身；后三皇中的后天皇人首蛇身，即伏羲，后地皇人首蛇身，即女娲，后人皇牛首人身，即神农。

关于“五帝”的说法有：黄帝、颛顼、帝喾、尧、舜，这一说法来自《大戴礼记》；还有的说是庖牺、神农、黄帝、尧、舜，这一说法来自《战国策》；另外，也有说是太昊、炎帝、黄帝、少昊、颛顼，这一说法来自《吕氏春秋》。

《通鉴外纪》里却说是黄帝、少昊、颛顼、帝喾、尧。《尚书序》里说的却是少昊、颛顼、帝喾、尧、舜；因为以其经书地位之尊，以后史籍皆承用此说。于是这一“三皇五帝”说，被奉为古代的信史；还有的说是黄帝(轩辕)、青帝(伏羲)、赤帝又叫炎帝(神农)、白帝(少昊)、黑帝(颛顼)统称五方上帝。

至于神话中的天神，《山海经》中皆称帝，其后亦有“五帝”之称，如《楚辞·惜诵》有“令五帝”之句,与“指苍天”“戒六神”并举,皆是指神。《晏子春秋》又有“楚巫请致五帝以明君德”之句,显然皆指天帝。故《史记,封禅书》记载汉高祖刘邦说:“吾闻天有五帝。”即述战国末年流行之说。同时有五色帝之说,秦设祭祀白、青、黄、亦四上帝祠,汉高祖增祀黑帝之祠。至《春秋纬·文耀钩》,五色帝始有名字:“苍帝曰灵威仰,亦帝曰赤熛怒,黄帝曰含枢纽,白帝曰白招拒,黑帝曰汁光纪。”郑玄注《札记·大传》中有“王者禘其祖之所自出”之句,即引此诸名为“太微五帝”,谓“王者之先祖皆感太微五帝之精以生”。把地上五帝说成是天上五帝所感生,提出了“感生帝”之妄说。

大抵“三皇”说所指诸人,是中国祖先处于史前各个不同文化阶段的象征。有巢、燧人、庖牺(伏羲)分别代表蒙昧时期的低级、中级、高级三个阶段;神农代表野蛮时代的低级阶段;女娲则是更早的创世纪式的神人,在神话中又和伏羲结合创造人类。“五帝”说所指诸人,主要是父系家长制的部落联盟鼎盛时期,及其解体时实行军事民主制时期的一些部落酋长或军事首长人物。

## 孟姜女哭长城之谜

民间流传的关于孟姜女哭长城的故事,是我国古代著名的民间传说。它以戏剧、歌谣、诗文、说唱等形式,广泛流传,可谓家喻户晓。

据说,在秦始皇统治的时候,有一对新婚夫妇,男的叫范喜良,女的叫孟姜女。结婚刚三天,范喜良就被征去修长城,不久因饥寒和劳累而死去。他的妻子孟姜女,历尽艰辛,万里寻夫到了长城,在得知自己丈夫的死讯后,不由得伤心地放声大哭起来。谁也没有想到,她哭着哭着,竟然“哗啦”一下子,就哭倒了八百里长城。这就是我国古代著名的民间传说——孟姜女哭长城。

然而,历史上到底有没有孟姜女哭长城这回事呢?故事流传到现在已2000多年了,但因为没有找到足够的资料,所以这个故事仍是一个谜。

有人说,孟姜女哭长城确有其事,这个故事就发生在齐国。因为齐是姜太公的封国,凡读过《东周列国志》的人都知道,书中只要出现了“x姜”这个名字,便总是齐国人。孟姜者，姜氏之长女也。她的故事最早见于《左传》。

孟姜为齐国大夫杞梁之妻，杞梁于公元前550年在莒战死，齐庄公在郊外见到了孟姜，便安慰了她一番。但是，孟姜认为郊野不是吊丧之处，因此拒绝接受齐庄公的安慰。于是庄公接受她的意见，专门到她家里进行了吊唁。

孟姜除了知礼外还有善哭的记载，淳于髡曰："杞梁之妻善哭其夫而变国俗。"在齐地产生了孟姜哭调。西汉时已有了孟姜女"夫死后向城而哭，城为之崩"的记载。至于哭崩的城墙在何处，虽然有"莒城"说、"杞梁"说和"梁山"说，各说不一，但均在齐地，而非秦之万里长城。郦道元《水经注》认为孟姜女哭崩的是莒城的长城。

大约到了唐代，这一题材演变成了孟姜女千里寻夫、哭崩万里长城的故事，具备了今天的雏形。《周贤记》把故事搬到了燕国，孟姜名孟仲姿，杞梁变成杞良。杞良为逃筑城之役，误入孟超后园。孟女仲姿正在洗澡，古人贞操观念极重，信守女儿之体只能为丈夫所见，故二人乃结为夫妻。

后来杞良回到长城工地后被处死，埋尸长城之下，于是仲姿千里寻夫，哭崩长城，又于累累白骨中滴血验骨，终得丈夫遗骸。古代战争频仍，徭役繁重，征夫离妇之怨，乃为传统主题。汉末陈琳即有《饮马长城窟行》："饮马长城窟，水寒伤马骨。往谓长城吏，慎莫稽留太原卒……君独不见长城下，死人骸骨相撑拄。"其后历代诗人，皆有咏叹这个故事的人出现。唐代诗僧贯休，则有《杞梁妻》，歌咏孟姜女哭长城之事。其后这一题材乃进入许多诗人笔下，为这一故事的广为流传，起了推波助澜的作用。从元代起，孟姜女的故事开始搬上舞台。

也有人认为，孟姜女哭长城的故事是不存在的。因为山海关以前是没有长城的，到了秦朝以后才开始修长城，且那里的长城也不是秦始皇筑的。秦始皇所筑的长城距山海关北去有数百千米。历史上有过哭倒城墙的记载，但故事发生的时间比秦统一六国要早得多，因此和秦始皇根本风马牛不相及。并且在封建社会的中国，战事连绵，民不聊生，哭夫的题材十分常见，《左传》中也不无记载，因此单凭

“哭夫”这一论据，不能令人信服。况且好端端的长城，竟然被一位妇女哭塌了，也太不现实了。再说，把齐国的孟姜捏造成秦国的孟姜女，把攻打莒城改为修筑长城，是有意往秦始皇身上栽赃。

也有史书记载，在孟姜女去寻夫之时，长城真的无端地垮塌了八百余里，是修筑长城时质量不过关而垮，还是孟姜女哭垮的呢，不得而知。总之，孟姜女哭长城是不是真的，到现在依然没有定论。

## 牛郎织女传说之谜

牛郎织女是中国最有名的民间传说之一，也是中国人民最早关于星星的故事。

农历七月七日之夜，称“七夕”，民间传说，七夕是牛郎织女鹊桥相会的日子。据说，牛郎是南阳城牛家庄的一个孤儿，依靠哥嫂过活。嫂子马氏为人刻薄，经常虐待他，他被迫分家出来，靠一头老牛自耕自食。这头老牛很通灵性，一天，织女和诸仙女下凡游戏，在河里洗澡，老牛劝牛郎去取织女的衣服，织女便做了牛郎的妻子。婚后，他们男耕女织，生了一儿一女，生活十分美满幸福。

不料天帝查知此事，派王母娘娘押解织女回天庭受审。老牛不忍他们妻离子散，于是触断头上的角，变成一只小船，让牛郎带着儿女乘船追赶。眼看就要追上织女了，王母娘娘忽然拔下头上的金钗，在天空划出了一条波涛滚滚的银河。牛郎无法过河，只能在河边与织女遥望对泣。他们坚贞的爱情感动了喜鹊，无数喜鹊飞来，用身体搭成一道跨越天河的彩桥，让牛郎织女在天河上相会。王母娘娘无奈，只好允许牛郎织女每年七月初七在鹊桥上会面一次。

由于农历的七月初七正当雨季，所以这一天常常下雨，人们便说这是牛郎织女的眼泪。农村的一些少男少女还会趴在豆角架的下面，据说可以听到牛郎织女的悄悄话。因为牛郎织女的故事美妙动人，所以直到今天，人们还常常以“牛郎织女”来描述夫妻的恩爱。

但也有人说，不少传说都有起源，那么牛郎织女的传说应该也有起源。据史书记载，当年汉武帝在首都长安开凿了中国历史上第一大人工河——昆明池，汉武帝把它比喻成天上的银河。为了上应天象,就在河两岸特地雕塑了牛郎和织女像。有了人形化的牛郎织女,也就逐渐演绎出了牛郎织女的民间爱情故事。

东汉时就有“迢迢牵牛星,皎皎河汉女。纤纤擢素手,札札弄机杼;终日不成章,泣涕零如雨。河汉清且浅,相去复几许?盈盈一水间,脉脉不得语”的古诗描述他们的爱情。随着时间的累积,历代咏颂他们爱情的诗歌越来越多,七夕节也就逐渐变成了中国的“情人节”。

《汉书》作者班固的《西都赋》记载:“集乎豫章之宇,临乎昆明之池。左牵牛而右织女,似云汉之无涯。”《淮南子》《三辅皇图》《岁时广记》都有相关记载。唐宋时期,伟大的唐明皇和杨玉环“谈恋爱”都要选择在七月初七那天晚上对月盟誓。

还有人说,牛郎织女的传说起源于沂源。“天上银河,地下沂河。”这是流传于山东省沂源县境内的一种民间通俗说法。这里说的“银河”是天上的银河,“沂河”是发源于山东省沂源县境内的一条全长574千米的河流。这个说法源于中国民间一个凄美的爱情故事:牛郎织女的传说。

沂源还有一个景区,名为牛郎织女景区。牛郎织女景区内的大贤山海拔532米,森林覆盖率达96%,悬崖如削,巨石嵯峨,松柏森列,生态环境优良。大贤山下沂河如带,“地上银河”水景长3公里,形成了50多万平方米的水面。由于各种自然资源与人文脉络高度和谐统一,山东沂源被专家称为“牛郎织女故乡”。

## 梁山伯、祝英台是否真有其人

梁山伯和祝英台,是《梁山伯与祝英台》传说中的男女主角。但有人说,据历史上考证,确为真人。据史书记载,梁山伯东晋时任宁波地方官。位于市区西郊5公里处的梁山伯庙、梁祝合穴冢及夫妻桥、寝宫等文化遗址,被中国梁祝文化研究会专家确认为梁祝故事的正宗发源地。

梁山伯庙是国内唯一的纪念梁祝“爱情神”的庙宇。梁山伯庙位于宁波城西5公里处的高桥乡邵家渡,内塑有梁山伯坐像,祝英台凤冠霞帔坐右侧,后殿为梁祝寝宫,内置朱木床。寝宫后为梁祝坟墓。

祝英台，生于东晋孝武帝太元二年，即公元377年。祝家也是由于北方出现“五胡乱华”的局面而南迁的士族，定居在山明水秀的上虞，即今天浙江北部，在一处荒僻的梅溪源头聚族而居，人们都把这里称之为祝家庄，传到祝英台已是南迁之后的第四代了。

这个传说故事是这样的：祝英台说服了父母，女扮男装，到杭州求学，这年她十四岁。正值阳春三月，祝英台邂逅了由贸城而来的梁山伯，双方一见如故，于是结为异性兄弟。不久便到了杭州城外的“崇绮书院”，拜师入学，朝夕勤苦攻读诗书。三年时间，弹指一挥，长祝英台一岁的梁山伯，竟然没有发觉祝英台是个女孩。

三年时间不算短，祝英台多次显示爱恋之意，又恐稍有不慎便会弄得不可收拾；而梁山伯只有兄弟之情，并没有特别的感受。恰好祝英台的母亲生病，祝英台仓促回乡。梁山伯依依不舍地送了一程又一程。不久，梁山伯风闻祝英台居然是个红粉佳人，而且回乡后便许配给了贸城姓马的人家。梁山伯迫不及待地赶到祝家，没想到木已成舟。

怪只怪梁山伯太不解风情，怪只怪祝英台没有把自己对梁山伯的情意适时地告诉父母，在男大当婚、女大当嫁的情况下，答应了门当户对的马家求婚。既然有了婚约，便不能随意更改。祝、马两家都是由北方迁来的体面人家，祝家是不可能因照顾小女儿的情意，而丢掉脸面的。

祝英台明白自己是深深爱着梁山伯的，她以为梁山伯并不爱她才答应马家求婚，现在梁山伯向她一吐衷肠，她早已肝肠寸断。梁山伯实在想不出什么充分的理由来横刀夺爱。因爱故生忧，忧心如焚，闷闷不乐的梁山伯终于一病不起，溘然而逝。

就像是晴天霹雳，祝英台先是目瞪口呆，继而放声大哭。既哭梁郎的可怜，也哭自己的可悲，更哭梁郎的无能。这边是愁云惨雾，了无生趣；那边是催婚使者不断。祝英台的父母用尽了方法，一面好言相劝，一面苦苦哀求，祝英台万念俱灰，而且也再没有理由加以搪塞，于是心思一横，答应了择吉日出嫁马家。

梁山伯死后，他的亲友遵照他的遗愿，将他葬在贸城西郊邵家渡山麓，意思是要一睹祝英台出嫁时喜船路过的风采。祝英台自然是为了情郎，非要在出嫁时经过邵家渡不可了。更提出要到昔日的同窗好友梁山伯的墓上去祭拜一番的要求。

其实，祝英台在答应出嫁的时候，便抱定了以身殉情的决心，她想过投江自缢，总觉得不及亲自到梁山伯的坟前撞碑为佳，本来是打算祭拜以后，一头向墓碑上撞去以结束自己的生命，不料却天从人意，省去了许多周折。当时的人都认为是天意，如果仔细探究起来，那天大概是龙卷风加地震与祝英台拜墓的事巧凑在一起，这就叫“无巧不成书”。这事确是很感人。

但是，关于梁山伯与祝英台这两个人，还有其他版本的传言：梁山伯是明代人，祝英台是南北朝人，两者相隔千年。祝英台本是侠女，劫富济贫，曾三去马太守家盗银，最后中了马太守之子马文才埋伏死于乱刀之下。百姓将其厚葬并在坟前立碑，年久，该碑下沉于地下。梁山伯为浙江宁波府鄞县县官，清正廉洁，中年丧妻，无子，死后入葬时刨出祝英台之墓碑，众人惋惜之余又不忍拆除祝墓，可是，为梁山伯择地而葬又似不妥，故合葬，立碑，黑者为梁山伯，红者为祝英台。从此衍生出动人的传说，据查证，此记载最初版本为浙东民间百姓口头故事，并非历史资料记录。